China Federation of
Literary and Art Circles
Yearbook

中国文学艺术界联合会年鉴

《中国文学艺术界联合会年鉴》编委会 编

2016

中国文联出版社
http://www.clapnet.cn

图书在版编目（CIP）数据

中国文学艺术界联合会年鉴. 2016 /《中国文学艺术界联合会年鉴》编委会编. -- 北京：中国文联出版社，2018.3

ISBN 978-7-5190-3540-2

Ⅰ. ①中… Ⅱ. ①中… Ⅲ. ①中国文学艺术界联合会－2016－年鉴 Ⅳ. ①I2-232

中国版本图书馆CIP数据核字(2018)第044985号

中国文学艺术界联合会年鉴·2016

(ZHONGGUO WENXUEYISHUJIE LIANHEHUI NIANJIAN·2016)

编　　者：《中国文学艺术界联合会年鉴》编委会	
出 版 人：朱　庆	统筹编辑：周小丽
终 审 人：奚耀华	复 审 人：柴文良
责任编辑：王柏松　王素珍	责任校对：王洪强
封面设计：张亚静	责任印制：陈　晨

出版发行：中国文联出版社
地　　址：北京市朝阳区农展馆南里10号，100125
电　　话：010-85923036（咨询）85923000（编务）85923020（邮购）
传　　真：010-85923000（总编室），010-85923020（发行部）
网　　址：http://www.clapnet.cn　　http://www.claplus.cn
E - mail：clap@clapnet.cn　　zhouxl@clapnet.cn
印　　刷：北京新华印刷有限公司
装　　订：北京新华印刷有限公司
法律顾问：北京市德鸿律师事务所王振勇律师
本书如有破损、缺页、装订错误，请与本社联系调换

开　　本：880×1230	1/16	
字　　数：1200千字	印　张：44.75	
版　　次：2018年3月第1版	印　次：2018年3月第1次印刷	
书　　号：ISBN 978-7-5190-3540-2		
定　　价：380.00元		

版权所有　翻印必究

《中国文学艺术界联合会年鉴》(2016)编辑委员会

主　任：李　屹　中国文联党组书记、副主席、书记处书记

副主任：赵　实　中国文联党组成员、副主席、书记处书记

　　　　左中一　中国文联党组成员、副主席、书记处书记

　　　　李前光　中国文联党组成员、副主席、书记处书记

　　　　郭运德　中国文联党组成员、副主席、书记处书记

　　　　陈建文　中国文联党组成员、书记处书记

委　　员：邓光辉　中国文联办公厅主任

　　　　　刘尚军　中国文联国内联络部主任

　　　　　董占顺　中国文联国际联络部主任

　　　　　庞井君　中国文联理论研究室主任

　　　　　暴淑艳　中国文联权益保护部主任

　　　　　郑希友　中国文联人事部主任

　　　　　刘国强　中国文联机关党委常务副书记

　　　　　曹建明　中国文联离退休干部局局长

　　　　　季国平　中国戏剧家协会分党组书记、驻会副主席

　　　　　张　宏　中国电影家协会分党组书记、驻会副主席

　　　　　韩新安　中国音乐家协会分党组书记、驻会副主席兼秘书长

　　　　　徐　里　中国美术家协会分党组副书记、驻会副主席兼秘书长

　　　　　董耀鹏　中国曲艺家协会分党组书记、驻会副主席兼秘书长

　　　　　罗　斌　中国舞蹈家协会分党组书记、驻会副主席兼秘书长

　　　　　邱运华　中国民间文艺家协会分党组书记、驻会副主席兼秘书长

　　　　　郑更生　中国摄影家协会分党组书记、驻会副主席

　　　　　陈洪武　中国书法家协会分党组书记、驻会副主席兼秘书长

　　　　　肖世革　中国杂技家协会分党组成员、副秘书长

　　　　　张　显　中国电视艺术家协会分党组书记、驻会副主席兼秘书长

　　　　　唐延海　中国文联机关服务中心主任兼办公厅副主任

　　　　　冉茂金　中国文联文艺资源中心副主任

　　　　　廖　恳　中国文联文艺志愿服务中心主任

　　　　　周由强　中国文联文艺评论中心副主任

　　　　　傅亦轩　中国文联文艺研修院常务副院长

朱　庆　　中国文联出版社社长、总编辑

康　伟　　中国艺术报社总编辑

向云驹　　中国文学艺术基金会秘书长

沈　强　　北京市文联党组书记、常务副主席兼秘书长

万镜明　　天津市文联党组书记、常务副主席

解晓勇　　河北省文联党组书记、副主席

李太阳　　山西省文联党组书记、常务副主席

张　宇　　内蒙古自治区文联党组书记、副主席

盖成立　　辽宁省文联党组书记、副主席

孙凤平　　吉林省文联党组成员、副主席

傅道彬　　黑龙江省文联主席

尤　存　　上海市文联党组书记、专职副主席

章剑华　　江苏省文联主席、党组书记

田宇原　　浙江省文联党组书记、副主席

陈　田　　安徽省文联党组书记、副主席

张作兴　　福建省文联党组书记、副主席

郑　翔　　江西省文联党组书记

顾亚龙　　山东省文联党组成员、副主席

杨　杰　　河南省文联主席、党组副书记

刘永泽　　湖北省文联党组书记、常务副主席

夏义生　　湖南省文联党组书记、副主席兼秘书长

程　扬　　广东省文联党组书记、专职副主席

钟桂发　　广西壮族自治区文联党组成员、副主席

王艳梅　　海南省文联专职副主席

平志英	四川省文联党组书记、常务副主席
王　超	重庆市文联原党组书记、副主席
杨梦龙	贵州省文联党组书记、常务副主席
黄　玲	云南省文联原党组书记、常务副主席
张晓峰	西藏自治区党委宣传部副部长，文联党组书记、副主席
吴丰宽	陕西省文联党组书记、常务副主席
李燕青	甘肃省文联党组书记、副主席
庚　君	宁夏回族自治区文联党组成员、秘书长
张　㞡	青海省文联党组成员、副主席
黄永军	新疆维吾尔自治区文联党组书记、副主席
李光武	新疆生产建设兵团文联原主席、原党组副书记
路小路	中国石油文联专职副主席
刘新科	中国铁路文联秘书长
庞崇娅	中国煤矿文联副主席
白俊文	中国电力文协秘书长
王经国	中国水利文协副主席
党　军	中国石化文联副主席兼秘书长
张　策	全国公安文联副主席
杨　明	中国检察官文联秘书长
鲍其卉	中国人民银行文联秘书长
陈　炜	中国金融文联副主席兼秘书长

《中国文学艺术界联合会年鉴》（2016）编辑部

主　　任：陈建文

副 主 任：邓光辉　　鲁　航　　汪　泽

成　　员：武震鑫　　余　宁　　张　杭　　韩雪竹　　刘　彦
　　　　　邓　月　　郑　飞　　莫惊涛　　冷　怡　　张　黎

《中国文学艺术界联合会年鉴》(2016) 撰稿人

（按年鉴目录中单位排序）

武震鑫	张　杭	李翌辰	刘少华	郭露超	冷　玉	展华云
宋智勤	焦　铎	李春光	莫惊涛	王夏颖	董大汗	绳长杰
裴　诺	王菲菲	张小卫	唐　坤	侯仰军	张礼敏	陈　瑾
刘宗超	郭云鹏	任　娟	李克琴	林德源	郝红霞	刘海阔
刘　博	周由强	胡一峰	王廷戡	张玉雯	许文彬	郭　琳
余　宁	孟祥宁	黄冠玫美	陈杨萍	陈　双	李晓宇	樊丽红
李云鹏	于　双	常　明	王铁峰	邓婉莹	刘　杰	樊音纳
汤学君	范倩倩	方　毅	郑泽鸿	徐　健	张娜娜	毛　杰
刘多斌	王溇海	孙广雪	范浩鸣	黄　胜	温航军	赵　晴
王　彦	陈亚丹	李　琦	何见远	江金玉	石小军	吴　岩
雷　海	修忠一	孙朝军	刘　鹏	原瑞伦	辛凡忠	王艳红
王经国	王　丹	戴东英	朱明飞	鲍其卉	陈齐堃	

《中国文学艺术界联合会年鉴》（2016）核稿人员

重要讲话及文献：袁正领

重要会议活动：李翌辰

品牌活动：李翌辰、董占顺

全国性文艺大奖、艺术节：李翌辰

文艺志愿者服务活动：刘博

重点文艺工程：王仞山、韩淑英

文化名人、著名艺术家纪念活动：李翌辰

组织联络工作：李翌辰

对外及对港澳台地区文化交流：董占顺

理论研究：袁正领

文艺评论：周由强、胡一峰、王廷戡、张玉雯

权益保护：张树军

出版业改革发展：霍旭升

机关建设：张杭、宋智勤、焦铎、牟明利

中国文联机关服务中心：徐天宇

中国文联文艺资源中心：郝红霞

中国文联文艺志愿服务中心：刘博

中国文联文艺研修院：许文彬

中国文联出版社：朱庆

中国艺术报社：余宁

中国文学艺术基金会：雷彤

中国剧协：罗松
中国影协：黄凰
中国音协：董大汗
中国美协：章云
中国曲协：黄群
中国舞协：唐坤
中国民协：张志学
中国摄协：陈瑾
中国书协：吕慧波
中国杂协：郭云鹏 任娟
中国视协：李克琴
中国评协：周由强、胡一峰、王廷戡、张玉雯
北京文联：陈杨萍
天津文联：郭中元
河北文联：李晓宇
山西文联：和悦、樊丽红
内蒙古文联：聂显辉
辽宁文联：贾俊峰
吉林文联：常明
黑龙江文联：林晗
上海文联：胡晓军
江苏文联：何超
浙江文联：吕伟刚、田宇原
安徽文联：朱晓光、史培刚
福建文联：方毅、郑泽鸿
江西文联：张越、李小军
山东文联：乔新江

河南文联：董焕琳

湖北文联：刘多斌

湖南文联：王涘海

广东文联：梁少锋

广西文联：钟桂发

海南文联：温航军

四川文联：赵晴

重庆文联：王彦

贵州文联：陈武

云南文联：黄玲

西藏文联：沈开运

陕西文联：李仲谋

甘肃文联：石小军

宁夏文联：庾君

青海文联：雷海

新疆文联：黄永军

新疆生产建设兵团文联：熊建军

中国石油文联：路小路

中国铁路文联：原瑞伦

中国煤矿文联：刘俊

中国电力文协：王艳红

中国水利文协：何源满

中国石化文联：潘武龙

全国公安文联：张策

中国检察官文联：杨明

中国人民银行文联：鲍其卉

中国金融文联：陈炜

《中国文学艺术界联合会年鉴》（2016）

编辑说明

一、《中国文学艺术界联合会年鉴》（以下简称《中国文联年鉴》）由中国文学艺术界联合会（以下简称中国文联）主办，中国文联、中国文联出版社联合编辑出版。《中国文联年鉴》是一部全面反映我国文联系统工作情况的综合性年刊，创刊于2007年，面向全国发行。本卷为第十卷。

二、《中国文联年鉴》以邓小平理论、"三个代表"重要思想、科学发展观为指导，认真贯彻落实党的十八大、十八届三中、四中全会和习近平总书记在文艺工作座谈会上的重要讲话精神，力求全面、准确、客观、真实地反映中国文联及各团体会员全年工作成就、事业发展状况和总体工作情况，以发挥年鉴的资治、宣传、交流、存史作用，总结经验、加强交流，不断开创文联工作新局面。

三、《中国文联年鉴》内容主要有：重要讲话及文献，重要会议、活动，联络、协调、服务，中国文联各团体会员工作情况，中国文联大事记等。《中国文联年鉴》内容翔实、数据准确、覆盖面广、史料性强，是中国文联各团体会员及相关部门、单位必备的参考工具书。

四、《中国文联年鉴》采用篇目、类目、分目、条目四级编辑体例，并分别以不同字体、字号加以区分，条目为本年鉴内容的基本载体。

五、文联工作与发展情况是本刊的主要内容，着重在以下篇目中反映：

《重要讲话及文献》：中央、上级主管部门领导同志和中国文联主要领导关于文联工作的重要讲话，有关重要文献。

《重要会议、活动》：中国文联的重要会议、具年度特色或品牌意义的重要活动，以及文艺界名人纪念活动等。

《联络、协调、服务》：中国文联及各直属单位开展的重要工作。

《中国文联各团体会员（一）》：中国文联所属各全国文艺家协会开展的主要工作。

《中国文联各团体会员（二）》：与中国文联有业务指导关系的其他团体会员的主要工作。

《中国文学艺术界联合会大事记》：对中国文联在2015年度所开展重要工作的记录。

《中国文联年鉴》主要内容由中国文联各团体会员、中国文联机关及各直属单位提供。

目录 · CONTENT

2016 · 重要讲话及文献

标题	作者	页码
在中国音乐家协会第八次全国代表大会开幕式上的讲话	刘奇葆	002
在中国戏剧家协会第八次全国代表大会开幕式上的讲话	刘奇葆	005
在中国杂技家协会第七次全国代表大会开幕式上的讲话	刘奇葆	008
在中国舞蹈家协会第十次全国代表大会开幕式上的讲话	刘奇葆	011
在中国书法家协会第七次全国代表大会开幕式上的讲话	刘奇葆	014
在中国文联九届七次全委会上的讲话	孙家正	017
在中央第二巡视组专项巡视中国文联工作动员会上的讲话	孙家正	019
推动文艺工作迈上新台阶	黄坤明	021
做人民喜爱的文艺工作者	黄坤明	026
深入学习贯彻习近平总书记重要讲话精神努力推动当代文艺开创新风貌	赵 实	029
救亡图存的战鼓 民族精神的号角	赵 实	040
真心 真情 真诚 真实	赵 实	046
贯彻学习《繁荣发展社会主义文艺的意见》专题研讨班小结讲话	赵 实	051
在中央第二巡视组专项巡视中国文联工作动员会上的讲话	赵 实	058
中国文联九届七次全委会总结	李 屹	060

2016·重要会议、活动

重要会议活动
中国文联九届七次主席团会议和全委会 066
第四届全国中青年
德艺双馨文艺工作者表彰大会 066
【第四届全国中青年德艺双馨文艺工作者表彰名单（按姓氏笔画排序）】................................. 067
"深入生活、扎根人民"主题实践活动 068
纪念中国人民抗日战争暨世界反法西斯战争胜利70周年系列文艺活动 069

品牌活动
百花迎春
——中国文学艺术界2015春节大联欢 072
"中国精神·中国梦"主题创作工程 072
"我们的中国梦 文化进万家——送欢乐·下基层"
赴河南兰考慰问演出活动 073
2015濠江之春系列活动 073
2015"今日中国"艺术周 074
第七届海峡两岸暨港澳地区艺术论坛 074

文艺志愿服务活动
综　述 076
送欢乐下基层 076
"深入生活、扎根人民"主题实践活动 078
【广泛开展"到人民中去"志愿服务活动】.......078
【"2015中国文艺志愿者公益演出季"活动】..........078
文艺志愿服务项目发展 078
【文艺支教志愿服务项目】............................078
【文艺培训志愿服务项目】............................079
【联合启动"共享芬芳行动"
文艺助残志愿服务项目】............................079

文艺志愿服务制度化 079
【中国文艺志愿者协会建设】........................079
【文艺志愿运行机制建设】............................079
【志愿服务对外交流】....................................080
【文艺志愿服务宣传】....................................080
其他工作 080
【推进中心内部工作规范化】........................080
【加强中心党建工作】....................................081

重点文艺工程
中华文明历史题材美术创作工程 082
【"中华文明历史题材美术创作工程"
专家指导正稿创作】....................................082

全国性文艺大奖、艺术节
全国性文艺评奖改革工作 083
第五届中国戏剧奖
梅花表演奖评奖结果 084
第六届中国戏剧奖·小戏小品奖 084
第三十届中国电影金鸡奖及评奖结果 084
【获奖名单】..084
第十届中国音乐金钟奖 085
第十届中国舞蹈荷花奖
民族民间舞评奖结果 085
第十二届中国民间文艺山花奖评奖结果 085
第九届中国杂技金菊奖
第六次全国魔术比赛评奖结果 086

文化名人、著名艺术家纪念活动
徐悲鸿诞辰120周年 087
华君武诞辰100周年 087

2016·联络、协调、服务

组织联络工作

2015组联工作座谈会 090
首期全国组联干部培训班 090
社团管理工作 091
【中国文联主管文艺社团情况综述】 091

对外及对港澳台地区文化交流

夏潮率中国文联代表团
访问克罗地亚、白俄罗斯 093
派员赴马来西亚出席国际组织会议 093
左中一出席摩中建交20周年庆祝活动 093
郭运德会见
日本中国文化交流协会代表团 093
夏潮会见白俄罗斯文化联盟代表团 093
赵化勇会见马来西亚电影发展局代表团 094
陈建文赴台湾出席2015两岸笔会活动 094
周涛率代表团访问韩国、日本和澳大利亚 094
孙家正会见日本日中文化交流协会代表团 094
中国文联与澳门基金会签署交流合作协议 094
赵实会见毛里求斯艺术和文化部代表团 095
李屹率代表团访问毛里求斯、南非 095
赵实会见香港艺术发展局访问团 095
陈建文率代表团访问韩国 095
第六届北京国际美术双年展 095
李屹率访问团赴台湾出席
"第八届海峡两岸合唱节" 096
赵实会见白俄罗斯文化联盟代表团 096
郭运德会见日本中国文化交流协会代表团 096
中国文联代表团
赴马耳他出席国际组织会议 096
郭运德率代表团
访问毛里求斯、法属留尼汪和印度 096

理论研究

综述 097
学习贯彻习近平总书记系列
重要讲话精神 097
调查研究 097
【配合党组开展重点课题调研】 097
【开展研讨交流】 097
新闻宣传 098
【开展文艺界行风建设先进典型宣传】 098
【做好重大主题文艺活动宣传报道】 098
【与相关媒体合作开展宣传报道】 098
文艺舆情信息 098
【做好舆情信息收集整理和研判应对工作】 098
【继续做好舆情信息内刊编撰】 098
【做好文艺舆情信息工作基础建设】 098

文艺评论

创办《中国文艺评论》(月刊) 100
开通"中国文艺评论网"等
新媒体阵地建设 100
举办系列研讨会 100
加强文艺评论人才队伍建设 100

权益保护

综述 101
维权调研 101
参与立法 101
维权宣传 102
维权研究 102
维权服务 102
干部培训 103
对外交流 103

出版业改革与管理

综述 104
召开中国文联出版报刊业改革发展工作总结表彰
暨2015年度重点工作部署会议 104
出版资源整合重组
和企业公司化改造取得新进展 104
积极稳妥推进非时政类报刊改革 105
实施精品出版工程，努力打造优秀出版物 105
继续对出版报刊单位改革发展给予扶持 105
开展对外交流与合作，创新经营模式 105
出版报刊单位的品牌优势不断增强 106
完成5家出版企业产权登记工作 106
加强协调和沟通，
做好业务指导和服务工作 106
图书出版管理和质量意识进一步加强 106

机关建设

行政服务工作 108
【学习宣传贯彻习近平总书记系列
重要讲话精神、中央党的群团工作会议精神
和党的十八届五中全会精神】..................... 108
【为党组、书记处当好参谋助手】................ 108
【中央第二巡视组专项巡视协调保障工作】... 109
【公务用车制度改革和办公用房清理整改工作】...... 109
【为文艺家和文艺工作者服务】.................. 109
【机要、保密和档案等工作】..................... 109
【计划财务工作】.................................... 110
【审计工作】... 110
【国有资产管理工作】............................. 110
【定点扶贫工作】................................... 111
【信息化建设工作】................................ 111
人事工作 111
【中国文联党组成员、主席团委员调整】..... 111
【中国音协、中国剧协、中国杂协、
中国舞协、中国书协换届】....................... 111
【班子调整配备和干部选拔任用工作】........ 112
各协会班子成员、文联机关局级干部、
各直属单位班子成员调整名单 112
【深化干部人事制度改革】....................... 113
【养老保险改革工作】............................. 113
【机构、编制管理和工资工作】................. 113
【公务员管理工作】................................ 113
【干部教育培训工作】............................. 113
【人才工作】... 114
【职称评审工作】................................... 114
【事业单位人事工作】............................. 114
【干部人事档案管理工作】....................... 114
党委工作 114
【一、"三严三实"专题教育】.................... 114
【二、理论武装工作】............................. 115
【三、基层党建工作】............................. 116
【四、中央巡视相关工作】....................... 116
【五、精神文明建设和群团组织工作】........ 117
纪委工作 117
【一、党风廉政教育】............................. 117
【二、作风建设】................................... 118
【三、制度建设】................................... 118
【四、党内监督】................................... 118
【五、群众来信来访及违纪案件查处工作】... 118
离退休干部工作 119
【综述】... 119
【老干部思想政治和党组织建设工作】........ 119
【提升服务水平，为老干部办实事、解难题】..... 119
【创新活动形式，
为老干部精神文化生活注入活力】............. 120
【搭建平台，老干部为党的事业
增添正能量活动不断延伸】....................... 120
【老年活动中心建设】............................. 120
【自身建设】... 120
【信访工作】... 121
后勤服务保障 121
【综述】... 121
【大型文艺活动服务保障】....................... 121

【联络服务老艺术家】..........121
【中国文艺家之家展览馆展览服务】..........121
【中国文联发展史展厅接待服务】..........121
【日常性服务保障】..........122
【中国文联老旧小区综合整治】..........122
【办公区和宿舍区物业管理服务】..........122
【房地产管理】..........122
【安全保卫】..........122
【基建维修】..........123
【节能监管】..........123
【其他行政事务管理】..........123
【管理、服务、保障能力建设】..........123

信息化建设

综述 124
网库融合报道、宣传文艺界活动 124
【学习宣传《讲话》和实施《意见》精神】..........124
【打造文艺资讯全媒体平台】..........125
【建设抗战文艺大型专题资料库】..........125
【宣传推广德艺双馨文艺工作者，
建设德艺双馨人才数据库】..........125
资源采集、应用互通互补建设 125
【制作推出"全国第十一届书法篆刻作品展·3D数字
系列展"】..........126
【制作推出"中华数字美术馆北京国际美术双年展3D
虚拟数字展览"】..........126
【制作推出第25届全国摄影艺术展览3D数字展览、第6
届农民摄影展数字展览】..........126
【制作推出"造型艺术新人展数字展""念党恩、中国
梦——全国书法名家邀请展"数字展】..........126
【制作推出文艺家协会换届数据库】..........126
【与文艺家协会合作，
深入建设各艺术门类数据库】..........126
【文联工作文献平台年度新增大量文献】..........127
网上文联软硬件环境建设 127
【开展文艺资源系统整合一期建设，增强智慧文艺、网
上文联基础平台支撑能力】..........127

【文艺机构信息资源发布应用系统投入使用】..........127
【中国文艺网、中华文艺资源数据库通过国家信息安全
等级保护三级备案】..........128
【实施文艺资源云平台二期暨平台安全与同城灾备工程
建设，实现云端应用和数据的同城容灾构架】..........128
【大力提升数据中心运维能力】..........128
合作共建工作 129
【承建新版中国书协网站、新版民协网站】..........129
【深入实施广州文艺家数据库、四川文艺资源数据库建
设，启动南京市文艺资源数据库建设】..........129
【建设中国文学艺术基金会信息化办公服务平台和中国
文联计财部政务信息网】..........129
【积极为地方文联提供信息化建设决策咨询和方案设
计】..........129
政务内网建设与运维服务 130
【完成文艺家之家数据中心机房改造建设项目】..........130
【提升网络维护与信息系统管理能力】..........130
【做好驻楼各单位计算机、打印机等软硬件和电话报修
等的日常维护】..........130
【做好驻楼各单位内网的日常维护，协调浪潮公司做好
内网的建设和视频直播服务】..........130
注册成立组建文艺网
（北京）传媒有限公司 130
调研和研讨工作 130
【大力开展推进网络文艺
与网上文联建设课题调研】..........130
【召开"互联网+"电影研讨会】..........131
【音乐数字化生态发展现状研讨会】..........131
【编辑出版《数字艺术》专刊，
融入并助推文艺领域信息化进程】..........131
内部建设 131

文艺研修

综述 132
培训研修工作 132
【国内培训工作】..........132
【国际培训工作】..........134

调查研究工作 134
自身建设情况 134
新媒体学习平台建设 135

中国文学艺术基金会

综述 136
思想建设 136
【以深入学习贯彻习近平总书记系列重要讲话精神为重点，以"三严三实"教育和两个条例的学习为抓手，认真务实地抓好支部建设和思想政治工作】 136
组织建设 137
【定期召开中国文学艺术基金会理事会会议，为基金会的全年工作出谋划策，把握方向】 137
【加强业务知识学习，开展专题讲座培训】 137
【策划新品牌项目，强化品牌意识的重要意义】 137
资助项目和公益活动 137
【继续做好中国文学艺术发展专项基金的管理，加强对国拨资金使用的监管】 137
【加大社会公益资金的募集力度，继续扩大基金会在各个艺术门类细分领域的影响力】 139
【开展重点活动，加强品牌建设，打造具有广泛社会影响的精品公益项目】 140
【不断规范完善信息化建设，加大网络宣传力度，提高基金会社会影响】 142

中国文联出版社

综述 143
会议与活动 143
【参展第28届北京图书订货会】 143
【2014年度全员考核及"尚艺奖"评选】 143
【2015年度工作会议】 143
【承办第十一届全国艺术学年会】 144
【举办系列图书出版发布活动】 144
【离退休职工秋游】 144
各项工作 144
【一项目入选"中宣部、国家新闻出版广电总局纪念抗战胜利七十周年重点主题出版物"】 144

【一项目入选"中宣部、国家新闻出版广电总局中国文艺原创精品出版工程项目"】 144
【一项目入选"国家新闻出版广电总局、全国老龄委向全国老年人推荐的优秀出版物"】 145
【六项目入选"中国文联文艺出版报刊精品工程"】.. 145
【面向2015年应届毕业生公开招聘】 145
【中国文联出版社官网上线】 145
【中国文艺家在线】 145
【开通中国文联出版社微信公众号】 145
【开通中国文艺家微信公众号】 145
【生产经营指标逐步好转】 145
【队伍建设活力彰显】 146
【机构与人员变化情况】 146

中国艺术报社

综述 147
深入贯彻习近平总书记系列重要讲话精神 147
【深入宣传文艺界和中国文联学习贯彻习近平总书记文艺工作座谈会重要讲话的实际举措和切实行动】 147
【开设"学习习近平在文艺工作座谈会上讲话"专栏，精心组织稿件，邀请知名文艺家和理论家畅谈学习体会、权威解读讲话内容】 148
【习近平总书记在文艺工作座谈会上的重要讲话全文正式发表之后，通过深入广泛的报道推动在文艺界掀起学习贯彻的热潮】 148
【贯彻落实《中共中央关于繁荣发展社会主义文艺的意见》，把学习贯彻落实习近平总书记文艺工作座谈会重要讲话推向深入】 148
重要工作 149
【认认真真开展"三严三实"专题教育】 149
【举办《中国艺术报》创刊二十周年系列活动】 149
【与中国文联文艺资源中心共同完成推进网络文艺与网上文联建设课题调研】 150
【完成《中国艺术报》社清理驻地方机构工作】 150
重要新闻宣传 150
【深入宣传文艺界"深入生活、扎根人民"主题实践活动和文艺志愿服务活动】 150

【隆重报道纪念中国人民抗日战争胜利暨世界反法西斯战争胜利70周年】 151
【深度报道2015年全国"两会"】 151
【贯彻落实全国戏曲工作座谈会精神】 151
【贯彻落实中国文联九届七次全委会精神】 151
【全面报道第四届全国中青年德艺双馨文艺工作者表彰活动】 152
【深入报道中国音协中国剧协中国杂协中国舞协换届工作】 152
获得荣誉 152

2016·中国文联团体会员（一）

中国戏剧家协会

综述 154
重要活动 154
【中国戏剧家协会第八次全国代表大会】 154
【梅花奖艺术团活动】 155
【梅花奖数字电影工程】 156
艺术节与评奖 156
【第27届中国戏剧梅花奖竞演活动】 156
【第14届中国戏剧节】 158
【第19届中国少儿戏曲小梅花荟萃活动】 158
创作与研究 158
【中国剧协第六届全国小戏小品编导演研修班】 158
【中国剧协第七届中青年编剧研修班】 159
【中国剧协全国青年舞台美术家研修班】 159
【全国青年戏剧创作会议】 159
【赴陕西调研基层戏剧院团创作现状】 160
【主编《中华戏曲》线装丛书】 160
【举办"人民艺术家李默然艺术人生论坛"】 160
其他重要活动 160
【"梅花绽放，为民放歌——天津京剧院荣获中国戏剧梅花奖演员创作剧目展演"活动】 160
【首届上海（奉贤）沪剧艺术节】 161
【中国剧协第七届主席团第九次会议】 161
【中国剧协第七届理事会第四次会议暨2015年工作会】 161
【积极开展维权工作】 161

对外文化交流 162
【参加国际剧协第140次执委会会议】 162
【广西永福非遗中心演出团赴孟加拉参加国际戏剧节】 162
【中国剧协代表团出访匈牙利、克罗地亚】 162
【罗马尼亚戏剧家代表团访华】 162
【中国儿艺演出团赴德国参加"西风"儿童戏剧节】 162
【瑞典戏剧家来华举办儿童剧工作坊】 163
【日本戏剧家代表团访华】 163
【中国剧协代表团赴韩国参加第22届BeSeTo戏剧节】 163
【匈牙利戏剧家代表团访华】 163
【越南戏剧家代表团访华】 163
【国际剧协落户上海暨执委会会议】 164
【中国剧协出访南非、埃及】 164
机关建设 165
【认真开展"三严三实"专题教育活动】 165
【会员工作】 165
【简报、舆情和宣传工作】 165
【老干部工作】 165
直属单位 165
【《中国戏剧》杂志】 165
【《剧本》杂志】 165
【《中国戏剧年鉴》】 165

中国电影家协会

综述 166

会议与活动 166
【"我们的中国梦·相约都江堰"文艺志愿服务团赴都江堰市慰问演出】 166
【"走基层、心连心"赴吉林采风活动】 166
【"我们的中国梦·英雄赞歌"文艺志愿服务演出团赴西双版纳市慰问演出】 166
【"百花放映·情系藏族儿童"公益电影慰问互动活动】 167
【全国电影家协会秘书长工作会议】 167
【"我们的中国梦·相约兴化"慰问百万农民文艺志愿服务慰问演出】 167
【《2015中国电影产业研究报告》发布】 167
【"百年又拾·光影记忆"纪念中国电影诞生110周年电影藏品展开幕】 167
【《2015中国电影艺术报告》发布】 168
【万场公益电影进社区、进校园、进企业、进农村活动启动仪式】 168
【电影艺术家、评论家赴甘肃省甘南藏族自治州开展创作采风活动】 168
【"到人民中去"5·23中国文联志愿者服务日老电影公益放映】 168
【中国人民抗日战争暨世界反法西斯战争胜利70周年专题影展开幕式】 168
【谢铁骊先生追思会】 169
【"送欢乐 下基层"惠民文化演出团走进新疆乌苏市进行慰问演出】 169
【"我们的中国梦·情系包头"文艺志愿服务慰问演出】 169
【电影《启功》首映典礼活动】 169
【"情系东江源·共赏中秋月"公益慰问演出团赴江西安远慰问演出】 170
【导演李俊作品恳谈会】 170
【编剧陆柱国作品恳谈会】 170
【第十届华语青年影像论坛】 170
　　电影节与评奖 171
【第24届中国金鸡百花电影节新闻发布会】 171
【第24届中国金鸡百花电影节】 171

【第30届中国电影金鸡奖】 172
　　创作与研究 172
【电影《捉妖记》观摩研讨会】 172
【电影《启功》观摩研讨会】 173
【电影《少年杨靖宇》观摩研讨会】 173
【电影《穿越硝烟的歌声》观摩研讨会】 173
【电影《我的旗》《"杏"福来敲门》观摩研讨会】 173
【中国电影产业指数研讨会】 173
【电影《传奇状元伦文叙》观摩研讨会】 174
【电影《独龙之子高德荣》观摩研讨会】 174
　　对外及对港澳台地区文化交流 174
【出席第34届香港电影金像奖】 174
【访问毛里求斯】 174
【参加两岸电影投资合作活动】 174
【出席第三届大陆少数民族系列影展】 174
【举办金鸡国际影展及港澳台影展】 174
【出席第二届中国少数民族影展开幕活动】 175
【出席第19届釜山国际电影节】 175
【接待境外来访电影组团及业界人士】 175
　　机关建设 175
【举办中国影协全体干部培训班】 175
【参与中国文联第一届职工羽毛球比赛】 175
【慰问离休干部】 175
【组织离退休党员观影】 175
【开展"三严三实"专题研讨会】 175
　　直属单位 176
【中国电影出版社】 176
【中国文联电影艺术中心】 177
【《大众电影》杂志社】 177

中国音乐家协会

　　会议与活动 179
【中国音乐家协会第八次全国代表大会】 179
【社会主义核心价值观交响组歌音乐会】 180
【全国音乐创作座谈会】 180
【"历史的回声"——抗战歌曲音乐会】 180
【纪念刘天华诞辰120周年音乐会】 180

【第四届中国聂耳音乐（合唱）周】......181
【胡松华MV艺术片系列专辑首发】......181
【王二妮《黄土地的诉说》演唱会】......181
评奖与办节......181
【第十届中国音乐金钟奖】......181
【第五届"金芦笙"中国民族器乐大赛】......182
【首届全国电子键盘展演比赛】......183
【第六届"神州唱响"全国高校声乐比赛】......183
【第五届中国宜昌长江钢琴音乐节】......183
【第三届"中国·西北音乐节"】......183
创作与研究......183
【"新歌唱新疆"采风创作活动】......183
【海峡两岸"追寻中国梦"歌曲创作征集评选】......184
【"西风烈·绚丽甘肃"原创歌曲征集评选】......184
【"做一个好人"原创公益歌曲征集评选】......184
【姚晓强音乐作品研讨会】......184
文艺惠民与专业培训......185
【"送欢乐 下基层"走进兰考、常州、宜昌】......185
【在湖南常德开展音乐培训】......185
对外及对港澳台地区音乐交流......185
【白俄罗斯作曲家到访中国音协】......186
【印度音乐家代表团到访】......186
【中国音协代表团出席国际青年音乐联盟第70届大会】......186
【中国音乐家代表团访问日本】......186
【国际青年音乐联盟执委来访】......186
【"2015濠江之春"系列活动】......186
【第八届海峡两岸合唱节】......187
【台湾音乐家来访】......187
机关建设......187
【思想政治学习】......187
【党建和党风廉政建设】......187
【"三严三实"专题教育】......187
【《中国音乐工作者自律公约》正式发布】......188
【加强"五刊一报"阵地建设】......188
【办公室工作】......188
【二级学会管理】......189

【会员服务管理】......189
【干部队伍建设】......189
【音乐考级】......189

中国美术家协会

综述......190
会议与活动......190
【2015年中国美协工作会议】......190
【中国美协山西美术培训】......190
【中国文联、中国美协"送欢乐 下基层"活动】......191
【"深入生活、扎根人民"文化下乡惠民活动】......191
【中国美术家协会全国创作中心会议】......191
【中国文联、中国美协"中国精神、中国梦"美丽乡村行】......191
专业艺术委员会工作动态......191
【油画艺术委员会】......191
【版画艺术委员会】......192
【壁画艺术委员会】......192
【插图装帧艺术委员会】......192
【连环画艺术委员会】......192
【漫画艺术委员会】......192
【少儿美术艺术委员会】......193
【美术理论委员会】......193
【中国画艺术委员会】......193
【水彩画艺术委员会】......193
【雕塑艺术委员会】......193
【陶瓷艺术委员会】......193
【漆画艺术委员会】......194
【环境设计艺术委员会】......194
【工业设计艺术委员会】......194
【平面设计艺术委员会】......194
【服装设计艺术委员会】......194
【动漫艺术委员会】......194
【综合材料绘画与美术作品保存修复艺术委员会】......194
【实验艺术委员会】......195
【建筑艺术委员会】......195
【工艺美术艺术委员会】......195

【民族美术艺术委员会】……………………195
【美术教育委员会】…………………………195
策展委员会 ……………………………………195
【蒋兆和艺术研究会】………………………196
展览与评奖 ……………………………………196
【第六届中国北京国际美术双年展】………196
【第十二届全国美术作品展国内巡展】……196
【大美西藏——庆祝西藏自治区成立50周年全国美术作品展】…………………………………………197
【"向人民汇报——'深入生活、扎根人民'"当代十五位美术家作品展】……………………………197
【第五届全国青年美术作品展览】…………198
【第四届西部少数民族青年美术家高研班写生作品展】…………………………………………198
【铸魂鉴史　珍爱和平——纪念中国人民抗日战争暨世界反法西斯战争胜利70周年美术作品展】………198
【2015"万年浦江"全国中国画山水作品展】………198
【2015"古蜀文脉·墨韵天府"——全国中国画作品展】……………………………………199
创作与研究 ……………………………………199
【新丝路·新起点——全国美术名家"丝路行"主题创作活动】………199
【中国中青年美术家海外研修工程】………199
【"深入生活、扎根人民"美术书法艺术家赴甘肃武都区写生创作】……………………………200
【彩笔绘云南——记百名画家画云南采风创作活动】………200
对外及对港澳台地区交流 ……………………200
【第十二届全国美展国际巡展】……………200
【"第七届海峡两岸暨港澳地区艺术论坛——水彩画艺术展"在澳门举办】………………………201
【"中外美术家扬州采风写生行"活动】……201
【中韩文化艺术节之纪念世界反法西斯战争胜利70周年——"中韩水墨画名家联展"】……………201
【墨彩情致——中国当代水彩画名家展】…201
【感知中国——中国西部文化行】…………201

中国曲艺家协会

综述 ……………………………………………202
会议与活动 ……………………………………202
【2015年全国曲协工作会议】………………202
【《姜昆"说"相声》专场演出】……………202
【新时期曲艺传播舆情工作研讨会在京召开】…203
【中国曲协"送欢笑"10周年纪念活动在京举办】…203
【纪念中国人民抗日战争暨世界反法西斯战争胜利70周年优秀曲艺节目展演】……………………203
【2015年中国曲艺之乡建设委员会工作会】……203
【纪念田连元从艺60周年系列活动】………203
【纪念刘宝瑞诞辰100周年系列活动】……204
【曲艺文化惠民活动】………………………204
曲艺展演 ………………………………………205
【第十届河南宝丰马街书会优秀曲艺节目展演】……205
【"南开杯"第三届全国（天津）相声新作品展演】…205
【第三届"南山杯"曲艺新人新作展演】…205
【第七届中部六省曲艺展演】………………205
【第二届"武清·李润杰杯"快板书展演】…205
【第三届"岳池杯"中国曲艺之乡系列活动】…206
【第八届"西岗杯"全国相声新人新作推选活动】…206
【首届河南坠子大会】………………………206
【第六届中国苏州评弹艺术节】……………206
【第五届国际幽默艺术周】…………………206
【山东聊城曲艺文化艺术周】………………206
【第三届相声小品优秀节目展演】…………207
行风建设 ………………………………………207
【召开曲艺界行风建设专题研讨会】………207
【曲艺版权保护研讨会暨《曲艺维权手册》发布会】……207
【践行《中国曲艺工作者行为守则》座谈会】…207
学术与研究 ……………………………………207
【第二届全国曲艺理论学术研讨会】………207
【首届全国高等院校曲艺教育论坛】………207
【第四届中国曲艺高峰（柯桥）论坛】……208

创作与培训 ………………………………………… 208
  【曲艺名家深入天津市朝阳里社区开展采风创作】…208
  【赴四川巴中联系点采风创作】 …………………… 208
  【陕西曲艺作品创作提升行动】 …………………… 208
  【"牡丹绽放"——曲艺培英行动在京启动】 …… 208
  【曲艺名家新秀志愿服务行动】 …………………… 209
  【首期曲艺表演与创作培训班】 …………………… 209
  【第七期全国曲艺创作高级研修班】 ……………… 209
  【2015中国文联文艺志愿培训
  曲艺培训班系列活动】 ……………………………… 209
  【"深入生活、扎根人民"
  曲艺采风创作丝路行活动】 ………………………… 209
  对外及对港澳台地区文化交流 …………………… 210
  【中华曲艺海外行】 ………………………………… 210
  【第五届海峡两岸曲艺欢乐汇】 …………………… 211
  内部建设 …………………………………………… 211
  【开展平时考核试点工作】 ………………………… 211
  【"最美办公室"评选活动】 ……………………… 211
  【2014年度先进集体、个人表彰会议】 ………… 211
  【"三严三实"专项教育】 ………………………… 211
  【动员协会干部参与高校教材编撰工作】 ………… 212
  【学习贯彻两"讲话"、两"意见"】 …………… 212
  【"形象建设年"总结会议】 ……………………… 212
  【认真学习贯彻文联党组领导在曲协工作汇报上的重要
  讲话精神】 …………………………………………… 212
  【中国曲协党务工作】 ……………………………… 212

中国舞蹈家协会

  综述 ………………………………………………… 214
  会议与活动 ………………………………………… 214
  【年度民主生活会】 ………………………………… 214
  【中国舞蹈家协会九届九次主席团会议】 ………… 214
  【中国舞蹈家协会九届十次主席团会议】 ………… 215
  【中国舞蹈家协会九届三次理事扩大会议】 ……… 216
  【中国舞蹈家协会第十次全国代表大会】 ………… 216
  评奖 ………………………………………………… 217
  【成功举办中国舞蹈"荷花奖"多个子项目,保证公平

  公正,推陈出新】 …………………………………… 217
  【第八届"小荷风采"全国少儿舞蹈展演】 ……… 217
  重要活动 …………………………………………… 218
  【纪念中国人民抗日战争暨世界反法西斯战争胜利70周
  年——"保卫黄河"舞蹈专场晚会】 ……………… 218
  【"向人民汇报"——"深入生活、扎根人民"文艺创
  作成果展演舞蹈专场演出】 ………………………… 219
  品牌活动 …………………………………………… 219
  【青年舞蹈人才培养项目】 ………………………… 219
  【"中国舞蹈十二天"】 …………………………… 220
  【"深入生活、扎根人民"主题创作实践采风】 …220
  【文艺志愿培训】 …………………………………… 220
  【"送欢乐 下基层"志愿服务演出】 …………… 221
  【"百姓健康舞"】 ………………………………… 221
  【"新农村少儿舞蹈美育工程"】 ………………… 221
  理论评论 …………………………………………… 222
  【中国舞蹈"荷花奖"民族民间舞研讨会】 ……… 222
  【"凝聚与创意"名家讲坛与交流会】 …………… 222
  【"小荷风采"全国少儿舞蹈创作高级研修班】 …222
  【全国中青年舞蹈人才创编与教学高级研修班】 …222
  【《舞蹈》杂志】 …………………………………… 223
  对外及对港澳台地区文化交流 …………………… 223
  【2015"海峡两岸暨港澳地区
  青少年舞蹈交流展演"】 …………………………… 223
  【观摩"香港艺术节"】 …………………………… 223
  【第九届"中国—东盟青少年舞蹈交流展演"】 …224
  【赴韩国舞蹈交流】 ………………………………… 224
  【赴日研修舞台艺术编导营销】 …………………… 224
  网络建设 …………………………………………… 224
  【加强"中国舞协会员管理数据库"建设】 ……… 224
  【启动中国舞蹈家协会资料库】 …………………… 224
  【加大与互联网平台合作,打造全新媒体模式】 …224

中国民间文艺家协会

  综述 ………………………………………………… 225
  重大活动 …………………………………………… 225
  【《中国传统故事百篇》结集出版】 ……………… 225

【纪念中国人民抗日战争暨世界反法西斯战争胜利70周年系列活动】……225
【其他活动】……226
节日文化建设……226
【以"我们的节日"系列主题活动传承优秀文化】…226
抢救工程……226
【中国口头文学遗产数字化工程】……226
【"传统村落立档调查"成果显现】……226
【中国民间文化遗产抢救工程巡礼】……227
【《中国唐卡文化档案》稳步推进】……227
【《中国民间剪纸集成》与"中国剪纸研究中心"】……227
艺术节、博览会与评奖……228
【山花奖评奖有序推进】……228
【民间艺术节和展览活动】……228
【民间工艺博览会】……228
调研采风……228
学术研究……229
【学术研讨会】……229
【民间文化出版物】……229
【"中国传承人口述史研究所"成立】……229
【"中国非遗资源管理评价研究委员会"揭牌】…229
【推动孝文化建设】……230
对外及对港澳台文化交流……230
【以民间文艺优势形成对外对台交流亮点】……230
文艺之乡……230
会员队伍建设……231
机关建设……231
直属单位……231
【中国文联民间文艺艺术中心】……231
【网络宣传平台建设】……232
文化思考……232
【"保护文化遗产,没有句号,只有逗号"】……232
【"让传承人说话"】……232

中国摄影家协会

会议与活动……233

【第10届中国摄影艺术节在宁波举行】……233
【首个"中国摄影家协会青少年摄影教育基地"在京成立】……233
【中国摄协少数民族摄影人才培养工程培训班在京开班】……233
【中国摄协赴山西各地开展"送欢乐下基层"系列活动】……233
【中国摄协开展"学雷锋,进校园"活动】……233
【中国摄影出版社获2014年度中国文联出版报刊业先进单位】……233
【中国摄协"中国梦"主题影像公益广告在纽约时报广场轮播】……234
【《地球呼唤》和"地球环保系列"摄影艺术图书亮相中国国际文化产业博览交易会】……234
【中摄权协二届二次会员代表大会在京召开】……234
【"中国少数民族摄影文化的现状和未来"北京映画廊举办】……234
【"中国摄影研讨会之聚焦抗战影像的保存与传播"在京召开】……234
【朱宪民摄影展览馆落户河南濮阳市文化艺术中心】……234
【萨尔加多被中国摄协授予国际荣誉会员称号】……234
【湖北开展"为井下一线工人拍张照"活动】……234
【中摄权协亮相"中欧版权保护和产业发展研讨会"】……235
艺术节与展览评奖……235
【"索尼2014世界摄影大赛"作品亮相宁波美术馆】……235
【中国摄影金像奖宁波颁奖】……235
【2014中国新锐摄影师群展在京展出】……235
【"丝绸之路"风光摄影展览在北京玉渊潭公园开幕】……235
【第二届全国青年摄影大展首展开幕式暨作品集首发式在京举办】……235
【"锦绣潇湘快乐湖南"首届旅游摄影大展在京开幕】……235
【"雷锋生前所在团学雷锋主题摄影展"

【在军博开幕】..................235
【杨越峦"长城摄影作品汇报展"
在中国摄影画廊举办】..................235
【2015"伯奇杯"
中国创意摄影展启动仪式在大沥镇举办】..................236
【"中国摄影书集"在尤伦斯当代艺术中心开展】...236
【"美丽中国梦魅力开封情"
摄影展在光影艺术长廊开幕】..................236
【"第24届全国摄影艺术展"获奖作品
三明市艺术馆巡展】..................236
【2015"金驹奖"世界大学生摄影展在京启动】......236
【"多彩贵州——大美七星关"
摄影展在京举办】..................236
【2015首届"故乡的路——中国少数民族摄影师奖"在
京评选】..................236
【中国杨柳青第2届国际民俗摄影大展启动仪式
在京举行】..................236
【"第5届全国农民摄影大展"终评在京举行】.........236
【"全国历届摄影国展精品展"
重庆两江美术馆展出】..................236
【"情浓5.23 中国文艺志愿者在行动"主题活动在北京
玉渊潭举办】..................237
【"中国·丽水摄影节暨国际摄影研讨会"
在京发布】..................237
【"丝绸之路上的中国穆斯林"摄影展在孟加拉国达卡
举行】..................237
【"美丽中国"图片展在联合国总部大厦开幕】.......237
【"第27届中国华北摄影艺术展览"
在太原开幕】..................237
【"中国摄影家聚焦潜江"
摄影活动开机仪式在潜江举行】..................237
【"家在千岛湖"
吴宗其摄影作品展在浙江美术馆开展】..................237
【"最后的民俗"摄影展在中国摄影画廊举办】.......237
【"广东摄影之乡"暨"'大朗杯'广东省第26届摄影
展览"系列活动在东莞举办】..................237
【《"二战"时期日本强征"慰安妇"罪行采访纪实》首

发式在东京参议院会馆举行】..................238
【"2015上海市摄影艺术展览"上海图书馆开展】...238
【"光影见史——吴印咸诞辰115周年摄影艺术展"在
中国美术馆举办】..................238
【"中国东极——抚远国际摄影大展"
启动仪式举行】..................238
【"第五届全国农民摄影大展"首展暨颁奖仪式在资兴
市举办】..................238
【"第二届文明郑州全国摄影大展"开幕式暨颁奖仪式
在郑州举行】..................238
【张晓冬《如梦的视界》画册首发式暨个人影展在北京
举办】..................238
【"时代的肖像——姜健、江融摄影联展"
在北京举办】..................238
【定制艺术大书亮相大理国际影会】..................238
【"农民工——我的兄弟姐妹全国影展"
在北京开幕】..................238
【"中国梦——摄影艺术展"
西安巡展在西安开幕】..................239
【"张桐胜艺术宫"在呼和浩特市揭牌】..................239
【"中国梦·公仆情·劳动美"在颐和园开幕】........239
【"沙飞镜头中的抗战纪念"在广州举办】..................239
【"光影无垠——简庆福摄影作品展"
在广州举办】..................239
【"第11届山东省摄影艺术展"
在山东省文化馆开幕】..................239
【纪念抗战胜利70周年摄影展在上海市开幕】.........239
【"2015广东顺德容桂青少年摄影作品赴京展"在北京
798艺术区开幕】..................239
【"穿越丝路文化同心"
主题摄影展在北京展出】..................239
【"历史不容忘却"摄影展在京展出】..................240
【"努比亚智能手机"中通摄协摄影艺术展览在北京拉
开帷幕】..................240
【2015首届"印象检察"摄影展正式启动】..................240
【第十五届平遥国际摄影大展在平遥古城开幕】......240
【"中国梦——中国摄影家作品展"

【在悉尼世界广场开幕】……240
【"向人民汇报"作品展览在王府井、西单先后举办】……240
【"中国梦·我的梦——中财摄协作品展"在南京开幕】……240
【"海上丝路——过去与现在"摄影展在王府井开展】……240
【"TOP20——2015中国当代摄影新锐展"在浙江美术馆开幕】……240
【"寻根南诏·品味巍山"摄影艺术展在中国巍山开展】……241
【李伟坤首次个人摄影作品展亮相北京】……241
【"福建—东欧（匈牙利）巡回摄影展"在布达佩斯举行】……241
【"第2届北京国际摄影双年展"在央美美术馆举行】……241
【"柳州当代摄影展"在柳州市政协开幕】……241
【"中国人眼中的古巴"摄影展在北京亮相】……241
【"北京国际摄影周2015"在北京中华世纪坛正式登场】……241
【"乡土中国"纪实摄影展在达州开幕】……241
【"2015北京国际摄影周"圆满落幕】……241
【"第二十五届中国新闻奖"评选揭晓】……241
【"'中国梦'公益广告展览"在湖南长沙地铁展出】……242
【"中国摄影名家名作收藏展"在郑州拉开帷幕】……242
【"魅力安徽"摄影图片展在联合国日内瓦办事处举办】……242
【2015丽水摄影节暨首届国际摄影研讨会在丽水举办】……242
【"山东摄影家眼中的西藏"摄影展在山东淄博开幕】……242
【全国公安系统"卫士之光"美术、书法、摄影展在北京开幕】……242
【"中国高铁走向辉煌摄影、美术、书法展"在北京展出】……242
【"第22届摄影艺术展览"在呼和浩特展出】……242
【联合国向中摄协会员吴渝生等国内7人颁发证书】……242
【"陈复礼百岁华诞"庆祝晚宴在香港举行】……242
【"2015连州国际摄影年展"在连州开幕】……242
【"金驹奖"世界大学生摄影展开展仪式在江西上饶举行】……243
【"中国梦"主题影像公益广告摄影展在北京景山公园红墙影廊展出】……243
【"影像'中国梦'摄影艺术展"在合肥开幕】……243
【"2015年中国凤凰摄影双年展"在凤凰县开展】……243
【"北京、浙江儿童摄影学校三校摄影作品联展"在北京儿童摄影学校展出】……243
【"Photo Shanghai 第4届上海影像展"在上海拉开帷幕】……243
【国际聋人摄影展暨残障主题公益摄影展在天津举行】……243
【"中国梦"摄影艺术展乌鲁木齐巡展开幕】……243
【"醉美婺源"摄影大展在婺源开展】……243
【"故乡的路"作品展廊坊巡展在廊坊市开幕】……243
【蔡焕松摄影作品展在珠海开幕】……244
【第三届青年摄影大展在上海进行总决选】……244
【国际摄影艺术展览作品评选活动在郑州市拉开帷幕】……244
【江西省高校摄影艺术作品展在上饶开幕】……244
【广州手机摄影节启动仪式在《羊城晚报》举行】……244
【首届"江苏摄影奖"在江苏开幕】……244
【"河北美丽乡村"暨"太行颂"摄影展在河北开展】……244
学术与研究……244
【"中国摄影论坛"启动首场研讨青年摄影】……244
【《中国东极·抚远国际摄影大展》启动仪式暨全国摄影理论研讨会在抚远举行】……244
【"中国摄影研讨会之故乡的路——中国少数民族摄影文化的现状和未来"在北京映画廊举办】……244
【"中国摄影研讨会之农民摄影的现状与前景"在湖南

举办】...244
【"中国摄影研讨会之中国体育摄影如何与国际接轨"
在京举办】...245
【"中国摄影研讨会之抗战影像的保存与传播"
在京举办】...245
【第十二届全国摄影理论研讨会在长安镇举行】........245
追思与纪念 245
【中国摄协会员、四川省摄协理事、《绵阳日报》视觉
总监杨卫华去世】...245
【中国文联荣誉委员、中国摄协顾问吕厚民去世】...245
【中国摄影家协会顾问陈勃逝世】..........................245

中国书法家协会

综述 246
会议与活动 246
【（一）重要会议活动】......................................246
【（二）品牌活动】...247
展览与评奖 250
【（一）全国展】...250
【（二）其他展览】...255
创作与研究 259
【理论研究】...259
对外及对港澳台地区文化交流 260
机关建设 261
书法培训 262
直属单位 263

中国杂技家协会

综述 264
重大活动 264
【中国杂技家协会第七次全国代表大会】..............264
【第九届中国杂技金菊奖第六次全国魔术比赛】...265
【第九届上海国际魔术节暨国际魔术比赛】...........265
【第五届国际幽默艺术周】....................................265
【赴深圳开展"送欢乐、
下基层"采风慰问演出活动】..............................266
【"送欢乐、下基层"
慰问演出活动走进狼牙山革命老区】..................266
【赴北京天泰剧院举办"我的中国梦"
精品杂技展演】...266
【赴台湾举行"金菊飘香"两岸魔术师公益演出】...267
对外文化交流 267
【选派优秀节目参加国际比赛】............................267
【赴克罗地亚进行"欢乐春节"
杂技戏曲专场演出】...268
【赴土库曼斯坦举办"中国文化日"活动】.............268
理论研讨和调查研究 268
【举办"新媒体环境下魔术著作权保护"研讨会】...268
【全程支持滑稽表演人才培养培训班】..................269
【举办第九届国际马戏论坛】................................269
【编辑出版《中国杂技金菊奖理论作品奖论文集
（2009—2014年）》】..269
【组织撰写《2015中国杂技艺术发展报告》】...........269
【大力培养杂技理论人才】....................................270
【加强调查研究和文艺舆情，
推动新闻出版和信息服务】..............................270
队伍建设 270

中国电视艺术家协会

综述 271
会议与活动 271
【中国文联、中国视协联合主办的"送欢乐·下基层"
军营大拜年活动在黑河好八连举行】..................271
【中国电视艺术家协会
五届三次理事会议在北京召开】........................272
【全国电视艺术家协会秘书长工作会议
在北京召开】...272
【中国视协电视文艺委员会
在北京召开换届工作会议】..............................272
【中国视协支持创建的"影视小屋"在四川省凉山彝族
自治州授牌】...272
【"春风送暖 情系丰宁——送欢乐下基层"慰问演出在
河北省丰宁满族自治县举行】............................272
【"影视小屋"吉林挂牌】.......................................272

【中国视协召开全体党员干部会议
张显同志做专题发言】……272
【"全国卫视看贵州"大型主题采访活动启动仪式在贵州省安顺市举行】……273
【中国视协、四川省视协"影视小屋"艺术课堂在成都开讲】……273
【"送知识 下基层"艺术课堂活动】……273
【影视小屋授牌仪式在黑龙江省哈尔滨市少年儿童活动中心举行】……273
【"送欢乐 下基层"——艺术家走进新疆生产建设兵团慰问演出】……273
【影视小屋授牌仪式
在甘肃省甘南州合作藏族中学举行】……273
【"让历史告诉未来"中国人民抗日战争全纪录主题系列活动在山西省晋中市举行】……273
【中国旅游电视周"印象明月山"
采风活动启动】……273
【第九届全国德艺双馨电视艺术工作者表彰活动在浙江省海宁市举行】……274
【"弘扬抗战爱国精神 共创'一带一路'伟业"慰问演出活动在革命老区连云港举行】……274
【中国电视艺术家协会集中进行政治学习】……274
【中国视协组织党员处级以上干部学习会】……274
【"送欢乐、下基层"军营大拜年慰问演出在保定东北抗联英模部队举办】……274
艺术节与评奖……274
【"第27届中国电视金鹰奖获奖电视纪录片精品展播"开播仪式在济南举行】……274
【中国电视艺术终身成就奖获奖艺术家座谈会
在北京召开】……274
【首届中国大学生微电影创作大赛颁奖盛典在中国传媒大学举行】……275
【第六届中国大学生电视节启动仪式在北京中传国际交流中心举行】……275
【第七届新农村电视艺术节优秀作品推选会议在山东夏津召开】……275
【第八届中国旅游电视周优秀旅游电视节目推选会议在广西崇左召开】……275
【第七届新农村电视艺术节暨第九届小康电视节目工程颁奖晚会在新疆生产建设兵团举行】……275
【第八届中国旅游电视周优秀旅游电视作品颁奖】……275
【第三届亚洲微电影艺术节
优秀作品推选会议召开】……275
【"人文中国第四季——城市纪实"全国纪录片推优活动在无锡举行】……275
【第四届海峡两岸电视艺术节暨海峡两岸电视论坛新闻发布会】……276
创作与研究……276
【电视剧《锋刃》创作研讨会
在北京中国文艺家之家举行】……276
【中国视协主办的电视剧
《别让我看见》创作研讨会】……276
【电视剧《突围 突围》创作研讨会在京举行】……276
【2015年北京电视台春节联欢晚会研讨会
在京举行】……276
【电视剧《侯天明的梦》创作研讨会在中国文艺家之家举行】……276
【中国视协举办电视剧《怒放》创作研讨会】……276
【中国视协举办中国电视金鹰奖评奖
工作专家座谈会】……277
【电视剧《冰与火的青春》创作研讨会
在北京举行】……277
【中国视协举办电视剧《异镇》创作研讨会】……277
【电视剧《太行山上》创作研讨会在北京举办】……277
【中国视协举办反恐特战题材电视剧《反恐特战队》研讨会】……277
【电视剧《雪域雄鹰》研讨会在北京举行】……277
对外及对港澳台地区文化交流……277
【中国文联副主席夏潮、赵化勇接见马来西亚电影发展局局长一行】……277
【中韩电视节目精品创作交流预备会
在江西南昌召开】……277
【中国视协赵化勇、张显等
会见艾美国际客人】……278

【中国视协副秘书长张彦民会见韩国客人】...............278
【第十五届中日韩电视制作者论坛
在韩国釜山开幕】...............................278
【中国电视艺术家协会、福建省文联主办"第七届海峡
两岸电视主持新人大赛"】...............................278
直属单位 278
【2015年中国少数民族迎春大联欢《江山如此多娇》在
银川录制】.......................................278
【中国视协电视舞台视觉艺术委员会
召开工作会议】...................................278
【中国视协城市电视台委员会工作会议
在江苏无锡召开】.................................278
【中国视协媒体融合推进委员会成立】..............278
【中国视协电视文艺委员会召开《音乐大师课》节目研
讨会】...279
【3D影片《星星的梦》学术研讨会在北京召开】.....279
【中国视协主持人专业委员会召开换届工作会议】...279
【中国视协开展"重走长征路"活动】..............279
【中国视协媒体融合论坛在湖北恩施举行】..........279
【电视戏曲委员会举办"2015年戏曲名家进社区（村）
票房辅导"活动】.................................279
【企业电视分会在山西长治召开纪念抗日战争胜利70周
年专题片研讨会】.................................279
【媒体融合推进委员会
在云南腾冲举办媒体融合培训班】...................280
【第三届全国市县电视台推优活动
在福建尤溪举行】.................................280
【电视艺术理论研究会换届工作会议在北京召开】...280
【行业电视委员会在湖北省襄阳市举办行业电视从业人
员培训班】.......................................280

【电视戏曲委员组织评剧名家走进社区】..............280
【"世界电视日——中国电视大会"在北京举行】...280
【企业电视分会2015年年会
在陕西省西安市召开】.............................280
【中国视协艺术评论专业委员会换届工作会议
在北京召开】.....................................281
【电视真人剧《三里屯的朋友圈》创作研讨会】........281

中国文艺评论家协会

综述 282
组织建设 282
【一届主席团三次会议】..........................282
【全国文艺评论家协会秘书长工作会】..............282
【一届主席团四次会议和一届理事会二次会议】......282
【积极推进成立各个专业委员会】..................282
【指导推动各地文艺评论家协会组织建设】..........283
【建立首批"中国文艺评论基地"】................283
学术研讨和理论研究 283
【电视剧《平凡的世界》研讨会】..................283
【电影《黄克功案件》研讨会】....................283
【电影《启功》作品研讨会】......................283
【"艺术与市场的张力——市场经济条件下文艺健康发
展之路"全国文艺评论家学会峰会】................284
【首届中国青年文艺评论家"西湖论坛"】..........284
【首届中国文艺评论家年会】......................284
人才培养 284
【举办首届全国文艺评论骨干专题研讨班】..........284
【第九届全国青年文艺评论家高级研修班】..........285
机关建设 285
【党群工作 有序开展】..........................285

2016·中国文联团体会员（二）

北京市文联

综述 288

会议与活动 288
【送欢乐 下基层】..............................288
【北京燕京八绝协会成立】........................288

【北京妈祖文化交流协会成立】......288
【北京国风书画普及教育学会成立】......288
【"第十五届京味文化之旅"两岸文化交流】......288
【第三届"东方少年·中国梦"新创意中小学生作文大赛】......289
【"饮水当思源 感恩进库区"文化交流】......289
【北京数字化雕塑协会成立】......289
【"到人民中去"京津冀百名艺术家采风大地行系列活动】......289
【赴藏文化交流】......289
【茶道文化艺术促进会成立】......289
【赴蒙文化交流】......289
【"德艺双馨"评选表彰及成果展示】......289
【建立"首都优秀中青年文艺人才库"】......289
【楹联获奖作品展】......290
【赴新疆文化交流】......290
【"文学托起梦想"原创文学征文活动】......290
【北京扇子艺术协会成立】......290
【赴巴东慰问演出】......290
【"第三届北京文学艺术品展示会"】......290
【"戴月琴从艺五十周年纪念书画展"】......290
【京津冀"非遗"舞蹈和民间传统舞蹈展演】......290
【区县文联原创优秀文艺节目展演】......291
【2015文艺论坛】......291
【第三届北京剧本推介会】......291
【文艺志愿活动】......291
【举办文艺人才培训班】......291
对外文化交流......292
【赴意大利、瑞士交流展演】......292
【赴法国戛纳、德国柏林交流考察】......292
【赴俄罗斯交流】......292
【赴马耳他、意大利展览交流】......292
【赴波兰、匈牙利文学交流】......292
获奖情况......292
机关建设......293
各文艺家协会......293
【作家协会】......293

【戏剧家协会】......294
【美术家协会】......295
【书法家协会】......295
【摄影家协会】......295
【民间文艺家协会】......296
【音乐家协会】......297
【舞蹈家协会】......297
【曲艺家协会】......298
【杂技家协会】......298
【电视家协会】......299
【电影家协会】......299

天津市文联

综述......301
重要活动......301
【首届"鲜于璜碑"全国书法名家学术提名展】......301
【中国精神——第四届中国油画展】......301
【"南开杯"第三届全国（天津）相声新作品大赛】......301
文艺惠民志愿采风服务活动......302
【"大地行"采风活动】......302
【"结对子、种文化"活动】......302
【惠民志愿服务活动】......302
创作与研究......302
【获奖情况】......302
【理论研究】......303
文艺队伍和机关建设......304
各文艺家协会......304
【音乐家协会】......304
【戏剧家协会】......305
【美术家协会】......305
【书法家协会】......306
【摄影家协会】......306
【曲艺家协会】......307
【舞蹈家协会】......308
【民间文艺家协会】......308
【杂技家协会】......309

【电影家协会】	309
【电视家协会】	309
【文艺志愿者协会】	309
基层文联	310
【南开区文联】	310
【河东区文联】	310
【东丽区文联】	310
【西青区文联】	311
【滨海新区（塘沽）文联】	311
【滨海新区（大港）文联】	311
【宝坻区文联】	311
【蓟县文联】	312
【天津市司法行政系统文联】	312
【天津职业大学文联】	312

河北省文联

综述	313
重要会议与活动	313
【"送欢乐 下基层"走进阜平】	313
【副省长姜德果到省文联调研】	313
【省委常委、宣传部部长艾文礼到省文联调研】	313
【河北省文联九届三次全委（扩大）会议召开】	314
【京津冀百名艺术家赴抗战圣地采风】	314
【"到人民中去——河北艺术名家涉县行"】	314
【省委常委、宣传部部长田向利观看梅花奖艺术团演出】	314
文化惠民与服务基层	314
【"艺术星火·三一行动"】	314
对外及对港澳台地区文化交流	314
【中国梦·冀澳情——澳门河北文化交流活动】	314
机关工作	315
【召开践行"三严三实"专题党课】	315
【召开解放思想大讨论动员大会】	315
【领导班子成员】	315
各艺术家协会	315
【戏剧家协会】	315
【音乐家协会】	315

【美术家协会】	316
【曲艺家协会】	317
【舞蹈家协会】	317
【民间文艺家协会】	317
【摄影家协会】	318
【书法家协会】	319
【杂技家协会】	319
【影视家协会】	319
【企业（行业）文联】	320

山西省文联

综述	321
重要会议	321
【太原市市长耿彦波到赵树理故居调研】	321
【山西省民间工艺美术家协会与中国国际贸易促进委员会山西省委员会签署战略合作协议】	321
【山西省文联举办"2015迎春联欢会"】	321
【山西省艺术教育联盟峰会成立】	322
【山西省文联召开八届三次全委会】	322
【山西省政协副主席李雁红到省文联调研座谈】	322
【沈阳市文联考察山西文艺网数字信息化建设】	322
【山西省文联召开纪念毛泽东同志《在延安文艺座谈会上的讲话》发表73周年文艺创作座谈表彰会】	323
【山西省文联主办纪念《习总书记文艺工作座谈会讲话一周年》座谈会】	323
【山西省文联召开八届四次全委会】	323
重要文艺活动	323
【山西省中国画学会成立大会暨"太行风骨山西美术作品提名邀请展"启动仪式】	323
【山西省文联举办山西省第八届少儿书画新人新作展暨颁奖会】	324
【山西省文联举办颂太行倡廉政剪纸作品展】	324
【山西省书法家协会历届理事书法作品展开幕】	324
【山西省文联举办"春之约"朗诵音乐会】	324
【中国梦·太行魂——纪念抗战胜利70周年山西百名摄影家聚焦太行山采风创作活动正式启动】	324
【山西沁州书会系列活动在长治市举行】	325

【山西省委常委、宣传部部长胡苏平参观美术书法作品展】………………………………………………325
【纪念中国人民抗日战争暨世界反法西斯战争胜利７０周年全国专题影展系列活动举行】………………325
【2015全国青少年宫体育舞蹈比赛省级赛（山西赛区）暨第三届山西省校园艺术大赛体育舞蹈比赛圆满结束】………………325
【"中国梦·太行魂"——纪念抗战胜利70周年大型摄影展开展】………………………………325
【壶关县李才旺美术馆开馆迎宾】………………325
【山西省第三届"山西剧院杯"影视歌曲演唱大赛颁奖晚会暨新年音乐会举行】………………326
文化惠民活动………………………………326
【山西省杂技家协会组织志愿服务团进行慰问演出】………………………………326
【山西省摄影家协会举行摄影采风创作活动】………326
【山西省文联、山西省书协举办"我们的中国梦——百名书法家送万福送欢乐"文化惠民活动】………………326
【山西省文联戏剧家志愿者演出团赴忻州剧院演出】………………………………326
【山西省书法家协会开展"百名书法家送万福送欢乐"大型系列文化惠民公益活动】………………326
【山西省舞协举办"结缘中国梦，炫舞太原情"2015年迎春舞蹈专场演出】………………327
【山西省文联组织文艺志愿者演出团赴浑源县蔡村镇文家庄村进行扶贫慰问演出】………………327
【山西省文联文艺志愿服务走进劲松社区】………327
【2015"抖空竹，闹元宵"杂技慰问演出】………327
创作与获奖………………………………327
【山西省曲协选送节目在马街书会获奖】………327
【山西省文联在第七届中部六省曲艺展演中取得佳绩】………………………………327
【中国书法公益流动大讲堂巡讲在太原举行】………327
【中国曲协专家组在长治考察验收"中国曲艺名城"创建工作】………………………………328
【山西省电影家协会微电影工作委员会成立】………328

【电影《天下廉吏于成龙之乱世书生》新闻发布会举行】………………………………328
【山西省电影艺术家走进浮山艺术采风】………328
【华北五省摄影家进行摄影采风】………………328
【山西省文联在第八届"小荷风采"全国少儿舞蹈展演喜获佳绩】………………………………328
【谢涛荣获"第四届全国中青年德艺双馨文艺工作者"荣誉称号】………………………………329
【山西省文联在山西省直机关"菜单式"体育比赛——健身舞比赛中获得金奖】………………329
【山西省文联在山西省直机关"菜单式"体育比赛——台球比赛中获"道德风尚奖"】………………329
【李彩英获第二届"和平杯"全国曲艺票友邀请赛"十大名票"称号】………………………………329
【长治市荣膺"中国曲艺名城"称号】………………329
【山西省文联调研组赴晋中市文联调研】………329
【山西省文联调研组赴阳泉市文联调研】………329
机关建设………………………………330
【机关党委组织开展学雷锋志愿服务和文明传播活动】………330
【山西省文联举办2015年度财务知识讲座】………330
【2015年山西省文联扶贫工作队成效显著】………330
直属单位………………………………330
【山西文化艺术传媒中心】………………………330
【山西艺术研究创作中心】………………………330
【山西省晋宝斋艺术总公司】……………………330
各文艺家协会………………………………330
【美术家协会】………………………………330
【书法家协会】………………………………331
【摄影家协会】………………………………331
【曲艺家协会】………………………………331
【音乐家协会】………………………………331
【戏剧家协会】………………………………331
【电影家协会】………………………………332
【电视家协会】………………………………332
【舞蹈家协会】………………………………332
【杂技家协会】………………………………332

【民间文艺家协会】......332

内蒙古自治区文联

综述......333
重要会议活动......333
【领导班子民主生活会】......333
【"送欢乐 下基层"——"情系北梁 走进安置新区"慰问活动】......333
【第六届草原文化与文学艺术论坛】......333
【内蒙古文联七届六次全委会】......334
【内蒙古大学第六期文研班暨文学创作高级研修班】......334
【草原文学精品工程长篇小说研讨会】......334
【"三严三实"专题教育工作部署暨专题党课报告会】......334
【第三批内蒙古自治区"一旗一品"文化品牌】......335
【内蒙古文艺界学习贯彻习近平总书记文艺工作座谈会重要讲话精神研修班】......335
【第四届乌兰夫基金民族文化艺术奖】......335
【5.23"到人民中去"文艺志愿服务活动】......335
【中国文联党组书记、副主席赵实到内蒙古调研】......336
【内蒙古美术馆开工建设】......336
【第十一届内蒙古自治区文学创作"索龙嘎"奖】......336
【亮丽风景线——内蒙古美术作品主题展】......336
【庆祝建党94周年暨表彰与新党员宣誓大会】......337
【第九届全国青年文艺评论家高级研修班】......337
【全区文艺志愿服务活动现场经验交流会】......337
【内蒙古民族题材影视发展论坛】......337
【勿忘国耻·圆梦中华——内蒙古自治区纪念中国人民抗日战争暨世界反法西斯战争胜利70周年摄影、美术、书法展】......338
【第四届中国蒙古舞大赛暨第四届内蒙古电视舞蹈大赛】......338
【电影《诺日吉玛》研讨及与媒体见面会】......338
【内蒙古自治区文艺志愿服务活动纪实展】......338

【第三届内蒙古自治区青年美术作品展】......339
【内蒙古文艺界深入学习习近平总书记在文艺工作座谈会上的重要讲话精神暨《中共中央关于繁荣发展社会主义文艺的意见》座谈会】......339
【内蒙古文联"中国文艺评论基地"挂牌仪式】......339
【内蒙古自治区文学艺术界联合会第八次代表大会】......339
获奖情况......340
对外及对港澳台地区文化交流......340
各文艺家协会......340
【作家协会】......340
【音乐家协会】......341
【书法家协会】......341
【美术家协会】......341
【摄影家协会】......341
【民间文艺家协会】......342
【戏剧家协会】......342
【曲艺家协会】......342
【舞蹈家协会】......342
【电影家协会】......342
【电视艺术家协会】......343
【杂技家协会】......343
【文学翻译家协会】......343
【理论研究室（文艺评论家协会）】......343
【职工文联】......343
直属单位......343
【《草原》杂志社】......343
【《花的原野》杂志社】......343
【内蒙古美术馆】......344

辽宁省文联

综述......345
重要会议与活动......345
【辽宁省文联第七届委员会第五次（扩大）会议】......345
【"望年·送春联"暨我们的"中国梦"——千名书家送万"福"进万家公益活动】......345
【"大美之德"美术创作工程作品展】......345

【"悦读阅美"最美读书沈阳主题摄影大赛】..........346	【古典室内乐系列音乐会】......................................350
【"到人民中去"辽宁文艺志愿者深入基层服务活动】..................346	【第五届辽宁音乐金钟奖】......................................350
【"翰墨新星——向上向善"辽宁省青少年书法大赛】..........346	【第四届辽宁美术金彩奖】......................................350
【"舞动梦想"中国舞协百姓健康舞(辽宁版)全省推广成果展】..........346	【第四届辽宁曲艺牡丹奖】......................................350
【纪念反法西斯战争胜利70周年——第二届"梦之青春"辽宁省青年美术新人新作展】..........346	【第四届辽宁文艺评论奖】......................................351
【影像"中国梦"摄影艺术展沈阳巡展】................346	对外文化交流......................................351
【"致敬祖国"辽宁画院双年展】..........................347	【与日本佐贺县书法交流代表团书法交流活动】.....351
【"写意中国"首届中国画水墨大展及座谈会】......347	【赴加拿大、美国文化艺术交流】.........................351
【第二届中国·沈阳(铁西)国际工业摄影大展新闻发布会暨启动仪式】......................347	机关建设......................................351
【2015年全省文联系统领导干部学习培训班】......347	【"三严三实"专题教育】......................................351
【辽宁省第五届大学生戏剧节】..........................347	【"在职党员进社区"】......................................351
【纪念反法西斯战争胜利暨中国人民抗战胜利70周年辽宁省第二届青年书法展、第三届篆隶楷书书法展】..........................347	【"帮企业稳增长促振兴"】......................................351
	【驻村扶贫】......................................351
	【强化干部管理】......................................351
【首届辽宁省青年摄影大展暨第六届辽宁省青年摄影十佳金镜头奖】..........348	【干部队伍建设】......................................352
【翰墨薪传·辽宁中小学书法教师培训班】................348	【组织学习培训,提高干部队伍整体素质】................352
【田连元先生从艺60周年系列纪念活动】..........348	直属单位......................................352
【辽宁省首届大学生曲艺节】..........................348	【辽宁省文艺理论研究室】......................................352
创作研究与评奖......................................348	【音乐生活杂志社】......................................352
【长篇评书《铁马冰河丹心谱》开播】................348	【辽宁美术馆】......................................352
【辽宁重大题材美术创作工程启动仪式暨新闻发布会】..........................349	【辽宁画院】......................................352
【采风活动】......................................349	【辽宁图片资料馆】......................................352
【传统魔术继承与发展研讨会】..........................349	各文艺家协会......................................353
【2015·辽宁文艺论坛】......................................349	【辽宁省戏剧家协会】......................................353
【辽宁省文联被授予首批"中国文艺评论基地"】.....349	【辽宁省音乐家协会】......................................353
【人民艺术家李默然艺术人生论坛】................349	【辽宁省美术家协会】......................................353
【第七届中青年文艺评论骨干读书班】................349	【辽宁省摄影家协会】......................................354
【辽宁省文联特聘评论家签约仪式】................350	【辽宁省书法家协会】......................................354
【辽宁文艺微评论】......................................350	【辽宁省舞蹈家协会】......................................355
【"艺术对谈"】......................................350	【辽宁省曲艺家协会】......................................355
	【辽宁省民间文艺家协会】......................................355
	【辽宁省电影家协会】......................................356
	【辽宁省电视艺术家协会】......................................356
	【辽宁省杂技家协会】......................................356
	【辽宁省文艺理论家协会】......................................357

吉林省文联

综述	358
重要会议与活动	358
【省文联八届三次全委（扩大）会议】	358
【全省基层文联工作经验交流会暨文艺志愿服务工作现场会】	358
【全省文艺界学习贯彻习近平总书记在文艺座谈会上的讲话暨中共中央《关于繁荣发展社会主义文艺的意见》精神座谈会】	358
【吉林省第三届青少年戏曲大赛】	359
【吉林省残疾人文学艺术界联合会成立】	359
【王瑶赴长白山调研吉林省摄影工作】	359
【"大美长白"——长白山题材美术作品巡回展】	359
【2015第二届吉林省市民文化节群众舞蹈（优秀作品）展演】	359
【第十四届东北三省戏剧理论研讨会】	360
【"银龄风采"吉林省老年百团歌舞大赛】	360
【"'一带一路'·神韵长白山"第六届东北亚国际书画摄影展】	360
【"生命的读本"——《抗战老兵口述史》抢救工程收官暨抗战胜利70周年纪念活动】	360
【"纪念中国人民抗日战争暨世界反法西斯战争胜利70周年"吉林省美术作品展】	360
【纪念中国人民抗日战争胜利70周年吉林省书法作品大展】	361
【王明明、王俊杰获第四届"全国中青年德艺双馨文艺工作者"荣誉称号】	361
【第27届吉林省电视文艺"丹顶鹤"奖评选活动】	361
【吉林省第21届摄影艺术展、2015中国长白山"雪之魂"国际摄影大展、2015吉林国际摄影双年展】	361
文艺志愿服务	361
"文化惠农直通车"活动走进柳河县柳河镇采胜村】	361
省文联文艺志愿服务团重走抗联路"送欢乐、下基层"通化、白山行系列惠民活动】	362
省文联文艺志愿服务团"欢声笑语吉林行——走进黄龙府"送文化到农安专场演出】	362
【农民文化节送文艺演出走进农安县前岗乡新开村】	362
【"深入生活、扎根人民"情系林场大型文艺演出】	362
自身建设	362
【组织建设】	362
【机关建设】	363
各文艺家协会	363
【戏剧家协会】	363
【电影家协会】	363
【音乐家协会】	364
【美术家协会】	364
【曲艺家协会】	365
【舞蹈家协会】	365
【民间文艺家协会】	365
【摄影家协会】	366
【书法家协会】	367
【杂技家协会】	367
【广播电视艺术家协会】	367
【二人转艺术家协会】	368
【民俗学会】	368
事业单位	368
【吉林省书画院】	368
【文艺期刊】	369

黑龙江省文联

综述	370
重要会议活动	371
【省文联六届五次全委会】	371
【"省美术家协会工作会议"】	371
【黑龙江省美术家协会水彩画艺术委员会成立大会】	371
【黑龙江省音乐家协会专业委员会成立大会】	371
品牌活动	372
【黑龙江省群众文化建设"十百千工程"优秀成果展览、	

展演】 372
【黑龙江省戏剧大赛】 372
【首届黑龙江省大学生电影节】 372
【惠民文艺志愿服务活动】 372
创作与研究 373
【获奖情况】 373
【理论评论】 375
【创作情况】 375
对外及对港澳台地区文化交流 376
机关建设 376
直属单位 377
【《文艺评论》编辑部】 377
【黑龙江省美术馆】 377
【《章回小说》杂志社】 378
【新闻图片档案馆】 378
【各文艺家协会】 378
基层文联 381

上海市文联

综述 382
会议与活动 383
【马公愚诞辰120周年纪念展暨研讨会】 383
【第12届全国美展暨中国美术奖创作奖、获奖提名作品展览上海巡展】 383
【第25届上海白玉兰戏剧表演艺术奖】 383
【第32届上海之春国际音乐节】 384
【全国青年舞台美术家研修班】 384
【全国首届青年戏剧创作会议】 384
【2015上海青少年书法艺术奖暨书法篆刻展】 384
【2015上海市摄影艺术展览】 385
【沪、通两地纪念表演艺术家赵丹、顾而已、钱千里、朱今明】 385
【民族脊梁——纪念中国人民抗日战争暨世界反法西斯战争胜利70周年系列展】 385
【2015海派书法进京展】 386
【"中国精神·中国梦"城镇化进程与农民画发展路径研讨会】 386

【第五届上海市德艺双馨文艺工作者表彰座谈会】 386
对外交流 386
【市美协与日本昭和美术会友好交往30周年庆典活动】 386
【西班牙格拉纳达音乐节组委会代表团访沪】 387
【蒙古国美术家摄影交流展】 387
【日中文化交流协会来沪交流】 387
【上海·釜山书法交流展】 387
【市文联艺术家代表团参加韩国釜山艺术节】 387
【市文联青年艺术家代表团参加美国布兰森上海文化周】 388
【越南胡志明市文联访沪】 388
【上海·釜山书法艺术交流展】 388
各文艺家协会 388
【"陆羽会杯"2014上海市青年书法篆刻大展】 388
【"我要上东方卫视春晚"——2015首届"当天杯"广场舞蹈大赛】 388
【少儿戏曲"小白玉兰"迎新春暨上海越剧业余小花班成立25周年专场演出】 389
【"上海的声音"首届上海沪剧艺术节】 389
【纪念程之先生九十诞辰座谈会】 389
【第八届上海德艺双馨电视艺术工作者评选活动】 389
【"开心客堂"曲艺名家下乡活动】 389
【第二届魔术进校园系列活动】 389
【纪念世界反法西斯战争胜利70周年音乐会】 389
【纪念陈云同志诞辰110周年演出活动】 390
【海上电影论坛之"旋律人生"】 390
【首届上海新视角微电影大赛】 390
【2015年第五届粉墨佳年华上海优秀青年演员展演】 390
【第18届江南之春市民美术作品展】 390
【2015全国剪纸名家精品展】 391
【第八届上海美术大展暨第四届白玉兰美术奖】 391
【2015中外诗歌进地铁系列活动】 391
【上海市戏剧家协会第七次代表大会】 391
【第八届上海大学生魔术大会】 391

【上海市创意设计工作者协会
第二次会员代表大会】..................392
【沪、津、台两岸三地演艺业态交流系列活动】......392
【第二十四届金秋诗会】..................392
【2015上海首届学生曲艺节】..................392
【第12届CASIO杯翻译竞赛】..................393
【上海少儿戏曲小白玉兰电视颁奖暨迎新展演】......393
【激情纸艺——2015上海原创纸艺大展】..................393
事业单位..................393
【2015年上海书画院画师年展】..................393
【丁申阳书法作品展】..................394
【第二届全国校园剧本征集活动】..................394
【纪实文学创作
暨《海上谈艺录》丛书写作研讨活动】..................394

江苏省文联

综述..................395
重要会议与活动..................395
【学习贯彻重要讲话精神】..................395
【江苏省第九次文代会】..................395
【"两大主题"活动成果丰硕】..................396
【"四大品牌"影响力提升】..................396
【"六大平台"建设基本完成】..................397
【省文联其他工作】..................397
各文艺家协会..................398
【戏剧家协会】..................398
【电影家协会】..................399
【音乐家协会】..................399
【美术家协会】..................400
【曲艺家协会】..................401
【舞蹈家协会】..................402
【民间文艺家协会】..................403
【摄影家协会】..................404
【书法家协会】..................405
【杂技家协会】..................406
【电视家协会（动漫艺术家协会）】..................406
【文艺评论家协会】..................408

浙江省文联

综述..................410
文联和协会换届..................410
【省八次文代会】..................410
【省曲协第八次会员代表大会】..................410
【省音协第八次会员代表大会】..................410
【省民协第八次会员代表大会】..................411
【省杂协第三次会员代表大会】..................411
【省舞协第七次会员代表大会】..................411
【省影协第七次会员代表大会】..................411
【省剧协第八次会员代表大会】..................411
【省书协第七次会员代表大会】..................411
【省视协第六次会员代表大会】..................412
【省美协第八次会员代表大会】..................412
【省摄协第七次会员代表大会】..................412
重要会议与活动..................412
【浙江文艺界2015新春联欢会】..................412
【七届五次全委会与七届九次主席团会议】..................412
【文化援疆】..................412
【"美丽浙江·百水赋"
——浙江书坛名家百家百卷作品展】..................413
【"百年追梦"浙江美术创作精品工程】..................413
【第五届中国书法兰亭奖】..................413
【浙江首届纪实摄影大展】..................413
【浙江省视觉艺术"新峰计划"】..................413
【全国杂技精品展演】..................413
【中国文联信息工作调研座谈会】..................414
【全省文联系统组联工作会议】..................414
【"到人民中去"中国美协文艺志愿服务】..................414
【浙江省第六届青年美术作品展览】..................414
【人民的力量
——纪念抗战胜利70周年浙江书法展】..................414
【"五水共治"美术作品展】..................414
【"血肉长城——浙江省纪念中国人民抗日战争胜利
七十周年美术作品展"】..................414
【"横漂"调研】..................414

【中国青年文艺评论"西湖论坛"】..................414
【万年浦江全国中国画山水作品展】..................415
【TOP20·2015中国当代摄影新锐展】..................415
【中国文艺评论基地】..................415
【"抱华追梦——何水法花鸟画展"】..................415
【学习贯彻《中共中央关于繁荣发展社会主义文艺的意见》】..................415
【第十二届中国民间文艺"山花奖"】..................415
【浙江展览馆修缮改造】..................415
创作与评奖..................415
【首届"陆俨少奖"】..................416
【第二届浙江音乐奖】..................416
【首届浙江曲艺奖颁奖】..................416
【浙江省电影"凤凰奖"】..................416
【浙江电视"牡丹奖"】..................416
文艺惠民与服务基层..................417
对外文化交流..................417
【"浙江省水彩画家作品展"在西班牙马德里举办】..................417
【浙江省电影代表团访问捷克、波兰和荷兰】..................417
【浙江省电视代表团赴俄罗斯、捷克、匈牙利进行电视节目推广洽谈】..................417
【澳门"诗画浙江"旅游图片展】..................417
机关建设..................418
【"三严三实"专题教育活动】..................418
【机关党委、纪委换届】..................418
【机关工会换届】..................418
直属文艺家协会和直属单位..................418
【第十届中国摄影金像奖】..................418
【省第十五届摄影艺术展、2014浙江当代摄影新锐展巡展】..................418
【微电影专业委员会】..................418
【省曲协、省杂协"文化走亲"】..................418
【《青山绿水"中国梦"全国农民画展和浙江省民间工艺精品展作品集》】..................418
【高校评论社】..................418
【美术采风写生】..................418

【曲艺进文化礼堂巡演】..................419
【故事创作年会】..................419
【省级评协秘书长工作会议】..................419
【省书协全省分片系列活动】..................419
【摄影工作坊】..................419
【小梅花荟萃】..................419
【"小友友杯"青少年大提琴（业余）公开赛】......419
【兰亭书会文献展】..................419
【"绿水青山"浙江省水彩画家作品展】..................419
【"浙江摄影史"】..................419
【浙江青年歌唱家大赛】..................419
【纪念中日文化交流大师东皋心越逝世320周年系列活动】..................420
【"小荷风采"和"荷花少年"】..................420
【省第十四届水彩、粉画展】..................420
【省第七届"陆维钊奖"】..................420
【中青年摄影人才研修班】..................420
【"家在千岛湖——吴宗其摄影作品展"】..................420
【省第二十四届国际标准舞锦标赛】..................420
【全国第二届曲艺研究论坛】..................420
【中国剧协第八次代表大会】..................420
【第二届浙江工艺美术双年展】..................420
【第三届浙江省青年文艺评论人才研修班】..................420
【"国之忠魂·抗日战争殉国将领名录"】..................420
【2015浙江戏剧创作年会】..................421
【首届全国（宁波）综合材料绘画双年展】..................421
【江南丝竹】..................421
【民间灯彩大赛】..................421
【第五届曲艺杂技魔术节】..................421
【"走进丽水"采风作品展】..................421
【浙江画院美术家长兴煤山革命老区采风创作】..................421
【全国美术名家"丝路行"】..................421
【全国书法名家邀请展暨美术馆发展论坛】..................421
【第二届"美丽浙江"微电影大赛】..................421
【第五届浙江省民间文艺映山红奖】..................421
【第六届中国民间艺人节】..................421
【杭州记事——池沙鸿新作展】..................421

【"青春作伴好还乡"张伟民作品展】......421
【湖山掩映——浙江画院专职画师作品展】......421
【电视专业人员培训班】......422
【第九届"浙江戏剧论坛"】......422
【青铜古兵器文化研究专业委员会】......422
【第三届波兰—中国·浙江电影周剧本研讨会】......422
【浙江画院山水作品采风展】......422

安徽省文联

综述......423
会议与活动......423
【省文联开展春节走访慰问活动】......423
【首家省级玉石博物馆落户徽园】......423
【季宇新作《淮军四十年》作品研讨会在肥召开】......423
【徽园生活艺术节】......424
【中国作家"深入生活、扎根人民"采风创作暨鲁迅文学奖大讲堂石台行活动】......424
【"我们的沃土我们的梦"吕士民风俗画作品展在京开幕】......424
【第二届鲁彦周文学奖颁奖】......424
【省文联到宣城市调研"中国书法城"申创工作】......424
【安徽诗歌奖颁奖仪式】......425
【安徽作家重走红军抗日先遣队北上之路】......425
【全国首个农民工主题摄影展在北京开幕】......425
【省文联领导看望慰问抗战老战士】......425
【《陶天月书画作品集》首发式暨理论研讨会】......425
【"'中国梦'·黄山魂"全国山水画（中国画）作品展】......426
【2015安徽文艺界千名文艺家再出发下基层活动启动仪式暨2014"我们的沃土我们的梦"采风创作活动成果展览暨表彰大会】......426
【艺术为人民——吕士民风俗画作品展】......426
【皖江文化博物馆在徽园开馆】......426
【召开"三严三实"专题民主生活会】......427

对外文化交流......427
【俄文版《重瞳·中国安徽作家作品集》在俄罗斯出版发行】......427
【省文联领导会见日本中国文化交流协会代表团】...427
【举办"魅力安徽"摄影图片展】......427
创作与研究......427
【季宇新作《淮军四十年》出版】......427
【季宇新作《勇敢者的精神》出版】......427
获奖情况......427
【"全国第十一届书法篆刻展"成绩显著】......427
【"第五届中国书法兰亭奖"1人获奖，12人入展】......427
【"第十二届中国民间文艺山花奖"安徽摘下两朵"山花"】......428
【"第二十五届全国摄影艺术展"安徽成绩优良】......428
【丁寺中获"第四届全国中青年德艺双馨文艺工作者"荣誉称号】......428
【韩再芬再获梅花奖】......428
机关建设......428
【扎实开展"三严三实"专题教育】......428
直属单位......428
【安徽文学艺术院】......428
【安徽文艺理论研究室】......428
各文艺家协会......429
【作家协会】......429
【戏剧家协会】......429
【书法家协会】......430
【摄影家协会】......430
【民间文艺家协会】......431
【舞蹈家协会】......431
【曲艺家协会】......432
【杂技家协会】......432
【电影电视艺术家协会】......432
文艺期刊......432
【《清明》杂志社】......432
【《安徽文学》杂志社】......432

【《艺术界》杂志社】	432
【《传奇·传记文学选刊》杂志社】	433
【《诗歌月刊》杂志社】	433

福建省文联

综述	434
会议和活动	434
【福建省文联艺委会2015年第一次会议】	434
【福建省文联七届二次全委会】	434
【"深入生活 扎根人民"主题实践活动部署会】	435
【福建省文联系统二十二期干部读书班】	435
【中国著名作家福建"海上丝绸之路"主题创作活动】	435
【"到人民中去"——文艺志愿服务走进平潭】	435
【"岁月留金"——汤志义大漆艺术展】	436
【福建文艺志愿者迎"七一"走进东山学习、弘扬谷文昌精神】	436
【第三届福建舞蹈"百合花奖"专业舞蹈大赛暨中国舞蹈"荷花奖"福建选拔赛】	436
【"八一"进军营暨纪念抗日战争胜利70周年文艺演出】	436
【福建省首个高校文联——福建农林大学文联成立】	437
【"海丝艺传"2015福建（中国）工艺美术大师精品展】	437
【隆重组织纪念抗日战争胜利70周年活动】	437
【2015闽派文艺理论家批评家高峰论坛暨"闽派诗歌"研讨会】	438
【纪念习近平总书记文艺工作座谈会上重要讲话发表一周年专场惠民演出】	438
【成立中国寿山石文化发展研究中心】	438
【中国（福建·泰宁）古村落文化遗产保护高峰论坛】	438
【中国石雕艺术中青年传承人高级研修班暨中国石雕艺术中青年传承人创作精品展】	439
创作与研究	439
创作情况	439
获奖情况	439
对外及对港澳台地区文化交流	440
【海峡两岸中青年散文家交流会暨散文创作高研班】	440
【第十届"海峡诗会"】	441
【首届海峡两岸大学生舞蹈大赛】	441
【"海丝寻梦"——2015两岸四地优秀舞蹈展演】	441
【"海上丝路·大美福建"东欧巡回摄影展】	441
【2015海峡两岸曲艺欢乐汇】	442
【第七届海峡两岸电视主持新人大赛和首届海峡两岸电视主持人高峰论坛】	442
【其他对台文艺交流活动】	442
【对外及港澳文艺交流活动】	443
自身建设	443
【机关建设】	443
【服务文艺家、服务基层、服务群众】	443
【"三严三实"专题教育】	444
直属单位	444
【文艺理论研究室】	444
【文学艺术对外交流中心】	445
【省文学院】	445
【福建省画院】	445
【冰心文学馆】	445
【《福建文学》杂志社】	445
【《台港文学选刊》杂志社】	445
【《故事林》杂志社】	445
【第三产业服务中心】	446
各文艺家协会	446
【作家协会】	446
【戏剧家协会】	446
【美术家协会】	446
【音乐家协会】	446
【电影家协会】	447
【摄影家协会】	447
【曲艺家协会】	447

【舞蹈家协会】 ... 447
【民间文艺家协会】 ... 447
【书法家协会】 ... 448
【电视艺术家协会】 ... 448
【杂技家协会】 ... 448
基层文联 ... 448
【厦门市文联】 ... 448
【上杭县文联】 ... 449

江西省文联

综述 ... 450
会议与活动 ... 450
【中国作协主席铁凝来赣走访调研】 ... 450
【"万山红遍"——省文学艺术界春节大联欢】 ... 451
【纪念习总书记文艺工作座谈会上讲话一周年汇报演出】 ... 451
【被授予首批"中国文艺评论基地"】 ... 451
【"拟古出新"——汪天行山水画新作展】 ... 451
【"到人民中去——沿着母亲河行走"系列活动】 ... 451
【"羊"春三月谷雨诗会】 ... 452
【纪念抗战胜利暨反法西斯战争胜利70周年楹联、诗词、绘画征集】 ... 452
【江西省曲艺家协会第五次代表大会】 ... 452
创作与研究 ... 452
【江西长篇小说重点扶持工程签约仪式】 ... 452
【景德镇题材文艺创作研讨会】 ... 452
【江西新散文作家群研讨会】 ... 452
【"江西风景独好"
——赣鄱山水入画来采风写生】 ... 453
机关建设 ... 453
【"三严三实"专题教育】 ... 453
【法治文联建设】 ... 453
【"互联网+文艺"工作】 ... 453
各文艺家协会 ... 454
【作家协会】 ... 454
【戏剧家协会】 ... 454
【电影家电视艺术家协会】 ... 455

【音乐家协会】 ... 456
【舞蹈家协会】 ... 456
【美术家协会】 ... 457
【书法家协会】 ... 457
【摄影家协会】 ... 458
【民间文艺家协会】 ... 459
【曲艺家协会】 ... 459
【文艺评论家协会】 ... 460
【企业文联】 ... 460
【文艺志愿者协会】 ... 461

山东省文联

综述 ... 462
会议与活动 ... 462
【山东省纪念中国人民抗日战争暨世界反法西斯战争胜利70周年美术书法摄影展】 ... 462
【第二届山东省群众交响合唱音乐会】 ... 462
【第八届山东国际大众艺术节】 ... 462
创作与研究 ... 463
【创作情况】 ... 463
【获奖情况】 ... 463
【第八届山东省泰山文艺奖】 ... 463
文艺志愿服务、文化惠民 ... 463
机关建设 ... 464
各文艺家协会 ... 464
【戏剧家协会】 ... 464
【美术家协会】 ... 465
【书法家协会】 ... 465
【杂技艺术家协会】 ... 467
【摄影家协会】 ... 467
【曲艺家协会】 ... 468
【电影家协会】 ... 468
【音乐家协会】 ... 469
【民间文艺家协会】 ... 470
【舞蹈家协会】 ... 470
【电视艺术家协会】 ... 471
基层文联 ... 471

河南省文联

综述 473
重要会议与活动 473
【马基光艺术回顾展】 473
【第二届河南音乐金钟奖合唱比赛】 ... 473
【第六届黄河戏剧奖】 473
【慰问演出走进兰考】 473
【百花回报沃土】 474
【河南省文联慰问对口帮扶村】 474
【2015年全省文联工作会议】 474
【第十届马街书会全国曲艺邀请赛】 ... 474
【第七届中国（鹤壁）民俗文化节】 ... 474
【曹新林油画展】 475
【2015年中国（开封）清明文化节】 ... 475
【全国魏碑书法大赛暨魏碑书法论坛】 ... 475
【"文明生活·教你一招"培训班】 476
【"深入生活、扎根人民"动员会】 476
【杨杰到鹿邑调研】 476
【文艺志愿服务】 476
【第七届黄河戏剧奖·小戏小品奖大赛】 ... 476
【第三届河南舞蹈"洛神奖"评奖】 ... 477
【"庆八一·墨舞军威"书画慰问】 477
【第六届河南省专业声乐、器乐大赛】 ... 477
【纪念抗战胜利70周年系列活动】 ... 477
【豫剧院团工作交流会】 477
【河南三人被评为
  "全国中青年德艺双馨文艺工作者"】 ... 477
【首届河南坠子大会】 477
【河南美术摄影作品创作成果展】 ... 478
【河南艺术家走进甘肃定西】 478
【河南省文联12个文艺家协会完成换届】 ... 478
【第九届河南省戏曲红梅奖大赛】 ... 479
创作与研究 479
获奖情况 480
对外文化交流 480
【俄罗斯著名油画家作品展】 480
【海内外华人书画名家作品邀请展】 ... 481
【郑州国际马戏邀请赛】 481
【2015郑州俄罗斯电影周】 481
各文艺家协会 481
【王绶青文学生涯60年研讨会】 481
【"河南故事"有奖征集】 481
【奔流作家改稿班】 481
【涌泉相报专场晚会】 482
【省剧协设唐河为帮扶基地】 482
【李树建当选中国剧协副主席】 482
【油画中原走进汝州】 482
【美术活动】 482
【"河南省书法之乡"命名】 482
【河南省第二十四届群众书法作品展】 ... 482
【宋华平当选中国书协副主席】 482
【省摄协"送文化下基层"】 482
【2014年度"河南省风光摄影十杰"摄影展】 ... 483
【第十九届河南省摄影艺术展】 483
【"深入生活·扎根人民·讲好故事"活动】 ... 483
【第七届中部六省曲艺大赛】 483
【沈丘被授予"中国曲艺之乡"】 483
【舞蹈展演比赛】 483
【付继恩当选中国杂协副主席】 484
【首届中原贡品、河南老字号文化展览会】 ... 484
【第八届民间工艺美术博览会】 484
【民间文化之乡建设】 484
【孙方友《陈州笔记》研讨会】 484
【2015年河南省文学创作与文艺评论研修班】 ... 484

湖北省文联

综述 485
会议与活动 485
【翰墨飘香"中国梦"——"荆风楚韵·湖北省书法院首届院展"】 485
【春之声·家乡情——杜鸣心作品音乐会】 485
【中国文联、中国摄协"'中国梦'——送欢乐下基层"活动走进湖北大悟】 486

【"我的'中国梦'"摄影大展】..................486
【百花迎春·2015湖北文学艺术界
新春大联欢】..................486
【"红色土地 金色梦想"——2015年第五届中国农民
春节联欢会】..................486
【湖北省文联九届四次全委(扩大)会议召开,湖北省
文艺志愿者协会成立】..................486
【中国文联湖北省文联文艺支教服务点建立】..........486
【"湖北画家画湖北"
——文艺志愿服务团走进阳新】..................487
【"到人民中去——文艺家走进大别山革命老区英山"
文艺志愿服务活动】..................487
【第二届"红色老区 灵秀大悟"
全国摄影大展作品展】..................487
【"习近平用典"全国名家书法特别展】..................487
【"不逾矩不——韩天衡学艺70年作品展"】..................487
【荆楚画派品读展暨荆楚画派名家作品集首发式】 487
【2015年"夏之风·东湖戏曲惠民展演周"】..................487
【"翰墨薪传·全国中小学书法教师培训项目"华中、
华南地区培训班】..................488
【2015中国(武汉)期刊交易博览会】..................488
【影像"中国梦"摄影巡展】..................488
【纪念抗战胜利70周年中国·襄阳米芾书风全国书法作
品展】..................488
【第四届湖北美术节
暨第二届湖北国际当代艺术节】..................488
【第26届湖北省摄影艺术展】..................488
【国风归来——周韶华艺术作品展】..................489
【第8期全国地县级文联负责人"创新发展与品牌建设"
专题研修班】..................489
【首届全国剧本创作交易会】..................489
【土家乡村音乐剧《黄四姐》成功上演】..................489
文艺创作与研究..................489
【中国端午节俗与屈原文化学术研讨会举行】..................489
【第十三届湖北曲艺"百花书会"评奖】..................490
【纪念杨守敬逝世100周年书法学术研讨会】..................490
【陈方既与当代书学思想学术研讨会】..................490

【舞谱杯·第四届湖北金凤奖】..................490
【第五届湖北少儿文艺金蕾奖(展览艺术类)】..........490
【第十一届湖北戏剧牡丹花奖颁奖暨惠民演出】........490
采风与文化交流..................491
【湖北书画家九人作品国际交流展】..................491
【"我家就在长江边"中部四省书法作品展】..................491
【荆楚风·丝路情——湖北文艺家赴"一带一路"沿线
开展创作采风活动】..................491
【海峡两岸书法家在汉举行书法交流活动】..................491
机关建设..................491
开展"三严三实"专题教育活动】..................491
【积极落实"两个责任",
推进文联机关党风廉政建设】..................492
【严格执行机构编制审批程序和编制管理制度】......492
【认真落实"精准扶贫"对口帮扶工作】..................492
市州与产(行)业文联..................492
【市州与产(行)业文联工作亮点纷呈】..................492
直属企事业单位..................493
【今古传奇报刊集团】..................493
【湖北画报社】..................493
【书法报社】..................493
【戏剧之家杂志社】..................494
【文学艺术院】..................494
【湖北省国画院】..................494
各文艺家协会..................494
【戏剧家协会】..................494
【音乐家协会】..................494
【美术家协会】..................495
【曲艺家协会】..................495
【摄影家协会】..................495
【舞蹈家协会】..................495
【民间文艺家协会】..................495
【书法家协会】..................496
【电影家协会】..................496
【文艺理论家协会】..................496
【杂技家协会】..................496
【电视家协会】..................496

湖南省文联

综述 497
会议与活动 497
【习近平总书记重要讲话精神学习活动】................ 497
【"中国梦"主题创作活动】.................................. 498
【纪念抗战胜利70周年系列活动】......................... 498
【"气壮山河——纪念中国人民抗日战争暨世界反法西斯战争胜利70周年文艺演出"】................................ 498
【湖南省文联文艺支教活动】................................ 499
【湖南省文艺界学习"时代楷模"段江华先进事迹座谈会】.. 499
【"武陵追梦"湖南省文艺家采风创作活动】.......... 499
文艺调研及文艺交流 500
【中国文联副主席夏潮到湖南调研】...................... 500
【湖南省人民政府副省长李友志到湖南省美术馆项目工地调研】... 500
【湖南省文联开展文化强省建设大调研】.............. 501
【"美丽中国·美丽孟加拉"采风创作、交流活动】.. 501
【第二届中国（长沙）雕塑文化艺术节】.............. 501
文艺惠民及扶贫开发 502
【文艺惠民】.. 502
【扶贫开发】.. 502
机关建设 503
【思想作风建设】... 503
【组织队伍建设】... 503
【基础设施建设】... 503
创作与获奖 503
【戏剧】... 503
【电影】... 503
【音乐】... 504
【美术】... 504
【舞蹈】... 504
【民间文艺】.. 504
【摄影】... 504
【书法】... 504
【杂技】... 504
直属单位 504
【文艺理论研究室】... 504
【湖南省画院】.. 505
各文艺家协会 505
【湖南省戏剧家协会】.. 505
【湖南省电影家协会】.. 505
【湖南省音乐家协会】.. 505
【湖南省美术家协会】.. 505
【湖南省曲艺家协会】.. 505
【湖南省舞蹈家协会】.. 505
【湖南省民间文艺家协会】................................... 506
【湖南省摄影家协会】.. 506
【湖南省书法家协会】.. 506
【湖南省杂技家协会】.. 506
【湖南省电视艺术家协会】................................... 506
【湖南省设计艺术家协会】................................... 506
【湖南省文艺评论家协会】................................... 506
【企事业文联】.. 507

广东省文联

综述 508
重要会议与活动 508
【广东省副省长陈云贤到省文联调研】.................. 508
【广东省文联第七届三次全委会暨2015年全省文联工作会议】.. 508
【中国文联党组副书记李屹一行到广东调研】........ 508
【广东省文联与南方报业传媒集团签署战略合作框架协议】.. 509
【扬时代之光——杨之光艺术研究展】.................. 509
【纪念萧殷诞辰100周年学术座谈会在广州举行】.... 509
【纪念中国人民抗日战争胜利70周年系列活动】.... 509
【"我心中的文艺"主题征文活动】....................... 510
【海上丝绸之路系列活动】................................... 510
【广东星海音乐节】... 510
【第十二届广州大学生电影节】............................ 510
【2015中国粤港澳微电影"金种子奖"大赛】......... 510

【广东十大茶乡评选活动】……510
【第二届广东文艺终身成就奖揭晓】……511
【文艺人才培养】……511
文化惠民活动、文艺志愿服务与扶贫开发……511
理论研究……512
【理论课题研究】……512
【舞蹈理论研究】……512
民间文化保护与发展……512
【"梦里的古村"——广东省古村落摄影大展】……512
【广东省第四届花灯文化节】……512
【首届广东省泥人节】……512
【第二届广东省民间文化技艺大师评选】……512
【民间文艺书籍】……512
自身建设……512
【广东省文联第三期艺术讲座】……512
【广东省文联文艺舆情信息员培训会议】……513
【省文联召开"三严三实"专题学习会】……513
【第四期艺术讲座暨开展机关干部"三严三实"学习教育活动】……513
对外及对港澳台文化交流……513
【"粤台镜界"广东·台湾摄影名家精品展】……513
【广东省文艺代表团出访南太三国并进行艺术展演及文化交流】……513
直属单位……513
【广东文艺职业学院】……513
【岭南美术出版社有限责任公司】……514
【广东省文艺研究所】……514
【广东书法院】……514
【广东省文联艺术馆】……514
各文艺家协会……514
【戏剧家协会】……514
【电影家协会】……514
【电视艺术家协会】……515
【音乐家协会】……515
【舞蹈家协会】……515
【美术家协会】……515
【书法家协会】……516
【摄影家协会】……516
【曲艺家协会】……516
【杂技家协会】……517
【民间文艺家协会】……517
【文艺评论家协会】……518

广西壮族自治区文联

综述……519
会议与活动……519
【2015年全国文联文艺舆情信息工作会议】……519
【黄道伟到广西文联调研】……519
【洪波同志任广西文联党组书记、主席】……520
【广西文艺家读书班】……520
【纪念广西文联成立65周年座谈会】……520
【全国美术名家走进合浦】……520
【"中国文联文艺培训志愿服务项目——摄影培训班"】……520
【广西艺术作品展览】……521
【广西文联纪念习总书记文艺工作重要讲话一周年座谈会】……521
品牌活动……521
【"歌海元宵"广西文艺界元宵晚会】……521
【"广西校园戏剧节"】……521
【"美丽南方·广西"文艺创作】……521
创作与研究……522
【2014·广西美术书法摄影年度人物】……522
【2015广西文艺期刊发展研讨会】……522
【广西诗歌双年展作品研讨暨诗歌创作高级培训班在京举办】……522
【"第二届中国民族美术论坛"在南宁举行】……522
【"广西后三剑客"作品研讨会】……523
【"第五届全国青年美术作品展"广西画家获佳绩】……523
对外及对港澳台地区文化交流……523
【"广西书架"工程】……523
机关建设……523
【"三严三实"专题教育党课】……523
【财务知识专题培训班】……523

【2015年度党风廉政建设】……524
　各文艺家协会……524
【作家协会】……524
【音乐家协会】……524
【美术家协会】……525
【曲艺家协会】……526
【民间文艺家协会】……526
【书法家协会】……526
【杂技家协会】……527
【文艺理论家协会】……527
【文艺志愿者协会】……527
【广西桂学研究会】……528

海南省文联

综述……529
重要会议与活动……529
【省文联五届六次全委会在海口召开】……529
【省属文艺家协会换届会议圆满完成】……529
【首届海南省"南海文艺奖"揭晓】……530
【深入基层开展文艺志愿服务慰问演出】……530
【对外艺术交流展示海南文化魅力】……530
【第四届中国南方（海口）国际合唱艺术周在海口开幕】……531
【文艺晚会音乐舞蹈诗《征程》纪念海南解放65周年】……531
【编辑出版《光辉岁月·海南文学艺术大事记(1950—2013)》】……532
【《冯白驹和他的战友们》研讨会】……532
【电影《新青春之歌》海口正式杀青首映】……533
　文艺家协会……533
【戏剧家协会】……533
【音乐家协会】……533
【书法家协会】……534
【摄影家协会】……534
【民间文艺家协会】……534
【影视家协会】……535
【舞蹈家协会】……535

【美术家协会】……536
【曲艺家协会】……536
【文艺评论家协会】……536
文学艺术作品出版入选入展获奖……537
【文学】……537
【戏剧】……537
【舞蹈】……537
【书法】……538
【音乐】……538
【民间文艺】……539
【影视】……539
【美术】……539
【摄影】……540
【文艺评论】……540
【曲艺】……540
基层文联……540
【五指山市文联】……540

重庆市文联

综述……542
重要会议与活动……542
【中国文联文艺志愿服务工作会议暨中国文艺志愿者协会一届三次理事会议】……542
【全国文联组联工作会议暨外事工作座谈会】……543
【中国文联领导李前光书记在重庆市调研维权工作】……543
【中国文联领导左中一书记调研重庆市新文艺组织和青年文艺工作者状况】……544
【重庆市文联三届六次全委会】……544
【重庆市中青年文艺骨干和巴渝新秀文艺作品（项目）创作资助签约仪式】……544
【全市基层文联工作会议】……544
【2015年度文艺创作工作会议】……545
【开展修改完善文联章程专题调研活动】……545
【重庆市文联多项举措团结新文艺组织和体制外青年文艺工作者】……545
【创建文艺创作基地】……546

【重庆区县首家非公经济基层文联成立】..................546
【第四届重庆市中青年文艺骨干
暨巴渝新秀研修班】..................547
【首届重庆市曲艺创作高级研修班】..................547
展演活动和创作成果..................547
【重庆市文联文艺志愿服务活动的蓬勃开展】..................547
【"奉献人民·放歌巴渝"系列活动】..................548
【重庆文艺界新春联谊会】..................548
各文艺家协会..................548
【第五届重庆大学生戏剧演出季】..................548
【第二届重庆市声乐大赛】..................549
【第四届全国中小学书法教学高峰论坛暨教师书法作品
展系列活动】..................549
【第二届全国青少年书法大赛】..................549
【第六届"重影杯"
重庆市电影剧本征集评选活动】..................549
【石柱文化周】..................549
【首届重庆市大学生播音主持电视大赛】..................550
【第四届海峡两岸电视艺术节暨海峡两岸电视论坛】..................550
【纪念刘雪庵诞辰110周年音乐会】..................550
【中国美术馆经典藏品西部巡展】..................550
【第四届重庆青年美术双年展开展】..................551
【第八届重庆市书法篆刻作品展】..................551
【第二届渝西片区民间文艺作品展暨渝西民间文化艺术
博览会】..................551
【《再见，延安》摄影展】..................551
【"禅风古韵"高济民中国写意人物画展】..................552
【第二届全国青年摄影大展重庆巡展】..................552
【2015重庆国际艺术邀请展】..................552
【重庆（20世纪）70年代书法家37人作品展】..................552
【2015年度电影创作座谈会】..................552
【公益电影《山间传来牛铃声》举办首映式】..................553
获奖情况..................553

四川省文联

综述..................554
会议与活动..................554

【四川省文联六届七次全委会暨省文联系统先进集体和
先进个人表彰大会】..................554
【中国文联赵实书记来川调研】..................554
【"大山大水·大美四川美术创作工程优秀作品展"暨
四川美术馆落成仪式】..................554
【中国文联曲艺培训班在四川开课】..................555
【中国文联调研组来四川省文联调研】..................555
【第十届中国音乐"金钟奖"声乐四川选拔赛暨"小金
钟"钢琴四川选拔赛】..................555
【2015年全省文艺创作工作会】..................555
【2015四川藏戏创新与发展系列活动】..................556
【四川省和成都军区
纪念抗战胜利70周年美术作品展】..................556
【四川省第三届少儿曲艺大赛暨颁奖典礼】..................556
【"看四川"民间文艺创作工程展】..................556
【"看四川"摄影创作工程优秀作品展】..................556
【岳池杯·第三届中国曲艺之乡曲艺展演】..................556
【"海螺沟杯"第二届圣洁甘孜国际摄影大展】..................556
【2015成渝美术双百名家双城展】..................557
【戏歌剧《追梦人》】..................557
【"东方茉莉"青少年才艺大赛】..................557
【第三届川剧丑角戏传承展演】..................557
【第八届四川省巴蜀文艺奖颁奖大会暨省文联六届八次
全委会】..................557
【文艺志愿惠民活动】..................557
理论评论、创作、获奖..................558
【"四川摄影百年"综合项目（川西南）调研工作】..................558
【巴中通江县犁辕坝村调查成果获全国"优秀传统村落
档案"】..................558
【《纪录四川100双手》国家广电总局评为2014年度优
秀国产纪录片】..................558
【《雪梅，雪梅》等在"马街书会"上获奖】..................558
【电影剧本《律颂》研讨会】..................558
【《张飞之死》在全国皮影展演中获奖】..................558
【舞台剧《法定乾坤》剧本研讨会】..................558
【《箩圈变化》在第九届中国杂技金菊奖第六次全国魔
术比赛上获奖】..................558

【《羌族服饰文化图志》新书发布座谈会】..............559
【《耙耳朵》等在"南山杯"全国曲艺新人新作展演中获奖】..............559
【优秀青年编剧苏晓苑作品研讨会】..............559
【四川省第四届书法理论研讨会】..............559
【孙玉芬等在华东主持新人大赛中获奖】..............559
【《情深谊长》等在第十届中国舞蹈"荷花奖"民族民间舞评奖中获奖】..............559
【四川省文艺评论骨干第一期培训班】..............559
【"说唱四川·歌颂中国"曲艺创作工程——首届四川曲艺新人新作研讨会】..............559
【《金沙江水排》获第十二届山花奖】..............560
【栏目剧、微电影研修班】..............560
对外及对港澳台地区文化交流..............560
【剪纸艺术家黄英赴美国文化交流并参加联合国"中文日"活动】..............560
【四川谐剧表演家叮当参加中华曲艺海外交流】..............560
【"罗宾中国巡回讲座"在蓉举办】..............560
【杨屹荣获第六届欢乐谷杯国际魔术大赛金奖】..............560
【《我把我寄给你》等在第三届亚洲微电影艺术节中获奖】..............560
【科威特政府文化代表团到四川美术馆新馆参观考察】..............561
机关建设..............561
【组织学习省委重要会议精神】..............561
【省文联党组领导看望慰问老干部老艺术家】..............561
【赴锦江监狱开展党风廉政和反腐败警示教育活动】..............561
【"讲政治、守纪律、守规矩"学习反思会】..............561
【组织部署"三严三实"专题教育】..............561
【组织学习贯彻省委群团工作会议和省领导干部大会精神】..............561
【"三严三实"教育第三专题学习研讨会】..............562
【赴巴中开展革命传统和党风廉政建设教育活动】..............562
【省文联系统领导干部学习培训会】..............562
【学习贯彻省委十届七次全会精神】..............562

各文艺家协会及直属单位..............562
【戏剧家协会】..............562
【电影家协会】..............562
【音乐家协会】..............563
【美术家协会】..............563
【曲艺家协会】..............563
【舞蹈家协会】..............564
【民间文艺家协会】..............564
【摄影家协会】..............564
【书法家协会】..............564
【杂技家协会】..............565
【电视艺术家协会】..............565
【评论家协会】..............565
【沫若艺术院】..............565

贵州省文联

综述..............566
重要会议与活动..............566
【电视连续剧《二十四道拐》掀起收视高潮】..............566
【组织文艺工作者"送欢乐　下基层"进行慰问演出】..............566
【"全国卫视看贵州"大型主题采访活动】..............567
文艺创作..............567
【第六届贵州文艺奖评选工作】..............567
【第二届贵州少数民族文学"金贵奖"评选】..............568
【"黔风看今朝""菊梅月坛"】..............568
【贵州首届国画、书法、摄影"青年十佳"选拔赛】..............568
【全国名家牵手贵州基层美术家活动】..............568
【"中国书法家进万家行动计划"系列展览活动】..............569
【"黔灵毓秀·青春艺术——第四届贵州省高等学校美术专业毕业生优秀作品展"系列活动】..............569
【贵州省2015"最美乡村"舞蹈新作品展演、"黔岭歌飞"贵州省首届少数民族歌曲作品征集大赛】..............569
【贵州第十二届杜鹃书荟曲艺大赛系列活动】..............569
【文艺支教】..............569
【文艺交流】..............570

云南省文联

综述 571
重要会议与活动 571
【走基层 访民情——云南省文联文艺志愿服务团赴禄劝县翠华镇"送欢乐·下基层"】..................571
【省文联文艺家志愿者服务团"送欢乐·下基层"走进晋宁】..................................571
【省文联认真组织传达学习研讨习近平总书记考察云南工作重要讲话精神】..................572
【我省首届妇女美术作品展在昆开幕】..................572
【"到人民中去"中国文联文艺志愿服务走进云南】..................572
【李源潮观看"艺术云南——云南民族民间文化展示展演展览"】..................572
【袁晓岑百年诞辰艺术展在中国美术馆开展】..........572
【中意雕塑学术交流会在昆举办】..................573
【黄玲书记赴玉溪市文联调研并出席第四届中国聂耳音乐（合唱）周开幕式】..................573
【黄玲、张维明一行到大理州文联调研】..................573
【第六届大理国际影会开幕打造摄影界的南博会，"一带一路"人文交流平台】..................573
【"中国梦"·云南情"石林杯"首届云南民族歌曲演唱大赛圆满落幕】..................573
【纪念中国人民抗日战争暨世界反法西斯战争胜利70周年美术书法作品展开展】..................574
【云南省"中国梦"主题曲艺作品征文比赛暨"2015年云南省曲艺作品展演"颁奖晚会在昆举行】..................574
【纪念中国人民抗日战争暨世界反法西斯战争胜利70周年合唱展演圆满结束】..................574
【云南文艺志愿服务团暨云南戏剧"山茶花奖"艺术团走进军营慰问演出】..................574
【云南文艺志愿服务团暨云南戏剧"山茶花奖"艺术团走进省未管所慰问演出】..................574
【云南文艺志愿服务团暨云南戏剧"山茶花奖"艺术团赴武警云南总队慰问演出】..................574
【中国文联 中国舞协2015"送欢乐·下基层"志愿服务演出走进麒麟区红土墙村】..................575
【黄玲书记到黄贡山县独龙江乡开展"挂包帮、转走访"】..................575
【"百首歌曲唱云南"颁奖晚会在昆举行】..................575
【"我心中的杨善洲"美术书法摄影作品展在昆开幕】..................575
【黄玲一行赴云南师范大学调研文艺人才培养】..........575
【全国藏族地区文联系统干部研修班在昆开班】..........576
【黄玲为全国藏族地区文联系统干部研修班学员讲课】..................576
【袁晓岑诞辰百年艺术展在昆举办】..................576
【大型无场次话剧《大国忠魂》首演】..................576
创作与获奖 576
【省文联召开电视剧《待到山花烂漫时》创作研讨会】..................576
【范稳长篇小说《吾血吾土》研讨会在京举行】..........577
【我省京剧演员朱福荣获第27届中国戏剧梅花奖】..577
【宗庸卓玛、雷平阳分别荣获第四届"兴滇人才奖"和"兴滇人才奖"提名奖】..................577
对外文化交流 577
【2015中国·南亚东南亚艺术周开幕】..................577
【"中国·南亚东南亚作家昆明论坛"在昆举行】..................577
【华文文学作家代表团参观考察云南文苑项目】..........578
机关建设 578
【黄玲就任云南省文联党组书记】..................578
【云南省文联召开"三严三实"和"忠诚干净担当"专题教育活动动员大会】..................578
【省文联开展"严以修身，加强党性修养，坚定理想信念，把牢思想和行动的总开关"专题研讨会】..........578
【云南省文联开展"严以律己"专题第二次研讨】..................578
【云南省文联举办"红土地之歌"演讲比赛】..........578
【云南省文联召开"严以用权"专题第一次研讨会】..................579
【"挂包帮""转走访"贡山县工作汇报会召开】..........579
【云南省文联召开"严以用权"专题第二次研讨会】..................579

【张维明出席文山州文联第七次代表大会】……579
各文艺家协会……579
【民间文艺家协会】……579
【美术书法研究院】……579
【书法家协会】……580
【摄影家协会】……580
【作家协会】……581
【美术家协会】……581

西藏自治区文联

综述……582
会议与活动……582
【西藏文联五届二次全委会在拉萨召开】……582
【"纪念中央对口援藏20周年大型组歌《极地放歌中国梦》作品研讨会"在拉萨举行】……582
【第三届中国新诗百年论坛走进拉萨】……582
【中国美术家协会捐资50万元在聂拉木县建希望小学】……583
【学习贯彻党的群团工作会议精神】……583
【学习贯彻中央政治局7月30日会议上关于进一步推进西藏经济社会发展和长治久安工作的会议精神】……583
【纪念西藏自治区成立50周年暨"中国故事：21世纪边地文学的价值与方位"研讨会举行】……583
【第二届藏族音乐研讨会举行】……584
【中国民协在西藏开展"送欢乐·下基层"活动】……584
【传达学习中央第六次西藏工作座谈会精神】……584
【学习俞正声主席重要讲话精神】……584
【全国少数民族地区文艺骨干研修工程西藏调研座谈会在拉萨召开】……584
【第六届"珠穆朗玛文学艺术基金奖"圆满完成终评】……584
【"2015·首届西藏喜马拉雅摄影文化节"开幕】……585
【庆祝自治区成立50周年《雪域情——西藏油画作品展》在拉萨举办】……585
【习近平总书记在文艺工作座谈会上的重要讲话学习交流会召开】……585
【"国家一流艺术家西藏题材创作工程"首期成果展在北京连续展出】……585
【西藏自治区党委常委多托带领督导调研组检查西藏文联机关党建工作】……585
【理论中心组传达学习党的十八届五中全会精神】……586
【西藏题材创作工程首期成果展——唐天源画展在京开幕】……586
【中国摄影家协会在拉萨市当雄县中学举行"摄影曙光学校"授牌捐赠仪式】……586
获奖情况……586
【电影《雪域丹青》获伊朗电影节"特殊银幕奖"】……586
【小品《醉氧》入围第三届"南山杯"全国曲艺新人新作展演】……586
【舞蹈《鼓舞雪莲》入围第八届"小荷风采"全国少儿舞蹈展演】……587
【后藏情歌对唱《我们俩就如黄鸭一对》、藏北情歌对唱《我俩一起去放羊》获中国藏族"米琼杯"情歌拉伊大赛一二三等奖】……587
【长篇小说《昨天的部落》《飘落的石带子》《天珠石之泪》获全国第三届"岗尖杯"藏族文学奖】……587
【电影《八万里》获米兰国际体育电影电视节提名奖】……587
【民间舞蹈《欢快锅庄》获第十二届中国民间文艺"山花奖"民间艺术表演类奖】……587
理论研究……587
创作情况……587
【文学创作】……587
【美术创作】……588
【书法创作】……588
【摄影创作】……588
【音乐创作】……588
【舞蹈创作】……588
【戏剧创作】……588
【曲艺创作】……588
【民间文艺创作】……588

【影视创作】……588
文化交流……588
【"蓝天净土·高原画派展"在法国成功开幕】……588
【西藏、山东作家座谈交流会召开】……589
【西南六省作协联席会议在拉萨召开】……589
【西藏广州两地文联工作交流座谈会
在西藏文联召开】……589
机关建设……589
【机关党建工作进一步加强】……589
【注重加强文联各级领导班子的思想政治建设】……589
各文艺家协会……590
【作家协会】……590
【美术家协会】……590
【书法家协会】……590
【摄影家协会】……591
【音乐家协会】……591
【舞蹈家协会】……591
【戏剧家协会】……591
【曲艺家协会】……592
【民间文艺家协会】……592
【影视家协会】……592

陕西省文联

综述……593
会议与活动……593
【"送欢乐·下基层"系列文艺志愿服务活动】……593
【五届六次全委会】……593
【社会组织工作会议】……594
【"到人民中去"陕西文联文艺志愿服务活动】……594
【陕西文艺名家走进梁家河活动】……595
【市、县（区）行业文联负责人培训班】……595
【"新起点·新亮点"摄影大展】……596
【首届陕西民间工艺品博览会】……596
【陕西相声神州行】……596
【践行社会主义核心价值观
——陕西快板讲陕西故事】……596
创作与研究……597

【获奖情况】……597
【理论评论】……597
各文艺家协会……597
【戏剧家协会】……597
【音乐家协会】……598
【美术家协会】……599
【曲艺家协会】……600
【摄影家协会】……601
【舞蹈家协会】……601
【民间艺术家协会】……601

甘肃省文联

综述
重要会议与活动……603
【甘肃省文联五届二次全委会召开】……603
【首届中国（陇南文县）白马人
民俗文化旅游节举办】……603
【第四届甘肃省摄影奔马奖暨"中国梦·我的梦"甘肃
省第十九届摄影艺术展开幕式在兰举行】……604
【中国书法公益大讲堂在兰州开讲】……604
【凯诺瓦·哈尔伯特中国巡回讲座兰州站开讲】……604
【《文艺人才》丛书首发式举行】……604
【甘肃省文联
召开戴氏兄弟发明新型中提琴研讨会】……605
【甘肃省文联文艺志愿服务团成立暨"到人民中去"系
列活动启动仪式在临洮县举行】……605
【"美丽新丝路 翰墨定西行"全国中国画油画作品展
在定西举行】……605
【全省文联系统学习中央群团工作会议精神座谈会召
开】……605
【中国作协"丝路文学之旅"采访团走进甘肃】……605
【中国曲艺家协会采风创作乡村行活动
在甘肃省举行】……606
【中国视协、甘肃省视协联合创建影视小屋】……606
【第二届"朝圣敦煌"全国美术作品展
在敦煌举办】……606
【甘肃省文联12个省级文艺家协会圆满换届】……606

创作与研究 608
【第五届甘肃黄河文学奖评选揭晓】................. 608
【甘肃省美术家协会版画创作基地在白银市挂牌】... 608
【甘肃省道情皮影节目喜获全国皮影展演金奖】..... 608
【甘肃省戏剧界再添两朵"梅花"】................... 608
【《秦腔大辞典》兰州首发】........................... 608
【甘肃省文联系统文艺期刊审读评奖揭晓】.......... 609
【第七届乞巧女儿节保护传承论坛在京举办】....... 609
【2015·中国少数民族当代文学论坛
　在甘肃召开】.. 610
【第二届甘肃诗歌八骏作品研讨会暨中国著名诗人河西
　走廊精准扶贫文化采风活动举行】................. 610
【甘肃省首个青少年美育基地正式挂牌成立】...... 610
【第四届甘肃戏剧红梅奖大赛举办】................. 611
【第三届"中国·西北音乐节——绚丽甘肃音乐会"在
　兰州市举行】.. 611
【翟万益当选中国书法家协会副主席】.............. 612
【首届中国丝绸之路民间剪纸艺术精品展
　在兰州举办】.. 612
【甘肃省第三届"联村联户、为民富民"美术书法摄影
　剪纸作品展在兰州举行】............................. 612
【甘肃省文联文艺扶贫结硕果】....................... 613
　　各文艺家协会 613
【作家协会】.. 613
【戏剧家协会】... 613
【电影家协会】... 614
【音乐家协会】... 614
【美术家协会】... 614
【曲艺家协会】... 614
【舞蹈家协会】... 614
【民间文艺家协会】....................................... 614
【摄影家协会】... 614
【书法家协会】... 615
【杂技家协会】... 615
【电视艺术家协会】....................................... 615
　　直属单位 615
【文艺理论研究室（甘肃省文艺评论家协会）】..... 615

【文学院】... 615
【《飞天》编辑部】... 615

青海省文联

　　综述 616
　　会议与活动 616
【省文联召开七届四次全委会议】..................... 616
【省文联隆重召开成立60周年纪念座谈会】........ 616
【"送欢乐·下基层
　——班玛行"系列文艺志愿服务活动】............ 617
【中国文联文艺志愿服务团
　走进青海文艺服务活动】............................. 617
【青海省美术家协会成立55周年美术作品展】...... 617
【第五届青海湖国际诗歌节诗歌朗诵会】............ 617
【"百幅老人、残疾人最美肖像进百家"活动】..... 617
【西宁一中第十三届
　青少年戏剧大舞台实践活动】....................... 618
【"种文化到基层"舞蹈辅导活动】................... 618
【主题文艺活动】.. 618
【主题文艺创作活动】.................................... 618
【文艺惠民活动】.. 619
　　文艺创作与研究 619
　　文化交流 619
　　直属单位 620
【《格萨尔》史诗研究所】................................ 620
【文学创作研究室（简称文研室）】.................... 620
【大湖出版文化传媒有限责任公司】.................. 620
　　各文艺家协会 620
【作家协会】.. 620
【音乐家协会】... 621
【戏剧家协会】... 621
【舞蹈家协会】... 622
【书法家协会】... 622
【美术家协会】... 622
【摄影家协会】... 623
【民间文艺家协会（曲协）】............................. 623
【电影电视家协会】....................................... 624

【文艺志愿者协会】………………………624
机关建设 ………………………………625

宁夏回族自治区文联

综述 ……………………………………626
重要会议与活动 ………………………626
【宁夏文联组织书法美术摄影作品全区巡展】……626
【宁夏书协开展
"慈善孝老""送万福"系列公益活动】………626
【鱼水交融长存情深厚意
军民携手共建塞上江南】……………………626
【宁夏文联七届六次全委会在银川召开】………627
【宁夏文联领导走访慰问老党员和老干部】……627
【宁夏文联举办2015新春诗会】………………627
【宁夏文联工会举办"三八"妇女节
登山健身活动】………………………………627
【"宁博杯"宁夏首届妇女书法篆刻展开幕】……627
【深入生活扎根人民 建设"四个宁夏"书法美术摄影
作品巡展在石嘴山市开幕】…………………628
【《宁夏诗歌选》《宁夏诗歌史》出版发行】……628
【宁夏文联组织
艺术名家文艺志愿服务到固原】……………628
【张贤亮同名小说改编的40集电视剧
《灵与肉》开机】……………………………628
【张春荣获"先进工作者"荣誉称号】…………629
【宁夏文联荣获宁夏宣传文化系统首届运动会体育道德
风尚奖】………………………………………629
【宁夏作品入展全国第十一届书法篆刻作品展览】…629
【刘京摘取宁夏京剧第一朵"梅花"】…………629
【宁夏文艺界代表畅谈"宁夏新十景"评选】……629
【宁夏文联举办纪念5·23讲话发表73周年暨"到人民
中去"文艺志愿服务慰问演出】……………630
【中国作协专题调研组来宁夏调研】……………630
【宁夏文联动员部署"三严三实"专题教育】……630
【中国文联副主席夏潮宁夏调研】………………630
【"2015年全区舞蹈创作暨少儿舞蹈创作高级研习班"
成功举办】……………………………………630

【宁夏文联举办"学习大讲堂"专题讲座"一带一路"
和"四个宁夏"建设】………………………631
【庆祝宁夏书法家协会成立35周年——宁夏书法家协会
会员作品展开幕】……………………………631
【宁夏文联召开庆祝建党94周年大会】…………631
【柳萍当选中国戏剧家协会副主席】……………631
【第八届"小荷风采"全国少儿舞蹈展演宁夏选手载誉
归来】…………………………………………632
【"到人民中去"文艺志愿服务主题活动中表现突出的
文艺志愿者受到通报表扬】…………………632
【宁夏文联举办机关公文写作知识讲座】………632
【宁夏文联举办纪念抗战胜利70周年学习讲座】…632
【宁夏文联召开七届七次全委会】………………632
【宁夏举办纪念抗战胜利70周年书法作品展】…632
【宁夏文联召开"三严三实"
第二专题学习研讨会】………………………633
【李小雄获第四届"全国中青年德艺双馨文艺工作者"
荣誉称号】……………………………………633
【中国文联文艺院
调研少数民族文艺人才培训工作】…………633
【宁夏文联召开"三严三实"
第三专题学习研讨会】………………………633
【宁夏文联开展主题党日活动】…………………633
【宁夏文化特色档案资源建设工作座谈会
在银川召开】…………………………………634
【深入生活扎根人民"宁夏新十景"采风写生创作书画
作品展在银川举行】…………………………634
【冯远一行评审中华文明历史题材美术创作工程】…634
【《长河浩荡——纪念抗战胜利70周年楹联诗词作品
选》出版】……………………………………634
【西北交响乐盛会在兰州奏响】…………………634
【宁夏文联党组召开"三严三实"专题
民主生活会】…………………………………635
【宁夏第九届摄影艺术展成功举办】……………635
各文艺家协会 …………………………635
【作家协会】………………………………………635
【戏剧家协会】……………………………………635

【音乐家协会】 636
【舞蹈家协会】 636
【美术家协会】 636
【摄影家协会】 636
【书法家协会】 637
【民间文艺家协会】 637
【曲艺杂技家协会】 637
【电影电视家协会】 637
【《朔方》编辑部】 638
【文学艺术院】 638

新疆维吾尔自治区文联

综述 639
重要会议和活动 639
【自治区文联七届五次全委会】 639
【派出第二批"访惠聚"驻村工作组】 640
【自治区人民政府副主席田文到自治区文联调研】 640
【"天山的祝福——新疆诗歌全国行"诗歌朗诵活动】 640
【阿扎提·苏里坦在南疆调研】 641
【举办"我为和田做贡献，我为民族树形象"宣讲演出活动】 641
【"送欢乐 下基层"文化惠民活动】 641
【"去极端化"宣讲暨惠民演出团赴喀什地区宣讲演出】 641
【居素甫·玛玛依演唱艺术生涯座谈会举行】 641
【纪念习近平总书记关于文艺工作重要讲话发表一周年座谈会】 642
【全国书法名家作品邀请展在乌鲁木齐市开幕】 642
【新疆文艺界集会声讨土耳其反华势力】 642
【中国文联培训新疆地区文联系统干部】 642
【自治区文艺志愿服务团成立】 642
【2015年丝绸之路国际美术摄影展在乌鲁木齐举行】 642
【第四届阿肯阿依特斯大会在乌鲁木齐举行】 643
【组织实施"少数民族文学原创和民汉互译作品工程"】 643
【首届中国维吾尔族民间达斯坦国际研讨会在北京召开】 643
【第四届新疆回族"花儿"邀请赛在哈密市举办】 643
【俄罗斯联邦卡尔梅克共和国作家来疆交流】 643
【文艺援疆的上海作家协会来疆采风】 643
【开展"千人培训"活动】 644
机关建设 644
【召开2014年度总结表彰大会】 644
【成立老干部工作协调小组】 644
【举办"三严三实"专题教育党课】 645
【开展民族团结教育月活动】 645
【组织干部职工参观自治区反腐倡廉教育展】 645
直属单位 645
【文艺理论研究室】 645
【《新疆艺术》（汉文）】 645
【《新疆艺术》（维吾尔文）】 645
【《西部》（汉文）】 646
【《塔里木》（维吾尔文）】 646
【《曙光》（哈萨克文）】 646
【《启明星》（托忒蒙文）】 646
【《新疆柯尔克孜文学》（柯尔克孜文）】 646
【《民族文汇》（汉文）】 646
【《新疆文艺界》（汉文）】 647
主要获奖情况 647
各文艺家协会 647
【作家协会】 647
【民间文艺家协会】 648
【美术家协会】 648
【摄影家协会】 649
【音乐家协会】 649
【书法家协会】 649
【舞蹈家协会】 650
【电影家协会】 650
【戏剧家协会】 650
【杂技家协会】 650

新疆生产建设兵团文联

综述 651
重要会议与活动 651
【兵团文联召开四届九次全委会】............... 651
【中国文联举办新疆地区文联系统干部培训班】......652
【兵团出台《新疆生产建设兵团关于实施文艺精品工程的意见》】... 652
【兵团文联送欢乐下基层】............................. 652
【郭永辉同志到兵团文联调研】...................... 652
【兵团书法家协会第六次会员代表大会召开】...... 652
【兵团文联召开"三严三实"专题教育党课】...... 652
【郭永辉常委出席兵团文联召开的各文艺家协会负责人座谈会】... 653
【兵团文联党支部、工会赴103团开展组织活动】......653
【共谱民族团结·共创美好家园】................. 653
【兵团音协合唱指挥爱好者学会成立】.............. 653
【兵团文联组织召开杂技《生命之旅》《在那遥远的地方》作品研讨会】....................................... 653
【《暖情》参加第三届"南山杯"全国曲艺新人新作展演】... 653
【兵团召开作家协会工作座谈会，郭永辉常委出席会议并讲话】... 653
【郭永辉会见电视连续剧《大牧歌》剧组】...... 654
【兵团音协吴军、孙明出席中国音协第八次全国代表大会】... 654
【兵团音协举办石钢教授钢琴作品研讨会】...... 654
【《兵团赞歌——新疆生产建设兵团成立六十周年歌曲集》】... 654
【兵团文联出席中国文联"和平与正义之声——歌谣与抗战"研讨会】.................................... 654
【兵团舞蹈作品荣获全国少儿舞蹈大赛金奖】...... 654
【中国曲艺家协会"深入生活、扎根人民"曲艺采风创作丝路行走进兵团十三师】............................... 654
【长篇电视剧《大牧歌》开拍】...................... 655
【兵团举办纪念中国人民抗日战争暨世界反法西斯战争胜利70周年书法作品展】........................... 655
【2015兵团专业器乐比赛活动圆满结束】.......... 655
【《中国民间文学三套集成·新疆兵团卷》举行首发式】... 655
【"纪念抗战70周年"中国城市合唱节兵团老军垦合唱团获得混声组一等奖】................................ 655
【2015年中国文联文艺培训志愿服务项目——第一批兵团文艺骨干"巡回大培训"公益活动启动】.......... 655
【第六届兵团青年文学创作会议举办】.............. 656
【兵团书协代表团出席中国书法家协会第七次全国代表大会】... 656
【蒋玫舞蹈作品汇报演出在新疆艺术剧院举行　中国舞协、兵团文联举办蒋玫舞蹈作品研讨会】........... 656
【第七届新农村电视艺术节颁奖典礼在戈壁母亲故乡126团举行】... 656
兵团各文艺家协会工作 657
【兵团音乐家协会】..................................... 657
【兵团电影电视艺术家协会】........................ 657
【兵团杂技家协会】..................................... 657
【兵团摄影家协会】..................................... 658
【兵团作家协会】.. 658
【兵团曲艺家协会】..................................... 658
【兵团舞蹈家协会】..................................... 658
【兵团美术家协会】..................................... 659
【兵团书法家协会】..................................... 659
【兵团诗词楹联家协会】............................... 659
【兵团戏剧家协会】..................................... 659
文联机关建设 660
【2015年工作回顾】................................... 660
【围绕中心服务大局，
落实文艺精品工程任务】............................. 660
【加强文艺队伍建设，提升文艺工作水平】...... 660
【精心组织文艺活动，大力传播优秀文化】...... 660
【加强文化品牌建设，扩大兵团文化影响力】...... 661
【创新思路方法，适应文艺发展新要求】.......... 661
【深入开展"三严三实"专题教育，
着力转变作风】.. 661
基层文联工作 661

【兵团第四师（可克达拉市）文联】..................661
【兵团第八师（石河子市）文联】..................662

中国石油文联

综述 663
重要会议及活动 663
【组织召开主席团扩大会议暨秘书长工作会议】......663
【举办群众工作（石油文联）培训班】...............663
【筹备成立中央企业文学专业委员会】...............664
【参加全国德艺双馨文艺工作者评选及表彰大会】...664
【积极开展中俄文化交流】............................664
【举办第六届中国石油职工艺术节文学大赛】.......664
【承办"时代领跑者"美术书法摄影展】.............664
【举办大港油田女工布贴画作品展】..................665
【"送欢乐下基层"赴西部油田开展慰问】..........665
评选、获得重要奖项 665
【评选表彰"送欢乐下基层"先进个人和单位】......665
【获得世界邮展大镀金奖】............................665
【获中国音协两项大奖】...............................666
【3名同志参选全国德艺双馨艺术家】................666
【3名同志获志愿者协会表彰】........................666
【其他奖励和社会影响】...............................666
基层建设 666
【开展石油文联主页建设和艺术人才库建设】......666
【各协会和基层文联工作有序开展】..................666
【加强了组织建设，完成交办的各项任务】..........667

中国铁路文联

大力繁荣摄影创作 668

中国煤矿文联

综述 670
会议与活动 670
【学习贯彻习近平总书记在文艺工作座谈会上的重要讲话和《中共中央关于繁荣发展社会主义文艺的意见》精神】......670
【冀中能源杯·第三届寻找感动中国的矿工活动】...671

【全国安全生产优秀文艺作品创作征集活动】..........671
【"送文化进矿区"文艺志愿服务活动】..............673
【"百矿千名"基层文化管理干部和文艺骨干培训工程】..673
【中国煤矿文联第四届理事会第五次会议】..........673
【"中国煤科杯·第二届煤炭在京职工书画摄影展"】...674
【纪念中国人民抗战胜利暨世界反法西斯胜利70周年活动】...674
【煤炭文化建设"十三五"规划研究】................674
【《中国煤矿文化艺术志》编纂工作】................674
【《阳光》杂志、中国煤矿文化网工作会议】..........675
【中国煤矿文联成立20周年座谈会】..................675
企业文联 676
【冀中能源集团文联】.................................676
【山东能源集团文联】.................................676
【陕西煤业化工集团文联】............................678
【大同煤矿集团文联】.................................679
【开滦集团文联】......................................680

中国电力文协

综述 682
重要会议及活动 682
【加强自身建设　促进规范化管理】..................682
【发挥桥梁作用　服务电力文艺家】..................682
【评选中青年德艺双馨文艺工作者】..................682
【召开电力文协主席团会议】.........................682
【召开摄影协会一届五次理事（扩大）会暨创作研讨会】..682
【筹备电力美术家协会换届】.........................683
【征集全国安全生产优秀文艺作品】..................683
【深入开展送文化下基层活动】......................683
【5位文艺志愿者受到表彰】..........................683
【协办创新·创业时代之歌活动】....................683
【组织"铭记历史　珍爱和平"书法展】.............684
【组织纪念中国人民抗日战争暨世界反法西斯战争胜利70周年集邮展】.....................................684

【参加第十九届多伦多国际摄影节】……………684
【参加"新国企·中国梦"影像大赛，获多个奖项】684
【出版文学期刊《脊梁》6期】…………………684

中国水利文协

综述 …………………………………………685
重要工作和活动 ……………………………685
【召开2015年度工作会议】……………………685
【文学分会组织水利作家深入丹江口水利枢纽开展"深扎"主题实践活动】……………………………685
【水利文协文学分会（水利作家协会）召开工作会议并组织作家到黄河万家寨水利枢纽采风】……………685
【以"实现中国梦·歌颂水利情"为主题，开展群众性的摄影活动】……………………………………685
【举办主题书法活动，展示水利人丰富的精神世界】…………………………686

中国石化文联

综述 …………………………………………687
品牌活动 ……………………………………687
获奖情况 ……………………………………688
组织建设 ……………………………………688
专业协会 ……………………………………688
基层文联 ……………………………………688

全国公安文联

综述 …………………………………………690
会议与活动 …………………………………690
【全力推进理论研究项目，开启公安文化理论探索新境界】……………………………………………690
【大力推进人才培养工程，努力优化公安文化队伍】691
【倾力推进精品创作项目，同心繁荣公安文化一流作品】……………………………………………691
【持续实施文化惠警工程，努力实现深入基层、扎根群众】……………………………………………692
【大力推进院校文化建设项目，坚实构筑公安文化强警基石】……………………………………………693

创作与研究 …………………………………693
【召开公安文艺创作者座谈会，推动各地公安文联组织学习，为提升文化强警战略水平奠定基础】…………693
【深入学习重要讲话精神，认清发展机遇与挑战，紧握优势，团结队伍，为促进公安文化繁荣发展积聚能量】……………………693
机关建设 ……………………………………694
【认真开展"三严三实"专题教育，确保公安文联建设坚定正确的政治方向】……………………………694
【坚持严格管理，强化监督，不断加强公安文联规范化建设】……………………………………………694
【坚持求真务实，开拓进取，积极推动公安文联工作创新发展】……………………………………………694
基层公安文联 ………………………………694

中国检察官文联

综述 …………………………………………696
会议与活动 …………………………………696
【第四届"迎新春、送文化"活动】………………696
【举办"迎新春·颂检察"最高人民检察院机关书法摄影艺术培训班成果汇报展】……………………………696
【召开中国检察官文联直属专业协会工作座谈会】…697
【召开新时期检察影视创作暨电影《十二公民》研讨会】……………………………………………697
【中国检察官文联一届四次全委会】………………697
【传达学习中央党的群团工作会议精神】……………698
【中国检察官文联文学协会一届二次理事会】………698
【中国检察官文联影视协会一届二次理事会】………699
【举行全国检察机关首届"检魂杯"乒乓球大赛】…699
【举办中国检察官文联《检魂》会刊首期通讯员培训班】……………………………………………699
【第五届"迎新春、送文化"春联征集活动】……700
【开展"阳光成长·与法同行"系列公益活动】……700
【召开纪念习近平总书记文艺工作座谈会重要讲话发表一周年座谈会】………………………………………700
【举办第十六届全国检察文学笔会】………………700

【举办宪法日·写宪法——检察人员"12·4"主题书法展】 ………………………………………… 701
研讨与研究 …………………………………… 701
【第四届中国检察官文化论坛】 ……………… 701
【《中国检察文化理论研究文库》课题审核工作座谈会】 ……………………………………… 702
【各级检察官文联积极开展检察文化理论研究】 …… 702
获奖情况 ……………………………………… 702
【电影《十二公民》获奖】 …………………… 702
【微电影《迷途》喜获全国性大奖】 ………… 702
【《无法证明》获奖】 ………………………… 702
检察文化艺术创作 …………………………… 703
【召开"中国梦——我的检察官故事"文学作品定评会】 ……………………………………… 703
【举行检察题材优秀影视剧本征集活动】 …… 703
【启动首届"印象检察"摄影展】 …………… 703
【电视剧《悬崖边》通过国家新闻出版广电总局备案】 ……………………………………… 703
【开展检察歌曲原创作品征集活动】 ………… 703
机关建设和调研工作 ………………………… 703
【张耕调研上海检察文化工作】 ……………… 703
【张耕调研河北省保定市竞秀区检察文化建设工作】 …………………………………………… 703
【出台《关于组织专家、艺术家赴藏区、新疆检察机关开展采风创作活动的意见》】 ……… 704
基层检察官文联 ……………………………… 704
【浙江省检察官文联举行检察官诗歌朗诵交流会】 … 704
【安徽省检察官文联摄制反腐题材电影《丫山清风》】 ……………………………………… 704
【湖南省检察官文联开展"送文化下基层"活动】 ……………………………………… 704
【黑龙江省检察官文联组织观看座谈大型史诗话剧《索菲亚教堂的钟声》】 ……………… 704
【第二届沪苏浙皖检察官书画摄影展在江苏举行】 …………………………………………… 705
【内蒙古检察官文联举办首届"金秋话检察"文学创作笔会】 ………………………………… 705
【山东省检察官文联举办"严实同行映检徽"优秀书画摄影作品展】 ……………………… 705
检察文化艺术交流 …………………………… 705
【土耳其司法学院代表团来中国访问】 ……… 705
【举办"墨韵书香——中国检察官书画摄影艺术走进2015汉语桥—美国高中生夏令营"作品展】 ………… 706
【中国侨联法顾委海外委员来中国检察官文联访问】 ………………………………… 706

中国人民银行文联

综述 …………………………………………… 707
组织建设情况 ………………………………… 707
【召开人民银行文联二届一次理事会会议】 … 707
【组织成立人民银行文艺志愿者协会】 ……… 707
【加强对各专业协会的工作指导】 …………… 707
会议、活动及主要工作 ……………………… 707
【组织开展"红五月"职工文化系列活动】 … 707
【积极选树宣传"央行艺术家"】 …………… 708
【开展"送文化下基层"活动】 ……………… 708
【举办"纪念中国人民抗日战争暨世界反法西斯战争胜利70周年职工书法、美术、摄影作品展"】 … 708
【启用人民银行文联LOGO（形象标识）】 …… 708
【书法协会召开二届一次理事会会议】 ……… 708
【美术协会召开二届一次理事会会议】 ……… 708
【摄影协会召开二届一次理事会会议】 ……… 708
各分会组织建设情况 ………………………… 709
【人民银行文联广州分行分会召开一届二次理事会会议】 ………………………… 709
【人民银行文联西安分行分会召开二届一次理事会会议】 ………………………… 709
【人民银行文联重庆分会召开一届三次理事会会议】 ………………………………… 709
【人民银行文联浙江分会召开一届三次理事会会议】 ………………………………… 709
【人民银行文联福建分会召开二届一次理事会会议】 ………………………………… 709
【人民银行文联吉林分会

召开一届二次理事会会议】..................................709

【人民银行文联安徽分会

召开一届二次理事会会议】..................................709

【中国人民银行海口中心支行摄影协会成立】...........710

【人民银行文联贵州分会

召开文学书法美术摄影收藏协会联席会议】............710

【人民银行文联青海分会

召开一届三次理事会会议】..................................710

【人民银行文联郑州培训学院分会

召开一届三次理事会】..710

各分会会议、活动及主要工作........................710

【人民银行文联上海总部分会举办中国书法绘画现场展示和创作活动】...710

【人民银行文联天津分行分会举办举办"纪念抗日战争胜利70周年暨迎国庆"书画摄影展】...................710

【人民银行文联南京分行分会

开展送文艺下基层活动】....................................710

【人民银行文联武汉分行分会举办"喜迎国庆 职工书法绘画摄影展"】...710

【人民银行文联成都分行分会开展送文化下乡镇惠民活动】..711

【人民银行文联西安分行分会组织红五月职工艺术节活动】..711

【人民银行文联浙江分会组织开展"勿忘国耻 缅怀先烈"文学创作采风活动】...................................711

【人民银行文联吉林分会举办"音乐快闪"活动】...711

【人民银行文联安徽分会举办职工收藏展】............711

【人民银行文联河南分会举办

纪念抗日战争胜利70周年暨庆祝新中国成立66周年书法美术摄影文学作品展】.......................................711

【人民银行文联海南分会组织开展职工第一届硬笔书法比赛】..711

【人民银行文联云南分会送文化下基层到一线】......711

【人民银行文联甘肃分会举办廉政书法美术展】......712

【人民银行文联宁夏分会

举办"塞上央行职工摄影展"】...........................712

【人民银行文联青海分会

举办"我心向党"文艺演出】..............................712

【人民银行文联印钞造币总公司分会举办"辉煌十年 难忘瞬间"——印制职工2005—2015年百幅优秀纪实摄影作品展览】...712

中国金融文联

综述...713

会议与活动..713

开展文艺志愿服务..714

创作与研究..714

机关建设..715

2015年中国文学艺术界联合会大事记

中国文联 2016 年工作回顾

亲切关怀

01. 6月16日，中国音乐家协会第八次全国代表大会在京开幕。中共中央政治局委员、中央书记处书记、中宣部部长刘奇葆亲切接见与会的音乐界代表。
02. 9月24日至10月15日，第六届北京国际美术双年展在京举行期间，中共中央政治局委员、中央书记处书记、中宣部部长刘奇葆，中国文联主席孙家正，中宣部常务副部长黄坤明在中国文联、中国美协领导陪同下参观双年展。

| 01 |
| 02 |

中国文联 2016 年工作回顾

中国文联九届七次主席团会议和全委会

01. 1月22日至24日,中国文联九届七次主席团会议和全委会在京召开。图为中国文联主席孙家正出席并主持会议。
02. 中宣部常务副部长黄坤明出席会议并讲话。
03. 中国文联党组书记、副主席赵实在会上做工作报告。
04. 中国文联党组副书记、副主席李屹通报全委会决议。
05. 会议现场。
06. 分组讨论现场。
07. 与会代表进行投票。

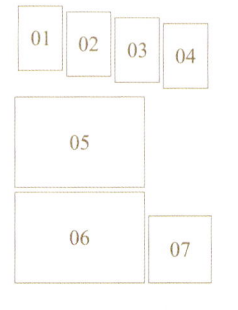

中国文联 2016 年工作回顾

第四届全国中青年德艺双馨文艺工作者表彰大会

01. 9月15日，由中宣部、人力资源和社会保障部、中国文联主办的第四届全国中青年德艺双馨文艺工作者表彰大会在京召开。图为中国文联主席孙家正为受表彰的文艺工作者颁奖。
02. 中宣部常务副部长黄坤明出席会议并讲话。
03. 中国文联党组书记、副主席赵实主持会议。
04. 人力资源和社会保障部副部长兼国家公务员局局长信长星宣读《关于表彰第四届全国中青年德艺双馨文艺工作者的决定》。
05. 获奖代表上台领奖。
06. 获奖代表上台领奖。
07. 会议现场。
08. 受表彰的德艺双馨文艺工作者代表康辉宣读向文艺界发出德艺双馨倡议的《倡议书》。

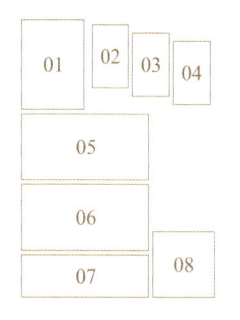

中国文联 2016 年工作回顾

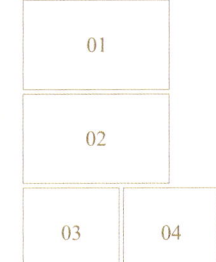

01. 10月22日，中国文联在京举办深入学习贯彻习近平总书记在文艺工作座谈会上的重要讲话精神、学习贯彻《中共中央关于繁荣发展社会主义文艺的意见》专题研讨班。
02. 10月16日，"深入生活、扎根人民"文质兼美优秀基层书法家创作成果汇报展在京开幕。图为中国文联党组书记、副主席赵实，中国文联党组副书记、副主席李屹等参观展览。
03. 10月18日，"向人民汇报——'深入生活，扎根人民'当代十五位美术家作品展"在中国美术馆开幕。
04. "十一"期间，"向人民汇报"——著名摄影家"深入生活，扎根人民"作品展览在王府井商业街举办。游客们纷纷在摄影作品前留影。

"深入生活，扎根人民"主题实践活动

05. 中国影协采风创作团赴甘南组织召开"深入生活，扎根人民"采风创作暨纪念毛泽东《在延安文艺座谈会上的讲话》发表73周年座谈会。
06. 8月5日至17日，中国曲协组织"深入生活，扎根人民"曲艺系列采风创作丝路行活动。图为8月11日，广东省曲协主席杨子春、武警政治部文工团一级演员全维润与甘肃省玉门市柳湖乡华西村群众一同演奏秦腔。
07. 2015年，中国声协"深入生活，扎根人民"主题创作实践活动采风创作团赴云南深入孟连傣族村寨。
08. 3月24日至4月1日，中国音协、新疆维吾尔自治区党委宣传部等共同组织"新歌唱新疆"采风团走进阿克苏地区、霍尔果斯口岸和察布查尔县等多地，进行了为期9天的采风创作活动。图为12月31日举行的"新歌唱新疆"跨年演唱会。
09. 5月，中国民协剪纸艺术调研组赴陕北采访剪纸老艺人。

中国文联 2016 年工作回顾

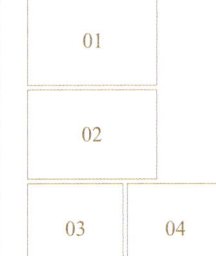

01. 8月20日，中国剧协赴陕西商洛剧团调研，观看《带灯》排练现场。
02. 2015年，由中国文联、中国舞协主办，国家艺术基金和中国文学艺术基金资助的"青年舞蹈人才培育计划"。图为新创作品《未知》。
03. 6月14日，纪念民族音乐家刘天华诞辰120周年《光明行》音乐会——海峡两岸暨港澳地区民族音乐交流巡演在京举行。
04. 10月28日，"中国精神·中国梦"全国农民画展开幕式在江西万安举行。

"中国精神·中国梦"等重点文艺创作工程

05. 2015年10月至2016年2月,"中华文明历史题材美术创作工程"创作指导委员会组织专家组分五批赴作者工作室观摩指导正稿创作。图为10月,专家在山东作者工作室考察创作素材
06. 2016年1月,"中华文明历史题材美术创作工程"专家组在上海观摩指导创作。
07. 10月,"中华文明历史题材美术创作工程"专家组在沈阳观摩指导创作。
08. 2015年,2000余幅(次)"中国梦"影像公益广告的巨幅灯箱点亮了北京地铁各条线路。图为2015年北京地铁二号线中"中国梦"影像公益广告的集中展示。
09. 8月15日至22日,"翰墨薪传"全国中小学书法教师培训在全国五大区展开。

中国文联 2016 年工作回顾

纪念中国人民抗日战争暨世界反法西斯战争胜利70周年系列文艺活动

01. 9月8日，中国文联在京召开纪念中国人民抗日战争暨世界反法西斯战争胜利70周年"抗战中的中国文艺"座谈会。
02. 7月7日，中国人民抗日战争暨世界反法西斯战争胜利70周年专题影展开幕式在北京举行。
03. 7月25日，全国抗战题材电影创作座谈会在山西省阳泉市举办。
04. 8月31日，由中国文联、中国摄协主办的"历史不容忘却——纪念中国人民抗日战争暨世界反法西斯战争胜利70周年"摄影展在北京中华世纪坛艺术馆开幕。
05. 9月8日，由中国文联、中国民协、上海市文联主办的"纪念中国人民抗日战争暨世界反法西斯战争胜利70周年——2015全国剪纸名家精品展"在上海徐汇区图书馆开幕。
06. 7月22日，"向和平致敬——纪念中国人民抗日战争暨世界反法西斯战争胜利70周年优秀曲艺节目展演"在北京民族文化宫举办。图为姜昆、戴志诚、郑健、周春晓表演情景相声《骂鬼子》。
07. 东北师范大学演出的抗战题材中国舞蹈荷花奖金奖作品《南京·亮》。

中国文联 2016 年工作回顾

百花迎春——中国文学艺术界2015春节大联欢

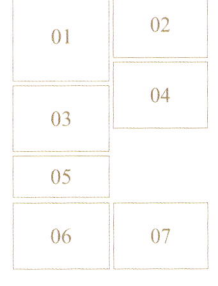

01. 1月24日,"百花迎春——中国文学艺术界2015春节大联欢"在北京人民大会堂举行。图为11个全国文艺家协会代表发表新年贺词。
02. 王晓棠、陶玉玲、祝希娟、于淑珍、邓玉华、耿莲凤演唱歌曲《小燕子》。
03. 刘兰芳、冯巩、郭达、小香玉、范军、张泽群、董艺、任鲁豫等表演说唱《兰考泡桐情》。
04. 于魁智、李胜素、袁慧琴、杨赤等演唱歌曲《百花迎春》。
05. 刘大为等艺术家展示羊年喜作《牧羊图》。
06. 舞蹈与器乐《牧歌》。
07. 广州军区政治部战士杂技团演出的杂技《破晓》。

中国文联 2016 年工作回顾

01	02
03	
04	
05	
06	07

01. 9月24日，中国文联文艺志愿服务团赴河北易县狼牙山革命老区举办"敬礼，英雄的狼牙山"慰问演出。
02. 6月23日至26日，中国文联文艺志愿服务团送欢乐 下基层走进青海西宁、黄南藏族自治州慰问演出。
03. 9月28日，中国文联文艺志愿服务团赴贵州独山革命老区举办"春天从胜利中走来"慰问演出。
04. "敬礼，英雄的狼牙山"慰问演出现场。
05. 12月11日，中国文联文艺志愿服务团赴江西寻乌县革命老区举办"我们的中国梦"慰问采风。
06. 6月23日，中国文联文艺志愿服务小分队赴青海互助县麻莲滩小学服务慰问。
07. "我们的中国梦"慰问演出现场。

送欢乐 下基层

08. 3月30日，中国文联文艺志愿服务团"送欢乐 下基层"走进重庆慰问演出。
09. 9月16日，中国文联文艺志愿服务团赴湖北宜昌举办"三峡情·中国梦"慰问演出。
10. 4月20日，中国文联文艺志愿服务团"送欢乐 下基层"走进安徽岳西慰问演出。
11. 5月18日，中国文联文艺志愿服务团"送欢乐 下基层"走进河南三门峡慰问演出。
12. 5月23日，中国文联文艺志愿服务团"送欢乐 下基层"走进武警猎鹰突击队慰问演出。
13. 中国文联文艺志愿服务团"送欢乐 下基层"走进武警猎鹰突击队慰问演出中，中国文联副主席刘兰芳教战士们表演评书。

中国文联 2016 年工作回顾

文艺志愿服务

01. 12月2日,中国文联、中国文艺志愿者协会、中国残联共同启动"共享芬芳"文艺助残志愿服务行动。图为启动仪式现场。
02. 8月,中国文联文艺培训志愿服务项目音乐培训项目在湖南常德举办,图为音乐家李初建讲授声乐与合唱。
03. 10月,中国文联文艺志愿培训项目兵团文艺骨干巡回大培训在新疆兵团一师举办,图为摄影家晏先讲解摄影作品。
04. 4月,成都文联的志愿者为孩子上课。
05. 8月5日,中国文联开展暑期关爱留守儿童文艺支教活动。图为文艺志愿者为孩子们表演舞蹈。
06. 8月6日,中国文联暑期关爱留守儿童文艺支教活动中,文艺志愿者在贵州毕节青岩村教留守儿童画画。
07. 8月,中国文联文艺培训志愿服务项目戏剧培训项目在甘肃兰州举办,图为郑云洁等学员配合老师教学。
08. 10月,中国文联党组成员、书记处书记陈建文在甘肃陇南武都区马街小学指导学生练习书法。
09. "共享芬芳"文艺助残志愿服务行动中,舞蹈家山翀在北京大屯路街道为残疾人辅导舞蹈。

中国文联 2016 年工作回顾

组织联络和文化名人、著名艺术家纪念活动

01	02
03	
04	
05	

01. 7月30日，"纪念华君武诞辰100周年座谈会"在京举行。
02. 7月21日至23日，首期全国文联组联干部培训班在浙江省宁波市举办。图为基层教学现场。
03. 6月26日，"纪念徐悲鸿诞辰120周年座谈会"在北京人民大会堂举行。
04. 首期全国文联组联干部培训班会议现场。
05. 首期全国文联组联干部培训班分组讨论现场。

中国文联 2016 年工作回顾

01	02
03	
	04
	05

01. 9月10日，香港艺术发展局访问团赴中国文艺家之家参观访问。中国文联党组书记、副主席赵实会见了香港艺术发展局主席王英伟一行，中国文联党组成员、书记处书记郭运德参加会见。
02. 11月1日至2日，"第七届海峡两岸暨港澳地区艺术论坛"在澳门举行，中国文联党组成员、副主席左中一在开幕式上致辞。
03. 6月29日至7月8日，"今日中国"艺术周在捷克皮尔森和比利时布鲁塞尔举办。图为中国文联党组成员、副主席李前光在开幕式上致辞。
04. 5月25日至26日，"2015濠江之春"系列活动在澳门举办。图为"纪念抗日战争暨世界反法西斯战争胜利七十周年交响音乐会"上，全场合唱国歌。
05. "第七届海峡两岸暨港澳地区艺术论坛"全体合影。

对外及对港澳台地区文化交流

06. 2月5日至12日，中国文联组派以中国杂协副主席齐春生为团长的大连杂技团一行赴克罗地亚举办"欢乐春节"杂技戏曲专场演出。图为演出现场变脸演员与观众互动。
07. "今日中国"艺术周活动期间，京剧《白蛇传》演出后，领导、嘉宾与演职人员合影。
08. 7月29日至8月6日，中国文联组派中国广播民族乐团和大连杂技团分赴吉尔吉斯斯坦、土库曼斯坦举办"中国文化日"活动。图为民乐演出现场。
09. "欢乐春节"杂技戏曲专场演出期间，克罗地亚有关领导与演员合影。
10. "中国文化日"活动领导、嘉宾与演职人员合影。

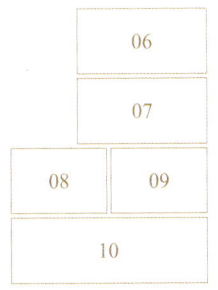

	06	
		07
08	09	
	10	

中国文联 2016 年工作回顾

理论研究和文艺评论

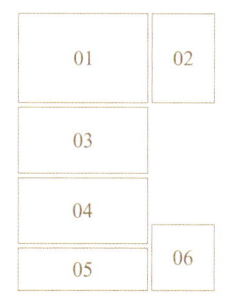

01	02
03	
04	
05	06

01. 3月26日，全国文联文艺舆情信息工作会议在广西南宁召开。
02. 中国文联党组成员、副主席夏潮出席全国文联文艺舆情信息工作会议并讲话。
03. 4月30日，文艺界行风建设先进典型宣传报道研讨会在京举办。
04. 5月20日至22日，全国文联系统理论研究暨文艺评论业务培训班在江西景德镇举办。
05. 9月14日，"和平与正义之声——歌谣与抗战研讨会"在京召开。
06. 9月22日，文艺行业建设与社会治理研讨会在京召开。

中国文联 2016 年工作回顾

权益保护和出版改革发展

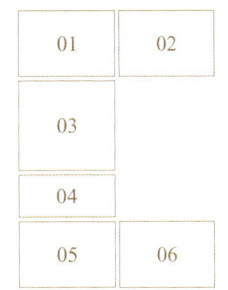

01. 4月2日，2014年度中国文联出版报刊业改革发展工作总结表彰暨2015年度重点工作部署会议在京召开。图为中国文联党组副书记、副主席李屹，党组成员、副主席李前光与先进单位代表合影。
02. 3月，中国文联党组成员、副主席李前光同志率中国文联系统权保干部到雅昌文化集团调研。
03. 9月18日至20日，中国文联出版报刊单位亮相在湖北武汉举行的中国（武汉）期刊交易博览会。图为全国政协副主席齐续春在中国文联党组成员、副主席李前光和国家新闻出版广电总局副局长吴尚之的陪同下视察参观中国文联展区。
04. 中国文联出版报刊单位组团参加2015中国（武汉）期刊交易博览会。中国文联获"优秀组织奖"，中国文联展区获"创意设计优秀奖"（第一名）。
05. 4月，中国文联权益保护部举办年度第一期权保干部培训班，中国文联党组成员、副主席李前光出席并讲话。
06. 10月，中国文联权益保护部与天津市文联共同举办法律志愿服务活动。

党的建设

01. 2月10日，2015年中国文联职工春节联欢会在中国文艺家之家举办。
02. 3月20日，中国文联机关党的工作会议在京召开。
03. 6月9日，中国文联召开党组理论学习中心组（扩大）会。
04. 4月17日，中国文联机关党委会同中直机关文明委为中国摄协举行"全国文明单位"授牌仪式，中国文联党组成员、副主席李前光出席授牌仪式。
05. 8月25日至26日，"纪念抗战胜利70周年 爱国歌曲大家唱"中国文联职工歌咏比赛在中国文艺家之家举办。
06. 10月30日，中央第二巡视组专项巡视中国文联工作动员会召开，中国文联主席孙家正出席会议并讲话，中国文联党组书记、副主席赵实主持会议并做动员讲话，中央第二巡视组组长李五四就即将开展的专项巡视工作做了讲话，中央巡视工作领导小组办公室有关负责同志就配合做好巡视工作提出要求。
07. 4月1日，中国文联办公厅党支部组织党员干部到盘山烈士陵园祭扫抗战英烈。

行政服务和后勤服务保障

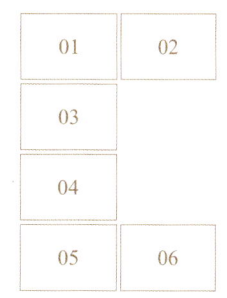

01. 10月20日,中国文联党组成员、书记处书记兼办公厅主任陈建文带队到甘肃省陇南市武都区考察并资助扶持武都高山戏传承发展。
02. 5月7日,电影《启功》在中国文艺家之家试映。
03. 7月17日,"庆祝《中国艺术报》创刊二十周年展览"在中国文艺家之家展览馆展出。
04. 10月16日,"深入生活、扎根人民——文质兼美优秀基层书法家创作成果汇报展览"在中国文艺家之家展览馆展出。
05. 8月25日至26日,"纪念抗战胜利70周年 爱国歌曲大家唱"中国文联职工歌咏比赛在中国文艺家之家举办。
06. 4月15日,中国文联组织机关干部职工到昌平区开展春季义务植树活动。

中国文联 2016 年工作回顾

离退休干部工作

01. 1月30日，文联机关老干部新春团拜会在中国文艺家之家举办，中国文联党组书记、副主席赵实与老干部亲切交谈。
02. 文联机关老干部新春团拜会上，老干部表演节目。
03. 12月，中国文联党组成员、书记处书记夏潮走访看望离休干部。
04. 4月，中国文联系统老干部党支部书记、委员培训班在京举办。
05. 10月，中国文联老干部合唱团应邀赴台湾参加第八届海峡两岸合唱节。
06. 4月28日，中国文联组织机关离退休老同志赴雁栖湖参加春游活动。
07. 6月，中国文联组织离退休干部赴焦庄户地道战遗址参观。

中国文联 2016 年工作回顾

信息化建设

01. 9月24日，中国文联文艺资源中心与中国传媒大学艺术学部联合举办"2015音乐数字化生态发展研讨会"。
02. 1月14日，北京电影学院———中国文联文艺资源中心数字内容产业研究中心成立仪式在京举行，中国文联党组成员、书记处书记郭运德出席成立仪式。
03. 12月18日，中国文联文艺资源中心副主任冉茂金带领技术部考察同城备份机房。
04. 12月23日，中国文联文艺资源中心组织召开文艺资源系统整合一期建设项目技术方案评审会。
05. 10月29日，长沙文联一行赴中国文联文艺资源中心调研。
06. 11月4日，产行业文联领导赴中国文联文艺资源中心参加全国企业文艺创作展示系列活动协调会。
07. 1月27日，中国文联文艺资源中心中国民协网站建设项目组与中国民协负责同志沟通需求。
08. 11月4日，南京文联一行赴中国文联文艺资源中心调研。

中国文联 2016 年工作回顾

文艺研修

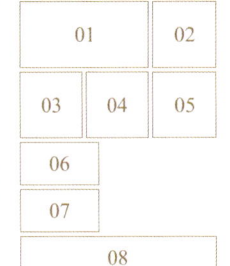

01. 12月9日，铸梦计划·北京——"问渠"中国文联第八期全国中青年文艺人才（视觉艺术）高级研修班学员暨林州艺术家红旗渠精神主题作品展在京开幕。图为中国文联党组书记、副主席赵实，党组副书记、副主席、中国文联文艺研修院院长李屹与入展学员合影。

02. 8月23日至9月12日，中国文联第九期全国中青年文艺人才（编剧）高级研修班在北京举办。图为中国剧协主席濮存昕为学员授课。

03. 12月14日至20日，全国藏族地区文联系统干部研修班在云南省昆明市举办。图为中国文联副主席丹增与学员交流。

04. 9月16日至22日，第四期全国省级文艺家协会秘书长（驻会负责人）研修班在京举办。图为分组讨论现场。

05. 10月18日至27日，中国文联赴日舞台艺术编导营销人员研修班在日本东京和大町举办。图为研修班学员在四季剧场外合影。

06. 10月10日至31日，中国文联首届全国少数民族地区文艺骨干（舞台艺术）研修班在京举办。图为研修班学员赴国家话剧院《战马》排练厅进行现场教学。

07. 5月24日至6月4日，中华文化走出去视觉艺术策展人（2015）研修班在京举办。图为研修班学员摆出"策展"拼音缩写CZ的造型。

08. 11月3日至9日，第八期全国地县级文联负责人研修班在湖北省武汉市举办。图为研修班学员赴百步亭社区进行现场教学。

中国文联 2016 年工作回顾

中国文联出版社工作

01. 《中国·四川抗战文化研究丛书》，中共中央宣传部、国家新闻出版广电总局纪念中国人民抗日战争暨世界反法西斯战争胜利70周年重点出版物。
02. 《中国艺术学文库》，中国文学艺术基金会资助项目、中国文联文艺出版精品工程项目。
03. 第十一届全国艺术学年会开幕式。
04. 《中国非物质文化遗产百科全书》书影。
05. 第十一届全国艺术学年会大合影。
06. 《中国非物质文化遗产百科全书》首发式。
07. 中国文联出版社年度工作会。
08. 中国文联出版社官网。

中国文联2016年工作回顾　　　　　　　　　　　　　　　　　　　　　　　　中国艺术报社工作

01. 7月17日,"艺术家的精神家园——庆祝《中国艺术报》创刊20周年展览"在中国文艺家之家举行,中国文联主席孙家正和中国文联党组领导赵实、李屹、左中一、李前光、郭运德、陈建文及众多艺术家代表出席展览开幕式。
02. "艺术家的精神家园"展览现场。
03. 4月底,以中国文联党组成员、书记处书记郭运德为组长的中国文联推进网络文艺与网上文联建设课题调研组在广州调研。
04. 2015年中国艺术报部分版面图选。
05. "纸上乾坤——《中国艺术报》创刊20周年书画名家邀请展"开幕式现场。
06. 参与协办由国家大剧院特别策划的"不忘战争,是为了维护和平"京剧交响音乐会。
07. 2015年全国"两会"期间,组派金涛、李博等骨干记者上会采访,全方位报道两会盛况。
08. 2015年4月,中国艺术报党支部、青联、团委组织干部职工开展"走在春天里——健步走"活动。

中国文联 2016 年工作回顾

基金会发展

01	02
03	
04	
05	06	07

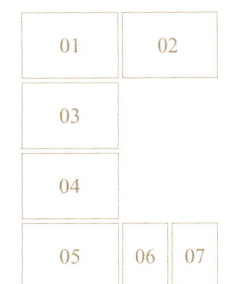

01. 4月27日,"时代领跑者"美术作品展在中国国家博物馆举行。第十届全国人大常委会副委员长顾秀莲,中国文联主席孙家正,中国文联党组书记、副主席赵实,中国文联荣誉委员、中国文学艺术基金会理事长胡振民,中国文联党组成员、副主席左中一,国家博物馆馆长吕章申等出席开幕式。
02. 顾秀莲、孙家正、赵实、胡振民等为"时代领跑者"参展作者颁发证书。
03. 中国文学艺术基金会副理事长兼秘书长冯双白在"时代领跑者"展览现场接受小香玉学校的小记者采访。
04. 10月30日,中国文学艺术基金会第四届理事会第九次会议在京召开。中国文学艺术基金会理事长胡振民,中国文联党组成员、副主席左中一,中国文学艺术基金会副理事长兼秘书长冯双白等出席会议。
05. 2015年6月至今,中国文学艺术基金会校园文化专项基金分别在北京、延吉、六安、新疆、西双版纳建立"美育圆梦艺术教室"。图为中国文联副主席冯远,中国文学艺术基金会副理事长兼秘书长冯双白为"美育圆梦艺术教室"揭牌。
06. 2011年至今,中国文学艺术基金会资助拍摄了大型系列人物传记纪录片《百年巨匠》。
07. 2012年至2015年,中国文学艺术基金会资助拍摄了电影《启功》,并于9月10日在全国院线公映。

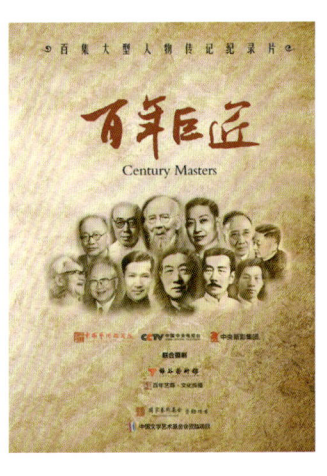

中国文联 2016 年工作回顾

中国戏剧家协会

01. 7月13日至16日，中国戏剧家协会第八次全国代表大会在京召开。图为中国文联党组书记、副主席赵实在开幕式上讲话。
02. 在中国剧协第八次全国代表大会上，中国文联党组副书记、副主席李屹与新当选的第八届主席团合影留念。
03. 在中国剧协第八次全国代表大会上，中国剧协第七届主席尚长荣致开幕辞。
04. 在中国剧协第八次全国代表大会上，新当选的第八届主席濮存昕致闭幕词。
05. 在中国剧协第八次全国代表大会上，中国剧协分党组书记、第七届驻会副主席季国平代表中国剧协第七届理事会做工作报告。
06. 5月20日，第27届中国戏剧梅花奖大赛颁奖典礼在广东举行。图为中国文联党组副书记、副主席李屹与荣获"二度梅"的演员合影留念。
07. 在第27届中国戏剧梅花奖大赛颁奖典礼上，荣获"一度梅"的演员合影留念。
08. 10月25日至11月11日，第14届中国戏剧节在苏州举办。图为中国文联党组书记、副主席李屹在闭幕式上致辞。
09. 在第14届中国戏剧节上，中国文联副主席、中国剧协顾问裴艳玲领衔主演京剧《赵佗》。
10. 1月14日至16日，中国剧协梅花奖艺术团来到革命老区江苏盐城，举办"送欢乐，下基层"慰问演出活动，受到热烈欢迎。
11. 11月19日，中国剧协梅花奖艺术团"送欢乐，下基层"走进河北，在石家庄人民会堂进行慰问演出。图为艺术团在演出结束后合影。
12. 5月28日至6月1日，中国剧协选派的中国儿艺《三个和尚》剧组赴德国参加第31届"西风"青少年儿童戏剧节。
13. 5月4日至22日，中国剧协全国青年舞台美术家研修班在上海成功举办。图为在结业典礼上全体学员与领导和授课老师合影。
14. 11月4日，国际剧协落户上海。国际剧协副主席、国际剧协中国中心主席季国平在开幕式上致贺词。
15. 5月23日至24日，全国青年戏剧创作会议在上海戏剧学院隆重举行。图为五届青研班学员与领导和授课老师合影。

中国文联 2016 年工作回顾

中国电影家协会

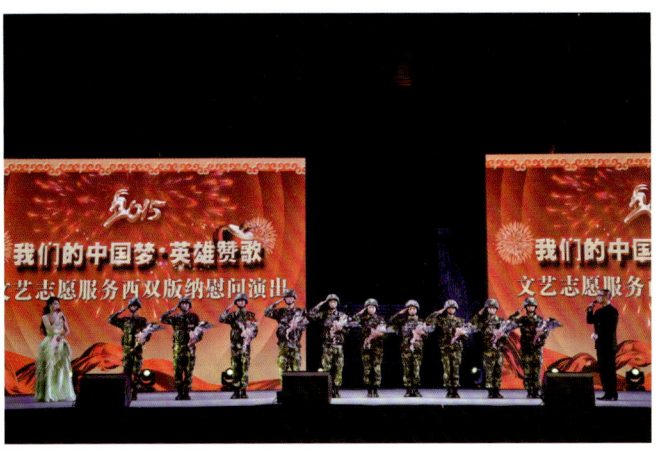

01. 7月7日,纪念中国人民抗日战争暨世界反法西斯战争胜利70周年专题影展开幕式在北京举行。
02. 3月2日,中国影协九届四次主席团会在京召开。
03. 5月,中国影协采风创作团赴甘南组织召开"深入生活,扎根人民" 采风创作暨纪念毛泽东《在延安文艺座谈会上的讲话》发表73周年座谈会。
04. 4月23日,"百年又拾·光影记忆"纪念中国电影诞生110周年电影藏品展在中国电影博物馆开幕。
05. 3月10日,全国影协秘书长工作会议在河北省唐山市召开。
06. 12月12日至18日,第十届华语青年影像论坛在湖北省武汉市举行。
07. 1月30日,中国影协文艺志愿服务小分队深入驻地部队慰问武警官兵,在部队食堂里包起了过年饺子。
08. 第24届金鸡百花电影节期间,中国电影论坛在吉林省吉林市举办。
09. 8月19日,第24届中国金鸡百花电影节暨第30届中国电影金鸡奖新闻发布会在京举行。
10. 2月10日,由中国文联、中国影协等主办的"我们的中国梦·英雄赞歌"文艺志愿服务团慰问演出活动在西双版纳州景洪市举行。
11. 9月16日,第24届中国金鸡百花电影节开幕式在吉林省吉林市举行。
12. 4月1日,由中国文联、中国影协主办的"我们的中国梦·相约美丽兴化"文艺志愿服务活动在江苏省兴化市举行。
13. 8月30日,"我们的中国梦·情系包头"纪念中国人民抗日战争暨世界反法西斯战争胜利70周年中国影协文艺志愿服务团主题慰问活动在内蒙古自治区包头市举行。

中国文联 2016 年工作回顾

中国音乐家协会

01. 6月16日至18日，中国音乐家协会第八次全国代表大会在京召开。图为中央领导同志与中国音协新一届主席团合影。
02. 中国音乐家协会第八次全国代表大会现场。
03. 9月15日，"历史的回声——抗战歌曲音乐会"在国家大剧院举行。
04. 9月30日至10月10日，第八届海峡两岸合唱节在台湾花莲举行。
05. 8月24至31日，中国文联文艺培训志愿服务项目音乐培训项目在湖南省常德市举行。
06. 9月18日，"向人民汇报——金钟之星音乐会"在湖北省宜昌市举行。
07. 8月3日，中国音协在江苏省常州市开展"传递美 享受歌唱"声乐辅导教学活动。
08. 10月22日至27日，第十届中国音乐"金钟奖"二胡比赛在江苏省无锡市举行。
09. 11月25日，第十届中国音乐"金钟奖"在广东省广州市闭幕。图为领导为获得终身成就音乐艺术家称号的傅庚辰和谷建芬颁奖。
10. 10月15日，"向人民汇报——社会主义核心价值观组歌交响音乐会"在京举行。
11. 9月11日，全国音乐创作座谈会在京召开。
12. 8月5日至15日，首届全国电子键盘展演比赛在江苏省常州市举办。

中国文联 2016 年工作回顾

中国美术家协会

01. 9月24日,第六届中国北京国际美术双年展在京开幕,众多领导嘉宾莅临开幕式。
02. 中国文联主席孙家正、党组书记、副主席赵实等在在中国美协主席刘大为、秘书长徐里的陪同下参观第六届中国北京国际美术双年展展览。
03. 10月18日,"向人民汇报——'深入生活,扎根人民'当代十五位美术家作品展"在中国美术馆开幕。
04. 5月12日,"第十二届全国美术作品展览暨中国美术奖·创作奖、获奖提名作品展览包头巡展"在内蒙古自治区包头市开幕。
05. 3月19日,中国美协在安徽省宣城市召开2015年度工作会议。
06. 当地时间10月30日,"第十二届全国美展国际巡展·意大利展"在意大利佛罗伦萨开幕。
07. 6月17日至19日,中国美协文艺志愿服务团走进第二炮兵某旅开展"送欢乐 下基层"慰问活动。
08. 10月9日至20日,中国文联文艺培训志愿服务项目美术培训班在山西省长治市举行。
09. 6月30日至7月4日,中国文联、中国美协"中国精神·中国梦"美丽乡村行系列写生采风活动首站走进上杭古田。
10. 12月1日,第五届全国青年美展美术作品展览在上海开幕。
11. 10月24日,"中国精神:第四届中国油画展(第一区段)心象——当代中国油画的表现性研究展"在中国油画院开幕。
12. 3月17日,中国美协策展委员会成立大会在京举行。
13. 9月27日至30日,"2015中国美协中外美术家扬州采风行"活动在江苏省扬州市举行。
14. 10月至11月,"新丝路·新起点——全国美术家丝路行主题创作展览活动"分四组分别到义乌、新疆、陕西、甘肃等地进行采风写生。图为美术家在甘肃写生。
15. 4月8日,中国中青年美术家海外研修工程终评会在京举行。

中国文联 2016 年工作回顾

中国曲艺家协会

01. 6月10日,中国曲协"送欢笑"10周年系列活动在北京成功举办。
02. 1月28日至29日,2015年全国曲协工作会议在江苏省南京市举行。
03. 6月23日,"牡丹绽放"——曲艺培英行动在文艺之家启动。
04. 7月2日至3日,中国曲协联合辽宁科技大学在辽宁鞍山召开首届全国高等院校曲艺教育论坛。
05. 4月28日,中国曲协在京召开曲艺界行风建设专题调研座谈会。
06. 7月21日至22日,"向和平致敬———纪念中国人民抗日战争暨世界反法西斯战争胜利70周年优秀曲艺节目展演"在北京民族文化宫上演。
07. 9月16日,数字化时代下曲艺版权保护研讨会暨《曲艺维权手册》发布会在京召开。
08. 10月22日至23日,第四届中国曲艺高峰(柯桥)论坛。
09. 6月25日,第二届全国曲艺理论学术研讨会在杭州举行。
10. 11月9日至15日,第七期全国曲艺创作高级研修班在成都举办。
11. 10月17日,"向人民报告———'深入生活,扎根人民'文艺创作成果展演曲艺专场演出"在北京民族剧院成功举办。
12. 3月2日,中国曲协文艺志愿服务团小分队赶赴河南省宝丰县赵庄镇袁庄社区进行惠民演出。
13. 11月1日至3日,第五届国际幽默艺术周在江苏省张家港市成功举办。
14. 12月28日,由中国文联和中国曲协组成的两支文艺志愿服务小分队分别来到革命圣地延安市安塞县的沿河镇和化子坪镇,开展送欢乐惠民慰问演出。
15. 7月3日,在法国戛纳举办第二届中国文化艺术节中国曲艺专场演出,演员为观众讲解琵琶弹奏技巧。

中国文联2016年工作回顾

01. 11月17日至19日，中国舞蹈家协会第十次全国代表大会在京召开。图为中共中央政治局委员、中央书记处书记、中宣部部长刘奇葆亲切接见与会的舞蹈界代表。
02. 10月，中国文联文艺培训志愿服务项目舞蹈培训项目在上海举行。
03. 9月3日至12日，"海峡两岸暨港澳地区青少年舞蹈交流展演"在台湾举行。图为在花莲原住民族艺术馆，联合演出后两岸师生与原住民艺术家合影。
04. 中国舞蹈家协会第十次全国代表大会集体合影。
05. 9月13日，"纪念中国人民抗日战争暨世界反法西斯战争胜利70周年——'保卫黄河'舞蹈专场晚会"在北京民族剧院举行。
06. 11月22日12月16日，"中国梦——青年舞蹈人才培育计划成果展演"在国家大剧院、保利剧院举行。图为王迪演出的舞蹈《9°N蓝》。
07. 8月4日至7日，第十届中国舞蹈"荷花奖"民族民间舞评奖活动在四川凉山州西昌市举办。图为作品奖《情深谊长》，表演单位四川省凉山彝族自治州歌舞团。
08. 7月24日至29日，第八届"小荷风采"全国少儿舞蹈展演在京举行。
09. 10月16日，"向人民汇报——'深入生活，扎根人民'文艺创作成果展演舞蹈专场演出"在北京民族剧院举行。图为藏族群舞《布衣者》。
10. "保卫黄河"舞蹈专场晚会，序幕当代舞《士兵与枪》。

中国舞蹈家协会

中国文联 2016 年工作回顾

中国民间文艺家协会

01. 12月2日,第十二届中国民间文艺"山花奖"颁奖典礼在浙江省海宁市举行。图为中国文联党组成员、副主席陈建文,中国民协主席冯骥才,分党组书记、驻会副主席罗杨等为获奖者颁奖。
02. 6月3日,中国民协在山西后沟村举办"文化先觉的脚步———中国民间文化遗产抢救工程巡礼"活动。中国民协主席冯骥才等出席活动。
03. 4月2日,中国(开封)清明文化节在河南省开封市举行。中国文联党组成员、副主席陈建文,中国民协主席分党组书记、驻会副主席罗杨等出席活动。
04. 8月下旬,中国民协组织艺术家赴西藏拉萨、林芝、日喀则等高海拔地区开展"送欢乐下基层"走进西藏活动。
05. 1月29日,中国民协文艺志愿服务团赴山东省烟台市初旺村开展慰问演出。
06. 3月6日,第二届中国白马人民俗文化研讨会在甘肃省陇南市文县召开。图为白马人民俗表演情歌对唱。
07. 4月10日,中国"非物质文化遗产保护项目"赴美巡展活动在美国纽约开幕。
08. 中国民协赴福建省泉州市考察以南音、南戏、南派工艺等为代表的闽南节俗文化。
09. 中国民协赴福建省泉州市考察以南音、南戏、南派工艺等为代表的闽南节俗文化。
10. 4月8日至12日,中国民协对"我们的节日·西双版纳布朗族'桑康节'布朗弹唱"活动进行跟踪调研。
11. 5月1日至7日,中国民协会同贵州省文联组成采风调研组深入黔东南"苗疆腹地"及侗族、水族聚居的山村探访民间文化。
12. 12月4日至7日,"中华美学精神与民间文艺评论"柯桥高峰论坛在浙江省绍兴市举办。
13. 5月18日,中国民协赴北京门头沟妙峰山调研庙会文化。
14. 中国民协赴黑龙江省佳木斯市调研赫哲族非物质文化遗产。
15. 7月12日至17日,中国民协赴陕北调研窑洞文化。

中国文联 2016 年工作回顾

中国摄影家协会

01. 1月6日,第十届中国摄影艺术节在浙江省宁波市开幕。
02. 10月19日,"中国人眼中的古巴"摄影展在京开幕。
03. 8月31日,"历史不容忘却——纪念中国人民抗日战争暨世界反法西斯战争胜利70周年"摄影展在北京中华世纪坛艺术馆开幕。
04. 中国摄协扎实推进"中国梦"主题影像公益广告深入开展,并于4月10日在纽约时报广场轮播。
05. 3月3日,中国摄协文艺志愿服务团赴山西省吕梁市杏花村开展"送欢乐下基层"活动。
06. 5月23日,"情浓5·23中国文艺志愿者在行动"主题活动在北京玉渊潭举办。
07. 7月15日,第五届全国农民摄影大展在湖南省资兴市开幕。
08. 12月15日至17日,第十二届全国摄影理论研讨会在广东省东莞市举行。
09. 1月26日,第二期"少数民族摄影人才培养工程"培训班在京举办。
10. 9月17日,首届"印象检察"摄影展在京举办。
11. 继续开展共建"摄影曙光学校"公益活动。

中国文联 2016 年工作回顾

中国书法家协会

01. 12月7日至9日,中国书法家协会第七次全国代表大会在京召开。图为中共中央政治局委员、中央书记处书记、中宣部部长刘奇葆亲切接见与会的书法界代表。
02. 中国书法家协会第七次全国代表大会开幕式现场。
03. 8月10日,全国第十一届书法篆刻作品展览在中国美术馆开幕。图为中国文联主席孙家正、党组书记、副主席赵实,中宣部副部长景俊海,中国文联党组副书记、副主席李屹,党组成员、书记处书记陈建文,中国书协主席张海,分党组书记、驻会副主席陈洪武参观展览。
04. 第七届中国书法家协会主席苏士澍在中国书法家协会第七次全国代表大会闭幕式上讲话。
05. "我们的中国梦——万名书法家送万'福'进万家"公益活动。
06. "我们的中国梦——万名书法家送万'福'进万家"公益活动。
07. 3月21日"中国书法公益流动大讲堂(江西)"在江西省南昌市启动。
08. 全国第十一届书法篆刻作品展览开幕式现场,中国文联主席孙家正、党组书记、副主席赵实,中宣部副部长景俊海,中国书协名誉主席沈鹏,中国书协主席张海等出席开幕式。
09. 10月16日,"向人民汇报——'深入生活,扎根人民'文质兼美优秀基层书法家创作成果汇报展"在京开幕。
10. 10月10日,"国学修养与书法——第二届全国青年书法创作骨干高研班学员作品观摩展"在京举办。
11. 4月21日,第五届中国书法兰亭奖、第三十一届中国兰亭书法节在浙江省绍兴市开幕。图为中国文联党组副书记、副主席李屹等参观展览。
12. 4月24日,"国学修养与书法·第二届全国青年书法创作骨干高研班"开班仪式在京举行。
13. 11月2日至6日,中国书协代表团赴日本进行访问交流。

中国文联 2016 年工作回顾

中国杂技家协会

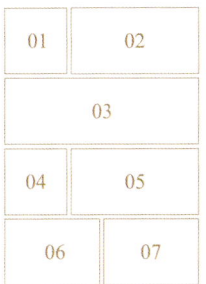

01. 11月3日至4日，中国杂技家协会第七次全国代表大会在京开幕。图为中共中央政治局委员、中央书记处书记、中宣部部长刘奇葆亲切接见与会的杂技界代表。
02. 中国杂技家协会第七次全国代表大会开幕式现场。
03. 领导接见中国杂技家协会第六届、第七届主席团成员。
04. 8月4日至6日，中国文联组派大连杂技团赴土库曼斯坦举办"中国文化日"活动。图为中国文联党组书记、副主席赵实在活动开幕式上致辞。
05. 10月2日，第九届国际马戏论坛在河北省石家庄市举行。
06. 5月2日，"新媒体环境下魔术著作权保护"研讨会在广东省深圳市举办。
07. 9月24日，中国杂协参与主办的"敬礼，英雄的狼牙山"文艺志愿服务活动在河北易县狼牙山革命老区举行。
08. 11月8日，"我们的中国梦"精品杂技展演在京举办。
09. 1月30日至2月1日，在第四届摩纳哥"新一代"国际青少年马戏节上，云南省杂技团表演的《蹦床爬杆》获金奖。
10. 9月29日至10月7日，第十五届中国吴桥国际杂技艺术节在河北省举行。图为"金狮奖"获奖作品《秦俑魂——独轮车技》。
11. 10月15日至19日，在第十七届意大利拉蒂纳国际马戏节上，新疆生产建设兵团杂技团表演的《天鹅湖——男子倒立技巧》获金奖。
12. 1月15日，在第三十九届蒙特卡洛国际马戏节上，中国杂技团表演的《协奏·黑白狂想——男女技巧》获"金小丑"奖。
13. "我们的中国梦"精品杂技展演节目《舞陀螺》。
14. 5月1日至3日，第九届中国杂技金菊奖第六次全国魔术比赛在广东省深圳市举办。图为浙江杭州杂技总团表演的金奖作品《美女·几何》。
15. "敬礼，英雄的狼牙山"文艺志愿服务活动演出节目《俏花旦——集体空竹》。

中国文联 2016 年工作回顾

中国电视艺术家协会

01. 2月13日上午，中国电视艺术终身成就奖获奖艺术家座谈会在北京中国文艺家之家举行。中国文联党组书记赵实，中国文联党组成员、副主席夏潮，中国文联副主席、中国视协主席赵化勇，中国视协分党组书记张显，中国文联国内联络部主任刘尚军，中国视协分党组成员、副秘书长范宗钗出席会议。王扶林、沈力、陈汉元、焦晃、邓在军获得艺术终身成就奖。
02. 1月25日，中国电视艺术家协会五届三次理事会议在北京召开。
03. 3月23日，由中国电视艺术家协会、中央电视台电视剧管理中心、中共重庆市委宣传部、广西兴安县委县政府联合主办的电视剧《突围 突围》创作研讨会在北京中国文艺家之家举行。
04. 8月14日，中国视协赵化勇、张显等领导会见艾美国际评审总监Mr Nathaniel Brendel、原艾美国际副主席Mr Georges Leclere一行，双方就两国电视艺术活动和电视奖项设置评选等相关问题进行了交流。
05. 9月13日，由中国文学艺术基金会资助，中国电视艺术家协会、甘肃省电视艺术家协会共同举办的影视小屋授牌仪式在甘肃省甘南州合作藏族中学举行。
06. 10月16日，"人文中国第四季——城市纪实"全国纪录片推优活动在无锡举行。图为获奖代表领奖
07. 中国视协媒体融合推进委员会于9月12日在云南腾冲举办媒体融合培训班，中央电视台原台长胡占凡在开班仪式上讲话。
08. 7月7日，2015（南昌）中韩电视节目精品创作交流会预备会在江西南昌召开。
09. 中国视协电视戏曲委员会理事、评剧名家戴月琴来到北京市丰台区四路通社区紫荆评剧社进行辅导，受到戏迷们的热烈欢迎。
10. 7月8日，中国视协主持人专业委员会换届工作会议暨培训研讨会在北京中国文艺家之家召开。中国文联党组书记、副主席赵实，中国文联党组成员、副主席夏潮，中国文联副主席、中国视协主席赵化勇以及中国视协张显、范宗钗等领导出席会议。
11. 10月28日，第十五届中日韩电视制作者论坛在韩国釜山开幕。
12. 12月19日，由中国文联、中国电视艺术家协会、解放军电视宣传中心共同主办的"送欢乐，下基层"军营大拜年慰问演出在保定东北抗联英模部队举行。宋祖英、杨洪基等艺术家为上千名官兵表演。
13. 5月26日，由中国文联、中国视协主办的"春风送暖 情系丰宁——送欢乐下基层"艺术家走进丰宁慰问演出在河北省丰宁满族自治县举行。
14. 10月17日，第九届全国德艺双馨电视艺术工作者表彰活动在浙江省海宁市举行。图为张显书记为代表颁发证书。

中国文联 2016 年工作回顾

中国文艺评论家协会

01. 10月16日，《中国文艺评论》杂志创刊和中国文艺评论网开通仪式在京举行。中国文联党组成员、副主席夏潮，党组成员、书记处书记郭运德出席活动。
02. 9月23日，首批"中国文艺评论基地"授牌仪式在京举行。
03. 10月16日，首届中国文艺评论年会在京召开。
04. 1月25日，中国评协一届三次主席团会在京召开。
05. 3月16日至17日，全国文艺评论家协会秘书长工作会在浙江省丽水市召开。
06. 4月3日，电影《黄克功案件》作品研讨会在京举办。
07. 6月13日，"艺术与市场的张力——市场经济条件下文艺健康发展之路"全国文艺评论学术峰会在浙江省杭州市举办。
08. 6月24日，中国文艺评论家协会理论委员会成立大会在京举行。
09. 7月18日至25日，第九届全国青年文艺评论家高级研修班在内蒙古自治区扎赉诺尔区举办。
10. 10月16日，中国评协一届二次理事会在京召开。
11. 4月14日至28日，首届全国文艺评论骨干专题研讨班在云南省昆明市举办。
12. 8月12日，电影《启功》作品研讨会在京举办。
13. 8月1日，中国青年文艺评论家"西湖论坛"在浙江省杭州市成立。
14. 8月，中国评协组织参加中国文联"纪念抗战胜利70周年·爱国歌曲大家唱"歌咏比赛。

重要讲话及文献

在中国音乐家协会第八次全国代表大会上的讲话

中共中央政治局委员、中央书记处书记、中宣部部长 刘奇葆

（2015年6月16日）

同志们、朋友们：

中国音乐家协会第八次全国代表大会今天隆重开幕了。这是广大音乐工作者的一次盛会，也是文艺界的一件大事。在此，谨向会议召开表示热烈祝贺，向各位代表和全国音乐工作者致以崇高的敬意和诚挚的问候！

音乐是一门富有独特魅力的艺术形式，以优美的旋律和巧妙的乐思，抒发情感、愉悦身心、陶冶情操，给人以精神激励和思想启迪。在社会主义文艺的百花园中，音乐之花竞相绽放、争奇斗艳。七次音代会以来，我国音乐题材样式日益丰富，民族音乐、交响乐、歌剧、歌曲等繁荣发展，呈现出欣欣向荣的喜人景象。广大音乐工作者深入生活、扎根人民，谱写了一大批脍炙人口、向上向善的美好乐章；广泛开展心连心、送欢乐下基层、文艺志愿服务等活动，把欢乐和温暖带给群众；以改革促发展，开展形式多样的演出活动，活跃了文化市场；大力开展对外文化交流，积极参与"欢乐春节""感知中国"等活动，充分展示中华文化独特魅力。音乐队伍不断发展壮大，老一辈音乐家焕发青春，中青年骨干勇挑大梁，音乐新人迅速成长。我国音乐事业充满了生机和活力，为繁荣发展社会主义文艺做出了重要贡献。

去年，习近平总书记主持召开文艺工作座谈会并发表重要讲话，深刻阐明了文艺与时代、文艺与人民、文艺与生活、文艺与价值观，以及继承与创新、吸收与借鉴等根本性问题，对在新的历史起点上推动文艺繁荣发展作出了全面部署，指明了我国文艺事业的前进方向。当前，我们正健步走在实现中华民族伟大复兴的历史征程上，全面建成小康社会、全面深化改革、全面依法治国、全面从严治党"四个全面"战略布局正协调推进。欣逢盛世，我国音乐事业舞台宽广，广大音乐工作者大有可为。要深入学习贯彻党的十八大和十八届三中、四中全会精神，学习贯彻习近平总书记系列重要讲话精神，特别是在文艺工作座谈会上的重要讲话精神，坚持"二为"方向和"双百"方针，坚持以人民为中心的工作导向，坚持以社会主义核心价值观为引领，把创作优秀作品作为中心环节，推出更多无愧于时代的精品力作，大力弘扬中国精神，凝聚中国力量，不断开创音乐事业新局面。

借此机会，我向广大音乐工作者提几点希望。

第一，希望广大音乐工作者始终为人民创作、为人民歌唱。古往今来，但凡优秀的音乐家，无不欢乐着人民的欢乐，忧患着人民的忧患，歌咏着人民的心声。新中国成立以来，刘炽、乔羽、雷振邦、王酩、施光南等创作的《英雄赞歌》《我的祖国》《花儿为什么这样红》《难忘今宵》《在希望的田野上》，传唱大江南北，唤起了亿万人民的强烈共鸣。今天，社会生活和人民群众的精神文化需求发生了很大变化。但无论怎样变化，

文艺与人民的关系没有变，文艺为人民服务的方向没有变。音乐只有与人民同在，才能获得无穷的力量、焕发蓬勃的生机。音乐家只有为人民歌唱，才能保持艺术创作常新、艺术生命常青。要把人民作为倾情赞颂的主角，更加自觉主动地写人民生活、唱人间冷暖，用来源于人民的音乐回馈人民。要植根于人民生活的丰厚沃土，深入基层和群众拜师取经，汲取民族民间音乐的养分，采集群众喜爱的音乐语汇、旋律风格，创作更多悦耳动听的优秀音乐作品，始终保持群众立场和生活温度。

去年以来，文艺界组织开展"深入生活、扎根人民"主题实践活动，广大文艺工作者积极响应，深入人民生活，采撷文化养分，创作文艺精品，送去文化服务，播撒文化种子，收到了很好的效果，得到了社会各界的广泛好评。要推动探索建立"深入生活、扎根人民"的长效机制，在工作条件、成果展示、激励表彰等方面提供保障，使艺术家在基层实践、在人民中生活成为常态。要鼓励和支持有代表性的音乐艺术家带头下基层，带头参加志愿服务，发挥好示范表率作用。要对那些心中有人民、长期扎根基层的音乐工作者，给舞台、给镜头、给荣誉，扩大他们的艺术影响力，使讴歌人民、礼赞人民在音乐界蔚然成风。

第二，希望广大音乐工作者追寻中国梦、奏响中国风。常言道，"歌以咏志"。优秀的音乐作品，总是以和谐美妙的声音彰显信仰之美、崇高之美、生活之美，成为民族的记忆、时代的回响。实现中华民族伟大复兴的"中国梦"，是当代中国最生动的社会实践，既有宏大壮阔之美，也有细腻灵动之美，还有憧憬向往之美，很适合用音乐的形式来展现。去年以来，我们集中组织了以"中国梦"为主题的音乐创作活动，推广了《天耀中华》《时间都去哪儿了》《光荣与梦想》《共筑中国梦》等一批优秀歌曲，在社会上广为传唱。要始终把"中国梦"作为创作主题，捕捉跳动的音符，编织美妙的旋律，播响昂扬的节奏，抒发中华儿女对民族复兴的深切渴望，歌颂人民寻梦的理想、追梦的奋斗，奏响中国梦的华彩乐章。要不断拓展中国梦音乐创作的表现形式，无论是激昂的交响组曲、清新的民谣小唱，还是现代风格的电子乐，都要把千千万万普通人追梦圆梦的思想情感，转化为一个个生动的乐段，让奋进中的人民从音乐中听到自己的心声，受到激励和鼓舞，汇聚起同心共筑"中国梦"的强大精神力量。

中华文化是中国音乐的底色，中国音乐是中华文化的结晶。在漫长的音乐史上，中华民族创造了丰富多彩的音乐文化，从高山流水觅知音的传说，到霓裳羽衣寄长歌的经典，从《平沙落雁》《二泉映月》的婉约，到《延安颂》《红旗颂》的雄壮，都积淀了中华民族的独特文化追求和美学风范。中国音乐要想走得更好更远，就要深深扎根于中华文化沃土，与我们的文化传统相契合，与人民群众的欣赏习惯相适应，彰显自己的民族特色和民族风格。同时，积极借鉴世界各国音乐的优秀元素，丰富音乐创作内容，拓展音乐表现形式，做到中西合璧、融会贯通，带着自己的独特面孔走向世界，个性鲜明地掀起"中国风"。

第三，希望广大音乐工作者用情用心打造更多音乐精品。衡量一个时代的文艺成就最终要看作品。推动音乐事业繁荣发展，归根到底要出作品、出精品。凡有传世之作，必先有传世之心。希望广大音乐工作者树立精品意识，把作品作为立身之本，把创作作为中心任务，不断推出讴歌我们这个气象万千伟大时代的音乐精品。

音乐是从艺术家心灵里流淌出来的情感，有一个孕育积累、触发灵感、喷薄而出的过程。这个过程既需要灵感和才华，也需要苦心和专注。雄壮的《黄河大合唱》，就是冼星海在抗战最艰苦时期，在简陋的窑洞里潜心创作出来的。我们的音乐工作者要秉持对作品负责、对艺术负责的态度，克服浮躁心态，克服急功近利，精心雕琢每一个音符、每一段旋律，做到反复锤炼、精益求精。要探索艺术创新，积极适应互联网时代文艺形态和类型的新变化，抓好网络音乐的创作生产，推进音乐观念、内容、风格、手段创新，提高原创能力，不断开辟新的艺术境界。

第四，希望广大音乐工作者不懈追求德艺双馨的艺术人生。"乐者，德之华也"，音乐是铸造灵魂的工程，音乐家是灵魂的歌者。人民音乐家聂耳说过，"不锻炼自己的人格，无由产生伟大的作品"。要把德艺双馨作为孜孜以求的目标，带头弘扬和践行社会主义核心价值观，坚守艺术理想、追求崇高境界，不断提升思想修养、强化人格修为，恪守职业道德和职业精神，努力做到立业先立德、为艺先为人。要牢记文化担当和社会责任，严肃认真地考虑作品的社会效果和自己的社会形象，用音乐弘扬真善美、传递正能量，用自身的学养涵养修养赢得群众的尊重和喜爱。

今年是中国人民抗日战争暨世界反法西斯战争胜利70周年。回首那段艰苦卓绝的峥嵘岁月，我们的耳边就响起《黄河大合唱》《松花江上》《游击队歌》等一首首激荡人心的旋律，当年无数热血青年就是踩着这些歌声的节拍，奔赴前线保家卫国。这些歌曲抒发了家国情怀，发出了时代强音，激荡着爱国主义的主旋律，传唱至今、经久不衰。我们要抓住纪念抗战胜利70周年这一重要契机，把这些优秀抗战歌曲推介好、传唱好，弘扬伟大的民族精神和抗战精神，让爱国主义主旋律一代代传扬下去。

中国音乐家协会是党和政府联系广大音乐工作者的桥梁和纽带。近年来，中国音协在繁荣音乐创作、加强理论评论、服务基层群众、推进对外交流、加强队伍建设等方面做了大量富有成效的工作。希望新一届音协领导班子发扬优良传统，不断开拓创新，更好履行自身职责，加强行业服务、行业管理、行业自律，把中国音协建设成为音乐工作者的温馨和谐之家。要做好新的音乐组织和音乐群体的工作，延伸联系手臂，完善工作机制，创新组织方式，加强服务引导，把他们团结凝聚在党的周围，使之成为繁荣社会主义文艺的有生力量。

各位代表、同志们，中华民族的伟大复兴需要中华文化的繁荣兴盛，时代的发展前进期待着催人奋进的嘹亮歌声。让我们紧密团结在以习近平同志为总书记的党中央周围，锐意进取，积极作为，谱写我国音乐事业新的篇章。

最后，祝大会圆满成功！

在中国戏剧家协会
第八次全国代表大会开幕式上的讲话

中共中央政治局委员、中央书记处书记、中宣部部长 刘奇葆
（2015年7月14日）

各位代表、同志们：

今天，中国戏剧家协会第八次全国代表大会隆重开幕了，这是戏剧界的一次盛会。在此，谨向大会胜利召开表示热烈的祝贺！向各位代表和全国戏剧工作者致以诚挚的问候！

戏剧事业是社会主义文艺事业的重要组成部分，广大戏剧工作者是繁荣社会主义文艺的重要力量。当前，我国戏剧事业发展态势良好。传统戏曲逐步振兴，话剧、歌剧、舞剧各展风姿，一批优秀传统剧目重新焕发光彩，一批新编历史剧成为舞台亮点，一批新创现实题材剧目广受好评。演出市场较为活跃，名家经典作品长演不衰，小剧场话剧受到观众热捧。对外交流深入开展，京剧演出在国外受到欢迎，舞剧艺术频频亮相世界舞台。戏剧队伍不断发展壮大，涌现出一批拔尖人才，许多年轻新秀崭露头角。总地来看，我国戏剧事业充满生机与活力，面临极好发展机遇。在全面建成小康社会、建设社会主义文化强国的历史征程中，大力发展彰显中国精神、展现中华美学风范的戏剧艺术，是时代的要求、人民的需要，也是戏剧工作者的崇高使命。当代中国的戏剧工作者，理应在戏剧艺术领域迈上新的时代高度，理应在满足人民群众精神文化需求方面发挥更大作用，理应在弘扬中华优秀传统文化方面做出更大贡献，使我们的戏剧艺术与五千年中华文明相匹配，与气象万千的伟大时代相匹配。为此，需要我们付出艰辛的努力。

去年10月，习近平总书记主持召开文艺工作座谈会并发表重要讲话，对在新的历史起点上推动文艺繁荣发展做出了全面部署，指明了我国文艺事业的前进方向。繁荣发展戏剧事业，要深入学习贯彻习近平总书记重要讲话精神，牢固树立以人民为中心的工作导向，以社会主义核心价值观为引领，把创作优秀作品作为中心环节，推出更多无愧于我们这个伟大民族、伟大时代的戏剧精品，让戏剧百花园更加绚丽多彩。

一、百花齐放、推陈出新，开创我国戏剧事业新生面。我国是戏剧大国，千百年来形成了多姿多彩的戏剧文化。看戏、听戏、唱戏，对于中国人来说，是一种文化传统，也是一种生活方式，构成了中华民族独特的人文景观。艺术无贵贱，剧种无高下。繁荣发展戏剧艺术，必须坚持百花齐放，营造积极健康、宽松和谐的氛围，支持不同剧种、不同流派竞相发展，鼓励一切有利于发展先进文化的戏剧探索成长，保持戏剧艺术的丰富性、多样性。应当看到，艺术的本性是创新，它的生命力也在创新。戏剧天天演，探索创新、推陈出新不可少。要坚持扬弃继承，不忘本根、辩证取舍，对传统戏剧中存在合理内核又具有旧时代要素的内容，取其精华、去其糟粕；对明显不符合当今时代要求的内容，态度鲜明地予以舍弃。要坚持转化创新，在尊重传统、保持底

色、遵循艺术规律的基础上，注重结合现代艺术手段，从经典剧目中化用形式技巧，从现实生活中汲取养分，从国外有益成果中借鉴经验，不断改进剧目创作和艺术表演，使戏剧艺术展现新魅力、焕发新光彩。

二、走向民间、服务群众，夯实戏剧事业发展的深厚根基。走向民间、服务群众，是戏剧艺术创作生产、繁荣发展内在规律的要求。曹禺先生说过，让戏剧走向社会、走向民间、走向人民群众，还戏于民，是戏剧生存和发展的真正沃土。事实也是如此，京剧之所以能形成梅派、程派、尚派、荀派等特色鲜明、各有千秋的流派，就是在群众中演出来的、在市场中闯出来的，就是各路名角唱对台戏唱出来的。评剧、黄梅戏、越剧从草台登上舞台、从地方小戏成长为影响力大的剧种，也是因为始终立足群众、服务群众。这充分说明，戏剧有着深厚的群众基础和广阔的市场空间，只要沉下去、唱起来，就能走天下。为民写戏、为民演戏、演百姓爱看的好戏，应当成为广大戏剧工作者的不懈追求。要着眼服务基层、服务群众，坚持重心向下，深入农村、社区、企业、校园、军营，把创作扎根在民间，把舞台搭建在基层，在群众中创作生产，在群众中演出提高，把更多优秀的戏剧作品奉献给人民。要积极适应群众审美需求和消费方式的新变化，把创作演出与市场需求对接起来，改变那种演戏为了评奖、评奖脱离群众的现象，在市场中去赢得群众、赢得口碑。

三、深化改革、激发活力，营造戏剧事业发展的良好环境。现在，一部分文艺院团保留事业体制，其他院团都已基本完成了转企改制。大家反映，一些转制院团由于资产体量小、市场竞争力弱，仅靠自身的力量难以生存发展。要深化改革，巩固和拓展文化体制改革成果，继续对院团给予扶持，进一步解决好院团适应市场的问题。要完善相关扶持政策，加强和规范政府购买服务，把戏剧演出纳入地方公共文化服务体系，由政府购买优质服务来提供给群众，同时大力推进戏曲进校园，培养青少年对戏曲的兴趣和热爱。要引导和鼓励社会力量参与戏剧事业，鼓励他们兴办实体、资助项目、赞助活动、提供设施，发挥好政府引导和社会参与的综合效益。要加大人才培养力度，建立科学合理的教育传承机制，加强学校艺术教育，注重师徒传承，培养年轻人才，让戏剧事业薪火相传、后继有人。

四、深入生活、扎根人民，努力做人品艺品俱佳的戏剧家。戏剧界历来就有"未学做艺、先学做人"的古训，推崇"戏比天大"的职业精神。一切有抱负有追求的戏剧工作者，都应当一门心思研究生活，一门心思锤炼技艺，一门心思服务观众，在火热生活和生动实践中，坚守文化理想、提升精神境界、成就艺术人生。去年以来，文艺界组织开展"深入生活、扎根人民"主题实践活动，广大戏剧工作者积极响应，深入基层和群众，采撷生活养分，创作戏剧精品，送去演出服务，播撒文化种子，取得了很好的社会效果。要牢固树立人民至上的价值理念，把人民放在心中最高位置，发扬戏剧"接地气""重生活"的传统，双脚踩在大地上，自觉走进群众中，做到"身入""心入""情入"，创作并演出更多人们喜爱的好戏。要建立健全长效机制，在工作、生活等方面为下基层的戏剧工作者提供便利和保障，确保下得去、蹲得住，确保深入生活、扎根人民常态化制度化。

中国戏剧家协会是党领导下的全国各民族戏剧家组成的人民团体，是党和政府联系戏剧界的桥梁和纽带。希望中国剧协认真履行联络、协调、服务的基本职能，增强自我革新的勇气，转变思想观念，强化群众意识，改进工作作风，提高工作水平，经常同戏剧工作者进行面对面交流、零距离接触，把中国剧协建设成为全国戏剧工作者的温馨和谐之家。要进一步做好戏剧领域新的组织和群体的工作，延伸联系手臂，创新组织方式，加强服务引导，把广大戏剧工作者团结凝聚在党的周围，使之成为繁荣社会主义文艺的有生力量。

同志们！繁荣发展戏剧事业责任重大，广大戏剧工作者大有可为。让我们紧密团结在以习近平同志为总书记的党中央周围，奋力开拓、锐意创新，努力攀登戏剧艺术高峰，为建设社会主义文化强国、实现"两个一百年"奋斗目标和中华民族伟大复兴的中国梦做出新的更大贡献！

在中国杂技家协会第七次全国代表大会开幕式上的讲话

中共中央政治局委员、中央书记处书记、中宣部部长 刘奇葆

(2015年11月3日)

各位代表、同志们：

在深入学习贯彻习近平总书记文艺工作座谈会重要讲话精神、推进文艺繁荣发展的大好形势下，我们今天欢聚一堂，共商中国杂技发展大计，具有特殊重要意义。在此，谨向大会召开表示热烈祝贺，向各位代表和全国杂技工作者致以崇高的敬意和诚挚的问候！

中国杂技是我国文艺的亮丽名片，是称誉世界的响亮品牌。当前，我国杂技事业正处于最好的发展时期，成绩斐然，形势喜人。杂技、马戏、魔术、滑稽表演各门类艺术水平不断提高，一大批优秀作品走上舞台、走进荧屏，剧目节目百花齐放，表现展现千姿百态；院团改革深入推进，创作活力不断激发，在面向市场、服务群众的过程中发展壮大；对外文化交流成效显著，国际赛场捷报频传，中国杂技国际影响力进一步提升；杂技队伍涌现出一批拔尖人才，许多功底扎实、表演出色的新人新秀脱颖而出、崭露头角。在发展社会主义先进文化、建设社会主义文化强国的历史征程中，传承和弘扬中国杂技艺术，让浸润五千年中华文明滋养的传统艺术焕发新的生命力，是时代的需要、人民的需要和繁荣文艺事业的需要，也是杂技工作者的历史责任和崇高使命。

前不久，习近平总书记在文艺工作座谈会上的重要讲话全文公开发表，中共中央印发《关于繁荣发展社会主义文艺的意见》（以下简称《意见》），这是文艺界具有深远意义的两件大事。10月20日，中宣部等五部门召开工作推进会，对深入学习贯彻总书记重要讲话和中央《意见》精神、进一步繁荣发展文艺事业做出全面部署。可以说，我国杂技事业和其他各门类文艺事业一样，面临着前所未有的良好发展机遇。要切实把思想和行动统一到总书记重要讲话精神和中央部署上来，牢固树立以人民为中心的工作导向，以社会主义核心价值观为引领，以创作生产优秀杂技作品为中心任务，传承弘扬中华优秀传统杂技文化，推出更多表现人民大众、反映时代风貌、弘扬中国精神的优秀杂技作品，不断开创杂技事业新局面。

一、弘扬中国杂技传统，彰显中华审美风范

中国风格是中国艺术独特的文化"胎记"。我国杂技历史悠久，是中华传统艺术的一颗璀璨明珠，是活态的文化遗产，《山海经》《诗经》《汉书》等文献都有关于杂技的记载。在新的时代条件下发扬光大中国杂技艺术，必须始终植根于中华文化的深厚土壤，汲取中华传统杂技艺术精华，扬弃继承、转化创新，使杂技艺术血脉延续，以鲜明的中国精神、中国风格、中国气派屹立于世界杂技之林。一要深入挖掘和继承传统技艺。在漫长的历史长河中，我国杂技艺人创造了马上技艺、动物戏、柔术、幻术等丰富多彩的杂技艺术，有些节目流

传至今，深受观众喜爱。要将优秀传统杂技的表演技艺和表演形式传承好，古为今用、推陈出新，维护杂技生态多样性，保持地方和民族特色，使传统杂技艺术焕发新的生机。二要大力弘扬传统杂技蕴含的精神品格。杂技在中华文化养育浸润中成长壮大，蕴含和谐之美、进取之美、刚柔相济之美，折射中华民族坚韧不拔、自强不息的生命意蕴、精神追求和人格理想。要发挥杂技无语言障碍、凭高难技巧展示艺术之美的优势，潜移默化、润物无声，把中华民族的崇高价值理念和精神追求传承好弘扬好、传播好。三要充分运用中国符号中国元素。观众熟悉的杂技节目《俏花旦——抖空竹》，巧妙地运用了京剧服饰、传统音乐等元素，文活武演、新颖独特，让人们既欣赏了动作的险奇，又感受到中华美学的熏陶。要善于把富有中华美学精神和民族特色的元素符号、形式样式充分运用到杂技中，使杂技在彰显中华审美风范上展示"真功夫"。

二、聚力创作、聚焦质量，推出更多杂技"绝活"

杂技"绝活"，绝在惊、奇、险、美的完美融合，不仅需要高超的技艺，还需要美的愉悦、情的感染。我们有一些杂技节目比较注重技术含量，但对故事编排、情节设计、舞台艺术表现重视不够，节目略显单调，给观众留下的整体印象不深。提高杂技节目质量，关键要提升原创能力，丰富节目思想文化内涵，增强艺术表现力、冲击力和感染力，让观众既感受惊险绝技，又触及心灵深处，引发情感共鸣，达到拍案叫绝、叹为观止的艺术效果。一要放飞想象翅膀，大胆创意设计。想象无限，创意制胜。杂技的惊、奇、险、美，无不来自大胆的想象、个性的创意和精巧的设计。要在尊重杂技艺术创作规律的基础上，提倡个性化创作和探索精神，提高创意设计的能力和水平，打造更多杂技精品。二要提高集成创新能力。现在，杂技创作手段方法日益丰富，创作生产流程日益复杂，迫切需要深度整合集成各种艺术资源、要素和环节。要适应杂技跨门类、多要素、多形态的创作趋势，加强杂技与其他艺术门类的交融借鉴，善于把舞蹈、戏剧、音乐等其他艺术元素、表现手法巧妙运用到杂技中来，交相辉映、相得益彰，推动杂技表演形式手法创新。杂技《肩上芭蕾》和《芭蕾对手顶——东方的天鹅》的成功，就是把舞蹈的元素充分吸收到杂技艺术中来，极大地提高了艺术表现力。三要善于运用科研成果和科技手段。现代杂技发展的一个鲜明特点是科技含量越来越高。要加强科技研发，运用科学方法，挖掘人体潜能，使人体极限得到充分发挥运用、艺术形式得到完美呈现。积极运用现代声光电、新材料、新技术等手段，通过艺术渲染增强感染力和冲击力，使传统的杂技艺术呈现出新颖丰富的审美意象和艺术追求，推出更多富有创意的精彩"绝活"。

三、立足国内国际两个市场，推动杂技艺术更好地走进人民、走向世界

目前，杂技已经成为市场化程度很高的艺术门类，国内国际两个市场在推动中国杂技艺术繁荣发展中发挥了重要作用。同时也要看到，杂技领域存在"墙内开花墙外香"的现象，一方面，我国杂技节目在国际上名气大、牌子响，但国内杂技演出少，普通百姓看不起、看不到；另一方面，我国杂技院团在国际演出链条中不占优势，付出和所得不成比例。我们要抓住中国日益走向世界舞台中心、各国文化交流互鉴日益频繁的有利契机，积极发挥杂技院团市场主体作用，利用好国内国际两个市场、两种资源，大力推动杂技事业改革发展。一要让杂技艺术走进人民大众。杂技艺术是人民的艺术，杂技创作源于生活、属于人民大众。广大杂技工作者要满怀对人民群众的深厚感情，向人民群众学习，为人民群众奉献。"深入生活、扎根人民"，从人民群众火热的生活实践中，从丰富多彩的民间文艺中，挖掘创作资源，汲取艺术灵感。继续开展好"送欢乐下基

层""文化下乡"、文艺志愿服务等活动和各类公益演出,让更多群众享受在国际赛场"披金戴银"的精品杂技,让杂技艺术在群众中"遍地开花遍地香"。二要在国际交流互鉴中提高竞争力。杂技是对外文化艺术交流的排头兵。要积极参与国际艺术交流合作,不断增强在国际杂技界的话语权和主导权。加强中国杂技走向国际市场的规范管理,建立完善出国参赛节目选拔和遴选制度,开拓杂技产业和作品进入国际舞台的新渠道新途径。要通过制度建设和规范管理,解决杂技进入国际商演存在的突出问题。要在国际交流中学习别人之长,取他山之石融合创新,不断提升自己的水平。三要坚持政府引导和市场调节两轮驱动。积极运用配套改革政策和文艺扶持政策,用政府采购的方式推动更多杂技节目下基层、进社区,与普通群众亲密接触。提高杂技商演的规模化、品牌化水平,把组合包装、营销推广放在更加突出的位置,建立完善演出经纪人、经纪公司制度,把国内商演和国际商演结合起来,把驻场演出和巡回演出结合起来,不断开辟多元化演出渠道,把杂技产业做大做强。

四、加强杂技人才培养,确保杂技艺术后继有人

杂技艺术经久不衰、代代相传,人才是决定因素。当前,杂技界存在人才青黄不接、事业后继乏人的隐忧。要做好杂技人才培养工作,办好杂技学校,鼓励和支持民间力量参与进来,壮大人才队伍,确保杂技艺术薪火相传。国家艺术基金等要加大对杂技人才培养的扶持力度,制定并出台支持杂技人才招录使用的优惠政策,吸引更多青少年从事杂技事业。切实加强杂技后备力量培养,建强杂技学校师资队伍,建立规范系统的教学体系,创新教学模式,着力培养技艺精湛、一专多能的高素质杂技人才。发挥老一辈杂技艺术家的传帮带作用,在师徒传承中培养造就新一代青年拔尖人才。杂技具有很强的竞技性,由于身体条件原因,许多演员不满30岁就面临转岗问题。要研究制定支持杂技演员转岗再就业的政策措施,建立完善杂技行业医疗、养老、意外伤害保险等保障制度,切实解决好杂技演员的后顾之忧,使他们能够一门心思投身事业、锤炼技艺。

中国杂技家协会是党领导下的全国各民族杂技家组成的人民团体,是党和政府联系杂技界的桥梁和纽带。希望中国杂协深刻把握杂技行业发展和协会工作面临的新形势、新任务,认真履行团结引导、联络协调、服务管理、自律维权的职能,切实在杂技行业建设中发挥主导作用。要完善管理体制、运行机制,延伸联系手臂,创新组织方式、活动方式,提高工作的科学化水平,增强中国杂协的向心力、凝聚力和影响力,把中国杂协建设成为全国杂技工作者的"温馨和谐之家"。要落实繁荣发展社会主义文艺推进会的有关要求,认真做好杂协全国会员的培训工作,着力培养德艺双馨的杂技领军人物和优秀人才。要认真贯彻中办国办印发的《全国性文艺评奖制度改革的意见》,下功夫把杂技界保留的奖项办好,努力办出水平、办出影响、办出品牌。

各位代表、同志们,刚刚闭幕的十八届五中全会开启了全面建成小康社会的决胜阶段,吹响了实现"两个一百年"奋斗目标第一个百年目标的行动号角!让我们紧密团结在以习近平同志为总书记的党中央周围,锐意进取、奋发有为、勇攀高峰,为谱写杂技艺术新篇章、繁荣发展社会主义文艺做出新的更大贡献。

在中国舞蹈家协会
第十次全国代表大会开幕式上的讲话

中共中央政治局委员、中央书记处书记、中宣部部长 刘奇葆
(2015年11月17日)

各位代表、同志们：

在全党全社会认真学习贯彻党的十八届五中全会精神、深入贯彻落实习近平总书记在文艺工作座谈会上重要讲话精神之际，中国舞蹈家协会第十次全国代表大会隆重开幕了。这是舞蹈界的一次盛会，也是文艺界的一件大事。在此，谨向大会的胜利召开表示热烈祝贺！向各位代表和全国舞蹈工作者致以诚挚问候！

当前，我国舞蹈事业呈现出良好的发展态势。专业舞蹈创作精品迭出，一大批思想内涵深刻、艺术质量上乘的优秀作品精彩亮相，我国舞蹈创作的整体水平显著提升。舞蹈类型日益丰富，新的舞种不断涌现，进一步优化了我国舞蹈文化生态。院团改革深入推进，活力竞争力不断提升，一批经典舞剧久演不衰，演出市场日益繁荣。舞蹈队伍不断壮大，一批德艺双馨的舞蹈艺术家担当主角，一批年轻的舞蹈人才迅速成长，呈现出勃勃生机和活力。业余舞蹈教育日益普及，街舞、广场舞等群众性舞蹈蓬勃发展，成为城乡居民日常生活的重要组成部分，大大丰富了人民群众的精神文化生活。

前不久，习近平总书记在文艺工作座谈会上的重要讲话全文公开发表，《中共中央关于繁荣发展社会主义文艺的意见》正式印发，在文艺界引起十分强烈的反响。繁荣发展舞蹈事业，面临前所未有的历史机遇。我们要深入学习贯彻习近平总书记系列重要讲话特别是在文艺工作座谈会上的重要讲话精神，全面贯彻落实《中共中央关于繁荣发展社会主义文艺的意见》，坚持"二为"方向、"双百"方针，坚持以人民为中心，以社会主义核心价值观为引领，用不懈的努力、辛勤的汗水，创作更多思想精深、艺术精湛、制作精良的舞蹈作品，谱写我国舞蹈艺术的华彩篇章，为繁荣发展社会主义文艺、建设社会主义文化强国做出新的更大贡献。

借此机会，我谈几点意见，与舞蹈界的朋友们共勉。

一、坚定文化自信、文化自觉，跳出精彩的中国舞步

舞蹈与人类历史相生相伴，是人类情感最集中、最直观的表达。当语言不能充分表达思想情感时，人们自然就会"手之舞之、足之蹈之"。我国最早的诗歌总集《诗经》中关于舞蹈的诗歌就有十多首，其中既有《陈风·宛丘》这样对女性婀娜舞姿的生动描绘，也有《邶风·简兮》那样对男性雄壮舞姿的形象刻画。数千年来，我国有关舞蹈的文物与文字记载连绵不断，56个民族都有自己独特的民族舞蹈传承，这在世界文化史上是非常罕见的。有传承的民族，才有割不断的精神史。从即兴起舞到雅乐之舞，从古典舞、民间舞到现代舞、当代舞，中国舞蹈在一代代传承中不断发展，形成了以情带舞、以舞传情、动而

合度、意韵绵长的艺术特色，承载和传播着鲜明的民族精神和审美风范，在世界舞蹈艺术宝库中独具特色。中国的舞蹈艺术家，应该坚定文化自信，坚守中华文化立场，溯文源、通文脉，汲取中华传统舞蹈艺术精华，扬弃继承、转化创新，使中华舞蹈艺术血脉延续，跳出鲜明的中国精神、中国风格、中国气派。

民族的就是世界的，越有民族特色，越容易被世界所欣赏。舞蹈《千手观音》、舞剧《牡丹亭》，就是以其深厚的中华文化内涵、鲜明的民族风格，折服了海内外观众。《千手观音》在40多个国家演出，场场轰动、感人至深。跳出精彩的中国舞步，就应当保持鲜明的民族特色。要深入挖掘民族舞蹈艺术宝藏，保持我国舞蹈自古以来多姿多彩、百花竞艳的艺术生态，充分运用富有民族审美情趣和艺术特色的舞蹈元素、符号，弘扬光大我国民族民间舞蹈的艺术魅力。如古典舞《踏歌》，充分借鉴汉唐舞蹈形态，生动展示了汉唐舞风的奇妙瑰丽，社会反响很好。跳出精彩的中国舞步，就应当形成独有的中国风格。风格就是个性，就是气派，是区别于其他的显著标志，这是中国舞蹈面向未来、走向世界的前提。舞蹈家贾作光、刀美兰，一个擅长表现北方舞蹈的热情奔放，一个善于表现南方舞蹈的灵动柔美，都形成了自己独特的艺术风格，产生了享誉国际的影响力。我们的舞蹈工作者都要有这种追求，在传承发扬中华审美风范中提升艺术品格，形成鲜明的个性，像"青花瓷""水墨画"那样打上中国印记，向世界展现中国舞者的优美舞姿。

二、深入生活、服务基层，跳出深情的人民舞步

舞蹈是在人民群众劳动中产生的，向人民学习、为人民而舞是舞蹈艺术创作生产、繁荣发展的内在要求。中国新舞蹈艺术的先驱吴晓邦先生就曾经倡议，舞蹈工作者要"为人民而舞"。"为人民"这三个字，字字重千钧！舞蹈工作者只有走向民间、走向基层，了解人民群众的生产生活、喜怒哀乐，才能创作出形象丰满、人们喜闻乐见的优秀舞蹈作品。广大舞蹈工作者要站稳人民立场，增进与人民的情感，对人民用真心、动真情，用滚烫的心去热爱和拥抱人民。要积极参加"深入生活、扎根人民"主题实践活动，常下基层、常在基层，真正体验火热的生活，感受时代的风云激荡，从日常生活中挖掘素材，从劳动创造中提炼主题，使舞蹈创作获得旺盛的生命力。杨丽萍为了追求舞蹈的本真，经常深入云南故土偏远村寨，与山民同吃同住，白天劳动、晚上跳舞，汲取最淳朴、最自然的舞蹈养分和灵感，最终跳出了《雀之灵》这样的舞蹈佳作。

舞蹈来自人民，还必须回到发展的源头。这些年来，歌舞演出一直是最富生机、最有人气的舞台艺术，这说明人民群众热爱舞蹈、需要舞蹈。舞蹈艺术家要自觉服务人民，为群众倾情而舞，在服务人民群众中保持艺术创作常新、艺术生命常青。芭蕾舞剧《红色娘子军》之所以成为经典，就是在服务群众中不断接受检验、在群众口碑中不断完善提高。演出之初，部队官兵评语是"像娘子不像军"，后来演员多次赴军营，和战士观众一起反复打磨，最终演活了"红色娘子军"。舞蹈艺术家既要当好"学生"，也要当好"老师"。要深入基层，指导开展好群众性舞蹈活动。现在，街舞、广场舞、交谊舞等都是群众参与度高、社会普及面广的舞蹈艺术形式，专业舞蹈工作者要满怀热情、积极参与，深入街道、社区，与基层组织建立联系，真心地指导他们、帮助他们，促进基层舞蹈作品创作、业余舞蹈人才成长，激发群众性舞蹈的活力。

三、坚持创新创造，跳出昂扬的时代舞步

古往今来，大凡称得上"高峰"的传世之作，无不准确地把握时代脉搏，生动地反映时代风采，深刻地体现时代精神。当前，我们正处在一个伟大的时代，13亿中国人正在为如期全面建成小康社会、

实现第一个百年奋斗目标而不懈奋斗,这是人类发展史上亘古未有的大事件。现在的中国,发展步伐之快前所未有,变化之大前所未有,每天都有说不尽的故事,国家的故事、社会的故事、个人的故事,震撼人心、跌宕起伏、精彩纷呈,都值得我们的舞蹈艺术家为之起舞、尽情挥洒。人们的现代生活情趣也对舞蹈提出了新的要求。把握时代脉搏、跳出时代舞步,要做到"三个更加注重"。一是更加注重现实题材舞蹈创作。现在,舞剧创作多数是古典题材,现实题材的作品不多。一些舞蹈评论家说,目前舞台上已经很难看到反映时代主题的精品力作。要站在时代高度,聚焦时代变化,用现实主义手法和浪漫主义情怀观照现实生活,适应当代审美要求,推出更多更好具有鲜明时代特色的优秀舞蹈作品,真正成为时代风气的先觉者、先行者、先倡者。二是更加注重提高原创能力。原创是文艺繁荣发展的发动机。原创能力不足,是导致精品匮乏、制约文艺繁荣的突出症结。舞蹈艺术和其他艺术门类一样,也要坚持内容为王、创意制胜,在尊重舞蹈艺术创作规律的基础上,提倡个性化创作和探索精神,在探索中突破、在创新中超越,着力提升舞蹈作品的艺术品质。原创艺术精品大多经过千锤百炼、潜心打磨。要克服浮躁心态,真正把才思投进去,用情感和功夫锤炼作品,用心灵和时间酿造作品,孜孜以求、精益求精,以传世之心推出传世之作。三是更加注重借鉴创新。一部舞蹈艺术史,就是不同文明交融交汇的历史。中国民族舞蹈具有强大的兼收并蓄能力,我国唐代舞蹈文化盛行,当时流行的《霓裳羽衣舞》《胡旋舞》等,最初都是从西域传过来的,但经过消化吸收再创造,成为唐代舞蹈史上的亮丽一笔。要拓宽视野、敞开胸襟,积极关注国外舞蹈艺术发展态势,学习借鉴国外舞蹈的实践经验和探索成果,在交流互鉴中学习别人之长,取他山之石融合创新,实现外来舞蹈文化的"中国式生长"。舞蹈是国际交流的共通语言,在"引进来"的同时,我们也要积极推动中国舞蹈"走出去"。近年来,《丝路花雨》《梁祝》《大爱无疆》等一大批优秀舞剧在国际舞台上大放异彩,让世界感受到了中国舞蹈之美、中华文化之美。要发挥好民族民间舞蹈的优势,充分展示中国舞蹈独特魅力,搭建中外友谊之桥,不断提升中华文化的国际影响力。

中国舞蹈家协会是党领导的人民团体,是党和政府联系广大舞蹈工作者的桥梁和纽带。要认真落实中央党的群团工作会议精神,切实履行好团结引导、联络协调、服务管理、自律维权的职能,创新思路机制,改进方式方法,在舞蹈行业建设中发挥主导作用。要认真落实好中办国办《关于文艺评奖制度改革的意见》,把保留的舞蹈奖项办好,办出特色、办出品牌。要重视舞蹈理论评论建设,推动舞蹈学术交流,搭建理论研讨交流平台,更好地促进舞蹈事业健康发展。要加强人才培养,引导舞蹈演员把德艺双馨作为毕生追求,珍惜时代机遇,珍重社会关爱,努力做良好艺术风气的维护者、高尚艺术情操的传承者、低俗庸俗歪风的抵制者。要注重把新的舞蹈团体和舞蹈工作者纳入工作视野、工作体系,延伸联系手臂,拓展联系渠道,把他们紧密团结凝聚在党的周围,共同为繁荣发展舞蹈事业而奋斗。

各位代表、同志们,时代和人民为广大舞蹈工作者提供了展示才华的广阔舞台。让我们紧密团结在以习近平同志为总书记的党中央周围,以饱满的热情勇攀舞蹈艺术高峰,为建设社会主义文化强国、实现中华民族伟大复兴的中国梦做出新的更大贡献!

预祝大会圆满成功!

在中国书法家协会
第七次全国代表大会开幕式上的讲话

中共中央政治局委员、中央书记处书记、中宣部部长 刘奇葆
（2015年12月7日）

各位代表、同志们：

今天，中国书法家协会第七次全国代表大会隆重开幕了。这是书法界的一次盛会，也是文艺界的一件大事。在此，谨向大会胜利召开表示热烈祝贺！向各位代表和全国书法工作者致以诚挚问候！

书法事业是社会主义文艺事业的重要组成部分，广大书法工作者是繁荣社会主义文艺的重要力量。近年来，书法创作日益繁荣，优秀作品不断涌现，交流展出十分活跃；书法教育广泛开展，普及程度和专业水平不断提升，"书法热"持续升温；人才队伍不断壮大，老、中、青梯次衔接，涌现出一批造诣深、影响大的书法名家；书法理论研究不断深入，一些颇具学术深度和指导意义的研究成果，为书法艺术的持续发展提供了有力支撑。总地来看，我国书法事业呈现出健康向上的良好态势，进入了繁荣发展的新阶段。

不久前，在习近平总书记主持召开文艺工作座谈会并发表重要讲话一周年之际，讲话全文公开发表，中央出台《关于繁荣发展社会主义文艺的意见》，召开繁荣发展社会主义文艺推进会，对文艺工作做出全面部署，文艺界倍感振奋、备受鼓舞。繁荣发展书法事业，要深入学习贯彻习近平总书记系列重要讲话，特别是在文艺工作座谈会上的重要讲话精神，坚持以人民为中心的创作导向，以社会主义核心价值观为引领，挥毫运笔传承文化基因，饱蘸浓墨书写时代风骨，努力攀登书法艺术高峰，推出更多力透纸背、有精气神的经典大作，让书法这一中华文化瑰宝大放异彩。

下面，我就如何弘扬和发展书法艺术谈几点意见，与书法界的朋友们共勉。

一、书中有"文"，就是要传承中华文化根脉、弘扬独特艺术价值

书法是以汉字书写为基础的独特艺术门类。汉字是世界上最古老的文字之一，也是唯一从古至今不断发展、一直使用的文字，具有强大生命力。鲁迅先生说，汉字有"三美"：意美、音美、形美。书写汉字的书法艺术，正是依托汉字的"三美"，集中体现和承载着中华文化之美。从殷商甲骨、周代鼎文、秦朝小篆，到两汉隶书、魏晋行草、六朝刻石、唐朝真楷，以至宋、元、明、清历代的名家手迹，经过漫长的历史沉淀，书法不仅成为中华文化艺术宝库中的一朵奇葩，同时作为中华民族独有的艺术形式和精神载体，对中华文明的传承和发展产生着极为深远的影响，并对周边一些国家和地区的文化艺术产生了巨大影响。书法作品中最常见的诗、词、曲、联，字体书体的行款格式、称呼仪礼、品鉴理论，甚至笔、墨、纸、砚，都有许多讲究，这里面都是文化。历史上的书法大家，大多是文化大家，他们流传后世的书法作品，都是中华文化的精髓。欧阳中石先

生曾有"文心书面"之说，所谓"文心"，就是中华文化，就是书法的内在本质。可以说，书法在展示汉字之美的同时，高度浓缩了中华文化的基本精神，展现着中华美学风范，构建起世界上独一无二的审美艺术世界，成为中华民族最具代表性的文化标识。我们要坚守中华文化立场，坚定中华文化自信，大力传承和弘扬书法艺术，以笔墨形象展现中华气度，以精品力作阐释中华美学，让古老的书法艺术焕发出夺目的光辉。这是当代书法工作者重大而光荣的历史使命。

二、书中有"道"，就是要遵循书法艺术规律、彰显时代精神气象

历代书法艺术的巅峰之作，都是体悟当下、观照时代的产物。历史上的书法大家之所以成就卓然，十分重要的一点，就是他们善于感受时代的气息，并将其深深融入书法创作，形成独有的时代精神气质。比如"魏晋风度"，反映在书法上就是飘逸洒脱、即兴而书、率意而为；比如"盛唐气象"，反映在书法上就是大气包容、热情豪放、从容自信。清代书画家石涛也有"笔墨当随时代"的观点。可以说，"翰墨载道""书以载道"一直是中国书法的优良传统。当前，我们正处在气象万千的壮阔时代，13亿中国人正在为实现中华民族伟大复兴的中国梦而努力奋斗。弘扬时代精神是当代书法艺术的"大道"，今天的书法工作者肩负着书写伟大时代精神气象的历史重任。要准确把握时代脉搏，自觉站在时代高处，走在时代前列，观照当下火热实践，深刻领悟中华大地锐意进取、改革创新的时代风貌，深切感受中华儿女追求美好未来、实现光荣梦想的豪情壮志，书写属于我们这个时代的笔墨高峰。体悟当代要建立在礼敬传统的基础上。卫夫人学钟繇、王羲之学卫夫人、王献之学王羲之，书法艺术就是在一代代传承中不断发展进步的。曾经一段时间，书法界出现一种试图完全背离传统、彻底抛弃传统的现象，应该说，这不是书法正途。要适应当代审美要求，在传承书法艺术最基本的章法规律和美学精神基础上，努力创新发展，提升艺术品格，形成鲜明个性，焕发书法艺术新的中华风度、中华风骨、中华风韵。

三、书中有"人"，就是要在"深入生活、扎根人民"中焕发艺术生命力

书法是大众的艺术、生活的艺术。尽管在现代社会，铅笔、钢笔、电脑键盘等代替了毛笔，书法的实用功能减弱，但书法的群众基础仍然很广，书法艺术的审美价值日益凸显，在大众生活中的重要地位和作用始终不可替代。随着社会不断发展进步，人民群众的精神文化需求更加旺盛，对美的追求更加热切，这为书法艺术提供了广阔的发展空间，也提出了更高要求。当前，书法界面临一个重大课题，就是相对电影、戏剧、舞蹈这些形象化故事化强的艺术门类而言，书法艺术如何更好地走进大众、服务人民？书法作品仅仅挂在展馆展出是不够的，仅仅用来装饰厅堂、装潢家园也是不够的。书法作品既要"养眼"，更要"走心"，使人们产生心灵的触动、情感的共鸣。没有情感的注入，书法就会沦为冰冷的技术。颜真卿的《祭侄文稿》、苏东坡的《寒食帖》，不仅字好，而且情深。广大书法工作者要满怀对人民群众的深情，不断创新书法艺术服务人民的手段和渠道，让人民群众更好地欣赏书法、练习书法，更好地通过书法陶冶情操、滋养心灵。同时要看到，火热的社会生活是所有艺术门类创新创造、繁荣发展的源头活水。书法史上有一段佳话，"草圣"张旭平时就注意观察生活，在看了公孙大娘舞剑之后，从中悟到了书法创作的灵感，因此笔力大进。广大书法工作者要积极投身"深入生活、扎根人民"主题实践活动，从群众的丰富实践中汲取灵感，从自然的千姿百态中感悟意象，推出更多书法精品。我们正在抓书法进校园活动，希望广大书法工作者自觉肩负责任，扎实培养新人，不断夯实书法事业的基础。

四、书中有"德",就是要追求艺文兼备、德艺双馨的艺术人生

古人云,字如其人、字不瞒人。书法与人的境界紧密相连,观赏书法作品,往往能看到书写者的风度、人品。柳公权说:"心正则笔正",刘熙载说:"写字者,写志也。"人品决定艺品,立艺先要立德。书法家只有具备崇高的人生境界、树立远大的艺术追求、保持高尚的道德情操,才能真正铸就大家风范。启功先生把自己的书房命名为"坚净居",自号"坚净翁"。坚为坚定、坚决、刚正不阿;净为清洁、清净、干干净净做人做事。他写书法不计报酬,视名利为鸿毛,多次捐资希望工程、赞助失学儿童,自己却始终过着粗茶淡饭、布衣土鞋的简朴生活。这就是大家风范。历史上有名的奸臣蔡京、秦桧、严嵩,单从书法技艺上也有一说,但没有人把他们当成书法大家来尊崇。可见历来对书家的评价,"德"是一条硬标准。由于种种原因,当前书法界出现一些值得注意的现象,有的心浮气躁、自我炒作,有的急功近利、沽名钓誉,把书法艺术只当作赚钱牟利的工具。这都有损于书法家队伍的形象,不利于书法事业的健康发展。广大书法工作者要自觉弘扬和践行社会主义核心价值观,秉持良好的职业精神和职业道德,坚持以德培艺,追求德艺双馨。前段时间广播中有一则公益广告,倡导"写端端正正中国字,做堂堂正正中国人",我听了很有感触。它既表明了我们书写汉字应有的态度,也说明了做人的原则。作为书法家,更要把写字与做人有机结合起来,重品行修养、守道德底线,树君子之风、养浩然正气,实现人生境界与艺术境界的共同提升。

中国书法家协会是党领导的人民团体,是党和政府联系广大书法工作者的桥梁和纽带。要认真落实中央党的群团工作会议精神,切实履行好团结引导、联络协调、服务管理、自律维权的职能,创新思路机制,改进方式方法,进一步发挥在书法行业建设上的主导作用,推动书法事业健康发展。要坚持重心下移,大力支持基层书法组织,广泛开展群众性书法活动,加强与社会各方面的联系合作,促进书法艺术的普及与提高。要延伸联系手臂,创新服务方式,力争把体制内体制外的书法工作者都纳入工作视野、工作体系,把中国书协建设成全国书法工作者的温馨和谐之家。

各位代表、同志们,繁荣发展书法艺术,是时代的呼唤,是人民的需要,也是书法工作者的崇高使命。让我们紧密团结在以习近平同志为总书记的党中央周围,以饱满的热情、务实的作风,奋力开拓、勇攀高峰,为谱写书法艺术新篇章、建设社会主义文化强国做出新的更大贡献!

预祝大会圆满成功!

在中国文联九届七次全委会上的讲话

中国文联主席 孙家正
（2015年1月23日）

习近平总书记在文艺工作座谈会上的重要讲话，是新时期中国文艺事业发展的纲领性和指导性意见。这个讲话不仅向各级党委和政府下达了指示精神，让大家更加重视文艺工作在中华民族伟大复兴过程中的重要作用，同时也为文艺工作和文艺事业，指明了新的方向、提出了新的要求。深入学习贯彻习近平总书记的讲话是一个长期的过程，文艺界要把如何更好地学习贯彻习近平总书记的重要讲话精神作为一项非常重要的任务。

今天我在这里主要强调三点。王国维讲做学问有三种境界，第一种是"昨夜西风凋碧树。独上高楼，望尽天涯路"；第二种是"衣带渐宽终不悔，为伊消得人憔悴"；第三种是"众里寻他千百度，蓦然回首，那人却在灯火阑珊处"。习近平总书记文艺工作座谈会重要讲话，包括习近平总书记号召我们学习历史、政治、中国传统文化等方面的讲话，与其他界别的学习相比，文艺界的学习还应该有自己的特点。对此，我联想到我们的学习也应该达到三种境界。

第一种境界，就是要深入学习思考，思想上达到真正的豁然开朗。文艺界情况很复杂，历史上争执也很多，特别是现在国际国内都处在发展转型期，形势也很复杂。但是，我们通过学习习近平总书记的讲话，就会对事关文艺界、事关国家民族生死存亡的新的重大问题豁然开朗，就会对国家发展的大方向、大运势看得很清楚，实现思想上的豁然开朗。

第二种境界，就是要通过深入的学习思考，结合深入人民群众的实际，心灵上感受到真正的震撼。也就是说，艺术家要把理论上的认知再回归到实践当中去。习总书记的讲话中多次强调的，用词最多、最重、最深刻、最动情的就是"人民"两个字。他讲，"对人民要爱得真挚，要爱得彻底，要爱得持久"，这也是我个人感受最深的。文艺的意义很大，大到什么程度呢？大到关系到国家的前途，关系到民族的命运，甚至关系到世界的未来。所有这些都是通过无数个微观来起作用的。那么无数个微观是什么呢？就是我们的心灵。对于艺术家而言，这不仅仅是纸面上的道理，我们必须把这些道理通过深入人民群众当中去，真正震撼人们的心灵，真正发自内心地把总书记的号召，转化为我们由衷的、自觉的要求。

第三种境界，对文艺界是最重要的。对艺术家来说，第三种境界不是从你的发言去认识，也不是从你开会时的表态去认识，而是通过你的作品来认识。也就是说，我们通过学习习总书记的讲话、学习其他方面的知识，养成了一种理性的思维，并且培养了对人民群众的深情厚爱，现在我们必须进入到第三种境界以后才能有意义。没有前两种境界，第三种境界就不会发生；没有第三种境界，前两种境界从某种意义上讲就没有什么意义。我们的中心任务是创作，我们的立身之本是作品,社会需要通过我们的作品来观察我们达到了什么境界。所以,艺术界必须把形象思维上升到理性思维,再回归到形象思维上来,因为艺术的创造是形象思维。理性思维是我们的人民性、民族性、时代性特有的一种形态,必须通过艺术家另辟蹊径、别出心裁来体现。对于艺术家来讲,所有共性的东西一定要和个性的东西结合起来,也就是说,我们要把这些讲话的精粹内容、把总书记对各个界别提出的总体要求,和我们的创作实践结合起来,苦心思索、认真探寻,独辟蹊径、别出心裁地进入创作状态。音乐家要通过节奏、旋律以及声音等来表现,美术家要通过线条、色彩、构图等来表现,所有这些都应该是个性的。也就是说,我们在实现这两个飞跃——从认识上的飞跃到情感上的飞跃之后,必须实现第三个飞跃,寻找我们独特的话语系统、表达形式、个人风格,来艺术性地把我们思想上的收获和认识上的飞跃,通过优秀的艺术作品来传达给广大人民群众,真正在他们心里引起共鸣。

对于一般人来讲就两种境界,即学习提高,用理性指导工作;对于艺术家来讲,必须达到三种境界,即从感性思维到理性思维,再从理性思维回归感性思维,而且要有自己独特的、区别于任何人的思维。只有这样,我们才能把习近平总书记语重心长的要求,贯彻到长远的艺术实践中发挥指导作用,才能避免任何学习上的形式主义。

在中央第二巡视组专项巡视中国文联工作动员会上的讲话

中国文联主席　孙家正

（2015年10月30日）

同志们：

刚才，李五四同志、张本平同志做了十分重要的讲话，代表中央巡视工作领导小组对这次专项巡视工作进行了安排部署，提出了明确要求。一会儿赵实同志将代表中国文联党组和书记处进行表态发言和深入动员，中国文联广大干部职工，特别是领导干部要认真落实动员会上各位领导提出的要求，全力支持配合巡视工作。利用这个机会，我讲三点意见。

一要认识到位。坚持全面从严治党，旗帜鲜明地推进党风廉政建设和反腐败斗争，是以习近平同志为总书记的党中央审时度势，站在党和国家前途命运的战略高度做出的重大决策部署。广大文艺工作者热切期待我们党通过深入推进党风廉政建设和反腐败斗争，不断在从严治党上取得新成效，进一步增强执政能力，带领全党全国各族人民在建设中国特色社会主义伟大新征程上迈出更加坚实有力的步伐。巡视是全面从严治党的重要手段和重要方式，党中央对巡视工作高度重视，习近平总书记主持召开中央政治局常委会多次听取汇报，并多次作出重要批示。中国文联广大党员干部特别是党员领导干部，要深入学习、深刻领会习近平总书记关于巡视工作的系列重要讲话精神，把思想、行动统一到习近平总书记重要讲话精神和中央关于巡视工作的决策部署上来，从巩固党的执政地位的高度，以对党和人民高度负责的精神，真诚接受巡视监督，把这次专项巡视作为接受警示教育、党性考验、实践锤炼的重要机会，作为提升思想境界、增强自律意识、锤炼良好作风的重要途径。

二要全力配合。按照中央要求完成这次巡视工作，是中央第二巡视组和中国文联共同的政治责任。中国文联党组和广大干部职工，要密切配合、全力支持巡视组开展专项巡视工作。中国文联领导班子的同志要做出表率，我本人将全力配合支持巡视组的工作。要抽调精干力量组成巡视联络小组，全力做好服务保障，为顺利完成巡视任务创造良好的条件。要畅通巡视渠道，党员干部特别是党员领导干部要有虚怀若谷、闻过则喜的境界，实事求是地向巡视组汇报、反映存在的问题，不遮掩、不护短，并建立完善来信、来访、电话和电子邮箱等信访渠道，保证巡视组能够充分了解掌握实际情况。要严格按照巡视组的工作计划，妥善调整当前工作，在人员和时间安排上，业务工作要服从巡视工作。我相信，在赵实同志的带领下，中国文联领导班子一定能以高度的政治责任感和求真务实的工作作风，扎实做好专项巡视配合工作，向中央交出一份满意的答卷。

三要推动工作。中央第二巡视组进驻中国文联开展专项巡视工作，是对中国文联党风廉政建设的一次把脉会诊，也是对中国文联组织的全面体检，对于新形势下加强和改进文联工作，推动文艺事业再上新台阶，是一个十分难得的契机。我们要紧紧抓住这个契机，通过发现问题，认真整改，进一步加强中国文联党风廉政建设、作风建设、领导班子建设、干部队伍建设，进一步强化以人民为本、以文艺工作者为本的理念，不断提高文联组织的凝聚力、吸引力和影响力，切实当好党和政府联系文艺界的桥梁和纽带，把文艺工作者紧紧团结在党的周围，巩固党在文艺界的群众基础，团结引领广大文艺工作者为全面建成小康社会、实现中华民族伟大复兴的中国梦做出更大的贡献。

谢谢大家！

推动文艺工作迈上新台阶

——在中国文联九届七次全委会上的讲话

黄坤明

（2015年1月23日）

今天，中国文联召开九届七次全委会，认真学习贯彻党的十八大和十八届三中、四中全会精神，学习贯彻习近平总书记在文艺工作座谈会上的重要讲话精神，贯彻落实全国宣传部长会议部署，总结经验、谋划思路，对于扎实做好文艺工作、开创文联工作新局面具有重要意义。中共中央政治局委员、中央书记处书记、中宣部部长刘奇葆同志对文联工作高度重视，专门做出批示。指出，"2014年，中国文联认真学习贯彻文艺工作座谈会精神，做了大量工作，取得明显成效，谨向大家致以诚挚的问候！新的一年，希望你们继续团结广大文艺工作者，深入学习贯彻习近平总书记文艺工作座谈会重要讲话精神，坚持以人民为中心的工作导向，大力弘扬社会主义核心价值观，开展好'深入生活、扎根人民'主题实践活动，加强行业服务、行业管理、行业自律，为繁荣发展社会主义文艺事业做出新的更大贡献"。我们要认真贯彻落实奇葆同志重要批示精神，进一步增强做好文联工作的动力，进一步增强繁荣文艺的责任感和使命感。

九届六次全委会以来，中国文联及各团体会员认真贯彻党的文艺方针政策，坚持围绕中心、服务大局，坚持以人民为中心的工作导向，组织以"中国梦"为主题的文艺创作，广泛开展"深入生活、扎根人民"主题实践活动，开展各种展览展示和艺术交流，加强和改进文艺理论评论，开展送欢乐下基层等文艺志愿服务，推进文艺人才培训和文艺维权等，取得了可喜成绩。文联组织自身建设也取得新的成效，为繁荣发展文艺事业做出了独特贡献。

文艺工作是党和国家事业的重要组成部分，同党和国家工作大局紧密相连。党的十八大以来，习近平总书记立足实现"两个一百年"奋斗目标、实现中华民族伟大复兴的"中国梦"，适应改革开放和现代化建设新形势，统筹国内国际两个大局，发表了一系列重要讲话，做出许多具有深远影响的重大战略部署，推动党和国家事业取得了新成就、开创了新局面。

去年年底，习近平总书记在江苏调研时首次提出了"四个全面"。指出，要协调推进全面建成小康社会、全面深化改革、全面推进依法治国、全面从严治党，推动改革开放和社会主义现代化建设迈上新台阶。这"四个全面"构成了一个严密的体系，是治国理政方略的顶层设计，是中华民族复兴伟业的战略路线图。我理解，全面建成小康社会是总目标，是凝聚人心、鼓舞斗志的前进动力；全面深化改革是解决党和国家事业发展面临的一系列重大问题、为实现中华民族伟大复兴提供强大动力和旺盛活力的关键；全面依法治国是完善和发展中国特色社会主义制度、推进国家治理体系和治理能力现代化的重要方面。全面深化改革、全面依法治国是一对"姊妹篇"，如同车之两轮,推动奋斗目标的如期实现。全面从严治党是赢得党心民心、推动中国特色社会主义事业长远发展的根本保证。"四个全面"紧密联系、相辅相成,是当前和今后一个时期党和国家各项工作的关键环节、重点领域和主攻方向,是做好各项工作的前提。文艺工作是党和国家事业的重要组成部分,同党和国家工作大局紧密相连。文艺工作服务大局,必须着眼于"四个全面"来谋划、展开。

去年,对于宣传思想文化战线、对于文艺界来说,留下历史记忆的标志性大事就是,习近平总书记主持召开了文艺工作座谈会并发表重要讲话。讲话深刻阐述了文艺和文艺工作的地位作用和重大使命,科学分析了文艺领域面临的新形势,创造性地回答了对事关文艺繁荣发展的一系列带有根本性、方向性的重大问题,对在新的历史起点上推动文艺繁荣发展做出了全面部署。讲话与我们党的文艺思想既一脉相承又与时俱进,既充分体现了马克思主义认识论和方法论,充分体现了社会主义文艺的本质要求,又具有鲜明的时代特征和思想光芒,是当代中国文艺实践的理论总结和思想升华,是指导文艺工作和文化建设的纲领性文献,必将对我国文艺事业发展产生深远而重要的影响。

习近平总书记系列重要讲话是中国特色社会主义理论体系的最新成果,是指导具有许多新的历史特点的伟大斗争的最鲜活的马克思主义,集中体现了新的历史条件下我们党治国理政的总体方略,体现了科学统筹各方面工作的战略思想,从不同侧面涵盖了新形势下各项工作的重要着力点,为推进党和国家各项事业指明了方向、提供了重要遵循和行动指南。深入学习贯彻习近平总书记系列重要讲话,特别是在文艺工作座谈会上的重要讲话精神,是文艺界的重大政治任务。文艺工作座谈会以后,中宣部召开全国宣传部长会议,"深入生活、扎根人民"主题实践活动电视电话会议,做出专门部署,兴起了学习贯彻讲话的热潮。今年,要切实采取措施,把学习贯彻习近平总书记重要讲话精神不断引向深入。一是在面上铺开。组织广大文艺工作者开展多种形式的培训学习,文艺界领导班子、党员干部、党员艺术家要做到带头学、专心学,先学一步、学深一步,同时向新的文艺组织和新的文艺群体延伸,让更多人知晓和理解讲话精神,力争做到全覆盖。二是向纵深拓展。不仅要掌握讲话的重大意义、丰富内涵、精神实质,而且要坚持问题导向,带着问题学、结合实际学,重点针对制约文艺创作生产的关键性问题,钻深研透,更好地把握文艺发展的新特点新规律。三是推动转化运用。文艺战线各级党委党组、总支支部,要坚持学以致用、学用结合,用讲话精神指导解决实际问题,转化为改进工作的思路,转化为指导文艺繁荣发展的具体项目和措施,真正做到见实招、见实效。

今年是全面深化改革的关键之年,是全面推进依法治国的开局之年,也是全面完成"十二五"规划的收官之年。做好文艺工作,在全社会营造昂扬向上的文化氛围,为全面建成小康社会提供强大精神动力和良好文化条件,要高举中国特色社会主义伟大旗帜,认真学习贯彻习近平总书记系列重要讲话精神,扎实贯彻文艺工作座谈会精神,坚持以人民为中心的创作导向,以社会主义核心价值观为引领,以中国精神为灵魂,以"中国梦"为时代主题,以中华优秀传统文化为根基,以满足人民不断增长的精神文化需求为出发点和落脚点,以创作生产优秀作品为中心任务,出精品、出人才、出精神,开创文艺工作的新局面。

这里,我就学习贯彻习近平总书记重要讲话精神,进一步做好文艺和文联工作讲几点意见。

一、遵循一条规律

这条规律就是深入生活、扎根人民。习近平总书记指出,人民需要文艺,文艺需要人民,文艺要热爱人民。文艺创作方法有一百条、一千条,但最根本、最关键、最牢靠的办法是扎根人民、扎根生活。这些重要论述，重申了文艺与人民的关系，阐明了深入生活、扎根人民对文艺创作的决定性作用。人民是文艺家的衣食父母，生活是创作的源头活水。作家艺术家只有自觉到生活中去、到人民中去，才能如鱼得水，才能激发无限的创造活力，文艺创作才能常新、艺术生命才能常青。

今天，社会生活和人民群众的精神文化需求发生了很大变化。但无论如何变化，文艺与人民的关系没有变，深入生活这一文艺创作的铁的规律没有变。要坚持以人民为中心的创作导向，把深入生活作为必修之课，把扎根人民作为必由之路，在人民的创造中进行艺术的创造，在人民的风采中展现艺术的风采。在习近平总书记重要讲话精神鼓舞下，广大作家艺术家积极参加"深入生活、扎根人民"主题实践活动，兴起了采风创作的热潮、服务人民的热潮。很多作家艺术家表示，走出书斋、走进群众，脑袋充实了，情感加深了，创作激情来了，灵感思路多了，作风也有了切实的转变。要把主题实践活动进一步引向深入，动员组织广大文艺工作者，踏踏实实走进基层、走进人民，采取"结对子、种文化"、蹲点体验、挂职锻炼、双向交流等多种途径，让深入生活、扎根人民蔚然成风。加强政策扶持，探索长效机制，确保文艺工作者下得去、扎得住、有收获、不吃亏。在深入生活、扎根人民过程中，要引导广大文艺工作者"动心、动情、动脚、动手、动脑"。动心，就是要用心观察体验生活，用心创作打磨作品，使作品始终保持群众立场和生活温度。动情，就是对人民有感情，欢乐着人民的欢乐，忧患着人民的忧患，自觉地为人民抒写、为人民抒情、为人民抒怀。动脚，就是迈开双腿深入改革开放第一线、社会生活最基层，体悟生活本质，吃透生活底蕴，克服心浮气躁、走马观花。动手，就是掌握和发掘生活中不断涌现的主题、思想、情节、人物，进行提炼和加工，精心磨砺作品。动脑，就是放飞想象翅膀，不断探索创新，把更好更多的精神食粮奉献给人民。

二、熔铸一种精神

这种精神就是中国精神。中国精神是社会主义文艺的灵魂。没有振奋的精神和高尚的品格，这个国家、这个民族就不可能屹立于世界民族之林。我们的文艺要把中国精神熔铸其中，灌注价值观、提升精气神，推出更多有筋骨、有道德、有温度的作品，举精神之旗、立精神支柱、建精神家园，鼓舞人民朝气蓬勃地迈向未来。

每个时代都有每个时代的精神。中国精神，在当代集中体现在社会主义核心价值观，主要表现为以爱国主义为核心的民族精神和以改革创新为核心的时代精神。社会主义核心价值观是中国精神的集中体现和科学表达。要积极培育和弘扬社会主义核心价值观，发挥文艺春风化雨、润物无声的独特作用，通过生动活泼的故事、活灵活现的语言、丰满感人的形象，弘扬真善美，贬斥假恶丑，传递向上向善的价值观，扫除颓废萎靡之风，彰显信仰之美、崇高之美，使核心价值观外化于文、升华为美，成为中国人的独特精神支柱，成为百姓日用而不觉的行为准则。

爱国主义是中国精神最深层、最根本的内容，是激励中华儿女团结一心，维护民族独立、反抗外来侵略、建设美好家园的力量之源。要把爱国主义作为文艺创作的主旋律，积极倡导、组织和扶持爱国主义题材创作。今年，是中国人民抗日战争暨世界反法西斯战争胜利70周年。要认真策划、精心组织、反复打磨，推出一批高扬爱国主义旗帜、弘扬民族精神、鼓舞激荡人心的电影、电视剧、文学、戏剧、美术、音乐、纪录片等重点作品，抒发家国情怀，彰显民族正气，颂扬爱国英雄，引导人民树立和坚持正确的历史观、民族观、国家观、文化观，增强做中国人的骨气和底气。

改革创新是促进时代发展、社会进步、民族振兴、人民幸福的精神动力。要紧紧围绕"中国梦"这个当今时代最大的主题，深入开展"中国梦"主题文艺创作活动，创作推出、遴选展示一批长篇小说、戏剧、影视剧、纪录片等作品，生动书写全面建成小康社会的火热实践，大力描绘实现中华民族伟大复兴的光明前景，倾心反映万千人民寻梦追梦的奋斗历程，讴歌时代楷模，赞颂人间大爱，讲好中国故事，凝聚中国力量，汇聚起同心共筑中国梦的强大精神动力。

三、推出一批力作

一个时代的文艺成就，要靠优秀作品来体现；一个民族的文化高峰，要由优秀作品来铸就。中华民族几千年的长河中创造了无数文艺经典，成为每个时代最耀眼的标志。今天，实现中华民族的伟大复兴需要中华文化的繁荣兴盛。推动文艺繁荣发展，归根到底就是要出作品、出精品、出大作、出力作。我们有幸处于一个千帆竞发、催人奋进的大时代。历史变化如此深刻，社会进步如此巨大，人们的精神世界如此丰富多彩，给当代文艺提供了无尽的矿藏，需要用更多的好作品来反映、来讴歌，点亮时代的天空。只有这样，文艺工作者才不负时代的召唤、不负人民的期待、不负历史赋予的千载难逢的机遇。

伟大的时代呼唤杰出的诗人、作家、艺术家，呼唤伟大的文艺作品。广大文艺工作者要与时代同频共振，跳出"小宇宙"，融入大时代，写今天的人、说今天的事，为今天的人民书写放歌。要以时代的发展变化为蓝本，不断推出无愧于伟大时代的优秀作品，尤其要重视和加强现实题材创作，让奋进中的人民在文艺中看到自己的身影，从而受到激励和鼓舞。优秀的作品，既要思想性艺术性有机统一，也要为人民喜闻乐见；既要有阳春白雪，也要有下里巴人；既要顶天立地，也要铺天盖地；既可以反映恢宏主题、记载时代风云，也可以关注凡人小事、描写细腻情感、开掘心灵世界，向"小题材"要"大作品"，奏出华美的乐章。要把创作优秀作品作为文艺工作的中心环节，加强统筹规划、选题策划，精心组织文学艺术精品工程，集聚资源向重点作品倾斜。要引导广大文艺工作者把作品作为立身之本，静下心来、力戒浮躁、孜孜以求、精益求精，用情、用功、用时间去锤炼，创作更多经得起历史和人民检验的精品力作。需要强调的是，繁荣文艺创作，要高度重视和切实加强文艺评论工作，增强文艺评论的主动性、前瞻性、实效性，褒优贬劣、激浊扬清，打磨好批评这把利器，把党的文艺主张融汇到学理评论中，发挥好文艺评论引导创作、引领思潮的重要作用，抵制"红包批评"、包装炒作、小圈子自娱自乐等不良风气。

四、锻造一支队伍

繁荣文艺事业、推动文艺创新，必须有大批德艺双馨的文艺名家。要把文艺队伍建设摆在更加突出的重要位置，建设一支高素质的、宏大的人才队伍，为文艺繁荣发展提供重要支撑。

要把文艺队伍的思想道德和作风建设作为一项硬任务，经常抓、长期抓，将"德艺双馨"的要求落实到队伍建设的方方面面，引导文艺家做时代风气的先觉者、先行者、先倡者，坚守艺术理想、追求崇高境界，自觉践行社会主义核心价值观，不断提高学养、涵养、修养，自我完善、自我净化，秉持高尚的职业操守，追求积极健康的生活方式，形成崇德尚艺、风清气正的良好氛围。要加强行业自律的制度建设，把思想道德要求转化落实为制度规则，不能让少数有劣迹的从业人员影响整个文艺队伍的良好社会形象。要做好各类文艺人才的培养培训，表彰成就卓著、德艺双馨的文艺工作者，造就一批人民喜爱的名家大师和民族文化代表人物，造就一批文艺各领域领军人物。要适应形势发展，做好新的文艺组织和新的文艺群体工作，扩大工作覆盖面，延伸联系手臂，用全新的眼光看待他们，用全新的政策和方法团结他们、吸引他们。各级文艺管理部门和人民团体，要在项目申报、业务培训、发展会员、评比奖励、职称评定等方面创造条件、提供方便，帮助他们更好地深入生活，搭建发表和推广的平台，引导他们成为繁荣社会主义文艺的有生力量。

五、形成一种格局

文联是党和政府联系文艺界的桥梁和纽带，在团结凝聚广大文艺工作者、繁荣发展社会主义文艺事业中担负重要职责。现在，文艺工作的内容、对象、方式、手段、机制和队伍等都出现了许多新情况新特点，这既给文联工作带来了挑战，也带来了机遇。在新的形势下，文联要充分发挥优势、履行职能，加强行业服务、行业管理、行业自律，努力做到有大视野、出大格局，不断增强文联组织的凝聚力和战斗力。一是站位要高，顺应党和国家事业发展新要求，围绕党和国家大局来谋划工作，抓住人民群众迫切需要的事情来推动工作，抓住重中之重来开展工作，比如多出优秀作品、深入生活、新的文艺组织和新的文艺群体工作、文艺评论等。这些重点、难点工作，要紧紧抓在手上，一抓到底、抓出成效。二是视野要宽。光靠文联十几个协会、千把号人是不够的，要理顺创新工作机制和活动方式，把文艺战线的力量发动起来，把广大文艺名家调动起来，把普通群众中蕴藏的创作能量激发出来，把各种社会力量统筹起来，把其他部门的资源借用过来，一同来撬动工作。三是标准要高。策划项目要有立意，执行过程要有创新，任务完成要有效果，推出成果要立标杆，既要敢于啃硬骨头、打硬仗、自加压力，又要巧发力、打得准、出效果，不断提升工作质量和水平。总之，希望文联充分调动广大文艺工作者的积极性创造性，尊重人才、尊重规律，更接地气、更有活力。

同志们！文艺是时代前进的号角。实现中华民族复兴的伟大事业，文艺的作用不可替代，文艺工作者大有可为。让我们更加紧密地团结在以习近平同志为总书记的党中央周围，开拓创新、奋发进取，为推动文艺大发展大繁荣、建设社会主义文化强国做出新的更大贡献！

做人民喜爱的文艺工作者

——在第四届全国中青年德艺双馨文艺工作者表彰大会上的讲话

黄坤明

（2015年9月15日）

各位艺术家、同志们、朋友们：

在习近平总书记在文艺工作座谈会重要讲话发表一周年之时，中宣部、人力资源和社会保障部、中国文联召开大会，隆重表彰中青年德艺双馨文艺工作者，具有十分重要的意义。四年一届的中青年德艺双馨文艺工作者表彰大会，是经中央批准、在文艺界有广泛影响的重要表彰活动，充分体现了党中央对文艺事业的高度重视和对文艺战线的亲切关怀，必将进一步激励和鼓舞广大文艺工作者崇德尚艺、奋发有为，为进一步繁荣社会主义文艺事业贡献智慧和力量。在此，谨向受到表彰的同志们表示热烈祝贺，向全国广大文艺工作者致以诚挚的问候和崇高的敬意！

党的十八大以来，以习近平同志为总书记的党中央团结带领全党全国各族人民，把握国际国内发展大势，协调推进"四个全面"战略布局，各项事业取得重大成就、开创崭新局面，得到广大干部群众的衷心拥护和国际社会的高度评价。伴随着中国特色社会主义事业的蓬勃发展，社会主义文艺呈现出百花竞放、欣欣向荣的生动局面。去年10月，习近平总书记主持召开文艺工作座谈会并发表重要讲话，创造性地回答了事关文艺繁荣发展的一系列带有根本性的重大问题，定方向、立纲领、点问题、提神气，对在新的历史起点上推动文艺繁荣发展做出了全面部署，指明了我国文艺事业的前进方向、方针原则、目标任务和时代要求。

一年来，在总书记讲话的指引下，文艺战线呈现出可喜的新变化、新气象，优秀作品不断涌现，主旋律更加响亮，正能量更加强劲，文艺氛围更加和谐，深入基层、聚焦创作、服务人民蔚然成风。广大文艺工作者坚持以人民为中心的创作导向，坚持以社会主义核心价值观为引领，在深入生活、扎根人民、潜心创作中提升艺术、磨砺品格，争当人民喜爱的文艺工作者。特别是在纪念中国人民抗日战争暨世界反法西斯战争胜利70周年活动中，文艺工作者齐心合力推出的文艺晚会《胜利与和平》、纪录片《东方主战场》、电影《百团大战》、电视剧《东北抗联》《太行山上》《黄河在咆哮》等产生强烈艺术震撼，引起广泛共鸣，在这个过程中，文艺工作者贡献了智慧和才华，经受了爱国主义精神的教育和洗礼，展现出了能吃苦、能打硬仗的良好风貌。

前几天，习近平总书记主持召开中央政治局会议，审议并通过了《关于繁荣发展社会主义文艺的意见》，这对于文艺事业和文艺工作者而言，又是一场"及时雨"。借今天这个机会，我代表中宣部部务会，就深入学习贯彻习近平总书记重要讲话精神，努力开创文艺工作新局面，向广大文艺工作者提几点希望。

一、希望广大文艺工作者始终坚持正确的价值追求，发展优秀文艺、弘扬先进文化。国无德不兴，人无德不立。人类社会发展的历史表明，构建具有强大感召力的核心价值观，关系社会和谐稳定，关系国家长治久安。正确的价值追求是一个文艺家获得成功的基本前提，古今中外取得伟大成就的文艺家，无不把自己的命运与国家的命运紧密相连，无不把实现个人价值与高尚的追求完美融合。当今时代，举精神旗帜、立精神支柱、建精神家园，是中国文艺的崇高使命；弘扬中国精神、传播中国价值、凝聚中国力量，是文艺工作者的神圣职责。广大文艺工作者要始终坚持正确的价值导向，树立正确的世界观、人生观和价值观，把社会主义核心价值观生动活泼、活灵活现地体现在文艺创作之中，让中国精神成为社会主义文艺的灵魂，用艺术魅力打动人心，用优秀作品鼓舞人民，凝聚起建设社会主义先进文化的强大动力。要紧紧围绕服务党和国家工作大局，聚焦"中国梦"的时代主题，大力弘扬以爱国主义为核心的民族精神和以改革创新为核心的时代精神，深度萃取中华文化中的思想精华和道德精髓，生动抒写中国特色社会主义事业的伟大实践，大力描绘实现中华民族伟大复兴的光明前景，倾心反映万千人民寻梦追梦的奋斗历程，讲好中国故事，传播中国声音，凝聚中国力量，汇聚起同心共筑中国梦的力量源泉。

二、希望广大文艺工作者始终坚持以人民为中心的创作导向，为人民抒写、为人民抒情。习近平总书记明确指出，社会主义文艺，从本质上讲，就是人民的文艺。人民需要文艺，文艺需要人民，文艺要热爱人民。无论时代如何变迁，社会如何发展，文艺形态如何创新，社会主义文艺方向不能变，为人民服务立场不能改。广大文艺工作者要始终把人民放在最高位置，把为人民创作生产、满足人民群众精神文化需求作为工作的出发点和落脚点，把人民作为文艺表现的主体，把人民作为文艺审美的鉴赏家和评判者，把为人民服务作为天职。要始终保持对人民真挚、彻底、持久、发自内心的热爱，始终把人民的冷暖、人民的幸福放在心上，把人民的喜怒哀乐倾注在自己的创作生产之中，热情讴歌人民追梦逐梦的伟大实践和火热生活。要自觉与人民同呼吸、共命运、心连心，欢乐着人民的欢乐，忧患着人民的忧患，以充沛的热情、生动的笔触、优美的旋律、感人的形象，创作生产出群众喜闻乐见的优秀作品，让人民的精神文化生活不断迈上新台阶。

三、希望广大文艺工作者始终坚持把创作作为中心任务，潜心笃志、锤炼精品。一个时代的文艺成就如何，最终要靠作品来衡量。我们现在正处在一个风云际会、风光无限的伟大时代，社会变革最为深刻、社会进步最为巨大、人们精神面貌变化最为显著，我们比历史上任何一个时期都更加接近中华民族伟大复兴的目标。这样的伟大时代，更需要有伟大的作品来反映和记录。这就要求广大文艺工作者以全球视野和开阔胸怀，以大手笔和大气魄，把作品作为自己的安身立命之本，沉下心来接地气，精益求精搞创作，努力创作出一批有温度、有高度、有深度的好作品，把最好的精神食粮奉献给人民，方才无愧于这个大时代。"预支五百年新意，到了千年又觉陈。"创新是文艺的生命，是文化永葆生机与活力的根本所在。广大文艺工作者要把创新精神贯穿创作生产全过程，善于从博大精深的中国传统文化中、从激昂向上的革命文化中、从丰富多彩的民族民间文化中汲取营养，善于借鉴世界各国的优秀文化成果，紧跟时代步伐，敢于突破，勇于超越，不断在内容、形式和风格上进行创新。要高度重视和切实加强文艺理论和评论工作，创新评价方式方法，开展积极健康的文艺评论，营造文艺批评和文艺发展的良性互动。

四、希望广大文艺工作者始终坚持文艺创作的根本途径，深入生活、扎根人民。习近平总书记指出，文艺创作方法有一百条、一千条，但最根本、最关键、最牢靠的办法是扎根人民、扎根生活。这一论述，深刻阐明了深入生活、扎根人民对文艺创作的决定性作用。人民是文艺家的衣食父母，生活是创作的源头活水。作家艺术家只有自觉到生活中去、到人民中去，才能如鱼得水，才能激发无限的创造活力，文艺创作才能常新、艺术生命才能常青。去年以来，在习近平总书记重要讲话精神鼓舞下，广大文艺工作者积极参加"深入生活、扎根人民"主题实践活动，用心观察体验生活，密切深入群众，倾心采风创作，受到多方好评。希望广大文艺工作者继续积极踊跃参与，踏踏实实走进基层、走进人民，让深入生活、扎根人民蔚然成风。要克服心浮气躁、走马观花，真正下得去、面对面，努力深入革命老区、边疆和少数民族地区，深入军营学校、厂矿车间、村镇社区，深入改革开放和生产建设第一线，在扑下身子的过程中变化气质，在深入生活的实践中创作出优秀作品。

五、希望广大文艺工作者始终坚持高尚的职业操守，养性修身、德艺双馨。文艺是铸造灵魂的工程，文艺工作者是灵魂的工程师。文艺是给人以价值引导、精神引领、审美启迪的，文艺作品是文艺家精神境界的外化，文艺家如果没有崇高的理想追求和道德情操，就难以创作出文质兼美、引领风尚的优秀作品。文艺工作者要在文艺创作上追求卓越，首先要在思想道德修养上追求卓越。要自觉坚守艺术理想，不断提高学养、涵养、修养，加强思想积累、知识储备、文化修养、艺术训练。要秉持高尚的职业操守，追求积极健康的生活方式，崇德尚艺、洁身自好，为历史存正气，为世人弘美德，为自身留清名。要始终把社会效益放在首位，努力实现社会效益与经济效益、社会价值与市场价值的统一。坚决反对拜金主义、享乐主义、极端个人主义，不为虚名所累，不为利益所缚，不为欲望所惑。要时刻保持清醒的头脑，在利益的诱惑中排除干扰，在艺术的追求上志存高远，在社会的责任上勇于担当。衷心希望受到表彰的同志以自己的模范行动，带动和激励广大文艺工作者弘扬职业精神，恪守职业道德，在繁荣社会主义文艺中，展现新风貌、再创新佳绩。

文艺工作是党和国家事业的重要组成部分，广大文艺工作者是繁荣发展社会主义文艺的重要力量。各级党委宣传部门要充分调动各方面力量做好文艺工作，形成党委统一领导，宣传部门牵头抓总，文化、教育、新闻出版广电、文联、作协等部门和团体协同推进，社会各方面积极参与的文艺工作新格局。要深入贯彻落实党的文艺方针政策，切实加强文艺人才队伍建设，做到政治上充分信任，生活上积极帮助，创作上热情支持，大力营造有利于文艺发展的良好环境。中国文联作为党领导下的文艺界人民团体，是党和政府联系广大文艺工作者的桥梁和纽带，在团结队伍、培养人才、引导创作等方面具有重要作用。新形势下，要深刻把握文艺界人民团体工作的特点和规律，深刻把握文艺发展和文联工作面临的新形势和新任务，加强顶层设计和整体谋划，加强基层组织建设和基础工作，全面推进文联工作理论创新、实践创新、制度创新，努力把文联建成温馨和谐的文艺工作者之家。

伟大事业需要伟大精神。实现中华民族伟大复兴需要中华文化的繁荣兴盛。让我们更加紧密地团结在以习近平同志为总书记的党中央周围，扎实工作，奋发进取，创新发展，为繁荣发展社会主义文艺事业、为实现"两个一百年"奋斗目标、为实现民族复兴的中国梦做出新的更大贡献！

深入学习贯彻习近平总书记重要讲话精神 努力推动当代文艺开创新风貌

——中国文联九届七次全委会工作报告

中国文联党组书记、副主席 赵 实

（2015年1月23日）

各位委员、同志们：

我受中国文联主席团委托，向全委会做工作报告，请予审议。

一、2014年工作回顾

过去的一年很不平凡，是新一届党中央治国理政总体战略全面展开的一年，是我国文艺发展史上具有里程碑意义的一年。以习近平同志为总书记的党中央高度重视思想文化建设和文学艺术工作，做出许多具有深远影响的重大部署。特别是习近平总书记亲自主持召开文艺工作座谈会并发表重要讲话，鲜明透彻地阐明了当代中国文艺发展一系列带有方向性、根本性的重大问题，使广大文艺工作者倍感亲切与温暖，备受教育和鼓舞，为我们做好文艺工作和文联工作提供了重要遵循。在党中央和中宣部的坚强领导下，中国文联及各团体会员认真学习贯彻总书记重要讲话精神，深入落实中央各项重大决策部署和中国文联九届六次全委会工作安排，高扬社会主义核心价值观旗帜，突出"中国梦"的时代主题，坚持以人民为中心，创新工作机制、延伸服务手臂，勇于担当、真抓实干，团结引导广大文艺工作者深入社会实践，努力创作优秀作品，不断提升思想道德素质和艺术素养，为服务大局、服务人民、繁荣社会主义文艺事业做出了新的贡献。

1. 认真学习贯彻习近平总书记重要讲话精神，深刻把握当代文艺的历史使命和正确方向。去年10月文艺工作座谈会召开之后，中国文联立即把学习宣传贯彻作为首要政治任务，第一时间发出部署通知，汇编学习材料，迅速组织召开了党组扩大会、中心组专题学习会，文艺家、评论家学习座谈会，举办了局处级领导干部培训班、全国文艺家专题研讨班等。通过集中学习、专题研讨、广泛宣传等方式，引导广大文艺工作者深刻领会习近平总书记重要讲话的核心要义和精神内涵，深刻把握当代文艺繁荣发展的正确方向和时代要求，用讲话精神凝聚思想共识，指导文艺实践。中央各大主流媒体和中国艺术报、中国文艺网及文联所属报刊网站开辟专栏专版，及时刊发文艺家学习体会，广泛报道各级文联和各方面的学习活动，在文艺界掀起了学习贯彻热潮。广大文艺工作者进一步明确了文艺工作的时代责任，更加自觉地担负起繁荣文艺的崇高使命，积极投身实现中国梦的宏伟事业之中。

2. 积极开展"中国梦"主题文艺实践活动，大力弘扬和践行社会主义核心价值观。一年来，中国文联着眼于服务党和国家工作大局，突出"中国梦"这一时代主题，创新各类文艺活动载体和形式，唱响了主旋律，传递了正能量。我们利用新中国成立65周年和中国文联成立65周年这一重要契机，成功举办"中华情·中国梦"两岸四地艺术交流、"中国梦·百姓梦·我的梦"原创小戏小品汇报演出、"中国梦"全国歌曲征集活动、"塑造中国新形象"美术系列展览、"向人民报告"说唱中国梦优秀曲艺节目展演、"舞动中国梦"舞蹈精品晚会、"中国梦·我心中的梦"全国剪纸艺术名家精品展、"中国梦"影像公益广告、"翰墨中国"全国书法作品大展等系列活动，用艺术的方式讲述中国人民追梦铸梦的感人故事和奋斗激情。引导文艺工作者大力传承中华优秀传统文化，把社会主义核心价值观融入文艺实践，深入开展"我们的价值观"曲艺走基层巡演、全国道德模范故事汇、"我们的节日""弘道养正"书法展等活动。精心实施地方戏曲传承与推广工程、中华文明历史题材美术创作工程、中国口头文学遗产数字化工程、中华文明影像志工程、"翰墨薪传"校园书法培训工程、中华文艺资源数字工程等，积极营造向上向善的社会文化氛围。成功举办第4届中国校园戏剧节、第23届中国金鸡百花电影节、第12届全国美术作品展、第8届中国曲艺节、第10届中国金鹰电视艺术节、百花迎春大联欢等活动，把高质量的艺术盛宴和主流价值观传播给广大群众，赢得了较好的社会效益。

3. 广泛开展形式多样的文艺志愿服务，不断丰富基层群众的精神文化生活。一年来，中国文联秉持文化为民惠民乐民的宗旨，在全国文联系统广泛开展了"到人民中去""深入生活、扎根人民"等文艺采风和志愿服务，动员老中青文艺工作者深入人民群众，积极开展采风创作、慰问演出、辅导培训、文艺支教、展览展示等活动，深受基层群众欢迎。加强文艺志愿服务制度建设，制定印发了《中国文艺志愿者管理办法（试行）》，将5月23日设立为"中国文艺志愿者服务日"。中国文联文艺志愿服务团先后赴革命老区、云南地震灾区、西部少数民族地区、边疆哨卡、煤矿企业、常规导弹部队、大兴安岭林区、南水北调建设工地等开展"送欢乐下基层"慰问演出和艺术辅导。中国剧协梅花奖艺术团、中国影协"百花放映·情系基层"、中国曲协牡丹奖艺术团、中国摄影家文艺志愿服务团、中国杂协精品杂技下基层等文艺志愿服务，会聚了一大批老中青文艺工作者，深入基层向人民学习、为人民奉献，直接受益群众20余万人。在各地文联和教育部门支持下，文艺支教进一步扩大规模范围，全年招募198名文艺志愿者在11个贫困区县近40所乡镇中小学授课3万多课时，直接受益学生超过3.2万人。文艺培训志愿服务项目组织了300多名文艺家集中培训乡村音乐、美术教师，还分别在8省10个地区开展了戏剧、音乐、美术、曲艺、舞蹈、摄影等艺术门类的专项培训服务。目前已在地方设立了40个基层文艺支教点、17个新农村少数民族少儿舞蹈课堂、28所摄影"曙光学校"、35所全国书法"兰亭学校"等。文艺志愿服务拉近了文艺家和人民群众的距离和感情，激发了文艺家为人民服务的热情和责任，弘扬了良好的社会风尚，得到了基层群众的普遍赞誉。

4. 着力改进加强文艺评论评奖工作，充分发挥对文艺创作的引导和激励作用。一年来，中国文联着力提高文艺评论工作的组织化程度，正式成立中国文艺评论家协会，设立中国文联文艺评论中心，凝聚各方面评论专家和人才，有针对性地强化了文艺评论工作。把握正确评论导向，启动文艺作品评价体系等重点课题研究，举办第7届当代中国文艺论坛、"文艺评论：方向与责任"座谈会、中华美学精神专题研讨会等。举办全国中青年文艺评论家和青年文艺评论人才、青年戏剧评论家高级研修班等，培训了一大批文艺评论工作者。关注文艺创作动态和思潮变化，编撰出版《2013年中国艺术发展报告》，组织召开传承发展地方戏曲、华语青年影像、都市曲艺的生存与发展、"中国梦"的影像表达与传播、国学修养与书法、东北三省杂技理论、"文化梦中国行"电视艺术等各类理论评论研讨会。这些理论成果和评论声音为多出精品、引领创作发挥了重要作用。不断完善评奖机制，注重导向、鼓励创新、提高质量，成功举办中国戏剧奖、大众电影百花奖、中国音乐金钟奖、中国美术奖、中国曲艺牡丹奖、中国舞蹈荷花奖、中国民间文艺山花奖、中国摄影金像奖、中国书法兰亭奖、中国杂技金菊奖、中国电视金鹰奖、中国文联文艺评论奖等重要评奖活动，共评出获奖作品434部，优秀创作者、表演者133人，优秀集体48个，为促进多出优秀作品、多出优秀人才发挥了积极引导作用。

5. 扎实推进人才培训和文艺维权，不断提高服务引导文艺工作者的针对性实效性。一年来，中国文联把服务文艺工作者摆在更加突出的位置，进一步拓展服务领域，丰富服务方式，增强服务力度。注重马克思主义文艺观和社会主义核心价值观的教育引导，召开文艺工作者带头践行社会主义核心价值观座谈会，52位知名文艺家向全国文艺界发出《践行社会主义核心价值观倡议书》，旗帜鲜明地宣示讲正气、树正风、走正道，有力谴责了个别从业人员的违法行为和不良风气，倡导做文明风尚的引领者，做社会主义核心价值观的践行者。深入实施中青年文艺人才研修培训工程，举办全国中青年文艺人才高级研修班，开展中青年戏剧人才、词曲作家、西部美术人才、曲艺创作人才、青年舞蹈人才、少数民族摄影人才、书法创作骨干等各类培训工作，有效提高了各类文艺人才的综合素质。延伸人才培养链条，开展"铸梦行动"，为文艺人才创作创业搭建平台。建立领导干部联系艺术家制度，直接倾听文艺工作者的诉求和意见，授予20位成绩卓著的老艺术家终身成就奖，成功举办梅兰芳、周信芳诞辰120周年和叶盛兰、欧阳山尊、骆玉笙、马三立、韩起祥诞辰100周年纪念活动，大力弘扬老艺术家的崇高艺德风范，增强了文联组织的凝聚力。落实依法治国方略，创新维权服务机制，组织召开全国文联维权工作会、研讨会；出台《关于进一步加强文艺维权工作的意见》，明确权益保护工作的总体思路、基本原则和重点任务；开展专项调研，加强对文艺界自由职业者权益保障问题的研究；积极参与《著作权法》《民间文学艺术作品著作权保护条例》等文艺领域相关立法修法工作；组建法律志愿者服务团，为美术家提供法律援助，为摄影作品、图书提供限量鉴证，为曲艺作品著作权纠纷开展法律调解等，推动文艺维权迈出新的步伐。

6. 主动适应现代传播体系新格局，努力提升文艺媒体的传播力影响力。中国文联认真落实中央部署，大力推进文联系统信息化建设，印发《关于进一步加强信息化建设工作的意见》，开展文联工作信息化、文艺资源数字化人才培训，研发中华文艺资源数据库系统，建设开通数字艺术馆，推动"网上文联"数字平台初具规模。中国艺术报、中国文艺网、中国文艺网微博、微信公众号，以及各协会手机报、微博、微信公众号等，构成了文艺全媒体传播新阵地。加强统筹协调，扩大文艺宣传，完善新闻发言人和联络员制度，举办新闻宣传工作培训班，召开宣传导向管理座谈会、宣传工作交流会。加强与中央权威媒体的合作，开设专题专栏，推介优秀文艺人才，聚焦重大文艺活动、现象、思潮和重点作品，增强舆论评论引导能力。有序推进文联非时政类报刊转制改革，10家法人报刊单位全部完成财务审计和企业名称核准工作。中国影协积极探索新的合作方式和运营模式，推进《大众电影》杂志改版，今年发行数量和质量已跃居我国电影期刊前列。中国书协整合资源，推动中国书法出版传媒公司正式成立和《中国书法报》创刊发行，形成了书报刊网融合发展新格局。文联所属媒体的传播力影响力不断提升。

7. 广泛开展对外和对港澳台地区民间文化交流，推动中华优秀文艺"走出去"。一年来，中国文联积极开展形式多样的对外民间文化交流活动，生动形象地讲述中国故事、传播中国声音、展示中国风貌。成功地在摩纳哥举办第11届"今日中国"艺术周，在澳大利亚、印度尼西亚、奥地利举办"艺术心桥"展览展示，组派戏剧演出团赴土耳其、土库曼斯坦参加国际戏剧节，在美国举办中国少数民族电影展，在亚美尼亚、法国、古巴和巴哈马开展"中国美术世界行"，在德国、法国、匈牙利、奥地利举办中国曲艺展演周，在奥地利举办中国民间艺术展，在法国、南非、坦桑尼亚等举办"美丽中国"世界摄影巡回展，在加拿大举办"汉字之美"中国书法展，组团参加蒙特卡洛国际马戏节等，积极推动中华文艺走向世界。举办中国北京国际魔术大会、中韩日戏剧节、中国·东南亚·南亚电视艺术周、太湖世界文化论坛年会，与美国纽约艺术基金会联合举办视觉艺术策展人研修班等，进一步提升了品牌活动的影响力。深入开展对港澳台地区文艺交流合作，在台湾成功举办第6届海峡两岸暨港澳地区艺术论坛和海峡两岸合唱节、电视艺术节、曲艺欢乐汇等，在澳门举办"濠江之春"庆祝澳门回归15周年澳门与内地文艺家大联欢、"名家笔下的澳门"美术展，在辽宁举办全国美展港澳台暨海外华人作品邀请展，在北京举办海峡两岸暨港澳地区青少年舞蹈交流展演等，特邀港澳艺术家参加艺术活动，促进了内地与港澳台的交流互鉴与共同发展，增进了文化认同和民族情感。一年来，中国文联共开展对外及对港澳台交流活动147项1860人次，进一步拓展了交流领域，提高了合作质量，提升了中华文化软实力。

8. 切实加强自身建设，不断提升文联工作科学化水平。一年来，我们全面巩固深化党的群众路线教育实践活动成果，按照"三严三实"的要求，深入落实整改方案，认真执行党组中心组学习制度、深入基层调研制度、密切联系和服务文艺工作者制度。认真贯彻落实中央八项规定要求，严格执行文艺评奖办节、新闻报道、财务管理、公务接待、会议管理、出国出境等一系列规定，聚力解决群众反映的突出问题，大力推进办公用房清理整改和公务用车制度改革，确保作风建设不懈怠。围绕文艺和文联发展的现实问题开展调查研究，召开一系列文艺工作者调研座谈会，开展全国中青年文艺工作者思想状况问卷调查，加大对文艺界舆情信息的分析研判，为决策提供有效参考。贯彻"全国文联一盘棋"的理念，加强与各文艺家协会、地方文联、产行业文联的密切合作、上下联动，形成了行业优势和工作合力。注重加强文联各级领导班子的思想政治建设，强化干部教育培训，举办团体会员负责人、局处级以上领导干部、新进工作人员等研修培训班。中国文联机关第四次党代会顺利召开，党组织的凝聚力战斗力进一步增强。认真细致做好离退休干部工作。中国文艺家之家展览馆正式运行，全年举办各类展览20余次，为服务文艺家、展示优秀作品开辟了新平台、取得了新成效。

过去的一年，各地文联和各产行业文联认真学习贯彻习近平总书记系列重要讲话精神，紧紧围绕地方党委政府和相关部门的中心工作，立足自身实际，发挥各自优势，努力创新工作理念、组织形式、活动方式和服务手段，开拓进取、积极作为，各方面工作都取得了新的突破和新的成绩，为当地经济社会发展和全国文艺事业的繁荣做出了积极贡献。

同志们，2014年中国文联各项工作的开展和成绩的取得，是党中央亲切关怀和中宣部坚强领导的结果，是主席团各位成员、全委会各位委员和各级文联干部勇于担当、履职尽责、全力拼搏的结果，是广大文艺工作者凝心聚力、开拓创新、真情奉献的结果。在此，我代表中国文联第九届主席团和书记处，向大家表示衷心的感谢和诚挚的敬意！

面对我国全面建成小康社会、全面深化改革、全面依法治国、全面从严治党的新形势，面对党和人民对文艺工作的新要求新期待，我们的工作还存在许多不足，如，加强思想道德建设、引导文艺队伍自觉践行社会主义核心价值观还有大量工作要做；加强行业服务、行业管理、行业自律，引导全行业树立良好风气、提高职业道德素质的能力还亟待提高；团结引导新的文艺群体和青年文艺工作者的方法政策还亟待创新；服务引导文艺创作、推出优秀作品和优秀人才的能力还亟待增强。对这些问题，我们要认真调查研究，推出有力措施加以解决。

二、突出抓好文艺界行风建设

习近平总书记在文艺工作座谈会上鲜明指出，文艺是时代前进的号角，最能代表一个时代的风貌，最能引领一个时代的风气。我国作家艺术家应该成为时代风气的先觉者、先行者、先倡者。总书记还明确要求，文联作协要充分发挥优势，加强行业服务、行业管理、行业自律，真正成为文艺工作者之家。总书记对当代文艺引领时代风貌、对文艺工作者开风气之先提出了殷切期望，对文联组织加强行业建设提出了新的更高的要求。刘云山同志、刘奇葆同志在全国宣传部长会议上，对人民团体和行业协会弘扬良好行风、净化社会风气，做出了重要部署。我们深深感到，文艺行业和文联系统肩负着艰巨而神圣的使命和责任，全面推进文艺行业自身建设、全面提升文艺队伍职业道德素质的任务比以往任何时候都更加繁重而紧迫。行风，体现着一个行业、一条战线的精神风貌和整体素质。文艺界的行业风气和精神风貌还对整个社会的风尚有着广泛而深刻的影响。文艺界加强行风建设，就是要大力倡导"担当使命""扎根人民""创新求精""健康批评""崇德尚艺"五个方面的良好风气，推动全行业加强职业道德建设，积极引导广大文艺工作者高扬社会主义核心价值观的旗帜，努力提升自身的职业精神和人格修为，恪守职业道德，规范自身行为，认真履行社会责任，树立良好风气和社会形象。就是要坚决抵制和克服文艺领域存在的浮躁之风，以及脱离大众、娱乐至上、低俗媚俗、失范失德等不良倾向和不正之风，推动全行业讲正气、树正风、走正道。抓好行风建设，是当前文联组织落实总书记重要讲话和全国宣传部长会议精神，切实加强行业自律、推进行业建设的一个有力抓手和切入点，中国文联系统要统一思想、形成合力，采取有力措施，把行风建设作为一条主线贯穿到各项工作之中。

1. 大力倡导担当使命。实现"两个一百年"奋斗目标、实现中华民族伟大复兴的中国梦，已经成为当今时代的主旋律。习近平总书记明确指出，伟大事业需要伟大精神，文艺的作用不可替代，文艺工作者大有可为。文艺只有根植于现实生活、紧跟时代潮流，才能繁荣发展。勇于担当时代使命，是我国文艺家的优良传统。作为艺术家，如果不能将自己的生命和艺术融入时代的洪流中，作品就不可能有生命力。文艺只有反映时代的心声，才能开启人们心灵，才能成为社会文明发展的推动力，文艺工作者也才能成为时代风气的先觉者、先行者、先倡者。有理想、有担当，国家就有前途，民族就有希望。当前文艺领域出现的急功近利、过度娱乐、是非不分、善恶不辨、庸俗、低俗、媚俗等问题，一个重要原因，就是一些人放弃了社会责任，实质就是放弃了应有的担当。因此，必须清醒地认识到时代和人民赋予我们文艺工作者的历史责任，自觉担当起举精神之旗、建精神家园的重大使命，以高度的文化自觉，感悟国运之变化，挺立时代之潮头，抒发时代之心声，通过更多有筋骨、有道德、有温度的文艺作品，书写和记录人民的伟大实践、时代的进步要求，弘扬中国精神、凝聚中国力量，彰显信仰之美、崇高之美，用现实主义精神和浪漫主义情怀观照现实生活，用光明驱散黑暗，用美善战胜丑恶，努力为亿万人民、为伟大祖国鼓与呼，鼓舞全国各族人民朝气蓬勃迈向未来。我们无论是在推动文艺创作、开展文艺评论评奖，还是在举办文艺活动、拓展文艺传播等各项工作中，都要建立相应的激励机制和政策导向，把更多资源、更大舞台、更好机会提供给有理想、有担当的文艺工作者，培育我们这个时代风气的火炬手，带动全行业形成勇于担当的良好风气。

2. 大力倡导扎根人民。总书记强调，人民的需要是文艺存在的根本价值所在，为人民服务是文艺工作者的天职。文艺创作方法有一百条、一千条，但最根本最关键最牢靠的办法是扎根人民、扎根生活。文艺为人民，既是党对文艺战线提出的一项基本要求，也是决定我国文艺事业前途命运的关键，更是文艺发展的根本导向。针对当前文艺领域存在的浮躁之风，总书记一针见血地指出，不能当市场的奴隶，不要沾满了铜臭气。浮躁的根源就在于文艺与人民、文艺与生活疏远了，文艺工作者与人民大众的感情淡漠了。克服浮躁之风，文艺工作者要自觉做到深入生活、扎根人民，始终"欢乐着人民的欢乐，忧患着人民的忧患"，做人民的孺子牛，在人民中体悟生活本质、吃透生活底蕴、汲取创作营养，虚心向人民学习、向生活学习。要自觉摒弃脱离大众、脱离现实、急功近利、胡编滥造、投机取巧、娱乐人生、自我炒作等不良倾向，真正把人民作为文艺表现的主体，把人民作为文艺审美的鉴赏家和评判者，用优秀作品去温润人民心灵、启迪人民心智、赢得人民喜爱。我们要进一步加强政策扶持、健全长效机制，充分利用定点联系、蹲点体验、交流挂职、结对帮扶等多种途径，积极建立深入生活的联系点，最大限度地组织动员广大文艺工作者到人民中去，感受人民追梦铸梦的火热实践，密切与人民的感情纽带，真正做到身入、心入、情入，真正做到对人民爱得真挚、爱得彻底、爱得持久，诚心诚意做人民的小学生，用真挚的情感和美好的精神食粮回报人民。

3. 大力倡导创新求精。总书记指出，创新是文艺的生命。文艺创作是观念和手段相结合、内容和形式相融合的深度创新，是各种艺术要素和技术要素的集成，是胸怀和创意的对接。当前文艺创作中出现的一些问题与创新能力不足直接相关。因此，我们要把创新精神贯穿于文艺创作生产全过程，增强文艺原创能力。要坚持百花齐放、百家争鸣的方针，提倡不同观点学派充分讨论，提倡体裁、题材、形式、手段和观念、内容、风格、流派的创新发展。要自觉摒弃抄袭模仿、千篇一律，机械化生产、快餐式消费，搜奇猎艳、低级趣味，追求奢华、过度包装等不良倾向；自觉抵制调侃崇高、扭曲经典、颠覆历史，丑化人民群众和英雄人物，以及是非不分、善恶不辨、以丑为美、过度渲染社会阴暗面等错误倾向。要坚持高水准的艺术品位和作品质量，追求精益求精，努力推出更多思想精深、艺术精湛、制作精良的优秀作品，奋力攀登艺术高峰。我们要充分利用数字化、互联网等现代科技推动文艺题材内容、表现手法、业态样式创新。要加强有效的组织引导，发挥制度优势、组织优势，抓好创作规划、策划立项、质量指导等各个环节，突出"中国梦"和爱国主义主题，扶持并实施好具有示范性的重点精品创作项目。积极引导广大文艺工作者勇于创新、精益求精，从古老中国的深刻变化和当代中国人民丰富多彩的现实生活中挖掘故事情节，提炼细节语言，塑造人物形象，弘扬中国精神。引导广大文艺工作者以高度的文化自信，继承弘扬中华优秀传统文化，学习借鉴世界各国人民创造的文化成果，坚持古为今用、洋为中用，进行创造性转化和创新性发展，铸就当代中国文艺的高峰。

4. 大力倡导健康批评。总书记强调，文艺批评是文艺创作的一面镜子、一剂良药，是引导创作、多出精品、提高审美、引领风尚的重要力量。有了真正健康的批评，我们的文艺作品才能越来越好。一部好作品的标准，就应该是经得起人民评价、专家评价、市场检验的作品，应该是把社会效益放在首位，同时也应该是社会效益和经济效益相统一的作品。文艺批评要树立好的风气，就要倡导百花齐放、百家争鸣，倡导讲真话、讲道理、讲正气，倡导有原则、有锋芒、有战斗性，平等地对待批评和被批评。要以马克思主义文艺理论为指导，继承创新中国古代批评理论优秀遗产，批判借鉴现代西方文艺理论，打磨好"批评"这把利器，运用历史的、人民的、艺术的、美学的观点评判和鉴赏作品，在艺术作品质量上敢于实事求是，对各种不良作品、现象、思潮敢于表明态度，在大是大非问题上敢于表明立场，坚决摒弃"捧杀"和"棒杀"，摒弃以洋为尊、以洋为美、唯洋是从。要深入研究和完善科学的文艺评价标准，把握正确的文艺批评导向，引导广大文艺工作者，包括文艺评论工作者正确处理好义利关系，始终把社会效益和社会价值放在首位，不能用简单的商业标准取代艺术标准，不能搞唯上座率、唯票房、唯收视率、唯发行量、唯点击量，不能套用西方标准来剪裁中国人的审美，而是要增加社会效应、道德价值、文化审美等方面的权重，更好地发挥对文艺创作的引导和激励作用。要充分发挥各级文艺评论家协会的主力军作用，文艺报刊要担当主力，知名文艺家要敢于引领，建立理性客观的评论机制，大力弘扬中华美学精神，彰显中华审美风范。

5. 大力倡导崇德尚艺。国无德不兴，人无德不立。道德是内心的法律，法律是成文的道德，道德和法律都具有规范社会行为、维护社会秩序的作用。文艺是铸造灵魂的工程，文艺工作者是灵魂的工程师。所有文艺作品都是文艺家精神境界的外化，如果没有崇高的理想追求和道德情操，就难以创作出文质兼美、引领风尚的优秀作品。总书记强调，文艺工作者不仅要在文艺创作上追求卓越，而且要在思想道德修养上追求卓越。讲品位、重艺德，为历史存正气，为世人弘美德，为自身留清名。我们要在文艺界深入开展马克思主义文艺观、社会主义核心价值观和道德观的学习实践活动，引导广大文艺工作者带头弘扬中华传统美德，模范践行"爱国、为民、崇德、尚艺"文艺界核心价值观和《职业道德公约》，不断提升学养涵养修养和专业素养，提升人格修为和道德判断力，增强社会责任感。引导文艺工作者把德艺双馨作为自己的毕生追求，模范遵纪守法，远离"黄赌毒黑"，远离奢华奢侈奢靡之风，自觉抵制拜金主义、享乐主义、极端个人主义，以高尚的职业操守、良好的社会形象、优秀的文艺作品赢得人民爱戴。我们要进一步完善文联组织和文艺家协会章程，制定文艺从业规范和守则，加强对青年文艺工作者的教育引导，利用各种传播渠道，广泛宣传德艺双馨文艺名家名人等公众人物典范，发挥正向效应和引领示范作用，让文艺界的良好风气引领社会风尚，净化社风民风。

三、2015年重点工作

2015年，是我国全面深化改革的关键之年，是全面推进依法治国的开局之年，是全面完成"十二五"规划的收官之年，也是文艺工作抢抓新机遇、开启新风貌，文联工作提升创造力、推动新发展的重要一年。

做好今年工作，文艺战线和文联系统要高举中国特色社会主义伟大旗帜，全面贯彻党的十八届三中、四中全会精神，深入学习贯彻习近平总书记在文艺工作座谈会上的重要讲话精神，贯彻落实全国宣传部长会议精神，坚持以人民为中心的工作导向，大力弘扬社会主义核心价值观，突出文艺界行风建设这条主线，着力推动"中国精神·中国梦"主题创作实践，着力开展"深入生活、扎根人民"文艺采风和志愿服务，着力提升文艺工作者职业道德素质，着力加强行业服务、行业管理、行业自律，创新文联职能、强化队伍素质、提高自身能力，团结引导广大文艺工作者，为创作更多无愧于伟大民族、无愧于伟大时代的优秀作品，繁荣发展社会主义文艺事业、实现中华民族伟大复兴的中国梦做出新贡献。

今年，文联系统要扎实做好八个方面重点工作。

1. 努力把学习贯彻习近平总书记讲话精神引向深入，做到学而信、学而用、学而行。深入学习贯彻习近平总书记系列重要讲话精神，特别是在文艺工作座谈会上的重要讲话精神，是我们做好文艺工作和文联工作的重要前提和根本保证。总书记重要讲话蕴含着一系列独创性的思想理论观点，体现了形势发展变化对党和国家、对文艺事业、对文艺工作者的新要求，是中国特色社会主义理论体系的最新成果，是指导具有许多新历史特点的伟大斗争最鲜活的马克思主义，也是指导我们开创文艺工作、文联工作新境界新发展的行动纲领。中国文联书记处和全委会同志要带头学、深入学，在真学真信真用上下功夫，在忠诚信仰、坚定信念、勇于担当、知行合一、推动工作上下功夫。文联各团体会员、各部门各单位要精心组织、专门部署、全面覆盖，既要率先抓好文联干部的学习，又要分期分批、分层分类组织好文艺骨干的学习培训。注重联系思想工作实际，准确把握讲话的重要观点和精神实质，自觉把思想和行动统一到讲话精神上来，切实做到学而信——铸牢精神支柱，学而用——指导文艺实践，学而行——做到身体力行，把学习讲话精神与提高自身思想道德修养，与推动文艺工作创新发展，与破解文联自身突出问题紧密结合起来，深入调研、把握规律、制定措施、尽快行动，不断提高主动作为、积极作为的能力和水平。要组织文艺创作、评论、媒体等方面的专家学者，多角度准确阐发讲话精神，在各主流媒体开设专栏专题，推出有质量有深度的评论文章，引导广大文艺工作者不断深化对讲话精神的认识，把学习贯彻扎扎实实引向深入。

2. 积极践行和传播社会主义核心价值观，大力唱响爱国主义主旋律。践行和弘扬社会主义核心价值观，是强基固本的灵魂工程。我们要自觉用核心价值观引领文艺创作和文艺实践，在活动策划、主题设置、内容呈现、成果宣传等各个环节努力弘扬中国精神，真正实现全方位贯穿、深层次融入。积极发挥文艺作品滋养人们精神世界和文艺名人传播面广、影响力大的优势和作用，引导广大文艺工作者坚守中华文化立场，生动形象地体现和弘扬核心价值观。把爱国主义作为文艺创作的主旋律，精心组织纪念中国人民抗日战争暨世界反法西斯战争胜利70周年主题文艺实践活动，用多种艺术形式弘扬民族精神、凝聚爱国力量。精心实施戏剧经典剧目创新展演工程、梅花奖数字电影工程、中华文明历史题材美术创作工程、民族民间民俗文化传承弘扬工程、中国口头文学遗产数字化工程、中华文明影像志工程、"翰墨薪传"书法教师培训工程、中华文艺资源数字工程，办好"我们的节日"、中华经典咏诵等活动，使中华优秀传统文化成为涵养社会主义核心价值观的重要源泉。认真组织核心价值观主题声乐组曲创作、"我们的价值观"曲艺基层巡演、反腐倡廉曲艺作品征集、"文质兼美"首届优秀基层书法家创作等活动，直观形象地传递真善美和向上向善的主流价值观。文联所属媒体要加大传播引导力度，重视对主题文艺活动和优秀文艺作品的宣传推介，扩大发行渠道，把核心价值观传播到千家万户。

3. 精心组织"中国精神·中国梦"主题文艺创作实践，促进多出优秀作品。推动文艺繁荣发展，最根本的是要创作生产出无愧于我们这个伟大民族、伟大时代的优秀作品。中国文联要紧紧围绕创作优秀作品、提高思想艺术质量这一中心任务，切实增强组织化程度，遵循文艺创作规律，精心策划实施"中国精神·中国梦"主题文艺创作工程，对于重点原创剧本和重点选题项目，将在前期策划、深入生活、专家指导、研讨推介等方面，给予动态扶持。积极引导文艺工作者聚焦"中国梦"的时代主题，聚焦作品质量，努力推出一批讲好中国故事、表现人民大众、反映时代风貌的优秀文艺作品。办好第2届中国农民艺术节、百花迎春大联欢、"我的中国梦"全国打工歌曲创作大赛、第5届全国青年美术作品展、"中国梦"影像公益广告、"我们的中国梦——万名书家送万福"系列公益活动等，以艺术形式记录和反映当代中国人民追梦铸梦的生动实践和奋进历程。加大中国文学艺术基金对重点项目的扶持，特别是多为青年人才的创作创新提供支持。各级文联都要发挥各自优势，精心策划组织好重点创作实践，努力推出更多深受人民喜爱的优秀作品。

4. 广泛开展"深入生活、扎根人民"主题实践活动，建立有效引导和持续推动的长效机制。文艺志愿服务是推动文艺工作者走进基层、贴近群众、服务人民的有效途径，也是文联团结凝聚体制内外文艺工作者的有效载体。中国文联要认真落实中宣部的统一部署，积极建立引导和服务机制，扎实开展"深入生活、扎根人民""送欢乐下基层""到人民中去""结对子、种文化"等文艺采风创作和志愿服务活动。完善深入生活采风创作活动的管理办法，规范命名"文艺之乡"和创建"文艺创作基地"，逐步建立定点下基层机制，为艺术家深入生活搭建平台。积极建立文艺志愿服务长效机制，统筹全系统资源，调动各方面力量，形成上下联通、内外融合、跨域合作、扎实有序的文艺志愿服务体系，促进文艺志愿服务多样化、常态化、制度化，让人民群众更便利地共享精神文化食粮。深入开展梅花奖艺术团下基层、电影百花放映、曲艺家送欢笑、新农村少儿舞蹈美育工程等文艺惠民活动，对活动中做出突出贡献的"最美志愿者"进行表彰。积极推行文艺志愿者注册制度，着力优化文艺志愿服务队伍结构，广泛吸纳各级各类文艺人才参加志愿服务，建设一支涵盖各专业艺术、各年龄层次、各单位体制的文艺志愿服务队伍，努力形成文艺工作者扎根生活、扎根人民、学习人民、奉献人民的良好风尚。

5. 把握正确评价标准，切实加强文艺评论，深入推进文艺评奖制度改革。文艺评论、文艺评价、文艺评奖是推动优秀作品创作的重要杠杆，也是中国文联和各文艺家协会引导创作、推出新人的重要抓手。要充分发挥各级文艺评论家协会、各文艺家协会理论评论委员会的作用，加强组织协调、研修培训，建设一支高素质的文艺评论队伍。举办全国文艺评论骨干专题研讨班和第9届全国中青年文艺评论家研修培训班，在全国建立一批文艺评论基地。坚持理论联系实际，密切关注文艺创作动态和实践，策划一批主题性重点评论项目，召开各类文艺评论和作品专题研讨会，组织编撰年度中国艺术发展报告。加强文艺舆情信息分析研判，提高针对性时效性，为调整完善文艺政策提供有效参考。加强文艺评论阵地建设，整合文联所属报纸、杂志、出版社、网站、微博、微信、手机报等传播媒体资源，推动传统媒体和新兴媒体融合发展。认真贯彻中宣部关于全国性文艺评奖制度改革的要求，压缩评奖规模和奖项设置，规范评奖程序，提高评奖质量，精心组织办好中国戏剧奖、中国电影金鸡奖、中国音乐金钟奖、中国舞蹈荷花奖、中国民间文艺山花奖、中国杂技金菊奖等文艺评奖。注重将评奖与展演、评介、推出新人新作相结合，加大对优秀作品和人才的推介报道力度，更好地发挥文艺评奖的导向示范效应。

6. 大力加强文艺队伍建设，努力推出德艺双馨的文艺名家和优秀人才。繁荣文艺创作、推动文艺创新，必须有大批德艺双馨的文艺名家。我们要把马克思主义文艺观、社会主义核心价值观和文艺界核心价值观作为文艺界行业教育的重要内容，增加中青年文艺自由职业者参加教育培训的规模和比重，开展青年文艺工作者思想状况调研，用全新的眼光看待他们，用全新的方法政策团结引导他们，不断加强思想引领、价值引领、道德引领。扎实开展第4届全国中青年德艺双馨文艺工作者评选表彰工作，深入开展"艺苑百花"优秀中青年文艺人才宣传推介工程，推介一批活跃在文艺一线、德艺双馨的文艺家，树立当代文艺工作者的良好形象。进一步完善创新文艺家协会会员发展和管理制度，积极吸纳新的文艺群体、年轻会员和自由职业者加入协会和专委会，在创作扶持、教育培训、展演展示、评论评奖、服务维权等方面一视同仁，多为他们创造条件、提供方便。大力开展维权工作，依法维护文艺工作者的著作权、名誉权、社会保障权等合法权益，逐步完善立法沟通协调机制、侵权纠纷调解机制、权益保护协调机制和诉求表达处理机制，协调办理一批有广泛社会影响、有典型示范作用的维权案件，不断增强文联组织的凝聚力引导力。

7. 努力讲好中国故事，唱响中国声音，推动中华优秀文艺"走出去"。文艺是不同国家和民族相互了解和沟通的最好方式。文学艺术的感染力影响力是超越时空、超越国界的，这种穿透力也是不能用语言来表达的。知名文艺家在民间文化外交中优势独特、影响深远。我们要加强对外文化交流品牌建设，增强讲好中国故事、唱响中国声音的能力，组织文艺家用艺术的形式向世界讲好中国人、中国梦的故事，实施好当代文艺作品译介工程，大力宣传展示中华优秀文艺作品。要精心办好捷克"今日中国"艺术周、"艺术心桥"主题展演、金鸡国际影展、北京国际美术双年展、全国美展海外巡展、中华曲艺海外行、国际幽默艺术周、中国国际摄影艺术节、"汉字之美"中国书法展等一系列品牌活动。围绕国家"一带一路"倡议，办好庆祝中泰建交40周年书画展、中国—东盟舞蹈教育论坛，推动面向东盟的整体交流合作。坚持"走出去"和"请进来"相结合，稳步推进第10届国际民间艺术节筹备工作，办好纪念反法西斯战争胜利70周年中俄联合音乐会。加强文艺人才交流，开展艺术人才海外研修、舞蹈青年人才赴韩交流等活动。加大对港澳台交流力度，倡导港澳台地区文艺工作者共筑中国梦。办好海峡两岸暨港澳地区艺术论坛、"濠江之春"大联欢、海峡两岸合唱节、两岸欢乐汇、"两岸和安"书法展、两岸魔术交流和两岸电视艺术节暨影视艺术家书画展等。赴台湾举办两岸青少年舞蹈交流展演和民间艺术进校园活动。做好有关文艺家协会换届吸纳港澳台会员工作，更好发挥港澳台会员作用，密切同港澳台文艺团体和文艺家往来，推动人与人之间的深度交流和项目合作。

8. 创新拓展文联职能和服务领域，加强制度建设，不断增强凝聚力、影响力、感召力。文联系统要认真落实习近平总书记关于"充分发挥优势，加强行业服务、行业管理、行业自律"的要求，贯彻落实中央关于做好文艺工作的重要部署，认真研究《中共中央关于加强和改进党的群团工作的意见》的贯彻措施，深刻把握文艺界人民团体工作的特点和规律，深刻把握文艺发展和文联工作面临的新形势和新任务，加强顶层设计和整体谋划，加强基层组织建设和基础工作，修改完善章程和各项制度，全面推进文联工作理论创新、实践创新、制度创新。充分认识和发挥文联自身的政治优势、组织优势、人才优势、行业优势，认真履行"团结引导、联络协调、服务管理、自律维权"的基本职能，积极探索创新行业服务、行业管理、行业自律的内容形式、方法途径、政策措施，争取有关部门的支持，切实在文艺行业建设中发挥主导作用。加大对各类文艺社会组织的团结服务力度，加强对文艺工作者的思想引领、行为引导、规则约束、权益维护，从文艺界行风建设入手，积极引导推动文艺行业健康发展。要紧紧围绕事关文艺工作和文联工作前瞻性战略性问题，深入开展大调研，尊重基层的首创精神，拿出一批调研成果。要坚决贯彻落实党风廉政建设和反腐败斗争的主体责任和监督责任，把从严治党、从严教育、从严管理的任务落到实处，注重加强各级领导班子和基层党组织建设，注重加强政治纪律、组织纪律、廉政纪律教育，注重加强作风建设，深入落实整改措施，注重加强党员干部队伍建设，自觉做到忠诚信仰、干净干事、勇于担当、创新务实。高度重视做好中国音协、中国剧协、中国舞协、中国书协、中国杂协的换届工作，营造"团结鼓劲、风清气正"的良好氛围。要按照中央统一部署完成非时政类报刊转企改革，逐步建立富有文化特色的现代企业制度，整合重组资源，做强做优做专。要加快推进文联系统信息化建设，整合联动传统媒体、新兴媒体和各方文艺资源，扩大《中国艺术报》在文联系统的发行覆盖面，做强做大中国文艺网等新媒体平台，构建"网上文联"新格局，努力提升文联在文艺传播领域的话语权，扩大文联组织的社会影响力。

同志们，党中央为文艺事业和文联工作的发展描绘了新的蓝图，指明了前进方向。广大人民群众对文艺工作者寄予厚望。让我们更加紧密地团结在以习近平同志为总书记的党中央周围，牢牢把握文艺发展的重大机遇，勇于担当、锐意进取，转变作风、攻坚克难，奋力开创当代中国文艺新风貌，为实现"两个一百年"的奋斗目标和中华民族伟大复兴的中国梦做出新的更大贡献！

救亡图存的战鼓　民族精神的号角

——在纪念中国人民抗日战争暨世界反法西斯战争胜利70周年"抗战中的中国文艺"座谈会上的发言

中国文联党组书记、副主席　赵　实

（2015年9月8日）

尊敬的文艺界各位老前辈、各位艺术家、理论评论家，

同志们：

为纪念中国人民抗日战争暨世界反法西斯战争胜利70周年，我们党和国家举行了一系列重大的主题活动和盛大的阅兵仪式，习近平总书记发表了重要讲话，极大地鼓舞和振奋了全党全军全国各族人民，乃至世界各国爱好和平与正义的人们。为认真学习贯彻习总书记在纪念大会上的重要讲话精神，回顾和总结中国文艺在抗日战争这场伟大的民族解放斗争中发挥的重要作用，大力唱响爱国主义主旋律，进一步振奋民族精神和时代精神，培育和践行社会主义核心价值观，经中央批准，今天，中国文联在文艺家之家隆重召开"抗战中的中国文艺"专题座谈会，邀请老中青艺术家代表参加，共同回顾那段艰苦的峥嵘岁月，对于铭记伟大的抗战历史、纪念伟大的抗战胜利、缅怀伟大的革命先烈、弘扬伟大的抗战精神，具有极其重要的意义。刚才著名老艺术家胡可、田华、侯一民等几位同志，饱含深情地回忆了当年浴血奋战、用文艺的形式对敌作战的难忘经历，缅怀了革命先烈、文艺战士英勇不屈的牺牲精神和光辉业绩，畅谈了面向未来、繁荣文艺的时代使命和创作精神，听了之后，我们深受感动，心潮澎湃、热泪盈眶，备受教育和启迪。首先，我受孙家正主席委托，代表中国文学艺术界联合会、代表中国文联主席团和书记处全体同志向所有参与抗战、做出巨大贡献的老英雄、老战士、老艺术家、老同志致以无比崇高的敬意！向今天发言的各位艺术家、评论家表示衷心感谢！在此，我也从一个侧面谈谈学习体会，由于自身水平有限，今天难以对抗战时期的文艺成就做全面概括和总结，有挂一漏万和不当之处，请大家批评指正。

一、伟大的抗战胜利挺起了中华民族的精神脊梁

中国人民抗日战争，是中国人民反抗日本帝国主义野蛮侵略的正义战争，是世界反法西斯战争的重要组成部分，是近代以来中国抗击外敌入侵的第一次完全胜利，是中国革命和中国走向民族复兴的伟大历史转折。在这场伟大的抗日战争中，中华民族同仇敌忾、奋勇抗战，创造了弱国打败强国的光辉业绩，创造了一个军力、经济力都不如敌人的弱国战胜帝国主义强国的经验，创造了人类战争史上的奇迹。抗日战争的胜利，彻底粉碎了日本军国主义殖民奴役中国的图谋，洗刷了近代以来中国抗击外来侵略屡战屡败的民族耻辱，重新确立了中国在世界上的大国地位，开辟了中华民族伟大复兴的光明前景，开启了古老中国凤凰涅槃、浴火重生的新征程。从此，再也没有侵略者可以在中国的土地上横行肆虐。不仅如此，中国人民抗日战争作为世界反法西斯战争

的东方主战场，开始时间最早、持续时间最长、地域范围最广，为世界反法西斯战争的胜利付出了巨大的民族牺牲。中国的持久抗战有力地制约了日本北进战略、南进战略、西进战略、结盟战略的展开，对日本侵略者的彻底覆灭起到了决定性作用，为世界反法西斯战争的胜利做出了不可磨灭的重大贡献。

伟大的中国人民抗日战争，以前所未有的气势震撼着人们的心灵，激发出团结御侮的巨大能量，彰显出气贯长虹的爱国主义精神。习近平总书记高度概括指出："在中国人民抗日战争的壮阔进程中，形成了伟大的抗战精神，中国人民向世界展示了天下兴亡、匹夫有责的爱国情怀，视死如归、宁死不屈的民族气节，不畏强暴、血战到底的英雄气概，百折不挠、坚韧不拔的必胜信念。"这场战争，使中华民族有史以来空前觉醒、空前团结，为民族命运而抗争的意识空前增强。这种巨大的民族觉醒和空前的民族团结，从根本上决定着战争的进程和结局。中华民族的觉醒和团结，不但是战胜日本侵略者的力量支撑，更是实现民族复兴的不竭动力，是中国人民弥足珍贵的精神财富。

在这场空前激烈悲壮的战争中，中国共产党发挥了中流砥柱的重要作用。正是在党的领导下，抗战文艺成为一支特殊的、重要的、不可抵挡的战斗力量，在唤醒民众、鼓舞斗志、团结教育人民、凝聚民族精神等方面发挥了不可替代的重要作用。无数有骨气有血性有才华的文艺工作者，饱含着无限的爱国激情、肩负着神圣的时代责任，奋不顾身地投入到抗日救国的历史洪流之中，用生命和艺术谱写了一曲曲感天动地、壮怀激烈的战歌。无数的作家艺术家用各种方式和文艺形式"拿起笔作刀枪"，大力宣传抗战，唤起劳苦大众和各个阶层救亡图存的觉悟和激情，用一腔民族热血，创作着、演出着一曲曲、一部部誓与日本法西斯决战到底的血性文章和作品。"演员四亿人，战线一万里。全球做观众，看我大史战。"著名剧作家田汉在自己的诗作中，将14年的抗日战争，喻为一出四万万中国人在全世界面前演出的为抵御外侮、救亡图存而战的历史话剧。在这场波澜壮阔的"大史战"中，文艺以其鲜明的民族精神和战斗精神极大地激发了全国人民的抗日热情，成为刺向敌人心脏的"真正的锋利刀刃"。从那些揭露侵略者的罪行、描写沦陷区人民苦难生活、歌颂抗战英雄业绩、批判妥协投降行为、呼唤正义与和平等丰富厚重的文艺作品中，我们不仅看到了一个民族在血泊和烈火中傲然屹立起来的英雄群像，并且感悟到了作为中华民族精神基因的、浩气长存的、伟大的抗战精神。

二、抗战文艺是我国文艺发展史上的一座高峰

文艺是时代前进的号角，最能代表一个时代的风貌，最能引领一个时代的风气。抗战文艺继承并发扬了"五四"新文化运动的优良传统，在艰苦复杂的历史条件下，形成了以进步作家艺术家为骨干的文艺界统一战线。无数进步的作家艺术家与祖国共存亡、与人民共命运、与时代共进步，充分展现自己的爱国热情和艺术才华，创作出了一大批人民喜闻乐见、战斗力强、思想性艺术性俱佳的经典作品，铸就我国文艺发展史上的一座高峰，至今为世人所传诵、所景仰。如，小说《吕梁英雄传》《四世同堂》等文学作品，秧歌剧《拥军花鼓》《兄妹开荒》《小放牛》，话剧《乱钟》《回春之曲》《放下你的鞭子》《保卫卢沟桥》《全民总动员》《国家至上》《塞上风云》《蜕变》，歌剧《白毛女》等戏剧作品；歌曲《义勇军进行曲》《大刀向鬼子们的头上砍去》《南泥湾》《延安颂》《黄河大合唱》《八路军进行曲》《东方红》《团结就是力量》等音乐作品；故事片《风云儿女》，纪录片《延安与八路军》《中国共产党第七次全国代表大会》《白求恩大夫》等电影作品；舞蹈《东渡黄河舞》《抗日舞》《游击队舞》《送郎上前线》和舞剧《法西斯丧

钟响了》《空袭》《警醒》《前进》等作品；美术《怒吼吧！中国》《七七的号角》《负伤之狮》《保卫大西北》《台儿庄大战》《枪口对外》《太行山下》《狼牙山五壮士》《写在投枪之前》等作品；摄影《彭德怀在百团大战前线》《朱德在太行山》《平型关大战》《战壕中的八路军指挥所》《收复察哈尔后城》等作品；曲艺《翻身记》《保卫大武汉》《贼说话》等作品，等等。这些艺术作品都大力歌颂中国人民的觉醒、奋起、团结和战斗；歌颂人民战士的勇敢无畏和视死如归；歌颂人民战争的正义性；揭露敌人的残暴罪行、揭露侵略战争必然失败的可耻下场，使亿万人民保家卫国意识全面觉醒，极大地鼓舞了中国人民同敌人血战到底的英雄气概，勾勒出中华民族英勇抗敌的历史画卷。

三、抗战文艺留给我们弥足珍贵的历史经验和精神财富

1. 文艺工作者只有与祖国共存亡，文艺作品才能真正成为民族奋进的号角。以爱国主义为核心的民族精神是中国人民取得抗战胜利的强大动力。山河破碎、国破家亡的苦难，民族生死存亡的危急时刻，最能激发人们的爱国精神。抗日的烽火，点燃了一大批有良知、有使命感的作家、艺术家的热情，他们"不做亡国奴"，坚信"中国不会亡"，把自己投进时代的洪流中去，与广大人民一道走上争取民族解放的战斗前线。鲁迅、郭沫若、茅盾、巴金、老舍、曹禺、夏衍、田汉、聂耳、冼星海、徐悲鸿、赵树理、刘白羽等著名文学艺术家用他们手中的笔，创作出大量脍炙人口、家喻户晓的优秀作品，不仅生动地表现了抗日军民以民族解放为己任的崇高精神境界，而且还充分体现了中国人民在强敌面前威武不屈的民族韧性和民族精神。电影《风云儿女》的主题歌《义勇军进行曲》的词，是剧作家田汉在被捕前一个小时创作完成的，音乐家聂耳从左翼作家夏衍手中接过歌词后，用热血和激情铸就了这部不朽的旋律。影片诞生后，这部乐曲立即就在广大民众和战士中传唱开，激发四万万同胞筑起血肉长城的士气，鼓舞着前方将士冒着敌人的炮火奋勇前进。1940年，当美国著名黑人歌唱家保罗·罗伯逊在纽约用中英文双语演唱这首歌时引起了全场轰动，大洋彼岸的人们仿佛听到了中国人民抗击法西斯侵略者的战歌。第二次世界大战即将结束之际，在盟军凯旋的曲目中，《义勇军进行曲》赫然名列其中。今天，每当我们海内外中华儿女唱起这首歌时，仍然激情澎湃，爱国之情油然而生。在戏剧界，享誉世界的中国京剧大师梅兰芳在抗战爆发后，立即接连编排了《抗金兵》《生死恨》，以古喻今、以戏明志，他不畏日军的威逼利诱，蓄须罢戏，甚至毅然冒死让家人为他注射急速高烧的针剂，拒绝日伪政府利用其粉饰太平，这种铮铮铁骨和民族气概令我们无比敬佩。戏剧家程砚秋不畏日伪敌寇，谢绝舞台、息演退隐，周信芳以演出《明末遗恨》借古喻今表达爱国之心，马连良编演《串龙珠》寓意抵御外辱，袁世海借《春秋笔》唱词寄托抗日决心，河南的"坠子名角"乔清秀、乔利元夫妇、书坛烈女刘桂枝宁死不为日本宪兵队唱堂会，等等，这些艺术家们的崇高信仰、高尚的民族气节和风骨令人钦佩。著名表演艺术家于蓝17岁穿越封锁线，经历了近50天的跋涉到达了陕北延安，秦怡16岁就积极参演抗日主题的话剧和电影，田华14岁穿越无人区到敌占区开展抗日宣传等，她们用艺术和热血抒发自己保家卫国、投身革命的一片赤忱。正如《抗敌剧社社歌》唱的那样："艺术是我们的枪，舞台是我们的战场！"被誉为中华"民族魂"的鲁迅先生在抗战初期就发表了一系列抗战檄文，豪迈地呐喊出"坚决反对帝国主义瓜分中国的战争，反对加于中国民众反日反帝斗争的任何压迫，反对中国政府的对日妥协"。直到临终之际，他依然庄严宣布无条件地加入抗日统一战线，他说，"因为我不但是一个作家，而且是一个中国人"！今天，在全党全国各族人民齐心协力迈向中华民族

伟大复兴中国梦的新征程中，我们广大文艺工作者，特别是中青年文艺工作者，更要继承老一辈文艺家的高尚情操和优良传统，高扬爱国主义的旗帜，把弘扬爱国主义、弘扬中国精神作为文艺创作的主旋律，引导人民树立正确的历史观、民族观、国家观、文化观，不断增强做中国人的骨气和底气。

2. 文艺工作者只有与人民共命运，文艺作品才能具有强大的生命力和感染力。人民既是历史的创造者，也是历史的见证者，既是历史的"剧中人"，也是历史的"剧作者"。人民的需要是文艺存在的根本价值所在。文艺作品只有来自人民、植根人民、为了人民，才有更强大的生命力。抗战时期，大批进步的文艺家深刻地认识到只有顺应历史潮流、始终站在人民的立场上，把个人的命运与人民的命运紧紧联系在一起，才能创作出具有鲜明民族品格和强大感染力战斗力的优秀作品。剧作家夏衍的独幕剧《都会的一角》，阳翰笙的话剧《前夜》，胡可的话剧《戎冠秀》等；音乐家塞克、冼星海创作的歌曲《救国军歌》，孙慎、周钢鸣的《救亡进行曲》，崔嵬、钢鸣、吕骥的《新编九一八小调》，潘子农、刘雪庵的《长城谣》，老舍、张曙的《丈夫去当兵》，芜军、黄友棣的《杜鹃花》，熊复、郑律成的《延水谣》，方冰、李劫夫的《歌唱二小放牛郎》等；美术家陈烟桥创作的《保卫卢沟桥》，胡一川的《到前线去》，张慧的《台儿庄》，张在民的《巷战》，古元的《青纱帐里》，彦涵的《当敌人搜山的时候》，李桦的《追击》等；摄影家方大曾创作的《日军炮火下的宛平城》，沙飞的《战斗在古长城》，吴印咸的《志同道合》等，表现的都是人民大众共赴国难、誓死抗敌的英雄壮举。无论是前方还是后方，无论是敌占区、国统区还是根据地，大批优秀的作家艺术家用文艺的力量，唤醒民众，凝聚民心，鼓舞民志，形成了一支"笔"的部队，很多人甚至在战场上壮烈牺牲。郭沫若同志就是这支"笔"部队的重要组织者，也是坚守时间最长、最为活跃、成果最为丰富的著名战士之一。抗战爆发后，郭沫若乔装回到祖国，积极投身抗战大业，除了自己创作了大量的话剧、诗歌等文艺作品外，还办报办刊，竭力参与领导全国抗日文艺宣传。郭沫若的所有抗战文艺作品都饱含了对战争中人民的艰苦生活的深切了解和悲叹，却从未动摇抗战必胜的信念。抗战文艺的伟大实践告诉我们，只有那些充满着对人民命运、对人民悲欢的关切的作品，只有那些以精湛的艺术彰显深厚的人民情怀、人民奋进的作品，才最有可能成为传世的名篇佳作。当今时代，我们能否创作出深受人民喜爱的优秀作品，同样取决于我们的文艺家能否满腔热情地为人民抒写、为人民抒情、为人民抒怀。

3. 文艺工作者只有与时代共进步，才能成为时代风气的先觉者、先行者、先倡者。救亡图存、争取民族解放是抗日战争时期中国文艺的鲜明主题。无数进步的文艺家得风气之先，勇于改变自我，直面时代主题，回应时代召唤，坚持现实主义创作精神，在现代中国文艺史上留下了光辉的一页。抗战初期，文艺亟须动员人民大众奋起投身民族解放斗争，很多文艺家就利用人民喜闻乐见的传统艺术形式来写新内容，利用鼓词、小调、皮簧、河南坠子、数来宝和评书、演义、旧诗词等形式，反映抗战生活，激励人民投身抗战。比如柯仲平的诗歌《边区自卫军》，战士剧社创编的短剧《查路条》，田汉创作的皮簧《雁门关》，赵树理创作的鼓词《茂林恨》，老舍和欧少久等创作的鼓词《打小日本》、相声《骂汪精卫》，张天翼、沙汀、艾芜创作的章回小说《卢沟桥演义》等，这些时代化大众化的文艺作品，在当时都较好地反映了全民抗战气氛，发挥了激发民众抗战热情和觉悟的积极作用。中国人民抗日战争不仅是争取独立与解放的民族解放战争，而且也是追求民主与进步的深刻社会变革。许多抗战时期的文艺作品既突出时代性，也体现了创新性，既为抗战救亡这一伟大的时代主题服务，也努力在实现旧文艺与新文艺、传统文艺与现代文艺的融合方面做出了新的努力和贡献。新兴木刻运动、群众歌咏运动、新秧歌运动等都较好地体现了抗战时期文艺创作的时代性、创新性。比如，王大化、李波创作的秧歌剧《兄妹开荒》，艾青创作的歌颂边区劳动模范的长诗《吴满有》，古元创作的反映陕北农村生活的木刻《割草》，丁玲、欧阳山根据合作社新人新事，分别创作出人物特写《田保霖》《活在新社会里》，杨绍萱、齐燕铭改编的平剧《逼上梁山》，延安平剧团编演的历史剧《三打祝家庄》等作品，都比较成功地实现了传统文艺样式在抗战时期的创造性转化和创新性发展。在抗日战争中所产生的中国文艺，是我们民族一个时代的光辉写照。今天，中国又到了一个新的历史周期，一个民族复兴的伟大梦想已经起航，新的历史史诗，需要我们去书写。我们所处的这个时代是中国历史上前所未有的大时代。这个大时代有它的大主题，就是中华民族伟大复兴的中国梦；这个大时代有它的大目标，就是"两个一百年"奋斗目标。当代中国文艺工作者只有准确把握住这个时代的主题和特点，踏着时代的节拍歌与舞、鼓与呼，用自己的智慧和艺术才华，书写和描绘当代中国人民的伟大实践，才能做时代风气的先觉者、先行者、先倡者，才能使艺术之树常青。

四、中国共产党的正确领导是抗战文艺发展进步的有力保证

抗战时期的中国文艺之所以能产生如此广泛的影响，取得如此突出的成就，做出如此重大的贡献，与中国共产党倡导的抗日民族统一战线的引领，与抗战文艺队伍的壮大和团结是密不可分的。

从文艺队伍和文艺组织的发展看，中国共产党领导下的抗日根据地是抗战文艺社团和文艺组织的发源地，并引领着抗战文艺队伍前进的方向。从我们党直接领导成立的全国最早的抗日文艺社团"苏区文艺工作者协会"（成立大会时由毛泽东同志提议改名为"中国文艺协会"），到延安成立的"特区文艺界救亡协会"，再到"陕甘宁边区文艺界抗战联合会"的成立，都体现了党对抗战文艺的高度重视和正确领导。在国统区，受中国共产党抗战主张和抗日统一战线的直接影响，抗战文艺社团也纷纷涌现，其中骨干成员大多是中共党员和进步人士。从"上海戏剧界救亡协会""上海漫画界救亡协会""上海战时文艺协会"等70余个文艺社团联合组建的"上海文艺界救亡协会"，到1938年在武汉由中国共产党参与建立的规模最大、影响最广的"中华全国文艺界抗敌协会"，都体现了文艺界抗日统一战线的形成和扩大。全国抗敌协会的宗旨非常鲜明，提出，"应该把各个分散的战友的力量团结起来，像前线的将士用他们的枪一样，用我们的笔来发动群众、捍卫祖国，粉碎敌寇、争取胜利"。全国抗敌协会一直坚持到抗战胜利。这些党领导下的群众性进步文艺组织，有力地促进了全国文艺界的广泛团结，推动了全国抗战文艺运动的蓬勃发展，对于凝聚广大文艺工作者参与抗战发挥了重大作用。

从文艺理论的发展看，党中央的文艺路线方针政策，特别是毛泽东同志《在延安文艺座谈会上的讲话》（下简称《讲话》）精神，是抗战时期中国文艺的重要指南和行动纲领，对我国文艺发展产生了极其深远的重大影响。《讲话》继承和发展了党在第二次国内革命战争时期积累的宝贵文艺工作经验，把马克思主义文艺理论与中国革命实践相结合，提出并解决了革命战争时期我国文艺发展的重大理论和实践问题。《讲话》从理论上阐明了文艺工作的地位作用、文艺为什么人、普及与提高、内容与形式、歌颂与暴露等一系列带有根本性的理论问题和政策问题，明确提出了文艺为工农兵服务的正确方向，强调文艺工作者必须到群众中去，到火热的斗争中去，熟悉工农兵，转变立足点，为革命事业做出积极贡献。许多优秀的作家艺术家在《讲话》精神的指引和鼓舞下，在塑造工农兵的主体形象、塑造劳动人民的艺术形象和反映抗日战争、革命斗争方面获得了崭新成就，在文艺的民族化、大众化、生活化上取得

了重大突破，从思想内容到表现方式都发生了深刻变化。在国统区，党领导下的进步作家艺术家受《讲话》精神的影响，在反映现实的深度、广度与多样化方面也都达到了前所未有的水平。《讲话》是包括抗战文艺在内的当代中国文艺发展的方向盘和导航仪，始终指引着新中国文艺前进的道路和方向。

战争是一面镜子，历史是教科书。今天，我们重温历史是为了更好地珍爱和平、开创未来、砥砺前行。70年前的那场决定中国和世界前途命运的伟大胜利，永远铭记在所有爱好和平与正义的人民心中。历史和现实都证明，中华民族有着强大的文化创造力，每到重大的历史关头，文艺都能感国运之变化、立时代之潮头、发时代之先声，为亿万人民和伟大祖国鼓与呼。70年后，习近平总书记在北京主持召开文艺工作座谈会，号召广大作家艺术家认识自己所担负的历史使命和责任，争做时代风气的先觉者、先行者、先倡者，通过更多有筋骨、有道德、有温度的文艺作品，书写和记录人民的伟大实践、时代的进步要求，彰显信仰之美、崇高之美，鼓舞全国各族人民朝气蓬勃迈向未来。今天，我们要以史为鉴、面向未来，更加珍惜和维护我国改革发展来之不易的大好局面，更加紧密地团结在以习近平同志为总书记的党中央周围，继承和弘扬伟大的抗战精神，以我们生动的艺术创造，鼓舞全国人民一道为全面建成小康社会，为实现中华民族伟大复兴的中国梦和发展人类和平友好事业而不懈奋斗！

真心 真情 真诚 真实
——深刻把握"深入生活、扎根人民"的文艺创作规律

中国文联党组书记、副主席 赵 实
（刊发于《求是》2015年第20期）

"艺术可以放飞想象的翅膀，但一定要脚踩坚实的大地。文艺创作方法有一百条、一千条，但最根本、最关键、最牢靠的办法是扎根人民、扎根生活。"习近平总书记在文艺工作座谈会上的重要讲话，深刻揭示了文艺创作最重要的铁的规律，为繁荣发展我国文艺事业指明了方向。文艺界广泛开展的"深入生活、扎根人民"主题实践活动，既是对总书记重要讲话精神的切实贯彻，也是对马克思主义文艺创作规律的自觉遵循。身处中国历史上前所未有的大时代，亲历民族复兴的伟大历程，如何高扬人民文艺复兴的旗帜，把握好文艺创作"深入生活、扎根人民"最根本的方法，创作出真正无愧于伟大时代、伟大人民的优秀作品，担负起繁荣文艺事业的使命责任，是每一位有理想、有抱负的文艺工作者终生的必修课。

一、真心服务人民

习近平总书记强调，社会主义文艺，从本质上讲，就是人民的文艺。人民需要文艺，文艺需要人民，文艺要热爱人民。这一论述旗帜鲜明地指出了人民性这一社会主义文艺的本质属性，强调了人民是文艺创作的主体，为当前纷繁复杂的文艺创作厘清了根本原则和发展方向。这既是总书记讲话的主要内容，也是马克思主义文艺理论一以贯之的核心思想。人民既是历史的创造者，也是历史的见证者，既是历史的"剧中人"，也是历史的"剧作者"。也就是说，人民既是文艺的创造主体、表现主体，也是接受主体。文艺创作必须围绕人民的主体地位这一主轴而运转，坚持以人民为中心的创作导向，坚持把贴近实际、贴近生活、贴近群众作为推进文艺创新的根本途径。总书记在讲话中提到的柳青，不仅以《创业史》等著作为广大读者所铭记，他长年扎根在陕西长安县皇甫村的经历，也在文艺与人民的关系问题上，对广大文艺工作者乃至整个文艺界产生了深远影响。赵树理、周立波等作家在20世纪50年代也都回到故乡，长期深入百姓、体验生活，在与普通人民群众的接触了解和共同生活中，创作出《三里湾》《山乡巨变》等经典作品。文艺要反映好人民心声，就要坚持为人民服务、为社会主义服务这个根本方向。以人民为中心，就是把满足人民群众精神文化需求作为文艺和文艺工作者的出发点和落脚点，把人民作为文艺表现的主体，把人民作为文艺审美的鉴赏家和评判者，把为人民服务作为文艺工作者的天职。

文艺工作者深入生活、扎根人民，最根本的是从思想上真心接受、全面理解、准确把握马克思主义文艺观的本质，把握当代文艺的历史使命和正确方向，从理论层面解决文艺"为了谁、依靠谁、我是谁"的问题。要深深懂得人民是历史的创造者，认识到人民才是真正的英雄，将人民群众中的先进典型作为自己视听言动的标杆，乐

于做人民群众的孺子牛，甘于做人民群众的小学生。版画家古元在近半个世纪的创作生涯中，坚持反映人民的心声。抗战时期，他到延安念庄乡体验生活，担任乡政府文书，与农民朝夕相处、同吃同住，深入了解陕北农村各阶层人们的生存状况、生活态度、审美趣味。他创作出的一批表现根据地军民战斗生活、生产建设和民主改革运动的优秀作品，以其浓郁的乡土气息、独特的民族与地域特色，成为中国新兴版画的代表。人民不是抽象的符号，而是一个一个具体的人，有血有肉、有情感、有爱恨、有梦想，也有内心的冲突和挣扎。文艺工作者要像珍爱自己的亲人一样珍爱人民，而且爱得真挚、爱得彻底、爱得持久，才能以人民的欢乐为乐，以人民的忧患为忧，这是唯一正确的道路。相声表演艺术家马三立先生曾经说过，"我是观众捧红的，不能忘了观众，演员的艺术水平高低好坏，应由观众来评说，观众是演员的衣食父母"。马三立一生坚持的宗旨就是把笑声留给人民，他的心里永远把观众看作上帝，甚至连一些老观众的生日，他都能清楚记得。"绿我涓滴，会它千顷澄碧。"文艺工作者要想有所成就，就要树立鲜明的群众观点、强烈的时代观念、正确的价值理念，真心服务人民，打牢深入生活、扎根人民的思想基础。

二、真情扎根生活

"问渠那得清如许，为有源头活水来。"生活是文学艺术的土壤和源泉，古今中外一切优秀的作品无不是社会生活的表达。毛泽东《在延安文艺座谈会上的讲话》中指出："一切种类的文学艺术的源泉究竟是从何而来的呢？作为观念形态的文艺作品，都是一定社会生活在人类头脑中反映的产物。"只有人民的生活，才是一切文学艺术取之不尽、用之不竭的创造源泉。比如舞蹈这一最古老的艺术形式，其中很大部分就是人民群众在劳动生活中逐渐创造形成的。我国各民族的舞蹈如藏族的《洗衣歌》、蒙古族的《挤奶员舞》、朝鲜族的《农乐舞》，还有融入扬州民歌《拔根芦柴花》音乐元素、极具江南水乡韵味的《担鲜藕》等，都生动反映了各民族的生产生活、思想情感和审美特征，成为跨越时代的经典。而我国的民间艺术，比如唐卡、剪纸、刺绣、泥塑等，它们以传统的手工方式制作，带有浓郁的地方特色和民族风格，是劳动人民为满足自己的生活和审美需求而创造的艺术，蕴含着无限的艺术宝藏和中华民族的文化基因。讲好中国故事，必须从深入生活开始，这是文艺工作者的基本功。只有把生活咀嚼透了，完全消化了，才能化为深刻的情节和动人的形象，创作出来的作品才能激荡人心。

文艺工作者深入生活、扎根人民，必须带着真情投入伟大时代，投入伟大生活实践。"感人心者，莫先乎情。"科学家以理服人，文艺家以情感人。王国维在《人间词话》中说："故能写真景物真感情者谓之有境界。"只有带着真情深入基层、深入群众，动脚、动情、察实情、接地气，才能创作出人民喜爱的优秀作品。著名画家吴冠中曾说过这样一段话：艺术家要创作出成功的作品，感情的真挚比脑袋重要！要创作出不朽的作品，就要把感情投入到艺术中去，一句话，就是要忘我！他把自己与祖国、与生活的联系比作"风筝不断线"。他认为，艺术创作形式都须有一线联系着作品与生活的源头，艺术作品应不失与广大人民的感情交流。俗话说"走马看花不如驻马看花，驻马看花不如下马看花"，文艺工作者要真正下得去、面对面，努力深入革命老区、边疆和少数民族地区，深入军营学校、厂矿车间、村镇社区，深入改革开放和生产建设第一线，下要下得深、蹲要蹲得久，不要大水漫灌、走马观花、蜻蜓点水，在扑下身子的过程中真正变化气质、荡涤心灵，创作出堪称经典、无愧时代的作品。著名画家刘海粟为画好黄山，1918年到1988年的70年间，十次登临黄山，创作了包括速写、素描、油画、国画等大量黄山题材的优秀作品。他这种深入生活的行动，攀登的不仅仅是地理意义上的高峰，更是艺术的高峰，这种不断超越自我的品格精神，令人敬佩、值得学习。被称为"当代草圣"的艺坛大家林散之，37岁时告别老母妻儿孤身出游，费时八个月，历经十省，行程一万六千余里，历尽艰难险阻，在名山大川中体验方法、寻觅新意，得画稿八百余幅、诗近二百首，这种深入生活的态度和做法对其后来诗、书、画高逸格调的形成产生了重要影响。编剧刘恒与导演尹力在电影《张思德》的创作过程中，观看了大量延安时期的新闻纪录片，多方搜集历史资料、档案记录，同时采访张思德的老战友，实地参观革命旧址，通过各种途径和方式最大限度地再现真实历史、塑造人物形象，最终打造出一部赢得业界认可和观众欢迎的优秀主旋律电影。文艺工作者要带着真情走进人民创造历史的火热实践之中，虚心向人民学习、向生活学习，既文风朴实，又作风踏实，从人民的伟大实践和丰富多彩的生活中汲取营养，不断进行生活和艺术的积累，不断进行美的发现和美的创造。

三、真诚投入创作

真诚是做人的根本，真诚更是艺术的生命。古人讲，"凡作传世之文者，必先有可以传世之心"。孔子评价《诗经》："诗三百，一言以蔽之，思无邪。"程颐进一步解释："思无邪者，诚也"，也就是说艺术家对待艺术创作要真诚。无论是戏剧、影视、音乐、舞蹈、美术、书法、摄影，还是曲艺、杂技、民间文艺、文艺评论，杰出的艺术家都必须花费毕生的心血和精力，勤勤恳恳、孜孜以求，不断追求艺术的真谛。傅雷曾说，真诚是第一把艺术的钥匙。艺术家唯有心无旁骛，真诚面对艺术、真挚追求艺术，才能创作出具有强烈艺术感染力的作品。明代评书大家柳敬亭的说书技艺是"坐忘"："忘己事，忘己貌，忘座有贵要，忘身在今日，忘己何姓名，于是我即成古，笑啼皆一"，对艺术的投入已经到忘我的境界。巴金晚年的作品《随想录》，之所以能震撼灵魂、打动人心，就是因为他的真诚、他面对生活和历史的坦诚态度，使他在反思历史的同时，无情地剖析自己的灵魂。曹禺先生有一句话："戏散了，人走了，我竟然爱着空荡荡的舞台……"谢铁骊导演也曾说过："拍电影就像捧着一瓢水，哪怕漏掉一滴，都会影响整部影片的品质。"艺术家要真诚面对艺术，对艺术当有赤子之心，心中有爱、眼里有美，笔下方有情、纸上才有善。

文艺工作者深入生活、扎根人民，只有真诚投入创作，表现的内容才能鲜活灵动，对生活的描述才能真实准确，作品的感情才能真挚充沛。当前的文艺领域，从创作数量上看呈爆炸式增长，但也出现了娱乐至上、脱离现实、价值扭曲、歪曲历史等不良倾向，风格雷同、创意平庸、品位低俗等现象也是屡见不鲜，绯闻八卦、"颜值"指数吸引眼球的同时，作品本身倒成了"摆设"，从而造成了"有数量缺质量""有高原缺高峰"的现状。归根结底，这些现象和问题都是浮躁造成的，而深层原因在于缺少对时代的真正思考、对创作的真诚投入、对艺术发自内心的热爱与敬畏。去年以来，《历史转折中的邓小平》《北平无战事》《老农民》等几部影视作品赢得口碑、收视双丰收，看似严肃的作品一样可以实现社会效益和经济效益的双赢。《北平无战事》七年磨一剑，编剧刘和平坦言"艺术创作应该有自己的坚持"；《老农民》耗时五年，编剧高满堂认为，作品要上去，作家要下去，"创作者要明辨自己的作品态度、立身根本，需要改变偏离土地和人民的现象，拿出真诚的创作态度，尽量去贴近人民的内心"。真诚的艺术肯定是有精神来源的，不会是一阵空穴来风，艺术家自身的思想水平、业务水平、道德水平是根本。文艺工作者要自觉坚守艺术理想，不断提高学养、涵养、修养，加强思想积累、知识储备、文化修养、艺术训练，除了要有好的专业素养之外，还要有高尚的人格修为，有"铁肩担道义"的社会责任感。在发展社会主义市场经济条件下，还要处理好义利关系，认真严肃考虑作品的社会效果。电影演员李雪健在创作杨善洲这一角色时，为求形象逼真，在影片中穿的服装，戴的帽子，用的拐棍、笔，全是杨善洲生前穿戴、使用过的。他搜集了当地老百姓为杨善洲编的顺口溜："杨善洲、杨善洲，老牛拉车不回头，当官一场手空空，退休又钻山沟沟……"竭尽全力贴近杨善洲"感恩、大爱、顽童"的精神世界。文艺工作者要讲品位、重艺德，经得起诱惑，守得住寂寞，自觉抵制享乐主义、拜金主义、极端个人主义和忽视社会责任的错误倾向，自觉抵制黄赌毒黑等违法行为，不做市场的奴隶，不做腐化生活的俘虏，不仅在文艺创作上追求卓越，而且要在思想道德修养上追求卓越，努力做到言为士则、行为世范。

四、真实反映时代

"文章合为时而著，歌诗合为事而作。"衡量一个时代的文艺成就最终要看作品，衡量一个文艺工作者的水平和贡献，最终也要看作品。在全民族为中国梦不懈奋斗的伟大时代，用艺术的方式对现实和历史、光荣与梦想进行审美想象和情感转化，向社会传递精神正能量，已经成为摆在文艺工作者面前的重要命题。文艺发展史已经充分证明，反映伟大时代变迁、书写广大人民命运、呈现重大社会变革的作品，往往具有撼动观众灵魂的巨大力量。比如我国的戏剧，无论是元代的《窦娥冤》《西厢记》，明代的《牡丹亭》《琵琶记》，还是清代的《桃花扇》《长生殿》等，都是在时代的变革中创造出的杰出作品。马克思称赞《人间喜剧》用"诗情画意的镜子反映了整整一个时代"，伟大的时代召唤艺术家创作出反映时代风云变化、表现人民丰富情感、艺术上更具追求的震撼人心的"大作品"。20世纪30年代由田汉作词、聂耳作曲的电影《风云儿女》主题歌《义勇军进行曲》，唤起了多少人民大众投身抗日救国的战场，成为中华民族威武不屈精神的写照，后来被确定为"国歌"，激励着一代又一代中华儿女居安思危、奋发有为。"文革"后期，著名音乐家傅庚辰写下了歌曲《映山红》："夜半三更盼天明，寒冬腊月盼春风，若要盼得红军来，岭上开遍映山红"，在特殊压抑的时代如春风吹绿山川般唱出了时代的呼唤和人民的心声。大时代需要文艺的大繁荣。文艺工作者作为时代的近距离观察者和深切体验者，一定要有直面时代的艺术勇气和艺术定力，让那些行走在大地上的建设者、坚守在机器轰鸣声中的生产者、驻守在高山之巅和千里冰封中的守望者，在作品中活起来，在观众的心中留下来，这是文艺工作者的使命和职责。

文艺工作者深入生活、扎根人民，真实反映时代，要用现实主义精神和浪漫主义情怀观照现实生活，让现实主义作品成为主流。清初艺术家石涛有一句名言："笔墨当随时代，犹诗文风气所转。"广大文艺工作者要深潜到生活中去，做现实的介入者而不是旁观者，不限于主观臆想、个人喜好和一己悲欢，以时代的发展变化为蓝本，把人民喜怒哀乐倾注于笔端，真正成为时代风气的先觉者、先行者、先倡者。路遥的《平凡的世界》可以说就是深入生活、扎根人民，实现现实主义精神和浪漫主义情怀相结合的典范。为了创作《平凡的世界》，路遥翻阅了10年的《人民日报》《参考消息》及多种地方报纸，并亲自到煤矿等地体验生活，体现出孜孜不倦的求真精神。但小说中也处处充溢着浪漫主义情怀，小说对主人公艰难生活中执着奋斗精神的描绘、真挚情感的描写都深深打动了读者的心。当代文艺家应从现实生活中发现和发掘主题、思想、情节、人物，反映社会实践和中国梦的历史进程，实现艺术真实与艺术想象的结合，展现历史的本质和艺术的真谛。去年2月，中国文联在摩纳哥举办"今日中国"艺术周活动，其中"梦想·记忆——中国民生35年之变迁1978—2013"摄影作品展览令人印象深刻。140多幅照片没有表现突发事件、宏大主题，但是都反映了中国人生活的一点一滴。很多照片放在一起都是鲜明的对比：35年前天安门前是自行车的海洋，35年后是小汽车的海洋……从照片中老百姓的服饰、家居，甚至从他们脸上的表情，可以看出他们如何在不断地实现自己的梦想，可谓"一图胜千言"。摩纳哥政府国务大臣米歇尔·罗杰观展后就表示，"这是一个非常精彩的图片展，从细节上表现了几十年来中国人民日常生活的发展与变化"。优秀的艺术家都应是悲天悯人的思想家，只有具备以天下为己任、"先天下之忧而忧，后天下之乐而乐"的境界，具备崇高的家国情怀，才能跳出个人利益的狭小圈子，站在改革发展的大局、站在时代的制高点，对社会有深刻的洞察、深入的把握、深切的感悟，反映到作品上才会有独到的发现、独创的表达。戏剧家李默然常说这样一句话："作为一个有理想有抱负的文艺工作者，要做到三个必须——必须关心国家的命运；必须追求真善美；必须摆正普通人的位置。"他所强调的就是心忧天下的境界。波澜壮阔的时代呼唤广大文艺工作者倾注全部思想和感情去体验、去创作，从人民生活中锻造出有筋骨、有道德、有温度的精品力作，书写和记录人民的伟大实践与时代的进步要求，展现时代的信仰之美、崇高之美，用充满光明和美善的作品，让人们看到美好、看到希望、看到梦想就在前方。

真心服务人民、真情扎根生活、真诚投入创作、真实反映时代，是文艺创作赢得观众、赢得口碑、赢得市场的重要途径，它们相互联系、相辅相成，构成有机统一的整体，反映了文艺创作"深入生活、扎根人民"的必然规律。广大文艺工作者应该更加自觉主动地写人民生活、唱人间冷暖，用来源于人民的优秀作品回馈人民，汇聚起同心共筑中国梦的强大精神力量。

贯彻学习《繁荣发展社会主义文艺的意见》专题研讨班小结讲话

中国文联党组书记、副主席 赵 实

（2015年10月22日）

同志们：

今天，我们在这里举办专题学习研讨班，是中国文联深入学习贯彻习近平总书记在文艺工作座谈会上的重要讲话精神和中央《关于繁荣发展社会主义文艺的意见》（以下简称《意见》），贯彻落实中央和中宣部推进会统一部署的具体行动，既是一次深入学习研讨的培训班，也是一次动员部署的工作会，是深刻领会总书记重要讲话和中央重要《意见》的一次再学习、再认识、再提高。

今天上午，景俊海副部长出席研讨班，做了重要的辅导报告，对文联全系统学习宣传贯彻落实总书记讲话和《意见》、进一步做好文艺工作和文联工作提出了明确要求。小组讨论会上，同志们围绕领会新精神、贯彻新部署、履行新职能、推动新发展，进行了热烈讨论，有情况介绍、有学习体会、有贯彻措施和建议。大家一致认为，总书记的重要讲话和中央出台的重要《意见》，是我国文艺发展史上具有深远影响和里程碑意义的大事，赋予广大文艺工作者和文联组织以新的重大使命和责任，是对繁荣发展社会主义文艺做出的重要制度设计和政策安排，为文艺繁荣发展、文联改革创新指明了方向目标，提供了重要遵循和重大机遇。大家认为，总书记讲话发表一周年以来，文艺事业呈现出新变化、新气象，取得了新进展、新成效。通过学习研讨，大家进一步明确了当代文艺发展的指导思想、方向原则和目标任务，分析了当前存在的问题和改进措施及建议，进一步厘清了贯彻思路和具体措施，特别是对文联组织自身的新使命新定位新职能新要求认识得更加清晰，把握得更加准确、更加深刻，进一步坚定了做好文艺工作和文联工作的信心和力量。应该说，本次专题学习研讨班办得很及时、很重要，效果很好、收获很大。为抓好贯彻落实，中国文联书记处第一时间召开了中心组学习讨论会，原原本本读原文，并结合实际，研究起草了中国文联关于深入学习贯彻中央《意见》的通知，对文联系统学习贯彻落实做出具体部署，近日根据中央精神修改后会尽快正式印发给大家。

下面，我就贯彻落实总书记重要讲话精神和中央要求，再讲三点意见。

一、深入抓好学习传达贯彻，最大限度地团结引导广大文艺工作者把思想和行动统一到中央精神上来，努力增强政治自觉、思想自觉、行动自觉

当前，学习好、宣传好、贯彻好、落实好总书记重要讲话和中央《意见》精神，是文艺界、全国文联系统和各级文联领导班子的首要政治任务和政治责任。10月20日上午，中央政治局常委刘云山同志在繁荣发展社会主义文艺推进会上发表了重要讲话，充分肯定了总书记讲话发表一年来文艺界取得的成绩，对深入推进社会主义文艺

事业繁荣发展强调了八个方面的重点问题。(如何形成为人民抒写、抒情、抒怀的高度自觉;如何担起为民族塑魂铸魂的文化使命;如何实现从"高原"到"高峰"的突破;如何通过改革创新激发文艺发展活力;如何确保把社会效益、社会价值放在首位;如何加强对各类文艺群体的团结引领;如何进一步创造有利于文艺繁荣发展的良好环境;如何把党对文艺工作的领导落到实处。)中央政治局委员、中央书记处书记、中宣部部长刘奇葆同志提出了五个方面的贯彻落实着力点,做出了具体部署。(深化学习贯彻:讲好中国故事,弘扬中国精神;多出精品力作,攀登文艺高峰;建设文艺人才队伍;加强组织保障;营造良好环境。)中宣部及时印发了《学习读本》。我们要迅速组织传达学习贯彻,并以中心组学习会、文艺家学习座谈会、理论研讨会、文联干部学习培训班等多种形式,最大限度地引导广大文艺工作者深刻把握社会主义文艺繁荣发展的正确方向和原则要求,自觉肩负起繁荣发展社会主义文艺的崇高使命和神圣职责。各单位主要负责同志要切实负起责任,做规划、带头学,抓骨干、全覆盖,在文艺界迅速掀起学习贯彻新热潮。要紧密联系实际,认真研读原文,把学习中央精神与提高规律性认识、指导文艺实践、解决突出问题结合起来,使之转化为创新发展的动力。要组织文艺理论评论家对讲话和《意见》进行深入研究和理论阐述,要充分发挥文艺媒体及各主流媒体作用,开设专栏专题,广泛深入地宣传讲话和《意见》精神,积极营造良好舆论氛围,引导广大文艺工作者为繁荣发展社会主义文艺做出新贡献。

二、全面落实中央对文艺工作的新部署新要求,细化分解实施措施和主体责任,最大限度地抓好各项重点工作

中国文联和各团体会员要紧密结合文艺工作和文联工作实际,深入研究、精心谋划切实可行的贯彻落实措施,梳理关键问题、重点任务,分清责任主体,把中央的新部署新要求贯穿到文艺工作的各个方面各个环节,用中央精神指导实践、推动工作。一是大力推动"深入生活、扎根人民"主题文艺实践常态化制度化。我们要突出抓好"到人民中去""送欢乐下基层""向人民汇报"等文艺采风创作、展演展示、志愿服务、文艺支教等重点品牌活动,最广泛地组织动员广大文艺工作者走进基层、深入群众,真正沉下去、扎下根,切实把人民群众作为表现主体,见人见物、见思想见精神。要总结以往的成功经验,形成常下基层、常在基层的机制,加大组织工作力度,制订具体工作方案,针对不同艺术门类提出不同要求,进一步完善激励和保障措施,为文艺工作者长期深入生活提供必要的条件和成果展示平台。(云山同志明确提出,要把深入生活纳入文艺单位目标管理和领导班子年度考评,作为文艺工作者业务考核、职称评定和表彰奖励的重要依据。对于长期深入基层的文艺家,在成果展示上优先传播,在基金扶持、培养使用上优先安排,在晋级晋升、评奖表彰上优先考虑,推动深入生活、扎根人民在文艺界蔚然成风。)二是认真抓好"中国精神·中国梦"主题文艺创作。我们要紧紧围绕创作优秀作品这个中心任务,牢牢把握以人民为中心的创作导向,坚持以社会主义核心价值观为引领,遵循艺术规律,尊重艺术家创造,继续深化主题文艺创作实践,通过制订创作规划、策划重点选题、会聚优秀人才、筹措引导资金,集中力量、集聚资源,加大对优秀作品的扶持力度,突出现实题材、爱国主义题材、重大革命和历史题材、青少年题材的创作生产,积极引导广大文艺工作者潜心创作、大胆创新,自觉抵制浮躁之风,切实提高原创能力和作品质量,集中推出一批优秀作品,体现中国精神、中国气派、中国风格。三是加强文艺人才队伍建设和思想道德建设。做好人的工作是我们的根本任务。各级文联组织要把团结引导服务文艺家作为根本任务,扛在肩上,摆在突出位置,特别是要加强对新的文艺群体和

中青年文艺工作者的思想引领和政治引领。要抓好马克思主义文艺观、社会主义核心价值观和文艺界核心价值观的学习教育。云山同志在推进会上明确要求，中宣部、中国文联、中国作协可考虑用3年时间，对全国各文艺家协会会员普遍轮训一遍，并吸纳更多新的文艺群体参加培训，我们要抓紧研究培训规划和有效措施。要继续实施文艺名家和青年文艺人才培养工程，完善联系文艺家的工作制度，同文艺家广交深交朋友，做好文艺界领军人物的团结引导工作，努力建设一支规模宏大的德艺双馨文艺工作者队伍。四是下大力气抓好文艺评论工作。我们要充分发挥各级文艺评论家协会、各协会理论评论委员会的作用，实施文艺评论工程，加强中国文艺评论基地建设，办好刚刚创刊的《中国文艺评论》等各类理论评论杂志和中国文艺评论网，加强组织协调、研修培训，建设一支高素质的文艺评论队伍，积极推动全国各省文艺评论家协会组织发展和建设。把好文艺批评的方向盘，弘扬中华美学精神，紧密贴近当代文艺实践、文艺思潮、文艺现象，敢于批评、健康批评，坚决杜绝有偿批评，不断增强战斗力。五是积极推进文艺评奖改革。要认真落实中办国办《关于全国性文艺评奖制度改革的意见》要求和中宣部《通知》要求，统一思想、统一步调，抓紧修改完善文联系统主办的各类评奖章程、细则、办法，使评奖标准更科学，组织程序更规范，监督保障措施更完善，对文艺工作者的激励更有力，对创作生产的导向更鲜明，有力推动多出精品、多出人才。六是重视加强网络文艺建设。要充分依托网络文艺平台，提高文艺传播引导力和文联组织覆盖力，加快文联系统信息化建设步伐，充分利用中华文艺资源数据库集成优势，陆续建设开通数字艺术馆，着力办好中国文艺网等重点文艺网站，扩大文联系统的互联互通，逐步形成各级文联组织共建共享的新格局。七是积极推动中华文艺"走出去"。深入开展对外文艺交流与务实合作，增强讲好中国故事、弘扬中国精神的能力，培育重点品牌，组织文艺家用艺术的形式展示中华优秀文化和中国形象。创新对港澳台的文艺交流机制，倡导港澳台地区文艺工作者同心共筑中国梦。

三、切实认清和履行文联组织新职能，坚持问题导向，最大限度地推动文联工作改革创新和作风建设

党中央高度重视文联组织建设和文联工作创新，习近平总书记在文艺工作座谈会和群团工作会议上，针对群团组织，针对文联作协工作提出了一系列新思想、新论断、新要求。中央关于加强改进党的群团工作和繁荣发展社会主义文艺两个重要《意见》中，也都对文联的职能定位和改革创新做出了重要部署，指明了包括文联在内的群团组织发展的方向目标、基本定位、方针原则、重点任务和工作要求，阐明了文联组织在新形势下如何定位、如何发展、如何创新等重大理论和实践问题，为文联组织健康发展，为文联工作改革创新提供了重要的政治保证和基本遵循，营造了极为宝贵、极为重要的发展机遇和发展环境。我们文联全系统，特别是各级领导班子、各级党组织必须牢牢抓住这个前所未有的重大机遇，认真学习把握、深入调查研究、精心谋划设计、全力贯彻落实。

文联工作改革创新是一项复杂艰巨的系统工程，关乎文艺事业大局、关乎群团工作全局、关乎文联系统上下，必须要在党中央、中宣部和各地党委的领导下扎实有序推进，同时必须发挥我们自身的优势和积极性主动性创造性，勇于担当、精心谋划，大胆创新、积极推进。目前中央已经确定了群团改革试点地区和单位，有全国总工会和上海市、重庆市，中宣部也在指导我们和作协共同进行顶层设计，研究做好文联作协工作的具体贯彻意见。各地党委对此也非常重视，许多地方已经在研究贯彻措施。这里我想谈几点认识体会和贯彻想法。换句话说，就是我们也在思考，

要在哪些方面进一步加快统一思想、统一步调、统筹着力呢？文联哪些方面应该改，哪些方面是绝对不能改的呢？我想有四个方面重点问题要深入思考研究把握好。

一要深刻认识做好文联工作的重大意义和使命责任。文联事业是党的文艺事业和群团事业的重要组成部分。在新形势下，只能加强、不能削弱，只能改进提高、不能停滞不前。这里要明确三点核心要义：我们必须从巩固党执政的阶级基础和群众基础的政治高度来认识、来重视做好文联工作，最大限度地把文艺工作者团结在党的周围，实现党在新时期的奋斗目标；我们必须广泛动员依靠文艺界的整体力量，发挥人才第一资源的作用，推动社会主义文艺的繁荣发展，用中国精神凝聚中国力量；我们必须把文联组织自身建设得更加富有活力、坚强有力，努力成为推进国家治理体系和治理能力现代化的重要力量。这些重要使命是神圣的，也是艰巨的、繁重的，我们必须坚定信心、全力以赴。

二要准确把握中央对文联组织的方向性原则性要求。加强和改进文联工作，最重要的是要保持和增强文联组织的政治性、先进性、群众性。

第一，切实增强文联组织的政治性。政治性，是文联组织的灵魂，是第一位的。离开了政治性，群团组织包括文联组织就容易产生脱离党的领导的倾向，就会庸俗化，就会成为一般社会组织，甚至走向邪路。因此，增强政治性这个问题，必须引起我们高度重视。那么文联组织的政治性体现在哪里呢？最关键的是必须自觉坚持和接受中国共产党的领导，这是做好文联工作的根本保证，是必须坚持的政治方向，也是文联工作的优良传统。文联要始终在思想上政治上行动上与党中央保持高度一致，坚决贯彻党的意志和主张，严守政治纪律和政治规矩，在大是大非面前立场坚定、旗帜鲜明，在关键时刻敢于冲锋陷阵、发声亮剑。要全面贯彻落实党的文艺理论路线方针政策，承担起团结引导广大文艺家和文艺工作者听党话、跟党走的政治任务。全面把握"六个坚持"的基本要求（坚持党对群团工作的统一领导，坚持发挥桥梁和纽带作用，坚持围绕中心、服务大局，坚持服务群众的工作生命线，坚持与时俱进、改革创新，坚持依法依章程独立自主开展工作）和"三统一"的基本特征（各群团自觉接受党的领导、团结服务所联系的群众、依法依章程开展工作相统一），把服务党和国家工作大局、服务基层人民群众和服务文艺工作者有机统一起来，毫不动摇坚持中国特色社会主义文艺发展道路和群团发展道路。这是文联组织的政治任务，也是政治责任。

第二，切实增强文联组织的先进性。（总书记强调指出，"群团组织没有先进性，怎么能组织动员群众前进呢？要参加各类群团组织的所有成员都做到先进不容易，但群团组织作为一个整体，作为一个成员众多，有着几百万、几千万成员的组织，必须把保持和增强先进性作为重要着力点"。）文联组织增强先进性，就必须要坚持先进文化的前进方向，坚持以马克思主义文艺理论为指导，牢牢把握实现中华民族伟大复兴中国梦的时代主题，以人民为中心，以社会主义价值观为引导，以中华传统优秀文化为根脉，以创新为动力，以创作生产优秀作品为中心环节，组织动员广大文艺工作者走在时代前列，在繁荣发展社会主义文艺事业中建功立业。要坚持党性和人民性的统一，始终站在党和人民的立场上，坚持为党分忧、为民谋利，把社会主义核心价值观融入所开展的各项文艺实践和各种活动之中，多做组织群众、宣传群众、教育群众、引导群众的工作，多做统一思想、凝聚人心、化解矛盾、增进感情、激发动力的工作。文联组织既应有强大的凝聚力，能团结各民族各专业各方面文艺人才，又应有强大的战斗力，能推出有道德有筋骨有温度的优秀作品，推出德艺双馨的优秀人才，推出有思辨性、贴近性、战斗性的文艺批评。服务群众、维护文艺工作者合法权益的大旗要牢牢掌握在我们手中，做这些工作不能站在纯服务、纯业务的角度，必须同文联组织履行政治职责紧密联系起来，高举旗帜、巩固阵地、争取人心。网络已是意识形态斗争的主战场，加强网络文艺建设，增强网上舆论的引导力战斗力，就是我们的一个重要战场。我们要及时跟进文艺阵地新变化，包括舞台、展台、讲坛、论坛、媒体、载体，创新管理手段，落实管理责任，确保阵地用得好、管得住。

第三，切实增强文联组织的群众性。群众性是群团组织的根本特点，既包括我们服务的人民群众，也包括我们服务的广大文艺工作者。离开了群众性，群团组织就容易走向官僚化、空壳化。所以我们必须克服重精英轻草根的倾向，更多关注关心关爱基层文艺工作者，克服自弹自唱、自娱自乐、封闭运行的倾向，克服以主观想象代替群众真实需求的倾向。为此，我们文联组织要最大限度地团结文艺家工作者、面对面地零距离接触，要引导文艺工作者在深入生活的实践中增进对人民群众的真挚情感。特别是要探索新的联络机制和服务方式，对新的文艺组织、文艺群体、网络文艺领域的青年人才，对北漂、海漂、横漂等自由职业者，努力去做他们的工作，而不要排斥、疏远他们，要用全新的眼光、全新的政策和方法联络协调、团结引导他们。（我们需要做好四个维度的工作覆盖：核心层——文艺家；骨干层——文艺工作者；基本层——北漂、海漂、横漂等自由职业者；辐射层——广大文艺爱好者和群众文艺骨干，逐步由核心层向外辐射，实现文联工作全覆盖。）要在创作扶持、教育培训、展演展示、评论评奖、服务维权等方面一视同仁，多为他们创造条件、提供方便，引导他们与党同心同德、同向而行，最大限度地把他们团结凝聚在党的周围。

三要加快调整文联的新定位新职能、新机制新方式。这次中央出台的《意见》，把文联原来的三句话6个字的"联络协调服务"职能，拓展调整为四句话16个字，"团结引导，联络协调，服务管理，自律维权"，体现了习近平总书记关于"加强行业服务、行业管理、行业自律"的12字要求，体现了行业建设的职责，对文联整体工作的发展意义重大、影响重大。我深深觉得，这次职能的调整，体现了文联组织多年来的热切期盼，凝聚了文联工作实践的科学总结，符合时代发展的要求，符合文艺工作和文联工作的规律，是推动文联理论创新、工作创新的重要依据。我们要充分认识和深入理解文联组织的新职能，进一步研究、拓展、分解、细化。我个人的理解是：团结引导，就是赋予文联思想引领、政治引领、价值引领、道德引领的职能，把广大文艺工作者团结在党的周围。联络协调，就是赋予文联整合资源、协调关系的职能，通过各种组织形式、制度机制、活动载体把各类文艺组织、文艺从业人员联系在一起，增强文联吸引力凝聚力影响力。服务管理，就是赋予文联面向文艺行业和广大文艺工作者的服务管理职能，强化服务意识，创新管理方式，提高行业化社会化服务管理水平，引导文艺全行业健康发展。自律维权，就是赋予文联行业自律、行业维权的重要职能，加强行业教育，加强行风建设，树立行业典型，推动行业自律。当前重点是开展职业道德建设和作风建设，深化《中国文艺工作者职业道德公约》的覆盖和落地，细化细则，设定底线和退出机制。依法维护文艺工作者合法权益，对此我们要进行专题研究。现在网络侵权比较严重，我们要强化法律意识，运用法律武器，坚决依法维护维权，提高依法治会、依法管理、依法办事、依法维权的能力。

切实履行职能，要重点把握好四个方面的关系。领导关系：各级文联必须坚持党的领导，要在党的领导下开展工作。总书记强调，群团组织要始终把自己置于党的领导之下，党的领导不能代替群团组织，而是支持群团组织更好发挥作用，让党的领导通过群团组织具体深入地落实到群众中去。本级地方党委对地方文联有领导责任。本级文联党组要发挥领导核心作用。文联党组对所属各全国文艺家协会分党组和所属机关各职能部门、直属企事业单位负领导责任,支持各协会按章程履行职能、开展工作。指导关系:《加强和改进党的群团工作意见》中明确指出,"上级群团组织依法依章程领导或指导下级群团组织的工作,这是党领导群团工作的基本制度"。总书记在讲话中强调,"工会、共青团、妇联受同级党委和各自上级组织双重领导,其他群团组织依法依章程领导或指导下级群团组织的工作"。上级文联对下级文联的工作指导关系进一步明确。过去文联章程中的表述是"业务指导",在今后换届工作中,我们要把《意见》和总书记讲话的精神和要求体现到章程修改中去。主导关系:文联组织在行业建设中发挥主导作用,意味着在行业建设中发挥示范带头作用、骨干核心作用、引领作用,在行业服务、行业管理、行业自律、行业引导、行业教育、行业维权等方面必须树立行业意识、主导意识、责任意识。行业是上下贯通的、是有系统性的,要把工作扎下去、伸下去、覆盖下去,不能浮在上面。引导关系:包括思想引领、政治引领、价值引领、道德引领,通过建立开展深入生活、扎根人民的引导机制、创作扶持机制、优秀作品和人才的评奖表彰机制等,采取各种方式手段,明确倡导什么、反对什么、表彰什么、约束什么,充分发挥团结引导作用。越位不行,缺位也不行。

四要切实改进作风。切实改进作风不仅是全党防止和克服"四风"问题的根本任务,也是我们群团组织的重要职责,更是切实贯彻落实中央《意见》精神的根本要求。《意见》中明确指出,要防止"机关化、行政化、贵族化、娱乐化"问题,最根本是防止脱离群众的倾向。这里要解决好两重任务。

一是加强文联组织自身建设。《加强和改进党的群团工作意见》中明确指出,"群团组织领导机关要带头践行党的群众路线,把密切联系群众作为根本的工作作风,把工作重心放在最广大普通群众身上"。文联组织各级领导班子要把工作重心放在最广大文艺工作者身上,围绕习近平总书记讲话指出的群团组织存在"机关化、行政化、贵族化、娱乐化"问题,认真进行聚焦查找,带头树立经常联系群众、直接服务群众、真情同群众交友的好作风,竭诚为广大文艺工作者服务。要提高干部整体素质,教育引导文联干部做到心中有党、对党忠诚,心系群众、为民造福,求真务实、真抓实干,提高队伍整体素质。(总书记强调,要树立正确政绩观,敢于担当,勇于创新,坚持从实际出发谋划事业和工作,对个人的名誉、地位、利益,要想得透、看得淡、放得下,做到在务实中成长、在实干中进步。)(群团干部要由知群众、懂群众、爱群众的人来当,要有做群众工作的本领和经验,懂得群众的语言和习惯,熟悉群众的愿望和心声,善于运用新形势下群众工作方式方法。)要教育引导全体文联干部正确认识和把握文艺界人民团体工作的特点和规律,避免用文件来发号施令、用简报来推动工作,真正做到密切联系广大基层文艺工作者、青年文艺工作者和自由职业文艺工作者。结合"三严三实"专题教育,我们要进一步加强领导班子思想政治建设,巩固党的群众路线教育实践成果,坚持问题导向,强化班子责任、强化职能拓展、强化创新务实、强化改进作风、强化自律纪律。加强文联基层基础建设。要面向基层、重心下移,基层文联要主动做好规划设计,积极争取党委政府、宣传部门的支持和相关政策、条件、资金扶持,与各部门协同推进文艺工作创新发展。

二是加强文艺界行风建设。抓好行风建设,是当前文联组织落实总书记重要讲话和中央《意见》精神,切实加强行业自律、推进行业建设的一个有力抓手和切入点。全国文联系统要把行风建设作为一条主线贯穿到各项工作之中,大力倡导"担当使命""扎根人民""创新求精""健康批评""崇德尚艺"五个方面的良好风气,推动全行业加强职业道德建设,积极引导广大文艺工作者高扬社会主义核心价值观的旗帜,努力提升自身的职业精神和人格修为,恪守职业道德,规范自身行为,认真履行社会责任,树立良好风气和社会形象。要坚决抵制和克服文艺领域存在的浮躁之风,以及脱离大众、娱乐至上、低俗媚俗、失范失德等不良倾向和不正之风,推动全行业讲正气、树正风、走正道。

最后,我再强调一下中国文联第三季度及"两节"期间的重点工作:一是做好中国杂协、中国舞协、中国书协等协会换届工作。二是做好两节期间"送欢乐、下基层"等文艺慰问活动。三是召开中国文联九届八次主席团和全委会,时间初步定于明年1月14日至16日,14日报到,16日下午举行"百花迎春"春节大联欢。希望大家振奋精神,开拓进取,切实做好各项工作,用优异的成绩向党和人民汇报,迎接明年年底第十次文代会的胜利召开。

在中央第二巡视组专项巡视中国文联工作动员会上的讲话

中国文联党组书记、副主席 赵 实

（2015年10月30日）

刚才，李五四同志和张本平同志传达了中央领导的重要讲话精神，就这次专项巡视工作进行了具体部署，提出了明确要求。孙家正主席发表讲话，对中国文联自觉接受巡视、支持配合巡视做出明确指示。中国文联党组将认真学习领会、坚决贯彻落实，并以实际行动大力支持、密切配合巡视工作。在这里，我代表文联党组和书记处，讲三点意见。

一、要充分认识巡视工作的重大意义。巡视是党章规定的重要制度，是从严治党、维护党纪的重要手段，也是加强党内监督的重要形式。党的十八大以来，以习近平同志为总书记的党中央高度重视巡视工作，做出了一系列关于推动巡视工作的重大部署，取得了重要的理论创新、制度创新和实践创新成果。中国文联党组和各级领导班子、广大党员干部，要认真学习贯彻习近平总书记关于全面从严治党、加强党风廉政建设的一系列重要讲话精神，学习贯彻王岐山同志关于巡视工作的重要指示，学习贯彻刚才中央巡视组和中央巡视办的部署要求，严格遵守《党章》和新修订的《中国共产党廉洁自律准则》《中国共产党纪律处分条例》等党内法规制度，从政治和全局的高度，深刻认识这次巡视工作的重大意义，真正把思想和行动统一到中央决策部署上来、统一到中央巡视组的要求上来，切实增强接受监督检查、支持巡视工作的自觉性和主动性。要牢固树立文联是党领导的人民团体，在全面从严治党上没有例外、没有特殊的意识，清醒认识这次巡视工作主要任务是聚焦全面从严治党，紧紧围绕坚持党的领导这个根本，重点检查党的政治纪律和政治规矩执行情况，以及组织纪律、廉洁纪律、群众纪律、工作纪律和生活纪律执行情况。特别是，重点检查我们是否认真贯彻落实习近平总书记在文艺工作座谈会上的重要讲话精神，是否坚持了党对文艺工作的领导，是否落实了中央关于加强和改进党的群团工作会议精神，是否落实了全面从严治党的主体责任等。要突出问题导向，认真查摆问题、剖析原因、迅速整改。每一名党员领导干部都要以高度的政治责任感把自己摆进来，严格遵守巡视工作要求，以积极的态度接受监督检查。

二、要全力支持、积极配合巡视组开展工作。支持配合巡视组开展专项巡视工作，是我们每一级党组织和每一位党员干部的政治责任和政治任务，也是对我们各级党员领导干部党性意识、政治意识、大局意识、责任意识的一次检验。文联党组班子成员和各级党员领导干部，要以身作则、率先垂范，自觉接受组织的巡视监督，正确对待来自干部群众的批评帮助。要严格遵守政治纪律和政治规矩，按照中央巡视组的安排和要求，密切做好配合工作，畅通信访渠道，确保这次专项巡视工作顺利进行。各级领导班子和党员干部要本着对党和人民事业高度负责的态度，客观公正、实事求是地向巡视组汇报工作、提供情况、反映问题，对成绩不夸大拔高，对问题不粉饰隐瞒，对矛盾不回避掩盖，绝不允许任何人以任何形式干扰、阻止干部群众向巡视组反映问题，对违反巡视纪律的情况党组将严肃问责。对巡视组指出的问题，要诚恳接受、认真反思，绝不推卸责任、讳疾忌医；对巡视组提出的整改意见，要立行立改、狠抓落实，绝不敷衍塞责、得过且过；对巡视组发现的违规违纪线索，不管涉及什么人，都要深入查处，绝不包庇纵容、姑息迁就。近一段巡视工作期间，文联局以上领导干部要统筹安排好各项工作，原则上不安排出差出访，有重要的、已经安排好的工作事项，要提前向党组请假。文联巡视工作联络组要全力做好服务保障，加强联络协调，遵守保密纪律，为巡视组高效便利开展工作提供良好条件，保障巡视工作顺利推进。

三、要把迎接巡视工作与推动文联各项工作结合起来，做到两手抓、两促进。中央第二巡视组这次来文联开展专项巡视，是帮助我们总结工作、发现问题、查找原因、整肃纪律，是推动我们落实从严治党责任，营造风清气正的政治生态、提高干部队伍素质、进一步做好文艺工作和文联工作的强大动力。我们要以这次专项巡视为契机，自觉践行"三严三实"和"忠诚干净担当"的要求，使接受巡视监督的过程成为增强党章党规党纪意识、锤炼党性的过程，成为解决问题、完善制度、改进提高的过程，通过专项巡视和整改落实，不断增强文联党组和各级领导班子的凝聚力战斗力，不断提升文联工作再上新台阶。也真诚希望中央第二巡视组的各位领导和同志们多批评指导、多提宝贵意见，帮助我们更好地提高认识、改进作风、推动工作。现在临近年终岁尾，文联很多重点工作进入收官阶段，我们要统筹兼顾、加班加点、抓紧抓实，努力做到两手抓、两促进。要把自觉接受巡视与贯彻落实党的十八届五中全会精神结合起来，与学习贯彻习近平总书记重要讲话和《中央关于繁荣发展社会主义文艺的意见》结合起来，与加强党风廉政建设、深入开展"三严三实"专题教育结合起来，以良好的作风高质量地开好中国杂技家协会、中国舞蹈家协会、中国书法家协会换届大会，扎实推动"到人民中去""送欢乐下基层"新年前后文艺志愿服务等重点工作，借中央巡视的东风，努力使文联自身建设和文艺事业发展取得新的更大成效，向党中央交出一份合格的答卷。

中国文联九届七次全委会总结

中国文联党组副书记、副主席 李 屹
（2015年1月24日）

各位委员、同志们：

在中宣部、中组部的指导下，经过全体与会同志的共同努力，我们这次全委会开得很成功。大家一致认为，这是一次深入贯彻落实习近平总书记在文艺工作座谈会上的重要讲话精神，统一思想、认清方向、明确任务的会议，是一次立足文艺事业发展大局，总结经验、前瞻思考、求真务实的会议，是一次抢抓文艺发展繁荣历史性机遇，面向未来、担当使命、创新求进的会议。下面，我受主席团的委托，对这次会议做简要的总结。

一、通过这次全委会，与会同志对党的十八届四中全会、习近平总书记在文艺工作座谈会上重要讲话和全国宣传部长会议精神的认识更加深刻、学习更加自觉、任务要求更加明确

前一阶段，中国文联及各团体会员通过座谈会、培训班、艺术家专访、专家报告辅导等多种方式，在文艺界兴起了学习党的十八届四中全会精神和习近平总书记在文艺工作座谈会上的重要讲话精神的热潮。这次全委会上，与会同志结合讨论全委会工作报告，结合回顾去年各自的工作，再一次深入学习领会了党的十八届四中全会精神和习近平总书记在文艺工作座谈会上的重要讲话精神。大家一致认为，党的十八届四中全会是我们党在新的历史阶段召开的十分重要的会议，这次会议重点研究部署全面推进依法治国，对于全面建成小康社会、实现"两个一百年"奋斗目标、实现中华民族伟大复兴的中国梦，意义重大、影响深远。大家认为，不久前，习近平总书记主持召开文艺工作座谈会并发表重要讲话，从历史和现实、理论和实践结合上，围绕文艺与时代、文艺与人民、文艺与生活、文艺与核心价值、中国精神以及继承与创新、吸收与借鉴等带有根本性的问题，提出了一系列新思想、新观点、新论断、新要求，充分体现了党中央对文艺工作的高度重视，对文艺工作者的亲切关怀和殷切期望，充分体现了我们党高度的文化自觉和文化自信，为推动我国文艺事业的繁荣发展提供了强大思想武器和行动指南。委员们说，在今年的全国宣传部长会议上，刘云山、刘奇葆同志的重要讲话全面贯彻落实习近平总书记系列重要讲话精神，充分体现中央关于做好新形势下宣传思想文化工作的战略决策和部署，为我们做好今后一个时期的文艺工作和文联工作提供了重要遵循。刘奇葆同志1月19日对中国文联工作做出了重要批示，充分肯定成绩，提出工作重心，是对中国文联及各团体会员的巨大鼓舞和有力鞭策，进一步增强了做好文联工作的动力以及繁荣文艺的责任感和使命感。与会同志认为，孙家正同志在全委会上的即席讲话，勉励我们深入学习思考贯彻习近平总书记在文艺工作座谈会上的重要讲话精神，要达到"三

个境界",即要做到使思想豁然开朗;要结合"深入生活、扎根人民"主题实践活动,深切感受到心灵的震撼;要进一步树立作品是中心、立身靠作品的理念,真正创作出好作品。家正同志的讲话指出了学习贯彻习总书记文艺工作重要讲话精神的核心和本真,言简意赅,令人顿悟,在与会同志中引起了强烈共鸣和认同。大家表示,学习好、宣传好、贯彻好中央一系列重要会议精神和习近平总书记在文艺工作座谈会上重要讲话精神,是当前和今后一个时期文艺战线第一位的政治任务,一定要把思想认识统一到中央精神上来,更加坚定自觉地把中央要求贯穿到文艺工作和文联工作的各方面,切实增强政治意识、大局意识、责任意识,攻坚克难、敢于担当,以对党和人民高度负责的态度、以昂扬向上的精神状态完成好各项任务,为全面建成小康社会、全面深化改革、全面推进依法治国、全面从严治党,提供有力的精神文化支持。

二、通过这次全委会,与会同志一致认为中国文联2014年的工作有遵循、有重点、有亮点、有成效,2015年工作安排主线清晰、重点突出、举措有力

2014年是中国文联认真落实中央各项重大决策部署和中国文联九届六次全委会工作安排,积极履行基本职能,围绕中心、服务大局,深入基层、服务群众,改进作风、服务文艺工作者,推动文联工作取得重大成绩和显著成效的一年。大家一致认为,黄坤明同志代表中宣部所做的讲话,充分肯定成绩,着眼于"四个全面"的工作大局,对文联组织明确提出了"遵循一条规律、熔铸一种精神、推出一批力作、锻造一支队伍、形成一种格局"的工作要求,有深度、接地气,针对性、指导性都很强。赵实同志所做的工作报告主题鲜明、布局清晰,重点突出、文风清新,工作总结实事求是,行风建设的论述出新出彩,提出的目标务实可行,各项工作部署具体周密,具有很强的针对性、指导性和可操作性。大家认为,过去的一年文联工作收获颇丰、收效明显。中国文联及各团体会员认真学习贯彻习近平总书记重要讲话精神,当代文艺工作的历史使命和正确方向更加明确;积极开展"中国梦"主题文艺实践活动,弘扬和践行社会主义核心价值观蔚然成风;广泛开展形式多样的文艺志愿服务活动,基层群众精神文化生活得到丰富;着力改进文艺评论评奖工作,文艺创作的引导和激励作用进一步加强;扎实推进人才培训和文艺维权,服务引导文艺工作者的针对性、有效性得到提高;主动适应现代传播体系新格局,文艺媒体的传播力影响力有效提升;广泛开展对外和对港澳台地区民间文化交流,中华优秀文艺"走出去"步子加快;切实加强自身建设,文联工作科学化水平不断提高。大家认为,伴随着文联工作的有力推进,文艺工作者队伍指导思想更加明确、创造活力进一步迸发,文联干部政治定力更加增强、责任担当更加自觉,文联组织的凝聚力战斗力影响力都得到了明显提高,展现了文联组织围绕大局有新作为、服务人民群众有新成效的良好形象。

大家认为,2015年,是文艺工作抢抓新机遇、开启新风貌,文联工作提升创造力、推动新发展的重要一年。一定要全面贯彻党的十八届三中、四中全会精神,深入学习贯彻习近平总书记在文艺工作座谈会上的重要讲话精神,贯彻落实全国宣传部长会议精神,坚持以人民为中心的工作导向,大力弘扬社会主义核心价值观,突出文艺界行风建设这条主线,着力推动"中国精神中国梦"主题创作实践,着力开展"深入生活、扎根人民"文艺采风和志愿服务,着力提升文艺工作者职业道德素质,着力加强行业服务、行业管理、行业自律,创新文联职能、强化队伍素质、提高自身能力,团结引导广大文艺工作者,为推动创作更多无愧于伟大民族、无愧于伟大时代的优秀作品,繁荣社会主义文艺事业做出新贡献。委员们谈到,报告提出文艺界要加强行风建设,大力倡导担当

使命、扎根人民、创新求精、健康批评、崇德尚艺，开启了文艺园地的清新和煦之风，作为灵魂的工程师，文艺工作者有责任有义务提升自身的职业精神和人格修为，认真履行社会责任，恪守职业道德，规范自身行为，树立良好风气和社会形象。

三、通过这次全委会，与会同志深入进行了交流和讨论，以强烈的事业心和责任感介绍了经验、提出了建议，对于进一步提升文联工作水平和影响具有积极意义

新时期繁荣文艺事业和文化体制改革在认识和实践上的每一次突破和发展，都来自地方和基层群众的实践和智慧。这次全委会上专门安排有关团体会员单位做大会交流。刚才6位同志的发言，从不同侧面、不同的角度介绍了工作思路、工作情况和经验体会，为我们围绕中心、立足实际、发挥优势、创新工作提供了有益的借鉴。在分组讨论中，委员们提出，要牢牢把握文艺人民性这一定位，倡导生活是沃土、文艺为人民的创作道路，把"深入生活、扎根人民"的要求和工作导向机制化、具体化、平实化、持续化，不刮风、循规律，使文艺工作者真正沉下去、静下来、出精品，回馈人民。委员们提出，要进一步深化对文联职能定位、自身优势、工作重心的认识，按照习总书记关于"加强行业服务、行业管理、行业自律，真正成为艺术家之家"的指示，工作上突出行业建设这个主题和行风建设这个主线，并以此深入开展调研，做好顶层设计，加强沟通协调，同时鼓励地方基层文联开阔思路、积极探索，善于寻找工作切入点、突破点，推动顶层设计和基层探索良性互动、有机结合，在行业建设方面真正迈出步子、走出路子、见到成效。委员们建议，文化民间外交要着力研究中华民族自己的品德、品性，挖掘优秀丰富思想内涵，力戒重形式轻效果，努力提升活动的民族精神、民族特性和观赏价值。委员们还提出，要牢固树立以人民为中心的工作导向，坚持以社会主义核心价值观为引领，深入研究新时期人民群众文化需求特点，进一步发挥各级文联组织在建设现代公共文化服务体系这项民心工程中的重要作用，发展先进文化，创新传统文化，扶持通俗文化，引导流行文化，改造落后文化，抵制有害文化。大家还谈到，群团事业是党的事业的重要组成部分，党的群团工作是党治国理政的一项经常性、基础性工作，是党广泛组织和动员广大人民群众为完成中心任务而奋斗的重要法宝。中国文联作为党领导下的重要的人民群团组织，必须更好发挥团结引导、联络协调、服务管理、自律维权的作用，把广大文艺工作者更加紧密地团结在党的周围，努力以创作生产更多更好的精神文化产品汇聚起实现"两个一百年"奋斗目标、实现中华民族伟大复兴中国梦的强大正能量。上述这些意见和建议，实在、积极、可行，我们在会后将加以认真梳理和吸纳，科学有效地落实到今后工作当中去。

各位委员、同志们，2015年各级文联组织的工作任务艰巨、责任重大。让我们更加紧密地团结在以习近平同志为总书记的党中央周围，牢牢把握文艺发展的重大历史机遇，创新思路、转变作风，开拓进取、攻坚克难，推动文艺事业大发展大繁荣，共同谱写实现中华民族伟大复兴中国梦的新篇章！

第四届全国中青年德艺双馨文艺工作者表彰大会倡议书

在全国人民隆重纪念中国人民抗日战争暨世界反法西斯战争胜利70周年、全国文艺界认真学习贯彻习近平总书记在文艺工作座谈会上重要讲话之际，中宣部、人社部和中国文联联合召开第四届全国中青年德艺双馨文艺工作者表彰大会，授予54名同志"全国中青年德艺双馨文艺工作者"荣誉称号。这是党和人民给予文艺工作者的崇高荣誉，表达了党和人民对全国文艺工作者的殷切期望。为了深入学习贯彻习近平总书记系列重要讲话精神和中央《关于繁荣发展社会主义文艺的意见》，在文艺界大力弘扬德艺双馨精神，切实担负推动文艺事业繁荣发展、建设社会主义文化强国的神圣职责，我们出席表彰大会的全体代表特向全国文艺工作者倡议如下。

一，自觉践行社会主义核心价值观，大力弘扬中国精神、凝聚中国力量。坚持"二为"方向、"双百"方针，切实肩负起举精神旗帜、立精神支柱、建精神家园的崇高使命。高扬中国特色社会主义伟大旗帜，努力成为时代风气的先觉者、先行者、先倡者。大力弘扬和传承中华优秀传统文化，开掘涵养社会主义核心价值观的重要源泉，把社会主义核心价值观生动活泼、活灵活现地体现在文艺创作中，让中国精神成为社会主义文艺的灵魂，为构建社会主义核心价值体系做出应有的贡献。

二，努力坚持以人民为中心的创作导向，始终与人民同忧患共欢乐、同呼吸共命运。积极深入生活、扎根人民，以最广大人民群众为服务对象和表现主体，聚焦"中国梦"的时代主题，讴歌当代中国人民追梦筑梦的伟大实践；从丰富多彩的社会生活中汲取营养，为人民抒写、为人民抒情、为人民抒怀，鼓舞全国各族人民朝气蓬勃迈向未来；广泛开展文艺志愿服务和文化惠民活动，使优秀文艺成果在群众中落地生根，不断满足人民群众日益增长的精神文化需求，让人民看到美好，看到希望。

三，积极开拓文艺创作新天地，努力创作有筋骨、有道德、有温度的优秀作品。把个人的艺术追求融入国家发展的洪流之中，把文艺的生动创造寓于时代进步的运动之中。力戒浮躁，精益求精，善于继承，勇于创新，努力攀登艺术高峰，创作生产更多传播当代中国价值理念、体现中华文化精神、反映中国人审美追求，思想性、艺术性相统一的优秀作品，为进一步激发全民族文化创造活力、不断提高国家文化软实力奉献才智。

四，切实履行人类灵魂工程师的神圣职责，矢志追求崇德尚艺、德艺双馨的崇高精神。牢记德是安身立命之根，艺是成就事业之本，坚守崇高的艺术理想和道德追求，加强学习，加强修养，专心致志，孜孜以求，努力攀登人生和艺术高峰。自觉践行社会主义核心价值观，倡导真善美，鞭挞假恶丑。传播先进文化，弘扬人间正气，塑造美好心灵；增强社会责任感，关心他人，热心公益，树立良好的公众形象；"道德当身，不以物惑"，遵纪守法，自觉抵制各种错误和腐朽思想的影响；大力开展建设性、有说服力的文艺批评，引导文艺界形成风清气正的行业新风，形成讲品位、重艺德的良好风尚。

志道据德，方得大成。让我们携起手来，大力弘扬"爱国、为民、崇德、尚艺"的文艺界核心价值观，争做德艺双馨文艺工作者，不辜负时代召唤和人民期望，创作出更多无愧于民族、无愧于时代的文艺精品，为落实"四个全面"战略布局、实现"两个一百年"的奋斗目标提供强大的价值引导力、文化凝聚力、精神推动力，为实现中华民族伟大复兴的中国梦而努力奋斗！

全国中青年德艺双馨文艺工作者表彰大会全体代表2015年9月15日于北京

重要会议、活动

重要会议活动

中国文联九届七次主席团会议和全委会

1月22日，中国文联第九届主席团第七次会议在京举行，根据《中国文学艺术界联合会章程》，会议研究通过了关于调整中国文联第九届书记处书记的决定，推举陈建文为中国文联第九届书记处书记。1月23日，中国文联第九届全国委员会第七次会议在京召开。会议深入学习贯彻党的十八大和十八届三中、四中全会精神，学习贯彻习近平总书记系列重要讲话精神，学习贯彻全国宣传思想工作会议和全国宣传部长会议精神，总结去年工作，部署今年工作，进一步团结动员广大文艺工作者为推动文艺事业繁荣发展，推动文联工作改革创新，牢牢把握文艺发展重大机遇，奋力开创当代中国文艺新风貌，为实现"两个一百年"的奋斗目标和中华民族伟大复兴的中国梦做出新的更大贡献。

中国文联主席孙家正出席并主持会议。中宣部常务副部长黄坤明出席会议并讲话。中国文联党组书记、副主席赵实在会上做工作报告。中国文联党组副书记、副主席李屹通报中国文联九届七次主席团会议通过的关于调整中国文联第九届书记处书记的决定和关于更替和增补中国文联第九届全委会委员的决议。中国文联党组成员、副主席左中一通报中国文联九届七次主席团会议通过的关于接纳中国文艺评论家协会为中国文联团体会员的决议。此次全委会增选陈建文、陈洪武、罗斌、韩新安为中国文联第九届主席团委员。

中国文联党组成员、副主席夏潮、李前光，中国文联党组成员、书记处书记郭运德、陈建文以及中国文联主席团成员，中组部、中宣部有关司局负责同志与会。部分全国文艺家协会主席，各全国文艺家协会领导班子成员、中国文联机关局级以上干部、各直属单位领导班子成员列席会议。

第四届全国中青年德艺双馨文艺工作者表彰大会

9月15日，第四届全国中青年德艺双馨文艺工作者表彰大会在京举行。中国文联主席孙家正，中宣部常务副部长黄坤明，中宣部副部长景俊海，人力资源和社会保障部副部长兼国家公务员局局长信长星，教育部副部长刘利民，新闻出版广电总局副局长田进出席会议。中国文联党组书记、副主席赵实主持大会。中国文联党组副书记、副主席李屹，中国文联党组成员、副主席左中一、夏潮、李前光，中国文联党组成员、书记处书记郭运德、陈建文，中国文联副主席丹增、冯远、边发吉、刘大为、李维康、杨承志、迪丽娜尔·阿布都拉、赵化勇、段成桂、徐沛东以及中国文联各团体会员、各直属单位、机关各部室负责人和受表彰的文艺工作者、优秀文艺工作者代表出席会议。各全国文艺家协会、中国文联各直属单位领导班子成员、中国文联机关各部室处以上干部列席会议。

信长星宣读《关于表彰第四届全国中青年德艺双馨文艺工作者的决定》。决定中说，为进一步倡导德艺双馨精神、加强文艺队伍思想道德建设、提升文艺工作者职业道德水平、推动社会主义文艺事业繁荣发展，中央宣传部、人力资源和社会保障部、中国文联决定授予丁寺钟等来自戏剧、电影、电视、音乐、舞蹈、美术、摄影、书法、曲艺、杂技、民间文艺以及文艺评论等艺术门类的54名同志"全国中青年德艺双馨文艺工作者"荣誉称号。受表彰的德艺双馨文艺工作者代表谢涛、霍勇、汪子涵做了大会交流发言。康辉代表第四届全国中青年德艺双馨文艺工作者表彰大会全体代表宣读了倡议书。倡议广大文艺工作者自觉践行社会主义核心价值观，大力弘扬中国精神、凝聚中国力量；努力坚持以人民为中心的创作导向，始终与人民同忧患共欢乐、同呼吸共命运；积极开拓文艺创作新天地，努力创作有筋骨、有道德、有温度的优秀作品；切实履行人类灵魂工程师的神圣职责，矢志追求崇德尚艺、德艺双馨的崇高精神。

黄坤明向广大文艺工作者提出五点希望：希望广大文艺工作者始终坚持正确价值追求，传播优秀文艺、弘扬先进文化；希望广大文艺工作者始终坚持以人民为中心的创作导向，为人民抒写、为人民抒情；希望广大文艺工作者始终坚持把创作作为中心任务，潜心笃志、锤炼精品；希望广大文艺工作者始终坚持文艺创作的根本途径，深入生活、扎根人民；希望广大文艺工作者始终坚持高尚的职业操守，养性修身、德艺双馨。赵实就认真学习贯彻习近平总书记重要讲话精神，学习贯彻《关于繁荣发展社会主义文艺的意见》，落实表彰大会和黄坤明同志讲话精神，进一步对加强文艺人才队伍建设工作提出了具体要求。

【第四届全国中青年德艺双馨文艺工作者表彰名单（按姓氏笔画排序）】

丁寺钟	安徽文学艺术院专职画家，一级美术师
王　丹	辽宁锦州书画院一级美术师
王明明	吉林省曲协一级演员
王俊杰	吉林电视台高级编辑
王晓亮	新疆艺术剧院管弦乐团首席，一级演奏员
毛国典	江西省书协一级美术师
仁青顿珠（藏族）	西藏自治区话剧团三级演员
叶培贵	首都师范大学中国书法文化研究院教授
付继恩	河南省杂技集团有限公司二级演员
冯远征	北京人民艺术剧院一级演员
邢庆仁	陕西国画院一级美术师
刘之冰	八一电影制片厂一级演员
刘丹丽（女）	湖北省歌剧舞剧院艺术总监，一级演员
刘颜涛	河南安阳市书协副主席
刘　薇（女）	武汉京剧院一级演员
李小雄	宁夏演艺集团秦腔剧院有限公司一级演员
杨　霞（女）	湖南省歌舞剧院有限责任公司一级演员
杨凤一（女）	北方昆曲剧院一级演员
杨越峦	河北省摄协编审
吴凤花（女）	浙江绍兴柯桥区小百花越剧艺术传习中心一级演员

吴为山	中国美术馆馆长，教授
何燕敏（女）（蒙古族）	内蒙古军区政治部文工团一级导演
余 隆	中国爱乐乐团艺术总监、常任指挥
余粟力（女）	解放军艺术学院舞蹈系副教授
汪子涵	北京舞蹈学院青年舞团一级演员
张礼慧（女）	重庆师范大学音乐学院教授
陈 力（女）	八一电影制片厂一级导演
陈 涛	重庆杂技团一级演员
陈礼忠	自由职业者，高级工艺美术师
陈涌泉	河南省剧协一级编剧
林泓魁	北京泓羽文化艺术有限公司工艺师
周 炜	二炮文工团一级演员
周洪成	胜利石油管理局文联副主席
郑 艺	清华大学美术学院绘画系研究员
费茂华	新华社摄影部体育新闻室主任编辑
姚建萍（女）	苏州姚建萍刺绣艺术有限公司艺术总监，研究员级高级工艺美术师
贾广健	天津画院教授
殷会利	中央民族大学美术学院教授
奚志农（白族）	自由摄影师
唐 彪	广东歌舞剧院艺术指导，一级演员
陶 春（彝族）	云南省歌舞剧院一级导演
陶 虹（女）	中国国家话剧院一级演员

黄晓明	北京泰耀文化工作室演员
符传杰	海南省琼剧院一级演员
康 辉	中央电视台新闻中心新闻播音部播音指导
梁鸿鹰	《文艺报》社总编辑，副编审
谢 涛（女）	山西太原市晋剧艺术研究院一级演员
蔡国庆（回族）	总政歌舞团一级演员
蔡金萍（女）	中国福利会儿童艺术剧院艺术总监，一级演员
熊 纬	江西省音协一级作曲
颜丙燕（女）	百盟（北京）影视文化传媒有限公司演员
霍 勇	海政文工团一级演员
穆 兰（女）（藏族）	西南民族大学艺术学院副教授
戴志诚	中国广播艺术团一级演员新闻频道

"深入生活、扎根人民"主题实践活动

2014年10月15日，习近平总书记主持召开文艺工作座谈会并发表重要讲话，极大鼓舞了广大文艺工作者。11月，中宣部等五部委联合下发通知，部署在文艺界广泛开展"深入生活、扎根人民"主题实践活动。中国文联精心组织，统筹安排，开展了"到人民中去""文艺进万家"等文艺采风和志愿服务系列活动。艺术家们深入革命老区、地震灾区、民族地区、边疆地区和贫困地区，走进重点建设工程一线、农村集镇、社区街道、军营学校，走进普通百姓中间，通过开展慰问演出、采风创作、辅导培训、文艺支教、展览展示等多项活动，与基层群众和基层文艺工作者面对

面、手牵手，了解群众生产生活的新情况、新变化，受到当地人民的普遍欢迎。

5月23日，在第二个中国文艺志愿者服务日，中国文联、中国文艺志愿者协会在全国范围发起了"到人民中去"文艺志愿服务主题活动，十余支文艺志愿服务队伍分赴黑龙江牡丹江、河南三门峡、陕西延安、云南怒江、北京卢沟桥、中国武警猎鹰突击队等地，开展文艺志愿服务主题活动，将文艺工作者"深入生活、扎根人民"文艺采风活动融入其中。同时，注重将"深入生活、扎根人民"主题实践活动与"中国精神·中国梦"主题文艺创作工程有机结合，紧紧围绕创作生产优秀作品这一中心环节，围绕实现中华民族伟大复兴中国梦的时代主题，团结引导广大文艺工作者深入生活采风创作，深入挖掘鲜活素材，创作出了一批弘扬中国精神、凝聚中国力量，体现社会主义核心价值观的文艺作品。10月，6场以"向人民汇报"为题的"深入生活、扎根人民"文艺创作成果展演陆续举行，集中展示中国文联和各全国文艺家协会组织开展"深入生活、扎根人民"主题实践活动所取得的成果，进一步推介活动中涌现出的优秀作品，推动"深入生活、扎根人民"主题实践活动深入持久地开展下去，营造有利于加强文艺队伍建设、促进文艺繁荣发展的良好氛围。此外，为促进"深入生活、扎根人民"主题实践活动持久有效开展，在充分尊重各艺术门类特性和艺术创作规律的基础上，中国文联还制定下发了《中国文联深入生活采风创作活动管理办法（试行）》，对活动的组织机构、项目申报、组织实施、跟踪服务、经费使用等做出了明确规定，强调总体谋划，并按照舞台艺术、造型艺术和综合艺术等分类确定支持重点。同时，设立"深入生活、扎根人民"主题活动专项基金项目，在项目统筹、资金投入、协调基层、专家帮扶、文艺评奖、人才培训等方面，对"深入生活、扎根人民"采风创作活动给予支持，为主题活动的持续深入开展提供了有力保障。

纪念中国人民抗日战争暨世界反法西斯战争胜利70周年系列文艺活动

2014年2月27日，十二届全国人大常委会第七次会议表决通过，将9月3日确定为中国人民抗日战争胜利纪念日，以培养人们的爱国主义情怀，凝聚民族力量，鞭策中华儿女风雨同舟、自强不息。

8月22日至9月18日，中国文联、文化部、总政宣传部、中国美协联合在北京中国美术馆举办"铸魂鉴史 珍爱和平——纪念中国人民抗日战争暨世界反法西斯战争胜利70周年美术作品展"。展览以"铭记历史、缅怀先烈、珍爱和平、开创未来"为主题，汇聚全国相关的优秀美术创作以及美术馆经典藏品，按照抗日战争发展的历史时间展开叙事，分"怒吼吧中国""全民族抗战""胜利与和平"三个篇章，利用中国美术馆一层和户外展示空间，形成一部关于抗战的视觉史诗。参展的300余件作品涵盖中国画、油画、版画、雕塑、年画、连环画、综合材料等多种艺术形式，由三大部分构成，一是中国美术馆及全国部分省级美术馆和纪念馆藏品；二是文化部、中国美协、总政宣传部等在全国范围内征集并评选出的相关主题的优秀作品；三是根据展览内容需要，特邀部分艺术家创作的相关主题优秀作品。中国文联党组书记、副主席赵实、文化部部长雒树刚、中宣部副部长景俊海、中国文联党组成员、副主席左中一、总政宣传部副部长李祯盛、中国美协名誉主席靳尚谊、中国美协主席刘大为等出席开幕式。

8月31日至9月9日，中国文联与中国摄协联合在京主办"历史不容忘却——纪念中国人民抗日战争暨世界反法西斯战争胜利70周年"摄影展。第十二届全国政协副主席刘晓峰，中国文联主席孙家正，中国文联党组书记、副主席赵实，中宣部副部长景俊海，中国文联党组副书记、副主席李屹，中国文联党组成员、副主席李前光，文化部副部长丁伟，国家新闻出版广电总局党组成员宋明昌，中国文联党组成员、书记处书记陈建文等领导出席了31日上午在中华世纪坛举行的开幕式。展览共分《中流砥柱》《再见！延安》《世界反法西斯战争》《记忆》《跨越国境的爱》《为历史作证》六大板块，分别邀请六位业界知名策展人或策展机构策展。近300幅作品涵盖抗战全貌，展出的许多作品为首次向公众展示。其中《中流砥柱》摄影展于8月10~22日在居庸关长城，8月26日至9月1日在卢沟桥展出。开幕式上还举行了《晋察冀画报全集》首发式。《晋察冀画报全集》由中国摄影出版社出版，是继《晋察冀画报》自1942年创刊到1948年完成历史使命之后的一次集中原貌重现。老八路军代表张捷、刘晓峰与孙家正、赵实、景俊海将这套书赠送给中国摄影家协会青少年摄影教育基地101中学、北京三里屯三小、中国摄影家协会摄影曙光学校、大兴蒲公英打工子弟学校，希望前辈的抗日精神，在孩子们当中继续传承下去。李屹、李前光、丁伟、宋明昌、陈建文等向中华世纪坛、中国抗日战争纪念馆、晋察冀边区革命纪念馆、中央档案馆、国家图书馆及革命先辈子女、亲属赠书。

9月8日，中国文联在京举行纪念中国人民抗日战争暨世界反法西斯战争胜利70周年"抗战中的中国文艺"座谈会。中国文联主席孙家正，中国文联党组书记、副主席赵实，中国文联党组副书记、副主席李屹，党组成员、副主席左中一、夏潮、李前光，党组成员郭运德、陈建文，副主席冯远、刘兰芳、李雪健、李维康、杨承志、周涛、赵化勇、徐沛东（按姓氏笔画），中宣部文艺局巡视员、副局长孟祥林，抗战老文艺家代表胡可、田华、侯一民、赵连甲、赵玉明、陈勃、夏湘平、张源、权希军、金业勤等，以及各艺术门类知名艺术家代表、文艺理论评论家代表、各全国文艺家协会和文联机关有关部室的负责同志以及新闻媒体记者朋友200余人参加座谈会。会议由左中一主持。胡可、田华、侯一民、李准等艺术家代表在会上发言，分别从文艺与时代、文艺与人民、文艺与创新等角度，阐述了以救亡图存为主题的抗战文艺，在唤醒民众、发动群众、激发人们爱国精神等方面发挥的不可替代的作用。他们认为，文艺只有与时代同频共振，只有与人民同呼吸共命运，只有不断开拓创新，才能获得真正的繁荣发展。中国文联党组书记、副主席赵实做了总结发言。她指出，抗战文艺是一支特殊的、重要的、不可抵挡的战斗力量。当前，广大文艺工作者要认识自己所担负的历史使命和责任，争做时代风气的先觉者、先行者、先倡者。

9月8日至20日，中国文联与中国民协、上海市文联联合在沪举办"纪念中国人民抗日战争暨世界反法西斯战争胜利70周年——2015'全国剪纸名家精品展"。该活动于5月启动，共收到来自全国26个省、自治区、直辖市推荐的579件优秀原创剪纸作品。经过专家评审组严谨、公正的评审，最终遴选出100幅（组）优秀作品展出，并评选出金奖5名、银奖10名、铜奖15名、优秀奖70名。同时，陕西省、上海市等12个省市民协被授予优秀组织奖。展览呈现地域特色鲜明、创作主题突出的作品。"剪纸活化石"之称的陕西剪纸、别具风情的上海"海派剪纸"，精巧隽秀的江南剪纸、稚拙美感的福建剪纸，生动再现军民齐心抗战的战役、人物、场景以及抗战遗址纪念地，反映中国人民团结一致、追求和平的英雄气概。

9月13日晚，由中国文联主办、中国舞协承办的纪念中国人民抗日战争暨世界反法西斯战争胜利70周年——"保卫黄河"舞蹈专场晚会在北京民族剧院上演。中国文联党组书记、副主席赵实，中国文联党组副书记、副主席李屹，中国文联党组成员、副主席左中一、夏潮，中国舞协名誉主席白淑湘，中国舞协顾问赵青、孙家保、吕艺生、李毓珊等出席观看演出。晚会由序幕和《黄河船夫曲》《黄河颂》《黄河愤》《保卫黄河》四个篇章组成，舞蹈表演和历史资料视频穿插进行，汇集获得过多项国家舞蹈比赛奖项的优秀作品，从不同侧面反映了抗战时期中国军民的民族精神，以舞蹈的力量表达了舞蹈人"铭记历史，缅怀先烈，珍爱和平，开创未来"的信念。

9月24日至25日，中国人民抗日战争暨世界反西斯战争胜利70周年——狼牙山五勇士纪念活动在河北易县狼牙山举行。活动包括中国文联文艺志愿服务团赴易县送欢乐下基层"敬礼——英雄的狼牙山"慰问演出、纪念抗战胜利70周年公祭狼牙山五勇士、狼牙山五勇士精神座谈会三部分。其中，24日下午的"敬礼——英雄的狼牙山"慰问演出活动由中国文联、中国杂协、中国文艺志愿者协会、河北省委宣传部联合主办，周炜、朱迅、瞿弦和、温玉娟、刘和刚、陈思思、霍勇、王莉、鞠萍、刘全利、刘全和、傅琰东等知名艺术家在两个多小时的演出中倾情奉献了歌曲、杂技、魔术、舞蹈等精彩节目，为老区人民送去一场文艺盛宴。整场演出高潮迭起，掌声不断。活动现场，主持人即兴采访了宋学义后代和狼牙山五壮士英模部队阅兵方队代表。25日的狼牙山五勇士公祭活动在五勇士铜像广场举行。五勇士亲属，五勇士部队代表，保定市相关领导及易县干部群众代表，解放军代表，学生代表等共计500余人参加活动。公祭结束后，在狼牙山举办了狼牙山五勇士精神座谈会。会议回顾了狼牙山五勇士艰苦卓绝的抗战历程，就狼牙山五勇士"忠于人民的坚定信念，英勇顽强的钢铁意志，视死如归的英雄气概，甘于奉献的高尚情怀"的核心精神进行了提炼总结，并就如何传承狼牙山五勇士精神进行了深入探讨，表达了继承先烈遗志、勇担时代使命的坚强决心。

品牌活动

百花迎春——中国文学艺术界2015春节大联欢

1月24日下午，中国文联在北京人民大会堂举办"百花迎春——2015中国文学艺术界春节大联欢"。全国政协副主席卢展工，全国政协副主席、中联部部长王家瑞，中国文联主席孙家正，中国文联党组书记、副主席赵实，中国文学艺术基金会理事长胡振民，中国文联党组副书记、副主席李屹，文化部党组副书记、副部长杨志今，中国文联党组成员、副主席左中一、夏潮、李前光，中国文联党组成员、书记处书记郭运德、陈建文等以及中国文联在京副主席、荣誉委员、老领导、各全国文艺家协会知名文艺家和参加中国文联九届七次全委会的委员出席观看。联欢会紧扣"中国梦"主题，分为序"百花迎春中国梦"和"好儿好女好江山""浓墨重彩写新春""英姿飒爽铸军魂""长袖丹青迎金羊""扎根沃土为人民""春风吹来百花开"六大篇章以及尾声"老百姓的中国梦"。在姜昆、黄宏、杨澜、栗坤、曹可凡、罗洁、李彬主持下，王晓棠、李光羲、胡松华、刘秉义、秦怡、于洋、郭兰英、傅庚辰、陈爱莲、刘诗昆、田华、刘长瑜、刘兰芳、李谷一、李铎、苏士澍、申万胜、言恭达、刘大为、杨力舟、张道兴、杜滋龄、于魁智、李胜素、王铁成、徐沛东、张铁林、何赛飞、朱军、冯巩、郭达、小香玉、蔡明、宋春丽、李幼斌等上千位文艺界老友新朋欢聚一堂、各展风采。

"中国精神·中国梦"主题创作工程

11月20日，中国文联与中国美协联合举办的"中国精神·中国梦·美丽乡村行"赴湘西老区写生创作活动在湖南长沙橘子洲头正式启动。湖南省文联主席谭仲池、副主席夏义生、中国文联美术艺术中心副主任梅启林等参加了启动仪式。在接下来的10天中，采风团深入湘西革命老区，回忆先辈们探寻革命道路时的情景，并通过手中的画笔描绘美丽新农村的新变化。

11月27日，中国文联与中国民协、中国文学艺术基金会、上海民协、华东师大和长宁区文化局等单位联合在沪举办"'中国精神·中国梦'城镇化进程与农民画发展路径研讨会"。80余位来自全国各地的专家学者、农民画传承人齐聚上海，共同探讨城镇化背景下当代农民画的发展路径，努力推动中国农民画在新的历史起点上的传承与发展。会议聚焦中国农民画发展现状、创作研究、产业开发、传承发展、都市文化建设、社团组建与运作、国际影响力、数字信息化等主题展开热烈研讨，共谋发展良策。

"我们的中国梦 文化进万家——送欢乐·下基层"赴河南兰考慰问演出活动

1月27—28日，在2015年春节即将来临之际，中国文联组织多位艺术家来到河南兰考，开展"我们的中国梦 文化进万家——送欢乐·下基层"慰问演出活动。中国文联党组领导赵实、左中一、郭运德参加活动。27日下午在兰考焦裕禄纪念园进行慰问演出，宋祖英、吕继宏、殷秀梅、黄华丽等十余位艺术家以及来自嘻哈帮街舞培训中心的舞蹈演员、河南歌舞演艺集团，用他们动听的歌喉、优美的舞姿，将演出推向高潮。节目丰富多彩，有歌曲、相声、戏曲、街舞表演等。尽管天气寒冷，但是现场观众们的热情丝毫不减，整场演出持续1个半小时，得到了观众们的阵阵喝彩。此前，中国音协组织音乐家车行、戚建波、刘林、李仲党专赴兰考采风所创的《好官是老百姓福》《老焦》两首歌曲也在此次慰问演出中首演。演出中，中国书协副主席聂成文、画家谭乃麟和中国摄协副主席雍和向兰考赠送了专门为兰考创作的书画、摄影作品，书画作品由焦裕禄纪念馆永久馆藏。28日上午，全体艺术家又前往兰考社会主义新农村代表盆窑村，为当地的百姓带去了精彩的慰问演出。

2015濠江之春系列活动

5月25日至26日，在中国文联的积极推动下，由中国音协、澳门中华文化联谊会、澳门中联办文教部联合主办的"2015濠江之春"系列活动在澳门举办。全国政协副主席何厚铧，澳门中联办主任李刚、副主任孙达，全国政协港澳台侨委员会副主任委员喻林祥，外交部驻澳门特派员公署特派员胡正跃，澳门特区社会文化司司长谭俊荣，澳门中华文化联谊会会长梁华等出席相关活动。中国文联党组成员、书记处书记郭运德参加上述活动，并与澳门中联办、澳门基金会和澳门中华文化联谊会相关负责人就加强澳门与内地文艺界的交流与合作，以及进一步办好"濠江之春"活动等事宜充分交换了意见。

此次活动以"纪念抗日战争暨世界反法西斯战争胜利七十周年"为主题，分为交响音乐会、澳门与内地艺术家大联欢和名家名曲进校园三个板块。中国文联和中国音协对此高度重视，精心策划，特别选派郑咏、袁慧琴、王丽达、魏金栋、杜镇杰、石叔诚、琼霞等知名艺术家以及中国广播电影乐团一行共计70余人赴澳参加演出。

5月25日晚，"2015濠江之春——纪念抗日战争暨世界反法西斯战争胜利七十周年交响音乐会"在澳门历史悠久的永乐戏院举办，澳门各界人士800余人观看演出。音乐会在著名钢琴演奏家石叔诚的钢琴独奏《黄河大合唱》中拉开序幕，展现了华夏儿女浴血抗敌、众志成城的民族精神。在随后的演出中，无论是《松花江上》《延安颂》《游击队之歌》等中国人耳熟能详的抗战旋律，还是讲述抗日故事的《沙家浜》《红灯记》戏曲选段，抑或是《桥》《辛德勒名单》等反映欧洲战场经典电影的音乐之声，都一次次地激荡起在场观众的家国情怀。最后，全场起立，齐声高唱《义勇军进行曲》，演出在激昂而热烈的气氛中闭幕。

5月26日下午，"唱响抗战旋律，抒发爱国豪情——2015濠江之春名家名曲进校园"活动在澳门培正中学举办，来自当地10个学校的500余名学生参加活动。艺术家表演了精彩的抗日题材节目，著名京剧表演艺术家叶少兰现场向学生们讲授了京剧知识，受到热烈欢迎。此次活动对加强澳门青少年爱国主义教育，增进他们对中华传统文化艺术的了解和认识都起到了很好的促进作用。

5月26日晚，"2015濠江之春——澳门与内地艺术家大联欢"在澳门万豪轩酒家举办。两地艺术家千余人欢聚一堂，畅叙友情，现场气氛热烈而祥和，进一步凝结了两地艺术界携手共筑中国梦的深情厚意。

2015"今日中国"艺术周

6月29日至7月8日,2015"今日中国"艺术周在捷克皮尔森和比利时布鲁塞尔隆重举办。本届艺术周以突出精品意识、当代精神,注重主流平台、专业资源整合为特色,主要内容包括京剧《白蛇传》、摄影展览"女性视角下的今日中国""中国人眼中的捷克"和"中国当代精品漫画原画展和中国原创动画展映"三个板块。在捷克皮尔森举办的2015"今日中国"艺术周,包含了上述三个板块;在欧盟总部布鲁塞尔举办的首届"中国—欧盟文化节"暨2015"今日中国"艺术周(欧盟部分),包含了摄影展和动漫展映两个板块。

7月2日,2015"今日中国"艺术周在皮尔森市拉开序幕。活动由中国文联、捷中友好合作协会、2015"欧洲文化之都"组委会联合主办,由中国驻捷克使馆、皮尔森州和市政府、欧洲文化之都、捷克文化部作为支持单位。中国文联党组成员、副主席李前光,中国驻捷克大使马克卿,捷克文化部第一副部长卡莉斯托娃,捷克外交部第一副部长考茨基,皮尔森市市长兹尔扎维茨基,捷中友协主席德沃吉克,2015"欧洲文化之都"组委会主席伊日·苏哈克,驻捷使节、捷各界代表及当地观众近500人出席开幕式及相关展演活动。天津京剧院演出的传统京剧《白蛇传》,文戏唱腔优美,武戏精彩绝伦。全部演出除首演为嘉宾专场外,后两场均为公开售票。演出票一经发售即被抢购一空,三场演出全部座无虚席。由中国摄协承办的"女性视角下的今日中国"和"中国人眼中的捷克"摄影展及由国家新闻出版广电总局发展研究中心承办的中国当代精品漫画原画展和中国原创动画展映活动同时举办,观众给予了高度赞誉。

7月6日,作为庆祝中欧建交40周年系列活动之一,由中国文联和中国驻欧盟使团在布鲁塞尔欧盟总部联合主办的首届"中国—欧盟文化节"暨2015"今日中国"艺术周(欧盟部分)在比利时布鲁塞尔欧盟媒体俱乐部举行开幕式及媒体招待会,"女性视角下的今日中国"专题摄影展和中国当代精品漫画原画展同时亮相。中国文联党组成员、副主席李前光,驻欧盟使团公使张立荣,比利时中国文化中心主任严振全,欧盟对外行动署代表让克沃斯卡女士,欧洲媒体俱乐部创办人之一、意大利资深记者弗朗齐奥西女士,媒体俱乐部主席凯普斯坦先生,欧洲亚洲事务研究所、欧盟政策研究中心等欧洲智库负责人,欧盟机构代表,欧洲艺术家及英国等驻欧洲使团代表共80余人出席。开幕后,上述专题摄影展应邀在欧盟对外行动总署大楼展出一周,该展还和漫画展另外应邀在欧洲议会大楼主楼大厅展出一周。这次活动在欧盟官员及欧盟机构中获得了良好口碑和社会效应,使更多欧盟官员进一步了解了中国文化艺术的发展和当代中国人的生活面貌,拉近了与中国的距离。

第七届海峡两岸暨港澳地区艺术论坛

10月31日至11月3日,由中国文联、澳门基金会共同主办的"第七届海峡两岸暨港澳地区艺术论坛"在澳门成功举办。中国文联党组成员、副主席左中一,中央人民政府驻澳门联络办公室副主任孙达,澳门基金会行政委员会主席吴志良,香港艺术发展局主席王英伟,台湾中国文艺协会理事长王吉隆,国务院港澳办、国务院台办、文化部、中央驻香港联络办等单位相关部门负责同志,以及来自两岸四地的百余位文艺界专家学者和知名人士出席论坛交流活动。

本届论坛的主题是"造型艺术与中华美学精神的育成",以研讨美术、书法、摄影等造型艺术为主。出席论坛的专家学者,既有德高望重的老一辈艺术家,也有才华横溢的中青年文艺骨干和专家,代表了当今我国造型艺术创作与研究的较高水平和发展趋势。开幕式上,左中一、吴志良先后致辞。随后,陈传席、郑晓华、索久林、江明贤、陈雪义、缪鹏飞、孙蒋涛围绕艺术创作、实践、教学和理论等方面做了精彩的主题演讲。与会专家学者还结合两岸四地文化交流和发展的现状，就中华美学精神的内涵、用中华美学精神指导艺术创作以及中华美学精神"走出去"等议题展开了分论坛交流和研讨。论坛期间还安排了丰富多彩的文化交流活动，包括美术展览、水彩画专题讲座、交流笔会等。闭幕式上，钟怡、王英伟分别代表论坛本届和下届承办单位致辞，中国文联理研室副主任徐粤春对论坛做了总结，为论坛画上了圆满的句号。

文艺志愿服务活动

综 述

2015年，在中国文联党组的正确领导下，中国文联文艺志愿服务中心深入贯彻落实党的十八大、十八届三中、四中、五中全会精神和习近平总书记在文艺工作座谈会上的重要讲话精神，按照九届七次全委会工作部署和"深入生活、扎根人民"主题实践活动安排，坚持以人民为中心的工作导向，团结引导广大文艺志愿者，广泛开展"送欢乐下基层""到人民中去"、文艺支教、文艺培训等活动和项目，大力推进文艺志愿服务制度化，取得了显著成效。

送欢乐下基层

2015年以来，中心积极加强"送欢乐下基层"活动统筹规划，结合"纪念抗日战争胜利暨世界反法西斯战争胜利70周年"重大主题，招募各艺术门类文艺志愿者300余人，组成中国文联文艺志愿服务团，先后赴河北狼牙山、青海西宁和黄南藏族自治州、重庆、安徽岳西、中国武警猎鹰突击队、湖北宜昌、贵州独山、山东临沂莒南、费县等地直接开展了10场较大规模的"送欢乐下基层"活动，直接服务基层群众近20万人。统筹推动各全国文艺家协会积极组织开展"送欢乐下基层"活动，中国视协、中国曲协、中国影协、中国民协、中国舞协、中国美协等各全国文艺家协会文艺志愿服务团招募300余名文艺志愿者，先后赴宁夏、内蒙古包头、江苏常州、贵州黔东南州、江西共青城、云南曲靖、西藏拉萨、河北丰宁、新疆生产建设兵团等开展了内容丰富的"送欢乐下基层"文艺志愿服务活动，服务基层群众20余万人。

3月30日，中国文联文艺志愿服务团"送欢乐下基层"走进重庆。中国文联党组成员、副主席李前光，艺术家丁晓红、张英席、刘宇、郭喆喆、吴娜、李立山、奇志、周炜、宋德全、全维润、李丹阳、鞠萍、金波、李殊、岳红、刘劲、温玉娟、徐涛、陈思思、杨帆、乌兰图雅、罗秉松、徐凤美、沈娟、于兰、王小燕、山翀、李德戈景、姜昆、王丽达、降央卓玛、卞留念、刘岩、刘全利、刘全和、霍勇、翟俊杰、吴正丹、魏葆华、殷秀梅、史国良、刘英毅、李宴清、邹丽颖、张杰、张继、张铜彦、郑健、哈亦琦、俞红、康泰森、梁达明、王伟平、王学岭、王铁牛、东哈达、白建春、曲良平、刘洪彪、李昕、吴震启、宋靖、曹保明、蒋巍等参加活动。

4月19日至21日，"我们的中国梦"——中国文联文艺志愿服务团"送欢乐下基层"走进安徽岳西革命老区慰问演出活动。中国文联副主席杨承志，艺术家徐涛、温玉娟、周宇、刘全利、刘全和、幺红、秦勇、乌兰图雅、吴彦凝、霍勇、杨帆、荀婵婵、耿为华、斯琴高丽、苏丹、李思宇、王雅洁、山楂妹、吴琼、柳枝、高娜等参加活动。

5月18日，中国文联文艺志愿服务团赴河南三门峡慰问演出。中国文联副主席杨承志，艺术家刘兰芳、周炜、张泽群、张蕾、杨洪基、岳红、徐涛、李丹阳、金波、山翀、李德戈景、高保利、张英席、耿为华、王喆、王传越、横越、侯旭、美声四季组合、龙飞龙泽、郭津彤、柳枝、张芷萱、高娜、刘冲、王国斌、邹丽颖、白景峰、张桐胜、惠怀杰、卢德平、曲良平等参加活动。

5月23日，中国文联文艺志愿服务团走进猎鹰突击队。中国文联党组书记、副主席赵实，中国文联党组书记、副主席李屹，中国文联党组成员、副主席左中一，中国文联党组成员、副主席李前光，中国文联副主席杨承志，艺术家刘兰芳、解海龙、翟俊杰、周炜、霍勇、李丹阳、郑咏、奇志、刘芳菲、于兰、李殊、杨帆、于紫菲、罗秉松、金波、宋德全、刘岩、吕薇、全维润、山翀、丁晓红、乌兰图雅、张泽群、陈思思、王丽达、吴震启、张杰、王铁牛、邹立颖、刘英毅、封开许、史国良、陈辉、张继、柴京津、东哈达、宋靖、苏叔阳、邹友开、邢德辉、杨洪基、蒋大为、冯巩、王蓉蓉、杜鹏、任志宏、李志强、郭蓉、傅琰东、林达信、陆树铭、刘小娜、杨树泉、王传越、王喆、曲蕾、美声四季组合、韩晓伦、魏勇、卢德平、奚望等参加活动。

6月23日至26日，中国文联文艺志愿服务小分队赴青海互助县麻连滩小学服务慰问；中国文联文艺志愿服务团"送欢乐下基层"走进青海西宁慰问演出活动；中国文联文艺志愿服务团"送欢乐下基层"走进黄南藏族自治州慰问演出活动。中国文联党组书记、副主席李屹，艺术家王宏伟、万山红、霍勇、赵育莹、王之辉、阿斯根、乌兰图雅、刘大成、陈涓、李进军、徐涛、岳红、云丹久美、格根其木格、扎西尼玛、曲丹、郑培钦、岳以恩、张铜彦、刘京闻、孙志钧、李呈修、魏勇等参加活动。

9月16日，"三峡情·中国梦"——中国文联文艺志愿服务团走进湖北宜昌慰问演出。中国文联党组成员、副主席李前光，艺术家张泽群、孟盛楠、张也、李丹阳、吕继宏、莫华伦、刘和刚、徐涛、岳红、李琼、乌兰图雅、师鹏、王二妮、李龙、汤非、美声四季组合、五洲唱响乐团、郑恩在（韩国）、喜莲娜（俄罗斯）、魏勇等参加活动。

9月24日，纪念中国人民抗日战争暨世界反法西斯战争胜利70周年——"敬礼，英雄的狼牙山"中国文联文艺志愿服务团"送欢乐下基层"走进河北易县狼牙山革命老区慰问演出活动。中国文联党组成员、副主席李前光，艺术家朱迅、周炜、方琼、温朋达、刘全利、刘全和、霍勇、瞿弦和、温玉娟、鞠萍、陈思思、刘和刚、王庆爽、乌兰图雅、王莉、张英席、美声四季组合、李宏伟、钱志刚、黄训国、傅琰东、王喆、周澎、吴彦凝、汤俊、王聆燕、张继、宋青松、曲杨、魏勇、北京杂技团、中国杂技团、北京舞蹈学院等参加活动。

9月28日，纪念中国人民抗日战争暨世界反法西斯战争胜利70周年——中国文联文艺志愿服务团"送欢乐下基层"走进独山革命老区慰问演出活动。中国文联副主席杨承志，艺术家刘兰芳、刘全利、刘全和、牛群、鲁雅娟、徐凤美、阿幼朵、张权、赵丽、钟梅、张柏菡、李思宇、徐涛、岳红、魏金栋、刘家军、淇淇姐妹、姜丽娜、宋靖等参加活动。

11月29日至30日，中国文联文艺志愿服务团"送欢乐下基层"走进山东临沂、费县。艺术家瞿弦和、刘小娜、孙丽英、全维润、霍勇、于兰、张选、魏金栋、李进军、吴兢、王喆、乔军、赵育莹、刘军、喻越越、汤俊、张继、方放、李建春等参加活动。

12月11日，"我们的中国梦"——中国文联文艺志愿服务团赴革命老区寻乌县"送欢乐下基层"慰问采风活动。中国文联副主席杨承志，艺术家瞿弦和、张蕾、苗博、耿为华、李进军、张大礼、马云路、王彤、曹随风、王喆、陈咏峰、马晓晨、贾南、彝人制造、汤非、龚爽、杨文通、孙艺娜等参加活动。

"深入生活、扎根人民"主题实践活动

【广泛开展"到人民中去"志愿服务活动】

中心积极总结提炼"到人民中去"服务采风活动经验,以文艺志愿者小分队形式,采取"服务+采风"的模式,以"送、种、采、创"为活动方式,集中、深入贫困地区、少数民族地区、国家重点工程建设工地、军营哨所、厂矿学校等地,通过慰问演出、展览展示、书画笔会、交流座谈、辅导培训、创作采风等多种方式开展的文艺志愿服务活动,为基层百姓送去精神食粮,为文艺工作者搭建平台,提供深入生活的有效渠道,开展创作采风。结合第二个"中国文艺志愿者服务日",中心联合各全国文艺家协会,集中开展"到人民中去"系列活动。先后招募200余名文艺家组成9个"到人民中去"服务采风小分队,分别赴黑龙江牡丹江、云南怒江、猎鹰突击队、海南临高、福建平潭、河南三门峡、玉渊潭公园、湖北英山大别山、京津冀抗战圣地等开展慰问演出、文艺辅导、创作采风等活动。加强5·23"到人民中去"服务采风活动统筹,各级文联积极响应,在全国范围内广泛开展"到人民中去"文艺志愿服务主题活动3000多场次,参与文艺志愿者达8万多人,服务基层群众超过500万人。同时,中心积极组织开展常态化"到人民中去"服务采风活动。结合各地实际需求,中心组织中国文艺志愿者服务小分队,先后赴贵州黔南州、毕节赫章、云南临沧、吉林延边、北汽集团等地开展服务采风活动,服务基层群众数万人。在服务采风活动中,文艺志愿者深入生活,汲取艺术灵感,创作了《醉了山寨》《最后的民俗》等一批摄影、音乐作品。

【"2015中国文艺志愿者公益演出季"活动】

10月18日至11月8日,在习近平总书记文艺工作座谈会重要讲话发表一周年之际,联合中国残联、中国杂协、中华曲艺学会、中央电视台等单位,在第二炮兵政治部文工团的支持下,共同组织开展"2015中国文艺志愿者公益演出季"活动,先后开展了"到人民中去"中国文艺志愿者原创作品汇报、"剧荟·最美时光"音乐会、"姜昆说相声"相声剧专场、"我的梦"中国残疾人艺术团专场、"万水千山总是情"第二炮兵政治部文工团专场、"我们的歌声多么嘹亮"音乐会、"我的中国梦"杂技精品7场公益演出活动。演出季汇聚了不同的艺术门类、不同年龄阶段、体制内外的艺术家,服务全国劳动模范、外来务工人员及子女、残疾人士、部队官兵、公安干警、社区居民、高校学生等8000余人。演出集中反映广大文艺家、文艺工作者"深入生活、扎根人民"的成果,为基层群众走进高雅艺术殿堂,观摩当代高水平艺术作品创造了条件。第二炮兵政委王家胜,中国文联党组书记、副主席赵实,中宣部副部长景俊海,第二炮兵副政委唐国庆,中国文联党组副书记、副主席李屹,解放军总政治部副主任殷方龙,中国文联党组成员、副主席李前光,党组成员、书记处书记陈建文等领导参加活动并给予高度评价。

文艺志愿服务项目发展

【文艺支教志愿服务项目】

2015年,中心积极总结以往文艺支教经验,注重调动地方的积极性,建立省级统筹、县市申报立项模式;注重发挥各类文艺资源优势,实施公开招募、定向招募、委托招募相结合的志愿者招募模式;注重项目实施管理,建立中国文联指导、省级文联监督、县市文联实施、支教学校配合的四级联动项目实施模式,招募近395名文艺志愿者,在贵州省、河南省、河北省、甘肃省、湖南省、湖北省、江西省、成都市、济南市、长春市、包头市11个省市贫困区县的近100所乡镇中小学开展了音乐、美术、舞蹈、书法、摄影、民间工艺等文艺支教活动,深化开展文艺支教志愿服务,合计授课6万多课时,直接受益学生超过10万余人。

8月,积极探索暑期文艺支教模式,招募13名文艺志愿者开展"暑期关爱留守儿童文艺支教项目",分别在贵州毕节、河南商丘开展文艺支教,服务留守儿童500余名。活动中,文艺志愿者王志昕以感受为创作灵感,组织创作了歌曲《成长》,得到多方好评并传唱。同时,为促进文艺支教项目提升,在中国文联党组支持下,积极与教育部研究,积极推进落实《国务院办公厅关于全面加强和改进学校美育工作的意见》,启动"美育圆梦"工程。

【文艺培训志愿服务项目】

按照重点帮扶中西部、老少边穷地区的原则,中心积极加强与各全国文艺家协会合作,注重发挥各全国文艺家协会专业优势和文艺名家影响力,扩大文艺培训实施范围和领域,先后与中国剧协、中国音协、中国美协、中国曲协、中国舞协、中国民协、中国摄协、中国书协8家全国艺术家协会,在全国14个省份、28个地市及相关区县,分别开展了戏剧、音乐、美术、曲艺、舞蹈、民间艺术、摄影、书法八项艺术门类的专项培训志愿服务活动,先后组织招募文艺志愿者160名,培训基层文艺骨干、文艺工作者、中小学艺术教师和文艺爱好者约8600位,合计完成课时约184天。推动文艺志愿者与当地文艺工作者开展一助一结对帮扶,加强当地公共文化服务体系建设。

【联合启动"共享芬芳行动"文艺助残志愿服务项目】

在12月3日国际残疾人日,与中国残联联合启动"共享芬芳行动"文艺助残志愿服务项目,促进残疾人平等参与社会生活、共享社会发展成果。项目以集中开展文艺助残主题活动为主要方式,对残疾人文艺工作者及残疾人艺术团体开展辅导培训,倡导全社会形成关爱残疾人的良好风气,营造了共同支持、人人参与志愿助残的良好氛围。

文艺志愿服务制度化

【中国文艺志愿者协会建设】

3月30日,按照九届七次全委会工作部署,召开2015年中国文联文艺志愿服务工作会议暨中国文艺志愿者协会一届三次理事会,加强文艺志愿服务制度化工作部署规划。会议按照中央文明委《关于推进志愿服务制度化的意见》要求,明确推进文艺志愿者注册作为推动文艺志愿服务制度化的主要任务,要求各级文联组织要统筹系统资源,调动各方面力量,形成上下联通、内外融合、跨域合作、扎实有序的文艺志愿服务体系,努力构建文艺志愿服务长效机制。加强中国文艺志愿者协会规范化建设。按照中国文艺志愿者协会章程,加强会议议事机制建设,组织召开中国文艺志愿者协会年度主席团会议和秘书长办公会议,审议年度工作报告和人事事项。开展吸纳团体会员和理事工作,扩大文艺志愿服务覆盖面。组织召开中国文艺志愿者协会一届三次理事会会议,审议通过中国文艺志愿者协会接纳团体会员和人事调整事项,接纳天津等7个省级、大连1个副省级文艺志愿者协会和中国煤矿文联文艺志愿者协会为中国文艺志愿者协会团体会员;增补韩新安、罗斌为中国文艺志愿者协会副主席;增补孙德华、马康强为协会副秘书长;增选丁杰等61人为中国文艺志愿者协会理事;调整了7名席位制理事。中心成立联络服务处,专门加强中国文艺志愿者协会建设和理事服务,推动中国文艺志愿者协会实体运转。完成2014年中国文艺志愿者协会年检、法人变更、社保开户等工作。

【文艺志愿运行机制建设】

制定印发《中国文联"送欢乐下基层"》等文

艺志愿服务活动工作规则（试行）》，为"送欢乐下基层"等活动规范化、经常化开展奠定了基础。与中国文学艺术基金会签订2015中国文联"送欢乐下基层"常态化重点活动项目资助协议，规范工作流程。制定2015年度常态化送欢乐项目一览表，与各全国文艺家协会签订资助协议，统筹协调项目申报、立项及资料报送。积极推进文艺志愿者注册工作，加强与北京市中科院软件研究中心合作，开发中国文艺志愿者注册管理软件，在中国文联文艺志愿服务团以及北京、杭州、成都、包头等文联开展注册试点工作。举办中国文艺志愿者注册管理平台培训工作会，加强文艺志愿者注册工作部署推动。积极探索文艺志愿服务激励表彰机制建设，以中国文艺志愿者服务日开展活动为基础，在文联系统开展文艺志愿服务通报表扬，以中国文联文艺志愿服务中心、中国文艺志愿者协会名义对在"到人民中去"文艺志愿服务主题活动中表现突出的王蓉蓉等712名同志进行了通报表扬。按照人社部、中国文联部署，积极组织推选第四届全国中青年德艺双馨文艺工作者，圆满完成霍勇、周炜、乌兰图雅3名文艺志愿者推荐工作，其中霍勇、周炜顺利当选。加强文艺志愿服务理论研究，联合北京语言大学设立"中国文艺志愿服务：理论与研究"课题，加强文艺志愿服务理论研究，为深入开展文艺志愿服务提供智力支持。加强文艺志愿服务项目创新经验交流，征集汇编文艺志愿服务项目案例40多件。

【志愿服务对外交流】

8月19日至23日，中国文艺志愿者协会应莫斯科青年多功能中心邀请，由中国文艺志愿者协会副主席兼秘书长廖恳带队，赴俄罗斯莫斯科参加"第四届青年专家国际论坛"，同来自俄罗斯、印度、德国、哥伦比亚、亚美尼亚等十几个国家的与会代表就文艺志愿服务进行了深入交流。

【文艺志愿服务宣传】

加强文艺志愿者统一形象宣传，制定文艺志愿者Logo、徽章、名称等使用规范，完善中国文艺志愿者VI（Visual Identity）语言书，制作公益广告、宣传片、印刷品，积极推广统一形象的媒体曝光率。维护、运营中国文艺志愿者网站、微信订阅号和微博三个信息平台，加强新媒体网络报道，促使网站新闻更新及时准确，订阅号内容不断丰富。其中订阅号发送信息数量400余条，订阅人数近8000人。加强文艺志愿服务活动策划和报道，推动《人民日报》报道14次，新华社撰写文章报道11次，中央电视台《新闻联播》《朝闻天下》《新闻直播间》等栏目共报道28次，《中国艺术报》报道文章66次，中心撰写发布简报13期。

其他工作

【推进中心内部工作规范化】

规范文件批办传阅流程，加强文件运转、督办，加强机要文件登记、传阅。完成办理各项收文216件、报批件285件，收编机要文件77件。完成2014年中心年鉴编写工作。加强文联党组会议纪要督办反馈。完成事业单位养老社会化改革相关工作。完成全体在编人员岗位、薪级工资调升，预缴养老保险，中心公费医疗医院确定等工作。推进中心完善机构设置，完成增设联络服务处、财务科等工作。加强中心干部队伍建设，完成2名应届大学毕业生招聘工作，并办理相关入职、集体户口手续；完成1名大学生试用期满转正工作；完成办理2名文联系统人事调动同志的入职手续。严格中心工作制度，完成制定中心职工请销假及考勤暂行规定，修改完善中心编制外工作人员管理办法和中心固定资产管理办法。完成2015年中心全年财政预算追加经费执行，财政基本支出和项目支出执行进度100%。代管中国文艺志愿者协会财务。规范完善相关财务制度，制定《中心经费支出管理的补充说明》，修改职工差旅补贴的相关规定。完成9套各类财务报表填报工作。完成中心2014年账套的内部审计工作，并对审计提出的问题进行解释说明整改。完成2015年津补贴及劳务报酬检查工作。完成中心三家银行账户及协会基本账户年检备案工作。完成中心职工公费医疗经费申报、报销等工作。完成2016年国有资产配置计划、政府采购计划。完成A111办公室改造、A112室搬迁及配套办公家具、设备采购工作。

【加强中心党建工作】

贯彻落实《中共中央办公厅印发〈关于在县处级以上领导干部中开展"三严三实"专题教育方案〉的通知》精神，按照《中国文联开展"三严三实"专题教育实施方案》的通知要求，中心党支部制定《文艺志愿服务中心开展"三严三实"专题教育实施方案》，进一步深化"四风"整治、巩固和拓展党的群众路线教育实践活动。党支部使用党费为全体党员购买了《习近平谈治国理政》《习近平关于党风廉政建设和反腐败斗争论述摘编》，下发了《优秀领导干部先进事迹选编》《领导干部违纪违法典型案例警示录》等书籍，推动大家开展自学。5月29日，党支部组织开展严以修身加强党性修养的党课。积极加强党员队伍建设，发展刘博同志为中共预备党员。同时，按照文联机关党委要求，积极做好基层党组织、党务干部、党员情况登记、党员信息统计和党费收缴工作。积极加强党支部建设，在文联机关党委的领导下，完成党支部换届改选工作，增设了党支部副书记和纪委委员。积极推进党支部党日活动，组织中心全体党员赴河北易县开展"三严三实"专题教育和狼牙山五壮士事迹教育活动。加强党员廉洁自律教育，制定并实施《中国文联文艺志愿服务中心廉洁自律规定》。

重点文艺工程

中华文明历史题材美术创作工程

【"中华文明历史题材美术创作工程"专家指导正稿创作】

2015年10月26日至2016年2月2日,"中华文明历史题材美术创作工程"创作指导委员会组织专家组分五批赴辽宁、天津、山东、湖北、宁夏、四川、重庆、福建、广东、浙江、上海、江苏和北京等省份,针对重点难点作品深入到作者工作室观摩指导正稿创作。中国文联党组成员、副主席左中一出席2016年2月1日至2日在北京金龙潭饭店举行的观摩指导创作活动,并给予指示和慰问。冯远、吴长江、徐里、刘健等工程组委会及办公室有关负责同志与杨力舟、盛杨、孙景波、曹春生、唐勇力、阿鸽、许钦松、曾成钢、何家英、韦尔申、马书林、陈履生、王宏剑、黎明、代大权等专家及当地美协负责同志、工程组委会办公室工作人员、相关媒体人员等分别参加了部分批次的活动。

本次"中华文明历史题材美术创作工程"专家组到作者工作室指导创作活动,旨在吸取近年来大型主题美术创作活动的经验教训,加强对创作过程的指导、管理和服务,在正稿创作的关键阶段及时发现问题、改进完善,力求创作出更高水准的精品力作。专家组对每件作品进行细致点评,从构图和技法完善、创意拓展、深入刻画等角度给予指导,希望艺术家进一步发挥创作的主观能动性,遵循艺术规律,把握好主题内容与艺术表现力的有机统一。参加活动的各位作者认真准备,与专家们进行深入交流讨论。相关省份文联和单位也积极参与、提供便利,保障了活动的顺利举办。

全国性文艺大奖、艺术节

全国性文艺评奖改革工作

在中央关于全面深化改革，大力推进全国性文艺评奖制度改革的背景下，12月1日，中国文联出台《中国文联全国性文艺评奖管理办法（修订稿）》（简称《管理办法》）和《中国文联全国性文艺评奖评委库建立实施规范》（简称《实施规范》）。《管理办法》明确了中国文联开展全国性文艺评奖的重要意义和总体目标、指导思想和基本原则，对举办主体和项目设置、评价标准和评审机制、组织机构和职能、建立健全专家评委库、章程和细则、申报和审批程序、监督和检查、资金管理和经费保障、社团评奖表彰管理等内容做出了明确规范。《实施规范》包括总则、评委库组建、评委库的管理、评委会的组成、评委的权利和义务等内容。

该《管理办法》与《实施规范》，贯彻落实党的十八大以来中央关于繁荣发展社会主义文艺，推动全国性文艺评奖制度改革的新精神和新要求，对建立具有中华审美精神的科学评价体系，强化文艺评奖工作的导向性和示范作用，提出了更明确具体、具有可操作性的要求。有关评委库建立的实施规范，着重强调发挥评委在评奖工作中的主体作用，同时对评委自身的学术素养、艺术水准和专长、思想作风、职业道德、评审经验、地域、业界口碑和影响力以及年龄等方面提出了更严格细致的要求，对坚持评委工作中的回避、轮换、保密原则和执纪做出了更严格的规定，避免出现因评委年龄偏大、构成相对固化，容易发生跑奖要奖或为迎合评委品味创作的现象。这两个文件的出台，将对中国文联进一步贯彻落实中央文件精神，深化全国性文艺评奖制度改革工作产生积极推动作用。

经中央审批同意，中国文联与各相关文艺家协会将继续主办12个全国性文艺评奖奖项，具体是："中国戏剧奖""大众电影百花奖""中国电影金鸡奖""中国音乐金钟奖""中国美术奖""中国曲艺牡丹奖""中国舞蹈荷花奖""中国民间文艺山花奖""中国摄影金像奖""中国书法兰亭奖""中国杂技金菊奖""中国电视金鹰奖"。这12个文艺大奖涵盖了戏剧、电影、音乐、美术、曲艺、舞蹈、民间文艺、摄影、书法、杂技、电视11个艺术门类，长期以来，中国文联和各文艺家协会高度重视文艺评奖工作，通过文艺评奖推出了一大批优秀文艺作品和人才，为繁荣发展社会主义文艺做出了积极贡献。

根据中央关于全国性文艺评奖制度改革要求，中国文联对评奖数量和子项进行了大幅度压缩，评奖数量由1123个压缩为248个，压缩比例为78%，子项由237项压缩为67项，压缩比例为72%，取消了全部分项，奖项设置更趋合理，评奖数量更显精当，各奖含金量进一步凸显。下一步，中国文联将会同各全国文艺家协会，严格遵守政治纪律、政治规矩，在全国性文艺评奖工作中不折不扣执行中央规定和要求，并结合各协会评奖工作实际，细化出台各相关艺术门类奖项的评奖章程、细则及评委库建立实施规范，对本协会评奖工作中存在的问题进行认真清理整顿，制定具体整改措施。

随着中国文联全国性文艺评奖制度改革工作的不断深入，中国文联全国性文艺评奖工作将逐步达到"示范导向明确、评价标准科学、奖项设置合理、评奖数量适当、评奖程序规范、章程细则严谨、奖惩机制有效、监督保障到位、宣传推介有力、品牌效应凸显"的总体目标，推出更多人民群众喜爱的优秀作品和优秀人才，为繁荣发展社会主义文艺做出新的更大贡献。

第五届中国戏剧奖梅花表演奖评奖结果

二度梅：

欧凯明、韩再芬、华　雯、朱　衡、许荷英

一度梅：

吴非凡、王　荔、侯岩松、施洁净、张馨月、马　佳、凌　珂、杨霞云、朱　福、刘　巍、万晓慧、杜　欢、符传杰、刘　京、吴　熙、吴　双、杨　俊、陈明矿、王君安、金喜全、麦玉清、杜建萍、刘莉莉、郭广平、卫小莉、何　云、窦凤霞、邱瑞德、张　涛、周雪峰、唐　妍、张艳萍

第六届中国戏剧奖·小戏小品奖

中国戏剧奖是2005年全国文艺新闻出版评奖整顿后，经中宣部正式批准，由中国文学艺术界联合会和中国戏剧家协会联合主办的全国性戏剧艺术综合奖项。

"中国戏剧奖·小戏小品奖"是中央对全国性文艺评奖进行整改后保留下来的全国戏剧界的重要奖项，每两年评选一次。

10月31日至11月6日，中国文联、中国剧协主办的第六届"中国戏剧奖·小戏小品奖"展演在江苏省张家港市锡剧艺术中心落下帷幕，本次大赛全国共有42部作品入围决赛，设小戏类优秀剧目奖10个、单项奖3个。

第三十届中国电影金鸡奖及评奖结果

8月19日，第二十四届中国金鸡百花电影节暨第三十届中国电影金鸡奖新闻发布会在北京举行。会上公布了第三十届金鸡奖提名名单。《战狼》《狼图腾》等角逐最佳故事片，《大圣归来》提名最佳美术片，《一个勺子》获三项重要提名；《智取威虎山》获得最佳故事片、最佳编剧（改编）、最佳导演、最佳男主角、最佳摄影、最佳录音、最佳美术、最佳音乐、最佳剪辑九项提名。本届电影节于2015年9月16~19日在吉林市举行，开展了包括国产新片推介展映、金鸡国际影展、台湾影展、港澳影展、少数民族影展等几个独立板块。国际影展部分特设了"纪念反法西斯战争胜利70周年专题影展"；香港影展单元举办了"许鞍华导演作品展"。各项大奖的归属于9月19日的颁奖典礼现场逐一揭晓。本届金鸡奖共设置19项大奖，还恢复了"最佳剪辑奖"的评选。按照规定，自2013年6月至2015年5月两个年度出品的影片均可报名参评。

【获奖名单】

最佳故事片奖：《狼图腾》[中国电影股份有限公司、北京紫禁城影业有限责任公司、荷贝拉艺影视公司（法）、电影频道节目中心、北京凤仪文化传媒有限公司、文化中国传播集团有限公司、火星电影公司（法）、威邦奇公司（法）、希罗迪亚集团（法）、珠尔制片公司（法）]

最佳中小成本故事片奖：《诺日吉玛》（内蒙古阿儿含只文化有限责任公司）

最佳儿童片奖：空缺

最佳戏曲片奖：《大唐女巡按》（北京九州同映数字电影院线有限公司、吉林省戏曲剧院、南山国际影视文化有限公司、北京中机邦和国际展览有限公司）

最佳科教片奖：《小鸭快跑》（北京科学教育电影制片厂）

最佳纪录片奖：空缺

最佳美术片奖：《西游记之大圣归来》（浙江横店影视制作有限公司、北京天空之城文化创意有限公司、北京燕城十月文化传播有限公司、北京微影时代科技有限公司、山东高路动画制作有限公司、北京恭梓兄弟影视文化传媒有限公司、世纪长龙影视有限公司、山东影视制作有限公司、东台龙行盛世影视文化工作室、淮安西游产业集团有限公司、浙江永康壹禾影视有限公司）

最佳编剧（原创）奖：李樯（《黄金时代》）

最佳编剧（改编）奖：李玉娇、韩景龙、徐昂（《十二公民》）

最佳导演奖：徐克（《智取威虎山》）

最佳导演处女作奖：陈建斌（《一个勺子》）

最佳男主角奖：张涵予（《智取威虎山》中饰杨子荣）

最佳女主角奖：巴德玛（《诺日吉玛》中饰诺日吉玛）

最佳男配角奖：张译（《亲爱的》中饰韩德忠）

最佳女配角奖：邓家佳（《全民目击》中饰林萌萌）

最佳摄影奖：曾剑（《西藏天空》）

最佳录音奖：陶经（《归来》）

最佳美术奖：全荣哲（《狼图腾》）

最佳音乐奖：郝维亚（《西藏天空》）

最佳剪辑奖：于柏杨（《智取威虎山》）

终身成就奖：王晓棠、张良

第十届中国音乐金钟奖

小提琴：陈家怡（上海音乐学院选送）、柳鸣（上海音乐学院选送）、王温迪（中央音乐学院选送）

手风琴：许笑男（中央音乐学院选送）、曹野（沈阳音乐学院选送）、姜伯龙（中国音协表演艺术委员会选送）

声乐演唱（美声组）：张学樑（广东音协选送）、王泽南（天津音协选送）、马飞（北京音协选送）、王一凤（中国歌剧舞剧院选送）

声乐演唱（民族组）：龚爽（湖北音协选送）、陈家坡（上海音乐学院选送）、郝亮亮（中华全国总工会文工团选送）、徐晶晶（北京音协选送）

第十届中国舞蹈荷花奖民族民间舞评奖结果

作品奖：《觅迹》（延边大学艺术学院）、《布衣者》（中央民族大学舞蹈学院）、《你是一首歌》（四川音乐学院舞蹈学院）、《尼苏新娘》（辽宁师范大学音乐学院舞蹈系）、《阿里路》（中央民族大学舞蹈学院）、《情深谊长》（四川省凉山彝族自治州歌舞团）

第十二届中国民间文艺山花奖评奖结果

民间艺术表演奖（民俗礼仪表演）：

1. 安头屯中幡（河北香河县安头屯中幡表演队）

2. 南国麒麟舞吉祥（广东东莞市清溪镇文化广播电视服务中心）

3. 新东兴武狮图（河南浚县伾山街道东关村）

4. 稷山高跷走兽（山西稷山高跷走兽艺术团）

5. 南丰傩舞（江西南丰县市山镇流坊大傩班、琴城镇水北大傩班）

民间艺术表演奖（民间绝技绝艺）：

1. 火焰山（河北乐亭县文化遗产传承中心）

2. 泰山石敢当为民除害保平安（山东泰安市泰山皮影艺术研究院）

3. 水漫金山（浙江海宁皮影艺术团有限公司）

民间文艺学术著作奖：1. 北京《二十世纪中国民间文学学术史》上下卷·刘锡诚·民间文学

2. 天津《天津皇会文化遗产档案丛书》天大冯骥才文学艺术研究院·田野考察报告

3. 北京《中国神话母题索引》杨利慧、张成福·民间文学

4. 湖北《中国民俗志·湖北省宜昌市卷》宜昌市文联·田野考察报告

5. 甘肃《神圣、世俗与性别关系：中国甘肃省东乡族的民族志考察》满珂·民俗学

6. 上海《中国农民画考察》郑土有、奚吉平·民间艺术

7. 北京《内蒙古区域游牧文化的变迁》邢莉·民间文化

8. 上海《中国古代小说与民间信仰》黄景春、程蔷·民间文学

民俗影像作品奖：

1. 四川 金沙江飞排 钱路劼、尹向东 晓雪峨眉电影集团有限公司

2. 北京 土族传统仪式《跳於菟》巫允明 中国艺术研究院舞蹈研究所

3. 广西 孙头坡抢花炮 黄秋源、凌日胜、郑栋 广西南宁邕宁区人民政府

4. 新疆 摇床仪式 叶尔肯青河县广播电视局

5. 内蒙古 鄂尔多斯祝赞词精品集 单乌兰其其格、敖云达来、包玲玲 内蒙古民协

6. 甘肃 布格勒萨伊 李克 甘肃中融视觉文化传播有限公司

民间工艺美术作品奖：

1. 浙江 吴尧辉《大唐盛世》系列组雕木雕

2. 安徽 钱胜东《兰亭雅集》歙砚

3. 吉林 闫雪玲《萨满九女神》剪纸

民间文学作品奖：

1. 辽宁《何钧佑锡伯族长篇故事》陈维彪·民间文学作品类

2. 江西《中国民间故事全书·江西抚州县卷本》甘少华、方树成、龚顺荣等·民间文学作品类

3. 贵州《苗族史诗通解》吴一文等·民间文学作品类

4. 山东《大雁的眼泪》黄胜·新故事创作

5. 河北《牡丹乡的百年梦》孙瑞林·新故事创作

第九届中国杂技金菊奖第六次全国魔术比赛评奖结果

金奖：李洁《美女·几何》、丁洋《变鸽子》

银奖：刘盈盈、王雅勤《靓影霓裳》

于泊然、徐阳《新古彩》

王亚亮、刘家名《橱窗之恋》

祖丽胡买尔·吾布力、米日孜艾合买提·沙比尔《梦影》

铜奖：朱程程《梅花三弄》、于点儿《飞花点翠》、孙巧梅《瑶山谣》

单项奖：

最佳表演奖：黄文瑜《梦幻翩翩——伞舞》、刘芳《魔幻鱼人》、赵孟月《花海传奇》

文化名人、著名艺术家纪念活动

徐悲鸿诞辰 120 周年

6月26日，为纪念徐悲鸿诞辰120周年，缅怀徐悲鸿先生为中国美术事业做出的杰出贡献，中国文联与文化部联合在北京人民大会堂举办"纪念徐悲鸿诞辰120周年座谈会"。中共中央政治局委员、国务院副总理刘延东对这次座谈会的召开发来了贺信。中国文联党组书记、副主席赵实，中国国家博物馆馆长吕章申，教育部高等教育司司长张大良，中宣部文艺局副巡视员刘新风，中国文联荣誉委员、中国美协名誉主席靳尚谊，中央美术学院党委书记高洪，中国美协副主席、中央美术学院院长范迪安，中国美协副主席、中国国家画院院长杨晓阳，中国美协副主席、中国美术馆馆长吴为山，中国美协分党组副书记、秘书长徐里，徐悲鸿先生的学生代表侯一民、钱绍武、杨辛、戴泽、李天祥、杨先让，徐悲鸿先生之子、人民大学徐悲鸿艺术研究院院长徐庆平先生，徐悲鸿先生之女徐芳芳女士，徐悲鸿先生的研究学者、艺术家代表以及首都新闻媒体代表出席了座谈会。座谈会由中国文联党组成员、副主席左中一主持。文化部党组书记、部长雒树刚宣读了刘延东副总理的贺信。赵实代表主办单位讲话，指出今天纪念徐悲鸿先生，就是要更好地传承和发扬老一辈艺术家光荣传统，更好地推进社会主义文化强国建设。中国文联荣誉委员、中国美协名誉主席靳尚谊，徐悲鸿先生之子、人民大学徐悲鸿艺术研究院院长徐庆平先生，中央美术学院院长范迪安，中央美术学院中青年教师代表喻红在座谈会上发言，从不同角度回忆和评价了徐悲鸿先生的生平事迹和艺术成就，令在场听众深受感染。

徐悲鸿(1895.7.19—1953.9.26)，原名徐寿康，江苏宜兴屺亭镇人，中国现代画家、美术教育家，中国现代美术的奠基者，与张书旗、柳子谷三人被称为画坛的"金陵三杰"。曾留学法国学西画，归国后长期从事美术教育。1949年后任中央美术学院院长。擅长人物、走兽、花鸟，主张现实主义，于传统尤推崇任伯年，强调国画改革融入西画技法，作画主张光线、造型，讲求对象的解剖结构、骨骼的准确把握并强调作品的思想内涵，对当时中国画坛影响甚大。所作国画彩墨浑成，尤以奔马享名于世。

华君武诞辰 100 周年

7月30日，中国文联与中国美协、文化部联合主办的"纪念华君武诞辰100周年座谈会"在京举行。文化部副部长董伟，中国文联党组成员、副主席左中一，中国文联副主席、中国美术家协会主席刘大为，中国美术馆馆长吴为山，美术家侯一民、常沙娜、杨力舟、邵大箴、秦龙、田世信,华君武先生亲属等出席。座谈会由文化部艺术司司长诸迪主持。"中国美术馆典藏活化系列展:世相——华君武百年诞辰纪念特展"在中国美术馆举行,展出的作品是从华君武捐赠的2000余件作品中遴选出来的百余件精品,展览持续到8月7日。

华君武(1915—2010),原名华潮,1915年4月24日生于浙江杭州,祖籍江苏无锡。早年就读于杭州浙江省立第一中学、上海大同大学高中部。1936年夏到上海商业储蓄银行及中国旅行社当初级试用助理职员。抗日战争爆发后从事抗敌宣传,1938年到延安,初入陕北公学(大学)学习,后任鲁迅艺术学院助教、教员、研究员、美术研究室副主任、美术部支部书记。1940年4月加入中国共产党。1942年与蔡若虹、张谔合办《讽刺画展》,曾受到毛泽东主席的接见。1945年到东北,任《东北日报》支部书记、总支书记、东北局宣传部文委委员。1949年12月调北京工作,历任《人民日报》美术组组长、文学艺术部主任。1953年后兼管中国美协工作,任中国美协秘书长、党组副书记。1976年任中国美协《美术》杂志主编,1977年至1979年任国家文化部艺术局负责人。1979年当选为中国美协副主席。1982年任中国文联第四届书记处书记。长期从事美术组织和活动工作。曾任第一、二、三届全国人民代表大会代表,中国共产党第八次代表大会代表,第五、六、七届全国政协委员,中国美协秘书长、书记处书记、常务书记,第三、四届副主席,第五、六、七届顾问,中国文联全委、荣誉委员。2010年6月13日逝世,享年95岁。著名漫画家、社会活动家、新中国美术事业的奠基人之一。十几岁时即开始漫画创作,抗日战争爆发后奔赴延安。历任《人民日报》美术组组长、文学艺术部主任,中国美协秘书长、书记处书记、常务书记、副主席、顾问,中国文联全委、书记处书记等职务,是中国文联荣誉委员,中国美术界德高望重的美术大家,杰出的美术组织工作者和领导者。曾任文化部艺术局负责人。89岁时,华君武将2000余件漫画原作全部捐赠给中国美术馆。华君武从事漫画创作长达70余年,创作思路宽阔,对社会现象和世态变化拥有良好洞察力。他早年擅长政治时事漫画,富有战斗性,作品紧扣时代脉搏、风格独特、通俗而富有哲理,致力于追求漫画的民族化和大众化,在国内外享有极高声誉,在革命战争中发挥了很大的宣传鼓动作用。后期以讽刺画为主,辛辣地讽刺了社会上种种丑陋、落后现象,构思巧妙,入木三分,富有幽默感。1988年华君武荣获中国漫画最高奖"中国漫画金猴奖(成就奖)",2001年荣获中国美术最高奖"中国美术金彩奖·终身成就奖"。

联络、协调、服务

组织联络工作

2015组联工作座谈会

4月1日至2日,2015全国文联组联工作会议暨外事工作座谈会在重庆举行,来自全国各省(区、市)文联、新疆生产建设兵团文联、副省级城市文联和部分地方基层文联代表150人参加会议,共同探讨加强行业建设和行风建设,积极推动建立健全行业规范,创新拓展文联职能和服务领域等主题。中国文联党组成员、副主席左中一到会并讲话。他强调,2015年是文联抢抓新机遇、开启新风貌、推动文艺事业繁荣发展的重要一年,要把深入持久地学习宣传贯彻习近平总书记重要讲话精神摆在第一位、贯穿全年,努力把握核心要义和精神内涵,用讲话精神凝聚思想共识、指导各项工作。要紧紧围绕抓创作、出精品,扎实组织实施"中国精神·中国梦"和"深入生活、扎根人民"主题文艺创作实践活动;要紧紧围绕弘扬社会主义核心价值观,精心组织重点文艺活动,深入推进文艺评奖制度改革;要紧紧围绕加强文艺队伍建设,树立先进典型、加强服务引导,努力推出德艺双馨的文艺名家和优秀人才;要紧紧围绕讲好中国故事、唱响中国声音,努力推动中华优秀文艺"走出去"。会议总结了2014年中国文联统筹开展的各项活动并对2015年的工作进行了细致规划;重庆市文联、河北省文联、新疆维吾尔自治区文联、江西省文联、杭州市文联、深圳市文联、泉州市文联和江阴市文联进行了交流发言、介绍了工作经验;各地方文联的组联工作负责人分别针对国内组联工作和外事工作进行了交流、建言献策。

首期全国组联干部培训班

7月21日至23日,首期全国文联组联干部培训班在宁波市举办。来自各全国文艺家协会、各地方文联的组联干部70余人参加培训。中国文联党组成员、副主席左中一出席开班仪式并做主旨报告。他强调,组联部门需要重点做好6方面工作:抓住中心任务、着力推动文艺创作;着眼形成机制,扎实开展"深入生活、扎根人民"主题实践活动;探索新路子,大力加强行业服务、行业管理、行业自律;遵循在壮大规范中更好发挥作用的原则,进一步加强会员发展、服务和管理;延伸手臂、增强吸引力凝聚力,广泛团结联络新文艺组织和青年文艺工作者;着眼增强引导示范作用,深入推进全国性文艺评奖制度改革。中国文艺评论家协会主席仲呈祥做了题为"当前文艺现象的辩证思考"的讲座;中国文联国内联络部主任刘尚军从中国文联的性质和职能、组联工作的主要职责、组联干部的基本素质等方面对文联组联工作做了概述;宁波市文联党组书记、副主席邹大鸣介绍了宁波市创新文联工作的经验做法,与会人员进行了分组讨论、推荐学员代表大会发言。活动还安排了基层现场教学，参观了宁波市北仑区九峰山社区文联文化设施，观摩了文化活动，学习交流了该地区文联深入生活、扎根人民，帮扶建设农村文化礼堂的系列成果。在分组讨论时，武宝林同志介绍了广州市文联认真履行联络、协调、服务职能，充分发挥桥梁纽带作用，注重发挥"联"字优势，积极搭建文艺平台，充分利用文联文艺资源优势，宣传党的方针政策，推动党和政府的中心工作，促进文联各项工作有效开展的经验做法。

社团管理工作

【中国文联主管文艺社团情况综述】

2015年，由中国文联业务主管的文学艺术类国家一级社团共36个，其中包括中国文联直属的社团3个、产行业文联7个、民间文艺社团26个。这些社团都是20世纪80年代后改革开放新形势下陆续建立起来的，在一定程度上反映了新时期我国社会主义文艺事业的发展和繁荣，反映了人民群众对文学艺术的多样化需求，对于联系广大文艺家、延伸文联工作手臂、扩大文联的社会影响，起到了一定的作用。

在民政部监管和中国文联业务指导下，绝大多数社团能够遵守《社会团体登记管理条例》和中国文联有关社团管理的规定，不断加强内部建设，充分发挥自身优势，在相关文艺领域合法有序地开展各项活动。但是，由于社团管理方面的法律法规正在进一步修订完善中，管理和监督机制处于转型期，也有个别社团存在问题较多，工作开展有困难，文联社团管理部分对此高度重视，并采取切实有效的措施逐步加以解决。

1. 依法依规，切实加强社团管理职能。中国文联坚持依照上述行政法规的规定和国家有关政策的要求，认真履行业务主管单位的职责，切实加强日常监督管理和业务指导工作，特别是结合贯彻十八届四中全会精神，对原《中国文联社团管理办法》做了重新修订，进一步加强了对社会组织建设的管理和指导。从2014年开始，文联党组决定对所属文艺社团实行分类管理，除中国文联继续认真履行业务主管单位职责，加强综合性管理外，对部分专业性较强的文艺社团，要求有关文艺家协会参与协助管理，收到良好效果。2014年至2015年，中国文联相继出台了《社团换届工作指引》《社团组织建设若干规定》《规范社团管理补充规定》等，逐步完善了业务主管的配套措施。

2. 严格规范社团举办活动。根据《社会团体登记管理条例》赋予的管理职能，及时传达中央关于重大活动及全国性文艺评奖的规定，严格规范社团举办的活动，明确规定社团举办重大活动必须报文联审查，条件具备、手续齐全给予备案，未经报批备案的不得举办。

3. 大力加强社团班子管理。对社团秘书长以上负责人的人选，认真履行业务主管单位的职责，在中组部有关干部兼职的要求前提下，对其政治、业务、思想品德和工作能力等方面认真把关，同时严格按规定程序办事，所有人选均须经上报党组领导审核批准后才可行文批复。针对部分社团长期不召开理事会、常务理事会的现状，要求各社团将民政部《社会团体章程示范文本》中规定的"理事会每年至少召开一次会议""常务理事会至少半年召开一次"的条款列入社团章程，并督促社团按此规定执行。

4. 建立完善社团进出机制。文联党组对新成立和新转入社团把关很严：对新要求成立的社团一般不予批准，对要求转入的社团一般不予接收。与此同时，建立和完善社团退出机制：一是对一些已不具备社团生存条件、长期不开展活动、因达不到要求未能通过年审的社团，劝说他们主动申请退出或注销；二是对一些长期无法联系和管理的外地社团，按规定必须在北京有固定办公地址并设立办公室，如达不到这一要求，劝说它们解除与中国文联的业务主管关系，改由申请当地文联或文化部门代管；三是对个别问题特别严重又多次整改无效的社团，积极配合民政部做出处罚或注销的建议。目前原由中国文联业务主管的中国艺术文化促进会因经营管理不善、整改又未见成效，已由民政部公布了撤销登记的决定。中国旅游文化资源开发促进会属于行业性协会商会，主动提出脱钩，民政部已将其列入第一批脱钩试点名单。

5. 加强社团党建工作。2015年，中国文联业务主管的社团已有14家建立了党组织，根据中央有关文件精神，将积极推进社会组织党的建设工作。

对外及对港澳台地区文化交流

夏潮率中国文联代表团访问克罗地亚、白俄罗斯

2月5日至12日，应克罗地亚中国友好协会、白俄罗斯文化联盟邀请，中国文联党组成员、副主席夏潮率5人代表团赴上述两国访问。在克期间，代表团参加由中国文联和驻克使馆共同举办的2015年"欢乐春节"杂技戏曲专场演出暨春节招待会，与克相关文化艺术机构进行对口交流，邀请克方选派艺术团参加2016年第10届中国国际民间艺术节。在白期间，应邀与白文化部、外交部、文化联盟等单位负责人会面，洽商相关交流事宜；赴白国家美术馆及著名艺术家工作室交流，为2015年在白举办第十二届全国美展优秀作品全球巡展做前期策划。

派员赴马来西亚出席国际组织会议

3月8日至12日，应马来西亚旅游文化部邀请，中国文联国际部调研员张海鹰出席在吉隆坡举行的国际艺术理事会及文化机构联合会（IFACCA）执委会第42次会议。本次会议审议了该组织内部管理事项，制订了2015年至2018年战略规划，讨论了重点领域的交流合作倡议。

左中一出席摩中建交20周年庆祝活动

3月12日，应摩纳哥驻华大使邀请，中国文联党组成员、副主席左中一出席摩纳哥驻华使馆在国家大剧院举办的摩中建交20周年庆祝活动，并观看蒙特卡洛芭蕾舞剧《浮士德》。近年来，中国文联与摩纳哥交流不断加深，双方合作举办的一系列交流活动在两国产生良好反响。

郭运德会见日本中国文化交流协会代表团

3月17日，中国文联党组成员、书记处书记郭运德在中国文艺家之家会见了到访的日本中国文化交流协会前会长辻井乔之子堤偶雄一行。郭运德回顾并高度评价了辻井乔带领日中文化交流协会多年坚持日中民间文化交流，为增进两国人民相互理解和友好感情做出贡献，并代表中国文联对辻井乔会长的去世再次表示哀悼。他希望双方继续友好往来，增进实质性交往，维护友好关系，促进亚洲与世界和平。

夏潮会见白俄罗斯文化联盟代表团

4月2日，中国文联党组成员、副主席夏潮在文

艺家之家会见并宴请了到访的白俄罗斯文化联盟副主席伊戈尔·巴巴克一行。夏潮回顾了今年2月份中国文联代表团对白俄罗斯进行的友好访问，并就双方继续推进在明斯克共同举办"中国全国美展获奖作品展"等多个合作项目与白方进行了商谈。

赵化勇会见马来西亚电影发展局代表团

4月18日，应中国视协邀请，马来西亚电影发展局局长拿督卡米尔奥曼等一行6人来华访问。中国文联副主席、中国视协主席赵化勇向来宾介绍了中国视协的概况，卡米尔奥曼局长向中方介绍了马来西亚影视业的发展情况，双方就开展影视合作交流等事宜进行了会谈，并签署系列合作备忘录。双方均表示，希望此次合作能够以文化艺术为纽带，影视交流为载体，为两国之间进一步提高影视文化交流水平，完善人文交流机制，创新媒体合作方式，做出有益的探索。

陈建文赴台湾出席2015两岸笔会活动

5月5日至11日，中国文联党组成员、书记处书记陈建文一行2人赴台湾出席"写意美之岛 相会阳明山"——2015两岸笔会活动。这是继首届笔会于2014年2月在海南岛成功举办之后，第一次由海峡两岸（海南）文化交流联合会和台湾民间机构在台合作举办的两岸高规格文化交流活动，本次活动邀请到了大陆、台湾、香港和澳门的60多位著名作家、画家、书法家和摄影家参加。活动期间，两岸艺术家就中华文化的传承与创新进行了交流探讨。

周涛率代表团访问韩国、日本和澳大利亚

5月11日至20日，应韩国文化艺术委员会、日本中国文化交流协会、大洋洲文学艺术界联合会邀请，中国文联副主席、解放军总政宣传部部长周涛率5人代表团赴上述三国访问。在韩期间，代表团与韩国文化艺术委员会续签了《中国文学艺术界联合会和韩国文化艺术委员会文化艺术交流意向书（2015-2018年）》；在日期间，与日本中国文化交流协会常任委员杭迫柏树等进行工作会商，就日中文交代表团交流事项交换意见；在澳期间，出席由中国文联、中国摄协、维多利亚多元文化艺术委员会、澳大利亚大洋洲文联共同主办的"梦想·记忆——中国当代民生之变迁"摄影展开幕式。

孙家正会见日本日中文化交流协会代表团

5月28日，中国文联主席孙家正在北京会见并宴请日本日中文化交流协会副会长、著名电影艺术家栗原小卷。孙家正回顾了与日中文化交流协会的交往历史，高度评价其多年来为中日关系正常发展以及中日文化交流合作所做的努力。栗原小卷此次应邀来华参加中央电视台儿童节晚会的录制，孙家正表示，孩子是国家的未来，中日友好要从孩子培养。栗原小卷对此表示赞同，并表示会继续致力于推动中日友好交流事业。中国文联党组成员、书记处书记郭运德参加了会见和宴请。

中国文联与澳门基金会签署交流合作协议

6月15日，中国文联、澳门基金会在中国文艺家之家签署《关于合作开展内地与澳门文化艺术项目之合作协议》。中国文联党组书记、副主席赵实会见澳门基金会主席吴志良一行并见证签字仪式。党组成员、副主席左中一，党组成员、书记处书记郭运德出席上述活动。赵实代表中国文联感谢崔世安特首和澳门特区政府、澳门基金会等对内地与澳门文化交流与合作的重视和对中国文联工作的大

力支持，希望以此次合作协议签署为契机，进一步加大内地与澳门的文化交流力度，努力策划实施更多更好的交流项目，为弘扬中华优秀文化，繁荣发展祖国文化事业做出更大贡献。吴志良代表特区政府感谢中国文联多年来对澳门文化事业发展的支持，希望中国文联今后为澳门文艺家进行创作和交流提供更多的帮助。此次中国文联和澳门基金会签署合作协议将有力促进两地文化艺术的相互交流和共同进步，切实推动中国文联与澳门文艺界的交流与合作迈上一个新台阶。

赵实会见毛里求斯艺术和文化部代表团

6月29日，中国文联党组成员、副主席赵实在文艺家之家会见并宴请了毛里求斯艺术和文化部部长桑塔拉姆·巴布一行，党组成员、书记处书记郭运德参加会见。赵实向毛方介绍了中国文联的情况，建议两国的民间文艺组织、团体之间能够建立联系和长效交流机制，在文艺创作、交流方面密切合作，相互借鉴，共同进步。巴布部长希望中国文联能够参与到《中华人民共和国文化部与毛里求斯共和国文化部文化合作协定2015年至2017年执行计划》框架下的具体项目中来，并表示愿意在任内与中方密切合作，将中毛文化关系推向更高的水平。

李屹率代表团访问毛里求斯、南非

7月20日至28日，应毛里求斯艺术和文化部、南非国家艺术理事会邀请，中国文联党组成员、副主席李屹率4人代表团赴上述两国访问。访毛期间，代表团出席了由中国文联和毛里求斯中国文化中心共同举办的"女性视角下的今日中国"摄影展活动，与毛艺术和文化部就2016年中国文联在毛里求斯举办"今日中国"艺术周事宜进行商谈。访南期间，与南非国家艺术理事会续签合作协议，与南非艺术和文化部就邀请南非艺术团参加第10届中国国际民间艺术节进行商谈。

赵实会见香港艺术发展局访问团

9月10日上午，中国文联党组成员、副主席赵实在中国文艺家之家会见了以主席王英伟为团长的香港艺术发展局访问团一行28人，中国文联党组成员、书记处书记郭运德参加会见。赵实在会谈中肯定了香港文艺工作者近年来为两地文化交流做出的贡献，并重点介绍了中国文联的职能、开展工作情况及当前内地文艺事业发展状况。香港艺发局于1995年成立，是香港特区政府指定的全方位发展香港艺术的法定机构。中国文联与香港艺发局一直保持着友好合作关系，双方曾于2012年成功合作举办"第四届海峡两岸暨港澳地区艺术论坛"。

陈建文率代表团访问韩国

9月19日至23日，应韩国文化艺术委员会邀请，中国文联党组成员、书记处书记陈建文率6人代表团访问韩国。代表团与韩国文艺机构和团体负责人进行了交流，并就明年韩国舞蹈交流团访华事宜交换意见。代表团一行还考察了韩国艺术资料院、艺术殿堂等韩国文化艺术机构，学习借鉴韩方艺术管理方面的成功经验。

第六届北京国际美术双年展

9月24日，由中国文联、北京市人民政府和中国美术家协会联合举办的第六届北京国际美术双年展在中国美术馆开幕。展会主题为"记忆与梦想"，吸引了来自95个国家的417位海外艺术家、美术理论家及艺术组织代表参加开幕式及研讨会等相关活动。本届双年展共展出美术作品730件，在参展国规模、作品数量和展线、展期等方面均超历届。

李屹率访问团赴台湾出席"第八届海峡两岸合唱节"

9月30日至10月6日，应台北艺术家文教推广基金会邀请，中国文联党组成员、副主席李屹率3人访问团，赴台湾出席由中国音协与福州市人民政府共同主办的"第八届海峡两岸合唱节"活动，并与台湾相关文艺界人士交流。本届合唱节以"为了艺术为了爱"为主题，吸引了两岸21支合唱团队参加比赛、展演和巡演活动。海峡两岸合唱节始自2008年，近些年来合唱节规模不断扩大，档次逐渐提升，已经成为海峡两岸一个重要的艺术盛会和文化交流品牌。

赵实会见白俄罗斯文化联盟代表团

10月15日，中国文联党组成员、副主席赵实在文艺家之家会见来访的白俄罗斯文化联盟主席弗拉基米尔一行，就进一步推动中白两国民间文化交流与合作交换意见。白俄罗斯文化联盟成立于1992年，由摄影师联盟、作曲家协会、戏剧家协会等13个协会组成。中国文联党组成员、书记处书记郭运德，国际联络部主任董占顺参加会见。

郭运德会见日本中国文化交流协会代表团

11月5日，中国文联党组成员、书记处书记郭运德在中国文艺家之家会见并宴请以常任委员、书法家杭迫柏树为团长的日本中国文化交流协会代表团一行11人，就中、日两国书法美术等文化艺术领域的交流与合作交换了意见。代表团此访是对中国文联代表团去年访日的回访。日本中国文化交流协会成立于1956年3月23日，是日本民间七大对华友好团体之一。

中国文联代表团赴马耳他出席国际组织会议

11月17日至22日，应马耳他艺术理事会邀请，中国文联国际部副主任薛伶一行2人赴马耳他出席国际艺术理事会及文化机构联合会执委会第43次会议。

郭运德率代表团访问毛里求斯、法属留尼汪和印度

11月23日至12月2日，中国文联党组成员、书记处书记郭运德率4人代表团访问毛里求斯、法属留尼汪和印度，与有关国家文化主管部门商洽2016年中国文联赴毛里求斯和法属留尼汪举办"今日中国"文化周活动安排，邀请毛里求斯和印度艺术团来华参加第十届中国国际民间艺术节，出席在印度孟买举行的"梦想·记忆——中国当代民生之变迁"摄影展，并同当地文化艺术组织进行交流。

理论研究

综述

2015年，在中国文联党组的领导下，理论研究室和文艺评论中心认真贯彻落实党的十八大和十八届四中、五中全会精神，认真落实中国文联九届七次全委会工作部署，深入贯彻中央从严治党和党风廉政建设有关精神，较好地履行了职责，完成了上级交办的各项任务。

学习贯彻习近平总书记系列重要讲话精神

为深入学习贯彻习近平总书记系列重要讲话精神，全面了解当前文艺工作面临的新形势、新任务，促进文艺理论、评论工作创新发展，5月份组织举办了"全国文联系统理论研究暨文艺评论业务培训班"，各全国文艺家协会、各省份文联理论研究部门负责人、各省份文艺评论机构负责人共50余人参加培训，并就有关问题展开研讨，收到良好效果。结合总书记文艺工作座谈会讲话全文发表和《中共中央关于繁荣发展社会主义文艺的意见》发布，9月份组织举办"文艺行业建设与社会治理"研讨会，邀请一批在政界、学界、业界有影响力的专家学者参加研讨，并通过《光明日报》《中国艺术报》等媒体专版刊发、深入报道，在社会上引起较大反响。同时，加强本部门理论学习，制定了《理论研究室关于深入学习习近平总书记〈在文艺工作座谈会上的讲话〉和〈中共中央关于繁荣发展社会主义文艺的意见〉实施方案》，多次组织专题讲座和研讨交流，确保学深学透、学以致用。

调查研究

【配合党组开展重点课题调研】

协助党组制定《2015年中国文联党组重点调研课题实施方案》，协调由党组领导带队的各调研组分赴30多个省份和县乡文联开展调研活动，并派人随同赵实、夏潮等党组领导赴江苏、上海、四川、内蒙古、广西、云南、宁夏、湖南等地开展调研，分别完成《关于修改完善中国文联章程的调研报告》《关于制定做好新形势下文联作协工作的意见的调研报告》《中青年文艺工作者思想状况调研》课题，与新疆文联合作完成《边疆多民族聚居区文联组织社会作用调查》调研课题，为党组决策提供了重要依据，其中《中青年文艺工作者思想状况调研》得到中央领导的重要批示。

【开展研讨交流】

会同中国文联港澳台办公室，在澳门成功举办"造型艺术与中华美学精神育成"第七届海峡两岸暨港澳台地区艺术论坛，收到良好效果。为纪念抗战胜利70周年，与中国民协共同主办"和平与正义之声——歌谣与抗战"研讨会，邀请一批全国专家参加研讨。在全国文联系统开展2015年调研报告征集工作，共征集文稿63篇，并评选出20篇优秀调研报告，将在《调研通讯》上刊发，促进调研成果交流与共享。

新闻宣传

【开展文艺界行风建设先进典型宣传】

组织召开"文艺界行风建设先进典型宣传报道研讨会"，邀请人民日报、新华社、光明日报等10余家主流媒体专家围绕如何开展好文艺界行风建设先进典型宣传进行研讨。对第四届54位全国中青年德艺双馨文艺工作者先进事迹进行全面深入的宣传报道，先后在光明日报、中国艺术报刊发专版，在新华社、人民日报、人民政协报、文艺报等媒体连续推出人物专访数十篇，并运用微博、微视频等新媒体扩大影响力，在社会上产生积极反响。

【做好重大主题文艺活动宣传报道】

紧紧围绕中国文联中心工作，以重大活动、行风建设的宣传为重点，注重超前策划，加强与新闻媒体的沟通协调，充分发挥各类媒体的优势，认真做好"到人民中去""向人民汇报"等主题系列活动，学习贯彻习近平总书记重要讲话精神、中央《意见》精神系列学习研讨活动，以及中国文联九届七次全委会和中国音协、中国剧协、中国杂协、中国舞协、中国书协五个协会换届等重要会议、重点工作的宣传报道，全年共30余场次，扩大了文联工作的社会影响力。

【与相关媒体合作开展宣传报道】

加强与新闻媒体的协调与联系，充分发挥其报道优势，努力提升宣传效果。在文艺工作座谈会召开一周年前夕，协助新华社北京分社开展"文艺工作座谈会一年间"重大选题报道；以新疆维吾尔自治区成立60周年为契机，与中央人民广播电台综艺节目中心、新疆文联联合推出"大美新疆"系列专题节目；配合媒体记者推出《中国文联：开创文艺新风貌》文章，刊登在《光明日报》"辉煌十二五"专版上，反映"十二五"时期文艺事业和文联工作取得的成就。

文艺舆情信息

【做好舆情信息收集整理和研判应对工作】

进一步完善舆情信息报送机制，深入研究舆情工作面临的形势，加大创新策划力度，着力提高信息采集的及时性、分析研判的准确性和对突发事件的快速反应能力。推出基于微信收集的《文艺舆情快讯》、反映突发事件的《舆情专报》、研判每月总体情况的《舆情综述》等新的舆情信息载体，有效应对文艺界的突发敏感事件和有关舆情，掌握了舆论引导与应对的主动权。

【继续做好舆情信息内刊编撰】

2015年，共编撰《中国文联简报》25期，《文艺动态》16期，专报23期，特刊7期，《中国文联要情》9期，《文艺舆情专报》20期，《文艺舆情快讯》近千条。其中，《中国文艺志愿者深入基层服务采风活动广泛开展》等11篇舆情被中宣部采用，《湖南耒阳文联主席怒砸网站电脑引舆论高度关注》等3篇舆情受到中宣部有关领导的高度重视，并做出重要批示。

【做好文艺舆情信息工作基础建设】

3月份在广西南宁召开"全国文联系统文艺舆情信息工作会议"，对2014年中国文联舆情工作进行总结，并对2015年舆情工作提出要求，表彰2014年度文艺舆情信息先进集体、先进个人和好信息,并对与会代表进行专题培训。同时,加强与中央戏剧学院艺术管理系、中国传媒大学电视剧研究所、中国青年政治学院中文系等五家文艺舆情信息研究基地的联系和合作,对课题申报程序和内容进行优化。采取多种方式加强与舆情信息员的联系和互动,做好舆情信息的报送工作。

文艺评论

创办《中国文艺评论》（月刊）

成立《中国文艺评论》编辑部，2015年10月，《中国文艺评论》正式创刊。杂志定位为学术月刊，每期刊载文章16篇左右，共约15万字。2015年共出版三期。

开通"中国文艺评论网"等新媒体阵地建设

正式开通"中国文艺评论网"，以文艺政策、理论前沿等近30个栏目及10个图文视频专题，全面展示协会工作及文艺评论领域前沿动态。开通并运营"中国文艺评论"官方微信公众号，努力探索文艺评论新媒体传播规律。

举办系列研讨会

一年来，为加强文艺作品和文艺思潮的评论，举办了电视剧《平凡的世界》、电影《黄克功案件》《启功》等作品研讨会，还召开了《艺术与市场的张力——市场经济条件下文艺健康发展之路》全国文艺评论家学术峰会、首届中国青年文艺评论家"西湖论坛"、首届中国文艺评论家年会等大型研讨会。

加强文艺评论人才队伍建设

为进一步加强文艺评论人才队伍建设，举办了首届全国文艺评论骨干专题研讨班、第九届全国青年文艺评论家高级研修班等培训活动，贯彻落实习近平总书记在文艺工作座谈会上的重要讲话精神，积极推进文艺评论人才队伍整体建设。

权益保护

综述

2015年，根据中国文联党组的统一工作部署和要求，权益保护部深入学习贯彻党的十八届四中、五中全会和全国文艺工作座谈会精神，根据"保基本、促发展、育人才"的文艺维权工作总体思路，深入开展维权专题调研，参与国家立法工作，推动维权组织建设，创新维权工作机制，大力开展维权服务，进一步推动了全国文联系统的维权工作。

维权调研

3月至7月，权益保护部牵头组成调研组，在中国文联党组成员、副主席李前光的率领下先后在北京、安徽、湖北、重庆、深圳等地开展专题调研，调查了解各地文联组织在建立健全依法治会和依法维权工作机制、扩大工作覆盖面、延伸联系手臂方面的新思路和新举措，为创新权保服务模式和手段，完善维权服务机制提供重要参考。

5月，权益保护部干部在李前光的率领下与中国文联出版单位负责人赴深圳调研，参观了第十一届中国（深圳）国际文化产业博览交易会，实地考察深圳文化创意公司和文化产业基地。通过参观学习，探索出了一条以版权保护助力艺术品传播与交易，以艺术品交易延伸出版产业链，助力文联出版产业改革与创新发展的新思路和新途径。

参与立法

（1）权益保护部通过文艺界人大代表和政协委员向2015年全国"两会"提交5项提案，呼吁在"十三五"规划中强化著作权保护；完善著作权法律保护制度；在《广告法》的修改中，建议保护文艺家在代言广告中的合法权益；呼吁取缔非法文艺组织、惩处非法开展文艺活动的行为，维护我国文化市场的良好秩序；敦促教科书出版单位依法向文艺工作者支付稿酬等。提案委员会办公室对提案给予了高度重视，国家新闻出版广电总局、文化部等相关部门对提案进行了专函答复。

（2）权益保护部通过参与《电影产业促进法》《民间文艺作品保护条例》《国家安全法》《境外非政府组织管理法》《国家勋章和国家荣誉称号法》《慈善法》等多部法律法规的制定和修改工作，为文联组织和文艺工作者代言并及时将修改意见和建议反馈至立法机关。

（3）3月，权益保护部与中国民协权益部共同完成了中国民间文艺作品著作权保护研究课题报告结题评审和印发工作，邀请民间文艺界专家对课题报告进行了评定和审议。在此基础上，完成了报告的终稿，并负责将课题报告印制成册，送中国文联党组、国家版权局法制司等，为加强民间文艺作品著作权保护和早日制定出台《中国民间文艺作品著作权保护条例》建言献策。

维权宣传

权益保护部继续与《中国艺术报》密切合作，完成了本年度12期"维权行动"专版的策划、设计、组稿、撰稿工作。专版及时报道和宣传中国文联、各全国文艺家协会、地方文联组织开展的与文艺维权工作相关的重要会议和活动；密切关注琼瑶诉于正案件、中国电影诞生110周年等与文艺维权有关的焦点和热点事件；通过特色栏目加强法律宣传，交流维权经验，反映文艺工作者的维权诉求。

2月和9月，分别创办了《权益保护》通讯，开通了"文艺权益保护"微信公众号，面向各全国文艺家协会、地方文联组织、广大文艺工作者大力开展普法宣传和文艺维权工作交流，扩大了宣传覆盖面，增强了宣传的针对性和实效性。

12月，权益保护部精心挑选了《习近平用典》《公务员法律知识学习问答》《法律百事通》等普法书籍发放给中国文联机关、各全国文艺家协会和直属单位的干部职工，提高文联干部运用法治思维和法治方式开展各项工作的能力，促进依法治会。

维权研究

权益保护部与北京市高级人民法院合作，历时一年，完成了国内首部专门针对文艺界的名誉权案例分析——《捍卫名誉——文艺界名誉权典型案例评析》的编写和出版工作，为保护文艺工作者的名誉权提供专业指导。

为加强新形势下魔术作品的著作权推广、运用和保护，促进魔术产业和事业发展，5月，权益保护部与中国杂协在深圳共同主办了"新媒体环境下的魔术著作权保护研讨会"。

9月，权益保护部与中国曲协在中国文艺家之家共同举办"数字化时代下曲艺版权保护研讨会暨《曲艺维权手册》发布会"，积极宣传和推广《曲艺维权手册》，在曲艺界全面营造"学法知法、共同守法、依法维权"的良好氛围。

维权服务

（1）6月，权益保护部审核修改了中国文学艺术基金会向国家博物馆捐赠《时代领跑者》美术作品的"捐赠协议"，提示法律风险。

（2）7月，权益保护部与著名编剧倪学礼就其主张《我在北京，挺好的》《满仓进城》以及《福根进城》三部电视剧作品抄袭其创作的长篇小说《追赶与呼喊》、电视剧《小麦进城》和电视剧分集大纲《小满加油》事宜开展当面交流，指导其依法维权。

（3）7月，权益保护部与中国民协权益部共同为"泥人张"第四代、第五代传人所反映的侵犯"泥人张"名称权的执行案件再次提供维权帮助。

（4）8月，权益保护部就原烟台文艺之家职工有关劳动争议申诉纠纷出具法律意见。12月，协调法律顾问就原烟台文艺之家离休职工社保关系转移问题提出法律建议。

（5）10月，权益保护部与天津市文联共同举办了权益保护知识讲座和法律志愿服务活动。通过现场为文艺工作者提供义务法律咨询，发放权益保护部编写的《法律知识100问》维权手册，实地了解了当地民间文艺作品著作权保护状况等活动，实现了"送法律下基层，送服务到身边"，受到文艺工作者的欢迎。

（6）11月，权益保护部就未在民政部合法注册的"中国艺术家协会"通过网络、微信等渠道宣传该组织被授予"纪念联合国成立70周年庆典最佳贡献奖"荣誉称号，并声称"这是中国文艺界第一个非政府组织获此殊荣"的情况进行调查，查清该组织宣称的获奖情况并不属实，并就调查情况出具书面报告，提出法律建议。

（7）权益保护部工作人员作为中国文联代理人，参加了白某起诉文联房屋租赁合同纠纷的诉讼活动，中国文联最终赢得该案的胜诉。

（8）日常接待来信来访和提供法律咨询服务。

干部培训

4月、7月和10月，权益保护部先后举办了三期中国文联系统权保干部培训班。通过邀请法律专家举办法律知识讲座，实地参观百度公司总部和第十届北京文博会等形式新颖、内容丰富的培训活动，使文联权保干部开阔视野、启发思路、提高能力。

对外交流

5月，权益保护部协调中国音协和中国视协通知获得WIPO版权金奖的嘉宾获奖结果，并安排他们前往WIPO和国家版权局在厦门举办的颁奖式领奖。

9月，经国际部联络，中国文联权益保护部参与会见了由日本音乐著作权协会前理事、日本音乐作家团体协议会理事长、著名词作家井出博正先生和日本音乐著作权协会总务本部总括总务、国际作者和作曲者协会联合会亚太地区委员会副主席渡边聪先生等组成的日本音乐版权访华团，双方相互介绍了组织机构及开展工作的情况，并表达了希望未来开展版权保护合作的愿望。

出版业改革与管理

综述

在中国文联党组和中国文联出版业改革领导小组的正确领导下，中国文联出版业改革领导小组办公室学习贯彻党的十八届三中、四中、五中全会精神和习近平总书记系列重要讲话精神，牢固树立正确出版导向意识，按照中央文化体制改革工作部署和要求，加快推进文联出版报刊单位的改革与发展，加大出版资源整合和公司化改造力度，探索并建立现代企业经营模式，努力培育新的经济增长点，以精品战略为核心，加强品牌建设和推广，进一步加强业界间的交流合作，充分展示文联出版业改革发展成果，建立健全把社会效益放在首位、实现社会效益和经济效益相统一的体制机制，努力打造一批核心竞争力强的文艺出版传媒企业。

召开中国文联出版报刊业改革发展工作总结表彰暨2015年度重点工作部署会议

2015年4月2日，中国文联召开2014年中国文联出版报刊业改革发展工作总结表彰暨2015年度重点工作部署会。会议总结了2014年文联出版报刊业改革发展工作，表彰了2014年度中国文联出版业改革发展先进单位、先进个人和先进项目（活动）团队，部署了2015年文联出版报刊业改革发展工作。中国文联党组副书记、副主席，中国文联出版业改革领导小组组长李屹出席会议，中国文联党组成员、副主席、中国文联出版业改革领导小组副组长李前光出席会议并讲话。李前光充分肯定了过去一年中国文联出版报刊业改革发展取得的成绩，就做好2015年文联出版报刊业改革发展工作提出了具体要求，明确了目标任务和工作重点。

出版资源整合重组和企业公司化改造取得新进展

贯彻中央关于全面深化文化体制改革的要求，加快推进出版资源整合重组和企业公司化进程，组建并打造专业艺术门类的出版传媒公司。中国书法出版传媒有限责任公司进一步加强内部体制机制改革和制度建设，不断夯实发展基础。在中国文联、中国书法家协会和中国书法出版传媒有限责任公司的共同努力下，《中国书法报》正式创刊发行，使公司经营内容得以丰富、盈利模式得以加强。10月，中宣部文改办批复同意《中国摄影出版传媒有限责任公司的组建方案》。修改完善的《关于组建中国电影出版传媒有限责任公司的总体方案》报送国家新闻出版广电总局改革办审核。中国书法、中国摄影、中国电影出版传媒有限责任公司的组建，标志着中国文联出版改革工作向专业化和规模化发展方向迈出了重要的一步。

积极稳妥推进非时政类报刊改革

按照文联党组的工作部署，在文联党组分管领导的大力支持下，为加快推进中国文联非时政类报刊转企工作，出版办与国家新闻出版广电总局改革办等部门就尽快批复中国文联所属非时政类报刊出资人等问题进行沟通与催办。2015年12月，中国文联所属《大众电影》等9家报刊出版单位出资人获得非时政类报刊出版单位体制改革工作联席会议办公室批复。按照转制规程，中国文联非时政类报刊体制改革工作将进入产权登记、核销事业编制、注销事业单位法人、办理企业工商注册登记等环节。

实施精品出版工程，努力打造优秀出版物

2015年，中国文联继续实施中国文联文艺出版报刊精品工程，对所属4家出版单位申报的13个项目给予498万元资金支持。该工程对推动文艺出版创新，促进精品力作生产，提升出版实力发挥了重要作用。

继续实施"晚霞文库"工程，经文联党组批准，对入选"晚霞文库"2个单位的5位老艺术家的图书出版给予资助。组织编选2015年度中国文联精品图书，更好地服务文艺家和文联干部的学习生活，同时扩大了文联出版单位的社会影响力。

继续对出版报刊单位改革发展给予扶持

在中国文联党组大力支持和协调下，中国文联所属中国摄影出版社，《曲艺》《民间文学》《大众摄影》杂志社获得了3120万元文化产业发展专项资金。中国书法出版传媒有限责任公司和中国摄影出版社获得国有资本经营预算拨款435万元项目资金支持。国家项目资金对于加强文联出版报刊单位数字出版平台建设与管理，实现由传统出版向数字出版转型升级，促进产业结构调整，推动文联出版产业跨越式发展起到了重要作用。

开展对外交流与合作，创新经营模式

2015年5月13日至17日，中国文联党组成员、副主席李前光率中国文联出版社、中国书法出版传媒有限责任公司、中国电影出版社、中国摄影出版社负责人和中国文联权益保护部干部一行12人赴深圳调研，实地考察了第十一届中国（深圳）国际文化产业博览交易会，与组委会接洽了中国文联明年参展事宜，参观访问了深圳市有关文化创意单位和中国图书进出口深圳公司，就产业创新发展、图书出版营销进行了深入调研和学习交流。通过学习调研，调研组深入考察了文化创意和科技创新企业，了解了文化创意产业和科技创新产业的最新发展和前沿动态，极大地开阔了眼界，增长了见识。

9月18日至20日，2015中国（武汉）期刊交易博览会在武汉举行。为利用这一国家级展会平台作为窗口，充分展示中国文联优秀图书、期刊的品牌形象和改革发展的成果，探索并创新经营模式，中国文联党组成员、副主席李前光、权益保护部（出版办）副主任暴淑艳率中国电影家协会、中国美术家协会、中国民间文艺家协会、中国摄影家协会、中国书法家协会所属部分出版单位携精美的艺术品和优秀出版物亮相刊博会。为适应文化产业发展，创新经营模式，实现多元化经营，文联展区现场还增加了部分优秀书法、美术、摄影艺术品的交易，探索和尝试新融合与新发展之路。活动期间，全国政协副主席齐续春、国家新闻出版广电总局副局长吴尚之等领导莅临中国文联展位，认真观赏了期刊和展示交易的艺术品，

对独具艺术特色的文联展位和艺术品给予高度评价。中国文联因为组织所属出版单位创造性地开展报刊和艺术品的展示和交易活动，荣获"优秀组织奖"，中国文联展区凭借庄重典型又不失现代时尚感的独具艺术特色的创意设计，荣获"创意优秀设计奖"（排名全国参展单位第一）。《美术》《中国摄影》《中国书法》杂志被中国（武汉）期刊交易博览会评为2015年"中国最美期刊"。

出版报刊单位的品牌优势不断增强

在国家新闻出版广电总局开展的2015年"百强报刊"评选活动中，中国文联所属《美术》《大众摄影》《中国书法》杂志被评为"百强社科期刊"。这是3家期刊连续第二次获此殊荣。此外，中国文联出版社《大型歌剧〈日出〉曲谱》入选中宣部、国家新闻出版广电总局"中国文艺原创精品出版工程"；《乱世熏风——民国书法风度》入围中宣部、国家新闻出版广电总局（中国图书评论学会）"2015年度中国好书"；中国电影出版社出版的《中断与连续——电影美学的一对基本范畴》荣获教育部高校教师学术成果奖；中国摄影出版社出版的《中国世界遗产影像志》入选国家新闻出版广电总局"中华优秀传统文化普及图书"及"全国优秀审读报告评比活动奖"；《采访本上的雷锋》《网店摄影：从红星到皇冠》《历史光影中的邓小平》三种图书被国家新闻出版广电总局推荐为"2015年农家书屋重点出版物"。上述成绩充分体现了文联所属出版报刊单位所具备的品牌优势和良好的发展前景。

完成5家出版企业产权登记工作

按照财政部《关于全面开展中央文化企业国有资产产权登记与发证工作的通知》要求，出版办组织中国文联出版社等5家出版企业完成国有资产产权登记与发证申报工作。通过产权登记申报，各单位健全了内部管理制度，进一步加强了出版企业国有资产的管理基础。

加强协调和沟通，做好业务指导和服务工作

坚持所属出版企业负责人季度例会制度，组织出版企业定期学习政策，沟通情况，交流经验，部署工作。10月份，组织文联所属4家出版企业认真学习《中央宣传部办公厅关于认真学习贯彻落实〈中共中央办公厅国务院办公厅关于推动国有文化企业把社会效益放在首位、实现社会效益和经济效益相统一的指导意见〉的通知》精神，深入贯彻落实习近平总书记系列重要讲话精神，准确理解、全面把握文件有关精神要求，充分认识推动国有文化企业把社会效益放在首位、实现社会效益和经济效益相统一的重大意义，始终坚持以社会主义核心价值观为引领，牢牢把握正确出版导向，切实承担起历史赋予出版工作者的责任和使命。

出版办积极与国家新闻出版广电总局等业务主管部门沟通和协调，协助中国电影出版社修订企业章程、中国摄影出版社办理出资人变更备案手续。组织并指导文联所属出版报刊单位申报文化产业发展专项资金、国有资本经营预算资金、国家出版基金、新闻出版改革发展项目、"十三五"出版规划项目、中国文联文艺出版报刊精品工程等出版项目。

图书出版管理和质量意识进一步加强

按照国家新闻出版广电总局关于开展出版物质量管理专项工作的要求，出版办组织开展了两次专项审读，组织审读员对4家出版社的20种图书进行了抽查，对质量不符合要求的出版社及时通告，并督促整改。进一步规范选题和书号的申报审核程序，按月将书号核发记录交出版

社公示，提高书号审核工作透明度；坚持对丛套书实行"四审"，严格执行重大选题备案制度，督促出版社做好选题论证、三审三校，严把出版各项质量关，切实做到依法依规出版。全年审核选题2188个，核发书号1705个，为3家出版社申请追加书号1052个。

机关建设

行政服务工作

【学习宣传贯彻习近平总书记系列重要讲话精神、中央党的群团工作会议精神和党的十八届五中全会精神】

办公厅会同机关党委，先后30余次组织协调党组（扩大）理论学习中心组学习贯彻习近平总书记系列重要讲话精神。7月10日，中央党的群团工作会议召开后，办公厅组织协调党组召开（扩大）会议传达贯彻中央党的群团工作会议精神，重点传达学习了习近平总书记和刘云山同志的重要讲话精神。8月5日，起草印发了《中国文联关于贯彻落实〈中共中央关于加强和改进党的群团工作的意见〉的任务分工方案》。9月15日，办公厅组织协调文联党组（扩大）会议学习贯彻《关于繁荣发展社会主义文艺的意见》重要精神。10月15日，办公厅组织协调文联党组（扩大）会议学习传达《中共中央关于繁荣发展社会主义文艺的意见》。10月22日，办公厅会同人事部协调举办了中国文联学习贯彻《中共中央关于繁荣发展社会主义文艺的意见》专题研讨班，中国文联主席孙家正出席会议，中宣部副部长景俊海出席会议并作专题辅导报告，中国文联党组书记、副主席赵实主持研讨班并做总结讲话。10月27日，办公厅起草印发了《中国文联学习贯彻〈中共中央关于繁荣发展社会主义文艺的意见〉的通知》。11月2日，办公厅组织协调党组召开（扩大）会议传达学习贯彻党的十八届五中全会精神，会后印发了《中国文联关于学习宣传贯彻〈党的十八届五中全会精神〉的通知》。11月20日，办公厅起草印发了《中国文联学习贯彻落实习近平总书记〈在文艺工作座谈会上的讲话〉和〈中共中央关于繁荣发展社会主义文艺的意见〉任务分工方案》。

上半年，中国文联党组成员兼办公厅主任陈建文带队，围绕如何贯彻落实《中共中央关于加强和改进党的群团工作的意见》，先后赴河北、陕西等地，深入开展了专题调研工作，实地考察了解基层文联组织的发展建设等情况，并与省、市、县、乡镇文联和所属协会的有关负责同志以及部分文艺家代表进行交流座谈，撰写完成专项调研报告。

【为党组、书记处当好参谋助手】

办公厅坚持着眼文联全局和工作大局，积极为党组出谋划策，协助抓好工作落实。完成了中国文联党组（书记处）会议的协调保障工作，起草印发党组（书记处）会议纪要。做好中国文联党组（书记处）领导、主席团成员出席各项活动、会议的联络协调服务。做好中国文联党组领导的工作、活动信息宣传。完成元旦春节期间、国庆节前，中国文联党组领导走访慰问荣委、老同志的协调服务工作。汇总、编印党和国家领导人、中国文联主要领导涉及文艺工作和文联工作全局的重要讲话、指示，并收集有关资料、提供参考材料。做好党组（书记处）领导机要文件传阅，及时传达、办理和督办领导批示。汇总整理各单位（部门）的每月重点工作和重大活动安排，为党组（书记处）领导及时了解情况、统筹安排工作提供了参考依据。

【中央第二巡视组专项巡视协调保障工作】

10月30日，中央第二巡视组到中国文联开展专项巡视工作以来，办公厅积极做好联络协调和服务保障工作。抽调干部参加联络协调服务保障小组，认真协调落实巡视组领导与文联各级负责同志见面谈话程序要求，全程参与文联领导出席中央第二巡视组专项巡视中国文联工作见面会、动员会、汇报会，巡视组与文联主席团成员谈话相关安排等工作。同时，加班加点整理报送相关材料，起草有关情况汇报，完成相关年度"三公"经费数据统计等工作。

【公务用车制度改革和办公用房清理整改工作】

扎实做好行政单位公务用车制度改革后续工作。其间对相关车辆的年检、保险、组织机构代码证等项进行了重新统一办理，分批逐辆交由国管局指定拍卖公司处理。截至年底，行政单位公车改革工作基本完成，启动事业单位公务用车制度改革准备工作。按照中央有关要求，对退休副部级领导用车进行了清退。为加强机关公务用车管理，规范用车秩序，制定并实施了《中国文联机关公务用车使用管理办法（暂行）》，确保公务用车使用管理严格规范。

严格按照中央、国务院有关文件要求，开展了办公用房清理整改工作，起草了《中国文联深化办公用房清理整改工作实施方案》，成立了中国文联深化办公用房清理整改工作领导小组，对文联各单位、各部门办公用房使用情况进行了认真检查和实地测量，采用置换调整、腾退、合并和结构改造对超标办公用房进行认真整改，并对各单位出租出借办公用房进行了核实和整改；起草情况报告，按要求填写相关报表，制作了办公用房情况详图。下半年，继续做好办公用房清理整改后续工作。

【为文艺家和文艺工作者服务】

全年，办公厅会同机关服务中心组织6批知名老艺术家赴广东、陕西、吉林、安徽、云南采风调研，受到艺术家的一致好评。组织在京中国文联荣委、主席团成员在北京大学第一医院进行参照院士体检项目标准的体检。全年，先后为60多位中国文联荣委、主席团成员和老领导以各种形式庆祝生日送上祝福。在日常工作中，热情接待各地方、基层文联同志、文艺工作者，做到耐心细致解答、在职责范围内提供信息、给予帮助、积极解决困难。

【机要、保密和档案等工作】

做好机要文件收发、传阅工作，完成中国文联2014年度中央绝密文件的清退工作。根据中央保密办（国家保密局）有关要求，汇总上报相关工作情况、检查报告及统计数据。组织召开2015年中国文联党组保密委员会扩大会议，印发中国文联2015年保密工作要点等文件。组织开展文联保密宣传月活动。

审核接收中国文联机关6个部室的2014年度文书档案。经招标立项，正式启动中国文联档案数字化建设工作。汇总完成《关于中国文联2011年以来档案工作有关情况的报告》。

办理8件十二届全国人大三次会议代表建议，3件中国文联九届七次全委会议委员建议案。做好群众来信接收、协调办理和接待来访工作。定期派人查看分设在文联各办公地点的6个党组意见箱，畅通文联党组领导直接联系群众的渠道。

【计划财务工作】

做好经费保障和预算管理工作。积极多方争取财政资金，确保了文联29家预算单位以及中国摄影出版社等6家单位的财政资金供给，70余个项目获批得到财政支持。对"三公"和会议费预算以及政府采购、绩效管理等工作进行重点布置，完成文联预（决）算及"三公"经费上网公开工作，受到财政部主管部门肯定。全年采取定期通报、约谈、重点督促等措施，跟踪督促文联预算执行工作。11月，财政部对158家中央部门2014年度决算编报工作进行了评比表彰，中国文联荣获三等奖。完成对文联系统开展的国内外重大活动、重要会议经费审核和保障工作。根据财政部批复预算和经费开支范围、标准，保障了行政事业和党委工会运行等经费的开支需要。加强了银行账户、公务卡制度改革、财政票据和国库集中支付工作的服务指导工作。完成了文联系统非税收入收缴工作。

加强文联机关本级预算管理工作。根据财政部预算管理改革最新要求，组织协调文联各部室完成2016年至2018年文联机关本级部门预算（一上）编报工作，协调督促做好文联机关本级预算执行工作，保障机关本级资金运行畅通。完成2015年文联机关本级上年结转结余使用情况统计、分房职工办理个人公积金提取、在职和离退休人员冬季供暖补贴统计核算、政府购买服务指导性目录征求意见及汇总、2014年度文联所办企业情况调查报告汇总上报等工作。

完成财政部、国管局、中宣部、人社部等主管部门布置的专项工作，包括：财政部国库集中支付及预算管理核查整改工作；会同人事部完成所属企业负责人薪酬制度改革等工作；2014年文联各单位同城同待遇支出预算相关工作；会同出版办组织2013年度文化产业发展专项资金管理使用情况检查工作；文联事业单位分类改革财务配套工作等。按照国家关于职工住宅物业、取暖改革精神，妥善解决文联职工2014年度取暖费和物业管理费报销工作。全年完成国家财政、审计、纪检、税务、统计等主管部门50余种财务经济专项报告（报表）1200余份。

【审计工作】

做好专项审计工作。完成了中国杂协等三家单位2014年度预算执行审计，分别出具了审计报告，进一步推动各单位规范预算管理，提高财政资金使用绩效。对中国音协、中国文学艺术基金会原负责人进行离任审计。履行审计监督职能，配合有关部门完成津贴补贴检查等工作。根据财政部文件要求，完成文联风险评估工作，在风险管理的过程中采用审计方法和技术手段，实现优化管理。

【国有资产管理工作】

加强国有资产管理制度建设。起草《中国文联企事业单位公务用车配备使用管理暂行办法》并适时公布。成立中国文联使用正版软件工作领导小组，研究起草工作实施方案，进一步规范软件正版化工作，并通过了国家知识产权局等部门组成的考核组的检查。根据财政部规划全国行政事业单位资产管理信息化建设内容，制定未来3年资产管理信息化建设项目概算，起草文联资产管理系统建设方案。按照财政部、国管局要求，完成2014年中央行政事业单位资产、固定资产投资、政府采购信息统计以及国有资产决算和绩效评价等报表，起草了《中国文联关于报送2014年度行政事业单位国有资产年度决算的报告》和《中国文联企业国有资产运营情况分析报告》。

严格执行《中央预算单位政府集中采购目录及标准》，严格把关，依法采购。在各单位全面实行批量集中采购，起草《批量集中采购说明》，为各全国文艺家协会艺术中心、文艺评论中心开立批量集中采购账户，认真编制了文联机关的政府购买服务目录并上报财政部。成立由资产、财务、审计、纪检等部门参与的中国文联政府采购工作协调领导小组。加强日常办公用品及耗材等采购项目的管理，严格按规定程序保障办公用品领用发放。负责单一来源采购中华经典系列咏诵项目的审批申报工作，为此项目办理中央预算单位数字安全证书（UKEY）等。

【定点扶贫工作】

协调开展2015年中国文联定点扶贫工作，先后2次组织召开了甘肃省陇南市武都区精准扶贫工作座谈会，并就中国书协考察西狭颂摩崖石刻申报中国书法名碑活动，与中国书协、甘肃成县进行了沟通协调。10月，中国文联党组成员兼办公厅主任陈建文率10名著名书画家赴甘肃省武都区开展"深入生活、扎根人民"采风创作暨中国文联定点帮扶活动，向武都区图书馆捐赠了价值100万码洋的图书，向武都区上尹家村捐赠了20万元用于文化广场建设，向武都区博物馆捐赠了30余幅名家书画作品，协调《中国艺术报》专版报道了武都区民俗文化和特色产业。

【信息化建设工作】

协调推动文联系统信息化建设。按照《中国文联关于进一步加强信息化建设工作的意见》和工作计划，完成中国文联办公平台升级改造项目，更新内网人员机构和工作流程，经征求意见和运行测试，办公平台升级版于7月上线试运行，并在文艺家之家、中国摄协举办使用操作培训。开展中国文联文艺资源中心信息机房（文艺家之家信息机房）改造项目建设，5月至8月，按程序进行招标，9月，进入项目建设实施，12月，完成主体改造和装修施工。改造后的机房实现内外网物理隔离，达到国家网络安全要求，成为一个安全、稳定、高效、无冗余的网络系统及IT基础平台。同时，配套制定《中国文联办公内网管理规定》《中国文艺家之家互联网管理办法》《文艺家之家信息机房网络服务器托管管理规定》《中国文艺之家信息机房安全管理制度》等多项规章制度。

根据中央网信办文件要求，与文艺资源中心共同完成网络安全有关自查工作，进一步加强安全建设和管理。在2014年下半年完成布设工作基础上，1月开通文艺家之家无线Wi-Fi网络，并进行日常维护。做好内网内容更新、使用咨询，外网维护，计算机、办公电话维护等各项日常工作，协调为部分文艺家协会活动开展网络视频直播。编撰《中国文学艺术界联合会年鉴（2015）》，并于年底交付出版。

人事工作

【中国文联党组成员、主席团委员调整】

中组部通知：陈建文同志任中国文联党组成员。

增选陈建文为中国文联第九届主席团委员，推举陈建文为书记处书记。

增选韩新安、罗斌、陈洪武为中国文联第九届主席团委员，免去冯双白、赵长青中国文联第九届主席团委员职务。

【中国音协、中国剧协、中国杂协、中国舞协、中国书协换届】

2015年6月15日至18日，中国音乐家协会第八次全国代表大会在京召开。会议选举产生了中国音协新一届领导机构。

中国音乐家协会第八届领导机构人员名单：

主　席：叶小钢

驻会副主席：韩新安

副主席（按姓氏笔画排序）：印　青、关　峡（满族）、关牧村（女，满族）、余　隆、宋　飞（女）、宋祖英（女，苗族）、张千一（朝鲜族）、张国勇、孟卫东、赵塔里木、徐沛东、廖昌永、谭利华

秘书长：韩新安

2015年7月14日至16日，中国戏剧家协会第八次全国代表大会在京召开。会议选举产生了中国

剧协新一届领导机构。

中国戏剧家协会第八届领导机构人员名单：

主　席：濮存昕

驻会副主席：季国平

副主席（按姓氏笔画排序）：于魁智（回族）、王晓鹰、冯玉萍（女）、李树建、杨凤一（女）、沈铁梅（女）、茅威涛（女）、罗怀臻、孟　冰、孟广禄、柳　萍（女）、韩　生、韩再芬（女）

秘书长：崔　伟

2015年11月3日至4日，中国杂技家协会第七次全国代表大会在京召开。会议选举产生了中国杂协新一届领导机构。

中国杂技家协会第七届领导机构人员名单：

主　席：边发吉

驻会副主席：邵学敏

副主席（按姓氏笔画排序）：邓宝金（女）、付继恩、刘全利、齐春生、李西宁（女）、吴正丹（女）、张　红（女）、阿迪力·吾休尔（维吾尔族）、俞亦纲、梅月洲、戴武琦

秘书长：邵学敏

2015年11月17日至19日，中国舞蹈家协会第十次全国代表大会在京召开。会议选举产生了中国舞协新一届领导机构。

中国舞蹈家协会第十届领导机构人员名单：

主　席：冯双白

驻会副主席：罗　斌

副主席（按姓氏笔画排序）：丁　伟、山　翀（女）、王小燕（女）、冯　英（女）、达娃拉姆（女，藏族）、刘　敏（女）、杨丽萍（女，白族）、杨笑阳、陈维亚、迪丽娜尔·阿布拉（女，维吾尔族）、赵　明、赵林平（女，蒙古族）、黄豆豆

秘书长：罗　斌

2015年12月7日至9日，中国书法家协会第七次全国代表大会在京召开。会议选举产生了中国书协新一届领导机构。

中国书法家协会第七届领导机构人员名单：

主　席：苏士澍（满族）

驻会副主席：陈洪武

副主席（按姓氏笔画排序）：王　丹、毛国典、包俊宜、刘金凯、刘洪彪、孙晓云（女）、吴东民、何奇耶徒（蒙古族）、宋华平、张建会、陈振濂、顾亚龙、翟万益

秘书长：郑晓华

【班子调整配备和干部选拔任用工作】

根据文联党组的部署，按照个体优秀、总体优化、岗位所需、人岗相适的基本原则，结合文联班子和干部队伍建设实际，对3个协会班子成员、文联机关4个部门局级干部和3个直属单位班子成员进行了调整，有力地改善了局级班子的整体结构，激发了活力和动力。

各协会班子成员、文联机关局级干部、各直属单位班子成员调整名单

顾立群任中国剧协分党组副书记、巡视员，不再担任中国摄协分党组成员、副秘书长职务

李甲芹任中国舞协分党组副书记、巡视员

彭文玲任中国摄协分党组成员（正处级）、副秘书长

冯怀中调任中国视协副巡视员

鲁航调任中国文联办公厅（计划财务部）副主任

罗江华任中国文联国内联络部副巡视员

张锡海任中国文联国际联络部副主任

朱汾任中国文联离退休干部局副局长

中国音协分党组成员、副秘书长王宏晋升为副局级领导职务

中国书协分党组成员、副秘书长潘文海晋升为副局级非领导职务

中国书协党组成员、副秘书长张陆一晋升为副局级领导职务

孙德华任中国文联文艺志愿服务中心副主任

郭希敏任中国文联机关服务中心副主任

冀彦伟任中国文联文艺研修院副院长

吴长江不再担任中国美协分党组书记职务

赵长青不再担任中国书法出版传媒有限责任公司资产管理委员会主任职务

孙德华不再担任中国文联文艺研修院副院长职务

曲华江不再兼任中国文联曲艺艺术中心主任职务

中国剧协分党组副书记、秘书长刘卫红退休

中国剧协分党组成员、副秘书长兼中国文联戏剧艺术中心主任周光退休

中国音协分党组成员、副秘书长兼中国文联音乐艺术中心主任田晓耕退休

中国摄协分党组副书记王郑生退休

中国文联办公厅（计划财务部）巡视员兼副主任金宁宁退休

中国文联离退休干部局副局长潘和平退休

中国文联权益保护部副主任兼中国文联出版业改革领导小组办公室主任范小伟调中央网信办工作

【深化干部人事制度改革】

推动干部挂职锻炼有序开展，选派了1名处级干部到中国文联扶贫点甘肃省陇南市武都区鱼龙镇上尹家村任村第一书记，1名科级干部到国家信访局挂职锻炼。

为进一步规范重点抽查核实工作程序，制定下发了《中国文联拟提拔考察对象个人有关事项报告核实工作操作规程》。

【养老保险改革工作】

组织实施了文联系统机关事业单位养老保险改革工作，完成了2015年度机关事业单位基本养老保险和职业年金缴费测算与确定，共涉及787人。组织开展了养老保险经办工作，对29个机关事业单位编制信息、单位信息、在职及退休人员的基本信息、人事档案审核信息等情况，逐一进行了审核、数据采集，共涉及1410人次。

【机构、编制管理和工资工作】

下发了中国文联戏剧艺术中心等15家事业单位分类改革意见，相应调整了有关单位人员编制。根据《中国文联全面深化改革工作推进方案》，对中国文联组织体系、机构编制、主席团建设、干部队伍建设、人才管理体制机制等方面存在的突出问题进行了认真研究梳理，并提出了初步的改革建议。办理了文联办公厅、国际部、人事部、美协、视协、研修院、志愿中心、评论中心、艺术报等单位的内设机构和人员编制调整工作。完成了调整机关事业单位工作人员基本工资标准和增加机关事业单位离退休人员离退休费工作，共计1483人次。制定了《关于深化中国文联所属企业负责人薪酬制度改革的意见》《中国文联所属企业负责人经营业绩考核办法》。完成了文联系统2015年工资统发与工资批复工作，共涉及551人次工资调整，216人次工资批复。编印了《工资福利文件汇编和操作实务》。

【公务员管理工作】

完成了2015年度机关工作人员考录工作，录用机关工作人员13名。办理了2批共37名新进人员参公登记备案工作。为4人办理了解决干部夫妻两地分居的审批备案工作。为37名应届大学毕业生办理了接收及落户工作。组织完成了2015年参公、机构编制、工资等三套年度统计报表。

【干部教育培训工作】

注重发挥文艺人才培训（培养）专项资金的作用，加强对各单位培训项目的监督、检查和指导，统筹推进文艺人才教育培训工作。围绕中心工作，举办中国文联学习贯彻《中共中央关于繁荣发展社会主义文艺的意见》专题研讨班。与中国人民大学合作举办中国文联年轻干部培训班，这是中国文联首次采取与高校合作的方式开展干部教育培训，

共有来自各全国文艺家协会、文联机关各部室、各直属单位的53名年轻干部参加培训。认真开展干部调训和局级干部选学工作，全年共选派14人次参加中央党校、国家行政学院和中组部三大干部学院专题培训，22名局级干部参加选学。

【人才工作】

与中宣部、人社部联合开展第四届"全国中青年德艺双馨文艺工作者"评选表彰活动，授予丁寺钟等54名文艺工作者"德艺双馨"荣誉称号。开展2014年文化名家暨"四个一批"人才入选推荐工作，博纳影业集团董事长于冬，北京国际音乐节艺术总监、中国爱乐乐团艺术总监余隆，北京城市当代舞蹈团团长、艺术总监滕爱民，长沙美伦湘绣有限公司艺术总监邬建美，中国摄协分党组成员、秘书长高琴等5名同志被评为文化名家暨"四个一批"人才。配合上级部门、文联党组领导走访慰问有名望的老艺术家，为部分生活困难老艺术家发放补助。

【职称评审工作】

召开中国文联出版专业高级职务评审委员会第28次会议，有15人通过评审获得出版专业高级职务任职资格。

通过编审任职资格的7人：

中国美术家协会张英财，中国电视艺术家协会刘原，中国电影出版社李静，中国文联出版社王东升、姚莲瑞，书法出版社潘爱平，中国质量杂志社李禹（代评）；

通过副编审（美术副编审）任职资格的8人：

中国民间文艺家协会莫保平（美术副编审），中国摄影家协会陈奇军、赵刚、晋永权、常爱平，中国电影出版社纵华跃、张莉莉，书法出版社连江州。

【事业单位人事工作】

组织了2015年度文联系统企事业单位招聘工作，录取30人进入文联系统事业单位和国有企业，其中，研究生以上学历人员占90%。根据国家关于事业单位岗位设置方案调整变更的有关规定，组织开展了文联系统事业单位岗位设置方案调整变更工作，对各单位管理、专技、工勤三类岗位的配置和数量重新进行了核定，并报人力资源社会保障部审批。

【干部人事档案管理工作】

按照中组部部署要求，认真开展了干部人事档案专项审核工作。完成文联机关干部、协会处长以上干部和直属单位班子成员共计208本档案的初审和复审，对于审核中发现的问题，按照相关政策进行处理和认定。同时，督促指导各全国文艺家协会和文联直属单位认真开展干部人事档案专项审核工作。

党委工作

2015年，中国文联机关党委及所属各级党组织在中直机关工委和中国文联党组的正确领导下，全面贯彻党的十八大和十八届三中、四中、五中全会精神，深入学习习近平总书记系列重要讲话精神，坚持从严治党、依规治党，紧紧围绕党和国家工作大局、文艺和文联工作大局，认真履行职能，全面推进机关党的建设，为圆满完成文联各项工作任务提供了有力的思想政治保证。

【一、"三严三实"专题教育】

4月底，根据中央统一部署，中国文联在处级以上领导干部中开展"三严三实"专题教育。机关党委制定了《中国文联开展"三严三实"专题教育实施方案》，并通过召开工作部署会、工作推进会、发放调查问卷、加强督促检查、编发简报（全年共编发35期）等多种形式，督导各单位稳步推进专题教育。

1.专题党课。5月中旬，中国文联党组书记赵实同志为全体党员上党课。党组其他成员分别为分管单位、部门党员干部。各文艺家协会、机关各部室、各直属单位主要负责同志也在本单位党员干部范围内上了党课。各级领导同志的党课，紧密结合本单位实际，结合党员干部思想和工作实际，讲清"三严三实"的重大意义和丰富内涵，讲清"不严不实"的具体表现和严重危害，讲清落实"三严三实"的实践要求，发挥了带学促学作用。

2.专题学习研讨。各级党组织认真组织党员干部深入学习习近平总书记系列重要讲话精神，学习党章和党的纪律规定。重点研读《习近平谈治国理政》《习近平关于党风廉政建设和反腐败斗争论述摘编》，认真阅读《优秀领导干部先进事迹选编》和《领导干部违纪违法典型案例警示录》。配合专题教育，中国美协邀请国防大学教授徐焰将军做专题报告。中国曲协组织党员干部到北京市朝阳区人民法院旁听职务犯罪庭审。权益保护部到北京市中院旁听经济案件庭审。中国曲协、权益保护部、文艺志愿服务中心组织党员干部参观北京市监狱和北京市反腐倡廉警示教育基地。中国摄协编印《"三严三实"专题教育材料汇编》。中国书法传媒以墙报形式向党员干部职工宣传"三严三实"要求。在认真学习的基础上，各级党组织按照严以修身、严以律己、严以用权三个专题组织深入研讨。

3.专题民主生活会。文联党组按照中纪委和中组部通知要求，制定《中国文联党组"三严三实"专题民主生活会工作方案》，并按方案部署广泛征求意见，认真撰写班子和个人对照检查材料，开展谈心活动，民主生活会上充分开展批评和自我批评。中央第二巡视组、中央巡视办、中纪委、中纪委驻中宣部纪检组、中组部、中宣部、中直工委相关领导列席文联党组民主生活会。各文艺家协会分党组，机关各部室、各直属单位领导班子也按要求召开了专题民主生活会。分管各单位的党组领导、机关党委、人事部同志列席各单位领导班子民主生活会。文联各基层党支部专题组织生活会同期召开。

4.整改落实。各级党组织和党员领导干部通过调查函询、谈心走访、调研座谈、公开征集等多种形式广泛征求党员干部职工和文艺家的意见建议。对查摆出来的问题进行认真梳理，形成整改清单。对可以马上解决的，坚持即知即改、立行立改。对存在的违规违纪行为坚决予以查处，严格正风肃纪。同时，坚持既向思想建党要自觉，也向制度治党要约束，建制度、立规矩，推动践行"三严三实"制度化、常态化、长效化。专题教育过程中，各级党组织和广大党员干部求严求实，不走过场、不搞形式主义，坚持日常工作与专题教育"两不误、两促进"，达到了在深化"四风"整治、巩固和拓展党的群众路线教育实践活动成果上见实效，在守纪律讲规矩、营造良好政治生态上见实效，在真抓实干、推动改革发展稳定上见实效的目的。

【二、理论武装工作】

1.中国文联党组中心组学习的服务保障工作。会同办公厅，协助文联党组共组织33次对中央重要会议精神和领导重要讲话精神的传达学习。按照两月一专题、一月一研讨的原则，组织6次"三严三实"专题研讨。重点对习近平总书记在文艺工作座谈会上的重要讲话精神、中央群团工作会议精神、《中国共产党党组工作条例（试行）》《中共中央关于繁荣发展社会主义文艺的意见》《中国共产党廉洁自律准则》《中国共产党纪律处分条例》等展开学习讨论。此外，机关党委还配合中直工委在中国文联召开部分中直单位中心组学习调研座谈会。

2.政治理论学习工作。党的十八届五中全会召开后，为文联党组成员、各单位主要负责同志及全体党员购买中央关于制订"十三五"规划建议的相关学习材料，并向各级党组织下发学习通知。习近平总书记文艺工作座谈会讲话正式发表后，为处以上党员干部及全体党员购买相关学习辅导书籍，并发出通知要求各级党组织认真组织学习贯彻。为党员干部购买《习近平关于党风廉政建设和反腐败斗争论述摘编》等书籍，并下发通知要求各级党组织认真组织专题学习。此外，将党员和党员领导干部廉洁自律规范及习近平总书记对群团干部提出的要求印成卡片下发所有党员；组织党员干部观看专题片《作风建设永远在路上》和《抗战中的中国文艺》；向基层党组织下拨活动经费共125000元，鼓励他们积极开展党日活动。中国美协组织党员干部赴中央美院爱国主义教育基地（侯一民先生工作室）开展党性修养专题教育。国际部开设"学习角"，开展"每月一课"活动，党员干部轮流讲党课或专业知识课。离退休干部局制定本部门《学习制度》。

3.党建理论研究和经验交流工作。利用召开文联党群干部培训班之机，举办党建工作经验交流会，8个单位做了经验介绍。在全体党员干部中开展"三个表率"主题征文活动，各单位共报送征文60篇，机关党委评选出29篇优秀征文上报中直工委，其中获一等奖1篇、二等奖1篇、三等奖2篇，同时中国文联获优秀组织奖。参加中直党建研究会2015年度课题研究，共组织撰写11篇论文上报中直工委。

【三、基层党建工作】

1.基层组织建设。年初，文联党组集体听取了机关党委就文联党的建设2014年度工作汇报，并对做好2015年工作做出指示。12月，文联党组下发《关于进一步加强和规范文联各基层党组织领导班子建设的通知》，明确规定各级党组织负责人的任职条件，并对各级党组织负责人的履职尽责提出明确要求。机关党委共指导8个直属党组织按期换届，新成立直属党组织1个，改选调整13名党组织书记、副书记，发展党员5名。中国舞协、中国杂协制定《分党组工作规则》。中国民协制定《党总支工作制度》。国内联络部制定《党支部工作制度》。

2.相关培训工作。共选送6名局处级党员干部参加中直党校培训。4月，举办党群干部培训班，各单位73名党群干部参训。培训班编印了《党务干部工作手册》发给每位参训党务干部。9月，举办入党积极分子培训班，各单位共49名入党积极分子参训。中国摄协举办了以"坚定理想信念、立足本职创先争优"为主题的入党积极分子交流座谈会。

3.社团党建工作调研。为贯彻落实中央关于加强社团党建工作的意见，会同国内联络部对挂靠文联的36个社团的党建情况进行了广泛调研。配合中直工委举办社团党建工作改革调研座谈会，为下一步社团党建工作改革奠定了基础。

【四、中央巡视相关工作】

根据中央统一部署，中央第二巡视组于10月底至12月底对中国文联开展专项巡视。文联各级党组织积极配合中央巡视组开展工作。

1.前期工作。成立中央巡视中国文联工作联络组，制定《关于中央巡视组驻地信访处置及秩序维护工作应急预案》和《中央巡视组巡视期间应对突发事件（上访）维护稳定预案》。

2.会务及有关文字材料起草工作。在文联领导主持下，起草文联领导同志在巡视工作动员大会上的讲话、文联党组工作汇报、文联党风廉政建设情况汇报等材料。认真做好巡视组领导与文联领导见面会、巡视工作动员会、文联党组向巡视组工作汇报会的各项会务工作。

3.服务保障工作。根据巡视组要求向巡视组派出联络员和信访接待员。及时与巡视组沟通联系，请示汇报，做好各项协调服务工作。巡视期间，各单位收集、报送各类材料、文件、书报上万份，为巡视组顺利开展工作提供了良好保障。

【五、精神文明建设和群团组织工作】

1. 中国人民抗日战争暨世界反法西斯战争胜利70周年纪念活动。为纪念抗战胜利70周年，弘扬爱国主义精神，举办"爱国歌曲大家唱"歌咏比赛活动；组织党员干部参加《党建》杂志开展的"纪念抗战胜利70周年知识竞赛"活动；会同中国摄协组织党员干部参观抗战纪念馆。中国剧协参加《中直党建》"纪念抗战胜利70周年知识竞赛"活动并获优秀组织奖。中国摄协、理论研究室、文艺评论中心及文联机关团委分别组织党员干部、团员青年参观平西抗日战争纪念馆。中国杂协、文艺志愿服务中心组织党员干部参观狼牙山烈士纪念馆。机关服务中心组织党员干部参观鱼子山抗日战争纪念馆。权益保护部组织党员干部参观平北抗日战争烈士纪念馆。中国艺术报社组织采编人员参观军事博物馆。办公厅组织党员干部到盘山烈士陵园祭扫抗战英烈。

2. 公益志愿服务和精神文明建设活动。会同中直文明委为中国文联首个获得"全国文明单位"称号的中国摄协举行授牌仪式，会同文艺研修院组织干部职工为贵州黔南布依族苗族自治州捐赠图书7725册。文联文明办会同办公厅、权益保护部、中国美协、中国书协、中国摄协到北京市4所小学开展"进校园送文化"活动。文联工会、妇工委组织女职工参加中直机关"恒爱行动"，为新疆少数民族同胞编织毛衣、帽子、围巾等共114件。

3. 职工文体活动。机关工会联合会、机关青联联合举办职工春节联欢会。成立职工围棋俱乐部，举办文联首届职工台球比赛、首届职工羽毛球比赛。组织职工参加中央和国家机关"公仆杯"羽毛球比赛、乒乓球联赛及领导干部乒乓球邀请赛（月赛）。机关团委、机关青联举办摄影、书法等艺术知识辅导讲座。

4. 为职工"送温暖"活动。为职工办理保险理赔7人次，动用党费和工会会费为35名病困党员职工和挂职干部送去慰问金共7万元。

纪委工作

2015年，在中直纪工委、中纪委驻中宣部纪检组和文联党组的正确领导下，中国文联机关纪委及文联各级纪检组织认真贯彻党的十八大和十八届三中、四中、五中全会精神，深入学习贯彻习近平总书记系列重要讲话精神，坚持从严治党、依规治党，把纪律和规矩挺在前面，深化转职能、转方式、转作风，聚焦监督执纪问责，着力强化教育、转变作风、完善制度、正风肃纪，不断推进党风廉政建设和反腐败工作取得新进展、新成效。

【一、党风廉政教育】

按照中央纪委统一部署，围绕学习贯彻党的十八届三中、四中、五中全会精神，深入开展中国特色社会主义理论体系、社会主义核心价值体系、宣传工作纪律、廉洁纪律等学习教育。坚持把学习贯彻习近平总书记系列重要讲话精神、《中国共产党党章》《中国共产党廉洁自律准则》《中国共产党纪律处分条例》和《中国共产党巡视工作条例》作为重要政治任务，为党员干部下发《习近平关于党风廉政建设和反腐败斗争论述摘编》《习近平关于严明党的纪律和规矩论述摘编》《准则》和《条例》学习读本。通过中心组学习、举办培训班、专题辅导、座谈讨论等，促进学习教育向深度和广度发展。以文联党组名义下发《关于开展遵守党的政治纪律和政治规矩专项检查的通知》，开展遵守党的政治纪律和政治规矩专项检查，增强各级党组织和党员干部严守党的政治纪律、政治规矩的自觉性和坚定性。教育引导广大党员干部特别是领导干部，深刻认识周永康、徐才厚、郭伯雄、令计划、苏荣、周本顺等严重违纪违法案件的危害性，认真领会中央查处这些案件对于严肃党纲党纪、净化党的队伍的重要意义。

【二、作风建设】

认真贯彻落实中央八项规定精神，加强和改进调查研究，精减会议和文件，规范访问接待和新闻报道，着力改进学风会风。抓住元旦、春节等重要节点，及时印发落实中央八项规定精神、坚决防止"四风"反弹的通知，开展公款旅游、公款吃喝、公车私用和收送礼金礼品、电子预付卡、电子礼券等"节日病"专项检查，对领导干部外出报备情况进行集中排查整治。通过召开座谈讨论、个别访谈、问卷调查等，对党员干部作风方面存在问题进行专题调研，提出加强文联作风建设的具体举措，推进党员领导干部和机关作风建设。认真落实中央宣传部等五部委《关于制止豪华铺张、提倡节俭办晚会的通知》精神，加强对评奖办节、艺术展演等重大文化活动的立项、运作、资金使用的监管。认真贯彻中办、国办《党政机关厉行节约反对浪费条例》，加强对公务用车、因公出国（境）、公务接待等经费预决算执行的监管。同时，再次对领导干部超标占用办公用房问题予以清理。

【三、制度建设】

按照财政部《行政事业单位内部控制规范（试行）》的规定，对文联党风廉政建设风险点进行梳理排查，推进廉政风险防控机制建设。以党组名义印发《中国文联关于落实党风廉政建设主体责任和监督责任的实施意见》《中国文学艺术界联合会巡视工作实施办法（试行）》和《中国文联党员干部遵守政治纪律"十严禁"》《中国文联党员领导干部加强作风建设"十杜绝"》《中国文联严肃换届选举工作纪律"十不准"》等制度规定，进一步严明党的政治纪律、组织纪律，加强党风廉政制度建设。制定《中国文联关于建立与驻中宣部纪检组工作联系的实施办法》，进一步加强与中纪委驻中宣部纪检组的工作联系。

【四、党内监督】

加强对民主集中制执行情况的监督，落实集体领导和分工负责、重要情况通报和报告、谈话与诫勉、询问和质询、特定问题调查等党内监督制度。贯彻落实《党政领导干部选拔任用工作监督检查办法（试行）》，加强对拟提拔处级干部党风廉政情况的监督，提高干部选拔任用的公信度。会同有关部门认真执行《评比达标表彰活动管理办法（试行）》，加强对评奖办节、艺术展演程序的监督，确保艺术评奖公开透明、公平公正。会同有关部门贯彻落实《关于领导干部报告个人有关事项的规定》和《对配偶子女均已移居国（境）外的国家工作人员加强管理的规定》，做好处级以上干部个人有关事项申报工作。配合有关部门组织召开各级领导班子民主生活会、年终述职述廉，加强对落实党风廉政建设主体责任和廉政勤政情况监督检查。

【五、群众来信来访及违纪案件查处工作】

按照中央纪委及驻中宣部纪检组的要求，对反映党员领导干部问题线索进行"大起底"，实行归口管理、动态清理。严格按照五类标准处置原则，加强信访举报工作，拓宽渠道、规范管理、定期分析，加大核实力度。落实"查办腐败案件以上级纪委领导为主"的要求，通过直办、转办、交办、督办等方式，加强对下一级线索处置和案件查办工作的指导和监督。共接收信访举报31件（次），立案1件，初核9件（次），了结9件（次），暂存5件（次）；对5人给予党纪政纪处分，9人进行诫勉谈话，收回违规款项共计983729.64元。探索实践监督执纪"四种形态"，加大执纪审查力度，扩大谈话、函询、诫勉范围，让有反映的干部讲清问题、认识错误、及时改正，对反映失实的及时予以澄清。

离退休干部工作

【综述】

2015年，离退休干部局在文联党组正确领导下，深入学习贯彻党的十八届三中、四中、五中全会精神，以习近平总书记在全国老干部"双先"表彰大会上的讲话精神为指导，认真落实全国老干部局长会议精神，不断深化老干部思想政治建设，着力丰富老干部精神文化生活，努力提升老干部服务管理工作水平，积极引导老干部为党和人民事业、为繁荣社会主义文艺事业增添正能量。

【老干部思想政治和党组织建设工作】

1. 4月15日至16日，在瑶台山庄举办春季老干部党支部书记、委员培训班。在会上传达了习近平总书记在全国离退休干部"双先"表彰大会上的讲话、刘云山同志的讲话等。与会代表围绕学习心得与支部建设还开展了深入广泛交流。

2. 不断提高《桑榆天地》办刊质量，开辟"多彩晚年""流金岁月""创作天地""健康养生"等专栏，从不同角度全面展现出老干部良好的精神风貌。全年共编辑发行杂志5000余份。结合抗战胜利70周年，开辟纪念专栏，将一批意义深远、真实生动的文章故事收入其中，再现了中华民族不屈不挠的民族精神。

3. 11月5日至6日，组织老干部党支部书记、委员及部分老干部工作人员到总政沙河基地开展培训。集中学习传达十八届五中全会精神、中共中央关于繁荣发展社会主义文艺的意见，通报中国文联贯彻落实中央八项规定的情况，听取夏潮书记做辅导报告等。

4. 加强与《中国艺术报》、中国文艺网以及社会媒体的联系沟通，广泛宣传老干部工作，展现老干部良好的精神风采。全年在各类媒体发稿10余篇，做到了报上有文有图，网上有声有影。

5. 11月下旬，组织召开《桑榆天地》年终总结工作会议，总结《桑榆天地》办刊经验，听取编委的意见建议，争取把文联老干部刊物办得更好，更上层次，更符合老干部需求。

6. 广泛开展网上学习，借助现代化科技手段，建立老干部微信圈、QQ群等，及时发送学习要点、转载学习感悟。文联机关及中国音协、民协、视协等单位已引导老干部浏览人民网、新华网、中国文艺网等主流网站，撰写微博，发帖留言300余条，积极为社会增添正能量。

7. 加强党支部建设，延伸老干部工作手臂。推进各协会老干部党支部班子建设，指导部分协会和机关四个老干部党支部换届工作，将年纪轻、能力强、有奉献精神的老干部党员吸收进来，为支部工作注入活力。

8. 大力宣传全国优秀党员刘厚生、全国先进老干部张飙投身文艺工作、热衷社会公益事业的事迹，营造争学先进的良好氛围。

9. 积极开展互动学习，在老干部居住相对集中的地方成立学习小组，开展学习讨论，并采取"晒心得、晾体会"的方法，加强老干部之间的互动交流。引导居住比较分散的老干部积极自学。

【提升服务水平，为老干部办实事、解难题】

1. 2015年春节前夕，组织开展"送温暖、办实事、促发展"新年慰问活动，为文联系统900余名老干部购买发放真丝毯，把温暖送进老干部家中。

2. 为两位离休老干部联系申报了晚霞工程，帮助他们实现了手稿出书的梦想。

3. 落实离休干部疗养政策，组织20余名离休局级和退休部级干部及家属到北戴河疗养。

4. 组织文联系统45名退休局级干部到河北总工会疗养院进行了为期5天的疗养。

5. 加大走访力度，全年共走访慰问老干部300余次，文联机关实现老干部走访全覆盖。

6. 围绕纪念抗战胜利70周年，集中走访24位参加过抗日战争的老干部，给他们送去了抗日战争胜利70周年纪念章和慰问金。

7.强化短信祝福机制，更新升级短信通信平台，坚持重大节日发送短信送祝福，全年共发送短信1600余条。

8.保障落实老干部生活待遇，按政策完成离退休津补贴、护理费、抚恤金、报刊费等发放调整工作。做好医药费报销工作，全年代收机关退休干部医药费120余人次，累计40余万元。

9.为75岁以上的老干部免费安装了电子急救铃，为5位瘫痪老干部申请免费康复护理，为46名困难老干部、老艺术家申请夕阳红、老艺术家救助金，合计43.6万元。

10.组织160余名退休干部分别到306医院、北大医院、慈铭中心进行健康体检。为文联系统900余名老干部购买发放《脑卒中》等书籍。为150余名系统老干部办理电影卡，丰富了老干部的精神文化生活。

11.广泛开展"生日祝福送上门""我们的长寿之星"等活动，在老干部生日当天送上生日蛋糕，为80岁以上老干部送去足浴盆等生日礼物。

12.为郭毅等8名离休干部办理副部长级标准报销医药费待遇。

13.研究制定了文联老干部《异地就医暂行办法》，解决了老干部异地就医难的问题。

14.按照相关规定，做好离世离退休干部的治丧工作。

【创新活动形式，为老干部精神文化生活注入活力】

1.1月30日，举办机关老同志春节团拜会。文联党组领导及相关部门负责人与100余名老同志欢聚一堂，共庆佳节。

2.4月28日至29日，组织80余名机关离退休干部赴怀柔雁栖湖参加春游活动。

3.6月17日，组织160余名文联系统老干部参观焦庄户地道战遗址纪念馆，缅怀革命先烈，激发老同志爱国爱党热情。

4.10月15日至16日，结合重阳节活动，组织90余名老干部到怀柔游览了古北水镇。

【搭建平台，老干部为党的事业增添正能量活动不断延伸】

1.5月23日，组织文联老干部合唱团40余人到卢沟桥参加纪念抗战胜利70周年庆祝活动，受到领导及当地群众的好评。

2.10月1日至9日，组织文联老干部合唱团赴台湾参加第八届海峡两岸合唱节，并荣获优秀展演奖。

3.10月18日至24日组织20余名老艺术家赴湖北恩施开展艺术采风。组织老艺术家与当地文艺工作者，围绕《中共中央关于繁荣发展社会主义文艺的意见》等内容座谈交流。

【老年活动中心建设】

1.先后完成了老干部活动中心、老年大学活动室的室内装修等工作。

2.积极开展安排老干部合唱团、京戏票友、柔力球小组等活动，全年共接待老同志14000余人次。

3.进一步提高老年艺术大学办学质量，组织摄影班到北海公园等地进行外景拍摄，邀请艺术家到书画班对学员作品点评辅导，逐步形成了"课堂讲座"与"课外实践"相结合，"知识普及"与"深度研修"相结合，"全面教育"与"特色教学"相结合的老年教育格局。

【自身建设】

1.召开2015年度文联系统老干部工作会，传达全国老干部局长会议精神，总结交流工作经验，研究部署2016年老干部工作，夏潮书记出席开班式并讲话。

2.重新修订中国文联离退休干部局各处室岗位设置及工作职责，明确了工作流程，提高了办事效率。

3. 深入开展"三严三实"专题教育，加强机关内部管理和干部队伍作风、能力建设，不断提高老干部工作整体水平。

4. 积极做好老干部数据统计工作，2015年被中组部评为年报统计优秀单位。

5. 2015年5月，朱汾同志离任退休干部局副局长。

【信访工作】

热情、认真地对待每一件来信来访，通过实行首问负责、全程代办、跟踪服务等方式，积极主动地帮助老干部排忧解难。全年共接待来信、来访30余件，未出现上访事件。

后勤服务保障

【综述】

2015年，在中国文联党组的领导下，机关服务中心深入学习贯彻落实党的十八大和十八届三中、四中、五中全会精神，认真学习习近平总书记文艺工作座谈会重要讲话精神和《中共中央关于繁荣发展社会主义文艺的意见》，围绕文联中心工作大局，扎实推进全年各项工作任务，为文联机关各部室、各全国文艺家协会、各直属单位提供了有力的后勤服务保障。

【大型文艺活动服务保障】

充分利用文艺家之家的服务功能，认真做好各类大型文艺活动的会议、接待、安全、医疗、交通等服务保障工作，重点保障中国文联"深入生活、扎根人民"主题文艺实践活动、纪念中国人民抗日战争暨世界反法西斯战争胜利70周年、"三严三实"专题教育、中央巡视组进驻巡视中国文联等大型活动顺利举行。配合完成了中国文联九届七次全委会、2015年百花迎春大联欢、"抗战中的中国文艺"座谈会、第四届全国中青年德艺双馨文艺工作者表彰会、中国曲协送欢笑十周年座谈会、中国视协主持人委员会换届会、中国美术家协会策展委员会成立大会、中国舞协"荷花奖"评奖新闻发布会、中国文联职工歌咏比赛等相关服务保障工作。全年完成各类会议和专题活动服务保障任务450余场次。

【联络服务老艺术家】

坚持为中国文联荣誉委员等老艺术家提供观影、就餐、理发等温馨服务。配合完成在京和来京参加"两会"的中国文联荣誉委员、主席团成员健康体检工作，及时向艺术家反馈体检结果。会同办公厅，共同做好中国文联老艺术家赴陕西、广东、云南等地采风调研活动的服务保障工作。

【中国文艺家之家展览馆展览服务】

展览馆全年共承接"向人民汇报""深入生活、扎根人民"成果系列展览、河北省历史名村名镇名城风采展、庆祝《中国艺术报》创刊20周年展览、中国石油大港石化公司布贴画作品展、"一带一路"主题摄影展等近20次，艺术家和广大文艺工作者服务的功能进一步凸显，受到了文联各团体会员、各直属单位的普遍好评。在展览服务过程中，加强和办展单位沟通，通过规范布撤展流程、协调安排展期、签署《展览协议书》、购置安装展板射灯、改造音响、灯光设备、提高服务标准等系列举措，有效改善了办展环境，提高了服务能力。

【中国文联发展史展厅接待服务】

认真做好中国文联发展史展厅日常管理和解说服务工作。会同办公厅联合印发了《关于中国文联发展史展厅使用和管理有关事项的通知》，明确了管理责任部门、参观流程、解说员保障等主要事项。全年展厅完成上海戏剧学院、浙江文联、暨南大学以及国外艺术家来访共16次参观接待任务，较好地发挥了展厅对外的宣传教育阵地作用。

【日常性服务保障】

继续采用社会化服务方式，委托有专业资质的企业，认真承担文艺家之家餐饮、保洁、保安、文印等方面的服务保障任务。根据文艺家之家新进工作人员较多等情况，通过更换厨师队伍、丰富食品种类、改善就餐环境、控制餐饮成本、广泛征求意见等措施，职工食堂伙食管理及菜品质量有了明显提高。认真做好干部职工日常诊疗、健康体检和新招录公务员体检工作。充分利用办公平台，及时发布观影、菜谱、通知等服务资讯。积极做好文联阁日常管理和接待服务工作。做好报刊邮件收发以及内部信件交换等工作，各办公区共完成140万件收发服务。加强放映厅设备维护管理，全年累计放映120场电影。为裙楼咖啡吧新购置书架，供职工免费阅览中国文联出版单位各类刊物。

【中国文联老旧小区综合整治】

中国文联老旧小区综合整治项目经国管局批复同意，由中央预算内投资，总投资计划为9892万元，整治规模面积达74679平方米，通过节能、给排水、供暖管线、电力、供暖等方面的改造，将极大地改善文联职工宿舍区的居住环境。为切实把好事办好，机关服务中心克服了项目多、手续杂、工期紧、任务重、施工场地少等困难，逐个协调国管局房地司以及北京市属地各相关管理部门，逐户沟通各院区居民，逐项办理招投标、施工手续。严格按照工程建设有关规定确定了管理、施工、监理单位，重点加强安全巡视监管和档案管理，扎实推进综合整治工程。北三环中路10号院已完成外墙保温、外窗更换、下水主管道更换工作；安定门外8号楼基本完成外窗更换工作；分司厅胡同11号楼、团结湖北头条2号楼、金台里26号楼启动外墙保温、外窗更换等工作。

【办公区和宿舍区物业管理服务】

加强与各办公区、宿舍区属地管理部门以及中国农机院、中国作家出版集团等单位的沟通协调，抓好各类物业管理服务合同的签订、执行工作。各办公区、宿舍区加强对中央空调、电梯等设备设施的日常运行保障和维保，坚持做好各院区消电检测、夏季防汛、冬季供暖、环境美化、绿化养护等工作。文艺家之家办公楼加大了院区秩序管理力度，完成了电动车充电桩安装等工作，并积极支持文联信息机房改造。安苑北里22号办公楼完成了节水改造等工作；农展馆南里10号办公楼加强对中国文联出版社装修改造的安全监管，完成了热力站设备检修等工作。

【房地产管理】

加强办公用房调配管理，为中国民协、中国视协、文艺研修院、文艺评论中心、文联出版社、书法杂志社等单位解决了部分办公用房问题。组织完成了职工住宅配售、省部级干部住房清理工作。严格把关，完成了文联系统住房制度改革支出预算。经积极协调北京市房屋登记、税务、测绘等有关部门以及开发商，解决了南沙滩36号楼房产证办理问题。积极协调中国农机院，推进中国文艺家之家产权变更手续办理工作。

【安全保卫】

加强各办公区、宿舍区安全管理，结合"9·3"阅兵、北京田径世锦赛等重大活动，积极做好安防监控、消防安全、值班值守工作，通过组织消防演练和消防联动测试、安全检查，督促各单位及时整改存在的安全隐患，切实保证各院区安全、稳定。组织消防中控人员业务培训，及时升级维保文艺家之家一卡通系统。积极协助公安机关处置了相关案件。全年共为各全国文艺家协会、机关各部室、各直属单位刻制公章17枚，执行各类安保勤务140余次。

【基建维修】

建立健全规章制度，规范完善文联系统基建工程项目立项、审批、招标采购，严格按照工程建设和政府采购有关规定，切实保证工程符合程序、质量经得起检验。加强和有关部门的沟通，积极争取基建维修项目，中国文艺家之家安防监控系统改造项目、中央空调等设备改造维修项目经国管局批复同意立项，列入中央预算内投资。中国文艺家之家安防监控系统改造项目已委托中央国家机关政府采购中心完成招标工作，确定了施工单位。结合文艺家之家运行使用状况，针对性地完成了文联机关档案室和值班室改造、地下室防水、大楼玻璃雨挡更换等维修项目。

【节能监管】

加大节能监管力度，积极贯彻《中央和国家机关及所属公共机构节约能源资源考核办法》，做好年度节能考核工作，通过了第二批节约型公共机构示范单位创建验收评审。扎实完成中国文联系统能源资源消耗统计工作，每季度按时完成数据报送任务。组织实施中国文联节能监管系统建设项目，全面加强对中国文艺家之家的能耗监测和管控。组织节能宣传周活动，加强节能宣传教育，结合文联艺术家集中优势，邀请中青年书法家撰写节能宣传标语，不断提高干部职工节能意识，得到广大干部职工的好评。

【其他行政事务管理】

按照中央公务用车改革的有关要求，积极配合中国文联公务用车制度改革领导小组，协助各单位补办各类车辆手续，协调做好验车工作，按时完成了文联公务用车上交工作。完成了部级干部用车情况集中清理整改工作。积极配合中直交通安全委员会办公室，做好交通安全宣传教育调研工作。中国文联爱卫会、人口计生委根据工作职责，积极做好室内区域禁止吸烟、环境卫生整治、食品安全专项检查、健康知识宣传等工作。组织文联系统各单位干部职工941人，为"幸福工程"贫困母亲捐款70886.2元，得到中直人口计生委的表扬。落实中央国家机关人防办工作部署，做好地下空间和人防工程清理整治工作。加强集体户籍的梳理、统计，积极做好文联系统集体户口的新增、变更、迁移等相关工作。协调完成党组领导参加共和国部长义务植树活动，组织文联机关、中心职工赴中直机关十三陵水库绿化基地参加春季植树活动。

【管理、服务、保障能力建设】

机关服务中心重视政治理论学习，紧密联系后勤工作实际，扎实开展"三严三实"专题教育，通过开展专题党课、专题学习会、专题党群活动，提高后勤干部职工的思想水平和政治觉悟。加强后勤干部队伍建设，组织参加资产管理、政府采购、财务管理、节能减排、食品药品卫生管理、人防工程管理、信息化建设等各类业务技能培训，切实提高干部职工综合素质。加强制度建设，研究制定了《中国文艺家之家展览馆使用管理暂行办法》《中国文联基建工程项目管理办法》《中国文联部级领导干部用车实施意见》《中国文联机关服务中心采购管理办法》《中国文联室内区域禁止吸烟规定》等规章制度。在不断完善、健全规章制度的同时，严格执行制度。组织研讨《关于加快中央和国家机关后勤服务社会化改革完善机关事务管理体制机制的意见（征求意见稿）》，及时向有关部门反馈意见和建议。严格执行政府采购制度，完成了办公电器、设备、办公用品等物品及保洁等服务项目采购工作。加强党的建设，充分发挥党支部、工会、妇工委、团支部的作用，以党的建设带动各项后勤服务保障工作，通过各项活动的开展，切实增强后勤队伍的凝聚力和向心力，为后勤服务保障事业发展奠定坚实基础。

信息化建设

综述

中国文联文艺资源中心深入贯彻中央"互联网+"行动战略和《中国文联关于进一步加强信息化建设工作的意见》，在中国文联党组领导下，深入推进中国文艺网、中华文艺资源数据库等网上文联重点业务发展，大力开展网络文艺研究和网络文艺阵地建设，在文艺信息资源内容生产和基础软硬件环境搭建等方面有了较大提升，初步建成国内最大的文艺资源数据库和专业文艺信息资源服务平台，较好地完成了各项工作任务。

2015年，中华文艺人才信息数据库新增会员名录11552人，重点建设艺术家数字艺术馆4687座，抢救63位文艺大家名家艺术资料。文艺家社区总注册用户92949人，建设各类文艺社区360个，发布消息近千条。采集文艺作品图片超过95000张，文字超过27227236112字，音视频超过1961小时。新开发数据库8个，新增网络页面735个，制作发布专题31个。建设专题数据库25个，制作推出虚拟展览6场，开辟9个展厅。接待上百人次考察调研，发布推广文艺人才数字艺术馆770人次、文艺文献1430篇，以及上百万字、上千幅图片和大量音视频资料。

网库融合报道、宣传文艺界活动

文艺资源中心对文艺信息资源加工生产机制进行了深化，在范围的广泛性和重点专题的专业性上都取得了新的进展，为文艺工作和文联工作提供了较为全面、专业的信息资源服务。

【学习宣传《讲话》和实施《意见》精神】文艺资源中心开展了中国文艺网与中华文艺资源数据库相结合的多样式、多平台、全方位、多角度的宣传工作，及时、全面、深入地宣传《习近平总书记在文艺工作座谈会上的重要讲话》（以下简称《讲话》）和《中共中央关于繁荣发展社会主义文艺的意见》（以下简称《意见》），推动《讲话》和《意见》精神在文艺界的学习贯彻实施。中国文艺网全面采集、报道文艺界学习贯彻《讲话》和《意见》精神的各种活动。中华文艺资源数据库、文艺工作文献库等多平台联动，立体采集汇聚信息，建设学习《讲话》《意见》精神的资料数据库。中国文艺网制作、发布一系列大型专题，中华文艺资源数据库制作集成深度内容，文艺工作文献库聚合研究《讲话》《意见》以及网络文艺专业学术文献，立体呈现近年来我国文艺创作、文艺人才、文艺机构、文艺活动等方面所取得的巨大成就。

【打造文艺资讯全媒体平台】

中国文艺网编辑部优化采编制度，加强重点选题策划，运用多媒体手段采访报道了中国文联九届七次全委会、百花迎春中国文学艺术界2015春节大联欢、中国文联"向人民汇报——深入生活，扎根人民"文艺创作成果展演、第四届全国中青年德艺双馨文艺工作者表彰大会、2015中国文艺志愿公益演出季、"到人民中去"——5·23文艺志愿服务活动等一系列中国文联重大活动，先后制作、发布了学习习近平文艺工作座谈会笔谈、"文艺，直面反腐"、羊年春晚大家说等31个深度专题。

中国文艺网积极推进网页改版，推出了深度文艺、本网强推、综艺大观、网络文艺等重点导航区域，开辟"网络文艺"专区，增设了"前沿·业态""创新·应用""网络文艺资讯""网络文艺推送""网络文艺服务"及"网络文艺评论"六大版块，推出"中国数字美术馆""中华文艺人才信息数据库""文艺工作文献平台""文艺家社区"等多种创新应用。2015年全年中国文艺网总访问量839700人次、总访客数601698人次。

中国文艺网加强微平台建设，微博、微信依托网站丰富的文艺新闻资源，进行适合于手机端用户的深度加工，开展全面的文艺资讯报道、文艺热点评论和文艺资源推介。2015年平台阅读总数533625次、293670人。中国文艺网首次尝试微博直播百花迎春中国文学艺术界2015春节大联欢，通过与参与百花迎春演出的明星和"粉丝"的实时互动，实现网页、微博、微信图文并茂的全媒体报道。中国文艺网微信、微博荣登由中央网信办主管的《网络传播》杂志推出的"中央行业新闻网站传播力8月榜"40强，彰显了文艺类门户网站在"两微"方面的影响力。

【建设抗战文艺大型专题资料库】

纪念中国人民抗日战争暨世界反法西斯战争胜利70周年之际，中国文艺网推出抗战文艺大型专题融合资料库，包括"文艺家资料库""文艺作品信息库""文艺活动集成库""文艺阵营档案库""文艺研究展示库"5个专题子库。文艺家资料库梳理展示了抗日战争时期一大批著名文艺家的资料，以及当代涉及抗日战争题材创作的部分知名文艺家的资料；文艺作品信息库集纳展示了各文艺领域抗战题材的大量文艺作品信息；文艺活动集成库搜集展示了抗日战争时期解放区、国统区、沦陷区大量的抗日文艺活动和新中国成立后大量纪念抗战胜利的主题文艺活动信息；文艺阵营档案库整理展示了大量抗日战争时期的文艺刊物、文艺学校、文艺团体的信息资料；文艺研究展示库集中了一大批抗战文艺研究文献成果和当代抗战文艺创作的热点焦点话题。

【宣传推广德艺双馨文艺工作者，建设德艺双馨人才数据库】

为推动"爱国、为民、崇德、尚艺"的文艺界核心价值观的践行，文艺资源中心与中国文联理论研究室、中国文化网络传播研究会共同策划实施了第四届全国中青年德艺双馨文艺工作者微平台宣传推广工作，对部分获表彰的第四届全国中青年德艺双馨文艺工作者的先进事迹进行宣传推广，文艺资源中心承担了文字和视频资料的收集、整理，以及文字脚本的创作。文艺资源中心初步建设了"德艺双馨文艺人才数据库"，初步规模化采集第四届德艺双馨艺术家艺术资料，为德艺双馨艺术家建立了数字艺术馆，并搭建了持续性的信息资源建设联系渠道。

资源采集、应用互通互补建设

为有效解决优质文艺资源采集与推介难题，文艺资源中心探索数字技术应用新领域，积极开展了以AR艺术、VR艺术为引领的数字展览等新领域探索，中华数字美术馆进行了试运营，资源采集、应用、运营互通互助模式取得突破进展和有效应用，资源采用良性机制初步建立。2015年制作推出"全天候24小时开馆，全世界无障碍观展"的大型数字3D虚拟展览6场，共开辟9个虚拟展厅展出。

【制作推出"全国第十一届书法篆刻作品展·3D数字系列展"】

在全国第十一届书法篆刻作品展举办之际，文艺资源中心从评审、展览、论坛三个方面对展览进行了全新、综合、立体的跟踪报道，采集建设了第十一届书法篆刻国展作品数据库，并制作推出"全国第十一届书法篆刻作品展·3D数字系列展"，通过数字技术实现"全天候24小时开馆，全世界无阻碍观展"目标，开启办展、观展、评展的全新展览模式，为开拓当代书法展览新空间、传播新形式和优质资源采集应用保存做了有益探索，受到中国书协和书法界好评。

【制作推出"中华数字美术馆北京国际美术双年展3D虚拟数字展览"】

在北京国际美术双年展期间，文艺资源中心采集了国内外共计600余位参展艺术家作品，建设了第六届北京国际美术双年展作品数据库，制作推出了"中华数字美术馆北京国际美术双年展3D虚拟数字展览"，扩大了网络美术的边界，体现了美术领域网络文艺的前沿探索。中国美协和美术界反响良好，为下一届国际美术双年展开启网上网下同期联动、创新展览形式打下了良好基础。

【制作推出第25届全国摄影艺术展览3D数字展览、第6届农民摄影展数字展览】

第25届全国摄影艺术展览、第6届农民摄影展是中国摄协今年最重要的展览活动，文艺资源中心与中国摄协共同采集建设了第25届全国摄影艺术展览、第6届农民摄影展作品数据库，并制作推出第25届全国摄影艺术展览数字展览和第6届农民摄影展3D虚拟数字展览，这是全国摄影艺术展览首次尝试使用3D虚拟数字技术进行线上布展、观展，有效提升了展览的传播范围。

【制作推出"造型艺术新人展数字展""念党恩、中国梦——全国书法名家邀请展"数字展】

文艺资源中心与文学艺术基金会积极合作，将第一、二、三届造型艺术新人展作品采集存储于文艺作品数据库，并制作推出了第三届造型艺术新人展数字展览。与中国石油书法家协会合作，推出"念党恩、中国梦——全国书法名家邀请展"数字展，该展览没有举办线下展览，是纯线上展览代替线下展览的有益探索，162位书法家的书法作品在中华数字美术馆得到呈现和传播，并录入美术作品数据库，得到中国石油书协和书法界的好评。

【制作推出文艺家协会换届数据库】

在中国音协、中国剧协、中国舞协、中国书协、中国杂协五个全国文艺家协会换届之际，重点建设五个协会新当选的主席团人才数据库、理事数据库，规模化采集重要艺术家和文艺工作艺术资料，并制作了新型内容专题集中呈现。随着文艺人才信息数据量的不断丰富，各艺术门类顶尖人才、领军人物的数字艺术馆初显规模。

【与文艺家协会合作，深入建设各艺术门类数据库】

一是与中国舞协合作共建中国舞蹈数据库，对历届荷花奖获奖作品、历届"小荷风采"全国少儿舞蹈展演视频、历期《舞蹈论丛》《舞蹈信息报》《中国舞蹈报》《舞蹈》杂志、新中国成立前至20世纪90年代中国舞蹈精品图片等资料进行系统整理和数字化转化。在此基础上，启动了中国舞蹈数据库二期工程，进一步整理转化资料并进行专业知识加工。二是与中国曲协合作共建中国曲艺艺术资源库，对第一届至第八届中国曲艺牡丹奖资料、部分濒临消灭的曲种资料以及曲协会员资料等进行规模化采集和数字加工。三是与中国摄协合作共建中国摄影资料库，对第八届、第九届金像奖终身成就奖老艺术家资料等进行规模化采集和数字加工。

【文联工作文献平台年度新增大量文献】

文艺资源中心升级了文献资源平台运营能力与服务能力，与数据运营单位合作，更新了2014年至2015年的文艺期刊学术数据3TB左右，进一步充实专业文献内容，为中国文艺网、中华文艺人才信息数据库信息内容聚合生产提供了良好支持。

网上文联软硬件环境建设

随着网上文联各系统业务量和全国文艺家协会、各地方文联信息化建设需求的迅猛增长，文艺资源中心大力开展了文艺信息化软硬件环境建设，深入搭建专业、权威的文艺信息化软硬件环境，大力提升业务承接能力和服务能力，在以专业基础平台来支撑文艺资源数字化各项业务、统筹文艺家协会和各地文联信息化建设工作方面取得新进展。

2015年，中华文艺资源数据库系统整合一期建设项目和文艺机构信息资源发布应用系统升级改造项目实施都已取得大量成果。两个系统目前已经开发完成258个页面（一级菜单页面、二级页面、应用检索页面），功能点793个。114个应用检索页面UI设计，每个经过2~3轮调整，形成228个UI设计成果（PC端、移动端）。新开发8个新型数据库，即文艺人才数据库、文艺作品数据库、文艺机构数据库、文艺活动数据库、文艺奖节数据库、文艺典籍数据库、文艺资讯数据库、文艺百科数据库。从事开发的驻场人员46人，开发总时长48576小时，设计最新的自适应的网络页面650个，目前已完成文艺人才数据库建设，其他7个新数据库将在2016年年底完成。

【开展文艺资源系统整合一期建设，增强智慧文艺、网上文联基础平台支撑能力】

为更好响应各级文联组织资源服务需求、实现文艺资源共建共享，文艺资源中心实施了文艺资源系统整合一期项目建设工作，包括文艺资源统一管理系统、文艺资源数据库系统、地方版人才库系统、资源专题制作与发布系统、应用集成平台、移动端应用建设等内容。文艺资源统一管理系统是文艺人才、文艺组织、文艺作品信息、文艺奖项、文艺活动、文艺典籍、文艺期刊，以及信息采集、信息管理与信息服务为一体的文艺资源数据库管理体系，实现文艺资源的存储数字化、服务智能化和服务标准化。文艺资源数据库系统将建立文艺组织库、文艺作品库、文艺奖节库、文艺活动库、文艺典籍库、文艺期刊库、文艺百科库七大库以及实现文艺百科数据的收录，通过完善资源采编、审核业务功能体系，打造全文联机构内统一、完整的文艺资源业务运行体系，为文艺资源的采编、管理、服务提供基础支撑。地方版文艺资源信息数据库针对全国文联系统之间缺乏互通共享机制和渠道，进行便捷高效的功能开发，有效满足各地文联在采集地方文艺资源、快速建库、提供资源服务方面的迫切需求。目前，地方版系统已经开始为四川文艺资源数据库提供服务，移动端建设也进入测试阶段。

【文艺机构信息资源发布应用系统投入使用】

一是完成文艺机构信息资源发布应用系统一期研发，为"网上文联"建设打通"末梢神经"。文艺资源中心在2015年实施了"文艺机构信息资源发布应用系统一期"项目建设。这一应用系统具有零编码、操作简单、无技术基础、快速建站、部署灵活、协同管理和系统可靠等特点，所建网站在信息发布过程中与中华文艺资源数据库相联通，数据信息可以实时传递入库，方便支持各地文联对中华文艺资源数据库内资源的共享利用，有助于统筹全国各级文联组织在基础平台、数据标准、业务衔接等方面的协同，扩大中华文艺资源数据库的数据采集渠道和资源应用渠道，从而逐步实现全国文联系统文艺资源的互联互通和共建共享。8月26日，"文艺机构信息资源发布应用系统一期"通过专家评审验收，来自国家统计局、北京大学等单位的电子政务规划设计专家对该系统的建设思路和应用效果给予了高度肯定。文艺资源中心运用该系统建设了中国民协官网等信息平台。二是启动文艺机构信息资源发布应用系统二期，采用CSS和HTML5前端技术将现有的平台功能融合到移动互联网上，提升移动终端的用户体验和交互。通过本次升级改造，整个网上文联应用系统将实现台式电脑端、移动端等多终端通用，大大扩大中华文艺资源数据库采集渠道和资源应用范围，目前本系统已经开始试用于四川文艺资源数据库建设上。

【中国文艺网、中华文艺资源数据库通过国家信息安全等级保护三级备案】

随着网络安全形势的严峻和中央一系列加强网络安全建设的政策出台，网络安全建设成为文艺资源中心重要任务。2015年，文艺资源中心实施了文艺资源云平台网络安全与等级保护建设整改咨询服务项目，对中华文艺资源数据库和中国文艺网进行数据安全、网络安全、物理安全、应用安全、主机安全等各方面的评估分析，完成系统安全等定级和整改方案，通过了来自评测机构和公安部系统专家的评审，10月13日，中华文艺资源数据库系统和中国文艺网系统顺利通过公安部等级保护三级备案。

【实施文艺资源云平台二期暨平台安全与同城灾备工程建设，实现云端应用和数据的同城容灾构架】

文艺资源云平台承接文艺信息化业务不断增长，除原有系统不断扩容增量，还新增了中国民协官网、海南文艺网、广州文艺资源数据库、四川文艺资源数据库等重要系统。为进一步提升云平台服务能力和平台安全可靠性，文艺资源中心启动了云平台二期建设，包含平台基础资源扩容、安全防护、同城灾备中心和平台运维体系四部分建设内容，从网络、存储、动力等方面进行硬件扩容，实现云端应用和数据的同城容灾构架，进一步提升云平台服务能力和平台的安全可靠性。经过规范的公开招投标采购流程，东软集团公司中标承建本项目，本项目将在明年2月完工。

【大力提升数据中心运维能力】

一是不断提升机房运维服务质量，加强机房场地基础设施保障力度，提升了数据中心机房的基础设施运转的稳定性，有效支持了中国电影出版社数字出版平台硬件设备的大规模扩容、部分全国文艺家协会官网运维、部分地方文艺网和文艺资源数据库运维等需求。二是大力提升运维工作的规范化。9月，通过公开招投标形式采购北京中科金财科技股份有限公司承担文艺资源数据中心的运维服务，运维团队实行驻场工作，对机房进行深度巡检及保养，整理设备维保信息，设计多种运维表单，完善机房管理制度，承担运维工作的3个月中处理7次设备告警。运维工作的规范化有效解决了文艺资源中心硬件环境运维任务越来越重、安全稳定运行要求越来越严的问题。

云平台建设使得IaaS服务能力趋于完善、便捷、高效。云平台陆续为各级文联单位、协会提供基础设施服务，服务范围不断扩大。文艺云平台除运行了中华文艺资源数据库各系统、文艺家社区、3D数字艺术馆等重点建设系统外，中国民协网站、海南省文联网站、四川文艺资源数据库、广州文艺家数据库等已经在云端运行，中国文艺网、中国影协网站、中国书协网站、中国文联计财部网站、文艺志愿服务网站、文学艺术基金会网站、金鸡百花电影节投票系统即将向云平台迁移，宁夏文联、南京市文联业已与资源中心达成合作，系统建设完将在云上部署。2015年，通过项目实施，数据中心内存资源由原来512GB（4台×128G/台）扩容至1024GB（4台×256G/台）、存储资源增加可用容量60TB，可以满足至少20家文联单位的使用需求。

合作共建工作

【承建新版中国书协网站、新版民协网站】

3月，文艺资源中心承建的新版中国书协官网上线运营，新版中国书协官网共开设有16个频道、90多个栏目，涵盖活动资讯、展赛播报、书家介绍、作品赏析、品牌活动、书法教育等多方面内容，成为开展中国书协工作的重要窗口和平台。通过中国书协官网发布的所有信息资源均进入中华文艺资源数据库。6月，在第十个中国文化遗产日、非物质文化遗产保护工作启动十周年之际，由文艺资源中心承建的新版中国民协官网正式上线，改版后的中国民协官网共开设21个频道、50多个栏目，该网站采用文艺资源中心自主研发的文艺资源信息发布系统，具有多种便捷的文艺信息资源加工处理和发布传播功能，并通过不同维度的资源采集功能，实现与中华文艺人才数据库无缝对接和资源共享。

【深入实施广州文艺家数据库、四川文艺资源数据库建设，启动南京市文艺资源数据库建设】

文艺资源中心与广州市文联携手初步建成广州文艺家数据库，为广州地区知名文艺家建立数字化个人档案数据库，成为广州市文艺家资料管理及联络服务的重要手段。在此基础上，广州市文联还与文艺资源中心合作深入开展广州文艺作品数据库和广州文艺机构数据库建设。

文艺资源中心与四川省文联共同建设四川文艺资源数据库，对四川省文联文艺资源中心信息化建设工作人员开展专业的数据库建设运维业务培训，目前该数据库已开始常态化进行四川文艺人才信息数据采集加工。文艺资源中心与南京市文联签署合作协议，合作共建南京市文艺资源数据库。

【建设中国文学艺术基金会信息化办公服务平台和中国文联计财部政务信息网】

文艺资源中心实施了中国文学艺术基金会信息化办公服务平台建设项目，包括搭建文学艺术基金会门户网站和在线工作平台，开发在线项目申报、项目众筹、捐赠实时查询、可视化项目地图应用、项目专家数据库等多项交互功能，开展文学艺术基金会面向社会募捐的众筹服务，以及文学艺术基金会资源数据管理与服务、移动端应用等，转型升级文学艺术基金会的内部流程结构和服务方式，实现互联网与公益项目的深度融合。

文艺资源中心实施了中国文联计财部政务信息网建设项目，计财部通过该窗口实现财务信息及时、准确、高效发布，使中国文联机关各部室、各直属单位、各团体会员等相关业务单位及时了解国家相关财经法规制度及中国文联财务工作相关内容、业务流程和预算执行情况，实现财务工作公开透明。

【积极为地方文联提供信息化建设决策咨询和方案设计】

数十家省地市文联前来文艺资源中心深入调研交流，文艺资源中心积极配合地方需求，为地方文联提供方案咨询、项目设计等实质性帮助，既推广了文艺资源中心研发的文艺信息资源建设标准体系和建设经验，又促进了全国文联系统文艺资源数字化业务共建共享格局深入发展，也快速推进了地方文联的信息化建设工作。

政务内网建设与运维服务

【完成文艺家之家数据中心机房改造建设项目】

为解决随着文联办公平台的升级改造等业务增加而带来的文艺家之家网络信息系统承载的压力和对空间需求，以及消除相关安全隐患，文艺资源中心政务服务部在办公厅领导下，实施了中国文联内网数据库安全等级保护暨网络信息机房改造项目。改造后的机房实现了内外网物理隔离，提高了网络设备性能，达到了国家网络安全的要求，为保障中国文艺家之家网络信息系统的高效运转打下基础并为今后可扩展性提供良好支持。

【提升网络维护与信息系统管理能力】

一是通过增加负载均衡设备，优化调整上网行为管理设置，进一步完善了网络系统管理，加强了网络安全。二是加强对信息机房的管理，在机房环境、出入登记、账户密码管理、网络设备等方面严格按照管理规定要求。

【做好驻楼各单位计算机、打印机等软硬件和电话报修等的日常维护】

处理文艺家之家各单位网络、计算机、打印机、电话故障等共计980余次，包括系统杀毒和清理、软件安装及应用、计算机操作指导、诊断报修并协助厂商工程师更换各类计算机硬件、重装操作系统、报装、协助安装、报修并协助电话移机、处理电话故障排错、处理打印机和传真机故障等。

【做好驻楼各单位内网的日常维护，协调浪潮公司做好内网的建设和视频直播服务】

一是负责中国文联协同办公平台信息的日常更新，包括人员职务、档案变更、热点新闻、通知公告、简报纪要、服务在线、近期工作、规章制度等。二是处理驻文艺家之家各单位内网网络、计算机故障等共计450余次，包括系统杀毒和清理、软件安装及应用、OA办公系统使用操作指导，以及驻楼外单位办公平台现场安装及培训等。三是协调浪潮公司完成大型活动或展览在线视频直播共计5次，负责相关直播网络环境设置，及触摸屏在线直播和日常维护等工作。

注册成立组建文艺网（北京）传媒有限公司

文艺资源中心与中国文联出版社、中国艺术报社共同出资，注册成立了文艺网（北京）传媒有限公司，文艺资源中心具体负责文艺网传媒公司的登记注册及组建运营工作，文艺网公司完成了工商、税务、社保等系列手续，申办了电视节目制作经营许可证明。并初步开展了人员招聘、文艺资讯生产和文艺资源采集加工、网络视频内容生产等业务。

调研和研讨工作

【大力开展推进网络文艺与网上文联建设课题调研】

根据《2015年度中国文联党组重点调研课题实施方案》，文艺资源中心组建课题调研组，在中国文联党组成员、书记处书记、中国文联信息化建设领导小组组长郭运德领导下，于3月至10月实施了关于推进网络文艺与网上文联建设课题的调研工作，先后实地考察了广州市文联、深圳市文联、浙江省文联、绍兴市文联、绍兴市柯桥区文联、团中央信息中心、凤凰网北京总部及有关IT服务商，组织召开了副省级城市文联信息化建设专题调研座谈会、部分省市县文联信息化建设专题调研会，组织了文联信息化建设情况调查问卷，开展了文联系统、文艺领域和文艺媒体信息化应用现状和趋势资料收集分析，撰写了《推进网上文联建设、致力网络文艺发展》专题调研报告，同时撰写了各艺术门类信息化发展现状调研报告，涉及当前互联网技术与数字技术对文艺生态的革命性影响，当前全国文联系统信息化建设现状，当前文艺界对互联网技术和数字技术应用的需求，当前全国文联系统信息化建设面临的主要问题，全国文联系统及相关部委、群团组织、新媒体组织、文艺机构的信息化建设典型经验，文联系统信息化建设建议，其中既有理论分析，又有案例解读，较为全面地反映了当前文联系统及文艺领域"互联网+"的现状与对策。

【召开"互联网+"电影研讨会】

7月3日，文艺资源中心和北京电影学院联合举办"互联网+"时代的中国电影产业和教育论坛，来自政府、学界、互联网业界和电影界等相关领域的专家，围绕中国电影产业和电影教育在"互联网+"时代面临的挑战和机遇，展开研讨和交流。

【音乐数字化生态发展现状研讨会】

9月24日，文艺资源中心与中国传媒大学艺术学部联合举办"2015音乐数字化生态发展研讨会"，来自国家相关部委、专业协会、高校、社会相关专业机构、行业内领军的网络运营平台和代表性企业等各方面专家，从科学技术、专业学术、创作艺术、版权保护、平台运营、市场开发等多个视角，为音乐数字化生态发展分析把脉，同时尝试探讨未来构建多方参与、资源共享、业务融合的大数据平台的可能性与可行性。

【编辑出版《数字艺术》专刊，融入并助推文艺领域信息化进程】

文艺资源中心与中国艺术报社合作编辑出版《中国艺术报·数字艺术》专刊，介绍文艺资源云平台、中华数字美术馆、文艺资源系统整合等中华文艺资源数据库重点项目的建设情况和文联系统相关工作的成果经验案例分析，以及戏曲、电影、音乐、舞蹈、文学、摄影、电视、书法、曲艺、美术等艺术门类"互联网+"的发展状况和国内外文艺信息化数字化趋势，在推进文联组织信息化建设的信息发布与理论支撑、经验交流等方面取得了良好实效。

内部建设

文艺资源中心切实加强内部建设。党支部积极开展党建工作，发展了三名新党员，转入两名党员，党员队伍不断扩大；完成了党支部的换届改选，成立了新一届支委会，增设了纪检委员；认真落实各项基层党建工作，安排党内生活，组织学习研讨会等，深入践行"三严三实"精神，加强党风建设。规范项目建设管理流程，推出纪检全程参与监督制度；改善财务制度，提升项目监督力度和预算执行力度。大力开展法务建设，法务全面参与项目商务审核和合约签订；深入开展资源中心法务体检，规范了内部管理制度；开展了公司制度、人力管理等专业法务咨询和网络版权风险等法律培训，推动了文艺资源中心各项工作的规范化。

文艺研修

综述

2015年，是我国全面推进依法治国、深化改革的关键一年，是中国文联工作提升创造力、推动新发展的重要一年，也是中国文联文艺研修院强本固体，不断攻坚克难的一年。在文联党组的坚强领导下，在机关各部室、各全国文艺家协会和直属单位的大力支持下，研修院全面贯彻落实党的十八届四中、五中全会精神，深入学习贯彻习近平总书记在文艺工作座谈会上的重要讲话精神，贯彻落实《中共中央关于繁荣发展社会主义文艺的意见》精神，紧紧围绕文联党组中心工作，认真落实中国文联九届六次、七次全委会工作部署，以研修培训为主业，全年共举办各类研修班13期，培训学员698人次，培训天数共计8449天。同时不断加强自身建设，认真开展"三严三实"专题教育，不断完善内部管理机制，各项工作全面推进，成效显著。

培训研修工作

【国内培训工作】

1. 中国文联第七期全国中青年文艺人才高级研修班

4月7日至29日，在北京成功举办中国文联第七期全国中青年文艺人才高级研修班，来自全国28个省、自治区、直辖市、新疆生产建设兵团和解放军系统的40名学员参加了为期三周的研修学习。学员来自戏剧、音乐、曲艺、舞蹈和杂技五个领域，平均年龄39岁。按照马克思主义文艺观与国情时政、舞台艺术融合与创新、经典作品案例分析、创作实践四大模块安排教学，通过专题讲座、座谈研讨、剧目赏析、案例教学、学员讲坛、小组创作、导师辅导等多样化的教学方式和研修方法，知识讲授与创作实践结合，共安排43次课程，有20位嘉宾参与授课。

2. 中国文联第八期全国中青年文艺人才高级研修班

6月9日至7月4日，在北京成功举办中国文联第八期全国中青年文艺人才高级研修班，共有来自全国范围的42名学员参加研修学习。按照马克思主义文艺观、中华美学精神、跨界融合与创新、创作趋势与方向、红旗渠实地创作五个模块安排课程内容，综合采用专题讲座、座谈研讨、实地观摩、案例教学、学员论坛、创作交流等多样化的教学方式和研修方法，知识讲授与创作实践结合，开展不同艺术领域学员间的深度交流，推动了视觉艺术的融合创新。

3. 中国文联第九期全国中青年文艺人才高级研修班

8月22日至9月12日，在北京成功举办中国文联第九期全国中青年文艺人才高级研修班，共有来自全国范围的43名学员参加研修学习。按照马克思主义文艺观、创作技巧与案例分析和创作方向与市场三个课程模块组织教学，综合采用专题讲座、导师辅导、座谈交流、剧目观摩、案例教学、学员讲坛、创作实践等多样化的教学方式和研修方法，邀请国内戏剧、电影、电视剧创作领域知名剧作家、导演、制作人、管理者以及文学、心理学、市场营销等方面的专家，进行专题讲座、剧本点评等。

4. 中国文联首届全国少数民族地区文艺骨干（舞台艺术）研修班

10月10日至31日，中国文联首届全国少数民族地区文艺骨干（舞台艺术）研修班在京成功举办。研修班以"增强民族团结和文化认同，促进少数民族舞台艺术融合创新"为研修主题，学员35人，均为从事少数民族题材舞台艺术创作的文艺骨干，其中少数民族学员占2/3。这是财政部和中国文联批准立项的"全国少数民族地区文艺骨干研修工程"的首个全国班次。

5. "2015铸梦计划——全媒体时代的影视、网络剧创作与营销"

1月12日至14日，"2015铸梦计划——全媒体时代的影视、网络剧创作与营销"主题活动在浙江杭州成功举办，来自电影、电视剧领域的46名校友和制片方、营销及市场分析专家等80余人参加。活动从校友需求出发，紧贴市场前沿，依托浙江影视产业优势为校友搭建合作平台，安排上突出导向性、针对性和实效性，紧扣行业发展前沿热点，为校友和制片方搭建了交流合作的平台，推动了创作成果转化。

6. "问渠——中国文联第八期全国中青年文艺人才高级研修班学员暨林州艺术家红旗渠精神作品展"

12月9日至13日，在中国文艺家之家展览馆成功举办"问渠——中国文联第八期全国中青年文艺人才高级研修班学员暨林州艺术家红旗渠精神作品展"，展览以作品展现红旗渠精神，弘扬社会主义核心价值观。中国文联第八期全国中青年文艺人才（视觉艺术）高级研修班将"红旗渠精神与时代追求"这一主题贯穿整个研修培训全过程，组织学员深入学习了解红旗渠精神，在红旗渠实地开展写生创作。

7. 第6期全国文艺家高级研修班

5月18日至26日，第6期全国文艺家高级研修班在贵阳市成功举办，39名文艺家参加研修。研修班以"深入学习习近平总书记在文艺工作座谈会上的重要讲话精神，践行'爱国、为民、崇德、尚艺'的文艺界核心价值观"为主题。在5月23日，专门组织学员在当地少数民族村寨举办"纪念'5·23'讲话发表73周年公益展演"活动。

8. 全国文联系统干部常规培训班

5月4日至13日，第七期全国地县级文联负责人研修班在广西南宁举办，共有来自全国各地的64名地县级文联负责人参加学习研修。研修班旨在学习贯彻习近平总书记的系列重要讲话尤其是文艺工作座谈会的重要讲话精神，落实中国文联党组关于"全国文联一盘棋"的指导思想，结合当前文联发展新形势，围绕基层文联工作创新发展与品牌建设，组织学习研讨。

8月2日至8日，新疆地区文联干部培训班在乌鲁木齐成功举办，来自新疆维吾尔自治区文联和新疆生产建设兵团文联的122名干部参加此次培训。通过培训进一步提升新疆地区文联工作的创新发展能力，提高了新疆地区文联系统的干部素质和文艺涵养。

9月15日至22日，第四期全国省级文艺家协会秘书长（驻会负责人）研修班在京举办，研修班围绕"项目管理"与"品牌推广"开展专题研修，研修院"项目管理教研组"首次登上讲台，学员反响热烈。

10月7日至17日，四川内江市文联协会工作研修班在北京举办。

11月2日至9日，第八期全国地县级文联负责人研修班在湖北武汉举办，共有来自全国各地的65名地县级文联负责人参加学习研修。此次研修班围绕"创新发展"与"品牌建设"两个学习主题，组织专题讲座、文化讲坛、案例教学、分组讨论、现场教学、互动教学等形式多样、内容丰富的教学活动，引导学员积极开拓思路、创新思维、分享经验、互动交流，提升文艺素养与管理能力，推动文艺品牌建设与推广。

12月13日至20日，全国藏族地区文联系统干部研修班在昆明市成功举办，来自西藏自治区、云南省、青海省、四川省和甘肃省的96名文联系统干部参加了此次培训。通过培训进一步提升了藏族地区文联工作的创新发展能力、干部素质和文艺涵养，促进藏族地区文艺事业的繁荣发展。

9. "2015铸梦计划·'教你一招'系列文艺惠民项目创编活动"

4月21日至23日，"2015铸梦计划·'教你一招'系列文艺惠民项目创编活动"在河南郑州成功举办。来自中青年文艺人才班的21位学员和全国地县级文联负责人研修班的7位学员参加，涵盖全国18个省市，包括戏剧、音乐、美术、曲艺、舞蹈、民间文艺、书法、杂技8个艺术门类。活动推动了基层文化需求与文艺工作者创作需求有机结合，切实服务了基层工作。

【国际培训工作】

10. 2015中国文联赴日舞台艺术编导营销人员研修班

10月18日至27日，2015中国文联赴日舞台艺术编导营销人员研修班成功举办，来自全国文联系统20家单位的23名学员在日本进行了为期10天的学习。研修班针对日本四季剧团进行了多角度、多层次的专题式深入研修学习，在剧目制作、演员培养、观众服务、营销宣传、剧场管理等方面学到了鲜活的经验，以研修为平台学习借鉴国外先进经验，推动中华文化"走出去"。

11. 中华文化"走出去"视觉艺术策展人（2015）研修班

5月24日至6月4日，在京成功举办中华文化"走出去"视觉艺术策展人（2015）研修班，44名来自全国各地的策展人参加研修。与此同时，文艺研修院积极申报国家艺术基金的海外研修项目，两个项目进入复评，最终"全国中青年视觉艺术策展人赴美策展工作坊"成功入围。

调查研究工作

2015年在科研工作方面，文艺研修院着重在教材编写、课程开发、培训调研和研修体系建设方面下功夫，推出了一批科研成果。自主编写的《铸梦·文艺研修丛书》，包括《中美策展人访谈录》《舞台艺术的经营之道》《新举措、新思路、新成效——全国地县级文联负责人研修班学员典型案例集》由中国文联出版社正式出版；加强"项目管理知识体系在文联协会工作中的应用"自主课程开发，在自有师资培养上迈出重要一步；规范培训需求调研制度，重点做好少数民族地区培训需求调研和文艺工作者思想状况调查；推动研修体系和流程建设，增强研修工作科学化、规范化，在课程体系、学员管理体系、师资体系、现场教学体系等研修体系建设和培训制度与流程管理方面取得新的进展。

自身建设情况

2015年，研修院始终把党的工作放在各项工作的首位，坚持党建与业务工作相结合，两手抓、两促进的指导思想。根据《中国文联开展"三严三实"专题教育实施方案》的通知，先后组织全体党员学习了党章、宪法和刑法，认真学习贯彻习近平总书记系列重要讲话精神，学党规党纪，听党课，开展了"严以修身，加强党性修养""严以律己，严厉党的政治纪律和政治规矩""严以用权，真抓实干谋事创业做人"三个专题研讨会；全年积极开展党建方面的理论研究和调研；坚持内部学习制度，每月安排一次集体学习，不定期召开政治理论与业务交流学习；突出抓好学风，坚持以上率下，院领导班子带头，处以上干部积极参与各类政策的宣讲；加强党风廉政建设，充分发挥纪检小组作用，建立健全内部监督机制；积极开展精神文明创建活动，有效发挥工青妇及团组织的助手作用，积极组织干部职工参加文联组织的羽毛球比赛、歌咏比赛以及征文活动，并获得多项奖励和表彰；进一步加大内部管理力度，不断建立健全规范化、科学化、效能化的管理机制；严格执行财政预决算制度，严格院内财务报销流程，对差旅费、误餐费、交通费等报销和领取做了明确规范；对办公设备、办公用品的采购进行严格审查，杜绝了违规支出现象的发生；根据研修院更名以来的实际工作需要，向文联人事部申请成立了一个新的内设机构（信息网络处），有效加强了研修院信息化建设；报请文联人事部根据研修院更名后的工作实际，修改了"三定方案"，使人员编制、内部结构、工作职责更加明确清晰；按照文联的统一部署，完成了在编人员养老保险预缴及津补贴调整工作，为职工养老保险正式并轨打下了基础；优化中层干部的配备，全年共提拔中层干部1名，轮岗2名，使全院干部结构比例更加科学合理；注重引进人才，新招录应届大学硕士研究生2名，为研修院注入了新鲜血液和活力。

新媒体学习平台建设

新媒体学习平台作为研修院官方网络平台于2014年12月15日正式上线。全院根据李屹书记关于研修院信息化建设的批示意见，规范了平台运转的流程、规则及权责，初步形成了全院人人参与，各处室分工协作的良性运转机制，近一年来成效显著。目前平台每日发稿3篇以上，全年累计发稿1017条，设置培训研修和铸梦计划专题栏目23个。关注人数从上线初的320人发展为2305人，增长了7倍。日均浏览量不少于680次。新媒体学习平台已经基本能反映研修院主体工作的全貌。在学员中的吸引力和影响力正逐步扩大，在助推和提升培训效果方面的作用日益凸显。一个具有文联文艺研修特色的全国性新媒体网络教学平台已初步成型。

中国文学艺术基金会

综述

2015年，中国文学艺术基金会（以下简称基金会）在全面贯彻党的十八大和十八届三中、四中、五中全会精神和习近平总书记系列重要讲话内容的引导下，在文联党组的关怀和支持下，在基金会全体员工的共同努力下，广泛募集资金、全力开展公益活动、完善组织机构、加强信息化建设，在求真务实原则下集思广益，发挥全体员工的积极性和创造性，策划了一批有创意可操作的新品牌项目，为基金会的长期发展奠定了基础。

思想建设

【以深入学习贯彻习近平总书记系列重要讲话精神为重点，以"三严三实"教育和两个条例的学习为抓手，认真务实地抓好支部建设和思想政治工作】

基金会按照文联机关党委的有关部署及时组织学习讨论了习近平总书记在文艺工作座谈会上的重要讲话精神，结合具体工作实际努力落实，并建立了基金会党支部微信群，所有党员把自己平时学习的心得和资料推荐给其他党员同志，大家互相学习，共同提高。

在"三严三实"教育活动中，基金会党支部按照中央部署和中国文联要求，深入学习贯彻中央"党的群众路线教育实践活动"和习总书记"三严三实"的要求，深入查摆和解决党员干部和非党员领导干部在"四风"方面存在的问题和不足，进一步增强理想信念、锻造能力、勇于担当，切实改进作风，提高工作效率，更要求基金会中层以上干部在工作、学习、生活中要坚持实事求是，党员干部既要严以修身、严以律己、严以用权，又要谋事要实、创业要实、做人要实。把党的群众路线教育实践活动落到实处，取得实实在在的效果。

《中国共产党廉洁自律准则》《中国共产党纪律处分条例》颁布后，基金会及时组织全体人员认真学习，采用逐条研读和集体讨论相结合的方式，深入贯彻落实《准则》和《条例》，教育职工要按照《准则》和《条例》明确的八个方面要求、六个方面纪律，从点点滴滴做起，从小事小节做起，把住欲望关，净化朋友圈，管好身边人，涵养高品位，真正使党纪党规内化于心、力践于行。

在中央第二巡视组巡视过程中，基金会按照中央和文联安排部署，迅速开展巡视工作动员会议，并积极配合做好巡视工作提出的要求。

组织建设

【定期召开中国文学艺术基金会理事会会议，为基金会的全年工作出谋划策，把握方向】

按照基金会管理条例和中国文学艺术基金会章程的规定，基金会在2015年度共召开了两次理事会会议。会议内容主要是针对阶段性的工作情况向理事会进行汇报，并履行人员任免和内设部门调整的相关程序。

（一）中国文学艺术基金会第四届八次理事会会议

2015年1月22日，中国文学艺术基金会第四届理事会第八次会议在北京国谊宾馆召开。会议主要内容有：一，通报中国文学艺术基金会2014年工作和2105年工作计划；二，通报基金会有关财务工作的情况报告，审议了关于基金会投资理财工作建议的文件；三，审议通过基金会重要管理制度的修改建议说明，希望基金会严格执行制度，工作更加规范、有序和富有成效；四，审议通过有关人事议题；五，会议一致同意变更基金会注册办公地址，重新注册的办公地点为北京市朝阳区安苑北里22号中国文联办公楼；六，中国文联党组成员、副主席、书记处书记左中一传达了中国文联党组书记、副主席赵实对基金会工作的批示。

（二）中国文学艺术基金会第四届九次理事会会议

2015年10月30日，中国文学艺术基金会第四届理事会第九次会议在北京中国文联文艺家之家召开。会议的主要内容是：一，通报中国文学艺术基金会2015年上半年整体工作情况，并将近期策划的"美育圆梦行动"、2015艺术公益中国行、"青年文艺人才奖学金""启明星"自闭症儿童艺术救助计划、"艺海新丝路"等品牌项目以及信息化建设情况进行了详细的汇报；二，通报基金会2015年上半年财务情况；三，审议通过中国文学艺术基金会理事会监事会人员调整提议；四，审议通过设立中国文学艺术基金会宣传部。

【加强业务知识学习，开展专题讲座培训】

邀请目前国内公益界的领军人物和著名的法律专家为基金会全体授课。邀请金锦萍做"慈善立法基本问题及有关国家政策法规的解读"专题讲座，邀请徐永光做"基金会品牌建设"专题讲座，邀请黄浩明做"项目策划"专题讲座。并派基金会干部参加了《中国文联年轻干部培训班》以及中直机关工委组织的支部书记培训班等，提高了基金会工作人员的整体素质和业务能力。

【策划新品牌项目，强化品牌意识的重要意义】

强化品牌项目在公益组织中的重要作用。重点策划了一批以突出公益和艺术具有契合点的项目，选择可操作、有热点的针对不同年龄和群体的项目对象，有扶持西部地区少年儿童的"美育圆梦行动"，有扶持青年文艺人才的"青年文艺人才奖学金"计划，有主打大型公益项目的"艺术公益中国行"，有面对独特群体的"启明星"自闭症儿童艺术救助项目等。希望通过一系列新公益品牌的推出将基金会公益组织的形象和实效发扬光大。

资助项目和公益活动

【继续做好中国文学艺术发展专项基金的管理，加强对国拨资金使用的监管】

（一）完善制度，强化落实，充分管好用好财政专项基金

自2008年以来，基金会接受国家财政基金已经八个年头，从最初的各项总则、暂行办法到目前创作类、评奖类、出版类等不同类别的分类管理细则和流程均在不断地规范和细化，逐步形成了从运行到监管的完整体系。2015年财政专项基金部依据项目资助的主要类别，协同中国文联相关责任部门和单位，按照财政部管理文件制定修订了十五个关于中国文学艺术专项基金管理制度

及工作流程。包括《中国文学艺术发展专项基金财务管理制度》《中国文学艺术发展专项基金捐赠收入财政配比资金申报和使用实施细则（暂行）》《中国文学艺术发展专项基金资助项目管理办法》《中国文学艺术发展专项基金创作类项目管理实施细则》《中国文学艺术发展专项基金资金管理办法》《2015年中国文学艺术发展专项基金项目"中国精神·中国梦"文艺创作重点工程"深入生活、扎根人民"采风创作项目实施和管理工作流程》《中国文联"送欢乐下基层"等文艺志愿服务项目管理流程》《中国文联"服务联络艺术家"项目管理流程》《中国文联组织知名老艺术家采风调研活动实施办法》《中国文联组织知名老艺术家采风调研活动工作人员服务守则》《中国文联文艺评奖奖金分配管理办法》《中国文联全国性文艺评奖奖金分配流程》《中国文联中青年文艺人才培训（培养）项目立项流程》《中国文联文艺评论工程项目研究课题（部级）管理办法》《中国文联出版报刊精品工程项目实施与管理办法》。

（二）2015年度中国文学艺术专项基金资助项目情况

2015年度中国文学艺术发展专项基金项目总预算金额9802.5万元，截至2015年12月中国文学艺术发展专项基金资助金额为7347.6824万元，主要资助了以下公益项目：

1. 资助文艺评奖项目，该项目是依据中国文联国内联络部评奖处《2015年中国文联全国性文艺评奖奖金预算》进行资助的，截至2015年底资助金额为928.5万元，资助中国影协"第30届中国电影金鸡奖"项目、中国舞协"第10届中国舞蹈荷花奖"等协会的评奖项目。

2. 资助文艺精品创作项目，主要是资助2015年"中国精神·中国梦"主题文艺创作工程，截至2015年底资助金额为2438万元，主要资助了中国剧协"创排昆曲《孔子》"、中国音协"社会主义核心价值观组歌创作"、中国文联美术艺术中心"描绘最美乡村美术创作活动"、中国曲协"中国精神·中国梦"曲艺创作工程、中国舞协"舞蹈诗《永远的麦西热甫》"赴京公演项目、北京曹雪芹学会3D音乐剧《续琵琶》创作改编项目、上海影视有限公司"电影《青海湖畔》（秦怡）"等项目。

3. 资助"深入生活、扎根人民"采风创作项目，共资助项目金额为943.8万元，项目主要是举办"向人民汇报——深入生活、扎根人民"文艺创作成果展演。

4. 资助服务联络老艺术家项目，截至2015年底资助金额为1009.45万元，资助了文联办公厅、文联机关服务中心、中国视协"服务联络老艺术家"以及五老专家数据库项目。

5. 资助"送欢乐下基层"项目，该项目依据中国文联文艺志愿服务中心《2015中国文联、各全国文艺家协会常态化开展"送欢乐下基层"文艺志愿服务活动项目一览表》，截至2015年底资助金额为870万元，其中资助了中国文联志愿服务中心5·23中国文艺志愿服务日"到人民中去"文艺志愿服务主题活动和"送欢乐下基层"赴青海慰问演出活动，中国影协"我们的中国梦·高原赞歌"赴拉萨开展文艺志愿服务活动、中国音协"送欢乐下基层"赴常州志愿服务演出活动、中国曲协"送欢乐下基层"赴共青城慰问演出活动等多场大型公益慰问演出活动。

6. 资助文艺人才培训（培养）项目，该项目依据中国文联人事部《2015年中国文联各单位文艺人才培训（培养）项目表》，截至2015年底资助金额为685.9824万元，主要资助了中国摄协"少数民族摄影人才培养工程第三期培训班"、中国民协"中国石雕艺术杰出传承人高级研修班"、中国美协西部美术人才培训、中国文联文艺评论中心"第九届全国青年文艺家评论高级研修班"等文艺人才培训（培养）项目。

7. 资助文艺评论工程项目，截至2015年底资助中国文联文艺评论中心项目金额为250万元，首批款主要用于：文艺评论基地建设；课题研究，启动青年文艺评论家成果资助工程、当代文艺评论阵地建设与实践研究项目和第二届西湖论坛；系列专题研讨会；与《人民论坛》合作开办文艺评论专栏，每期推介一位文艺评论家，附简介和照片，并由推介评论家撰写高质量评论文章。

（三）中国文学艺术发展专项基金延续和跨年度资助项目情况

资助《时代领跑者——绘画书法摄影展》、电视剧《和熹皇后》、中国书协"翰墨薪传"书法展、"匠心神韵"中国寿山石雕新秀创作大赛、中国视协新媒体《媒介素养教育》项目等十多个创作类项目。

资助中国文联文艺研修学院2014年《第四期全国中青年文艺人才高级研修班》《第六期全国中青年文艺人才（编导）高级研修班》《第三期全国省级文艺家协会驻会负责人研修班》等十多个课题项目。

资助文联出版报刊精品工程："2013年中国文联出版报刊精品项目"中的大众摄影杂志社《光影写真》"2014年中国文联文艺出版报刊精品工程"中国文联出版社《中国非物质文化遗产传统戏剧传承人传记丛书（全10册）》等近十个出版报刊项目。

资助中国文联文艺评论中心"2013年文艺评论工程"项目。

（四）总结中国文学艺术发展专项基金2011~2015年的工作并对未来五年的工作做了愿景计划

2011年至2015年五年来，中国文学艺术发展专项基金得到了中央财政资金每年8000万元项目资金的资助。5年来，专项基金累计资助扶持400余个公益项目，内容涉及戏剧、音乐、美术、曲艺、舞蹈、书法、摄影、影视、杂技、民间艺术等多个艺术门类的艺术创作和人才培养，文艺评奖、文艺评论、文艺出版、文艺采风和"送欢乐下基层"以及联络服务艺术家等。我会对这五年来专项基金的工作进行了认真的总结并对未来工作愿景提出了计划，同时用这些资料作了报告资料上报中国文联向中央财政申请下一个五年中央财政资金支持。

【加大社会公益资金的募集力度，继续扩大基金会在各个艺术门类细分领域的影响力】

希望与困难交织，机遇与挑战并行，是2015年社会募集工作的真实写照。面对宏观经济下滑、行业态势低迷和自身繁重的发展任务，基金会认真分析社会募集所面临的趋势性变化，整合资源，拓宽渠道，各项发展指标均实现了平稳快速健康的发展。截至2015年底，基金会共接受社会公益捐赠6411.51万元，比上年增长了19.2%，社会募集规模进一步扩大。基金会实力壮大了，对文化艺术项目的资助力度也随之扩大，项目活动的影响力日益显著。

2015年基金会新设立专项基金四个，分别是中国文学艺术基金会关心下一代专项基金、中国文学艺术基金会阳光国际专项基金、中国文学艺术基金会书法美术人物服务专项基金、中国艺术品诚信发展专项基金。截至目前，基金会专项基金已达31个。专项基金在规模、质量、影响和导向等方面都有了长足的进步。

在各文艺家协会和各位理事的大力支持下，基金会在2015年资助、开展了许多有影响的公益活动。

在中国影协的支持下，资助拍摄向长征胜利80周年献礼影片《太阳河》，并在2015年底完成了第一次审片工作。

在中国摄协的支持下，中国摄影艺术发展专项基金资助编辑制作了《中国摄影大师》图书，实施了"口述摄影史"工程。

姜昆公益专项基金资助编辑出版了《姜昆老师告诉你如何防止意外伤害》图书，开展了"暑期——把安全带回家"大学生公益志愿活动，受到了各界的广泛好评。2015年12月初，姜昆副理事长带队赴四川甘孜、德阳，河北坝上、滦平等地，向40所学校捐赠了图书和手风琴，为基金会"美育圆梦"项目添砖加瓦。

"美育圆梦"的公益理念还得到了其他专项基金的积极响应和参与：校园文化专项基金与中

央电视台少儿频道共同录制了《大手牵小手》美育圆梦行动特别节目,向玉树灾区的孤儿进行爱心捐助,和企业家一道赴吉林延吉和安徽六安挂牌设立美育圆梦艺术教室,让留守儿童受到美的熏陶和艺术教育。关心下一代专项基金启动了"美育圆梦·关心下一代文学艺术教室捐建工程",拟在未来五年内捐建1000所艺术教室。

刘岩专项基金多年来持之以恒为孤残儿童开设舞蹈课,"天使的微笑"公益摄影展已经成为该基金的品牌项目,2015年举办的两次展览非常成功。

苏士澍专项基金资助了在清华大学美术学院举办的"中国当代书法邀请展",受到了书法界的好评。

2015年,社会专项基金在我会的引领下,自觉运用公益平台,广泛动员社会力量,充分发掘自身优势,通过组织艺术活动团结人、教育人、鼓舞人,为"四个全面"服务。资助举办的"空间的诗意——艺术与建筑、艺术与城市、艺术与生活"油画作品学术展、"2015未来影响——亚洲国际青少年微电影节暨'相约北京·童心如歌'青少年艺术展演""明天会更好——吴春燕2015公益演唱会""天行意动·首届中国国际动态雕塑展"等一系列具有广泛社会影响的文艺活动,受到了媒体舆论的高度评价,树立了良好的社会公益形象,取得了很好的社会效益。

【开展重点活动,加强品牌建设,打造具有广泛社会影响的精品公益项目】

(一)"时代领跑者"系列活动

在中国文联领导下,为落实习总书记北京文艺座谈会讲话精神,实现努力"创作生产出无愧于我们这个伟大民族、伟大时代的优秀作品",基金会联合中华全国总工会、中国关心下一代工作委员会,与中国美术家协会、中国美术学院、中国五老公益工程组委会具体策划,经过近一年的组织准备和中国美院艺术家们的精心创作,"时代领跑者"美术作品展于2015年4月27日在中国国家博物馆举行。以新中国成立后各行各业的60名全国劳动模范为主人公的巨制画卷与世人见面,同比等高的画像神形兼备地再现了劳动者的时代风采。此次"时代领跑者"美术展览的成功举办得到了各界人士和各级领导的鼎力支持,展览在社会上取得了热烈反响,各界舆论一致认为这批作品是弘扬社会主义核心价值观、描绘"中国梦"的代表之作。所有参展作品均已被国家博物馆收藏,且已将这批作品在国家博物馆的中央大厅永久陈列展出,以让更多的民众看到"时代领跑者"的风采,从中汲取精神力量。

10月15日为纪念北京文艺座谈会一周年,"时代领跑者"美术书法摄影展全国巡展启动仪式在北京军事博物馆举行。启动仪式后,"时代领跑者"多年来征集作品中的精华部分将在北京以外的其他地方展出,为弘扬社会主义核心价值观,也为实现中华民族伟大复兴,点燃每个中国人心中的"中国梦",书写绚丽篇章。

(二)"深入生活、扎根人民"系列活动

中宣部等五部门《关于在文艺界广泛开展"深入生活、扎根人民"主题实践活动的意见》通知下发后,中国文联高度重视,积极组织开展多种形式的"深入生活、扎根人民"主题实践活动,团结引导各广大文艺工作者深入生活采风创作,深入挖掘鲜活素材,创作出一批弘扬中国精神、凝聚中国力量,体现社会主义核心价值观的文艺精品力作。2015年中国文学艺术发展专项基金重点资助了"中国精神·中国梦""深入生活、扎根人民""送欢乐下基层"等多个项目。中国文联和有关文艺家协会于2015年10月举办"向人民汇报"——"深入生活、扎根人民"文艺创作成果展演。展演包括音乐、舞蹈、曲艺等三场汇报演出和美术、书法、摄影等三场汇报展览,通过组织展演展示,进一步发挥主题实践活动的导向示范作用,团结引导广大文艺工作者扎根人民、扎根生活,静下心来,潜心创作,形成不断出精品出人才的良好局面。

（三）美育圆梦行动

习近平同志曾说过："百年大计，教育为本。教育是人类传承文明和知识、培养年青一代、创造美好生活的根本途径。"2015年，基金会发起了"美育圆梦行动"项目，该项目旨在帮助老少边穷地区有艺术天赋的少年儿童实现心中的艺术梦想。有了认识美、体验美、感受美、欣赏美和创造美的能力，才能有美的理想、美的素养、美的情操和美的品格。并主张引导社会各界特别是行业企业积极支持职业教育，努力建设中国特色职业教育体系。还要加大对农村地区、民族地区、贫困地区职业教育支持力度，努力让每个人都有人生出彩的机会。

项目启动以来，先后在吉林的延边、大别山区、河北的张家口、云南的西双版纳和德宏、宁夏、青海、贵州等地区建立了11间艺术教室，直接受益学生达到了4000名；同时我们还携手著名艺术家，在宁夏、青海、贵州三地对家庭贫困且具有艺术天赋的孩子进行资助，截至2015年底，已资助学生150名。

2015年的12月，基金会在宁夏回族自治区固原市彭阳县交岔中学举行了"美育圆梦行动"启动仪式。仪式上，到场嘉宾为艺术教室揭牌。秘书长冯双白同志表示"美育圆梦行动"此次来到宁夏建设艺术教室，提供了美术、书法、音乐、舞蹈等艺术门类的学习工具，培养孩子们对美的感知能力和欣赏能力，帮助他们健康成长，更好地去追求梦想。为解决艺术教师师资薄弱的这一问题，中国文学艺术基金会与宁夏师范学院磋商，现场宁夏师范学院与交岔希望中学达成志愿者支教意向，通过宁夏师范学院美术学院和音乐舞蹈学院的师生支教教师雄厚资源，为交岔希望中学解决师资困难。

（四）电影《启功》

由中国文学艺术基金会资助的人物传记电影《启功》于2015年8月摄制完成。中国文艺评论家协会、中国文学艺术基金会、中国书法家协会在中国文联中国文艺家之家联合召开了电影《启功》作品研讨会。书法界、电影界、文化界、主创团队、制片方代表及中国文学艺术基金会领导等共计20余位专家学者参加了研讨。与会专家对《启功》都给予了高度评价，认为影片取材真实可感，人物形象塑造生动，情节感人至深，充分展示了启功先生跌宕起伏的人生历程，同时也展示了启功对艺术的执着追求，是近年来中国影坛思想性、艺术性和观赏性俱佳的文化大片。各方对中国文学艺术基金会对该片四年时间的坚持，对弘扬中国精神的价值导向给予了高度评价。

9月6日，电影《启功》首映礼在北京电影学院隆重举行，该片在9月10日第31个教师节在全国院线公映后，获得了社会各界一致好评。

（五）继续利用中国文艺家之家展览馆为艺术家服务，组织了3场有代表性的艺术展览

2015年初，荟萃荆楚书道骨干作者近130件作品的"我们的中国梦——全国优秀艺术作品展'荆风楚韵'——湖北省书法院首届院展"在中国文联艺术家之家展览馆开幕。此次展览是湖北省书法院成立后的首次集中亮相，120余件作品风格多彩、书体齐全，既有植根传统的入古之作，又有锐意变法的创新之品。作品表现出荆风楚韵，给观众留下深刻印象。

之后，由中国文学艺术界联合会、中国文学艺术基金会、陕西省文学艺术界联合会共同主办，陕西省美术家协会、陕西美术馆承办，中国美术家协会提供学术支持的"我们的中国梦——全国优秀艺术作品展之长安精神·陕西省油画、水彩、水粉画作品展览"在中国文艺家之家展览馆隆重开幕。展览精选了陕西省近百位老、中、青油画、粉画、水彩画家的近百幅作品，其中当代油画作品70幅，水粉、水彩作品30幅。这些作品是陕西省为十二届全国美展备展的优秀作品中精选出来的佳作，代表了当今陕西西画发展的最高水平，集中展现了陕西美术在油画、水彩粉画方面的整体风貌。

11月初，由中国文学艺术基金会、中国艺术研究院艺术创作院主办的"纪峰雕塑艺术展"在中国文联文艺家之家举行。本次展览共展出纪峰先生创作的雕塑作品40余件，包括肖像作品和大型公共艺术设计作品，均是从他二十几年创作的上百件作品之中精心挑选出来的。他的主要创作方向是为古往今来的圣哲贤达造像，所以展览的作品也就以历史文化名人和现当代文化名流这两个方面的肖像作品为主，并以后者居多。

【不断规范完善信息化建设，加大网络宣传力度，提高基金会社会影响】

随着公益事业的不断发展和社会关注度的不断提高，基金会信息化建设工作在基金会发展中的作用日益凸显，也受到中国文联、民政部门和全行业的高度重视。为实现基金会管理的规范化、制度化、专业化，促进我会信息化建设，提升透明度，塑造公信力，中国文学艺术基金会从以下几方面入手，加快信息化建设步伐。

（一）设立"宣传部"，作为我会专门负责组织协调宣传工作并承担我会"信息化工作服务平台建设项目"的常设机构。

（二）制定"信息化工作服务平台建设项目"三年规划，申请项目经费。基金会借助中国文联文艺资源中心的技术支撑，筹备、设计、制定了基金会"信息化工作服务平台建设项目"的三年规划，以更好地实现基金会工作格局中的募捐管理、项目执行、信息传播、公益服务等职能。

（三）充分利用新媒体宣传手段全方位传播宣传基金会。目前基金会已初步建立了门户网站、微信公共账号、微博、博客新媒体手段，以多种方式广泛宣传我会和公益活动，全面提升中国文学艺术基金会的公益形象，提升公信力。

（四）协调联络、建立立体宣传格局，宣传重点项目、提升品牌建设。今年来基金会在每项重大活动中，重点加强宣传工作，同近百家平面报刊媒体、数十家电视台和知名门户视频网站建立联系，对基金会重点品牌进行相关报道。

中国文联出版社

综述

中国文联出版社（以下简称文联社）是中国文联唯一的直属出版机构，是财政部代表国务院履行出资人职责的中央文化企业和国有资本经营预算单位。2015年，文联社在中国文联党组和中央文资办的大力支持下，逐步克服转企改制过渡期的重重困难，坚持把发展社会效益放在首位，努力实现社会效益经济效益并举共彰。2015年，文联社在"中国文联使命和品牌在出版领域的延伸"的发展定位，明确了建设"中国文艺出版传媒国家队"的发展目标，明确了"同心多元，以艺为主，一体两翼，优质双效"的发展路径。2014年，文联社负重奋进，深化改革；突出特色，调整结构；优化机制，提升能力；重点突破，彰显品牌。一举实现了营业收入翻番、当年实现盈利、职工收入稳中有升、历史遗留问题逐步消解的良性发展新格局。常规出版的稳步推进与数字化资源平台的跨越式迭代为进一步全面深化改革发展奠定了基础。

会议与活动

【参展第28届北京图书订货会】

1月7—9日，第28届北京图书订货会在中国国际展览中心隆重举行。多个展位现场展示文联社多种优秀重点图书，订货量比往年大幅提升。中央人民广播电台现场直播著名艺术家姜昆畅谈《马季老师给我的思考》，朱庆社长受邀与电台听众现场交流读书与人生。

【2014年度全员考核及"尚艺奖"评选】

1月14日，社委会主持对全体员工进行考核测评。中层干部做述职报告，全体员工接受全员测评。评选出优秀员工12名。"尚艺·优秀团队奖"2名；"尚艺·优秀员工奖"一等奖2名，二等奖4名，三等奖6名；"尚艺·优秀图书奖"一等奖2名，二等奖4名，三等奖6名；"尚艺·编校质量奖"3名；"尚艺·市场表现奖"3名；"尚艺·装帧设计奖"3名；"尚艺·特别贡献奖"3名。并对提升文联社品牌形象、超额完成任务等同志进行了通报表扬。

【2015年度工作会议】

1月26—28日，文联社2015年度工作会议在北京台湖国际图书城召开。会议学习贯彻中国文联党组有关指示精神，总结2014年度工作，表彰2014年度先进，部署2015年度工作。中国文联党组领导李前光同志出席会议并讲话，并为优秀团队和个人颁奖。中国文联人事部、出版办有关同志出席会议并对文联社领导班子成员进行考核测评。

【承办第十一届全国艺术学年会】

11月14—15日,由全国艺术学学会主办、中国文联出版社承办的"中国艺术学的传统资源与当代构建理论研讨会暨第十一届全国艺术学年会"在中国文联文艺家之家举办。本届年会旨在弘扬中华民族优秀传统文化和中华美学精神,促进高等院校、科研机构和专业媒体之间的学术交流,推动我国艺术学理论学科的建设与发展。中国文联党组成员、副主席李前光,教育部体育卫生与艺术教育司司长王登峰,文化部文化科技司司长孙若风等同志应邀出席会议并致辞,来自全国各高等院校的200余位艺术学理论界的专家、学者出席了本次会议。

【举办系列图书出版发布活动】

5月7日,与中国文联理论研究室联合召开《2014中国艺术发展报告》出版发布会,各位专家介绍了2014年度中国艺术发展总体情况和各全国文艺家协会工作亮点,并对2015年中国艺术发展态势进行了分析。中国文联党组成员、副主席夏潮,中国文艺评论家协会主席、中央文史馆馆员仲呈祥,2014中国艺术发展报告首席专家、北京大学艺术学院院长、中国文艺评论家协会副主席王一川,各全国文艺家协会领导、各艺术门类分报告首席专家,以及中国文联出版社、文艺资源中心等单位领导出席会议。6月12日,举办《中国非物质文化遗产百科全书》新书发布会。《中国非物质文化遗产百科全书》是中国第一部非物质文化遗产百科全书,该系列丛书内容丰富,体例完备,具有完整性、学术性、规范性、知识性和通俗性等特点。这部具有学术价值和史料价值的"百科全书",对于弘扬优秀的中国传统文化,推动我国文化多样性的保护和发展,增强中华民族的凝聚力都具有重要的现实意义。中国文联党组书记、副主席赵实,北京师范大学教授、民间文艺学者万建中,中国出版协会常务副理事长、中国图书评论学会会长邬书林,《光明日报》总编辑何东平及国家新闻出版广电总局出版管理司袁越伦等领导出席会议。9月18日,《中国·四川抗战文化研究丛书》出版座谈会,近80名专家学者就习近平总书记在纪念中国人民抗日战争暨世界反法西斯战争胜利70周年讲话精神进行学习研讨,总结了抗日战争的伟大历史意义及所揭示的"正义必胜、和平必胜、人民必胜"的伟大真理,针对如何推进抗战史研究、发挥伟大抗战精神、推动社会主义建设进行建言献策。该丛书入选"中宣部、国家新闻出版广电总局纪念抗战胜利七十周年重点主题出版物"(获2016年国家出版基金资助)。

【离退休职工秋游】

10月15日,组织离退休职工前往延庆"百里画廊"风景游览区参观、郊游,充分体现我社对老同志身心关爱,丰富离退休职工的文化生活,增强我社凝聚力。

各项工作

【一项目入选"中宣部、国家新闻出版广电总局纪念抗战胜利七十周年重点主题出版物"】

《中国·四川抗战文化研究丛书》中:《抗战文化运动史》《抗战时期重庆戏剧文学的文学地理学研究》《四川抗战哲学史》《四川抗战小说史》《中国·四川抗战时期的美学家研究》《中国·四川抗战新诗史》《四川抗战文化地理学研究》《电影与抗战》《大轰炸中的重庆陪都文化》九本入选"中宣部、国家新闻出版广电总局纪念抗战胜利七十周年重点主题出版物"。

【一项目入选"中宣部、国家新闻出版广电总局中国文艺原创精品出版工程项目"】

《大型歌剧〈日出〉总谱》入选本年度"中宣部、国家新闻出版广电总局中国文艺原创精品出版工程项目"。

【一项目入选"国家新闻出版广电总局、全国老龄委向全国老年人推荐的优秀出版物"】

《好歌大家唱·精选合唱歌曲集（大众卷）》入选本年度"国家新闻出版广电总局、全国老龄委向全国老年人推荐的优秀出版物"。

【六项目入选"中国文联文艺出版报刊精品工程"】

《中国艺术资源整理工程》《中国非物质文化遗产传统戏剧传承人传记丛书》《海外艺术学经典文库》《中国民歌精选》《武都高山戏研究丛书》《与时代同行——新世纪的中国美术馆》入选本年度"中国文联文艺出版报刊精品工程"。

【面向2015年应届毕业生公开招聘】

5—7月，对上百名各高校应届毕业研究生、博士生进行笔试、面试等考察，由朱庆社长亲自命题，考试内容涵盖了往年全国出版专业职业资格考试初级、中级大纲内容，还增加了综合能力的考核，选出数名优秀毕业生，融入文联社大家庭。

【中国文联出版社官网上线】

7月，中国文联出版社新版官方网站正式上线。新版官网采用艺术化设计风格，优化网站结构，全方位、立体化地展现文联社丰富的图书、作者、活动、资讯等内容，增加在线投稿、在线招聘等服务入口，增加社交活动功能，努力为读者、作者和编辑提供更加快捷、全面的资讯和服务。同时，新版官网采用自适应网站架构，支持PC端、移动端等多终端访问，更好更全面地展现文联社的产品、文化和形象。

网站访问地址：www.clapnet.cn。

【中国文艺家在线】

11月，中国文艺家在线平台试运行。中国文艺家在线是基于大数据平台建设的中国最权威的艺术家和艺术作品资源库，围绕艺术家、艺术作品为艺术家提供便捷的传播交互平台，为艺术爱好者、艺术机构提供全面的艺术家、艺术作品信息获取平台及艺术资讯智能展示推送平台。通过移动化和社交化的互联网平台进行艺术交流，使中国文艺家在线成为广大艺术家的网上家园。

网站访问地址：www.claplus.cn。

【开通中国文联出版社微信公众号】

6月，中国文联出版社微信公众号正式运营，该公众号是中国文联出版社对外宣传的重要官方平台之一，围绕本社的图书、资讯、活动等内容进行深度整合与推广，服务于广大作者和读者，"读好书、品美文、聚精品"。

微信公众号：wenlianshe。

【开通中国文艺家微信公众号】

11月，中国文艺家微信公众号试运营，该公众号是第一家专注于为文学及艺术家提供查询、沟通、交流、互动的社交平台，定时发布文艺界最新、权威的精品资讯内容，并融合微名片、作品集等核心功能。

微信公众号：claplus。

【生产经营指标逐步好转】

根据《中国文联出版社2015年度审计报告》（中财国信审字〔2016〕1215号），截至2015年12月31日，文联社资产总额为8431万元；资产负债率由2012年的157%和2013年的158%下降至2015年的128%；营业收入2012年为917.85万元，2013年为1636.56万元，2014年则增长至3746.57万元，2015年继续保持增长势头，营业收入仍然保持在3586.42万元。2015年根据2014〔86〕号文和国办发2015〔3〕号文补发了离退休职工的工资，提高了在岗职工的待遇，在因此导致成本费用增加的情况下，依旧保持了198.30万元的盈利水平。

【队伍建设活力彰显】

下大力气加强专业人才队伍建设，一是通过双向选择将一批想干事能干事的骨干安排到重要岗位；二是通过人才引进加强急需岗位及时形成生产能力；三是通过公开招聘选拔优秀应届毕业生自主培养后备力量。

朱庆社长代表出版社与在岗的全体事业编制转企职工签定《劳动合同书（无固定期限）》，与全体聘用职工签定《劳动合同书（固定期限）》。2015年继续实行全员岗位双向选择，并量化指标进行绩效考核。队伍结构从"橄榄形"向"哑铃形"转变，行政管理人员与业务人员的比例达到21%：79%的良性形态。

【机构与人员变化情况】

截至2015年底，文联社在册职工178人，其中在岗职工80人，离退休、提前离岗职工98人。

文联社社委会由朱庆（社长兼总编辑）、孙洁（副社长）、张静（副社长）组成。

为充分发挥中国文联出版资源优势，突出文联社产品特色和品牌特点，社委会进一步调整了内设机构和产品结构。音乐分社（总监陈若伟）、美术分社（总监王堃、副总监周劲松）、民间文艺分社（总监柴文良）、文学分社（总监蒋爱民）、学术分社（总监空缺）、第一事业部（主任王军）、第二事业部（主任刘旭）、第三事业部（主任郭锋）、第五事业部（主任李民）、第六事业部（主任顾苹）、第八事业部（主任姚莲瑞）、终审室（主任朱彦玲）、发行部（副主任张子楠）、数字出版部/信息中心（副主任张进）、总编室（副主任郭琳）、印务部（负责人陈晨）、财务部（主任刘筠）、办公室（主任程翔云）、人力资源部（负责人刘丰）。

中国艺术报社

综述

2015年，中国艺术报社深入学习宣传贯彻习近平总书记在文艺工作座谈会上的重要讲话精神，认真宣传贯彻落实《中共中央关于繁荣发展社会主义文艺的意见》和《中共中央关于加强和改进党的群团工作的意见》，在中国文联党组的正确领导下，牢固树立马克思主义新闻观，始终坚持正确舆论导向，紧紧围绕党和国家工作大局，密切关注文艺界热点焦点话题，有力地宣传报道了中国文联和各文艺家协会、各地文联、产（行）业文联的各项重大工作与重要品牌活动，为文化强国建设营造了昂扬向上的良好氛围，积极推动了文艺事业和文联工作的繁荣发展。2015年，《中国艺术报》进一步顺应媒体的发展趋势，强化现代传媒理念，锐意创新，不断提升办报质量和报纸品质，受到中央领导同志和中国文联党组领导的充分肯定和表扬，在社会各界和广大文艺工作者、广大读者中的美誉度进一步提升。一年来，中国艺术报社全体同志齐心协力、不断进取，报社工作开启了新的篇章。

深入贯彻习近平总书记系列重要讲话精神

中国艺术报社把学习好、宣传好、贯彻好、落实好习近平总书记的重要讲话精神和《中共中央关于繁荣发展社会主义文艺的意见》《中共中央关于加强和改进党的群团工作的意见》当作一项重大政治任务来抓。中国艺术报社领导班子切实担负起这项首要政治责任，高度重视、精心组织，通过分头自学、集中学习和专题讨论等形式，深刻把握总书记讲话的重大意义、重要论断，认真落实两个《意见》的安排部署，切实在全社增强做好文艺工作和文联工作的责任感使命感，以锐意创新的精神和扎实进取的作风完成好全年各项任务。

【深入宣传文艺界和中国文联学习贯彻习近平总书记文艺工作座谈会重要讲话的实际举措和切实行动】

《中国艺术报》紧密结合工作实际，努力发挥媒体优势，通过刊发消息、名家访谈、理论阐释等形式，及时报道中国文联及全国文联系统贯彻落实文艺工作座谈会精神的各种举措，以喜闻乐见、图文并茂的形式在文艺界传递中央的声音，对讲话精神进行权威深入解读。一年来，共刊发直接相关消息和通讯约40篇；直接相关重点会议发言约30个，让广大文艺工作者清晰认识肩负的责任和使命，有力地推动文艺界形成学习贯彻习近平总书记重要讲话精神和中央会议精神的热潮。

2015年，对文艺工作座谈会精神的宣传贯穿报纸报道始终，除了直接报道相关内容外，还通过《有多少奇怪建筑是"权势地标"？》等通讯，《为人民创作，当下尤其不能松懈》等时评文章，转载《求是》刊登的赵实同志《把最好的精神食粮奉献给人民——学习习近平总书记在文艺工作座谈会上的重要讲话》等文章，以各种形式宣传好文艺工作座谈会精神。

【开设"学习习近平在文艺工作座谈会上讲话"专栏，精心组织稿件，邀请知名文艺家和理论家畅谈学习体会、权威解读讲话内容】

为发挥评论优势，深入解读习近平总书记重要讲话精神，《中国艺术报》自2014年10月20日起在文艺评论版面开辟了"学习习近平在文艺工作座谈会上讲话"笔谈专栏。2015年，《中国艺术报》进一步做好组织策划和艺术家联络工作，向各门类艺术家积极约稿，邀请知名文艺工作者和理论评论家畅谈学习心得、交流学习体会，努力提升稿件的质量、栏目品牌的影响力。相继刊登了曾庆瑞、傅谨、董学文等数十位名家的《用法治的利剑剜影视文艺的"烂苹果"》《文艺创作与市场的功能》等近50篇理论评论文章。让广大文艺家更好地领会了讲话精神，推动了讲话精神在文艺实践中更好地贯彻落实。

【习近平总书记在文艺工作座谈会上的重要讲话全文正式发表之后，通过深入广泛的报道推动在文艺界掀起学习贯彻的热潮】

2015年10月14日，习近平总书记在文艺工作座谈会上的重要讲话全文正式发表。本报10月16日及时刊发讲话全文，转载《人民日报》评论等时政消息，报道中国文联召开党组扩大会学习等会议、活动，以及新华社发布的中国文联开展"深入生活、扎根人民"主题实践活动情况综述等。后又及时报道了《习近平总书记在文艺工作座谈会上的重要讲话学习读本》出版发行、习近平《在文艺工作座谈会上的讲话》单行本正式出版、繁荣发展社会主义文艺推进会召开等消息，报道了中国文联全系统的相关学习情况等，推动学习讲话精神掀起了又一个热潮。

【贯彻落实《中共中央关于繁荣发展社会主义文艺的意见》，把学习贯彻落实习近平总书记文艺工作座谈会重要讲话推向深入】

继习近平总书记在文艺工作座谈会上的重要讲话正式公开发表后发布的《中共中央关于繁荣发展社会主义文艺的意见》，对党和国家繁荣文艺的指导思想、目标任务、重点工作以及政策保障等做了非常全面和详细的阐释和安排，是对习近平总书记文艺工作座谈会重要讲话的具体落实部署。

10月21日，《中国艺术报》全文刊发《中共中央关于繁荣发展社会主义文艺的意见》及时政评论《举精神旗帜　建精神家园》《为实现中国梦提供价值引导文化凝聚力精神推动力——聚焦繁荣发展社会主义文艺意见七亮点》《激发正能量　催生新气象——广大文艺工作者践行习近平总书记文艺工作座谈会讲话精神一年纪实》。10月23日，刊发《攀登文艺高峰　多出精品力作》《中国文联学习贯彻〈中共中央关于繁荣发展社会主义文艺的意见〉专题研讨班分组讨论发言摘登》《文艺是中国社会发展形象的缩影》等时政新闻，及时地传达了繁荣发展社会主义文艺推进会的会议内容，全面深入报道了文联及各协会学习贯彻《意见》的各项活动，保证了《意见》发布和推进会宣传的时效性。

同时，在文艺评论版面开设"深入学习贯彻《中共中央关于繁荣发展社会主义文艺的意见》"专栏，刊登了谭仲池、王小平等理论评论家的《文艺的"人民主体地位"的历史必然性》《走心大地　勇攀高峰》《把握工作新要求　开创事业新生面——学习〈中共中央关于繁荣发展社会主义文艺的意见〉体会》《如何处理文艺与市场的关系》等文章。

重要工作

【认认真真开展"三严三实"专题教育】

报社的"三严三实"专题教育从2015年5月份开始,在"三严三实"专题教育过程中,报社领导干部和全体党员深入学习习近平总书记系列重要讲话精神和关于党员领导干部践行"三严三实"的新思想新观点新要求,学习党章和党的相关规章制度,重点研读《习近平谈治国理政》等重点文献,读原著、学原文、悟原理,逐篇学习,注重学深悟透,深刻领会"三严三实"的重大意义、丰富内涵和实践要求。按照文联统一部署,报社领导班子认真聆听了中国文联党组领导同志的党课。报社社长向云驹同志、副总编辑康伟同志、副社长朱虹子同志、副总编辑余宁同志结合具体工作实际讲了"三严三实"党课。报社领导班子采取座谈走访、利用网络平台等方式广泛征求党员、群众的意见。召开组织生活会展开批评和自我批评,并听取大家的意见。在此基础上,报社领导班子进行党性分析,深入剖析根源、认清问题实质,结合工作实际提出了整改措施,撰写了对照检查材料,并在民主生活会上展开批评和自我批评。通过专题教育活动,大家进一步强化了"三严三实"的意识,进一步增强了严要求、谋实事的观念。

【举办《中国艺术报》创刊二十周年系列活动】

2015年,报社围绕中国文联成立66周年、《中国艺术报》创刊20周年组织举办了一系列活动。

(中央领导同志对《中国艺术报》创刊20周年作出重要批示,对《中国艺术报》取得的成绩给予了充分肯定)

中央领导同志批示指出,20年来,《中国艺术报》始终坚持正确办报方向,立足文艺界、面向全社会,为促进文艺繁荣发展做出了重要贡献。希望《中国艺术报》认真学习贯彻习近平总书记系列重要讲话特别是文艺工作座谈会上的重要讲话精神,积极宣传党的文艺方针,及时反映文艺动态,切实加强文艺评论,为无愧于时代的优秀作品点赞,为扎根于人民的优秀文艺工作者点赞,更好地促进我国文艺事业健康发展、推动中华文化繁荣兴盛。

(举办"艺术家的精神家园"——庆祝《中国艺术报》创刊20周年展览和"纸上乾坤——《中国艺术报》创刊20周年书画名家邀请展")

7月17日,"艺术家的精神家园——庆祝《中国艺术报》创刊20周年展览"在中国文艺家之家展厅开展。中国文联主席孙家正出席并宣布展览开幕。中国文联党组领导赵实、李屹、左中一、李前光、郭运德、陈建文,中宣部文艺局副巡视员刘新风和张海、王兴东、赵学敏、张飙、张虎等艺术家代表、本报老领导代表,以及各全国文艺家协会、中国文联机关各部室、各直属单位负责人出席了展览开幕式。

中国文联为本报创刊20周年发来贺词。希望《中国艺术报》在新的历史起点上继续坚持正确导向,积极适应文艺事业和文联工作发展的新形势新任务,切实加强内容建设,努力开拓传播领域,开阔视野、锐意进取,进一步提升文艺界主流媒体的传播力和影响力,更好地服务文艺工作和文联工作,为繁荣社会主义文艺、推进实施"四个全面"战略布局、实现中华民族伟大复兴的"中国梦"做出新贡献。

郭运德同志在开幕式上讲话。王兴东代表艺术家发言。社长向云驹同志介绍了报社20年来的工作情况,副社长朱虹子同志宣读了中国文联党组贺词,副总编辑余宁同志宣读了著名艺术家贺词。开幕式由副总编辑康伟同志主持。

(组织"我与《中国艺术报》"——庆祝《中国艺术报》创刊20周年征文活动)

郑榕、樊发稼、查干、黄亚洲、于海阔、罗琪等作家、艺术家,陈果、周振华、姚伟和等各地文联工作者,郭铂等广大热心读者,撰写了《一切文艺家必读的报纸——祝贺〈中国艺术报〉创刊二十周年》《人生所贵在知己》《从这里走向全国》《能不能代表四百个娃，向一张报纸敬个礼？》《那道门里的人》《活到老　学到老》《迈大步不停步　年年有进步》等饱含深情的文章。

【与中国文联文艺资源中心共同完成推进网络文艺与网上文联建设课题调研】

根据中国文联2015年整体调研工作安排，中国艺术报社和中国文联文艺资源中心联合组成调研组，在中国文联党组成员、书记处书记郭运德同志带领下完成了推进网络文艺与网上文联建设课题调研任务。4月底，郭运德率中国文联推进网络文艺与网上文联建设课题调研组在广东、浙江调研，听取了副省级城市文联信息化建设专题调研座谈会、部分省市县文联信息化建设专题调研交流座谈会，与会代表就文联信息化建设政策扶持、资金保障、组织机构、人员队伍、技术应用、资源共享等议题进行发言讨论，进行了深入的调研。

调研组一行还深入到新华网、人民网、中国青年网等国家重点网站就网站运营、技术支持、融媒体发展等进行了考察调研。

【完成《中国艺术报》社清理驻地方机构工作】

2015年，报社按照《关于清理整顿中央新闻单位驻地方机构的通知》（以下简称《通知》）要求，清理整顿撤销了在全国各省份共设立的六家驻地方记者站：中国艺术报驻安徽记者站、广西记者站、海南记者站、陕西记者站、上海记者站、重庆记者站，并将清理结果上报国家新闻出版广电总局。总局在国家新闻出版广电总局网站和中国记者网上将清理整顿结果进行了公告，并要求对公告撤销的驻地方机构做好机构撤销后的人员分流安置、国有资产处置等善后工作。报社撤销的这六家记者站，机构人员均由各省文联组联部门的工作人员兼任，没有外包转让情况，也没有下达过经营任务，不涉及外聘工作人员和经费问题，报社顺利完成了《通知》要求的清理整顿工作。

重要新闻宣传

2015年，报社班子在人手紧缺、任务繁重的情况下，以身作则、任劳任怨、恪尽职守，带领报社全体人员出色完成了全年的宣传报道任务。并在正常出刊之外，带领报社人员完成了中宣部、中国文联等上级部门交办的重大宣传任务和其他事务性工作。

【深入宣传文艺界"深入生活、扎根人民"主题实践活动和文艺志愿服务活动】

为贯彻落实习近平总书记在文艺工作座谈会上的重要讲话精神，《中国艺术报》根据中宣部、中国文联等部门要求文艺界广泛开展"深入生活、扎根人民"主题实践活动的通知精神，开设了"深入生活、扎根人民"主题实践活动专栏，大力宣传报道主题实践活动。2015年，《中国艺术报》进一步加大关注报道"深入生活、扎根人民"主题实践活动的力度。10月份，大规模集中报道了社会主义核心价值观组歌交响音乐会、"深入生活、扎根人民"文质兼美优秀基层书法家创作成果汇报展览、"深入生活、扎根人民"文艺创作成果展演舞蹈专场演出、"深入生活、扎根人民"文艺创作成果展演曲艺专场演出、"深入生活、扎根人民"当代十五位美术家作品展、著名摄影家"深入生活、扎根人民"作品展览等中国文联与各全国文艺家协会在京举办的6场"向人民汇报"——"深入生活、扎根人民"文艺创作成果展演。

一年内多角度全方位宣传报道了2015中国文艺志愿者（天泰剧院）公益演出、"中国精神·中国梦"农民画艺术创作系列活动、第十四届中国戏剧节等各文艺家协会组织的文艺活动；"送欢乐下基层"文艺演出、"结对子、种文化"文艺支教等各地文联组织的惠民活动；"云之南"云南红河州蒙自市演出等国家文艺院团组织的文艺活动。

同时根据中宣部统一部署，本报派出骨干记者完成了广东文艺工作者深入生活、安徽文艺工作者基层采风、陕西文艺界学习座谈柳青精神、安徽开展千名文艺家下基层采风活动等报道任务，以及天津泥人张、上海沪剧院等的专题采访报道任务。重点采访刊登了刘大为、关峡、王小鹰、赵季平、关牧村、尚长荣、许江、阿来、王晓岭、王书平、欧阳黔森、叶小钢等"深入生活、扎根人民"优秀艺术家的报道。

全年"深入生活、扎根人民"主题实践活动、"送欢乐下基层"活动报道约80篇；"深入生活、扎根人民"典型艺术家事迹采访20余人次。

【隆重报道纪念中国人民抗日战争胜利暨世界反法西斯战争胜利70周年】

1. 参与协办由国家大剧院特别策划的"不忘战争，是为了维护和平"京剧交响音乐会。老中青三代京剧名家与指挥胡咏言执棒的国家大剧院管弦乐团、国家大剧院合唱团，在传统戏、现代戏、新编戏脍炙人口的经典唱段中，回望艰苦卓绝的战争岁月、彰显中华儿女家国情怀、表达维护和平的坚定信念。

2. 推出"纪念中国人民抗日战争暨世界反法西斯战争胜利70周年"专栏。6月份开始，专栏及时刊发了一系列新闻报道，传达了中央的声音，展现了中国文联举办的"铸魂鉴史珍爱和平——纪念中国人民抗日战争暨世界反法西斯战争胜利70周年美术作品展""历史不容忘却——纪念中国人民抗日战争暨世界反法西斯战争胜利70周年《中流砥柱》摄影展"等一系列文艺活动；重点采写刊发了一批报道；推介了《百团大战》等重点文艺作品；约请刘厚生、胡可等文艺理论家撰写了《抗战戏剧散忆——话剧对抗战胜利的贡献》等理论文章。《中国艺术报》充分发挥了自身在言论写作方面的优势，刊发了《革命英雄人物岂容任性娱乐》《旅游文化建设要善用抗战历史文化资源》《〈黄河大合唱〉是用来逗人笑的吗？》等批评和建设性言论，回击了戏谑英雄人物的歪风，为纪念活动营造了良好氛围。

3. 从4月8日起，在副刊版面开设"烽火记忆"栏目，刊登了贾芝、胡可、苗得雨、石英、陈世旭、刘锡诚、陈先义、杨先让等著名文艺家为栏目撰写的《永恒的记忆——贾芝延安日记中欢庆抗日战争胜利的场面》《万众一心　聚沙成塔——记我的父亲傅天正的抗战魔术创作》等优秀文章50余篇。

【深度报道2015年全国"两会"】

2015年3月4日到3月16日，《中国艺术报》共计刊发关于全国"两会"的文字稿件百余篇、版面50余块，并运用微信公众号推送精品文章十数篇，全面报道"两会"焦点热点问题、深度解读文艺政策、重点推介专题文章，以精美的版式、丰富的内容、独特的见解受到了文艺界代表委员、文艺家以及广大文艺工作者的广泛好评。

【贯彻落实全国戏曲工作座谈会精神】

开辟"落实中央支持政策　推动戏曲传承发展"栏目，宣传落实全国戏曲工作座谈会精神和《关于支持戏曲传承发展的若干政策》。在文艺评论版开辟"落实中央支持政策　推动戏曲传承发展"栏目，约请戏剧界艺术家和理论家就落实全国戏曲工作会精神，探讨如何推动戏曲艺术的繁荣发展。李树建、景雪变、于海阔等名家为本报撰写了《角儿·流派·剧目——如何把握京剧艺术的审美核心》《薪传古剧　心存敬畏——莆仙戏的历史传承与独特艺术价值》等大量理论评论文章。

【贯彻落实中国文联九届七次全委会精神】

2015年，按照中国文联九届七次全委会安排部署，《中国艺术报》围绕突出抓好文艺界行风建设展开深入广泛的宣传报道。全委会结束后，报纸连续刊发了《大力倡导担当使命》《大力倡导扎根人民》《大力倡导创新求精》《大力倡导健康批评》《大力倡导崇德尚艺》五篇本报评论员文章，重点论述突出抓好文艺界行风建设。又相继推出了《央视春晚拒用劣迹艺人何错之有？》等众多评论文章。《警惕影视创作的"魂不守舍"和"失魂落魄"》等文章被《求是》《新华文摘》等刊物转发。

与此同时，报社精心策划，贴近文艺门类实际，推出了《年轻相声演员要敢于和陋习划清界限》等选题。在2015年全国"两会"期间，重点推出了选题《加强文艺界行风建设势在必行》和言论《用市场倒逼为遏演员涉毒再筑防线》。在第四届全国中青年德艺双馨文艺工作者表彰大会期间，刊发了本报评论员文章《追求德艺双馨 履行崇高使命》。

【全面报道第四届全国中青年德艺双馨文艺工作者表彰活动】

为了宣传报道好中宣部、国家人力资源和社会保障部、中国文联共同举办的第四届全国中青年德艺双馨文艺工作者表彰活动，《中国艺术报》精心设计了报道方案，派出骨干记者对表彰活动进行了全程跟踪报道和延伸报道。9月4日，刊载了第四届全国中青年德艺双馨文艺工作者公示名单。9月16日，头版刊发第四届全国中青年德艺双馨文艺工作者表彰活动新闻消息，刊载中央领导同志在表彰活动上的重要讲话。刊发本报评论员文章《追求德艺双馨 履行崇高使命》。同期推出第四届全国中青年德艺双馨文艺工作者表彰活动特刊（四个版面），重点刊载中宣部、国家人力资源和社会保障部、中国文联的表彰决定，受表彰文艺工作者的倡议书，受表彰全国中青年德艺双馨文艺工作者的图片和简要事迹，表彰活动的图片报道。报道充分展现了中青年德艺双馨文艺工作者的风采，在文艺界张扬了榜样的力量。

【深入报道中国音协中国剧协中国杂协中国舞协换届工作】

中国音协、中国剧协、中国杂协、中国舞协的代表大会是文艺工作座谈会后中国文联系统四次非常重要的会议。报社提前策划、制订方案，积极派出多名记者，及时、全面报道大会的盛况，推出多个专题报道，撷取精彩的活动瞬间，图文并茂地展现大会的盛况，展示文艺工作者昂扬向上的风貌。会议结束后，报纸刊发了上会记者采写的代表大会纪实文章，展现了大会团结奋进的氛围、艺术工作者们信心百倍勇攀高峰的斗志。

获得荣誉

（刊发文章获得2014年全国报纸副刊年度佳作等多个奖项。刊发文章被《求是》《新华文摘》《红旗文摘》等转载）

在2015年揭晓的2014年度全国报纸副刊年赛中，本报刊发文章《一个关于爱的故事》获年度佳作（三等奖）、《笔荟》获优秀专栏，2014年11月28日大视野第1版获优秀版面。此外，《中国艺术报》刊发文章频频被《求是》《新华文摘》《红旗文摘》等著名刊物转载。2015年第12期《求是》杂志刊发本报社长向云驹同志的文章《互联网时代文艺批评何为》；2015年第16期《求是》杂志转发本报刊发傅庚辰同志文章《音乐为人民——歌曲背后的故事》；2015年第8期《求是》杂志摘发本报记者王新荣的文章《警惕雷人台词后面的反历史、去历史化倾向》；2015年第20期《新华文摘》以《从艺术批评看创作》为题摘发本报记者乔燕冰的文章；2015年第21期《新华文摘》转载本报记者董大汗（左岸）的言论《文艺评奖要坚决杜绝不正之风》；2015年第7期《红旗文摘》转载本报刊发庞井君同志文章《文风的价值向度》。

中国文联团体会员（一）

中国戏剧家协会

综述

2015年是中国文艺发展史上尤为重要的一年，可谓文艺年。中国剧协认真学习贯彻习总书记讲话精神及中央各项文艺方针政策，贯彻落实中国文联九届七次全委会精神，基本完成全委会报告中关于戏剧工作的要求和部署。在习总书记讲话精神、中央的文艺方针政策和中国文联全委会精神的指导下，中国剧协于7月成功召开了第八次剧代会，顺利实现剧协领导班子的新老交替；成功举办第27届中国戏剧梅花奖大赛、第14届中国戏剧节、梅花奖艺术团系列活动，不断增强和提升中国剧协在戏剧界的吸引力、凝聚力和影响力，为全面推动戏剧事业和剧协工作的蓬勃发展做出了不懈努力。

重要活动

【中国戏剧家协会第八次全国代表大会】

7月13日至16日，中国戏剧家协会第八次全国代表大会在北京召开。这次大会是在全国上下深入贯彻党的十八大和十八届三中、四中全会精神，文艺界认真学习习近平总书记在文艺工作座谈会上的重要讲话精神，全面落实"四个全面"战略布局，大力推进中国特色社会主义新发展的形势下召开的一次重要会议；是新阶段动员我国广大戏剧工作者为繁荣我国戏剧事业、建设社会主义文化强国贡献力量的一次盛会。

7月14日，中国戏剧家协会第八次全国代表大会隆重开幕。来自全国各省区市和新疆生产建设兵团、解放军、中央国家机关以及港澳地区的近400名戏剧工作者代表参加会议。中共中央政治局委员、中央书记处书记、中宣部部长刘奇葆，中国文联主席孙家正，中宣部常务副部长黄坤明，中国文联党组书记、副主席赵实，中宣部副部长景俊海，中国文联党组副书记、副主席李屹，文化部副部长董伟，解放军总政宣传部部长禹光，中国文联党组成员、副主席左中一、夏潮、李前光，中国文联党组成员、书记处书记郭运德、陈建文等领导和中组部干部三局、中宣部文艺局、中宣部干部局、教育部体育卫生与艺术教育司、各全国文艺家协会、中国文联有关部室和直属单位负责人以及特邀嘉宾出席开幕式。解放军总政宣传部、教育部艺术教育委员会、国际剧协和各全国文艺家协会等相关单位发来贺信贺词。

刘奇葆在开幕式上作出重要讲话，他强调要深入学习贯彻习近平总书记系列重要讲话精神，特别是在文艺工作座谈会上的重要讲话精神，树立以人民为中心的工作导向，以社会主义核心价值观为引领，大力发展彰显中国精神、展现中华美学风范的戏剧艺术，让戏剧百花园更加绚丽多彩。

赵实在开幕式上讲话。她表示，这次大会是我国戏剧艺术事业在新的历史起点上继往开来、创新发展的一次重要会议，对于进一步团结动员全国广大戏剧工作者深入贯彻落实党的十八大和十八届三中、四中全会精神，认真学习贯彻习近平总书记系列重要讲话精神，特别是在文艺工作座谈会上的重要讲话精神，推动我国戏剧事业繁荣发展，具有极其重要的意义。

董伟在开幕式上讲话，祝贺大会胜利召开。中国剧协第七届主席尚长荣致开幕词。中国剧协分党组书记、第七届驻会副主席季国平代表中国剧协第七届理事会作《坚持以人民为中心的工作导向，为实现中国梦，唱响中国戏剧的最强音》的工作报告。中国剧协分党组成员、第七届副秘书长崔伟作《关于修改〈中国戏剧家协会章程〉的说明》。中国剧协第七届副主席濮存昕宣读部分贺信贺词。开幕式由中国剧协第七届副主席孟冰主持。

大会期间，审议通过了中国剧协第八次全国代表大会工作报告，修订了《中国戏剧家协会章程》，选举产生了由192人组成的中国剧协新一届理事会。会议期间举行的中国剧协第八届理事会第一次会议选举产生了由15人组成的新一届主席团。濮存昕当选中国剧协第八届主席，季国平（驻会）、于魁智、王晓鹰、冯玉萍、李树建、杨凤一、沈铁梅、茅威涛、罗怀臻、孟冰、孟广禄、柳萍、韩生、韩再芬（按姓氏笔画排序）当选副主席。尚长荣被推举为名誉主席；聘请方掬芬、白淑贤、刘长瑜、刘厚生、刘锦云、李世济、李维康、何孝充、胡可、钟景辉、徐晓钟、郭汉城、阎肃、董伟、裴艳玲、廖奔、薛若琳、穆凡中、魏明伦、瞿弦和（按姓氏笔画排序）为顾问；任命崔伟为中国剧协第八届秘书长，朱正明为副秘书长。

7月16日，中国文联党组书记、副主席赵实，中国文联党组副书记、副主席李屹等出席闭幕式，并向推举和聘请的中国剧协名誉主席、顾问颁发荣誉证书和聘书。中国剧协第八届主席濮存昕致闭幕词。中国剧协分党组书记、第八届驻会副主席季国平主持闭幕式。大会在隆重、热烈、民主、和谐、鼓劲的气氛中胜利闭幕。

【梅花奖艺术团活动】

盐城行 1月14日至16日，中国文联、中国剧协梅花奖艺术团一行20余位梅花奖演员，由中国文联副书记、副主席李屹，中国剧协分党组书记、驻会副主席季国平带队，来到江苏盐城，以荟萃10余个剧种的两场精彩戏剧演出，回馈老区人民。1月15日晚，盐城市文化艺术中心大剧院内气氛热烈，座无虚席。演出在江苏省淮剧团大型京歌舞蹈《咏梅》中拉开帷幕，梅花奖获得者陈小朵、史佳华、武利平、李亦洁、杨俊、陈澄、韩延文、刘子微、谷好好、吴凤花、陈飞、刘丹丽、林为林、顾芗、张克勤、李树建相继登台，京剧的大气磅礴，昆曲、越剧、晋剧、豫剧、黄梅戏的精美演绎，二人台的绝活表演，歌剧、小品的实力再现，让现场观众大饱眼福。最后，中国剧协顾问、首届梅花奖获得者刘长瑜与其学生陈静连唱三段《红灯记》精彩唱段，将当晚演出推向高潮。

在1月15日晚首场慰问演出前，梅花奖艺术团一行来到位于盐城城东的新四军纪念馆，缅怀抗战英雄。至今，梅花奖艺术团已走过10年历程，为革命老区、少数民族地区、灾区和贫困地区的广大人民群众送去了精彩的戏剧节目。正如梅花奖艺术团团长季国平所说："我们从人民中来，也要义无反顾地扎根到人民中去。传承民族精神与优秀传统文化，我们责无旁贷。"

内蒙古行 8月31日，中国剧协梅花奖艺术团"送欢乐、下基层"演出来到内蒙古乌兰察布市四子王旗，为当地人民献上了一场传统艺术的盛宴。中国剧协分党组书记、驻会副主席、梅花奖艺术团团长季国平，自治区文联主席巴特尔，自治区文联副主席尚贵荣，市委常委、常务副市长史万钧出席活动。当晚，演出在当地露天广场举行，较大的昼夜温差也难以阻挡群众的观看热情，多剧种的戏曲荟萃、大腕级的演出阵容吸引了来自基层的上万名观众。梅花大奖获得者裴艳玲，二度梅获得者林为林、陈巧茹等十多朵"梅花"相继登台，演出剧目从秦腔《晴雯撕扇》到川剧《潘金莲·打饼》，从扬剧《板桥道情》到二人台小品《一年更比一年强》，都让观众大呼过瘾。内蒙古剧协主席、梅花奖艺术团成员武利平说，"这样接地气的演出，更能彰显中华戏曲的源远流长和在基层展现出的魅力"。当晚演出同时作为第三届内蒙古戏剧"娜仁花"奖大赛的开幕式。该奖是内蒙古自治区为当地中青年戏剧演员设置的专业表演奖项，是当地戏剧最高奖。季国平表示，"全国性的梅花奖评选的成功，离不开自治区'娜仁花'奖等全国各地奠定的良好基础。正是因为有了各地戏剧节的定期举办和优秀演员的培养，中国戏曲才有了百花竞放的别样精彩"。此次活动也是落实文化惠民，不断丰富广大人民群众精神文化生活的具体实践。

银川行 9月21日至25日，中国戏剧家协会梅花奖艺术团在中国文联党组副书记、副主席李屹的率领下，带着戏剧艺术家们的深情厚意与节日祝福，赶赴宁夏银川举办"送欢乐、下基层"慰问演出，受到当地观众热烈欢迎。9月22日晚，梅花奖艺术团"送欢乐、下基层"慰问演出在宁夏人民会堂拉开帷幕。梅花大奖获得者尚长荣、沈铁梅，二度梅获得者林为林、史佳华、刘丹丽，梅花奖获得者龙红、吴京安、武利平、李小雄、陈小朵等14位梅花奖获得者为观众献上了京剧、川剧、昆曲、晋剧、歌剧、秦腔、二人台、婺剧等戏剧选段。银川市艺术剧院、宁夏演艺集团京剧院也献上了舞蹈、杂技等精彩节目，现场气氛热烈。其间，中国剧协还组织调研组到宁夏固原、中卫等基层地区调研地方戏剧发展现状并谋划对策，取得丰硕成果。

河北行 11月19日，中国戏剧家协会梅花奖艺术团在中国剧协分党组书记、驻会副主席季国平率领下，"送欢乐、下基层"走进河北，在石家庄人民会堂和邢台市临城县进行慰问演出。演出汇集了15位梅花奖艺术家，其中裴艳玲、顾芗、沈铁梅3位是梅花大奖获得者。各位著名艺术家纷纷献上各自的拿手好戏，于兰的京剧《杜鹃山》选段，史佳华的晋剧《大登殿》选段，杨俊的黄梅戏《女驸马》选段，陈澄的淮剧《祥林嫂》选段，沈铁梅的川剧《李亚仙》选段，以及裴艳玲的京剧清唱《一捧雪》选段等轮番登场，精彩绝伦的表演让观众过足了戏瘾，赢得了如潮的掌声。

【梅花奖数字电影工程】

本年度继续组织实施"梅花奖数字电影工程"，越来越多的梅花奖获得者的优秀代表剧目被拍摄成数字电影，通过院线发行、惠民放映等多种形式，让全国广大观众特别是广大农村观众有机会欣赏到更多的戏剧精品。豫剧《苏武牧羊》、越剧《狸猫换太子》、锡剧《一盅缘》《珍珠塔》等数字电影已完成公映或正在后期制作中。

艺术节与评奖

【第27届中国戏剧梅花奖竞演活动】

4月16日和5月8日，由中国文联、中国戏剧家协会和绍兴市人民政府、广州市人民政府共同主办的第27届中国戏剧梅花奖现场竞演，分为两个赛区在绍兴与广州先后举办。这是中国戏剧梅花奖自1983年创立以来，第四次以竞演的方式推选梅花奖获奖演员。经过激烈角逐，欧凯明、韩再芬、华雯、朱衡、许荷英等5名选手荣获"二度梅"，吴非凡、王荔、侯岩松、施洁净、张馨月等32名选手荣获"一度梅"。

本届梅花奖共收到来自全国各地的百余名优秀演员报名。最终参加竞演的演员涵盖北京、上海、天津、重庆、河北、山西、黑龙江、江苏、浙江、安徽、福建、山东、河南、湖北、湖南、广东、海南、云南、陕西、甘肃、宁夏、江西22个省、市、自治区以及中直和解放军院团，涉及京剧、昆曲、话剧、歌剧、儿童剧、汉剧、越剧、豫剧、河北梆子、川剧、秦腔、上党梆子、黄梅戏、赣南采茶戏、湖南花鼓戏、淮剧、粤剧、柳琴戏、婺剧、陇剧、绍剧、琼剧22个剧种。这些演员长期活跃在演出第一线，既有来自国家级大剧院的，也有来自基层县剧团的，特别是来自宁夏、甘肃、黑龙江、云南的演员，长年坚守在边陲，为广大基层观众演出，练就一身绝活，他们以饱满的热情和精彩的表演，演绎着"梅花香自苦寒来"的深刻寓意。

5月20日晚，广州大剧院星光熠熠，第27届中国戏剧梅花奖在此举行闭幕式并揭晓获奖名单。中国文联党组副书记、副主席李屹，中国剧协分党组书记、驻会副主席季国平，中国剧协副主席白淑贤，中国剧协分党组成员、副秘书长崔伟，广东省文化厅厅长方健宏，广东省文联党组书记程扬，广州市市长陈建华，广州市原市长黎子流，绍兴市委常委、宣传部长何加顺等领导出席颁奖，并与近千名观众一同观看了演出。演出在序曲《梅花情》中款款拉开序幕，浙江绍剧研究院带来了独具特色的绍剧《三打白骨精》助兴；晚会主持人瞿弦和、张凯丽、吴京安、崔冰朗诵配乐诗《劳动人民的红线女》，以此纪念一代粤剧大师红线女；获得"一度梅"的全体演员演唱了《同圆中国梦》，表达了他们致力于弘扬戏曲艺术的心声；全体二度梅获奖演员的戏曲联唱展示了各自剧种的拿手好戏，演出在歌舞杂技表演《梅花俏》中完美落幕。整台演出端庄大气，朴素典雅，彰显着戏曲人历尽磨炼、不畏苦寒的艺术追求和如梅花般高洁傲雪的艺术品格。颁奖典礼上，组委会还为广州、绍兴颁发了承办城市纪念匾。

21日下午，获奖演员们不顾劳累，兵分两路来到广州增城文化馆、海珠区南华西街文化馆，将京剧、昆曲、越剧、黄梅戏、豫剧、粤剧、婺剧、沪剧等剧种带给在场的600余名基层群众。该活动作为5·23中国文艺志愿服务日的组成部分，受到群众的热烈欢迎，真切反映了"戏剧源于人民，回馈于人民"的精神。

第27届中国戏剧梅花奖获奖演员名单

梅花奖二度获得者（二度梅）（5名）

欧凯明	广州粤剧院有限公司
韩再芬	安庆再芬黄梅戏艺术剧院
华雯	上海宝山沪剧团
朱衡	甘肃省话剧院
许荷英	河北省河北梆子剧院

梅花奖获得者（一度梅）（32名）

吴非凡	广州粤剧院有限公司
王荔	武汉汉剧院
侯岩松	中国国家话剧院
施洁净	浙江绍剧艺术研究院
张馨月	北京京剧院
马佳	黑龙江省京剧院
凌珂	天津京剧院
杨霞云	浙江婺剧艺术研究院
朱福	云南省京剧院
刘巍	北方昆曲剧院
万晓慧	湖北省京剧院
杜欢	江西省歌舞剧院有限责任公司
符传杰	海南省琼剧院
刘京	宁夏演艺集团京剧院
吴熙	重庆市川剧院
吴双	上海昆剧团
杨俊	江西赣南采茶歌舞剧院
陈明矿	江苏省淮剧团
王君安	福建省芳华越剧团
金喜全	上海京剧院
麦玉青	广东粤剧院
杜建萍	山西高平市上党梆子剧团
刘莉莉	临沂市柳琴戏传承保护中心
郭广平	南京军区政治部文工团
卫小莉	陕西省戏曲研究院
何云	安徽省黄梅戏剧院
窦凤霞	甘肃省陇剧院
邱瑞德	河北省河北梆子剧院

张　涛	西安秦腔剧院有限责任公司
周雪峰	苏州昆剧院
唐　妍	中国儿童艺术剧院
张艳萍	郑州市豫剧院

【第14届中国戏剧节】

10月25日至11月11日，由中国文学艺术界联合会、中国戏剧家协会和苏州市人民政府主办的第14届中国戏剧节在苏州举办。这是自2014年10月15日习近平总书记发表《在文艺工作座谈会上的讲话》，党中央、国务院出台一系列推动文艺发展繁荣政策以来，首次举行的全国性戏剧艺术成果展演。

10月25日晚，戏剧节开幕式在苏州文化艺术中心隆重举行。中国剧协名誉主席尚长荣，中国剧协分党组书记、驻会副主席季国平，中国剧协分党组成员、秘书长崔伟，江苏省委常委、省委宣传部部长王燕文，苏州市委副书记、市长周乃翔等有关单位领导，本届戏剧节的专家和评委，各省区市剧协负责人，各参演院团代表等出席开幕式。开幕式上还举办了2015年"终身成就戏剧艺术家"的表彰仪式，苏民、谭元寿两位老艺术家获得表彰。

戏剧节期间共有来自全国各地的39台剧目（包括30台参演剧目和9台展演剧目）在苏州及周边城市各大剧院轮流上演，涵盖昆剧、京剧、豫剧、黄梅戏、锡剧等22个剧种以及话剧、歌剧、歌舞剧、音乐剧等戏剧样式。精美的戏剧演出吸引了3万多人次的观看，不仅包括热情的苏州观众，许多戏迷及戏剧同行也从全国各地专程前来观摩，国际剧协执委会成员以及来自越南、匈牙利等国家的戏剧组织负责人应邀出席并观摩演出，戏剧交流成果丰硕。戏剧节还召开了8次剧目评论会，与会专家就已演出剧目与参演剧团进行面对面交流，为今后进一步打磨提高提出中肯建议，受到剧院团热烈欢迎，真正起到了对于剧目创作的推动作用。

11月11日，戏剧节闭幕式在苏州会议中心举行。中国文联党组副书记、副主席李屹，中国剧协分党组书记、驻会副主席季国平，中国剧协副主席、宁夏文化厅副厅长柳萍，中国剧协分党组成员、秘书长崔伟，江苏省文化厅副厅长高云，江苏省党组成员、文联副主席郑泽云，苏州市人民政府副市长王鸿声，苏州市委常委、宣传部部长徐明，以及各省区市剧协、各参演院团有关负责同志、全国戏剧界的专家等出席闭幕式，并观摩了大型新编历史京剧《如姬》。

【第19届中国少儿戏曲小梅花荟萃活动】

7月21日至25日，由中国戏剧家协会和山东省戏剧家协会、济南市文广新局、济南市槐荫区人民政府共同主办的第19届中国少儿戏曲小梅花荟萃活动在济南举行。经过三天六场紧张有序的现场演出，共有来自北京、上海、天津、黑龙江、海南、陕西、江苏等29个省市及四个小梅花培训基地的147名小选手分获"金花"和"银花"称号。25日晚，第19届中国少儿戏曲小梅花荟萃佩花晚会在济南市群艺馆隆重举行。中国剧协分党组书记、驻会副主席季国平，原中国剧协分党组成员、副秘书长周光，中国剧协艺术发展中心主任薛金岭以及山东省济南市有关领导出席晚会，为获奖选手颁奖，并与现场千余名观众一起观看了精彩演出。

创作与研究

【中国剧协第六届全国小戏小品编导演研修班】

4月6日至20日，中国剧协第六届小戏小品编导演创作研修班在张家港市成功举办。来自全国各地的50多名学员参加了研修，经过为期半个月的学习培训，在专家老师的悉心指导下，学员们拓宽了创作视野和想象空间，大家努力寻求自身艺术创作的新突破，结合教学实践合作排演了19个原创小品。再经过专家的悉心辅导，其中7个学员作品脱颖而出，参加了结业汇报演出。这些作品都来自学员身边的生活，故事生动、人物鲜活，引发了观众的强烈共鸣。演出现场的笑声、掌声、欢呼、称赞，充分见证了研修班的丰硕成果。

【中国剧协第七届中青年编剧研修班】

4月7日至16日，由中国戏剧家协会、中国戏曲现代研究会主办，《剧本》杂志社、江苏省戏曲现代研究会、盐城市盐都区人民政府承办的中国剧协第七届中青年编剧研修班在江苏盐城成功举办。本届研修班学员31名，旁听学员6名，是从全国各地剧协、中直机关、院团报送的98部作品中评选出来的。其中最小的学员仅25岁，体现了主办者着眼于戏剧未来的宗旨。中国戏剧家协会分党组书记、驻会副主席季国平，中国戏剧家协会副主席、著名剧作家罗怀臻，著名剧作家陈彦、沈虹光等给学员作了系列讲座，戏剧理论家李春喜、马也等对学员作品进行了讲评。经过几天的学习与交流，学员们纷纷表示，这样的学习机会十分难得、受益匪浅。

【中国剧协全国青年舞台美术家研修班】

5月4日至22日，中国剧协全国青年舞台美术家研修班（简称"青美班"）在上海成功举办。该班是继2011年起连续举办全国青年戏剧人才"编剧、导演、音乐、评论"研修班后，再次成功举办的戏剧人才高级研修班。中国剧协主席尚长荣，中国剧协分党组书记、驻会副主席季国平，中国剧协副主席罗怀臻，上海市委宣传部副部长陈东，上海文联党组书记宋妍，上海戏剧学院书记楼巍、院长韩生，以及中央和上海有关媒体的记者，青编班、青导班、青音班、青评班学员代表出席了开班仪式和结业典礼。

本届青美班的64名学员是经中直和各地文联、剧协以及中国舞台美术学会推荐的全国舞台艺术领域的一线骨干，来自包括台湾和澳门在内的30个省、市、自治区。在历时19天的研修期内，学员们共聆听了14位艺术家、理论家和文化产业专家17次的专题讲座；倾听了16位著名舞台艺术家对62部研修生作品精彩的课堂讲评。这些国内戏剧舞美、文化科技和文化产业的一线专家学者以及来自俄罗斯、英国、加拿大、德国、美国、法国的世界顶级大师与学员们进行了探讨与交流，他们精确到位的点评让学员受益匪浅。此外，本届研修班不仅聚焦戏曲艺术整体发展，同时还关注舞台艺术与科技进步、社会发展的关联，旨在推动当代戏剧艺术的繁荣、发现和培养全国各地优秀的青年舞台美术人才、搭建以上海为中心辐射全国的交流互动平台。

【全国青年戏剧创作会议】

5月23日至24日，由中国戏剧家协会和中共上海市委宣传部共同主办的全国青年戏剧创作会议在上海戏剧学院隆重举行。中国文联党组副书记、副主席李屹，中国剧协主席尚长荣，中国剧协分党组书记、驻会副主席季国平，中国剧协副主席王晓鹰、沈铁梅、罗怀臻，中国剧协分党组成员、副秘书长崔伟，上海市委宣传部副部长陈东，上海市文联党组书记宋妍，上海戏剧学院院长韩生等领导应邀出席会议。来自全国各地五期青研班的186名学员代表与导师代表、各地方剧协代表、上海市文艺院团创作骨干、上戏师生代表等近400人参加会议。

本次会议是在连续五年的全国中青年戏剧人才研修班基础上召开的。2011年至2015年，在中国文联的领导和支持下，中国剧协与上海市戏剧学院合作举办了全国青年编剧家研修班、全国青年导演家研修班、全国青年戏曲音乐家研修班、全国青年评论家研修班以及全国舞台美术家研修班。五年间，来自包括港澳台地区在内的全国30多个省、市、自治区、解放军及数十所高校院团的300余名学员参与研修，他们年龄均在45岁以下，都是来自创作一线的中坚力量。国内外百余位著名作家、艺术家、学者，纷纷担任青研班讲座、讲评教授。戏剧家罗怀臻、王晓鹰、尚长荣、季国平、韩生先后担任五期研修班班主任。

5月23日,在大会开幕式上,青编班、青导班、青音班、青评班、青美班的代表分别汇报了各自班级的创作成果。报告显示,历经五年坚持不懈的教学孵化和实践推动,青研班涌现出了一大批优秀青年戏剧人才。季国平在讲话中勉励各位学员认真贯彻落实习总书记在文艺座谈会上的讲话要求,始终坚持以人民为中心的创作导向,主动践行文艺界核心价值观,多创作有筋骨、有道德、有温度,为历史存正气、为世人弘美德的优秀戏剧作品,真正担当起中华文化赋予的神圣使命与党和人民赋予的历史责任。会议期间,大家还参观了"全国青年戏剧创作人才创作成果展"。

【赴陕西调研基层戏剧院团创作现状】

8月19日至21日,在中国戏剧家协会分党组书记、驻会副主席季国平,中国戏剧家协会分党组成员、秘书长崔伟带领下,中国剧协组织专家、学者一行12人赴陕西调研。四天时间里,调研组深入商洛市剧团、商洛市洛南县剧团、渭南市富平县剧团,观看了包括秦腔、静板书、木偶戏、道情、花鼓、阿宫腔在内的多个地方戏剧剧目,了解了当地院团的生存现状和实际困难,并对基层戏剧创作情况和剧目打磨提高提出了切实可行的意见建议。此次调研活动在"深入生活、扎根人民"精神指引下,确保内容丰富,工作扎实有效,为剧协下一步决策计划提供了准确翔实的第一手资料,也为未来扶持基层剧目创作提供了十分重要的参考依据。

【主编《中华戏曲》线装丛书】

10月23日至25日,《中华戏曲》线装丛书编撰会议在扬州举办。《中华戏曲》线装丛书是由中国剧协主编,扬州古籍线装科技文化有限公司策划,社会科学文献出版社出版的系列戏曲丛书。第一批27个剧种丛书已于2014年出版。2015年启动第二批剧种丛书的撰写,包括北京曲剧、陇剧、五音戏、新疆曲子戏、藏剧、商洛花鼓等15个地方剧种,旨在增进大家对民族戏曲文化的认识与认同,增强文化自觉与自信。

【举办"人民艺术家李默然艺术人生论坛"】

11月13日至15日,由中国戏剧家协会、辽宁省文联主办的"人民艺术家李默然艺术人生论坛"在沈阳举行。中国文联党组成员、书记处书记郭运德,中国剧协主席、著名表演艺术家濮存昕,辽宁省委宣传部副部长、辽宁省文联党组书记盖成立,与近40位来自全国各地的戏剧界专家、学者,辽宁省文艺院团、艺术院校的文艺工作者、师生等300余人参加了论坛活动。

论坛围绕李默然艺术实践的现实主义道路、李默然艺术思想的价值取向、李默然一生的信念坚守和艺术品格、李默然表演艺术体系(李派艺术)研究、一代艺术大师的成长之路、李默然暮年的文化自觉和使命担当六个论题,对李默然先生的艺术人生、艺术实践、艺术成就、艺术思想和道德品格做了全面评价和充分论述,不仅表达了对李默然先生的缅怀之情,而且从实践到理论进行了高度概括,进行了理论的提升与总结。与会代表一致认为,一年前,习近平总书记亲自主持召开文艺工作座谈会并发表重要讲话,前不久中共中央印发《关于繁荣发展社会主义文艺的意见》,这次论坛的召开恰逢其时,不仅表达了戏剧界广大同人对前辈大师崇敬、怀念的共同心愿,而且也适应了当今文艺事业发展的需要,必将对我国戏剧事业发展产生积极的推动作用。论坛会期间,还举办了"李默然艺术人生图片展",放映了反映李默然艺术人生的电视专题片。

其他重要活动

【"梅花绽放,为民放歌——天津京剧院荣获中国戏剧梅花奖演员创作剧目展演"活动】

1月25日至29日,为响应中宣部大力开展

"深入生活、扎根人民"主题实践活动的号召，深入贯彻落实中国文联工作部署和赵实书记关于"根据自身职能和工作实际，深入研究如何创新'深入生活、扎根人民'"的批示要求，中国剧协与天津京剧院，在京隆重举办由历届获得中国戏剧梅花奖的老中青京剧艺术家共同参加的"梅花绽放，为民放歌——天津京剧院荣获中国戏剧梅花奖演员创作剧目展演"活动。此次活动努力突出"以人民为中心的创作导向"，集中体现"出人出戏"的艺术本质，努力追求"惠民为民"的服务宗旨，展示了15年来由中国戏剧"梅花奖"演员在天津结出的丰硕成果和打造的优秀创作剧目。六位"梅花奖"得主和五位"青京赛"金奖得主组成的强大阵容，为观众带来了难得的艺术体验，低票价的惠民形式将更多戏剧爱好者请进剧院。活动获得圆满成功，产生了巨大社会影响。

【首届上海（奉贤）沪剧艺术节】

2月28日至3月7日，作为贯彻落实中宣部、中国文联大力开展"深入生活、扎根人民"主题实践工作的重要举措，由中国戏剧家协会指导，上海市奉贤区人民政府主办，上海市奉贤区文广新局、上海市沪剧院承办的首届上海（奉贤）沪剧艺术节在上海市奉贤区成功举行。中国剧协分党组书记、驻会副主席季国平，上海市文联党组书记、专职副主席宋妍，中国剧协分党组成员、副秘书长崔伟出席开幕演出。本届沪剧艺术节汇聚上海沪剧院、上海宝山沪剧团、上海长宁沪剧团、上海勤苑沪剧团、上海勤怡沪剧团、上海文慧沪剧团、上海彩芳沪剧团七家专业和民营院团，举办公益演出及下基层慰问活动30余场，同时在社区学校开设一系列沪剧艺术普及讲座，邀请专家学者参与"沪剧论坛"，研讨剧种传承、发展思路，推动本土文化普及传播，受到百姓热烈欢迎和广泛好评。

【中国剧协第七届主席团第九次会议】

3月29日晚，中国剧协第七届主席团第九次会议在海口召开。中国剧协主席尚长荣，中国剧协分党组书记、驻会副主席季国平，中国剧协副主席王晓鹰、白淑贤、李树建、罗怀臻、孟冰、裴艳玲出席会议。中国剧协分党组成员、副秘书长崔伟、朱正明，中宣部干部局干部处、中国文联人事部干部处等同志列席会议。主席团会由尚长荣主持。会议审议通过了刘卫红、周光同志不再担任中国戏剧家协会第七届秘书长、副秘书长的人事事宜；审议通过了中国剧协第七届理事会第四次会议议程（草案）及工作报告（审议稿）。

【中国剧协第七届理事会第四次会议暨2015年工作会】

3月30日，中国剧协第七届理事会第四次会议暨2015年工作会在海口召开。中国文联党组副书记、副主席李屹，中宣部干部局副局长崔侠，中宣部文艺局副巡视员李小虹，中国文联人事部主任郑希友、副主任张晓辉，中国剧协主席尚长荣，中国剧协分党组书记、驻会副主席季国平，中国剧协副主席白淑贤、裴艳玲、王晓鹰、李树建、罗怀臻、孟冰，中国剧协分党组成员、副秘书长崔伟、朱正明以及中国剧协123位理事、各地剧协负责人、中国剧协各处室干部和新闻媒体记者共计150余人参会。季国平受第七届主席团委托，在会上作了题为《深入学习贯彻习近平总书记重要讲话精神，努力开创戏剧事业和剧协工作新局面》的工作报告。

【积极开展维权工作】

为了能更好地为广大戏剧工作者提供有力的维权服务，4月、7月、10月中国剧协派专人参加了中国文联权保部举办的多期中国文联权保干部专题培训班学习，并赴第十届北京文博会观摩调研，就规范性、网络维权投诉的快速处理，如何加强多方合作，维护文艺家合法权益等问题与专家进行了交流，深入了解和学习了我国文化创意产业的最新成果、版权交易与保护的先进经验，探索创新为文艺作品的传播与交易提供有效服务的新途径和新手段，并结合戏剧艺术特点，不断提高业务素质和工作能力。

对外文化交流

【参加国际剧协第140次执委会会议】

2月19日至24日，应国际剧协阿联酋中心邀请，中国剧协派驻会副主席季国平等2人赴阿联酋的富查伊拉市，参加了国际剧协第140次执委会会议。与会代表就关于总部迁址上海过程中所涉及的许多具体问题及解决方案，关于国际剧协现状的分析，关于将在巴西玛瑙斯举办下一届世界代表大会的相关组织事宜以及对国际剧协未来发展战略的设计与谋划四个方面的内容进行了交流与商议。

【广西永福非遗中心演出团赴孟加拉参加国际戏剧节】

3月16日至20日，应国际戏剧协会孟加拉中心邀请，中国剧协推荐广西桂林永福非遗中心的传统彩调《王二假报喜》和《王三打鸟》剧组一行16人赴孟加拉，参加第二届达卡国际戏剧节。达卡国际戏剧节以孟加拉文化部为指导单位，由国际剧协孟加拉中心发起并承办。本届戏剧节除孟加拉20多台优秀剧目外，还有来自中国、印度、英国三国共4台国际剧目参演。彩调剧是广西两大地方剧种之一，已有两百多年的历史。该剧种极具地方特色，形式谐趣活泼，有"快乐剧种"之称。3月17日晚，在孟加拉国家剧院主剧场，彩调剧以其独有的地方特色，通俗欢畅的风格，受到孟加拉观众的热烈欢迎。此次出访是中国剧协首次选派彩调剧这一地方小剧种参加国际戏剧节，也是对外戏剧交流工作的一次有益尝试。

【中国剧协代表团出访匈牙利、克罗地亚】

4月14日至20日，应匈牙利国家剧院院长阿提拉·维德扬斯基先生及国际剧协克罗地亚中心主席谢尔卡·图尔辛诺维奇女士的邀请，中国剧协组派了以中国剧协副主席、重庆市川剧院院长沈铁梅为团长的代表团一行3人对上述两国进行了交流访问，分别参加了"匈牙利马达奇国际戏剧节"及"克罗地亚戏剧展示窗"两项活动。

【罗马尼亚戏剧家代表团访华】

4月16日至23日，为促进中国与罗马尼亚戏剧界的交流与合作，中国剧协邀请罗马尼亚戏剧家协会常务副主席奥拉·科比鲁和国际剧协罗马尼亚中心秘书长朵伊娜·鲁普一行2人来华访问上海和北京，观摩第八届上海国际小剧场戏剧节并与中国戏剧界人士进行交流，取得了良好的实效。

【中国儿艺演出团赴德国参加"西风"儿童戏剧节】

5月28日至6月1日，应德国杜塞尔多夫剧院邀请，中国剧协选派以中国儿童艺术剧院副院长杨帆为团长，中国剧协《剧本》杂志社副主编范小宁为顾问的《三个和尚》剧组一行12人，赴德国北威州杜塞尔多夫市参加第31届"西风"青少年儿童戏剧节。"西风"青少年儿童戏剧节是德国北威州的一个品牌儿童戏剧节，每年在北威州各城市轮流举办，已持续30多年。除来自北威州的10台优秀儿童剧作品外，还有来自中国、比利时、挪威及荷兰的4台国际剧目参演。此次是中国剧协近年来首次选派儿童戏剧作品参加国外戏剧节，中国儿艺的《三个和尚》以其精良的制作和演员精湛的演技获得当地观众和戏剧节组委会的高度认可，很好地体现了当今我国儿童剧的水平，此行也为中国剧协以后推动儿童剧的对外交流提供了宝贵经验。

【瑞典戏剧家来华举办儿童剧工作坊】

7月15日至27日，为促进中国儿童剧的国际交流，中国剧协邀请由瑞典戏剧联盟选派的斯卡赫尔门剧团4名戏剧家访问承德、青岛两地，分别在承德话剧团演艺有限公司和青岛市话剧院有限公司开展儿童戏剧工作坊并进行内部交流演出。此次工作坊使中方演员及观众亲身体验到了欧洲儿童剧的独特创作理念和艺术风格，使剧团在儿童剧的创作上深受启发，对促进儿童剧国际交流大有裨益。

【日本戏剧家代表团访华】

8月24日至30日，应中国剧协邀请，以日中文化交流协会常任理事、日本青年座剧团董事水谷内助义为团长的日本戏剧家代表团一行5人，来华访问北京、上海、苏州3个城市，访问相关戏剧团体，观摩多场戏剧演出，与我国戏剧界进行广泛而深入的交流，取得了良好的实效。

【中国剧协代表团赴韩国参加第22届BeSeTo戏剧节】

9月15日至19日，应第22届BeSeTo（中韩日）戏剧节韩国组委会邀请，中国剧协派以《中国戏剧》杂志社副主编高扬为团长的中国剧协代表团一行4人，赴韩国参加了该戏剧节。自9月4日至24日，本届戏剧节共有来自中国、韩国、日本三国6台剧目上演，总计演出12场，参演剧目包括杭州越剧院《海上夫人》、黄盈工作室《黄粱一梦》、韩国杨松戏剧工作室《仅此一人》、韩国当当动作剧团《痛苦》、日本诺伊森剧团《避难公主》以及特邀参演的香港话剧团的《孤独》。《海上夫人》改编自挪威戏剧家易卜生的同名剧作，杭越对这一经典剧目的改编，不同于一些剧种以绝妙武功征服世界，而是展现了中国戏曲华丽、优美、婉约的另一形态，给韩国观众留下了深刻的印象。新生代话剧导演黄盈的作品《黄粱一梦》，此次作为本届戏剧节闭幕演出亮相首尔南山艺术中心。这是中国剧协首次选派民间剧团参与BeSeTo戏剧节。新国剧《黄粱一梦》以古老的故事为底板，并用古老的技艺对故事进行了现代化的解构，灵活运用了戏曲中的水袖、刀枪把子等传统技艺以及三弦、书法等传统文化元素。此次演出现场座无虚席，在演后谈话环节当地观众反应积极，他们对导演用现代手法对传统戏剧进行再创造的思路表示出浓厚兴趣，并对其创意表示由衷赞赏。

【匈牙利戏剧家代表团访华】

10月26日至29日，经中国文联批准，中国剧协接待了以匈牙利国家剧院院长阿提拉·韦德扬斯基先生为团长的2人代表团，分别访问了重庆和苏州两市，获得了良好的交流实效。在重庆，在重庆川剧院沈铁梅院长的引导下，匈牙利来宾兴致勃勃地参观了川剧博物馆，详细考察了川剧院的大小两个室内剧场和一个露天剧场的硬件设施。匈牙利戏剧家们对川剧艺术的魅力赞赏有加，并对川剧院优越的演出条件赞不绝口。参观结束后，双方就明年访匈演出一事进行了充分的沟通与交流，就诸多细节问题达成了共识。在苏州，代表团观摩了中国戏剧节的两台精彩演出，并访问了苏州昆曲剧院。蔡少华院长为代表团详细介绍了苏昆近年来的国际交往项目以及青春版《牡丹亭》《白蛇传》等主打剧目，使匈牙利戏剧家对中国戏曲艺术的博大精深有了深刻的感性认识。韦德扬斯基院长得知昆剧院2016年11月要在欧洲巡演后，当即决定邀请他们增加匈牙利站，并负责其全部的接待工作。

【越南戏剧家代表团访华】

10月27日至11月2日，应中国剧协邀请，以越南胡志明市舞台艺术家协会副主席阮红蓉为团长的越南戏剧家代表团一行4人，来华访问北京、苏州、上海3个城市，观摩第14届中国戏剧节，并与我国戏剧界人士进行交流，取得了良好实效。经中国剧协精心安排，代表团一行在北京参观了老舍茶馆，欣赏京剧、曲艺、杂技、川剧变脸、功夫等中国传统演出节目，随后还观摩了由中国国家话剧院和英国国家剧院合作制作的中文版舞台剧《战马》，越南同行对这部舞台剧表示大为赞赏，钦佩中国戏剧人能够把这部史诗级舞台巨作引入中国，并如此精彩地呈现出来。代表团访华期间，正值第14届中国戏剧节在苏州举办。代表团一行在苏州先后观摩了成都川剧院的川剧《尘埃落定》和广东佛山粤剧传习所的话剧《康有为与梁启超》，这两部优秀剧目给越南戏剧家留下了深刻的印象。在上海话剧艺术中心，代表团一行观摩了上海话剧艺术中心的话剧《秀才与刽子手》，参观了该中心所属3个剧场。越南代表团此次访华，进一步加深了两国戏剧界的了解与友谊，达到了预期的目的，并为今后双方的交流与合作打下了坚实的基础。

【国际剧协落户上海暨执委会会议】

经过长达一年多的运作，国际剧协总部最终从位于巴黎的教科文大厦迁址落户到上海。在静安区政府的大力支持下，国际剧协获得了位于上海新闸路1332号一座三层小楼的使用权。11月4日，在该办公楼前举行了隆重的开幕仪式。上海有关方面的领导、国际剧协主席、总干事、全体执委及特邀嘉宾共一百多人参加了开幕仪式。季国平以国际剧协副主席、国际剧协中国中心主席的双重身份，在开幕仪式上致了贺词并与国际剧协主席等人一起共同启动了揭幕仪式。季书记在致辞中指出：国际剧协着眼于未来发展的长期目标，将其总部迁到上海，这是国际剧协一个重要的战略决策，对于促进东西方文化的交流和协同发展必将产生深远的影响，也一定会吸引更多的亚洲国家加入并积极参与到国际剧协的活动中来，从而促进亚洲表演艺术在世界领域内得到更广泛的认知与传播。随着国际剧协总部落户上海，中国戏剧界将进一步扩大与国际戏剧的交流，为国际剧协做出更多的贡献。

11月5日至6日，国际剧协第141次执委会会议在上海戏剧学院召开，这是国际剧协总部迁址上海后召开的首次执委会会议。国际剧协16名执委悉数到齐，同时，还有国际剧协荣誉主席、特邀嘉宾及国际剧协总部的工作人员等共26人与会。执委会就宪章修改、财务问题、人事变更问题、战略发展计划、艺术与教育合作项目、地区及委员会发展问题、世界戏剧日、世界舞蹈日、下届巴西世界代表大会、青年戏剧工作者委员会的项目设计问题等进行了全方位的研讨和表决。执委会期间，代表们还参观了上海戏剧学院的教学活动，并与校领导和教师进行了深入的交流。执委会结束后，与会嘉宾及工作人员一行15人应邀前往苏州，观摩了中国戏剧节的三场演出活动。

【中国剧协出访南非、埃及】

11月25日至12月3日，应南非表演艺术网络组织负责人库尔特·埃格尔霍夫先生及埃及开罗国际当代及实验戏剧节主席萨迈赫·马赫兰博士的邀请，中国剧协派以驻会副主席季国平为团长的戏剧家代表团一行5人，分别出访了南非、埃及两个非洲国家，与两国戏剧组织进行了交流活动。此次出访是为了配合我国的大外宣，加强与非洲国家文化交流的大背景下进行的。今年是南非的"中国文化年"，明年是"中埃戏剧年"。为此，中国剧协特派出了较高规格的戏剧代表团，其中包括河南省豫剧院院长李树建、江西省文联副主席龙红以及宁夏文化厅副厅长柳萍，他们不仅是获得梅花表演奖的艺术家，同时也是各省文化事业的管理者，他们的出访对今后与非洲国家开展的具体交流项目会起到积极的推动作用。

机关建设

【认真开展"三严三实"专题教育活动】

按照中国文联部署,中国剧协制定了"三严三实"专题教育实施方案。5月,剧协党员干部聆听赵实同志和季国平同志所作的专题党课,对"三严三实"具体内容和开展专题教育活动的重大意义有了明确认识。下半年组织党员干部重读《党章》,深入学习《习近平总书记系列重要讲话读本》《习近平谈治国理政》及党的十八届四中、五中全会精神,不断提高党性修养,提升思想境界;以分党组为重点,发挥带头作用,以"三严三实"和"五个必须"作为剧协工作的思想遵循和行动指引,做到集体学和个人学相结合,讲党课和研讨会相结合;组织党员干部参加文联专题教育的各项活动:参加反腐倡廉专题讲座、党纪党规教育等党员培训会,参观卢沟桥抗战纪念馆,参与理论征文,聆听"辉煌十二五"系列报告等。

【会员工作】

2015年度协会共发展新会员277人,迄今共计会员12291人。为提升会员管理水平,制定了《会员管理和服务工作整改方案》,完善了中国剧协会员数据库,并利用理事会、剧代会等契机,加强与各地会员的沟通联络,征求广大会员的意见和建议,为今后更加有效地提升服务质量、开展各项会员管理和相关组织工作明确了目标和努力方向。

【简报、舆情和宣传工作】

2015年度,共出剧协简报20期。认真做好舆情工作。加强与新闻媒体的联系,中央电视台对本年度剧协的重大活动均有报道,新华社、《人民日报》《光明日报》《中国文化报》《文艺报》《中国艺术报》对中国剧协活动进行了大量宣传,扩大了中国剧协在社会上的影响。

【老干部工作】

重视老干部工作。春节前,走访慰问年迈体弱、患病卧床的离退休老同志,并为部分老艺术家和家庭困难老同志申请慰问金及困难补助。继续举办集体生日和春秋游活动,深受老干部好评。

直属单位

【《中国戏剧》杂志】

为响应和解读中央关于文艺及戏曲方面的新政策,结合习总书记在文艺座谈会上的讲话一周年,《中国戏剧》杂志约发了戏剧理论家刘厚生等专家谈关于戏曲传承发展若干政策的学习体会文章,上海昆剧团谷好好等院团长关于习总书记讲话发表一周年的学习体会。直面戏剧界重大问题,关注有影响的剧目,凸显前瞻性、开拓性和评论的权威性。始终坚持面向基层,重视调查研究工作,专设"调查研究""关注""声音"等栏目,刊发了大量反映基层戏剧活动的文章。

【《剧本》杂志】

《剧本》关注现实题材、原创作品,关注青年作者、女性作者、少数民族作者。2015年特别组织、发排了反映"纪念抗日战争暨世界反法西斯战争胜利七十周年"主题以及反腐题材的优秀剧本。5月特设"600期专辑",邀请《剧本》杂志新老朋友笔谈、题词,回顾历史,展望未来。继续开办"中青年编剧研修班作品选登"栏目,大力扶持青年编剧。

【《中国戏剧年鉴》】

《中国戏剧年鉴》出版了2015年卷,总计80余万字。进一步关注最新戏剧理论潮流和动向,加大了对有成就、有代表性的剧院团的推介力度。本年度还出版了增刊《第五届中国戏剧奖·理论评论奖文集》。

中国电影家协会

综述

2015年,中国电影家协会分党组在中国文联党组的领导下,全面贯彻落实党的十八届三中、四中、五中全会精神,深入学习贯彻习近平总书记在文艺工作座谈会上的讲话精神和《中共中央关于加强和改进党的群团工作的意见》《中共中央关于繁荣发展社会主义文艺的意见》,贯彻落实全国宣传部长会议、中国文联九届七次全委会和中国影协九届四次主席团会议精神,坚持以人民为中心的工作导向,大力弘扬社会主义核心价值观,在开展"深入生活、扎根人民"主题实践活动、评奖办节、理论评论、电影志愿服务等方面,不断创新工作职能、提高履职能力,团结引导广大电影工作者,为创作更多无愧于伟大民族、无愧于伟大时代的优秀作品,繁荣发展社会主义文艺事业、实现中华民族伟大复兴的"中国梦"做出积极努力。

会议与活动

【"我们的中国梦·相约都江堰"文艺志愿服务团赴都江堰市慰问演出】

1月9日至12日,由中国文联、中国影协、中国文联电影艺术中心、中共都江堰市委市政府共同主办的"我们的中国梦·相约都江堰"文艺志愿服务团慰问演出活动在四川省都江堰市举行。中国影协分党组书记、驻会副主席康健民,中国电影家协会秘书长饶曙光与都江堰市人民政府等相关领导共同观看此次慰问演出。来自中国影协文艺志愿服务团的刘兰芳、祝希娟、谭正岩、马跃、马飞、郭金杰、居文沛、呼斯楞、臧金生、阎青好等众多艺术家,给都江堰人民送上了一场欢乐祥和的文化大餐,为都江堰市广大震后重建地区的百姓朋友们送上了电影界的慰问和祝福。中国影协和中国文联电影艺术中心向青城山镇五里社区捐赠了电影光盘,设立共建影像室,并带领老中青三代文艺工作者走向田间地头,深入都江堰市新农村示范点采风交流,为广大社区劳动者带去欢乐。

【"走基层、心连心"赴吉林采风活动】

1月30日至2月1日,中国影协组织艺术家赴吉林市,开展了"走基层、心连心"采风活动。采风队伍由中国影协分党组书记、驻会副主席康健民带队,中国影协分党组成员、副秘书长孙崇磊,翟俊杰、宋晓英、娜仁花、陈力、孙维民、李琳、翟小兴、马浴柯、刘梓妍等著名导演和表演艺术家参加采风。

【"我们的中国梦·英雄赞歌"文艺志愿服务演出团赴西双版纳市慰问演出】

2月10日,由中国文联、中国电影家协会、中国文联电影艺术中心、云南省文联、西双版纳州委、西双版纳州人民政府主办,中国文联电影艺术中心志愿服务部、云南民族电影制片厂、西双版纳州委宣传部、西双版纳州委政法委、西双版纳州公安局承办的"我们的中国梦·英雄赞歌"中国电影家协会文艺志愿服务团慰问演出活动在景洪市举行。中国文联副主席丹增,中国影协分党组书记、驻会副主席康健民,中国文联电影艺术中心主任胡子光,中国文联电影艺术中心副主任李倩出席了活动,并和景洪市2000余名公安干警和武警官兵代表一起观看了演出。中国影协文艺志愿服务团还走进武警西双版纳边防支队勐海训练基地、勐海大队兴海稽查点,与广大边防战士共同欢度新春,并捐赠电影放映投影设备,打造共建影像室,促进电影文化在基层生根发芽。

【"百花放映·情系藏族儿童"公益电影慰问互动活动】

2月13日,由中国文联、中国电影家协会主办的"百花放映·情系藏族儿童"公益电影慰问互动活动在京举行。中国电影家协会分党组书记、驻会副主席康健民,中国电影家协会分党组成员、副秘书长李景富出席活动,著名导演翟俊杰、郦虹,著名演员陈逸恒、杜旭东、刘坤山、马翎雁、朱砂、王焕鑫、张紫琼等老中青三代电影工作者,中央及首都新闻媒体记者与80余名藏族儿童互动活动。活动中,与会嘉宾现场向藏族儿童捐赠了电脑、书包、糖果、玩具等物品,并与孩子们互动表演。

【全国电影家协会秘书长工作会议】

3月9日至11日,2014年度全国电影家协会秘书长工作会议在昆明召开。中国影协分党组书记、驻会副主席康健民,中国影协副书记许柏林,中国影协分党组成员、秘书长饶曙光,中国影协分党组成员、副秘书长李景富、孙崇磊,中国文联电影艺术中心主任胡子光以及全国省(市、自治区)电影家协会秘书长和有关专家出席了会议。

会议通报了中国影协2015年工作要点,围绕电影界行风建设,以及加强行业服务、行业管理、行业自律和"深入生活、扎根人民"主题活动等有关工作展开深刻讨论,并总结交流工作体会,研究探讨工作思路。

【"我们的中国梦·相约兴化"慰问百万农民文艺志愿服务慰问演出】

4月12日,由中国电影家协会、中国文联电影艺术中心、兴化市人民政府、中共兴化市委宣传部联合主办的"'我们的中国梦·相约兴化'——慰问兴化百万农民文艺志愿服务活动"在江苏省兴化市广场成功举办。中国电影家协会分党组书记、驻会副主席康健民,秘书长饶曙光,中国文联电影艺术中心主任胡子光,中国文联文艺志愿服务中心副主任邵志军,中国文联电影艺术中心副主任李倩出席了活动。来自中国电影家协会文艺志愿服务团的20余名艺术家,给兴化的农民朋友奉献了一台精彩纷呈的文艺演出。当地各界群众代表和农民朋友共4000余人观看了演出。

【《2015中国电影产业研究报告》发布】

4月19日,由中国电影家协会主办,中国文联电影艺术中心、北京歌华文化发展集团联合承办的"产业圆桌高峰论坛暨《2015中国电影产业研究报告》发布会"在中华世纪坛召开。中国电影家协会分党组成员、秘书长饶曙光,中国文联电影艺术中心副主任,《中国电影产业研究报告》主编刘浩东出席了活动仪式。

【"百年又拾·光影记忆"纪念中国电影诞生110周年电影藏品展开幕】

4月23日,由中国影协主办,中国电影博物馆、中国文联电影艺术中心承办的"百年又拾·光影记忆"纪念中国电影诞生110周年电影藏品展在中国电影博物馆开幕,同时宣告中国影协电影收藏工作委员会成立。中国影协分党组成员、秘书长饶曙光，中国电影博物馆党委书记陈志强，中国电影发行放映协会会长杨步亭出席了开幕式，电影表演艺术家王晓棠、张连文、张勇手、岳红，电影导演翟俊杰，以及来自全国各地的100余位电影收藏家出席了开幕活动。藏品展历时两个月，共展出了近100台电影放映机、近100幅电影海报、电影杂志创刊号、电影邮票、电影明星照片等珍贵藏品。

【《2015中国电影艺术报告》发布】

5月12日，由中国电影家协会主办，中国文联电影艺术中心、中国影协理论评论委员会共同承办的2015电影理论评论年会暨《2015中国电影艺术报告》的发布仪式在京举行。会上发布了《2015中国电影艺术报告》，并评选出"批评家选择"的5部国产电影佳作。中国影协分党组书记、驻会副主席康健民，中国影协分党组成员、秘书长饶曙光，中国文联电影艺术中心主任胡子光及中国影协理论评论委员等学者、专家出席发布会。

【万场公益电影进社区、进校园、进企业、进农村活动启动仪式】

5月16日，第24届中国金鸡百花电影节系列活动之一，万场公益电影进社区、进校园、进企业、进农村活动启动仪式在吉林市广电文化广场举行。中国影协分党组书记、驻会副主席康健民，吉林市副市长陈东等领导出席启动仪式。著名表演艺术家祝希娟、陶玉玲、孙淳，导演麦丽丝、金琛，电影演员侯天来，青年演员陈虹池、徐梵溪、蓝天等参加活动。此外，"深入生活、扎根人民"电影艺术家创作采风座谈会5月15日在桦甸市白山宾馆举行。

【电影艺术家、评论家赴甘肃省甘南藏族自治州开展创作采风活动】

5月21日至24日，中国影协、中国评论家协会组织电影艺术家、评论家赴甘肃省甘南藏族自治州开展创作采风活动，并召开毛泽东同志《在延安文艺座谈会上的讲话》发表73周年座谈会。此次创作采风活动由中国文联主席团委员、中国影协分党组书记、驻会副主席康健民带队，中国文联文艺评论中心副主任、中国文艺评论家协会副秘书长周由强，中国影协分党组成员、副秘书长孙崇磊，中国影协组联部主任刘建凯，中国文艺评论家协会理事、《求是》杂志社总编室副主任白建春，内蒙古电影家协会主席、著名导演麦丽丝，中国传媒大学教授、导演梁明，北京电影学院文学系主任、一级编剧、导演黄丹，中国传媒大学艺术学部戏剧影视学院教授戴清，解放军艺术学院音乐系专业基础教研室主任、副教授娄文利，导演、演员陈逸恒，演员、制片人张传鹏全程参加。

【"到人民中去"5·23中国文联志愿者服务日老电影公益放映】

5月23日，由中国文联、中国影协发起，中国影协电影收藏工作委员会组织承办的"到人民中去"5·23中国文艺志愿者服务日老电影公益放映活动，在全国多个省市的社区、村镇、工厂、军营、学校、敬老院等地同步展开，放映点总计139个，观众总数5万余人，以经典电影放映的形式为各地群众献上一道精神大餐。

【中国人民抗日战争暨世界反法西斯战争胜利70周年专题影展开幕式】

7月7日，中国人民抗日战争暨世界反法西斯战争胜利70周年专题影展开幕式在北京举行。中国文联党组成员、副主席、书记处书记夏潮，中国文联荣誉委员、中国影协名誉主席李前宽，中国文联副主席、中国影协主席李雪健，中国文联国内联络部主任刘尚军，中国影协分党组副书记许柏林，国家新闻出版广电总局电影局副巡视员周建东，中国电影资料馆办公室副主任郑培为，第24届中国金鸡百花电影节执委会副秘书长曲永春、执委会办公室副主任马晓峰等领导，谢芳、陶玉玲、翟俊杰、肖桂云、张目、王伍福、高群书、陈虹池等电影艺术家，以及法国、俄罗斯、波兰等部分国外参展影片的出品国家驻华外交机构代表出席了开幕式。和平里第九小学、和平里一中、北京中医药大学的师生代表，以及北京市朝阳区和平街残联、和平街居委会、元大都遗址公园的党员、职工代表近400人参加了开幕式并集体观看了开幕影片《七七事变》。

【谢铁骊先生追思会】

7月10日上午，由中国文联、中国影协和中国电影集团公司联合主办的著名电影导演艺术家谢铁骊先生追思会在北京举行。中国文联党组成员、副主席夏潮，中国文联副主席、中国影协主席李雪健，中国影协分党组书记、驻会副主席康健民，中国电影集团公司董事长、党委书记焦宏奋，国家新闻出版广电总局电影局副局长毛羽，中国影协分党组成员、秘书长饶曙光、副秘书长李景富、孙崇磊，中国影协副主席王兴东、明振江，中国影协顾问于蓝、于洋、王晓棠、谢芳、谢飞，谢铁骊夫人王遐、女儿谢欣虹、长外孙王孺童，以及来自首都电影界的艺术家代表等40余人出席了追思会。与会者从不同的角度深切怀念谢铁骊导演。

【"送欢乐 下基层"惠民文化演出团走进新疆乌苏市进行慰问演出】

8月6日，中国文联、中国影协"送欢乐 下基层"惠民文化演出团走进新疆乌苏市进行慰问演出。中国影协分党组成员、副秘书长李景富，中国文联电影艺术中心主任胡子光出席并观看了演出。中国文联副主席、曲协名誉主席刘兰芳，著名特型演员王霙、郭伟华、陶贤锋，著名表演艺术家刘威，歌唱家李丹阳、郑咏、李殊、胡晓晴等随团参加了此次活动。

【"我们的中国梦·情系包头"文艺志愿服务慰问演出】

8月30日至31日，由中国文联、中国电影家协会、中国文联电影艺术中心、中共包头市委、包头市人民政府共同主办的"'我们的中国梦·情系包头'纪念抗日战争暨世界反法西斯战争胜利70周年中国电影家协会文艺志愿服务慰问活动"在包头举行。中国电影家协会分党组成员、秘书长饶曙光出席、致辞，并与包头市各界代表一起观看了演出。演员英壮和中央电视台电影频道节目主持人居文沛担纲慰问演出主持人。电影表演艺术家祝希娟、评书表演艺术家刘兰芳、著名影视演员马跃、赵晓明、臧金生、张光北、陈炜、赵静、阎青妤、杨树泉、韩月乔、丁柳元、嘉央桑珠、文馨，青年舞蹈家李德戈景，蒙古族歌手呼斯楞，著名青年歌唱家李琼、柯绿娃，以及《星光大道》2012年度总冠军安与骑兵等来自中国电影家协会文艺志愿服务团的20余名艺术家为包头各界群众奉献了一台精彩纷呈的文艺演出。

【电影《启功》首映典礼活动】

9月6日，由中华人民共和国教育部、中国文学艺术界联合会作为支持单位，北京电影学院、中国文学艺术基金会主办，北京电影学院青年电影制片厂、北京维森纳瑞影视文化有限公司承办的"热烈庆祝第31个教师节暨电影《启功》首映典礼"活动，于9月6日在北京电影学院标准放映厅举行。第十一届全国政协副主席、中国文学艺术界联合会主席孙家正，全国政协常委、中国文学艺术基金会理事长胡振民，中华人民共和国教育部副部长刘利民，中国文学艺术界联合会党组成员、副主席、中国文学艺术基金会常务副理事长左中一，中国文学艺术界联合会党组成员、副主席夏潮，中国电影家协会分党组书记、副主席康健民，中国电影家协会分党组副书记许柏林，中国电影家协会分党组成员、秘书长饶曙光，中国文学艺术基金会副秘书长郭希敏，教育部、北京市教委教工委、广电总局及电影局、中国电影股份有限公司、各高校领导及嘉宾，以及全国优秀教师代表、在京师生代表出席了本次活动。

【"情系东江源·共赏中秋月"公益慰问演出团赴江西安远慰问演出】

9月24日，由中国影协、中国文联电影艺术中心、中共安远县委、安远县人民政府共同主办，中国文联电影艺术中心演员工作委员会、中共安远县委宣传部等承办的"情系东江源·共赏中秋月"公益演出在安远举办，为安远的父老乡亲奉献了一场文化盛宴。中国影协分党组成员、副秘书长孙崇磊出席并致辞。

【导演李俊作品恳谈会】

10月15日，由中国电影家协会主办的"创作无愧于民族和时代的文艺精品——导演李俊作品恳谈会"在京举行。恳谈会由中国电影家协会顾问王晓棠主持。中国电影家协会分党组书记、驻会副主席康健民，中国电影家协会副主席明振江，中国电影家协会分党组成员、秘书长饶曙光，中国电影家协会分党组成员、副秘书长李景富、孙崇磊，编剧陆柱国等相关领导和专家出席会议。

【编剧陆柱国作品恳谈会】

10月16日，由中国电影家协会主办的"创作无愧于民族和时代的文艺精品——编剧陆柱国作品恳谈会"在京举行。中国电影家协会顾问王晓棠主持会议。中国电影家协会分党组书记、驻会副主席康健民，中国电影家协会副主席王兴东，中国电影家协会副主席明振江，八一电影制片厂故事片部一级导演韦廉等相关领导和专家出席会议并发言。

【第十届华语青年影像论坛】

12月12日至18日，由中国电影家协会、武汉市人民政府联合主办的第十届华语青年影像论坛、第三届中国（武汉）微电影大赛在武汉举办。论坛共展映两岸三地青年导演的优秀作品48部，并成功举办"视觉艺术的跨界与融合——当代新锐视觉艺术高端年会""互联网时代的电影营销"主题峰会、"十年：我的电影梦——论坛年度青年导演峰会"等多场峰会及圆桌会活动，中国电影家协会副主席、著名导演尹力，国际知名服装设计师计文波，好莱坞著名工业概念设计师朱峰，国内著名漫画家、插画家本杰明，国内知名建筑设计师、前卫艺术家戴帆，台湾知名青年演员、画家东明相，著名青年导演刘杰，《捉妖记》编剧、香港著名导演袁锦麟，香港著名青年导演翁子光，《少年派》导演肖洋，伯乐营销总裁张文伯，乐视影业副总陈肃，腾讯影业副总陈英杰，温哥华上海电影学院院长胡波等主讲嘉宾分别对视觉艺术、互联网时代的电影营销以及青年电影创作等重要议题发表了精彩观点。论坛组委会从2014年9月至2015年8月出品或公映的华语电影作品中，经由尹力导演担任主席的10人推选委员会讨论产生了16位"年度新锐影人"。年度新锐录音师：王砚伟（《无人区》）、李涛（《摇滚英雄》）；年度新锐男演员：林更新（《同桌的你》）、王凯（《黄克功案件》）；年度新锐女演员：张慧雯（《归来》）、刘雅瑟（《摇滚英雄》）；年度新锐美术师：蔡珮玲（《回光奏鸣曲》）、赵宇（《绣春刀》）；年度新锐剪辑师：王嫒（《忘了去懂你》）、于柏杨（《狄仁杰之神都龙王》）；年度新锐导演：谭华（《摇滚英雄》）、钱翔（《回光奏鸣曲》）；年度新锐摄影师：廖拟（《后会无期》）、王岩（《我不是王毛》）；年度新锐编剧：焦华静（《狗十三》）、韩寒（《后会无期》）。每位新锐影人都获得了由著名艺术家韩美林设计的凤雏杯。

电影节与评奖

【第24届中国金鸡百花电影节新闻发布会】

8月19日，第24届中国金鸡百花电影节暨第30届中国电影金鸡奖新闻发布会在北京举行。中国文联党组成员、副主席夏潮，中国影协主席李雪健，中国影协分党组书记、驻会副主席康健民，吉林市副市长陈东，中国影协分党组副书记许柏林，中国影协分党组成员、秘书长饶曙光，中国影协分党组成员、副秘书长李景富、孙崇磊，中国文联电影艺术中心主任胡子光，中国电影出版社社长宋岱出席新闻发布会。

中国影协分党组书记、驻会副主席、电影节组委会主任康健民介绍了第24届中国金鸡百花电影节筹备情况和第30届中国电影金鸡奖评选情况。吉林市副市长陈东介绍了吉林市的筹备进展情况。中国影协分党组副书记许柏林现场公布了第30届中国电影金鸡奖提名名单。

【第24届中国金鸡百花电影节】

9月16日至19日，由中国文学艺术界联合会、中国电影家协会、吉林市人民政府主办的第24届中国金鸡百花电影节在吉林省吉林市隆重举办。本届电影节包括开幕式、国产新片推介展映、金鸡国际影展、港澳台影展、少数民族影展、中国电影论坛、中国电影科技论坛、中国电影教育与产业论坛、艺术家下基层采风慰问、金鸡奖提名者表彰仪式、颁奖典礼及闭幕式等多项主题活动。电影节期间，各级领导、艺术家、海外嘉宾、新闻媒体记者和电影工作者2000余人出席会议和活动。

开幕式 9月16日，全国政协副主席马飚在吉林市宣布第24届金鸡百花电影节开幕。全国政协副主席、中国文联主席孙家正出席开幕式。中国文联党组成员、副主席夏潮在开幕式上致辞。国家新闻出版广电总局电影局局长张宏森代表国家新闻出版广电总局在电影节开幕式上致辞。中国影协主席李雪健，中国影协分党组书记、驻会副主席康健民，吉林市委书记赵静波，中国影协分党组副书记许柏林，分党组成员、副秘书长李景富、孙崇磊等领导以及来自中国内地、香港、澳门、台湾的老中青电影人出席了开幕式。开幕式主要体现了地方特色，发挥了吉林市歌舞团的品牌优势，将电影节与当地文化巧妙结合。晚会围绕"中国梦·吉林梦·电影梦"这一核心主题，回顾中国电影历史，展示取得的成就，憧憬美好的电影未来，弘扬中华民族昂扬向上的时代精神。让参加开幕式的专家评委和观众享受了一场充满浓郁吉林特色的文艺大餐。

电影展映 国产新片推介展映单元中，参展影片近60部，其中16部影片将在电影节期间举办观众见面会、新闻发布会等活动，影展期间共接待近200位嘉宾。国际影展单元，放映了来自意大利、阿根廷、印度、毛里求斯等超过20个国家的近30部影片。少数民族影展展映了6部曾获中国电影金鸡奖的少数民族题材影片，接待了40多位嘉宾，展示了民族电影的成绩及多民族文化的风采。

学术活动 本届中国电影论坛聚焦"市场活力与质量提升"，为期两天，会议期间，与会者对中国电影在世界范围内的影响力和竞争力；"互联网+"如何深度介入电影产业链并改变产业结构；差异化市场体系的建立；国际电影合作模式，"一带一路"国家倡议框架下中国电影产业的机遇与策略等多方面进行充分的探讨与交流。同时，论坛上还在与会专家、学者提交的主题论文中，评选出一定比例的优秀学术论文给予表彰，以此鼓励理论研究与创新；本届中国电影科技论坛以"电影声音艺术创作及技术发展前瞻"为主题，下设"观念和创意：电影声音艺术创作新趋势"和"技术和工艺：电影录音技术制作新拓展"两个分论题，关注录音技术的发展历程、电影声音的创作心得，探讨网络时代下声音技术对电影创作带来的冲击；中国电影教育与产业论坛始终定位于电影产业和投融资，今年着重关注的是当下最热门的话题"互联网+"，聚焦中国电影产业如何借助"互联网+"战略，找到符合自身的独特发展路径，实现下一个"黄金十年"的平稳跨越。金鸡百花杯学生影评大赛是多年来论坛延续的基本组成单元，4月兰州市在暑假前发布征文信息，9月初完成一等奖初选，最终由中国影协组织完成特等奖终评。

中国电影金鸡奖提名者表彰仪式　9月18日下午，由金鸡奖评委对获得本届金鸡奖提名的影片和主创人员进行集中表彰，并召开提名者媒体见面会，颁发提名证书和奖杯。

第30届中国电影金鸡奖颁奖典礼和电影节闭幕式　9月19日晚，第30届中国电影金鸡奖颁奖典礼暨第24届中国金鸡百花电影节闭幕式在吉林市全民健身中心举行。中国文联党组书记、副主席赵实和中国文联副主席、中国影协主席李雪健为著名表演艺术家王晓棠和张良颁发了终身成就电影艺术家奖。吉林省委常委、宣传部部长高福平，吉林省政协副主席刘丽娟以及李前宽、康健民、赵静波、张焕秋等领导出席了第30届中国电影金鸡奖颁奖典礼。本届颁奖典礼以简洁大方的舞美设计、庄重热烈的典礼氛围，体现对金鸡奖的尊重，向优秀电影人的致敬。在颁奖典礼上，第30届中国电影金鸡奖各奖项获得者逐一揭晓，最佳儿童片奖和最佳纪录片奖空缺。颁奖典礼结束后，第25届电影节的举办城市唐山市领导从吉林市领导手中接过电影节节旗。

【第30届中国电影金鸡奖】

按照《中国电影金鸡奖章程》和《评选细则》有关规定，4月至7月，历时三个多月的时间，金鸡奖初选小组完整观摩了报名参评的270部影片，向第30届中国电影金鸡奖评委员会提交了80部候选影片。随后，评奖办公室从金鸡奖评委库中选取了23位在我国电影艺术创作、理论评论、专业教育等领域有建树的专家，组成了第30届中国电影金鸡奖评委会。7月29日至8月13日，评委会全体评委齐聚金鸡奖永久评奖基地——苏州市工业园区，进行了为期16天的初评工作。本届金鸡奖候选影片之多、初评时间之长，创下了历届之最。初评过程中，评委们始终坚持"学术、争鸣、民主"的评奖原则，遵循"六亲不认，只认作品；八面来风，自己掌舵；不抱成见，从善如流；充分协商，顾全大局"的评奖方针，集中、完整地观摩了80部候选影片，并分片种进行了热烈讨论。最后，在北京市方正公证处公证员的监督下，全体评委以无记名投票的方式评选产生了19个奖项的提名名单。

9月16日至19日，23位评委齐聚吉林市，全体评委以高度的责任感和使命感，尊重电影艺术的创作规律，经过热烈的讨论以无记名投票的方式评选产生了第30届中国电影金鸡奖各个奖项，并在9月19日颁奖典礼上对外公布各最佳奖项：《狼图腾》获最佳故事片奖和最佳美术奖，徐克凭《智取威虎山》获最佳导演奖，陈建斌因《一个勺子》获最佳导演处女作奖，《黄金时代》编剧李樯获最佳原创剧本奖，《十二公民》编剧李玉娇、韩景龙、徐昂获最佳改编剧本奖，张涵予凭《智取威虎山》获最佳男主角奖，巴德玛因《诺日吉玛》获最佳女主角奖，张译凭《亲爱的》获最佳男配角奖，邓家佳因《全民目击》获最佳女配角奖，《诺日吉玛》获最佳中小成本故事片奖，《西游记之大圣归来》获最佳美术片奖，《小鸭快跑》获最佳科教片奖，《大唐女巡按》获最佳戏曲片奖，《西藏天空》获最佳摄影奖和最佳音乐奖，《归来》获最佳录音奖，《智取威虎山》获最佳剪辑奖，最佳儿童片奖和最佳纪录片奖空缺。

创作与研究

【电影《捉妖记》观摩研讨会】

8月6日，"《捉妖记》——国产大片的新标杆与新世代"主题研讨会在京召开。会议由中国电影出版社社长宋岱主持。中国文联党组成员、副主席夏潮，中国电影家协会副主席、中国电影制片人协会执行理事长明振江，《捉妖记》制片人、安乐影片有限公司总裁江志强，《捉妖记》导演许诚毅，《捉妖记》编剧袁锦麟，《捉妖记》出品方之一、蓝色星空影业董事长兼总经理吴慧君，安乐（北京）电影发行有限公司总经理张晗，腾讯视频副总编辑常斌，北京伯乐营销总裁张文伯，中国电影发行放映协会副会长耿西林，万达文化产业集团副总裁叶宁，北京电影学院党委书记、博士生导师侯光明，清华大学新闻与传播学院院长、博士生导师尹鸿，北京师范大学艺术与传媒学院院长、博士生导师周星，中国电影艺术研究中心研究员李迅等出席研讨会。

【电影《启功》观摩研讨会】

8月25日，电影《启功》主题研讨会在京举行。中国文联党组成员、副主席夏潮，中国影协分党组副书记许柏林、中国影协分党组成员、秘书长饶曙光、中国文联电影艺术中心主任胡子光，以及黄会林、侯光明、王一川、俞剑红、胡克、陈山、齐士龙、周铁东、顾佳凤、王纯等专家、学者从传记片的美学价值、艺术表达和创新等方面与主创团队展开了充分交流。

【电影《少年杨靖宇》观摩研讨会】

9月2日，《少年杨靖宇》观摩研讨会在中国电影家协会举行。中国电影家协会党组书记、驻会副主席康健民，中国电影家协会分党组副书记许柏林出席并讲话。中国影协分党组成员、秘书长饶曙光主持会议。电影评论家李准、仲呈祥、王人殷、赵葆华、李春利、赵卫防、皇甫宜川、高小立等出席了研讨会。

【电影《穿越硝烟的歌声》观摩研讨会】

9月7日下午，由中国电影家协会、中共湖南省委宣传部共同主办，潇湘电影集团和西安高峰影视制作公司承办的"电影《穿越硝烟的歌声》观摩研讨会"在北京举行。中国文艺评论家协会主席仲呈祥、中国文艺评论家协会名誉主席李准、中国影协分党组书记康健民等14位专家、学者在观看影片后，从多元的角度对电影做了深刻、精辟的分析。中共湖南省委宣传部巡视员魏委出席，潇湘电影集团董事长周丕学、副总经理欧阳䎖及影片导演高峰、制片人李林泓等参加了研讨会，研讨会由中国电影家协会秘书长饶曙光主持。

【电影《我的旗》《"杏"福来敲门》观摩研讨会】

10月21日，由中国影协与新疆自治区党委宣传部联合召开的电影《我的旗》《"杏"福来敲门》观摩研讨会在中国电影家协会举行。与会专家、学者高度评价了两部电影，认为这两部电影代表着中国新疆少数民族题材创作进入了新时期、新阶段，代表着中国少数民族电影艺术创作的新高度和取得的新成就，主题重大，艺术风格独特，创作贴近生活，坚守了新疆本土电影的本质。中国影协分党组书记、驻会副主席康健民，中国影协分党组成员、秘书长饶曙光，中国艺术评论家协会名誉主席李准，中国艺术评论家协会主席仲呈祥，北京国际电影节民族电影展主席牛颂，《人民日报》文艺部主任刘玉琴，中国影协电影文学委员会主任张思涛等数十位专家、学者参加了研讨。

【中国电影产业指数研讨会】

10月26日，由中国电影家协会和北京电影学院联合主办的"中国电影产业指数"研讨会在北京举行。研讨会由中国电影家协会秘书长饶曙光主持。中国文联主席团委员、中国电影家协会分党组书记、驻会副主席康健民，北京电影学院党委书记侯光明先后致辞。中国电影家协会分党组副书记许柏林，中国电影发行放映协会常务副会长耿西林，中国电影家协会产业研究中心主任刘浩东，国家统计局经济景气监测中心处长赵军利，清华大学新闻与传播学院常务副院长尹鸿，中国传媒大学广告学院院长黄升民，中国艺术报社社长向云驹，《光明日报》文艺部副主任李春利，当代电影杂志社社长皇甫宜川，《文艺报》艺术评论部主任高小立，北京电影学院管理学院副院长夏卫国，《电影艺术》杂志编辑部主任王纯等领导及专家出席研讨会。与会领导和专家对中国电影产业指数的重大意义、指标体系设计、研究成果及其应用等进行了热烈讨论，并提出积极意见。

【电影《传奇状元伦文叙》观摩研讨会】

11月16日，由中国影协和广东省影协联合主办的"粤剧电影《传奇状元伦文叙》观摩研讨会"在北京举行。李准、仲呈祥、张思涛、章柏青、曾庆瑞、向云驹、路海波、赵葆华、李道新等业内专家出席了研讨会。大家一致认为，影片之所以能够在市场上打响，是因为其思想观念、艺术观念都顺应了现代观众的接受心理。

【电影《独龙之子高德荣》观摩研讨会】

11月16日，电影《独龙之子高德荣》观摩研讨会在京举行。中国影协分党组副书记许柏林，李准、仲呈祥、张思涛、章柏青、曾庆瑞、路海波、赵葆华、李道新等专家、学者出席了研讨会。

对外及对港澳台地区文化交流

【出席第34届香港电影金像奖】

4月18日至20日，电影艺术中心主任胡子光访问香港，出席第34届香港电影金像奖颁奖活动，拜会驻港中联办及特区政府相关部门和电影机构负责人，就金鸡百花电影节香港影展主题、深入开展华语电影合作交换看法。

【访问毛里求斯】

4月18日至21日，影协分党组书记、驻会副主席康健民率团访问毛里求斯，双方就互办影展、开展年度电影及人员交流达成共识。

【参加两岸电影投资合作活动】

7月3日至7日，影协分党组书记、驻会副主席康健民赴台参加两岸电影投资合作活动，拜会两岸电影交流委员会、台湾电影事业发展基金会，出席大陆电影通路市场现状座谈会。

【出席第三届大陆少数民族系列影展】

7月3日至9日，影协分党组成员、副秘书长李景富率团赴台出席第三届大陆少数民族系列影展，进一步增进相互了解，为今后开展两岸电影交流开辟了新的途径。

【举办金鸡国际影展及港澳台影展】

9月16日至18日，金鸡国际影展在第24届中国金鸡百花电影节期间举办，共举办金鸡国际影展、港澳影展、台湾影展等活动开闭幕式、国外反法西斯题材电影研讨会、境外嘉宾欢迎酒会等主题活动6场，组织印度、越南、伊朗、台湾等国家和地区影片见面会6场。来自俄罗斯、波兰、保加利亚、毛里求斯、伊朗、阿根廷、印度等22个国家的电影代表团共58位电影机构和电影工作者代表出席相关活动；台湾两岸电影交流委员会主任委员李行率18人代表团出席影展；由香港艺发局主席、电影发展局副主席王英伟任团长的香港特区28人代表团与会；澳门特区中联办文教部调研员邵彬率特区文化局代表、参展影片主创等8人参加电影节。影展共展映24个国家和地区的39部优秀影片，配合主办地影展部评选出国际影展四个类别八个奖项：波兰影片《浴血华沙》、韩国影片《雪地》获"最受观众喜爱的外国影片奖"，波兰影片《浴血华沙》、匈牙利影片《狗眼看人间》获"最受观众喜爱的外国导演奖"，波兰影片《全权委托》和伊朗影片《我和父亲的自行车》的男主角与韩国影片《雪地》和俄罗斯影片《白色苔原》的女主角分获"最受观众喜爱的外国男、女演员奖"。

在今年金鸡国际影展框架下举办"纪念世界反法西斯战争胜利70周年专题影展",来自俄罗斯、波兰、保加利亚、韩国四国共5部反法西斯题材影片参展。电影节后,组织波兰电影代表团赴苏州出席金鸡国际影展优秀影片巡展开幕式、见面会和媒体专访等活动。港台影展分别举办"许鞍华导演作品回顾展""台湾爱的电影回顾展",澳门特区文化局连续第二年推荐本澳新片参加港澳影展。

【出席第二届中国少数民族影展开幕活动】

9月25日至29日,影协分党组副书记许柏林率团出席在美国旧金山举行的第二届中国少数民族影展开幕活动,并接受当地媒体专访,进一步扩大了中国少数民族电影影响,有力配合了我驻外机构对美年度文化交流工作。

【出席第19届釜山国际电影节】

9月30日至10月4日,影协分党组成员、副秘书长孙崇磊出席第20届釜山电影节相关活动,拜会组委会主要负责人,就双方进一步密切电影交流、挖掘今后合作潜力进行深入探讨。

【接待境外来访电影组团及业界人士】

全年分别会见俄罗斯电影工作者协会国际部主任尤利、印度音乐家联合会秘书长基什尔及宝莱坞影业代表团、欧洲万像华语国际电影节主席贾振丹、欧盟驻华代表团文化新闻官威廉、印度埃罗斯国际传媒代表团、加拿大蒙特利尔文化传媒代表团等,积极探讨双方机构邀片参展、互办影展、人员往来、专业交流等可行性,并为其在华建立业界联系,开展影片合拍提供咨询协助。

机关建设

【举办中国影协全体干部培训班】

4月下旬,中国影协人事处组织协会全体干部集中学习培训,中国影协机关和中国文联电影艺术中心全体干部职工参加了学习。此次学习培训共安排了5次专题讲座、1次参观座谈,邀请了影协顾问田华、副主席尹力以及协会分党组领导同志进行授课,课程内容紧扣当前中国电影行业热点话题和协会自身建设具体问题,既有基础理论辅导,又有业务知识指导,从理论到实践,相互结合,具有较强的指导性和时效性,取得了良好的培训效果。

【参与中国文联第一届职工羽毛球比赛】

7月8日至10日,中国影协机关工会组织干部职工参与在奥林匹克森林公园羽毛球馆举行的中国文联第一届职工羽毛球赛,中国电影出版社人事处处长吕叔华获得男子双打及混合双打第三名。

【慰问离休干部】

8月底,中国文联党组成员、副主席夏潮同志,中国文联离退休干部局副局长朱汾同志及中国影协分党组成员、秘书长饶曙光慰问抗战时期及以前参加革命工作、为抗战做出重要贡献的老同志程季华、许南明,为他们佩戴由中共中央、国务院和中央军委颁发的中国人民抗日战争胜利70周年纪念章,并送上慰问金。

【组织离退休党员观影】

10月28日,为纪念中国人民抗日战争暨世界人民反法西斯战争胜利70周年,离退休干部党支部组织离退休党员观看波兰电影《浴血华沙》。

【开展"三严三实"专题研讨会】

11月4日,中国影协分党组召开理论中心组学习扩大会议,传达学习中央文件精神并开展"三严三实"专题研讨会。中国影协分党组成员、机关副处以上干部、中国电影出版社、中国文联电影艺术中心、大众电影杂志社班子成员及中层以上党员干部参加会议。分党组书记、驻会副主席康健民主持会议。分党组成员以及各部门、各单位的负责同志结合自身就"三严三实"进行了发言。

直属单位

【中国电影出版社】

中国电影出版社在中国文联党组、影协分党组的领导下，认真学习贯彻落实中央关于深化文化体制改革的方针政策和习近平总书记在文艺座谈会上的讲话精神，始终坚持把社会效益放在首位，严格把握正确的出版方向，在做好图书、期刊的编辑出版工作的同时，积极探索新形势下传统出版企业的发展路径。

管理方面，积极组织干部职工学习习近平总书记在文艺座谈会上的讲话精神，学习《中共中央关于繁荣发展社会主义文艺的意见》和《关于推动国有文化企业把社会效益放在首位、实现社会效益和经济效益相统一的指导意见》，多次组织中层干部和业务骨干参加文联党组和影协分党组的学习讨论活动，深刻领会讲话和文件精神，充分认识新形势下党对社会主义文艺事业繁荣发展的新期待、新要求，以对工作和读者高度负责的精神，抓好选题论证与编辑出版的各个环节，注重图书品位，严格执行各项审批程序和上级有关规定，图书、期刊的编辑出版工作没有出现任何违反《出版管理条例》的现象，保证了整体工作的有序开展。

图书编辑出版方面，截至2015年12月底，已出版新书408种，与2014年（269种）同期比增加139种，增长34.07%。出版专业图书188种，占比达46.08%，进一步显示出了电影出版社的专业特色；非专业图书220种，占全年新版图书总数的53.92%。非专业图书中：少儿类图书29种，占全年新版图书总数的7.11%；社科文学艺术类图书191种，占全年新版图书总数的46.81%。出书品种明显增加，图书结构更趋合理。策划、编辑、出版了一批重要图书，主要包括纪念中国人民抗日战争暨世界反法西斯战争胜利70周年的图书《抗战电影史》《傅莱传略》《王大花的革命生涯》；纪念世界电影诞生120周年、中国电影诞生110周年的图书项目"中国电影史工程"及两本电影史学专著《世界电影史》《中国电影史》；在北京电影学院建校65周年之际，为学院编辑出版"新起点电影研究书系"共计23本，该书系作为电影学院"十二五"发展规划中的重要内容，对于学院的电影学学科专业建设有极其重要的理论意义和学术价值；继续与高校合作出版影视教材和专业理论图书，其中《中断与连续——电影美学的一对基本范畴》荣获教育部高校教师学术成果奖；翻译引进的《超越好莱坞——独立电影商业运作指南》《世界电影史》《影像的法则——理解电影与影像》，以及突破以往传统的《游击电影——微电影制作指南》和《选角手册》等视野新潮的电影类图书，充分体现了高度的前沿性和前瞻性；引进版权出版少儿图书《掠夺海盗》《但是，如果？》《拉鲁斯青少年科普读物》。

图书项目方面，2015年文联精品工程项目"中国电影史工程"21本，获得项目资金支持70万元，已编辑出版《中国影院简史》《新中国译制版史1949—1976》《内地和香港电影互动史1949—2010》；出版2013年文联精品工程项目图书《于敏文集》的第六、七、八卷，该书编辑团队被评为2014年度中国文联出版报刊业改革发展先进项目（活动）团队；出版2013中国文艺出版报刊精品工程项目《中国电影艺术家传记丛书》中的《在长影拍片解密——我的电影创作回顾》（华克）和《大师小传》；晚霞文库项目，出版《墨间集》（丁道兴）；2012年申报获批的国家出版基金项目——《中国电影人口述历史（第一期）》2013年获国家项目拨款54万元，计划出版图书11种，2015年出版了《三秦影事：陕西电影人口述历史》《银海沉浮录：罗艺军口述历史》《胡健口述历史》《长春大业》4本。

数字（新媒体）出版项目方面，未申报新的

数字（新媒体）出版项目，主要任务是做好已批项目"中国电影职业教育在学习平台项目""《环球银幕》立体社交传媒平台项目"的实施工作和"全媒体出版营销平台建设项目""中国电影信息数据库项目"的整体规划、配套资金筹备工作。

【中国文联电影艺术中心】

在中国影协分党组的领导下，认真学习贯彻总书记重要讲话精神，深入落实各项工作要求，高扬社会主义核心价值观旗帜，突出"中国梦"的时代主题，坚持以人民为中心，创新工作机制、延伸服务手臂，团结和引导广大电影工作者深入社会实践，不断提升思想道德素质和艺术素养，为服务大局、服务人民、繁荣社会主义文艺事业做出了新的贡献。

在电影创作方面，共组织《打工老板》《战狼》《少年杨靖宇》《捉妖记》等电影观摩研讨会10余场；由电影创作研究部参与制作的电影《谎言大爆炸》已摄制完成，电视剧《铁血金融》已公示，正在筹备阶段。

在电影惠民活动方面，结合新媒体手段正式开通微信公众服务号"中国电影志愿者"，搭起了联系群众和文艺志愿、电影人和文艺志愿之间的桥梁；此外赴新疆乌苏、四川青城山镇等多地组织了形式多样的"送欢乐 下基层"活动，不仅送去欢乐、送去电影，还为社区捐赠电影光盘、设立共建影像室，并带领老中青三代文艺工作者走向田间地头，深入新农村的示范点采风交流，受到了当地老百姓的广泛好评；开展"到人民中去"5·23中国文联志愿者服务日老电影公益放映活动，覆盖省份众多，放映点总计139个，观众总数5万余人，电影文化普及效果良好。

在电影理论评论方面，与北大艺术学院合作主办了"批评家周末"系列活动，先后主办或承办了中国电影论坛、中国电影科技论坛、华语青年影像论坛、第六届"中国影协杯"优秀电影剧作评选、电影观摩座谈、电影剧本研讨等活动。

完成《2015中国电影艺术报告》及《2015中国电影产业研究报告》的编撰和出版工作。

在行业服务方面，已成立的专工委也开展了形式多样的活动："演员工委"的"送欢乐 下基层"活动、"动画工委"的"中国动画电影天马杯"、"海峡工委"成立及海峡两岸抗日题材电影研讨、"微电影工委"的"中国微电影大赛""收藏工委"的电影藏品展以及"海峡两岸电影发展论坛""两岸电影人纪念抗战胜利70周年研讨会"等活动，在业界都取得了较好反响。

在期刊出版方面，《世界电影》编辑出版工作暂由中国文联电影艺术中心世界电影研究部兼管。按照《世界电影》"洋为中用、翻译介绍国外电影理论、提供国外电影创作的成功经验，提高我国电影工作者在电影理论上的知识和修养"的办刊宗旨，共出刊六期，共计120万字。《电影艺术》编辑出版工作暂由中国文联电影艺术中心电影理论研究部兼管。全年共出版六期，共计170万余字。围绕学术热点、前沿话题、有价值的史料和新颖的创作技艺共刊发文章160篇。有效控制成本和稳定的邮局发行量，北京市各零售网点销售量稳定。史料抢救工程完成扫描图片近6万幅，史料存箱整理共90余箱，有价值史料32万余幅，书籍700余册。同时，也积极开展了对史料的利用、研究工作，出版《中国电影说明书选编》明星影片公司卷（暂定名）、《中国抗战电影史》两本书籍。

【《大众电影》杂志社】

在中国影协分党组的领导下，深入学习习近平同志在文艺工作座谈会上的讲话和"三严三实"专题教育等相关文件，积极贯彻党的十八届三中、四中全会精神，努力把学习的成果落实到实际工作中。

在编辑工作方面，2015年，在继续巩固与发展2014年全面改版的基础上，提升了《大众电影》杂志大专题与封面栏目文章的覆盖面，特别注重内容的可看性、可读性、现代性，强化了评论力度，在速览、电影、人物、专题、生活五大板块上，全方位反映国产电影的百花齐放、市场繁荣。其中，重要报道中，在抗日战争胜利70周年这一事件节点，密切关注并报道了诸如"中国影协纪念抗战胜利70周年图片展"、中国文联参与制作的大型纪录片《抗战中的中国文艺》以及《战争启示录——最好的55部二战电影》等中国影协及文艺界各方面组织的纪念活动和影视宣传作品；在新闻报道方面，注重突出国产影片的报道，用各类形式介绍反映的主要热片，同时积极关注报道读者和观众关心的一线影人，基本涵盖了2015年各类型代表性影片，以及各门类主创人员；在评论方面，在卷首、影评、观点、话题、专栏等批评性栏目中，积极关注与当今时事联系较为紧密引起热议的诸如"谁欠谁的电影票""狗仔也能成英雄""任性就要露肩？"等话题类选题，特别加强对读者与观众关心的作品进行深刻的分析。同时，为纪念中国电影110周年，特别开辟"致敬中国电影110周年"专栏和"中国电影名人堂"专栏，连续刊发中国电影历史上著名影片、影人、影事的文章，成为今年杂志的一抹亮色。

在社务工作方面，与合资公司万达电影传媒密切合作，以杂志为基础，构建了360°的多媒体运营平台，新媒体产品覆盖PC端、移动端及社交媒体等大规模人群，与用户共享快捷、专业、领先的电影文化；官方网站万影（OneMovie.com），真正实现电影商业资讯与观点态度的分享、交流、互动。同时，更借助《大众电影》品牌效力，大力开展万影俱乐部、刊物推介会、大型宣传项目等外延活动，为影迷搭建轻松舒适的对话平台，为经营工作推广道路。举办了"首届中国电影营销大典"，纪念中国电影诞生110周年暨《大众电影》创刊65周年的"大众电影·百花之夜——向中国电影人致敬典礼"等活动，并取得了热烈的社会效益和一定的经济效益。此外，《大众电影》数字化工程的实施工作也在积极有序地推进中。

中国音乐家协会

2015年,是中国音乐家协会第八次全国代表大会召开的第一个年头。在中宣部有力指导和中国文联的正确领导,以及各团体会员的鼎力支持下,中国音乐家协会站在新的历史起点上,团结一心、振奋精神、锐意进取,努力把学习贯彻落实习近平总书记系列重要讲话尤其是文艺工作座谈会重要讲话精神引向深入,坚持以人民为中心的工作导向,不断将政治学习和业务实践相结合,带领和依靠广大音乐工作者和音乐家,围绕中心、服务大局,积极进取、开拓创新,圆满完成各项工作任务,向着更高的目标迈出新的步伐。

综观2015年工作,主要体现在以下十个方面:一是全面贯彻党的十八大和十八届三中、四中、五中全会精神,深入贯彻落实习近平总书记文艺工作座谈会重要讲话精神和中国文联全委会部署;二是加强党的建设,落实党风廉政建设主体责任和监督责任;三是顺利完成协会换届工作;四是大力传播推广社会主义核心价值观,唱响爱国主义主旋律;五是广泛开展"深入生活、扎根人民"主题实践活动,引导推动音乐创作;六是深化改革中国音乐金钟奖,努力确保各项赛事顺利开展;七是积极组织"送欢乐下基层"等多项文艺惠民活动,提升文艺志愿服务水平;八是有力配合国家外交工作大局,继续扩大对外和对港澳台地区的民间音乐交流,推动中国音乐走向世界;九是加强行业教育、行业服务、行业管理、行业自律,发挥协会在行风建设中的主导作用;十是开展"三严三实"专题教育,加强班子建设、干部队伍建设、制度建设,推进自身改革创新和作风转变。

会议与活动

【中国音乐家协会第八次全国代表大会】

6月16日至18日,中国音乐家协会第八次全国代表大会在北京隆重召开。来自全国各省区市和新疆生产建设兵团、解放军、中央国家机关等单位以及港澳台地区的400余名音乐工作者代表参加会议。中共中央政治局委员、中央书记处书记、中宣部部长刘奇葆出席大会开幕式并讲话。会议审议通过了中国音协第七届理事会工作报告,修改了《中国音乐家协会章程》,选举产生了由214人组成的中国音协新一届理事会。会议期间举行的中国音协第八届理事会第一次会议选举产生了由15人组成的新一届主席团。叶小钢当选中国音协第八届主席,印青、关峡、关牧村、余隆、宋飞、宋祖英、张千一、张国勇、孟卫东、赵塔里木、徐沛东、韩新安、廖昌永、谭利华当选副主席(以姓氏笔画为序),推举吴祖强、傅庚辰、赵季平为名誉主席,聘请才旦卓玛、王世光、王立平、王次炤、孙慎、严良堃、李谷一、吴雁泽、谷建芬、陆在易、努斯来提·瓦吉丁、金铁霖、周小燕、鲍蕙荞为顾问（以姓氏笔画为序）。决定任命韩新安为中国音协第八届秘书长，王建国、王宏为副秘书长。

【社会主义核心价值观交响组歌音乐会】

10月15日，为隆重纪念习近平总书记主持召开文艺工作座谈会并发表重要讲话一周年，当晚，一台由中国文联、中国音协、中共深圳市委宣传部共同主办的"向人民汇报"——社会主义核心价值观组歌交响音乐会在清华大学新清华学堂唱响。由《我们的价值观》《富强之路》《民主之风》《文明之花》《和谐之美》《自由之光》《平等之爱》《公正之心》《法治之剑》《爱国之恋》《敬业之德》《诚信之本》《友善之情》13首风格多元、题材新颖、情感真挚的歌曲组成的这部组歌，以生动直观的方式，对24字社会主义核心价值观内容进行传播和推广，使其更加寓教于乐、更加深入人心。此次交响音乐会也是社会主义核心价值观组歌的全国首演。音乐会由著名指挥家谭利华指挥，北京交响乐团演奏，中国人民解放军总政歌舞团合唱团担任合唱与伴唱。印青、徐沛东、张千一、孟卫东、王黎光、戚建波、姚峰、方石、臧云飞、姚明、孟庆云、宋小明、王晓岭、屈塬、唐跃生、朱海、熊红、陈涛、何沐阳、李维福、陈道斌、戴有斌等20多位著名词曲作家参与创作，廖昌永、阎维文、吕薇、王丽达、尤泓斐、曲丹、郑洁、薛皓垠、周澎、李龙等10余位歌唱家在音乐会上倾情演唱。

【全国音乐创作座谈会】

9月11日，由中国音协主办的全国音乐创作座谈会在京召开，这是习近平总书记主持召开文艺工作座谈会并发表重要讲话以来，音乐创作阵地的第一次总动员，也是近30年来中国音协牵头首次举办的一次全国性的音乐创作会议。座谈会上，傅庚辰、叶小钢、徐沛东、印青、孟卫东、张千一、关峡等30多位词曲作家总结成功经验，分析当下音乐创作存在的问题，研讨解决问题的举措，并对未来音乐创作出谋划策。在器乐创作组自由发言中，专家们就目前器乐创作的民族性、可听性、传播性等问题进行了探讨，提出一定要大力推进器乐创作的"文化身份认同""落地性""青年人才储备培养"以及"推广传播平台"等关键、可行的节点。在歌曲创作组自由发言中，专家们剖析了当前主旋律歌曲在创作、传播中的不良现象及困惑，提出要大力提倡尊重艺术规律、把握时代脉搏，并就研究特定环境下的特定创作提出了许多真知灼见。

【"历史的回声"——抗战歌曲音乐会】

9月15日，为纪念中国人民抗日战争暨世界反法西斯战争胜利70周年，由中国文联、中国音协、中国出版集团、人民音乐出版社共同主办的"历史的回声"——抗战歌曲音乐会在国家大剧院举行。音乐会上，李谷一、廖昌永、魏松、郑咏、张也、吕继宏、霍勇、吕薇等老中青三代歌唱家，在谭利华、曹丁、徐锡宜3位指挥家的指挥下与国家交响乐团合唱团、国家大剧院合唱团、北京交响乐团、北京"春之声"合唱团、北京171中学合唱团联袂出演，为首都各界听众献上了《松花江上》《救亡进行曲》《铁蹄下的歌女》《淡淡江南月》《旗正飘飘》《毕业歌》《古怪歌》《长城谣》《嘉陵江上》《梅娘曲》《五月的鲜花》《歌八百壮士》《保卫黄河》《在太行山上》《做棉衣》《到敌人后方去》《行军小唱》《打个胜仗哈哈哈》《延安颂》《二月里来》《南泥湾》《歌唱二小放牛郎》《纪念碑》《黄河颂》《怒吼吧！黄河》等20余首在鲜血中诞生、在炮火中唱响的优秀抗战歌曲。

【纪念刘天华诞辰120周年音乐会】

为纪念中国近代作曲家、演奏家、音乐教育家刘天华先生诞辰120周年，推动民族音乐的传承与发展，增进海内外民族音乐文化的交流，中国音协、中央民族乐团、江苏省文联和刘天华阿炳中国民族音乐基金会联合发起举办了"纪念刘天华诞辰120周年《光明行》音乐会"。音乐会采取了海峡两岸暨港澳地区交流巡演的形式，自6月14日在北京国家大剧院拉开帷幕后相继在江苏南京、江阴以及香港、澳门和台北精彩亮相。音乐会汇聚了中央民族乐团、江苏省演艺集团民族乐团、澳门中乐团、台湾中华国乐团和香港竹韵小集中乐团等民族乐团，"两岸四地"的著名音乐家济济一堂、联袂献演，音乐会曲目除了刘天华先生的《闲居吟》《空山鸟语》《烛影摇红》《改进操》《虚籁》等经典之作外，还演奏了国内知名作曲家改编、创作的一些新作品。

【第四届中国聂耳音乐（合唱）周】

7月17日至21日，由中共云南省委宣传部、中国音协、玉溪市委市政府共同主办的第四届中国聂耳音乐（合唱）周在玉溪举行。本届中国聂耳音乐（合唱）周系列活动以"中国梦·民族魂"为主题，旨在弘扬以爱国主义为核心的民族精神和以改革创新为核心的时代精神，宣传中国人民抗日战争胜利的伟大历史和现实意义，缅怀人民音乐家聂耳，继承和弘扬聂耳精神，传承聂耳音乐文化。活动期间，来自全国音乐界的专家学者、艺术家齐聚滇中大地，与玉溪数万名群众共同以音乐的形式缅怀伟大的人民音乐家聂耳，共同用艺术传承民族精神和时代精神，共同在国歌激昂的旋律声中汲取实现"中国梦"的正能量。作为音乐周的重要内容，"聂耳杯"合唱大赛共吸引了玉溪全市22支代表队参赛，最终，澄江县代表队凭着对《沁园春·雪》的精彩演绎获得特等奖，江川县等代表队分别获得一、二、三等奖。

【胡松华MV艺术片系列专辑首发】

1月26日，由中国文学艺术基金会、中国艺术报社、中国音协、中国唱片总公司、中国文联文艺资源中心共同主办的《环抱大天地》胡松华MV艺术片系列专辑首发式在中国文艺家之家举办。"扎根多民族共铸中国梦"——著名歌唱家胡松华音乐艺术座谈会同期举行。《环抱大天地》——胡松华MV艺术片系列专辑由中国唱片总公司出版，由著名歌唱家胡松华与他的制作团队历时4年精心打造，其中收录了胡松华艺术生涯中代表性的60首多民族风格的歌曲，配以各民族多彩生活、秀丽风光的高清画面，经过精心制作剪辑后完成，是胡松华发自心灵最深处的声音，也是一套高品质的视听艺术精品。这套专辑立足于祖国多民族音乐文化的传承与发展，让广大听众不仅领略到作为"歌坛常青松"的胡松华宽广而独特的艺术道路，更为我们了解祖国神奇多彩的边疆文化提供了一套珍贵的教科书。

【王二妮《黄土地的诉说》演唱会】

12月5日，由中共陕西省委宣传部、中国音协、北京演艺集团联合主办的王二妮《黄土地的诉说》演唱会在北京人民大会堂上演。演唱会由"黄色年轮""红色年代""金色年华"等篇章构成，当中既有原汁原味的陕北民歌，又有随着时代发展的陕北民歌新唱，一首《东方红》拉开序幕，《女儿歌》《山丹丹花开红艳艳》《北风吹—扎红头绳》《南泥湾》《妹妹你大胆地往前走》《黄土高坡》《信天游》《天下黄河九十九道湾》等经典陕北民歌轮番呈现。演唱会将陕北民歌天然质朴的原生态特征与现代化的灯光、舞美相结合，以舞台剧的形式对《三十里铺》《赶牲灵》《南泥湾》等陕北民歌经典作品进行了全新演绎，不仅展示了陕北民歌这一非物质文化遗产的文化内涵和艺术价值，更将陕西文化的独特魅力展示在了首都观众眼前。

评奖与办节

【第十届中国音乐金钟奖】

10月21日至27日，第十届中国音乐金钟奖全国民乐（二胡、弹拨）比赛在无锡、南京两地同时举办，来自全国各省区市的100多位选手进入复赛。本届金钟奖民乐比赛首次设立弹拨比赛，包括扬琴、柳琴、三弦、阮，历史性地实现了民乐项目上的"全覆盖"，旨在推动我国民族弹拨艺术和二胡艺术的发展，通过比赛的方式，遴选出成绩优秀的青年民乐演奏者，进行表彰和奖掖。

二胡比赛获奖名单：

金　奖　陆轶文

银　奖　高　白

铜　奖　黄晓晴

弹拨比赛获奖名单：

金　奖　张碧云

银　奖　杨冰冰

铜　奖　高艺真

11月18日至25日，第十届中国音乐金钟奖（声乐、小提琴、手风琴）比赛在广州举办，经过各省区市，解放军、武警以及各大艺术院校层层选拔，有319名选手进入广州赛区参加复赛、半决赛、决赛，共进行了43场比赛，最终14名选手获得本届金钟奖的金、银、铜奖。傅庚辰、谷建芬获"终身成就音乐艺术家"称号。

本届金钟奖积极响应国家和中国文联关于全国性文艺评奖改革的要求，在奖项设置上作了大幅调整，比如压缩了钢琴、古筝、长笛、单簧管等乐器比赛，以及流行音乐大赛、合唱比赛、理论评论奖和终身成就奖等，增加了小提琴、手风琴和弹拨乐器比赛项目。本届金钟奖继续开展惠民普及进社区活动，让金钟奖走出赛场，走进社区，让广大群众共享金钟奖成果。

小提琴比赛获奖名单：

金　奖　陈家怡

银　奖　柳　鸣

铜　奖　王温迪

手风琴比赛获奖名单：

金　奖　许笑男

银　奖　曹　野

铜　奖　姜伯龙

声乐比赛（美声组）获奖名单：

金　奖　张学樑

银　奖　王泽南

铜　奖　马　飞　王一凤

声乐比赛（民族组）获奖名单：

金　奖　龚　爽

银　奖　陈家坡

铜　奖　郝亮亮　徐晶晶

（器乐）推荐优秀作品：

《蜀锦图》　杨晓忠作曲

《风入松》　徐坚强作曲

《袖剑与铜甲金戈》　陈丹布作曲

《第一二胡协奏曲"仓谐"》　饶鹏程作曲

《再生草》　江辰曦作曲

《弦趣》　王　球作曲

《心籁Ⅱ》　韩闻赫作曲

《热情与冷漠的邂逅》　李博禅作曲

《思·云》　张　昕作曲

《秦土情》　周展作曲

（声乐）推荐优秀作品：

《白发如花》　王慧敏词　李需民曲

《彩云蓝天》　罗章斌、李树琼词　吴渝林、业原曲

《情深意更长》　倮伍拉且词　陈川曲

《我是雪花》　鲁薇、韩永斌词　韩永斌曲

《走咧走咧去宁夏》　熙明朝鲁词　何沐阳曲

《阿爸的草原》　刘丽萍词　崔臻和曲

《胜利》　梁芒词　曾诚曲

《追梦人》　刘雨晨词　张博曲

《和父母照张相》　宋青松词　修骏、孙兢兢曲

《我的乡村生活》　王树声词　叶林华曲

【第五届"金芦笙"中国民族器乐大赛】

7月19日至22日，由中国音协、贵州省黔东南州委州政府共同主办的第五届"金芦笙"中国民族器乐大赛在凯里举办。此次大赛共有全国200多个音乐院系900多名学生报名参赛，210名选手入围复赛。活动期间，组委会配套举办的一场惠民演出、两场民族器乐大师专题讲座增加了与观众

互动环节,使整个活动更具艺术性和观赏性,进一步凸显"乐民""惠民"特征。

【首届全国电子键盘展演比赛】

8月3日至7日,由中国音协、江苏省常州市委宣传部共同主办的中国音乐"小金钟"奖——2015"吟飞杯"首届全国电子键盘展演比赛在常州举行,在5天时间里,200多名电子键盘选手展开了精彩而激烈的比赛。本次展演旨在通过全国青少年电子键盘选手展演,为全国青少年电子键盘优秀选手提供一个交流的平台,促进不同地区优秀选手之间的沟通与交流,使他们的音乐水平、艺术素养和审美能力得到进一步提高,为我国电子键盘演奏领域选拔储备优秀的后备人才。

金 奖

电子管风琴

专业组:田抒可;青少年组:刘星羽

单排键电子琴

青少年独奏A组:欧诺凌

青少年独奏B组:左可怪

青少年独奏C组:林哲宇

青少年重奏组:陈诗琦　李美琪　梁竞之　谢昕彤

【第六届"神州唱响"全国高校声乐比赛】

1月26日至30日,由中国音协、广东省东莞市东城区办事处共同主办的第六届"神州唱响"全国高校声乐比赛在东莞市举行。本届比赛共有来自全国200多个音乐院系500多名老师和学生报名参赛,是开办以来参加人数最多的一届。与往届不同的是,本届"神州唱响"从大学校园走向了社会,实现了校园文化与城市文化的互动。比赛期间,组委会还安排了两场专家讲座,其中包括徐沛东的《文艺创作的传承与创新》、俞子正的《歌唱的理智与思考》,以及一场"送欢乐下基层"中国音协高校音乐联盟走进东莞东城专题晚会。"神州唱响"全国高校声乐比赛是中国音协着力打造的"音乐惠民工程"系列活动中的一个重要品牌,每年举办一届,旨在全面展示各大高校的音乐教育及音乐表演实力,吸引并发掘一批优秀的音乐人才,促进全国高校音乐艺术的健康发展。

【第五届中国宜昌长江钢琴音乐节】

9月16日至23日,由中国音协、湖北省宜昌市人民政府主办的第五届中国宜昌长江钢琴音乐节在宜昌举办。音乐节上举办的系列钢琴音乐会,不仅汇聚了李坚、韦丹文、徐洪等国内钢琴演奏家,还邀请了克波儿、阿丘卡罗等国外著名钢琴家。杨韵琳、李民、潘淳、常桦、冼劲松、王遒、陈宴春等7位钢琴教育家还亲临"长江钢琴大讲堂",为广大钢琴学习者及钢琴教育从业者传授钢琴演奏、钢琴教学及学术理论等方面的知识。此外,一系列群众性、互动性的文化旅游活动也精彩呈现,中国文联、中国音协组织知名艺术家走进社区和乡村,让基层群众在家门口感受艺术的魅力,分享文艺发展的成果。

【第三届"中国·西北音乐节"】

12月12日至18日,第三届"中国·西北音乐节"在甘肃兰州举行。来自西北五省区的兰州交响乐团、陕西爱乐乐团、甘肃省歌剧院交响乐团、青海省爱乐合唱团、甘肃省歌舞剧院民族交响乐团、新疆木卡姆艺术团、宁夏演艺集团歌舞剧院交响乐团7支乐团,为广大音乐爱好者献上了交响音乐会《中外精品荟萃》《山丹丹花开红艳艳》《丝路畅想》、合唱音乐会《高原之声》、民族音乐会《丝路回想》、大型情景诗画《丝路乐魂》等7场精彩演出。

创作与研究

【"新歌唱新疆"采风创作活动】

3月24日至4月1日,中国音协、新疆维吾尔自治区党委宣传部、自治区文化厅、自治区文联共同组织的"新歌唱新疆"采风团先后走进阿克苏地区、霍尔果斯口岸和察布查尔县等多地,进行了为期9天的采风创作活动。采风团由中国音协理事、著名词作家屈塬和新疆维吾尔自治区文化厅副厅长徐锐军担任团长；成员有著名词作家胡宏伟、赵思思、化方、阮晓星、邓永祥和著名音乐人小柯，以及新疆当地的多位诗人和词作家。采风期间，艺术家们深刻了解到新疆地域和环境的特殊性，感受了新疆建设成果和军民团结的景象。当地丰富多彩的民俗和艺术，特别是维吾尔族、锡伯族、回族等少数民族艺人的精彩表演，让艺术家领略到了原生态音乐艺术和绚丽民族文化的魅力。艺术家们感慨，经过这次采风活动才意识到以前听到的新疆音乐只是新疆众多音乐中的冰山一角。大家还表示，要想写出好的作品，就要深入群众中去，去感受他们的生活，去品味他们的音乐，从中发现、找到灵感。12月18日，第三届"新歌唱新疆"新创作歌曲获奖作品颁奖大会在新疆艺术剧院举行，14首金曲奖、11首优秀奖作品获得表彰。12月31日举行的"新歌唱新疆"跨年演唱会上，前两届"新歌唱新疆"获奖作品和本届"新歌唱新疆"活动的获奖新歌通过各民族歌手的同台演唱，传递出新疆当代年轻人热爱家乡、健康向上的正能量。

【海峡两岸"追寻中国梦"歌曲创作征集评选】

为深入贯彻落实习近平总书记在文艺工作座谈会上的重要讲话精神，用优秀音乐作品记录和讴歌时代精神，打造海峡两岸独具特色的音乐文化品牌，鼓舞两岸人民团结奋进，共同携手，实现中华民族伟大复兴的中国梦，福建省委宣传部、中国音协、福建省文联联合举办了海峡两岸"追寻中国梦"歌曲创作征集评选活动。活动分两个阶段进行，歌词征集从2月13日至3月15日，歌曲征集从5月1日至11月1日。组委会共收到来自全国各省区市的新创作品近千首，这些作品从不同侧面讲述了富有浓郁时代特色、生活气息的鲜活故事，讲述了人们寻梦理想、展示人们的追梦历程，体现了社会主义核心价值观，弘扬爱国主义主旋律，弘扬"中国梦"，激发广大人民的奋斗热情，坚定人们对美好未来的憧憬和信心。最终评选出20首优秀展播（演）作品。

【"西风烈·绚丽甘肃"原创歌曲征集评选】

8月29日，由中国音协、甘肃省委宣传部、省文联等单位联合主办的"西风烈·绚丽甘肃"原创歌曲征集评选演唱活动暨中国音协创作采风团赴甘肃采风启动仪式在兰州拉开序幕。本次评选活动是甘肃省全面实施华夏文明传承创新区建设、打造"十个一"甘肃文化品牌的一项重要工作，也是甘肃省为甘肃歌曲创作、扩大"一带一路"甘肃对外宣传与中国音乐家协会进行的又一次战略合作。采风团队在考察过程中，将河西走廊数千年的英雄主义文化与中华民族抗战胜利70周年的伟大精神相结合，积极传播正能量，创作出一批优秀音乐作品。

【"做一个好人"原创公益歌曲征集评选】

为大力培育和践行社会主义核心价值观，弘扬正能量，唱响主旋律，鼓励创新、扶持原创，大力讴歌真善美，创作出内容健康、旋律优美、特色鲜明的优秀原创歌曲，中国音协、中共河北省沧州市委宣传部共同主办的"做一个好人"首届中国（沧州）原创公益歌曲征集评选活动6月启动，截至8月中旬，共收到海内外作者创作的1300多首原创歌曲，这些创作者中既有国内知名作曲家，又有全国各地"草根"创作者，他们以"沧州好人"为创作素材，颂扬好人精神，传递社会正能量。目前，这些作品中已有20首歌曲被专家评论团推荐为优秀作品。

【姚晓强音乐作品研讨会】

11月24日，为缅怀已故广东优秀音乐家姚晓强，由中国音协、广东省文联主办的"最美是你"——姚晓强音乐作品研讨会在广州举行。研讨会以姚晓强的歌曲作品《最美是你》命名主题。与会专家表示，《最美是你》是姚晓强的一首新民歌代表作,也可以寓意为姚晓强一生的写照,尽管生命短暂却丰富美丽。研讨会还设置了姚晓强音乐作品回顾环节,选取了他的优秀作品《幸福山歌》《灯红月圆》《更上一层楼》《最美是你》,邀请青年歌唱家苗苗、李思音、潘旭、费琪芳及广东本土男高音歌唱家唐彪现场演唱。

文艺惠民与专业培训

2015年,中国音协本着面向基层、服务群众的出发点和落脚点,认真筹划、精心组织每一场文艺惠民活动,或围绕主题,或结合赛事,或延伸品牌,轻车简行下基层,灵活务实送温暖,在严寒酷暑中为观众带去真情,努力满足人民群众的音乐文化需求。

【"送欢乐 下基层"走进兰考、常州、宜昌】

1月27日至28日,中国音协与中国文联、河南省委宣传部共同主办"我们的中国梦文化进万家——送欢乐 下基层"活动走进兰考。演出中,宋祖英、殷秀梅、吕继宏、刘和刚、黄华丽、周澎等歌唱家相继登台演出,在豫东最寒冷的季节给兰考人民送来了一场最温暖的慰问。此次演出的节目中,《好官是老百姓的福》《老焦》两首歌曲是中国音协专门组织音乐家车行、戚建波等赴兰考采风创作而成。在日程紧、演出任务重的情况下,参加演出的艺术家强烈要求走访焦裕禄同志纪念馆,感受焦裕禄的先进事迹,每每听到动情处艺术家们忍不住热泪盈眶。

8月2日,由中国文联、中国音协、中国文艺志愿者协会主办的"向人民汇报"文艺志愿服务活动在常州举行。吕薇、方琼、周澎、宋心馨、董蕾蕾、阚立文、汤子星、袁慧琴、郑咏等歌唱家为观众精彩演绎了描述"中国梦"、演绎美丽中国、诠释社会主义核心价值观的经典曲目和新创作品。8月3日,在"传递美 享受歌唱"——中国文联、中国音协文艺志愿服务团走进常州活动中,著名女高音歌唱家郑咏开设了惠民讲堂,与常州当地的音乐爱好者、音乐教师、大学生展开了互动,针对学员们在歌唱过程中可能遇到的问题进行了耐心详细讲解回答,并且认真细致地分享了自己的歌唱经验。

9月16日,中国音乐"小金钟"奖——长江钢琴第三届全国钢琴比赛开幕之际,万余名宜昌市民观看了"三峡情·中国梦"中国文联文艺志愿服务团走进宜昌慰问演出。莫华伦、李丹阳、吕继宏、王二妮、张也、李琼、乌兰图雅等著名歌唱家精湛的表演,深深吸引了现场观众,拉近了演员与观众心与心的距离。

【在湖南常德开展音乐培训】

8月24日至31日,中国文联文艺培训志愿服务项目——音乐培训在湖南常德举办。龚耀年、戚建波、金兆钧、王晓岭、付林、颂今、郑咏、李初建8位知名音乐家在词曲创作和声乐合唱两个培训班上,分别从音乐审美欣赏、词曲创作技法和要领、流行音乐词曲写作新概念、声乐教学与示范、声乐与合唱等方面进行了热情而精彩的讲座。来自常德市9个区县市100多名词曲作者、音乐教师和100多名湖南文理学院艺术传媒学院武陵风韵合唱团的师生们,共同聆听了专家老师的授课。

对外及对港澳台地区音乐交流

2015年,中国音协共完成进出国(境)项目8项,进出国(境)总人数637人次。其中来访项目3项,来访人数20人次,出访项目5项,出访人数617人次;港澳台项目3项,人数612人次。中国音协与美国、印度、法国、比利时、日本、台湾6个国家和地区,以及国际青年音乐联盟开展了深入交流。

【白俄罗斯作曲家到访中国音协】

4月15日，白俄罗斯作曲家联合会秘书长、作曲家安娜·卡洛吉娜和白俄罗斯国家音乐剧院女高音歌唱家安娜·比拉耶娃到访中国音乐家协会。会谈中，双方都表示要借此机会，加深两国音乐家之间的相互了解，相互借鉴学习，积极开启彼此之间的直接交流与合作。8月27日，白俄罗斯文化联盟副主席巴巴克和白俄罗斯议会科教文卫委员会主席索罗卡·斯维特拉娜到访中国音协，双方希望两国音乐家之间的交流合作能借助"一带一路"的发展倡议，扩展到更广泛的领域。

【印度音乐家代表团到访】

5月18日至25日，应中国音协邀请，以印度音乐家联合会秘书长基舍尔·贾瓦德为团长的印度音乐家代表团一行4人到访北京、上海、无锡、天津等地。在京期间，印度音乐家参观了中央音乐学院，观摩了该院民乐系的教学、实践和排练活动。代表团还到访音乐孔子学院办公室，了解音乐孔子学院的运作情况，并就音乐教学、演出等方面的交流合作进行了深入探讨。代表团在上海出席了第32届上海之春国际音乐节闭幕音乐会。在无锡期间，代表团参观了民族乐器制作厂"古月琴坊"，详细了解了二胡的制作过程和演奏技巧。

【中国音协代表团出席国际青年音乐联盟第70届大会】

6月21日至28日，应国际青年音乐联盟和法国青年音乐协会邀请，以中国音协分党组成员、副秘书长王建国为团长的中国音协代表团一行，赴比利时首都布鲁塞尔市出席国际青年音乐联盟第70届大会。其间，代表团参加了大会的各项活动，并积极同与会各国代表进行广泛交流。瑞典、奥地利、西班牙等国代表还主动提出邀请我国艺术家参加其音乐节演出，或开展双边音乐交流。代表团还利用大会间隙时间，与国际青年音乐联盟主席、秘书长等主要领导举行工作会谈，提出在华举办国际青年音乐联盟执委会会议的意向。在参加国际青年音乐联盟大会后，代表团还应法国青年音乐协会邀请短暂顺访法国巴黎，与该协会开展了交流，并就两组织间今后交流合作意向进行了初步协商。

【中国音乐家代表团访问日本】

9月20日至24日，应日本中国文化交流协会邀请，以中国音协副主席、著名指挥家余隆为团长的中国音乐家代表团一行5人访问了日本。代表团先后来到东京和冲绳，访问了因小泽征尔先生而闻名的桐棚学园大学，了解了学校的专业设置、私立学校经费来源、学生与教师的比例以及学生毕业后的去向等问题，欣赏了东京爱乐乐团的定期音乐会，拜访了日中文交顾问、日本邦乐及三味线大师常磐津英寿先生，拜会了三线琴大师照喜名朝一先生，并参观在那里举行的三线琴鉴定会。

【国际青年音乐联盟执委来访】

11月23日至27日，中国音协邀请以国际青年音乐联盟主席杰西·埃伦·韦斯腾霍兹为团长的国际青年音乐联盟执委一行11人（团员均为国际青年音乐联盟执委会人员）来华访问。青联代表团访问了广州交响乐团及广州交响乐团附属青少年乐团，参观了乐团的排演厅、录音室及资料储存室等。代表团在广州观摩了第十届中国音乐金钟奖比赛及颁奖活动。

【"2015濠江之春"系列活动】

5月25日至26日，由中国音协、澳门中华文化联谊会、澳门中联办文教部联合主办的"2015濠江之春"系列活动在澳门举办。此次活动以纪念中国人民抗日战争暨世界反法西斯战争胜利70周年为主题，分为交响音乐会、名家名曲进校园和澳门与内地艺术家大联欢三个板块，较往届规模更大且有所创新。中国文联和中国音协对此次活动高度重视，精心策划，特别组派袁慧琴、王丽达、魏金栋、杜镇杰、石叔诚等戏曲、音乐名家以及中国广播电影乐团一行共计70余人赴澳参加演出。

【第八届海峡两岸合唱节】

9月30日至10月10日，由中国音协、福州市政府和台湾花莲县政府主办的第八届海峡两岸合唱节在台湾花莲县成功举行。此次合唱节吸引了来自海峡两岸共21支合唱团逾1200人同台竞技、相互观摩，展现精湛演唱技能和多姿多彩的艺术风貌。其中大陆团队14支，台湾团队7支，是历届合唱节中规模最大、规格最高、参与面最广的一次。合唱节期间，还举行了假日音乐会、合唱交流讲座，历届金奖及优秀合唱团还赴台中、高雄、新北等城市巡回演出，为台湾市民奉献出一场场精美的合唱盛宴。

【台湾音乐家来访】

12月24日至28日，中国音协在京接待了多年来积极推动两岸合唱节的台湾海峡两岸音乐交流协会理事长郭孟雍一行。郭孟雍一行先后访问了郑州大学西亚斯国际学院音乐学院、河南大学艺术学院、郑州大学音乐学院等6所音乐院校并观摩学校合唱团的教学与排练。这是中国音协首次邀请台湾音乐家来访，其间，海峡两岸音乐家深入交流互动，进一步密切了两岸音乐界的交流与合作。

机关建设

【思想政治学习】

习近平总书记主持召开文艺工作座谈会并发表重要讲话一年来，协会分党组始终把思想和行动统一到中央精神上来，努力抓好总书记重要讲话的常态化学习，并在具体工作实践中不断对照研讨。一年来，协会先后召集全体理事130多位参加学习座谈会并分组讨论；召集全国音协团体单位驻会领导集体学习，并召开工作部署会贯彻落实讲话精神；第八次全国音代会汇聚全国各地的410余名音乐工作者代表，围绕章程和工作报告，深入探讨音乐事业如何在讲话精神指引下继往开来；利用采风创作、评奖展演、送欢乐下基层、座谈会等不同场合开展针对性的学习。2015年，《中共中央关于加强和改进党的群团工作的意见》和《中共中央关于繁荣发展社会主义文艺的意见》等纲领性文件相继发布，在中国文联领导下，中国音协及时召开分党组会议认真学习和深入贯彻中央两个重要《意见》。

【党建和党风廉政建设】

2015年，协会坚持和完善分党组书记负总责、分管领导分工负责、协会党总支具体落实、部门主要负责人"一岗双责"的党建工作责任体系，充分发挥分党组在党建中的突出作用和党组织在工作中的政治性、先进性、群众性。推动建立协会党建联席会议制，由分党组书记任召集人，分党组成员、协会党总支、各支部委员、各部室党员干部分别召开会议，坚持在思想上建党，切实用中央精神武装党员干部。1月，中国音协召开分党组民主生活会。4月，音协党总支召开会议落实文联党委布置的学习与党建工作，在职党支部进一步学习讨论。5月，开展分党组书记讲党课活动。7月，组织协会全体人员学习中央文件，进行"三严三实"中严于修身、严于律己方面的教育学习。9月，推荐尹飞飞同志参加文联组织的2015入党积极分子培训班。10月，组织全体党员仔细研读《中国共产党廉洁自律准则》《中国共产党纪律处分条例》。12月，协会党总支组织在职党员召开"三严三实"专题组织生活会。

【"三严三实"专题教育】

按照中央要求和《中国文联开展"三严三实"专题教育实施方案》，协会7月29日召开了专题教育座谈会。会议围绕"严于律己"的主题，学习严守党的政治纪律和政治规矩，讨论如何做政治上的"明白人"。分党组带领音协党总支、在职各支部委员、各部室党员干部，认真学习了《中国共产党章程》，关于新形势下坚持全面从严治党的八项要求，中国文联"十严禁""十杜绝""十不准"等重要文件。13位党员干部作了重点发言，从自身谈起，从协会实际出发，见观点、见态度、见思想、见举措。

【《中国音乐工作者自律公约》正式发布】

11月10日，为贯彻落实习近平总书记在文艺工作座谈会上的重要讲话精神和《中共中央关于繁荣发展社会主义文艺的意见》精神，践行社会主义核心价值观和《中国文艺工作者职业道德公约》，进一步规范音乐工作者职业行为，加强行业自律，倡导行业新风，推动社会主义音乐事业的繁荣发展，中国音协正式向社会发布《中国音乐工作者自律公约》(以下简称《公约》)。《公约》从八个方面提出了音乐工作者应当遵守的行为规范。要求广大音乐工作者热爱伟大祖国，拥护中国共产党的领导，自觉维护国家主权、民族尊严和人民利益，坚决抵制一切分裂祖国、破坏民族团结和社会稳定的言行；坚持以人民为中心的艺术导向，践行弘扬社会主义核心价值观，做时代风气的先觉者、先行者、先倡者；牢固树立生活是艺术创作源泉的观念，自觉摒弃脱离实际、脱离生活、脱离群众的不良倾向；坚持社会主义先进文化前进方向，继承和发扬中华民族优秀传统，进行创造性转化和创新性发展，唱响"中国梦"，讴歌真善美；热爱音乐艺术，忠诚艺术理想，坚守艺术良知，追求崇高价值，对音乐事业心存敬畏，对音乐工作积极奉献；坚持百花齐放、百家争鸣，倡导健康的文艺评论，惩劣戒劣、以理服人；树立法治意识和法治信仰，运用法治思维和法治方式加强行业服务、行业管理、行业自律，坚决禁止"黄、赌、毒、黑"等违法行为，坚决抵制剽窃、抄袭等侵权行为；坚守艺术理想，静下心来、耐住寂寞，精益求精、潜心创作，通过有筋骨、有道德、有温度的文艺作品，努力攀登道德高峰和艺术高峰。

【加强"五刊一报"阵地建设】

2015年，中国音协坚持正确办刊方向，把社会效益放在首位，加强音乐报刊网络阵地建设，繁荣音乐创作，弘扬中国精神。《人民音乐》作为中国音乐家协会唯一的理论评论刊物，在宣传党的文艺方针政策，推动音乐评论、创作、表演、教育等方面发挥了重要作用。2015年，《歌曲》杂志共刊发各类创作歌曲约700首，其中249首优秀歌曲来自协会及全国的主旋律题材征歌活动，如"五个一工程"奖获奖歌曲、"我的中国梦"全国打工歌曲创作大赛获奖作品等。《词刊》杂志的"祖国放歌"栏目选发了100余首歌颂党和祖国的歌词，生动反映改革开放和社会主义现代化建设的伟大实践；第七、八、九期连续3期在首版推出"纪念抗日战争胜利70周年"栏目，讴歌爱国主义精神。《儿童音乐》全年登载儿童歌曲360余首、课堂内外论文20余篇、教学体验及教案40余篇、湘艺版试验园地70余篇。《音乐创作》共发表作品158首、文字稿件418篇，新开辟的"中国当代作曲家素描"专栏，从作曲家作品、论述作曲家的论文、作曲家各个时期照片来重点介绍中国作曲家；为配合"我的中国梦·强军梦"的宣传，先后开设了济南军区前卫文工团的作品专栏和海政文工团的作品专栏。《中国音乐》(专刊)及时反映中国音协和各地音乐动态，注重导向性、时效性、丰富性。中国音协官方网站建设逐步加强，成为发布音乐信息、整合音乐资源的重要平台。

【办公室工作】

认真做好协会的日常行政管理、人事管理、财务管理、固定资产管理、文电报刊收发、老干部管理、办公活动保障和联络协调等方面工作，充分发挥枢纽作用和协调保障功能。围绕协会中心任务开展工作，加大了与各地音协的联络沟通和与上级部门的协调联系，较好地保障了协会各部门工作的正常运转和协会各项活动的顺利开展，尤其保障了协会换届工作的顺利进行。

【二级学会管理】

2015年，钢琴学会完成了"金钟回响——中国音乐金钟奖钢琴比赛获奖者全国巡回演出音乐会"活动；管乐学会在上海举办了"中华号角——上海之春国际音乐管乐艺术节暨第九届非职业优秀管乐团队展演"活动；古筝学会在上海召开了二届二次理事会；流行音乐学会和爵士乐学会联合向社会发布了《拒绝毒品侵蚀 恪守法律公德 珍重自身形象》的倡议书；经文化部批准，手风琴学会与深圳市宝安区委宣传部举办了2015中国深圳国际手风琴比赛；高校联盟先后在凯里和宜昌与协会共同举办第五届金芦笙——中国民族器乐大赛、中国音乐小金钟奖——长江钢琴第三届全国钢琴比赛等活动。

【会员服务管理】

2015年，中国音协全年审批发展新会员479人，从制度到措施完善了会员工作机制，加强了对会员的服务与管理。进一步强调发展工作审批机制，并适当调整了体制外音乐人入会的门槛，进一步拓宽了会员发展的渠道。明确会员申报程序，细化申报资料要求，提高会员申报的规范性和统一性。拟定初审执行标准，确保初审环节严中有细、公正有据。走访调研兄弟单位，改革会员会费收缴制度，实现高效工作和服务会员的双重效果。为会员证件改版设计，与时俱进焕发新气象，做好面向广大会员的重要"名片"。加强与各地音协的联系，及时更新会员数据库和档案信息。积极协助会员维权，2015年，经中国音协推荐，作曲家李海鹰获得第四届"世界知识产权组织版权金奖（中国）"。

【干部队伍建设】

在中国文联党组的坚强领导下，中国音协按照中央有关精神和要求落实到协会人事管理的各项工作中，认真贯彻原则、执行制度、规范程序、依法管理，不断增强规范性、针对性和有效性。坚持党管干部、党管人才原则，贯彻执行党的干部路线方针政策，发挥党组织在人事管理工作中的领导作用。按照人才成长规律，加强政治引领、培养教育和实践锻炼，改进人才管理和服务方式，提高工作人员队伍整体素质，激发队伍生机活力。落实从严管理要求，加强管理监督，引导督促工作人员履行岗位职责，恪守职业道德，增强服务社会、服务群众的责任意识，提高公共服务能力。

【音乐考级】

截至2015年年末，在全国27个考区下辖的200多个考点中，参加中国音协音乐考级的考生达到46万人。在抓音乐普及、音乐考级工作中，中国音协妥善协调各方面关系，严格管理考级资金，在考级项目设立、教材使用、考级教师培训等方面不断完善发展，中国音协音乐考级的信誉度和吸引力不断增强。

中国美术家协会

综述

2015年，中国美术家协会在中宣部和中国文联的坚强领导下，认真贯彻落实党的十八大，十八届三中、四中、五中全会精神，深入贯彻习近平总书记文艺工作座谈会讲话精神等系列重要讲话精神，深入学习领会《中共中央关于繁荣发展社会主义文艺的意见》和《中共中央关于加强和改进党的群团工作的意见》，紧紧围绕协会中心工作，内抓管理、外树形象，认真履行团结引导、联络协调、服务管理、自律维权的新职能，圆满地完成了2015年各项工作任务。

会议与活动

【2015年中国美协工作会议】

3月19日，中国美协在安徽省宣城市泾县召开了"塑造人民形象，筑就艺术高峰，奋力开创中国美术繁荣发展新局面"——2015年度中国美协工作会议。中国文联党组成员、副主席、书记处书记左中一，中国文联副主席、中国美协主席刘大为，中国美协分党组书记、驻会副主席吴长江，安徽省政协副主席张学平，中共宣城市委书记姚玉舟，中国美协副主席许江、许钦松、李翔、杨晓阳、吴为山、何家英、范迪安、曾成钢，中国美协分党组副书记、秘书长徐里，中国美协分党组成员、副秘书长陶勤、杜军，中国文联美术艺术中心主任丁杰，文化部艺术司文学美术处处长刘冬妍，以及来自全国各地的美协代表出席本次会议。会议由徐里秘书长主持。2015年是国家"四个全面"的战略布局之年，也是中国美协和中国美术事业发展的新起点。中国美协要深入贯彻落实习近平总书记在文艺工作座谈会上的重要讲话精神，继续坚持以人民为中心的创作导向，牢牢把握发展机遇，创新工作思维，紧密团结广大美术家，勇攀艺术高峰，筑就艺术新辉煌，奋力推进中国美术事业向前发展，为实现中华民族伟大复兴的"中国梦"做出新的更大贡献！

【中国美协山西美术培训】

10月9日至19日，由中国文联、中国文艺志愿者协会主办，中国美协、中国文联文艺志愿服务中心承办，山西省文联、山西省美协、平顺县委县政府协办的2015年文艺培训志愿服务项目——山西美术培训班在山西省平顺县窑底村成功举办。本次山西志愿服务美术培训班是继四川省巴中志愿服务美术培训班、黑龙江省牡丹江志愿服务美术培训班、内蒙古自治区包头志愿服务美术培训班之后，中国文联、中国美协开展的又一次大型公益美术支教活动，也是今年开展的最大规模的一次公益美术支教活动。

【中国文联、中国美协"送欢乐 下基层"活动】

6月17日至19日，为纪念毛泽东《在延安文艺座谈会上的讲话》发表73周年，贯彻落实习近平总书记在文艺工作座谈会上的重要讲话精神，"到人民中去"系列活动中国美协文艺志愿服务团走进了第二炮兵某旅，开展体验生活、赠送图书、辅导交流、笔会创作等文艺志愿服务活动。中国美协分党组副书记、秘书长徐里，第二炮兵政治部宣传部领导以及多位军地知名艺术家和第二炮兵某旅官兵参与本次志愿服务活动。

在习近平总书记文艺工作座谈会上讲话一周年之际，10月29日至11月7日，由中国文联、中国美协、贵州省文联共同主办的"中国文联、中国美协'送欢乐下基层走进贵州'暨全国名家牵手贵州基层美术家活动"在贵州省镇宁县行知学校正式启动。中国文联美术艺术中心副主任梅启林，贵州省文联党组书记、常务副主席杨梦龙，中国文联美术艺术中心大型活动部主任李伟等20余位来自全国各地的美术家们齐聚镇宁县行知小学。

【"深入生活、扎根人民"文化下乡惠民活动】

1月22日上午，由中国文联、中国美协、苏州市文联、苏州市相城区人民政府联合主办的"我们的中国梦"——全国美术家·苏州文艺家"深入生活、扎根人民"主题惠民活动在苏州市相城区体育馆隆重举行。中国文联美术艺术中心主任丁杰，《美术》杂志副社长张文华等13人出席此次活动。此次文化惠民活动，美协带着"展览"慰问，此次参展的作品来自中国文联、中国美协主办的"塑造中国新形象"美术作品展。美术家们在此次活动中创作了20幅单幅精美的美术作品，赠送给苏州的先进人物代表和相城区的"中国好人"代表，真正把"实惠"送到了老百姓手中。此外，中国美协向苏州的美术工作者赠送了大批画册及美术书籍，美术家丁杰、李洋、任惠中、李毅、谢青等对苏州青年美术家的作品进行了辅导和点评，提出了写生、创作、临摹上的具体意见。

【中国美术家协会全国创作中心会议】

10月24日，中国美协2015年全国创作中心工作会议在浙江省天台县召开。会议回顾总结创作中心、写生基地工作的经验、教训，研究部署下一步的工作情况，交流工作经验。中国美协领导和来自全国各地的创作中心、写生基地的负责人、省美协负责人共50余人参加了会议。中国美协分党组副书记、秘书长徐里同志结合当前社会形势、党和国家的文艺政策，回顾总结了创作中心成立以来取得的成绩，对创作中心今后的发展提出了指导性意见。会议决定改变以往创作中心、写生基地自主接待的模式，由中国美协统一制订创作中心相关写生活动计划，即从今年开始，协会所属各创作中心、写生基地可根据自身情况制订年度写生活动计划，并于每年12月10日前申报次年度写生活动计划。组织广大会员写生程序化、制度化、规范化。

【中国文联、中国美协"中国精神、中国梦"美丽乡村行】

7月1日，中国文联、中国美协"中国精神·中国梦"美丽乡村行系列写生采风活动首站走进上杭古田，中国美协古田写生基地同时揭牌。本次活动由中国美协、福建省文联、中共上杭县委、上杭县人民政府主办，福建省美协、龙岩市文联、龙岩市美协协办，上杭县文联、上杭县古田镇党委、政府承办。主办方代表分别在启动仪式上致辞。中国美协分党组副书记、秘书长徐里总结发言。中国美协古田写生基地签约授牌仪式同时举行。

专业艺术委员会工作动态

【油画艺术委员会】

4月，油画艺委会启动了以"中国精神"为总旨的"第四届中国油画展"，展览将分三个区段

（表现、写实、抽象）分别梳理解析，最后于2018年在中国美术馆做全面性呈现，将历时五年完成，全面梳理当代中国油画的面貌。10月24日，"中国精神：第四届中国油画展（第一区段）心象——当代中国油画的表现性研究展"在中国油画院开幕，展出了170余位画家的200余幅作品。本次展览由中国美协、中国美术馆、中共天津市委宣传部、天津市文联主办，油画艺委会、天津市美协、中国艺术研究院中国油画院承办，中国油画院美术馆、天津美术馆、上海美术馆、山东美术馆、西安美术馆协办，将分别在天津、济南、上海、西安进行巡展。

【版画艺术委员会】

5月12日，由中国美协、深圳市文联、深圳市龙华新区管委会主办，版画艺委会、深圳市龙华新区文化产业发展办公室、中国·观澜版画原创产业基地、中国·观澜版画艺术博物馆承办的"第五届中国·观澜国际版画双年展"在深圳开幕，同期举办"求同存异——国际版画论坛"。11月13日，由中国美协、中共重庆市委宣传部、重庆市文化委员会、重庆市文联主办，中国文联美术艺术中心、版画艺委会、重庆市美协承办的"第二十一届全国版画作品展"在重庆美术馆开幕，展现了当下中国版画创作的多元探索。自1954年9月5日"第一届全国版画展览会"在北京开幕，迄今一个甲子，全国版画展览已举办二十一届，已经成为我国跨越年代最久、持续届次最多的专项美术展事。

【壁画艺术委员会】

9月26日，壁画艺委会在新疆龟兹举行了"《中国壁画》丛书首发式"，第一批（中央美术学院卷、清华大学美术学院卷、山东工艺美术学院卷）首发。该丛书是壁画艺委会与江苏美术出版社合作的一个中国当代壁画研究文献，是一项系统工程，从策划到编撰历时三年多。9月26日至29日，"丝绸之路传统壁画艺术研讨会"在新疆龟兹举行。会议围绕丝绸之路壁画艺术的传承、交流与发展；古代壁画保护人才培养与艺术院校学科建设；多元文化背景下的丝绸之路传统壁画对当代壁画艺术创作的启示等16项议题展开，取得了丰富的学术成果。

【插图装帧艺术委员会】

11月20日，由中国美协、广州美术学院主办，插图装帧艺委会、广州美术学院美术馆、广州美术学院版画系承办，岭南美术出版社协办的"中国首届插图艺术展"在广州开幕。随着社会对插图需求的不断增加，举办中国插图艺术展览，通过正确的学术主张，营建良好业态氛围。展览同期举办了学术研讨会。

【连环画艺术委员会】

8月11日，由中国美协主办，连环画艺委会等承办的"纪念中国人民抗战暨世界反法西斯胜利70周年——第三届架上连环画展"在上海首展开幕，并于9月18日在沈阳鲁迅美术学院美术馆进行巡展，800余件作品布满整个鲁美展馆，开创了"架上连环画"作品数量、参展画家人数、年龄层次的历史纪录。10月23日，展览在昆明市博物馆巡展；11月14日，展览在北京八一美术馆巡展；11月23日，展览在中国文联中国文艺家之家展厅巡展。

【漫画艺术委员会】

7月30日，由文化部、中国文联、中国美协主办，中国美术馆承办，中央美术学院、浙江省文联协办的"纪念华君武诞辰100周年座谈会"在中国美术馆举办。中国美术馆从华君武捐赠的2000余件作品中梳理出171件精品举办典藏活化纪念特展，使人们从艺术大家的创作经历、人生道路、艺术思想中受到启发和教育，颂扬真善美、摒弃假丑恶。10月25日，由中国美协、嘉兴市人民政府主办，漫画艺委会、浙江省美协、嘉兴市文联、嘉兴市文化广电新闻出版局、中国漫画创作基地（嘉兴）办公室承办的"第七届中国·嘉兴国际漫画双年展"在嘉兴开幕。展览以"我的梦"为主题，唱响了世界和平发展的主旋律和追逐梦想的人类共同的美好愿望。

【少儿美术艺术委员会】

8月18日，由中国美协、陕西省委宣传部、陕西省文联主办，少儿美术艺委会、陕西省美协承办的"放飞心灵　成就未来——第二届全国少儿美术教育学术展"在古都西安半坡国际艺术区壹空间与亮宝楼同时举办。此次展览分为四个学术板块展开，包括全国少儿美术教师作品展、全国少年儿童美术作品展、全国少儿美术教学课例设计、全国少儿美术教师高级研修班，是全面展现我国少儿美术教育的综合性品牌。展示教师创作水平，反映美术教育成果，传播先进教育理念，推广多元教学方法。

【美术理论委员会】

8月21日，由文化部艺术司、中国美协、山西省文化厅主办，理论委员会、山西省美协、山西画院承办的"中国美术太行论坛"在山西平顺举办，论坛以"写生的传统与当下意义"为主题，引导美术界重视写生，在写生的基础上发挥写意精神，为中国美术更充分地体现中华文化精神发挥作用。

【中国画艺术委员会】

6月3日，由中国美协、文化部艺术司、山西省文化厅主办，中国画艺委会学术主持，山西省美协、山西画院、山西省艺术创作中心承办的"中国梦·太行魂——全国中国画作品展"在中国美术馆开幕。展览共展出百余位全国知名国画家的200余幅中国画精品，是反映当下中国画发展的一次高规格的集体亮相。

【水彩画艺术委员会】

1月10日，由中国美协、中共河北省委宣传部、河北省文化厅、石家庄市人民政府主办，水彩画艺委会、石家庄市文化广电新闻出版局承办的"首届全国水粉画大展"在石家庄美术馆开幕。展览将水粉画作为独立画种举办全国性展览，促进了水粉画的创作和发展。1月23日，由文化部艺术司、青岛市人民政府、中国美协、中国美术馆、中央美术学院主办的"百年华彩——中国水彩艺术研究展"在中国美术馆展出。

【雕塑艺术委员会】

12月12日，由中国美协、中央美术学院、太原市人民政府主办，雕塑艺委会、策展委员会、中央美院雕塑系、太原市文化局和太原美术馆承办的"新态·2015太原国际雕塑双年展"在太原美术馆开幕。展览突出"新态"主题，划分为：新境域、新作物、新界面、新视场、新陶式、新晋风六大板块，采用策展人与组委会专家组相结合的操作模式。展览作品材质涉及金属、石、布、水泥、玻璃钢、树脂、陶瓷、木等种种，关联影像、声音等装置，展示了中国近年来雕塑艺术创作的新面貌、新探索、新动态。

【陶瓷艺术委员会】

10月24日，由中国美协主办，平面设计艺委会、陶瓷艺委会、山东艺术学院、山东省美协、山东博物馆承办的"界·尚——第三届中国当代陶艺实验作品邀请展"在济南举行。展出了来自清华大学、中央美院、中国美院、山东工艺美院、山东艺术学院等全国30多所高校及不同专业领域的100余位艺术家的作品，构建起了一个开放多元的高端实验学术平台，反映了艺术家对以陶瓷材质为载体的艺术创作的当代价值与意义的思考、认知和探索。

【漆画艺术委员会】

12月5日，由中国美协、厦门市文广新局主办，漆画艺委会、厦门市美术馆承办，福州大学厦门工艺美术学院协办的"2015第五届中国（厦门）漆画展"在厦门市美术馆开幕。展览自2005年创办以来，已历十年，举办五届，对中国漆画事业发展和人才创作鼓励做出了巨大贡献。

【环境设计艺术委员会】

11月7日至8日，环境设计艺委会在丝绸之路源头洛阳市举办了"隋唐洛阳遗址公园宫城重建：天堂、明堂文物保护工程"考察及座谈会。新明堂和天堂的建筑设计由清华大学著名中国古建专家郭黛姮教授完成，室内设计及装饰艺术由张绮曼教授完成，是重现唐代辉煌，挖掘、传承、弘扬中国优秀传统文化的阶段性成果。室内设计及施工历经三年，已于2015年国庆节对外正式开放，得到了人民群众的高度评价。

【工业设计艺术委员会】

3月，工业设计艺委会启动了"首届中国国际实体交互设计与创新大展"，展览是首个由国家级学术机构组办的国际实体交互设计大展，面向中国、美国、澳大利亚、芬兰、荷兰、日本、韩国等国内外实体交互设计领域的专家、设计师、从业人员以及学生们征稿，并将邀请国内外实体交互设计领域的知名专家、设计师进行公开点评和评审，将成为具有国际影响的实体交互设计专业展事，并搭建起实体交互设计的研究、教育、产业的国际交流平台，活动将于2016年通过网络平台举办成果展示。

【平面设计艺术委员会】

8月16日，由平面设计艺委会、山东工艺美术学院主办的"薪传·转型·展望——全国平面设计泰安峰会"在泰安举行，围绕国际背景下我国平面设计艺术的生存现状与问题、挑战与机遇展开了讨论。此次峰会本着互动、交流、融合的趋势，还邀请了相关的工艺美术、陶瓷艺术、工业设计、插图与书籍装帧艺委会的代表参会，共同就关心的问题进行了深入探讨。

【服装设计艺术委员会】

4月9日，"首届'金苑杯'中国时装画大展"昆明巡展在昆明学院美术馆举行，同期举办了以"研究是中国服装产业转型升级的关键"为主题的研讨会。该展览由中国美协、清华大学美术学院主办，服装设计艺委会承办，金苑（国际）服饰有限公司协办，是提高学生创新能力、展示当前时装画艺术水平的良好平台，得到了国内时装画专业人员、教师、学生，以及画家们的积极响应。自2013年举办以来，分别在北京、武汉、深圳、厦门、重庆、成都、苏州、杭州、昆明、贵州10个城市进行全国巡展。

【动漫艺术委员会】

5月30日，"第十四届北京电影学院漫画节"成功举办，活动致力于提高动漫的原创能力，推出优秀的原创动漫作品为宗旨，越来越在社会以及漫画界具有影响力和感召力。本届漫画节以"传承与创新"为主题，内容丰富，有"漫画节作品展"和"中法漫画优秀作品展"；《中国漫画创作的传承与创新》学术论坛和数场漫画讲座；"小金鱼奖"青少年漫画大赛、"红色1+1"活动、北京电影学院夏季漫画营地活动、佳片展映、校园祭活动、放映佳片等丰富多彩的活动。

【综合材料绘画与美术作品保存修复艺术委员会】

10月20日，由中国美协、浙江省文联、中共宁波市委宣传部主办，综合材料绘画与美术作品保存修复艺委会、浙江省美协、宁波市文联、宁波美术馆承办的"2015·首届全国（宁波）综合材料绘画双年展",在宁波美术馆开幕。展览以"多彩中国梦"为主题,本着"凝聚中国精神,植根社会沃土,激发时代活力,推进绘画创新"的宗旨,鼓励广大艺术家在创作中以弘扬中华文化为己任,将艺术实践与践行"中国梦"相结合,创作出更多精品力作,推动综合材料艺术的发展。展览同期举办了学术研讨会。

【实验艺术委员会】

6月5日,"2015·中国美协实验艺术委员会首届学术论坛"在西安美术学院举办,论坛着重研究与解决中国当代艺术在当下出现的热点问题。本届论坛的主题是实验艺术教育。专家们围绕着实验艺术的概念与边界、关于如何构建实验艺术学科的专业基础课程以及实验艺术的开放性等问题进行讨论。

【建筑艺术委员会】

10月24日至25日,由中央美术学院建筑学院、中国美协建筑艺委会、中国建筑学会共同举办的"文化建筑在中国——国际学术研讨会"在中央美术学院美术馆学术报告厅开讲。国际著名建筑大师矶崎新,普利兹克建筑奖得主王澍、欧洲建筑教育协会主席卡尔·奥托·诶佛森等多位国际知名建筑及教育学者,以"'文化的实践'——1980年以来的中国文化建筑"为主题,围绕"塑造国家文化形象的建筑实践""建构公众文化活动的集体空间""作为文化研究的建筑教育"三个议题展开讨论。

【工艺美术艺术委员会】

12月15日,"新常态下设计创新驱动力——中国美协设计类艺委会互动峰会"在山东工艺美术学院举行。会议由中国美协插图装帧艺委会、陶瓷艺委会、环境设计艺委会、工业设计艺委会、平面设计艺委会、动漫艺委会、服装设计艺委会、建筑艺委会、工艺美术艺委会和山东工艺美术学院联合主办。会议搭建了一个加强联动、加强交流、加强跨领域协同合作的平台,适应新常态,整合资源、优势互补、凝心聚力,以期为我国设计艺术的创新发展做出新的贡献。

【民族美术艺术委员会】

5月18日,《中国民族美术》杂志创刊首发仪式在中央民族大学举办。杂志作为我国第一本以民族美术为研究对象的艺术专业期刊,2014年获得国家新闻出版广电总局的批复,2015年正式创刊。这不仅填补了我国在民族美术杂志出版领域的空白,也为广大民族院校师生及民族美术研究者提供了很好的学术平台和展示交流的阵地。

【美术教育委员会】

6月12日,由美术教育委员会与中央美术学院共同承办的"为社会创新的美术教育——国际学术研讨会"召开,会议包括国际学术研讨、高等艺术院校国际校长论坛、中央美术学院艺术管理与教育学院揭牌与签约发布仪式,以及美术教育主题研讨会等内容。通过对美术教育领域的前瞻问题的探索和关注,积极倡导"社会创新"教育理念,履行美术教育在社会发展中的责任,积极为面向社会创新、面向多元化发展美术教育的先行者和实践者搭建思考与沟通的平台。

【策展委员会】

3月,中国美协策展委员会在中国文艺家之家成立,委员共32人。主任:范迪安,副主任:(按姓氏笔画排序)丁宁、王璜生、皮道坚、祁海峰、许向群、吴洪亮、张晴、李旭、罗一平、高士明,秘书长:吴洪亮(兼),副秘书长:(按姓氏笔画排序)卢缓、张苗苗、盛葳,委员:(按姓氏笔画排序)方旭东、方振宁、王易罡、王春辰、刘杰、朱虹子、何桂彦、旷小津、李晖、杨卫、陈湘波、陈联喜、俞可、唐克扬、梁时民、黄笃、彭锋、冀少峰。策展委员会的基本工作职能包括策展研究、策展教育、策展实践和策展批评四个方面。

【蒋兆和艺术研究会】

10月29日，由中国美协主办，蒋兆和艺术研究会承办的"《流民图》册页首发式暨《流民图》与北京抗战文艺学术研讨会"在北京太庙举办。1943年10月29日，蒋兆和先生的巨幅长卷《流民图》在北京太庙（今劳动人民文化宫）展出，不及一日即遭日寇禁展。72年后的今天，我们在《流民图》首展的故地举办此次活动，就《流民图》及北京沦陷区的抗战文艺进行学术研讨，以期对沦陷区的抗战美术进行深入研究，并以此作为对抗战胜利70周年的纪念。

展览与评奖

【第六届中国北京国际美术双年展】

9月24日上午10点，由中国文联、北京市人民政府和中国美协联合主办，以"记忆与梦想"为主题的"2015·第六届中国北京国际美术双年展"（简称第六届北京双年展）在北京中国美术馆隆重开幕，中国文联主席孙家正，中国文联党组书记、副主席、书记处书记赵实，中国侨联主席林军，中共北京市委常委、宣传部长李伟，中国文联党组成员、副主席、书记处书记夏潮，中国文联党组成员、书记处书记陈建文，中国美协名誉主席靳尚谊，中国文联副主席、中国美协主席刘大为及众多参展国驻华使节出席开幕式。开幕式由中国美协秘书长徐里主持，中国文联副主席赵实、北京市委宣传部长李伟、中国美协主席刘大为，加拿大副大使杜欣丽分别致辞。此次展览参展国家96个，参展作品685件，涵盖当代绘画、雕塑、装置、影像以及其他综合类作品，在参展国规模、作品数量和展线、展期等方面均超历届，为各国美术爱好者打造了一次高规格的视觉艺术盛宴，以美术的形式汇聚了世界各国不同的历史文化记忆，以及人类对未来的憧憬、期盼与追求。

包括中国新华社、中央电视台、《人民日报》《中国日报》以及英国路透社、BBC、拉美通讯社等在内的百家国内外报刊、杂志、电视、广播、网络媒体对展览进行了多角度切入、各种形式的综合深入报道。展览到10月15日。

展览期间，先后有中宣部常务副部长、中央文明办主任黄坤明，中央政治局原委员、中国志愿服务联合会会长、前北京市委书记刘淇，中共中央政治局委员、中央书记处书记、中共中央宣传部部长刘奇葆以及厄瓜多尔共和国外交和移民事务部长里卡多·阿曼多·帕蒂尼奥·阿罗卡等中外贵宾专程参观展览。

来自世界各地的艺术家、艺术机构及媒体等200余人出席了国际学术研讨会，就当代艺术、艺术生产语境、多元文化、双年展机制等相关问题进行了广泛交流和深入探讨。本届双年展学术主题具有较强的现实针对性和全球普适性，这使得与会专家能够在一个共同的平台上更好地互相沟通、畅所欲言，其专业性、集中性和深入性都使本次研讨会堪为今年美术界中外学术交流活动的表率。

【第十二届全国美术作品展国内巡展】

由文化部、中国文联、中国美协共同主办，集中展示了近五年来中国美术创作丰硕成果的"第十二届全国美术作品展览暨中国美术奖·创作奖、获奖提名作品展"于2014年12月15日在中国美术馆开幕，2015年1月4日展览结束后，根据展览工作安排，作品于1月11日至7月8日分别在国内六省市进行巡展：1月11日山东站、2月14日上海站、3月21日河北站、4月17日山西站、5月12日内蒙古站和6月9日辽宁站。巡展展出的作品是"第十二届全国美展"的精华所在，代表了全国美术工作者的审美追求与创作风貌，体现了艺术家们高扬社会主义核心价值观的旗帜，继承弘扬中华优秀传统文化和中华美学精神，聚焦"中国梦"的时代主题，把人民作为文艺表现的主体，扎根人民、扎根生活，勇于创新、精益求精的高尚道德情操。巡展不仅为全国文艺工作者、美术从业者以及广大群众提供了一个在家门口观摩全国最高水平美术作品、学习全国最高水平美术创作经验的宝贵机会，更为全国美术界进行深入互动交流提供了广阔平台。

山东站——1月11日，由文化部、中国文联、中国美协主办，山东美术馆承办的"第十二届全国美术作品展览暨中国美术奖·创作奖、获奖提名作品展览山东巡展"于山东美术馆开幕。

上海站——2月14日，由文化部、中国文联、中国美协主办，上海市文化广播影视管理局、上海市文联、上海市美协承办，中华艺术宫协办的"第十二届全国美术作品展览暨中国美术奖创作奖、获奖提名作品展览上海巡展"在中华艺术宫开幕。

河北站——3月21日下午，由文化部、中国文联、中国美协主办，河北省美协协办，石家庄市文广新局承办的"第12届全国美术作品展暨中国美术奖·创作奖、获奖提名作品展石家庄巡展"在石家庄美术馆开幕。

山西站——4月17日，由文化部、中国文联、中国美协共同主办，太原市文化局承办，太原美术馆执行承办的"第十二届全国美术作品展览暨中国美术奖·创作奖、获奖提名作品展览太原巡展"在太原美术馆正式开幕。

内蒙古站——5月12日，由中华人民共和国文化部、中国文学艺术界联合会、中国美术家协会主办，包头市文化新闻出版广电局、包头美术馆承办的"第十二届全国美术作品展览暨中国美术奖·创作奖、获奖提名作品展览包头巡展"在包头美术馆开幕。

辽宁站——6月9日，由文化部、中国文联、中国美协主办，辽宁省美协、盘锦市人民政府承办，盘锦市美协、盘锦市兴隆台区委、区政府共同协办的"第十二届全国美展获奖作品盘锦巡展"在辽河美术馆璀璨开幕。这是该展全国巡展的第六站，也是最后一站。至此，第十二届全国美展国内巡展工作圆满结束。

【大美西藏——庆祝西藏自治区成立50周年全国美术作品展】

9月23日，由中共西藏自治区委员会宣传部、中国美协共同主办的"大美西藏——庆祝西藏自治区成立50周年全国美术作品展"在炎黄艺术馆隆重开幕。10月12日展览在河北石家庄美术馆巡展并举办隆重开幕式。7月，中国美术家协会组织当代美术名家赴西藏进行为期11天的写生创作，美术家们沿着山南古道，一路神往，创作了大量优秀作品。本次展览展出了特邀的20世纪中国美术史中西藏题材的经典作品和25位美术家今年最新写生创作的作品共200余件。作品中既有雪域高原令人震撼的绝美景致，也有犹如钢铁锻造般有着强韧意志的高原人形象，同时展现了西藏独特的民族风情和多民族交流融合的现状，更展现了西藏自治区成立以来发生的巨大变化和取得的突出成就，再现了西藏人民在党的领导下全面建设小康社会的生动画卷。

【"向人民汇报——'深入生活、扎根人民'"当代十五位美术家作品展】

为响应习近平总书记文艺工作座谈会重要讲话发表一周年号召，积极组织开展"深入生活、扎根人民"主题实践活动，由中国文联、中国美协、中国美术馆共同主办的"向人民汇报——'深入生活、扎根人民'当代十五位美术家作品展"于10月18日上午10时在中国美术馆隆重开幕。展览展出李焕民、詹建俊、刘文西、徐匡、刘大为、韩书力、吴宪生、赵奇、许江、骆根兴、陈坚、郑艺、于小冬、陈树东、柳青15位长年扎根基层、深入生活、从人民的伟大实践和丰富多彩的生活中汲取营养、不断进行生活和艺术的积累、取得丰硕成果的美术家的代表作75件，以及个人写生速写稿、创作谈和专家评论，循环播映个人艺创作专题宣传片，并出版发行150件作品的同名画集。并于下午14时，在中国美术馆报告厅举办专题研讨会。在习近平总书记文艺工作座谈会重要讲话发表一周年之际，为响应全国文艺界号召，积极组织开展"深入生活、扎根人民"主题实践活动，同时，中国美协为落实刘奇葆部长提出的巡展要求，将于2016年分别在浙江省美术馆、陕西省美术博物馆、四川省美术馆、广州艺术博物院、江苏文联美术馆进行巡展。

【第五届全国青年美术作品展览】

12月1日，由中国文联、全国青联、中国美协共同主办了"第五届全国青年美术作品展览"。此次继续营造有利于青年美术人才发展的良好机制，鼓励青年人勇于突破的锐气，反映中国当代青年在艺术创作与学术创新双方面的探索和成果，展示出青年美术人才关注生活的炽热情感和对艺术的不懈追求。从1957年举办的第一届到2008年的第三届，2011年的第四届，2015年的第五届，已先后展出千余位国内优秀青年美术家的作品。中宣部、中国文联、中华全国青年联合会、中国美协等领导对此高度评价，在全国美术界产生了广泛的影响和好评，社会反响热烈，青年美术家参与度很高，许多历届的参展作者已陆续成为当代画坛的中坚力量，为中国美术事业的繁荣发展做出了突出贡献。

【第四届西部少数民族青年美术家高研班写生作品展】

6月8日，由中国文联、中国美协、中央民族大学共同举办的"第四届西部少数民族青年美术家高级研修班写生作品展"于中央民族大学美术馆开展。2015年，来自西部基层的少数民族21名青年画家成为第四届西部少数民族青年美术家创作高研班的学员，继而来到北京中央民族大学美术学院学习。开学即安排山东峨庄为期17天的写生课程，这已经成为高研班固定的开学第一课。此次展览共展出写生作品135件，集中展示了学员们的整体水平。

【铸魂鉴史　珍爱和平——纪念中国人民抗日战争暨世界反法西斯战争胜利70周年美术作品展】

为纪念中国人民抗日战争暨世界反法西斯战争胜利70周年，由文化部、中国文联、解放军总政治部宣传部、中国美协共同主办，中国美术馆承办的"铸魂鉴史　珍爱和平——纪念中国人民抗日战争暨世界反法西斯战争胜利70周年美术作品展"于8月22日在中国美术馆隆重开幕。展览以"铭记历史、缅怀先烈、珍爱和平、开创未来"为主题，汇聚全国相关的优秀美术创作以及美术馆经典藏品，铸造不屈历史之魂，明鉴悲壮丹青画卷。

中宣部副部长、文化部党组书记、部长雒树刚，中国文联党组书记、副主席、书记处书记赵实，中央宣传部副部长景俊海，文化部党组成员、副部长董伟，中国文联党组成员、副主席、书记处书记左中一，解放军总政治部宣传部副部长李祯盛，全国政协常委、中国美协名誉主席靳尚谊，中国文联副主席、中国美协主席刘大为，以及詹建俊、杨力舟、王迎春、何家英等著名艺术家，有关艺术机构的负责同志，参展艺术家代表以及部分新闻媒体共同出席了开幕式。开幕式由董伟副部长主持。

【2015"万年浦江"全国中国画山水作品展】

9月26日，2015"万年浦江"全国中国画山水作品展开幕仪式在仙华文景园隆重举行。中国美协分党组副书记、秘书长徐里，金华市市委副书记、市长暨军民，衢州市市委副书记、市长杜世源，省社科联党组书记、副主席郑新浦，省文化厅副厅长黄健全，省文联副主席、书记处书记马锋辉，中国文联美术艺术中心大型活动部主任李伟等嘉宾和县领导施振强、黄林生、朱受明、丁政等出席会议。市委副书记、市长暨军民宣布2015浦江·第八届中国书画节、2015"万年浦江"全国中国画山水作品展开幕。

【2015"古蜀文脉·墨韵天府"——全国中国画作品展】

为深入贯彻习总书记在文艺工作座谈会上的重要讲话精神，大力繁荣和发展社会主义文化事业，弘扬古蜀文化，展现天府新貌，由中国美协、四川省文联、四川省美协共同主办，四川美术馆、四川二十四城文化发展有限责任公司承办的2015年"古蜀文脉·墨韵天府"全国中国画作品展于12月1日至9日在四川美术馆开展。本次展览是近年来四川省和中国美术家协会共同主办的一次为数不多的全国性的大型展示活动，展览先后收到来自全国各地的3900件作品，经中国美术家协会聘请全国著名艺术家、专家组成展览评审委员会，对所有作品进行认真严格的初评和复评，最终评选出298件作品入展，其中包括62件优秀作品。

创作与研究

【新丝路·新起点——全国美术名家"丝路行"主题创作活动】

10月9日上午，由中国美协、浙江省文化厅、浙江省文联、义乌市人民政府共同主办的"新丝路·新起点——全国美术名家'丝路行'主题创作展览活动"在义乌火车西站中欧班列（义乌—马德里）零公里处正式启动。本次"新丝路·新起点——全国美术名家'丝路行'主题创作活动"旨在响应"一带一路"国家发展倡议，努力推进义乌与新丝路沿线国家和城市的文化交流、经贸合作，促进中外文化互联互通、中欧文化交流互鉴，打造义乌富有特色的"万国商城"文化，为中欧班列（义乌—马德里）的常态化运营打下坚实的基础。

本次活动由中国美协组织60余名国内知名美术家，分四组分别到义乌、新疆、陕西、甘肃等中欧班列（义乌—马德里）沿线的省市进行采风写生，同时对班列沿线经过的国家城市的主题画作进行定向征集。采风主题为反映中欧班列（义乌—马德里）沿线国家城市的自然风光、人文景观、生产生活场景和班列开通后的经济文化交融所带来的新的变化。采风活动从10月9日开始，到11月结束，采风结束以后，美术家们将结合写生活动潜心创作。每位画家将创作5幅美术作品，共计300件。计划于2016年4月第11届中国（义乌）文化产品交易会期间举办"新丝路·新起点——全国美术名家'丝路行'主题创作活动"大型展览。展览结束，义乌市政府将出资收藏60余幅画作，作为未来义乌美术馆的馆藏作品永久收藏。

【中国中青年美术家海外研修工程】

4月8日，由中国美协组织实施的"2015年度中国中青年美术家海外研修工程终评会"在中国文联会议室举行。徐里秘书长、陶勤副秘书长等10位评委对到场的30余位终评候选人进行了综合评审，确定产生了新一批10位研修人员。候选人多来自全国各高校、美术馆、画院、艺术研究院等科研院所，为美术创作及理论研究领域的佼佼者。本批项目首次向东南亚国家派出研修人员考察当地美术现状，并出现了欧美馆藏丝绸之路文物调研等内容，对"一带一路"相关课题开始有了初步关注，有望进一步填补研修工程的空白。

11月27日，由中国美协组织实施的"2014年度中国中青年美术家海外研修工程成果汇报会"在中国文联会议室举行，徐里秘书长、陶勤副秘书长等7位专家评委，以及10位研修人员悉数出席会议。研修人员向专家评委陆续汇报了研修成果，交流了研修经历和心得，该批次研修工作画上圆满句号。

【"深入生活、扎根人民"美术书法艺术家赴甘肃武都区写生创作】

10月,中国文联党组成员、书记处书记陈建文,全国政协委员、中国书协副主席张改琴,甘肃省文联党组书记、副主席周丽宁,中国美协理事、中国文联美术艺术中心主任丁杰等各位领导以及艺术家一行20余人深入武都区开展"深入生活、扎根人民"美术书法艺术家采风创作活动。由中国文联美术艺术中心主任丁杰带领的画家代表团有:中国美协中国画艺术委员会委员、海军政治部创作室副主任邹立颖,解放军艺术学院教授孙浩,人民大学美术学院教授黄华三,鲁迅美术学院教授晏阳,山东省画院一级美术师贾荣志等一同参加了这项活动。其间画家团深入鱼龙镇上尹村开展写生工作,并对武都的高山戏进行了观摩写生。

【彩笔绘云南——记百名画家画云南采风创作活动】

2014年11月28日,为深入学习贯彻习近平总书记在文艺工作座谈会上的重要讲话精神,中共云南省委宣传部、中国美协、云南省文联、云南省美协扎实开展"百名画家画云南"大型采风创作主题实践活动顺利启动,来自全国的著名画家70余位分赴云南大理、丽江、西双版纳、怒江、玉溪、红河、香格里拉等地采风写生,云南60名画家同行前往。云南壮美的自然风光,丰富多彩的地域文化,激发了艺术家们的创作激情,采风期间共创作千余幅写生作品。

对外及对港澳台地区交流

【第十二届全国美展国际巡展】

当地时间4月14日晚,"第十二届全国美展国际巡展·新西兰展"在新西兰奥克兰会展中心隆重开幕。以中国美协副主席吴长江为团长的代表团一行6人出席了展览开幕式。中国驻奥克兰总领事馆宋陈懋副总领事、张和清文化领事,新西兰民族事务部长代表、国会议员梅丽莎·李女士,新西兰国家党国会议员杨健博士,工党国会议员费尔高,新一中友协会长大卫·布姆维弛等嘉宾莅临现场。代表团次日应邀前往奥克兰大学,同该校师生举行了座谈会。国际巡展首访新西兰,不仅是全国美展首次跨出亚洲,也是在南半球国家首次亮相。

当地时间7月8日晚,"第十二届全国美展国际巡展·美国展"在纽约邦瀚斯展览中心开启大幕。开幕式前,中国美协刘大为主席、陶勤副秘书长及其他代表团成员出席新闻发布会并答记者问。中国常驻联合国代表刘结一大使、国家艺术基金理事长蔡武、纽约市市长白思豪、纽约州众议员孟昭文、纽约市文化事务专员汤姆·芬克皮尔、邦瀚斯北美亚洲艺术部主任高德莎等嘉宾出席开幕式并致辞。开幕式后,代表团与当地艺术家、学者、收藏家等众多社会名流举行了座谈会,在世界当代艺术中心讲述中国美术的价值与理念。

应白俄罗斯文化联盟邀请,中国文联、中国美协会同中国驻白使馆于当地时间7月31日在白国家图书馆共同举办"第十二届全国美展国际巡展·白俄罗斯展"。中国文联副主席、书记处书记赵实率中国文联代表团出席开幕式及相关交流活动,中国美协常务副主席吴长江率美术家代表团一行3人先期赴白布展并与当地美术家组织进行交流。

2015年是中意建交45周年,当地时间10月30日晚,"第十二届全国美展国际巡展·意大利展"在文艺复兴圣地佛罗伦萨的美第奇—里卡迪宫隆重开幕。以中国美协秘书长徐里为团长的代表团一行5人出席了开幕式及相关交流活动。开幕式前首先举行了新闻发布会,意大利多家主流媒体应邀参会。随后,代表团又与意大利艺术研究院等机构的专家学者举行中意美术交流座谈会。在开幕式上,中国驻意大利大使李瑞宇、托斯卡纳大区办公厅厅长、佛罗伦萨市政府经济发展局局长、佛罗伦萨美术学院院长等当地政要、兄弟城市政府代表、艺术界、教育界及媒体等300余人莅临现场。意大利总统马塔雷拉在访问佛罗伦萨期间还慕名专程前来观展。

【"第七届海峡两岸暨港澳地区艺术论坛——水彩画艺术展"在澳门举办】

10月31日，由澳门基金会、中国文联、中国美协合办，澳门美术协会协办的"第七届海峡两岸暨港澳地区艺术论坛——水彩画艺术展"在澳门教科文中心举行，共展出大陆及港、澳、台水彩名家作品61件。作品以两岸四地自然风光、风土人情为主题，风格各异，交相辉映。中国文联副主席左中一、澳门中联办文化教育部副部长张晓光、香港中联办宣文部副部长朱挺、中国美协水彩画艺委会副主任兼秘书长陈坚，以及港澳台美术界知名人士、四地参展美术家代表出席开幕式。当天下午还举行了题为"中国水彩画在国际的发展"专题讲座。

【"中外美术家扬州采风写生行"活动】

9月27日至30日，中国美协应扬州市城庆办、团市委、市文联、廉文化创作研究院邀请，为纪念扬州建城2500周年，在第六届北京国际美术双年展外国美术家北京接待工作结束之后，遴选部分"一带一路"国家的10余位美术家代表，与多位国内画家一道，共同参与"2015中国美协中外美术家扬州采风写生行"活动。刘大为主席、陶勤副秘书长等出席此次活动。采风活动使国外美术家们亲身体会到了"中国梦"的美妙内涵，实现借他者之口讲述"中国故事"，加深彼此了解，在推动中外美术深入交流互鉴的同时，也为明年"外国美术家眼中的中国"展览积累创作素材。

【中韩文化艺术节之纪念世界反法西斯战争胜利70周年——"中韩水墨画名家联展"】

4月1日，由中国人民对外友好协会、中国美协、韩国国会、韩中志愿者协会联合举办的中韩文化艺术节之纪念世界反法西斯胜利70周年——"中韩水墨画名家联展"开幕式在韩国国会隆重举行。中国美协分党组副书记、秘书长徐里，中国对外友协艺术交流院秘书长王合善，韩国执政党新国家党政务特别助理、国会议员金在原，韩国行政自治部长官郑宗燮，前韩国国会副议长朴炳石，韩国国会议员金学永、刘志英，以及来自中国的著名美术家、中韩两国政界人士、新闻媒体百余人莅临现场致贺并参观展览。活动由中央电视台主持人梁璐、韩国主持人金熙大主持。开幕式上，徐里、金在原分别致辞。

【墨彩情致——中国当代水彩画名家展】

由中央人民政府驻澳门特别行政区联络办公室文化教育部支持，中国美协主办，澳门威尼斯人、北京弘宝博艺策展并承办，中国文联美术艺术中心大型活动部和中国美协水彩画艺术委员会、澳门美术协会协办的第四届"墨彩情致——中国当代水彩画名家展"于8月6日至15日在澳门威尼斯人佛罗伦斯厅举办。本次"墨彩情致——中国当代水彩画名家展"汇集了刘大为、吴长江、李晓林、赵云龙、田海鹏、黎鹰等全国范围内精选出的水彩画名家39人的精品，展览作品题材广泛、理念新颖、内容深刻、表现充分，真正发挥了水彩画的语言特征，集中展示了中国当代水彩画家的时代风貌。

【感知中国——中国西部文化行】

由中宣部人权事务局主办、中国美协协办的"感知中国——中国西部文化行"绘画唐卡作品展于9月10日至21日在澳大利亚悉尼展出，展览反映西藏等西部地区少数民族生活风貌优秀绘画作品和唐卡作品。作品共展出54件，其中油画作品19件、国画作品12件、版画作品9件、唐卡作品14件。

中国曲艺家协会

综述

2015年是党和国家各项事业取得重大进展、全面完成"十二五"规划的标志性一年，也是社会主义文艺事业蓬勃发展、呈现新气象，曲协工作和曲艺事业守正创新、发挥新作为，具有里程碑意义的一年。一年来，在中宣部和中国文联的正确领导下，中国曲协团结带领各团体会员和广大曲艺工作者高举中国特色社会主义伟大旗帜，紧紧围绕服务党和国家中心任务，按照中国文联九届七次全委会和曲协工作会议的部署，有思路、有主题，有探索、有突破、有亮点、有特色，创作表演、重大活动、行风建设、学术研究、对外交流、改革发展、传播推广、基础管理等各个方面都取得新的重要成效，巩固了创新有为、积极向上的良好发展态势。

会议与活动

【2015年全国曲协工作会议】

1月28日至29日，2015年全国曲协工作会议在江苏省南京市举行。中国文联有关领导，中国曲协第七届主席团，分党组领导，13个省区市文联分管曲协工作的领导，34个团体会员驻会负责人，中国曲协16个专业艺术委员会负责人，10个曲艺专业院团业务团长，年度优秀曲艺作品获奖代表及中国曲协各部门负责人等110余人参加会议。中国文联党组成员、副主席李前光，中国曲协主席姜昆，江苏省委宣传部副部长、省文联党组书记、常务副主席章剑华出席开幕式并讲话，开幕式由中国曲协分党组书记、驻会副主席、秘书长董耀鹏主持。开幕式上，中国曲协还对2014年度取得优异工作成绩的重庆、江苏、陕西曲协及2013年度20篇优秀曲艺作品进行了表彰。董耀鹏代表第七届主席团和分党组作了题为《守正创新 稳中求进 不断繁荣和发展曲艺事业》工作报告，同时作题为《如何做时代欢迎和人民喜爱的曲艺家》的主题讲座。其间，召开中国曲协第七届主席团第五次会议。举行了全国曲艺小剧场作品创作研讨会，授予江苏省南通市"全国曲艺小剧场艺术指导委员会展演创作基地"并举行了惠民演出。

【《姜昆"说"相声》专场演出】

2月6日晚，以姜昆相声历史反映时代发展脉络的专场演出《姜昆"说"相声》在北京民族文化宫大剧院首次正式上演。第十一届全国政协副主席、中国文联主席孙家正，中国文联党组书记、副主席赵实，全国政协教科文卫体委员会副主任、中国文联原党组书记胡振民，全国政协文史和学习委员会副主任、中宣部原副部长翟卫华，中国文联党组副书记、副主席李屹，全国政协常委、中国文联副主席覃志刚，中国文联党组成员、副主席左中一、李前光，中国文联副主席、中央文史研究馆副馆长冯远，全国政协委员、中国文联副主席杨承志，文化部党组成员、副部长董伟，全国政协委员、国务院发展研究中心原副主任侯云春；中国文联各文艺家协会、机关部室、直属单位领导与中国文联、曲协有合作关系的中纪委、中组部、中宣部、中央文明办、文化部、外交部、中央台办、国务院港澳办、全国妇联等单位的有关领导与众多在京知名曲艺家和现场800名观众共同观赏了演出。

【新时期曲艺传播舆情工作研讨会在京召开】

3月30日，中国曲协在"文艺家之家"召开以"时代·价值·传播"为主题的新时期曲艺传播舆情工作研讨会。董耀鹏，中国文联理论研究室主任、文艺评论中心主任庞井君，中国艺术报社社长向云驹，文艺报总编辑梁鸿鹰以及《人民日报》、新华社、《光明日报》、中央人民广播电台、中央电视台、《中国文化报》《中国艺术报》《文艺报》《北京日报》、北京电视台、北京人民广播电台、《曲艺》杂志、中国曲艺网等部分在京媒体资深编辑记者和评论家出席会议，中国曲协研究部负责人张鑫主持会议。

【中国曲协"送欢笑"10周年纪念活动在京举办】

6月10日，中国曲协"送欢笑"10周年系列活动在北京成功举办。赵实，李前光，中宣部文艺局副巡视员刘新风，中国文联国内联络部巡视员李培隽，中国文联文艺志愿服务中心副主任邵志军，姜昆，董耀鹏，中国曲协副主席王汝刚、吴文科、翁仁康、郭刚、黄宏、籍薇，中国曲协分党组成员、副秘书长曲华江、黄群与参加"送欢笑"的老中青三代曲艺家代表常贵田、李金斗、李建华、张志宽、牛群、鞠萍、刘全利、刘全和、巩汉林、金珠、戴志诚、奇志、刘际、高洪胜、李世儒、于海伦、张曦文、杨菲、苗阜、陈印权、侯振鹏、李丁、董建春等共同参加座谈活动。当晚19时30分，中国曲协"送欢笑"10周年走进东城"百姓周末大舞台"专场演出在北京市东城区玉蜓公园隆重举行，来自东城区的社区群众、部队官兵和学生代表1100多人观看了演出。

【纪念中国人民抗日战争暨世界反法西斯战争胜利70周年优秀曲艺节目展演】

7月21日至22日晚，由中国文联、中国曲协共同主办的"向和平致敬——纪念中国人民抗日战争暨世界反法西斯战争胜利70周年优秀曲艺节目展演"在北京民族文化宫上演。赵实，中宣部副部长景俊海，胡振民，翟卫华，李前光，中国文联副主席、中国曲协名誉主席刘兰芳，庞井君，姜昆，董耀鹏，中国曲协副主席马小平、黄宏、曲华江、黄群以及曲艺家赵连甲、李立山、常祥霖、刘全和、刘全利、崔琦、孙晨等领导和嘉宾共同观看了演出。展演荟萃了相声、评书、快板、山东快书、苏州弹词、四川扬琴、陕北说书、河南坠子、京韵大鼓、武乡鼓书等14个特色鲜明的曲种。来自北京、天津、山西、辽宁、江苏、山东、河南、广东、重庆、四川、陕西11个省（区、市）的曲艺工作者联袂献艺。

【2015年中国曲艺之乡建设委员会工作会】

9月25日至26日，2015年中国曲艺之乡建设委员会工作会在四川省遂宁市召开。马小平，黄群，四川省文联党组副书记、副主席李兵等出席活动。中国曲艺之乡建设委员会的部分成员以及来自全国16个曲艺之乡的负责同志参加会议。

【纪念田连元从艺60周年系列活动】

10月30日至31日，由中国曲协、辽宁省文联、本溪市委市政府主办，本溪市委宣传部等单位承办的评书表演艺术家田连元从艺60周年纪念活动在辽宁省本溪市隆重举行。纪念活动包括"艺海泛舟六十年"——田连元先生从艺60周年回顾展、中国曲协"送欢笑"走进本溪专场演出以及本溪评书传承与保护暨田连元从艺60周年研讨会三项内容。马小平，中国曲协副主席、辽宁省曲协主席崔凯，曲华江，辽宁省委宣传部副部长、省文联党组书记盖成立，副主席喻国伟、胡崇炜等分别出席相关纪念活动。在10月31日上午的研讨会上，与会领导专家从不同角度回顾了田连元的从艺经历，梳理和总结了其艺术经验。

【纪念刘宝瑞诞辰100周年系列活动】

11月14日晚，由中国曲协相声艺术委员会、中国广播艺术团说唱团和北京曲艺家协会共同主办的"纪念相声艺术家刘宝瑞诞辰100周年专场演出"在北京民族文化宫大剧院成功举行。姜昆，董耀鹏，中国广播艺术团党委副书记陈玉玺，黄群，和刘宝瑞先生的亲属、同事、弟子代表，知名曲艺家代表以及近千名观众出席纪念演出。演出由李金斗和马东共同主持。

【曲艺文化惠民活动】

5月14日晚，中国曲协文艺志愿小分队与广东省文艺志愿者协会的艺术家联袂奉献的"送欢笑"走进佛山南海惠民演出上演。姜昆、戴志诚、黄俊英、何宝文、巩汉林、金珠、王汝刚、陈靓、杨子春、杨婷、杨蔓、杨苗、杨倩、诗琳、吴思拓等为观众上演了精彩演出。5月15日上午，中国曲协粤曲艺术委员会在南海区文化馆成立。中国曲协副主席、广东省曲协名誉主席李时成，王汝刚，曲华江，广东省发展和改革委员会副主任钟明，广东省文联党组副书记、专职副主席曹利祥，广东省曲协名誉主席、著名粤曲表演艺术家黄少梅等出席了相关活动。

6月30日下午，由中国曲艺家协会、中共天津市和平区委、和平区人民政府共同主办的社区志愿者礼赞——中国曲协"送欢笑"天津朝阳里专场演出，在天津医科大学学生活动中心成功举办。董耀鹏，中国文联国内联络部主任刘尚军，中央文明办一局副局长崔海教，黄群等领导及现场近400名观众观看演出。王汝刚、赵炎、张志宽、王佩元、刘俊杰、宋德全、全维润、柴京云、柴京海、王宏、刘颖、浩楠、王静、宋丹红、王文水、张楠、陈靓、冯欣蕊、王喆、张楷、刘渤扬、王斌、刘德印、于紫菲、温玉娟、刘铁骊、阿斯根、周宇等先后登台。

7月31日晚，中国曲艺牡丹奖艺术团"送欢笑"走进河南沈丘惠民演出在河南省周口市沈丘县体育馆举行。黄群，河南省文联党组成员、副主席张剑锋等出席活动。李金斗、郭达、李建华、杨菲、陈寒柏、王敏、柴京云、柴京海、范军、明男男、朱少宇、梦欢、贾冰、张毅、傅克非、俞沙倩、焦建东、刘宪刚、韩延文等先后登台。

8月20日晚，中国曲艺牡丹奖艺术团"送欢笑"走进福建东山惠民演出在东山县人民会堂举行。姜昆，董耀鹏，福建省文联党组成员、副主席林瑞发等参加活动。姜昆、郑健、陈寒柏、王敏、刘颖、佟长江、闫淑平、冯欣蕊、刘佳妹、浩楠、巩汉林、金珠、朱少宇、张露曦、李菁登台。

8月27日，中国曲艺牡丹奖艺术团小分队赶赴太行抗日革命老区——山西长治，开展"送欢笑"惠民演出。活动期间，中国曲协还组织部分专家学者在长治开展调研观摩、理论研讨。董耀鹏、崔凯、马小平、盛小云、黄群、山西省文联主席张根虎、山西省文联副主席和悦等同志出席活动。惠民演出中郭达、赵炎、盛小云、柴京云、柴京海、任世和、付强、张春丰、王超、苗阜、王声、弓瑞、耿麟、高梦娇献艺。

9月25日，中国曲艺牡丹奖艺术团"送欢笑"惠民演出在四川省遂宁市河东新区莲花国际会展中心举行。赵炎、徐世亮、马小平、杨进明、张徐、李多、闫淑平、佟长江、刘芋君、任平、尚大庆、苑媛、任世和、焦建东、刘宪刚、周宇、叮当登台。

10月26日至28日，由中国曲协、四川省文联主办，四川省曲协、巴中市文联、中共南江县委宣传部、县文联承办的"结对子　种文化"基层联系点挂牌暨"送欢笑到基层"文化惠民演出在四川省巴中市和南江县成功举办。曲华江，马小平，四川省文联党组书记、副主席蒋东升，李兵及巴中市和南江县有关领导参加了相关活动。郭达、柴京云、柴京海、杨菲、李彦生、叮当、高放等参加演出。

11月1日，中国曲艺牡丹奖艺术团在无锡市新区科技交流中心广场演出。姜昆、李金斗、戴志诚、盛小云、郭达、陈寒柏、王敏、杨菲、陈靓、王汝刚、任平、蔡钺、丁凯、夏吉平、刘芓君参加演出。

11月4日至5日，中国曲艺牡丹奖艺术团小分队在扬州大剧院和海门会展中心剧场演出。曲华江，江苏省文联副主席、书记处书记、党组成员刘旭东等同志分别参加了上述活动。盛小云、巩汉林、金珠、郭达、师胜杰、石富宽、苗阜、王声、李菁、高保利、王彤、随风、柳杨、张天雷等参加演出。

曲艺展演

【第十届河南宝丰马街书会优秀曲艺节目展演】

3月1日至3日，由中国曲协、河南省文联、中共平顶山市委、平顶山市人民政府共同主办，河南省曲协、中共平顶山市委宣传部、中共宝丰县委、宝丰县人民政府共同承办的第十届河南宝丰马街书会优秀曲艺展演在宝丰县举办。董耀鹏、郭刚、曲华江、张剑锋等参加了相关活动。2日下午，中国曲协文艺志愿服务团小分队赶赴赵庄镇袁庄社区进行惠民演出。邵峰、姜力琳、柴京云、柴京海、陈冠义、张若愚、任世和、孙丽娜、邢玉秋等相继登台。3日晚，中国曲协文艺志愿服务团"送欢笑到基层"走进马街书会慰问演出在宝丰县演艺中心举行。李金斗、付强、石富宽、刘捷、邵峰、姜力琳、柴京云、柴京海、任世和、陈印泉、侯振鹏、孙丽娜等名家新秀同台演出。

【"南开杯"第三届全国（天津）相声新作品展演】

5月26日至29日，由中国文联、中国曲协、中共天津市委宣传部、中共南开区委、南开区人民政府、天津市文联主办的"南开杯"第三届相声新作品展演在天津市圆满收官。活动期间，还分别举行了纪念反法西斯战争胜利70周年相声新作品专场、反腐倡廉相声新作品专场和"晚霞送清欢"——老艺术家专场。王毓宝、花五宝、师胜杰、石富宽、李金斗、李建华、籍薇、魏文亮、王佩元、张志宽、储丛善、刘俊杰、王莉、张楷、王喆、冯欣蕊、刘迎、李玉萍、张尧、王冠丽、孟广禄、杨乃彭、周炜、齐国敏先后登台。

【第三届"南山杯"曲艺新人新作展演】

6月5日至7日，第三届"南山杯"全国曲艺新人新作展演在广东省深圳市成功举办。李时成，曲华江，曹利祥，广东省曲协主席杨子春，深圳市文联党组书记、主席罗烈杰出席活动。6月7日晚，中国曲协文艺志愿服务团"送欢笑"专场演出在深圳大学演会中心举行。李金斗、李建华、杨子春、李立山、王文水、崔琦、杨菲、苗阜、王声、逗笑、逗乐、任世和等登台。

【第七届中部六省曲艺展演】

7月28日至30日，由中国曲艺家协会、河南省文联、中共郑州市委宣传部主办，河南省曲艺家协会、郑州市文联、郑州市曲艺家协会承办的第七届中部六省曲艺展演在郑州开幕。展演共汇集来自河南、湖北、湖南、山西、安徽、江西六省的23个曲艺节目。

【第二届"武清·李润杰杯"快板书展演】

9月4日至7日，由中国曲艺家协会与天津市文化广播影视局、天津市武清区人民政府共同主办的第二届"武清·李润杰杯"快板书展演在天津武清举行。9月7日晚，中国曲协牡丹奖艺术团"送欢笑"惠民演出在武清区影剧院举行。马小平、曲华江与当地观众一同观看了演出。李金斗、李建华、邵峰、韩文栋、嵇瑞星、陈寒柏、王敏、杨菲、鞠萍、柴京云等登台。

【第三届"岳池杯"中国曲艺之乡系列活动】

9月22日至24日，中国曲协会同四川省文联、四川省曲协、中共岳池县委、县政府共同举办的第三届"岳池杯"中国曲艺之乡系列活动在四川省岳池县成功举办。马小平、黄群，四川省曲协常务副主席、秘书长李蓉等出席系列活动。活动期间，相声小剧场演出、岳池论坛、中国曲艺之乡展演、"送欢笑"惠民演出等轮番上演，赵炎、李伟建、武宾、闫淑平、佟长江、徐世亮等参加演出。

【第八届"西岗杯"全国相声新人新作推选活动】

9月29日，由中国曲艺家协会和中共大连市西岗区委、大连市西岗区人民政府等单位共同主办的第八届"西岗杯"全国相声新人新作推选活动在辽宁省大连市西岗区圆满落幕。崔凯、马小平、师胜杰、石富宽、陈寒柏、王敏、崔立君、方清平、张伯鑫等参加"相声与时代"主题研讨会。当晚，中国曲协文艺志愿服务团"送欢笑"专场演出在大连市西岗区体育馆进行。师胜杰、石富宽、陈寒柏、王敏、方清平、回想、路遥、冯凤禹、张伯鑫、柴京海、柴京云等先后登台。

【首届河南坠子大会】

10月12日至14日，由中国曲艺家协会、河南省文联、中共平顶山市委、市政府共同主办，中国曲协河南坠子艺术委员会、河南省曲艺家协会、中共平顶山市委宣传部、平顶山市文联共同承办的首届河南坠子大会在河南省平顶山市举行。14日上午，河南坠子传承与发展研讨会在平顶山宾馆举行。李时成、曲华江、张剑锋、鲁银海、宋爱华、赵为民、张平、刘景亮等参加研讨。14日晚，中国曲艺牡丹奖艺术团小分队"送欢笑"惠民演出在鹰城广场举行。师胜杰、石富宽、张志宽、李少杰、罗峰、张春丰、王超、应宁、远东方、王琳、刘秋阁登台。

【第六届中国苏州评弹艺术节】

10月27日至11月6日，由中国曲协、江苏省文联主办，中国曲协苏州评弹艺术委员会、苏州市文广新局、苏州市文联共同承办的第六届中国苏州评弹艺术节成功举办。来自江、浙、沪、苏4个代表队的14个评弹团、校级相关单位联袂献上18台精彩的演出。开幕式上，袁小良、王瑾、王池良、吴静、施斌、盛小云先后表演。

【第五届国际幽默艺术周】

11月1日至3日，由中国文联、中国曲艺家协会、中国杂技家协会、江苏省文联、中共张家港市委、市政府等单位共同主办的第五届国际幽默艺术周在江苏省张家港市成功举办。在3天时间里，来自中国、法国、德国、匈牙利、乌克兰、马来西亚、韩国和中国台湾8个国家和地区的近200名艺术家为观众献上了6场精彩的幽默艺术演出。孙家正，李前光，姜昆、崔凯、马小平、刘全利、戴武琦、曲华江、黄群，江苏省文化厅党组书记、厅长徐耀新，刘旭东等领导与当地观众观看了演出。

【山东聊城曲艺文化艺术周】

11月13日至17日，由中国文联曲艺艺术中心、中共聊城市委宣传部、聊城市文联联合举办的聊城市曲艺文化艺术周在"江北水城"聊城火热举行。此次文化周涵盖了优秀传统节目展演、曲艺作品研讨会、名家新秀曲艺惠民演出、名家讲座进校园等活动。

【第三届相声小品优秀节目展演】

12月11日至14日,由中国文联、中国曲协主办的第三届全国相声小品优秀节目展演在北京民族文化宫大剧院成功举办。赵实、胡振民、国家质检总局局长支树平、中央政策研究室副主任江金权、人力资源和社会保障部副部长何宪、李屹、左中一、夏潮、李前光、杨承志、刘尚军、董占顺、刘国强、郑更生、傅亦轩、姜昆、董耀鹏、马小平、曲华江、黄群等与在京曲艺界代表和首都各界近4000名观众现场观看了演出。历时4天的展演中,来自北京、陕西、山西、浙江、辽宁等10个省、直辖市及中直院团的23个演出团队的160多位艺术工作者齐聚一堂,为首都观众奉献了2个相声小品优秀节目专场,柴京云、柴京海大同数来宝专场和《姜昆"说"相声》专场演出,姜昆、戴志诚、师胜杰、石富宽、李金斗、李建华、苗阜、王声、柴京云、柴京海等曲艺名家新秀悉数登台亮相。

行风建设

【召开曲艺界行风建设专题研讨会】

4月28日上午,中国曲协在京召开曲艺界行风建设专题调研座谈会。董耀鹏、曲华江、黄群、李金斗、李伟健以及中国曲协、北京曲协相关部门人员出席会议。来自北京周末相声俱乐部、星夜相声会馆、嘻哈包袱铺、大逗相声社、鸣乐汇相声社、宽和茶园相声俱乐部、青春鼓曲社、笑动百华相声社、聚乐部相声社、丰台相声乐苑、房山相声俱乐部11家近年来较为活跃的北京曲艺小剧场负责人和青年演员代表20余人参加会议。

【曲艺版权保护研讨会暨《曲艺维权手册》发布会】

9月16日上午,中国曲艺家协会、中国文联权益保护部共同主办的数字化时代下曲艺版权保护研讨会暨《曲艺维权手册》发布会在京召开。董耀鹏、中国文联权益保护部副主任暴淑艳、曲华江、黄群、山东省曲协主席孙立生、高洪胜、奇志、范林元、姜庆玲等曲艺界、新闻界和法律界代表30人出席,会议由黄群主持。《曲艺维权手册》在会上正式发布。

【践行《中国曲艺工作者行为守则》座谈会】

11月18日上午,践行《中国曲艺工作者行为守则》座谈会在中国文艺家之家召开。李前光、姜昆、马小平、黄宏、郭刚、崔凯、向云驹、周由强、曲华江、黄群、赵连甲、田连元、奇志、李绪良、高洪胜、崔琦、戴志诚、宋德全、刘际、于紫菲、陈亦兵、叮当、张浩楠、李寅飞等曲艺名家新秀和在京媒体记者100余人参加座谈会。董耀鹏主持会议。

学术与研究

【第二届全国曲艺理论学术研讨会】

6月25日,由中国文联文艺评论中心、中国曲协、浙江省文联主办,中国文联曲艺艺术中心、浙江省曲协承办的第二届全国曲艺理论学术研讨会在杭州隆重举行。董耀鹏、李时成、翁仁康、郭刚、崔凯、籍薇、董涛、张均林以及中国曲协各专委会部分成员,中国曲协部分团体会员代表近50人出席了研讨会。会议由任项云主持。

【首届全国高等院校曲艺教育论坛】

7月2日至3日,中国曲艺家协会联合辽宁科技大学在辽宁鞍山召开首届全国高等院校曲艺教育论坛,出席论坛的有国务院学位委员会艺术学科评议组部分成员,教育部高等学校社会科学发展研究中心有关部门负责同志,首批高等教育曲艺类专业教材编写负责人,高等教育出版社有关负责同志,曲艺家和曲艺工作者代表,全国开设曲艺方向专业的大中专院校和研究机构有关负责人,董耀鹏,辽宁省文联党组副书记、副主席喻国伟,辽宁科技大学校长孙秋柏等有关负责同志，共计50人。本届论坛以"问道曲艺高等教育"为主题进行了深入研讨，为曲艺学学科建设提出了许多富有建设性的意见、建议。全体代表一致呼吁并签名形成了《关于建立曲艺学学科的倡议书》，集体决议成立全国高等院校曲艺教育联盟。

【第四届中国曲艺高峰（柯桥）论坛】

10月22日至23日，中国曲协、浙江省文联、绍兴市柯桥区人民政府联合举办了第四届中国曲艺高峰（柯桥）论坛，组织广大曲艺理论评论工作者，结合曲艺发展中的热点、难点、焦点问题，围绕曲艺界如何更好地贯彻落实《意见》和讲话精神进行系统思考，为曲艺艺术和曲艺事业持续健康发展提供理论支撑和实践指导。出席论坛的有董耀鹏、马小平、翁仁康、黄群、张均林，以及来自全国的曲艺专家学者，共计60余人。论坛期间，中国曲艺牡丹奖艺术团还走进柯桥，为当地百姓送上了一台精彩演出。

创作与培训

【曲艺名家深入天津市朝阳里社区开展采风创作】

3月30日至4月2日，由中国文联、中国曲协组织的"温暖的火花——曲艺名家天津市和平区朝阳里社区采风创作活动"在天津市成功举行。黄群带领全维润、孙晨、柴京海、王文水、尹琪、康珣、刘岚、秦永超、刘俊杰、刘德印、杨妤婕、宋丹红、王静、张楠、赵宇、冯阳等中青年曲艺作家参加了此次活动。

【赴四川巴中联系点采风创作】

4月21日至24日，由中国曲协、《曲艺》杂志社、四川省文联、四川省曲协主办，巴中市文联、巴中市戏剧曲艺家协会承办的"结对子 种文化"曲艺家采风创作活动在红色老区巴中开展。董耀鹏、李兵、李蓉及曲艺家李世儒、暴玉喜、杨惠乔、庄丽芬、包德宾、关大心、李晓军、王文能等与巴中市的有关领导和曲艺家20余人参加了这次采风活动。此次活动，采取了"四级联动"，来自中央、省、市和县四级的艺术家一同采风。在此次采风活动中，还组织召开了"结对子 种文化"中国曲协基层联系点建设座谈会和"巴山说唱"艺术特色研讨会。

【陕西曲艺作品创作提升行动】

6月9日上午，由中国曲艺家协会、陕西省文联指导，陕西省曲艺家协会与《曲艺》杂志社共同主办的"2015年陕西曲艺作品创作提升行动"新闻发布会在北京举行。董耀鹏、陕西省文联党组书记吴丰宽、黄群、陕西省委宣传部文艺处副处长刘志彬、陕西省曲协秘书长李晓春、陕西省文艺评论家协会主席李震、李金斗、苗阜和中国曲协哈达、张鑫、梁钢参加了新闻发布会。会议由董耀鹏主持。此次活动从曲艺作品征集和评选、获奖作品研讨会、培训辅导、成果出版四个阶段展开。

【"牡丹绽放"——曲艺培英行动在京启动】

6月23日，"牡丹绽放"——曲艺培英行动在京启动。李前光、姜昆、董耀鹏、王汝刚、郭刚、崔凯、籍薇、曲华江、黄群、厉夫波、李兵、赵连甲、李金斗、郭达、戴志诚、崔琦、种玉杰、孙晨、刘全和、牟洋、李菁、王声等老中青三代曲艺家代表以及曲艺培英行动首批入选者夏吉平、陈靓、贾冰、刘芊君、任平、暴玉喜、张旭东（叮当）、杨菲、苗阜、庄丽芬等参加相关活动。此外，罗扬、刘兰芳、程永玲、田连元、常贵田、王兆一、常祥霖、师胜杰等中国曲协老领导、曲艺界老艺术家纷纷为曲艺培英行动入选者题写寄语，表示祝贺。启动仪式由董耀鹏主持。23日晚，由知名曲艺家和首批入选者领衔，中国曲艺牡丹奖艺术团"送欢笑"走进怀柔的惠民演出在北京京北职业技术学院礼堂举行。

【曲艺名家新秀志愿服务行动】

8月5日至7日，中国曲协曲艺名家新秀志愿服务行动在西安正式启动。马小平、张志宽、杨进明、师胜杰、石富宽、郭达、刘芓君、任平、苗阜等一批曲艺名家新秀充分发扬"奉献、友爱、互助、进步"的志愿精神，相继走进珍友社、天禧苑、青曲社等民营曲艺小剧场，登台助演，交流指导，在炎炎酷暑掀起一股曲艺热浪。三天内，名家助演、名师亲授，实现了群众大饱眼福、剧场聚集人气、演员提升技艺等多方共赢的预期目标。

【首期曲艺表演与创作培训班】

8月25日至26日，由中国曲协、四川省文联主办，四川省曲协、巴中市文联、南江县委宣传部、县文联承办的首期曲艺表演与创作培训班在大巴山腹地南江县成功举办。郭刚、四川省曲协副主席董怀义、张志宽、李立山、杨菲及当地宣传文化系统的文艺骨干、中小学艺术教师、曲艺工作者和爱好者共百余人参加了相关活动。

【第七期全国曲艺创作高级研修班】

11月9日至15日，第七期全国曲艺创作高级研修班在成都举办，来自全国27个省区市的65位学员入班，研修班包括专家讲座、小组过稿、汇报展示、主题采风等环节。董耀鹏、李兵等同志参加相关活动。研修班期间专题安排了四川成都哈哈曲艺社相声展演和四川非物质文化遗产曲艺展演两场四川曲艺鉴赏活动。

【2015中国文联文艺志愿培训曲艺培训班系列活动】

5月25日至30日，由中国文联文艺志愿服务中心、中国文联曲艺艺术中心、山东省文联、山东省曲协、济南铁路文化宫联合举办的"2015中国文联文艺培训志愿服务项目——曲艺培训班（济南）"在济南铁路文化宫多功能厅举行。曲华江、山东省文联副主席杨枫、孙立生、山东省曲协副主席兼秘书长慈建国等参加开班仪式。

7月13日至17日，由中国文联文艺志愿服务中心、中国文联曲艺艺术中心、乌海市文联、乌海市曲协联合举办的"2015中国文联文艺培训志愿服务项目——曲艺培训班（内蒙古乌海）"在乌海宾馆会议室举行。中国文艺志愿者协会副秘书长、中国文联文艺志愿服务中心副主任孙德华、高玉琮、张志宽、总政话剧团一级编导陈嘉陛等领导和艺术家以及众多曲艺工作者、爱好者参加了本次培训班的开班仪式。

10月3日至7日，由中国文联文艺志愿服务中心、中国文联曲艺艺术中心、山东省曲协、青岛市文联、青岛市曲协联合举办的"2015中国文联文艺培训志愿服务项目——中青年曲艺人才创演班"在青岛世博园举行。刘兰芳、曲华江、厉夫波、孙立生、慈建国、李立山、王连成、王文水、朱丽华、刘金堂、梁金华等领导和艺术家以及众多曲艺工作者和爱好者参加了本次培训班的开班仪式。

【"深入生活、扎根人民"曲艺采风创作丝路行活动】

8月5日至7日，"深入生活、扎根人民"曲艺采风创作丝路行首站活动在古丝绸之路起点西安启动。董耀鹏、马小平、张志宽、师胜杰、石富宽、杨进明、郭达、任平、刘芓君等曲艺名家、新秀一行近20人参加了陕西站活动。8月7日下午，曲艺名家与陕西曲艺界人士围绕"民族曲艺在丝绸之路建设中的使命担当"召开了专题座谈会。

8月8日至13日，"深入生活、扎根人民"曲艺采风创作丝路行第二站在甘肃举行。以郭刚为团长，曲华江、甘肃省文联党组成员、副主席王登渤为副团长，以及来自全国的10多位曲艺作家共同组成的创作采风团，先后深入张掖市、玉门市、酒泉市的县、乡、村等地，结合甘肃省开展的"联村联户、为民富民"精准扶贫项目进行走访参观、座谈交流和采风创作，并于12日晚召开总结座谈会。

10月17日晚，由中国文联、中国曲艺家协会共同主办的"向人民报告"——"深入生活、扎根人民"文艺创作成果展演曲艺专场演出在北京民族剧院成功举办。胡振民，左中一，李前光，杨承志，陈建文，国务院发展研究中心党组成员、副主任隆国强，刘尚军，郑更生，向云驹，傅亦轩，姜昆，董耀鹏，马小平，郭刚，曲华江，黄群与首都各界群众1000多人共同观看了演出。专场演出共邀请来自全国11个省（区、市）老中青少140多位曲艺工作者参加。

对外及对港澳台地区文化交流

【中华曲艺海外行】

2月25日，由姜昆为团长的中国曲艺家协会艺术团来到加拿大温哥华列治文市河石剧院，举行了"丰盛之夜"羊年新春晚会。李伟建、张春丰、王超、侯振鹏、陈默奇、尹浩、姜昆、李建华、王宏伟以及温哥华曦木声艺术中心和天津华夏未来少儿艺术团参加演出。

3月5日至8日，应新西兰七彩中国文化传媒集团的邀请，以马小平为团长、黄群为秘书长，刘全和、刘全利、李彦生、袁小良、王池良、王瑾、霍婉璐为团员的中国曲艺家协会艺术团一行，赴新西兰奥克兰市进行慰问演出。

5月20日至27日，应爱尔兰都柏林大学孔子学院、爱尔兰新岛传媒有限公司和英国C立方传媒有限公司的邀请，以姜昆为艺术顾问、董耀鹏为团长的中国曲协艺术团一行，首次赴爱尔兰都柏林和英国伦敦开展文化交流并举办慰问当地华人华侨展演。

6月28日至7月8日，应法国巴黎中国文化中心和意大利华商总会的邀请，以姜昆为团长、曲华江为副团长的中国曲协艺术团一行，对法国和意大利展开了为期11天的访问。

8月25日至30日，应中国驻德国大使馆、柏林中国文化中心的邀请，姜昆率领中国曲协艺术团赴德国举办中华曲艺海外行德国站专场演出并开展文化交流活动，受到中国驻德国柏林大使馆代办李晓驷，中国驻慕尼黑总领事馆总领事朱万金、副总领事孙瑞英以及凯撒旅游集团和当地华人华侨社团的热烈欢迎。

9月20日至30日，应当地有关侨团邀请，以姜昆为艺术顾问、董耀鹏为团长的中国曲协艺术团一行对荷兰、比利时和卢森堡进行了友好访问，并与当地华人华侨一起共度中秋、喜迎国庆。中国驻荷兰王国大使陈旭、中国驻卢森堡大公国大使黄长庆分别接见了艺术团一行，并与各中资机构负责人、侨团负责人、国际友人等欣赏了艺术团的精彩表演。

9月22日至10月1日，应加拿大中国文化促进会和美国太平洋文化艺术交流协会的邀请，王汝刚为团长、翁仁康为副团长的中国曲艺艺术团一行16人，赴加拿大和美国举办中华曲艺海外行加拿大站、美国站曲艺专场演出并开展文化交流活动。

9月29日至10月3日，应新西兰七彩中国文化传媒集团的邀请，以姜昆为团长的中国曲协艺术团一行26人，赴新西兰进行文化交流活动。此次由中国曲艺家协会、新西兰七彩中国文化传媒集团、中华曲艺学会共同主办，中国广播艺术团、新西兰邓里文化艺术基金会承办的"欢庆中秋、国庆佳节《姜昆'说'相声》"两场演出，分别于10月2日下午3点和晚上7点在奥克兰市空中城剧场举行。

11月12日至21日，应新加坡华族文化节总工委会和马来西亚南方大学学院邀请，中国曲协艺术团一行12人赴新加坡和马来西亚新山市、居銮市、巴生市等地开展了文化交流演出活动。艺术团在新加坡演出期间，新加坡国会议员连荣华，颜添宝，原国会议员李玉云，人民协会总执行理事长洪合成,总理公署及人力部政务部长陈振泉,中国驻新加坡大使馆总领事刘红梅等观看演出。

【第五届海峡两岸曲艺欢乐汇】

11月20日至25日,由中国文联、中国曲协、福建省文联共同主办,福建省曲协、中共晋江市委、市人民政府联合承办的第五届海峡两岸曲艺欢乐汇在晋江成功举办。此次欢乐汇以"共同传承、共促发展、共享繁荣"为主旨,聚集了两岸四地及东南亚5国的曲艺家为晋江百姓奉献了5场各具特色的曲艺演出活动,并组织了相关研讨和采风创作。杨承志、姜昆、曲华江、黄群,林瑞发、李兵等有关领导分别参加了相关活动。本届欢乐汇活动共有70余个节目、福州评话、伬唱、讲古、相声、评书等20多个曲种,400多名演员进行了展示。11月21日,由相关作家、理论家、演员组成的采风团走访了晋江草庵、五店市等文保单位,参观了晋江城市展馆、施琅纪念馆等文化场所,并观摩了南音会馆展示的传统南音表演。11月22日至24日,欢乐汇安排了泉安新声、青春丹桂、曲韵雅集、《姜昆"说"相声》、牡丹绽放5个专场演出。11月24日上午,以"传统曲艺与中华美学精神"为主题的第五届海峡两岸曲艺欢乐汇研讨会如期召开。

内部建设

【开展平时考核试点工作】

根据中组部、人社部、国家公务员局《关于深入开展公务员平时考核试点工作的通知》精神和《关于开展中国文联和协会机关工作人员平时考核试点工作的通知》要求,2015年中国曲协作为中国文联系统文艺家协会当中的唯一单位,开展为期一年(从2015年1月1日—12月31日)的平时考核试点工作。中国曲协党员干部职工积极参与,平时考核试点工作取得务实成果,有效推动了中国曲协各项工作的开展。

【"最美办公室"评选活动】

2月15日下午,由中国曲协党总支、工会、办公室、曲艺艺术中心综合部有关同志组成的联合检查小组对中国曲协10个部门19间办公室进行了联合检查,并依照中国曲协最美办公室评选标准,评出研究部、财务室、曲艺艺术中心综合部、《曲艺》杂志社编辑室4间办公室为2014年度中国曲协最美办公室。

【2014年度先进集体、个人表彰会议】

3月11日上午,中国曲协召开2014年度先进集体、先进个人表彰会议,旨在对2014年度工作进行总结,对表现突出的集体和个人进行表彰。董耀鹏、黄群出席会议。曲华江主持会议。会上,协会分党组领导宣读了关于表彰先进集体、先进个人、工会积极分子和最美办公室的决定,并颁发了锦旗和证书。

【"三严三实"专项教育】

4月27日下午,中国曲协召开全体党员干部会议,传达贯彻学习《中共中央办公厅印发〈关于在县处级以上领导干部中开展"三严三实"专题教育方案〉的通知》《关于在县处级以上领导干部中开展"三严三实"专题教育方案》和刘云山同志在"三严三实"专题教育工作座谈会上的讲话精神。

5月29日上午,董耀鹏同志在曲协机关讲了题为《做时代欢迎、党和人民喜爱、事业需要的好干部,努力推动曲协各项工作创新发展》的专题党课。中国曲协处级以上领导干部、全体党员和入党积极分子参加学习。

7月13日,中国曲协组织处级以上干部到北京市朝阳区人民法院旁听职务犯罪庭审,并召开协会分党组理论学习中心组(扩大)会议,开展"三严三实"专题教育之"严以律己"专题研讨。董耀鹏、曲华江、黄群及曲协机关、曲艺艺术中心处级以上干部参加了相关活动。

7月23日上午,中国曲协召开全体党员主题学习教育活动,传达学习中国文联机关党委转发中组部《关于认真学习贯彻习近平总书记重要指示精神 扎实推进"三严三实"专题教育通知》等文件。中国曲协机关和中国文联曲艺艺术中心全体党员参加会议。

9月10日,中国曲协开展了内容为"严以用权,真抓实干,实实在在谋事创业做人,树立忠诚、干净、担当的新形象"的第三专题教育活动。上午,董耀鹏、孙德华、黄群带领来自中国文联权益保护部、中国文联文艺志愿服务中心和中国曲协的处级干部,来到北京市监狱和北京市反腐倡廉警示教育基地实地参观。之后进行了专题研讨。

12月22日,在职党支部党小组召开了"三严三实"专题组织生活会,包括董耀鹏在内的21名党员参加会议。

【动员协会干部参与高校教材编撰工作】

5月15日上午,中国曲协召开《中华曲艺书目内容提要》《中华曲艺图书资料目录》编写工作会,研究部署这两本教材的编写工作。会议由董耀鹏主持,协会机关各部门、中国文联曲艺艺术中心专委会工作部、曲艺杂志社负责人及其他有关人员参加。会议围绕编写提纲就该书的基本构想作了阐述,同时提出内容提要的体例要求,并对下一步具体的编写工作进行了明确分工。

【学习贯彻两"讲话"、两"意见"】

10月16日,中国曲协第七届主席团第六次会议在北京举行。姜昆主持会议,董耀鹏、马小平、王汝刚、李时成、吴文科、翁仁康、郭刚、黄宏、盛小云、崔凯、籍薇出席会议,曲华江、黄群以及中国曲协各有关部门负责人列席会议。会议传达学习习近平总书记《在文艺工作座谈会上的重要讲话》(以下简称《讲话》)和《中共中央关于繁荣发展社会主义文艺的意见》(以下简称《意见》),审议通过了《中国曲艺工作者行为守则》和《争做曲艺界行风建设排头兵的倡议书》。10月19日,董耀鹏同志主持召开中国曲协第十一次分党组暨理论学习中心组(扩大)会议,再次传达学习《讲话》和《意见》。1月15日和7月20日,董耀鹏先后主持召开中国曲协第二次、第八次分党组暨理论学习中心组(扩大)会议。会议分别传达学习了《中共中央关于加强和改进党的群团工作的意见》以及中央群团工作会议精神。

【"形象建设年"总结会议】

11月26日,中国曲协召开全体干部会议,对"形象建设年"活动进行小结,深入交流讨论,总结经验教训,更好地加强协会内部建设,推动曲协工作和曲艺事业健康发展。董耀鹏、黄群出席会议,曲华江主持会议。

【认真学习贯彻文联党组领导在曲协工作汇报上的重要讲话精神】

12月9日下午,中国曲协分党组召开扩大会议,在协会机关、曲艺艺术中心、《曲艺》杂志社处级以上领导干部范围内,传达学习贯彻落实中国文联党组领导听取中国曲协分党组年度工作汇报后所作的重要讲话,并结合实际进行了讨论交流。董耀鹏主持会议,曲华江、黄群及13名处级干部参加。12月1日下午,曲协分党组分10个部分,向中国文联党组作了认真负责的年度工作汇报。之后,中国文联党组5位领导分别作了重要讲话,对曲协工作既给予了充分肯定,又寄予期望。

【中国曲协党务工作】

3月11日下午,中国曲协党总支换届改选工作举行。会议介绍了6位候选人基本情况,全体党员充分行使民主权利,经过差额选举产生了新一届党总支委员。

3月17日上午，中国曲协机关及曲艺中心在职党支部、党小组分别召开学习讨论会，专题学习《中国文联党员干部遵守政治纪律"十严禁"》《中国文联党员领导干部加强作风建设"十杜绝"》以及《中国文联严肃换届选举工作纪律"十不准"》。

3月17日下午，中国曲协召开会议，传达学习赵实同志在2014年度中国文联总结表彰大会上的重要讲话。中国曲协机关和中国文联曲艺艺术中心全体党员干部参加会议。

10月26日下午，中国曲协召开分党组暨理论学习中心组（扩大）会议，第一时间传达学习《中国共产党廉洁自律准则》和《中国共产党纪律处分条例》。董耀鹏主持会议。10月27日上午，中国曲协在职党支部组织在职的全体党员开展第一次集体学习。

11月20日至25日，中国曲协各在职党支部、党小组组织党员干部认真学习了中国共产党第十八届五中全会精神，在细读、精读《中国共产党第十八届中央委员会第五次全体会议公报》和《中共中央关于制定国民经济和社会发展第十三个五年规划的建议》的基础上，进行交流讨论。

11月26日，董耀鹏根据中国曲协年度工作安排为全体党员干部作题为《做一名当代合格的曲艺工作者》的党课。黄群与协会机关、曲艺中心和《曲艺》杂志社的党员干部40多人参加了专题党课学习。

中国舞蹈家协会

综述

2015年是全面深化改革的关键之年、全面推进依法治国的开局之年、全面完成"十二五"规划的收官之年，也是中国文艺事业面临重大机遇、极不平凡的重要一年。一年来，在中宣部和中国文联的正确领导下，中国舞协认真贯彻党的十八大和十八届三中、四中、五中全会精神，深入学习贯彻习近平总书记在文艺工作座谈会上的重要讲话精神，认真贯彻《中共中央关于繁荣发展社会主义文艺的意见》和《中共中央关于加强和改进党的群团工作的意见》，坚持以科学发展观为统领，创新理念和思路，立足基本职能、彰显独特优势，创新工作载体、夯实基层基础，团结动员广大舞蹈工作者为全面深化改革、实现中华民族伟大复兴的"中国梦"建功立业，各项工作取得了新进展。

会议与活动

【年度民主生活会】

年初，协会召开了年度民主生活会，左中一书记和机关党纪委、人事部等领导出席。会上，协会认真总结了党的群众路线教育实践活动整改情况，并对长期整改事项做了进一步分工安排，协会分党组成员也做了深刻的对照检查和整改计划。会后，分党组要求以民主生活会的召开为契机，继续深入落实好党的群众路线教育实践活动整改计划，严防四风问题反弹，按照"三严三实"的要求，认真做好2015年度的党建工作和思想政治教育工作，切实打牢协会全体工作人员创业干事的思想政治基础。分党组班子带头并组织广大党员干部通过自学、座谈、集体讨论、听党课、参加培训等各种形式学习领会党的十八大和十八届三中、四中、五中全会精神和习总书记系列重要讲话精神，不断引导督促其他党员干部增强干事创业的责任心和推动舞蹈事业发展的自觉性；完善制度建设，加强内部管理，规范了协会分党组会议制度，加强了对协会在职和离退休党支部的管理，严格按照"三严三实"专题教育要求，有步骤、有计划地推进"三严三实"专题教育，并在分党组和党员干部中鼓励开展批评与自我批评，强化了党员干部的党性修养和觉悟；注重青年干部、非党干部、妇女干部的学习提高，从政治思想、业务素质、工作生活上关心青年干部、非党干部、妇女干部，为他们思想政治上要求进步、工作业务上要求提高提供相应环境条件，将他们紧密聚集在党组织周围，与其他党员干部一道，同心协力为协会发展添砖加瓦。

【中国舞蹈家协会九届九次主席团会议】

1月23日，中国舞协举行九届九次在京主席团会议，学习贯彻党的十八大、十八届三中全会精神和习总书记系列讲话精神，认真总结2014年度工作，研究讨论2015年工作部署。白淑湘、迪丽娜尔、王小燕、冯英、冯双白、张继钢、罗斌等在京主席团成员出席会议，分党组成员、副秘书长李甲芹和夏小虎列席了会议。

中国舞协分党组书记、副主席兼秘书长罗斌主持会议，并向主席团报告了协会2014年度工作情况以及2015年工作规划。各位主席对协会在2014年及过去几年里为舞蹈事业所做的工作给予了充分肯定，为协会今后工作的方向和思路提出了宝贵的意见和建议。

张继钢副主席在发言中表示协会的工作关键要抓落实，今后的工作在两个方面要加强，一是舞蹈领域的维权工作，目前，比赛、晚会中的舞蹈节目雷同化现象比较严重，舞协要有所作为；二是要加强整个舞蹈行业的管理和规范，发挥舞协的行业引领作用。王小燕副主席强调了舞蹈培训工作的重要性，针对基层地方舞蹈编导人员少、水平低，百姓健康舞辅导教师不够、舞蹈考级师资培训有待规范等问题，建议协会进一步加强和地方舞协的沟通联络，建立全国舞协一盘棋的格局，在舞蹈培训特别是师资力量、编导人才的培养方面下大力气。迪丽娜尔副主席对中国舞协近年来对以新疆为代表的少数民族地区舞蹈事业发展的支持表示感谢，强调了以文艺事业发展为契机，促进少数民族地区社会文明和谐发展的重要性。白淑湘主席发言中也谈及应加大对兵团舞协、少数民族地区舞蹈发展的关注和支持。冯双白副主席提出对《舞蹈》杂志改革后出现的征订量下降、广告投放减少现象要引起重视，因为涉及今后杂志社的生存和发展等问题，应构建有效的管理团队，扭转现在的不利局面，保证杂志社的持续平稳运行，真正发挥其在界内的权威性。与会者还就如何唱响"中国梦"、开展好践行社会主义核心价值观活动、抓创作出精品等展开了认真讨论。

对于大家提出的意见和建议，协会分党组进行了认真研究，并通过中层干部会等方式广泛征求意见，在新一年工作中逐步消化落实，推动舞协各方面工作再上新台阶。

【中国舞蹈家协会九届十次主席团会议】

7月7日在中国舞蹈家协会大会议室召开了中国舞蹈家协会九届十次主席团会议。会期为一天，上午会议就中国舞协九届三次理事会筹备工作情况，《中国舞协第九届主席团工作报告》（审议稿），《关于修改〈中国舞蹈家协会章程〉的说明》《中国舞蹈家协会章程》（修改草案）进行了审议，并讨论通过了《中国舞蹈家协会第九届主席团第十次会议决议》（草案）。下午会议由中国舞协分党组副书记、副秘书长李甲芹介绍了第十届中国舞蹈"荷花奖"民族民间舞蹈评奖整体情况，并由参会的主席团成员对第十届中国舞蹈"荷花奖"民族民间舞蹈评奖提出建议。出席此次会议的主席团人员有赵汝蘅、冯双白、罗斌、刘敏、赵林平、丹增贡布、左青、王小燕，中国舞协分党组成员、副秘书长李甲芹、夏小虎。

本次会议召开期间，罗斌对中国舞蹈家协会第九届主席团的工作进行了客观全面的总结，并对未来五年中国舞蹈家协会的工作进行了部署，明确了中国舞蹈家协会未来工作的方向和着重之处。与此同时，参会的中国舞蹈家协会副主席做了积极发言，纷纷表示创作应该作为舞蹈界的重点工作，应该在创作的高原上勇敢积极地勇攀创作高峰，并对做好今年协会的换届工作、荷花奖的评奖机制等方面提出意见和建议。他们还表示舞协未来的新一届领导班子应当努力做好带头工作，坚持用"三个代表"重要思想武装头脑，指导实践，推动工作，加强政治理论学习、提高自身素质、在继承前任班子优良作风的基础上，加强团结，共同促进舞蹈事业的繁荣发展。

此次会议讨论热烈，整体进行圆满而顺利，不仅为之后的九届三次理事扩大会议的召开打下了坚实的基础，也对舞蹈界所有同人努力学习贯彻习近平总书记文艺工作座谈会重要讲话精神，使之真正成为指导舞蹈事业和舞协工作的重要遵循和行动指南，始终坚持"以人民为中心的创作导向"，努力创作无愧于伟大时代的精品力作注入一针强心剂。

【中国舞蹈家协会九届三次理事扩大会议】

7月22日，中国舞蹈家协会九届三次理事扩大会议在北京西藏大厦隆重举行。出席此次理事会的领导有：中国文联党组成员、副主席、书记处书记左中一，中国文联人事部主任郑希友，中宣部干部局副局长崔侠，中宣部文艺局副巡视员李小虹以及中国舞协第九届主席团主席赵汝蘅，驻会副主席罗斌，副主席王小燕、丹增贡布、左青、冯双白、刘敏、迪丽娜尔·阿布都拉、赵林平、黄豆豆，中国舞协分党组副书记、副秘书长李甲芹，中国舞协分党组成员、副秘书长夏小虎等。会上左中一作了重要讲话，讲话中充分肯定了中国舞蹈家协会自第九次舞代会以来，为舞蹈事业繁荣发展做出的积极贡献，同时提出了四点要求，要把学习贯彻习近平总书记在文艺工作座谈会上的重要讲话精神引向深入，使之真正成为指导舞蹈事业前进的行动指南；要担当起推动舞蹈艺术繁荣发展的历史使命和时代责任，始终坚持以人民为中心的创作导向，努力创作无愧于伟大时代的精品力作；要不断探索舞协工作的新方式和新领域，开拓舞蹈工作新局面；要统筹安排好今年协会的换届筹备工作。会议共分四个阶段，审议通过了《关于召开中国舞蹈家协会第十次全国代表大会的决议》，根据决议，中国舞协第十次全国代表大会将于2015年第四季度在京召开，同时还讨论了《中国舞蹈家协会章程（修改草案）》和《工作报告（审议稿）》。赵汝蘅、罗斌分别主持会议。本次理事扩大会议是中国舞协九届主席团履职五年来的最后一次会议，在本次会议上，与会代表积极参与讨论并踊跃发言，圆满完成了对中国舞协工作报告和章程的审议，并对中国舞协未来发展提出了宝贵的意见和建议，为未来五年中国舞协在切实加强自身建设，不断创新工作机制、延伸服务手臂，提升协会工作科学化水平，更好服务广大舞蹈家与舞蹈工作者，谱写舞蹈事业新篇章建言献策。

【中国舞蹈家协会第十次全国代表大会】

在全党全国各族人民深入学习贯彻党的十八大和十八届三中、四中、五中全会精神，认真学习贯彻习近平总书记在文艺工作座谈会上的重要讲话精神和《中共中央关于繁荣发展社会主义文艺的意见》精神，贯彻落实中央党的群团工作会议精神之际，中国舞蹈家协会第十次全国代表大会11月17日在北京隆重开幕，来自全国各省、区、市和新疆生产建设兵团，部分产（行）业文联舞协，解放军及武警部队，中央直属单位，以及港澳台地区的200余名舞蹈工作者代表参加会议。中共中央政治局委员、中央书记处书记、中宣部部长刘奇葆出席开幕式并讲话，强调要深入学习贯彻习近平总书记在文艺工作座谈会上的重要讲话精神，贯彻《中共中央关于繁荣发展社会主义文艺的意见》，坚持以人民为中心，以社会主义核心价值观为引领，创作更多思想精深、艺术精湛、制作精良的舞蹈作品，跳出精彩的中国舞步、深情的人民舞步、昂扬的时代舞步，谱写我国舞蹈艺术新的华彩篇章。

国家民委文宣司、解放军总政宣传部艺术局、中央芭蕾舞团和各全国文艺家协会等有关部门和单位发来贺信贺词。中国文联主席孙家正，中宣部常务副部长黄坤明，中宣部副部长景俊海，中国文联党组书记、副主席赵实，文化部副部长董伟，解放军总政宣传部副部长李祯盛，中国文联党组副书记、副主席李屹，中国文联党组成员、副主席左中一、夏潮、李前光，中国文联党组成员、书记处书记郭运德、陈建文等领导，中纪委驻中宣部纪检组、中组部干部三局、中宣部文艺局、中宣部干部局和各全国文艺家协会、中国文联机关各部室、各直属单位负责人，以及特邀嘉宾出席开幕式。中国舞协第九届主席赵汝蘅致开幕词。中国舞协分党组书记、第九届驻会副主席、秘书长罗斌代表中国舞协第九届理事会作题为《共筑中国梦 舞出新辉煌 为建设社会主义文化强国再攀艺术新高峰》的工作报告。中国舞协分党组副书记、第九届副秘书长李甲芹作《关于修改〈中国舞蹈家协会章程〉（草案）的说明》。中国舞协名誉主席白淑湘出席开幕式。开幕式由中国舞协第九届副主席左青主持。

11月19日，中国舞蹈家协会第十次全国代表大会圆满完成各项议程，在京胜利闭幕。全国舞蹈界代表聆听了中共中央政治局委员、中央书记处书记、中宣部部长刘奇葆在开幕式上的重要讲话；大会审议通过了《中国舞蹈家协会第十次全国代表大会工作报告》，修改了《中国舞蹈家协会章程》，选举产生了由140人组成的中国舞协新一届理事会。会议期间举行的中国舞协第十届理事会第一次会议选举产生了由15人组成的新一届中国舞协主席团。冯双白当选中国舞协第十届主席，丁伟、山翀、王小燕、冯英、达娃拉姆、刘敏、杨丽萍、杨笑阳、陈维亚、迪丽娜尔·阿布拉、罗斌、赵明、赵林平、黄豆豆当选为副主席；大会推举贾作光、白淑湘、赵汝蘅为名誉主席；聘请刀美兰、丹增贡布、左青、吕艺生、多吉才旦、孙加保、李正一、李毓珊、应萼定、冼源、张玉照、张继钢、陈翘、陈宝珠、陈泽盛、陈爱莲、赵青、查干朝鲁、崔善玉、斯琴塔日哈、舒巧、游惠海、薛菁华为顾问；任命罗斌为秘书长，李甲芹、夏小虎为副秘书长。中国文联党组书记、副主席赵实，中国文联党组副书记、副主席李屹等出席闭幕式，向推举产生和聘请的中国舞协名誉主席、顾问颁发荣誉证书和聘书。中国舞协第十届主席冯双白致闭幕词，表示新一届理事会、主席团一定会珍惜党和人民赋予的庄严历史使命和伟大时代为舞蹈艺术提供的广阔空间，认真做好各项工作，践行文艺界核心价值观，创作更多无愧于民族时代的优秀作品，切实把中国舞协建设成为广大舞蹈工作者的温馨和谐之家。中国舞协分党组书记、第十届驻会副主席罗斌主持闭幕式。

评奖

【成功举办中国舞蹈"荷花奖"多个子项目，保证公平公正，推陈出新】

8月4日至7日，第十届中国舞蹈"荷花奖"民族民间舞评奖活动在四川凉山州西昌市成功举办。本次评奖活动是中宣部大幅精简奖项后，第一个开评的全国性文艺评奖活动。本次活动共有来自全国各地的46部作品（11支独舞，35支群舞）闯入决赛。最终，经过评委们的严格评审，共评出6个作品奖、12个提名奖、27个"十佳作品"荣誉称号和1个组委会特别奖，推出了朝鲜族群舞《觅迹》《阿里路》，藏族群舞《布衣者》，彝族群舞《你是一首歌》《尼苏新娘》《情深谊长》等一批有厚度、有分量、有影响、接地气的作品。在本届中国舞蹈"荷花奖"民族民间舞评奖活动中，除继续保留中国舞协开创的"大评委团抽签上场""现场亮分"等保证评奖公平性的举措外，今年又采取了新举措——网络在线直播，网站浏览量达400万，参与人数达30余万，扩大了赛后受众面，使更多的观众第一时间看到演出，同时保证了评奖的公开、公正性。

【第八届"小荷风采"全国少儿舞蹈展演】

第八届"小荷风采"全国少儿舞蹈展演于7月24日至29日在北京举行。全国人大常委会原副委员长顾秀莲，中国文联党组成员、副主席、书记处书记左中一，中国文联荣誉委员、中国舞协名誉主席白淑湘，中国文联荣誉委员、中国舞协主席、国家大剧院舞蹈总监赵汝蘅，中国舞协副主席、中国文学艺术基金会副理事长、秘书长冯双白，中国舞协分党组书记、驻会副主席、秘书长罗斌等领导及各界嘉宾出席了开幕式。

此次展演活动的宗旨是让"祖国花朵"在舞蹈美育的和谐阳光下快乐成长，让未成年人思想道德教育形式活泼生动，让少儿舞蹈事业健康发展。展演自创立伊始，就致力于为全国各族少年儿童打造一个展现舞艺与才华的优良平台。第八届"小荷风采"全国少儿舞蹈展演自3月25日发出通知后，各地认真组织、踊跃报名，汇集了来自全国30多个省、区、市，包括中直、解放军各军兵种直属幼儿园及港澳台地区的180个入围作品，参与6场演出的各民族小演员达5000多人。最终经过专家推选委员会的推荐，推选出88个"小荷之星"，85个"小荷新秀"，88位"最佳编导"，85位"优秀编导"，173位"小荷园丁"和173个"小荷之家"。值得一提的是，本届赛事首次运用互联网平台进行网络同步直播，观众可进入中国舞协官方网站与现场观众一样进行展演活动的实时观看。

整体来看，参加本届展演的作品脱离以往容易生硬说教的窠臼，作品功利性和"成人思维"减少，从孩子的角度去观察、思考、选择和体验世界的作品增多，舞蹈语汇充满童心、童趣、童真，舞美更加多元。在6天6场的展演活动中涌现出一批形象鲜明、独具创意、充满童真的好作品，例如《毛毛虫》《妞妞与丑丑》《小不点，打篮球》《亲亲足球》《悯农》《小马奔腾》等。多样的作品，不仅反映了现当代少儿舞蹈编导创新活跃的思维，也体现了在国家少儿美育工程的政策支持下广大文艺工作者对少儿舞蹈事业给予的关心和付出的努力。"小荷风采"全国少儿舞蹈展演活动不仅敦促了优秀少儿舞蹈作品诞生，进一步促进少儿舞蹈事业的繁荣与发展；也使全国的少年儿童在活动中得到心灵世界和艺术修养的双重提高，使舞蹈编导以优秀的作品获得社会的广泛认可与肯定。

重要活动

【纪念中国人民抗日战争暨世界反法西斯战争胜利70周年——"保卫黄河"舞蹈专场晚会】

2015年是纪念中国人民抗日战争暨世界反法西斯战争胜利70周年。9月13日晚，由中国文联主办、中国舞协承办的纪念中国人民抗日战争暨世界反法西斯战争胜利70周年——"保卫黄河"舞蹈专场晚会，在北京民族剧院精彩上演。出席此次晚会的领导有中国文联党组书记、副主席、书记处书记赵实，中国文联党组副书记、副主席、书记处书记李屹，中国文联党组成员、副主席、书记处书记左中一，中国文联党组成员、书记处书记夏潮，中宣部干部局副局长崔侠，中国文联荣誉委员、中国舞协名誉主席白淑湘，中国舞协副主席、中国文学艺术基金会副理事长、秘书长冯双白，中国舞协分党组书记、驻会副主席、秘书长罗斌，中国舞协副主席、解放军艺术学院教授左青，中国舞协副主席、中央芭蕾舞团团长冯英，中国舞协分党组副书记、副秘书长李甲芹，中国舞协分党组成员、副秘书长夏小虎等。

伟大的抗战精神是中华民族弥足珍贵的精神财富，舞蹈界多年来不乏围绕这一精神进行创作的舞蹈作品，本场晚会中，汇集了获得过多项国家舞蹈比赛奖项的优秀作品，从不同侧面反映了抗战时期中国军民的民族精神。晚会由序幕和四个篇章组成，舞蹈表演和历史资料视频穿插进行。序幕由当代舞《士兵与枪》开启，之后现场的视频画面中再现了9月3日天安门广场阅兵仪式部分场景，让观众们重温阅兵当日的激动与震撼，同时彰显了当今我国的军事实力和军队气势，随着画面转入波涛汹涌的中华民族母亲河——黄河，晚会进入了以中国古典舞代表作《黄河》的四个乐章《黄河船夫曲》《黄河颂》《黄河愤》《保卫黄河》为核心的四个篇章。每一篇章首先都通过简短的历史视频画面，将观众的思绪带回到中国人民抗日战争苦难而艰辛的14年的不同时期,重现一桩桩惨痛的历史事件和战火纷飞的硝烟战场,再现中华民族抵御倭寇、英勇不屈的抗战场景,《南京·亮》《那一片芦荡》《彩虹桥》《到战火中去》《紧握手中枪》《壮士》《情深意长》《中国妈妈》等节目分别出现在四个篇章中,它们用舞蹈的仪式祭奠逝去的革命英灵和无辜生命,用舞蹈的真情控诉入侵者的不耻、抒发对民族英雄的感怀,用舞蹈的气势向世界庄严宣告:"铭记历史,缅怀先烈,珍爱和平,开创未来。"本次晚会得到了总政歌舞团、空政文工团、北京军区政治部战友文工团、南京军区政治部文工团、解放军艺术学院、北京舞蹈学院、东北师范大学音乐学院、凉山彝族自治州歌舞团等单位的大力支持。

通过举办这样的主题演出,用舞蹈的形式大力弘扬以爱国主义为核心的伟大民族精神,建立和扩大最广泛的爱国统一战线,弘扬坚持团结合作,共同维护世界和平与正义的精神,启迪未来的青少年珍惜来之不易的和平环境,坚定不移走和平发展道路,推进全面建设小康社会、构建社会主义和谐社会的伟大事业,迎接中华民族伟大复兴的美好前景。

【"向人民汇报"——"深入生活、扎根人民"文艺创作成果展演舞蹈专场演出】

10月16日,由中国文联、中国舞蹈家协会主办的"向人民汇报"——"深入生活、扎根人民"文艺创作成果展演舞蹈专场演出在北京民族剧院上演。本次演出是习近平总书记在文艺工作座谈会上发表重要讲话一周年,及在文艺界贯彻落实《中共中央关于繁荣发展社会主义文艺的意见》的关键时刻举行的一项重要活动,在策划过程中得到了业界的大力支持,中国舞协从学习讲话精神近一年中许多反映时代、反映基层的优秀作品中精选13个作品参加了演出,大多为中国舞蹈荷花奖获奖作品,包括延边大学艺术学院的朝鲜族群舞《觅迹》,四川音乐学院舞蹈学院的彝族群舞《你是一首歌》,辽宁师范大学音乐学院舞蹈系的彝族群舞《尼苏新娘》,广东省东莞市长安镇教育局小莲花艺术团的群舞《我是广东人》,中央民族大学舞蹈学院的朝鲜族群舞《阿里路》,获得第14届意大利罗马国际舞蹈比赛金奖的双人舞《plus》《白蛇·人间》《莲花》《诺玛阿美》4个舞剧的精彩片段等,深受观众好评。这些作品集中展示一年来中国舞蹈创作上的阶段性成果,希望以此鼓励更多的编创人才,投入通过舞蹈来反映时代要求和人民心声的队伍中,用舞蹈发现和挖掘现实生活中的真善美,弘扬、传播时代发展的主旋律和正能量,并主动承担起新的历史时期赋予舞蹈工作者的重要责任和崇高使命。有效发挥了舞蹈作为"文艺轻骑兵"服务党和国家重大决策部署,引领社会风尚的独特作用,有力地培育和弘扬了民族精神和时代精神。

品牌活动

【青年舞蹈人才培养项目】

由中国舞蹈家协会策划组织的"青年舞蹈人才培育计划",是针对具有创新潜能和发展潜力的青年拔尖舞蹈人才,给予重点培养、支持的专门项目,旨在为处于创作上升期的年轻人提供全方位的指导与培育,为他们的创新与探索搭建优质的平台,推出优秀的原创作品,提供国际交流与展示的机会。11月22日至12月16日,中国舞蹈家协会主办的"中国梦——青年舞蹈人才培育计划成果展演"在国家大剧院、保利剧院盛大举行,成功推出了:颜荷《无间》、尹昉《斗拱》、谢欣《一撇一捺》、娄梦涵《曾经·何时》、赵小刚《西游》、王迪《9°N蓝》、周莉亚《yào》,以及张志、李超、杨畅、张翼翔和黄春瀚彬5人一台的综合场演出《观》。本次展演汇集了当下舞蹈界12位新锐实力编导,8台个性十足的创意演出,荟萃了国内外一流舞者,融合话剧、戏曲、装置、超媒体等多种艺术类别,赢得了相对稳定的观赏群体,获得了较高的票房号召力，在业界产生了良好的品牌影响力。

【"中国舞蹈十二天"】

7月31日至8月29日，中国舞蹈家协会与国家大剧院再次推出已初具品牌形象的"中国舞蹈十二天"，特别邀请赵汝蘅、罗斌、刘敏、金星、黎海宁、高度6位中国舞坛领军人物担任"推荐人"，一对一推荐苏鹏、张荪、孙傲月、古丽米娜4位才华横溢的青年舞蹈家他们分别携其作品《古城》《花生》《那里的花》《古丽米娜》《白蛇·人间》《舞·雷雨》与观众见面，为中国青年舞蹈精英打造交流和展示的平台。

【"深入生活、扎根人民"主题创作实践采风】

中国舞蹈家协会响应文联的号召，于9月21日至10月9日赴云南率先开展"深入生活、扎根人民"的主题创作实践采风活动，积极倡导并组织广大的舞蹈艺术家、舞蹈工作者坚持以人民为中心的创作导向，扎根人民、深入生活，力图打造更多无愧于伟大民族和伟大时代的优秀艺术作品。本次"深扎"采风团一行13人，历时19天，从昆明出发，先后至曲靖、墨江、西盟、澜沧、孟连、西双版纳等州县。采风团编导克服山路难行、天气多变、身体不适等困难，深入民族村寨，积极向民间老艺人学习，了解当地民族文化，观看当地民族原生态表演，与老艺人进行互动交流演出。本次主题创作实践采风活动，以普洱地区为主，采风团深入4个不同的民族村寨，看了4个不同民族风格的演出：墨江泗南江镇哈尼族民族调演、孟连芒信村爱伲族传习所原生态歌舞表演、贺哈傣族村寨傣族原生态歌舞表演、澜沧县老达保村拉祜族民间歌舞表演。看到村民们伴着民族器乐自发的舞动，编导们也按耐不住雀跃的心情，纷纷进入舞动的村民队伍中，与村民们一起载歌载舞，现场气氛非常热烈，编导们用身心感受到了少数民族群众的热情与淳朴，而当地村民也看到了艺术家的动人情怀和精湛舞艺。表演结束后，编导们都会踏实认真地跟老艺人学习每一个原生动作，听当地民俗工作者介绍相关历史情况和民俗习惯，将每一个认为有意思或者对于日后创作有用的素材都记在自己随身带的本子上，并表示要将这次"深扎"采风所见所闻所感，融进自己的创作中，为人民抒情，为人民而舞。

【文艺志愿培训】

2015年根据文联志愿服务中心要求，中国舞协组织近20名专家、学者及青年舞蹈家作为文艺志愿者分别赴重庆和上海进行为期35天的文艺志愿培训活动。5月9日至19日在重庆主城区、彭水县和酉阳县三地按照当地的实际需求分别开设3个志愿培训班。重庆主城区的培训课程，主要面对重庆所属大专院校、专业剧团的舞蹈系学生、专业编导、青年教师和演员。彭水县的培训课程主要针对彭水县中小学舞蹈或音乐教师、文化馆干部及本区县的舞协会员。根据当地要求，开展少儿舞蹈编导、舞蹈基础理论、基础训练和组合的培训课程，帮助当地解决基本舞蹈教育的问题，提升教育质量。酉阳县地处重庆边远乡镇，是一个土家族苗族自治县。针对酉阳县特有的民族传统舞蹈，本次培训课程特别邀请当地土家族摆手舞老艺人作为志愿者，与艺术家、专业舞者及学员们共同交流，感受原生态民族舞蹈的魅力。除了专业方面的培训，在课程设置上还开设专家讲座、基础理论和基础训练课程，在探讨民族舞蹈传承、保护与创新的同时，较为全面地提高当地舞蹈从业人员的综合素养。10月的上海培训班则是分为两个班同时进行，一个是集聚京津沪渝浙5省市文化馆的基层舞蹈从业者的舞蹈培训班，一个是汇聚上海戏剧学院、上海戏剧学院附属舞蹈学校、上海师范大学、上海电影职业艺术学院、上海歌舞团、上海芭蕾舞团、上海歌剧院舞剧团7所高等院团的编导高级研修班。邀请了濮存昕、冯双白、曹诚渊、桑吉加、高广健等业界著名的专家进行授课，受到学员们的热烈欢迎和高度肯定。

【"送欢乐 下基层"志愿服务演出】

1月18日，"我们的中国梦"——2015年度中国文联、中国舞协"送欢乐 下基层"志愿服务演出走进北京市怀柔区桥梓镇口头村，在春节将近之时，组织各文艺行业内优秀的中青年艺术家，为当地村民奉上一场精彩的文艺演出。青年舞蹈家武帅的《盘鼓韵》，著名舞蹈家苟婵婵的塔吉克族舞蹈《花儿为什么这样红》赢得观众的掌声与喝彩；3+1乐队组合的《外国音乐之旅》和《老歌联唱》点燃现场气氛，观众纷纷与之合唱。演出最后在藏族群舞《吉祥热巴》中结束，为基层人民带去欢乐。4月13日至16日，中国文联、中国舞协文化惠民志愿服务活动走进河北省邯郸市，出席本次演出活动的领导嘉宾有：中国文联党组成员、副主席、书记处书记左中一，中国舞蹈家协会副主席、中国文学艺术基金会副理事长、秘书长冯双白，中国舞蹈家协会分党组书记、驻会副主席、秘书长罗斌，中国舞蹈家协会分党组成员、副秘书长夏小虎等。本次演出作品中汇集了一大批优秀的舞蹈作品，例如，由李德戈景表演的《鸿雁》，刘芳和曾明带来的双人舞《因为爱》，苟婵婵表演的独舞新作品《莲心》，中国舞协副主席王小燕带来的经典舞作《大姑娘美》等，与此同时，还将新农村少儿舞蹈美育工程的舞蹈作品进行了展演。此次慰问演出在服务惠民的同时也启发广大艺术家从群众火热的生活中捕捉灵感、汲取营养，自觉把对人民群众的真挚感情转化为繁荣文艺、服务人民的巨大动力，并创作出更多人民群众喜闻乐见的优秀文艺作品。5月13日，"到人民中去——2015中国文联、中国舞协文艺志愿服务团慰问演出"在重庆酉阳县盛大举行。中国舞蹈家协会副主席王小燕带来了火辣辣的东北秧歌《大姑娘美》，青年舞蹈家山翀与单思涵带来双人舞《和风》，北京城市当代舞蹈团艺术总监滕爱民表演了现代舞《青·白》等节目，受到当地观众的热烈欢迎，掌声连连，将演出气氛推向高潮。演出结束后，文艺志愿服务小分队来到重庆市秀山土家族苗族自治县"花灯寨"，对当地"秀山花灯"进行学习调研。8月5日，在第十届"荷花奖"民族民间舞评奖期间，开展了"送欢乐 下基层"惠民演出，秉着把"荷花奖"的民族民间舞蹈融入原汁原味的当地舞蹈文化中，为凉山人民带来欢乐的宗旨，将舞台艺术与民间艺术融合，为当地民众奉献了一台精彩纷呈的演出。不仅有来自本届"荷花奖"民族民间舞评奖的优秀作品，也有来自四川省凉山彝族自治州歌舞团充满地域特色的表演，同时还有王小燕、哈斯敖登和王玉兰这三位舞蹈家在现场一展风姿。9月21日至23日，"到人民中去——2015中国文联、中国舞协文艺志愿服务团走进云南曲靖慰问演出"在云南曲靖麒麟区红土墙村举行，组织了当今活跃在舞台一线的著名青年舞蹈演员深入云南基层，体会当地民俗民风。

【"百姓健康舞"】

"百姓健康舞"这个为百姓带来福祉的舞蹈项目植根于广大民众之中并得以健康发展，在全国各地生根开花。2015年4月起，辽宁省朝阳县在全县乡镇（场）、学校范围内，举办百姓健康舞培训活动，受到乡亲们的热烈欢迎；6月28日，广东开平市举办百姓健康舞大赛，引导广大市民自觉参加文体健身活动，全面推动文化惠民、全民健身工程；11月上旬，贵州贵阳举办了比赛范围为中国舞协"百姓健康舞"的贵阳市第四届"百姓健康舞"展演比赛，吸引了很多市民前来观看。

【"新农村少儿舞蹈美育工程"】

"新农村少儿舞蹈美育工程"是中国舞协的一项重大文化惠民工程。截至2015年，"新农村少儿舞蹈美育工程"已开展10年，惠及全国29个省、自治区、直辖市的近千万农村孩子，正在建立的

"少数民族舞蹈课堂"惠及回族、彝族、蒙古族、裕固族等30个少数民族，今后还将涵盖各个民族。

理论评论

【中国舞蹈"荷花奖"民族民间舞研讨会】

8月6日，中国舞蹈"荷花奖"民族民间舞研讨会在四川省凉山州西昌举行，研讨会主要围绕"荷花奖"民族民间舞的建设和反思、民族民间舞发展方向和彝族舞蹈创作现状3个议题展开，与会专家们分享了自己的经验和研究成果，其中有对民间舞高等教育的具体建议，有对"荷花奖"进行的理论反思，也有结合多年经验对当今民族舞蹈提出忠告，专家们的真知灼见使得"荷花奖"不仅仅是比赛，更是联系理论与实践、舞台与民间、艺术家与大众的纽带和桥梁。

【"凝聚与创意"名家讲坛与交流会】

9月6日，在台湾举行了"凝聚与创意"名家讲坛与交流会，邀请到了中国舞协主席、国家大剧院舞蹈艺术总监赵汝蘅，中国舞协副主席、著名舞蹈理论家和评论家冯双白，以及台湾文化艺术基金会执行长陈锦诚，台湾艺术大学前校长、著名打击乐团创办人兼艺术总监朱宗庆4位重量级两岸文艺界资深人士前来进行精彩演讲，分享智慧人生。在交流会环节，双方将焦点落在了艺术资金补助机制上，大陆希望更多地了解台湾相对成熟规范的操作模式，台湾则渴望更多的资金注入，双方都表达出联合起来，有更多交流和合作的良好意愿。

【"小荷风采"全国少儿舞蹈创作高级研修班】

4月13日，2015"小荷风采"全国少儿舞蹈创作高级研修班在河北邯郸举行。本次研修班汇集了来自北京、天津、宁夏、新疆、内蒙古、吉林、河南、甘肃、山西、湖北等20多个省、市、自治区、直辖市的校内、校外舞蹈培训机构的一线编导、教师共150余位学员前来学习；邀请了多位目前在国内少儿舞蹈创作方面卓有成就的编导、舞蹈理论评论家（罗斌、赵亚玲、朱东黎、蔡茵、谭广鹏、金暄、陈琳）进行授课，授课方式沿袭以往的学术讲座、作品分析等传统形式，并新设了实操性更强的教课方式即专家现场即兴编创；授课内容不仅包含少儿舞蹈作品编创技法、经典少儿舞蹈作品鉴赏等，还增添了少儿身体科学训练以及如何从心理学角度对少儿进行舞蹈启蒙教育等内容。如朱东黎亲自给学员排练她的作品《小小冠军梦》，赵亚玲亲自为邯郸市阳阳舞蹈艺术中心的小演员带来的舞蹈作品进行现场指导和改编。整体来看，研修班达到了预定目标、收到了预期效果。通过此次研修班的学习，不仅让学员接触了少儿舞蹈创作方面的最新成果，更学习掌握了少儿舞蹈的创作技巧，激发了创作积极性。

【全国中青年舞蹈人才创编与教学高级研修班】

中国舞蹈家协会高度重视人才培养工作，并通过多种有效举措来积极培养扶持青年舞蹈人才。6月23日至26日由中国舞蹈家协会、中国文学艺术基金会、江苏省文联共同主办，江苏省舞蹈家协会承办的"2015全国中青年舞蹈人才创编与教学高级研修班"在江苏省无锡市举行。本次研修班吸引了来自北京、天津、宁夏、新疆、内蒙古、吉林、河南、甘肃、山西、湖北等30多个省、区、市的160多位在舞蹈创作、教学领域极具发展潜力的中青年舞蹈人才。在为期4天的课程中，共邀请了12位目前在国内民族民间舞、现代舞、古典舞、芭蕾舞、当代舞等各领域卓有建树的舞蹈艺术家，分别是中国舞协主席赵汝蘅、副主席冯双白、分党组书记罗斌，中央芭蕾舞团党委书记王才军，北京舞蹈学院教授肖苏华、张守和、张军、青年教师张云峰，北京军区战友文工团国家一级编剧赵明，中央民族大学教授慈仁桑姆，济南军区前卫文工团国家一级编导刘小荷，以及来自加拿大的著名青年编舞家彼得·匡兹。大师们分别以现场教学、作品赏析、小组研讨等多种方式深入讲解与分析当前舞蹈创作、教学的整体情况；以丰富的创作经历、精彩的作品展示、优美的肢体动作诠释了经典作品的诞生，分享了舞蹈编创与教学等方面的经验与知识。通过他们的授课，让学员们接触最前瞻的舞蹈教学成果和最先进的舞蹈创作观念。

【《舞蹈》杂志】

注重舞蹈评论阵地建设，注重发挥行业学术报刊阵地作用是中国舞协理论研究的工作路径之一。继2012年启动转企改制至2015年年底已近4年，面对这样一个漫长且特殊的过渡期、转折期，《舞蹈》杂志原有职能岗位人员"各司其职、精诚合作"识大体的传统使命感与"一家人"的和谐氛围共同完成了全年12期的出版发行工作。并积极配合转企改制的各项工作进程。2015年全年刊发的理论评论文章260余篇逾计140万字，通过策划舞蹈及相关艺术领域的重大选题，强调选题的文化影响力，寻找其独特、立体和多面的视角，挖掘选题的文化内涵及学术深度，进行现象或现状分析与解析。2015年度针对舞蹈创作、舞蹈批评、教育、赛事活动、学术研究等不同向度设计选题，内容包括："新中国舞蹈博士论文成果研究"及"2015年度中国舞蹈期刊学术论文发表情况分析"两个选题对中国舞蹈理论评论现状进行横纵梳理；选取曹诚渊与于平两位学者分别从不同的角度对中国现代舞的历史与发展脉络进行评述；策划中国舞剧"好好活下去"系列选题对经典舞剧的创作与经营模式进行研究；此外还有中央戏剧学院舞剧系的教学思想与核心理念；普通高校舞蹈精品课程教学研讨会；由国际舞蹈艺术节引发东西方传统舞蹈文化观念比较研究等选题共40余个；参与采访报道舞蹈界的重大赛事及活动；策划主持或参加舞剧创作研讨会并跟踪创作评价60余部；人物访谈也是选题策划的重要工作，本年度涉及的采访人物共计60余位。

对外及对港澳台地区文化交流

【2015"海峡两岸暨港澳地区青少年舞蹈交流展演"】

多年来，两岸青少年舞蹈之间的交流一直保持着活跃的态势，两岸舞蹈教育界彼此分享创作成果，共同探讨双方关注的艺术课题，对于促进两岸舞蹈的发展产生了积极的意义。"海峡两岸青少年舞蹈交流与展演"已走过6个春秋，项目在不断深化，推进到两岸舞蹈院校合作的层面上，使交流空间得以拓展，专业性加强，学术主题也更加鲜明。9月3日至12日，中国舞蹈家协会根据自身行业特点和资源优势，联合台湾艺术大学，在台北、花莲共同主办了"2015海峡两岸青少年舞蹈交流与展演"，以中国舞协名誉主席赵汝蘅为团长，中国舞协主席冯双白、中国舞协分党组副书记李甲芹为副团长，率北京师范大学、北京舞蹈学院、中央民族大学师生一行39人代表团来到台湾进行了为期10天的海峡行，行程安排丰富紧凑，共计有五天交流课、四堂名师讲坛、三回拜会、两场展演、一次采风。中国舞协将该项交流活动定位为既要深耕又要持续不断，也就是说两岸之间的舞蹈合作要深耕细作、提升彼此的艺术品格，舞蹈交流要更加注重细节，更加精致做事，努力营造出更加开放和谐的交流通道，取彼此优长，成就舞蹈之终极追求。

【观摩"香港艺术节"】

3月24日至28日，应香港艺术节邀请，中国舞协名誉主席赵汝蘅、中国舞协副秘书长夏小虎一行2人前往香港观摩艺术节，挑选节目，为2015年中国舞协与国家大剧院合作举办的第三届北京国际芭蕾舞暨编舞比赛做准备。11月中旬在中国舞蹈家协会第十次全国代表大会上邀请了来自香港、澳门特别行政区和台湾地区的13名代表们欢聚一堂，共商中国舞蹈事业繁荣发展大计。

【第九届"中国—东盟青少年舞蹈交流展演"】

7月31日至8月1日,由印度尼西亚廖省政府、中国舞协联合主办的"一带一路"文化行暨第九届中国—东盟青少年舞蹈交流展演在印度尼西亚廖省省会北干巴鲁市金色大厅举行,以实际行动贯彻习近平总书记倡导的"一带一路"文化先行的指示精神,力推以舞蹈载体为友谊桥梁,走进丝路沿线国家,来自中国、新加坡、马来西亚、泰国、印尼等东盟国家的16个参展单位、300多人参与了此次的交流展演活动。

【赴韩国舞蹈交流】

9月9日至14日,为了更好地促进中韩舞蹈文化艺术深度交流,加强两国舞界联系,应韩国文化艺术委员会邀请,中国舞协荐举并组织舞剧《幻茶迷经》前往韩国进行交流,在首尔雅高艺术剧院成功举行了两场演出,中国驻韩国大使馆文化参赞兼首尔中国中心主任史瑞琳等中国使馆外交官、韩国文化艺术界人士以及韩国民众观看了演出,得到多方一致好评。

【赴日研修舞台艺术编导营销】

10月18至27日,派遣中国舞协夏小虎、熊晓晖2人赴日本参加了"舞台艺术编导营销人员研修班"(海外三期),学习四季株式会社(四季剧团)经验。

网络建设

【加强"中国舞协会员管理数据库"建设】

"中国舞协会员管理数据库"更新换代和数据录入、整理工作现已完成,进入试用阶段,目前,登记在册会员总数突破8000人,已完成会员基本资料录入工作。同时规范舞蹈考级,完善制度化管理。截至目前,中国舞蹈家协会《中国舞蹈考级》培训人次逾300万,开办近1600个教师培训班;非考级类学生培训8万余人次。

【启动中国舞蹈家协会资料库】

正式启动中国舞蹈家协会资料库,重视舞蹈历史资料的留存和资源信息的整理,将舞协自有的5份刊物、历届品牌活动的视频、经典舞蹈作品图片进行了数字化、电子化存储。

【加大与互联网平台合作,打造全新媒体模式】

6月16日,中国文学艺术基金会、中国舞蹈家协会、百度在百度大厦达成初步战略合作协议,这是在行业内与互联网平台融合的一次尝试。三方将利用各自优势,在电子阅读、艺术推广、公益基金、舞蹈考级、师资培训、支付领域的O2O模式等多个项目进行探索和实践,实现线上线下资源互补、融合互动的全新模式。此外,从中国舞协官方网站到微信平台和蓝箱录制室,打造与时俱进的全新媒体模式,及时反映全国舞蹈动态,发挥信息交流、理论探讨、思想争鸣的作用,提升了舞蹈在社会上的知名度和影响力。

中国民间文艺家协会

综述

2015年，中国民协在中国文联党组的正确领导下，按照党中央的统一部署，高举中国特色社会主义伟大旗帜，认真学习贯彻党的十八大和十八届三中、四中全会精神，深入落实习近平总书记在文艺工作座谈会上的重要讲话精神和中央《关于繁荣发展社会主义文艺的意见》《关于加强和改进党的群团工作的意见》，自觉服务大局、服务人民，充分发挥组织、引导、服务、维权的重要作用，积极履行联络、协调、服务的基本职能，开展了一系列卓有成效的工作。中国民协倡导实施的"中国民间文化遗产抢救工程"硕果累累，广大民间文化工作者、研究者深入基层，进行了全国范围内的民间文化遗产普查、整理、建档和研究，积极举办各类主题鲜明、艺术精湛的"非遗"展演、博览会，广泛组织"我们的节日"系列活动，深入开展"送欢乐 下基层"慰问演出及传承人培训等志愿服务，不断改进创新"山花奖"各项评选和评论工作，努力推出大批高水平的文艺作品，大力推动中青年传承人人才队伍建设，不断扩大对外民间文化艺术交流。

重大活动

【《中国传统故事百篇》结集出版】

在以中宣部为主导，由新华网、人民网、光明网开展的"聚焦社会主义核心价值观——中国传统名诗词、名故事、名折子戏推荐活动"中，中国民协承担了"名故事"篇目推荐和组织专家对网民推荐结果进行评审审定的工作。2015年，评选的最终成果以《中国传统故事百篇》结集出版，此书被国家新闻出版广电总局评为"向全国推荐中华优秀传统文化普及图书"。图书正式出版发行后，中国民协向北京城市学院、北京市中山实验学校、北京市门头沟区龙泉雾小学等单位先后举行了图书捐赠仪式，取得了较好的社会效益和经济效益。

【纪念中国人民抗日战争暨世界反法西斯战争胜利70周年系列活动】

为纪念中国人民抗日战争暨世界反法西斯战争胜利70周年，中国民协组织和参与了系列主题活动，其中包括：

8月25日至26日，在中国文联组织的"纪念中国人民抗日战争暨世界反法西斯战争胜利70周年歌咏比赛活动"中，中国民协合唱队的《游击队之歌》与《长江之歌》荣获歌咏比赛一等奖和优秀组织奖；

9月8日在上海举办"纪念中国人民抗日战争暨世界反法西斯战争胜利70周年——2015全国剪纸名家精品展"；

9月14日，由中国文联理论研究室和中国民协共同主办,《民间文化论坛》编辑部承办"和平与正义之声——歌谣与抗战"研讨会。

【其他活动】

到山东省烟台市老年福利服务中心,看望、慰问老人;在一年一度的渔灯节期间,到山东省烟台市初旺村举行慰问演出并赠送礼物;由中国民协、西藏文联、西藏民协、武警文工团、中央民族歌舞团、北京傅氏魔术团等派员组成的文艺志愿者小分队赴西藏拉萨、林芝、日喀则等高海拔地区开展了"送欢乐 下基层"走进西藏活动;赴新疆生产建设兵团第十三师考察军垦文化、民族民间文化和城镇化建设,慰问军垦老战士并同农场老职工座谈,专程看望三代义务巡边的哈萨克族牧民宝汗·埃恩赛根;年底,在山东先后举办了胶东剪纸培训班,胶东渔歌培训班,以及在北京顺义一中等7所中小学开展民间文化进校园活动。

节日文化建设

【以"我们的节日"系列主题活动传承优秀文化】

经过多年的努力,"我们的节日"系列活动的品牌效益和社会影响逐渐扩大,已经成为中国民协弘扬优秀传统文化的特色长项工作。

2015年度,中国民协举办的"我们的节日"系列活动如下:3月2日,在河南省鹤壁市举办第七届中国(鹤壁)民俗文化节;3月18日至22日,在云南省文山壮族苗族自治州西畴县举办2015中国·西畴女子太阳节;4月2日,在河南省开封市举办2015中国(开封)清明文化节;4月8日至12日,对"我们的节日·西双版纳布朗族'桑康节'布朗弹唱"活动进行了跟踪调研;4月10日至5月10日在中国牡丹文化之乡——河北柏乡县举办"第四届中国汉牡丹文化节";8月19日,在广西壮族自治区南宁市邕宁区蒲庙镇孟连村那莲街举办"我们的节日·壮族'赛巧节'";9月9日,在宁夏中宁举行"丝路杞韵 红动天下"中宁枸杞文化节;9月25日,在浙江杭州吴山城隍阁举行"2015杭州市两岸四地'西湖月'庆中秋系列活动";9月27日,在江苏省扬州市举办第十届扬州中秋拜月活动;10月20日,在上蔡县举办第十三届重阳文化节;10月21日,在福建省宁德市与蕉城区联合开展了以"弘扬民俗·欢度重阳"为主题的"我们的节日——重阳节"传统民俗风情系列活动;11月7至9日在广西融水举办2015中华苗族打同年暨第十五届芦笙斗马节。上述活动得到了当地政府的支持,受到了百姓的欢迎,真正体现了人民的节日人民办、人民的节日人民共享,在共享中实现优秀文化在新时期的传承与发展。

抢救工程

【中国口头文学遗产数字化工程】

在2014年圆满完成中国口头文学遗产数字化工程(一期)的基础上,《中国口头文学遗产数据库总目》项目于2015年3月在京启动,并确定以"河北卷"作为全套《总目》的样本卷。2015年年底,《中国口头文学遗产数据库总目·河北卷》定稿,于次年1月正式出版。

2015年,中国口头文学遗产一期数据库补录中国民间文学"三套集成"的全部省卷本,计9000余万字;收录了手抄本、油印本711册(已完成扫描252本,图像处理149本)。一期数据库总字数增加到十数亿字。目前,项目组已经为数据库二期工程募集到图书4000余册,为二期数据库的建设打下了基础。

【"传统村落立档调查"成果显现】

启动于2014年的"中国传统村落立档调查项目"取得了阶段性成果。2015年5月22日,由中国民协、中国摄协、中国文联国内联络部、河北省委宣传部、河北省文联联合主办的"可以触摸的乡愁——河北省历史名村名镇名城风采展"在北京举行，展示了河北省传统村落立档调查的成果；6月1日，由中国民协、中国摄协和河北省委宣传部、河北省文联等主办的"全国传统村落立档调查工作现场经验交流会"在河北省沙河市召开。会议以交流普查经验与措施、表彰激励先进典型、总结传统村落立档调查成果为内容，共商抢救保护传统村落大计，并通过了《沙河宣言》。

随着传统村落立档调查的全面展开，与之呼应的各种专题理论研讨会和业务培训也相继举行。其中包括：在福建泰宁举行的中国（福建·泰宁）古村落文化遗产保护高峰论坛；在湖北恩施州举办的传统村落立档调查业务培训班；在广东佛山召开的古村落文化遗产保护工作现场会等。这些工作旨在探寻一条"望得见山，看得见水，记得住乡愁"的传统村落保护发展之路。

【中国民间文化遗产抢救工程巡礼】

2015年6月3日，"文化先觉的脚步——中国民间文化遗产抢救工程巡礼"活动在山西省晋中市榆次区后沟村举行。这是中国民间文化遗产抢救工程启动13年后，倡导者与参与者们再次回到工程示范采样地，共同回首过去，展望未来的活动。冯骥才、罗杨、张志学出席，主席团成员及顾问代表、参加2002年后沟村采样调查的部分专家学者代表、部分省民协代表以及国内主要新闻媒体记者近百人参加活动。在巡礼活动现场，举行了《中国民间文化遗产抢救工程档案》首发式，冯骥才向出席活动的嘉宾代表赠书，授予后沟村"中国古村落代表作"牌匾；嘉宾们还为中国民间文化遗产抢救工程古村落保护示范基地纪念碑培土、植柏。在下午举行的专家座谈会上，专家学者就抢救工程的过程和意义作了回顾与展望。与会的35位代表共同署名，发表了《后沟宣言》。

【《中国唐卡文化档案》稳步推进】

国家社科基金特别委托项目"中国唐卡文化档案"专项自启动之后，正按照首席专家冯骥才的规划和组织稳步推进。2015年2月至3月，"昌都卷"所有文字图片审稿结束，发排出版社；4月，专家委员会完成影像纪录片审查并提出修改意见，8月，该卷影像纪录片完成全部修改；9月，总主编审查通过，发出版社审查；本卷11月出版。年底召开了全国各卷主编联席会议。

【《中国民间剪纸集成》与"中国剪纸研究中心"】

2015年9月，《〈中国民间剪纸集成〉田野调查与编撰工作手册》由河北教育出版社出版。

2015年"中国剪纸研究中心"开展了多次繁荣发展剪纸艺术的活动，其中包括：2月10日由中国文联、中国民协、河北省委宣传部、河北省文联、河北省文化厅等部门联合主办的第五届中国剪纸艺术节暨"剪彩冰雪、热盼冬奥"王老赏剪纸艺术奖评选揭晓；5月4日至10日，由中国民协和中国剪纸研究中心、陕西省民协组成的陕北剪纸考察组对陕北地区民间剪纸发展现状和传承情况进行了调研，与艺术家面对面地了解剪纸艺术在民间的流传情况、剪纸传承人创作和生活现状，并以此为出发点，探索解决问题的方法；10月12日至13日，由中国文联民间文艺艺术中心、甘肃省文联、中国剪纸研究中心、甘肃省民协主办的首届甘肃省民间剪纸艺术培训班在甘肃省庆阳市镇原县举办，这既是甘肃民间文艺精品工程项目"丝绸之路剪纸艺术传承与创新工程"的组成部分，也是"深入生活、扎根人民""结对子 种文化"主题实践活动的重点内容。

艺术节、博览会与评奖

【山花奖评奖有序推进】

2015年，中国民协完成了民间表演、民间工艺类、民间文学作品、民间文学著作、民俗影像5个子项评奖工作，评出36个获奖作品：3月2日至4日，在河南省鹤壁市开展举行第十二届山花奖·民间艺术表演奖（民俗礼仪表演）评奖；4月2日至4日，在河南省开封市举行第十二届山花奖·民间艺术表演奖（民间绝技绝艺）评奖；5月26日至28日，在浙江省温州市举行第十二届山花奖·民间文艺学术著作奖初评工作；6月23日至25日，在福建省惠安县举行第十二届山花奖·民俗影像作品奖初评工作；7月8日至10日，在河南省商城县举行第十二届山花奖·民间文艺学术著作奖终评；8月13日至15日，在四川省眉山市举行第十二届山花奖·民俗影像作品奖终评工作；7月6日至8日，在浙江省嘉善市举行第十二届山花奖·民间文学作品奖初评工作；10月13日至15日，在福建省福清市举行第十二届山花奖·民间文学作品奖终评工作；8月6日至7日，在吉林省长春市举行第十二届山花奖·民间工艺美术作品奖评奖工作；10月22日至23日，在浙江省杭州市举行第十二届山花奖·民间工艺美术作品奖评奖工作；10月28日至29日，在广东省广州市举行第十二届山花奖·民间工艺美术作品奖评奖工作；12月1日至3日，第十二届山花奖颁奖活动在浙江省海宁市隆重举行。至此，第十二届山花奖5个子项的36个获奖作品全部揭晓，本届评奖工作画上了圆满的句号。

【民间艺术节和展览活动】

2015年，中国民协主办或参与的民间艺术节和展览活动有：2015年1月8日在京举行《伸手触摸·大艺之美——中国民协书画艺术交流委员会成立周年庆典》活动；第十五届中国人口文化奖民间艺术品和宣传品类评选；中国玉雕品牌博览海派玉雕艺术大展暨第八届中国玉石雕神工奖评选；中国寿山石文化发展研究中心成立仪式暨"青艺石韵"福建青年雕刻精英艺术展；2015"米琼杯"中国藏族情歌大赛；第五届中国滦河文化节；第六届中国民间艺人节；"中国精神·中国梦"暨"凉都福地·生态水城"全国农民画展；"她从画中来——贵州水城农民画走进金色北京画展"；"中国精神·中国梦"全国农民画展（万安田北农民画村）；"伸手触摸·大艺之美"——中国民协书画艺术交流委员会成立周年庆典活动；"中国礼仪文化之乡"命名授牌暨乙未年清明岐山各界拜祭元圣周公仪典活动；大禹陵公祭典礼；2015年（乙未年）女娲祭典活动。

【民间工艺博览会】

年内举办的民间工艺博览会有：以"弘扬、传承、繁荣、交流、发展"为主题的首届中国（潍坊）民间艺术博览会；以"搭建民间艺术成果荟萃的展台，民间艺术新人、新品、新技艺展示的舞台，民间艺术产品交流、交易、服务的平台"为总体思路的第九届中国（长春）民间艺术博览会；以"魅力工艺精彩生活"为主题的第二届中国·徐州民间工艺博览会；举办了以第十二届中国民间文艺山花奖·民间工艺美术作品奖评奖、"我们的希望，我们的梦想"少儿手工艺展、艺术品拍卖、民间文化讲坛、工艺品鉴赏、技艺表演等为主要内容的中国（广东）民间工艺博览会等。

调研采风

2015年，中国民协多次组织民间文艺工作者深入基层，对民间文艺发展现状和示范地开展采风调研，其中包括：调研蔚县剪纸产业的当代发展现状；考察以南音、南戏、南派工艺等为代表的泉州闽南节俗文化；了解广西壮族自治区南宁市邕宁区中和乡的孙头坡村"抢花炮"民俗；采风黔东南"苗疆腹地"的贵州苗族传统节日"姊妹节"民俗；调研妙峰山庙会文化的历史沿革和当代现状；对阿勒泰地区西翼三县的哈萨克族民间手工艺、民歌与"铁尔麦"等深具代表性的哈萨克民间文化进行深入了解；调研佳木斯市、同江市、抚远县等赫哲族聚居地的赫哲族非物质文化遗产的生存现状和民间习俗；考察新疆巴音郭楞蒙古自治州和静县的卫拉特蒙古族"点灯节"民俗；参加2015南京青年文化周非物质文化遗产展示日活动；参加浙江象山渔区民俗文化巡展、"妈祖巡安"仪式等开渔节相关活动；参加江苏扬州中国邵伯湖民歌文化艺术；对江西省赣东北民间文化生存发展现状等进行有针对性的调研。通过上述活动，让各地民间文艺工作者对我国民间文化的多样性、独特性和资源的丰富性有了更全面的了解，以此有力地促进各地民间文化工作的交流和开展。

学术研究

【学术研讨会】

2015年，中国民协继续奉行理论研究要贴近实践的一贯做法，坚持在各项活动现场举办专题研讨活动，发挥专家队伍优势为民间文艺实践出谋把脉，产生了积极成果。年内举办的研讨活动如下：

在甘肃文县举行第一届中国（陇南文县）白马人民俗文化旅游节开幕式暨第二届中国白马人民俗文化研讨会；在鹤壁举行第六届中国春节文化高层论坛·社火文化论坛；在中国文联、中国民协主编的《中国非物质文化遗产百科全书》首发式上主办出版座谈会；在湖北省黄石举办"中国端午节俗与屈原文化学术研讨会"；在陕西举办"中国窑洞文化遗产田野考察研讨"活动；在浙江绍兴举办"中华美学精神与民间文艺评论"柯桥高峰论坛，以此开启了以弘扬中华美学精神为主旨、建构民间文艺评论体系的新渠道，为深入研究民间文艺发展的本质与热点问题开了一个好头。

【民间文化出版物】

2015年，中国民协开展的民间口头文学、地方民俗文化、节日文化、木版年画、民间剪纸、唐卡艺术、少数民族服饰、民间文化传承人的调查认定及成果整理、出版、宣传推介等工作也不断取得阶段性成果，出版了《中国民间文化遗产抢救工程巡礼论文集》、13卷《中国民俗志》、3卷《中国非物质文化遗产百科全书》（第一批）、《中国民间文学三套集成·新疆兵团卷》《中国民间文化杰出传承人名录（第二卷）》《〈中国民间剪纸集成〉田野调查与编撰工作手册》等。正陆续出版的有：《中国历史文化名城·名镇（村）全书》《中国传统村落丛书》《中国口头文学遗产丛书》《我们的节日》丛书，为传承优秀民间文化留下了宝贵的财富。

【"中国传承人口述史研究所"成立】

由中国民协和天津大学共同批准成立的中国传承人口述史研究所6月16日在天津大学宣布成立。与会专家就传承人口述史抢救和保护的重大意义及理论与方法进行了学术研讨。研究所成立后，将充分发挥学术研究、口述史实践、建立民间文化记忆库、学术交流、培训指导等多项职能，在口述史领域独树特色，为"非遗"保护提供学术支持，更好地推进民间文化的活态传承与发展。

【"中国（非遗）资源管理评价研究委员会"揭牌】

2015年11月6日，由中国民协、中国文化产业智库研究中心联合主办的中国"非遗"资源管理评价研究委员会揭牌仪式暨论坛在北京举行，该委员会是中国民协主管的首个致力于"非遗"资源管理评价理论研究的专业学术机构，是中国民协为拓展中国"非遗"传承的发展空间，推动中国"非遗"传承发展再上新台阶，纳入科学化、系统化发展阶段做出的重大举措。

【推动孝文化建设】

孝文化是社会主义核心价值观的重要组成部分。为了强化此项工作，中国民协建立了以弘扬孝文化为主旨的研究中心。该中心成立后，在进一步挖掘、继承和弘扬中华优秀传统文化，加强道德建设方面做了大量细致工作，如9月22日在湖北省孝感市启动"2015中国孝感中华孝文化旅游节"；在浙江省仙居县举办"全国慈孝文化建设现场经验交流会"；在河南省南阳市举办孝文化座谈会，并开展孝德文化建设现状调研活动，上述活动在各地产生了积极的社会影响。

对外及对港澳台文化交流

【以民间文艺优势形成对外对台交流亮点】

2015年，中国民协对外对台文化交流的重点是紧密围绕中国文联外事工作全局，使民间文艺在彰显中国精神、传播中国文化上成为亮点。

4月10日，由中国民协主办，纽约大学、东北大学、耶鲁大学的中国学联、哥伦比亚大学SIPAGCI中国学生会作为各自院校联合主办方的中国"非物质文化遗产保护项目"赴美巡展活动在纽约大学拉开了序幕，来自中国8个省市的11位优秀民间艺术家依次在纽约大学、哥伦比亚大学、东北大学、波士顿拉丁学校、波士顿切尼中学、波士顿儿童博物馆和耶鲁大学等地开展中国传统手工技艺展演和教学交流等活动，为美国高校学子和当地居民带来包括云南乌铜走银、北京京剧彩绘脸谱、苏绣、苗绣、藏羌刺绣、渤海靺鞨绣、拼布艺术、凤翔木版年画、光福核雕、庆阳香包、绵阳剪纸在内的11个被国家评为"非物质文化遗产保护项目"的中国传统民间工艺。

4月23日至27日，应奥地利奥中友协邀请，中国民协组派访问团赴维也纳参加由奥中友协主办的"中国农民画艺术展"。中国民协组织了16幅中国农民画作品参加此次展览，并出席了开幕式。

7月30日至8月18日，中国民协手工艺代表团一行7人前往以色列参加第40届以色列耶路撒冷国际艺术和手工艺艺术节。

9月26日至10月16日，中国民间工艺代表团一行17人赴美国北卡罗来纳州罗利市参加由北美文化艺术联合会和卡罗来纳中国友好交流协会联合主办的2015北美第二届中国传统民俗文化节，此次受邀来参加活动的14位民间工艺家分别来自6个省市，所带项目包括陶瓷、刺绣、绘画、烙画四大主要类型，工艺家们还赴罗利会展中心参加了为期两天的罗利国际节，走进学校与学生互动交流，参观访问罗利陶瓷一条街，与美国当地的陶瓷工艺家切磋技艺。

由中国文化大学、中国口传文学学会主办的第17届海峡两岸民间文学与通俗文学研讨会5月22日至26日在台北市举行。中国民协、甘肃省文联、苏州市民协派代表参加研讨会。中国民协副秘书长吕军在研讨会上介绍了中国民协建立中国口头文学遗产数据库的情况。

10月23日至28日，应中国民协邀请，台湾民间文化学者一行3人赴湖北省进行民歌考察和学术交流，交流团从武汉出发，在短短4天时间内分别在宜都青林寺村、长阳、夷陵、雾渡河、荆州等地进行考察交流，总行程2000多公里，考察的内容包括青林寺谜语村谜歌、长阳民歌（包括薅草锣鼓、五句子歌、穿号子等）、雾渡河民歌和马山民歌。

文艺之乡

经组织专家缜密考察、科学论证，2015年协会命名了37个文艺之乡,7个基地,7个专业委员会,6个中心,1个博览园,1个博物院,1个研究院,1个展示馆。这项工作使政府、专家和民间形成合力，将特色民间文艺资源的保护落到了实处。截至2015年年底，中国民协已命名民间文艺之乡338个，建立各艺术门类专业委员会20个，使民协工作的触角与各地最有文化特色的基层县市紧密相连，使我们的工作有了组织和耳目，地方工作有了抓手和品牌。实践证明，这是积极推进民间文化遗产的原产地保护，有效促进民间文化杰出传承人的技艺传承，为基层文化建设提供服务的有效方式。

会员队伍建设

维权工作是党中央赋予文联工作的重要职能，分党组对此项工作给予高度重视，安排了专人和专门的办公室推动维权工作的进展。

2015年，中国民协权保部先后开展了以下工作：为保护我国非物质文化遗产"泥人张"的传统金字招牌，制止侵权企业的违法行为，致函北京市高级人民法院说明情况，督促本案执行；与研究部共同参加了在福建省厦门市召开的"民族民间文化传承保护立法会议"，对草拟的《民间文学艺术作品著作权保护暂行条例草案》进行研讨；接待华南理工大学法学院孟祥娟一行来访，共同就国家新闻出版广电总局（国家版权局）委托的项目"《视听表演北京条约》与我国著作权法的衔接问题研究"进行交流探讨；参加2015年第三期中国文联权保干部培训班的培训活动；配合文联权保部，为中国《权益保护》积极提供民间文艺维权案例，加大民间文艺维权宣传力度。

机关建设

2015年，在中国文联党组的正确领导下，中国民协认真学习贯彻习近平总书记在文艺工作座谈会和党的群团工作会议上的重要讲话精神，不断强化政治意识、切实履行好政治引领的主体责任，强调在各项工作中讲规矩、守纪律，形成了风清气正的工作局面。

自年初开始，我们按照中国文联党组的统一部署，制定了《中国民协开展"三严三实"专题教育实施方案》。专题教育活动按中国文联要求稳步进行，不断收到实效。具体做法为：一是改学风，原原本本学习传达贯彻习近平总书记的讲话精神和中央文件内容，努力做到结合工作实际，注重实效，处理好工学矛盾，杜绝以会议落实会议，以文件落实文件的不实作风；二是树正气，努力做到严以用权，真抓实干，实实在在谋事做人，在机关形成忠诚、干净、担当的良好氛围；三是转作风，在深入学习贯彻落实中央八项规定的纪律要求和文联制定的规章制度的基础上，以严格的自律措施作为党员干部廉洁自律的行为规范，结合"三严三实"专题教育和民协的实际情况，着力在作风转变上下功夫，通过自查发现问题，立行立改。具体做法为：一是在评奖工作中，严格执行中共中央宣传部印发的《全国性文艺评奖改革方案》的通知要求；二是涉及重大项目经费的安排分配，按规定程序和工作需要提出意见，经分党组领导同意后执行，不得擅自对相关单位作出许诺；三是项目经费的使用、调整，须按照国家有关规定或政采程序严格执行，自觉接受审计检查；四是在各项工作中，要求人人做到讲规矩、守纪律，凡是工作人员赴地方、基层开展工作，不得接受超标准接待和公费旅游，不得收受礼金、礼品、有价证券、购物卡等，不得利用职务便利或采取不正当手段，私自向有关协会或社团提出担任专业职务的要求。经验表明，坚持民主集中制原则，坚持分党组会议制度，按规矩和纪律办事，就能建立起反腐倡廉的第一道屏障。

直属单位

【中国文联民间文艺艺术中心】

中国文联的新职能赋予中国文联民间文艺艺术中心以全新的工作范畴和职责。在中心的组织协调下，事业部门的工作呈现生动活泼的局面。一是参与主办"可以触摸的乡愁——河北省历史名村名镇名城风采展""文化先觉的脚步——中国民间文化遗产抢救工程巡礼"活动；二是组织民间文化进校园志愿服务活动，举办了两期文艺志愿服务培训班等；三是在中国文联出版报刊业改革的全局下，由协会主办、中心所辖的《民间文学》《民间文艺论坛》和《缤纷》三个刊物始终坚持正确的政治导向和前沿学术引领的宗旨，呈现出人员过渡转制平稳，出刊正常有序，办刊质量不断提高的局面。

【网络宣传平台建设】

2015年，根据文联的新职能和形势任务的新要求，中国民协着重抓了网站和微信公众号建设，以此探索用网络加强民间文艺领域行业自律、行业管理的方法，建立行之有效的行业服务新平台。目前，中国民协网站和微信公众号的管理运行取得了一定成效，"网上民协"正日益发展，走向完善。

文化思考

【"保护文化遗产，没有句号，只有逗号"】

2015年"文化遗产日"期间，冯骥才主席在"中国民间文化遗产抢救工程巡礼"活动中提出的"保护文化遗产，没有句号，只有逗号"，这句警语充分体现了民间文艺工作者对民间文化难割难舍的情怀和担当。在经历了十几年呼吁、奔走、抢救甚至无奈之后，民间文艺在社会各方面合力的作用下，已经向辅助政府与国家层面的文化构建快速靠近，优秀传统文化和濒危民间文化的保护传承，已成为国家文化建设与民族地区发展的重要课题。推动传统村落保护、关注传承人生存现状，促进传统节日的弘扬，加快口头文学遗产数字化工程步伐等诸多民间文艺工作已一跃成为当代中国文化建设的焦点而被社会广泛关注。

【"让传承人说话"】

12月2日，由中国民协主办的"让传承人说话"中国非遗传承人座谈会在浙江海宁召开。"非遗"传承的根本是人，是传承者，若没有传承者，"非遗"技艺将消失，只遗留下作品成为博物馆中的文物和"化石"。做好"非遗"传承工作，重要的一点是努力提高民间文化保护的意识，让老百姓看到好处、得到实惠也具有重要的意义。"非遗传承的价值在于原生态，最重要的是保护传承人。"冯骥才这样说。他总结道："非遗"传承需要批评的信息，需要批评的意见，"非遗"传承不单单是申请成功就可以，要发现问题、认定问题、解决问题，让"申遗"成为"审遗"。

中国摄影家协会

会议与活动

【第10届中国摄影艺术节在宁波举行】

1月6日,第10届中国摄影艺术节在宁波举行。全国政协副主席刘晓峰,中国文联党组成员、副主席李前光,浙江省政协原副主席陈昭典,浙江省政协原副主席盛昌黎,宁波市委副书记余红艺,中国摄协主席、分党组书记王瑶,中国文联国内联络部巡视员李培隽,中国摄协分党组副书记王郑生,中国文联、中国摄协、宁波市人民政府及中外近千名摄影家参加开幕式。

【首个"中国摄影家协会青少年摄影教育基地"在京成立】

1月12日,首个"中国摄影家协会青少年摄影教育基地"在北京101中学成立。中国摄协主席、分党组书记王瑶,北京101中学校长郭涵等出席。王瑶代表中国摄协向北京101中学捐赠由中国摄影出版社出版的摄影图书。

【中国摄协少数民族摄影人才培养工程培训班在京开班】

1月26日,第二期中国摄协少数民族摄影人才培养工程培训班在京开班,来自全国少数民族聚居地区的51名学员围绕摄影史、技术技巧、图片编辑、创作外拍等方面,开始接受为期10天的摄影培训。该工程为中国文学艺术基金会资助项目,由中国摄协主办,中国摄协教育委员会和北京摄影函授学院承办。

【中国摄协赴山西各地开展"送欢乐下基层"系列活动】

3月3日,由中国摄协分党组副书记王郑生,中国文联摄影艺术中心主任刘宇带队到达吕梁杏花村深入车间,开展"送欢乐下基层"活动,为春节期间坚持奋战在生产一线的广大职工照相,并在现场打印装框赠送。

【中国摄协开展"学雷锋,进校园"活动】

3月4日,中国摄协、中国美协、中国书协来到展览路第一小学和西城区培智学校开展"学雷锋,进校园"活动。中国摄协机关党委办公室主任孙明亮、北京摄协函授学院副院长张希红为学生们赠送了"中国梦"主题公益海报及《青少年摄影教程》《绘画手札》。摄影家们、函授学院的学员们为同学们拍摄了校园活动图片。

【中国摄影出版社获2014年度中国文联出版报刊业先进单位】

4月2日,2014年度中国文联出版报刊业举行改革发展总结表彰会,中国摄影出版社获先进单位;《中国摄影》杂志社参展第2届全国刊博会工作组、《大众摄影》杂志社"光影写真"项目组、《中国摄影报》社"中国梦影像公益广告"项目组、中国摄影出版社"中国世界文化遗产影像志"项目组和"中国影像史"项目组及数字化转型升级项目组等受到表彰。

【中国摄协"中国梦"主题影像公益广告在纽约时报广场轮播】

4月10日,"中国梦"主题影像公益广告之"美丽中国"系列在纽约时代广场大屏进行每天24小时轮播。为贯彻落实习总书记的系列重要讲话精神,服务国家外宣大局,践行"中国梦",中国摄协自2014年伊始开展了"中国梦"主题影像公益广告的推广活动。

【《地球呼唤》和"地球环保系列"摄影艺术图书亮相中国国际文化产业博览交易会】

5月14日,深圳企业家摄协执行主席兼秘书长王琛携《地球呼唤》和"地球环保系列"摄影艺术图书亮相第11届中国(深圳)国际文化产业博览交易会。其中《地球呼唤》限量鉴定摄影作品由中国摄影著作权协会合法认证,为文博会增添新鲜元素。

【中摄权协二届二次会员代表大会在京召开】

6月6日,中摄权协二届二次会员代表大会在京召开。国家新闻出版广电总局副局长、国家版权局副局长阎晓宏,国家新闻出版广电总局版权管理司司长于慈珂、副司长汤兆志,中国文联副主席、中摄权协主席李前光,中国文联权益保护部副主任暴淑艳,中国摄协分党组成员、副秘书长顾立群,中摄权协副主席宋明昌、李玉光、王郑生、于云天、陈小波、解海龙,中国文联摄影艺术中心主任刘宇,以及来自全国各地、各行业的101名中摄权协会员代表出席大会。

【"中国少数民族摄影文化的现状和未来"北京映画廊举办】

7月10日,由中国摄协主办,中国摄协理论委员会、中国摄协理论研究部承办,映艺术中心/映画廊协办的"中国摄影研讨会之故乡的路——中国少数民族摄影文化的现状和未来"在北京映画廊举办。研讨会就中国少数民族摄影的相关问题作了深入的研讨和交流,为发现和推广更多新人新作架桥铺路。

【"中国摄影研讨会之聚焦抗战影像的保存与传播"在京召开】

9月1日,由中国摄协主办,中国摄协理论委员会、理论研究部、中国摄影出版社承办的"中国摄影研讨会之抗战影像的保存与传播"在京召开。中国摄协分党组成员、秘书长高琴在发言中说,抗战影像是中国的断代史影像,也是中华民族影像遗产的重要组成部分。着力原始影像与史实挖掘梳理的实践,将成为影像历史研究、重现真实历史的重要方法与指导。

【朱宪民摄影展览馆落户河南濮阳市文化艺术中心】

10月6日,朱宪民摄影展览馆正式揭牌落户河南濮阳市文化艺术中心。

【萨尔加多被中国摄协授予国际荣誉会员称号】

11月9日,中国摄协主席、分党组书记王瑶向正在上海举行个人摄影展的巴西摄影师塞巴斯提奥·萨尔加多颁发荣誉会员证书。萨尔加多对中国摄协授予的国际荣誉会员称号表示感谢。自2014年至今,经中国文联批准,中国摄协已授予29位国际摄影人荣誉会员称号。

【湖北开展"为井下一线工人拍张照"活动】

11月14日,湖北省摄协和省新闻摄影学会组织10余位摄影家赴黄石市开展"为井下一线工人拍张照"活动。摄影家们深入湖北三鑫金铜股份有限公司桃花嘴矿区千余米深的矿井，在地下533米的矿井凿岩台、运输巷道等一线作业现场用镜头记录井下现代化作业场景，捕捉采矿工人的劳动瞬间。

【中摄权协亮相"中欧版权保护和产业发展研讨会"】

12月2日，中摄权协作为中国唯一的摄影著作权集体管理协会，在上海举行的"中欧版权保护和产业发展研讨会"上亮相。来自世界知识产权组织、国家版权局、中欧知识产权合作项目机构、中国各著作权集体管理协会，以及立法、执法和学术机构的专家学者出席会议。

艺术节与展览评奖

【"索尼2014世界摄影大赛"作品亮相宁波美术馆】

1月6日，"索尼2014世界摄影大赛"的百余幅优胜作品亮相宁波美术馆2号展馆，索尼"青年摄影师发展计划"启动仪式也于当日启动。这是一项针对国内摄影爱好者及摄影师的扶持发展计划。

【中国摄影金像奖宁波颁奖】

1月8日，第10届中国摄影金像奖在宁波文化广场大剧院举行颁奖仪式，各类奖项获奖者在现场接受嘉奖。

【2014中国新锐摄影师群展在京展出】

1月25日，2014中国新锐摄影师群展在北京中华世纪坛数字艺术馆（地下一层）展出。参展摄影师包括范顺赞、张文心、陈卓、刘卫、罗希、孙略、邢磊、吴舢锟、张兰坡、杨云邑、朱锋、赵颖、何雄、荷心、欧阳世忠、戴建勇、贾朔、刘涛、季芮民、杨明、郑龙一海、雷乐、卢根等。

【"丝绸之路"风光摄影展览在北京玉渊潭公园开幕】

1月28日，"丝绸之路"风光摄影展览在北京玉渊潭公园开幕，6位摄影家于云天、李少白、杨大洲、宋举浦、周梅生、谭明的72幅精选摄影作品亮相。

【第二届全国青年摄影大展首展开幕式暨作品集首发式在京举办】

2月1日，由中国摄协和nubia智能手机共办，中国文学艺术基金会资助的"nubia智能手机杯"第二届全国青年摄影大展首展开幕式暨作品集首发式在北京中华世纪坛举办。"nubia智能手机青年摄影师成长计划"同步启动。随后，展览进行全国巡展。

【"锦绣潇湘快乐湖南"首届旅游摄影大展在京开幕】

2月4日，由中共湖南省委宣传部、中国摄协、新华社图片中心、湖南省旅游局和湖南省文联主办，湖南省摄协承办的"锦绣潇湘快乐湖南"首届旅游摄影大展在北京中华世纪坛开幕。

【"雷锋生前所在团学雷锋主题摄影展"在军博开幕】

3月5日，"播撒雷锋精神的种子——雷锋生前所在团学雷锋主题摄影展"在北京中国人民革命军事博物馆开幕。展览由中国军事文化研究会、沈阳军区政治部、中国国际文化交流中心和中国人民革命军事博物馆主办。中国摄协主席、分党组书记王瑶与主办单位领导出席开幕式。

【杨越峦"长城摄影作品汇报展"在中国摄影画廊举办】

3月21日，中国摄协理事、河北省摄协秘书长、中国摄影金像奖获得者杨越峦"长城摄影作品汇报展"在中国摄影画廊举办。

【2015"伯奇杯"中国创意摄影展启动仪式在大沥镇举办】

3月25日,由中国摄协和广东省摄协、佛山市南海区人民政府联办,《中国摄影报》、南海区文化体育局、南海区大沥镇人民政府联办的2014"伯奇杯"中国创意摄影展颁奖,暨2015"伯奇杯"中国创意摄影展启动仪式在大沥镇举办。随后举办了中国摄影论坛之2015"伯奇杯"创意摄影论坛。

【"中国摄影书集"在尤伦斯当代艺术中心开展】

4月3日,"中国摄影书集"在尤伦斯当代艺术中心开展,此展与光圈基金会、阿尔勒国际摄影节合作推出,并获得中国艺术基金会和英国文化教育协会的大力支持。

【"美丽中国梦魅力开封情"摄影展在光影艺术长廊开幕】

4月10日,由河南省女摄协主办的"美丽中国梦魅力开封情"摄影展在光影艺术长廊开幕,展期3个月。

【"第24届全国摄影艺术展"获奖作品三明市艺术馆巡展】

4月16日,由中国摄协、福建省三明市委宣传部、三明市文广新局共办的"第24届全国摄影艺术展"获奖作品巡展在三明市艺术馆新馆举行。

【2015"金驹奖"世界大学生摄影展在京启动】

4月25日,由中国摄协、北京电影学院、江西省上饶市政府共办,北京电影学院摄影学院、上饶市旅游发展委员会、中国摄协摄影教育委员会、北京摄影函授学院承办的2015"金驹奖"世界大学生摄影展在北京启动。

【"多彩贵州——大美七星关"摄影展在京举办】

5月1日,"多彩贵州——大美七星关"摄影展在位于北京798艺术区的中国摄影出版社正度视觉空间举办。影展由中共贵州省毕节市七星关区委、区政府主办,民盟中央社会服务部、致公党中央社会服务部支持,中国摄影出版社、毕节时空广告传媒有限公司承办。

【2015首届"故乡的路——中国少数民族摄影师奖"在京评选】

5月6日,2015首届"故乡的路——中国少数民族摄影师奖"在京评选,维吾尔族的艾热提·艾沙获得少数民族摄影师大奖,蒙古族的德戈金夫获得少数民族摄影师资助奖。

【中国杨柳青第2届国际民俗摄影大展启动仪式在京举行】

5月7日,中国杨柳青第2届国际民俗摄影大展启动仪式在京举行。大展由中国摄协和天津市西青区政协主办,中国摄影出版社等单位承办。

【"第5届全国农民摄影大展"终评在京举行】

5月8日,"第5届全国农民摄影大展"终评在北京举行。本届大展从全国31个省、市、自治区共征集了515人的11850幅来稿,并首次增加了手机类摄影类别。

【"全国历届摄影国展精品展"重庆两江美术馆展出】

5月17日,由中国摄协、重庆市渝北区宣传部、市摄协主办的"全国历届摄影国展精品展"在重庆两江美术馆展出。

【"情浓5.23 中国文艺志愿者在行动"主题活动在北京玉渊潭举办】

5月23日，由中国文艺志愿者协会、中国摄协主办的"情浓5.23 中国文艺志愿者在行动"主题活动在北京玉渊潭举办。中国文联文艺志愿服务中心副主任、中国文艺志愿者协会副秘书长邵志军，中国摄协顾问贾明祖，中国摄协副主席王文澜、罗更前，中国文联摄影艺术中心主任刘宇等领导与5位全国劳模、4位2014年北京榜样获得者出席活动。

【"中国·丽水摄影节暨国际摄影研讨会"在京发布】

5月26日，中国摄协和丽水市政府在京举办"中国·丽水摄影节暨国际摄影研讨会"发布会。摄影节将于11月6日至10日举办，主题为"作为生活的摄影"，围绕新语境下影像和社会关系的话题展开。2015年起未来10年，丽水摄影节和国际摄影研讨会将每两年举办一届。

【"丝绸之路上的中国穆斯林"摄影展在孟加拉国达卡举行】

5月27日，"丝绸之路上的中国穆斯林"摄影展在孟加拉国达卡举行，中共中央政治局委员、国务院副总理刘延东出席并揭幕，影展作者为中国摄协会员白学义。

【"美丽中国"图片展在联合国总部大厦开幕】

5月27日，"美丽中国"图片展在联合国总部大厦开幕。图片展由红旗出版社、中国图书进出口（集团）总公司承办，《中国·国家地理》杂志社、中国摄影出版社协办。参展的63幅摄影作品从大型视觉艺术画册《美丽中国》中精选而来。

【"第27届中国华北摄影艺术展览"在太原开幕】

6月1日，"第27届中国华北摄影艺术展览"在太原美术馆开幕。展览由北京摄协、天津摄协、河北摄协、山西摄协、内蒙古摄协共办，共展出华北五省市自治区摄影家的200幅作品。

【"中国摄影家聚焦潜江"摄影活动开机仪式在潜江举行】

6月14日，中摄权协和潜江市政府举办的"中国摄影家聚焦潜江"摄影活动开机仪式在潜江市梅苑广场举行。中国文联副主席、中摄权协主席李前光，国家新闻出版广电总局党组成员、中摄权协副主席宋明昌，湖北省文联党组书记、常务副主席刘永泽等出席开机仪式并为活动揭幕。

【"家在千岛湖"吴宗其摄影作品展在浙江美术馆开展】

6月17日，由中国摄协、浙江省文联、杭州市文联主办，浙江省摄协、浙江美术馆、杭州市摄协承办的"家在千岛湖"吴宗其摄影作品展在浙江美术馆4号展厅举办。展览是浙江摄影家协会主席吴宗其35年来潜心创作的结晶。

【"最后的民俗"摄影展在中国摄影画廊举办】

6月26日，由中国文联、中国文艺志愿者协会、中国摄协主办，临沧市摄协协办的"最后的民俗"摄影展在中国摄影画廊举办。

【"广东摄影之乡"暨"'大朗杯'广东省第26届摄影展览"系列活动在东莞举办】

6月27日，"广东摄影之乡"暨"'大朗杯'广东省第26届摄影展览"系列活动在广东省东莞市大朗镇举办。摄影人"深入生活、扎根人民"，采风采风，并参加了广东省摄协举办的"摄影大篷车下基层"、《中国摄影报》影友联谊会等活动。

【《"二战"时期日本强征"慰安妇"罪行采访纪实》首发式在东京参议院会馆举行】

7月1日，由中国摄协会员、平顶山市摄协副主席张国通所著，中华书局出版的《"二战"时期日本强征"慰安妇"罪行采访纪实》出版首发式在日本东京参议院会馆举行。

【"2015上海市摄影艺术展览"上海图书馆开展】

7月2日，"2015上海市摄影艺术展览"在上海图书馆第一展厅开展。上海市摄影艺术展览是上海市摄协举办的两年一届的市内大展，本届影展共展出190件（单幅或组照）作品。

【"光影见史——吴印咸诞辰115周年摄影艺术展"在中国美术馆举办】

7月5日，"光影见史——吴印咸诞辰115周年摄影艺术展"在中国美术馆举办。展览展出了230余件摄影作品和影像文献史料，其中包括大众所熟悉的《白求恩大夫》《艰苦创业》《延安文艺座谈会代表合影》等作品，40%的作品是首次公开亮相。

【"中国东极——抚远国际摄影大展"启动仪式举行】

7月8日，由中国摄协理论委员会，黑龙江省摄协，黑龙江省抚远县委、县政府主办的"中国东极——抚远国际摄影大展"启动仪式暨全国摄影理论研讨会在黑龙江省抚远县举行。"黑龙江省摄协成立50年精品展巡回展（抚远站）"同日开展。

【"第五届全国农民摄影大展"首展暨颁奖仪式在资兴市举办】

7月15日，"第5届全国农民摄影大展"在湖南省资兴市举办首展暨颁奖仪式。大展由中国文联、农业部和中国摄协共同主办、资兴市承办，新增了手机类摄影奖，共征集作品11850幅，共评选出了150件优秀作品。

【"第二届文明郑州全国摄影大展"开幕式暨颁奖仪式在郑州举行】

7月15日，由中国摄协、中共郑州市委宣传部和郑州文联主办，河南省摄协、《中国摄影报》承办的"第二届文明郑州全国摄影大展"开幕式暨颁奖仪式在郑州升达艺术馆举行。

【张晓冬《如梦的视界》画册首发式暨个人影展在北京举办】

7月18日，张晓冬《如梦的视界》画册首发式暨个人影展在北京798艺术区中国摄影出版社正度艺术空间举办。画册为中国首本以油画效果出版的大型摄影作品集。

【"时代的肖像——姜健、江融摄影联展"在北京举办】

7月20日，河南摄协副主席姜健，摄影家江融联手在北京中国摄影画廊举办了"时代的肖像——姜健、江融摄影联展"。

【定制艺术大书亮相大理国际影会】

8月6日，朱宪民《中国百姓》、王玉文《时代印记》定制艺术大书亮相第六届大理国际影会之雅昌装置艺术大书展，以全新的艺术书籍概念，在大于普通书籍的尺寸上，将先锋设计、定制化服务和精细化印刷制作工艺一一呈现。

【"农民工——我的兄弟姐妹全国影展"在北京开幕】

8月7日，第二届中国中铁四局杯"农民工——我的兄弟姐妹全国影展"在北京中国徽文化艺术展示中心开幕。中国摄协主席、分党组书记王瑶，安徽省文联主席吴雪，中国摄协副主席李树峰、张桐胜、罗更前,分党组成员、秘书长高琴等出席开幕式。

【"中国梦——摄影艺术展"西安巡展在西安开幕】

8月15日,纪念抗日战争胜利70周年之际,由中国艺术研究院、水利部精神文明办主办,《中国摄影家》杂志社、西安市委宣传部、西安市水务局、中国水利摄协、陕西省摄协承办的影像"中国梦——摄影艺术展"西安巡展暨汉城湖摄影周在西安汉城湖景区开幕。

【"张桐胜艺术宫"在呼和浩特市揭牌】

8月18日,"张桐胜艺术宫"在内蒙古呼和浩特市如意新区三主粮基地揭牌。中国文联副主席杨承志,中国文联国内联络部副巡视员罗江华,中国艺术报副总编辑余宁,中国摄协顾问朱宪民、王玉文,副主席王悦、张桐胜,中国摄协分党组成员彭文玲等参加了揭牌仪式。张桐胜艺术宫三主粮集团投资创建,由4个展厅与中华影廊组成,总建筑面积为11000多平方米,是目前国内外摄影艺术家个人最大的艺术宫。

【"中国梦·公仆情·劳动美"在颐和园开幕】

8月18日,"中国梦·公仆情·劳动美——中央国家机关第2届职工摄影作品展"在颐和园开幕。展览由中央国家机关工会联合会主办,中央国家机关摄协、中国新闻图片网络中心承办。

【"沙飞镜头中的抗战纪念"在广州举办】

8月20日,主题为"沙飞镜头中的抗战纪念"的中国人民抗日战争暨世界反法西斯战争胜利70周年广州摄影家珍贵历史图片展,在广州农民运动讲习所旧址纪念馆举办。活动由广州市文广新局、《新快报》、中国摄协、广东省摄协、沙飞影像研究中心主办。

【"光影无垠——简庆福摄影作品展"在广州举办】

8月20日,由中国摄协、广东省文联、广东公安文联联办,广东省摄协承办的"光影无垠——简庆福摄影作品展"在广州289艺术空间举办。这是继2014年11月北京首展后巡展的第一站。广东省文联党组书记程扬,中国摄影家协会分党组成员彭文玲等出席展览开幕式。

【"第11届山东省摄影艺术展"在山东省文化馆开幕】

8月21日,"第11届山东省摄影艺术展"在山东省文化馆开幕。

【纪念抗战胜利70周年摄影展在上海市开幕】

8月21日,由《新闻晨报》、上海市摄协、上海市华侨摄协主办的"不朽·抗战老兵"纪念抗战胜利70周年摄影展在上海市开幕。

【"2015广东顺德容桂青少年摄影作品赴京展"在北京798艺术区开幕】

8月21日,由中国摄协图片社、广东顺德文化艺术发展中、广东顺德容桂街道办事处宣传文体办公室、广东顺德容桂街道教育局主办的"2015广东顺德容桂青少年摄影作品赴京展"在位于北京798艺术区的中国摄协图片社798影廊开幕。

【"穿越丝路文化同心"主题摄影展在北京展出】

8月24日,由中国摄协和《人民画报》社主办,中国文联摄影艺术中心承办的"穿越丝路文化同心"——"一带一路"主题摄影展在中国文艺家之家展览馆展出。8月26日,中国文联党组书记、副主席赵实,党组副书记、副主席李屹,党组成员、副主席左中一,党组成员、副主席李前光,党组成员、书记处书记郭运德,党组成员、书记处书记陈建文等参观展览。

【"历史不容忘却"摄影展在京展出】

8月31日，由中国文联、中国摄影家协会主办的"历史不容忘却——纪念中国人民抗日战争暨世界反法西斯战争胜利70周年"摄影展在北京中华世纪坛艺术馆开幕。全国政协副主席刘晓峰，中国文联主席孙家正，中国文联党组书记、副主席赵实，中宣部副部长景俊海，中国文联党组副书记、副主席李屹，党组成员、副主席李前光，文化部副部长丁伟，党组成员、书记处书记陈建文，国家新闻出版广电总局党组成员宋明昌等出席影展开幕式。展览展出的6个板块、300多幅作品，从世界历史和国家记忆两个层面，全景展示了中国人民在抗日战争期间救亡图存的奋斗历程和可歌可泣的峥嵘岁月。展出作品全部由曾亲历抗战的老一代红色摄影家及其家属、著名学者、影像收藏家、策展人等提供，其中有不少作品是第一次面向公众展示。此前，展览在居庸关长城和卢沟桥进行了预展。

【"努比亚智能手机"中通摄协摄影艺术展览在北京拉开帷幕】

9月15日，作为北京国际摄影周2015年度系列展之一的"努比亚智能手机"第1届中国通信摄影协会摄影艺术展览在北京中华世纪坛拉开帷幕。本次活动由中国通信摄影协会主办。

【2015首届"印象检察"摄影展正式启动】

9月17日，由中国摄影家协会、中国检察官文学艺术联合会摄影协会、光明网联合举办的2015首届"印象检察"摄影展启动。

【第十五届平遥国际摄影大展在平遥古城开幕】

9月19日，以"守望家园放飞梦想"为主题的第十五届平遥国际摄影大展在平遥古城开幕，来自世界各地的2000多名摄影师相聚古城。共揭晓了8类奖项，共63人获奖。吴健凭借作品《丝路印记》获得本届"优秀摄影师大奖"殊荣。已96岁高龄曾担任《晋察冀画报》摄影记者的胡冰获得了2015平遥国际摄影大展"终身成就奖"，并向平遥国际摄影大展捐赠了他在抗战期间拍摄的38张珍贵照片。

【"中国梦——中国摄影家作品展"在悉尼世界广场开幕】

9月25日，由中国摄协与澳大利亚国际摄影学院（AIIP）联合主办的"中国梦——中国摄影家作品展"在悉尼世界广场开幕。

【"向人民汇报"作品展览在王府井、西单先后举办】

9月26日，"向人民汇报"——著名摄影家"深入生活、扎根人民"作品展览在北京最繁华的商业区王府井、西单先后举办。10月23日，展览在"中国文艺家之家"展出，展览由中国文联主办，中国摄协、中国文联国内联络部、中国文学艺术基金会承办。

【"中国梦·我的梦——中财摄协作品展"在南京开幕】

9月26日，由中国财政摄协主办、江苏财政摄协承办的"中国梦·我的梦——中国财政摄协第2届摄影艺术作品展"在南京艺术学院美术馆开幕。

【"海上丝路——过去与现在"摄影展在王府井开展】

9月28日，由中国国家海洋局宣传教育中心、中国摄影家协会联合主办的"海上丝路——过去与现在"摄影展在北京王府井步行街开展。

【"TOP20——2015中国当代摄影新锐展"在浙江美术馆开幕】

9月29日，由中国摄协和浙江省文联主办的"TOP20——2015中国当代摄影新锐展"在浙江美术馆开幕，展览作品集同期首发。

【"寻根南诏·品味巍山"摄影艺术展在中国巍山开展】

10月1日，由云南省摄协、大理州文产办主办的"寻根南诏·品味巍山——走进美丽家园"摄影艺术展在巍山开展。

【李伟坤首次个人摄影作品展亮相北京】

10月11日，中国摄影家协会副主席李伟坤首次个人摄影作品展亮相北京。由中国摄协、广东省文联、广东摄协联合主办，东莞市长安影像中心、佛山市南海区大沥镇文化站协办，在中国摄影画廊展出的以"原乡人"为主题的影展吸引了各界人士的关注。

【"福建—东欧（匈牙利）巡回摄影展"在布达佩斯举行】

10月13日，由福建省文学艺术界联合会和福建省摄影家协会主办，匈牙利国家摄影家协会承办，欧洲国际文化艺术交流基金会和福建同乡会协办的"海上丝路·大美福建—东欧（匈牙利）巡回摄影展"在匈牙利首都布达佩斯举行。

【"第2届北京国际摄影双年展"在央美美术馆举行】

10月15日，由中央美术学院美术馆主办的"陌生的亚洲——第2届北京国际摄影双年展"在中央美术学院美术馆举行了新闻发布会暨开幕仪式。

【"柳州当代摄影展"在柳州市政协开幕】

10月16日，由柳州市摄影家协会和柳州市艺术馆共同主办的"柳州当代摄影展（第2届）"在柳州市政协开幕。

【"中国人眼中的古巴"摄影展在北京亮相】

10月19日，在中古建交55周年之际，中国摄协和中友国际艺术交流院共同推出"中国人眼中的古巴"摄影展。全国政协原副主席、中国古巴友好协会会长白立忱，中国人民对外友好协会副会长谢元，外交部部长助理钱洪山，古巴驻华大使白诗德，中国摄协主席王瑶等出席招待会并参观展览。

【"北京国际摄影周2015"在北京中华世纪坛正式登场】

10月24日，"北京国际摄影周2015"在北京中华世纪坛正式登场。开幕活动由主题讲堂、摄影之路、项目推介会及参观展览等部分组成。文化部副部长丁伟，中国文联党组成员、副主席李前光，国家新闻出版广电总局党组成员宋明昌，国家旅游局局长李金早，中国艺术摄影学会主席杨元惺，中国摄影家协会主席、分党组书记王瑶，北京市委宣传部常务副部长王海平，市文化局副局长关宇，新华社图片中心主任龙松林以及中国摄协顾问等各界嘉宾数百人出席开幕活动。

【"乡土中国"纪实摄影展在达州开幕】

10月28日，首届"乡土中国"纪实摄影展在达州新农村文化艺术演展基地开幕。影展由中国摄协，四川省达州市委、市政府主办，是全国首个以农业、农民、农村为关注题材的主题性、学术性摄影活动。

【"2015北京国际摄影周"圆满落幕】

11月1日，2015北京国际摄影周圆满落幕，"奇境中国——中国珍稀野生动物摄影作品展""火车上的中国人"等5个专题摄影展被中华世纪坛艺术馆收藏。

【"第二十五届中国新闻奖"评选揭晓】

11月2日，中华全国新闻工作者协会主办的"第25届中国新闻奖"评选揭晓，其中首发于《中国摄影报》2014年5月16日1版的文论《一名图片编辑的遐想——大数据时代图片资源的检索与使用》获中国新闻奖新闻论文三等奖。

【"'中国梦'公益广告展览"在湖南长沙地铁展出】

11月3日,"'中国梦'主题影像公益广告展览"在湖南长沙地铁2号线沿线站点正式展出,这也是"中国梦"主题影像公益广告作品在湖南的首次集中亮相。此次展览由中国摄协、中国摄协官网、湖南省摄协联合举办。

【"中国摄影名家名作收藏展"在郑州拉开帷幕】

11月4日,由中国艺术摄影学会、郑州市委宣传部、市文联主办,市摄协承办的首届"中国摄影名家名作收藏展"在郑州拉开帷幕。本次展览首次集中展出了杨元惺、朱宪民、徐大庆3位摄影家的摄影作品。

【"魅力安徽"摄影图片展在联合国日内瓦办事处举办】

11月6日,由安徽省摄协主办的"魅力安徽"摄影图片展在瑞士联合国日内瓦办事处举办。

【2015丽水摄影节暨首届国际摄影研讨会在丽水举办】

11月6日至10日,由中国摄协、浙江丽水市人民政府联合主办的2015丽水摄影节暨首届国际摄影研讨会在丽水市举办。该活动以"作为生活的摄影"为主题,共有来自52个国家和地区参展。

【"山东摄影家眼中的西藏"摄影展在山东淄博开幕】

11月7日,以西藏自治区成立50周年为契机,"山东摄影家眼中的西藏"摄影展在山东淄博开幕。

【全国公安系统"卫士之光"美术、书法、摄影展在北京开幕】

11月10日,第5届全国公安系统"卫士之光"美术、书法、摄影作品展在京开幕。展览由公安部、中国美协、中国书协、中国摄协共同主办。

【"中国高铁走向辉煌摄影、美术、书法展"在北京展出】

11月13日,由中国铁路文联主办的"中国高铁走向辉煌——2015全国铁路摄影、美术、书法展"在北京展出。

【"第22届摄影艺术展览"在呼和浩特展出。】

11月18日,由内蒙古摄协主办的内蒙古自治区"第22届摄影艺术展览"在呼和浩特市内蒙古美术馆展出。

【联合国向中摄协会员吴渝生等国内7人颁发证书】

11月18日,联合国和平使者团向中国摄协会员吴渝生等国内7人颁发了"联合国和平大使"证书。

【"陈复礼百岁华诞"庆祝晚宴在香港举行】

11月19日,由中国摄协、江苏水乡周庄旅游股份有限公司、香港中国旅游出版社联合主办的"陈复礼摄影大师百岁华诞"庆祝晚宴在香港举行。

【"2015连州国际摄影年展"在连州开幕】

11月21日,由清远市人民政府、连州市人民政府、中国艺术摄影学会主办的"2015连州国际摄影年展"在连州文化广场开幕。本届年展设立"刺点摄影奖"和"评委会特别奖",来自中国无锡的钱海峰凭借《绿皮火车》获得第11届连州摄影年展"刺点摄影奖"。11月23日下午4点，中国摄协影像国际网在连州召开了一场主题为"国际当代摄影发展趋势"的影像国际研讨会。

【"金驹奖"世界大学生摄影展开展仪式在江西上饶举行】

11月21日，由中国摄协、北京电影学院与上饶市人民政府共同主办的2015"金驹奖"世界大学生摄影展开展仪式在江西上饶市民公园举行。展览旨在为大学生们搭建国际化摄影艺术交流平台，发现、培养青年摄影人才，并促进摄影教育学科建设与发展。中国文联党组成员、副主席李前光，江西省委常委、秘书长朱虹，中国摄影著作权协会副主席宋明昌，江西省原副省长熊盛文，北京电影学院校长张会军，上饶市委书记陈俊卿共同为摄影展揭幕。

【"中国梦"主题影像公益广告摄影展在北京景山公园红墙影廊展出】

11月25日，由中国摄协主办的"中国梦"主题影像公益广告摄影展在北京景山公园红墙影廊展出。这是继"中国梦"主题影像公益广告在北京首都国际机场、北京西客站、地铁、大栅栏、玉渊潭公园等地展出后，又一次在北京的公共空间面向大众展示。

【"影像'中国梦'摄影艺术展"在合肥开幕】

11月28日，由中国艺术研究院、安徽省摄协主办的公益展览"影像'中国梦'摄影艺术展"合肥巡展在安徽合肥久留米美术馆开幕，展览展出了包括解海龙拍摄的《大眼睛》等160幅名家名作。

【"2015年中国凤凰摄影双年展"在凤凰县开展】

12月1日，由湘西州委、州政府与中国摄协联合举办的"2015年中国凤凰摄影双年展"在凤凰县开展。本届摄影双年展主题为"世界民俗聚凤凰"，活动期间，来自国内知名的民俗摄影家、民俗理论家等还举办主题讲座和研讨会。

【"北京、浙江儿童摄影学校三校摄影作品联展"在北京儿童摄影学校展出】

12月1日，由全国青少年摄影教育指导委员会秘书处和北京儿童摄影学校展览馆主办的"北京、浙江儿童摄影学校三校摄影作品联展"在北京儿童摄影学校（朝阳区三里屯小学）展览馆展出。

【"Photo Shanghai 第4届上海影像展"在上海拉开帷幕】

12月1日，专注于影像艺术的"Photo Shanghai 第4届上海影像展"在上海中华艺术宫拉开帷幕。

【国际聋人摄影展暨残障主题公益摄影展在天津举行】

12月2日，第24个国际残疾人日前夕，由中国残联、中国聋人协会、广东省残联、广东省摄协、天津市残联主办的第4届"沣标杯"国际聋人摄影展暨"生命·阳光"残障主题公益摄影展在天津理工大学聋人工学院举行。

【"中国梦"摄影艺术展乌鲁木齐巡展开幕】

12月5日，由中国艺术研究院、新疆兵团文学艺术界联合会主办的影像"中国梦"摄影艺术展乌鲁木齐巡展开幕。

【"醉美婺源"摄影大展在婺源开展】

12月10日，由中国摄协、中共婺源县委、婺源县人民政府主办的"醉美婺源"2014国际摄影大展在婺源星江河畔朱子文化的传承地熹园开展。

【"故乡的路"作品展廊坊巡展在廊坊市开幕】

12月12日，由丝绸之路国际文化交流中心和河北省摄协联合举办的首届"故乡的路"中国少数民族摄影师作品展廊坊巡展在廊坊市新绎贵宾楼开幕。

【蔡焕松摄影作品展在珠海开幕】

12月12日，由中国艺术研究院摄影艺术研究所、《中国摄影家》杂志社、《中国摄影家》南方影像学术研究中心、长安影像中心主办的"'看·真的·印度'蔡焕松摄影作品展"在珠海兰格影艺坊开幕。

【第三届青年摄影大展在上海进行总决选】

12月14日，由上海市文联指导、上海市摄协主办的"海上·活力"第三届青年摄影大展在上海国际时尚中心进行总决选。

【国际摄影艺术展览作品评选活动在郑州市拉开帷幕】

12月16日，中国第十六届国际摄影艺术展览作品评选活动在河南省郑州市拉开帷幕。中国文联摄影艺术中心主任刘宇、郑州市人民政府副市长刘东、郑州市文联党组书记徐大庆等出席了组委会会议。

【江西省高校摄影艺术作品展在上饶开幕】

12月18日，由江西省摄协、江西省高等学校摄影学会主办的"建行杯"第14届江西省高校摄影艺术作品展在上饶师范学院开幕。

【广州手机摄影节启动仪式在《羊城晚报》举行】

12月19日，由中国电信广州分公司、《羊城晚报》《新快报》、广东省摄协共同主办的"天翼4G杯"首届广州手机摄影节启动仪式在《羊城晚报》创意产业园举行。

【首届"江苏摄影奖"在江苏开幕】

12月20日，由江苏省文联主办，江苏省摄协承办的首届"江苏摄影奖"在江苏现代美术馆开幕。

【"河北美丽乡村"暨"太行颂"摄影展在河北开展】

12月22日，由河北省委宣传部、省委农工部、省老促会和《中国摄影报》社联合主办的"河北美丽乡村"暨"太行颂"摄影展在河北博物院开展。

学术与研究

【"中国摄影论坛"启动 首场研讨青年摄影】

2月1日，借第二届全国青年摄影大展首展开幕之际，中国摄协主办的中国摄影论坛之"nubia智能手机杯"青年论坛在京举办。就新形势下青年摄影的现状、方向，以及如何更加有效地发掘、推介青年摄影新人等内容进行了探讨。

【《中国东极·抚远国际摄影大展》启动仪式暨全国摄影理论研讨会在抚远举行】

7月8日，由中国摄影家协会理论委员会、黑龙江省摄影家协会、黑龙江省抚远县委、县政府主办的《中国东极·抚远国际摄影大展》启动仪式暨全国摄影理论研讨会在黑龙江省抚远县举行。

【"中国摄影研讨会之故乡的路——中国少数民族摄影文化的现状和未来"在北京映画廊举办】

7月10日，由中国摄协主办，中国摄影家协会理论委员会、中国摄协理论研究部承办，映艺术中心协办的"中国摄影研讨会之故乡的路——中国少数民族摄影文化的现状和未来"在北京映画廊举办。就中国少数民族摄影的相关问题作了深入的研讨和交流。

【"中国摄影研讨会之农民摄影的现状与前景"在湖南举办】

7月15日，中国摄影研讨会之农民摄影的现状与前景在湖南资兴东江湖摄影艺术中心举行。着重就如何推出农民摄影人作品、农民摄影人的创作导向,农民摄影的现状与前景等进行探讨。

【"中国摄影研讨会之中国体育摄影如何与国际接轨"在京举办】

8月25日,由中国摄协主办,中国摄影家协会理论委员会、中国摄协理论研究部、《大众摄影》杂志社承办的"中国摄影研讨会之中国体育摄影如何与国际接轨"在京举办。深入探讨在国际体育摄影的新趋势下,中国体育摄影的困境与突破。

【"中国摄影研讨会之抗战影像的保存与传播"在京举办】

9月1日,由中国摄协主办,中国摄影家协会理论委员会、中国摄协理论研究部、中国摄影出版社承办,以"抗战影像的保存与传播"为主题的中国摄影研讨会在京举办。围绕如何完整地保存抗战影像、利用多种媒介广泛传播抗战影像等问题展开讨论。

【第十二届全国摄影理论研讨会在长安镇举行】

12月15日至17日,由中国摄影家协会、广东省文联、广东省摄影家协会、广东省东莞市长安镇文联联合主办的第十二届全国摄影理论研讨会在长安镇举行,来自全国各地的近百位专家学者围绕"创作时代经典,传播中国形象"的主题展开研讨。本次研讨会设置了四个分论坛,主题分别为"摄影艺术传承中华美学精神""用摄影讲好中国故事""摄影艺术的群众性"和"摄影艺术的跨界融合"。与会专家围绕各个分论坛主题展开充分探讨。

追思与纪念

【中国摄协会员、四川省摄协理事、《绵阳日报》视觉总监杨卫华去世】

2月26日,汶川大地震《敬礼娃娃》图片拍摄者,中国摄协会员、四川省摄协理事、《绵阳日报》视觉总监杨卫华因病逝世,中国摄协曾表彰其为"2008抗震救灾优秀摄影家"。

【中国文联荣誉委员、中国摄协顾问吕厚民去世】

3月9日,中国文联荣誉委员、中国摄协顾问吕厚民因病去世,享年87岁。吕厚民作为新中国摄影事业的实践者和奠基者之一,一生用镜头记录了共和国的时代沧桑,以满腔的热情执着追求摄影艺术;作为中国文联的荣誉委员,中国文联、中国摄协的老领导,他心系摄影事业,为中国摄影事业的发展做出了重要贡献。中央领导同志对吕厚民同志逝世表示哀悼并对其家属表示慰问。3月15日,在京摄影人数千人参加了吕厚民的遗体告别仪式。

【中国摄影家协会顾问陈勃逝世】

12月20日,中国摄影家协会顾问陈勃逝世,享年90岁。陈勃是我党培养的老一代优秀摄影家和中国摄影界杰出的组织领导者,是新中国摄影事业的开拓者之一。他的作品在国际影展中为新中国夺得第一块金牌,曾策划并实施新中国成立后的第一个风光展。2009年获第八届中国摄影金像奖终身成就奖和中国文联造型艺术成就奖。

中国书法家协会

综述

2015年，中国书协认真学习贯彻习近平总书记在文艺工作座谈会上的重要讲话和中共中央《关于繁荣发展社会主义文艺的意见》精神，坚持以人民创作为导向，扎根基层，服务人民。2015年中国书协在展览、创作、理论研究、教育及培训、传播、市场、书法惠民、交流等方面取得进一步发展，成果显著。"全国第十一届书法篆刻作品展"系列展览作为今年展览的重头戏，在展览征稿要求、展览评审及监督、展览方式、学术研讨等方面均有所突破，成为书法界关注的焦点。书法展赛趋于理性，注重展览文化内涵与学术价值成为新的风向标。书法创作注重文化品位与个性追求，在传统基础上提炼时代特色，形成一批精品力作。书法教育及培训进一步发展，中小学书法教师培训力度加大。书法交流坚持"引进来"与"走出去"的策略，中国书法海外影响力进一步提升。中国书法家协会第七次全国代表大会在北京开幕，中共中央政治局委员、中央书记处书记、中宣部部长刘奇葆关于"四有书法家"的讲话引发热议，大会选举产生新一届主席团，书法团体新气象备受社会瞩目。

会议与活动

【（一）重要会议活动】

1. 中国书协六届十一次主席团会议在京召开

1月25日，中国书协六届十一次主席团会议在北京中国文艺家之家召开。会议深入学习贯彻全国宣传部长会议精神，学习贯彻中国文联九届七次全委会精神，回顾总结去年工作，研究部署今年工作，进一步团结、引导广大书法家和书法工作者认真学习贯彻习近平总书记系列讲话精神，强化以人民为中心的创作导向，明确书法工作的时代责任，扎实有效推动协会工作改革创新，切实把握书法发展机遇，不断开创书法事业新局面。中国书协主席张海出席并主持会议。

2. 中国书协篆刻专业委员会工作会议

7月13日，中国书协篆刻专业委员会工作会议在山东省潍坊市举行。会议由全国政协常委、中国书协副主席、篆刻专业委员会主任苏士澍主持。会上，中国艺术研究院中国篆刻艺术院院长、中国书协理事骆芃芃，西泠印社理事徐畅，中国艺术研究院副研究员陆明君，山东省书协副主席、山东印社社长范正红分别发言。

3. 中国书协第六届理事会第五次会议

8月10日，中国书协第六届理事会第五次会议在北京召开。中国文联党组副书记、副主席、书记处书记李屹在讲话中充分肯定了中国书法家协会自第六次书代会五年以来，为书法事业繁荣发展做出的积极贡献，提出了明确方向、敢于担当，深入人民、为时而书，同心协力、共谋发展的三点要求，以实际行动积极践行以人民为中心的创作理念，全面推进书法事业的繁荣发展。会议通过了《中国书法家协会第六届理事会第五次会议决议》。根据决议，中国书法家协会第七次全国代表大会将于2015年第四季度在北京召开。

4. 中国书法家协会第七次全国代表大会

12月7日至9日，中国书法家协会第七次全国代表大会在北京召开，来自全国各省份和新疆生产建设兵团、部分产（行）业文联书协、解放军及武警部队、中央直属单位以及港澳台地区的400余名书法工作者代表参加会议。中共中央政治局委员、中央书记处书记、中宣部部长刘奇葆出席开幕式并做重要讲话，审议通过了中国书法家协会第六届主席团工作报告，修订了《中国书法家协会章程》，选举产生了中国书法家协会第七届理事会和主席团。

中国书协第七届名誉主席：沈　鹏、张　海

中国书协第七届主席：苏士澍（满族）

中国书协第七届副主席（以姓氏笔画为序）：王　丹、毛国典、包俊宜、刘金凯、刘洪彪、孙晓云（女）、吴东民、何奇耶徒（蒙古族）、宋华平、张建会、陈洪武、陈振濂、顾亚龙、翟万益

秘书长：郑晓华

副秘书长：曹建明、潘文海

【（二）品牌活动】

1. "我们的中国梦——万名书法家送万'福'进万家"慰问公益活动走进河北献县

1月20日，由中国书法家协会、中央电视台主办，中国文联书法艺术中心、央视网络电视台、河北省书协、河北献县县委宣传部、县文联承办的"我们的中国梦——万名书法家送万'福'进万家"慰问公益活动走进河北献县南河头乡东单桥村。

中国书协分党组成员、副秘书长曹建明、潘文海，中国文联书法艺术中心主任刘恒、副主任高庆春，中国书法出版传媒集团董事长、总经理李世俊，河北省文联党组书记解晓勇，省书协主席刘金凯，省书协副主席刘月卯等出席，中国书协及直属单位书法工作者与东单桥村村民100多人参加了活动。

2. 赴北京福利院、敬老院慰问

2月6日，由中国书协、中央电视台主办的"我们的中国梦——万名书法家送万'福'进万家"公益活动走进北京福利院、敬老院开展慰问。中国文联党组副书记、副主席、书记处书记李屹，中国书协分党组书记、驻会副主席兼秘书长陈洪武，中国书协分党组成员、副秘书长曹建明，中国文联书法艺术中心副主任高庆春，中国书协理事朱守道、张杰、金运昌、郑晓华、龙开胜、胡秋萍，知名书法家程度、高宝玉等及媒体30余人参加活动，第一社会福利院副院长王焕杰主持并致欢迎辞。李屹、陈洪武及书法家们将现场书写的60余幅满载深情的"福"字、春联书法作品赠给老年朋友们，并到老人的住所张贴福字，为百岁老人送福祈福，表达最诚挚的祝福和节日的问候。

3. "我们的中国梦——万名书法家送万'福'进万家"公益活动走进密云区

2月12日，由中国书法家协会主办，密云县公安局承办的"我们的中国梦——万名书法家送万'福'进万家"公益活动走进密云区公安局古北口派出所（检查站）。

中国书协副主席赵长青，中国书协分党组成员、副秘书长潘文海，中国书协理事、中国文联书法艺术中心副主任高庆春，中国书协理事、中国石油书协主席于恩东，中国书协理事、故宫博物院研究员张志和及侯锡瑜、郑培亮、刘楣洪、冷万里、王立志、杜延平、史焕全、张青山、张

德林、刘建丰、吴川淮等参加。密云区公安局政治处主任胡志全主持并致辞。

活动现场，赵长青、潘文海等还特别带着大红"福"字和春联来到古北口检查站执勤岗，慰问工作在一线的民警，把书法家的祝福送到正在岗位上执勤的基层民警手中。古北口检查站所长刘军表示，书法家们带来高雅的书法艺术，使我们感受到了传统文化的魅力和喜庆祥和的节日气氛，我们将坚守岗位，以实际行动守护国家和人民的幸福安康。

4."中国书法公益流动大讲堂"启动

（1）3月10日，由中书协及各团体会员共同举办的"中国书法公益流动大讲堂"巡讲首站在北京市文联小剧场启动。中国书协分党组书记、驻会副主席兼秘书长陈洪武，中国文联书法艺术中心主任刘恒，中国书协理事、北京书协驻会副主席兼秘书长田伯平，北京书协副主席、首都师范大学教授、博士生导师叶培贵，北京书协各区书协和各行业书协的创作骨干200余人参加听课。大讲堂由田伯平主持。

此次"中国书法公益流动大讲堂"，中国书协组成了由中国书法家协会副主席言恭达为组长、吉林大学博士生导师丛文俊教授为副组长的巡讲专家组，成员包括张天弓、刘文华、叶培贵、李松、陈新亚、陈海良等，采取专家讲座与名家点评相结合的授课方式，旨在传导书法文化，倡导会员及投稿作者树立正确的艺术观，尊重书法创作规律，静下心来、精益求精搞创作，并通过自身的实践，深入传统，挖掘经典，不断提高学养、涵养和修养。

2015年3月10日"中国书法公益流动大讲堂"在北京启动后，将在全国各省份展开，时间持续到4月底。

（2）3月11日，"中国书法公益流动大讲堂"启动仪式在天津美术学院举行。中国书法家协会理事、天津市书法家协会常务副主席张建会、天津市书法家协会副主席李锋、喻建十等以及来自全市的书法家共近400人参加了大讲堂的活动。

中国书法家协会理事、中国书法培训中心主任、隶书专业委员会副主任刘文华开始主讲。当日下午，中国书法家协会楷书专业委员会委员李松开讲。

（3）3月11日至13日，由中国书协与上海书协联合举办的"中国书法公益流动大讲堂（上海站）"在浦东书院镇上海书协葵园创研基地开讲。3月11日至12日，上海书协副主席戴小京、孙慰祖、李静、丁申阳为60位上海书协中青年书法创作骨干授课，培训活动由上海书协秘书长潘善助主持。3月13日，吉林大学教授、博士生导师丛文俊，中国书协隶书专业委员会委员，中国书协培训中心教授崔胜辉开讲。上海市文联副主席、上海书协主席周志高，上海书协驻会副主席李静，上海书协秘书长潘善助等以及在各类全国展赛中屡获佳绩的作者共130余人参加了大讲堂。

（4）3月12日，由中国书协、河北省书协主办的"中国书法公益流动大讲堂（河北省）"在石家庄举行。中国书协培训中心主任刘文华、中国书协草书委员会委员陈新亚赴石家庄进行了书法讲座。来自河北各地市书协团体会员的100多位重点作者聆听了讲座。

（5）3月12日至14日，中国书协与江苏省书协联合举办的"中国书法公益大讲堂暨2015江苏省书法家协会书法篆刻创作班"在南京开讲。吉林大学古籍研究所教授、博士生导师丛文俊，中国书协培训中心教授崔胜辉，江苏省书协主席孙晓云，省书协副主席徐利明、李啸、王伟林，省书协秘书长王卫军，南京师范大学书法系主任、博士生导师王继安，南京大学艺术中心主任黄正明等为学员授课、点评作品，来自全省各地的青年书法创作骨干和在宁各高校的书法专业学生140余人参加。

（6）3月13日，由中国书法家协会、吉林省书法家协会主办，长春乾元艺术中心协办的"中国书法公益流动大讲堂"吉林省专场在长春举办。本场讲座由著名书法家叶培贵、李松二位教授主讲。讲座由吉林省文联名誉主席、省书法家协会主席毕正主持。省文联党组书记、主席尹爱群到会传达了中国文联全委会议和吉林省文联全委会议相关精神，来自全省各地的230多位会员参加了讲座。

（7）3月14日日至15日，由中国书协、黑龙江省书协联合主办的"中国书法公益流动大讲堂（黑龙江省）"在黑龙江省哈尔滨市举行。黑龙江省文联党组成员、副主席、省书协常务副主席兼秘书长张戈，省书协副主席兼副秘书长胡志平等省内骨干作者200余人参加，大讲堂由张戈主持。

（8）3月14至15日，"中国书法公益流动大讲堂"在山西太原举办，活动由中国书法家协会、山西省书法家协会主办，来自山西各地的260余名书法创作骨干参加培训，聆听了洪厚甜、张天弓、陈新亚3位教师的精彩讲授。山西省文联党组副书记、山西省书协主席石跃峰主持讲座。

（9）3月14日至15日，"中国书法公益大讲堂（内蒙古站）"讲座在呼和浩特市举行。在两天的学习中，中国书协学术委员会委员、湖北书协副主席张天弓先生，中国书法家协会理事、草书委员会委员陈新亚以及内蒙古书协的专家分别就书法本体论、书法创作与点评、篆刻创作进行了深入细致的分析讲解，来自内蒙古各地的书法作者320人参加学习。

（10）3月21日，由中国书协、河南省书协共同举办的"中国书法公益流动大讲堂（河南）"在郑州市黄河迎宾馆举行。中国书协副主席言恭达、中国书协培训中心主任刘文华给大家带来两场精彩的讲座。河南省文联主席、省书协副主席杨杰，省书协主席宋华平等以及来自全省各地的300余名书法作者参加了大讲堂活动。

（11）3月21日至4月2日，由中国书法家协会、江西省书法家协会联合主办的"中国书法公益大讲堂（江西）"在江西饭店正式启动。吉林大学古籍研究所教授、博士生导师丛文俊，中国艺术研究院书法院创作部主任陈海良，江西省文联副主席、省书协主席毛国典，省书协副主席黄四德、张鉴瑞等及各地书协和各行业书协的创作骨干300余人参加听课。大讲堂由毛国典主持。

（12）3月27日至28日，由中国书法家协会选派专家，与广东省文联、广东省书协先后在东莞市文联多功能厅、深圳市学苑宾馆第二报告厅联合举办"中国书法公益流动大讲堂"。广东省文联党组书记程扬亲自做动员，并讲课辅导，中国书协郑培亮全程跟班指导。大讲堂由中国书协理事、广东省书协专职副主席纪光明主持。

（13）4月3日至4日，由中国书法家协会、宁夏书法家协会联合举办的"中国书法公益流动大讲堂（宁夏）"在宁夏税务干部学校举行，中国书协副主席吴善璋，中国书协理事、吉林大学博士生导师丛文俊，中国书协行书专业委员会委员、书法培训中心教授刘京闻为宁夏的学员授课、点评作品。来自宁夏各地、市、县的团体会员243位参加培训，聆听了讲座。

（14）4月12日，由中国书法家协会与重庆市文学艺术界联合会、重庆市书法家协会联合主办，重庆市群众艺术馆协办的"中国书法公益流动大讲堂（重庆）"活动在重庆市群众艺术馆隆重举行。中国书协副主席言恭达，中国书协书法培训中心教授崔胜辉为来自重庆各区县及贵州、云南近700名书法骨干作者和爱好者做了精彩的书法讲座和书法作品点评。中国书协理事、重庆市书法家协会主席刘庆渝，重庆市书法家协会驻会副主席漆钢等出席了大讲堂讲座活动。

5. 赴北京城建集团举办书法巡展

5月22日，由中国文联、中国书协、中国文艺志愿者协会主办的"到人民中去——中国书法志愿者服务活动"暨"培育和践行社会主义核心价值观书法巡展"来到北京城建集团。全国政协委员、中国书协副主席赵长青，中国文联文艺志愿服务中心副主任、中国文艺志愿者协会副秘书长邵志军，中国书协理事、中国文联书法艺术中心副主任高庆春、中国书协理事潘传贤、张志和、白景峰，书法家张维忠、崔胜辉、高国庆、白锐等参加本次活动。

6. 赴青海举行书法家慰问服务活动

6月6日至11日，由中国文联国内联络部和中国石油文联主办、中国石油书协和中国石油青海油田公司承办的"走进大荒漠——中国文联（行）业书法家慰问服务活动"为青海石油工人横穿柴达木，千里送艺术。此次活动由中国石油文联副主席、中国石油书协主席于恩东带队，中国文联国内联络部主任刘尚军、中国文联国内联络部群众文艺处处长李岩、中国文联国内联络部协会处副处长柯洪坤、中国书协副主席张改琴、中央国家机关书协副主席张铁甲、中国检察官文联书画专业委员会副主任陈怀安、中国金融美协副主席黄东明、中国煤炭书协副主席马铭、中国电力书协副秘书长乐长江等积极响应。

7. "三严三实"专题教育学习慰问活动

7月31日，为纪念中国人民抗日战争暨世界反法西斯战争胜利70周年、扎实开展"三严三实"专题教育，中国书协组织"三严三实"专题教育学习研讨暨"八一"建军节慰问活动在北京军区政治部第三干休所举行。中国书协机关党员、处以上干部参加了活动。在"三严三实"专题教育学习研讨会上，大家聆听了离休干部、总政宣传部原宣传处长史大伟所做的革命传统教育报告，他从亲身经历的抗日战争、解放战争、抗美援朝战争等讲起，追思难忘的烽火岁月，畅谈革命理想，怀念战友，正是有了革命先辈付出了鲜血的代价，才换来了今天的美好生活。

"三严三实"专题教育学习研讨会结束后，中国书协对北京军区第三干休所离休干部、干休所干部、战士进行慰问，中国书协分党组书记、驻会副主席兼秘书长陈洪武代表中国书协捐赠《弘道养正——培育和践行社会主义核心价值观书法集》。干休所政委高晖主持慰问活动。

8. 在深圳宝安举行书法联谊活动

12月30日，由中国文联、中国书协主办，山东省书协、中国文联书法艺术中心承办的"万名书法家送万'福'进万家"下基层公益活动走进淄博市张店区卫固镇黑铁山抗日根据地。中国书协主席苏士澍，中国书协分党组书记、驻会副主席陈洪武，中共山东省委宣传部副部长王红勇，中国书协副主席、山东省书协主席顾亚龙，中国书协秘书长郑晓华，中国文联文艺志愿服务中心副主任邵志军，中国书协分党组成员、副秘书长曹建明、潘文海等参加活动。

展览与评奖

【（一）全国展】

1. 汝州论帖——首届中国刻帖学术论坛暨中国当代书法名家《汝帖》《续汝帖》题跋展

1月16日至18日，由中国书法家协会学术委员会、河南省文艺界联合会主办，河南省书法家协会联合承办的"汝州论帖——首届中国刻帖学术论坛暨中国当代书法名家《汝帖》《续汝帖》题跋展"在河南汝州举行。辑选先秦金文8种及秦汉至隋唐五代名家书法94种共109帖汇刻12石立于汝州官衙而成。同时，本届学术论坛共收到论文30余篇，经挑选27篇提交论坛。

2. 迎乙未羊年——楹联书法展

2月13日，由中国国家博物馆和中央数字电视书画频道联合举办的"迎乙未羊年——楹联书法展"在中国国家博物馆开幕。中国国家博物馆馆长吕章申，中央数字电视书画频道董事局主席王平，中国书法家协会副主席赵长青，中宣部原秘书长官景辉，全国工商联原常务副主席孙安民，中国书法家协会顾问张飙、副秘书长张陆一，中国画学会副会长张道兴，中国国家画院副院长曾来德，第二炮兵美术书法研究院副院长兼秘书长刘洪彪，首都师范大学书法院院长王元军，《美术观察》主编李一，中国书法家协会理事张公者等以及参展的书法家代表出席开幕式。吕章申馆长、王平主席先后讲话，陈履生副馆长主持仪式。

3. 全国第二届手卷书法作品展评审

4月13日至15日，"全国第二届手卷书法作品展"评审工作在河南省辉县市举行。此次展览共收到投稿作品7788件，其中河南省投稿1078件，山东省投稿758件，广东省投稿619件，江苏省投稿596件。评审本着"科学、规范、学术、民主"理念，经评委会评审，共有200件作品入展。

4. 第5届中国书法兰亭奖、第31届中国兰亭书法节在绍兴兰亭书法博物馆开幕

4月21日，农历乙未上巳节，第5届中国书法兰亭奖、第31届中国兰亭书法节在新落成的绍兴兰亭书法博物馆开幕，《第五届中国书法兰亭奖作品集》《徐渭书画全集》同期首发。中国文联党组副书记、副主席李屹，中国书法家协会主席张海，中国文联国内联络部主任刘尚军，中国书法家协会分党组书记、驻会副主席兼秘书长陈洪武，中国书法家协会副主席申万胜、吴善璋、何奇耶徒、言恭达、陈振濂、赵长青等以及获奖作者和来自海内外的书法家、书法爱好者出席了开幕式。

经过评审，本届兰亭奖评选出终身成就奖2名，艺术奖10名，理论奖19部（篇）、佳作奖30件。孙伯翔、周慧珺获得终身成就奖。韩天衡、李刚田、周俊杰、刘一闻、徐利明、张旭光、邱振中、徐本一、张建会、熊伯齐获得艺术奖。金丹、盛东涛、叶梅获得理论奖一等奖，另有16部专著和论文获得理论奖二、三等奖。蒋乐志、王卫军、刘永清、岳奇、金泽珊获得佳作奖一等奖，另有25人获得二、三等奖，共198人入展。

4月22日至23日，第五届中国书法兰亭奖还将举办系列活动《兰亭论坛——王羲之真相》学术讲座，邀请王玉池、杉村邦彦（日本）、王连起、祁小春、萩信雄（日本）等国内外学者围绕王羲之及魏晋书法的相关话题展开学术演讲和探讨。

5. 弘道养正——培育和践行社会主义核心价值观书法展巡展

5月12日，由中国文联、中国书协主办，教育部语用司支持，北京交通大学、中国文联书法艺术中心协办的"弘道养正——培育和践行社会主义核心价值观书法展巡展"在北京举行。本次展出的60余幅名家书法作品，围绕传承中华美德、大力弘扬社会主义核心价值观的主题，笔墨清新、雅俗共赏，具有浓郁的时代气息，展览作品集同时首发并举行捐赠仪式。

6. "到人民中去——中国书法志愿服务活动"暨"培育和践行社会主义核心价值观书法巡展"

5月22日上午，由中国文联、中国书协、中国文艺志愿者协会主办，北京城建集团、中国文联书法艺术中心协办，北京城建置业有限公司承办的"到人民中去——中国书法志愿服务活动"暨"培育和践行社会主义核心价值观书法巡展"来到北京城建集团。全国政协委员、中国书协副主席赵长青，中国文联文艺志愿服务中心副主任、中国文艺志愿者协会副秘书长邵志军，中国书协理事、中国文联书法艺术中心副主任高庆春等参加本次活动。

7. 刘禹锡杯——全国书法展

5月23日，由中国书协、河南省书协等主办的首届"刘禹锡杯——全国书法展"在河南省郑州市开幕。展览自2014年5月开始征稿，共收全国海外投稿作品6000余件，评出入展作品281件，其中优秀作品32件。

8. "全国十一届书法篆刻作品展览"入展作者抽查面试结束

6月6日，"全国十一届书法篆刻作品展览"入展作者抽查面试结束。十一届国展入展名单公示期间，中国书协将继续加大抽查面试的比重，严厉查处代笔和抄袭行为。按照《征稿启事》的规定，中国书协于2015年5月30日对优秀入围作者进行面试和文化考查，6月6日对部分入展作者进行抽查面试。书法部分，要求面试作者2小时内书写

入展作品。入展作品中诸如题名、正文、题跋、落款等都要书写，书体、风格、形式要与入展作品一致。篆刻部分，要求面试作者要在3小时内完成入展作品中的朱文印、白文印各一方，另附边款、印拓；刻字部分，要求面试作者至少完成整幅作品的50%，最终完成的作品须能基本体现原作面貌。面试结束后，面试审查委员统一将面试作者现场书写的作品与其入展作品进行审定，主要从创作水平、用笔习惯、笔力、笔法、墨法、刀法等方面进行严格比对，撰写面试考核意见，并交审查委员会主任汇总，面试结果通告面试作者本人并予以事实确认。全部面试过程由监审委员全程监督，留存录像以备查验，同时中国书协聘请律师对面试中可能出现的裁决争议提供法律咨询。公示期结束之前，中国书协还将继续抽查面试部分入展作者。公示期结束后，中国书协将及时公布抽查面试结果与正式入展名单。

9. "习近平用典"全国名家书法特别展

6月6日，由中国书法家协会、湖北省委宣传部共同指导，湖北省文联、湖北中华文化促进会、书法报社、湖北省书协联合主办的"习近平用典"全国名家书法特别展在武汉东湖长天楼开展。中共湖北省委常委、宣传部部长梁伟年出席开幕式并讲话。此次展览特邀全国百余位书法名家书写《习近平用典》一书中的经典名句。不仅有助于我们深入领会习总书记的讲话精神和思想精髓，同时也有助于我们从前人典籍中汲取营养，继承和弘扬优秀传统文化。

10. 第二届中国当代中青年书法精英研究展

6月20日，由东南大学中国书法研究院、言恭达文化基金会主办的"第二届中国当代中青年书法精英研究展"在东南大学建筑学院展厅开幕。开幕式后，参展书家与东南大学师生们一起进行了学术研讨会。研讨会由南京艺术学院副院长、博士生导师谢建明教授主持。

11. 走进万印楼——当代国际篆刻名家邀请展

7月13日，由中国书法家协会篆刻专业委员会、山东印社、潍坊万印楼印社等共同主办的"走进万印楼——当代国际篆刻名家邀请展"开幕式在潍坊市十笏园文化街区举行。来自全国各地的书法、篆刻艺术界专家学者及爱好者500余人共聚潍坊，就中国篆刻艺术进行回顾总结，并对未来发展走向进行深入探讨。开幕式结束后，中国书法家协会篆刻专业委员会在十笏园文化街区中国名家美术馆三楼举行工作会议，下午举办了首届"陈介祺金石思想与当代篆刻走向"高峰论坛。

12. 纪念中国人民抗日战争暨世界反法西斯战争胜利70周年全军美术书法展览

7月25日，由总政宣传部与中国美术家协会、中国书法家协会联合举办的"纪念中国人民抗日战争胜利暨世界反法西斯战争胜利70周年全军美术书法展览"在解放军美术书法研究院展览馆开幕。展览以军旅美术书法的特有语汇，阐释了"铭记历史、缅怀先烈、珍爱和平、开创未来"的主题，共展出484件美术书法作品。此次展览的美术作品涵盖了书法、中国画、油画、版画、雕塑和连环画等，书法作品包括行、草、楷、篆、隶和篆刻等。作者中既有名家大师，也有基层官兵，有着广泛的群众性。

13. 全国第十一届书法篆刻作品展览（北京展）

8月10日，由中国书法家协会和华影传媒有限公司联合主办的"全国第十一届书法篆刻作品展览（北京展）"在中国美术馆正式拉开序幕，第十一届全国政协副主席、中国文联主席孙家正，中国文联党组书记、副主席赵实，中宣部副部长景俊海，中国书法家协会名誉主席沈鹏，中国书法家协会主席张海共同开启"国展之灯"。中国书法家协会分党组书记、驻会副主席、秘书长陈洪武介绍展览情况。预展仪式由中国书法家协会分党组书记、驻会副主席、秘书长陈洪武主持。

本届国展共收到作品42572件。各书体共有7139件作品进入初评终审；各书体进入复评的数量分别为：篆书299件、隶书387件、楷书653件、行草书1310件，总计2649件；最终评出679件作品参展（包括优秀作品41件）。全国第十一届书法篆刻作品展览共分两个展览系列：当代书法展览系列包括全国第十一届书法篆刻作品展览和当代书法名家邀请展。

中国书协以公平、公正、公开为评审原则，以"植根传统，鼓励创新，艺文兼备，多样包容"为方针，创新评审机制，严明评审纪律，规范评审程序，评出了本届国展的入展作品与优秀作品。当代书法名家邀请展不仅邀请到了为当代书法发展做出巨大贡献的沈鹏、欧阳中石、李铎先生等老书法家，还通过学术提名、专家投票的方式推举业界有代表性的书法名家作品参加国展。邀请展的设计以年龄为序，线状呈现当代老、中、青三代书法家的艺术成果，开启了充分尊重、关注老书法家与资深书法家，热情关怀、扶持青年书法才俊的持续健康发展的新风尚，凝聚力量，共谋书法发展盛业。这两类作品将分别于中国美术馆、中国国家图书馆展出，通过展览的形式诚恳接受广大观众的检视和品评。国展期间，中国书协组织系列论坛，围绕当代书坛的焦点热点，展开学术研讨。古代书法展览系列包括举办国家博物馆典藏甲骨文金文书法特展、国家图书馆典藏碑帖善拓书法特展、敦煌遗经书法特展、近现代名人手稿特展，结合故宫博物院90周年院庆推出的"石渠宝笈"书法特展。以上5个展览在各藏品单位举行，各展览都附以著名学者及专家的相关学术讲座等配套活动。

14. 2015"乞巧情·女儿梦"国际妇女书法作品展

8月17日，由中国文联指导，中国书协、陇南市委、市政府联合主办，西和县委、县政府、国际书法家联合总会秘书处等共同承办的2015"乞巧情·女儿梦"国际妇女书法作品展在民族文化宫展览馆（北京）开幕。中国文联党组副书记、副主席、书记处书记李屹，中国书协主席张海，中国书协顾问、北京书协主席林岫，中国书协分党组书记、驻会副主席、秘书长陈洪武等以及来自世界13个国家和地区的书法家代表团共300余人出席了开幕式，开幕式由中国书协分党组成员、副秘书长潘文海主持。张改琴、陈青、系贺靖夫分别致辞。本次展览共展出来自19个国家和地区老、中、青三代155位女书法家精心创作的书法作品。

15."吉金乐石"——全国第七届篆刻艺术展、中国艺术研究院中国篆刻艺术院第三届院展、首届"万印楼"篆刻名家邀请展联展

8月20日，由中国艺术研究院中国篆刻艺术院、中国书法家协会篆刻专业委员会、广西旅游发展集团联合主办，中国（广西）篆刻艺术馆、广西美术馆承办，陈介祺研究会协办的"吉金乐石"——全国第七届篆刻艺术展、中国艺术研究院中国篆刻艺术院第三届院展、首届"万印楼"篆刻名家邀请展联展在中国（广西）篆刻艺术馆隆重开幕。本次展览展出"全国第七届篆刻艺术展"作品100件，"中国艺术研究院中国篆刻艺术院第三届院展"展出研究院作品59件，首届"万印楼"篆刻名家邀请展展出获奖作者印屏36件及评委印屏9件，特约广西籍的篆刻家作品10件。

16. 首届全国高等书法教育书作邀请展

8月22日，由中国书法家协会主办，中国书法家协会教育工作委员会执行主办，首都师范大学中国书法文化研究院等单位承办的"首届全国高等书法教育书作邀请展"在吉林省政协书画院展览中心隆重开幕。中国文联副主席、中国书法家协会顾问、吉林省文史馆馆长段成桂，中国书法家协会副主席、教育委员会主任言恭达，中国书协教育工作委员会秘书长王元军，中国书法家协会理事、吉林省文联名誉主席、吉林省书法家协会主席毕政等以及来自书法界、企业界、书画收藏界的百余位代表人士共同出席开幕式。

"全国高等书法教育书作邀请展"是首届全国高等书法教育论坛的组成部分之一，展览汇聚了众多当代代表书家及书法教育界名家，包括欧阳中石、李铎等中国当代书坛老一辈书法艺术家以及申万胜、言恭达、苗培红、曾来德、王岳川、

张继等名家的精品力作共计120余幅。与此同时，该展览也是第二届吉林省市民文化节的省直重点活动，展示了当代书法在大众文艺审美方面的积极影响力。

17. "翰园情"——国学修养与书法全国青年书法创作骨干高研班作品展

8月25日，由中国书法家协会主办，中国翰园碑林承办的"翰园情——国学修养与书法全国青年书法创作骨干高研班作品展"在开封中国翰园碑林开幕。中国书法家协会分党组成员、副秘书长潘文海，河南省文联主席、中国书协妇女工作委员会副主任、河南省书协副主席杨杰，中国书法家协会学术委员会副主任刘恒等近500人参加了开幕式。此次展览，共展出高研班第一、第二期92位学员和潘文海、刘洪彪、刘恒等8位导师的作品100幅，不仅提升了翰园碑林碑刻艺术和书法艺术水平，也对开封文化事业的发展起到了积极的推动作用。

18. "翰墨颂西藏——庆祝西藏自治区成立50周年当代书法名家作品邀请展"

8月28日，由西藏自治区党委宣传部、区文化厅主办，西藏博物馆、自治区书法家协会协办的"翰墨颂西藏——庆祝西藏自治区成立50周年当代书法名家作品邀请展"在拉萨西藏博物馆隆重举行。西藏自治区政府副主席孟德利、中国书协副主席赵长青、文化部海外文化设施建设管理中心主任白国庆等领导参加了开幕式。全国书法名家作品云集拉萨，共展出书法艺术精品107幅，同时也是一次高水准的主题学术展。

19. 古塞奇珍——甘肃古代简牍暨汉简书法展

9月1日，由国家艺术基金会资助，中国书法家协会、甘肃省委宣传部、甘肃省文联、甘肃省文化厅、甘肃省文物局主办，甘肃简牍博物馆承办的"古塞奇珍——甘肃古代简牍暨汉简书法展"在北京世纪坛隆重举行。展览分别展出甘肃出土的古代简牍295枚和著名书法家赵正先生和张邦彦先生的汉简书法作品123幅。

20. 印道·第二届中国篆刻艺术双年展

9月11日至20日，由中国艺术研究院中国篆刻艺术院、中国书法家协会篆刻专业委员会、西泠印社联合学术支持，四川省书法家协会、四川省文物局、成都市文化局、中国成都国际非物质文化遗产节办公室主办的"印道·第二届中国篆刻艺术双年展"在成都杜甫草堂博物馆举办。本次展览共邀请到109位全国篆刻艺术家的作品，其中书法作品2件，印屏作品109件，篆刻印章原石作品108方。

21. 鲜于璜碑——全国书法名家学术提名展暨全国隶书学术论坛

9月24日，由中国书法家协会、中共天津市委宣传部、天津市文学艺术界联合会主办，中国书协学术委员会、天津市书法家协会、天津博物馆、天津美术馆承办的首届"鲜于璜碑——全国书法名家学术提名展"在天津美术馆开幕。著名书法大家孙伯翔，中国书协副主席聂成文，中国书协分党组成员、副秘书长潘文海，中国书协学术委员姜寿田、陆明君等出席开幕式。开幕式由天津市文联党组副书记、副主席李志主持，寇士恺、聂成文分别讲话。

此次学术提名展荟萃了全国书坛176位书法名家的精品力作，创作作品主要书写有关隶书和《鲜于璜碑》研究的内容，书体以隶书为主。为配合这次活动而在天津美术馆同时举办了"翰墨星光——天津博物馆馆藏历代书法展"。

24日下午和25日上午，首届"鲜于璜碑"全国隶书学术论坛在天津博物馆报告厅举行。中国书协学术委员会委员姜寿田与中国书协草书专业委员会委员吕金光分别主持了两场论坛，来自全国各地的11位优秀论文作者分别就自己的论文观点进行了阐述。

22. "国学修养与书法·第二届全国青年书法创作骨干高研班"学员作品观摩展

10月10日，由中国书法家协会主办，中国人民大学国学院和艺术学院承办的"国学修养与书法·第二届全国青年书法创作骨干高研班"学员作品观摩展在中国文艺家之家展览馆开幕。中国文联党组书记、副主席赵实，中国文联党组副书记、副主席、书记处书记李屹，中国文联党组成员、副主席左中一、夏潮、李前光，中国文联党组成员、书记处书记郭运德、陈建文，中国书法家协会主席张海，中国书法家协会分党组书记、驻会副主席、秘书长陈洪武以及第二届"国学修养与书法高研班"的42位学员出席了开幕式，开幕式由中国书法家协会分党组成员、副秘书长潘文海主持。本届观摩展作品展现了年青一代书法才俊们在遵循传统、感悟经典上做出的探求和奋发向上、积极进取的精神风貌。

23. 不忘历史，珍爱和平——国际书法作品展暨国际书法交流会

10月24日，由中国书法研究院、中国文字博物馆、中国书法家协会中央国家机关分会主办的"'不忘历史 珍爱和平'国际书法作品展暨国际书法交流会"开幕式在民族文化宫举行。开幕式上，中国书法家协会副主席申万胜，中国书法研究院院长、中国书法家协会中直分会副会长张杰等领导分别做了讲话。中国书法家协会副主席王家新，中国书法家协会分党组成员、副秘书长潘文海等有关领导以及部分外国驻华使节，以及在京的40余名中国书协理事，首都部分书法家等各界300余人参加了活动。中国书法家和外国友人共同书写的"和平"二字的书法长卷在开幕式现场捐赠给了中国文字博物馆收藏，中国文字博物馆党委副书记、副馆长李俊国现场接受了捐赠。

24. 宋元善拓暨全国书法临摹展

12月10日，由国家图书馆（国家典籍博物馆）、中国书法家协会主办的"古韵镌拓 纸墨千秋——2015年国家典籍博物馆宋元善拓暨全国书法临摹展"在国家图书馆开幕。"经典与传承"主题研讨会及宋元善拓展捐赠仪式同时在国家图书馆举行，此次展览活动是国家艺术基金赞助项目。

本次展览从国家图书馆馆藏中选取宋元明清时期具有代表性的碑帖名品60余件，按照篆、隶、楷、行、草5种字体分类，从早期的《石鼓文》《琅琊台刻石》，到汉隶代表《史晨碑》《张迁碑》《曹全碑》；从影响深远的《瘗鹤铭》《九成宫醴泉铭》《神策军碑》到《三希堂法帖》等，充分展示了"晋尚韵，唐尚法，宋尚意"等书法流变及其艺术魅力。同时，展览展出了"全国书法临摹大赛"面向社会知名书法家征集的临摹作品。临摹作品以本次展出的馆藏宋元明清名碑名帖为对象，对其进行临摹创作。临摹作品与原碑帖同时展出，古今辉映，拉近了观众与历史文化和书法艺术的距离。

25. 全国第二届手卷书法作品展

12月18日，由中国书法家协会与辉县市人民政府联合主办，河南省开元太行文化研究有限公司承办的"全国第二届手卷书法作品展"在河南省郑州市升达艺术馆开幕。河南省原人民政府副省长、省人大副主任王菊梅，中国书法家协会秘书长郑晓华，中国书法家协会分党组成员张陆一，中国文联书法艺术中心主任刘恒等领导以及来自全国各地的书法爱好者、媒体记者200余人参加了开幕式。此次展览共收到投稿作品7788件，经过评委会严格评审，最终评出入展作品199件，其中优秀作品20件。

【（二）其他展览】

1. 1月1日，由湖南省岳阳市委宣传部主办，中国书法家协会青少年工作委员会、中国艺术研究院中国书法院学术支持，岳阳市文学艺术界联合会等承办的"同行——肖文飞、王祥北、晏晓斐书法汇报展"在岳阳市美术馆隆重开幕，展览展出3人最新力作90件。

2. 1月8日，由中国书协、中国美术馆主办的"古今咏怀——龙开胜书阮籍·饶宗颐咏怀诗作展"在北京中国美术馆隆重开幕。该展展出书法作品170件。

3. 1月10日，由中国书协、中国国家画院、中国美术馆主办的"进入狂草——胡抗美书法艺术展"在中国美术馆开幕，来自各省份的书界人士2000余人出席开幕式，开幕式由中国书法家协会分党组书记、驻会副主席、秘书长陈洪武主持。

4. 1月10日，由中国书法家协会、陕西省文联、陕西省文史馆等联合主办的"百年自独——纪念刘自椟先生诞辰一百周年遗作展"在西安交通大学博物馆开幕，共展出100余幅各个时期的书法作品。书坛名宿欧阳中石提贺"夫子雅道，畅之至也"的颂词，怀念与刘老的友谊。中国书协名誉主席沈鹏更是为展览题写了"百年自独"，表彰刘自椟先生在当代书坛的地位。

5. 由北京水墨公益基金会提名，北京水墨艺术馆承办，《中国书画》杂志社、宝续堂、泰丰文化、元社、一得阁协办，以中国书法家协会青少年工作委员会为学术指导的"江西省十大青年书法家作品展"在北京水墨艺术馆隆重开幕。

6. 1月17日，由中国书协等主办的"继古、求新、圆梦——张继《中国书画千字文》诗书画印展"在中国人民革命军事博物馆开展。

7. 1月21日，由中国书协、清华美院和湖南省书协等联合主办的"莫润三湘"胡立民师生书法作品展在湖南图书馆开幕。

8. 3月2日，由中国书法家协会、中共甘肃省委宣传部、甘肃省文学艺术界联合会主办，中国国家画院学术支持，甘肃省书法家协会承办的"九玄相承——张改琴、左文辉母女书画展"在北京中国书法展览馆开展。

9. 3月10日，由中国书法家协会、湖南省文学艺术界联合会联合主办，湖南省书法家协会、湖南省文艺创作扶助基金会、《艺术天成》杂志社承办的"何满宗书法展"在中国美术馆举行，来自社会各界嘉宾及媒体共计200余人出席隆重的开幕仪式。

10. 3月12日，由中央美术学院院长范迪安担任展览策划、学术主持，中央美术学院、中国美术馆、中国书法家协会联合主办，雅昌文化（集团）公司协办的"《邱振中：起点与生成》作品展"在中国美术馆开幕，展出邱振中绘画、文字、书法三类作品133幅。

11. 3月31日，由中国文联、中国书协、中国美术馆联合举办的"秋水为神——刘艺书法脉络展"在中国美术馆开幕，此次展览展出刘艺从事书法艺术创作30多年来的140多件作品。

12. 4月1日，由故宫博物院、中国书协、中国教育发展基金会、央视数字书画频道联合主办的"张志和楷书展"在中国人民革命军事博物馆开幕。

13. 5月27日，由河南省委宣传部、中国人民解放军总参谋部政治部宣传部、中国书法家协会、中国国家博物馆等共同举办的"大道周口——王学岭诗文书作展"亮相中国国家博物馆，本次展览共展出中国书法家协会理事王学岭182幅书法作品。

14. 6月10日至16日，由中国中共党史学会、中国新四军研究会、中国美术家协会、中国书法家协会和安徽省新四军历史研究会、安徽省文物局等联合举办的"铁的新四军——红色记忆·经典美术书法作品展（安徽展）"在合肥市赖少其艺术馆隆重开幕。

15. 6月26日，由中国书法家协会、市委宣传部、中山区委区政府主办，中山美术馆承办，大连报业集团、大连广播电视台、大连市书法家协会协办的"权希军艺术馆开馆暨权希军书法艺术作品展"在中山美术馆举行，专门收藏权希军捐赠作品的权希军艺术馆开馆。

16. 6月27日，由中国书法家协会、上海市书法家协会、上海中外文化艺术交流协会主办，赵冷月书法教育基金会承办的"海上明月——赵冷月百年诞辰书法展"在中国美术馆展出。

17. 6月30日，"逸笔遗珍——启功艺术回顾展"在北京画院开幕。展览由全国政协书画室、中央文史研究馆、中国书法家协会、北京师范大学、北京书法家协会、荣宝斋、北京画院、北京市西城区文化委员会主办。全国政协副主席马飚、十一届全国政协副主席郑万通等出席开幕式。北京画院院长王明明、北京师范大学党委副书记刘利分别致辞，开幕式由中国书协副主席苏士澍主持。

18. 7月18日，由中国书法家协会、北京大学书法艺术研究所主办的"正大气象——王岳川书法展"在中国美术馆开幕。

19. 8月16日，由中国书法家协会指导，湖北省中华文化促进会、湖北省文学艺术界联合会等联合主办，书法报社承办，武汉中部兰亭联盟艺术文化发展有限公司和武汉理工大学数字传播研究中心协办的"与天地参——张天弓书法艺术学术展"在武汉东湖长天楼开幕。

20. 9月8日，由中国书法家协会、中国美术家协会联合主办，宿迁市人民政府承办的"大美西楚·江苏省宿迁市书画作品进京展"在中国文联文艺家之家举行。中国文联主席孙家正，中国文联党组书记、副主席赵实，党组副书记、副主席李屹，党组成员、副主席左中一、夏潮，党组成员、书记处书记郭运德、陈建文，中国书协分党组书记、驻会副主席、秘书长陈洪武等及参展书画家、媒体记者等200余人出席活动。

21. 9月28日，由中国书协、中共上海市委宣传部、上海市文联主办，上海市书协承办的"2015海派书法进京展"在中国人民革命军事博物馆开幕。全国人大常委会原委员长吴邦国，人民日报社社长杨振武，中宣部副部长景俊海，中国文联党组书记、副主席赵实，党组副书记、副主席、书记处书记李屹，中国书协主席张海，顾问李铎、谢云、张飙，副主席苏士澍、胡抗美，中国人民革命军事博物馆政委孟世强等出席。中国书协分党组书记、驻会副主席、秘书长陈洪武，上海市文联主席施大畏分别致辞。上海市文联副主席、上海市书协主席周志高简要介绍了"2015海派书法进京展"的筹备情况。中共上海市委常委、市委宣传部长董云虎宣布展览开幕。开幕式由上海市文联党组书记宋妍主持。

22. 9月28日，作为第八届山东国际大众艺术节的重要活动之一，"维岳崧高——纪念蒋维崧先生诞辰一百周年"系列活动在山东博物馆举行。

23. 10月15日，由中国书法家协会、上海市文联、西泠印社等5家单位联合主办，"不逾矩不——韩天衡学艺70年作品展"暨"百乐雅集——韩天衡师生第十届书画印展"在韩天衡美术馆启幕。

24. 10月16日，由中国文联、中国书协主办，中国文联书法艺术中心、中国书协团体会员承办的"向人民汇报——'深入生活、扎根人民'文质兼美优秀基层书法家创作成果汇报展"在中国文联文艺家之家开幕。本次汇报展经中国书协各团体会员单位推荐和资格审查、初选，并经中国书协组织专家严格评审，选出35位入展作者。他们都是年龄在55岁以下的中国书协会员、近3年来在中国书协举办的专业展览入展5次以上或获奖2次以上的各团体会员单位所属基层骨干书法作者。经过作者对作品反复打磨、提高质量，最终确定了此次活动参展每人3件、共105件作品。

25. 10月16日，由中国文学艺术界联合会、中国文学艺术基金会、中国书法家协会、湖北省文学艺术界联合会主办，湖北省书法院、书法报社、荣宝斋湖北分店承办的"我们的中国梦·全国优秀艺术作品展览——荆风楚韵 首届湖北省书法院院展"在荣宝斋湖北分店举行。

26. 10月18日，由中国国家画院书法篆刻院、中国书法家协会展览部、四川省书法家协会等主办的"2015·成都·沈门七子书法作品展"在四川省成都画院隆重开幕。

27. 11月7日，由中国书协、广东省文联主办的"以古求新·抒写心源——张桂光书法作品展"在首都博物馆开幕。全国政协副主席罗富和、中国文联党组副书记李屹，中国书法家协会分党组书记、驻会副主席陈洪武,广东省文联党组书记程扬以及书法界专家学者言恭达、王家新、林岫、张荣庆、李刚田等300多人出席了开幕式。此次展览共展出作者自书诗文与历年书法习作200余幅。

28. 11月28日,由中国书法家协会主办,海南省书协、海南省美协协办,世纪美术馆承办的"汉唐四杰"书画展在海口市世纪美术馆举办,此次展览共展出罗杨、宗家顺、杨为国、陈培林4位书画家作品共80多件。

29. 11月28日,由中国书法家协会展览中心主办的"张善军书法作品展"在中国书法展览馆(国艺美术馆)开幕。

30. 12月10日,由中国书法家协会、国家图书馆(国家典籍博物馆)共同主办,北京重文堂承办的"向经典致敬——王家新临摹历代书法经典作品展"在北京国家典籍博物馆开幕。

31. 12月10日,由中国书法家协会、中央数字电视书画频道、中信出版集团主办的"爱国爱教护国利民·张飙书十一世班禅大师文语摘句书法展"开幕式和张飙著《十一世班禅·走向世界》一书的首发式在北京中央数字电视书画频道展览馆举行。

32. 12月10日,由中国书法家协会、中国民间文艺家协会、中国书法研究院主办,广西师范大学出版集团、桂林广大迅风艺术有限责任公司、广西师范大学美术学院、桂林美术馆承办的"汉唐风韵——五家书画桂林展"在桂林美术馆开展。

33. 12月11日,由中国文联、中国书协、军事科学院政治部宣传部主办,陕西省舒同书画研究院承办的"承上启下、继往开来——纪念舒同诞辰110周年座谈会暨舒同舒安书画展"在中国人民革命军事博物馆举办。中央军委原副主席迟浩田上将,中国书协分党组书记、驻会副主席陈洪武等有关方面领导、书画界朋友、革命后代和家乡代表,舒同子女李君桐、舒安、舒均均等,参加

了座谈会或参观了书画展。座谈会与书画展分别由中国文联书法艺术中心主任刘恒、中国人民大学艺术学院博士生导师郑晓华主持。

34. 12月12日,由江苏省委宣传部、江苏省文化厅、江苏省文学艺术界联合会等单位主办的"心无挂碍——刘灿铭书法艺术展"在中国美术馆开幕。

35. 12月13日,由中国书协展览部主办,浙江省书协、《书法》杂志社、宁波市书协协办,宁波美术馆、廊坊市书协承办的"行草十家"书写长卷捐赠暨《"典吟翰歌"行草十家展作品集》捐赠仪式在宁波美术馆举行。

36. 12月18日,由中国书法家协会作为指导单位,湖北省文化厅、湖北省文学艺术界联合会、湖北省人民政府文史研究馆主办,湖北省书法家协会、湖北美术馆、书法报社承办的"我写我心——金伯兴书法艺术第三回展"在湖北美术馆开幕。

37. 12月26日,由中国艺术研究院主办、中国艺术研究院中国书法院承办的"大道书怀——2015中国艺术研究院中国书法院院展"在中国国家博物馆开幕。全国政协副主席韩启德,第十一届全国政协副主席、中国文联主席孙家正,文化部副部长董伟,中国艺术研究院院长王文章,中国国家博物馆馆长吕章申,中国文联副主席杨承志,中国书法家协会分党组书记、驻会副主席陈洪武等及言恭达、胡抗美、张荣庆、王丹、刘洪彪、李刚田、刘恒等书法家出席开幕式。

38. 12月26日,由中国书法家协会、北京华彬文化基金会联合主办的"文华墨韵——邵秉仁自作诗文书法展"在北京华彬中心举行。开幕式上,由邵秉仁捐赠300万元人民币发起成立的"秉仁书法艺术发展专项基金"正式启动。专项基金旨在围绕中国传统书法艺术的弘扬、传承与保护;书法教育人才的培养;青年书法人才的展览、出版与学术研究开展公益资助,为中国书法事业做出贡献。

创作与研究

【理论研究】

1. 全国第十届书学讨论会暨第四届中国文字·书法论坛

1月28日,由中国书法家协会、中国文字博物馆主办,中国文字博物馆学术研究中心、安阳市文联承办的"全国第十届书学讨论会暨第四届中国文字·书法论坛"在安阳举行。

中国文字博物馆副馆长李宽生代表中国文字博物馆致辞。教育部语言文字应用管理司文字处处长孟庆瑜,中国文联理论研究室副主任徐粤春,中国书协副主席、中国书协学术委员会主任陈振濂在开幕式上讲话。中国文联书法艺术中心主任、中国书协学术委员会副主任刘恒宣读了本届优秀论文作者名单,优秀论文作者代表祝帅发表了感言,有关领导为优秀论文作者颁发了荣誉证书。开幕式由中国书法家协会分党组成员、副秘书长潘文海主持。本届书学讨论会论文评审工作于去年9月进行,评委会从1167篇来稿中共评选出优秀论文29篇,入选论文48篇。每位优秀论文作者依次宣讲论文。朱以撒、侯开嘉、方爱龙、姚国瑾、张金梁、王伟林、刘宗超、曹建等专家分别对获奖论文做了精彩点评。本届书学讨论会就书法篆刻艺术的理论、史论、美学、技法、批评、教育、对外交流以及工具材料等方面进行讨论交流,特别是针对当前书法创作现状、审美理念、风格取向,以及书法艺术所面临的生存环境等问题进行了研究探讨。29日下午,在陈振濂的主持下,朱以撒、刘恒、侯开嘉三位专家分别做了《书法美学与书法批评的现状与展望》《书法史研究规范与史学意识培养》《30年来中国书学研讨会体制的影响评估》专题讲座,并与论文作者互动交流。

2. "纪念沙孟海先生诞辰115周年沙孟海书学国际学术研讨会"论文评选

4月28日,由中国书法家协会学术委员会和鄞州区委宣传部联合主办的"纪念沙孟海先生诞辰115周年沙孟海书学国际学术研讨会"论文评选日前揭晓。遴选出入选论文41篇,其中包括获奖论文10篇。沙孟海书学国际学术研讨会将于2015年6月(暂定)在宁波鄞州区召开。

3. "十一届国展"学术论坛第一场论坛

8月10日,"十一届国展"学术论坛第一场论坛在中国美术馆主楼会议室举行,论坛共分为"主题发言""国展评审研究""国展史及国展创作研究""获奖作品个案研究""学术总结"五大板块。论坛由中国文联书法艺术中心主任刘恒主持,中国书协副主席何奇耶徒、中国书协副主席陈振濂分别发表了开坛致辞。

4. 2015中国(苏州)书法史讲坛

8月18日,由中国书法家协会、江苏省文学艺术界联合会、苏州市文学艺术界联合会共同主办,苏州市书法家协会承办的"2015中国(苏州)书法史讲坛"在古城苏州开幕。刘恒、陆菁、黄惇、祁小春、华人德、王伟林、张朋川、水赉佑、张天弓、方爱龙、陈志平等国内著名大学在读书法硕士、博士生,《书法报》《书法导报》《美术报》《中国书画》《中华书画家》《书画艺术》等全国多家书法专业媒体和苏州的新闻媒体记者共200余人出席讲坛。本届讲坛的学术主持为华人德、王伟林先生。

5. "鲜于璜碑"全国书法名家学术提名展暨全国隶书学术论坛

9月24日,由中国书法家协会、中共天津市委宣传部、天津市文学艺术界联合会主办,中国书协学术委员会、天津市书法家协会、天津博物馆、天津美术馆承办的首届"鲜于璜碑"全国书法名家学术提名展在天津美术馆开幕。著名书法大家孙伯翔,中国书协副主席聂成文,中国书协分党组成员、副秘书长潘文海,中国书协学术委员姜寿田、陆明君等出席开幕式。开幕式由天津市文联党组副书记、副主席李志主持。

24日下午和25日上午,首届"鲜于璜碑"全国隶书学术论坛在天津博物馆报告厅举行。中国书协学术委员会委员姜寿田与中国书协草书专业委员会委员吕金光分别主持了两场论坛，来自全国各地的11位优秀论文作者分别就自己的论文观点进行了阐述，论坛的最后，中国书协学术委员会委员赖非做了《汉碑的分布及反映的问题》专题讲座。

6. 纪念蒋维崧先生诞辰一百周年

9月28日，"维岳崧高——纪念蒋维崧先生诞辰一百周年"系列活动在山东博物馆举行。这次活动由中国书法家协会、中共山东省委宣传部、山东大学、山东省文联联合主办，山东省书法家协会、山东博物馆联合承办。

7. 纪念杨守敬逝世100周年书法学术研讨会

10月17日，由中国书法家协会作为学术支持单位，湖北省委宣传部、湖北省文化厅、湖北省文联主办，湖北省书法家协会、宜都市人民政府承办的"博文约礼——杨守敬书法学术研讨会"在武汉举行。

8. 沙曼翁百年诞辰纪念暨学术研讨会

11月8日，由中国书法家协会、故宫博物院共同主办的"沙曼翁百年诞辰纪念暨学术研讨会"在故宫博物院建福宫举行。

9. 中国文艺评论家协会书法篆刻艺术委员会成立暨现象·观念·方法——当代书法批评论坛

12月19日，浙江大学"中国文艺评论基地"揭牌仪式暨中国文艺评论家协会书法篆刻艺术委员会成立仪式在浙江大学举行。

经中国文艺评论家协会主席团决定，聘请陈振濂担任中国文艺评论家协会第一届书法篆刻艺术委员会主任，曾来德、朱培尔、朱以撒担任副主任，朱培尔为秘书长（兼），方爱龙、李一、王伟林、俞少平为副秘书长，刘宗超、郑晓华、梅墨生、叶培贵等28人被聘任为第一届书法篆刻艺术委员会委员。庞井君为委员们颁发了聘书。《中国当代书法篆刻评论·第一卷》同期首发。

当天下午和晚上，"现象·观念·方法——当代书法批评论坛"在白马湖畔的建国饭店举行。

对外及对港澳台地区文化交流

1. 兰亭新星奖

4月1日至5日，应日本成田山全国竞书大会邀请，中国书协代表团出席日本第31届成田山全国竞书大会颁奖仪式，并颁发"兰亭新星奖"。此次活动有全日本中小学生的12万余件作品参赛，评出获奖作品15件。为促进中日书法交流，自2008年第24届日本竞书大会起，设立了由中国书协颁发的特别奖"兰亭新星奖"。迄今为止，已有600多名日本青少年书法爱好者来华访问，并与中国青少年进行书法交流。

2. 中日友好自作诗书交流展

5月26日，第26届"中日友好自作诗书交流展"在贵阳开幕，由中国书协、中日友好自咏诗书交流会主办。展览展出中日两国书家近作152件，其中中方73件，日方79件。今年9月展览将移师东京。

3. 曹宝麟、纪光明、陈钦硕三人国际艺术巡回展首展

6月29日，应第42届米兰世界博览会中国馆的邀请，由华影传媒有限公司主办，中国书协学术委员会委员曹宝麟，中国书协理事纪光明、陈钦硕3人国际艺术巡回展首展在意大利米兰第42届世界博览会中国馆精彩亮相。展出作品有对联、中堂、斗方、扇面、手卷、条幅，形式多样，内容丰富，旨在传播中国传统文化，弘扬中国精神。

4. 驻华使节观赏全国第十一届书法篆刻作品展专场

8月14日，一场别开生面的"汉字之美——驻华使节观赏全国第十一届书法篆刻作品展专场"活动在中国美术馆一层方厅举办。

5. "纪念中国人民抗日战争暨世界反法西斯战争胜利70周年书画展"在澳门举行

10月19日，"纪念中国人民抗日战争暨世界反法西斯战争胜利70周年书画展"在澳门科技大学开幕，画展将持续到10月23日。书画展汇聚了中

山和澳门两地知名书画家约110幅书画精品，一部分作品专为纪念在反法西斯战争和抗日战争中做出贡献的将士和人民而作；另一部分为两地书画家们其他题材的知名作品，旨在加强中山和澳门两地文化艺术界的交流，推动两地文化艺术合作。

6. 第十一届"北京—东京"论坛召开中日书法笔会

10月23日，庆祝第十一届"北京—东京"论坛召开，中日书法笔会在京举行。这是中日邦交正常化40多年来中日两国高层参与的一次重要的书法笔会，活动以特定的内容、特殊的书写方式表达了中日两国人民对中日关系的新期盼。

7. 不忘历史，珍爱和平——国际书法作品展暨国际书法交流会

10月24日，由中国书法研究院、中国文字博物馆、中国书法家协会中央国家机关分会主办，北京汉典制药有限公司赞助的"不忘历史，珍爱和平——国际书法作品展暨国际书法交流会"在民族文化宫隆重举行，这不仅是国际书法界的盛会，也是中外文化交流的盛会，更是中外人民对于和平追求的盛会。

8. 海峡两岸书法家书法交流活动

11月7日，由中国书法家协会主办的海峡两岸书法家书法交流活动在武汉举行。本次书法交流是湖北省书法家协会今年对外交流的重要活动，时值两岸领导人在新加坡会晤，具有特别的纪念意义。此次活动旨在通过艺术交流推进优秀文化的传承与发展，促进"荆楚书道"影响力的远播。

9. 中国书协访日代表团赴日纪行

应全日本书道联盟的邀请，以全国政协常委、中国书协主席张海为团长的中国书协访日代表团于2015年11月2日至6日赴日本进行访问交流。这次交流与访问是近十年来中国书协与日本书法界的一次高规格的交流活动，在东京与以全日本书道联盟为代表的日本书法篆刻界同道进行了广泛的接触与交流，受到了日本书法界的热烈欢迎和热情接待。在交流的深度和广度上，都较以往有很大的突破，实现了与全日本书道联盟建立新的协作意向，走进日本小学书法教育课堂，观摩日本最高水平的"日展"以及中日书法交流会等计划。

10. 第16届国际刻字交流展暨16届国际刻字艺术大展赛评审会

12月19日，第16届国际刻字交流展暨16届国际刻字艺术大展赛评审会在日本东京都榧木会馆举行，来自中国、日本、韩国、新加坡、马来西亚等国的评委参加了评审活动。中国书法家协会刻字专业委员会副主任唐云来、刻字专业委员会委员蔡劲松代表中国书法家协会刻字专业委员会出席评审会。据展览组委会统计，本次大展赛共收到刻字作品投稿800多件，评出获奖作品53件，其中，中国有5件作品获奖。据悉，此次评选出来的获奖、入选作品，将于2016年2月16日至21日在日本东京举行的"第16届国际刻字交流展暨16届国际刻字艺术大展赛"展览中展出。

机关建设

1. "三严三实"教育专题党课

6月19日上午，中国书协分党组书记陈洪武以《牢记自己的第一身份是共产党员》为题目，为书协机关处以上干部、书法艺术中心中层以上干部、书协直属单位领导班子成员、书协机关全体党员上了专题党课。

2. 全国性文艺评奖管理办法

11月，中国文联出台了《中国文联全国性文艺评奖管理办法（修订稿）》和《中国文联全国性文艺评奖评委库建立实施规范》。这两个文件是在中央关于全面深化改革，大力推进全国性文艺评奖制度改革的背景下产生的。《中国文联全国性文艺评奖管理办法（修订稿）》明确了中国文联开展全国性文艺评奖的重要意义和总体目标、指导思想和基本原则，对举办主体和项目设置，评价标准和评审机制，组织机构和职能，建立健全专家评委库，章程和细则，申报和审批程序，监督和检查，资金

管理和经费保障，社团评奖表彰管理等内容做出了明确规范。《中国文联全国性文艺评奖评委库建立实施规范》包括总则、评委库组建、评委库的管理、评委会的组成、评委的权利和义务等内容。

书法培训

1.《国学修养与书法·第二届全国青年书法创作骨干高研班招生简章》

2月10日，中国书法家协会主办《国学修养与书法·第二届全国青年书法创作骨干高研班招生简章》发布。

2. 中国书协第二期西部书界新秀系列书法研修班篆书篆刻专业开班

4月6日，中国书协第二期西部书界新秀系列书法研修班篆书篆刻专业在河南偃师市开班。

3. 国学修养与书法·第二届全国青年书法创作骨干高研班

4月24日，由中国书协主办，中国人民大学国学院、艺术学院承办的国学修养与书法·第二届全国青年书法创作骨干高研班开班仪式在京举行。在为期一周的学习中，为了使学员有深度地接触中国优秀传统文化，本届"国学修养班"开设了《易经》《论语》《大学》《中庸》《老子》《庄子》等原典选读，由中国人民大学国学院经典研究专家讲解；并邀请当代学界名家陈鼓应、宋志明、曹宝麟、王一川、罗安宪等为学员讲座授课，为大家理解传统经典提供学术向导。

4. 第二期西部书界新秀系列书法隶书研修班

5月4日，由中国书协主办、中国书协主席张海出资的第二期西部书界新秀系列书法隶书研修班在河南省偃师市张海书法艺术馆开班。由中国书法家协会主办的"西部书界新秀系列书法研修班"，从2012年起历时两年，已圆满完成8期研修班培训工作。研修班以"溯本正源、回归经典、学术兼修、德艺并进"为教学理念，先后举办行草书、楷书、理论、篆书篆刻、隶书5个班，共培训来自西部12个省（自治区、直辖市）及新疆生产建设兵团的300余名学员，教学成果显著，社会反响强烈。经中国书协研究决定，现拟举办"第二期西部书界新秀篆书（篆刻）研修班"和"第二期西部书界新秀隶书研修班"。

5.《中国书法家协会书法培训中心2015年第三期（黑河）临帖班招生启事》

为提高学员鉴赏、临习、取法及运用等综合能力，满足广大书法作者和爱好者的学习需要，由中国书法家协会书法培训中心主办、黑龙江省书法家协会与黑河市书法家协会协办的"中国书法家协会书法培训中心第三期（黑河）临帖班"于2015年夏季在黑河市举办。

6.《中国书法家协会书法培训中心2015年第四、第五期临帖班招生启事》

为提高学员鉴赏、临习、取法及运用等综合能力，满足广大书法作者和爱好者的学习需要，中国书法家协会书法培训中心2015年将在全国各地陆续举办短期临帖班。临帖班将聘请在临摹与创作上具备较高造诣并有丰富教学经验的部分中国书协专业委员会委员、书法培训中心导师工作室导师和获奖作者担纲教学。采取书法工作室固定教授法，以实际操作为主，根据学员个体情况指导临帖，一对一面对面辅导。

7.《中国书协书法培训中心第二期书法创作研讨课题班招生启事》

"创研课题班"旨在发挥专家的学识、学术、理念、经验与能力的作用，从艺术本体出发，研究、探索书法的发展及审美规律。使学习者逐步在临与创的实践中更好地把握艺术方法、艺术原则、艺术规律。较好地掌握由取到用、由常到变、由守到化、由微观到宏观等艺术实践方法。引导学习者实现良性把握艺术发展方向的目的，从而打造知识型、思想型、艺术型的优秀书法人才。

8. 2015年全国中小学书法教师研修班

7月3日至9日，由教育部语用司联合东南大学、中国书协教育工作委员会主办的"2015年全国中小学书法教师研修班"在江苏南京东南大学举办。此次研修班聘任言恭达、李昌集、刘灿铭、王继安、张建会为授课教师，内容包括篆、隶、楷、行、草各书体的教学研究、书法文化的哲学思辨以及书论研究等。

9."翰墨薪传——全国中小学书法教师培训项目"首期培训班

8月17日，由教育部和中国文联共同实施，委托中国教育学会、教育书画协会和中国书协联合举办的"翰墨薪传——全国中小学书法教师培训项目"首期培训班（华东地区）在山东济南举行，来自华东六省一市的200余位中小学书法教师和教研员参加仪式。"翰墨薪传——全国中小学书法教师培训项目"已纳入中小学教师国培计划，计划用5年左右的时间培训全国中小学书法种子教师和省地县三级书法教研员7000人；取得国家级培训合格证书的教师将长期从事书法教学、教研工作，并承担地方培训指导教师工作。

8月20日，由教育部和中国文联共同实施，并由中国教育学会、教育书画协会和中国书协联合举办，四川省书协负责承办的，旨在切实加强中小学书法教师队伍建设的"翰墨薪传——全国中小学书法教师培训项目"首期培训班（西南地区）开班仪式在成都启动。来自四川、云南、贵州、重庆等5个省份的180位基层中小学书法教师骨干和教学辅导员及相关专家参加了启动仪式。

8月23日上午，由教育部和中国文联共同实施，委托中国教育学会、教育书画协会和中国书协联合举办的"翰墨薪传——全国中小学书法教师培训项目"西北地区班在兰州开班。来自西北六省的200多位书法教师和教研员及相关的专家、学者也参加了启动仪式。

10. 第二期全国兰亭学校教师书法培训

9月11日至13日，由中国书法研究院、中国书协组联部主办的第二期全国兰亭学校教师书法培训暨"中国文艺志愿服务——走进仙海"活动在四川绵阳仙海举行，来自全国兰亭学校的老师及四川省的书法爱好者200余人进行了书法讲座，讲座意在宣扬书法艺术，倡导书法文化。

11. 第四期全国兰亭学校教师书法讲座走进仙海

11月14日，第四期全国兰亭学校教师书法讲座举行中国文艺志愿服务——走进四川在绵阳首开—仙海龙湾举行。由张杰、李啸、白煦为学院进行有关书法教学、书法作品点评以及创作供学员观摩。

直属单位

1.《中国书法报》创刊公开发行

由中国文联主管、中国书协主办的《中国书法报》（周报）于2015年1月创刊并在全国公开发行。

2. 建立"全国当代书坛（画坛）精英档案库"

《中国书法报》关于建立"全国当代书坛（画坛）精英档案库"的公告。

中国杂技家协会

综述

2015年，中国杂技家协会全面贯彻落实党的十八大和十八届三中、四中、五中全会精神，深入学习贯彻习近平总书记在文艺工作座谈会和中央群团工作会议重要讲话精神，以及《中共中央关于繁荣发展社会主义文艺的意见》精神，将学习活动作为协会首要的政治任务来抓。一年中，中国杂技家协会结合协会实际，与建设学习型党组织相结合，聚焦"四风"问题，扎实开展"三严三实"专题教育，将学习宣传、贯彻落实工作贯穿协会各项工作，并不断引向深入。在中宣部、中国文联的坚强领导下，中国杂技家协会认真落实中国文联统一部署和中国杂技家协会六届七次主席团会议确定的工作计划，科学统筹，突出重点，扎实有序地开展工作，为服务党和国家工作大局，繁荣发展中国杂技事业，推动建设社会主义文化强国做出了积极贡献。

重大活动

【中国杂技家协会第七次全国代表大会】中国杂技家协会第七次全国代表大会于11月3日在京隆重开幕，来自全国各省、自治区、直辖市、新疆生产建设兵团、中直系统和解放军及港澳台地区的200余名代表参加了大会。

中共中央政治局委员、中央书记处书记、中宣部部长刘奇葆出席开幕式并做重要讲话。他强调，要深入学习贯彻习近平总书记在文艺工作座谈会上的重要讲话精神，贯彻《中共中央关于繁荣发展社会主义文艺的意见》，树立以人民为中心的工作导向，以社会主义核心价值观为引领，以创作生产优秀杂技节目为中心任务，聚力创作、聚焦质量，推出更多优秀作品，推动杂技艺术更好地走近人民、走向世界。

刘奇葆指出，杂技是我国文艺的亮丽名片，是称誉世界的响亮品牌。要深入挖掘和继承传统技艺，弘扬传统杂技蕴含的精神品格，充分运用中国符号、中国元素，使杂技艺术血脉延续，以鲜明的中国精神、中国风格、中国气派屹立于世界杂技之林。要注意创意设计，提高原创能力和集成创新能力，善于运用科研成果和科技手段，增强艺术表现力和感染力。

刘奇葆强调，要立足国内国际两个市场，坚持政府引导和市场调节两轮驱动，推动杂技艺术改革发展，在国际交流互鉴中提高竞争力。要深入生活、扎根人民，向人们群众学习，为人民群众奉献，让杂技艺术在群众中"遍地开花遍地香"。要加强杂技人才培养，完善扶持政策措施，确保杂技艺术后继有人。

赵实同志在讲话中希望广大杂技工作者努力承担起为民族铸魂的文化使命，高扬社会主义核心价值观的旗帜，聚焦中国梦的时代主题，自觉为人民抒写、抒情、抒怀，长期坚持深入生活、扎根人民，在实践中磨炼意志和技艺，努力攀登艺术高峰，创作更多无愧于民族、无愧于时代的优秀作品，把最好的精神食粮奉献给人民。

中国文联主席孙家正，中宣部常务副部长黄坤明，中国文联党组书记、副主席赵实，中宣部副部长景俊海，文化部副部长董伟，解放军总政宣传部副部长李祯盛，中国文联党组副书记、副主席、书记处书记李屹，中国文联党组成员、副主席夏潮、李前光，中国文联党组成员、书记处书记郭运德、陈建文等领导和中组部干部三局、中宣部文艺局、中宣部干部局，各全国文艺家协会、中国文联机关有关部室和直属单位负责人及特邀嘉宾出席开幕式。

解放军总政宣传部、各全国文艺家协会、各地方杂技家协会和蒙特卡洛国际马戏节等单位发来贺信。

两天会期中，代表们审议通过了《中国杂技家协会第七次全国代表大会工作报告》及修订后的《中国杂技家协会章程》；大会选举产生了由118人组成的中国杂技家协会第七届理事会和以边发吉为主席的13人组成的第七届主席团。中国杂技家协会七届一次主席团会议根据《中国杂技家协会章程》，推举夏菊花为中国杂技家协会名誉主席，聘请尹钰宏等8人为中国杂技家协会顾问，并任命了正副秘书长。

【第九届中国杂技金菊奖第六次全国魔术比赛】

5月1日至3日，由中国文联、中国杂技家协会、广东省文联主办的第九届中国杂技金菊奖第六次全国魔术比赛在深圳欢乐谷成功举办。郭运德、边发吉等领导出席开幕式。

经过两天激烈的角逐，最终评出2个金奖、4个银奖、3个铜奖、3个单项奖、1个优秀节目奖和多个优秀组织奖。来自浙江杭州杂技总团李洁的《美女·几何》和江苏南通杂技团丁洋的《变鸽子》摘得了金奖。本次比赛还增设了荣誉金奖、中国魔术新人奖、中国古典魔术传承奖。为表彰多年来对推动中国魔术文化发展做出的贡献，中国杂技家协会还特别授予深圳华侨城股份有限公司"中国魔术文化发展杰出贡献奖"。5月3日晚，第九届中国杂技金菊奖第六次全国魔术比赛举行了隆重的颁奖仪式，郭运德、边发吉等领导出席颁奖典礼并为获奖选手颁奖。

比赛期间，相关单位还举办了"新媒体环境下魔术著作权保护研讨会"、中国魔术文化创意产业基地魔术道具展、中外魔术文化大讲堂、百秒微视频网络魔术创意大赛等活动。

【第九届上海国际魔术节暨国际魔术比赛】

10月29日至11月1日，由文化部艺术司、中国杂技家协会等单位主办的第九届上海国际魔术节暨国际魔术比赛在上海举行。活动分为国际魔术比赛、国际魔术精品专场演出、国际魔术道具展销以及国际魔术学术研讨会四大版块。国际魔术比赛分为舞台魔术大师邀请赛、舞台魔术新人赛。经过激烈角逐，来自德国的女魔术师阿兰娜·默尔曼以《手的精彩》获得大师赛金奖，中国台湾的陈景弘凭借《鸽舞青春》摘得新人赛金奖。魔术节期间，邀请了世界公认的顶尖魔术师举办国际精品舞台魔术展演以及国际精品近景魔术展演，举办了国际魔术道具展，并特邀世界魔术界知名人士举办讲座，探讨世界魔术发展趋势，切磋魔术表演技艺。

【第五届国际幽默艺术周】

11月1日至3日，由中国文联、中国曲艺家协会、中国杂技家协会和张家港市委、市政府联合主办的第五届国际幽默艺术周，在江苏张家港成功举行。中国文联主席孙家正，中国文联党组成员、副主席李前光等出席开幕式。本届国际幽默艺术周以"幽默丰富生活，欢笑连接世界"为主题，汇集了中国、法国、德国、匈牙利、韩国、马来西亚、乌克兰、中国台湾等8个国家和地区的知名幽默艺术家和演出团体联袂演出，融合相声、小品、哑剧、魔术和杂技等表演形式，为当地群众奉献欢乐。其中，国际幽默艺术大师专场演出邀请了来自匈牙利、法国、乌克兰、中国台湾等7个国家和地区的幽默艺术大师，为张家港社会各界观众呈现了一台风格各异的幽默表演，集中展示了不同国度、不同风格的幽默艺术，在加强中外文化艺术交流、丰富群众文化生活、打造文化品牌等方面产生了积极的影响。

【赴深圳开展"送欢乐、下基层"采风慰问演出活动】

由中国文联、中国杂技家协会主办，广东省文联、广东省杂技家协会、深圳市文联、深圳华侨城欢乐谷旅游公司（中国魔术文化创意产业基地）承办的"深入生活、扎根人民"中国文联文艺志愿服务团赴深圳采风慰问演出，于5月3日晚在深圳欢乐谷欢乐剧场隆重上演。

郭运德、边发吉等领导和各界嘉宾与深圳市劳动模范、社会公益机构、义工、优秀职工等1200余名观众观看了演出。

郭运德在演出开始前代表中国文联致辞。本次采风慰问演出适逢第九届中国杂技金菊奖第六次全国魔术比赛在深圳举行，国内外众多顶级魔术师和参赛选手齐聚欢乐谷，他们为本次慰问演出活动献上了充满迷人梦幻、振奋人心的魔术盛宴。李宁、傅琰东的经典保留节目，刘全利、刘全和的滑稽节目，台湾魔术师罗飞雄的趣味魔术，两位外国魔术师的嘉宾表演，杂技节目《男女对手顶》以及在本次魔术比赛中获得金奖的两名选手，无不引来全场的掌声和喝彩声。深圳欢乐谷大型魔术《魔力四射——炫动时刻》压轴呈献，整场演出在观众的惊叹声和欢呼声中落下帷幕。

【"送欢乐、下基层"慰问演出活动走进狼牙山革命老区】

为纪念中国人民抗日战争暨世界反法西斯战争胜利70周年，在狼牙山五壮士跳崖74周年纪念日之际，由中国文联、中共河北省委宣传部、中国杂技家协会、中国文艺志愿者协会主办，以"敬礼，英雄的狼牙山"为主题的中国文联文艺志愿服务团"送欢乐、下基层"慰问演出活动于9月24日在河北易县狼牙山革命老区隆重举行。

李前光、边发吉等有关领导，与"狼牙山五壮士"英模部队代表、五壮士部分亲属以及河北省委省政府、保定市委市政府、易县县委县政府有关单位领导，驻易部队、群众、学生等2000余名各界代表一起观看了演出。

李前光代表中国文联致辞。演出在周炜、朱迅、方琼、温朋达的联袂主持下拉开序幕。瞿弦和、温玉娟、鞠萍、陈思思、霍勇、乌兰图雅、刘和刚、王莉、刘全和、刘全利、傅琰东等艺术家精湛的表演令观众心潮澎湃、如痴如醉，《蹬鼓》《俏花旦——空竹》《摄影爱好者》《激踏——球技》《闪电换人》《四人技巧》等精品杂技节目次第上演，更是将现场氛围一次次推向高潮。慰问演出圆满结束后，依依不舍的掌声在狼牙山勇士广场久久回响。

【赴北京天泰剧院举办"我的中国梦"精品杂技展演】

11月8日，由中国文联、中国杂技家协会、中国文艺志愿者协会主办的2015中国文艺志愿者公益演出季"我的中国梦"精品杂技展演在北京天泰剧院隆重举办。中国文联党组书记、副主席赵实，中宣部副部长景俊海，第二炮兵政治部副政委唐国庆，中国文联党组成员、副主席李前光，中央军委纪委黎国如少将，中国文联副主席边发吉、杨承志，第二炮兵政治部副主任于春福、蒋家革，中国残联党组成员、副主席吕世明等领导，中国杂技家协会主席团部分成员，各全国文艺家协会、中国文联机关各部室、各直属单位有关负责人以及残障人士、部队官兵、社区居民、艺校学生等基层群众1200余人观看了演出。

本次展演荟萃了中国杂技团、中国广播艺术团、成都军区战旗文工团、上海杂技团、大连杂技团、四川遂宁杂技团、江苏南通少年杂技团、江苏射阳杂技团等来自全国9个演出团体的12个在国内外重大赛场摘金夺银的精品杂技节目，受到观众的热烈欢迎。

本次演出是中国杂技家协会召开第七次全国代表大会、完成新一届领导机构换届后举办的首个大型公益演出活动，参演杂技家们乘大会东风，响应习近平总书记号召，贯彻刘奇葆部长重要讲话精神，进一步树立以人民为中心的创作导向，以高度的社会责任感和高超的艺术造诣投入工作，使这台晚会以精彩的面貌得以呈现，实现了"把最好的精神食粮奉献给人民"的承诺。

【赴台湾举行"金菊飘香"两岸魔术师公益演出】

12月17日至22日，应台北市技艺舞蹈表演业职业工会邀请，经文化部、中国文联、国台办批准，中国杂协派出以邹玉华为团长的"金菊飘香——两岸魔术师演出交流"访问团赴台湾，在台北、台中举办了系列演出交流活动。此次"金菊飘香——两岸魔术师演出交流"首次组织参加过金菊奖比赛的两岸评委、获奖选手和其他魔术师，展开演出交流活动，旨在扩大金菊奖全国魔术比赛影响力，为新老朋友再次搭建艺术交流的平台，在民众中弘扬中华魔术艺术。

18日晚，"金菊飘香——两岸魔术师公益演出"在台湾戏曲学院小剧场隆重举行。台北市技艺舞蹈表演业职业工会理事长、国际魔术家协会360分会主席罗飞雄，台湾戏曲学院院长张瑞滨、教务长程育君、民俗技艺系主任李晓蕾、综艺团副团长王动员，魔术师、魔术爱好者、学院师生、台北市民等300多人观看了两岸魔术师带来的9个魔术节目。演出在两岸魔术师齐上舞台、携手高举向观众致意中完美结束。

19日、20日，访问团分别在台北、台中举行了"金菊飘香——两岸魔术师学术交流"研讨会。两岸魔术师们就共同关心的"如何提高表演水平""如何更好地培养新人""如何更好地发展魔术"展开讨论。台湾魔术师更多地从社会环境角度出发，指出应更多借助媒体等外部力量，助推魔术的影响和发展。大陆魔术师则更多从魔术角度出发，强调继承传统、相互学习及发展个性化表演的重要性。

对外文化交流

【选派优秀节目参加国际比赛】

中国杂技家协会以国际赛场为突破口，通过与国际重大杂技赛场的良好合作，建立长效的参赛派出机制，向世界展示了优秀的中国杂技节目，提升了协会在国际杂技界的影响力和话语权。

2015年，经文化部和中国文联批准，中国杂技家协会先后选派优秀杂技节目分赴摩纳哥和法国参加第39届蒙特卡洛国际马戏节、第36届法国"明日"世界杂技节及第4届摩纳哥"新一代"国际青少年马戏节，获得了2金1银1铜的优异成绩。

1月15日，在第39届蒙特卡洛国际马戏节上，来自中国、俄罗斯、朝鲜、法国、意大利、德国、乌克兰等16个国家的30余个节目进行了激烈的角逐，最终中国杂技团表演的《协奏·黑白狂想——男女技巧》节目荣膺马戏节最高奖"金小丑"奖，天津市杂技团表演的《垓下雄风——蹬人》节目荣获"银小丑"奖。中国杂技家协会分党组成员、副秘书长邹玉华同志应邀担任评委，并为俄罗斯《高低杠》节目颁发了中国杂技家协会"长城杯"特别奖。

第36届法国"明日"世界杂技节于1月29日至2月1日在巴黎举行。来自法国、加拿大、俄罗斯、乌克兰、美国、西班牙、瑞典和中国等14个国家的24个节目参加了比赛。代表中国参加本届比赛的广州军区战士杂技团，坚持传统基础上的创新，突出演员的个性表演。三个演员表演的《男女软功——梦蝶》《男子顶技——塑》《男子高台顶技》3个节目，最终共同荣膺马戏节颁发的"共和国总统奖"，《男女软功——梦蝶》节目获得铜奖。中国杂技家协会理事、广州军区战士杂技团团长李亚萍受邀担任评委，并将中国杂技家协会"长城杯"特别奖授予了德国《男子双人车技》演员。

2015年1月30日至2月1日，在第4届摩纳哥"新一代"国际青少年马戏节上，云南省杂技团表演的《蹦床爬杆》把蹦床和爬杆两种表演编排在一起，融入街舞、滑板、跑酷等新兴时尚的运动元素，最终从来自中国、俄罗斯、瑞士、西班牙、美国、意大利、摩纳哥、克罗地亚、法国9个国家的19个节目中脱颖而出，荣获金奖和"最受观众欢迎奖"。中国杂技家协会理事、天津市杂技团团长侯泉根应邀担任本届比赛评委。

【赴克罗地亚进行"欢乐春节"杂技戏曲专场演出】

2月5日至13日，应中国驻克罗地亚使馆邀请，中国文联选派中国杂技家协会副主席、大连杂技团团长齐春生率41人演出团赴克罗地亚进行"欢乐春节"杂技戏曲专场演出。"欢乐春节"是按照习近平总书记在文艺工作座谈会上重要讲话精神和国家文化交流战略要求，由中国文联和中国驻克罗地亚使馆联合组织的文化交流活动，旨在传播中华文化，加强中克文化交流，增进两国人民的友谊。

中国杂技家协会和大连杂技团对此次任务高度重视，专门抽调优秀的杂技演员、戏曲演员和舞蹈演员共同组成了中国文联演出团。经过精心策划和筹备，排演了一台具有浓郁中国文化特色，激情奔放、活泼热烈的文艺节目。演出团在克期间共演出3场并获圆满成功，在克罗地亚引发轰动效应，受到克罗地亚总统约西波维奇、议长莱科、前总统梅西奇、中国驻克罗地亚大使邓英及中国文联党组成员、副主席、书记处书记夏潮等的高度赞扬。

【赴土库曼斯坦举办"中国文化日"活动】

8月4日至6日，应土库曼斯坦文化部邀请，由文化部、中国文联共同主办的"中国文化日"活动在土库曼斯坦首都阿什哈巴德举行。在土库曼斯坦举办"中国文化日"活动是中土两国文化交流协定内项目，是"一带一路"倡议在对外文化交流领域的具体体现，契合"亲、诚、惠、容"的周边外交理念，有利于对外传播中华文化，增进中土两国人民的友谊与相互理解，推动两国全方位的交流与合作。

中国文联组派由中国杂技家协会副主席、大连杂技团团长齐春生率领的39人演出团赴土举办杂技戏曲专场演出。中国杂技家协会和大连杂技团经过精心组织和筹备，排练出了一台具有浓郁中国特色文化的杂技戏曲专场晚会。

8月4日，土库曼斯坦"中国文化日"开幕式暨杂技戏曲专场演出在首都阿什哈巴德市国家文化中心隆重开幕。中国文联党组书记、副主席赵实，土文化部长卡拉扎耶夫出席开幕式并致辞。中国驻土库曼斯坦大使肖清华出席开幕式，并与使馆工作人员、土方政府官员、各国驻土使节、中资企业及教师留学生代表、土库曼斯坦民众等千余人共同观看了杂技戏曲专场演出。精彩的演出在土库曼斯坦引起巨大轰动和热烈反响，成为展现中国艺术魅力、传播中国文化、实现"中国梦"道路上的一次具体而成功的实践。

理论研讨和调查研究

【举办"新媒体环境下魔术著作权保护"研讨会】

5月2日，由中国杂技家协会和中国文联权益保护部共同主办的"新媒体环境下魔术著作权保护"

研讨会在深圳举办。边发吉出席研讨会并致辞。中国杂技家协会主席团、中国文联权保部领导，以及部分魔术团体负责人和表演者等出席会议。研讨会邀请了在互联网领域多年从事版权交易和保护的两位资深法律专家，百度公司版权管理中心主任王彦恭和阿里巴巴集团高级法务顾问吕长军，围绕在互联网特别是新媒体环境下，如何做好魔术作品的版权交易与保护，充分利用互联网和新媒体促进魔术文化产业发展做了主题演讲。

"新媒体环境下魔术著作权保护研讨会"为魔术文化产业发展提供了一个新视角，引起与会魔术界人士的深入思考。如何顺应时代发展，加强对互联网和新媒体的认识与了解，积极培育互联网思维，大力推动魔术文化产业与互联网的融合，实现魔术文化产业的创新发展和科学发展成为摆在中国魔术界面前的一个重要课题。

【全程支持滑稽表演人才培养培训班】

8月20日至10月4日，国家艺术基金资助项目"滑稽表演人才培训班"在石家庄成功举办。本次培训班由中国杂技家协会提供全程支持，中国吴桥国际杂技艺术节组委会办公室承办，河北艺术职业学院协办。

通过中国杂技家协会、专业院团推荐及面向社会两种报名方式，经过专家遴选委员会的筛选，择优录取了来自北京、上海、广东等12个省份的27名学员。经过45天的学习培训，学员们掌握了西方滑稽表演基本功，能在表演中塑造具有感染力的人物形象，并具备了一定的滑稽节目原创、即兴表演的能力，拥有良好的临场发挥能力和与观众互动的技巧，受到观众们的热烈欢迎。

【举办第九届国际马戏论坛】

10月2日，中国杂技家协会与中国吴桥国际杂技艺术节组委会联合主办的以"新常态，新杂技"为主题的第九届国际马戏论坛在石家庄举行。第15届中国吴桥国际杂技艺术节部分评委、中外嘉宾及杂技界专家学者汇聚一堂，为杂技艺术的创新发展建言献策。与会专家一致认为，文化新常态下，创新成为文化发展的核心驱动力。杂技艺术的发展既要尊重传统，又离不开创新。只有以开阔的视野、开放的姿态，立足杂技艺术本体，实现杂技传统的创造性转化、创新性发展，才能不断提升杂技艺术的文化影响力。论坛汇聚了来自当今杂技界最前沿的声音，展现了杂技研究领域的最新成果，对杂技艺术未来的发展进行了有益的思考和探索。

【编辑出版《中国杂技金菊奖理论作品奖论文集（2009—2014年）》】

2011年、2014年，中国杂技家协会先后举办了第八届中国杂技金菊奖第七次理论作品奖和第九届中国杂技金菊奖第八次理论作品奖。按照《中国杂技金菊奖章程》和《理论作品奖评奖细则》的规定，经过严格审议和充分讨论，通过初评、复评、终评，最终评选出第八届中国杂技金菊奖第七次理论作品奖"金菊奖"论文9篇、优秀论文51篇，第九届中国杂技金菊奖第八次理论作品奖"金菊奖"论文9篇、优秀论文45篇。2015年，协会将上述2009—2014年度的18篇"金菊奖"获奖论文、96篇优秀论文以及中国杂技家协会承担的中国文联部级课题《杂技主题晚会研究》一并编辑出版。在进一步团结杂技理论工作者、促进杂技艺术繁荣发展方面，起到了积极的作用。

【组织撰写《2015中国杂技艺术发展报告》】

中国杂技家协会组织研究部、《杂技与魔术》杂志社、大连市艺术研究所、甘肃省杂技团相关人员撰写《2015中国杂技艺术发展报告》，并先后召开专家论证会、报告统稿会。报告立足于翔实的数据和充分的论述，全面系统地反映2015年中国杂技艺术发展概况，展示杂技艺术最新的创作实践、理论研究和交流活动成果，揭示杂技艺术各门类创新与突破的特点成因，提出并思考杂技艺术创作表演实践进程中亟待解决的若干问题，并对未来中国杂技艺术发展趋势加以研判，提出具有参考价值的对策建议，以便更好地指导中国杂技艺术创作实践活动，推动中国杂技事业繁荣发展。

【大力培养杂技理论人才】

4月至10月，先后推荐刘俊、尹力、热娜、曹心分别参加第七期全国中青年文艺人才（编导）高级研修班、第一期全国文艺评论骨干专题研讨班、第六期全国文艺家高级研修班、中国文联首届全国少数民族地区文艺骨干（舞台艺术）研修班，加强杂技理论研究和队伍建设，推动杂技事业可持续发展。

【加强调查研究和文艺舆情，推动新闻出版和信息服务】

《杂技与魔术》杂志全年共出刊6期，发稿约47万字，图片600余幅，出版增刊一期，发稿约55000字，图片约28幅；杂志社组建2015年度董事会，成员达35个团体单位；积极开展《中国杂技艺术院团发展纪略》（100余万字，1000余幅图）精品图书出版工作；完成《杂技与魔术》自1981年创刊至2013年纸质期刊电子化工作；完成赴深圳、狼牙山、天泰剧院等地"送欢乐、下基层"慰问演出活动的中国艺术报特刊出版工作。撰写完成《2014中国文联年鉴（杂技卷）》；编辑出版《中国杂技家协会简报》6期；继续做好杂技舆情信息工作，为上级领导机关及时掌握杂技界动态，进行科学决策和指导工作提供了有效的服务。

队伍建设

协会积极探索行业服务、行业管理、行业自律的方法途径，修改完善章程和各项制度，全面推进协会工作实践创新、制度创新；通过完善深入生活采风创作活动的管理办法，规范命名"中国杂技之乡""杂技创业产业基地"等，逐步建立定点下基层机制，为杂技艺术家深入生活搭建平台；扎实开展"三严三实"专题教育活动，进一步加强协会机关党的建设和干部队伍建设，协会认真做好新形势下老干部工作，把党中央关于老干部工作的各项方针政策一项一项落到实处。协会全年共组织和选送十余人次的干部参加各种学习和培训，机关干部转正2名、晋升2名，杂技艺术中心新录用事业人员1名；办公室获得中国文联"2014年度结算评比先进单位"表彰，组织联络部获2015年度中国文联先进集体嘉奖，协会多名同志获得中国文联的各类表彰。通过不断加强和改进服务杂技界的能力和水平，把广大杂技工作者团结在中国杂技家协会周围，努力把协会建设成杂技工作者的温馨和谐之家。

中国电视艺术家协会

综述

2015年是中国视协工作取得新进展的一年。在中宣部、中国文联的有力领导下，中国视协始终把学习贯彻习近平总书记重要讲话和中央精神作为首要政治任务和政治责任，按照中国文联的统一部署，坚持以人民为中心的工作导向，大力弘扬社会主义核心价值观，把推动创作无愧于时代的优秀电视艺术作品作为一切工作的中心环节，策划和组织了一系列文艺创作实践活动。完成了"人文中国"第四季——城市纪实全国电视纪录片主题创作活动、"让历史告诉未来"——中国人民抗日战争全纪录抗战题材纪录片展播活动、第4届中国嘉峪关国际短片电影展活动等。举办了第七届新农村电视艺术节、第三届亚洲微电影艺术节、第八届中国旅游电视周。通过这些主题电视创作实践活动，引导广大电视艺术工作者深入实践、深入生活、深入群众，同时也扩大了中国视协在业界的影响力、凝聚力。举办了第九届全国德艺双馨电视艺术工作者推选活动、2015年度"中国电视好演员"推选活动，鼓励广大电视工作者做好人、演好戏，弘扬时代精神，更好地服务人民。组织"法治中国梦"文艺法院行——送欢乐下基层文艺志愿服务慰问演出活动、生态丰宁欢乐行——送欢乐下基层慰问演出活动、送欢乐下基层——走进新疆生产建设兵团第七师一二六团慰问演出活动、走进东北抗联部队、走进福建省海防前哨、走进革命老区连云港赣榆慰问演出、戏曲名家进社区等文艺慰问演出活动，受到基层群众的欢迎。坚持问题导向，积极履行理论评论职能，全年组织了对电视剧《太行山上》《别让我看见》等十多部电视剧的研讨会。完成了2015年中国电视艺术发展报告。继续在全国创建"影视小屋"，组织电视艺术家传艺授课，在孩子们心中播撒电视艺术的梦想。

这一年中，中国视协在努力履行团结引导、联络协调、服务管理、自律维权的职能，为服务大局、服务人民、服务电视艺术工作者、繁荣发展社会主义电视文艺做出了新的贡献。

会议与活动

【中国文联、中国视协联合主办的"送欢乐·下基层"军营大拜年活动在黑河好八连举行】

1月4日，由中国文联、中国视协、解放军电视宣传中心、黑龙江视协联合主办的"送欢乐·下基层"军营大拜年活动在黑河好八连举行。

中国视协领导赵化勇、张显及主办方相关人员出席活动。演出小分队还到界江冰哨进行了丰富多彩的慰问活动。

【中国电视艺术家协会五届三次理事会议在北京召开】

1月25日，中国电视艺术家协会五届三次理事会议在北京召开。中国文联党组成员、副主席、书记处书记夏潮，中国视协主席团和中国视协理事，全国各省市、自治区、直辖市、新疆生产建设兵团视协主席、秘书长，中国视协各分会秘书长，中国视协各专业委员会负责人共百余人出席会议。张显同志在会上做《中国视协五届三次理事会议工作报告》。会议通报了更替中国视协第五届理事会理事的情况，并围绕"习近平总书记在文艺工作座谈会上的重要讲话精神"进行了分组讨论。

【全国电视艺术家协会秘书长工作会议在北京召开】

1月25日，全国电视艺术家协会秘书长工作会议在北京召开。中国视协领导赵化勇、张显、张彦民、范宗钗和来自全国30余个省、自治区、直辖市、新疆生产建设兵团电视艺术家协会秘书长以及中国视协各分会、各专业委员会的秘书长参加会议。本次会议就各地、各分会视协工作如何更好地发展和扩大视协影响力等方面工作进行了经验交流。

【中国视协电视文艺委员会在北京召开换届工作会议】

2月4日，中国视协电视文艺委员会换届工作会议在北京召开，中国视协副主席、北京广播电视台台长兼北京电视台台长赵多佳当选为电视文艺委员会主任。赵化勇、张显、赵多佳、张彦民、范宗钗以及第二届电视文艺委员会主任张晓爱和代表出席换届工作会议。

【中国视协支持创建的"影视小屋"在四川省凉山彝族自治州授牌】

3月26日，由中国文学艺术基金会资助，四川省视协发起，中国视协支持创建的"影视小屋"在四川省凉山彝族自治州的两所学校授牌。中国文联副主席、中国视协主席赵化勇，原中国文联副主席王兆海，中国视协分党组书记、驻会副主席张显以及主办方领导和群众代表300余人参加授牌仪式。

【"春风送暖 情系丰宁——送欢乐下基层"慰问演出在河北省丰宁满族自治县举行】

5月26日，由中国文联、中国视协、河北省文联、中共丰宁满族自治县县委、河北省丰宁满族自治县人民政府共同主办的"春风送暖 情系丰宁——送欢乐下基层"慰问演出在河北省丰宁满族自治县举行。中国文联党组成员、副主席、书记处书记夏潮，中国文联副主席、中国视协主席赵化勇，中国视协分党组书记、驻会副主席张显，中国视协副主席、中国传媒大学戏剧影视艺术学院院长李兴国，中国视协分党组成员、副秘书长张彦民、范宗钗等主办方领导以及刘兰芳、王强、温玉娟、杜旭东等艺术家出席活动。

【"影视小屋"吉林挂牌】

5月29日，由中国文学艺术基金会资助，中国电视艺术家协会、吉林省电视艺术家协会共同举办的"影视小屋"挂牌仪式，在吉林省临江市六道沟中心学校举行。中国文联副主席、中国视协主席赵化勇，中国视协分党组书记、驻会副主席张显，吉林省文联党组书记、主席尹爱群，吉林省文联副主席孙凤平，吉林省广播电视艺术家协会主席冯晨等主办方领导以及学生代表数百人参加授牌仪式。

【中国视协召开全体党员干部会议 张显同志做专题发言】

6月30日，中国视协召开全体党员干部会议，分党组书记张显做了题为"认真学习践行'三严三实'推动协会工作取得新成效"的专题发言。

张显首先深刻阐述了开展"三严三实"专题

教育的重大意义，他指出，开展"三严三实"专题教育，对于全面从严治党，驰而不息地加强党的作风建设，规范党员干部的言行，建设高素质干部队伍都具有重大现实意义，特别是对协会贯彻落实党中央部署，应对各种新挑战，提升自身素质，更好地履行推动文艺繁荣和发展的重大使命，具有重大指导意义。

【"全国卫视看贵州"大型主题采访活动启动仪式在贵州省安顺市举行】

7月9日，由中国电视艺术家协会、中共贵州省委宣传部联合主办的"全国卫视看贵州"大型主题采访活动启动仪式在贵州省安顺市举行。中国视协领导赵化勇、张显、范宗钗，中共贵州省委常委、省委宣传部部长张广智，贵州省文联主席顾久，贵州省文联党组书记杨梦龙等领导出席。

【中国视协、四川省视协"影视小屋"艺术课堂在成都开讲】

7月29日至8月2日，中国视协、四川省视协"影视小屋"艺术课堂在成都开讲。来自四川阿坝州、甘孜州、凉山州及巴中革命老区"影视小屋"的40多名师生共聚成都，参加专业培训，开展实地拍摄实践。

【"送知识 下基层"艺术课堂活动】

8月7日，由中国视协、云南省昭通市电视台主办的中国视协"送知识 下基层"艺术课堂活动在云南省昭通市举行。

【影视小屋授牌仪式在黑龙江省哈尔滨市少年儿童活动中心举行】

8月17日，由中国文学艺术基金会资助，中国电视艺术家协会、黑龙江省电视艺术家协会共同举办的影视小屋授牌仪式在黑龙江省哈尔滨市少年儿童活动中心举行。中国文联副主席、中国视协主席赵化勇，中国视协分党组书记、驻会副主席张显，中国视协播音主持委员会主任敬一丹等领导以及学生代表百余人参加授牌仪式。

【"送欢乐 下基层"——艺术家走进新疆生产建设兵团慰问演出】

9月11日，由中国文联、中国电视艺术家协会主办，新疆生产建设兵团电视台、第七师党委宣传部、第七师文联、第七师电视台协办的"送欢乐 下基层"——艺术家走进新疆生产建设兵团慰问演出在新疆生产建设兵团第七师一二六团举行。

【影视小屋授牌仪式在甘肃省甘南州合作藏族中学举行】

9月13日，由中国文学艺术基金会资助，中国电视艺术家协会、甘肃省电视艺术家协会共同举办的影视小屋授牌仪式在甘肃省甘南州合作藏族中学举行。中国视协和甘肃文联有关负责同志赵化勇、张显、王登渤等出席授牌仪式。

【"让历史告诉未来"中国人民抗日战争全纪录主题系列活动在山西省晋中市举行】

9月16日，由中国电视艺术家协会、国家档案局、山西广播电视台等单位共同主办的"让历史告诉未来"中国人民抗日战争全纪录主题系列活动在山西省晋中市举行。该活动云集了中国纪录片界的顶尖专家学者及全国各级影视媒体、制作机构的纪录片精英。

【中国旅游电视周"印象明月山"采风活动启动】

9月29日，由中国电视艺术家协会、江西广播电视台、明月山第九届月亮文化旅游节组委会联合主办的中国旅游电视周"印象明月山"采风活动启动仪式在江西省宜春市明月山举行。中国电视艺术家协会、江西广播电视台、宜春市相关领导出席活动。

【第九届全国德艺双馨电视艺术工作者表彰活动在浙江省海宁市举行】

10月17日，由中国电视艺术家协会主办的第九届全国德艺双馨电视艺术工作者表彰活动在浙江省海宁市举行。中国文联、中国视协领导，浙江省文广新局、省文联，嘉兴市委市政府，海宁市委市政府有关领导和各地媒体代表共200余人出席活动。活动由中国视协副主席、国家新闻出版广电总局电视剧管理司司长李京盛主持。中国文联党组成员、副主席、书记处书记夏潮讲话。会议向电视艺术界发出了德艺双馨的倡议。大会对王屹等45名"全国德艺双馨电视艺术工作者"进行了表彰。

【"弘扬抗战爱国精神 共创'一带一路'伟业"慰问演出活动在革命老区连云港举行】

10月18日，由中国文联、中国视协、赣榆区人民政府主办，中国视协艺术家诗书画学会、中共赣榆区委宣传部、赣榆区文化广电体育局承办的以"弘扬抗战爱国精神 共创'一带一路'伟业"为主题的慰问演出活动在革命老区连云港市赣榆区文化艺术中心举行。邓玉华、王馥荔、林永健、刘之冰、温玉娟等艺术家和文艺工作者为观众献上精彩的节目，受到了当地群众的热烈欢迎。

【中国电视艺术家协会集中进行政治学习】

10月28日，中国电视艺术家协会召开全体党员大会，集中进行政治学习。分党组书记张显同志传达了中国文联党组关于认真学习和贯彻《中国共产党廉洁自律准则》和《中国共产党纪律处分条例》要求，传达了近期中央关于党纪建设的重大举措，会议全文学习了《中国共产党廉洁自律准则》和《中国共产党纪律处分条例》。张显同志还要求广大党员干部要坚决贯彻《中国共产党廉洁自律准则》和《中国共产党纪律处分条例》，指出该准则和该条例是底线、红线，不能触碰。

【中国视协组织党员处级以上干部学习会】

11月30日，中国视协组织党员处级以上干部学习会，围绕"三严三实"的要求，进行交流和讨论。中国视协分党组书记张显同志做了学习会总结，他说：这次学习会上，同志们谈认识较多，查找自身问题还不够，这说明"三严三实"专题教育不但要持续推进，更需要认真贯彻落实，只有落实在行动上才说明学习真正取得了效果。

【"送欢乐、下基层"军营大拜年慰问演出在保定东北抗联英模部队举办】

12月19日，由中国文联、中国电视艺术家协会、解放军电视宣传中心共同主办的"送欢乐、下基层"军营大拜年慰问演出在保定东北抗联英模部队举办。宋祖英、杨洪基等艺术家为千余名官兵献上了一台精彩纷呈的文艺演出。

艺术节与评奖

【"第27届中国电视金鹰奖获奖电视纪录片精品展播"开播仪式在济南举行】

2月6日，由中国视协和济南广播电视台联合举办的"第27届中国电视金鹰奖获奖电视纪录片精品展播"开播仪式在济南举行。共有24部中国电视金鹰奖获奖优秀电视纪录片参加本次展播。中国视协领导赵化勇、张显、张彦民，中共济南市委常委、宣传部长谭延伟以及国内电视业界专家刘效礼、张雅欣等出席开播仪式。

【中国电视艺术终身成就奖获奖艺术家座谈会在北京召开】

2月13日上午，中国电视艺术终身成就奖获奖艺术家座谈会在北京中国文艺家之家举行。中国文联党组书记赵实，中国文联党组成员、副主席夏潮，中国文联副主席、中国视协主席赵化勇，中国视协分党组书记张显，中国文联国内联络部主任刘尚军，中国视协分党组成员、副秘书长范宗钗出席会议。王扶林、沈力、陈汉元、焦晃、邓在军获得艺术终身成就奖。

【首届中国大学生微电影创作大赛颁奖盛典在中国传媒大学举行】

3月27日，由共青团中央学校部、亚洲微电影艺术节组委会、中国电视艺术家协会、中央新影集团、中国传媒大学、广东广播电视台等单位联合主办的首届中国大学生微电影创作大赛颁奖盛典在中国传媒大学举行。

【第六届中国大学生电视节启动仪式在北京中传国际交流中心举行】

5月29日，第六届中国大学生电视节启动仪式在北京中传国际交流中心举行，中国视协分党组成员、副秘书长范宗钗，中国传媒大学副校长廖传忠，中国教育电视台副台长吕学武，中国传媒大学影视艺术学院院长李兴国等领导出席启动仪式并分别致辞。中国传媒大学的学生代表和在京部分新闻媒体参加启动仪式。

【第七届新农村电视艺术节优秀作品推选会议在山东夏津召开】

7月30日，由中国电视艺术家协会、中国农业电影电视中心主办，中国视协农村电视委员会、山东省电视艺术家协会、山东省夏津电视台承办的第七届新农村电视艺术节优秀作品推选会议在山东夏津举行。中国视协、中国农业电影电视中心的领导赵化勇、张显、傅玉祥、张彦民、范宗钗、欧阳海洪与来自各省视协和电视台等相关部门的专家组成的评委会对报送的对农电视作品、对农电视栏目、对农电视节目主持人、对农电视频道等类别进行了认真推选。

【第八届中国旅游电视周优秀旅游电视节目推选会议在广西崇左召开】

8月25日，第八届中国旅游电视周优秀旅游电视节目推选会议在广西崇左召开。来自中国电视艺术家协会、广西电视台的领导及全国各地的专家评委出席会议。

【第七届新农村电视艺术节暨第九届小康电视节目工程颁奖晚会在新疆生产建设兵团举行】

9月12日，由中国电视艺术家协会与CCTV-7农业节目联合主办的第七届新农村电视艺术节暨第九届小康电视节目工程颁奖晚会在新疆生产建设兵团第七师一二六团举行。中国文联党组成员、副主席、书记处书记夏潮，中国文联副主席、中国视协主席赵化勇，新疆生产建设兵团党委常委、副政委徐伟华出席活动。

【第八届中国旅游电视周优秀旅游电视作品颁奖】

9月19日，由中国电视艺术家协会和中共常熟市委、市人民政府共同主办，常熟市广播电视总台承办的第八届中国旅游电视周优秀旅游电视作品暨"2015缘来常熟"旅游电视短片邀请赛颁奖仪式在江苏省常熟市举行。

【第三届亚洲微电影艺术节优秀作品推选会议召开】

9月23日至25日，由中国电视艺术家协会、中央新影集团主办，黑龙江省视协、齐齐哈尔广播电视台承办的第三届亚洲微电影艺术节优秀作品推选会议在黑龙江省齐齐哈尔市举行。

【"人文中国第四季——城市纪实"全国纪录片推优活动在无锡举行】

10月16日，"人文中国第四季——城市纪实"

全国纪录片推优活动在无锡举行。"人文中国"系列活动由中国视协城市台工作委员会和无锡广电集团共同举办。

【第四届海峡两岸电视艺术节暨海峡两岸电视论坛新闻发布会】

12月1日，第四届海峡两岸电视艺术节暨海峡两岸电视论坛新闻发布会在重庆市政府新闻发布厅举行，中国电视艺术家协会副秘书长张彦民介绍了第四届海峡两岸电视艺术节暨海峡两岸电视论坛的相关情况，重庆日报、重庆电视台、重庆电台等近20家市级媒体、中央驻渝新闻单位、境外驻渝新闻机构参加新闻发布会。

创作与研究

【电视剧《锋刃》创作研讨会在北京中国文艺家之家举行】

1月8日下午，由中国电视艺术家协会、中央电视台电视剧管理中心主办的电视剧《锋刃》创作研讨会在北京中国文艺家之家举行。中国视协赵化勇、张显、张彦民，出品方嘉宾和主创人员以及李准、仲呈祥、王伟国、曾庆瑞、彭程、刘琼、高小立等专家、学者出席会议。

【中国视协主办的电视剧《别让我看见》创作研讨会】

3月12日，由中国电视艺术家协会、中央电视台电视剧管理中心主办的电视剧《别让我看见》创作研讨会在北京中国文艺家之家举行。中国视协领导赵化勇、张显、张彦民，中央电视台电视剧管理中心项目部副主任张洁、节目统筹组组长郭婷以及出品单位代表刘燕军、王云、苏霆和多家媒体单位代表出席会议。李准、仲呈祥、刘玉琴、李春利、高小立、赵彤等专家、学者对该剧进行了分析和探讨。

【电视剧《突围 突围》创作研讨会在京举行】

3月23日，由中国电视艺术家协会、中央电视台电视剧管理中心、重庆市委宣传部、广西兴安县委县政府联合主办的电视剧《突围 突围》创作研讨会在北京中国文艺家之家举行。张显、张彦民、李准、仲呈祥、丁振海、曾庆瑞、梁鸿鹰、向云驹、张德祥、刘琼、赵彤等专家出席。

【2015年北京电视台春节联欢晚会研讨会在京举行】

3月24日，由中国电视艺术家协会、北京电视台联合主办的2015年北京电视台春节联欢晚会研讨会在北京中国文艺家之家举行。中国视协领导张显、张彦民，北京台领导艾冬云、潘全心，节目主创人员孙全、宋毅、刘昊雪、许佳多以及多家媒体单位代表出席会议。吴克宇、康伟、赵彤等专家对该节目进行了分析。

【电视剧《侯天明的梦》创作研讨会在中国文艺家之家举行】

5月22日，由中国电视艺术家协会、中央电视台电视剧管理中心、文艺报社联合主办的电视剧《侯天明的梦》创作研讨会在中国文艺家之家举行。赵化勇、张显、王浩、张小驰，出品方嘉宾和主创人员以及十余家媒体单位出席会议。李准、曾庆瑞、向云驹、刘琼、高小立、赵彤等专家对该剧进行了交流与探讨。

【中国视协举办电视剧《怒放》创作研讨会】

6月24日，由中国电视艺术家协会、中央电视台电视剧管理中心、文艺报社联合主办的电视剧《怒放》创作研讨会在北京中国文艺家之家举行。中国视协赵化勇、张显、张彦民，中央电视台电视剧管理中心项目部张小驰等主办方领导，出品方领导和主创人员代表，专家李准、仲呈祥、梁鸿鹰、王浩、刘玉琴、彭程、张德祥、高小立、戴清等出席会议。

【中国视协举办中国电视金鹰奖评奖工作专家座谈会】

6月26日，中国电视金鹰奖评奖工作专家座谈会在中国传媒大学举行。中国视协领导赵化勇、张显、张彦民、范宗钗，中国传媒大学领导陈文申、丁俊杰以及彭文祥、贾秀清、李兴国、毕根辉、高晓虹、关玲、曾庆瑞、刘晔原、李胜利、戴清等教授、学者出席研讨会。

会上，与会人员围绕金鹰奖的评奖作品范围、群众参与性、奖项设置等进行了探讨。

【电视剧《冰与火的青春》创作研讨会在北京举行】

7月20日，由中国电视艺术家协会主办的电视剧《冰与火的青春》创作研讨会在北京中国文艺家之家举办。中国视协领导赵化勇、张显、张彦民，主创与播出单位代表梁振华、倪君、肖宁以及中国传媒大学和中国艺术研究院的3位学生代表和多家媒体单位代表出席会议。李准、刘玉琴、尹鸿、高小立等专家对该剧进行了分析。

【中国视协举办电视剧《异镇》创作研讨会】

7月27日，由中国电视艺术家协会主办的电视剧《异镇》创作研讨会在北京中国文艺家之家举办。赵化勇、张显、张彦民、李准、仲呈祥、梁鸿鹰、康伟、廖建斌、赵彤等出席会议。

【电视剧《太行山上》创作研讨会在北京举办】

8月14日，由中国电视艺术家协会、中央电视台电视剧管理中心、中共河北省委宣传部、中共邯郸市委宣传部联合主办的电视剧《太行山上》创作研讨会在北京中国文艺家之家举办。中国文联领导夏潮，中国视协领导赵化勇、张显，国家新闻出版广电总局电视剧司司长李京盛，中宣部文艺局影视处处长马佳，中共河北省委宣传部副部长武鸿儒，中共邯郸市委常委、宣传部部长范国珍，中央电视台电视剧管理中心项目部主任秦振贵以及多家媒体单位代表出席会议。

【中国视协举办反恐特战题材电视剧《反恐特战队》研讨会】

9月14日，由中国电视艺术家协会、总政宣传部艺术局、武警宣传部联合主办的首部反恐特战题材电视剧《反恐特战队》研讨会在北京举行。

【电视剧《雪域雄鹰》研讨会在北京举行】

11月19日，由中国电视艺术家协会、江苏广电幸福蓝海影视文化集团股份有限公司主办的电视剧《雪域雄鹰》研讨会在北京举行。李准、仲呈祥、陈先义、范咏戈、丁临一、边国立、梁鸿鹰、张德祥、李舫、李春利、李跃森等专家出席并发言。

对外及对港澳台地区文化交流

【中国文联副主席夏潮、赵化勇接见马来西亚电影发展局局长一行】

4月18日，中国视协接见马来西亚电影发展局局长拿督卡米尔奥曼一行。中国文联副主席夏潮，中国文联副主席、中国视协主席赵化勇，中国视协驻会副主席兼秘书长张显，中国视协副秘书长范宗钗参加了会见。

【中韩电视节目精品创作交流预备会在江西南昌召开】

7月7日，2015（南昌）中韩电视节目精品创作交流预备会在江西南昌召开。中方代表、中国电视艺术家协会副秘书长张彦民，江西广播电视台台长杨玲玲等，韩国导演制作人联合会会长朴健值，中日韩电视制作者论坛组织委员宋日准，韩国MBC电视台副台长李昌燮，韩国KBS电视台制作人金荣均参加会议。中韩电视节目精品创作交流会是中韩电视艺术交流的新增项目，旨在为两国进一步提高影视文化交流水平，创新国际媒体合作方式发挥积极作用。

【中国视协赵化勇、张显等会见艾美国际客人】

8月14日，中国视协赵化勇、张显等领导会见艾美国际评审总监 Mr Nathaniel Brendel、原艾美国际副主席 Mr Georges Leclere 一行，双方就两国电视艺术活动和电视奖项设置评选等相关问题进行了交流。

【中国视协副秘书长张彦民会见韩国客人】

8月19日，中国视协副秘书长张彦民会见了韩国釜山国际影视节目展组委会执行委员长具宗祥先生一行。双方就进一步开展多领域合作深入交换了意见。

【第十五届中日韩电视制作者论坛在韩国釜山开幕】

10月28日，第十五届中日韩电视制作者论坛在韩国釜山开幕。中国电视艺术家协会副主席程蔚东，副秘书长范宗钗，釜山市市长徐秉洙，韩国PD联合会会长安朱植，日本放送人会会长今野勉等120余位来自中国、韩国、日本的代表参加会议。

本届论坛的主题为"亚洲模式的可能性"。中方共有30多位电视工作者参加本届论坛，报送三部作品，分别是：电视连续剧《武神赵子龙》、纪录片《乡村里的中国》和综艺节目《音乐大师课》。

【中国电视艺术家协会、福建省文联主办"第七届海峡两岸电视主持新人大赛"】

11月27日，由中国电视艺术家协会、福建省文联主办，福建省电视艺术家协会、泉州广播电视台承办的"第七届海峡两岸电视主持新人大赛"和"首届海峡两岸电视主持人高峰论坛"在泉州落下帷幕。中国文联、中国视协、福建省文联有关领导出席会议并分别致辞。

直属单位

【2015年中国少数民族迎春大联欢《江山如此多娇》在银川录制】

1月28日，由银川市委、市政府和中国视协地面电视委员会联合主办，银川市委宣传部、银川市广播电视台联合哈尔滨、长春、太原等15个城市共同举办的2015年中国少数民族迎春大联欢《江山如此多娇》在银川录制。

中国文联副主席、中国视协主席赵化勇，中国视协分党组成员、副秘书长范宗钗，银川市市长马力以及银川、哈尔滨、贵阳、南宁、兰州等城市电视台领导和各界观众共1500余人出席活动。

【中国视协电视舞台视觉艺术委员会召开工作会议】

3月21日，中国视协电视舞台视觉艺术委员会工作会议在江苏泰州召开。中国文联副主席、中国视协主席赵化勇，中国视协分党组成员、副秘书长范宗钗等领导及各理事单位代表近50人出席会议。会议总结了艺委会2014年的工作，讨论研究和部署了2015年的工作。

【中国视协城市电视台委员会工作会议在江苏无锡召开】

3月27日，中国视协城市电视台委员会工作会议在江苏无锡广电集团召开。中国视协分党组成员、副秘书长范宗钗，城市电视台委员会会长、无锡广电集团总裁严克勤以及各会员单位领导出席会议。会议认为在当前城市电视台面临市场萎缩、新媒体冲击的背景下，充分发挥和挖掘城市台委员会的职能，联合制作播出、资源共享，努力打造城市电视台联合体势在必行。

【中国视协媒体融合推进委员会成立】

4月11日，中国电视艺术家协会媒体融合推进委员会成立大会暨首届中国媒体融合论坛在北京举行。全国各省、市电视艺术家协会代表，中央电视台及各省、市级电视台相关负责人，各新媒体公司、技术公司、数据公司、制作公司代表，在京主要媒体代表等250余人参加会议。中国文联副主席、中国视协主席赵化勇，原中国国际广播电台台长李丹，中国云体系产业创新联盟副理事长官景辉，中国视协分党组书记、驻会副主席张显，中国视协分党组成员、副秘书长张彦民，以及中央人民广播电台、中央电视台和有关方面领导袁正明、杜嗣琨、张子扬等出席了会议。

【中国视协电视文艺委员会召开《音乐大师课》节目研讨会】

6月3日，由中国电视艺术家协会主办，中国视协电视文艺委员会等单位承办的"传承经典音乐、开创荧屏新风气——北京卫视《音乐大师课》节目研讨会"在北京电视台举行。中国视协分党组书记、驻会副主席兼秘书长张显，国家出版广电总局监管中心副主任金文雄，中国视协副主席、北京电视台台长赵多佳，北京电视台副总编辑徐滔与业内知名音乐人、专家学者以及数十家新闻媒体代表参加会议。

【3D影片《星星的梦》学术研讨会在北京召开】

7月2日，由中国视协立体影像专业委员会主办、北京祥瑞万方影视文化传媒有限公司、北京影视研修学院协办的3D影片《星星的梦》学术研讨会在北京召开。中国视协分党组成员、副秘书长范宗钗参加会议。

【中国视协主持人专业委员会召开换届工作会议】

7月8日，中国视协主持人专业委员会换届工作会议暨培训研讨会在北京中国文艺家之家召开。中国文联党组书记、副主席赵实，中国文联党组成员、副主席夏潮，中国文联副主席、中国视协主席赵化勇以及中国视协张显、范宗钗等领导出席会议。

新一届主持人专业委员会主任由敬一丹出任，李瑞英、李修平任常务副主任，杨澜、孟非、朱军、白岩松、马东、王小丫、曹可凡任副主任，鞠萍任秘书长。来自中央及全国各地电视台、新媒体机构的百余名主持人代表参加了此次会议。

【中国视协开展"重走长征路"活动】

7月21日至24日，四川省视协联合中国视协和中国视协主持人专委会，组织电视艺术工作者赴四川省凉山彝族自治州开展"重走长征路"活动。中国文联副主席、中国视协主席赵化勇率敬一丹、鞠萍等中央电视台主持人，与第九届四川省"十佳"电视艺术工作者部分代表分别从北京、成都出发，前往凉山州会理、冕宁等地开展文艺志愿服务活动。

【中国视协媒体融合论坛在湖北恩施举行】

7月31日，中国视协媒体融合（技术支撑）论坛暨中国视协媒体融合推进委员会首届常务理事会在湖北恩施举行，来自中央电视台、央视网、广电总局电影频道、全国各省份20多家电视台的相关负责人，相关科技公司、互联网企业代表参加本次会议。

【电视戏曲委员会举办"2015年戏曲名家进社区（村）票房辅导"活动】

中国视协电视戏曲委员会与北京市丰台区文化委员会联合举办了"2015年戏曲名家进社区（村）票房辅导"活动，活动邀请了京剧名家王蓉蓉、谭孝曾、杜镇杰和评剧名家戴月琴，受到了当地戏迷票友的热烈欢迎。

【企业电视分会在山西长治召开纪念抗日战争胜利70周年专题片研讨会】

8月23日至24日，中国视协企业电视分会在山西长治召开全国企业电视纪念抗日战争胜利70周年专题片研讨会。来自全国各地的80多名企业电视工作者出席了会议并观摩研讨了中国兵器淮海集团电视台拍摄的《回望太行》、潞安煤业电视台拍摄的《黄沙岭记忆》、重庆钢铁电视台拍摄的《重钢功著抗日回眸》等抗日题材电视专题片。

【媒体融合推进委员会在云南腾冲举办媒体融合培训班】

9月12日，中国视协媒体融合推进委员会在云南腾冲举办媒体融合培训班。中央电视台原台长胡占凡，中国视协媒体融合推进委员会会长何宗就、副会长李舒东，中国广播影视报刊协会会长梁刚建、副会长李宗达等出席培训班开班仪式。胡占凡做了《关于媒体融合的认识和探讨》的发言。

【第三届全国市县电视台推优活动在福建尤溪举行】

10月11日，由中国电视艺术家协会主办，中国视协市县电视委员会、中共尤溪县委、尤溪县人民政府协办，福建尤溪广播电视台承办的第三届全国市县电视台推优活动暨全国市县20强电视台表彰活动在福建尤溪举行。

【电视艺术理论研究会换届工作会议在北京召开】

10月22日，中国视协电视艺术理论研究会换届工作会议在北京召开。广东广播电视台副台长蔡照波担任新一届电视艺术理论研究会会长。中国视协主席赵化勇出席会议并为新上任的研究会成员颁发聘书。会议由中国视协副秘书长范宗钗主持。新一届研究会组织机构名单如下，顾问：仲呈祥、李准、曾庆瑞、陆贵山。会长：蔡照波。常务副会长：张德祥。副会长：闫爱华、张子扬、张志君、李岭涛、杨名品、陈旭光、陈家成、陈锦霞、胡正荣、盛伯骥、景志刚。秘书长：邹定宾。副秘书长：刘莉莎、欧启彬、张玲。

【行业电视委员会在湖北省襄阳市举办行业电视从业人员培训班】

11月11日至14日，中国视协行业电视委员会在湖北省襄阳市举办行业电视从业人员培训班。来自全国石油、铁路、卫生、航天等各行业电视新闻宣传工作者共百余人参加培训。中国视协3D委员会秘书长王甫、中国文联电视艺术中心主任张德祥、中国传媒大学研究员杨乘虎等就如何贯彻党的十八届五中全会精神，进一步做好行业电视宣传工作进行宣讲。

【电视戏曲委员组织评剧名家走进社区】

11月12日，中国视协电视戏曲委员会理事、评剧名家戴月琴，来到北京市丰台区四路通社区紫荆评剧社进行辅导，受到了当地戏迷票友的热烈欢迎。

【"世界电视日——中国电视大会"在北京举行】

11月21日至22日，由中国视协媒体融合推进委员会、中国电影电视技术学会、BIRTV组委会、中国传媒大学、北京电视台、凤凰卫视主办，中广互联承办的"世界电视日——中国电视大会"在北京举行。中国视协主席赵化勇，中国视协分党组书记张显，中国科协书记处书记王春发，国家广电总局科技司副司长孙苏川，国家新闻出版广电总局广播电视卫星直播管理中心主任杨一曼以及欧广联、韩国有限电视放送协会代表等出席会议。

【企业电视分会2015年年会在陕西省西安市召开】

12月11日至13日，中国视协企业电视分会2015年年会在陕西省西安市召开。中国视协分党组成员、副秘书长范宗钗出席会议并讲话，会议宣布了中国视协对企业电视分会组织机构人员调整的任命批复，并为新任会长罗焕章，常务副会长长江，其他副会长、理事颁发聘书。国务院国资委新闻中心副主任胡钰对如何理解十八届五中全会精神做辅导报告，攀钢集团、中原油田电视台、兖矿集团新闻中心负责人在会上交流了工作经验。

【中国视协艺术评论专业委员会换届工作会议在北京召开】

12月24日，中国视协艺术评论专业委员会换届工作会议在北京召开。中国文联副主席、中国视协主席赵化勇，中国视协分党组书记、驻会副主席兼秘书长张显，中国视协副秘书长范宗钗等出席了会议。会议产生了新一届领导机构，湖南广播电视台副台长、总编辑张华立当选为委员会主任，国家新闻出版广电总局发展研究中心副主任杨明品，北京大学新闻传播学院院长陆绍阳，国家新闻出版广电总局艺委会副秘书长易凯，中国传媒大学教授、《现代传媒主编》胡智峰，湖南广播电视台常务副总编辑盛伯骥当选为副主任；中国文艺评论家协会名誉主席李准，中国文艺评论家协会主席仲呈祥，湖南广播电视台党委书记、台长吕焕斌被聘为顾问；中国传媒大学教授曾庆瑞等业界专家17人当选为专家委员。中国视协主席赵化勇为新上任的委员会专家颁发聘书。会议通过了新的章程，商议并制订了下一步的工作计划。

【电视真人剧《三里屯的朋友圈》创作研讨会】

12月24日，中国视协艺术评论委员会在北京召开电视真人剧《三里屯的朋友圈》创作研讨会。作为国内真人剧领域的第一块试验田，该剧以真人秀和电视剧结合，既有真实的生活状态，又有剧的情节，是目前湖南卫视一档探索创新节目。与会专家曾庆瑞、杨明品、刘琼、梁振华、王雪茗等对该剧进行独到点评。

中国文艺评论家协会

综述

2015年,在中国文联党组坚强领导下,在赵实同志的亲切关心和夏潮同志的具体指导下,在主席团以及各位理事的共同努力下,在各全国文艺家协会、中国文联机关各部室、直属单位和中国文艺评论家协会各团体会员的大力支持下,中国文艺评论家协会认真贯彻落实党的十八大和十八届三中、四中全会精神,深入学习贯彻习近平总书记文艺工作座谈会上重要讲话精神和中央《关于繁荣发展社会主义文艺的意见》重要精神,贯彻落实中国文联九届六次全委会工作部署,按照中国文联党组要求,扎扎实实打基础,集中力量抓大事,踏踏实实改作风,紧紧抓住协会组织建设、队伍建设和阵地建设,在组织体系、人才队伍、学术研究、作品研讨、评奖征文、阵地建设和成果出版等方面开展了一系列卓有成效的工作,取得了较好成绩,形成了较为广泛的社会影响,得到中宣部领导、中国文联党组领导的高度肯定,得到广大文艺评论家和文艺评论工作者的普遍好评。

组织建设

【一届主席团三次会议】

2015年1月25日,中国文艺评论家协会召开一届主席团三次会议,同意聘请傅庚辰、袁行霈、叶朗为中国文艺评论家协会顾问,听取并讨论第一届理事会新增名单,审议通过《中国文艺评论家协会关于冠名举办各类活动的管理办法》。

【全国文艺评论家协会秘书长工作会】

2015年3月16日至17日,全国文艺评论家协会秘书长工作会在浙江丽水召开,对2014年协会工作进行总结,并对2015年协会重点工作做了安排部署。

【一届主席团四次会议和一届理事会二次会议】

10月15日至17日,召开一届主席团四次会议和一届理事会二次会议,审议通过协会工作报告,同意新增第一届理事会理事64人。

【积极推进成立各个专业委员会】

2015年6月24日,成立理论委员会;9月25日,成立青年工作委员会;10月25日,成立中国文艺评论家协会戏剧戏曲艺术委员会;12月19日,成立书法篆刻艺术委员会;12月25日,成立民族民间艺术委员会;2016年4月29日,成立艺术产业研究委员会。还将抓紧成立音乐舞蹈艺术委员会、曲艺杂技艺术委员会、美术设计艺术委员会、视听艺术委员会、传媒工作委员会、网络文艺研究委员会等12个专业委员会,进一步发挥各艺术门类文艺评论家的作用。

【指导推动各地文艺评论家协会组织建设】

中国文艺评论家协会成立以来，大力指导、推动各地各行业各艺术门类文艺评论机构和组织体系建设，目前已成立25家省级评论家协会，联系凝聚了5000余名文艺评论家。

【建立首批"中国文艺评论基地"】

经中国文联研究、批准，协会与北京大学、清华大学、北京师范大学、中国传媒大学、中央音乐学院、中央美术学院、浙江大学、中国戏曲学院、国家行政学院、北京电影学院、北京第二外国语学院、武汉大学、暨南大学、西北大学、上海戏剧学院、临沂大学、大理大学、辽宁省文联、内蒙古自治区文联、江西省文联、浙江省文联、苏州市文联等共建22家首批"中国文艺评论基地"。9月23日，在中国文艺家之家举行了授牌仪式。

学术研讨和理论研究

【电视剧《平凡的世界》研讨会】

3月27日，中国文艺评论家协会、上海市委宣传部、北京市委宣传部在北京联合举办电视剧《平凡的世界》研讨会，来自北京、上海、陕西的相关领导和学者出席了研讨会，中宣部常务副部长、中央文明办主任黄坤明做书面讲话。中国文艺评论家协会主席仲呈祥、中国作协党组成员、书记处书记阎晶明、文艺评论家李准等20多位著名文艺评论家在会上发言。北京、上海、陕西等3地文艺评论家从思想性、艺术性和观赏性等方面，对电视剧《平凡的世界》进行了深入探讨。专家一致认为，从小说到电视剧，《平凡的世界》始终洋溢着现实主义的创作精神，始终洋溢着艺术的光辉和思想的高度，始终厚重、润物、养心，有强烈的艺术感染力和思想深度。就进一步加强现实题材作品创作，专家们也提出了自己的建议：一是坚持以现实主义精神表现现实生活，让人们看到美好和希望就在前方；二是始终高扬人民文艺旗帜，葆有一颗热爱人民之心，让描写人民、讴歌人民的作家艺术家占据潮头；三是坚持以传世之心对待创作，推出更多现实主义精品力作。

【电影《黄克功案件》研讨会】

4月3日，中国文艺评论家协会、中国电影家协会在京举办电影《黄克功案件》作品研讨会。中国文联党组成员、副主席夏潮出席会议，仲呈祥、胡德平、胡德平、谢飞、向云驹等多位文艺评论家和专家学者参加。本次研讨会注重多角度研讨和多维度对话，与会专家来自电影艺术、党史、法学、传播学等不同学科，从历史的、人民的、艺术的、美学的角度对《黄克功案件》进行了分析和研讨，全方位地挖掘了这部影片所给予人们的历史教育、艺术熏陶和美学启迪。大家认为，作为一部主旋律影片，《黄克功案件》以类型片的手法诠释红色经典，情节紧凑，悬念不绝，动人心弦，发人深省，是近年来难得的艺术佳作。这部影片以真实的党史案例为创作题材，再现了共产党人执法为民的历史情怀，展现了共产党人公平正义的法魂。会上，影片编剧王兴东代表主创人员和与会文艺评论家、专家进行了互动对话，介绍了《黄克功案件》剧本"九年磨一剑"的心路历程，深化了大家对这部作品的认识。

【电影《启功》作品研讨会】

8月12日，中国文艺评论家协会、中国书法家协会、中国文学艺术基金会在北京联合召开电影《启功》作品研讨会，专家学者、电影《启功》的片方代表，以及驻京新闻媒体记者30余人参加了研讨会。2015年是我国杰出的书画家、教育家、古典文献学家、鉴定家、红学家和国学大师启功逝世10周年，启功先生为传承和弘扬中国优秀传统文化做出了巨大的贡献。与会专家学者对影片给予了高度评价，认为影片取材真实可感，人物塑造生动，情节感人至深，充分展示了启功先生跌宕起伏的人生历程，同时也展示了启功坚持艺术真理的执着追求。可以说，电影《启功》是一部思想艺术性和观赏性俱佳的优作。

【"艺术与市场的张力——市场经济条件下文艺健康发展之路"全国文艺评论家学会峰会】

如何正确处理艺术与市场的关系，是习近平总书记在文艺工作座谈会上的重要讲话中着重论述的一个问题，也是文艺事业发展面临的重大课题。6月13日，"艺术与市场的张力——市场经济条件下文艺健康发展之路"全国文艺评论家学术峰会在浙江杭州举办。此次峰会由中国文艺评论家协会、浙江大学、浙江省文联、杭州日报报业集团联合主办。陈振濂、祁述裕、沈文忠、陆贵山、陈少峰、金元浦、周星、梅墨生、崔凯、蒋述卓、程蔚东、傅谨、谢慕等专家学者深入探讨了审美与功利的关系、艺术的自律与他律、艺术批评的价值、文化产业中的雅俗共赏、文艺工作者的价值观等问题。大家认为，应当努力寻找艺术作品的功利属性和审美属性之间的恰当平衡点和合理的倾斜度，理顺文化市场与政府的关系。只有努力了解掌握艺术生产创作、营销消费、传播欣赏全过程，对市场经济条件下真实的艺术链做出科学评价，才能真正发挥文艺评论引导创作、多出精品、提高审美、引领风尚的重要作用。

【首届中国青年文艺评论家"西湖论坛"】

中国青年文艺评论家"西湖论坛"8月1日在浙江杭州成立。当天举行了"西湖论坛"成立仪式暨首届论坛开幕式。首届论坛主题为"我们的戏剧——中国戏曲如何走向未来"。在随后的两天时间里，来自全国各地的近30名青年文艺评论工作者深入学习了国务院办公厅印发的《关于支持戏曲传承发展的若干政策》、全国戏曲工作座谈会精神，并分别就"戏曲的美学传承与转换""戏曲的生态与传播""戏曲的民间与地方"等话题进行了研讨。活动由中国文艺评论家协会、浙江省文联主办。"西湖论坛"是在中国评协倡议下，经中国文联党组批准，由中国评协、浙江省文联共同创办的常设性机构，致力于在社会转型的宏观视野下，在蓬勃发展的创作实践中，在互联网、新媒体等现代传播形式不断涌现的新形势下，打造一个具有全国影响力的青年文艺评论家组织，搭建青年文艺评论家的话语平台，探索文艺评论新模式，为培养青年文艺评论家拓展新空间。论坛拟每年举行一届，将重点围绕戏剧领域年度重要作品和现象、热点话题等展开深入研讨。论坛成立仪式上，与会的全体青年文艺评论家向全国广大青年戏剧评论工作者发出"西湖倡议"。

【首届中国文艺评论家年会】

10月16日，首届"文艺理论与当代文艺繁荣发展"中国文艺评论年会，由中国文艺评论家协会主办，中国文艺评论家协会理论委员会承办。庞井君在年会上致辞。著名哲学家、北京大学哲学系教授、《中国文艺评论》杂志顾问张世英，著名美术评论家、中央美术学院教授、中国文艺评论家协会顾问邵大箴出席年会并发表主旨演讲。来自全国各地的文艺评论家曾来德、钱念孙、戴清、娄文利、许锐、陈旭光、周志强等分别从书法、电视、音乐、舞蹈、文学等不同艺术门类的专业视角，围绕传统文化的现代转化、互联网时代的文艺评论等做主题发言。年会由中国文艺评论家协会副主席、理论委员会主任、北京大学艺术学院院长王一川主持。《求是》杂志社总编室副主任、中国文艺评论家协会理论委员会副主任白建春做学术总结。来自全国各地的文艺理论家、评论家以及北京大学等高校青年教师、学生等150余人参加年会。

人才培养

【举办首届全国文艺评论骨干专题研讨班】

4月，举办首届全国文艺评论骨干专题研讨

班，围绕深入学习习近平总书记文艺工作座谈会上重要讲话精神，以"中华美学精神"为主题，邀请丹增、仲呈祥、傅庚辰、冯远、姜昆、冯双白、王一川、傅谨、高建平、彭吉象、刘成纪11位专家授课，并与来自全国各地的31位文艺评论骨干座谈、研讨。

【第九届全国青年文艺评论家高级研修班】

为认真贯彻落实习近平总书记在文艺工作座谈会上的重要讲话精神，进一步加强文艺评论人才队伍建设，凝聚青年文艺评论工作者力量，7月18日至25日，在内蒙古自治区扎赉诺尔区举办第九届全国青年文艺评论家高级研修班。中国文联党组成员、副主席、中国文艺评论家协会副主席夏潮，内蒙古自治区党委宣传部副部长宫秉祥，中国文联人事部主任郑希友，内蒙古自治区文联党组副书记、主席巴特尔，中国文联文艺评论中心副主任、中国文艺评论家协会副秘书长周由强等领导出席开班仪式。全国各地从事文艺研究和文艺评论的80余位青年文艺评论工作者参加研修。研修班由中国文联主办，中国文艺评论家协会、中国文联文艺评论中心、内蒙古自治区文联、中共扎赉诺尔区委员会、扎赉诺尔区政府承办，扎赉诺尔区文联等共同协办，中国文学艺术基金会资助。本次研讨班的主题为"本体与价值——当代文艺评论的理论建构和主体重塑"，邀请陆贵山、郭启宏、言恭达、麦丽丝、张法、张晓明6位专家亲临讲授。其间举办了专题论坛，组织了多次分组研讨和现场教学，学习交流方式丰富多样，为青年文艺评论家搭建了良好的平台。

机关建设

【党群工作 有序开展】

文艺评论中心成立党支部，并多次组织党支部学习工作，包括《党委会的工作方法》、提高新闻舆论工作、"三严三实"、"四个全面"等相关文件。

组织中国文艺评论家协会秘书处职工与中国文联理论研究室组队参加中国文联首届职工羽毛球团体赛，获亚军；组织中国文艺评论家协会秘书处职工与中国文联理论研究室组队参加中国文联"纪念抗战胜利70周年·爱国歌曲大家唱"歌咏比赛，获二等奖和最佳组织奖。

中国文联团体会员（二）

北京市文联

综述

2015年，市文联大力弘扬社会主义核心价值观，认真履行联络协调服务管理职能，精心组织主题文艺活动，扶持重点文艺创作，拓宽服务渠道，扎实推进各项工作，为首都文艺事业繁荣发展做出了积极贡献。

会议与活动

【送欢乐　下基层】

元旦春节期间，市文联组织文艺家开展8场"中国精神·中国梦"——首都艺术家"深入生活、扎根人民"文艺演出；在郊区农村、城市社区、西客站、基层单位等地，组织书法家迎春送福慰问活动20余场、社会组织的艺术家为基层群众送春联送祝福25场、"走基层践行社会主义核心价值观"主题楹联活动62场，共送出春联1.6万余副、"福"字3万余个；组织美术家为基层群众创作1000余幅美术作品；组织民间艺术家"剪窗花·送民艺·传祝福"系列慰问活动11场；组织首都摄影名家为农民家庭免费拍摄800余幅"全家福"和"生活照"，为农民家庭、社区居民、过往旅客、返乡民工和基层一线职工送去新春祝福，受到基层群众的热烈欢迎。

【北京燕京八绝协会成立】

1月16日，市文联主管的第34个文艺类社会组织北京燕京八绝协会正式挂牌成立。

【北京妈祖文化交流协会成立】

1月18日，市文联主管的第35个文艺类社会组织北京妈祖文化交流协会成立。

【北京国风书画普及教育学会成立】

3月10日，市文联主管的第36个文艺类社会组织北京国风书画普及教育学会成立。

【"第十五届京味文化之旅"两岸文化交流】

4月7日至16日，由市台办、市文联、市新闻办举办的"第十五届京味文化之旅"，近百位艺术家先后在台湾彰化、苗栗、台南、新竹及云林科技大学的礼堂、社区和广场，为台湾同胞献上了6场文艺演出，观众近万人，开展了6场书画交流笔会、创作近千幅书画作品，举办了6场以"魅力北京、激情冬奥"为主题的摄影图片展，吸引了大批当地民众；举办了1场新闻发布会，30余家媒体参与，活动取得圆满成功。

【第三届"东方少年·中国梦"新创意中小学生作文大赛】

围绕社会主义核心价值观,以"身边"为题面向全国中小学生开展征文活动,设立了北京各区县、新疆和田、西藏拉萨、河南南阳、陕西延川、河北廊坊等20多个分赛区,组织作家走进拉萨、和田等地校园举办20余场文学讲座,全国166万余名中小学生参与其中,产生了1630名获奖者。

【"饮水当思源 感恩进库区"文化交流】

5月10日至22日,市文联组织首都艺术家先后在湖北十堰、神农架林区,河南南阳、洛阳等地开展了7场文艺演出、9场书画笔会、2场北京燕京八绝宫廷艺术精品展、6次文学培训以及采风创作等丰富多彩的文化交流慰问活动,在京举办了3场"南水北调"交响音乐会,表达了首都人民饮水思源、牵挂水源地人民的深厚情谊。

【北京数字化雕塑协会成立】

5月20日,市文联主管的第37个文艺类社会组织北京数字化雕塑协会成立。

【"到人民中去"京津冀百名艺术家采风大地行系列活动】

围绕京津冀协同发展工作,与天津、河北文联共同举办"到人民中去"京津冀百名艺术家志愿者赴抗战圣地服务采风大地行系列活动,举办7场文艺演出和艺术讲座以及服务采风创作成果展巡展,举办了北京—河北两地书法家挥毫助力冬奥活动、"协同发展,携手同行"京津冀主题摄影沙龙、京张两地"申办冬奥"主题摄影活动、京津冀"非遗"舞蹈和民间传统舞蹈展演、"平安·京津冀(北京)'110'故事微电影作品征集推优展播活动",拓展了京津冀文艺事业协同发展领域。

【赴藏文化交流】

6月15日至25日,组织首都艺术家先后来到援建项目工地、拉萨市社区及郊县、雪山脚下的农牧区、解放军和武警驻藏部队,举办7场文艺演出,8场笔会,走访慰问了3户牧民家,受到热烈欢迎。

【茶道文化艺术促进会成立】

7月9日,市文联主管的第38个文艺类社会组织茶道文化艺术促进会成立。

【赴蒙文化交流】

7月12日至21日,组织近百名首都艺术家,先后到内蒙古赤峰、乌兰察布市,为草原人民带去7场文艺演出、7场书画交流笔会和70余课时专业艺术辅导课,受众3万余人,受到社会各界的普遍欢迎。

【"德艺双馨"评选表彰及成果展示】

7月29日,第六届北京中青年"德艺双馨"文艺工作者评选成果展示活动在北京市文联礼堂举行。北京市20位优秀中青年文艺工作者获得"第六届北京中青年德艺双馨文艺工作者"殊荣,部分获奖文艺工作者代表现场登台献艺,为观众献上了一场精彩的文艺演出,展示了首都文艺工作者的艺术风采。

【建立"首都优秀中青年文艺人才库"】

8月14日,"首都优秀中青年文艺人才库"在北京文联正式建立。此人才库建设工作于去年5月启动,是面向全市选拔、培养文学艺术领域的优秀中青年文艺人才。截至2015年7月,共有700余名文艺工作者报名,经过专家评审,最终有551名文艺工作者成为"人才库"首批入选人员。首批入选人员涵盖文学、书法、美术、曲艺等15个专业类别,其中曲艺、戏剧、杂技、书法、文学领域入选人员相对较多,首批入选人员中非京籍120

余人，占20%左右，以"70后""80后"为主。"首都优秀中青年文艺人才库"旨在更大范围地团结和凝聚首都中青年文艺人才，储备更加广泛的文艺人才后备力量，为高端文艺人才的选拔和培养夯实基础，为推动首都文艺事业的繁荣发展提供强有力的人才支撑。

【楹联获奖作品展】

8月17日，由市文联主办，北京楹联学会承办的"纪念中国人民抗日战争胜利70周年全国征联获奖作品书法展"在北京天通苑祥和古玩城展览大厅开展。征联活动历时一个月，收到全国各地寄来的3000幅作品，评出金榜作品5幅、银榜作品10幅、铜榜作品20幅、优秀作品35幅，获奖作者涉及全国22个省份，特邀请15名书法家对70幅获奖作品进行书写展出。

【赴新疆文化交流】

8月18日至31日，市文联组织首都艺术家深入新疆库车、阿克苏、和田等地区的社区、农村、学校及边防哨所，倾情奉献16场演出、20场笔会，并慰问兵团老战士，走访维吾尔族贫困家庭，受众达10万余人，受到当地干部职工和人民群众的热烈欢迎。

【"文学托起梦想"原创文学征文活动】

9月6日，由市委宣传部、市委教工委、市教委、市文联共同主办的"文学托起梦想·北京市中小学教师原创文学征文活动"启动仪式在市文联举行。自9月10日至12月10日，面向全市中小学在职教师征集原创文学作品。征文评选结果将于2016年4月"世界读书日"前夕，向社会公布，同时挂牌成立全国首个教师作家协会。

【北京扇子艺术协会成立】

9月9日，市文联主管的第39个文艺类社会组织北京扇子艺术协会成立。

【赴巴东慰问演出】

10月8日至11日，市文联组织首都艺术家赴北京市对口援建地区湖北省巴东县开展文化交流慰问活动，为当地干部群众献上精彩的文艺演出，同时两地书画家还开展交流笔会活动，受众万余人。

【"第三届北京文学艺术品展示会"】

10月14日至19日，由市文联主办的以"艺术北京、成就梦想"为主题的"第三届北京文学艺术品展示会"在中华世纪坛成功举办。本届艺展会以"艺术北京、成就梦想"为主题，共展示来自文学、美术、书法、摄影、民间艺术五大艺术门类的300位文艺工作者创作的2000件文学艺术作品。展览分京津冀作品展区、燕京八绝展区、北京文房四宝展区、民间文艺作品展区、书法作品展区、美术作品展区、文学作品展区、摄影作品展区、南水北调水源地作品展区等。本届艺展会新增"燕京八绝""文房四宝"等方面内容，展示42件燕京八绝宫廷艺术品，150件文房四宝作品，在京津冀展区展出天津市、河北地区文联推荐的73件作品，以推动京津冀地区文艺事业协同发展和三地文艺交流。艺展会共接待观众12余万人次，售出作品500余件，成交金额近260万元；达成合作购买意向作品800余件，金额约500万元；举办15场文化艺术讲座和一场"十堰人文"文艺表演，吸引观众达4500余人次。

【"戴月琴从艺五十周年纪念书画展"】

10月25日，由市文联主办的"戴月琴从艺五十周年纪念书画展"在北京园博园拉开序幕。此次书画展共展出戴月琴书画作品70余幅。

【京津冀"非遗"舞蹈和民间传统舞蹈展演】

10月30日，由北京市文联、天津市文联、河北省文联主办的京津冀"非遗"舞蹈和民间传统舞蹈展演在北京月坛体育馆落下帷幕。京津冀"非遗"舞蹈和民间传统舞蹈展演汇集了京津冀三地的"非遗"保护项目和民间传统文化项目，共选送100多个节目，16个节目参加展演。

【区县文联原创优秀文艺节目展演】

11月8日，由市文联主办的"深入生活、扎根人民 放飞艺术梦想——2015北京市区县（局）、产（行）业文联原创优秀文艺节目汇报演出"在窦店民族文化宫举行。此次汇报演出涉及曲艺、音乐、舞蹈等多个艺术门类，共有13个节目参加演出，是在北京市16个区县文联及公安、邮政、铁路等产（行）业文联48个展演节目中精选出来的，集中展示全市文联系统2015年舞台艺术创作的新成果。

【2015文艺论坛】

12月1日至2日，市文联举办"全媒体时代的文艺价值重构：2015·北京文艺论坛"。论坛以"全媒体时代的文艺价值重构"为主题，旨在贯彻落实党的十八届五中全会精神、习近平总书记在文艺工作座谈会上的重要讲话精神和《中共中央关于繁荣发展社会主义文艺的意见》，切实加强文艺评论工作。艺术门类的文艺评论家，青年作家百余人参加了论坛。

【第三届北京剧本推介会】

12月15日，由中共北京市委宣传部、北京市文联主办的为期5天的第三届北京剧本推介会在中华世纪坛举行。推介会以"讲好中国故事、传递正能量"为主题，自今年3月启动以来，共征集到来自全国的各类剧本作品1010部（其中有476部外省剧本和4部外国剧本），包括电影、电视剧、戏剧、曲艺、文学等类型，涉及情感、校园、都市、军旅、抗战、历史、乡村、悬疑、科幻等13种题材，所征集的作品全部参加本次推介会。推介会现场设置了剧本推介展区、网上剧本超市演示区、项目宣传展区、互动交流区、洽谈签约区，推介会期间，将举办多场签约仪式，同时开设主题论坛、剧本宣讲和项目路演等环节。主办方邀请了文化影视公司负责人、制片人，相关高校影视艺术专业的研究者，著名编剧、作家等，围绕"2016顶级IP的运营推广"、"IP虚热背景下，如何坚持创作本体""喜剧与市场"等话题与观众对话和交流，探讨剧本创作如何与市场和资本衔接，研究剧本创作与市场对接的新模式。至20日结束，7部作品正式签约，15部作品签订合作意向书，500余部作品达成合作意向。

【文艺志愿活动】

年内，市文联开展北京地区常态化培训和援建地区阶段性培训文艺支教，组织动员百余名优秀首都文艺志愿者，赴全市各区县城镇社区、学校、郊区山村以及北京援建地区新疆和田、西藏拉萨，内蒙古赤峰、包头、锡林郭勒盟等地和南水北调工程水源地湖北十堰，京津冀一体化发展地区河北保定、唐山、深州等地，开展了内容丰富的文艺培训和文艺支教活动，为当地的歌舞团、文化馆、艺术学校、街道社区等基层单位，送去了高质量、系统性的文艺培训课程近3000课时，文学艺术讲座28场，惠及5万余名文艺工作者和文艺爱好者。举办了30场文联大讲堂、中国书法公益流动大讲堂、北京合唱节、16场声乐辅导培训、10次书画辅导培训。开展绘画最美乡村、数字书法进社区、社区百名文化艺术骨干提升、社区书画辅导讲座等丰富多彩的公益性文化活动。组织民间艺术家举办"东方文化与东方少年"系列讲座16场、民间工艺美术展览展示活动7场，在多所小学开办曲艺专业课程，邀请曲艺演员担当曲艺辅导员。

【举办文艺人才培训班】

6月至12月期间，市文联共举办第三期青年文艺人才高级研修班、第五期优秀中青年编剧导演研修班、"三严三实"专题教育培训班、深入学习贯彻十八届五中全会精神暨《中共中央关于繁荣发展社会主义文艺的意见》专题培训班等4期培训班，百余人参加培训。

对外文化交流

【赴意大利、瑞士交流展演】

3月10日至17日，市文联杂技（魔术）艺术家代表团一行14人前往意大利、瑞士，进行以"推广传承递友谊、交流合作共辉煌"为主题的交流演出活动。代表团分别与意大利意中基金会、瑞士蒙特勒市政厅进行了2场交流座谈，并与已经举办了20年的蒙特勒圣诞市场活动组委会就中国传统艺术展示交流的长期合作达成初步意向，并在罗马、米兰和蒙特勒进行了3场演出。

【赴法国戛纳、德国柏林交流考察】

5月12日至18日，由市文联主席张和平、党组副书记杜德久、著名编剧余飞组成的北京市文联法德影视文化艺术交流团一行3人在张和平主席带领下，应邀赴法国戛纳、德国柏林进行了为期7天的交流考察。

【赴俄罗斯交流】

8月1日至9日，市文联组织部分艺术家代表赴俄罗斯参加第13届"THE SINGING WORLD"国际合唱艺术节并参与相应的比赛、演出及文化交流。代表团获得比赛三等奖和组织奖。

【赴马耳他、意大利展览交流】

10月1日至8日，市文联组织部分书法、美术、民间手工艺艺术家赴马耳他参加瓦莱塔不夜城活动，随后前往意大利米兰世博会中国馆进行中国传统文化的展览、展示活动。

【赴波兰、匈牙利文学交流】

10月31日至11月7日，市文联组织部分作家赴波兰、匈牙利进行文学交流活动。

获奖情况

摩纳哥当地时间2015年1月18日，由市文联北京杂协团体会员单位中国杂技团选派的《协奏·黑白狂想——男女技巧》节目，获第39届蒙特卡洛国际马戏艺术节最高奖——"金小丑奖"，并收获了由青少年组评委组评选出的特别奖在内的3个特别奖。

由市文联推荐的作品《梁启超传》（上、下部）获得北京市第十三届哲学社会科学成果奖二等奖。《梁启超传》（上、下部）作者为北京文艺评论家协会副秘书长解玺璋。

在中国作协第九届茅盾文学奖评选出的5部作品中，北京作协会员格非的《江南三部曲》、王蒙的《这边风景》获奖，获奖数量位居全国第一。另外，北京作协合同制作家林白的《北去来辞》、徐则臣的《耶路撒冷》进入前10名，获第九届茅盾文学奖提名奖；刘庆邦的《黄泥地》、宁肯的《三个三重奏》进入前20名。其中，《北去来辞》《黄泥地》《三个三重奏》均为北京作协文学精品项目扶持作品。

中国魔术最高奖项——第九届中国杂技金菊奖第六次全国魔术大赛，北京杂协推荐的魔术节目《橱窗之恋》《新古彩》获得银奖，《飞花点翠》获得铜奖，北京杂协获得优秀组织奖。

在第三届南山杯全国曲艺新人新作赛中，北京曲协选送的由孙仲秋、张硕表演的相声《超级星主播》获得一等奖，章绍伟、孔挚杰的相声《车在囧途》及刘帅、陈龙的相声《摇滚吧少年》同获三等奖。

在第27届中国戏剧梅花奖颁奖典礼上，由北京剧协推荐的北方昆曲剧院演员刘巍以及北京京剧院演员张馨月，双双斩获"一度梅"奖。

在中国戏剧家协会主办的第十九届"中国少儿戏曲小梅花荟萃"大赛中,由北京剧协选送的15名选手全部获得"金花"荣誉称号。

第十届中国舞蹈"荷花奖"民族民间舞评奖活动在四川凉山州首府西昌举行。北京舞蹈家协会荣获优秀组织奖,选送的节目12个作品入围。

在广州举行的中国音乐金钟奖声乐比赛中,北京音协选派的8名选手,马飞获得美声组铜奖(第三名)、徐晶晶获得民族组铜奖(第四名)。综合成绩位列全国各省份音协及报送单位第一名。

机关建设

2015年1月20日,经市委宣传部研究决定,刚杰同志任市文联第八届理事会副秘书长;杜德久同志任市文联第八届理事会副秘书长;马丛峰同志任市文联第八届理事会副秘书长。

2015年3月16日,经市编办研究决定,同意为市文联机关接收军队转业干部增加行政编制1名,从70名增至71名。

2015年4月15日,经市人力社保局审批通过,市文联所属事业单位研究部、信息中心纳入工资规范管理。

2015年5月13日,市委决定,苏社钦同志任北京市文联副巡视员。

2015年9月11日,经市编办研究决定,将市文联机关1名行政编制划转至市纪委派驻机构。调整后,市文联机关行政编制从71名减至70名。

2015年9月14日,经市委宣传部研究决定,苏社钦同志任市文联第八届理事会副秘书长。

2015年9月24日,市委决定,沈强同志任中共北京市文联党组书记;免去陈启刚同志中共北京市文联党组书记职务;免去张恬同志北京市文联副巡视员职务,并办理退休手续。

2015年9月29日,经市编办研究决定,明确市文联机关服务中心为公益一类事业单位、东方少年杂志社和北京纪事杂志社为公益二类事业单位、市文联机关服务中心维修部为经营类事业单位。

各文艺家协会

【作家协会】

1月6日,在北京作协、北京第二外国语学院驻校作家基地举行"回望2014中国文学"主题论坛,著名作家邱华栋、宁肯作为论坛主讲人,就"2014年文坛热点现象、青年创作动态及海内外文学交流"等话题,与北京第二外国语学院师生展开对话交流。

1月15日,组织召开八位新锐儿童文学作家研讨会。

3月4日,组织召开郭雪波长篇小说《蒙古里亚》研讨会。

3月12日,组织召开合同制作家徐则臣作品研讨会。

4月1日,组织召开作协副主席刘庆邦长篇小说《黄泥地》研讨会。

4月2日,"第三届'东方少年中国梦'新创意中小学生作文大赛"启动。除北京、河北等原有赛区外,今年还增加了拉萨、和田、延安、南阳及十堰等赛区,活动得到了学生、家长及社会各界的广泛支持和欢迎,在全国产生了较大影响。

4月15日,举办2014年度新会员见面会。在坚持文学高标准的前提下,广泛吸纳青年作家、网络作家和体制外作家,共发展新会员52人,会员年龄结构合理,首都作家队伍进一步壮大。

4月17日,召开区县作协工作会,总结北京作协2014年工作,对2015年工作进行部署,同时听取区县作协2014年工作总结和2015年工作思路。

5月至9月,配合文联党组中心工作,3次组织20余名作家随文联创作采风团赴河北、山东等地创作采风,创作出一批以抗日战争及京津冀一体化为主题的文学作品。

6月至12月,举办"身边"主题征文活动。活动共收到小说、诗歌、散文等1000余篇,评出一等奖3名，二等奖6名，三等奖10名。

7月至8月，北京作协小作家分会举办"文学托举梦想"培训营、大作家与小作者拜师结对等活动，以多种形式对小会员进行文学辅导，为他们提供广阔的成长空间。

7月至10月，组织开展诗歌、散文和报告文学、儿童文学、网络文学等几个委员会赴河北蔚县、河南安阳等地的创作采风活动，少数民族作家和理论评论家也参与其中，分别以"超幻时代的小说创作""写诗与译诗""浅阅读时代，散文何去何从？"等话题，对当前文学热点问题进行了深入的、专业性的研讨。

7月至10月，与昌平文联联合举办昌平区文学大讲堂公益活动，讲座内容包括文学的社会责任和作家的担当，小说、散文、诗歌及儿童文学创作和文学鉴赏等。

8月21日，组织召开北京作协已故副主席张志民作品研讨会。

9月6日，"启动文学托起梦想·北京市中小学教师原创文学征文"活动，此次征文活动由中共北京市委宣传部、中共北京市委教育工委、北京市教育委员会、北京市文学艺术界联合会共同主办。征文面向全市中小学在职教师，题材不限，为未曾发表或出版的原创小说、童话、诗歌、散文。

10月30日，组织召开合同制作家邱华栋作品研讨会。

12月4日，召开驻会及合同制作家2015年度总结考评会。

12月8日，在北京第二外国语学院驻校基地举行"客座教授聘任及拜师仪式"，驻校作家扩大规模，徐坤、宁肯、周晓枫3位作家与之前的刘一达、邱华栋担任本期驻校作家。

12月24日，组织召开由评委、获奖者及作家代表参加的弘扬社会主义核心价值观座谈会。

【戏剧家协会】

1月17日，由北京剧协、《新剧本》杂志社联合主办的话剧《冬之旅》专家研讨会在北京文联举行。该剧导演赖声川、编剧万方以及国家话剧院导演林荫宇等戏剧界专家和领导出席了研讨会。

4月10日上午，北京戏剧家协会召开第五届理事会第七次会议。会上，北京剧协秘书长杨乾武对北京剧协2014年的工作进行了总结并部署了2015年的工作。会议审议并通过20余名新会员的入会申请。北京剧协主席濮存昕、副主席迟小秋、李龙吟及30余位理事出席了会议。

4月14日，组织召开小剧场京剧《碾玉观音》研讨会。

6月3日，参加第二届黄河流域戏曲红梅竞演活动，北京剧协派出包括昆曲、河北梆子、评剧、北京曲剧以及器乐组共计5位选手参加竞演，获得2金1银2铜的好成绩。

6月6日，2015"非非"演出季在"9剧场"拉开序幕。"非非"演出季是由北京剧协、北京市朝阳区文化馆主办、北京9剧场策划发起的面向非职业戏剧社团的"非商业非专业"演出平台。

8月1日至16日，北京剧协与朝阳区文化馆在北京9剧场举办了第14届"金刺猬"大学生戏剧节。本届戏剧节共有全国60余所大学院校的72个剧社参与，15部剧目参加展演。河南大学许昌学院编剧表演教学实验班，以一部关注"北漂"一族生存困境的原创话剧《当归》荣获本届"金刺猬奖"。

8月10日，由北京剧协主办的2015体制外优秀青年戏剧展演活动正式启动，本届体制外优秀青年戏剧推荐展演活动包括戏曲与话剧两个单元。戏曲单元包括京剧《碾玉观音》《琼林宴》《倾国》《程妻》，昆曲《一旦三梦》，以及跨界作品《灯官油流鬼》《赶尸记》等。8月10日至30日，这7部小剧场戏曲在北京人艺实验剧场集中上演。

8月14日，由北京戏剧家协会主办的"传承·创新·跨界——京剧与皮影当代发展座谈会暨《灯官油流鬼》作品座谈会"在北京市文联召开。

9月8日至26日，在京举办了2015北京国际青年戏剧节，展演了来自世界7个国家和地区的22部风格各异的剧目。

11月19日至12月31日，北京剧协与西城区文委在繁星戏剧村举办了第二届当代小剧场戏曲艺术节，12部来自京津冀、上海等各地的小剧场戏曲剧目参加展演。

12月28日，由北京戏剧家协会主办的第三届老舍青年戏剧文学奖励扶持计划闭幕式暨优秀作品揭晓发布会在北京市文联小剧场举行。第三届老舍青年戏剧文学奖励扶持计划从征集到评选历时六个月，共有200余人次报名参加，共收到200多部不同风格、题材的戏剧作品，经过两轮评审，由18位专家组成的评委会评选出140余部作品进入第一轮评选中，共31部作品进入第二轮评选，最终产生优秀剧本2部、优秀剧本提名4部、入围作品6部。

【美术家协会】

9月17日，第十四届新人新作展在北京国艺美术馆隆重开幕。这次展览共收集各类作品422件，展出作品94件（其中：中国画67幅、油画22幅、水彩水粉5幅）。

10月20日，"北京意象·生态密云"绘画作品展在中国美术馆隆重开幕。展览展出108幅作品，分为油画和中国画两大类。该活动于今年4月启动，240多位画家围绕密云风光、历史人文景观、现代人文景观、密云民俗、典型人物5个方面80多个创作素材点进行采风创作，共创作350余幅作品，本次展览为期10天。

10月21日至30日，以"深入基层、扎根人民"为主题，组织8位画家赴新疆和青海两地进行慰问和创作采风活动。采风创作了50余幅作品捐献给当地政府及群众。

【书法家协会】

元旦春节期间，组织书法家在郊区农村、城市社区、西客站、基层单位等地，开展迎春送福慰问活动10场。

1月9日，北京书协在市文联会议室召开五届十次主席团会。会议总结2014年的工作情况，布置2015年的工作安排，并就办好《北京书法》报等事宜进行了部署。

3月10日，"中国书法公益流动大讲堂"巡讲首站在北京市文联小剧场正式启动。吉林大学教授、博士生导师丛文俊担任主讲。

4月11日，北京书协五届十一次理事会在北京市委党校观园大厦报告厅召开。会议审议通过了2014年北京书协工作报告并部署2015年的工作安排。会议还增补东城书协驻会秘书长高凤、朝阳书协驻会秘书长程度为北京书协理事。

4月14日，北京书协和通州区文联、通州书协特为基层会员张伯荣在市文联会议室举办学术专著《中国书法笔法探讨》研讨会。

9月22日，"尊师重教迎两节"慰问笔会在北京交通运输职业学院举行，向学校的老师们送去节日的问候和祝福。

10月26日，第六届"北京·美丽乡村——大美平谷书法艺术展"在平谷区博物馆举行。展览共展出了来自京郊10个远郊区县作者的160幅作品，特邀作品15幅。

11月15日，第八届北京电视书法大赛总决赛在市文联小剧场举行。共收到来自全国31个省份的6138幅作品，青少组和成人组共24名选手亮相决赛舞台，各组别决出金奖1名，银奖2名，铜奖4名，优秀奖5名。

【摄影家协会】

2月16日，组织摄影家走进丰台区看丹村，为29户村民赠送"全家福"照片。摄影家们为这里的60余户村民家庭，免费拍摄"全家福"和"生活照"800余幅，受到欢迎。

3月22日，由北京摄影家协会等单位组织的"深入生活、扎根人民——首都摄影家走进北京城建建筑工地"创作采风活动在大兴区举行。

5月8日，北京摄影家协会推出"影像：从历史走向未来"纪念中国人民抗日战争暨世界反法西斯战争胜利70周年在线史实影像展。展览以"斗争、力量、和平"为主题,共展出近200幅作品。

6月18日,北京摄影家协会与密云摄影家协会组织30余名摄影志愿者,深入密云冯家峪镇,以"文艺帮扶基层,共建美丽乡村"为主题开展首都摄影志愿者基层服务采风活动。

7月31日至8月1日,北京摄影家协会组织8名首都摄影家走进张家口崇礼县,深入北京城建崇礼建筑工地创作采风,摄影家们与建设者们共同见证,并记录北京携手张家口申办2022年冬奥会的历史时刻,与崇礼人民共同分享申冬奥成功的喜悦。首都摄影家在城建工地现场为建设者们拍摄照片,并与当地摄影家开展创作交流。

9月18日至22日,由北京摄影家协会主办的庆祝中华人民共和国成立六十六周年"相遇·北京"摄影展览在首都图书馆举行。"相遇·北京"摄影展览以文化为轴,鞣世界为轮,在全球范围内寻访北京元素、在北京发现异国风情作为展览线索,通过"京尚""京腔""京风""京韵"四大专题,用600余幅影像作品,展示北京文化在不同层面的传承、发展以及与世界文化的交流、融合与对话。展览选取"九三胜利日阅兵""京张申冬奥成功""南水北调工程""京津冀协同化发展""援藏援疆"等"中国热词",设置了70个"单元摄影主题"。

【民间文艺家协会】

1月1日,组织民俗学者在东城区第一图书馆举办了新年首场民俗学讲座,年内赴中关村第一小学、五十中分校、登莱小学、北京医科大学附属小学等学校,开展了16场"东方文化与东方少年"民俗学系列讲座。

春节前夕,组织剪纸、中国结、木版年画、糖人等艺术门类的70多位民间艺术家与书法家一起深入北京基层社区、乡镇、街道开展了11场"写春联·送窗花·传祝福"系列慰问活动。并在通州区大稿村首次尝试举办了轻型庙会。

3月27日,北京民协召开了第五届主席团第十五次会议和第五届理事会第七次会议,审议通过了2014年北京民协工作报告,确定了2015年工作要点,增补了8位理事,审批了76位新会员入会,并分批召开了三次新会员见面会,加强了协会队伍建设,建立了长效联络机制。

4月21日,市文联副主席、北京民间文艺家协会主席刘铁梁与北京民协驻会干部,带领北京师范大学文学院民俗学专业研究生代表赴大兴区,与大兴区文联及长子营镇、安定镇等5个镇文化站负责同志进行了座谈,全面启动了本年度的北京市民俗文化普查暨民俗文化志编纂系列活动。

6月4日,召开"曲唱民间艺术,艺传京城民俗"活动创作研讨会。

6月8日,与北京杂协合作,配合传统节日端午节,在中国政法大学昌平校区举办了展览展示活动。

7月8日,在中国美术馆举办的"雕形塑意汇心语"——泥人张(北京支)彩塑艺术展,为期9天,集中展示了"泥人张"北京支三代传人及他们培养的众多学生的优秀作品共计150余件。

8月7日,协会在国家大剧院举办了"丝路霓裳"——北京绢人艺术成就展,回顾了新中国成立以来北京绢人制作技艺历经波折,在新时期的复兴和所达到的艺术成就。展览汇聚了自绢人艺术恢复开始,各代艺术家的代表性作品共120余件,其中更是有不少极具文物价值、文化价值的经典作品。展览为期13天,近5000名中外观众参观了展览。

9月24日,北京民协小小艺术家协会分会挂牌仪式暨抗日英雄人物面塑作品巡展在北京第二实验小学举办。

10月15日,与北京曲协合作,配合传统节日重阳节,在首都医科大学举办了展览展示活动。

10月30日,北京民协小小艺术家协会朝阳区芳草地教辅中心分会正式成立。

10月底，第三批《非物质文化遗产丛书》（6本）正式出版。涉及民间工艺美术、民间表演、曲艺、魔术等方面的6个北京市级非物质文化遗产项目，有《北京刻瓷》《北京琉璃烧制》《北京杠箱》《幡鼓齐动十三档》《北京评书》《傅氏幻术》。

11月6日，北京民协小小艺术家协会北京市海淀区民族小学分会正式成立。同日，"抗日英雄人物面塑作品巡展"在民族小学举办。

11月26日至12月31日，北京民协先后四次邀请面塑、中国结、空竹、软陶四个艺术门类的7名民间艺术家，来到中关村第一小学党校部，为二年级的同学们进行民间工艺美术展览展示，同时为北京民协小小艺术家协会会员进行指导。

12月15日，北京民协小小艺术家协会北医附小分会成立。"抗日英雄人物面塑作品巡展"也同时在北医附小展出。

12月17日，北京民协小小艺术家协会分会挂牌仪式在北京第十二中学洋桥学校举办。

12月25日，北京民协邀请剪纸艺术家刘晓迪，到蓝天育翔幼儿园，带来一场剪纸艺术体验课。

12月29日、30日，北京民协与育翔蓝天幼儿园共同举办了为期两天的"童心·同乐"迎新年传统文化庙会活动。

【音乐家协会】

3月2日，北京音乐家协会主办的原创大型交响声乐套曲《南水北调》首演在中山音乐堂举行。

3月10日，由北京音协、市文联研究部联合主办的原创大型交响声乐套曲《南水北调》理论研讨会召开。套曲《南水北调》原创人员及音乐、文学、戏剧、舞美等艺术门类专家近20人参加会议。

5月2日，为纪念世界反法西斯战争暨中国人民抗日战争胜利70周年，由市文联、北京音乐家协会、市文化活动中心、北京音乐台共同举办的"和平颂"2015北京合唱节在北京圆明园开幕。

5月14日，由北京音乐家协会组织的"音乐颂和平"采风活动正式启动，20余位词曲作家首站来到了《大刀进行曲》的诞生地——河北省迁西县。

6月2日，第十届中国音乐金钟奖声乐比赛北京地区选拔赛在北京文联礼堂举办。曾勇、马飞分别获得民族组、美声组第一名，直接进入中国金钟奖复赛。

6月13日，北京音乐家协会组织首都艺术家一行33人赴唐山迁西举办创作采风暨赴瑞兆激光慰问演出活动。

7月16日，"和平颂"2015北京合唱节在中国音乐学院国音堂圆满落幕，合唱节评委和主办单位领导为获奖团队颁奖。此次合唱节共有130余支队伍同台竞技，超万人直接参与，合唱节期间组织了20多场专业合唱讲座，给合唱团进行专业指导，通过比赛，评选出大合唱老年组、大合唱成年组、小合唱组三个组别的金奖队伍。

9月14日，《和谐幸福家》中秋音乐会在北京宇宙影视基地盛大开机录制。

11月28日，在北京市青少年活动中心礼堂举办第二届北京市青少年"玩转音乐"重奏比赛，本届比赛以重奏的形式进行，包括了民乐类、西洋乐类、电声乐类、综合类四大项，现场即兴编创和团队合作是比赛的特色。

11月30日，北京音协组织词曲作家20人赴世园会举办地延庆采风。

【舞蹈家协会】

1月23日，舞蹈家协会组织部分区县舞协、北京体制外艺术团队、社团负责人及部分社区街道舞蹈团负责人，文化宫舞蹈工作者、舞蹈家协会会员以及首都艺术高校舞蹈老师等20余人学习习近平总书记在文艺工作座谈会上的重要讲话精神及中宣部部长刘奇葆在贵州调研所强调的"切实加强基层宣传思想文化工作"。

3月12日，组织召开舞协五届第七次主席团会议和完成北京市"德艺双馨"评奖工作。

4月12日至18日，协会组织12名舞蹈家深入广西民间进行创作实践活动和《民族民间舞》课题调研活动。

7月6日至11日，在北京舞蹈学院剧场举办了第十四届北京舞蹈大赛，本届舞蹈大赛共有518个作品报名参与初评，最终175个作品入围总决赛。

7月24日至29日，组织参加了中国舞协主办的《"小荷风采"全国少儿舞蹈展演》。其中由北京舞协推荐的：《鸟，鸟，鸟》（北京市少年宫）、《春牛呈祥》（北京双华文化传播有限公司）等舞蹈获得"小荷之星"荣誉称号，《小雏新生》（北京密云二小舞蹈团）、《小小博克》（密云少年宫）等舞蹈荣获"小荷新秀"称号。

9月8日至12日，北京舞蹈家协会组织舞蹈家分别赴贵州和延边自治州开展调研和创作活动。

12月18日，召开非京籍及体制外舞蹈工作者座谈会。会议学习了习近平总书记《在文艺工作座谈会上的讲话》《中共中央关于繁荣发展社会主义文艺的意见》及中宣部部长刘奇葆《在中国舞协第十次全国代表大会上的讲话》等内容。

【曲艺家协会】

3月4日，市政协教文卫体委员会有关负责人一行到市文联调研，并就"开设曲艺专业，促进曲艺艺术有序发展"议题进行座谈。北京曲协副主席、相声艺术家李伟建，北京曲协理事单弦，演唱艺术家张蕴华等参加了座谈。

3月9日，在老舍茶馆举办"老艺术家座谈交流活动"。

5月8日，"宣传道德模范，歌唱最美北京"——首都道德模范故事汇曲艺精品节目走进中国人民解放军防化学院，拉开曲艺巡演序幕。年内，组织曲艺家开展14场"首都道德模范故事汇曲艺精品节目高校巡演"。

7月3日，为纪念中国人民抗日战争暨世界反法西斯战争胜利70周年，北京曲艺家协会在北京民族文化宫大剧院举办"牢记历史、维护和平、开创未来"——北京曲艺界纪念抗战胜利70周年曲艺专场演出。

8月23日，2015北京少儿曲艺比赛颁奖活动在文联剧场圆满落幕。来自北京、天津、河北、山西以及台湾的近200名小选手报名参赛。最终，评出一等奖8个，二等奖14个，三等奖26个，优秀组织奖14个，13位教师荣获丁丁奖。

10月27日，第六届北京青年相声节传统相声比赛颁奖暨展演活动在民族宫大剧院举行。本届相声节自10月10日起，历时18天，举办了5场比赛，共计包括京外相声团体表演的38个节目参评，最终评选出5个一等奖，8个二等奖，15个三等奖和11个优秀组织奖。

11月至12月，组织曲艺家赴右安门街道、石景山区鲁谷社区、北京市育英学校等地，举办了3场"首都文艺家社会主义核心价值观主题巡演"活动。

11月22日，"听曲艺·品京味"2015北京曲协曲艺精品节目展演活动在北京民族宫大剧院隆重上演。

年内，组织曲艺界理论家、创作者、演员编纂北京曲艺史，挖掘整理北京曲艺的起源和发展脉络，目前已录制完成的老艺术家分别是：白奉霖、赵玉明、赵连甲、马玉萍、李云祥、刘庆福、任笑海、莫岐。

【杂技家协会】

2月11日至15日，组织首都杂技艺术家新春走基层慰问演出，走进昌平马池口镇、亦庄北京利达集团公司、海淀稻香湖上庄乡常乐村、房山苏庄三里社区等地，为当地老百姓带来欢笑、愉悦和新春的祝福。

3月20日至22日，在北京西城文化艺术中心举办"第二届北京大学生魔术交流大会"。活动包括京津冀和江浙沪6省份12位魔术新秀表演、国内及境外优秀魔术师的嘉宾表演、"传承与创新——魔术回归小剧场"理论研讨会、希腊资深魔术师

Perseus Arkomanis 的专业魔术讲座，还开展走基层社区专场演出，并到少年魔术培训基地开展演出交流等活动。

3月至4月，"第二届金长城小魔星擂台赛"在昌平嘉年华期间举办。40名6岁到12岁的小选手在活动期间经过层层选拔，在4月26日上午举办的擂台赛上，角逐"金长城小魔星"奖。

4月15日，北京杂协召开四届五次理事会。会议审议并通过了《北京杂协2014年工作总结和2015年工作思路报告》；增补14位同志为四届五次理事会理事；根据文联下发的"'十三五'规划纲要框架（草案）"，就"协会'十三五'规划"向各位理事征求意见；并且通报"第六届北京中青年德艺双馨文艺工作者奖"协会初评推荐入选的具体情况。

6月至11月，分别举办了传统艺术进校园暨"非遗"精品展示之"走进昌平小汤山镇中心小学'六·一'专场""走进中国政法大学端午节专场""走进海淀区培英小学中秋节专场"和"走进华北电力大学世界学生日专场"4场系列活动。

7月25日至26日，"第二届魔法小巨人首都少儿魔术大赛"在北京文联小礼堂举办。活动包括少儿魔术比赛、少儿魔术讲座、嘉宾表演、颁奖典礼、道具展等。经过层层选拔，近30名8岁至11岁的小选手参加决赛。

11月3日至4日，北京杂协组织11人代表团参加中国杂技家协会第七次全国代表大会。

12月11日，北京杂协举办了"学习贯彻十八届五中全会精神暨《中共中央关于繁荣发展社会主义文艺的意见》"专题培训班。

12月26日至27日，"第七届CMUC新秀交流大会暨新星杯魔术比赛"进行现场决赛。此届新星杯共有来自20个省份的102名高校魔术爱好者选手参加初评，30名选手现场角逐金、银、铜奖。

【电视家协会】

8月9日，由北京市人力资源和社会保障局、北京市文学艺术界联合会、北京电视艺术家协会共同主办的第十八届北京影视春燕奖获奖作品及获奖个人名单揭晓。第十八届春燕奖从上千部申报作品中筛选参评作品373件、电视十佳工作者和电影十佳工作者参评人选43名，共推选出《周恩来的四个昼夜》等72个获奖作品，推选出张国立等"影视双十佳"工作者19人。

10月20日，"平安·京津冀（北京）110故事微电影作品征集推优展播活动"新闻发布会及启动仪式在北京市文学艺术界联合会礼堂举办。

【电影家协会】

5月25日，召开了北京电影家协会一届六次理事会。会上，秘书长汇报北京影协2014年工作总结，讨论审议了2015年工作计划，并审议通过了2015年召开北京影协第二次会员代表大会的决议，同时审议增补中央戏剧学院戏剧文学系电视剧创作教研室主任曲士飞为新理事。

5月29日，北京电影家协会在北京文联小剧场举办第五届"北京影协杯"电影剧本征集评选活动暨第六届北京大学生影评大赛及"筑梦北京"微电影创作大赛总结会。

5月31日，第三届"北京影协杯"微电影创作大赛启动，截至12月31日，共征集到微电影作品400余部。

6月启动创作"北京榜样"公益微电影，组织优秀影视创作人才，从"北京榜样"获奖者中选取有代表性、有感染力的人物和事迹，进行微电影改编和创作，传播"北京榜样"所体现的正能量。经过前期调研、剧本撰写、拍摄制作等过程，截至年底已拍摄6部"北京榜样"微电影作品。

12月14日，在北京师范大学召开第七届"北京大学生影评大赛"终评会，活动于2015年5月启动，截至10月31日，本届影评大赛共收到全国各地89所高校近500篇参赛作品，最终评选出本科组、研究生组各25篇作品入围获奖。

12月20日，召开第六届影协杯剧本征集评选终评会，活动于2015年5月启动，截至10月30日，共收到360位作者投寄的近400部剧本，共评选出40部优秀剧本进入终评，评出最终入围获奖作品。其中一等奖1部，二等奖2部，三等奖6部，入围奖10部。

年内，出版《中国大学生评论大银幕（第六届）》与《北京影协杯获奖作品集》。

天津市文联

综述

2015年，天津市文联以认真学习贯彻习近平总书记在文艺工作座谈会上的重要讲话精神，努力践行文艺界核心价值观为主线，团结带领天津市广大文艺家认真履行弘扬中国精神、传播中国价值、凝聚中国力量的神圣职责，为繁荣发展天津市文艺事业、建设美丽天津做出了不懈努力，取得了一定成效。

重要活动

【首届"鲜于璜碑"全国书法名家学术提名展】

为充分发挥"鲜于璜碑"的历史价值和学术价值，天津市文联与天津市委宣传部、中国书协共同举办了"首届'鲜于璜碑'全国书法名家学术提名展暨首届'鲜于璜碑'全国隶书学术论坛"。提名展共展出书法名家作品170余件，代表了中国当今书法艺术的较高水平；学术论坛共收到全国各地来稿166篇，经过严格评审，评出入选论文39篇，其中优秀论文10篇。此展既弘扬了中华民族的传统文化，也为天津市打造了一个新的文化品牌和名片，得到各级领导和群众的好评，引起各界的广泛关注。

【中国精神——第四届中国油画展】

由天津市委宣传部、中国美协和天津市文联共同主办的"中国精神——第四届中国油画展"采取特邀与全国评选相结合的方式进行作品征集，既有当代著名油画家的力作，又有已故著名油画家的精品，在全国极具影响力。此展进一步提升了天津市文化艺术品位，扩大了该市在海内外的影响，提高和展示了天津油画队伍整体创作水平。

【"南开杯"第三届全国（天津）相声新作品大赛】

由中国文联、中国曲协、天津市委宣传部、天津市南开区委、区政府和天津市文联主办的"'南开杯'第三届全国（天津）相声新作品大赛"秉承"弘扬传统文化，讲好中国故事"的宗旨，从来自海内外作者的300余部新作中精选出26部入围决赛，一大批"叫得响、留得住、传得开"的精品力作脱颖而出，为弘扬和传承优秀传统文化、繁荣相声艺术发挥了积极作用。天津市南开区被中国曲协授予"中国曲艺之乡"称号。

大赛期间，还举办了"'除恶务尽'反腐相声专场"和"反法西斯抗日相声专场"，该市宣传系统主要负责同志和纪检系统部分干部观看了演出，普遍认为专场演出具有较强的教育意义，值得进一步推广。在此基础上，受中共天津市纪检委和天津市委宣传部委托，天津市文联组织优秀相声创作人才对反腐题材相声作品进行进一步创作和深度加工，并多次修改和完善，使得作品日臻成熟，并于12月底举办了"'说家法、反四风'廉政题材相声小品专场演出"，取得了圆满成功。

文艺惠民志愿采风服务活动

【"大地行"采风活动】

在天津市文联参与主办的"纪念中国人民抗日战争胜利70周年'到人民中去'京津冀百名艺术家志愿者赴抗战圣地服务采风'大地行'系列活动"中，天津服务采风团不仅深入当地生活展开艺术创作，还拜访了当地抗日老战士，举办书法、美术公益讲座，赠送书画作品，受到当地群众的热烈欢迎和广泛好评。天津市文联还组织文艺志愿者先后赴河北保定和唐山开展艺术培训，对当地文艺骨干的艺术鉴赏、专业技能和业务素质的提高起到了重要作用。采风结束后，分别在京津冀举办了服务采风创作成果展，为京津冀三地广大群众从思想上进行了一次爱国主义教育洗礼，进一步激发人们的爱国情怀。

【"结对子、种文化"活动】

天津市文联所属各文艺家协会纷纷走进农村、社区、部队、学校开展定期、定点培训，获得广泛赞誉。如，与东丽区签订了《"文明共建、文化共享'结对子、种文化'"活动框架协议》；与武清区签署《"结对子 种文化"建立"三点一站"工作协议》；在北辰和宝坻基层联系点建立美术义务辅导和培训长效机制；与南开区川府里小学共同开展了"结对子、种文化——传统文化育新苗，民间艺术进校园"活动等。

【惠民志愿服务活动】

先后举办了"百花争艳——天津市文艺界2015新春慰问演出""'梨园花开为人民'戏曲名家惠民专场演出""'深入生活、扎根人民'天津市美术作品写生展""书法送万福进万家""天津市文联、黑龙江省文联慰问城市建设者戏法交流演出""'万籁皆听'室内乐系列音乐会""万名志愿者万幅摄影作品进万家"等特色鲜明、贴近群众的文艺活动，密切了文艺家与市民的联系，受到热烈欢迎。中国音协副主席、天津市文联副主席、天津市音协主席关牧村，天津市文联副主席、天津市美协主席王书平等艺术家热心公益，长年坚持深入基层，奉献服务人民，被中宣部列为"深入生活、扎根人民"全国典型，其优秀事迹被中央电视台等多家媒体给予报道。

创作与研究

【获奖情况】

（1）在"第五届中国书法兰亭奖评选"中，孙伯翔荣获终身成就奖，张建会荣获艺术奖，张小庄荣获理论奖三等奖，刘啸隶书作品入展兰亭奖佳作奖展览。孙伯翔成为天津市继王学仲、孙其峰之后第三位连获两项大奖的著名书画艺术大家；

（2）在"第十一届全国书法篆刻展"上，天津市共有8位书法家作品分别入展和特邀参展；

（3）在"第27届中国戏剧梅花奖大赛"中，天津市剧协推荐的天津京剧院青年老生演员凌珂获奖，为该市戏剧"梅花谱"上再添新花；

（4）在"第十九届中国少儿戏曲小梅花荟萃"中，天津市剧协选送的10名小演员全部荣获"小梅花"金奖；

（5）在"第十四届中国戏剧节"中，天津人民艺术剧院话剧《红旗谱》参演并获优秀剧目奖；

（6）在"第五届全国青年美术作品展览"中，陈治、杨娜两位作者的国画作品获优秀奖（展览只设此奖项）；

（7）在"第九届中国西部大地情美术作品展

览"中，陈晓虎油画作品获优秀奖；

（8）在"全国第三届架上连环画展览"中，韩悦、李俊霞分别获优秀奖；

（9）在"全国首届插图展"中，玉应班获优秀奖；

（10）在"全国首届河南坠子大会邀请赛"中，天津市曲协选送的张楷、李玉萍表演的河南坠子获得一等奖；

（11）在"第八届'小荷风采'全国少儿舞蹈展演"中，天津市青少年活动中心《小松树》春芽舞蹈培训中心《翅膀的呼唤》的小演员们获"小荷之星"荣誉称号，天津电视少儿舞蹈培训中心《我的妈妈是清洁工》、天津津舞团《鱼童》的小演员们获"小荷新秀"荣誉称号；

（12）在"京津冀'非遗'舞蹈和民间传统舞蹈展演"中，《卫姐》《津门太平鼓》获得最佳表演奖，《津鼓板韵》《渔家欢歌》获得最佳风尚奖，《汉沽飞镲》获得最佳传承奖；

（13）在"第十二届中国民间文艺山花奖评选"中，天津泥人张彩塑工作室王润莱彩塑《私塾》、天大冯骥才文学艺术研究院的《天津皇会文化遗产档案》丛书，获得山花奖。

（14）在"第九届中国杂技金菊奖第六次全国魔术大赛"中，魔术新秀刘芳表演的《钓鱼》荣获优秀奖；

（15）杂技"中华雄风——蹬人"分获"第八届俄罗斯伊热夫斯克国际马戏节"金奖、"第二届中国国际马戏节"金虎奖和"第三十九届蒙特卡洛国际马戏节"银奖；

（16）在"第八届中国旅游电视周优秀电视节目推选"活动中，天津市视协推荐的《面条之旅》获旅游电视专题最佳作品奖，《桂林消费攻略》获旅游电视专题优秀作品奖，《这是天津卫》获旅游电视栏目优秀奖，《美食之旅宣传片》获旅游形象宣传片好作品奖，主持人董昊获得旅游电视节目主持人类优秀主持人奖；

（17）在"第七届中国新农村电视艺术节"中，天津市视协推荐的《"东南西北赶大集"全国联动直播》获得对农电视节目最佳作品奖、《乡村行》获得对农电视节目好栏目奖；

（18）在四川电视节"金熊猫"奖评选中，《五大道》获得2015年度四川"金熊猫"国际纪录片提名奖，《中国人》之《张乐平》获得入围奖；

（19）在"'人文中国第四季——城市纪实'全国电视纪录片、专题片展评、展播活动"中，天津市视协推荐的《包子之旅》获得系列片三等奖。

【理论研究】

一是充分发挥《文学自由谈》的阵地作用，坚持以社会主义核心价值观为引领，以马克思主义文艺理论为指导，不断加强和改进文艺评论工作。举办了"打磨批评利器、繁荣文艺事业——纪念《文学自由谈》创刊30周年学术研讨会"，邀请全国评论专家来津进行座谈研讨，回顾《文学自由谈》30年来的心路历程和担当精神，共商当今时代背景下文艺评论发展大计，并评选奖励了优秀作者。

二是《天津文艺界》成功改版，新版以"书卷气更浓、综合性更大、可读性更强、影响力更广"为目标，全面反映天津市文艺界的动态和信息，总结推广各艺术门类的经验和做法，展示天津市艺术家取得的艺术成就，成为各级领导、有关部门和广大文艺家、文艺工作者了解文联动态和信息的重要载体。

三是举办了"京津冀（天津）国际萨克斯论坛"，完成了《粤声津渡——天津广东音乐在津100年》校对、出版、发行等工作，对广东音乐在津100年的流行、发展，以及形成具有天津特色的广东音乐等方面，进行了全方位的梳理，为研究天津民间音乐历史留下了一份宝贵资料。天津市影协联合有关单位拍摄完成了京剧电影《乾坤福寿镜》《香莲案》，并在展映中获得中央领导的好评。

文艺队伍和机关建设

一是认真组织音乐、书法、舞蹈等各门类艺术考级工作；组织"2015'炫彩青春'京剧院团优秀青年演员交流展演""第五届全国青年美术写生作品展览天津作品征选""天津市第六届青年美术节""少儿舞蹈编创主题讲座""天津市首届青年摄影展"，开办天津市青年书法创作高研班、摄影名家培训班、函授教育提高班，努力发掘和培养后备艺术人才，推出更多更好的中青年"德艺双馨"文艺工作者和文艺新星。

二是努力塑造领军人才，积极引领全市文艺界努力践行"爱国、为民、崇德、尚艺"的文艺界核心价值观。天津市文联副主席、天津市音协主席关牧村当选第八届中国音协副主席；天津市文联副主席、天津市剧协副主席孟广禄当选第八届中国剧协副主席；天津市文联副主席、天津市书协常务副主席张建会当选第七届中国书协副主席；天津市美协副主席贾广健被中宣部、人力资源和社会保障部、中国文联评为第四届全国中青年"德艺双馨"文艺工作者。

三是进一步强化抓好党建的思想自觉和行动自觉，针对反对"雅贿"问题，指导天津市书协、美协、摄协撰写了加强行业自律建设承诺书，起草了天津市文艺界加强行业自律建设倡议书，有力促进了文艺界行业自律建设；完成了天津市杂协换届工作，为天津市文联及所属各文艺家协会规范化发展打下更加坚实的基础。

各文艺家协会

【音乐家协会】

1月30日，举办"室内乐系列音乐会"开幕演出。

2月6日，慰问协会老艺术家。

2月12日，主办"郎朗钢琴大赛"颁奖仪式。

2月27日，"室内乐系列音乐会"第二场演出。

3月3日，召开"五个一工程"歌曲创作推动会。

3月7日，布置2015"中国音乐金钟奖天津选拔赛"。

5月1日，举办"天津市手风琴大赛"。

5月25日，组织天津市部分词曲作家深入宁河区七里海进行采风创作。

5月25日，召开《粤声津渡——广东音乐在津100年》综述通稿会。

6月5日，组织天津市词曲作者深入河北区进行采风创作。

6月19日至22日，举办天津市"中塘杯"老年声乐比赛。

7月至9月，开展暑期社会艺术考级工作。

7月30日至31日，举办"纪念中国人民抗日战争暨世界反法西斯战争胜利70周年"合唱音乐会。

8月8日至12日，举办"第四届全国手风琴比赛"。

8月11日至12日，"京津冀（天津）国际萨克斯论坛"在津举行，论坛邀请到法国萨克斯演奏大师克劳德·德朗格、美国伊斯曼音乐学院林建宽教授主讲并做专场演奏。

9月8日至12日，举办"京津冀暨环渤海新歌手大赛"。

9月12日，邀请我国著名钢琴教育家周广仁来津举办大师班。

9月18日，"关牧村从艺45年独唱音乐会"隆重举行。

9月22日，成立"天津市音协竹笛专业委员会"。

10月31日，主办"难忘的旋律——中国钢琴百年纪念音乐会"。

11月11日，举办"郎朗2016天津城市艺术之旅——首届'和平杯'钢琴大赛启动仪式"。

12月4日，召开天津市歌曲创作工作会，并举办"征歌比赛"。

12月14日，召开主席团会议，向主席团汇报全年工作和发展会员审批工作。

12月14日，根据中共天津市委宣传部指示，着手进行党员干部廉洁自律规范歌曲创作工作。

12月19日，召开《粤声津渡》新闻发布会，并举办庆祝演出，近千人参加了活动。

【戏剧家协会】

2月，由天津市戏剧家协会等组成的文艺志愿慰问团来到天津市公安交通管理局直属支队，为广大交警奉献了一场精彩的文艺演出。

3月，天津市戏剧家协会组织该市多位优秀戏曲工作者走进滨海新区汉沽文化馆，为周边街镇居民和外来务工人员举办了一场元宵节"京、评、梆"戏曲演唱会。

9月，由天津市戏剧家协会、曹禺故居纪念馆、天津人民艺术剧院等单位联合主办的"永远的曹禺——2015天津戏剧周"在津举办。

9月，为纪念筱少卿从艺80周年，由天津市文联、天津北方演艺集团主办，天津市剧协和天津市北洋越研会承办的"纪念筱少卿从艺80周年系列演出活动"共组织6场越剧演出，极大地满足了天津市越剧观众的观赏需求。

9月，天津市剧协与北京市荀派艺术研究会主办"荀派艺术传（继）承人授牌活动暨荀派艺术研讨会"。

11月，天津市剧协与天津市中华民族文化促进会主办"纪念京剧大师张君秋先生诞辰95周年专场演出""纪念京剧大师荀慧生先生诞辰115周年专场演出"。

12月31日，由天津市戏剧家协会和天津北方演艺集团共同主办的"第四届天津北方青年演艺展演"在天津人民艺术剧院拉开序幕。共演出15场，举办讲座5场。

【美术家协会】

1月3日，天津市美协组织主席团成员和部分美协理事赴该市宝坻区周良街道开展"深入生活、扎根人民 结对子、种文化"主题实践活动，并和当地美术爱好者一起交流艺术创作心得体会。随后，画家们又赶赴天津警备区某部队进行慰问活动，为战士速写，受到热烈欢迎。

1月6日，由天津市美协主办的"'水墨遇知音，金城津韵浓'画展"开幕。

1月15日，天津市美协组织部分美术家赴大港油田"结对子、种文化"，把美送到一线工人当中。

2月14日，天津市美协组织画家"文化下乡"，来到该市宁河县潘庄镇齐心设施农业园为村民画像，与当地书画爱好者结对子，切磋技艺。

2月23日，由天津市美协主办的"天津女子画院画家美展"开幕。

3月7日，由天津市美协主办的"画院画家白鹏画展"开幕。

3月8日，参加"'翰墨情'——2015年天津市书画家扶贫助困活动"。天津市美协荣获"慈善公益先进单位"称号。

4月22日，由天津市美协主办的"天津老年大学画展"在天津美术馆开幕。

4月23日，天津市美协组织部分画家赴天津李港监狱慰问工作在一线的公安干警。

4月29日，由天津市美协主办的"天津中青年水墨新视界画展"在天津美术馆开幕。

5月4日，天津市美协等数家单位发起为西藏日喀则地区地震捐赠书画作品活动。

6月25日，由天津市美协主办的"无上清凉画展"在天津迎宾馆开幕。

6月26日，由天津市美协主办的"王悲秋画展"在天津美术馆开幕。

7月6日，由天津市美协、天津群艺馆主办的"天津市第二届小幅油画作品展"在天津群艺馆举办。

9月8日，由天津市文联、天津美院、天津画院、天津市美协、天津人民出版社联合主办的"天津首届山水画大展"在天津美术馆举办。

8月1日，由天津市美协、新疆美协、新疆生产建设兵团美协、新疆天津商会联合主办的"海河天山情国画精品联展"在乌鲁木齐美术馆举行。

9月10日，由天津市美协、天津画院主办的"岁月——邓家驹美术作品暨文献展"在天津美术馆举办。

10月1日，由天津美协主办的"王刚、朱志刚水彩画展"在天津图书馆举办。

10月28日，由天津市文联、天津市美协、四川省乐山市委宣传部、乐山市文联共同主办的"乐山书画家天津行系列活动——乐山书画作品展"在天津美术馆举办。

11月20日，由中国画学会、天津画院、天津市美协主办的"第八届全国花鸟画家作品展"在天津美术馆举办。

12月29日，由天津市美协、中共天津市津南区委宣传部、津南区文化体育局主办的"迎新年——津南区美术书法作品展"在天津美术馆举办。

【书法家协会】

1月7日，为响应中国书协主办的"我们的中国梦——万名书法家送万'福'进万家"公益活动的号召，天津市书协组织唐云来、张建会、李锋、李泽润、顾志新、邵佩英、任长文、冉繁英等21位该市著名书法家深入该市武清区梅厂镇为村民送福迎春。

1月26日，天津市书协组织书法家志愿服务分队一行16人走进该市宁河区杨建村，为村民送"福"，邵佩英、赵士英、陈传武等书法家参加了此次活动。

1月27日，成立天津市硬笔书法培训中心。

1月31日，天津市书协到该市西青区开展书法创作辅导活动。张建会、冉繁英、郝军、杨国欣、马俊达等参加辅导。

2月5日，天津市书法家协会召开第三届主席团第九次会议。

2月5日，天津市书法家走进公交长春道终点站送福。

2月12日至13日，天津书协慰问老书法家和部分生活困难的会员。

3月11日，中国书法公益流动大讲堂在天津开讲。中国书法家协会理事刘文华、楷书委员会委员李松来津主讲。

3月29日，天津市书法家协会刻字委员会在该市汉沽区文化中心召开工作会议。

4月14日，举办天津市书协骨干培训班。

5月13日，天津市书协召开第三届主席团第十次会议，会议讨论了《天津市书法界加强行业自律承诺书》。5月30日，天津市书协副主席邵佩英、秘书长冉繁英赴该市大港区，为会员作品进行点评辅导。

6月3日，天津市书协召开第二次学术委员会（扩大）会议。

6月6日，由天津市文联与南开大学共同主办的"艺海泛槎——刘云峰书法展"在天津美术馆开幕。

7月10日，由天津市文联、天津市书协主办的"韩征尘书法篆刻艺术研讨会"召开。

11月1日，由天津市书协主办的"李德海书法展"开幕。

12月24日，由天津市文明办、天津市文联、天津市和平区文明委主办的"书法家与道德模范走进道德讲堂面对面交流活动"举行。天津市著名书法家代表和第四届天津市道德模范代表齐聚一堂，共话道德故事，弘扬道德力量。同时，天津市文明办、天津市文联还联合开展了"书法家为道德模范题词"活动，该市著名书法家唐云来、张建会、况瑞峰、李锋、李泽润、顾志新、曹柏崑、霍然、喻建十、邵佩英、任长文、冉繁英等为第四届天津市道德模范精心创作、量身书写了旌表题词，以书法艺术的形式书写道德精神，向社会传播道德正能量。

12月25日，"巾帼翰墨——天津市妇女书法提名展"开幕。

【摄影家协会】

1月5日，走基层"万名摄影志愿者 万幅作品进万家"系列公益活动在武清区大黄堡朱曹子村展开。30余名天津市摄协会员、摄影爱好者深入每户家庭免费为村民拍照并把打印好的照片赠送给村民。成立了"天津市武清区大黄堡湿地摄影服务站"。

1月27日至10月10日，举办"天津市首届'西双塘杯'摄影大赛"，其间多次组织会员赴西双塘村采风。

2月12日，走基层"万名摄影志愿者 万幅作品进万家"系列公益活动在北辰区开展，组织会员20余人深入北辰区北仓镇王秦庄村开展"走进百姓生活 摄影下乡为民服务"公益活动，为即将搬迁的村民免费拍照。

3月5日，组织会员赴静海县、西青区杨柳青摄影采风。

3月24日，邀请北京摄影函授学院副院长许喜占为会员进行摄影讲座《人像摄影》。

4月23日至6月3日，组织会员赴广东丹霞山、江西赣州、天津滨海新区、静海县、四川绵山摄影采风。

5月3日至11月6日，与天津市档案馆共同主办"'见证家乡发展，建设美丽天津'作品征集活动暨美丽天津摄影展"。

7月10日至12月25日，由天津市委宣传部、天津市文联主办，天津市摄协、北方网承办的"'2015美丽乡村'摄影大赛"举行。展览共征集作品4000余幅，评选出获奖作品100幅。

7月11日，组织名师公益公开课，邀请全国知名摄影家来津讲座。

7月18日至8月3日，"万幅作品送万家，摄影下乡为民服务暨天津摄影家赴青海藏区大地行采风创作活动"在青海省海东市乐都县瞿昙镇展开。

8月11日，与天津市武清区文广局共同主办的"'武清水务·惜水爱水节水'摄影大赛"在武清区文化馆展出。

8月26日，"中国古建筑摄影大赛·斗拱天津＆冀东分赛区"颁奖典礼及展览在天津举行。

8月29日至30日，"天津市第二届《本源》当代摄影艺术展览"在天津市美术展览馆展出。

8月31日，与天津市文联共同主办的"首届天津市青年摄影展"举行。大展面向年龄44周岁以下的摄影人群，为天津市摄影事业的可持续发展打下坚实基础。

9月12日至17日，第23届中韩国际摄影交流展在韩国仁川市隆重开幕。天津市摄影家代表团应邀赴韩国仁川出席影展开幕式并与韩国摄影家开展创作交流活动。

10月28日，"百年风华 岁月见证——天津市百岁老人主题摄影展"开幕。天津市摄协组织该市各区县摄影团体、摄影组织的百余名摄影家到百岁老人家中拍摄，为老人们留下了珍贵影像。在历时半年的拍摄活动中，共拍摄百岁老人105位，拍摄照片3000余幅，其中年龄最长者为109岁。在展览结束后，所有展出作品无偿赠送给百岁老人留念。

11月7日，由天津日报社、天津市摄协、中国新闻摄影学会、天津市新闻摄影学会共同主办的"首届中国天津滨海国际观鸟文化节"在滨海新区正式启动，来自国内的著名生态学和鸟类学家、爱鸟护鸟人士、志愿者、摄影家、摄影爱好者，中央、有关省市媒体的记者，共同走进天津、走进滨海，切身感受美丽天津、生态滨海的勃勃生机。

11月28日，天津市第26期摄影基础学习班在天津市曹禺纪念馆开班。

12月26日，邀请著名摄影家钱元凯为会员进行摄影讲座《数字影像后期处理》。

【曲艺家协会】

1月1日，组织天津市曲协老艺术家联欢团拜。

1月21日，组织会员慰问武警总医院员工。

1月23日，组织会员慰问地铁一线工人，并演出了精彩的节目。

2月11日，召开"'南开杯'第三届全国（天津）相声新作品大赛"筹备会，天津各院团负责人齐聚天津市文联商讨相关事宜。

7月27日至30日，召开"第六届天津相声节"筹备会。

8月24日至11月20日，天津市曲协参与主办的"第二届'和平杯'全国曲艺票友邀请赛"在津举行。

9月6日至16日，天津市文联和天津市曲协等主办的"第十六届津门曲荟"在津举行。

9月16日至21日，"第六届相声节"在天津举行。

12月1日至16日，"'说家法、反四风'相声小品专场"在津上演。

【舞蹈家协会】

1月12日，召开天津市舞协主席团会议，总结2014年工作，研究2015年计划。

1月14日，天津市舞协开展"深入生活，扎根人民"活动，组织舞蹈家走进天津市河西区第十六幼儿园，为幼儿园的年轻教师和孩子们上了一堂生动、精彩的舞蹈课。天津市舞协与该幼儿园达成协议，今后将定期派专业舞蹈工作者给青年教师做辅导。

2月9日，天津市舞协副主席张晶晶和天津芭蕾舞团首席演员张为琳、袁帅到天津市老年大学，为大学艺术团芭蕾班的学员们带来一堂专业、生动的芭蕾课。3月17日，为大力推进天津市舞蹈作品的编创水平，天津市舞协邀请当今舞蹈界最前沿的国家一级编导王舸来津进行为期一天的讲座。讲座面向天津专业院团、专业院校、群众艺术馆、市少年宫及各艺术机构，当天到场300余人。王舸老师给大家带来了当今最前沿的舞蹈理念，并与现场学员进行了互动，让在场的每一位学员都受益匪浅。

4月2日，举办"少儿舞蹈编创"的主题讲座，邀请著名少儿舞蹈编导、北京少年宫的孙晓哲老师给天津市少儿舞蹈骨干进行培训，为他们的舞蹈教学及创编工作增添了新的激情与动力！

4月25日至5月2日，"天津市第八届少儿舞蹈大赛暨第八届'小荷风采'全国少儿舞蹈展演天津地区选拔赛"举行。参赛选手最小的只有4岁，显示出天津市少儿舞蹈强劲的后起之秀和后发之势，也反映出该市少儿舞蹈人才朝气蓬勃、多姿多彩的喜人景象。

10月30日，由京津冀三地文联主办，三地舞协承办的"京津冀'非遗'舞蹈和民间传统舞蹈展演"在北京月坛体育馆成功举行。三地舞蹈家共舞京城，交流"非遗"舞蹈和传统民间舞。

【民间文艺家协会】

1月13日，天津市民协剪纸艺术专业委员会在天津市红桥区溪波里社区举办惠民活动。李强、董俊丽等十数位剪纸艺术家参加活动。活动内容有讲座及现场制作等，深受社区群众欢迎。

1月21日，召开天津市民协第四届第十一次主席团会议，总结2014年工作，部署2015年任务。

2月10日至4月8日，先后走访协会老领导及艺术家进行慰问参观，并鼓励会员积极创作新作品。

5月25日，举办"民间艺术工艺讲座"。

6月10日，与天津市文联共同主办的"'花儿朵朵'剪纸艺术活动"隆重举行。

9月30日至10月3日，与天津市文联、天津市"非遗"保护中心共同主办的"'老手艺 新创意'第三届中国葫芦大赛"举行。本届展览共收到作品近500件，其中外省市作品100余件。葫芦制作艺术门类品种多，技艺精良，受到广大爱好者的高度赞扬和追捧。

10月30日至11月2日，与天津市文联共同主办的"天津市'中国梦·少年梦'剪纸艺术精品展"在天津市青少年活动中心举办。此次展出的100多幅剪纸作品，题材多以少年儿童健康成长为内容，剪纸形式丰富多彩，反映校园风貌、师生情趣等，展现当代少年儿童的幸福生活。同时也有部分反映天津城市崭新面貌的剪纸作品参展。

12月31日，召开天津市民协第四届第十三次会议，总结2015年工作，部署2016年任务。

【杂技家协会】

2月6日,由天津市杂协、天津市曲协、天津市剧协、天津市舞协及天津市摄协艺术家组成的文艺志愿慰问团,为天津市交管局直属支队广大干警奉献了一场精彩的文艺演出。这也是文艺志愿慰问团与市交管局直属队结成文化对子后组织的第一项活动。演出结束后,艺术家们还与广大交警进行了交流互动。

2月和3月,分别在天津市和哈尔滨市举办了6场"国家级非物质文化遗产传承项目"中国非物质文化遗产"古彩戏法"惠民演出。天津、黑龙江两地魔术家现场展现绝技,精彩的演出让观众大呼过瘾。

4月14日,天津市杂协第四次代表大会举行。会议总结了近十年来天津市杂协的工作,规划部署了今后五年的任务,审议并通过了新的《天津市杂技家协会章程》,选举产生了天津市杂协新一届领导机构。侯泉根当选第四届杂协主席,王磊、刘军、吕庆武、国庆丽、张婷当选第四届杂协副主席,吕庆武为秘书长,胡青当选名誉主席,王少章、张淑珍为杂协顾问。

7月10日,为贯彻落实"结队子、种文化",按照"贴近基层、服务群众、分众指导、共建共享"的原则,天津市杂协组织艺术家深入基层,来到天津市北门医院,为该院津门利剑艺术团的团员做艺术指导,并做艺术交流,收到了很好的效果。

【电影家协会】

一,本着优势互补的原则,协助指导会员开展影视创作工作,完成了电影《乾坤福寿镜》《一代人师》两部影视作品的拍摄,预计2016年即可报审公映。电影《秦香莲》《断枪》均已完成后期制作,并取得了"公映许可证",现正在与多家发行公司洽谈农村院线等发行事宜。电影《诡劫》已于2015年8月在全国院线进行了公映,取得了不错的成绩。电影《泰恋》也已完成初审并取得"公映许可证"。

二,承制国家重点文化工程项目"中国京剧音像集萃"工程,积极展开启动落实工作。目前,已由天津评剧白派剧团有限公司拍摄了"小样",获得各方肯定。

【电视家协会】

(1)与天津广播电视台、中国电视艺术家协会联合主编出版《天津电视台电视剧与纪录片创作十年间》一书。梳理、记录天津电视台十余年来在艺术创作方面取得的成就。

(2)组织报送各类电视艺术作品参评各类奖项及活动并取得优异成绩。

(3)天津市视协在中视协举办的全国电视纪录片、专题片推选活动和第八届中国旅游电视周电视节目推

(4)组织天津电视台新闻记者参加中国视协和贵州省委宣传部联合主办的"全国卫视看贵州"新闻采访活动。

(5)组织评选2014年度天津市优秀电视艺术作品,共评选出54部获奖作品,其中一等奖18部。

【文艺志愿者协会】

6月23日,天津市文艺家志愿者代表赴保定为参加"到人民中去·百千万工程——京津冀艺术名家保定行"基层文艺骨干培训班的学员授业解惑。

7月至10月,"到人民中去"京津冀百名艺术家志愿者赴抗战圣地服务采风创作成果展在京津冀三地举办。

9月28日,天津文艺志愿摄影采风服务小组3位名家到唐山曹妃甸,以"运动摄影"为题给当地摄影爱好者讲了一堂生动的摄影课。

9月28日,由天津市文联、宁河县区委、区政府主办,天津市文艺志愿者协会和宁河区文广局联合承办的"'文艺为人民'送欢乐 下基层"文化惠民专场演出在宁河区俵口乡俵口村举行。来

自天津各专业文艺院团及天津音乐学院等高校的艺术家和优秀青年演员参加了演出,演员们的精彩表演受到了当地百姓的热烈欢迎。

基层文联

【南开区文联】

(1)加强曲艺基地建设和曲艺创作。承办"'南开杯'第三届全国(天津)相声新作品大赛",中国曲协授予天津市南开区"中国曲艺之乡"光荣称号,成为全国各直辖市首个"中国曲艺之乡"。

(2)举办首届民俗文化博览节,弘扬民俗精粹。其间先后举办了民俗文化展演、民俗文化研讨会等活动,并建立"南开区'非遗'活态传承基地"等,共吸引居民群众、外地游客6万人次,充分展示了南开区民俗文化和民间传统技艺的独特神韵。

(3)举办"'津厢丹青墨韵风华'践行社会主义核心价值观书画楹联展""'践行核心价值观、唱响中国梦'主题吟唱朗诵活动""纪念抗战胜利70周年系列活动""天佑之声'南开杯'合唱比赛""南开区百姓大舞台文化惠民活动""第四届'魅力南开'天津市舞蹈邀请赛""'南开杯'京津冀中国式摔跤表演邀请赛"等;启动《有一个地方叫南开》画册编辑工作。

【河东区文联】

一、举办"纪念中国人民抗日战争暨世界反法西斯战争70周年主题活动",先后举办了"纪念抗日战争胜利70周年书画展""'军营文化讲堂'公益系列讲座""'烈火战神'消防车模型和中国人的汽车梦——中国汽车百年巡展""共和国将军书画展"等活动,从不同侧面展现了抗日战争波澜壮阔的历史画卷,颂扬中华民族不屈不挠的斗争精神,激励人们为实现国家富强、民族振兴、人民幸福的中国梦而努力奋斗的豪情壮志。

二、承办"丝路风韵——天津新疆书画艺术联展"。此展先后在新疆乌鲁木齐和天津市展出,《丝路风韵——天津新疆书画作品集》同时首发。

三、举办了"'翰墨情'——文化拥军送福贺春慰问活动""'翰墨情 走基层'系列活动""'爱联倡廉 送福祝福'主题联墨展""'福满津门'送福贺春活动""翰墨情迎'八·一'书画家进军营""高雅艺术进校园""创想科学筑梦飞翔科普体验快乐行巡展活动""中国梦·天津人·河东情'中粮大道杯'摄影大赛""全国体育舞蹈系列公开赛天津分站赛"等。

四、开展"深入生活、扎根人民"主题实践活动。多次组织部分书画家赴天津市蓟县农村深入生活,采风写生;举办"深入生活书画创作展";大力实施"青年书法人才"战略,举办"河东青年书法篆刻提名展"等。

五、举办"'雅集清风'河东书法沙龙30周年汇报展"。展出近百幅作品,书体兼备,风格多样,是他们长期坚持学习传统、取法多元、不懈追求的成果展示。

【东丽区文联】

一、召开东丽区文联第二次代表大会,选举新一届领导机构,并先后成立东丽区美协、民协和曲艺戏剧家协会,并完成东丽区作协、艺术摄影协会、书协换届工作。

二、完成东丽区新立街《让历史告诉未来》、军粮城街《日新月异军粮城》两部专题纪录片的策划、拍摄工作;创作歌曲《春天大路上》《日新月异军粮城》;举办"'美丽东丽好人之城'东丽区践行社会主义核心价值观群众性文艺会演"等。

三、举办"东丽一日"文学征文、"美丽东丽"随手拍、"书法进万家"、"民间艺术进校园"等活动,进一步激发和调动了全区干部群众热爱家乡、建设美丽东丽的巨大热情。

四、组织东丽区广大文艺工作者深入街道、委办局、农村、社区、企业、学校、部队,紧紧围绕"中国梦""践行社会主义核心价值观"主题,广泛开展慰问演出、辅导培训、展览展示等活动。

【西青区文联】

一、组织文艺志愿者小分队分赴学校、社区、企业，结对帮扶，开展"新春走基层文化进社区摄影服务""'创建文明城区，共建美丽西青'文艺作品征集""文艺志愿者走基层服务"等活动，成立了"王兰庄红领巾书画班""邓店十月书画社""中国楹联博物馆西青分馆"等基层文化阵地。

二、与《天津日报》联合举办"全国著名作家走进西青采风活动"，创作的30余篇文学作品在《天津日报·满庭芳》刊登，充分展现西青区深厚历史文化底蕴和独特魅力。

三、着力塑造"新春书法摄影国画艺术展""西青摄影人作品展""杨柳青木版年画节"等文化活动品牌。

四、组织开展"西青区文联文艺骨干培训班"，举办"杨柳青年画'金画笔'大赛"。

【滨海新区（塘沽）文联】

一、举办"秀墨撷珍——刘治林先生遗墨精品展"，展出已故中国书协会员刘治林先生作品50余件。

二、举办"名不虚传——滨海新区塘沽国家级会员书法作品展"，展出12位中国书协会员及两位入选国展书法家的新创作品50余件。

三、举办"书香氤氲——渔村书虫新人作品展"，44位书法新人的近100件作品参加展出。

四、举办"传承者的足迹——滨海新区塘沽少年书法篆刻作品推荐展"，共展出120多名学生的书法作品102件，篆刻作品200多件。

五、积极组织参与"百名书法家送福进万家"活动。

六、组织参与"纪念抗战胜利70周年艺术采风创作活动"，共创作各类艺术作品50多件。

七、举办"饱蘸大海抒情怀——中国海油员工书法作品邀请展"，展出20多名海洋石油工人的书法篆刻作品70多件。

八、举办"'我眼中的世界——爱祖国、爱家乡、爱生活'塘沽民盟盟员主题摄影作品展"，展出作品120多件。

九、举办"国色天香——第二届皓翔杯国画邀请展"，来自天津、北京、河北、山东、河南、内蒙古等省份的35位国画家的80余件作品应邀参展，促进了地域间的艺术交流。

十、积极推动"版画艺术进校园、进课堂"工程，组织版画家走进学校，走进课堂，使版画特色教育在塘沽中小学得到普及。

十一、组织开展"书画艺术进基层"活动，先后组织书法、美术小分队到社区、学校、部队，开展示范笔会、艺术交流活动，受到欢迎。

【滨海新区（大港）文联】

一，"两节"期间，组织大港区书协、美协会员到小王庄镇、太平镇、大港街等进行书画创作联谊。

二，组织大港区作协、美协和书协会员先后到太平镇、小王庄农业示范镇进行创作采风，并送作品到基层。

三，组织大港区书协美协会员参观滨海新区临港工业区和于家堡交通枢纽工程。

四，为中国作协数字作品库提供整理大港籍作者作品集65件。

五，为滨海新区政协文史资料编辑出版提供整理大港区域文字资料12万字。

六，举办纪念抗战胜利70周年诗歌散文朗诵会。编辑出版抗战资料《滨海抗战纪实》。

【宝坻区文联】

一，开展"双百"艺术惠民活动。组织百位文艺家为群众办100件实事，不断满足群众日益增长的多层次、多样化的文化需求。

二，开展各种形式的艺术交流活动。圆满完成第八届全国著名花鸟画家作品评审接待工作；配合天津市美协和天津画院，组织美术家在宝坻区开展"深入生活，扎根人民"主题实践活动等。

三，先后组织宝坻区各文艺家协会域外采风32次，举办讲座51次，笔会交流38次，举办各项展览26次，参加各种赛事41项，获得市级以上奖项29个。

【蓟县文联】

一，完成蓟县音协、摄协、美协、书协、作协、民协、舞协和戏曲家协会8个协会的换届工作。

二，与中共蓟县县委宣传部、蓟县文化广播电视局共同主办"2015年蓟县春节联欢会"，社会各界群众1000人观看了晚会，蓟县电视台进行了录播。

三，举办"第三届蓟县摄影艺术作品展""第三届蓟县书法艺术作品""第三届蓟县美术艺术作品展""第三届蓟县戏曲大赛""第三届'山魂杯'蓟县文学作品散文征文活动"等。

四，举办由天津、北京、河北三省四县（蓟县、平谷、三河、兴隆）联合主办的"'放歌京津冀、欢乐进万家'大型文艺演出"。

五，组织艺术家先后走进蓟县程家庄、下营镇、青甸洼等村镇和蓟县五大景区、蓟县重点工程工地，以及机关、厂矿、学校等进行采风创作；印制《第三届蓟县摄影艺术作品集》《第三届蓟县美术书法作品集》《花宝村文集》《生态蓟州》《幽居唯馨》等刊物。

【天津市司法行政系统文联】

一，开展送法治春联下乡活动。2015年春节前，天津市司法行政系统文联组织系统内11名书法爱好者，来到天津市司法局定点结对口帮扶村宁河县东棘坨镇史家庄村、姜家庄村和丰台镇孙庄村，开展第四届法治春联文化下乡活动，受到村民的热烈欢迎。

二，在天津市政法系统广泛开展诗歌创作评选活动，共创作诗歌作品150余篇，并汇编成《放歌中国梦——诗歌创作大赛作品集》。其中选送部分优秀作品选报司法部南湖诗社，并刊登在《南湖诗刊（柒）》上，为司法行政系统义化建设又增添了浓重一笔。

三，组织开展书法讲座培训活动。7月22日，为丰富干警文化生活，加强文化建设，天津市司法行政系统文联组织开展了为期半天的书法技能培训，邀请天津市文联副主席、天津市书协常务副主席张建会进行书法专题讲座。全系统70余名书法爱好者参加了培训。

四，编排演出话剧《法与情》。以河北区司法局退休干部贾维义为原型创作的话剧《法与情》通过四个真实的故事讲述了贾维义同志的点点滴滴，再现了他为社区群众的家庭和美、邻里和睦、社会和谐无私奉献的动人场景。天津市政法系统干警、法律服务工作者800余人观看了演出，取得了非常好的效果。

【天津职业大学文联】

一，承办"第二届全国机械职业院校师生书画、摄影、民间艺术作品展赛"。

二，引导做好师生美育工作。通过举办展览和比赛的形式，组织和鼓励教师们通过摄影、绘画、设计等艺术手段提升发现美、记录美、表现美的热情和能力。鼓励教师指导学生参加各级各类设计、美术、影视动画等各类竞赛活动。

三，扩大校内各艺术工作室的影响力和教育作用，对工作室明确提出了吸纳学生、带领学生、锻炼学生的任务要求，以教师指导、依托学生艺术社团的形式，努力把文化育人、艺术化人的功能最大化。

河北省文联

综述

2015年，省文联全面贯彻落实习近平总书记文艺工作座谈会重要讲话精神，紧紧围绕"四个全面"战略布局，贯彻落实中国文联九届八次全委会和全省宣传文化工作会议精神，团结组织全省广大文艺工作者，按照河北省文联九届三次全委会工作部署，以"做大做强文联舞台，勇于担当历史使命"为总目标，以"三足两翼五创新"为总思路，重实干，抓落实，有作为，敢担当，各项工作都取得了长足的进展和阶段性成果，为繁荣河北文艺事业，建设经济强省、美丽河北做出了新的贡献。

重要会议与活动

【"送欢乐 下基层"走进阜平】

为深入学习习近平总书记在文艺工作座谈会的重要讲话精神，大力开展"深入生活、扎根人民"主题实践活动，2月1日至2日，中国摄影家协会、河北省摄影家协会、保定市摄影家协会"送欢乐、下基层"一行20人走进保定市阜平县开展摄影知识讲座、摄影作品展览、走访慰问、为村民拍摄全家福等系列活动。中国文艺志愿者协会副主席、中国摄影著作权协会副主席、第十届中国摄影金像奖获得者、著名摄影家解海龙在阜平县政府六楼会议室举行了以"志愿人生"为题的讲座，来自阜平本地及周边保定市、唐县和曲阳县160多位影友倾听讲座。

【副省长姜德果到省文联调研】

2月6日，姜德果同志到河北省文联机关调研，并慰问了旭宇、郑一民等老艺术家。调研期间，姜德果同志视察了省书法家协会、美术家协会、影视家协会等，并参观了省内优秀艺术家的书法、美术、摄影作品展。

【省委常委、宣传部部长艾文礼到省文联调研】

3月24日上午，艾文礼同志到省文联调研并召开座谈会。艾文礼同志强调全省文艺工作者要深入学习贯彻习近平总书记系列重要讲话特别是文艺工作座谈会重要讲话精神，围绕"四个全面"大局，进一步认清和找准文艺工作的立足点和着力点，开掘创作源泉、坚持价值引领、繁荣文艺创作，为深入推进"三个河北"建设提供有力的文化支撑。要求全省各级文联组织不断加强自身建设，架好"连心桥"，建好"后勤部"，当好"娘家人"，种好"责任田"，切实发挥好"文艺家之家"作用，把文艺队伍建设摆上更加重要的位置，努力造就一批有实力、有影响的文艺领军人物，实现"文艺冀军"的新崛起。

【河北省文联九届三次全委（扩大）会议召开】

2015年3月26日，河北省文联九届三次全委（扩大）会议和全省文联系统工作座谈会在石家庄召开，省委常委、宣传部部长艾文礼出席会议，中国文联副主席、河北省文联主席裴艳玲主持会议，河北省文联党组书记、副主席解晓勇做工作报告。会上印发了《把握历史机遇 勇担时代使命，努力开创河北文艺事业繁荣发展新局面》的工作报告和《河北省文联广泛开展"深入生活、扎根人民"主题实践活动重点工作安排》等系列文件，全面深入地传达、解读中央指示精神，按照省委宣传部总体部署，结合工作实际，对全省文联系统各项工作如何抓好落实进行了全面的具体安排。会议审议通过了《关于调整和增补河北省文联第九届全委会委员的说明》，提名通过了《关于任命张海英同志任河北省文联秘书长的决议》，审议通过了《关于接纳迁安文联等为河北省文联团体会员单位的决议》。

【京津冀百名艺术家赴抗战圣地采风】

5月23日，由中国文艺志愿者协会、中国文联文艺志愿服务中心、北京市文学艺术界联合会、天津市文学艺术界联合会、河北省文学艺术界联合会共同主办的纪念中国人民抗日战争胜利70周年"到人民中去"京津冀百名艺术家志愿者赴抗战圣地服务采风大地行系列活动，在卢沟桥桥头广场启动。中国文联党组书记赵实，中国文联党组成员、副主席李前光，北京市委宣传部常务副部长王海平，北京市文联主席张和平，北京市文联党组书记、驻会副主席陈启刚，北京市文联党组副书记、北京作协分党组书记程惠民，天津市文联党组副书记李志，河北省文联党组书记、驻会副主席解晓勇，及京津冀三地艺术家代表200余人参加了启动仪式。仪式后京津冀三地150余名文艺志愿者赴白洋淀、狼牙山、冉庄地道战遗址、129师司令部遗址、抗大纪念馆等地进行创作采风和文艺志愿服务活动。

【"到人民中去——河北艺术名家涉县行"】

为纪念《习近平总书记在全国文艺工作座谈会上重要讲话》发表一周年，10月14日至15日，河北省文联组织广大文艺工作者深入生活、扎根人民，开展了"到人民中去——河北艺术名家涉县行"系列活动，把最好的精神食粮献给人民。

【省委常委、宣传部部长田向利观看梅花奖艺术团演出】

11月18日至20日中国剧协分党组书记季国平应河北文联主席裴艳玲邀请，率中国剧协梅花奖艺术团一行来到邢台临城，为河北人民献上了一场精彩的文化盛宴。省委常委、宣传部部长田向利，副省长姜德果等领导会见了中国剧协梅花奖艺术团一行并观看演出。

文化惠民与服务基层

【"艺术星火·三一行动"】

河北省文联党组于2014年7月下发了《河北省文联关于开展"艺术星火·三一行动"的意见》（冀文联字〔2014〕93号），号召省级以上会员广泛开展了"艺术星火·三一行动"。2015年3月26日召开的省文联九届三次全委扩大会上，省文联党组书记解晓勇同志就在全省文艺界开展"艺术星火·三一行动"又做了专门的安排和阐述。省各艺术家协会和各地市文联通过印通知、发倡议书、召开专题会议等形式布置该项工作。目前，"艺术星火·三一行动"已在全省如火如荼展开，范围从各艺术家协会主席团成员扩大到理事，并在省级以上会员中有序推进，取得了阶段性成果。

对外及对港澳台地区文化交流

【中国梦·冀澳情——澳门河北文化交流活动】

12月5日至9日，为庆祝澳门回归十六周年，促进澳门与内地文化交流，中国文联港澳台办公室、河北省文联、澳门中联办文化教育部、澳门中华文化联谊会共同开展了"中国梦·冀澳情——澳门河北文化交流活动"。

机关工作

【召开践行"三严三实"专题党课】

5月21日省文联党组成员、副主席祁海峰以《践行"三严三实"，担当起历史赋予的责任》为题进行专题党课，标志着省文联机关开展"三严三实"专题教育正式开始。

【召开解放思想大讨论动员大会】

10月20日，省文联召开"解放思想、抢抓机遇、奋发作为、协同发展"大讨论动员会议，部署有关工作，省文联党组书记、副主席解晓勇做动员讲话。

【领导班子成员】

省文联领导班子成员：

主席：裴艳玲

党组书记、副主席：解晓勇

党组副书记、副主席：刘金凯

党组成员、副主席：路　皓（2015年7月15日任省文联党组成员，9月18日完成信选，任省文联第九届委员会委员、副主席。）

党组成员、副主席：柴志华

党组成员、副主席：祁海峰

巡视员：潘学聪（2015年7月13日免去省文联巡视员职务，退休）

各艺术家协会

【戏剧家协会】

2月4日，由河北省委宣传部、河北省文联、河北省戏剧家协会主办，"梅花绽放 唱响威县"——河北省戏剧家协会中国戏剧梅花奖艺术团文化惠民巡演在威县影剧院举行。中国戏剧梅花奖获得者刘秀荣、刘凤岭、苗文华、郭英丽、王红、赵玉华，中国戏曲红梅大奖获得者靳玲展，金奖获得者顾丽娜、常春生、杨春利等先后登台表演了京剧、豫剧、河北梆子、评剧等剧种的经典唱段。

5月20日晚，第27届中国戏剧梅花奖颁奖晚会在广州成功落下帷幕，由河北省戏剧家协会选送的省剧协副主席、河北省河北梆子剧院的许荷英、国家一级演员邱瑞德在此次比赛中双双获奖。许荷英荣获"二度梅"荣誉，是继裴艳玲、刘秀荣之后，河北省第三个荣获"二度梅"称号的演员。邱瑞德荣获第27届中国戏剧梅花奖"一度梅"称号。

7月21日至26日，第19届中国少儿戏曲小梅花荟萃评选活动在山东济南举办。由河北省戏剧家协会选送的石家庄市艺术学校的周梦慧、高悦洪、师向达，唐山市第四幼儿园的张艺苧，唐山市路北区荣华道小学的王天佑，大名县红孩儿艺术幼儿园的李牟雅进入终审，其中，张艺苧、高悦洪两位小朋友荣获"十佳"称号，其他全部荣获小梅花"金花"称号，展现了我省少儿戏曲的实力，为河北省再添荣誉。同时河北省戏剧家协会获得"优秀组织奖"。

10月25日至11月11日，由中国文联、中国剧协和苏州市人民政府主办的第十四届中国戏剧节在苏州举办，河北省戏剧家协会选送的河北省京剧院新编京剧《赵佗》和石家庄市评剧院一团的现代评剧《安娥》双双入选，本次戏剧节共有来自全国39个艺术团体和单位的30台参演剧目和9台展演剧目。

【音乐家协会】

2月11日，由省委宣传部、省文联主办，各艺术家协会共同承办的"中华好家风·孝善在心中"河北百名艺术家走进玉田刘现庄大型演出暨

"河北省音乐家协会创作基地"挂牌仪式在玉田举行。

4月16日,省音协五届二次主席团会在石家庄召开。会上接纳迁安音协、宁晋音协等九单位为团体会员单位,增补了省音协第五届理事会理事,成立了河北省音协创作委员会、表演委员会等7个专业艺术委员会,筹建了河北省音乐家协会网站,现已正式运行。

4月至6月举办第七届河北省音乐金钟奖比赛暨第十届中国音乐金钟奖河北选拔赛(设作品奖:民族器乐作品奖和流行音乐独唱作品奖。表演奖设声乐、流行音乐、钢琴、手风琴、小提琴、二胡、古筝、扬琴,弹拨组设柳琴、中阮、三弦组、琵琶、西洋管乐、民族管乐)。

10月至11月在承德和石家庄市举办了"2015河北省青年作曲家研习班""2015河北省词作家研习班",邀请了我国著名词曲大家戚建波、王祖皆、付林、周荫昌、任卫新等来班授课,受益词、曲作者达120余人。

【美术家协会】

1月12日,由河北省美术家协会主办的"中国梦·燕赵气象——迎新春美术作品展览"在北京智慧长阳艺术馆展出。2月15日,展览在河北省博物院展出。

3月21日,由中国文化部、中国文联、中国美协主办,河北省美协协办,石家庄市文广新局承办的"第12届全国美术作品展暨中国美术奖·创作奖、获奖提名作品展——石家庄巡展"在石家庄美术馆开幕。

5月8日,由中国美术家协会中国画艺委会、河北省文联、河北省美协、北京智慧长阳艺术馆共同主办的"王松涛中国画作品展"在北京智慧长阳艺术馆展出。

8月1日,由中共秦皇岛市宣传部、河北省美术家协会、秦皇岛市文联主办的"中华盛世"当代中国美术名家邀请展在秦皇岛艺术馆隆重开幕。此次展览展出70余幅来自8个省份的12位艺术家的写生创作作品。

8月29日,由河北省美术家协会、河北画院、秦皇岛市委宣传部、秦皇岛市文联、秦皇岛市文广新局主办的"大道之行·张国兴国画精品展"在河北省秦皇岛市文化广场开幕。

9月15日,由河北省文联、河北省美术家协会联合主办的"纪念中国人民抗日战争暨世界反法西斯战争胜利70周年河北美术作品展览"在河北美术馆隆重开幕。共展出美术作品108件。

9月17日,由河北省美术家协会、河北画院、河北省新闻书画家协会主办的寄情山水——张志恒50年绘画回顾展在河北省美术馆开幕。

10月12日,由中共西藏自治区委员会宣传部、中国美术家协会共同主办,西藏自治区文联、西藏自治区文化厅、河北省美术家协会、石家庄市文广新局承办的"大美西藏——庆祝西藏自治区成立50周年全国美术作品展"在石家庄美术馆开幕。

10月14日,由河北省文联组织的"到人民中去——河北艺术名家涉县行"系列活动之"情系老区——书法美术展"在涉县老干部活动中心开幕,省美协主席祁海峰为当地书画爱好者举办书画公益讲座。

10月15日,由天津市委宣传部主办,河北省美术家协会、北京、天津、河北画院等单位承办的"艺道同行"——京津冀当代中国画名家邀请展在天津美术馆开幕。此次展览展出了北京、天津、河北的255位在中国绘画领域具有卓越成就的老、中、青三代艺术家的260余幅作品。

10月21日,由河北省美术家协会、河北画院和河北博物院共同主办的《九九归一——费正 郝颉宇师生画展》在河北博物院隆重展出,本次展览共展出费正和郝颉宇近年创作的作品85幅。

11月12日,由河北省美术家协会、河北省委老干部局等举办的"牢记革命传统·传承善美家风·弘扬中国精神——纪念抗战胜利70周年,为党和人民事业增添正能量"河北省老干部书画展在省老干部活动中心举办。

11月21日，由河北省文学艺术联合会、河北师范大学、河北省美术家协会、石家庄美术馆共同主办的"美丽生活——蒋世国作品展"在石家庄美术馆隆重开幕。

12月2日，由中央美术学院、中国壁画学会、河北省美术家协会共同主办的"《继绝向壁》全国壁画艺术求索展"在沧州博物馆隆重展出。中国壁画学会创作研习基地落地沧州。

【曲艺家协会】

第二届"中国河间西河书荟"于10月18日至20日，在河间市成功举办。中国文联副主席、中国曲艺家协会名誉主席、评书表演艺术家刘兰芳，中国广播说唱团著名曲艺作家赵连甲和来自北京、天津、山西、山东以及河北省的50多名曲艺家齐聚河间，登台献艺。河北省文联党组成员、副主席柴志华到会指导工作。

【舞蹈家协会】

1月22~23日，河北省舞蹈家协会2015年工作会在省会石家庄召开，通过了省舞协制订的2015年工作计划，确定了"以人为本、创新务实，内强素质，外树形象"的工作思路。

5月15~17日，第六届河北省小小舞蹈家大赛暨第八届"小荷风采"全国少儿舞蹈展演选拔赛在石家庄市艺术学校举行，全省共报送241个节目，其中18个作品获专业组一等奖，191个作品分别获业余组一、二、三等奖，4件作品获音乐奖，12个单位获组织奖。

5月18日上午，我国街舞专家夏锐在石家庄人民会堂精英剧场进行了专题讲座。

5月18日下午，河北职业艺术学院舞蹈系主任"河北省德艺双馨"获得者金暄在石家庄市人民会堂精英剧场举办《舞蹈生活化——舞者身体科学训练》公开课。

5月18日下午，河北传媒学院舞蹈学院院长邢令果、教师高国华在石家庄市人民会堂精英剧场举行《河北民间舞蹈课堂》公开课。

5月18日晚，石家庄市艺术学校副校长刘治宗在石家庄人民会堂举办原创教学作品——"舞者的天空"展演。

5月19日下午，中国舞蹈家协会主席、国家大剧院舞蹈艺术总监赵汝蘅在河北传媒学院礼堂举办"中国芭蕾——我所经历的六十年"讲座。

5月19日晚，由石家庄市歌舞剧院创作表演的大型原创音舞诗画剧在平山县白鹿温泉剧场举办了舞剧《白鹿缘泉》展演。

5月21日下午，中国舞蹈家协会分党组书记兼秘书长、副主席、博士后罗斌，在经贸大学艺术学院举办"舞蹈创作观念谈"讲座。

6月13~14日，由中国国际标准舞总会、河北省文联联合主办，深圳港龙舞蹈文化机构承办的2015CBDF"中国杯"巡回赛石家庄站比赛在石家庄河北省体育馆举行。

10月30日，京津冀"非遗"舞蹈和民间传统舞蹈展演在北京月坛体育馆举行，河北省文联党组书记、副主席解晓勇，河北省文联党组成员、副主席柴志华出席。"井陉拉花""滦县地秧歌""沧州舞狮""张家口霸王鞭""易县摆字龙灯"等河北"非遗"民间舞蹈参加展演。

【民间文艺家协会】

2月10~11日，由中国文联、中国民协、中共河北省委宣传部、河北省文联等单位联合主办，河北省民协、中共蔚县县委、蔚县人民政府承办的"第五届中国剪纸艺术节暨'剪彩冰雪、热盼冬奥'剪纸艺术精品展和颁奖仪式"在蔚县举行。本次剪纸艺术节以"剪彩冰雪、热盼冬奥"为主题，共征集到来自全国26个省份的剪纸艺术精品1386件（套），其中入选作品396套490幅。经中国民协组织专家评审，评出特等奖1名，一等奖5名，二等奖10名，三等奖20名，优秀奖50名。

4月14日，省民协在石家庄召开了编纂《河北传统村落图典》工作会议。会上传达了省委和省委宣传部关于实施"五名"文化工程的精神，对编纂《河北传统村落图典》编纂方案、要求等进行总体部署，确定各分卷主编。

4月20日，在邢台市柏乡县举行了第四届中国汉牡丹文化节开幕式，文化节期间，组织召开汉光武帝刘秀柏乡登基暨东汉开国1990周年学术研讨会、中国柏乡农民工笔画展、柏乡民俗展演活动、柏乡特色民俗商品展销暨首届特色美食节等7项主题活动。

5月22~30日，由中国民协、中国摄协、中国文联国内联络部、河北省委宣传部、河北省文联共同主办，由省民协、摄协承办的"可以触摸的乡愁——河北省历史名村名镇名城风采展"在北京举办，河北省文联党组书记、副主席解晓勇主持开幕式，中国文联党组书记赵实、中国文联党组副书记、副主席李屹，中国文联党组成员、副主席左中一、李前光出席活动；中国民协分党组书记罗杨，河北省政协副主席、省委宣传部部长艾文礼分别在开幕式上讲话。人民日报、新华社、光明日报等30余家新闻媒体到会采访报道。本次展览展出7天，接待观众27000人，北京大学艺术学院、中央美院等3900余名师生到场参观，这次展览中央媒体发消息、报道共181条（篇）。

5月31日~6月2日，由中国文联、中国民协、中国摄协和河北省委宣传部、省文联、邢台市委、市政府联合主办，沙河市委市政府、河北省民协承办的"全国传统村落立档调查工作现场经验交流会"在河北沙河市举行。来自全国21个省份的专家学者、传统村落普查先进单位、先进工作者代表共331人参加了会议。中国文联副主席、中国民协主席冯骥才，中国民协分党组书记、常务副主席罗杨等出席，省政协副主席、省委宣传部部长艾文礼出席开幕式并讲话。开幕式上，沙河市向国家住建部、中国文联、中国民协赠送了沙河市传统村落普查资料卷；中国民协向河北74名传统村落普查先进工作者代表颁发了"中国传统村落守望者"证书；会议宣读了全国传统村落立档调查工作经验交流会《沙河宣言》。

9月14~15日，由中国民间文艺家协会、中共河北省委宣传部、河北省文联等单位主办，中共滦县县委、滦县人民政府、河北省民协承办的"第五届中国滦河文化节"暨"走进滦县·携手发展"招商洽谈会在中国滦河文化之乡——滦县隆重举行。全国政协委员、中国文联副主席刘兰芳，中国民协分党组成员、副秘书长吕军，河北省委宣传部常务副部长杨永山，滦县四大班子领导以及来自滦河流域27个市、县、区、旗的代表、专家学者、客商、新闻媒体和滦县各界代表共一千余人出席这次活动。

10月12日，由河北省民间文艺家协会和河北省非物质文化遗产保护中心联合在井陉主办了"第四届中国·井陉拉花艺术节暨井陉拉花大赛"。

【摄影家协会】

2月6日至7日，中摄协联合河北摄协开展"送欢乐下基层"活动。赴革命老区保定阜平县，为全县摄影爱好者举办摄影知识讲座、摄影作品展览，并赴顾家台、骆驼湾村走访慰问、为村民拍摄和赠送全家福、全村福等系列活动。

4月7日，省摄协向全省会员发布了《致全省会员的公开信》，大力引导全省会员积极开展摄影文化惠民活动。举办了全国大型公益展览"影像中国梦"摄影艺术展石家庄巡展，"慷慨悲歌冀东魂"——纪念世界反法西斯战争胜利暨抗日战争胜利70周年大型图片展，"纪念平山忠烈儿女"暨抗战胜利70周年大型摄影展，纪念中国人民抗日战争暨世界反法西斯战争胜利70周年——2015中国任丘公益摄影展，纪念中国人民抗日战争暨世界反法西斯战争胜利70周年——"中国梦·龙图腾"全国书法、美术、摄影名家作品邀请展，"到人民中去——京津冀百名艺术家赴革命圣地采风汇报展"摄影展,"河北美丽乡村"全国摄影大展,"太行颂"全国摄影大展等。

9月14日,第四届全国"德艺双馨"文艺工作者表彰大会在北京举行。省摄影家协会副主席、秘书长杨越峦荣获这一殊荣,为河北省摄影界树立了良好榜样。

【书法家协会】

1月13日,主席团成员工作会议暨"我们的中国梦——省书协送'福'、送春联进万家"活动在正定召开。省书协主席刘金凯、副主席兼秘书长刘月卯、其他副主席及各地市书协负责人列席参加了会议。

3月3日,组织开展"中国梦·春满燕赵"河北省书画名家精品展,5月在中国文联展出。

3月12日,由中国书协、河北省书协主办的"中国书法公益流动大讲堂(河北省)"在石家庄举行。中国书协培训中心主任刘文华、中国书协草书委员会委员陈新亚赴石举行了书法讲座。河北省书协主席刘金凯出席并讲话,来自全省各地市的100多位书法家听取讲座。

4月8日,省书协召开"2015年全省书法工作会议"。河北省文联党组书记解晓勇、河北省书协主席刘金凯、河北省委宣传部文艺处领导出席会议。

4月16日,河北省书法家协会举办迎十一届国展重点作者看稿会。中国书法家协会副主席、草书委员会主任聂成文、河北省书法家协会主席刘金凯、副主席兼秘书长刘月卯出席看稿会。

5月23日,邯郸书协赴成安开展"志愿者日活动",就成安县画店村申报省级"书法村"筹备情况进行考察、了解,并与该县书法爱好者、在校师生进行交流指导。

7月24日,由省委宣传部、省文联、省政府参事室(河北文史研究馆)主办,省书协承办的"河北省首届群众书法展"在河北博物院举办开幕式。

全国第十一届书法展中河北省共有49件作品入展,其中两件作品被评为优秀作品,位居全国入展、获奖第四名。

《书法家》杂志在2014年通过发行试刊三期后,2015年在全国正式公开发行,全年发行6期。

12月6~9日,中国书协第七次全国代表会在北京召开,来自全国各地的400余名书法家代表参加会议,河北省书协主席刘金凯同志当选新一届中国书协副主席。

【杂技家协会】

5~6月,河北杂技团一行32人赴加拿大参加2015—2016中加文化交流年演出活动(文化部、河北省文化厅主办)。河北省杂技团在多伦多、蒙特利尔、渥太华、拉瓦等地进行了为期1个月的推广演出巡演活动,演出共计16场。

9月21~23日,河北省杂技家协会与IMS国际魔术师协会中国325分会、河北杂技频道《我爱魔术》栏目组、燕赵都市报联合主办"明日魔星"青年魔术师精英赛。

9月29日,第十五届吴桥国际杂技艺术节在石家庄开幕,来自20个国家和地区的近30个节目参赛。

10月7日晚,第十五届中国吴桥国际杂技艺术节在沧州落下帷幕,河北吴桥杂技艺术学校凭借《"秦俑魂"——独轮车技》夺魁,获得杂技界最高奖项"金狮奖";河北省杂技团凭借《粉墨雅韵——晃梯顶技》荣获"银狮奖"。

【影视家协会】

3月5日,为弘扬社会主义核心价值观,集聚社会主义文艺正能量,由河北省文联、河北省志愿服务联合会、河北省影视家协会联合主办的"微爱同行——公益微电影创纪年"系列活动全面启动。

5月18日,河北省影视家协会高校教育委员会在河北传媒学院栾城新校区举办了"全媒体时代表演艺术如何传承与创新Ⅱ座谈会"。老一辈著名表演艺术家秦怡、祝希娟在会上结合自己的艺术人生现身说法，谈了各自的切身感受与对电影事业的挚爱、追求与担当。

5月26日，由中国文联、中国视协、省文联主办，省影视家协会、承德广播电视台等单位联合承办的"'送欢乐、下基层'——走进丰宁慰问演出活动"在河北承德市丰宁满族自治县举办。中国文联书记处书记、副主席夏潮，中国文联副主席、中国视协主席赵化勇，中国视协分党组书记、副主席兼秘书长张显，副秘书长张彦民、范宗钗及省委宣传部、省文联领导莅临。

8月23日在北京召开了纪录片《平山记忆》研讨会。中央党史专家、文献研究专家、电视艺术界、国家新闻宣传媒体记者、评论家等60余人参会。省委宣传部部长、省政协副主席艾文礼同志到会并讲话。《人民日报》《求是》《光明日报》《文艺报》《解放军报》《当代电视》《电视研究》《河北日报》等刊发评论文章及综述。

10月16日，第九届全国"德艺双馨"电视艺术工作者在海宁揭晓。河北省影视家协会推荐的范建会同志获得此称号。

11月28日，第30届中国电视剧"飞天奖"颁奖盛典在杭州举行。河北省影视家协会选送的《太行山上》荣获重大题材类优秀电视剧奖。《打狗棍》《国家审计》《我的故乡晋察冀》《聂荣臻》等获提名奖。

12月2日至11日，协会副主席汪帆同志出访巴西、阿根廷。在巴西圣保罗，代表团与巴西国家独立影视协会共同举办了"河北省影视精品推介会"，向南美同行推介了近年我省的优秀影视作品：三维动画电影《麋鹿王》，动画片《老子道德三百问》《麋王宝图》，纪录片《国旗阿妈啦》《武强年画》《湘子桥》《磁州窑火》《寻踪八卦掌》，电影《咱们是亲人》《骏马少年》《第一眼爱情》《永恒的桥》，传统相声剧《常开笑口》，电视剧《抗日奇侠传》等，取得了良好的效果。

【企业（行业）文联】

3月13日，河北省企业（行业）文联工作会议暨经验交流会在石家庄市举办，会议由河北省文联巡视员潘学聪主持，省文联党组书记、副主席解晓勇出席会议并讲话。

6月至10月举办"交通杯"庆祝新中国成立66周年"爱国敬业·高歌追梦"河北省企业、行业员工诗歌、散文征文大赛，此次大赛共征集到来自20余家企业（行业）文联报送的诗歌、散文稿件。其中诗歌413首（组），散文320篇，参赛作者近500人，评选出诗歌、散文各类奖项104篇，评出优秀组织奖22家。

9月30日~10月7日，"交通杯"纪念抗日战争胜利70周年河北省企业（行业）界员工第十二届书法、美术、摄影大型展在河北美术馆举办，此次展览展出书画摄影作品300余幅。

山西省文联

综述

2015年,山西省文联认真学习贯彻党的十八届三中、四中、五中全会和习近平总书记系列重要讲话精神,深入开展"三严三实"教育实践活动,坚决贯彻落实省委、省政府各项重大决策部署,坚持以人民为中心的创作导向,以社会主义核心价值观为引领,以满足全省人民不断增长的精神文化需求为出发点和落脚点,以创作生产优秀作品为中心任务,为推进全省文艺事业的繁荣发展做了大量工作,并取得了实实在在的成效。山西省文联各艺术门类的文艺工作者和文艺家共在全省各地开展了230余次戏剧、曲艺、音乐、舞蹈、杂技、影视、民间文艺等服务基层的文艺活动,组织了100多场基层文艺骨干专题培训班。书法、美术、摄影等会员为群众创作书画、摄影作品两万多幅,有数十万群众直接受益,在省内外引起较大反响。人民网、山西日报等中央和省级媒体做了集中报道。据不完全统计,省文联及各文艺家协会共获国家级(区域级)艺术奖项151项,山西文艺的影响力不断扩大,"走出去"的步伐进一步加快。各市文联按照省文联的统一安排,全面完成了各项工作任务,取得了不错的成绩。

重要会议

【太原市市长耿彦波到赵树理故居调研】

2月5日,太原市市长耿彦波到赵树理故居调研,赵树理故居陈列馆馆长王作忠介绍陈列馆详情。赵树理故居是山西目前唯一的一处现代作家名人故居。设有"赵树理生前创作的影视、歌剧、绘画、版画作品集锦"展厅和"赵树理作品插图展"展厅,以及"赵树理生前生活、写作、实物及雕塑展"。展馆内共展出历史图片300余幅、实物100余件、插图作品147件。

【山西省民间工艺美术家协会与中国国际贸易促进委员会山西省委员会签署战略合作协议】

2月5日,山西省民间工艺美术家协会与中国国际贸易促进委员会山西省委员会在山西国际大厦签署战略合作协议。山西省文联党组书记、常务副主席李太阳、省贸促会会长贾雪峰、副会长李秀生、展览部部长宁进军、省民间工艺美术家协会主席洪慧平、常务副主席兼秘书长李兴骏、副主席张福荣等出席了本次签字仪式。

【山西省文联举办"2015迎春联欢会"】

2月11日,农历腊月二十三,山西省文联全体干部职工在职工餐厅欢聚一堂,共度新春佳节。

这是一场自编自演、自娱自乐、简朴生动的演出活动，省文联职工和各个文艺门类的艺术家奉献出一个个精彩的节目。由文联工、青、妇联队的大合唱《歌唱祖国》《难忘今宵》把联欢会推向高潮。联欢会后，由书法家们现场为大家书写春联，送"福"字；李太阳书记、张根虎主席、石跃峰副书记各带一队职工进行包饺子比赛，职工们在职工餐厅同吃年夜饭，共同度过了快乐的小年。

【山西省艺术教育联盟峰会成立】

2月27日，山西省艺术教育联盟峰会暨校园艺术大赛社会培训学校分赛区启动仪式在太原举行。山西省文联党组书记、常务副主席李太阳，党组副书记石跃峰与参会嘉宾合影留念。

【山西省文联召开八届三次全委会】

3月20日，山西省文联八届三次全委会在太原迎泽宾馆召开。山西省文联党组书记、常务副主席、书记处第一书记李太阳受主席团委托，做了关于《深入学习贯彻习近平总书记系列重要讲话精神，努力开创山西文艺繁荣发展新局面》的工作报告，全面回顾了2014年的工作，总结经验，联系实际，结合文艺新形势，提出了2015年的工作部署。八届全委会委员和省文联党组成员、离退休副厅级以上老领导出席会议。省文联机关各协会、直属单位负责人列席会议。会议由省文联主席张根虎主持。全体参会代表分6组对工作报告进行了讨论。各组委员纷纷建言献策，充分肯定工作报告对文联今后工作具有重要的指导意义。

【山西省政协副主席李雁红到省文联调研座谈】

7月7日，山西省政协副主席李雁红带领部分省政协委员、省政协文史和学习委员会有关人员到省文联，就加强文化建设进行专题调研。省文联党组书记李太阳、主席张根虎、党组副书记石跃峰陪同调研。省文联各处室、各协会及所属单位的负责人参加了座谈会。李雁红一行先后来到省文联企业晋宝斋艺术总公司、山西文艺大厦管理服务中心等实地调研，全面了解省文联文化产业发展情况。每到一处，李雁红一行都认真聆听各单位的汇报，面对面交流，与大家共同探讨繁荣山西产业文化发展之策。

座谈会上，李雁红充分肯定了近年来省文联团结带领广大文艺工作者积极推动、开拓创新、主动作为，文艺工作者队伍建设不断加强，文艺人才和文艺精品不断涌现，文艺评奖日趋完善，为建设文化强省发挥的重要作用，为推动全省文艺事业的繁荣发展做出的积极贡献。他还对省文联在面对诸多困难的情况下不等不靠，奋力进取，各项工作成绩卓著，社会形象不断提升，影响力不断扩大，对各方面取得的成绩给予了高度的评价。省文联主席张根虎在会上做了发言，要通过多种形式开展文艺活动，大力倡导出人才、出精品、不断打造优势团队和文艺品牌，为"三个文化"建设营造良好氛围。最后，省文联党组书记、常务副主席李太阳总结发言，要以这次调研指导为契机，结合当前开展的"三严三实"专题教育活动，振奋精神，扎实工作，努力将文联和文艺工作推上一个新台阶。

【沈阳市文联考察山西文艺网数字信息化建设】

7月14日，沈阳市文联党组书记、主席关荣晖，沈阳市文联副秘书长张淑华一行2人赴山西省文联考察，就山西省文联数字信息化建设方面的成功经验进一步学习取经，并就文联其他工作进行交流。山西省文联党组书记、常务副主席李太阳，省文联党组副书记、副主席石跃峰，省文联组联部主任冯海涛，山西文化艺术传媒中心主任李有生出席本次交流会。李有生主任向沈阳市文联考察团介绍了山西文艺网的建设、运营、维护等情况。沈阳市文联考察团表示山西文艺网的信息化建设及运作模式值得借鉴，并希望今后加强合作与交流。会后，考察团一行参观了山西美术馆、晋宝斋。

【山西省文联召开纪念毛泽东同志《在延安文艺座谈会上的讲话》发表73周年文艺创作座谈表彰会】

5月22日，山西省文联召开纪念毛泽东同志《在延安文艺座谈会上的讲话》发表73周年文艺创作座谈表彰会，省文联党组书记、常务副主席李太阳，省文联主席张根虎，省文联党组副书记、副主席石跃峰以及省文联名誉主席、荣誉委员、全委会委员、老中青艺术家代表、受表彰集体和个人、文联机关、协会、直属单位的主要负责同志出席会议。会议由李太阳主持，张根虎做了讲话。座谈会上，回放了73年前延安文艺座谈会情景片段和习近平总书记文艺工作座谈会现场视频短片。石跃峰宣读了省文联党组"关于表彰2014年度荣获全国艺术奖项集体和个人的决定"。太原理工大学艺术学院艺术设计作品《"为西部农民土窑洞改造设计"四校联合公益设计项目》、3个集体和李鸿民等10个个人受到表彰。

【山西省文联主办纪念《习总书记文艺工作座谈会讲话一周年》座谈会】

10月15日，山西省文联主办纪念《习总书记文艺工作座谈会讲话一周年》座谈会，山西省文联党组副书记石跃峰主持，省文联主席张根虎发表讲话。参加此次座谈会的有省文联党组成员、副主席和悦，省文联党组成员、各协会负责人，各文艺界别的艺术家代表，太原市文联、晋中市文联、阳泉市文联、忻州市文联等领导出席。参加座谈会的代表纷纷表示：学习好座谈会精神、按照省委"三个文化建设"的要求，按照当前"三严三实"专题教育实践活动的要求，结合文联的实际情况，共同努力，创作出更多更有分量的优秀作品。

【山西省文联召开八届四次全委会】

12月4日，山西省文联八届四次全委会在太原举行。出席会议的有：八届全委会委员、省文联党组成员、离退休副厅级以上老领导。省文联机关、各协会全体工作人员、直属单位负责人列席会议。会议由省文联主席张根虎主持。会议听取并审议了省文联党组书记、常务副主席、书记处第一书记李太阳所做的关于《深入学习贯彻习近平总书记在文艺工作座谈会上的重要讲话，努力开创山西社会主义文艺繁荣发展新局面》的工作报告。大会增补、调整了省文联第八届委员会委员、主席团成员，增选了和悦同志为第八届委员会副主席。省委宣传部副部长刘英魁向大会做了《学习习近平总书记在文艺工作座谈会上重要讲话精神》的学习辅导。李太阳书记在工作报告中全面回顾了2015年工作，对2016年工作做出了部署。全体参会代表分组对工作报告进行了讨论。各组委员纷纷建言献策，充分肯定工作报告对文联今后工作具有重要的指导意义，并表示新的一年将为繁荣发展文艺事业、建设文化强省做出积极贡献。

重要文艺活动

【山西省中国画学会成立大会暨"太行风骨山西美术作品提名邀请展"启动仪式】

1月12日，山西省中国画学会成立大会暨"太行风骨山西美术作品提名邀请展"启动仪式在山西省交通大厦举行。中国文联副主席、中国美术家协会主席、中国画学会名誉会长刘大为，中国画学会副会长、秘书长孙克、原山西省人大副主任王雅安，原山西省副省长杜五安，山西省委宣传部副部长杜学文，山西省文联主席张根虎等领导以及来自山西省各地老艺术家、国画家百余人参加本次活动。山西省文联副主席郭新民主持会议。山西省文联主席张根虎当选为山西中国画学会会长，山西省美协主席王学辉任常务副会长，山西省美协秘书长李桂平（兼）任学会秘书长。中国文联副主席、中国美术家协会主席刘大为发表重要讲话。新当选的山西省中国画学会会长张根虎部署安排了学会2015年度工作计划。中国美术家协会副秘书长杜军，宣布了"太行风骨山西美术作品提名邀请展"正式启动。为庆祝学会成立，还举行了全体理事成员大型创作笔会。

【山西省文联举办山西省第八届少儿书画新人新作展暨颁奖会】

3月1日，由山西省文联、山西艺术研究创作中心主办、小学生习字指导中心承办的山西省第八届少儿书画新人新作展暨颁奖典礼在省城太原举行。本届书画展从征稿到展出历时半年，吸引了全省各地市7000多名少年儿童参加。所有作品经过分年龄组公平公正地评选，共有2000多件少儿书画作品分两批于3月1日至4日在山西美术馆共同展出。山西省文联党组书记、常务副主席李太阳在颁奖典礼上致辞，山西省文联主席张根虎，山西省文联党组副书记、山西省书协主席石跃峰、山西省美协主席、山西画院院长王学辉等领导，书画界名家李才旺、赵望进、韩少辉、孙海清、赵社英等出席颁奖典礼，并为优秀书画教师、特等奖、特等奖提名的学生颁奖。颁奖会上，书画家和荣获特等奖的学生同台挥毫泼墨，学生们还表演了国学舞蹈、国学朗诵等节目。

【山西省文联举办颂太行倡廉政剪纸作品展】

3月11日，《红色记忆颂太行·弊革风清倡廉政剪纸艺术作品展》在山西美术馆开展。开幕式由山西省文联党组书记李太阳主持，山西省委宣传部副部长、省作协主席杜学文，山西省文化厅厅长张瑞鹏，山西省文化厅副厅长张健，山西省文化厅党组成员、省工艺美术集团董事长李荣钢，原平市委常委、宣传部部长葛小树，剪纸艺术大师郭梅花等出席了开幕式。展览由中共山西省委宣传部、山西省文化厅、山西省文联共同主办，山西工艺美术集团、原平市委宣传部、广灵县委宣传部等承办，山西省非物质文化遗产保护中心、山西省民间剪纸艺术家协会协办。展出的剪纸作品以"颂太行倡廉政"为主题，以宣传"法治文化、廉政文化、红色文化"为内容。

【山西省书法家协会历届理事书法作品展开幕】

4月29日，"三晋气象——山西省书法家协会历届理事书法作品展"在山西美术馆隆重开幕。这次展览是山西书坛具有回顾性、整体性和学术性的展览，这在山西书法历史上是第一次，得到了广大理事的高度重视和积极响应。共展出省书协理事精心创作的230幅代表性作品。

【山西省文联举办"春之约"朗诵音乐会】

5月15日，以纪念毛泽东同志《在延安文艺座谈会上的讲话》发表73周年、到人民中去为主题的"'春之约'朗诵音乐会"在山西天一宫举办，朱先奇、吴达才、武正国及杜学文、李太阳、郭新民、夏振贵、王建国、张建全、梁克昌、赵恒寿等领导出席。"春之约"朗诵音乐会是山西省电影家协会长期开展的一个公益文化活动，至今已经连续举办8年。

【中国梦·太行魂——纪念抗战胜利70周年山西百名摄影家聚焦太行山采风创作活动正式启动】

"深入生活、扎根人民"中国梦·太行魂——纪念抗战胜利70周年，山西省百名摄影家聚焦太行山摄影采风启动仪式，6月15日在长治市武乡县八路军广场举行。启动仪式由山西省摄影家协会副主席、秘书长武勇主持，中共长治市委宣传部常务副部长郝黎华致辞，新华社山西分社摄影部主任燕雁代表摄影家进行了表态发言，山西省文联党组书记、常务副主席李太阳做了重要讲话，最后，山西省政协常委、文联主席张根虎宣布："深入生活、扎根人民"中国梦·太行魂——纪念抗战胜利70周年山西百名摄影家聚集太行山采风创作活动正式启动！来自全省的100多名摄影家出席了启动仪式。采风活动为期一个月，至7月15日结束。

【山西沁州书会系列活动在长治市举行】

6月19日至21日，由山西省文联、省曲协和沁县县委宣传部主办的2015山西沁州书会系列活动在长治市沁县举行。"2015山西沁州书会鼓曲唱曲新人新作展演"、"2015山西沁州书会优秀曲目展演"以及"2015山西沁州书会盲人曲艺论坛"等三项活动，内容丰富，精彩纷呈，深受群众喜爱。青年鼓书说唱新人、40名小学生以及沁县文化馆与社区三弦书培训班11名学员参与了曲艺新人新作展演。沁县县委常委、宣传部长、政府副县长郭爱斌出席论坛并讲话。

【山西省委常委、宣传部部长胡苏平参观美术书法作品展】

7月14日，山西省委常委、宣传部部长胡苏平，宣传部副部长杜学文一行参观了在省美术馆举办的纪念抗战胜利70周年暨"太行风骨·善美晋城"山西省美术书法作品提名邀请展，省文联党组书记李太阳、主席张根虎、副书记石跃峰以及大众书画院秘书长李顺通等陪同参观了展览。胡苏平部长对展出作品予以高度评价，并希望挑选本次展览的精品作品赴京展出。本次展出的400余幅作品，就是以艺术的形式，记录展示了抗日烽火中的正义诗篇。这些作品在山西美术馆展出后，将筛选精品赴中国美术馆展览，使"山西风格"走向全国。

【纪念中国人民抗日战争暨世界反法西斯战争胜利７０周年全国专题影展系列活动举行】

7月25日，纪念中国人民抗日战争暨世界反法西斯战争胜利70周年专题影展系列活动，在山西省阳泉市郊区举行。这次活动由中国电影家协会、山西省文联、山西省名人联合会共同举办，山西省电影家协会、百花放映办公室协办，阳泉市文化局、阳泉市文联、阳泉市郊区区委、区政府具体承办。省老领导胡富国、吴达才，中国电影家协会秘书长饶曙光，山西省文联党组副书记、副主席石跃峰等领导和嘉宾，同5000余名观众观看了开幕式文艺演出。随后，将每晚为群众免费放映优秀抗战影片，共计1000场。

【2015全国青少年宫体育舞蹈比赛省级赛（山西赛区）暨第三届山西省校园艺术大赛体育舞蹈比赛圆满结束】

7月28日，由中国青少年宫协会体育体验专委会、山西省教育厅、共青团山西省委、山西省文学艺术界联合会主办，太原市青年宫、太原市体育舞蹈运动协会、太原久东体育舞蹈健身俱乐部承办的"2015全国青少年宫体育舞蹈比赛省级赛（山西赛区）暨第三届山西省校园艺术大赛体育舞蹈比赛"在太原市重机体育馆举行，来自全省各地共计45支参赛队近2000人参加比赛。

【"中国梦·太行魂"——纪念抗战胜利70周年大型摄影展开展】

9月2日，由山西省委宣传部、省文联、长治市委宣传部、晋城市委宣传部、晋中市委宣传部共同主办，省摄影家协会和山西博物院承办的"中国梦·太行魂"——纪念抗战胜利70周年大型摄影展在山西博物院会展中心开展。省委常委、宣传部部长胡苏平，省人大副主任、省总工会主席田喜荣，省政协副主席朱先奇出席开展仪式，向抗战老战士代表赠送了摄影集，并与各界群众代表一起参观了展览。展览分为"雄伟太行山""英雄太行山""魅力太行山"三个篇章，共展出摄影作品350幅。

【壶关县李才旺美术馆开馆迎宾】

10月18日，壶关县李才旺美术馆正式开馆迎宾。坐落于壶关县城西南神山公园栲栳山的壶关县李才旺美术馆总投资2200万元，占地面积约9000平方米，建筑面积约4600平方米。在开馆仪式上，他所捐赠的65幅、近1516平方尺的书画作品折射出他的价值诉求和审美理想。山西省委常委、宣传部部长胡苏平发来贺信说，李才旺同志长期在宣传文化部门工作，笔耕不辍，诗文书画造诣颇深，是山西省文艺界的领军人物。退休后，他不忘家乡发展，心系老区建设，将自己多年来潜心创作的诗书画精品捐赠家乡，精神可嘉可赞！

【山西省第三届"山西剧院杯"影视歌曲演唱大赛颁奖晚会暨新年音乐会举行】

为纪念中国电影诞生110周年，由山西省音乐家协会、山西省电影家协会、太原市群众艺术馆、太原市音乐家协会主办的山西省第三届"山西剧院杯"影视歌曲演唱大赛，于11月中旬在太原开赛，12月28日举行了颁奖晚会暨新年音乐会。本次比赛分为中老年组、青年非职业组和青年专业组三个组别，共有400多位歌手参赛，年龄最大的近80岁，最小的不满18岁。最后，刘庆、刘春芳、陈昭敏（二重唱）、路喜安荣获中老年组一等奖，李香兰、刘媛媛、董润明荣获青年非职业组一等奖，周飞、范冠云、杨蓝蓝荣获青年专业组一等奖。省音协和省影协计划比赛每两年举办一次，努力将影视歌曲演唱大赛打造成有影响力的品牌活动。

文化惠民活动

【山西省杂技家协会组织志愿服务团进行慰问演出】

1月23日，山西省杂技家协会组织志愿服务团前往山西省荣军医院进行慰问演出。在荣军医院疗养的都是1954年以前入伍的在乡复员退伍军人。

【山西省摄影家协会举行摄影采风创作活动】

1月24日，山西省摄协组织200多名摄影家深入太原市阳曲县杨兴乡郡都村，举行了摄影采风创作活动，为170多户村民拍摄了全家福，为60岁以上的老人拍摄了肖像。随后摄影家们还深入驼羊养殖基地进行摄影采风创作活动。

【山西省文联、山西省书协举办"我们的中国梦——百名书法家送万福送欢乐"文化惠民活动】

1月26日，由省文联和省书协组织的"我们的中国梦——百名书法家送万福送欢乐"首站文化惠民活动走进军营在大同市举行。山西省文联党组副书记、省书协主席石跃峰，省书协副主席兼秘书长韩清波，省书协副主席、朔州市书协主席岳福豹，省书协副主席、大同市书协主席胡金来，赵树理故居陈列馆馆长、省书协理事王作忠以及来自省书协和大同市书协的书法家20余人参加了活动。

【山西省文联戏剧家志愿者演出团赴忻州剧院演出】

1月30日，由山西省文联戏剧家志愿者组织的演出团赴忻州剧院演出，梅花奖演员杨仲义及20多位杏花奖、梨花奖演员登台献艺，为父老乡亲献上了3个北路梆子《见皇姑》《教子》《杀庙》等优秀唱段，受到当地老百姓的热烈欢迎。

【山西省书法家协会开展"百名书法家送万福送欢乐"大型系列文化惠民公益活动】

1月底2月初，山西书法家协会陆续策划开展了8场"我们的中国梦——百名书法家送万福送欢乐"大型系列文化惠民公益活动。每队志愿服务小分队由20～30人组成，分十路赴革命老区、军营、厂矿、农村、社区、医院和扶贫点。山西省书协于1月29日、1月31日、2月1日、2月3日、2月

4日、2月5日，前往阳泉市郊区荫营镇三都村、山西中医学院、太原市环卫队、山西革命老区武乡县、山西省晋中市昔阳县大寨村、大同市浑源县蔡村镇文家庄村、晋城矿务局、太原市劲松路社区等地开展了"送欢乐下基层"文化惠民活动。

【山西省舞协举办"结缘中国梦，炫舞太原情"2015年迎春舞蹈专场演出】

1月27日，山西省舞协在太原市实验晋剧院举办"结缘中国梦，炫舞太原情"2015年迎春舞蹈专场演出。这场演出的表演队伍大部分是各行各业的"草根"艺术家，既有老干部活动中心舞蹈团，也有社区、企业舞蹈队。

【山西省文联组织文艺志愿者演出团赴浑源县蔡村镇文家庄村进行扶贫慰问演出】

2月4日，山西省文联组织的文艺志愿者演出团来到浑源县蔡村镇文家庄村进行扶贫慰问演出。演出结束后，山西省文联的书法家们来到村委会为村民们现场书写春联，还为老党员、老红军等发放米、面、油等慰问品。

【山西省文联文艺志愿服务走进劲松社区】

2月5日，山西省文联文艺志愿者走进太原市劲松社区，和社区老百姓一起联欢。山西省文联书记处书记冯海涛代表山西省文联党组给社区百姓致新春贺辞。省文联党组书记、常务副主席、著名书法家李太阳，省书法家协会秘书长韩清波等为社区居民书写春联。

【2015"抖空竹，闹元宵"杂技慰问演出】

3月1日、2日，山西省文联、山西省杂技家协会分别在太原市南宫广场、五一广场组织2015"抖空竹，闹元宵"杂技慰问演出，为太原市民奉献了两场空竹盛宴。"抖空竹，闹元宵"杂技"送欢乐，下基层"慰问演出，是山西省杂技家协会的一项品牌活动，已经连续进行了四年，深受广大市民特别是社区居民的欢迎与关注。

创作与获奖

【山西省曲协选送节目在马街书会获奖】

由中国曲艺家协会、河南省文联主办的第十届河南宝丰马街书会曲艺邀请赛于3月3日落幕。山西省曲艺家协会选送的两个小品节目在书会上获得二等奖，分别是：刘佳其创作，李晋平、张高明、张霞表演的《大仙儿驾到》（太原市公安局）；任浩创作，任浩、张璟、贾春虹表演的《一张车票》（忻州市二人台文工团）。

【山西省文联在第七届中部六省曲艺展演中取得佳绩】

7月30日，由中国曲协、河南省文联、中共郑州市委宣传部主办的第七届中部六省曲艺展演在河南郑州落下帷幕。展演共有23个节目入围，是从六省报送的35个节目中确定的。我省曲协选送的4个节目分获一、二等奖。其中大同数来宝《工钱》、长子鼓书《山西面食》、沁州三弦书《花馍情》获得一等奖；相声《我的妈呀》获得二等奖。

【中国书法公益流动大讲堂巡讲在太原举行】

3月14日、15日，由中国书法家协会、山西省书法家协会主办的中国书法家公益流动大讲堂在三晋国际饭店开讲，来自全省各地的260余名书法创作骨干参加培训学习。山西省文联党组副书记、山西省书协主席石跃峰主持讲座并讲话。中国书法家协会理事、中国书法家协会楷书委员会委员、中国书法家协会培训中心教授、四川省书协副主席洪厚甜，中国书法家协会学术委员会委员、湖北省书法家协会副主席张天弓，中国书法家协会理事、中国书协草书委员会委员、湖北省书法家协会评审委员会及学术委员会副主任陈新亚，为学员做了书法讲座和点评。

【中国曲协专家组在长治考察验收"中国曲艺名城"创建工作】

5月6日至8日，中国曲协主席姜昆，分党组书记董耀鹏率曲艺专家组一行13人就山西省长治市申报"中国曲艺名城"创建进行实地考察。在长治市委、市政府及市委宣传部、沁县、长治县有关领导陪同下，考察了"中国曲艺之乡"沁县和长治县曲艺的演出、传承情况，观看了两县及长治市的曲艺专场汇报演出。民间艺人表演的潞安鼓书、长子鼓书、沁州三弦书、武乡琴书等赢得专家组的高度评价。8日，在考察总结汇报会上，长治市委书记马天荣、市长席小军出席会议，宣传部长王辅刚介绍了长治市创建曲艺名城的情况。各位专家艺术家从不同的角度发表了指导性意见和建议。省文联党组书记、常务副主席李太阳出席了活动，并在总结汇报会上讲话。据悉，目前全国有6个城市申报"中国曲艺名城"，长治市是第一个申报的市级城市。

【山西省电影家协会微电影工作委员会成立】

5月8日，在山西传媒学院成立了山西省电影家协会微电影工作委员会，聘请山西传媒学院院长王建国同志为顾问，山西传媒学院教授王涵为主任，山西大学文学院副院长赵瑞锁、山西省文化厅创研室主任王辉等专家为副主任，山西省新闻出版广电局电影处处长荆太峰等领导出席。

【电影《天下廉吏于成龙之乱世书生》新闻发布会举行】

5月12日，电影《天下廉吏于成龙之乱世书生》新闻发布会在山西吕梁昌德大酒店举行。山西省电影家协会副主席兼秘书长杨志刚、吕梁市委宣传部文艺科科长曹文光、吕梁市文化体育局局长孙晋军、吕梁市广播电视台副台长成学静等领导出席，本片出品人（兼总编剧）高林清、制片人陈阳、执行制片人孙林拴、导演曾剑锋、编剧苏晋，主演党涛、李庆祥、俞杰奇等主创人员，以及来自多家新闻媒体的记者和吕梁社会各界人士出席了新闻发布会。本片由山西电影制片厂（有限公司）、山西清端文化娱乐有限公司、吕梁陈阳影视文化传媒有限公司联合出品，于5月下旬在山西吕梁方山县于成龙廉政文化园正式开机。

【山西省电影艺术家走进浮山艺术采风】

在毛泽东同志《在延安文艺座谈会上的讲话》发表73周年之际，山西省电影家协会组织电影编剧、导演、摄影、制片，走进浮山进行了为期4天的艺术采风。电影艺术家先后参观了梁村、南王村、东陈村等古村落和美丽乡村，走村入户和农民朋友进行交谈，采访了村支书温金锋，观看并研讨了浮山文联拍摄的微电影作品《同喜同喜》，还为敬老院捐款，为浮山县文艺爱好者做艺术讲座。

【华北五省摄影家进行摄影采风】

6月1日至3日，来自北京、天津、内蒙古、河北、山西华北五省份的32位摄影家，齐聚绵山进行摄影采风。在为期3天的采风活动中，摄影家们从不同的角度发现绵山的美，并将其尽收镜头。

【山西省文联在第八届"小荷风采"全国少儿舞蹈展演喜获佳绩】

7月24日至29日，由中国文联、中国舞蹈家协会共同主办的第八届"小荷风采"全国少儿舞蹈展演在北京舞蹈学院新剧场拉开序幕。"以舞绘梦、放飞理想"第八届"小荷风采"全国少儿舞蹈展演，山西省舞蹈家协会推荐选送的节目有9个创作剧目入围全国赛，220余名小演员参加，节目入选数量和参演演员数量均达到历届之最，太原市少年宫《从这里走来的山妞妞》获"小荷新星"，临汾天华舞蹈艺术团《黄河颂·民族魂》、晋城歌舞剧院艺术培训中心《谷子好》、晋中榆次大拇指青少年培训中心《爱护环境我来了》、太原星河舞蹈团《我们的体育课》等获"小荷新秀"，于越获"最佳编导"和"优秀编导"荣誉称号，杨天华、刘鹏仙等获"优秀编导"荣誉称号，指导老师获"小荷园丁"荣誉称号，参演单位获"小荷之家"荣誉称号，山西省舞蹈家协会获优秀组织奖。

【谢涛荣获"第四届全国中青年德艺双馨文艺工作者"荣誉称号】

9月15日，由中宣部、人力资源和社会保障部、中国文联主办的第四届全国中青年德艺双馨文艺工作者表彰大会在京举行。山西省文联党组书记李太阳和山西省剧协副主席谢涛出席了会议。著名晋剧表演艺术家谢涛等被授予"全国中青年德艺双馨文艺工作者"荣誉称号。谢涛与男中音歌唱家霍勇、舞蹈家汪子涵在大会上做交流发言。

【山西省文联在山西省直机关"菜单式"体育比赛——健身舞比赛中获得金奖】

9月23日，省文联组队参加了由山西省直工委和省妇联主办的2015年山西省直机关"菜单式"体育比赛——健身舞比赛，荣获本次健身舞大赛的金奖，展示了省文联干部职工的精神风貌。

【山西省文联在山西省直机关"菜单式"体育比赛——台球比赛中获"道德风尚奖"】

10月8日至10日，省文联组队参加了由省直工委和省司法厅主办的2015年山西省直机关"菜单式"体育比赛——台球比赛。省文联共有5名选手参加，最终在团体赛中进入前八名，获得"道德风尚奖"。

【李彩英获第二届"和平杯"全国曲艺票友邀请赛"十大名票"称号】

11月17日，第二届"和平杯"全国曲艺票友邀请赛决赛在天津开锣。此次赴津参加决赛的有24个省份的票友，参赛曲种包括相声、西河大鼓、京韵大鼓、沁州三弦书、江西春锣等达25个，参赛曲艺演员多达160多名，参加决赛曲目43个。由山西省曲艺家协会选送、李彩英表演的沁州三弦书《好支书龚来文》获"十大名票"称号，省曲协荣获"优秀组织奖"。《好支书龚来文》是自编自导自演的曲艺节目，是山西省继9月沁州三弦书《好支书龚来文》和潞安大鼓《一个都不许死》双双获得第三届"岳池杯"中国曲艺之乡曲艺大赛金奖以来，又一次荣获全国性曲艺赛事殊荣。

【长治市荣膺"中国曲艺名城"称号】

中国曲艺家协会授予长治市"中国曲艺名城"称号。8月27日，我国首个"中国曲艺名城"花落长治市，授牌仪式在长治举行。中国曲艺家协会分党组书记、驻会秘书长董耀鹏为长治授牌，长治市委书记马天荣，市长席小军等四大班子领导，山西省文联主席张根虎及党组成员、副主席和悦出席授牌系列活动。之后，举行了"长治经验：地方曲艺的发展创新之路研讨会"。晚上，中国曲艺牡丹奖艺术团开展"送欢笑走进山西长治惠民演出"，著名演员赵炎、郭达等为当地百姓送上了精彩演出。

【山西省文联调研组赴晋中市文联调研】

10月15日，山西省文联党组成员、副主席和悦，省文联书记处书记、组联部部长冯海涛及文研室副主任樊丽红一行赴晋中市文联调研。晋中市文联党组书记王跃生，副主席田五先、郝汝椿等参加了此次调研。会上，晋中市文联党组书记王跃生向调研组一行介绍了晋中市文联的基本情况汇报，会上，省文联还组织了学习交流会，大家踊跃发言，平遥县、榆次区文联主席及晋中市音协、美协主席等做了典型发言。在听取汇报后，省文联党组成员、副主席和悦对晋中市文联工作表示充分肯定。

【山西省文联调研组赴阳泉市文联调研】

10月16日，山西省文联党组成员、副主席和悦，省文联书记处书记、组联部部长冯海涛，组联部调研员张原及文研室副调研员王一迪赴阳泉市文联调研。阳泉市文联主席侯讵望、阳泉市文联党组书记李银苟及各团体会员主要负责人参加了调研。会上，文联主席侯讵望介绍了阳泉市文联的基本情况、2015年工作情况、文联及所属协会面临的困难以及今后努力的方向。省文联党组成员、副主席和悦对阳泉市文联工作表示充分肯定。并表示今后将继续加强与基层文联的联系，加强文联组织体系建设，促进文联工作开展。

机关建设

【机关党委组织开展学雷锋志愿服务和文明传播活动】

1月20日，山西省文联机关党委组织机关和协会学雷锋志愿者开展了"学雷锋志愿服务日活动"。活动中，志愿者们清扫和整理了文联图书室等公共场所。

【山西省文联举办2015年度财务知识讲座】

6月17日至18日，山西省文联举办2015年度财务知识讲座暨会计人员继续教育。山西省文联党组副书记石跃峰主持，聘请财政厅预算处副处长王娅萍、会计处调研员罗萍，用两天时间进行了法规性、实用性、针对性相结合的讲座。

【2015年山西省文联扶贫工作队成效显著】

山西省文联扶贫工作队落实好2015年山西省文联扶贫点文家庄村修路资金70万元，尧村修路资金20万元，用于水利维修20万元资金。

直属单位

【山西文化艺术传媒中心】

2月，由省教育厅、团省委、省文联主办，通过"山西文艺网"在线举办的"第三届山西省校园艺术大赛"主页正式上线。参赛选手通过"山西文艺网"进行网上报名，进行大赛的初赛、复赛投票。全省共2000多人参加了本届大赛。完成由中国音协主办、传媒中心承办的2015年度的青少年音乐考级，山西考区的报名、考试工作。全年度音乐考级包含10种乐器，考生覆盖全省11个地市。全省5900名考生均结束考级，同比上年增加600余名考生。7月4日，由省文联、省教育厅、团省委主办，由传媒中心承办的第三届山西省校园艺术大赛活动开始，7月8日圆满结束。9月25日由山西文化艺术传媒中心牵头，山西省文联6种期刊精彩亮相第25届书博会，展示了山西省文联的文化形象，受到组委会的表扬与肯定。

【山西艺术研究创作中心】

举办艺术沙龙学习讲座11场，内容涉及《国学与唐诗》《民歌与诗词》《弟子规——入则孝》《文艺创作与生活》《我与诗书画》等，受众1000多人次。举办艺术沙龙——音乐讲座32场，内容涉及《键盘演奏》《音乐素养》《声乐训练》等，受众1000余人次。

【山西省晋宝斋艺术总公司】

在山西省举办的第二届山西文博会上，晋宝斋组织的四个拍卖专场均有上佳表现，最终以1722万元的总成交额落槌。9月9日至15日，"巨擘风采——董寿平从艺六十年回顾展"在太原美术馆开展，该展览甄选董老从艺60载的艺术作品，作品数量约60幅。9月13日，举行"晋宝斋2015艺术品拍卖会"，该拍卖会分"中国书画""山西名贤翰墨""古典家具""当代工艺品"4个专场进行，标的共1000件左右。

各文艺家协会

【美术家协会】

5月9日，由省美协主办、省美协漆画艺委会承办、太原美术馆协办的"山西省第二届漆画作品展"在太原美术馆举行。200余名师生代表和艺术界同人参加活动,开幕式由漆画艺委会副主任刘维东主持。共展出来自全国10个省份的作品135件(山西省90件),有34件作品获奖(其中金奖2件,银奖4件,铜奖9件,优秀奖19件)。6月25日,在山西人民出版社美术馆举办"山水怡情风景殊"中国山水画名家11人画展。11月2日,由省美协和省美协油画艺委会主办的山西省第十一届油画写生展在山西大学美术学院美术馆开展,山西美协油画艺委会已举办了10次写生展,均取得了可喜的成绩。12月6日,由省美协、省水彩画艺委会主办,大同大学美术学院承办的"山西省第十七届水彩画作品展"在大同大学美术学院开幕。陆贤能会长做了开幕式发言。

【书法家协会】

2月8日,省书协篆书委员会组织全体委员到阳曲县青龙古镇进行文化下乡惠民活动,省文联党组副书记、省书协主席石跃峰应邀参加活动。5月23日,由山西书法院、运城市文联联合主办,运城市书法家协会承办的"翰墨薪传"书法公益培训活动在运城启动。该活动受邀专家一行5人,培训为期两天,参加人数150余人。

【摄影家协会】

1月6日,参加第十届中国摄影艺术节,张国田荣获中国摄影金像奖。1月10日,举办公益摄影讲座,由省摄协副主席王东风讲授《摄影创作经验与作品分享》。1月11日,省摄协副主席张华斌《像由心生》摄影作品展在山西美术馆开幕。2月8日,2015山西摄影界迎春联谊会和"中国梦·三晋魂"山西省摄影家协会团体会员作品联展在晋中市紫云轩文化艺术研究院举行。8月15日,省摄协芦芽山风景区摄影采风创作基地挂牌暨山西省首届芦芽山风光摄影大展启动仪式,在宁武县芦芽山景区举行。

【曲艺家协会】

1月16日,沁县文化馆魏应忠、栗四文等创作表演的三弦书《过年忙》在省城参加山西卫视《文化讲堂》春节特别节目《绝活》的录制。3月3日,在太原市金蓉家园酒店举行崔喜跃先生收徒仪式。省曲艺艺术家、原省曲协主席王秀春,省曲艺团团长王兆林,山西省山东快书表演艺术家李鸿民等曲艺名人到场祝贺。新收的14名徒弟有9名是太原市刚成立不久的久乐相声社的成员,其余的也是来自全国各地各行各业的曲艺爱好者,其中年龄最小的仅有17岁。

【音乐家协会】

2月12日,太原市音乐家协会召开主席团会议,总结2014年工作,讨论2015年工作安排。省音协驻会副主席、秘书长李京利就省市音协共同举办"纪念抗战胜利七十周年音乐会"等事宜进行通报和商议,同时与副主席张绍义向太原市群众艺术馆、市音协授予"音乐创作基地"牌匾,太原市群众艺术馆馆长、市音协主席常峰揭牌。6月14日至19日,6位代表参加了在北京召开的中国音协第八次全国代表大会,山西省王亮、李京利当选为理事。10月30日,省音协与山西大学音乐学院共同举办"赵毅超钢琴独奏音乐会"。11月7日,省音协与山西文艺广播、山西音协小提琴学会共同主办了"沈琤教授小提琴音乐会暨小提琴协奏曲《莫愁女》山西首演"。

【戏剧家协会】

5月14日,山西省高平市上党梆子剧团演员杜建萍凭借上党梆子《长平绣娘》参评第27届中国戏剧梅花奖,得到广大观众的好评。10月29日,太原市文化艺术学校排演的晋剧现代戏《守护夕阳》在苏州公文中心剧院上演。作为第十四届中国戏剧节山西唯一的展演剧目,它与来自全国各地的39台优秀剧目一起在苏州登场。全国共报送剧目148台，从中精选出39台优秀剧目参演。11月11日，由中国文联、中国戏剧家协会和苏州市人民政府共同主办的第十四届中国戏剧节在苏州落下帷幕。《守护夕阳》是戏剧节上唯一的老年题材作品。

【电影家协会】

11月12日，山西省第三届"山西剧院杯"影视歌曲演唱大赛在太原市群众艺术馆演播厅开赛。大赛由省音协、省影协主办，山西剧院、太原市群众艺术馆、太原市音乐家协会承办。本次比赛共有400多位歌手参赛，年龄最大的76岁，最小的不满18岁。11月17日，第三届"山西剧院杯"影视歌曲演唱大赛圆满落下帷幕。刘庆、刘春芳、陈昭敏（二重唱）、路喜安荣获中老年组一等奖，李香兰、刘媛媛、董润明荣获青年非职业组一等奖，周飞、范冠云、杨蓝蓝荣获青年专业组一等奖。

【电视家协会】

8月7日，由山东省电视艺术家协会牵头组织的"第十届华东六省一市暨全国部分省市电视主持新人赛"，8日，决赛在德州举行，省传媒学院李美静获得季军；山西代表队选手芦姿君等在复赛中获优秀奖。9月19日至21日，第八届中国旅游电视周优秀旅游电视作品颁奖仪式在江苏省常熟市举行，省视协获全部四大类共13个奖项。10月17日，由中国电视艺术家协会主办的第九届全国德艺双馨电视艺术工作者表彰活动在浙江省海宁市举行。对中央电视台新闻联播主持人李修平，太原电视台主持人郭晓青等45位同志进行了表彰。11月3日，由省视协、山西传媒学院共同举办的"第七届海峡两岸电视主持新人大赛"山西赛区总决赛，在山西传媒学院素质拓展中心举行，14名选手进入决赛，最终有5位选手胜出。

【舞蹈家协会】

5月1日至3日，由省舞协主办的第八届"小荷风采"全国少儿舞蹈展演山西选拔赛在太原星光剧场举行。7月，第八届"小荷风采"全国少儿舞蹈展演在北京举行，经评审山西省共有9个节目入围全国总决赛，是历年入围节目之最。7月7日，由琼鲁赣宁晋五省舞协主办，海南舞协承办的"2015青春中国梦——琼鲁赣宁晋五省青年舞蹈精英展演"在海南海口举行。省舞协推荐的潞城市文化馆双人舞《你是我的眼》获表演金奖，协会获优秀组织奖。11月23日、24日，省舞协"深入生活，扎根人民"民族民间舞名家讲座在山西太原天瑞商务酒店开讲。

【杂技家协会】

5月19日，省杂协组织17名会员组成"山西省杂技家协会代表队"，参加了在保定举行的"2015中国·保定国际空竹艺术节"。协会代表队在空竹技艺展示中荣获金奖。11月1日至4日，中国杂技家协会第七次全国代表大会在北京举行，山西有4名代表参加此次会议，两名同志当选理事。

【民间文艺家协会】

3月，受河南省民协邀请，组织山西民间艺术家参加了第七届中国（鹤壁）民俗文化节——中原六省花馍邀请展，民协获得优秀组织将，艺术家张桂英的作品《杨门女将》等获金奖。6月3日，"文化先觉的脚步"——中国民间文化遗产抢救工程巡礼活动在山西省晋中市榆次区后沟村举行，山西省文联民协作为承办方组织了此次盛会。7月，与省民间工艺美术家协会在大同共同举办山西民间艺术精品展。9月，"纪念中国人民抗日战争暨世界反法西斯战争胜利70周年——2015全国剪纸名家精品展"在上海举行，省民协获优秀组织奖。

内蒙古自治区文联

综述

2015年，在自治区党委的正确领导和宣传部的有力指导下，内蒙古文联牢牢把握"高举旗帜、围绕大局、服务群众、改革创新"的总要求，紧紧围绕多出精品、多出人才的工作重心，着力引导提高文艺创作水平和创造活力，着力抓好重点项目和品牌活动，进一步推动文艺品牌建设，推动文艺创作繁荣，推动文艺人才成长，推动文化惠民活动，推动对外文化交流，推动文联自身建设，各方面工作都取得了较好成绩。

重要会议活动

【领导班子民主生活会】

2月2日，内蒙古文联召开2014年度领导班子民主生活会，会议以"严格党内生活，严守党的纪律，深化作风建设"为主题，紧密联系思想和工作实际，深入查摆存在问题，深刻剖析思想根源，严肃认真开展批评与自我批评，进一步明确整改方向举措。自治区党委常委、宣传部部长乌兰，自治区第二督导组副组长、自治区纪委正厅级检查员维平，自治区第二督导组成员、直属机关工委副调研员巩玉峰到会指导。文联党组成员、副巡视员出席会议。文联办公室、人事部、机关党委有关负责同志列席会议。会议通报了内蒙古文联教育实践活动整改落实情况。自治区文联党组书记张宇代表领导班子进行了对照检查，内蒙古文联领导班子成员、副巡视员依次做了严肃坦诚的对照检查和相互批评。

【"送欢乐 下基层"——"情系北梁 走进安置新区"慰问活动】

2月3日至4日，内蒙古文联党组书记、副主席张宇带队，率领内蒙古文联副主席、自治区音乐家协会主席阿拉泰，内蒙古文联副主席、自治区戏剧家协会主席武利平等40多名艺术家赴包头东河区开展"送欢乐 下基层"——"情系北梁 走进安置新区"慰问和采风活动，向北梁的10名贫困中学生发放了2万元慰问金。慰问活动仪式结束后，40多名艺术家分组行动：在文化活动室内，北梁社区的群众文化队伍轮番登台表演，戏剧、音乐、舞蹈专家逐一现场点评，进行辅导帮助；美术组的专家结合真情实感在画室内专心创作；书法组在活动大厅内支开桌案，为现场群众书写春联和"福"字；创作组的作家分别深入社区居民家里进行实地走访，积累创作素材；摄影组的艺术家用手中的相机实时地捕捉一个个感人的画面。

【第六届草原文化与文学艺术论坛】

2月5日，内蒙古自治区文艺评论界学习贯彻习近平总书记文艺工作座谈会重要讲话精神暨第六届草原文化与文学艺术论坛在呼和浩特召开，内蒙古文联党组书记张宇，内蒙古文联主席巴特尔，内蒙古文艺评论家协会主席宋生贵，第四届内蒙古文联文艺评论奖获奖作者，"草原艺术研究工程"编撰人员共60余人参加会议。会议期间，与会人员认真学习了习近平总书记在文艺座谈会上的讲话精神，对获得第四届内蒙古文联文艺评论奖的同志进行了表彰，还就"草原艺术研究工程"的前期成果进行了深入研讨。

【内蒙古文联七届六次全委会】

3月28日至30日，内蒙古文联七届六次全委会在呼和浩特市召开。自治区党委宣传部副部长宫秉祥出席会议并讲话，内蒙古文联七届全委会委员50余人出席会议，文联各单位、协会、处室负责同志列席会议。自治区文联党组副书记、主席巴特尔在会上做了题为"把握方向 明确任务 努力开创自治区文艺工作新风貌"的工作报告，自治区文联党组书记、副主席张宇做总结讲话。会议期间，全体委员进行了分组讨论，深入交流了工作经验，就自治区文艺和文联工作提出了许多很好的意见和建议。包头市文联、阿拉善盟文联、乌兰察布市文联、乌拉特中旗文联、鄂托克旗文联、内蒙古戏剧家协会还从不同角度、不同侧面进行了典型发言。会议审议通过了工作报告和《内蒙古文联2015年工作要点》，更替、增补全委会委员两名。

【内蒙古大学第六期文研班暨文学创作高级研修班】

3月28日，由自治区党委宣传部、内蒙古大学、内蒙古文联联合举办的内蒙古大学第六期文研班暨文学创作高级研修班开学典礼在内蒙古大学举行。自治区党委宣传部副部长宫秉祥，内蒙古文联主席巴特尔，内蒙古大学副校长额尔根巴雅尔，中国作协创研部主任、《文艺报》总编梁鸿鹰，内蒙古作协主席特·官布扎布，作家肖亦农、田彬等出席开学典礼。学员们表示，将珍惜机会，努力提高理论水平和文化素养，自觉承担起传承和弘扬社会主义核心价值观的光荣使命，担负起弘扬草原文学、传播草原文化的重要责任，为内蒙古文化强区建设做出贡献。

【草原文学精品工程长篇小说研讨会】

5月9日至10日，由内蒙古文联、作家出版社、内蒙古作家协会、内蒙古翻译家协会联合主办的草原文学精品工程长篇小说研讨会在呼和浩特召开。40余位文学评论名家、文化学者聚集青城，梳理回顾了自2011年实施《草原文学重点作品创作扶持工程》和《优秀蒙古文文学作品翻译出版工程》以来自治区长篇小说创作的得与失，对长篇小说创作的新态势进行深入的研讨和把脉。研讨会上，作家出版社总编辑、著名评论家张陵，中国社会科学院研究员、著名评论家李建军，《文艺报》总编辑、著名评论家梁鸿鹰，作家出版社终审、诗人、著名评论家唐晓渡和邓九刚、包斯钦等区内外著名评论家就《多布库尔河》《鄂尔多斯1943》等15部长篇小说的故事情节、人物塑造、语言表达和不足等方面进行了交流发言。

【"三严三实"专题教育工作部署暨专题党课报告会】

5月11日上午，内蒙古文联召开"三严三实"专题教育工作部署暨专题党课报告会，深入学习贯彻习近平总书记系列重要讲话、中央"三严三实"专题教育工作座谈会和自治区"三严三实"专题教育工作部署暨专题党课报告会精神，对文联"三严三实"专题教育进行了动员部署。文联党组书记、副主席张宇主持报告会并做专题党课报告，讲述了"三严三实"重要论述提出的背景及其丰富内涵，从加强文联作风建设、加强文艺界行风建设、加强文联干部队伍建设三个方面阐述了文联开展"三严三实"专题教育的重大意义，剖析了文联党员干部中存在的"不严不实"问题，提出文联党员干部要准确把握"三严三实"的实践要求。内蒙古文联党组成员、副巡视员出席会议，全体干部职工参加会议，文联副主席、机关党委书记尚贵荣通报了《内蒙古文联"三严三实"教育专题学习方案》。

【第三批内蒙古自治区"一旗一品"文化品牌】

根据《内蒙古"一旗一品"文化品牌创建实施办法》和《内蒙古"一旗一品"文化品牌项目评选暂行办法》的要求，自治区文联对各盟市文联申报的40个第三批文化品牌材料进行认真审核研究，确定呼和浩特市"土默特左旗脑阁艺术"、包头市"土默特右旗二人台艺术"、呼伦贝尔市陈巴尔虎旗"万马奔腾"那达慕文化、兴安盟乌兰浩特市"札萨克图成吉思汗祭祀文化"、通辽市科左后旗"蒙古文书法艺术"、赤峰市宁城县"宁城评剧"、锡林郭勒盟镶黄旗"蒙古族火不思文化"、乌兰察布市丰镇市"丰川西口文化"、鄂尔多斯市鄂托克旗"鄂托克敖包祭祀文化"、巴彦淖尔市乌拉特前旗"河套爬山调"、乌海市海南区"书法进社区"、阿拉善盟阿右旗"阿拉善蒙古族沙嘎文化"12个文化品牌为内蒙古自治区第三批"一旗一品"文化品牌并予以重点扶持。

【内蒙古文艺界学习贯彻习近平总书记文艺工作座谈会重要讲话精神研修班】

5月17日至20日，内蒙古自治区党委宣传部、内蒙古文联在北京联合举办了全区文艺界学习贯彻习近平总书记在文艺工作座谈会上的重要讲话精神研修班，旨在进一步深化对总书记重要讲话精神的学习贯彻，总结工作经验，交流认识体会，进一步增强以讲话精神指导、推进工作的自觉性，更好地改进创新全区文艺工作。全区各盟市委宣传部分管副部长、文艺科长，各盟市文化新闻出版广电局分管文艺创作的负责人、文联主席和全区作家艺术家代表共80余人参加了研修学习。自治区党委宣传部副部长宫秉祥在开班式上讲话，内蒙古文联党组书记、副主席张宇主持开班式。培训班聘请了仲呈祥、梁鸿鹰、饶曙光、王海平、李敬泽等5位国内知名专家为学员做了辅导讲座，课程设置合理，讲义内容精当丰富。

【第四届乌兰夫基金民族文化艺术奖】

5月22日，乌兰夫基金民族文化艺术奖第四届颁奖仪式在内蒙古自治区新闻出版广电数字传媒中心举行。自治区人大常委会原副主任、乌兰夫基金会会长雷·额尔德尼出席颁奖仪式并讲话，内蒙古新闻出版广电局党组书记、局长姜伯彦主持颁奖仪式，内蒙古文联主席巴特尔、内蒙古文化厅巡视员安泳锝、内蒙古自治区新闻出版广电局副局长庞亚民、乌兰夫基金会秘书长沈超英出席颁奖仪式。广播连续剧《宗旨》、长篇报告文学《毛乌素绿色传奇》、舞蹈《卫拉特布斯贵》三部优秀作品及金巴、思勤、燕杰、康新民、乌云图雅、曹建恩、达瓦7位在民族文化创作、传承、保护方面做出突出贡献的个人受到表彰。

【5.23"到人民中去"文艺志愿服务活动】

5月23日，由内蒙古文联、内蒙古文联文艺志愿者服务中心主办，内蒙古书法家协会、摄影家协会承办的内蒙古文联文艺志愿服务培训项目——"清水河县摄影班"和"土默特左旗书法培训班"同时开班，来自清水河县和土默特左旗的摄影、书法爱好者共计140余人分别参加了两个培训班。5月30日至6月1日，由内蒙古文联、内蒙古文联文艺志愿者服务中心主办，内蒙古音乐家协会、阿拉善盟文联、阿右旗文联承办的内蒙古文联文艺志愿服务项目——陶布秀尔弹唱培训班在阿拉善盟阿右旗蒙古族小学举行，来自阿右旗蒙古族小学的学生和慕名前来的陶布秀尔爱好者共计130多人参加了培训，内蒙古文联还以"朝霞工程"的名义向阿右旗蒙古族小学赠送了价值6万元的陶布秀尔50把，以具体行动推动西部地区民族艺术发展。

【中国文联党组书记、副主席赵实到内蒙古调研】

5月25日至28日,中国文联党组书记、副主席、书记处书记赵实到内蒙古自治区就"加强文联建设,繁荣文艺创作"和"修改完善《中国文学艺术界联合会章程》"进行深入调研。中国文联党组成员、书记处书记兼办公厅主任陈建文,中国文联理论研究室主任兼文艺评论中心主任、中国文艺评论家协会副主席兼秘书长庞井君等陪同调研。调研期间,内蒙古自治区党委书记、人大常委会主任王君会见了赵实一行。赵实一行在内蒙古自治区党委常委、宣传部部长乌兰、内蒙古文联党组书记张宇、内蒙古文联主席巴特尔的陪同下实地考察了包头市土默特右旗敕勒川博物馆、包头市书画创作展示中心、乌海市泓濛轩文化艺术中心及乌海市当代中国书法艺术馆,深入包头市九原区文艺志愿服务基地、乌海市兰亭小学、温馨家园社区考察了文艺志愿服务和书法进课堂、书法进社区等活动的开展情况,在呼和浩特市、包头市、乌海市分别召开了座谈会,听取了内蒙古文联及相关盟市、旗县区文联的情况汇报及文艺家和文艺工作者代表对调研课题的意见建议。

【内蒙古美术馆开工建设】

5月31日,内蒙古美术馆建设工程正式开工。自治区党委常委、宣传部部长乌兰,自治区党委常委、自治区副主席符太增,自治区党委宣传部常务副部长周纯杰、副部长韩昀祥,自治区文联党组书记、副主席张宇,自治区住建厅厅长秦义、副厅长姜振友,自治区发改委副主任王儒,自治区代建管理局局长孙雪松,呼和浩特市委常委、副市长狄瑞明,以及工程设计、监理、施工单位的领导出席开工仪式。自治区代建管理局、自治区文联、美术馆、项目实施和监理单位的代表也参加了开工仪式。内蒙古美术馆是自治区党委、政府确定的迎庆自治区成立70周年的献礼项目之一,也是重要的文化民生保障工程,总占地面积65.19亩,总建筑面积35893平方米,项目总投资4.1945亿元,预计2016年底前竣工。内蒙古美术馆包括美术藏品区、公共参观区、内部办公创作区、公众休闲活动区等,建筑设计体现了多样性、公益性、开放性、灵活性的特点。

【第十一届内蒙古自治区文学创作"索龙嘎"奖】

第十一届内蒙古自治区文学创业"索龙嘎"奖评奖工作从1月开始启动,历经半年时间,从符合申报条件的486篇(部)参评作品中严格评选,最终在长篇小说、中篇小说、短篇小说、散文、诗歌、报告文学、文学评论、儿童文学、文学翻译9个门类中共评选出40篇(部)获奖作品。其中,蒙文作品18篇(部),汉文作品22篇(部)。本届评奖采取实名制投票,初评、终评一评到底的评选办法,由评委会负责完成从初评到终评的工作,终评阶段公证人员现场公证。四轮投票结果均于当日在内蒙古新闻网公布,接受社会的监督。同时,本届评奖采取全门类阅读制,评委阅读所有申报作品,集思广益,监审组全程监审审读、讨论、评奖过程,用规则保障公开、公正、公平。

【亮丽风景线——内蒙古美术作品主题展】

6月26日,第十二届中国·内蒙古草原文化节活动项目之一,"亮丽风景线——内蒙古美术作品主题展"在内蒙古美术馆开展。自治区人大常委会副主任吴团英、自治区党委宣传部副部长宫秉祥、自治区文联党组书记张宇、自治区文联主席巴特尔等出席开幕式并参观展览。此次展览共展出273件中国画、油画、版画、水彩画等作品,这些作品是从全区各地选送的1000多件作品中经过严格评审确定的,作品民族特色鲜明浓郁、创作风格丰富多样,富有独特的艺术魅力和鲜明的时代气息,是自治区经济社会蓬勃发展的真实写照。

【庆祝建党94周年暨表彰与新党员宣誓大会】

6月30日，内蒙古文联召开庆祝中国共产党建党94周年暨表彰与新党员宣誓大会，文联领导及各部室、协会、杂志社、美术馆干部职工共90多人参加会议。会议由内蒙古文联党组成员、副主席尚贵荣主持。会上，首先举行了新党员入党宣誓仪式，机关党委副书记陈杰带领伊和白乙拉、韩国庆、张智峰3名新党员现场宣誓。会上还宣读了表彰决定，机关党支部被评为先进党支部，李力、张勇、李娜、赵旺、鲍丽丽、常健、刘海萍7人被评为优秀共产党员，柳迪、黄飞、齐双全3人被评为优秀党务工作者。内蒙古文联党组书记、副主席张宇做总结讲话，充分肯定了文联干部职工在推动民族文化强区建设中发挥的重要作用和取得的成绩，并对下一步工作提出了要求和希望。

【第九届全国青年文艺评论家高级研修班】

7月18日，由中国文联主办，中国文艺评论家协会、中国文联文艺评论中心、内蒙古文联等承办的第九届全国青年文艺评论家高级研修班在内蒙古自治区呼伦贝尔市扎赉诺尔区开班，来自全国各地从事文艺研究和文艺评论的80余位学员参加了为期一周的研修。夏潮、郑希友、宫秉祥、巴特尔、叶青、张萍等领导以及主承办方和当地有关负责人出席开班式。中国文联党组成员、副主席、中国评协副主席夏潮在开班式上讲话。本期研修班以"本体与价值——当代文艺评论的理论建构和主体重塑"为主题，邀请陆贵山、郭启宏、言恭达、麦丽丝、张法、张晓明6位专家授课并与学员交流。组织了"做好服务，搭建平台，推动文艺评论工作健康发展"主题论坛，与会人员共同探讨如何为文艺评论人才成长更好地服务。学员们还就新形势下如何更好地开展文艺评论工作展开了深入研讨。

【全区文艺志愿服务活动现场经验交流会】

7月28日至29日，全区文艺志愿服务活动现场经验交流会在包头市召开。中国文联文艺志愿服务中心主任、中国文艺志愿者协会副主席兼秘书长廖恳出席会议并讲话，自治区文联党组书记、副主席张宇，自治区文联党组副书记、主席巴特尔，包头市委常委、宣传部部长孙红梅，自治区文联副主席吴迎春等领导出席会议开幕式，各盟市、旗县（市、区）文联和自治区文联各文艺家协会、各部室负责人共100余人参加会议。会议期间，与会人员现场观摩了包头市九原区文艺志愿服务基地活动开展情况，包头市文联文艺志愿服务基地纪实展览，组织了"七月鹿城踏歌行——内蒙古自治区文艺志愿服务活动现场经验交流会主题晚会"。与会代表结合实际，围绕文艺志愿服务制度建设、组织建设、队伍建设、活动组织、人才培养等问题进行广泛讨论和交流。包头市文联、兴安盟文联、乌海市文联和鄂尔多斯市伊金霍洛旗文联、呼和浩特市托克托县文联、巴彦淖尔市乌拉特中旗文联代表进行了典型发言，介绍了各地开展文艺志愿服务工作的做法和经验。

【内蒙古民族题材影视发展论坛】

8月11日，内蒙古民族题材影视发展论坛在呼和浩特市举行。内蒙古文联主席巴特尔，副主席尚贵荣，自治区党委宣传部文艺处副处长图·巴特尔出席会议。内蒙古文联主席巴特尔做了题为"集思广益 共谋发展 繁荣民族影视事业"的讲话，北京师范大学艺术与传媒学院院长、教授、博士生导师周星，内蒙古电影集团董事长助理、内蒙古文化音像出版社社长、总编辑臧志君，内蒙古师范大学教授、硕士生导师郭培筠，内蒙古大学艺术学院教授、硕士生导师李树榕，内蒙古电视艺术家协会原副主席、著名编剧冉平，内蒙古电视艺术家协会原副主席、著名导演王新民和内蒙古文联副主席、内蒙古电影家协会主席、著名导演麦丽丝做了精彩发言，对内蒙古民族题材影视发展进行回顾与展望，共同为未来民族题材影视发展建言献策。全体参会人员还进行了交流与讨论，分享了创作情况和实际困难，为今后各项可行性措施的制定和出台提供了依据。

【勿忘国耻·圆梦中华——内蒙古自治区纪念中国人民抗日战争暨世界反法西斯战争胜利70周年摄影、美术、书法展】

8月31日，由自治区党委宣传部、自治区党委党史研究室、内蒙古文联主办，内蒙古摄影家协会、美术家协会、书法家协会协办的"勿忘国耻·圆梦中华——内蒙古自治区纪念中国人民抗日战争暨世界反法西斯战争胜利70周年摄影、美术、书法展"在内蒙古美术馆开幕。自治区党委宣传部副部长宫秉祥出席开幕式并讲话，自治区党史办主任部良、副主任姜爱军，自治区文联党组书记张宇、主席巴特尔，副主席吴迎春、尚贵荣、官布扎布，副巡视员荣毅等领导出席了开幕式。本次展览的100多件艺术作品是内蒙古书画家为纪念抗日战争胜利七十周年暨世界反法西斯战争胜利七十周年精心创作，题材主要围绕抗日战争等相关内容，创作形式与风格多样，凝结了艺术家祈愿和平、祝福草原、歌颂团结和谐的美好祝愿。

【第四届中国蒙古舞大赛暨第四届内蒙古电视舞蹈大赛】

9月14日至20日，由内蒙古文联、内蒙古文化厅、内蒙古广播电视台联合主办，内蒙古舞蹈家协会、内蒙古民族艺术剧院、内蒙古广播电视台大型节目活动中心承办的第四届中国蒙古舞大赛暨第四届内蒙古电视舞蹈大赛在呼和浩特市举行。本届大赛共收到来自内蒙古自治区直属及12个盟市、各旗县乌兰牧骑、中央民族大学和甘肃、青海、新疆等地的专业艺术院团、军区文工团、专业艺术院校、歌舞团等40个单位报送的参赛作品近160部，经初评、复评共评选出100部作品入围决赛，参赛人数近2000人。最终共有16部作品荣获作品金奖、表演金奖，19部作品荣获作品银奖、表演银奖，4部作品荣获表演银奖，29部作品荣获作品铜奖、表演铜奖，3部作品荣获表演铜奖，4部作品荣获最佳作曲奖，4部作品荣获最佳服装设计奖，20部作品荣获优秀奖，20个参赛单位荣获优秀组织奖。比赛期间，组委会还邀请国家及自治区知名专家、学者召开了第四届中国蒙古舞主题论坛。

【电影《诺日吉玛》研讨及与媒体见面会】

在第30届中国电影金鸡奖评选中，影片《诺日吉玛》获得"最佳中小成本故事片""最佳导演""最佳女主角""最佳摄影""最佳音乐"5项提名，并最终荣获"最佳中小成本故事片"和"最佳女主角"两项金鸡奖大奖。9月24日，由内蒙古文联、内蒙古电影家协会主办的"电影《诺日吉玛》研讨及与媒体见面会"在呼和浩特市举行。会议由内蒙古文联党组书记、副主席张宇主持，内蒙古文联党组副书记、主席巴特尔，内蒙古文联副主席尚贵荣，自治区党委宣传部文艺处处长包银山等领导出席会议。与会人员对影片《诺日吉玛》取得的各项成绩给予充分肯定。内蒙古电影家协会主席麦丽丝说，该片是内蒙古电影经历"高原"走向"高峰"的经典之作，代表了草原题材电影的艺术水准。自治区著名影评人李树榕评价巴德玛在影片中的表现是"用没有表演的表演，回归了艺术的本真"。内蒙古电影家协会副主席伊·呼和乌拉说这部影片在题材选择、导演、表演、音乐、摄影等方面表现都很出色，能够获奖实至名归。

【内蒙古自治区文艺志愿服务活动纪实展】

10月20日，由内蒙古自治区党委宣传部、自治区文联主办，内蒙古文联所属各文艺家协会、内蒙古文联文艺志愿者服务中心承办的纪念习近平总书记在文艺工作座谈会上重要讲话发表一周年、"深入生活、扎根人民"主题实践活动暨到人民中去——内蒙古自治区文艺志愿服务活动纪实展在呼和浩特开展。内蒙古文联党组书记、副主席张宇，内蒙古文联党组副书记、主席巴特尔，内蒙古文联副主席、副巡视员、部分自治区文艺家协会主席、副主席及文艺志愿服务者代表出席开幕式。本次展览的近千幅图片从"放歌草原·书写百姓"主题实践活动、"送欢乐、下基层"慰问演出、基层文艺培训和盟市、旗县文联文艺志愿服务工作开展情况四个部分充分展示了内蒙古文艺志愿服务工作的累累硕果，生动记录了内蒙古广大文艺志愿服务者走进农村牧区、厂矿企业、学校部队等基层送文化、种文化，与人民群众同呼吸的动人场景。

【第三届内蒙古自治区青年美术作品展】

10月21日，第三届内蒙古自治区青年美术作品展在内蒙古美术馆开幕。内蒙古文联主席巴特尔、自治区党委宣传部文艺处副处长图·巴特尔和自治区美协负责同志以及美术家代表、美术爱好者200余人出席开幕式并参观展览。本次展览共展出中国画、油画、版画、水彩、粉画等画种作品276件，其中获奖作品76件。展出的作品均为自治区45岁以下青年美术工作者近年创作的美术新作，体现了青年美术创作的个性，倡导了艺术创新、多样化，表现了民族风貌、时代精神和草原文化特色。

【内蒙古文艺界深入学习习近平总书记在文艺工作座谈会上的重要讲话精神暨《中共中央关于繁荣发展社会主义文艺的意见》座谈会】

11月5日，内蒙古自治区文艺界深入学习习近平总书记在文艺工作座谈会上的重要讲话精神暨《中共中央关于繁荣发展社会主义文艺的意见》座谈会在呼和浩特召开。自治区党委宣传部副部长宫秉祥出席会议并讲话，内蒙古文联党组书记、副主席张宇主持座谈会，内蒙古文联党组副书记、副主席、内蒙古作家协会主席官布扎布，内蒙古文联副主席吴迎春，内蒙古文联党组成员、副主席尚贵荣，内蒙古文联党组成员艺如乐图、包银山，内蒙古文联党组成员、秘书长喜山等领导及自治区作家、艺术家代表120余人参加会议。与会人员共同学习了《中共中央关于繁荣发展社会主义文艺的意见》，尚贵荣、张树天、刘成、肖亦农、海德才、董从民、海日寒7位作家、艺术家代表从不同角度、不同层面先后做了精彩发言。

【内蒙古文联"中国文艺评论基地"挂牌仪式】

11月24日，内蒙古文联"中国文艺评论基地"挂牌仪式在内蒙古大学艺术学院举行，中国文联理论研究室副主任朱丽华，内蒙古自治区党委宣传部副部长宫秉祥，内蒙古文联党组书记、副主席张宇，内蒙古文联主席巴特尔，内蒙古文联副主席官布扎布，自治区社科联副主席胡益华，内蒙古大学艺术学院党委书记黄海，内蒙古大学艺术学院院长李玉林，自治区文联党组成员包银山，内蒙古文艺评论家协会主席、内蒙古大学艺术学院副院长、内蒙古文联"中国文艺评论基地"负责人宋生贵，以及基地特聘专家、自治区文艺评论界有关人员100余人出席仪式。朱丽华副主任和宫秉祥副部长共同为基地揭牌并讲话，张宇书记宣读了基地特聘专家名单，出席仪式的领导向基地聘任的18位特聘专家颁发了聘书。

【内蒙古自治区文学艺术界联合会第八次代表大会】

12月28日至29日，内蒙古自治区文学艺术界联合会第八次代表大会在呼和浩特召开。来自全区各地的文艺界代表欢聚一堂，认真总结内蒙古文艺事业发展进程，共同谋划今后自治区文艺事业发展的美好蓝图。自治区党委书记王君，中国文联副主席、书记处书记左中一出席开幕式并做重要讲话，自治区领导巴特尔、任亚平、李佳、张力、乌兰、李鹏新、符太增、那顺孟和、杨俊兴、呼尔查和自治区法检两长，自治区党委、政府有关部门、宣传文化单位和自治区各人民团体的负责同志，自治区文艺战线老领导、老艺术家代表出席大会开幕式。内蒙古文联党组书记、副主席张宇主持开幕式，自治区团委书记常青代表人民团体致贺辞，内蒙古文联第七届主席团主席巴特尔向大会做了工作报告。自治区党委常委、宣传部部长乌兰出席闭幕式并讲话。大会审议通过了内蒙古文联第七届委员会工作报告，修改了内蒙古文联章程，选举产生了自治区文联新一届委员会和主席团。官布扎布当选自治区文联第八届主席团主席，艺如乐图、乌力吉图、乌兰图雅、包银山、麦丽丝、何奇耶徒、辛贵宁、宋生贵、张宇、阿拉泰、武利平、尚贵荣、周荣生、赵林平、赵春涛、铁木尔布和、额博、额尔敦巴雅尔（按姓氏笔画排序）当选自治区文联第八届主席团副主席。

获奖情况

2015年，内蒙古文联和各文艺家协会在全国、全区评奖比赛活动中，共有352部作品获奖，其中全国、自治区正规奖项45部。电影《诺日吉玛》荣获第三十届中国电影金鸡奖最佳中小成本故事片奖，主演巴德玛荣获最佳女主角奖；孙瑞芝的书法作品荣获第五届中国书法兰亭奖佳作奖；单·乌兰其其格、敖云达来、包玲玲的作品《鄂尔多斯祝赞词精品集》荣获第十二届中国民间文艺山花奖民俗影像作品奖；舞蹈《舞动的琴弦》《奶茶飘香》荣获第十届中国舞蹈荷花奖民族民间舞提名奖，《卫拉特斯布日格》《巴林德布斯乐》荣获十佳作品奖。何燕敏荣获第四届全国中青年"德艺双馨文艺工作者"称号，麦丽丝荣获2014年度"内蒙古自治区杰出人才奖"。

对外及对港澳台地区文化交流

2015年，内蒙古文联及所属协会、单位共组织对外及对港澳台地区文化交流活动30次。共同主办了第二届摩纳哥中国节，参加了相约内蒙古——法国·中国内蒙古文化周系列活动，承办了中俄蒙三国油画交流展，在蒙古国承办了"今日内蒙古"摄影展，参加了第二届"'格根木扎'蒙古国国际蒙古语戏剧节"，分别同来访的日本学书院代表团、蒙古国美术家协会、中国台湾作家代表团进行了座谈，组织内蒙古文艺家随团参与了赴日本、英国、爱尔兰等国的对外文化交流活动。

各文艺家协会

【作家协会】

《草原文学重点作品创作扶持工程》实施4年以来共61部作品入选，现已出版25部。开展作家"深入生活、扎根人民"的挂联活动，组织"十个全覆盖"主题创作并出版"十个全覆盖"优秀作品集。开展"草原人与中国梦"主题征文活动并结集出版《草原人与中国梦》。承办或参与了全国第二届"察哈尔杯"蒙古语诗歌大赛、第三届全国蒙古语网络文学大赛、兴安盟文学笔会、鄂温克族作家涂克冬·庆胜小说作品研讨会、"三少民族"文学论坛暨文学作品选发行式、全区第二届蒙古文报告文学青年作家培训班等文学赛事、笔会、研讨会等活动。邀请梁鸿鹰、包明德、阿来等文艺名家开讲"内蒙古文学大讲堂"。5部作品入选《2015年度中国作家协会少数民族作家重点作品扶持选题》。推荐作家参加中国作协2015年度定点深入生活专项活动、鲁迅文学院中青年作家高级研讨班、鲁迅文学院少数民族作家培训班等研修学习。1月13日，草原文学精品工程创作会在呼和浩特召开。2月，广东作协《作品》杂志集中刊登了20多位内蒙古籍作家作品。举办广东作家和内蒙古作家赴阿拉善盟采风活动，组织召开了"内蒙古·台湾作家交流座谈会"。撰写《内蒙古文学年度发展状况报告》，编写2015年度《内蒙古作协年度大事记》，编辑出版《草原文学》报4期。2015年发展新会员105人，推荐、发展中国作协会员10名。

【音乐家协会】

1月19日，承办了呼和浩特市地区业余合唱团培训活动。5月1日至3日，在包头市科技少年宫主办了自治区第七届钢琴、手风琴、电子琴大赛。6月4日至5日，组织召开了文化长廊建设验收会，完成雅托噶、四胡、三弦、口弦结项工作。6月29日、30日，承办的第十二届中国·内蒙古草原文化节《璀璨星空——新创草原歌曲演唱会》在乌兰恰特上演。8月22日至28日，联合举办了第四届"阿尔山杯"草原星内蒙古青年歌手电视大赛。10月17日至21日，在内蒙古大学艺术学院举办了自治区第五届室内乐比赛。组织知名词曲作家赴呼伦贝尔、呼和浩特等地采风创作"十个全覆盖"主题歌曲，主办或联合举办了《科尔沁的琴声》陈巴雅尔马头琴独奏音乐会、《乌珠穆沁神马》——宝音声乐作品音乐会、草原风格歌曲创演艺术学术研讨会、第十六届内蒙古师范大学音乐学院专业大赛等活动。成立内蒙古音乐家协会钢琴调律学会与合唱联盟，协会工作逐步向专业化、深度化发展。恢复创办了"内蒙古音乐"会员杂志，完成了《草原歌声》编辑出版工作。2015年发展新会员90人，推荐、发展中国音协会员30名。

【书法家协会】

1月15日至18日，内蒙古首期蒙古文书法篆刻培训班在内蒙古伊金霍洛旗举办。3月14日至15日，中国书法公益流动大讲堂内蒙古站讲座在呼和浩特市举行，来自全区各地的书法作者320人参加学习。4月1日，内蒙古优秀青年书法骨干研修班在呼和浩特开班。5月、10月，中国书法家协会书法培训中心内蒙古第二期研修班面授在呼和浩特铁路党校开班，近130名学员参加学习，刘文华等8位老师参加教学。7月4日和30日，"内蒙古·湖南篆刻家作品联展"分别在湖南图书馆和内蒙古美术馆开展。7月21日，艺如乐图书法篆刻作品展在内蒙古美术馆开幕。9月18日，在呼和浩特与日本学书院代表团进行了书法交流活动。举办了土默特左旗书法培训班和走进克什克腾旗、扎赉诺尔、根河、二连等全区书法篆刻观摩展及书法辅导培训讲座等系列活动。

【美术家协会】

申请的2016年国家艺术基金培训项目《天地情·草原梦》八省区草原画派培训班获批。出版了《庆祝中华人民共和国成立65周年全区优秀美术作品集》。组织16位画家接受了17个文化主题的文化长廊工程水彩、粉画创作任务。组织参加了"我们的价值观"暨廉政书法、美术和摄影作品展、巴黎·中国内蒙古文化周、中俄蒙三国油画交流展、首届中蒙博览会·中蒙文化交流周——中蒙摄影油画展等活动。美协副主席陈晗晟、董从民，兼职秘书长易晶，理事苏茹娅参加了自治区文联文艺志愿者服务中心组织的兴安盟美术书法培训班等一系列文艺志愿服务活动。

【摄影家协会】

1月15日，"中国梦"庆祝新中国成立65周年全区摄影展在内蒙古美术馆举办。3月13日至17日，承办了"第二届摩纳哥·中国节"暨"美丽内蒙古"摄影展。5月20日，第二届内蒙古大画幅摄影作品展在内蒙古群众艺术馆举办。8月24日至30日，"今日内蒙古"摄影展分别在蒙古国库苏古尔省、布勒干省举办。9月12日，联合主办的第二届"走进五当召"全国摄影大赛举行启动仪式。9月15日，"美丽的草原我的家"摄影展在北京第三航站楼举办。9月23日，丹麦·中国内蒙古文化交流活动"美丽的草原我的家"摄影展开幕。11月18日至23日，内蒙古自治区第22届摄影艺术展览在内蒙古美术馆展出。2015年，分赴锡林郭勒盟阿巴嘎旗、东乌旗、呼伦贝尔市鄂温克旗举办"全区农牧民摄影巡展"，在赤峰市克什克腾旗、兴安盟阿尔山市、呼伦贝尔市毕拉河林业局建立创作基地，发展新会员700人，推荐、发展中国摄影家协会会员23名。

【民间文艺家协会】

认真实施民间文化遗产抢救工程，搜集整理出版了《中国剪纸集成·和林格尔卷》《正蓝旗民间故事》《克什克腾旗民间故事》《镶黄旗民间故事》《扎赉诺尔民间故事》《和林格尔民间故事》《科左后旗民间故事》《当代内蒙古剪纸作品选》，完成了《中国剪纸集成·包头卷》搜集整理工作。组织落实《内蒙古文化艺术长廊建设计划工程》，大多数项目已完成。《竹马·老罕王进京》《辽太祖传奇》《天下黄河九十九道湾》分别荣获第三届中国社火大赛金奖、全国皮影展大赛金奖、全国山歌展演银奖。积极开展中国民间文艺之乡申报工作，中国民协先后授予土左旗"中国二人台教育基地"、乌拉特中旗"中国蒙古族民歌文化之乡"、鄂托克前旗"中国蒙古族三弦文化之乡"和"中国蒙古族筷子舞艺术之乡"称号。

【戏剧家协会】

8月25日，与锡盟正蓝旗文联合作开展了为期5天的蒙古剧创作培训班，同时举行了蒙古剧剧本评奖活动。9月，组织戏剧家赴四子王旗开展文艺志愿活动，举办蒙古剧、二人台、漫瀚剧等戏剧演出6场次。11月24日，锡林郭勒地区蒙古剧创作实践基地在苏尼特左旗成立并挂牌。11月24日至27日，联合举办了锡林郭勒地区蒙古剧编剧培训班。8月30日至9月4日，第三届全区戏剧娜仁花奖大赛在乌兰察布市四子王旗乌兰花镇举办，共有蒙古剧、二人台、漫瀚剧等56个剧目230多名演员参赛。鄂尔多斯蒙古剧《黑缎子坎肩》荣获"格根木扎-12国际蒙古语戏剧节"大奖，《驼乡新传》《忠勇察哈尔》分别荣获"中国·内蒙古草原文化节"优秀巡演剧目奖、"全国第四届少数民族戏剧会演"优秀剧目奖等奖项，二人台《北梁》参加了中国戏剧节展演。

【曲艺家协会】

3月和7月，四胡、胡仁乌力格尔、科尔沁民歌第一、二期培训班在赤峰市阿鲁科尔沁旗举行，300余人参加培训。11月2日至6日，全区第二届"科尔沁"杯蒙古语曲艺大赛在通辽市扎鲁特旗举行，复赛、决赛实况由内蒙古电视台《才艺牧人》大型节目组录制成五集专场节目并在内蒙古蒙古语卫视播出。11月，开展"十个全覆盖"主题创作征文并组织曲艺创作人员深入乡村田野进行专题采风活动。开设胡仁乌力格、内蒙古相声俱乐部、内蒙古曲协等微信公众平台，建立了蒙汉曲艺微信群，联合内蒙古精英沙龙微信公众平台推广曲艺人才、传播曲艺资讯。2015年，发展新会员50名，推荐、发展中国曲协会员6名。

【舞蹈家协会】

选送4部作品参加第三届"荷花少年"全国（中学）校园舞蹈展演，荣获两金、两银。组织参加第八届"小荷风采"全国少儿舞蹈展演，《哈木图班》入围决赛并荣获4项大奖。5部作品入选第十届中国舞蹈"荷花奖"民族民间舞评奖活动决赛，荣获两个提名奖、两个十佳作品奖，内蒙古舞蹈家协会荣获组织奖。10月18日至27日，南飞雁秘书长赴日参加中国文联"舞台艺术编导营销人员研修班"学习。11月16日至19日，自治区6名代表赴京参加中国舞协第十次全国代表大会，内蒙古舞蹈家协会主席赵林平再次当选中国舞协副主席。

【电影家协会】

开展内蒙古民族电影剧本创作重点扶持工程，伊·呼和乌拉、路远的剧本《鸿雁飞》（暂名）和魏术学、王兴东的剧本《乳都风暴》（暂名）入选。选送作品参加第八届山东微电影大赛，《八毛钱的存折》获社会单元故事片一等奖，刘雷生获个人奖最佳编剧奖；微电影《谢谢》《一只土碗》获学生单元故事片二、三等奖。参与完成6期《草原·新剧本》编辑出版工作。协会副主席伊·呼和乌拉执导的新农村轻喜剧故事片《回乡种田》参加了第十二届中国·内蒙古草原文化节展演活动。9月29日，中国首部环保题材电视连续剧《鄂尔多斯情歌》作品研讨会在呼和浩特市举行。

【电视艺术家协会】

完成草原文化节微电影、广播剧征集、评审和展播及全区优秀电影、电视剧、剧本评审工作。协会推荐的明华荣获第九届全国"德艺双馨电视艺术工作者"荣誉称号。推荐2部作品参评"亚洲微电影奖"，其中《谢谢》荣获"第三届亚洲微电影艺术节海棠奖"。在内蒙古文联网上开设协会分网站，建立内蒙古电视艺术家协会QQ群。2015年，发展新会员80人，推荐、发展中国视协会员5名。

【杂技家协会】

3月，参加北京杂技家协会举办的魔术交流研讨会。9月赴锡盟观摩《千古马颂》，促进杂技艺术向多元化方向迈进。11月，参加中国杂技家协会第七次全国代表大会，邢力莉、旭仁花、刘明当选为理事。编辑出版《草原情韵》，记录草原杂技发展历程。

【文学翻译家协会】

《优秀蒙古文文学作品翻译出版工程》2013年度7部图书已出版，2014年度8部图书翻译工作已接近尾声。翻译出版工程2011年、2012年度10部长篇小说专家评论文章在《文艺报》、《内蒙古日报》及《草原文艺论坛》刊发。4月，与呼和浩特民族学院共同召开了文学翻译人才培养座谈会。5月10日，《优秀蒙古文文学作品翻译出版工程》编辑、译者、作者座谈会在呼和浩特召开。完成《草原文学情系中国梦》系列翻译作品30篇共23万字。

【理论研究室（文艺评论家协会）】

完成《金钥匙》《草原·文艺论坛》《内蒙古文艺界》编辑出版工作。完成"草原艺术研究工程"8个艺术门类的《当代草原艺术年谱》编撰工作，其中《音乐卷》《艺术理论与评论卷》《舞蹈卷》《美术卷》已出版发行，电影、电视、戏剧、艺术设计四个分卷即将出版。组织人员赴赤峰市、包头市等地开展文艺理论评论概况调研。参与《内蒙古自治区"十三五"文化改革发展规划纲要》的编撰工作。

【职工文联】

完成报告文学集《筑梦——以劳动者的名义》的撰写、编辑、出版和首发、研讨等一系列工作。积极协助内蒙古第一机械集团公司、包头钢铁集团有限公司、北方联合电力有限责任公司等会员单位举办了文艺展演、大合唱等文艺活动，推动职工文艺创作。完成6期《内蒙古职工文化报》的刊发，创办内蒙古职工文联微信公众平台82期，内蒙古职工文联网站正式运行。

直属单位

【《草原》杂志社】

全年完成《草原》出刊12期，约170万字，其中5篇作品被全国各类选刊选载。举办《草原的高度》作品研讨会暨改稿会、赵健雄诗歌朗诵会，参加了牙克石森林文学创作笔会、兴安盟文学创作笔会、呦呦诗社成立30周年纪念大会、秦岭笔会、全国文学报刊工作会议等活动。

【《花的原野》杂志社】

完成了《花的原野》《世界文学译丛》两个刊物的出版发行工作，并出版庆祝内蒙古文联成立60周年增刊一期，第五届"八骏"杯大赛获奖作品集一册。向蒙古国国家图书馆赠送《花的原野》

杂志自1980年至2014年合订本一套，以丰其典藏。举办了蒙古文中篇小说大赛。实行签约制，与30名中、青年作家签约。组织人员赴兴安盟、锡盟、阿拉善右旗等地参加笔会、座谈会活动。

【内蒙古美术馆】

全年共完成各种艺术作品展览39个。策划并主办了"中国梦·草原梦"中国当代实力派中青年水彩画家邀请展，联合主办了深圳国际摄影展（巡展）、"2015鲁樵中国画巡回展"、"中国梦·草原梦"内蒙古青年国画家作品展等展事，免费承办了奎勇、田宏图、艺如乐图、闫文科、吴日哲、图布、文丰、刘守勤、巴·毕力格等画家画展并出版作品集。完成年度美术作品的收藏工作。10月31日，新美术馆主体封顶，内部设计正在推进。

辽宁省文联

综述

2015年，辽宁省文联及各团体会员认真学习贯彻党的十八大和十八届三中、四中、五中全会精神，学习贯彻习近平总书记系列重要讲话精神，坚持以人民为中心的工作导向，积极培育践行社会主义核心价值观，为繁荣辽宁文艺事业，实现辽宁老工业基地新一轮振兴发展做了大量卓有成效的工作。

重要会议与活动

【辽宁省文联第七届委员会第五次（扩大）会议】

2月5日，省文联第七届委员会第五次（扩大）会议在沈阳召开。会前，省文联召开了第七届主席团第七次会议，省委宣传部常务副部长张玉珠受省委常委、宣传部部长范卫平的委托，专程看望主席团成员并讲话。全委会上，通报了辽宁省文联第七届委员会委员和主席团副主席变更情况，更替及增补省委宣传部副部长、省文联党组书记盖成立，省文联党组副书记喻国伟为省文联第七届主席团副主席。喻国伟代表第七届主席团做了题为"深入学习贯彻习近平总书记重要讲话精神努力推动辽宁文艺新发展"的工作报告。报告围绕着七个方面，总结回顾了2014年省文联及各团体会员所作的工作。盖成立代表省委宣传部讲话。

会上，还表彰了2014年度全省文联系统19个优秀文艺基地及84名优秀文艺志愿者。

【"望年·送春联"暨我们的"中国梦"——千名书家送万"福"进万家公益活动】

1月28日，由省文联、辽宁日报报业传媒集团主办的"'望年·送春联'暨我们的中国梦·千名书家送万'福'进万家公益活动——辽宁省文联文艺志愿服务艺术团慰问演出"启动仪式在龙之梦古玩城举行。书法家们现场开笔，为现场群众代表书写春联"福"字。29日、30日，省内14个市组织千余名书法家集中开展千名书家送万"福"进万家公益活动。其间，省文联还随活动派出4支文艺志愿小分队分赴沈阳康平东升善友村、抚顺市清原民俗村、阜新市阜蒙县佛寺镇、辽阳市白塔区卫国街道辽纺社区、沈阳华府天地等地开展了惠民慰问演出。

【"大美之德"美术创作工程作品展】

3月16日，由省委宣传部、省文明办、省文联联合推出，旨在弘扬社会主义核心价值观的"大美之德"美术创作工程作品展在辽宁美术馆开展。此工程于2014年5月开始组织实施，历经半年多时间创作，共完成国画和油画作品60幅。作品内容主要有表现对传统美德的推崇，如《木兰从军》等24幅国画作品；有对近现代民族英雄的讴歌和对新中国成立后杰出人物的赞美，如鲁迅、雷锋等，以及表现民族英雄事件如狼牙山五壮士等；还有9幅古代杰出人物油画，如老子、孟子等。

【"悦读阅美"最美读书沈阳主题摄影大赛】

5月14日，辽宁省第四届全民读书节活动之一的"悦读阅美"最美读书身影主题摄影大赛正式启动。活动由省读书节活动组委会办公室联合省文联等单位主办，分主题摄影故事和最美阅读瞬间两个专题进行评选，共评选出新闻纪实类摄影作品、艺术类摄影作品、手机"随手拍"摄影作品一、二、三等奖获奖者34名以及鼓励奖入围作品100幅。入选作品展现不同职业身份和不同年龄段读者乐享阅读、共沐书香等美好场景，营造了"全民读书、人人阅读"的书香氛围。大赛被评为读书节四项创新活动之一。

【"到人民中去"辽宁文艺志愿者深入基层服务活动】

在5月23日第二个中国文艺志愿者服务日之际，省文联响应中国文联号召，重点以建立的150个文艺基地为载体，组织全省的文艺志愿服务队伍深入社区、企业、乡镇、学校、部队，以慰问演出、展览展示、书画笔会、交流座谈、辅导培训、采风创作等形式，开展"到人民中去"文艺志愿服务主题活动200余场，全省参与文艺志愿者人数达万余人次，受益群众10万余人。此次活动实现了全省文联系统上下联动，省市主要媒体、网站都对当地活动进行了宣传报道。

【"翰墨新星——向上向善"辽宁省青少年书法大赛】

5月31日，由省文联、省共青团、辽宁日报报业传媒集团联合主办的"翰墨新星——向上向善"辽宁省青少年书法大赛正式拉开序幕。启动仪式上，书法名家们携同12名青少年书法作者共同在长卷上书写二十四字社会主义核心价值观内容，场内300余名中小学生书写了许多耳熟能详的名篇佳句。此次大赛分为初赛、晋级赛与决赛，参赛对象为6岁至25岁的青少年，活动以弘扬社会主义核心价值观为主题，旨在传播传统文化，让孩子从小树立良好的价值观和世界观。

【"舞动梦想"中国舞协百姓健康舞（辽宁版）全省推广成果展】

6月3日，由省文联、省舞协主办的"舞动梦想"中国舞协百姓健康舞（辽宁版）全省推广成果展在本溪枫叶广场举行。来自本溪市聋人协会、65141部队、辽宁科技学院、沈阳市工人文工团、抚顺市雷锋艺术团等共14支代表队的近1600参演者，展示了省舞协组织专家创编的辽宁版百姓健康舞等舞蹈。展演还评选出了优秀组织奖、优秀表演奖和优秀指导教师奖。展演结束后，召开了中国舞协百姓健康舞（辽宁版）调研座谈会。

【纪念反法西斯战争胜利70周年——第二届"梦之青春"辽宁省青年美术新人新作展】

7月17日，由省文联、省美协主办的纪念反法西斯战争胜利70周年——第二届"梦之青春"辽宁省青年美术新人新作展在辽宁美术馆开幕。展览共收到来自全省14个地市的各类作品1900件，最终评选出金奖作品16件，银奖作品28件，铜奖作品46件，优秀奖作品198件。作品涵盖了国画、油画、版画、水彩、粉画、雕塑、插图、连环画、综合材料及工艺美术等，是辽宁省近年来举办的规模最大的一次以青年美术为主题的综合作品展。

【影像"中国梦"摄影艺术展沈阳巡展】

8月23日，由中国艺术研究院、省文联主办的影像"中国梦"摄影艺术展沈阳巡展在中国工业博物馆举办。展览展出的160幅作品不仅有近百年来中国摄影师拍摄的影像，还有美国、英国、法国等国家高等院校和专业图片机构提供，由外国传教士、探险家、旅游者、商人拍摄的图片，最早可追溯至1868年。作品展示了中国自然、社会和人百年来的面貌。当天，中国摄协副主席、中国艺术研究院院长助理李树峰还以"摄影的理念和方法"为主题召开了讲座。

【"致敬祖国"辽宁画院双年展】

9月2日，由省文联和辽宁画院主办的"致敬祖国"纪念抗日战争暨世界反法西斯战争胜利70周年辽宁画院双年展在辽宁美术馆举行。省委常委、宣传部部长范卫平观看了画展。本次双年展，恰逢抗日战争暨世界反法西斯战争胜利70周年，辽宁画院的老艺术家和在职画家创作了一批有关抗战主题与民族复兴的艺术力作，同时还邀请国内艺术名家参加展览。展览集中展示了辽宁画院画家2013年以后创作的精品力作，涵盖了国画、油画、工业雕塑等众多门类200余幅作品。很多作品属首次面向公众展出。

【"写意中国"首届中国画水墨大展及座谈会】

9月18日，由中国美协艺委会、省文联主办的"写意中国"首届中国画水墨大展及座谈会在辽宁美术馆举行。展览共展出作品161件，其中入选作品94件、优秀作品40件、特邀作品27件，参展作者来自全国20余个省（市）、区。宋雨桂、冯大中、张立辰、田黎明等28位国内知名画家的作品受邀参展。展览开幕式后召开了座谈会。此次活动旨在繁荣中国画创作，提倡创新，鼓励对写意精神的传承发展。

【第二届中国·沈阳（铁西）国际工业摄影大展新闻发布会暨启动仪式】

9月19日，由中国摄协、省文联、沈阳市总工会、沈阳市铁西区人民政府共同主办的第二届中国·沈阳（铁西）国际工业摄影大展在山西平遥国际摄影大展中国摄影出版社展区举办了新闻发布会暨启动仪式。仪式上发布了征稿启事及相关情况介绍。大展将以"文化·创新·价值"为主题，于2016年在沈阳铁西区中国工业博物馆开幕，为期一个月。其间还将举办摄影理论研讨会。

【2015年全省文联系统领导干部学习培训班】

9月21日、22日，省文联在沈阳举办2015年全省文联系统领导干部学习培训班。培训班以深入学习贯彻习近平总书记在文艺工作座谈会上的讲话精神以及《关于繁荣发展社会主义文艺的意见》为目的，省文联党组副书记、副主席喻国伟为学员进行了题为"学习贯彻习近平总书记重要讲话精神，构建辽宁文学艺术发展的战略性思考——从价值链角度审视辽宁文学艺术事业的发展"的授课。培训班还特邀中国文联副主席、中国杂协主席、河北省政协副主席边发吉做了题为"我们所处的时代与文化发展"的讲座。

【辽宁省第五届大学生戏剧节】

9月25日至10月22日，由省文联、省教育厅、团省委联合主办的辽宁省第五届大学生戏剧节成功举办。全省29所高校的近千名师生，演出了22台原创剧目和中外经典剧目，涵盖了话剧、小品、音乐剧、肢体剧、相声剧、戏曲小品等形式。《我和我和他和他》《王亚夫》《疯狂一夜》《笼子里的猴》等作品在表现青年人个性、传承传统文化、进行社会批判等方面各有展示。活动期间近两万名同学观看了演出，并参与了同专家评委的现场交流、互动。

【纪念反法西斯战争胜利暨中国人民抗战胜利70周年辽宁省第二届青年书法展、第三届篆隶楷书书法展】

9月29日，由省文联、省书协主办的纪念反法西斯战争胜利暨中国抗战胜利70周年辽宁省第二届青年书法展、第三届篆隶楷书法展在辽中县启幕。开幕式上为辽中县颁发了辽宁省书法教育培训基地牌匾。活动共收到投稿作品近2000幅，最终评选出青年展入选作品68幅、入展作品196幅、获奖作品28幅，篆、隶、楷展入选作品75幅、入展作品195幅、获奖作品30幅。书体涵盖篆、隶、楷、行、草，形式有对联、斗方、扇面、条幅、条屏、中堂等。

【首届辽宁省青年摄影大展暨第六届辽宁省青年摄影十佳金镜头奖】

10月20日，由省文联、省摄协主办的首届辽宁省青年摄影大展暨第六届辽宁省青年摄影十佳金镜头奖摄影展在辽宁美术馆举行。展览展出的100幅作品，观念、内容、风格、流派各不相同，体现出青年摄影人锐意进取、多元思维的创作特点，以及对思想性、艺术性和观赏性有机统一的追求。活动评出作品金奖3幅（组）、银奖5幅（组）、铜奖12幅（组）。活动还评出了"摄影十佳"。

【翰墨薪传·辽宁中小学书法教师培训班】

10月20日至24日，由省文联、省书协主办的翰墨薪传·辽宁中小学书法教师培训班在铁岭昌图县举行。培训班邀请中国书协副主席聂成文做讲座，来自辽宁、吉林、黑龙江的9位著名书法家同学员面对面授课3天。昌图是中国书法之乡，全县书法爱好者超万人，书法培训基地50个，全县中小学全部开设了书法教学课。此次培训班专门对全县90名书法教师和60名书法爱好者进行了培训。

【田连元先生从艺60周年系列纪念活动】

10月30日、31日，由中国曲协、省文联、本溪市委市政府主办的田连元先生从艺60周年系列纪念活动在本溪市举办。30日上午，"艺海泛舟"田连元先生从艺60周年回顾展在本溪市图书馆举行，田连元向市图书馆、博物馆、档案馆、艺术研究所和市"非遗"保护中心及读者代表赠送了评书版《水浒传》图书。当晚，花甲艺彩耀春秋·田连元先生从艺六十周年暨中国曲协"送欢笑走进本溪"大型文艺演出在本溪市人民文化宫上演。31日上午，"本溪评书"传承与保护暨田连元先生从艺60周年研讨会在富虹酒店举办。

【辽宁省首届大学生曲艺节】

11月4日、5日，由省文联、团省委主办的"曲韵绵长，青春有我"辽宁省首届大学生曲艺节在鞍山科学技术大学举行。活动邀请中国曲协副主席、省曲协主席崔凯，中国曲协评书艺委会主任、省曲协名誉主席、著名评书表演艺术家田连元等国内和省内知名的曲艺家担任比赛评委。多个高校的优秀节目同台展示，相声、小品、快板、西河大鼓、二人转等多种曲艺形式悉数亮相，最终评选出节目金奖7个、银奖8个、铜奖6个，表演奖5人，及优秀组织奖和组织工作奖等奖项。活动还邀请田连元做了题为"中国评书艺术"的专题讲座，并举办了辽宁省高校曲艺发展研讨会。

创作研究与评奖

【长篇评书《铁马冰河丹心谱》开播】

9月1日，省文联与沈阳广播电视台联合录制的20集长篇评书《铁马冰河丹心谱》在沈阳新闻广播开播，并在省文联召开开播新闻发布会。该评书由曲艺作家崔凯、郝赫、于清涌、崔立君、董凌山等共同创作，由评书表演艺术家田连元播讲。内容主要选取从1931年"九·一八"事变至1945年"八·一五"日本投降期间的典型事件、典型人物，如"九·一八"事变、平顶山惨案，杨靖宇、赵尚志、李兆麟、赵一曼等，弘扬东北人民不惧艰险排除万难保家卫国的爱国主义精神。由于播出效果好，作品还进行了重播。

【辽宁重大题材美术创作工程启动仪式暨新闻发布会】

12月16日,由省委宣传部、省文联、省美协共同举办的辽宁重大题材美术创作工程启动仪式暨新闻发布会在沈阳举行。该工程以辽宁地区历史为题材,集中创作一批美术作品再现辽宁辉煌的文明历程和社会主义建设的历史成就。发布会上成立工程组委会,由组委会根据需要聘请史学界和美术界知名专家组成专家指导组。作品申报采取特邀和自愿申报相结合,集体和个人须根据《辽宁重大题材美术创作工程选题提纲》,以创作草图进行申报。符合程序入选的作者将在签订创作合同后进行正式创作,创作时间为2015年12月至2017年7月底。作品完成后,将适时举办展览、出版作品集文献集、组织对外交流等。

【采风活动】

全年,省文联及相关艺术家协会相继组织艺术家2400余人次深入抚顺石化、抚矿集团、内蒙古赤峰地区、鞍钢博物馆、浑河源头、"九·一八"历史博物馆、抚顺满族自治乡、东北大学等全省各地开展采风创作活动三十余次,时间超过60天,创作作品近5000件(部)。

【传统魔术继承与发展研讨会】

5月28日,由省文联主办的传统魔术继承与发展研讨会在大连市召开。研讨会旨在通过研究唤起业界、世人对濒临失传的传统魔术的关注,找出好的解决方案,进而对中国优秀的传统魔术进行继承保护和发扬。罗秉松、田飞燕、罗飞雄、牟衍明、郭玉文、田学明、张笑楼等魔术大师还结合研讨内容,做了现场魔术演示,通过《中国环》《五谷丰登》《仙人摘豆》等老节目展示了传统戏法魅力。

【2015·辽宁文艺论坛】

7月29日至30日,2015·辽宁文艺论坛在葫芦岛市举办。此次论坛聚焦艺术家与艺术生态建设的关系,对当下存在的诸如恶搞、"愚乐化"、功利主义等问题给予了批判和分析,呼吁广大文艺工作者恪守艺术良知,让身体慢下来、精神跟上去。活动从年初开始对选题进行设计和论证,《中国艺术报》《辽宁日报》分别刊发专题文章对论坛进行了深入报道。

【辽宁省文联被授予首批"中国文艺评论基地"】

9月23日,首批"中国文艺评论基地"授牌仪式在中国文联中国文艺家之家举行,辽宁省文联被授予此荣誉。中国文联党组书记、副主席赵实等为首批"中国文艺评论基地"单位授牌。近年来,辽宁省文联开展了一系列理论评论活动,"大众消费语境下的中国电视剧精神品质研究"、《艺术广角》杂志、"辽宁文艺微评论"受到重视和关注。12月17日,辽宁省文联"中国文艺评论基地"挂牌仪式在沈阳举行。同月,基地申报的课题"当代文艺评论阵地建设与实践研究"获得批准。

【人民艺术家李默然艺术人生论坛】

11月13日、14日,由中国剧协、省文联主办的人民艺术家李默然艺术人生论坛在沈阳举办。论坛期间举办了李默然艺术生涯展览,展示其照片、排练笔记等。论坛上,与会人员从不同角度、不同层面回顾了李默然的艺术人生、艺术成就,认为其一生的艺术实践,都在努力表达为时代、人民所期盼的中国气魄。

【第七届中青年文艺评论骨干读书班】

12月8日、9日,由省文联主办的第七届中青年文艺评论骨干读书班在沈阳举行。读书班以"重新思考艺术评价标准"为主题,在主讲单元邀请南开大学文学院教授、博士生导师周志强,沈阳师范大学文学院教授姜桂华,大连大学文学院教授高日晖以及鲁迅美术学院美术史论系教授杨振国结合主题分别做了题为"文艺批评的政治想象力""相对的共识何以达成——文艺批评价值体系建构散论""古代经典小说传播与艺术标准""解读贡布里希的《艺术的故事》"的讲座。读书班上与会人员还围绕艺术的经典性、艺术创作与生产、艺术审美与消费等进行了发言。

【辽宁省文联特聘评论家签约仪式】

12月17日,辽宁省文联特聘评论家签约仪式在沈阳举行,省内12名特聘文艺评论家受聘。"特聘评论家制度"是深入贯彻落实习近平总书记文艺工作座谈会讲话和中共中央《关于繁荣发展社会主义文艺的意见》精神,坚持以人民为中心的创作导向,加强中国特色社会主义文艺理论研究,更好地引导文艺创作生产的一项重要举措,旨在积极宣传推介辽宁优秀文艺作品和优秀文艺人才,培养和造就一支思想水平高、专业能力强的文艺评论家队伍,提高辽宁文艺评论工作的组织化程度,形成在全国有影响力的文艺评论品牌。

【辽宁文艺微评论】

辽宁文艺微评论工作全年拓展选题视野,把目光对准更多艺术门类,涉及文学、戏剧、电影、电视、曲艺、民间文艺等多种艺术样式,强化文联工作一盘棋观念,把微评与协会的活动结合起来,加快微评的上网频率,全年一共策划评论主题15个,形成稿件76篇。同时与《辽宁日报》"文艺微评"栏目互动,被转载微评稿件43篇。

【"艺术对谈"】

全年开展艺术对谈4期,分别以"青春叙事与生命成长""须知写诗和读诗乃生命之本能——2015年春的诗'热'引发的'诗与诗意生存'""校园戏剧与精神成长""雕刻时光:让时间定格在那些温暖的时刻——由《山河故人》说起"为主题,紧扣当下的艺术热点焦点问题,对青春影视剧、诗歌热、校园戏剧以及电影进行对谈和讨论。《辽宁日报》的文化观察版进行了专题报道。

【古典室内乐系列音乐会】

全年共组织古典室内乐系列音乐会12场,其中声乐4场、器乐8场,包括"金钟敲响"声乐专场音乐会、钢琴重奏专场音乐会、"巴松 VOICE"重奏团专场音乐会、萨克斯专场音乐会、手风琴专场音乐会等。

【第五届辽宁音乐金钟奖】

第五届辽宁音乐金钟奖进行了声乐和作品两个门类评选比赛。5月23~28日举办了声乐比赛,按美声、民族两个组别各评出一等奖1名、二等奖2名、三等奖3名、优秀奖6名、入围奖13名。8月末举办了作品(流行歌曲)比赛,评出4首作品获优秀作品奖,6首作品获作品奖。

【第四届辽宁美术金彩奖】

5月结束的第四届辽宁美术金彩奖评选活动,特聘任辽宁省美协主席团、资深画家、评论家等人员组成评奖委员会,以第十二届全国美展的评奖结果为依据进行评选,经评委会认真评选,最终评出优秀美术作品13件。

【第四届辽宁曲艺牡丹奖】

第四届辽宁曲艺牡丹奖评奖活动于4月正式启动,历时5个月,共收到来自省内各团体会员单位推荐的作品55个,参评演员及作者50余人。10月中旬,最终评选出表演奖6人、创作奖5部、节目奖4个。12月17日,第四届辽宁曲艺牡丹奖颁奖典礼在沈阳举行。

【第四届辽宁文艺评论奖】

第四届辽宁文艺评论奖评奖工作于5月正式启动,向省各艺术家协会、各市文联、省文化厅艺术研究所、省作协创研部、省社科院文学所以及具有相关专业和科研能力的各高校等单位广泛征集文艺理论评论文章,共征集作品31篇,经过初评和终评,最终评选出获奖作品6篇。

对外文化交流

【与日本佐贺县书法交流代表团书法交流活动】

8月25日至28日,以米仓信义为团长的日本佐贺县书法交流代表团一行19人来辽宁访问,省文联与代表团开展了系列交流活动。26日上午,辽宁省佐贺县书法交流展暨创作笔会活动开幕式在沈阳师范大学举办。展览展出的近四十幅作品从佐贺县以及辽宁省书法家的创作中精选而出,辽宁参展的书作以省书协主席团成员作品为主,代表了辽宁书法水准。活动现场,两省县书法家还进行了创作交流笔会。访问团在辽期间还参观了宋雨桂艺术馆等文化场所。

【赴加拿大、美国文化艺术交流】

9月23日至30日,省文联文化访问团赴加拿大、美国开展艺术交流活动。24日,"今日辽宁"摄影展在加拿大萨斯喀彻温省贾纳大学孔子学院举办,近百人出席开幕式,共展出体现辽宁地域特色和鲜明时代特点的摄影作品40幅,重点反映辽宁的自然风光、社会发展和风土人情。访美期间,代表团赴芝加哥、奥斯汀与伊利诺伊州政府远东局和得克萨斯州柴维斯郡公民国际委员会相关负责人就开展文化交流有关事宜进行了磋商。

机关建设

【"三严三实"专题教育】

在省文联处以上领导干部中开展"三严三实"专题教育,组织专题学习研讨4次,召开专题民主生活会,领导班子及领导班子成员分别进行了对照检查。

【"在职党员进社区"】

组织在职党员走进社区开展爱心服务和实现社区群众微心愿活动,走访慰问困难群众16户,送去慰问款11500元。

【"帮企业稳增长促振兴"】

与辽宁远东热交换设备有限公司进行对接,并进行现场办公,帮助企业了解掌握当前国家和省委省政府稳增长促振兴方针政策,办理产品市场准入手续,扩大产品销路;联系抚顺石化等国有大型企业,帮助困难企业畅销产品销路。

【驻村扶贫】

为扶贫村部购买办公设施和生活用具,建立文化娱乐场所,购置音响、器乐,安装了监控设备;为村学校捐赠价值近万元的器乐设备,并进行实地教学指导。走访老、弱、病、残、贫困户三十余户,捐助帮扶资金18000余元,捐助冬季保暖衣物5箱,三百余件。争取危旧房屋改造补助资金2万元,争取绿化种植补助款3万元。

【强化干部管理】

开展领导干部个人有关事项年度随机抽查,任职重点核查,2015年随机抽查个人有关事项5人次,重点核查3人次;实施档案信息化管理,建设电子档案数据库,扫描录入个人档案一百二十余本,对个人档案进行专项审查,重点审查个人"三龄两历"问题，对信息不完整、不完备等情况进行了审核，并依规重新进行认定。

【干部队伍建设】

晋升正处级领导3名，机关交流到事业单位任领导职务1名，晋升科级干部7名。事业单位公开招聘工作人员5名。选派优秀年轻干部到所属事业单位挂职锻炼4名，参加省委组织部优秀年轻干部到基层进行锻炼1名，调任县处级领导干部1名。

【组织学习培训，提高干部队伍整体素质】

参加中组部厅级领导干部培训1人、中国文联地县级文联领导干部培训3人、省委组织部厅级领导干部后备干部和正处级领导干部培训3人、省委机关工委组织的进修二班培训1人次和"学习贯彻习近平总书记系列重要讲话精神"专题轮训班22人次；成立戏剧、音乐、美术等各类兴趣小组8个，制订了学习计划，坚持每周组织开展业务学习，国庆节组织开展了成果展示。

直属单位

【辽宁省文艺理论研究室】

《艺术广角》杂志出版6期，刊发文章96篇。新设计两个重要选题（栏目）："数字时代的艺术生存""关注青春叙事"，针对文艺创作领域面临新媒体崛起和青年受众市场繁荣的状况发起探讨。"辽宁文艺微评论"进一步拓展选题视野，全年策划主题15个，组稿76篇，被《辽宁日报》转载43篇。完成中国文联首批"中国文艺评论基地"的申请、挂牌工作，辽宁省文联成为全国首批评聘的22个基地之一。启动辽宁著名艺术家个案研究项目，多次采访著名画家宋雨桂，并进行资料收集、观摩画作、实地考察。

【音乐生活杂志社】

探索新的办刊理念，共推出12位省内外艺术家，作为封面人物进行重点推荐发表。继续连载《中国革命音乐的先驱——吕骥》一文，为研究吕骥的音乐生涯提供了详尽的史料。与万方数据合作，增加网络订阅功能，并推出手机客户端和平板电脑客户端，使杂志阅读更加便捷，不断扩大《音乐生活》品牌的影响力。

【辽宁美术馆】

提升展览品质与水准，全年共举办团体艺术展、艺术家个展、艺术拍卖及交流活动22场次。积极开展收藏活动，共收藏美术作品69件。开展馆藏品普查工作，对建馆之初至2013年底的900多件藏品逐一进行核实、拍照、登记等。加强网站管理，实现网站报道与展览信息同步。全年出版《辽宁美术馆》馆刊两期共1500册，印制《辽宁美术馆馆藏作品集》（第三集）1000册。与《辽宁日报》《华商晨报》等媒体合作，对辽宁美术馆进行深度报道近20次。

【辽宁画院】

重点举办纪念抗日战争暨世界反法西斯胜利70周年"致敬祖国"辽宁画院双年展，展出作品200余件并在展览期间召开艺术创作研讨会，使展览在学术上得以深化和延伸。号召画家"深入生活、扎根人民"，开展采风写生活动，组织全院画家赴工厂、农村、部队、少数民族地区及国内外美术馆、博物馆等地进行参观学习考察。开通辽宁画院官方网站及微信公众号，扩大画院影响力。

【辽宁图片资料馆】

聚焦辽宁发展重大事件，拍摄纪念反法西斯胜利70周年暨中国人民抗日战争胜利70周年系列活动、省"两会"、省第十四届国际装备制造博览会等重点活动。宣传群众文化活动，拍摄2015省群众文化节、第六届东北文化博览会、省第三届全民运动会等。服务生产建设、民生问题，对辽河、凌河治理改造流域进行动态跟踪拍摄。关注省内非物质文化遗产工作，完成省内43个国家级固定文物以及当地自然风光的采集拍摄和省第十个文化遗产日有关"非遗"文化项目展演展示活动的现场拍摄等。

各文艺家协会

【辽宁省戏剧家协会】

1月，主办的"星期六剧场"活动被中央一套《新闻联播》报道。4月，举办"梅花荟萃"中国戏剧大师辽沈行活动；邀请中国戏剧家协会党组书记季国平来辽宁举办戏剧理论讲座。5月，举办第十九届辽宁省少儿戏曲小梅花荟萃活动评选暨第十九届中国少儿戏曲小梅花荟萃活动选拔赛，推荐12名选手参加全国比赛；主办"中国戏曲推广日"活动。6月，组织专家对参加辽宁省第五届大学生戏剧节的沈阳、鞍山赛区参赛作品进行初评。7月，组织专家对参加辽宁省第五届大学生戏剧节的大连、锦州赛区参赛作品进行初评；组织辽宁戏剧代表团参加中国戏剧家协会第八次全国代表大会；组织选手参加第十九届中国少儿戏曲小梅花荟萃活动，七名选手获"金花"称号，一名选手获"银花"称号，两名选手获"十佳"称号；组织辽宁戏剧界代表参加东北三省戏剧理论研讨会；推荐选手参加"滨海杯"首届全国评剧新苗交流展演活动。8月，推荐话剧《祖传秘方》参加第十四届中国戏剧节；举办辽宁省第五届戏剧骨干讲习班。9月至10月，举办辽宁省第五届大学生戏剧节。9月至11月，举办"高雅艺术进校园"活动，在省内高校演出话剧《一诺千金》《孔子》《雷雨》。11月，推荐话剧《祖传秘方》在江苏省苏州市展演；举办李默然艺术人生论坛。

【辽宁省音乐家协会】

1月，推荐李超在中国音协主办的第六届全国高校声乐比赛中荣获教师组金奖。2月，承办中国音协辽宁考区音乐考级活动；组织音乐家赴大连长海县海岛开展"深入生活、扎根人民"活动。4月，组织志愿者赴本溪工人街道辅导基地进行声乐辅导；组织音乐家赴盘锦市为一线钢琴教师作公益讲座。5月，组织志愿者赴营口基地进行民族乐团及声乐演唱辅导；建立机关音乐兴趣小组；召开"辽河"主题音乐创作选题论证会；主办第五届辽宁音乐金钟奖声乐比赛。6月，组织音乐家赴铁岭为一线教师做公益讲座；主办全国首届民族声乐交流展——高端对话论坛；举办首届辽宁青年歌词大赛；组织辽宁省代表团赴北京参加中国音协第八次全国代表大会；举办古筝教师培训公益讲座。7月，主办辽宁省青年宫系统第四届声乐教师培训班；组织词曲作家赴清原浑河源头采风，为创作交响合唱《大辽河》及辽河主题器乐、歌曲作品做准备；承办中国音协辽宁考区暑期考级活动。8月，组织参加2015年"吟飞杯"首届全国电子琴键盘比赛，获一银、二铜，协会获优秀组织奖；举办辽宁省第三届琵琶（业余组）比赛；评出第五届辽宁省金钟奖（流行歌曲）优秀作品奖4首、作品奖6首。9月，召开词曲作家创作研讨会。10月，举办十四届辽宁吉他大赛。11月，召开"五个一工程"歌曲创作歌词研讨会。12月，举办辽宁省第五届民族器乐（专业组）大赛；举办"话金钟"中青年声乐演员沙龙座谈、手风琴沙龙座谈；召开备战"五个一工程"歌曲作品创作笔会。全年共举办12场古典室内乐系列音乐会。

【辽宁省美术家协会】

1月，举办"'中国梦'·辽河情"辽宁省第二届工笔画邀请展及"辽河创作基地"授牌仪式；组织画家赴北京人民大会堂修改完成作品《红海滩》。1月至2月，走访看望离退休老干部。3月，举办"大美之德"美术创作工程作品展并出版作品集。4月，辽宁省美术家微信公众号投入使用；组织美术家赴德国交流考察，并在德国举办第七届"走进经典"与杜塞尔多夫聊天——

辽宁美术家赴德九人展。5月，召开辽宁重大题材美术创作工程选题论证会；举办第四届辽宁美术金彩奖评选；主办辽宁首届迎六一少儿绘画现场写生大赛；承办第十二届全国美术作品展暨中国美术奖·创作奖、获奖提名作品展盘锦巡展。6月，举办2015年度水彩（粉）画高研班。7月，主办"画说美丽抚顺"首届抚顺市青年美术作品展；举办纪念反法西斯战争胜利70周年第二届"梦之青春"辽宁省青年美术新人新作展；9月，承办"写意中国"首届中国画水墨大展，召开座谈会，出版作品集；承办纪念反法西斯胜利70周年第三届架上连环画展。10月，主办"溯本求源，走进满乡"青年画家参采风创作活动；接待"中华文明历史题材美术创作工程"组委会来沈观摩指导作品。11月，举办"梦幻黄山"宋雨桂写生手卷展及学术座谈会；主办"千山竞秀"青年美术作品展；召开学习总书记讲话精神，繁荣辽宁美术创作座谈会；承办墨·源艺术家五人联展。12月，举办辽宁重大题材美术创作工程启动仪式暨新闻发布会；编辑出版《2015年美术家通讯》。

【辽宁省摄影家协会】

1月，推荐田立获第十届中国摄影金像奖（纪实类摄影创作奖）；主办"苏图志"苏家屯区摄影大赛；接待台湾花莲摄影协会到辽宁交流采风；2月，赴铁岭市西丰县开展文化下乡活动；走访老摄影家。3月，邀请新西兰摄影家举办风光摄影讲座；组织摄影家到保工二小辅导基地举办讲座；完成中国摄协摄影函授学院在辽宁招生工作。4月，启动首届辽宁省青年摄影大展暨第六届辽宁省青年摄影十佳金镜头奖活动；举办艺术图书展及讲座；组织摄影家到北镇创作辅导基地开展采风创作。5月，承办辽宁省第四届全民读书节活动之一"悦读阅美"最美读书身影主题摄影大赛；主办"天堂映画——尼泊尔"摄影展；开展"到人民中去"文艺志愿服务主题活动；举办"中国祈福文化名城——辽宁北镇"摄影创作辅导基地成果展。6月，协办"关爱海洋，永续蔚蓝"图片展；组织摄影家到沈阳康平县扶贫采风。7月，主办"文明城市 影像洞察"摄影展。8月，举办郑之"东北东北"自然风光摄影作品展；承办影像"中国梦"摄影艺术展沈阳巡展。9月，在平遥国际摄影大展期间举办第二届中国·沈阳（铁西）国际工业摄影大展新闻发布会暨启动仪式；推荐隋显波、姚振海获第十五届平遥国际摄影大展优秀摄影师奖，白玉祥《塞外明珠》获凤凰卫视优秀摄影画册奖；随省文联代表团出访加拿大、美国。10月，举办光影"城"现——沈阳城市建设摄影展；举办首届辽宁省青年摄影大展暨第六届辽宁省青年摄影十佳金镜头奖摄影展；推荐参加第二十五届全国摄影艺术展览，2人获金奖、4人获铜奖、2人获评委推荐奖、11人获优秀奖，协会获优秀组织工作奖；举办第二届辽宁省职工美术、摄影、书法展。11月，举办辽宁省第五届摄影理论研讨会。12月，举办第五期辽宁省中青年摄影骨干培训班；组织摄影家在抚顺望花区辅导基地举办讲座；组织代表团赴日本北海道进行交流采风；向中国摄协推荐少数民族摄影人才培养工程人选。全年编辑出版《辽宁摄影》杂志4期。

【辽宁省书法家协会】

1月至2月，举办"我们的'中国梦'"万名书法家送万"福"进万家公益活动。2月，走访慰问省内著名老书法家。3月，举办辽宁省妇女书法展；与中国书协联合举办"中国书法公益流动大讲堂"沈阳巡讲活动；4月，组建机关书法兴趣小组。5月，举办"翰墨新星——向上向善"辽宁省青少年书法大赛。6月，在北京举办"慧心之境"宋慧莹书法近作展；在沈阳举办姚哲成师生书法展。7月，召开辽海书学论坛·辽宁书法史全国学术研讨会。8月，举办辽宁省·佐贺县书法交流展暨创作笔会活动。9月，举办纪念反法西斯战争胜利暨中国抗战胜利70周年辽宁省第二届青年书法展、第三届篆隶楷书法展。10月，举办五老书法展；举办翰墨薪传·辽宁中小学书法教师培训班。11月，举办第三十一届书法临帖班。

【辽宁省舞蹈家协会】

3月，在朝阳县贾家店农场建立舞蹈辅导基地。4月，完成年度会员入会审批工作，新批准省级会员63人，获批中国舞协会员26人。5月，推荐群舞《喜悦》参加第八届"小荷风采"全国少儿舞蹈展演，获"小荷之星"奖。6月，主办"舞动梦想"中国舞协百姓健康舞（辽宁版）全省推广成果展并举办中国舞协百姓健康舞（辽宁版）调研座谈会；推荐舞蹈《尼苏新娘》参加第十届中国舞蹈荷花奖·民族民间舞评奖，获得最高奖作品奖。7月，推荐群舞《最好的未来》《浪妞妞》《一条大河》参加第三届"荷花·少年"全国（中学）校园舞蹈展演均获得"荷花·少年"奖，《最好的未来》获最具人气金奖。10月，主办第九届"小舞蹈家杯"少儿舞蹈展演。11月，组织辽宁省代表团赴京参加中国舞蹈家协会第十次全国代表大会。3月至11月，赴协会各基地开展辅导活动。

【辽宁省曲艺家协会】

3月，组织选手参加第十届马街书会全国曲艺邀请赛，拉场戏《被撞之后》获一等奖，评书《飞起来，兄弟》《左羊之交》获二等奖；举办评书《铁马冰河丹心谱》创作研讨会；主办"关注辽宁曲艺传承，共谋辽宁曲艺发展"辽宁评书文化传承论坛；《我们的"中国梦"——第三届辽宁省优秀曲艺节目调演作品集》编印完成。5月，组织志愿者赴阜新市阜蒙县阜新镇开展"到人民中去·曲艺进校园"文艺演出辅导系列活动；组织选手参加"南开杯"第三届全国（天津）相声新作品大赛，相声《谁信哪》获最佳作品奖，相声《鼠胆英雄》获优秀作品奖。6月，组织选手参加第三届"南山杯"全国曲艺新人新作展演，二人转《铿锵玫瑰》获二等奖；承办"鸭绿江畔的笑声"崔立君从艺四十年作品专场演出。9月，举办长篇评书《铁马冰河丹心谱》开播新闻发布会，并在沈阳新闻广播两次播出；推荐选手参加第二届"武清·李润杰杯"快板书展演，《羊有德》获少儿组一等奖，《李逵断案》获非职业组一等奖，《快板梦想快板情》《圆梦》获非职业组二等奖，《武松赶会》获非职业组三等奖，《快板梦想快板情》获创作奖；主办第八届"西岗杯"全国相声新人新作推选活动及"相声与时代"主题研讨会。10月，承办田连元先生从艺60周年系列纪念活动。11月，承办"曲韵绵长，青春有我"辽宁省首届大学生曲艺节；组织选手参加第二届"和平杯"全国曲艺票友邀请赛，评书《武松打虎》、相声《学评剧》获优秀节目奖；组织志愿者赴省内院校开展"曲艺进校园"文艺演出。12月，主办郝赫先生从艺60周年研讨会；主办第四届辽宁曲艺牡丹奖颁奖典礼；主办辽宁省曲艺创作骨干研修班。

【辽宁省民间文艺家协会】

1月，开展会员统计摸底普查工作；组织民间艺术家参与第十五届中国人口奖民间艺术品类和宣传品类评选活动。4月，推荐民间艺人参加国家艺术基金资助项目"刺绣艺术创新青年人才培养"学习培训；推荐民间艺术家参加中国民间文艺山花奖评奖；组织人员参加首届中国（潍坊）民间艺术博览会活动。9月，组织48位作者的54幅作品参加"纪念反法西斯战争胜利70周年"2015全国剪纸名家精品展，《放哨》获银奖，5位作者的作品获优秀奖，协会获优秀组织奖。10月，选送农民画作品四十余幅参加"中国精神·'中国梦'"全国农民画展，3幅作品获优秀奖，协会获组织奖。配合中国民协完成《中国口头文学遗产数据库（一期）》辽宁省部分的资料搜集整理和报送工作，共搜集报送数据库录入书目165种。

【辽宁省电影家协会】

1月，举办电影剧本《中秋》研讨会。2月，走访协会老艺术家、顾问、原秘书长等。3月，推荐作品参加第二十二届北京大学生电影节；与辽宁广播电视台合作，策划纪念抗战70年系列纪录片。4月，推荐剧本参评全国"夏衍杯"电影剧本评奖；参加北京国际电影节、电影论坛、电影市场、剧本研讨等活动，马小平的电影《温水青蛙》入围新片单元。4月至9月，开展第五届东北三省电影评论奖活动。5月，电影《妈妈去哪了》获第二十二届大学生电影节最佳低成本影片奖；与省视协联合举办影视创作研讨会。8月，推荐编剧参加全国电影创作培训班。9月，参加第二十四届中国电影金鸡百花电影节；电影《妈妈去哪了》获第六届"中国影协杯"优秀电影奖。10月至12月，编辑出版《东北三省电影评论文汇（2014—2015年）》。11月，与省文艺理论家协会联合举办"艺术对谈"活动。12月，电影《村长相声哥》获第二届"女神杯"优秀故事片奖。全年组织电影观摩活动8次，观看电影近20部。

【辽宁省电视艺术家协会】

1月，组织艺术家赴东北大学开展"深入生活、扎根人民"主题采风活动。3月，推选作品参加第七届女性题材优秀电视作品推选展播活动。4月，完成"人文中国第四季——城市纪实"推选、展播活动的作品征集工作，《海鲜的故事》获二等奖，《光阴大连——蹉跎往事说桥北》获三等奖，协会获优秀组织奖；报送纪录片《发现·辽宁》参加第二十一届中国电视纪录片十佳十优作品评选活动。5月，完成第四届"飞天奖"电视剧优秀评论和"星光奖"电视文艺优秀评论活动的论文征集报送工作，推荐的《国产电视剧精神品质现状考察》获第四届飞天电视剧优秀评论二等奖；开展第九届辽宁农村小康电视节目征集、评选活动；推选专题片参评第七届新农村电视艺术节优秀电视节目推选表彰工作；推选作品参加第三届亚洲微电影艺术节，《爱的奔跑》获三等奖；完成第八届中国旅游电视周优秀电视节目推选表彰活动；举办电视剧本创作研讨会。5月至6月，举办第九届"新V度"影像大赛及颁奖典礼。6月，推选《穿越经典》《正义的胜利》《讲武堂传奇——东北讲武堂三十年》《"真相"——沈阳九君子与日本侵华档案》及两篇论文参加"让历史告诉未来"抗战70周年纪录片和论文征集活动；完成第九届全国"德艺双馨电视艺术工作者"的推选工作，孙维民入选获选。全年共组织完成"一剧一评"文章五十余篇，均在《辽宁日报》"文化观察"版发表。

【辽宁省杂技家协会】

3月，举办东北三省魔术比赛选拔赛，选拔张威、杨贺然、沙文硕、李雪冬、崔昌日、张诺格、敖晶等选手代表辽宁参赛。5月，赴四经一校、文艺二校、浑南一小、浑南二小开展"到人民中去"庆六一"魔术杂技进校园"慰问演出活动；在大连海事大学、大连理工大学举办"到人民中去"辽宁高校魔术辅导基地授牌仪式暨"魔术杂技进校园"慰问演出活动；承办传统魔术继承与发展研讨会。9月，邀请台湾魔术大师罗宾到沈阳举办魔术讲座；承办的第四届东北三省魔术比赛在长春举行，辽宁获1金、4银、2铜。10月，深入沈阳杂技团、大连杂技团、沈阳军区前进杂技团、锦州杂技团、辽宁杂技团、沈阳艺校、大连艺校、沈阳民族艺校、沈阳残疾人艺术团等团体会员单位进行调研；推荐人员参加上海国际魔术节大师班学习。10月至12月，协会组织魔术艺术家分别到省内相关高校进行慰问演出、辅导讲座活动。11月，组织辽宁代表团赴北京参加中国杂协第七次全国代表大会。全年，审批省级会员26名，推荐中杂协会员6名。

【辽宁省文艺理论家协会】

2月，编辑出版《2014年辽宁文艺评论成果集》。3月，组建机关文艺理论兴趣小组。4月，组织人员参加中国文艺评论家协会举办的文艺评论骨干培训班。5月，启动特聘评论家制度工作。5月至11月，开展第四届辽宁文艺评论奖评审工作。6月，推荐人员参加中国文艺评论家协会举办的评论骨干培训活动。7月，组织人员参加中宣部举办的文艺评论培训班；举办2015·辽宁文艺论坛，主题为"艺术家的审美坚守与艺术生态"。10月，召开省文联文艺评论咨询会，邀请专家讨论特聘评论家制度工作。12月，举办第七届中青年文艺评论骨干读书班，主题为"重新思考艺术评价标准"。全年举办"艺术对谈"4期，结合"青春叙事与生命成长""须知写诗和读诗乃生命之本能"——2015年春的诗"热"引发的"诗与诗意生存""校园戏剧与青春成长""雕刻时光：让时间定格在那些温暖的时刻——由《山河故人》说起"等主题展开研讨。

吉林省文联

综述

2015年，在习近平总书记系列重要讲话特别是在文艺工作座谈会上的讲话精神指引下，在省委、省政府的坚强领导下，在省委宣传部和中国文联的有力指导下，吉林省文联紧紧围绕省委十届四次、五次、六次全体会议的战略部署，认真履行"团结引导、联络协调、服务管理、自律维权"的职能，围绕中心、服务大局，深入生活、扎根人民，面向基层、服务群众，以践行"爱国、为民、崇德、尚艺"的文艺界核心价值观为主题，充分发挥文联优势，紧紧围绕打造品牌、多出人才的工作重心，着力提高文艺创作水平和创造活力，着力扩大文艺志愿服务的覆盖面和影响力，着力提升文艺工作者的思想道德修养和文学艺术素养，着力发挥文联组织在社会管理和服务中的重要作用，进一步团结动员广大文艺工作者为繁荣吉林文艺事业，为把吉林建成文化大省做出新的贡献。

重要会议与活动

【省文联八届三次全委（扩大）会议】

3月11日，吉林省文联八届三次全委（扩大）会议在长春召开，会议传达贯彻了中国文联九届七次全委会会议精神和全省宣传部长会议精神，省文联党组书记、主席尹爱群做了题为"深入学习贯彻习近平总书记重要讲话精神　努力推动吉林省文艺事业迈上新台阶"的工作报告。

【全省基层文联工作经验交流会暨文艺志愿服务工作现场会】

9月22日，全省基层文联工作经验交流会暨文艺志愿服务工作现场会在敦化召开，来自全省各市州、县市区和行业文联的代表齐聚一堂，学习先进，交流经验。

会议表彰了51位优秀基层文艺志愿服务者，25个基层优秀文艺志愿服务组织。有10家文联分别就文艺骨干培养、推动文艺创作等内容做了会议发言。此次会议得到了中国文联、中国文艺志愿者协会的高度重视。中国文艺志愿者协会秘书长廖恳到会讲话并对基层文联负责人进行专题辅导，协会派出三位国家级演员与吉林省的文艺家共同开展了"送欢乐、下基层"走进敦化市新兴林场慰问演出活动。

【全省文艺界学习贯彻习近平总书记在文艺座谈会上的讲话暨中共中央《关于繁荣发展社会主义文艺的意见》精神座谈会】

在习近平总书记主持召开文艺座谈会并发表重要讲话一周年之际，10月15日，省文联召开全省文艺界学习贯彻习近平总书记在文艺座谈会上的讲话暨中共中央《关于繁荣发展社会主义文艺的意见》精神座谈会。艺术家代表、省文联各艺术家协会、基层文联和文艺团体的负责同志等三十多人参会。

省文联党组书记、主席尹爱群表示，一年来，省文联认真学习贯彻总书记讲话精神，发挥联系全省文艺界的桥梁和纽带作用，积极为经济社会发展创造良好的文化环境。学习好、宣传好、贯彻好、落实好习近平总书记的重要讲话和意见，是全省文艺界以及广大文艺工作者的重大政治任务，省文联要以改革创新的精神和务实清廉的作风完成好各项任务，把省文联建设成文艺工作者的温馨和谐之家。

【吉林省第三届青少年戏曲大赛】

5月，由省文联、省文化厅、团省委共同主办，省戏剧家协会承办的吉林省第三届青少年戏曲大赛在敦化市启动，6月中旬在长春市收官。此次全省青少年戏曲大赛由全省集中式比赛调整为分站式比赛，分别在敦化、白山、吉林、延吉、长春等地设置赛区，大赛评出表演奖、优秀表演奖共计70名，其中，刘九萱、吕镜等23名小选手荣获优秀表演奖。

【吉林省残疾人文学艺术界联合会成立】

5月15日，吉林省残疾人文学艺术界联合会成立，成为省文联新的团体会员，省残疾人文联的成立为全国首家，对全国残疾人文艺工作具有标志性、示范性意义，得到中国文联和中国残联的肯定。

【王瑶赴长白山调研吉林省摄影工作】

6月11日，中国摄影家协会分党组书记、中国摄影家协会主席王瑶，文化部艺术研究院院长助理、中国摄影家协会副主席李树峰一行，来到长白山调研吉林省摄影工作。6月12日，王瑶一行听取了长白山管委会党工委书记、主任谢忠岩关于长白山管委会重视长白山摄影品牌打造的介绍。之后，他们和吉林省摄影家协会、长白山摄影家协会的同志一起分享了2015长白山"雪之魂"国际摄影大展的数百幅入选作品。调研期间，王瑶一行参观了长白山摄影展览馆和馆藏长白山摄影作品；并召开调研座谈会，与长白山管委会、吉林省摄影家协会、长白山摄影家协会等有关同志认真交流。

【"大美长白"——长白山题材美术作品巡回展】

作为2014年国家艺术基金首批推广项目，由中共吉林省委宣传部、吉林艺术学院主办，省美术家协会、吉林艺术学院美术学院承办的"大美长白"——长白山题材美术作品巡回展于6月26日在长春市雕塑公园艺术馆拉开序幕。这次展览是2014年国家艺术基金重点交流推广项目，展览以"长白山"为文化背景展开，集中展示吉林省籍老、中、青三代艺术家的油画、国画、版画、水彩等逾百件美术作品，代表了吉林省美术创作的方向和高度。

本次展览从6月至12月在长春、北京、上海、重庆、广州等五个城市巡回展出。

【2015第二届吉林省市民文化节群众舞蹈（优秀作品）展演】

7月3日，由吉林省委宣传部、省文联、省文化厅主办，省舞蹈家协会、长春市群众艺术馆共同承办的"2015第二届吉林省市民文化节群众舞蹈（优秀作品）展演"在东方大剧院开幕。展演筹备工作历时3个月，全省社区艺术团、文化馆艺术团、社会团体二百余个选送节目四百多个，参加人员近万人。经过初赛、复赛，53个作品入围，最后评选出18个舞蹈作品、500名演员参加展演。展演中的两个舞蹈作品《草原情》和《梦回草原》获得中央电视台《舞蹈世界》栏目组颁发的"舞蹈全民星特别荣誉奖"。

【第十四届东北三省戏剧理论研讨会】

7月25日，第十四届东北三省戏剧理论研讨会在松原市举行。来自东三省的戏剧理论专家们对本地地方戏曲发展的实际情况进行了认真交流，并与在座的专家围绕地方戏曲的传承、保护和发展及突破制约发展瓶颈等问题进行了深入探讨。吉林省京剧和新城戏、黑龙江省的"龙江剧"、辽宁省的"喇叭戏"等成为讨论的主题。

这次研讨会是由省文联主办，省戏剧家协会、松原市戏剧曲艺家协会承办，旨在推动地方戏剧的发展与繁荣。

【"银龄风采"吉林省老年百团歌舞大赛】

7月，省音乐家协会同省老龄委、省文明办、省舞蹈家协会、吉视乡村频道共同组织"银龄风采"吉林省老年百团歌舞大赛。全省设12个分赛区，报名选手近2万人，年龄最长者达80岁高龄。经过层层选拔，7月15日至8月30日，在吉林电视台演播大厅举行复赛、决赛。评出合唱一等奖1名、二等奖2名、三等奖3名、单项奖选手6名。

【"'一带一路'·神韵长白山"第六届东北亚国际书画摄影展】

由中国文联、中国—东北亚博览会秘书处主办，吉林省人民政府外事办公室、省文化厅、省文联、省旅游局、长白山保护开发区管理委员会、省经济干部管理学院、东北亚艺术中心、东北亚艺术博物馆承办，省美术家协会、省书法家协会、省摄影家协会协办的"'一带一路'·神韵长白山"第六届东北亚国际书画摄影展于8月31日在长春东北亚艺术博物馆隆重开幕。中共吉林省委原书记王云坤，全国政协委员、中国文学艺术界联合会副主席杨承志，吉林省政协副主席支建华等来自东北亚六国的领导及艺术家嘉宾数百人出席开幕式。

本届书画摄影展以"'一带一路'·神韵长白山"为主题，展出作品三千余幅，由王书平美术馆永久性专馆、周昌新油画展专馆、朝鲜艺术馆、日本艺术馆、韩国艺术馆、俄罗斯艺术馆、蒙古国艺术馆、"一带一路"·神韵长白山艺术专馆等9个展馆构成。

本届书画摄影展是推动东北亚文化交流与促进世界艺术互动的一届艺术盛会。"'一带一路'·神韵长白山艺术专馆"继首展之后，2015年下半年在纽约联合国总部和俄罗斯举办巡展。

【"生命的读本"——《抗战老兵口述史》抢救工程收官暨抗战胜利70周年纪念活动】

8月31日，省文联、省民间文艺家协会在吉林省图书馆召开了"生命的读本"——《抗战老兵口述史》抢救工程收官暨抗战胜利70周年纪念活动。《抗战老兵口述史》抢救工程由省民间文艺家协会组织实施，招募了53位志愿者加入采集队伍。经过近一年时间的抢救、挖掘、采集，采访了近二百位老兵，整理出121位老兵文字资料，圆满完成了这项工程。《抗战老兵口述史》一书被南京大屠杀遇难同胞纪念馆永久收藏。在"9·3"阅兵仪式前夕，中共中央从省民间文艺家协会组织编写的《抗战老兵口述史》中严格选拔，孙庭江（101岁）和陈同安（93岁）两位老兵被选为参加北京"9·3"阅兵活动的代表。其中孙庭江还于9月2日那天作为30名中外老兵的优秀典型代表在人民大会堂得到习近平总书记的接见，并获颁勋章。

【"纪念中国人民抗日战争暨世界反法西斯战争胜利70周年"吉林省美术作品展】

9月2日，由省文联、省美术家协会、长春世界雕塑公园主办的"纪念中国人民抗日战争暨世界反法西斯战争胜利70周年"吉林省美术作品展在长春世界雕塑公园隆重开幕。展览汇集了吉林省著名美术家和青年美术工作者的中国画、油画、版画、雕塑、水彩（粉）画等三百多件优秀作品，作品主题突出，艺术特色鲜明，反映出吉林省艺术家立足历史、展望未来的博大情怀。

【纪念中国人民抗日战争胜利70周年吉林省书法作品大展】

9月2日，由吉林省委宣传部、省文联主办，省书法家协会承办的"纪念中国人民抗日战争胜利70周年吉林省书法作品大展"在吉林省艺术学院开幕。本次展览面向社会公开征稿，得到了广大书法爱好者的积极响应，共收到投稿一千五百余件，书体涵盖了楷、行、隶、草、篆各书体，展览共选出入展作品500件。

【王明明、王俊杰获第四届"全国中青年德艺双馨文艺工作者"荣誉称号】

9月15日，第四届全国中青年德艺双馨文艺工作者表彰大会在京举行。中宣部、人力资源和社会保障部、中国文联共同授予54位文艺工作者"全国中青年德艺双馨文艺工作者"荣誉称号。吉林省曲艺家协会主席、一级演员王明明和吉林电视台高级编辑王俊杰获此殊荣。

【第27届吉林省电视文艺"丹顶鹤"奖评选活动】

11月12日至15日，由省文联、省新闻出版广电局、省广播电视艺术家协会主办，吉林市电视台承办的第27届吉林省电视文艺"丹顶鹤"奖评奖活动在吉林市举行。此次评奖历时2个月，有近200部作品参评，采取评委看片、充分评议、无记名投票方式，共评出综合电视文艺、电视专题纪录片、电视文艺栏目、单项奖等十类奖项。其中，吉林电视台的《铁蹄下的东北》《二人转总动员》、长春广播电视台的《悦来栈往事》、吉林市电视台的《开江》、白城广播电视台的《白鹤礼赞》等优秀作品分获各类电视文艺一等奖。吉林电视台李晓兵、吉林艺术学院王晓明获最佳编导奖；长春广播电视台周宓获最佳撰稿奖；最佳摄像奖由吉林市电视台摄制的《梦想·舞台》摄像团队李哲、赵志国、闫峪镇、朱威获得；延边电视台玄虎获最佳主持人奖；最佳广告创意由吉林电视台孙宇获得。评奖结束后，评委还就本届部分参评作品进行了点评。

【吉林省第21届摄影艺术展、2015中国长白山"雪之魂"国际摄影大展、2015吉林国际摄影双年展】

11月21日，吉林省第21届摄影艺术展、2015中国长白山"雪之魂"国际摄影大展、2015吉林国际摄影双年展开幕式及颁奖典礼在长春东北亚艺术中心举行。三百多位摄影艺术家和摄影爱好者来到现场观看摄影作品，探讨摄影技能知识等。本届摄影艺术展自2015年2月启动以来，组委会共收到来自省内广大摄影家及爱好者五千三百余件作品。经4轮评选，最终分别产生艺术类和纪录类金奖各3项、银奖各6项、铜奖各9项。2015中国长白山"雪之魂"国际摄影大展是在长白山"雪之魂"国际摄影大赛基础上举办的，以表现冰雪长白山为主题。大赛自2014年开赛以来，共有来自中国、韩国、日本、俄罗斯、中国香港、中国澳门、中国台湾等国家和地区的几千名摄影师参赛，共征集到作品1.13万幅，评选出二百余幅（组）获奖作品。此次展出的是120幅入选作品。此外，具有鲜明异域特色的"韩国九人九色展"也一同展出。

文艺志愿服务

【"文化惠农直通车"活动走进柳河县柳河镇采胜村】

1月27日，由省委宣传部、省文联、省文化厅、省新闻出版广电局、省作协共同举办的"文化惠农直通车"活动走进柳河县柳河镇采胜村，来自省书法家协会的书法家们现场挥毫，为村民们送去春联和"福"字；省摄影家协会的摄影家们则在采胜村部的二楼为村民拍摄全家福；表演艺术家们为村民们带来了一场由二人转、杂技、京剧、舞蹈和歌曲等百姓喜闻乐见的艺术形式组成的文艺演出。省文联"双节"期间的"文化惠农直通车"活动，参与书法家千余人次、摄影志愿者五百多人，为农民拍摄、赠送全家福两千余幅。

【省文联文艺志愿服务团重走抗联路"送欢乐、下基层"通化、白山行系列惠民活动】

5月7日至11日，省文联文艺志愿服务团开展重走抗联路"送欢乐、下基层"通化、白山行系列惠民活动。服务领域涵盖了戏剧、摄影、书法、绘画、曲艺、杂技等艺术门类，服务形式不仅有演出，还有研讨、辅导、大讲堂。著名二人转演员董玮、闫书平、佟长江、尹为民，著名杂技演员冯付伟、左辉参加了活动。志愿者们从长春出发，先后来到集安、通化、白山、临江、靖宇，历时5天4夜。活动包含4场文艺演出，6个书法、绘画、摄影辅导讲座，1个摄影展，命名两个文艺志愿服务创作基地，行程一千多公里，惠及群众万余人。

【省文联文艺志愿服务团"欢声笑语吉林行——走进黄龙府"送文化到农安专场演出】

8月26日晚，省文联文艺志愿服务团"欢声笑语吉林行——走进黄龙府"送文化到农安专场演出，拉开了第六届黄龙府文化艺术节和第二届吉林省农民文化节（农安）系列活动的序幕。整场演出亮点不断，尹为民、咸奎荣的二人转《焗大缸》，冯付伟、左辉的杂技《小丑》，闫淑萍、佟长江的二人转《西厢记》，董玮、韩子平的二人转《回杯记》及黄龙戏《兴国皇太后》选段等节目异彩纷呈。同时省文联还邀请了长影乐团的音乐家们，为农安群众带来了一场大型交响音乐会，女生独唱《谁不说俺家乡好》、管弦乐《红色娘子军》、男声独唱《牡丹之歌》等经典红色歌曲，赢得观众阵阵掌声。

【农民文化节送文艺演出走进农安县前岗乡新开村】

9月18日，第二届吉林省农民文化节送文艺演出走进农安县前岗乡新开村。此次活动由省委宣传部主办，省曲艺家协会、中共农安县委县政府承办。150多名演职人员为村民们献上了舞蹈、黄龙戏、歌曲等二十多个精彩节目，为满足村民们欣赏精彩文艺节目的要求，原定一个半小时的演出，临时加长到3个小时。

【"深入生活、扎根人民"情系林场大型文艺演出】

9月22日，由中国文联、中国文艺志愿者协会大力支持，吉林省委宣传部、省文联、延边州文联主办，吉林省文艺志愿者协会、敦化市委宣传部、敦化市文联承办的文艺志愿者"深入生活、扎根人民"情系林场大型文艺演出活动走进敦化市林业局新兴林场。

自身建设

【组织建设】

组织人事部门协助省委宣传部完成了3名协会秘书长的选拔任职和组织完成了18名处级以下干部的提拔任职的相关系列工作；完成了公开招录3名公务员的系列性工作和5名新录用公务员试用期满考核转正定级相关工作；整理装订了专业技术干部和行政管理干部任（免）职文件5册、12个协会换届文件汇编1部；完成了1人调入、2人调出、5人退休的相关工作；协助省委巡视组完成了在省文联的巡视工作；根据最新文件要求，结合文联实际，修订了《吉林省文联领导干部选拔任用工作实施办法（试行）》，制定了《吉林省文联"吃空饷"专项治理办法》《吉林省文联干部档案核查方案》和《吉林省文联学习贯彻〈准则〉和〈条例〉集中专题培训实施方案》，完成了人事干部档案"三龄两历一身份"核查30卷和42名在职人员的专题培训工作；完成了"第四届全国中青年德艺双馨文艺工作者"人选的推荐工作，吉林省曲艺家协会秘书长王明明获此殊荣。

2015年，吉林省残疾人文学艺术界联合会和东丰县文学艺术界联合会成立。截至2015年年底，全省省级文艺家协会新增会员650名，总数达到16286名。新加入国家级文艺家协会会员89名，国家级会员总数达到2603名。

【机关建设】

2015年，省文联深入开展"三严三实"专题教育。召开理论中心组专题学习研讨（扩大）会议8次，4名班子成员、21名处级干部做了发言。认真组织党的十八届三中、四中、五中全会，省委十届五次、六次会议精神和习近平总书记系列重要讲话特别是视察吉林重要讲话精神的学习。党的十八届五中全会和省委十届六次全会召开后，省文联党组召开中心组学习会，认真学习全会精神并召开党员干部职工大会进行传达学习。深入贯彻学习《中国共产党廉洁自律准则》和《中国共产党纪律处分条例》，组织全体在职党员参观预防职务犯罪警示教育基地，组织参加干部廉政教育培训班。组织女职工参加"清廉养德·从家庭出发"读书征文活动。大力推进机关党组织建设。创新工作模式，组织党员服务小分队进敬老院演出，在杨靖宇烈士陵园，组织党员及党员艺术家重温入党誓词。组织老干部参加省委老干部局组织的"纪念抗战胜利70周年书法、绘画、摄影展"，省文联荣获优秀组织奖。过去的一年，文联机关干部有22人获得各类表彰36个，有9个部门获得22项集体荣誉。

各文艺家协会

【戏剧家协会】

3月至4月，组织吉林省理事出席并参加中国戏剧家协会第七届理事会第四次会议暨2015年中国剧协工作会议。4月，举办吉林省第三届青少年戏剧大赛。6月，组织参加中国戏剧家协会第八次全国代表大会；"抗战剧目进校园"活动拉开序幕，吉林省弘艺人话剧团新编大型抗战剧目《寒春》在长春师范大学进行了首场演出，吸引了千余名师生观看。此次活动在长春大学、东北师范大学、吉林大学和吉林农业大学等高校连续演出10场。7月，组织参加第十九届"中国少儿戏曲小梅花荟萃"活动，刘九萱演唱的京剧唱段《金玉奴》最终进入决赛并荣获京昆业余组"金花"称号，并佩金牌一枚，省戏剧家协会荣获组织奖；在松原市主办第十四届东北三省戏剧理论研讨会。10月至11月，组织参加第六届"中国戏剧奖·小戏小品奖"评选活动，松原市满族新城戏传承保护中心的满族新城戏《方圆之间》和通榆县文广新局的戏曲小品《死去活来》进入决赛并参加展演。10月，组织参加第十四届中国戏剧节，省戏曲剧院京剧团演出的京剧《杨靖宇》被选入此次展演。

【电影家协会】

7月，省电影家协会与黑龙江省、辽宁省电影家协会联合举办第五届东北三省电影评论奖活动，省电影家协会会员及社会各界电影爱好者积极投稿，省电影家协会推荐的4篇论文3篇获一等奖，1篇获二等奖；主办庆祝长影成立70周年系列活动之"铭记党的关怀——向经典致敬"纪念毛主席为长影经典影片《创业》批示40周年文化活动。省文联、省电影家协会有关领导和代表，电影《创业》的主创代表及影迷参加了活动。11月，省电影家协会主席毕述林，副主席李庆辉一行前往革命老区江西省萍乡市莲花县探望并慰问由长影集团出品、省影协副主席雷献禾执导的影片《老阿姨》剧组，并了解影片的拍摄及进展情况。2016年，省电影家协会多次联合长影乐团举办大型影视金曲视听交响音乐会，并邀请电影艺术家、协会代表及各界影视爱好者共同参加。

【音乐家协会】

4月,组织第十届中国音乐金钟奖吉林省的选拔推荐工作。5月,举办中国音乐"小金钟"奖首届全国电子键盘展演吉林省赛区选拔赛。5月21日至6月10日,组织专家赴全省九个市(州)开展建立音乐创作基地和音乐教学基地的调研工作,经过实地考察,确定在全省建立音乐创作基地5个,音乐教学基地11个。7月24日,"吉林省音乐创作基地"挂牌仪式在吉林市艺术中心举行。6月,在通化市举办吉林省2015年歌词创作研讨会。来自全省各地的三十余名歌词作者携六十余首作品参加了研讨会。著名词作家、音乐文学理论家晨枫,著名作曲家、词作家陈受谦参会,对作品提出了宝贵的修改意见。此次研讨会中的15首作品在《词刊》上发表。6月,组织参加中国音乐家协会第八次全国代表大会,在这次会议上,许民、马秀华、申浩当选为理事;组织第十届中国音乐金钟奖"作品奖"吉林省的选拔推荐工作;组织"童声嘹亮"全国首届少年儿童环保歌曲颁奖音乐会暨作品展示汇演活动吉林省赛区的选拔推荐活动。7月,组织举办"银龄风采"吉林省老年百团歌舞大赛。8月,组织参加由中国音乐家协会、甘肃省委宣传部联合举办的"西风烈·绚丽甘肃"征歌活动。9月,与省声乐学会在长影音乐厅共同主办了"感恩的心"——姜晓波师生演唱会。11月,与省声乐学会、吉林教育电视台联合主办第三届吉林省青少年声乐大赛。2015年,省音乐家协会发展省级会员53名,推荐国家级会员17名。

【美术家协会】

3月,召开2015年度吉林省美术家协会工作会议,全省各市州美术家协会和院校负责人出席会议。4月,召开主席团工作会,讨论并研究了各画种艺委会一事。4月16日,在吉林艺术学院在校区美术馆举办"绘境文心"——胡悌麟作品文献展。7月2日,与吉林市文化局、吉林市文联、吉林市龙潭区政府共同主办的"龙潭之子"美术作品展在中国美术馆展出。此次展览共展出43位在吉林市出生或青少年时代在吉林市龙潭区参加美术学习的美术家作品一百余件。7月,"2015感知中国——吉林文化周"之"大美长白山"美术摄影作品展在法国和德国举办。此次展览美术部分由省美术家协会组织创作,集中反映长白山地区风土人情,共展出作品五十余幅。8月,高向阳、卜昭禹、张大光中国画作品展在吉林省图书馆展出,展出三位画家创作的小幅作品一百余幅;组织美术家赴抚松县进行美术创作辅导。9月,在长春世界雕塑公园举办"纪念中国人民抗日战争暨世界反法西斯战争胜利70周年"吉林省美术作品展和生命之歌·戈沙绘画艺术展。11月,与省书画院、龙宝斋艺术馆共同主办"瑞雪初冬·水墨白山"吉、陕两省书画家文化交流书画展,展出两省书画作品百余幅,展览期间,省美术家协会组织了两省画家到丹东、长白山采风活动,并举办了理论研讨会。12月,组织画家到吉林石化公司进行创作交流,赠予书画书籍,举办创作研讨,并举行了吉林石化公司吉林省美术志愿者创作写生基地挂牌仪式。

2015年,吉林省多件美术作品入选全国美术展览,1幅作品入选"纪念中国人民抗日战争暨世界反法西斯战争胜利70周年"全国美术作品展。在第五届全国青年美术作品展中,赵余钊的国画《故园幽梦》、魏义的油画《彝家人》、夏玉清的版画《物质到精神的跨越之十》获优秀奖。在第十二届全国版画作品展中,夏玉清的版画《物质到精神的跨越之十》获优秀奖。王东明的《春花开在雪融时》、李廷先的《黎明前的夜》获"写意中国"——庆祝中国人民共和国成立66周年首届中国画水墨大展优秀奖。4幅作品入选中国首届插图艺术展。

2015年,改版升级了吉林省美术家协会官方网站,并将内部刊物复刊更名为《吉林美术家》。

【曲艺家协会】

2015年，吉林省曲艺家协会带领团体会员单位——吉林相声俱乐部长春分部、辽源分部——艺翔曲艺社、吉林省联青志愿者协会进行了公益演出及活动累计达二百零二场。5月，积极参与省文联文艺志愿服务团重走抗联路"送欢乐、下基层"通化、白山行系列惠民活动，演出了歌曲和曲艺节目。6月，省曲艺家协会携相声《欢乐送给你》参加幸福花儿朝阳开文艺演出。8月，积极参与省文联文艺志愿服务团"欢声笑语吉林行——走进黄龙府"送文化到农安专场演出，王明明、曹嵩主持并献唱了男女对唱的《回家的感觉真好》。9月，与农安县委县政府承办第二届吉林省农民文化节"送欢乐 下基层"走进农安县前岗乡新开村文艺演出；组织艺术家参加"深入生活、扎根人民"走进敦化市林业局新兴林场大型文艺演出活动。10月，在吉林省京剧院大戏楼举办长春市朝阳区第八届文化艺术节"雅韵朝阳"戏曲专场演出。12月18日，组织艺术家赴长春市上台子村敬老院，参加"党在我心中 为人民放歌"省文联党员文艺服务小分队慰问演出。

【舞蹈家协会】

2015年年初，与吉林电视台共同合作录制2015年少儿元旦舞蹈晚会和2015年少儿春节舞蹈晚会，两台晚会节日期间在吉林电视台生活频道播出。3月，召开主席团成员工作会，总结2014年工作，部署2015年工作。4月，主办2015CBDF中国杯国际标准舞巡回赛长春站比赛暨首届长春国际标准舞全国公开赛，这次在长春的比赛是2015CBDF中国杯国际标准舞巡回赛的首站，共有六十多个代表队共两千多名选手参加。7月，与长春市群众艺术馆共同承办"2015第二届吉林省市民文化节群众舞蹈（优秀作品）展演"；选送作品参加海峡彩虹·青春筑梦——首届海峡两岸大学生舞蹈大赛，最终两个作品分获银奖和铜奖。7月，在东方大剧院举办"童心飞舞'中国梦'"吉林省第十八届少儿舞蹈大赛；选送3个舞蹈作品参加第八届"小荷风采"全国少儿舞蹈展演。7月至9月，同省老龄委、省文明办、省音乐家协会、吉视乡村频道共同主办"银龄风采"吉林省老年百团歌舞大赛。8月，在长春市桃李梅剧院举办吉林省第十八届少儿舞蹈大赛第二场（独双三）专场；选送6个作品参加第十届中国舞蹈"荷花奖"民族民间舞评奖活动。

为提高全省舞蹈工作者的业务素质及舞蹈专业知识结构，2015年，举办并组织参加省内外多项舞蹈专业培训。1月，举办2015年首期吉林省舞蹈干部培训班，聘请吉林省专家讲学。4月，选送5名学员参加2015"小荷风采"全国少儿舞蹈创作高级研修班的学习。6月，组织三名教师参加2015年全国中青年舞蹈人才创编与教学高级研修班学习。9月，在吉林艺术学院现代剧场举办专家讲学活动。邀请中国舞蹈家协会分党组书记、副主席、博士生导师、舞蹈学博士罗斌讲学。10月，特邀中国舞蹈家协会副主席、解放军艺术学院舞蹈系主任、著名舞蹈家、舞蹈教育家刘敏授课。

2015年，共推荐加入中国舞蹈家协会会员14名，发展审批了省级会员55名。

【民间文艺家协会】

6月，组织民间艺术家参加吉林省第二届市民文化节启动仪式，并在仪式上展示了泥塑、秆棵编织、木艺画、苇编、铁雕等民间艺术；同吉林风筝文化研究会共同主办吉林省第三届关东风筝文化艺术节。在8月举行的吉林省第二届农民文化节期间，组织多位民间艺术家携作品在农博会展馆参加了展出。8月31日，在吉林省图书馆召开了"生命的读本"——《抗战老兵口述史》抢救工程收官暨抗战胜利70周年纪念活动。9月，《吉林文艺发展文集·民间文艺卷》上、下卷本由时代文艺出版社出版；在吉林市举办"大美吉林"——吉林省首届剪纸艺术精品展。11月，批准在吉林市建立"吉林风筝文化研究基地",成立吉林省民间文艺家协会风筝文化研究会;与《吉林日报》联合举办纪念中国人民抗日战争胜利70周年征文大赛圆满结束,大赛共接到来稿三百多篇,先后在《吉林日报》和《民间故事》上发表五十多篇,评选出优秀作品奖5篇。11月至12月,与长白山广播电视台联合录制《森林号子传承人王守用》专题片。12月,命名白山市临江市花山镇松岭屯村民赵惠兰为著名民间剪纸艺术家;命名白山市临江市花山镇松岭屯为吉林省民间文艺家协会剪纸文化研究开发基地。

2015年,省民间文艺家协会积极参加全国民间文艺交流,并有多件民间文艺作品获全国奖。1月,在第十五届中国人口文化奖民间艺术品类和宣传品类评选活动中,姜淑艳的布贴画《相扶一生》《摇篮曲》荣获二等奖。2月,在第五届中国剪纸艺术节暨"剪彩冰雪、热盼冬奥"剪纸艺术精品展上,刘秀琴、张焰获得二等奖,孙涛获得三等奖。省民间文艺家协会获得优秀组织奖。7月,组织吉林省民间艺术家参加中国民间文艺家协会在贵州举办的"中国精神·'中国梦'"暨"凉都福地·生态水城"全国农民画展。8月,组织吉林省农民画家参加在江西省吉安市万安县举办的"中国精神·'中国梦'"全国农民画展。10月,省民间文艺家协会组织会员参加"首届中国丝绸之路民间剪纸艺术精品展",推荐艺人李国祥、李宏达参加第六届中国民间艺人节;在由中国民间文艺家协会和江西省文学艺术界联合会主办的"中国精神·'中国梦'"全国农民画展上,桦甸市的康梅花、王咏梅获得金奖,于辉获得铜奖。省民间文艺家协会获得组织奖。12月,选送民间艺人安郁民、李晓民参加"2015年中国石雕艺术中青年传承人高级研修班"。12月,吉林省闫雪玲的剪纸《萨满九女神》获得民间工艺美术奖,曹保明的《木屋村》和李燕的《大山里的怪坟》入围第十二届民间文艺山花奖·民间文艺学术著作奖。

【摄影家协会】

2015年元旦、春节期间,在全省贫困乡村积极开展"送欢乐 下基层"活动,五百多名志愿者热情参与。共拍摄、赠送全家福两千余幅。5月,由省委宣传部、省民委、省文联共同主办,省摄影家协会承办的"紫玉木兰杯"吉林省首届少数民族风情摄影展正式启动。为办好首届摄影展,主办单位筹备组先后在伊通满族自治县和延边朝鲜族自治州召开了当地摄影家座谈会。此次摄影展最终评出若干获奖作品,10月在吉林省图书馆举办了展览。6月,主办"雪花纯生匠心营造"中国古建筑摄影大赛吉林赛区比赛。8月,经过近两个月的照片征集活动以及评委们的仔细甄选,最终确定77组优秀参赛作品获奖。6月,中国摄影家协会分党组书记、中国摄影家协会主席王瑶,文化部艺术研究院院长助理、中国摄影家协会副主席李树峰一行,来到长白山调研吉林省摄影工作。8月,协办的"'一带一路'·神韵长白山"第六届东北亚国际书画摄影展于长春东北亚艺术博物馆开幕。11月,在长春东北亚艺术中心举行吉林省第21届摄影艺术展、2015中国长白山"雪之魂"国际摄影大展、2015吉林国际摄影双年展。12月,启动"金胜数码杯"纪实网络摄影大赛、"山焱数码杯"风光网络摄影大赛、"新睿航杯"生态网络摄影大赛。

2015年,省摄影家协会加强了基层摄影创作基地建设。4月,吉林省首个农民摄影创作基地在蛟河揭牌。5月,授予辉南县摄影家协会"基层摄影创作基地"牌匾,授予辉南四方顶子景区"吉林省摄影创作基地"牌匾。8月,授予白城市摄影家协会"优秀志愿者服务基地"牌匾。11月,授予榆树市太安乡双合村"省农民摄影创作基地"牌匾,并举办农民摄影展。12月,授予延边州和龙市东城镇光东村"海兰江畔民族风情摄影创作基地"牌匾。

【书法家协会】

2015年元旦、春节期间，省书法家协会倡导书法家组织志愿服务团，深入全省农村，开展了"送春联，添年味儿，送万福进万家"文化惠民直通车活动，全省各市、县书法家协会分别组织了志愿服务团队，统一组织协调，共同行动，参与书法家达千余人次，送出春联"福"字、书法作品数万幅。3月，中国书法家协会"国展大讲堂"公益巡讲活动走进吉林长春，此次公益大讲堂由叶培贵、李松两位著名书法家主讲，来自全省各地的230多名书法爱好者聆听了两位书法家的生动讲解。5月至8月，在全省九个市州，分别召开基层书协工作座谈会，听取意见，共同研究工作方案，带动县级书协工作。推动志愿服务工作的开展。8月，吉林省书法普及惠民服务站首次志愿服务活动在集安市举行。省书法家协会志愿服务专家团对70余名基层书法作者进行了现场授课与辅导。截至2015年底，省书法家协会共完成了60个吉林省书法普及惠民服务站的设立工作。8月，吉林省首届农民书法作品展在长春市农博园举行，展出了来自全省各地区的农民书法作品112件。8月，由中国书法家协会主办的向人民汇报——"文质兼美"优秀基层书法家创作活动评选工作在全国展开，吉林省青年书法家刘福生获此殊荣，并赴京参加开幕式和相关研讨会，相关展览于9月在京开幕。9月2日，承办的"纪念中国人民抗日战争胜利70周年吉林省书法作品大展"在吉林艺术学院举行。

2015年，省书法家协会加强组织建设，积极吸纳新会员。截至12月30日，共有230人获准成为省级会员，8人获准成为国家级会员。

【杂技家协会】

6月，举办吉林省魔术比赛暨第四届东北三省魔术比赛预选赛，来自全省的魔术爱好者40余人参加比赛。最后选出5名舞台魔术、5名近景魔术优胜者参加第四届东北三省魔术比赛。9月，在长春艺术剧场和长春市杂技宫举办第四届东北三省魔术比赛，中国杂技家协会、中国文化部、东北三省文联和杂技家协会的有关领导亲临了现场。本次比赛分为近景魔术和舞台魔术两类，选手有从事魔术表演、魔术教学的专业人士，也有魔术爱好者。大赛邀请5名国内魔术界知名专家、领导担任评委。吉林省选手李俊峰的《碟舞梦幻》获得了本届比赛的舞台魔术金奖。这次大赛的比赛过程同时也是一场惠民演出，市民可以免费观看。大赛组委会还在17日上午举办了一场公益杂技魔术专场，在17日下午的颁奖晚会上，特邀刚参加纪念抗战胜利70周年阅兵式归来的抗战老兵史保东及消防官兵和环卫工人观看。

【广播电视艺术家协会】

5月，在中国电视艺术家协会支持下，同白山广播电视台、临江市政府共同创建成立吉林省首批"影视小屋"。5月29日，在临江市六道沟中心校举行授牌仪式，向临江市六道沟中心校、花山中心校、桦树中心校三所学校授牌。5月至11月，主办了第九届全国德艺双馨电视艺术工作者推选活动暨第八届吉林省德艺双馨电视艺术工作者推选活动，推选出雷献禾、王俊杰、刘玢、郑光、冯铸、王继龙、刘一宪等7位同志为第八届吉林省德艺双馨电视艺术工作者。10月，王俊杰、雷献禾两位同志获得"第九届全国德艺双馨电视艺术工作者"称号。11月，在吉林市举办第27届吉林省电视文艺"丹顶鹤"奖评奖活动；主办了第七届海峡两岸电视主持新人大赛吉林赛区选拔赛，选拔出5名选手参加复赛，在这次大赛的决赛中，吉林省选手赵旭获二等奖。12月，省广播电视艺术家协会驻会副主席、秘书长王融率吉林代表团参加中马青年微电影艺术节组委会在马来西亚举办的中马青年微电影艺术节活动。

2015年，吉林省优秀电视作品屡获全国奖。在9月举行的第七届中国新农村艺术节颁奖典礼上，吉林电视台乡村频道荣获最佳频道奖（全国唯一一个最佳频道），长春市广播电视台《美丽乡村我的家》和蛟河广播电视台《山村文学梦》获最佳作品奖，另有三部电视作品获优秀作品奖和好作品奖。9月，在常熟召开的第八届中国旅游电视周优秀旅游电视作品颁奖典礼上，梨树广播电视台《不尽长河滚滚来》等7部电视作品分获旅游电视专题作品奖和旅游形象宣传片作品奖。10月，在由中国电视艺术家协会城市电视台工作委员会和无锡广电集团共同主办的"人文中国第四季——城市纪实"全国纪录片推选活动中，吉林市电视台《开江》获一等奖，通化市广播电视艺术家协会《跋涉》获二等奖，吉林市电视台《乌拉飨宴》获三等奖。

【二人转艺术家协会】

2015年，省二人转艺术家协会积极组织"送欢乐、下基层"二人转专场演出。3月，组织二人转艺术家前往吉林市大荒地村；6月9日，前往长春师范大学；6月30日，前往榆树双河村；11月，组织二人转文艺志愿者服务团前往舒兰，开展"到人民中去"——走进舒兰二人转专场演出，著名二人转演员韩子平、董玮、闫书平、佟长江、孙忠宏、张建华、徐振武、岳春生、郭旺等参加。省二人转艺术家协会还授予大荒地村和长春师范大学"吉林省二人转文艺志愿者创作服务基地"称号。9月，协同中国曲艺家协会艺术研究中心完成关于吉林省曲艺界国家级非物质文化传承人的调研工作，并就长春民间二人转市场发展情况开展调研。此次调研为期5天，采访国家级非物质文化传承人王忠堂、韩子平及弟子10人，采访东北风剧场管理人员及工作人员7人，收集整理了大批珍贵资料。

3月，二人转《猪八戒拱地》在2015年第十届河南宝丰马街书会上获得一等奖。7月，组织协调梨树戏曲剧团参加第三届岳池杯·中国曲艺之乡曲艺大赛，报送作品二人转《杨排风》获得大赛一等奖。

【民俗学会】

2015年，省民俗学会积极传承发扬民俗文化。省民俗学会理事长施立学作为省政府督察组成员，陪同省政府督察室主任王子毅等到长春市政府进行关于东本愿寺修复与保护的督察。3月，理事长施立学作为中央电视台CCTV4《城市1对1》专家，与印度孟买隔空对话，推介长春石头口门冬捕、净月潭樟子松林、长影和吉剧。施立学先后为省纪检委、省农委等单位进行"吉林历史与民俗文化"讲课8次，并4次走进社区为中小学生讲长春历史与文化、清明历史与文化、端午历史与风俗。施立学编辑吉林文艺发展文集《民俗卷》，共38万字，已由时代文艺出版社出版。施立学主编《吉林省村落民俗文化·敬信卷》，此书是吉林省百卷村落民俗文化志首卷，共26万字，已由吉林文史出版社出版。

事业单位

【吉林省书画院】

2015年，省书画院组织在职画家、签约画家、退休画家参加"关东大地行之五——吉林延边采风写生"活动，取得了很好的效果。画家李向鹏还参加了吉林市画院组织的塬上行——陕西革命老区写生，此外，画家刘向久、曲胤达还赴辉南、怀德、岭西等地写生。画家们在参加的各级各类展览中均取得了很好的成绩，并得到了好评。4月，画家孙志卓、李廷先、李向鹏、王东明参加的在日本举办的"中日韩美术作品展览"均获佳作赏；7月，孙志卓、李廷先、李向鹏、王东明、渔玲（退休）、谭全昌（退休）参加国务院新闻办、吉林省人民政府主办的"法国、德国行吉林省美展"；9月，在"纪念中国人民抗日战争暨世界反法西斯战争胜利70周年"吉林省美术作品展中，孙志卓（评委）的《暖霞》获荣誉奖，刘向久的《长白魂》获特别奖，李廷先的《收获》、王东明的《抗战英雄黄显声》、于飞的《静静的乌斯浑河》、王姝的

《小兵强子》分别获一等奖；9月，李廷先、王东明、李向鹏参加"写意中国"——庆祝新中国成立66周年暨首届中国画水墨大展，其中李廷先的《黎明前的夜》、王东明的《春花开在雪融时》均获优秀奖，此展览只设优秀奖，李廷先的《黎明前的夜》刊发在2015年第12期《美术》杂志上；12月，李廷先的《建设者》、王东明的《攻关》《车床岁月》参加"名家名作画名城"——大工业之情怀大型美术作品展；举办李向鹏个人国画作品展（长春东方艺术馆）。

2015年，省书画院加强自身建设，建立了吉林省书画院微信公众平台，完成了吉林省书画院画家工作室搬迁工作、吉林省书画院外聘名家和签约画家的聘任工作，建立了图书室，实现了吉林省书画院美术馆对外免费开放。

【文艺期刊】

把握刊物导向，打造品牌，注重刊物质量，按照刊物定位，出好每期刊物。2015年，中文核心期刊《文艺争鸣》继续发挥吉林省文艺评论主阵地、主力军、主渠道作用，其学术性、专业性和权威性得到了全国评论界的认可。全年《新华文摘》全文转载《文艺争鸣》刊发论文3篇；《中国社会科学文摘》全文转载《文艺争鸣》刊发论文4篇；《人大复印资料》全文转载《文艺争鸣》刊发论文34篇。1月24日至26日，《文艺争鸣》主办的"强制阐释论"理论研讨会成功召开，新华网、《吉林新闻联播》等媒体全程报道。7月24日至26日，《文艺争鸣》成功主办"反思与重构：'强制阐释论'理论研讨会"。2015年，《文艺争鸣》邀请德国学者顾彬、澳门大学朱寿桐教授等海内外知名专家来长春讲学，吉林大学、东北师大、北华大学等高校近500名师生参加互动研讨，反响热烈。1月，《文艺争鸣》官方微信群正式开通，一年内关注人数突破3000人，推送各类文章近200篇。4月，《文艺争鸣》官方投稿网站正式开通运营，实现了稿件投、采、编的网络化和科学化。2015年，《小说月刊》更加注重刊物质量，适应时代发展，所选稿件既吸引眼球，带来良好的阅读享受，又兼具传播时代正能量，读后有思考，意味深长。《小说月刊》首发刊登的稿件被《小说选刊》《特别关注》《幽默与讽刺》《意林》《小小说选刊》等媒体转载，在各类比赛中获奖，改编成漫画、剧本，收入各类合集选本，还频频入选各类试卷，大大拓展了《小说月刊》的阅读群体。

黑龙江省文联

综述

在2015年一年里，黑龙江省文学艺术界联合会始终坚持以习近平总书记在全国文艺工作座谈会上的重要讲话精神为引领，引导全省广大文艺工作者把满足人民群众的精神文化需求作为文艺工作和文联工作的出发点和落脚点，广泛开展"深入生活、扎根人民"主题实践活动和文艺志愿服务活动，凝神聚力，昂扬进取，各项工作取得重要进展和显著成绩。

黑龙江省文学艺术界联合会深入贯彻落实习近平总书记系列重要讲话精神，加强政治理论学习。严格按照党中央和中共黑龙江省委、省政府的要求，积极组织各协会和省内市（地）、产业文联开展深入学习。通过召开中心组专题学习会、文艺家座谈会、文艺骨干和文联干部学习培训班等多种形式的活动，深刻领会习总书记重要讲话的核心要义及精神内涵，以此推动工作、指导实践。

坚持文艺服务人民的创作导向，广泛开展文艺志愿服务活动。黑龙江省文学艺术界联合会始终倡导文艺工作者虚心向人民学习、向实践学习，组织开展了"深入生活、扎根人民""送欢乐下基层"等主题实践活动，举办文艺志愿服务活动48次，举办全省性展演、展示、比赛等主题文艺活动55次，受益群众达数十万人次。

倡导精品意识和创新精神，持续推进黑龙江十大文艺品牌建设。黑龙江省文学艺术界联合会坚持以品牌建设带动精品创作，提高文艺原创能力，全力打造推广"黑龙江十大文艺品牌"。2015年，黑龙江版画、冰雪摄影、黑龙江书刻、黑龙江冰雪画、黑龙江农民画、少儿戏曲舞蹈、"龙歌"、冰上杂技、民间手工艺、北派二人转等文艺品牌建设都取得了显著成绩。

展示黑龙江魅力和黑龙江精神，强化黑龙江文艺创作成果宣传推介。坚持把创作生产优秀作品作为中心工作，努力推出更多展示黑龙江风貌、弘扬黑龙江精神的文艺精品，加强对外文化交流与宣传，增强黑龙江人民的文化自信和艺术自信。一年来，由各艺术家协会组织推荐的作品、节目荣获国家级奖项108项，国际级奖项6项；开展对外交流活动36次。

弘扬社会主义核心价值观，注重培养德艺双馨的文艺人才队伍。注重文艺队伍建设，努力造就一批业务精湛、品德高尚的各领域领军人物。通过拓展服务领域，创新服务方式，加强文艺阵地建设和人才培训工程，使全省文艺人才队伍不断壮大。截至2015年年底，黑龙江省文联所属各艺术家协会共有省级会员18942人，国家级会员2166人，2015年新增省级会员737人，新增国家级会员57人。

认真贯彻落实中共中央关于加强群团工作的

重大部署，紧密结合学习型、发展型、开放型、服务型、和谐型"五型文联"建设目标，抓住文联机制体制改革创新的重大机遇，把握方向、突出重点，机关建设取得新进展。

过去的一年，黑龙江省文联紧紧围绕地方党委、政府和相关部门的中心工作，立足自身实际，发挥各自优势，锐意进取，各方面工作都取得了新突破和新成绩，为推动黑龙江省文艺事业和地方经济社会的繁荣发展做出了积极贡献。

重要会议活动

【省文联六届五次全委会】

黑龙江省文学艺术界联合会六届五次委员会全体会议于2015年2月4日在哈尔滨市召开。中共黑龙江省委宣传部副部长赵德信，省文联主席傅道彬，副主席及党组成员计世伟、张戈等领导出席会议。省文联六届全委会委员、各团体会员单位主要负责同志、机关各处室负责同志七十余人参加会议。

会议传达了中国文学艺术界联合会九届七次全委会会议精神和2015年黑龙江全省宣传部部长会议精神，更换省文学艺术界联合会全委会部分委员，总结回顾2014年工作，安排部署2015年工作。傅道彬主席指出，要进一步团结动员广大文艺工作者，推动全省文艺事业繁荣发展，推动文联工作改革创新，牢牢把握文艺发展重大机遇，努力开创当代中国文艺新风貌，为实现"两个一百年"奋斗目标和中华民族伟大复兴"中国梦"做出新的更大贡献。

全委会前，召开了地市文联、产业文联和省各文艺家协会对接工作会。各地市文学艺术界联合会、各产业文学艺术界联合会和省文学艺术界联合会、省各文艺家协会、各处室、各直属单位负责人等参会。与会者汇报了本单位2015年度重点工作，积极探讨新一年共同开展工作的事宜。

【省美术家协会工作会议】

第十二届黑龙江省美术作品展览奖励大会暨2015年省美术家协会工作会议于2015年3月30日在哈尔滨市召开。省文学艺术界联合会主席傅道彬、省文化厅副厅长綦军等出席了会议。

第十二届全国美术作品展览于2014年举行，是五年一届的美术大展，是国家水平最高、规模最大、影响最广的美术展览。在这次美术大展中，黑龙江省取得了优异的成绩，获金奖1件、铜奖2件、优秀奖3件、提名奖13件，入选105件。会议向在美展中获奖的作者颁发了奖励证书，傅道彬主席在奖励大会讲话中肯定了取得的成绩，鼓励全省美术家和美术工作者以这次展览为新的起点，为推进黑龙江省美术事业的繁荣发展做出新的更大贡献。

2015年省美术家协会工作会议由协会主席吴团良主持，副主席李振宇传达了2015年中国美术家协会工作会议精神。省美术家协会常务副主席兼秘书长赵丹琪做了题为"坚持正确文艺导向，推进美术发展繁荣"的工作报告。

【黑龙江省美术家协会水彩画艺术委员会成立大会】

黑龙江省美术家协会水彩画艺术委员会于2015年1月6日宣布成立。水彩画艺术委员会是黑龙江省美术工作领域组织机构建设方面的一项重要举措，目的在于对接中国美术家协会水彩画艺委会，接受专业指导与开展艺术交流，整合本省美术资源、凝聚发展力量，不断推进本省水彩画艺术的原创性、学术性、权威性，进一步增强本省水彩画在全国的竞争实力。

【黑龙江省音乐家协会专业委员会成立大会】

黑龙江省音乐家协会打击乐专业委员会于2015年5月28日成立。选举产生了第一届组织机构。哈尔滨交响乐团副团长、打击乐首席演奏员崔铁宁当选首届打击乐专业委员会会长，中央音乐学院西洋打击乐教授赵纪当选名誉会长。

黑龙江省音乐家协会古琴学会于9月28日在哈尔滨市宣布成立，同时成立了哈尔滨市古琴研究会。哈尔滨市歌剧院国家一级演奏员张嵩任黑龙江省古琴学会会长，龙江琴社社长李树果任哈尔滨市古琴研究会会长。

黑龙江省音乐家协会中国古典诗词歌曲研究学会于11月5日在哈尔滨成立。中国文联副主席徐沛东、省文联主席傅道彬等领导出席成立大会。王宏宇当选学会名誉会长，韩峰任会长。

省音乐家协会新北方少数民族音乐研究学会成立，11月2日召开成立大会，各界代表二百余人出席。刘峤当选黑龙江省新北方少数民族音乐研究学会会长，丁宁任学会秘书长。同日举办了新北方少数民族音乐研究会初期研究成果汇报音乐会。

品牌活动

【黑龙江省群众文化建设"十百千工程"优秀成果展览、展演】

2013年至2015年，中共黑龙江省委宣传部、黑龙江省文化厅、黑龙江省文学艺术界联合会、黑龙江省作家协会联合开展黑龙江省群众文化建设"十百千工程"。经网络投票、专家评选、媒体公示等环节，共评选出12个"优秀群众创作团体"、100名"优秀民族民间文艺带头人"。同时，主办单位划拨专项资金，对获奖群体和个人给予扶持奖励和培训辅导。2015年8月21日至25日，在哈尔滨国际会展中心举办了黑龙江省群众文化建设"十百千工程"优秀成果展览、展演，省文学艺术界联合会具体承办。此次展览以现场展演和精品展示的方式，展现了全省群众文化建设"十百千工程"取得的显著成果。

【黑龙江省戏剧大赛】

2015年5月15日至17日，黑龙江省文学艺术界联合会、省戏剧家协会举办了黑龙江省戏剧大赛·第十五届"小梅花奖"评选。大赛共有200多名选手参赛，年龄5岁至28岁。比赛分专业、业余两组。经评委会评选，分别从龙江剧、京剧、评剧、小品、话剧片段表演等类别中评选出状元花、梅花之星、四度梅花奖、三度梅花奖、二度梅花奖、金花奖、银花奖、铜花奖。

7月，黑龙江省文学艺术界联合会、省戏剧家协会共同主办了黑龙江省戏剧大赛·第七届"丁香奖"评奖。来自20多家艺术单位的300多件作品参与评奖，评出剧目奖、理论评论奖、编剧奖、导演奖、表演奖、舞美设计奖、灯光设计奖、道具设计奖、服装设计奖、化妆设计奖、器乐演奏奖、音响设计奖、舞蹈编导奖。

【首届黑龙江省大学生电影节】

黑龙江省文学艺术界联合会、黑龙江省电影艺术家协会举办了首届黑龙江省大学生电影节。电影节以"电影·青春·中国梦"为主题，9月正式启动，到12月结束。电影节包含微电影创作大赛、电影理论评论大赛和电影剧本创作大赛，是集电影创作、评奖、颁奖、人才发掘、影片展映、学术交流于一体的大型文化活动。

电影节期间还举办了首届黑龙江大学生电影节形象代言人选拔活动，共有8所高校62名学生报名参加选拔。选手经过面试初选，22日在哈尔滨市平房区动漫基地录音棚录制视频。经过后期制作，上传至手机App，进行了为期10天的网络投票。按照票数从高到低排序，选出董柏宇、张琪、王泽晨等6名学生担任首届黑龙江省大学生电影节形象代言人。

【惠民文艺志愿服务活动】

黑龙江省书法家协会主办了"万福进万家 共享中国年"——文艺志愿服务活动送"福"字活动。2015年1月18日由黑龙江省文学艺术界联合会副主席、省书法家协会常务副主席张戈带领省内三十余位知名书法家参加活动，来到哈尔滨市安康社会福利院，看望老人们。通过现场写"福"字送"福"字，把祝福送到老人们的手里。1月21日至22日，深入柴河林业局威虎山雪村，走进林家院，为林业职工亲写"福"字，写春联，送福到家，庆祝新年。书法家们与当地书法爱好者们一起现场书写，创作了一百余幅大小不一、形式各样的"福"字，并书写了一百余副春联。随后书法家们走进林家院，登门为雪村百姓送"福"字、贴春联。

省杂技家协会主办了"古彩戏法"迎春惠民演出。哈尔滨市文学艺术界联合会开展了"文艺之旅四季行"系列文艺惠民活动。大兴安岭地区文学艺术界联合会组织了"送祝福、送欢乐、筑梦春天"下基层慰问演出活动。双鸭山市文学艺术界联合会举办了"迎新春"黑龙江省四煤城职工书画精品联展。

"5·23"中国文艺志愿者服务日活动期间，中国文学艺术界联合会、黑龙江省文学艺术界联合会共同主办了"到人民中去"中国文艺志愿者服务采风边疆行活动。来自全省的100余位文艺志愿者在牡丹江市、绥阳林业局和绥芬河市等地进行了多场慰问演出和书画交流活动。据统计，有2万余名基层群众和驻地武警官兵观看演出，参与了交流互动。省书法家协会举办了"龙江书坛大讲堂"启动仪式暨书法教师公益培训班。省内知名书法家胡志平、石正军担任主讲。来自哈尔滨市南岗区、香坊区的中小学书法教师100余人参加了此次培训。省摄影家协会组织志愿者赴抚远县进行了摄影创作基地揭牌仪式和摄影画册赠送。随后开展了湿地专题创作、摄影艺术辅导等志愿服务活动。

省音乐家协会、省民间文艺家协会深入哈尔滨市阿城区小岭街道办事处西川村小学，给当地学生送去音乐课和剪纸课。省音乐家协会向学生们赠送了2台电子琴、28个葫芦丝，省民间文艺家协会为当地教师赠送剪纸"福"字。省新闻图片档案馆开展了"省文联文艺志愿服务采风团走进伊春"活动，为基层林场职工、农民、边防武警战士送去图书、期刊200余册，书写春联300余副。开展摄影知识培训和以部队官兵冬季训练、新林区建设为题材的新闻图片创作。8月，省曲艺家协会联合省曲艺团一同赴农垦宝泉岭、建三江、红兴隆农场进行惠民演出。

9月10日教师节期间，黑龙江省书法家协会组织机关部分书法家赴国家级重点中学哈尔滨第三中学举行教师节笔会，慰问教师。省书法家协会常务副主席兼秘书长张戈亲自带队，为教师们送上特殊的礼物和特殊的祝福，也以实际行动关心、支持教育事业。书法家们认真创作50余幅作品赠送给哈三中的优秀教师。哈尔滨第三中学校长赵文祥和近百名教师参加了笔会。

12月17—31日，省戏剧家协会在黑龙江省政府机关第一幼儿园、第二幼儿园、第三幼儿园、省委第二幼儿园4家幼儿园组织了演出，省京剧院演员和在国家、省级比赛中获奖的小选手为小朋友们表演了京剧，哈尔滨儿童艺术剧院的演员为小朋友们带去了木偶舞蹈。

创作与研究

【获奖情况】

2015年一年，黑龙江省艺术创作成果丰富，由各艺术家协会组织推荐的作品、节目荣获国家级奖项108项，国际级奖项6项。

黑龙江省京剧院马佳，获第二十七届中国戏剧梅花奖表演奖一度梅奖。

省评剧院赵立明、卫仁，获2015环渤海专业院团青年演员评剧电视邀请赛金奖。

省评剧院赵洋、刘巍巍，获2015环渤海专业院团青年演员评剧电视邀请赛银奖。

第十九届"中国少儿戏曲小梅花荟萃"活动中：
吕朋凯、刘子瑜，获金花称号。
吕朋凯，获京昆组十佳称号。

黑龙江省戏剧家协会获优秀组织奖。

第五届"和平杯"中国京剧小票友邀请赛中：

李子琪，获"十小名票"称号。

赵芊芊、吕朋凯、迟皓轩、张明昊，获"中国京剧优秀小票友"称号。

姜子元、胥琛琛，获三等奖。

黑龙江省戏剧家协会获优秀组织奖。

欧阳秀芝、张锐，获个人优秀组织工作奖。

黑龙江省牡丹江市长安小学小梅花京剧艺术基地获"第二批中国少儿京剧活动培训基地"称号。

第三届亚洲微电影艺术节"金海棠奖"：

《无言的证词》，黑龙江省电视家协会选送、哈尔滨师范大学传媒学院创作，最佳作品奖。

《围捕》，黑龙江省电视家协会选送、齐齐哈尔广播电视台创作，最佳作品奖。

《幸福的吉祥云》，黑龙江省电视家协会选送、哈尔滨广播电视台创作，最佳作品奖。

《为爱发布》，黑龙江省电视家协会选送、哈尔滨影视家协会提供，优秀作品奖。

王金迪、靳诗晴，最佳新秀奖。

第八届"小荷风采"全国少儿舞蹈展演：

金奖1枚，银奖3枚。

舞蹈《巴图鲁》，哈尔滨农民工子女艺术团创作表演，入选荣登中央电视台《舞蹈世界》节目。

姜宝库、王可，歌曲《中国梦在春天里》，获"放飞'中国梦'，相聚在北京——2015全国大型音乐展演盛典"词、曲金奖。

孙海生、王可，歌曲《祖国啊我想对您说》，获"放飞'中国梦'，相聚在北京——2015全国大型音乐展演盛典"词、曲银奖。

张婉颐，中国高校音乐教育教师钢琴比赛钢琴独奏B组一等奖，中国教育学会主办。

曹越，中国高校音乐教育教师钢琴比赛钢琴独奏A组三等奖，中国教育学会主办。

王硕，二胡独奏《心中的歌》，获CCTV央视青少年才艺大赛金奖。

大庆残疾人艺术团器乐组合京剧曲牌《夜深沉》，获CCTV央视青少年才艺大赛银奖。

李媛，获全国第四届艺术教育成果调研评比学生组民族器乐二等奖。

于莹莹，获全国第四届艺术教育成果调研评比学生组器乐三等奖。

朱慧、朱婕，获第三届国筝大会暨"琼花杯"古筝艺术周成人组金奖。

李卓，获第三届国筝大会暨"琼花杯"古筝艺术周成人组银奖。

赵子钥，获中国音乐"小金钟奖"——吟飞杯首届全国电子琴键盘展演少年B组优秀奖。

"全国曲艺票友邀请赛"中：

五常市演员严培庆、谢中丽演出二人转《包公赔请》，哈尔滨市双城区二人转演员李玉强、王国伟演出二人转《壮丽青春火样红》，获二等奖，省曲艺家协会选送。

第九届全国曲艺马街书会演出中：

双城市作者王文山创作，演员李玉强、王国伟演唱的二人转《壮丽青春火样红》，获一等奖，省曲艺家协会选送。

"大美民间·天籁流韵"2015年江苏冯梦龙山歌会，佳木斯群众艺术馆代表队获银奖，省民间文艺家协会选送。

"第六届中国（杭州）民间艺人节"，1人获最受欢迎艺人称号，省民间文艺家协会选送。

江西万安全国农民画展，1人获银奖，7人获优秀奖。

第四届东北三省魔术比赛：金奖2枚，银奖1枚，铜奖3枚。

全国第十一届书法篆刻作品展：优秀奖3人。

摄影：冷菊贞，《黑土地的种稻人》，第四届全国地理标志商标摄影大赛一等奖。

徐桂芹，《夏风唱晚》，"最美四季——中国"2014摄影大赛优秀奖。

逯云峰，《大美伊春》，第二届中国好风光摄影大赛一等佳作奖。

逯云峰，《大东北》，第二届中国好风光摄影大赛三等佳作奖。

方秀华,《冰凌花》,第二届中国好风光摄影大赛三等佳作奖,优秀奖。

高世凡,《随池采梁当空舞》,第二十六届全国摄影艺术展,优秀奖。

王宇辉,《冰窗花》,第五届金鹤杯全国数码大赛铜奖。

曲庆伟、郑长华、李国庆,书法篆刻作品,获全国第十一届书法篆刻作品展优秀奖。

省美术馆荣获3项文化部奖项。

黑龙江省文学艺术界联合会主办的《章回小说》,在2015"中国最美期刊"遴选活动中,获"中国最美期刊"称号。

省音乐家协会编辑出版的《北方音乐》,入选国家新闻出版广电总局公布的第一批认定的科技类学术期刊名单。

伊春市文学艺术界联合会推荐作品,获"感动中国——群文杯"第三届全国声乐大赛银奖。

省文学艺术界联合会组联处,获"2015年度全省志愿服务工作贡献单位"荣誉称号,由黑龙江省精神文明建设指导委员会评定。

黑龙江省艺术设计协会,获"全国社科联先进学会"称号。

"人迹板桥霜——黑龙江省美术馆馆藏颜仲艺术文献展",黑龙江省美术馆主办,入选"2014年全国美术馆馆藏精品展出季"活动。

"鸿年之际——纪念杜鸿年诞辰八十五周年馆藏美术作品展",黑龙江省美术馆主办,入选"2013—2014年全国美术馆优秀展览项目"。

龙江美术讲堂:"留住城市的历史记忆"系列公共教育活动,黑龙江省美术馆主办,入选"2013—2014年全国美术馆优秀公共教育项目"。

国际奖项(部分):

李广义,俄罗斯联邦教育部《丝绸之路》国际钢琴比赛一等奖。

朴彦帅,新加坡音乐家协会2015新加坡国际青少年比赛"肖邦练习曲组"第二名。

博士权,新加坡音乐家协会2015新加坡国际青少年比赛"巴赫法国组曲组"第三名。

胡潇天,德国艺术家联合会"勃兰登堡国际音乐比赛'师范院校组'"银奖。

冯易童、扬森,国际华人民族器乐艺术节成人组B组古筝独奏银奖。

在"中国文联2015年度舆情信息工作好信息"评选活动中,黑龙江省音乐家协会副秘书长陆园媛撰写的调研报告《发挥组织优势,整合行业资源——黑龙江省文联打造"龙歌"音乐品牌调研报告》获得一等奖。(注:评选结果于2016年5月发布)

【理论评论】

第14届东北三省戏剧理论研讨会于7月24—25日在吉林省松原市举办,黑龙江省戏剧家协会参与主办。来自东北三省的戏剧理论专家、学者们齐聚一堂,讨论地方戏剧发展,共促地方文艺繁荣。黑龙江省戏剧专家谭博、王一亮在会上发言,黑龙江省作者的8篇戏剧理论文章获一等奖,8篇文章获二等奖,3篇文章获三等奖。

【创作情况】

"龙歌"是省文学艺术界联合会着力打造的龙江文艺品牌。召开了两期"龙歌"原创合唱作品专辑主题研讨会,举办"为人民歌唱"黑龙江省第九届新年合唱音乐会,演出龙歌经典曲目和新创作的歌曲。进一步推出"古诗新唱"艺术形式,将古典诗词意蕴以现代歌唱形式表现出来。举办了"古诗新唱"——黑龙江省2016年新年音乐会,得到媒体广泛关注。

版画是黑龙江省极具地方特色的文艺样式。依托省美术馆和黑龙江版画院,举办了"中国梦·龙江情——黑龙江工业版画作品展览"等活动,推动了黑龙江版画的对外传播。省美术馆画家刘德才的版画作品《北大荒纪实》获得第二十一届全国版画作品展的中国美术奖提名。黑龙江美术创作研究院院长薛智国作为参展画家出席了在俄罗斯莫斯科举办的"纪念中国人民抗日战争暨世界反法西斯战争胜利70周年·铭记历史开创未来美术作品展"开幕式。作品《马占山打响抗战第一枪》参加展览。

冰雪景观是黑龙江省最具特色的自然资源。省文学艺术界联合会全力打造冰雪摄影品牌，与省旅游局共同举办了首届"冰雪之冠·黑龙江"国际冰雪摄影大展暨冰雪艺术论坛，为国内外摄影爱好者搭建冰雪影像创作平台。围绕"哈尔滨市国际冰雪节"，哈尔滨市文学艺术界联合会举办了冰雪雕艺术设计大赛，促进冰雪文化的对外传播。

对外及对港澳台地区文化交流

黑龙江省书法家协会、台湾中国书法学会共同主办"黑龙江·台湾书法交流展"，于7月4日在台湾台中市港区艺术中心开幕。黑龙江省书法家代表团由15人组成，省文学艺术界联合会主席傅道彬任团长，党组成员、副主席、黑龙江省书法家协会协常务副主席张戈任副团长，赴台湾出席了开幕式。书法交流展期间举行了"两岸同根，翰墨传情"联谊笔会，黑龙江省书法家与台湾书法家一同现场书写，营造出"两岸一家亲"的氛围。本次展览共展出黑龙江、台湾书法作品200幅。黑龙江省书法作品是通过征集作品并组织专家认真评选产生的，各种书体俱全，技法多样，受到了台湾同道的称赞。展览期间举办了"黑龙江·台湾——海峡两岸书法学术研讨会"，实现了两岸文化的融合与借鉴。

对俄罗斯的文化交流是黑龙江省的优势项目。省文学艺术界联合会、省美术家协会继承传统，借助地缘条件，持续加强对俄文化交流及合作。开展了第三届中俄油画家联合创作采风等活动。在俄罗斯哈巴罗夫斯克边疆区举办了大美龙江摄影展，展现了黑龙江良好的生态环境和美好的发展前景。绥芬河市文学艺术界联合会举办了"多彩俄罗斯"乌苏里斯克市摄影家作品展。黑河市文学艺术界联合会举办了"塞北雪、南国风"中俄两国三地美术交流展，展出中俄油画、国画、冰雪画等美术作品100幅。

机关建设

省文学艺术界联合会加强党员、干部、职工的理论学习。以个人自学为基础，采用学习中心组（扩大）会议、观看电教片、召开研讨会等形式，组织学习中共十八届四中、五中全会精神，习近平总书记在文艺工作座谈会上的讲话全文，《中共中央关于繁荣和发展社会主义文艺的意见》《廉洁自律准则》和《纪律处分条例》《习近平治国理政》，中共黑龙江省委十一届五次、六次全会精神，以及省委书记王宪魁的有关文章和讲话，优秀领导干部先进事迹选编等。省文学艺术界联合会领导班子3名成员全部参加了省委组织的学习总书记系列重要讲话轮训班，1名党组成员参加了为期两个半月的党校脱产学习。

认真开展"三严三实"教育。2015年6月12日，召开第一次专题研讨学习，从如何准确理解"三严三实"深刻内涵，正确认识"三严三实"的重大意义，查找"不严不实"的主要问题和危害，以及如何用"三严三实"指导实践推动工作等几方面做了专题辅导。10月23日召开第二次专题集中学习研讨。谈体会、摆问题，并提出了整改措施。12月14日，举行了"三严三实"专题教育第三次专题学习研讨，研讨主题为"严以用权，真抓实干，实实在在谋事创业做人，树立忠诚、干净、担当的新形象"。

按照"三严三实"专题教育安排，省文学艺术界联合会还择时组织党员干部收看历史文献纪录片《筑梦中国》、大型电视政论片《化茧成蝶》、为纪念中国人民抗日战争暨世界反法西斯战争胜利70周年而拍摄的8集大型纪录片《东方主战场》、中央纪律检查委员会宣讲室主任李本钢所做的

《坚持从严治党，树立守纪律讲规矩意识》专题报告以及《践行三严三实好榜样》《腐败官员忏悔实录》等电视电教片。以不同的形式，加强对文联广大党员干部的教育培训。

省文学艺术界联合会继续办好"文联大讲堂"，在2015年分别举办了2场诗词与歌曲创作和京剧艺术欣赏的专题讲座。邀请中国文学艺术界联合会副主席、中国音乐家协会副主席、作曲家徐沛东结合自己的音乐创作历程，将自己对诗词与歌曲创作的心得体会与大家分享；邀请著名京剧表演艺术家贾喜麟从京剧的产生、流变、现状、特点、流派、代表人物、艺术特征、文化价值等几个方面为干部、职工详细介绍京剧艺术。

黑龙江省今年有多人当选中国各艺术家协会理事。在中国戏剧家协会第八次代表大会上，黑龙江省文艺工作者费守疆、欧阳秀芝、李雪飞当选新一届中国戏剧家协会理事。在中国音乐家协会第八次全国代表大会上，黑龙江省文艺工作者陶亚兵、齐燕、陆园媛三人当选中国音乐家协会第八届理事会理事。在中国杂技家协会第七次全国代表大会上，薛金升、梁志毅、林晗三人当选中国杂技家协会第七届理事。在中国书法家协会第七次全国代表大会上，张戈、胡志平、洪铁军、李文宝四人当选中国书法家协会第七届理事。

直属单位

【《文艺评论》编辑部】

全年出刊12期，发文400余篇，300余万字。依托"本期关注""研究专辑"形式共策划推出9个研究专题，目光投向文艺理论中的热点、焦点、难点问题，重在解决问题，指导实践。杨隽、王春林、于树军等多位作者的文章被《新华文摘》人大复印资料《中国现当代文学》《文学研究》等全文转载或摘发。完成省新闻出版局的年审验收工作，派编辑参加了省新闻出版局的编辑出版人员培训，并提交论文。

文理室方面，经十余次与相关单位申请，得到成立"黑龙江省文艺评论家协会"的批复、证书，拟于2016年年初召开成立大会。推荐4篇论文参评2015年度唐弢文学奖。参加第九届黑龙江省文艺奖评奖。推荐6人加入中国文艺评论家协会。推荐参加中国文联"编剧人才班""文艺评论人才班"学习各1人。派人参加了中国文联、中国评协的业务培训。

【黑龙江省美术馆】

黑龙江省美术馆继续加强馆藏工作，2015年度新增馆藏美术品1000余件。特别是收藏了中国当代影响力广泛的油画艺术家之一、黑龙江省代表性油画家张钦若的巨幅油画《北国之春》，并进行抢救性修复。此外，还收藏了19世纪意大利卡洛的铜版画、日本版画、浮世绘等国外作品共228件，其中有浮世绘代表人物葛饰北斋、歌川国芳等大师级作品。将北大荒少儿版画精品300余件纳入收藏，包括数十件获得国际大奖的画作。截至2015年，省美术馆馆藏作品总数达1万余幅，丰富和完善了国家美术收藏工程。

黑龙江省美术馆举办了"祥——黑龙江省美术馆藏凤翔木版年画展"，展出地点为黑龙江省美术馆，展出时间是3月5日至25日。凤翔木版年画是陕西非物质文化遗产，形成于明代中期。2015年是农历羊年，黑龙江省美术馆适时推出"祥"主题画展，展现具有代表意义的民间艺术样式，在羊年春节期间营造祥和的艺术情境。凤翔木版年画第二十代传人邰立平应邀参加展览，现场展示木版年画的传统制作工艺。本次画展共展出木版年画300件、皮影40件。

黑龙江省美术馆、黑龙江省版画院在绥棱举办了2期"黑龙江优秀版画家水印木刻创作研修班"。60多位省内重点版画作者先后参加了学习、创作活动，并在结束后举办了"黑龙江省优秀版画家水印木刻创研班作品展"。

省美术馆、黑龙江省版画院组织全省重点版画家进行了为期九天的秋季采风活动,目的是培养黑龙江版画创作后备人才,建设优秀的黑龙江版画创作队伍。来自全省各地的省版画院特聘画家近四十人参加了这次采风活动,沿乌苏里江行程三千多公里,搜集了大量的创作素材。

黑龙江省美术馆注重运用现代科学技术记录和保护美术艺术品,对现存一万余件馆藏美术品中的七千余件进行了影像和文字信息采集、录入,实现数字化管理。派出专业人员赴鹤岗市等地进行美术普查工作,对工作人员开展培训和辅导,并带去专业摄像、录入器材,采集、录入藏品影像信息一千余件。

【《章回小说》杂志社】

全年编辑、出版《章回小说》"上旬刊·文学版"及"中旬刊·看小说版""下旬刊·最推理版",共36期,计720万字。1—8月利用互联网出版许可证,筹备开办网络数字手机版业务,扩大网络读者群体,拓宽发行及阅读平台。3—12月策划、编辑出版了"淘漫画小说"2期。10—12月举办第六届"订章回小说,中现金大奖"活动。11月进入国家新闻出版总署和黑龙江省"农家书屋"重点报刊推荐目录。12月经全球中文电子期刊协会认证,2015年,《章回小说》在龙源网3000种期刊网络传播中,荣晋TOP100中国联通阅读第3名。12月经数字报刊发行博看网评定,2015年《章回小说》获"最受读者欢迎期刊奖"。

【新闻图片档案馆】

完成重大新闻摄影工作,参加全国、全省"两会",省委全会,中国香港、韩国活动周,第二届中俄博览会,省委、省政府组织的各种会议等新闻图片拍摄工作。参加各种会议、活动292次;省委省政府主要领导会见内外宾169次;收集整理图片文件23470张;制作新闻图片2万余张、相册115本。

为省领导及各厅局公务员做好工作照片的摄影图片和电子文件的制作、存档工作。

编辑出版《黑龙江新闻展览照片》期刊一期,配合绥化市文联举办《绥化市书法精品晋省展》。与北京申德嘉裕文化有限公司合作,成功举办"冰城雅集"美术作品展览。利用"黑龙江新闻图片"网站,采访编发各类图片信息一百余条,与省文联《文艺网》等网络媒体链接,利用网络信息平台宣传省委省政府及省文联重大活动新闻图片。

【各文艺家协会】

美术家协会

7月3日至7日,省美术家协会承办"'中国梦'·美丽龙江"黑龙江省油画大展,在龙广958艺术馆展出。黑龙江省副省长孙东生出席开幕式。展览共展出获奖和入围作品159件。这些作品围绕"'中国梦'·美丽龙江"这一主题,从不同角度,以不同风格表现龙江大地的新发展、新变化和龙江人民的新生活、新风貌。

12月1日,省美术家协会在绥棱县举办了"田野丹青乡土风·第三届黑龙江农民画双年展"。画展共展出作品118件,来自省内19个县市和部分高校。展览既是全省农民画近年来发展成就的全面展示,也是创作经验和组织经验的全面总结。

12月15日,省美术家协会主办"黑龙江省第八届新人新作美术作品展",在哈尔滨学院美术馆展出。展览分3个单元,展出作品400余件,包含国画、油画、版画、漆画、水彩、雕塑等画种,全部为美术新人的创作成果。

书法家协会

中国书法家协会、黑龙江省书法家协会联合主办了"中国书法公益流动大讲堂·黑龙江省骨干作者创作班",于3月14—15日在哈尔滨举办。首都师范大学教授、博士生导师叶培贵,中国书协培训中心教授李松主讲,省内骨干作者200余人参加了大讲堂。本次"中国书法公益流动大讲堂在黑龙江广大作者中反响强烈，受到欢迎。

省书法家协会主办了"科泽杯"黑龙江省女书法家作品展，展出地点为大庆市图书馆，展出时间是3月18日。省文学艺术界联合会副主席张戈，大庆市政协副主席于智玲等有关领导、各界人士及女作者百余人出席开幕式。本次展览共展出作品151件，是黑龙江省女性书法的全面展示。

摄影家协会

为纪念中国人民抗日战争暨世界反法西斯战争胜利70周年，省摄影家协会组织了"这一刻，龙江摄影人在行动——纪念中国人民抗日战争暨世界反法西斯战争胜利70周年大型主题纪实摄影活动"，用实际行动展示了黑龙江人民的爱国之情和民族自豪感。

省摄影家协会主办了"冰雪之冠·黑龙江"百名摄影家邀请展，展出地点为哈尔滨制药厂当代美术馆，展出时间为2月8日至24日。展览以"发现冰雪奇观，展现冰雪神韵，表现冰雪文化，再现冰雪影像"为主题，征集到作品5000余幅，从中挑选出200余幅优秀作品。参展作品从多侧面、多角度，全方位立体地展示了黑龙江冬季冰雪景观的魅力。

戏剧家协会

省戏剧家协会在2014年成立小梅花戏剧培训基地，致力于推动青少年及成人艺术教育事业，全面普及高雅艺术。2015年在原有少儿荀派班、成人程派班、成人梅派班、成人马派班基础之上，新增少儿口才班、成人形体班，针对不同年龄段不同层次的戏剧爱好者循序渐进地安排课程。2015年年末，又在黑龙江省中医学院设立戏剧培训基地，扩大戏剧培训的影响和范围。

曲艺家协会

2月，省曲协推荐双城市作者王文山，演员李玉强、王国伟参加在河南宝丰举行的第九届全国曲艺马街书会演出，获得一等奖。4月，省曲协召开第五届六次主席团办公会。6月，在哈尔滨友谊宫举行"欢乐六月相声文化节惠民演出活动"启动仪式。7月，承办全省首届相声大赛，来自全省的80多位演员，带着40段相声参加复赛。经过初评委两天的评选，有18对选手进入决赛。7月16—18日，在黑龙江电视台进行3场录播评比，邀请全国曲艺名家李金斗、师胜杰等担任评委。8月，省曲协会同省曲艺团一同赴农垦宝泉岭、建三江、红兴隆进行惠民演出，获得好评。11月16—20日，带领五常市二人转演员严培庆、谢中丽，双城区的二人转演员李玉强、王国伟，参加在天津举办的"全国曲艺票友邀请赛"，获得二等奖。

舞蹈家协会

3月召开全省舞协工作会暨主席团四届七次会议，5月举办2015年黑龙江省舞蹈大赛（少儿）暨第八届"小荷风采"全国少儿舞蹈展演选拔赛，7月24—29日第八届"小荷风采"全国少儿舞蹈展演在北京举行。全国报送500多个节目，最终入围作品175个，黑龙江省4个节目入围展演，哈尔滨市舞蹈家协会农民工子女艺术团松北实验小学舞蹈培训基地的满族舞蹈《巴图鲁》作为少数民族舞蹈课堂的成果，获特邀一同参加了展演。参与了第九届黑龙江文艺奖初评工作。与中国舞协积极沟通，为哈尔滨市舞协牵线，在哈尔滨市批准设立了3个"新农村少儿舞蹈美育工程——少数民族舞蹈课堂"志愿服务基地，中国舞协给予每个基地各5万元启动资金。继续开展舞蹈考级和舞蹈教师培训工作。继续发展壮大协会队伍，推荐并获批12名中国舞协会员。

音乐家协会

1月4日，黑龙江音乐家协会主办了"龙江琴韵"中国古琴新年音乐会，在哈尔滨工业大学演出。这是黑龙江有史以来首次举办古琴专场演出。音乐会云集了众多名家，朱晞、朱默涵等当代古琴界演奏名家共聚一堂，将古琴艺术的独特魅力展现得淋漓尽致。

7月15日，黑龙江省音乐家协会葫芦丝、巴乌专业委员会部分学员在哈尔滨市人民广场举办专场演出，时长达3个小时。演出了葫芦丝、巴乌独奏以及合奏、齐奏等30个节目，丰富了市民文化生活。

12月21日，黑龙江省音乐家协会主办了"为人民歌唱"黑龙江省第九届新年合唱音乐会，在哈尔滨音乐厅演出。合唱音乐会是"龙歌"系列的音乐活动，已成功举办过八届。本届音乐会有两个专业合唱团、两个业余合唱团、四个地市合唱团参加演出。

电视艺术家协会

中国电视艺术家协会、黑龙江省电视艺术家协会建立哈尔滨微视频（微电影）拍摄基地，9月20日在哈尔滨市双城区三五将军文化博物馆挂牌。微视频（微电影）是国家重点扶持的新媒体产业的重要组成部分，有制作成本低、周期短、传播速度快等特点。挂牌后，中国电视艺术家协会将大力扶持三五基地建设，协调更多的微电影摄制团队落户哈尔滨。

黑龙江省电视艺术家协会组队参加第七届海峡两岸电视主持新人大赛。大赛于11月27日在福建省泉州市结束。本次大赛共有来自包括台湾在内全国20个省份的选手参加，100余名选手进入全国复赛，24名选手晋级总决赛。黑龙江省选手张健获得本届大赛二等奖，蔡婧琳、张童馨、赵贺、吴姗姗获得本届大赛主持新人奖。

民间文艺家协会

10月12日至16日，省民间文艺家协会参加举办"第二届哈尔滨对俄文化艺术博览会暨第十六届哈尔滨民间民俗艺术博览会"，展会设在哈尔滨市艺汇家文化商业广场。展会以"互鉴的平台，交融的纽带"为主题，围绕中俄两国文化合作，促进文化交流。

企业家文联

3月，举办"'中国梦'·少年梦"黑龙江省首届少儿书画大赛评选。9月26日主办"生活·家·艺术"主题俄罗斯油画宣传推广活动。联合北大荒文联举办纪念中国人民抗日战争暨世界反法西斯战争胜利70周年"光荣与梦想"主题书法绘画摄影大赛作品展。为落实习近平总书记在"庆祝五一国际劳动节暨表彰全国劳动模范和先进工作者大会"上的讲话精神，哈铁文联组织开展了《最美哈铁人·劳模风采录》报告文学征集活动。哈铁文联组织编辑《全局"三线"三年规划建设成果》，全面展示了全局"大民生"工程和"三线"建设所取得的显著成就。《石油文学》编辑部以名家名作为引擎打造精品刊物，先后刊发了李琦的《流水笔记》、邱华栋的《人民大地 文学无疆》、雷达的《地气·人气·正气》、李炳银的《文学因石油人而精彩》等多篇名家精品，并通过组织主题故事大赛、"大美矿区 幸福家园"摄影大赛、"悦读改变人生"专题征文大赛、"舞动青春"青年健身操大赛以及书画、集邮沙龙等展览活动，促生力作，推出精品。

杂技家协会

9月参加第四届东北三省魔术比赛，黑龙江省选手林绍博、赵梓涵分获近景组和舞台组金奖，刘旺获近景组银奖，闫文博、朱红岩、曲明磊分获近景组和舞台组铜奖。这次比赛与惠民演出相结合，举办了公益杂技魔术专场演出，还为参加天安门广场阅兵归来的抗战老兵、解放军战士、消防官兵、环卫工人等"最可爱的人"奉献了一台精彩的慰问演出。

艺术设计协会

省艺术设计协会建立艺术设计动画实习基地，于10月31日挂牌成立，基地设在哈尔滨鑫时空科技股份有限公司。为全省艺术动画设计专业的学员提供实习场所，创造出互相学习、互相交流的空间，以促进艺术动画设计提高水平、改进质量。主办"黑龙江文化旅游纪念品、绿色食品包装创意设计系列优秀作品鸡西地区巡展"，9月24日在鸡西黑龙江工业学院举行。巡展为鸡西地区设计师、专业教师、在校学习设计专业的学生认识文化旅游纪念品、绿色食品包装创意设计开辟平台。主办"2015阿城地方旅游纪念品创意设计大赛颁奖暨产品开发应用签约会"，12月28日在哈尔滨阿城博物馆举行，推动地方旅游纪念品的开发、设计，对接消费者。

基层文联

8—9月哈尔滨市文联主办了"第四届哈尔滨市百姓戏曲展演季"。来自哈尔滨市及周边县市的京剧、评剧、吕剧爱好者等共27个票社，近300人参加了选秀阶段的演出，其中年龄最大的83岁，最小的只有10岁。9月21日至24日举行了为期4天的5场汇报演出。活动中涌现出了一批年轻的新生代。

9月主办了2015哈尔滨雕塑作品展。这是哈尔滨市首次举办的专业雕塑展览。展出的54件雕塑作品，展示当今活跃在哈市雕塑界的中青年艺术家的创作作品，同时也展示了老一辈雕塑家最新创作的作品。展期为一个月。

10月1日，哈尔滨市文联、黑龙江省京剧院共同举办了"纪念中国人民抗日战争暨世界反法西斯战争胜利70周年"、欢庆"十一"现代京剧演唱会。邀请到著名梅派表演艺术家、梅葆玖先生的弟子滕洛莹女士参演。演唱会的曲目选自现代京剧《红灯记》《沙家浜》《红色娘子军》《智取威虎山》《平原作战》等经典剧目中的经典唱段。

10月，哈尔滨市文联、乐松广场及松松小镇共同主办了"2015第42届世界旅游小姐大赛中国黑龙江赛区总决赛"，55位佳丽经过比基尼走秀、才艺展示、综合素质等层层选拔，最终来自哈尔滨的姑娘19号选手张天娇荣获黑龙江赛区总冠军。

7月中国（齐齐哈尔）第三届国际鹤文化艺术节系列活动中，齐齐哈尔市文联举办了"生态鹤城"美术精品展，历时4个月征稿、创作，展出近50件作品。还举办了"鹤城百家书鹤城活动"，近300位书法家、书法爱好者提交作品，精选100位名家作品集中展出，印制了《"鹤舞墨韵"鹤城百家书鹤城书法精品集》。举办了"第四届扎龙诗会诗歌朗诵"，6位全国著名诗人李犁、娜仁琪琪格、安琪、李皓、潘永祥，来自齐齐哈尔市各行业的诗人、诗词爱好者和朗诵爱好者400余人参加了朗诵会。

佳木斯市文学艺术家联合会着力加强精品创作力度，主编了《新时期中国少数民族文学作品选集（赫哲族卷）》，得到了"中国少数民族文学发展工程"的出版扶持。

绥化市文联举办了书法精品晋省展，共展出书法作品107幅，参展作者都是省级以上会员。展览是绥化书法家们创作成果的一次大检阅，集中展示了绥化市书法家的整体实力。黑龙江省文联主席傅道彬，中共绥化市委常委、宣传部部长等领导出席了开幕式。

鹤岗市文联举办了"问道寻味·五人书法篆刻作品展"，挖掘民间文化和民族特点，培养具有民族特色的渔猎文化产业，加强文化传承和保护。

上海市文联

综述

2015年，上海市文联在市委、市委宣传部的领导下，依法依章程开展工作，团结凝聚广大文艺工作者开展了一系列富有成效的工作，为推动文艺事业的繁荣发展做出了积极贡献。

围绕中心，注重发挥文联组织的政治引领作用。紧紧围绕纪念中国人民抗日战争胜利暨世界反法西斯战争胜利70周年，组织、协调、推动各类书画创作、主题展览、专题讲座、舞台演出活动，在文艺作品中"铭记历史、缅怀先烈、珍爱和平、开创未来"；以志愿服务为导向，广泛动员著名艺术家和文艺界新人参与文艺志愿服务活动；组织第五届"上海市德艺双馨文艺工作者"评选等不同层面的"德艺双馨"文艺工作者评选活动，积极发挥优秀人才引领示范作用。

改革创新，突出文联组织对正确文艺方向的倡导。以社会主义核心价值观为导向，创新开展重要文艺活动。第32届上海之春国际音乐节新创"向大师致敬"等多项系列活动，推动形成斑斓多姿的海上文化景观。第25届上海白玉兰戏剧表演艺术奖创新颁奖会演环节，组织获奖演员专场亮相市民文化节，进一步扩大了奖项的影响力。2015海派书法进京展集结书法精品进京亮相，集中展示了当代上海书法风采；各协会积极推进"一会一品"和特色活动建设，有力推动了各艺术领域的创作繁荣；召开70余场文艺研讨、论坛活动，在文艺界营造了良好的学术氛围。筹备建立上海市文艺评论家协会、上海文艺期刊中心，加强《上海采风》会刊及专业杂志的文艺理论、文艺批评专栏建设，进一步提高了文联的文艺传播力和影响力；充分利用上海文艺家海外展演基地，为推动海派文化"走出去"做出积极努力。

分类服务，进一步扩大文联组织的覆盖面。拾遗补阙，梯次培养，配合市委宣传部落实中青年文艺家扶持计划，为扶持对象量身打造培养推介平台。配合组织举办各类展览、展演及艺术培训研修班，为中青年文艺人才的成长成熟、成名成家助力。继续办好各艺术门类文艺作品孵化平台，积极营造生动活跃的交流氛围。着力推介有引导力、示范性的文艺创作成果，在全国各类奖项评选中取得优秀成绩；以艺术家的寿辰庆贺、从艺纪念为契机，举办研讨活动，彰显老一辈文艺家德艺双馨的文化精神。稳步推进《海上谈艺录》丛书出版工作，弘扬艺术大家的文化品格和艺术成就；以艺联成立10周年为契机开展系列活动，多方面总结加强和改进工作意见和建议。一年一度的"绿色通道"、艺术专业技术水平认定工作和维权服务项目，继续为人才引进和创业发展提供强有力的保障；进一步推动文联工作重心下移，团结凝聚广大会员及文艺工作者开展"百姓赏艺"文化惠民活动110多项。积极参与市民文化节等活动，选派艺术家组成评委团队，深入各基层文艺活动一线。进一步巩固上海书法大讲堂等一批群众喜爱的文化惠民品牌。不断优化"文联艺术家讲坛"讲师队伍结构，面向基层举办各类讲座100余场，受益听众达1.5万余人次。进一步拓展文联工作覆盖面，上海区县文联达11个。

创新务实，进一步加强文联机关自身建设。认真开展"三严三实"学习教育活动。配合中国文联在沪开展调研，进一步探索和完善文联组织章程。设立每月一个半天的"职工业务学习日"制度，开展先进基层党组织、优秀共产党员和优秀工作项目评选表彰活动，努力打造一支与文联工作特性相吻合的优秀工作队伍。稳步推进协会换届改选工作，以修订章程、完善制度、推进民主决策为抓手，积极推动民主办会、科学办会。上海文艺活动中心的改建项目全面完成。上海文艺网上线至今用户总数达1212万人次，官方微博"粉丝"数达45347人，另有13家单位建立官方微博和微信公众号，进一步拓宽了文联工作的宣传渠道。

上海市文联实行团体会员制。至2015年年底，有团体会员14家，各协会会员总数17700余人。

会议与活动

【马公愚诞辰120周年纪念展暨研讨会】

2月5日，由市文联、华东师范大学、上海文史馆、温州市人民政府等单位联合举办的"纪念马公愚诞辰120周年活动"在上海图书馆开幕，《马公愚书法作品集》《马公愚书法展史料特辑》《马孟容马公愚昆仲年谱》、六集纪录片《书画传家三百年》同时发行。主承办单位的领导出席活动，温州书协顾问、马公愚侄孙马亦钊向华东师范大学档案馆捐赠马公愚有关大夏大学史料。

展览共展出马公愚书法、篆刻、绘画作品一百余件及有关文献史料、图片等。马公愚纪念展研讨会在开幕式后举行，大家围绕马公愚的生平、交游、教学、艺术成果和对中国书法事业的贡献等方面展开了讨论。

【第12届全国美展暨中国美术奖创作奖、获奖提名作品展览上海巡展】

2月14日，由文化部、中国文联、中国美术家协会主办，市文广局、市文联、市美协承办，中华艺术宫协办的第12届全国美术作品展览暨中国美术奖创作奖、获奖提名作品展览上海巡展在中华艺术宫开幕。中国美协主席刘大为，中国美协分党组书记、常务副主席吴长江，上海市委宣传部副部长陈东，市文广局艺术总监滕俊杰，中国美协副主席、市文联主席、市美协主席施大畏，市文联党组书记、专职副主席宋妍，市文联副主席、巡视员迟志刚等出席开幕式。

该展集中展示了近五年来中国美术创作的丰硕成果。此前已在中国美术馆、山东美术馆展出。此次上海巡展共展出获奖精品近600件，其中160件为"中国美术奖·创作奖"获奖作品，包括金奖7件、银奖18件、铜奖49件、优秀奖86件和获奖提名作品。上海有3件铜奖、4件优秀奖、14件获奖提名作品。

【第25届上海白玉兰戏剧表演艺术奖】

3月31日，第25届上海白玉兰戏剧表演艺术奖颁奖晚会在上海大剧院举行。市委常委、宣传部部长徐麟，副市长翁铁慧，中国文联党组成员、书记处书记郭运德，市政府副秘书长宗明，市委宣传部副部长陈东、朱芝松，市委宣传部纪检组组长毛云琪，市文联主席、上海白玉兰戏剧表演艺术奖组委会副主任施大畏，市文联党组书记、专职副主席、上海白玉兰戏剧表演艺术奖组委会副主任宋妍，市文联副主席、巡视员迟志刚，上海广播电视台台长王建军等出席颁奖晚会。

颁奖晚会上，徐麟为85岁的著名戏曲导演、上海京剧院国家一级导演马科颁发了本届"白玉兰"奖特殊贡献奖。翁铁慧和郭运德共同为获得主角奖的演员颁奖，陈东为获得集体奖的剧组颁奖。

报名参评本届上海白玉兰戏剧表演艺术奖的演员共计144名，分别来自49个剧团的69台剧目，包括29种剧种。

【第32届上海之春国际音乐节】

4月28日晚，第32届上海之春国际音乐节在上海大剧院开幕。市委常委、市委宣传部部长、第32届上海之春国际音乐节组委会主任徐麟，市人大常委会副主任钟燕群，上海市副市长、组委会主任翁铁慧，中国文联副主席徐沛东，中国音协主席赵季平，组委会副主任宗明、陈东、宋妍、王建军、许舒亚、辛丽丽、林在勇、楼巍，组委会委员、秘书长王依群、廖昌永，组委会委员张哲，著名艺术家朱践耳、吕其明、陆在易、奚美娟，市文联副主席、巡视员迟志刚，市文联专职副主席、秘书长沈文忠等出席。徐麟宣布本届上海之春音乐节开幕。

5月18日晚，音乐节在东方艺术中心闭幕。闭幕式演出前，吕其明、陆在易为优秀新人表演奖、优秀原创作品奖获得者颁发证书。方瑜、张祖晶、陆轶文荣获优秀新人表演奖，双簧管协奏曲《冬雪》（许舒亚曲）荣获优秀原创作品奖。王静（声乐）、Vocal Force组合宋罡、余笛、王志达（声乐）、李炜铃（声乐）、张亮（琵琶）等荣获新人表演奖。《七彩之和》（张朝曲）、《定军山》（张丹曲）荣获原创作品奖。

本届音乐节共有来自十余个国家的表演团体和艺术家们献演的63台音乐舞蹈节目。

【全国青年舞台美术家研修班】

5月4日，全国青年舞台美术家研修班开班仪式在上海戏剧学院举行。该班由中国剧协、上海市文联、上海戏剧学院主办，上海市戏剧家协会、《中国戏剧年鉴》编辑部、上海戏剧学院舞台美术系承办，中国舞台美术学会任学术指导。中国剧协、市剧协主席尚长荣，市委宣传部副部长陈东，市文联党组书记、专职副主席宋妍，上海戏剧学院院长、中国舞台美术学会副会长韩生，中国舞台美术学会会长曹林，中国剧协副主席、市剧协副主席罗怀臻等出席开班仪式并讲话。

研修班课程采取名人讲座、名家讲评、外籍专家工作坊、剧场观摩、青年论坛、上海特色场馆参观、名家名画展参观等多样化的形式进行。除邀请季国平、曾来德、刘杏林、章抗美、代旭等国内知名教授为研修生进行专业讲座交流外，还邀请了俄罗斯、加拿大、德国、美国和英国等外籍专家以工作坊形式与研修生交流。班内共有研修生64名，平均年龄38岁，其中16人具有硕士以上学历，8人有副高及以上职称。开班仪式上，青编班班主任罗怀臻、青导班班主任卢昂、青音班班主任尚长荣、青评班副班主任罗松代表班主任季国平向青美班班主任韩生赠送四个班级的教学文集《一剧之本》《二度创作》《曲学讲堂》《青评之声》。

【全国首届青年戏剧创作会议】

5月23日，由中国文联、中国剧协、上海市委宣传部主办，上海市文联、上海戏剧学院承办，上海市剧协、中国剧协剧本杂志社协办的全国首届青年戏剧创作会议在上海举行，来自全国各地的5期青研班学员、导师代表、各地方剧协代表以及上海市文艺院团的创作骨干约400人参加了本次会议。

【2015上海青少年书法艺术奖暨书法篆刻展】

6月6日，由市文联、市文广局主办，上海市书法家协会、刘海粟美术馆、上海书画出版社承办的"2015上海青少年书法艺术奖颁奖仪式暨2015年上海市青少年书法篆刻展"在上海图书馆开幕。市文联副主席、巡视员迟志刚，市文广局副局长王小明，刘海粟美术馆馆长张坚，上海书画出版社党委书记赵玉东，市书协副主席徐正濂、孙慰祖、张伟生、李静、宣家鑫、王国贤以及其他嘉宾及书法篆刻爱好者500余人参加开幕式。出席开幕式的领导分别为2015上海青少年书法艺术奖获奖作者及2015年上海市青少年书法篆刻展获奖作者颁奖。

2015上海青少年书法艺术奖共评选出青年作者3名，少年作者4名，艺术奖提名青年作者5名，少年作者7名。2015上海市青少年书法篆刻展面向社会公开征稿，共收到705件投稿作品，评选出等级奖35名，设入展作品68件，入选作品109件。

【2015上海市摄影艺术展览】

7月2日，2015上海市摄影艺术展览在上海图书馆开幕，市文联副主席、巡视员迟志刚，市摄协主席穆端正，原市人大副主任任文艳，上海市对外文化交流协会、上海市贸易促进委员会等领导以及上海摄影人、支持和关心上海摄影发展的企业代表等500余人参加开幕式。朱剑明的《万马奔腾》、朱晓燕的《勇往直前》、聂逢辰的《巅峰看云》获金奖，陈欣的《外滩今昔》、沈志文的《埃菲尔铁塔面面观》等6件作品获银奖，谢专艺的《火龙》等7件作品获铜奖。

本届摄影展持续至7月6日，首次邀请了中国摄影家协会和浙江省、安徽省摄影家协会的摄影专家担任评委。展览共展出作品189件（单幅或组照），遴选自1406名作者的9251件（单幅或组照）计19242幅作品。

【沪、通两地纪念表演艺术家赵丹、顾而已、钱千里、朱今明】

8月3日，由上海市文联、南通市委宣传部指导，市影协、南通市文联主办，南通市影视艺术家协会、南通市实验中学承办的"纪念中国电影诞生110周年——赵丹、顾而已、钱千里、朱今明百年诞辰纪念活动"在南通举行。活动包括南通实验中学纪念活动、人民的艺术家——赵丹诞辰100周年纪念展览，赵丹、顾而已、钱千里、朱今明百年诞辰纪念座谈会等。市文联专职副主席、秘书长沈文忠，南通市委常委、宣传部部长章树山，南通市文联党组书记、主席王法，市影协主席张建亚，市影协常务副主席许朋乐，著名演员牛犇、崔杰、刘子枫、严永瑄等，著名导演于本正、鲍芝芳、江平等，上海、南通文艺界的艺术家，资深影迷代表和新闻媒体参加活动。

3日上午，上海市文联和影协的领导、艺术家以及南通文艺界人士集聚南通实验中学，举行了简单的纪念活动。4日上午，赵丹、顾而已、钱千里、朱今明百年诞辰纪念座谈会在南通文艺之家报告厅举行。

【民族脊梁——纪念中国人民抗日战争暨世界反法西斯战争胜利70周年系列展】

9月1日，民族脊梁——纪念中国人民抗日战争暨世界反法西斯战争胜利70周年系列展在中华艺术宫开幕。系列展由市委宣传部指导，上海市文化广播影视管理局、上海市文学艺术界联合会主办，上海市美术家协会、上海市书法家协会、上海市摄影家协会、中华艺术宫承办，上海市委常委、宣传部部长董云虎，市文联主席施大畏，市文联党组书记、专职副主席宋妍，市文联副主席、巡视员迟志刚等出席开幕式。系列展由主题作品展、第八届上海美术大展、战地写生美术作品展、抗战诗词书法展、新四军足迹摄影作品展五大展项组成，共展出700余幅（组）作品。系列展持续至11月22日。

为准备此次创作，市美协先后组织了4批美术家分别前往滇西、山西及北京抗战遗址等地进行深入考察和写生创作。市摄协组织40余名摄影家，历时4个月重走新四军抗战路，并探访了20余位新四军老战士。上海书法界名家选录毛泽东、朱德、陈毅等所作的诗词警句进行创作。中华艺术宫、上海中国画院、上海油画雕塑院、刘海粟美术馆等美术机构提供150件"抗战"主题的美术作品展出。

其中，第八届上海美术大展收到参评作品1200余件，评出入选作品328件。主办方从入选作品中评出白玉兰美术奖二、三等奖和优秀奖以及沈柔坚艺术基金奖若干名。

【2015海派书法进京展】

9月28日，由中国书法家协会、中共上海市委宣传部、上海市文联主办，上海市书法家协会承办的2015海派书法进京展在北京中国人民革命军事博物馆开幕。人民日报社社长杨振武，中宣部副部长景俊海，中国文联党组书记、副主席赵实，中国文联党组副书记、副主席李屹，中国书协主席张海，中国书协顾问李铎、谢云、张飙，中国书协副主席苏士澍、胡抗美，中国人民革命军事博物馆政委孟世强等出席。中国书协分党组书记、驻会副主席、秘书长陈洪武，上海市文联主席施大畏分别致辞。市书协主席周志高介绍了2015海派书法进京展的筹备情况。中共上海市委常委、宣传部部长董云虎宣布展览开幕。开幕式由市文联党组书记、专职副主席宋妍主持。

此次展览是市书协继2007年海派书法进京展之后再一次进京亮相，共展出140余幅书法篆刻作品，《海派书法进京展（2015）作品集》《上海书法研究论文汇编》在开幕式上同时发行。展览持续至10月11日。

【"中国精神·中国梦"城镇化进程与农民画发展路径研讨会】

11月27日，由中国文联、中国民协、中国文学艺术基金会、华东师范大学、中国农民画研究中心、市民协、长宁区文化局和新泾镇人民政府等单位主办的"中国精神·'中国梦'"城镇化进程与农民画发展路径研讨会在上海举行。长宁区委常委、宣传部部长章卫民出席开幕式，市民协主席何承伟，长宁区副区长赵丹丹，中国民间文艺研究所所长王锦强致辞。国家非物质文化遗产保护专家委员会委员徐艺乙、复旦大学教授郑土有、山东大学副教授刘燕、新泾镇镇长倪尧做主题发言，辽宁大学教授江帆等20余名专家学者做交流发言。

会上，来自全国的80余位农民画专家学者和工作者聚焦中国农民画的发展现状、创作研究、机遇挑战、产业开发、传承发展、都市文化建设、社团组建与运作、国际影响力、数字信息化、发展经验研究等主题，以学术研讨的形式碰撞思想、集思广益，共谋发展良策。

【第五届上海市德艺双馨文艺工作者表彰座谈会】

12月30日，第五届上海市德艺双馨文艺工作者表彰座谈会在市文联召开。杨祖柏、吴新伯、张建亚、张培础、陆星奇、陈飞华、林路、金江波、胡建平、奚小琴、蔡金萍、谭晶华、魏松共13位文艺工作者被授予"上海市德艺双馨文艺工作者"称号。市委常委、宣传部部长董云虎，宣传部副部长胡劲军，市文联主席施大畏，市文联党组书记、专职副主席宋妍，市文联党组副书记、纪检组组长王依群，市文联党组成员、专职副主席沈文忠等出席会议并为获奖者颁奖。

座谈会上，历届获奖者代表本正和第五届获奖者代表蔡金萍、胡建平、奚小琴等分别发言。

对外交流

【市美协与日本昭和美术会友好交往30周年庆典活动】

2015年是上海市美术家协会与日本昭和美术会友好交往30周年。1月，昭和美术会在日本京都庆祝成立40周年并举办"第四十回纪念公募·昭和美术展"。市美协应邀组织了30件中国画作品参加友好联合展览，并由协会副主席张培成率艺家代表林曦、万蒂、毛冬华赴日参加活动。张培成代表市美协在昭和美术会成立40周年庆典上发言，为尾草峰会长颁发上海市美术家协会特别奖，为旅日中国画家谢春林颁发日本国际书画文化交流协会奖。

【西班牙格拉纳达音乐节组委会代表团访沪】

4月27日至5月1日，西班牙格拉纳达音乐节组委会代表团一行3人应上海之春国际音乐节组委会的邀请在沪访问，参加音乐节开幕式。

格拉纳达国际音乐舞蹈艺术节是西班牙的艺术盛事，最早可追溯到1883年。访沪期间，艺术节主席Victor Manuel、Ferrer Castillo等与上海之春国际音乐节组委会详细交流了办节理念和经验，并达成了互惠合作、友好交流的初步协议。

代表团参加了音乐节开幕式，观摩了闵惠芬纪念音乐会及管乐节演出，并于西班牙驻沪总领馆举办了格拉纳达音乐节的推广活动，市文联副主席、秘书长沈文忠及市音协副主席兼秘书长郭强辉等出席活动开幕式。

【蒙古国美术家摄影交流展】

6月5日至12日，由市美协、蒙古国美术家协会、市摄协主办的蒙古国美术家摄影交流展在美协创作中心展出。开幕当天，中国美协主席刘大为，蒙古国美术家协会主席策格米德，市文联副主席、巡视员迟志刚，市美协副主席兼秘书长陈琪，市摄协秘书长杜家美等嘉宾以及观众200余人参加。

此次展览是蒙古国美术家摄影作品首次在上海展览，展出了策格米德和巴泽尔萨德两位摄影家的作品。

【日中文化交流协会来沪交流】

9月6日至12日，以日中文化交流协会副理事长、东京大学音乐系教授永井和子为团长的日中文化交流协会代表团一行6人访问市文联。市文联副主席、巡视员迟志刚，市音协副主席兼秘书长郭强辉，市书协秘书长潘善助，《上海采风》主编刘巽达等与代表团座谈交流。双方就进一步开展艺术交流活动，加强音乐、书法、文学领域的合作等事宜进行了商谈。

日中文化交流协会成立于1956年，为日中友好七团体之一。在沪期间，代表团走访了上海昆剧团、上海交响乐团、厦门弘晏庄木偶剧团，并参观了上海博物馆、韩天衡美术馆、保利大剧院、田子坊创意园等。

【上海·釜山书法交流展】

10月8日至11日，应韩国书体研究会的邀请，市书协组织了以主席周志高为团长，秘书长潘善助，主席团委员马双喜、郑永明，理事余仁杰、徐秋林以及崇明书协主席唐超良为团员的代表团赴韩国釜山访问交流。

代表团出席了上海·釜山书法交流展开幕式，釜山市市长徐秉洙，釜山市议会议长李海东，釜山市教育监金锡俊，釜山教育大学校总长河允洙，上海市书协主席周志高，韩国书体研究会理事长许庆武等共同为开幕式剪彩。展览共展出了上海釜山书法家创作的书法篆刻作品100幅，其中篆刻作品10幅，内容为中、韩两国的历代诗文、格言、警句。《上海·釜山书法交流展作品集》在开幕式上首发。开幕式后，在千年古寺佛光山长安寺举行了交流笔会。

在釜山期间，代表团还参加了由釜山市政府举行的韩文节纪念大会和韩国书体研究会理事长许庆武个人书法作品展。

【市文联艺术家代表团参加韩国釜山艺术节】

10月16日至19日，应韩国釜山艺术团体总联合会的邀请，以市音协、市美协艺术家组成的代表团一行8人，赴韩参加第53届韩国釜山艺术节活动，并进行艺术交流访问。

在首日举行的釜山姐妹城市艺术交流研讨会

上，市音协理事、上海歌剧院副院长李瑞祥做了题为"艺术家在舞台上下的双重角度"的交流发言。同时，釜山艺术节姐妹城市美术作品展也在釜山市政大厅展馆举行，与来自中国、韩国、美国、印度、日本的美术作品进行了交流展示。

【市文联青年艺术家代表团参加美国布兰森上海文化周】

11月3日至10日，应美国恒创股份有限公司（Yakov剧院）邀请，市文联青年艺术家代表团一行4人赴美国布兰森参加上海文化周活动，共展示摄影和中国画作品50件以及民乐演出等。

布兰森旅游局及商会主席Ross Summers布兰森剧院联盟执行总裁Renee Johnson等各界人士及市政府代表与青年艺术家共同出席开幕式。

【越南胡志明市文联访沪】

11月9日至13日，以越南胡志明市文联副主席、著名建筑设计师姜文梅为团长，胡志明市作协副主席范士六、美协常务副主席阮文贵、摄协常务理事童德成、少数民族文学协会常务理事梁雄德为成员的胡志明市文联代表团访问上海市文联。

市文联副主席、巡视员迟志刚，市摄协副主席李为民，《上海采风》主编刘巽达等与代表团座谈交流。

2001年始，上海市文联与越南胡志明市文联建立对等交流关系，定期开展互访交流活动。

【上海·釜山书法艺术交流展】

11月14日，由市书协、韩国书体研究会联合主办的上海·釜山书法艺术交流展在上海图书馆开幕。市文联副主席、巡视员迟志刚，市书协主席周志高，韩国书体研究会理事长许庆武，韩国釜山长安寺住持，韩国书体研究会理事与上海书协副主席及部分主席团成员等出席。展览共展出中韩双方各50件作品（书法45件，篆刻5件），内容为中、韩两国历代诗文、格言、警句，同一内容由两国书家各创作一幅作品。

下午，上海·釜山书法艺术交流研讨会在市文联举行。市书协副主席戴小京主持了研讨会，许庆武和市书协秘书长潘善助分别就韩文书体类型与年代特点、中国书法教育现状扫描做了主题演讲。

各文艺家协会

【"陆羽会杯"2014上海市青年书法篆刻大展】

1月16日，由上海市青年文学艺术联合会和上海市书法家协会联合主办的"陆羽会杯"上海市青年书法篆刻大展开幕式在上海图书馆举行。团市委副书记王力为，宣传部副部长王晶和市书协主席周志高，副主席戴小京、徐正濂、李静、晁玉奎等以及市青年书协主席张卫东及近400名书法爱好者参加。大展共评选出优秀作品9件，优秀提名作品14件，入展作品77件，共展出优秀青年书法篆刻家作品100余幅。

【"我要上东方卫视春晚"——2015首届"当天杯"广场舞蹈大赛】

1月17日，"我要上东方卫视春晚"——2015首届"当天杯"广场舞蹈大赛在浦东新舞台举行。活动由市舞协、市社会体育管理中心、上海广播电视台东方卫视中心、市文联艺术促进中心主办，上海市秧歌协会、上海敦煌国际文化艺术公司等单位承办。市舞协顾问、著名舞蹈表演艺术家凌桂明和国家一级编导、上海市秧歌协会艺术指导魏芙，上海市体育运动学院副教授、国家级裁判杜迎丽，市舞协常务理事、上海市舞蹈学校芭科主任蔡丽君，市舞协理事、上海歌剧院音乐剧部艺术指导徐森忠等担任评委。

来自全市各区、街道的32支队伍参赛，经预赛和决赛，陆家嘴海派秧歌队的《金风蝶韵》、宝山区罗店蝶舞飞扬舞蹈队的《练武功》夺冠。

【少儿戏曲"小白玉兰"迎新春暨上海越剧业余小花班成立25周年专场演出】

2月1日，由市剧协、静安区戏曲协会主办，上海徐汇燕萍京剧团、上海越剧业余小花班承办的上海少儿戏曲"小白玉兰"迎新春暨上海越剧业余小花班成立25周年专场演出在敏颖剧场举行。市文联党组副书记、纪检组组长王依群和主办方领导及现场300余名观众观看了演出。几十位先后获得过全国少儿戏曲"小梅花"和上海少儿戏曲"小白玉兰"称号的小演员登台演出。首届小花班学员，上海越剧院优秀尹派小生王清及历届小花班的学员也应邀参加活动。

越剧业余小花班由市剧协于25年前发起，挖掘、培养了一批越剧艺术人才，如上海越剧院的吴群、王清、王柔桑、王舒雯、黄颖、吴佳燕、王喆、陈慧迪、沈倩等。

【"上海的声音"首届上海沪剧艺术节】

2月28日至3月7日，"上海的声音"首届上海沪剧艺术节在奉贤区举行。艺术节期间，7家专业、民营沪剧院团9台大戏在奉贤各乡镇演出13场，深入基层慰问演出8次，举办3场沪剧讲座和1次沪剧主题论坛。该活动以中国剧协、上海市文联、奉贤区政府、上海戏曲艺术中心为指导单位，由奉贤区文广局、市剧协、市群众艺术馆、上海沪剧院共同主办。

【纪念程之先生九十诞辰座谈会】

3月7日，由上海电影家协会主办的"演戏要生活 生活不演戏"纪念程之先生诞辰九十周年座谈会在上海影城举行。市文联专职副主席、秘书长沈文忠，市影协主席张建亚，上海电影厂著名演员张莺、严永瑄、牛犇、梁波罗、张芝华，长春电影制片厂演员李萌，上海京剧院演员王梦云、金锡华、陈朝红，上海京剧名票李锡祥及其生前好友、亲属等百余人参加了纪念活动。活动由市影协常务副主席许朋乐主持。

【第八届上海德艺双馨电视艺术工作者评选活动】

3月，上海视协启动两年一次的第八届上海德艺双馨电视艺术工作者评选活动和第九届全国德艺双馨电视艺术工作者候选人推荐工作。该评选活动由市文广局、市文联、上海广播电视台、上海视协共同主办。

活动自3月中旬开始，4月15日前各单位上报候选人推荐材料，5月上旬召开评选会议。来自SMG电视新闻中心等单位的臧熹、张佰量等10人获"第八届上海德艺双馨电视艺术工作者"称号，来自SMG外语中心等单位的戈攻等7人获第八届上海德艺双馨电视艺术工作者提名。

【"开心客堂"曲艺名家下乡活动】

3月25日，由市曲协、市群艺馆等主办的"开心客堂"曲艺名家下乡活动启动仪式在安亭镇举行。中国"故事大王"黄震良和知名评话演员吴新伯共同主持，龚伯康、顾竹君、林锡彪、张定国、吴新伯、曹雄、许伟忠等曲艺名家为当地近200名村民献演。该活动是曲艺名家下乡文艺志愿服务的首场演出。

【第二届魔术进校园系列活动】

3月至6月，由市杂协、上海高校魔术联盟举办的第二届魔术进校园系列活动举行，10台具有校园文化特色的魔术晚会及校园街头魔术秀多层次展示了魔术的魅力。还首次创设并启用专家导师库，同时公告历届大学生魔术比赛优秀获奖人及节目名单，以菜单配送的方式，由大学生社团自主选择心仪的专家导师和获奖大学生节目。

【纪念世界反法西斯战争胜利70周年音乐会】

5月9日，市音协、市译协、黄浦区半淞园路街道在上海市大同中学礼堂举行"向那伟大的年代致敬——纪念世界反法西斯战争胜利70周年音乐会"。俄罗斯驻沪总领事安德烈·斯莫罗金、白俄罗斯驻沪总领事瓦列里·马采利及夫人，市音协、市译协、黄浦区文化局、半淞园路街道党工委等各主承办方的领导与近800名市民一起观看了演出。

【纪念陈云同志诞辰110周年演出活动】

6月1日，由市艺联组织的纪念陈云同志诞辰110周年暨陈云在关键时期学术研讨会文艺演出在陈云纪念馆举行。陈云女儿陈伟力、陈伟华，原中央组织部部长张全景，陈云原秘书，中国社会科学院副院长朱佳木以及全国各地的100多位学者和有关领导观看了演出。艺联"红色志愿者"胡璇、周红、敖长生、龚伯康、李国靖、曹雄、杨少华、刘定华、范林元等参加演出。

市艺联与陈云纪念馆宣教部在数年前结成"对子"展开合作，并协助其组成"特色宣演团"，创作积累了弹词开篇《云老颂》、评话《风雪七道江》、快板《文韬武略》、情景剧《一个平凡的人》、说唱《巧脱虎口》、朗诵《这是真的》和《纪念馆抒怀》等多个节目。

【海上电影论坛之"旋律人生"】

6月24日，由市影协主办的海上电影论坛第三期"旋律人生"（黄准）在银星皇冠假日酒店举行。市文联党组书记、专职副主席宋妍，专职副主席、秘书长沈文忠，市影协主席张建亚，常务副主席许朋乐以及对话嘉宾吕其明、祝希娟、杨绍梂等老一辈艺术家和百余位老中青电影人参加了论坛。论坛由中国电影表演艺术学会副会长、中国电影乐团党委书记兼常务副团长江平主持。

【首届上海新视角微电影大赛】

6月25日至27日，由市视协和市网络视听行业协会联合举办的首届上海新视角微电影大赛开展评选并揭晓。大赛于5月初启动，共收到报送作品120部，经评审产生获奖作品35部，其中一等奖5部、二等奖10部、三等奖20部。

9月9日，首届上海新视角微电影大赛表彰活动在武康路徐汇老房子艺术中心举行。市文联专职副主席、秘书长沈文忠，宣传部宣传处处长吴瑞虎，上影演员剧团团长、市视协副主席崔杰等领导为获奖者颁奖，上海东方卫视首席记者、主持人骆新主持活动。

【2015年第五届粉墨佳年华上海优秀青年演员展演】

8月29日晚，2015年第五届粉墨佳年华上海优秀青年演员展演之"青年文艺家培养计划"专场系列活动在上海交响乐团音乐厅开幕。展演由市委宣传部文艺处、人才工作办公室和上海演艺工作者联合会共同主办。市委宣传部副部长陈东，原宣传部副部长、上海青年文艺家培养计划负责人朱英磊，市文联党组书记、专职副主席宋妍，市艺联主席何麟以及上海音乐学院、上海话剧艺术中心有限公司、上海爱乐乐团的相关负责人与本年度入围的青年演员出席。

本届展演与"第六届上海文学艺术奖——青年文艺家培养计划"相结合，共有五位优秀青年演员入选——青年低男中音沈洋，青年话剧演员田蕤，青年指挥张亮，青年钢琴家孙颖迪、宋思衡，涉及戏剧、音乐等艺术领域。

【第18届江南之春市民美术作品展】

9月2日至10月7日，由市美协、市群艺馆、普陀区文化局共同举办的第18届江南之春市民美术作品展在刘海粟美术馆分馆展出。该展以"家园·情怀"为主题，共收到来自全市的3000多件投稿，最终评选出240件获奖及入选作品，其中80件作品分别获一、二、三等奖。

【2015全国剪纸名家精品展】

9月8日上午，由中国文联、中国民协、上海市文联主办，市民协、徐汇区文化局、枫林路街道办事处承办的纪念中国人民抗日战争暨世界反法西斯战争胜利70周年——2015全国剪纸名家精品展在徐汇区图书馆开幕。中国民协分党组书记罗杨，上海市文联党组书记、专职副主席宋妍，上海市文联副主席、巡视员迟志刚，中国民协副秘书长周燕屏，徐汇区委副书记王醇晨，上海市文联副主席、市民协主席何承伟以及来自全国"非遗"剪纸传承基地、剪纸艺术家代表300余人出席。

活动于5月启动，共收到来自全国26个省推荐的579件原创剪纸作品。经评审，最终选出100幅（组）优秀作品展出，并评选出金奖5名、银奖10名、铜奖15名、优秀奖70名。同时，陕西省、上海市等12个省市民协被授予优秀组织奖。

本次展览持续至9月20日。

【第八届上海美术大展暨第四届白玉兰美术奖】

9月9日，第八届上海美术大展暨第四届白玉兰美术展颁奖仪式在中华艺术宫举行，该奖每两年评选一次。

第八届上海美术大展共收到参评作品照片1200余件，经18位总评委评选，产生入选作品328件，其中中国画94件、油画85件、版画31件、水彩粉画39件、连环画9件、漫画8件、雕塑19件、农民画6件、漆画21件、综合材料16件。从入选作品中评出白玉兰美术奖二等奖3名、三等奖3名、优秀奖7名，沈柔坚艺术基金奖7名，白玉兰美术奖一等奖空缺。

市美协捐赠了100件战地写生作品给上海淞沪抗战纪念馆，并将50万元创作经费捐赠给上海抗战老战士帮扶基金。

【2015中外诗歌进地铁系列活动】

9月20日，由市译协、上海申通地铁集团、市人民对外友好协会、上海广播电视台联合举办的"2015穿越时空 激荡心灵"——中外诗歌进地铁系列活动在人民广场站"地铁音乐角"启动。市委宣传部副部长、市文明办主任潘敏，市对外友协副会长周亚军，上海申通地铁集团总裁俞光耀，市文广局副局长王小明，市文联专职副主席、秘书长沈文忠，市译协副会长魏育青、袁莉等相关单位领导以及翻译家们出席。东方卫视中心、东方音乐广播中心的著名主持人以及爱尔兰、匈牙利驻沪总领事登台朗诵中外诗歌，著名翻译家进行点评，上海民族乐团演奏中外名曲，诗歌与名曲的组合让现场观众感受到了诗歌的魅力。

【上海市戏剧家协会第七次代表大会】

9月29日，上海市戏剧家协会第七次代表大会在延安饭店召开。中共上海市委宣传部副部长朱芝松，上海市文联主席施大畏，市文联党组书记、专职副主席宋妍，中国剧协名誉主席尚长荣，中国文联副主席奚美娟，以及市剧协第六届主席团成员与160多位代表和嘉宾出席会议。朱芝松代表市委宣传部讲话，宋妍代表市文联党组致辞，尚长荣致大会开幕词。中国戏剧家协会和全国各省市兄弟戏剧家协会发来贺信、贺电。

大会审议并通过了《上海市戏剧家协会第七次代表大会工作报告》，审议通过了《上海市戏剧家协会章程》修改草案，选举产生了由86人组成的新一届理事会。杨绍林当选第七届主席，史依弘、刘文国、芦昂、谷好好、沈伟民、茅善玉、罗怀臻、钱惠丽、梁伟平、蔡金萍（以姓氏笔画为序）当选副主席，尚长荣被推举为名誉主席。

在当日召开的市剧协第七届主席团第一次会议上，沈伟民被聘任为秘书长，马博敏、陈少云、张静娴、荣广润（以姓氏笔画为序）被聘请为市剧协顾问。

【第八届上海大学生魔术大会】

9月27日，由市杂协、上海欢乐谷主办，市杂协魔术专业委员会、上海文艺网、上海高校魔术联盟、上海炫焰魔术玩具有限公司承办的第八届上海大学生魔术大会决赛暨颁奖演出在上海欢乐谷亚瑟宫剧场举办。市杂协主席程海宝，副主席周良铁，副主席兼秘书长王莹，上海欢乐谷副总经理张继斌，上海魔术团团长曹刚等出席大会并为获奖的大学生颁奖。约20所上海高校魔术社团的大学生爱好者近200人观摩了比赛。

经角逐，太原能源科技大学的胡琦荣获一等奖。松江魔联张扬和上海第二工业大学曾一帆荣获二等奖。松江魔联文韬、江西理工大学徐雪亮、上海海事大学俞轶成荣获三等奖。葛志辉等四名选手获得优秀奖。历时一周的网络投票结果同时揭晓，太原能源科技大学的胡琦凭借13806张选票获得最佳人气奖。

【上海市创意设计工作者协会第二次会员代表大会】

10月9日，上海市创意设计工作者协会第二次会员代表大会在延安饭店举行。市委宣传部副部长潘敏出席会议并讲话，市文联主席施大畏，市文联党组书记、专职副主席宋妍，市文联副主席、巡视员迟志刚等出席会议。上海各设计类公司和兄弟单位发来贺信贺电。

大会审议并通过了市创协主席汪大伟所做的第一届理事会工作报告和《关于〈上海市创意设计工作者协会章程〉修改的报告》，选举产生了市协新二届理事会和常务理事会，汪大伟当选第二届主席，吴国欣、励忠发、程建新、张同、韩生、丁伟、丁乙、高峻、蒋琼耳、金江波（以姓氏笔画为序）当选副主席。

【沪、津、台两岸三地演艺业态交流系列活动】

10月10日，沪、津、台两岸三地演艺业态研讨会举行，市文联党组副书记、纪检组组长王依群，艺联主席何麟出席会议。何麟结合艺联十年来的发展和实践，探讨了上海的文化发展。来自台湾地区和天津市的演艺代表介绍了各自当地的社会文艺工作者的从业状态以及政策扶持等情况。上海各院团的代表和沪上知名民营演出团体的负责人受邀参加会议并交流。

10月11日，两岸三地演艺业态交流系列活动交流演出在上海兰心大戏院上演。

【第二十四届金秋诗会】

11月14日，由市译协主办的第二十四届金秋诗会在上海图书馆举行。曹雷、刘安古、孙渝烽、过传忠、陈少泽、方舟、刘家桢、陆澄等艺术家演绎了普希金、雨果、叶芝、惠特曼、艾兴多夫、狄兰·托马斯等人的经典作品。市文联专职副主席、秘书长沈文忠，市译协副会长魏育青、郑体武、袁莉，资深翻译家吴钧陶、王智量、潘庆舲、娄自良、薛范、冯春、高维彝、葛崇岳、张秋红、杨宇光、胡宗泰、黄明嘉、何敬业、杨伟民、钱希林等与会，与部分译协会员和广大诗歌爱好者300余人参加。

本届诗会以"英雄"为主题，精选了近50篇外国诗歌作品汇编成册。

【2015上海首届学生曲艺节】

11月27日，由市曲协和杨浦区艺教委共同主办，惠民中学承办的2015年上海市首届学生曲艺节暨"唯实杯"第三届上海市少儿曲艺大赛颁奖活动在杨浦区少年宫梦想剧场开幕。陈云纪念馆馆长徐建平，市文联副主席、上海曲协主席王汝刚，曲协副主席钱程、吴新伯、黄震良以及曲艺名家李九松、顾竹君等出席活动并颁奖。与上海市文联共建的紫罗兰希望小学的师生共同观摩了演出。

安亭镇文化体育服务中心报送的快板《江姐闯关》和中福会少年宫报送的相声《我长大了》获一等奖，上海惠民中学报送的滑稽戏片段《三毛学生意》等五个节目获二等奖，徐家汇曲艺大家唱报送的上海说唱《金铃塔》等五个节目获三等奖。青浦区金泽镇文化体育服务中心报送的宣卷《"80后""农二代"》等三个节目获传承奖，小荧星艺术团影视团报送的《漫谈方言》等三个节目获新苗奖。上海姚连生中学、品欢相声会馆等九家单位获优秀组织奖。获奖节目在颁奖活动中进行了展示。其间，曲协还在联盟学校开展曲艺专题讲座及校长论坛等系列活动。

【第12届CASIO杯翻译竞赛】

12月14日，由市文联和上海世纪出版股份有限公司联合主办、市译协和上海译文出版社《外国文艺》杂志共同承办、卡西欧（中国）贸易有限公司和沪江网协办的第12届CASIO杯翻译竞赛颁奖仪式在市文联举行。市文联专职副主席、秘书长沈文忠，上海译文出版社社长韩卫东，上海译文出版社副总编兼《外国文艺》主编吴洪等，与夏仲翼、郑体武、徐振亚、朱宪生、郭振宗等评委专家出席颁奖仪式。吴洪、郑体武代表评委组进行点评，获奖代表孟思佳、王皓发表感言。

本届竞赛设立英语和俄语两个组别。英语原文选自英国著名诗人、评论家W.H.奥登的散文集《染匠之手》序章"阅读"，俄语原文选自俄罗斯作家叶尔马科夫·德米特里·阿纳多利耶维奇刊登于《我们现代人》杂志的短篇小说。

竞赛共收到纸质、网络投稿1029份，其中英语组838份，俄语组191份，"90后"选手近七成。征稿期间，主办方还联合沪江网，就2015上半年度的网络热门词句展开翻译热身赛。

【上海少儿戏曲"小白玉兰"电视颁奖暨迎新展演】

12月25日，市剧协与长宁区文联、李军艺术工作室、上海电视台"百姓戏台"共同举办2015上海少儿戏曲小白玉兰电视颁奖暨迎新展演。市剧协主席杨绍林，副主席、秘书长沈伟民，京剧表演艺术家李军出席活动并为25名获得优秀表演奖的小朋友授予小白玉兰荣誉称号。京剧《探皇陵》《卖水》《打龙袍》《文昭关》《望儿楼》《追韩信》，越剧《祥林嫂·洞房》《追鱼·露真》《赖婚记·十里红妆》《梁祝·英台哭灵》《梅陇镇·偶遇》等获奖节目在展演中亮相。

2015年上半年，剧协分别举办了专业和业余、地方戏和京昆不同组别的少儿戏曲"小白玉兰"的评选活动，百余名小朋友参与，评选出25位14周岁以下的小朋友获优秀表演奖。其中9位经市剧协推荐报送入选全国"小梅花荟萃"，荣获"中国少儿戏曲小梅花"称号。

【激情纸艺——2015上海原创纸艺大展】

12月29日，由市民协、上海工艺美术博物馆联合主办，上海工艺美术研究所承办的"激情纸艺——2015上海原创纸艺大展"在上海工艺美术博物馆开幕。上海市文创办副主任陈跃华，市民协主席何承伟出席开幕式并讲话，上海工艺美术有限公司总经理李钢昶、上海工艺美术学会会长张心一，上海市工艺美术设计协会会长张京羊，民协副主席忻雅华，《工艺美术》杂志主编周南等向纸艺传承基地、工作室代表赠送《激情纸艺——2015上海原创纸艺大展作品集》。市民协秘书长刘祎呐主持开幕式，来自上海民间文艺界、工艺美术界、纸艺爱好者代表百余人出席。

本活动于7月启动，3个月内收到了作品300余件。经评审，近百件作品入选展出。

事业单位

【2015年上海书画院画师年展】

3月16日，2015上海书画院画师年展在上海书画艺术馆开幕。市文联副主席、巡视员迟志刚，上海书画院院长陈佩秋以及嘉定区相关领导等出席，500多位书画艺术家参加活动。

年展作为上海书画院的年度盛事，呈现了画师们一年来的创作成果。本届画师年展参展人数和作品均达到历年之最，参展画家除上海地区外，还有浙江、江苏等地书画家积极参与，共展出160件作品。画展不仅展示了老、中、青三代艺术家不同的艺术风格和艺术追求，更显示了上海潜在的艺术力量。本次展览持续到3月31日。

【丁申阳书法作品展】

5月30日，由浙江省嘉善县政府和上海书画院主办的纪念"毛泽东同志在延安文艺座谈会上的讲话"发表73周年丁申阳书法作品展在嘉善县积萃艺苑书画艺术馆开幕，共展出丁申阳书法作品70幅，展期为半个月。

上海书画院画师丁申阳是中国书法家协会理事，中国书协草书专业委员会委员，上海市书法家协会副主席，上海电影制片厂高级美术师。

【第二届全国校园剧本征集活动】

5月30日，由上海戏剧杂志社与上海戏剧学院创作中心、戏文系联合主办的全国第二届校园戏剧剧本征稿活动结束。比赛于2014年年初发起，经初审、复审、终审，从应征的近300部作品中共评选出30部优秀作品。分别来自上戏和北大的《抹布爱情》《衣被天下》《伊斯坦布尔之夜》获得研究生组一等奖，北师大的《众声喧哗》、上戏的《心安何处》、立信会计学校的《街边的老头》获得本科生一等奖。

【纪实文学创作暨《海上谈艺录》丛书写作研讨活动】

12月11日，上海文学艺术院举办纪实文学创作暨《海上谈艺录》丛书写作研讨活动。学者、作家、媒体人、出版人及《海上谈艺录》部分作者围绕共同关心的纪实类文学，尤其是传记文学作品的创作方法、创作路径及纪实文学创作的重点及难点等共性问题进行深入研讨。市文联专职副主席、秘书长沈文忠出席活动。《海上谈艺录》丛书出版合作方——上海文化出版社的编辑团队和总编辑林斌参加研讨。

江苏省文联

综述

2015年，党和政府高度重视思想文化建设和文学艺术工作，做出了许多具有深远影响的重大部署，进一步明确了繁荣发展社会主义文艺的指导思想和目标任务，为文艺事业发展和文联工作注入了强大的动力。省文联继续把"两主""四品""六平台"作为工作重点，并在原有基础上进行调整、巩固、提升，进一步拓展了内容，改善了质量，丰富了成果，实现了新的突破。

重要会议与活动

【学习贯彻重要讲话精神】

省文联把学习贯彻习总书记系列重要讲话精神和中央、省委关于群团工作、文艺工作的重大部署作为重要任务，分别召开党组（书记处）会议、主席团扩大会议和全体人员大会，向全体机关干部下发学习读本，并将其作为全省文艺家读书班、文联干部研修班等培训学习的重要内容。利用《江苏文化艺术周讯》和江苏文艺网等平台，在全省范围内进行广泛宣传和解读，积极营造良好的学习氛围。通过集中学习、专题研讨、广泛宣传等方式，引导广大文艺工作者深刻领会习总书记讲话的核心要义和精神内涵，牢牢把握社会主义文艺繁荣发展的正确方向和时代要求，积极践行推动江苏文化建设迈上新台阶的光荣使命和历史责任，用讲话精神凝聚思想共识，指导文艺实践，使广大文艺工作者更加自觉主动地投身到实现"中国梦"、建设新江苏的伟大事业之中。

【江苏省第九次文代会】

4月23日，江苏省第九次文代会在南京隆重举行。省委省政府高度重视，省委常委会专门听取了省文联的工作汇报，对开好大会提出了明确要求。在宁常委和四套班子领导参加了大会开幕式，省委书记罗志军发表了题为"努力创作更多无愧于时代的优秀作品"的重要讲话，中国文联党组书记赵实出席开幕式并致辞。来自全省各地的近700名代表参加了大会。会议审议通过了省文联第八届委员会工作报告和省文联章程修改草案，讨论提出了今后五年的工作建议和工作设想，选举产生了省文联第九届委员会和主席团。这次会议开得隆重热烈，务实高效，省委省政府领导给予充分肯定，全省文艺工作者倍感振奋、备受鼓舞，更加坚定了投身江苏文化强省建设的信心，为不断开拓江苏省文艺事业的新境界、新局面凝聚了力量。2015年，省舞协、省民协、省剧协、省视协、省评协、省美协6个协会成功进行了换届改选，成立了江苏省雕塑家协会。

【"两大主题"活动成果丰硕】

2015年,省文联组织实施了"中国精神·'中国梦'"主题文艺创作。主题创作以爱国主义为主旋律,以时代发展为蓝本,结合纪念中国人民抗日战争胜利70周年、国家公祭日等重大纪念和节庆活动,举办了"伟大的胜利""回望与前瞻""影像中国梦"等多种形式的文艺创作研讨活动,弘扬伟大的抗战精神和民族精神,反映中华民族伟大复兴的历史进程和时代风貌。创作排演的以"南京大屠杀"为题材的话剧《中山码头》,全年共演出近20场,并参加了第14届中国戏剧节展演,得到了专家及社会各界的一致好评。"深入生活、扎根人民"主题实践活动全面开展,紧紧围绕"采、创、送、种"四个环节,提出了"六个一"的具体要求,即各文艺家协会分别组建一支文艺家队伍、对接一个基层联络点、打造一个文艺产品、开展一次文艺调研、创作一批文艺成果、组织一系列文艺惠民活动。一年来,共组建了12支文艺家队伍,确立了13个文艺调研课题,对接了29个基层联络点,打造了音舞杂技剧《梦江南》、名家名段《姹紫嫣红》、音乐专场《茉莉花开》、幽默杂技剧《梦餐厅》、艺术摄影展《影像人文》、美术名家作品展《多彩生活》、书法精品展《苏风墨韵》、民间文艺系列展《大美民间》、相声曲艺专场《欢声笑语》、优秀微电影基层行《先锋时空》、名播音名主持基层见面会《与百姓零距离》,这些文艺产品涵盖了各个艺术门类,经过精心打磨之后在全省范围内进行了巡展、巡演,受到广大群众的欢迎和喜爱。年底,省文联及时对"深扎"活动开展情况进行了总结,并对5个文艺家协会和50名先进个人进行了表彰。

【"四大品牌"影响力提升】

"百家金陵"作为一个扎根江苏、面向全国的当代美术品牌,已走过了10年的历程,成为一个在全国有较大影响、相对成熟的艺术品牌。2015年,省文联和中国美协进行了新一轮的签约工作,并成功举办了"时代足迹"2015·中国百家金陵画展(油画)。此次展览共收到来自全国的投稿、送选作品达4000余件,为历次展览之最。画展颁奖形式有所创新,为10幅金奖作品撰写颁奖词,并邀请美术界著名专家学者进行宣读和点评,有效拉近了艺术家、作品和人民群众的距离。江苏省3幅作品荣获金奖,12幅作品入展,数量和质量均位居第一。"百花金陵"全面启动,经省委宣传部批准,所包含的省级文艺奖项由原来的8个扩展为12个,涵盖了各艺术门类,并成为我省文艺的最高奖项。2015年启动实施了江苏戏剧"红梅奖"、江苏音乐"茉莉花奖"、江苏舞蹈"莲花奖"、江苏曲艺"芦花奖"、江苏民间文艺"迎春花奖"、江苏电视"金凤凰奖"、江苏紫金文艺评论奖、首届江苏摄影奖、首届江苏美术奖、首届江苏电影奖、首届江苏杂技奖11个省级艺术奖项的评选。深化文艺评奖改革,创新文艺评奖形式和办法,修订了《江苏省文艺评奖细则》,统一规划评奖机制、评奖程序和评奖方式,对评委产生、奖项、奖金设置等进行量化、细化,进一步规范了评选工作,提高了省级文艺评奖的权威性和影响力。"百花金陵"文艺评奖也为参评全国奖项奠定了基础、搭建了平台。全年江苏省共有155件作品在全国性文艺奖项评选中获奖。其中,在第11届全国书法篆刻作品展评选中,江苏省4人获奖,63人入展,名列全国第一;在第25届全国摄影艺术展上,江苏省喜获3金5银6铜55个优秀奖的好成绩,金银奖总数居全国第一;在第12届中国民间文艺"山花奖"的评选中,江苏省有7件(套)作品获奖,获奖总数全国排名第一;魔术《变鸽子》《梅花三弄》在第9届中国杂技"金菊奖"第6次全国魔术比赛中分别获得金奖和铜奖,《扇舞丹青·头顶技巧》荣获第15届中国吴桥国际杂技节比赛最高奖项"金狮奖";扬州弹词《赤子情缘》、徐州琴书《装灶王》分别获得第10届马街书会全国曲艺邀请赛一、二等奖,中篇苏州弹词《徐悲鸿》首次在国家大剧院演出。"千峰工程"初见成效。举办了第19期全省文艺家读书班，开展了第4届江苏省中青年德艺双馨文艺工作者评选。积极组织推介优秀艺术人才参加全国及全省德艺双馨文艺工作者评选、"五个一批"人才培训班、"333工程"高层次人才培训班和中国文联高级研修班等，为江苏省文艺人才的成长和成才提供服务和平台。2015年，艺术家姚建萍荣获"第4届全国中青年德艺双馨文艺工作者"称号，孙欣、张践、王晓虎荣获"第9届全国德艺双馨电视艺术工作者"称号，陈明矿、周雪峰、郭广平3人荣获第27届中国戏剧"梅花奖"，王芳、朱昌耀等8人荣获第2届江苏紫金文化奖章。"千帆行动"深入实施。以茉莉花艺术团为主体，深入基层开展了演出、展览、培训、讲座、文艺帮扶等活动，其中文艺演出84场，培训、讲座51场，文艺展览40场，参与活动的文艺工作者近4000人次，遍布全省13个省辖市29个基层联络点，惠及群众达20万余人次。18名文艺工作者获得了中国文联评选的"优秀文艺志愿者"称号，省文联文艺志愿服务中心被中国文联通报表扬。

【"六大平台"建设基本完成】

江苏省现代美术馆是省文联重点打造的文艺展示平台，去年，对3号展厅进行了改造，更好地满足了布展和参观的需要。全年共举办活动33场，其中免费为各省辖市文联举办"苏风艺韵"艺术轮展12场。江苏艺术剧场对灯光、舞台、音响等硬件设施进行了升级改造，演出效果和演出质量得到了进一步提升。全年共举办各级各类演出60余场，其中免费承办各省辖市文联的"苏风艺韵"艺术轮演7场，继续精心打磨和演出话剧《中山码头》、音舞杂技剧《梦江南》等优秀剧目。江苏省书画院经过一年多的认真筹备，硬件设施建设已完成，并面向全国招聘优秀青年书画人才8名。茉莉花艺术团一年来组织和带领体制内外的文艺工作者，开展内容丰富、形式多样的文艺惠民活动，让广大基层群众享受到了江苏文艺发展的新成果。

《江苏文化艺术周讯》进行了改版，在报纸内容、形式上不断探索创新，更加贴近文联工作重点，全面及时地反映了文联工作动态，得到各方好评。

【省文联其他工作】

在抓好"两主""四品""六平台"的同时，省文联其他各项工作也取得了积极成果。举办了第10届中国音乐"金钟奖"民乐比赛暨2015中国江苏二胡之乡民乐节、海内外纪念民族音乐家刘天华诞辰120周年"光明行"音乐会、第6届中国苏州评弹艺术节等重要文艺演出活动。参与承办了第2届江苏紫金合唱节、第2届"紫金奖"文化创意设计大展、第14届中国戏剧节等大型文艺活动，配合省委宣传部做好关于文艺工作的4个课题调研工作。出版发行了"吴韵汉风·江苏经典"名歌名曲专辑，收录了近年来江苏省名歌、名曲、名家的精品力作共28首，成为江苏文化的新名片。进一步加强文联自身建设，扎实开展"三严三实"专题教育活动。起草制定了《江苏文艺家协会工作规程》，修订了《江苏省文艺评奖细则》《江苏省文联财务制度》和《江苏省文联会议制度》。加强与相关单位的合作交流，与省委党校签订共建合作协议，充分利用各自优势，资源共享、合作交流。注重对基层干部和青年干部的培养，举办文联机关青年干部培训班和全省文联干部研修班。

2015年，全省各市、县（区）文联和行业产业文联充分挖掘地方和行业文化特色，各项工作开展得有声有色、富有成效。南京市文联文艺家创作基地建设取得阶段性成果，为文艺事业发展提供了高水准的创作阵地；无锡市文联参与承办第10届中国音乐"金钟奖"等重大文艺赛事，充分发挥合作联动办活动的积极作用；徐州市文联以"彭城画派"品牌为抓手，致力于推动徐州文化走出江苏、走出国门；常州市文联大力引进国内外有重要影响的赛事、节会落地常州，为文艺发展搭建平台；苏州市文联重视优秀文艺人才培养，进一步巩固了文艺人才高峰建设的坚实根基；南通市文联创作排演话剧《长桥酒家》，显示出南通本土文艺创作的实力；淮安市文联以培育文艺名家、创作文艺精品为目标，大力实施"文艺走出去"工程；连云港市文联以宣传贯彻"一带一路"建设为主线，组织开展形式多样的主题文艺活动；盐城市文联自创精品小戏成果突出，及时反映当下百姓生活；扬州市文联举办"影像名城·化境扬州"大型文艺活动，为扬州2500年城庆献上独特的文化贺礼；镇江市文联举办"2015·新京江画派"中国画展，传承文明、打造品牌；泰州市文联文艺创作实现新突破，在全国重大赛事评选中取得历史上最好成绩；宿迁市文联围绕"文艺活动提升年"，把精品创作、人才培养、文艺惠民有机结合，取得良好效果。全省基层文联、行业产业文联的工作也相当活跃，如南京市江宁区文联、无锡江阴市文联、苏州昆山市文联、张家港市文联、南通通州区文联、盐城建湖县文联、江苏省公安文联、省检察官文联、南钢集团文联等，立足自身实际、发挥各自优势，工作中都有许多特点和亮点。

各文艺家协会

【戏剧家协会】

中国戏剧梅花奖评选

第27届"中国戏剧奖·梅花表演奖"大赛浙江省绍兴和广州的现场竞演中，江苏省陈明矿、周雪峰、郭广平三人荣获"梅花奖"一度梅奖项。至此，江苏共有46人、50人次获得中国戏剧最高奖"梅花奖"，获奖总数在全国名列前茅。在第六届"中国戏剧奖·小戏小品奖"展演活动中，江苏省选送的淮剧小戏《良心》、小品《打针》等10个作品入围全国展演，并获"优秀入选剧目"。

第十四届中国戏剧节展演活动

在第十四届中国戏剧节的举办过程中，江苏省的歌剧《运之河》、淮剧《小镇》、话剧《中山码头》、京剧《如姬》参加了展演活动，并得到了专家和各界人士的一致好评。其中，《运之河》《小镇》获得"优秀入选剧目"。

第九届"水杉杯"江苏省大学生话剧展演

2015年，省剧协与团省委学校部联合主办了第九届"水杉杯"江苏省大学生话剧展演活动，全省共有46所高校59个剧社共计74个剧目报名参加了这次话剧展演活动。其中，大戏、独幕剧、小戏小品，主要由中外经典剧目名著改编。此项活动持续一个多月，促成了与北京暴风科技有限公司"暴风影音"播放器的合作，将一批在展演活动中涌现出来的优秀剧目推荐到"暴风影音"播放，对推动校园戏剧的开展、培养戏剧后备演艺人才和戏剧观众，以及培育戏剧市场都起到了积极的推动作用，为广大校园戏剧提供了更广阔的展示平台。

第七届"江苏戏剧奖·红梅奖"

由江苏省文化厅、江苏省文联、南通市通州区人民政府共同主办，江苏省戏剧家协会、南通市通州区文广新局联合承办的第七届"江苏戏剧奖·红梅奖"大赛复、决赛，9月下旬在南通市通州区成功举办。本届大赛得到了全省各市院团及演员的积极响应、踊跃报名。参赛的12个代表队中，共有来自专业戏剧院团演员、专业艺术院校师生、民营剧团的专业演员261人入选初赛，剧种有：京剧、昆剧、锡剧、扬剧、淮剧、淮海戏、话剧、越剧、苏剧、梆子、柳琴、滑稽戏、音乐剧（歌剧）、通剧、黄梅戏、叮叮腔、海门山歌。经过专家评委的评审，共计191位选手入围复赛，80位选手入围决赛。最终评选出了金奖5名、银奖15名、铜奖20名，优秀表演奖、表演奖、优秀组织奖、组织奖若干。本届大赛在继承传统的同时，注重内容、样式的开拓创新，与省文联"六个一"活动紧密结合，比赛过程全部为群众免费开放，让精彩的比赛走进基层，服务人民，深受百姓的欢迎和好评。

文艺惠民

省剧协在2010年挂牌成立了"江苏省梅花奖

艺术团"后，积极参与省文联开展的江苏省"百名艺术家百场惠民演出"活动。2015年在省文联实施的"深入生活、扎根人民"主题实践活动中，省剧协在梅花奖艺术家的基础上，扩大戏剧文艺志愿者队伍，吸纳优秀青年艺术家和体制外艺术家，不断创新文艺志愿者服务的内容和形式，组织全省戏剧工作者到农村、到生产一线去，组织了一系列满足基层人民群众精神文化需求的文艺惠民活动。其中在江都、张家港、宿迁、射阳、通州等地进行文艺志愿服务与惠民活动共二十多场。省剧协也因此荣获省文联颁发的优秀组织奖。

【电影家协会】

优秀微电影校园行

"先锋时空——优秀微电影校园行"是在省委宣传部、省文联的直接部署下开展的"深入生活、扎根人民"主题实践活动。2015年，省影协组织近20位一线创作人员组成文艺志愿者服务队，深入校园、军营、企业、社区、农村，先后在泰州学院、淮海工学院、解放军理工大学、南京军区政治部文化工作和网络宣传教育中心、南京体育学院奥林匹克学院、传视影视公司、南京晓庄学院、丁山社区等地开展了10余场微电影创作、辅导、赏析的主题交流活动，足迹遍布南京、泰州、连云港、镇江、无锡等地，与3000余位微电影爱好者、专业创作人员进行了现场交流和影片赏析。

筹备"首届江苏电影奖"

"江苏电影奖"是经中共江苏省委宣传部批准，由省文联、省新闻出版广电局共同主办，与中国电影"金鸡奖"相衔接的江苏专业性、权威性的奖项，首届评选于2015年启动。这是江苏电影界的一件大事，旨在提高江苏电影创作的思想、艺术和技术水平，促进江苏电影事业的繁荣发展，着力打造江苏电影艺术和学术品牌，引领和推动江苏电影创作生产健康发展。省影协作为江苏电影奖的承办部门，自2015年5月以来，在省文联、省新闻出版广电局的直接领导下，高度重视、精心筹备各项准备工作，对评奖流程、奖项设置、评奖时间、评奖细则等反复斟酌推敲、数度打磨，征求各方意见，修改直至完善。《江苏电影奖章程》已制定完毕，向社会正式发布征集启事。

惠民活动

南京市鼓楼区挹江门街道丁山社区电影文化馆是全国首家社区电影文化馆，也是省影协固定的基层联系点，几年来，协会以各种形式坚持为该文化馆提供公益扶持。为了让这个联系点在内容建设与阵地建设功能方面发挥更大的普及、惠民、宣传作用，从2015年年初开始，省影协多方筹措资金与资料，使其从原来每月不固定放映，改为固定每周放映两部影片，另外，全年不间断根据不同的节日和需要组织专场、专题放映。2015年的纪念抗战胜利70周年放映活动，为驻区单位、共建单位放映抗战电影30部，全年度放映电影200部左右，观影人数近2万人次，受到市民和驻地单位的广泛欢迎和好评，该馆已被南京市作为精神文明典型单位推广。

【音乐家协会】

第十届"中国音乐金钟奖"全国民乐比赛暨二胡之乡民族音乐节

第十届金钟奖充分挖掘和整合江苏优势音乐资源，采取主会场与分会场相结合的运作方式，上下联动。在以南京为主会场举办弹拨比赛的基础上，在无锡举办二胡比赛。比赛期间，还有多场音乐会和惠民演出活动。其中10月25日"弹拨声声总是情"·弹拨乐名家名曲音乐会、10月26日"弹拨声声总是情"·弹拨获奖选手音乐会、10月28日"乐韵流芳"纪念瞿安华先生百年诞辰暨二胡名家名曲音乐会在南京紫金大戏院隆重上演。10月21日纪念民族音乐家刘天华诞辰120周年光明行——中国二胡、琵琶名家名曲音乐会、10月27日闭幕音乐会"金钟奖二胡、弹拨乐获奖选手音乐会"分别在无锡和江阴举行，形成了多地区、多角度共办民乐盛典的节庆氛围和规模效应，大大促进和丰富了金钟奖民乐节的内涵与外延。让更多的群众能享受到民乐发展的成果，丰富了人民的精神文化生活。中国文联党组成员、书记处书记郭运德，省委常委、宣传部部长王燕文，省委宣传部副部长、省文联主席、党组书记章剑华，中国音协主席叶小钢，中国音协分党组书记、驻会副主席韩新安，省文联副主席、党组成员、书记处书记郑泽云，省文联副主席、省音协主席朱昌耀，无锡市委副书记、市长汪泉等领导出席了开闭幕式。

第二届江苏紫金合唱节

由省委宣传部、省委外宣办、省文明办、省教育厅、省文化厅、省文联联合主办，江苏省音乐家协会承办的第二届江苏紫金合唱节于5月22日至6月11日在南京成功举办。这是继2013年首届紫金合唱节成功举办后的第二次全省规格最高、参与人数最多、具有国际水准的合唱盛典。本届合唱节充分体现了群众性、艺术性、时代性。除精彩纷呈的开闭幕式外，还举行了多场专场音乐会、辅导讲座、进校园联欢，加强了国际国内合唱艺术交流，提升了江苏的合唱艺术水准，丰富了广大人民群众的精神文化生活。全省合唱比赛是重点项目，自4月起在全省联动开幕，在主承办方的共同发动、组织下，全省共有近千支团队参加初赛，55支团队参加复赛，28支团队参加决赛。经过激烈角逐，最终苏州平江实验学校小荷合唱团、南京师范大学音乐学院合唱团和苏州工业园区爱乐合唱团分获本届合唱节少儿组、中青年组和中老年组金奖。少儿组淮安鸾娃少儿合唱团、常州市青少年活动中心阳光少年合唱团、南京女子中专合唱团，中青年组淮阴师范学院音乐学院银沙合唱团、常州华声合唱团、南京师范大学中北学院合唱团，中老年组盐城"红土地"教师合唱团、南通供电春之声合唱团分获银奖。此外还有铜奖9个，特别奖1个。颁发了9个优秀组织奖和5个组织奖。

江苏音乐"茉莉花奖"声乐比赛

2015江苏音乐"茉莉花奖"声乐比赛于6月25日在南京圆满结束。来自全省近500名选手来宁参加了美声、民族、流行、流行组合组的比赛。江苏音乐"茉莉花奖"是经江苏省委宣传部批准的全省音乐最高奖项。由江苏省文化厅、江苏省文学艺术界联合会共同主办的"茉莉花奖"声乐比赛为推动江苏音乐作品创作和演唱水平的提升提供展示平台，并为中国音乐"金钟奖"声乐比赛选拔选手。为保证公平、公正、公开的原则，首次采用现场亮分的形式，共评出4金、7银、10铜、24个优秀奖。发现和推出了一批新人，为江苏声乐集聚了人才。

文艺惠民

"打开音乐欣赏之门"是省音协为进一步推动江苏音乐文化建设、实施文化惠民工程开展的一项长期活动，也是音协推进音乐建设的新平台，已连续举办4年。通过举办音乐会、音乐讲座，普及音乐知识、提升音乐素养、培养音乐人才，为江苏音乐人、音乐爱好者提供一个良好的音乐展示和交流互动的平台，同时开展惠民服务，温暖大众心灵，与南京市委宣传部联合主办2015年"打开音乐欣赏之门之世界之旅"。在市文化艺术中心每月举办一场独奏、重奏专场音乐会，邀请钢琴、小提琴、长笛等国际一流演奏家，以深厚的艺术功力和精湛的表现力将一系列中外经典作品介绍给观众，为南京音乐观众献上了12场非同凡响的视听盛宴。

【美术家协会】

时代足迹——2015·中国百家金陵展（油画）

自2005年到现在，百家金陵画展已举行10届，2014年第2个五年协议到期。7月2日上午，在省文联举行了"中国百家金陵画展"续签仪式。中国美协吴长江书记和章剑华部长在仪式上发表讲话。中国美协杜军副秘书长和省文联刘旭东书记分别代表中国美协和省文联在协议上签字。新一轮五年百家金陵画展由此启动。确定百家金陵画展主题为"时代足迹",引领美术家展示爱国情怀、反映时代变迁、记录身边感动、讴歌奋斗人生。画展赢得了全国美术界的高度关注和热情参与,共有3500多人投稿、4000余件作品参选。这些作品在继承民族优秀文化传统的基础上,以独特鲜明的艺术个性和丰富的油画语言,彰显了开放的文化视野和探索勇气,体现了较高的人文价值和艺术水准。经坚持公平、公正、公开的评选,从入围作品中评出100件入选作品,其中包括10幅金奖作品,获奖作品和作者是:《烘焙生活》李思学(江苏)、《家乡的云》刘春龙(河北)、《秋天的歌》刘基(甘肃)、《望果节》陆庆龙(江苏)、《我们这一代NO.2》史小可(山东)、《向劳动者致敬》谭杰(湖南)、《守望草原》王耀中(内蒙古)、《红军修建的民居》谢明凯(广东)、《新区》余尚红(江苏)、《摆渡》张学(北京)。画展邀请10位著名理论家对金奖作品逐件点评,对画展进行学术综述,充分发挥理论引领作用,不断拓展画展的学术内涵,努力使当代中国价值观念和中华文化精神成为广大美术工作者和人民群众共同的审美追求。

惠民活动

春节期间,宋玉麟、胡宁娜、赵治平等13位著名画家走进南京市交警高速五大队。周京新、尹石、张兴来等12位美术家慰问了解放军高炮师,给公安干警和人民子弟兵送去了美术家的一片深情。七八月间,陆越子、高建胜等5位画家赴新疆伊犁,与当地艺术家联合举办书画展,进行创作笔会,留下一批美术作品。还组织省美术家走进盱眙、走进院校开展美术交流活动,让基层群众和师生得到艺术熏陶和文化滋养。

多彩生活·江苏省美术家协会走近基层展览

11月28日,"多彩生活·江苏省美术家协会走近基层作品展"在徐州李可染艺术馆隆重举行,共有60余件各具特色、各有风貌的美术作品参加展览,省美协还为参观画展的500多位观众分发了作品集。

第五次会员代表大会

2015年3月9日召开了省美协主席团会议,研究通过《江苏省美协第五次会员代表大会代表、理事产生办法》,并就代表、理事名额分配方案及理事候选人进行讨论。四届八次理事(扩大)会,对换届工作提出了具体要求。四届九次理事会,推举了五届美协主席团成员,委宣传部副部长、省文联党组书记、常务副主席章剑华召集主席团成员和顾问,广泛征求意见和建议。自此,美协换届工作全面展开。4月2日至3日,省美协会第五次会员代表大会在南京召开,来自全省各地近200名美术工作者代表齐聚一堂,共商江苏美术事业繁荣发展大计。省委常委、宣传部部长王燕文出席闭幕式,并代表省委、省政府对大会的成功举行表示祝贺。省委宣传部副部长、省文联党组书记、常务副主席章剑华在开幕式上发表讲话,对江苏美术事业发展提出了希望。会议期间,代表们审议了工作报告,提出了今后五年的工作建议,修改了《江苏省美术家协会章程》,选举产生了新一届理事会和主席周京新,主席团成员刘伟冬、刘赦、李永清、陆庆龙、陈新建、金田、胡宁娜、徐惠泉、高云、薛亮。

【曲艺家协会】

第六届中国苏州评弹艺术节

会同中国曲协、江苏省文联等单位举办了第六届中国苏州评弹艺术节。在历时11天的艺术节期间,来自江、浙、沪4个代表队的14家演出单位在苏州光裕书厅和苏州昆剧院为广大评弹观众奉献18台共计33场演出。

第五届国际幽默艺术周

中国文联、中国曲协、江苏省曲协等单位在张家港举办了第五届国际幽默艺术周。此次活动以"幽默丰富生活,欢笑连接世界"为主题,汇集了中国、法国、德国、匈牙利、韩国、马来西亚、乌克兰、中国台湾8个国家和地区的知名幽默艺术家和演出团体,其间举办了开闭幕式、国际幽默艺术专场演出、姜昆"说"相声专场演出、中国曲协文艺志愿服务团"送欢笑到基层"专场演出、长江流域优秀曲艺节目展演、中篇弹词《牵手》专场演出等系列活动。

第六届江苏曲艺芦花奖

江苏曲艺芦花奖是由江苏省委宣传部批准，江苏省文联主办、江苏省曲协承办的江苏省曲艺界的最高奖项。自中国曲艺牡丹奖长期落户江苏以来，芦花奖与牡丹奖奖项对接，对江苏的曲艺创作和人才培养工程起到了很大的推动作用。本次"芦花奖"评选开始以来，各市文联、曲协、曲艺表演团体高度重视，踊跃报名，共收到申报项目200多件。9月12日至13日在省文联进行了资格审核及初评，11月20日至22日在苏州终评结束，共计评出7大项50个奖项，规模一届比一届大，影响一届比一届广。与往届相比，本届"芦花奖"参赛曲种更加丰富，参赛新人多，尤其是体制外民间茶馆、曲艺俱乐部演员申报多，为江苏曲艺发展注入了一股新的力量；参赛作品充满浓郁的时代气息，获奖作品质量有新的突破。本次"芦花奖"的评选既是对江苏曲艺当下发展水平的集中检阅，同时也为申报明年的第九届中国曲艺牡丹奖打下了坚实的基础。12月5日，第六届江苏曲艺牡丹奖颁奖仪式暨惠民演出在宜兴隆重举行并取得圆满成功。

"光裕之星"青年评弹演员大奖赛

5月13日至6月12日，在苏州举办了首届江浙沪"光裕之星"青年评弹演员大奖赛，比赛得到了各评弹团体的大力支持，共有88位青年演员参赛（加上助演的超过100名），赛程历时整整一个月，经过初赛、复赛和决赛16场的比赛，产生了蔡玉良等十大"光裕新星"、霍婉璐等十大"光裕新人"20名双十佳，并于6月12日举行了"纪念陈云同志诞辰110周年"江浙沪评弹名家会书暨"光裕之星"双十佳颁奖晚会。

惠民活动

2015年，曲协开展惠民活动近20场，主要有1月27日：江苏曲协文艺志愿者惠民演出走进秦淮区；1月30日：江苏曲协文艺志愿者惠民演出走进张家港；2月3日：江苏曲协文艺志愿者惠民演出走进徐州铜山区利国镇；2月12日：江苏曲协文艺志愿者惠民演出走进徐州贾汪市民广场；3月4日：江苏曲协文艺志愿者惠民演出走进徐州杨屯；5月23日：江苏曲协文艺志愿者惠民演出走进徐州长山社区；7月25日：江苏曲协文艺志愿者惠民演出走进徐州空军九五九六二部队；10月21日：江苏省文联惠民活动曲艺名家走进孝爱之乡——常熟梅李；11月1日：江苏曲协文艺志愿者惠民演出走进无锡新区硕放；11月2日：江苏曲协文艺志愿者惠民演出走进张家港塘桥；11月3日：江苏曲协文艺志愿者惠民演出走进张家港南丰镇；11月4日：江苏曲协文艺志愿者惠民演出走进扬州；11月5日：江苏曲协文艺志愿者惠民演出走进海门。

【舞蹈家协会】

组织创作及演出《梦江南》《十二秒》

元旦期间，由省舞协、省杂协和文化交流中心携手创作的音舞杂技剧《梦江南》在省文联"艺术剧场"迎新春惠民演出获得成功。唯美的题材、极具创新的形式、富于诗化的舞蹈语汇，使它深受观众喜爱和欢迎，成为舞协原创成果的精品；同年，省舞协配合国家公祭日及中国人民抗日战争暨世界反法西斯战争胜利70周年，与南艺舞蹈学院倾情打造了现代舞剧《十二秒》。6月15日，在省文联"苏风艺韵"轮展轮演活动中，省舞协作为这一活动的启动仪式和首场演出，组织无锡歌舞剧院以一台精心编排的舞蹈专场《江南舞韵》精彩亮相，为活动创下了观众爆满的开门红。

第八届"小荷风采"全国少儿舞蹈展演

在第八届"小荷风采"全国少儿舞蹈展演中，由省舞协选送的《妞妞与丑丑》《荷花落》《小辫子与山妞妞》《压岁钱》等节目荣获"小荷之星"金奖，省舞协因此再次获得组委会表彰。这是江苏省少儿舞蹈连续三届在"小荷风采"中取得报送节目精良、获奖概率居高的佳绩，体现了少儿舞蹈健康、繁荣发展的质与量。

江苏舞蹈"莲花奖"第四届青年演员大赛

12月3—4日，由省文联主办，省舞协、无锡市文联承办的江苏舞蹈"莲花奖"第四届青年演员大赛在无锡人民大会堂成功举办。本次大赛共收到全省专业院校、院团及中专、民营培训机构200件作品，经过初评有93件作品进入决赛。80%的参赛作品是原创作品，且题材、样式、风格的多样性和专业技术水平较上届有明显突破和上升。专业院团参赛率的提高在一定程度上体现了江苏省舞蹈创作开始复苏的可喜景象。为期两天的比赛日程紧张而有序，高强度、高密度的组织工作在协会团队的齐心努力下井然有序、严谨专业，保证了大赛的圆满成功。江苏舞蹈"莲花奖"是省文联"两主""四品""六平台"重点工作之一。本届比赛通过设立民营组来扩大影响，激发专业院校的竞争意识；通过抓重点、促基层的实际工作来推动苏北及不发达地区的专业队伍建设，努力营造互相促进、共谋发展的局面，取得了良好的效果，也为"莲花奖"再次注入了创新机制。

第七次会员代表大会

2月9日至10日，省舞协第七次会员代表大会在南京召开。来自全省各地100多名代表济济一堂，共同回顾、总结了第六届主席团、理事会的工作，顺利完成了各项议程。选举产生了由刘仲宝等9人组成的新一届主席团和由60人组成的省舞协第七届理事会，并新设立了由主席团及各市舞协的中青年骨干组成的常务理事会。省舞协第七次会员代表大会从筹备到召开，是在习总书记《在文艺工作座谈会上的讲话》正式发表和《中共中央关于繁荣发展社会主义文艺的意见》等重要文件相继出台的大好时机中进行的，这预示着江苏省舞蹈事业未来的方向和目标更明确，发展的机遇和空间更广阔。大会从始至终充满民主、团结、鼓劲、繁荣、承上启下的和谐气氛，与会代表对新一届舞协充满信任和期待。

【民间文艺家协会】

第12届中国民间文艺山花奖

12月2日，由中国文学艺术界联合会、中国民间文艺家协会主办的第12届中国民间文艺山花奖颁奖盛典在浙江省海宁市举行。本次获奖的老、中、青三代文艺家分布均衡，体现出民间文艺队伍传承结构合理、民间文艺领域后继有人的特点。在本届山花奖的评选中，虽然评奖数额大幅度紧缩，但江苏依然有7个优秀项目荣获山花奖，排名全国第一，再次名列前茅。具体获奖作品名单如下：陶艺作品《凌竹壶》（刘军华）、刺绣作品《生态之殇》（姚惠芬）、玉雕作品《象尊》（马洪伟）、核雕作品《十二月花神》（许忠英）、砖雕作品《移动门楼》（钱建春）、民间艺术表演作品《龙舞稻花香》（苏州市民协、苏州科技学院舞龙队）、扎染作品《水浒一百零八人物图》（焦宝林）。

第四届江苏省民间文艺"迎春花奖"

由江苏省文学艺术界联合会主办、江苏省民间文艺家协会承办的第四届江苏省民间文艺"迎春花奖"2015年民间工艺美术作品奖、民间文学作品奖和民间文艺学术著作奖的评选工作，经各市民协认真组织、广大会员积极申报，并在省文联艺术部的指导与参与下，由省内外专家组成的评审委员会坚持导向性和艺术性，坚持公平和公正原则，认真严格进行初评、复评和终评，于12月底全部结束。经省文联同意，评选结果经过公示，最终有7件作品获得民间文学作品奖、3件作品获得民间文艺学术著作奖、66件作品获得民间工艺美术作品奖，2个市级民协获得优秀组织工作奖、6个市级民协获得组织工作奖。民间文学作品奖和民间文艺学术著作奖的评选工作为江苏省民间文艺最高奖"迎春花奖"的首次。

姚建萍刺绣艺术展

"针融百家，艺开新境——姚建萍刺绣艺术展"于12月1日10时30分在中国美术馆正式开幕。本次展览由中国文联、江苏省委宣传部、中国工艺美术协会、中国民间文艺家协会、中国非物质文化遗产保护协会、江苏省文联联合主办,苏州市人民政府支持,江苏省民间文艺家协会、江苏省工艺美术行业协会联合协办。开幕式由中国工艺美术协会常务副会长张红女士主持。本次艺术展从12月1日持续到12月10日,展览展出姚建萍多年刺绣生涯的经典代表作,展览主题作品"丝绸之路"系列,是首次在国内艺术展馆亮相展出,可以让人们近距离领略中华民族瑰宝苏绣艺术的独特魅力。

第七次会员代表大会

2月11日,江苏省民间文艺家协会第七次会员代表大会在南京召开。来自全省各地的近百名代表济济一堂,共商江苏民间文艺事业的繁荣大计。五年来,全省共获得中国民间文艺最高奖"山花奖"近40个奖项,获奖数量和质量在全国名列前茅。大会选举产生由40人组成的省民协第七届理事会。经省民协七届一次理事会无记名投票选举,陈国欢当选省民协主席,束有春、吴元新、张丹、张来喜、季益顺、姚建萍(女)、徐艺乙、崔月明(以姓氏笔画为序)当选副主席。

【摄影家协会】

"中国梦"摄影艺术展

9月25日,省摄协承办了由中国艺术研究院、江苏省文联主办的影像"中国梦"摄影艺术展。中国摄影家协会副主席李树峰,江苏省文联党组副书记、副主席杨企鹏等领导出席开幕式。展出的160幅照片,真实记录了150多年来中国社会的变革和普通百姓日常生活的状态和细节,充分展示了中华民族走向伟大复兴的艰巨历程。省摄协主席团部分成员以及来自全省各地的1000多名摄影家、摄影工作者、摄影爱好者参加了活动开幕式。开幕式当天,还邀请了著名摄影家解海龙为广大摄影工作者、摄影爱好者做摄影讲座,举办了摄影作品观摩会和影友擂台赛。该影展在金陵图书馆持续20多天,吸引了2万多名观众前来观看。

第25届全国摄影艺术展

江苏省在第25届全国摄影艺术展中取得优异成绩。省摄协认真组织,积极备战,在国展中获得3金、5银、6铜和55幅优秀作品奖的优异成绩,省摄协获得优秀组织奖。江苏省严荣华的《送行》、于先云的《以国家的名义》分获记录类金奖;南京艺术学院传媒学院的《黔之雨》获多媒体类金奖;高东阳的《摄影的本体语言》、谢松的《立秋》、朱志仁的《网鱼》分获艺术类银奖;南京艺术学院传媒学院的《我叫余小慧》《咫尺之遥》获多媒体银奖;田鸣等作者的6件作品获铜奖,吉龙生等作者的55件作品获优秀作品奖。

首届"江苏摄影奖"评选活动

经省委宣传部批准,省文联、省摄协自2015年起,设立了"江苏摄影奖"。该奖项与中国摄影"金像奖"相衔接,是全省摄影最高奖项,旨在打造江苏摄影艺术和学术品牌,构建江苏摄影高端人才队伍和优秀作品展示平台,不断引领和推动江苏摄影事业迈上新台阶,每2年评选一次。评选活动吸引了广大摄影家的广泛关注,组委会共收到来自全省各地75名作者的来稿。10月下旬,由3名中国摄影"金像奖"评委、省摄协主席团成员和我省在全国影展上获金牌和中国摄影"金像奖"的得主组成的评委会对参选作品进行了评选。省文联党组副书记、副主席杨企鹏亲临评选现场对评选工作提出要求,省文联艺术部工作人员负责监督评选的全过程。经过评选,评出摄影创作奖14名,提名奖9名;摄影理论奖1名,提名奖1名。12月20日,在江苏省现代美术馆举办了首届"江苏摄影奖"作品展,《中国摄影报》、中国摄影网、《新华日报》等多家媒体及时进行了宣传报道,受到专家及社会各界的高度评价。

文艺惠民

省摄协在开展"深入生活,扎根人民"主题实践活动中,先后组织了30多位摄影家和文艺志愿者深入兴化市南阳村、高邮市湖滨社区等地,为农民拍摄肖像照、"全家福"合影照，作品100多幅、送书籍200多册，带学生60多名。作为"六个一"的文艺产品，省摄协推出了"影像人文"100幅摄影作品，在江苏省现代美术馆、太仓、兴化等地巡展，同时在新华报业传媒集团"视觉江苏"网进行展示。为兴化、太仓两地基层联系点策划举办了"美丽家乡"摄影艺术作品展，受到当地群众的好评。2月9日，省摄协积极响应中宣部等五部委《关于2015年元旦春节期间广泛开展"我们的中国梦"——文化进万家活动的通知》要求，与南京市摄协成功举办了"我们的'中国梦'·文化进万家"江苏省暨南京市摄影界迎新春摄影作品联展活动，影展吸引了摄影界人士和社会各界群众1万多人前来观看。2015年，省摄协举办各类摄影讲座，培养摄影人才，为会员搭建摄影交流平台。之前省摄协还与基层联系点联合举办了"摄影公益大讲堂"系列讲座24场，聆听讲座的市民达8000多人次。

【书法家协会】

"铭记历史 缅怀先烈 珍爱和平 开创未来"纪念抗战主题报告会

中国新四军和华中抗日根据地研究会联合江苏省文学艺术界联合会、江苏省书法家协会以及北京、江苏新四军研究会，于8月28日在南京现代美术馆隆重举行纪念中国人民抗日战争暨世界反法西斯战争胜利70周年报告会、赠送图书和美术书法展等系列活动。中国新四军研究会会长、南京军区原司令员朱文泉上将做主题报告，江苏省委宣传部副部长、省文联主席章剑华致辞。活动由中国新四军研究会第一副会长徐承云主持。中国新四军研究会名誉会长、南京军区原政治委员方祖岐上将、南京军区副司令员郭锡章中将，二十四军政治部原主任、新四军老战士史乃，著名书画家尉天池、喻继高、言恭达、孙晓云及各界人士500多人出席。纪念活动围绕主题展出了240多幅堪称经典的美术书法作品。其中，有全景式回顾新四军战斗历程、全方位展现英雄铁军艰辛与辉煌的60余幅大型油画国画作品；有30多位老战士、老将军、老领导讴歌伟大抗战精神的笔墨丹青；有当代书画界翘楚，中国书协主席、副主席、顾问等撰书的领袖人物关于抗战重要论述和历史文献的书法作品180余件。在纪念活动中，中国新四军研究会等主办单位还向新四军老部队、南京市10所中小学校赠送了新四军研究会编印、摄制的反映抗战和新四军历史的数十种图书和电视光盘。

第二届江苏省篆刻艺术展

由江苏省文联主办，省书法家协会、省现代美术馆、南京印社承办的第二届江苏省篆刻艺术展，于22日10时在江苏省现代美术馆隆重开幕。本次展览以"检阅江苏篆刻人才队伍，促进江苏篆刻艺术发展"为主旨，得到了全省篆刻家和篆刻艺术爱好者的热烈响应。经过严格的评审、复核程序确定了118件入展作品、73件入选作品，加上评委、监委作品和特邀作品，共展出216件作品。

江苏篆刻艺术大展暨江苏篆刻60年文献展

2015·江苏篆刻艺术大展暨江苏篆刻60年文献展于2015年9月8日10时在江苏省现代美术馆隆重开幕。中国篆刻艺术院名誉院长韩天衡先生为大展题词"光耀印坛"，中国书协副主席言恭达先生作序称"三十年来江苏规模最大规格最高的一次篆刻盛宴"。本次大展展出当代江苏篆刻家332人作品，以及江苏已故印人如傅抱石、武中奇、蔡易庵、陈大羽、沙曼翁、马士达等43人的篆刻文献500余件。《2015·江苏篆刻艺术大展作品集》和《江苏篆刻60年文献集》由江苏凤凰美术出版社出版，展览当日首发。展览期间，江苏省篆刻研究会与南京艺术学院联合举办系列篆刻学术讲座，邀请了中国篆刻史论研究学者孙慰祖、黄惇先后做了题为"玺印与中国古史研究""元明清文人流派篆刻艺术的几次重大转变"的学术讲座，南京艺术学院院长刘伟冬主持了学术讲座。据悉，本次大展在南京首展后,还将在北京、上海、杭州、郑州等城市进行全国巡展。

文艺惠民

5月至10月,"苏风墨韵"江苏省书法名家精品巡回展在淮安、武进、丹阳、建湖、灌南、响水、东海等多地举行。1月9日,由江苏省青年联合会、江苏省书法家协会主办的"迎新春送万福"活动走进解放军国际关系学院。1月28日,开展"文化助残走基层"送春联、送温暖活动。江苏省书法家协会秘书长王卫军,副秘书长赵彦国、徐燕及残疾人书法家孙福祥为现场20多名残疾人代表写了百张"福"字和春联。2月2日,江苏省书法家协会、江苏省教育书法家协会书法家走进南京市莲花实验学校开展"书法家进校园"活动。2月7日,"文艺进万家,共筑'中国梦'"——江苏省文联文艺志愿服务暨"双百"惠民活动走进江苏大剧院,慰问江苏大剧院的建筑工人。省书协主席孙晓云亲自率领20位书法家现场挥毫泼墨,给来自全国各地的江苏大剧院的建筑工人写"福"字,写春联,送祝福。2月9日,江苏省书法家协会书法名家送"福"下基层活动走进武进,在武进前黄镇村委会展开,免费为武进地区的老百姓题写春联,送上最温馨的祝福。2月15日,由江苏省书法家协会组织的"真情祝福温暖祝福"迎新春送万福活动在南京南站展开,江苏省书法家协会秘书长王卫军,省直书协主席汪寅生等参加了活动。

【杂技家协会】

首届"江苏杂技奖"杂技作品大赛

10月,首届"江苏杂技奖"杂技作品大赛评选在南京举行,全省各杂技团体踊跃报名参赛,共收到参赛作品23件,经评委员会评选12个节目获奖。其中射阳县杂技团的《扇舞丹青——头顶技巧》、江苏省杂技团的《惊风荡——旋转软钢丝》获杂技节目金奖,南京市杂技团的《冲——地圈》、射阳县杂技团的《激情飞扬——手技》、南京市杂技团的《飞叉》获杂技节目银奖,江苏省杂技团的《擎天——单臂倒立》《飞翔——秋千飞人》《荷塘月色——滚环》和射阳县杂技团的《草帽飞舞》获杂技节目铜奖,南京市杂技团的《睡美人》获杂技剧目金奖,江苏省杂技团的《猴·西游记》、阜宁县杂技团的《牛郎和织女》获杂技剧目优秀奖。

全国杂技比赛

5月,在第九届中国杂技"金菊奖"第六次全国魔术大赛中,南通市少年杂技团丁洋表演的《变鸽子》获得金奖,朱程程表演的《梅花三弄》获得铜奖,时隔13年江苏再次捧回"金菊奖",获奖总数再次排名前列。10月,射阳杂技团的《扇舞丹青——头顶技巧》荣获第15届中国吴桥国际杂技节比赛最高奖项"金狮奖"。10月,南通市少年杂技团丁洋表演的《变鸽子》获得上海第九届国际魔术节"大师赛"银奖。

第五届江苏高校大学生魔术比赛

11月,第五届"江苏高校大学生魔术大赛",10所高校19人参赛,魔术新人不断涌现。赛事平台的搭建,锻炼了队伍。

文艺惠民

省杂协积极开展"深入生活,扎根人民"主题实践活动,把一台台精美的杂技节目送到农村、校园和社区,先后在射阳海通镇、玄武区老年公寓、秦淮区大地幼儿园等地举办惠民演出近10场。结合"三解三促"工作,组织采风团、演出队一起走进灌南,举办专场演出、主题讲座共同承办文化艺术周活动,形成了"采、创、送、种"精彩互动的生动局面。结合"江苏杂技奖"颁奖晚会,组织精品杂技节目走进南理工校园。

赴俄罗斯演出

2月至4月,南京杂技团赴俄罗斯演出杂技剧《睡美人》近50场,促进了两国人民间的文化交流,成功展示了江苏文艺创作成果。

【电视家协会(动漫艺术家协会)】

第10届华东"六省一市"电视主持新人赛

8月6日至13日,由上海、江苏、江西、安徽、浙江、福建、山东视协及影视协联合举办的第10届华东"六省一市"暨全国部分省份电视主持新人赛及第3届华东"六省一市"暨全国部分省市微电影（微视频）作品大赛在山东德州、滨州两地举行，省视协积极组团并筛选优秀作品参赛。来自全国15个省份和地区的75名大学生参加决赛，经过"谁不说我家乡好""才艺大比拼""我说我有理""今天我主播"4个环节的激烈角逐，江苏代表队刘奕孜获得三等奖。本届微电影作品评比在滨州博兴举行，此次大赛共收到267部作品，分为微电影、网络剧、MTV、纪实、动漫、实验片6种类型。江苏视协甄选并报送的18部作品喜获丰收，其中，《一个人的广场舞》《挤进心门的阳光》《美味使命》获得一等奖，《绳子上的摄影师》《甄老汉城里的庄稼》《寻》获得二等奖，《电影和我》《摇滚大厨》《琴弦》获得三等奖，获奖数量及比例均居华东"六省一市"前列。

第31届江苏省电视金凤凰奖评选

9月10日至14日，由省文联、省广电总台主办，省视协、常州市文联、常州影视家协会、常州广电台承办的第31届江苏省电视金凤凰奖评选活动在常州举行。本届金凤凰奖共收到全省各级电视台、有关制作单位报送参评作品271部，其中晚会34部，音乐电视14部，纪录片50部，电视剧14部，栏目剧10部，动漫6部，广告64部，文艺专题25部，文艺栏目29个，主持人25位。评委会按照评审规程，分别评出六大类奖项，其中《大清盐商》《草帽警察》获电视剧一等奖，《疯狂广场舞》获电视栏目剧一等奖；《1937·南京记忆》《中国梦·中国路》《中国大运河》《你所不知道的中国》获电视纪录片类特别奖，《人物传记"百岁老人周有光"》获长篇电视纪录片一等奖，《望乡》《明珠和她的朋友们》获中短篇电视纪录片一等奖；"'中国梦'·我心中的梦""'汉风飞扬'江苏省第18届省运会开幕式表演"获电视文艺特别奖，"'苏州月·中华情'2014年中央电视台中秋晚会""'文化的力量'常州市精神文明建设'五个一'成果巡礼""2015江苏卫视新年演唱会""'慈善星灿 再铸辉煌'——徐州市第6届慈善晚会""心花怒放青春盛典震撼一条龙十周年纪念晚会"获电视文艺一等奖，《水梦春花话吴江》《天鹅湖与茉莉花》《淮剧公主陈澄》《梅韵芬芳——锡剧表演艺术家姚澄》获电视文艺（文学）专题一等奖，《最强大脑第二季》获电视文艺栏目特别奖，《唱响星期五》《风雅少年颂之武进洛阳中心小学专场》《超级战队》《主播K歌王》获电视文艺栏目一等奖，《福运长河》《永不忘却》获音乐电视（MTV）一等奖；《云彩面包》获电视美术动漫片类一等奖；《我们留给未来什么》《孙小空之谨防电信诈骗篇》获电视广告片类一等奖；杨赟、陆之瑞获电视主持人类一等奖。

第9届全国德艺双馨电视艺术工作者表彰活动

10月17日至18日，第9届全国德艺双馨电视艺术工作者表彰大会在浙江海宁召开，45位电视艺术工作者在会上受到表彰，苏州广电总台大型节目活动中心副总监孙欣、江苏卫视副总监兼江苏广电总台北京节目制作中心主任张践、省视协副主席兼南京军区政治部电视艺术中心主任王晓虎等榜上题名。据统计，江苏获奖人数位列全国各省份第一。

第3届亚洲微电影艺术节

11月6日至9日，第3届亚洲微电影艺术节在云南临沧举行，来自中国以及缅甸、老挝、俄罗斯、新加坡等国嘉宾和影视艺术家共2000余人，齐聚亚洲微电影城、世界佤乡、天下茶仓、恒春之都临沧市，出席本次艺术盛会。在临沧体育馆举办的"金海棠奖"颁奖盛典上，由江苏视协发动并组织参评的作品广受好评并喜获丰收：徐州市公安局交警支队、江苏未末尚方文化发展公司的《考试股长夏建军》，徐州广电台的《极速赢救》，南京师范大学电视电影系的《挤进心门的阳光》，以及连云港海州区委宣传部的《第二个妈妈》获得优秀作品奖；扬州广电台的《一个人的广场舞》，徐州市文化局的《丁丁腔续缘》获得好作品奖。

第五次会员代表大会

3月23日至24日,省视协第五次会员代表大会在华东饭店隆重举行,与会的120多位代表、特邀代表、电视艺术工作者欢聚一堂,共谋发展,共话未来。中国视协分党组成员、副秘书长范宗钗,省委宣传部副部长、省文联党组书记、常务副主席章剑华等出席开幕式。会议审议通过第4届主席团工作报告和《江苏省电视艺术家协会章程》修改草案,讨论并提出今后5年的总体设想、奋斗目标和工作建议,选举产生第5届主席团和理事会。卜宇当选主席,王晓虎、孙苏杰、严克勤、李爱彬、吴建宁、张兵、张辉、陆玉芳、陈辉、陈韵强、罗舒泽、周天江、周安华、顾汉德、景志刚(以姓氏笔画为序)当选副主席。

【文艺评论家协会】

第二届"江苏紫金文艺评论奖"评选

"江苏紫金文艺评论奖"由省委宣传部联合省文联、省作协共同设立,是江苏文艺评论的最高奖项,旨在进一步推动文艺评论创作,树立文艺评论价值标杆,促进文艺批评健康发展,发现培养文艺评论人才。第二届"江苏紫金文艺评论奖"的评选工作于10月中旬启动,省评协继续承担"江苏紫金文艺评论奖"艺术类评论作品的评审组织工作。至11月底,参评作品申报工作已经完成,艺术类评论作品共有120篇(部)参评。整个评审工作将于2016年年初完成。较之首届评选,这次在作品征集范围、评选机制方面都有所创新。

回望与前瞻——抗战题材文艺创作研讨会

省评协长期以来积极组织开展各类文艺理论和作品专题研讨会、座谈会等,使文艺评论活动丰富多彩、有声有色,充分发挥了文艺评论的独特作用。2015年是中国人民抗日战争暨世界反法西斯战争胜利70周年,为进一步推动抗战题材的文艺创作,省评协于12月9日举办了"回望与前瞻——抗战题材文艺创作研讨会"。省文联主席、党组书记章剑华,省作协副主席、书记处书记、党组成员、省评协主席汪政,省文联副主席、书记处书记、党组成员、省评协副主席刘旭东出席研讨会。章剑华在研讨会上做重要讲话,指出今后的抗战题材文艺创作和文艺批评要把握好三个"导向",即创作的导向、批评的导向、传播的导向。来自全省各大高校和文化单位的文学、美术、电影、电视、摄影等各个艺术门类的专家、学者20余人参会。研讨会以世界反法西斯和中国抗日战争题材文艺创作史为背景,以经典作品为参照,重点梳理了江苏抗战题材创作的历程,总结了近年来创作的成果和经验,探讨了这一创作领域的成败得失,并对今后江苏此类题材的创作提出了建议。此次研讨会论题重要、学术含量高、学术阵容强大、研讨成果丰富,《中国艺术报》《新华日报》《扬子晚报》等省内外各大媒体均做了报道。研讨会共收到参会论文20余篇,以专辑的形式在《江苏文艺研究与评论》2015年第4期上进行了集中发表。此外,省评协2015年还主办了"陆建华散文创作研讨会""《刘兰兴作品集》研讨会"等活动。

文艺调研

为了落实中宣部、中国评协提出的进一步提高文艺评论工作的组织化程度、加强基层文艺评论组织建设的要求,也是作为"深入生活、扎根人民"活动的一项重要内容,在省文联副主席、书记处书记、党组成员刘旭东的带领下,省评协针对2015年9月前全省已成立的9个省辖市文艺评论家协会进行了专题调研。调研之前,省评协经过研讨认为,各级文艺评论家协会是各级文联所属各文艺家协会中涉及艺术门类最多、覆盖面最广、最具综合性的一个文艺家协会,但与其他文艺家协会比起来,成立时间最晚,会员规模也较小,组织建设比较落后,这与中央提出的高度重视和切实加强文艺评论工作、不断提高文艺评论工作组织化程度的要求还存在一定的差距,从而确立了"江苏省基层文艺评论组织现状及发展对策"的调研主题。调研活动采取了深入基层实地走访及座谈、分发调研提纲问卷、电话沟通访谈等形式,对全省基层文艺评论组织的概况、组织建设中取得的成绩、发展过程中存在的问题等,有了一个更为直观的了解。在充分调研的基础上,撰写了题为"江苏省基层文艺评论组织现状及发展对策"的调研报告,既指出了存在的问题,又为今后的发展提出了3个方面10条建议,数据准确,资料翔实,针对性、可操作性强。调研报告由徐健、梅爽执笔,全文12000余字,资料翔实、分析全面,对策建议有针对性、前瞻性和可操作性。该调研报告由省文联报送中国文联,受到中国文联表彰,喜获"2015年度中国文联优秀调研报告"二等奖(一等奖3篇、二等奖5篇、三等奖12篇)。该调研报告还入选省委宣传部《2015全省宣传思想工作调研报告汇编》一书。

第三次代表大会

3月26日至27日,省文艺评论家协会第三次代表大会在南京召开,来自全省文艺评论界的100多位代表欢聚一堂,共谋发展。省评协第二届主席团主席丁帆在大会上做了题为"团结进取,勇于担当,奋力推动江苏文艺评论事业迈上新台阶"的工作报告。会议审议通过了工作报告,讨论修改了《江苏省文艺评论家协会章程》,并选举产生了省评协第三届理事会和主席团。汪政当选省评协第三届主席团主席,副主席为王尧、王廷信、王彬彬、徐健、温潘亚、韩丛耀、缪小星、樊波(以姓氏笔画为序),丁帆被聘为名誉主席。省评协第三次代表大会的召开是协会发展历程中的一件大事,为协会今后的发展构建了良好的组织基础,描绘了美好蓝图。在代表大会上,还举行了首届"江苏紫金文艺评论奖"的颁奖仪式。

浙江省文联

综述

2015年，是浙江省文艺界学习贯彻中央、省委文艺工作座谈会精神的深化之年，也是省文联及11个省级文艺家协会的换届之年。在中共浙江省委和省委宣传部的领导下，浙江省文联坚持正确的工作导向和创作导向，以促进创作繁荣为中心环节，推动文艺家和文艺工作者深入生活、深入群众，激发创作活力、催生优秀作品，大力弘扬中国精神、传播"两美"浙江取得了新成果，加强组织建设，建设有守、有为、有担当的文艺人才队伍取得了新成绩。

文联和协会换届

【省八次文代会】

12月28—30日，浙江省文学艺术界联合会第八次代表大会在杭州召开。省委书记、省人大常委会主任夏宝龙出席开幕式并讲话；省委副书记、省长李强在会上做专题形势报告；中国文联党组成员、副主席、书记处书记夏潮在开幕式上致辞。省委常委、宣传部部长葛慧君，省人大常委会党组书记、副主任茅临生，副省长郑继伟，省政协副主席姚克等出席开幕式，葛慧君出席闭幕式并讲话。

大会审议通过了田宇原同志代表省文联第七届委员会所做的题为"与时代同行 攀艺术高峰——努力谱写浙江文艺走在前列新篇章"工作报告，审议通过了修改后的省文联章程，选举产生了由169人组成的第八届委员会。经省委提名，省文联第八届委员会第一次会议选举许江为主席，田宇原、柳国平、马锋辉、茅威涛、麦家、陈振濂、翁仁康、应雪林、翁鲁敏、邹跃飞为副主席。根据省委提名，省文联第八届主席团第一次会议推举产生了新一届书记处，田宇原为书记处常务书记，柳国平、张均林、马锋辉、赵雁君为书记处书记。

会议期间，浙江省文艺界五年成果展，简洁生动地展现了浙江省文艺界的工作业绩。

【省曲协第八次会员代表大会】

8月19—20日，浙江省曲艺家协会第八次会员代表大会在杭州召开。中国曲协副主席、分党组书记董跃鹏，省委宣传部副部长唐中祥，省文联党组书记、副主席、书记处常务书记田宇原分别讲话。省文联领导柳国平、高克明、张均林、马锋辉等出席。大会选举产生了省曲协新一届领导机构，翁仁康当选为省曲协主席，何微、陈小宝、周子清、周鸣岐、季承人、贾冰、董其峰、蒋巍当选副主席，翁仁康兼任秘书长。

【省音协第八次会员代表大会】

8月24—25日，浙江省音乐家协会第八次会员代表大会在杭州召开。中国音协副主席、分党组书记韩新安，省委宣传部副部长唐中祥，省文联党组书记、副主席、书记处常务书记田宇原分别讲话。省文化厅副厅长杨越光，省文联领导柳国平、高克明、张均林、马锋辉，浙江音乐学院（筹）院长徐孟东等出席。选举产生了省音协八届理事会和主席团。翁持更当选主席，刁玉泉、史染朱、田耀农、严圣民、宋家明、杜如松、杨翎、杨九华、邹跃飞当选副主席，翁持更兼任秘书长。

【省民协第八次会员代表大会】

9月1—2日，浙江省民间文艺家协会第八次会员代表大会在杭州召开。省委宣传部副部长唐中祥，中国民间文艺家协会副秘书长张志学，省文联党组书记、副主席、书记处常务书记田宇原分别讲话。省文联领导柳国平、高克明、张均林、马锋辉等出席。杭间当选主席，刘小平、陈双虎、陈华文、周金甫、孟永国、宓风光、郑蓉、施孝峰、黄小明、蒋永荣、裘国梁当选副主席，郑蓉兼任秘书长。

【省杂协第三次会员代表大会】

9月8—9日，浙江省杂技家协会第三次会员代表大会在杭召开。省委宣传部副部长唐中祥，省文联党组书记、副主席、书记处常务书记田宇原分别讲话。省文联领导柳国平、高克明、张均林、马锋辉等出席。吴杭平当选主席，李洁、杨宇全、陆丹、陈平、陈兴娟、周信群、戴滨淳当选副主席，戴滨淳兼任副秘书长（主持工作）。

【省舞协第七次会员代表大会】

9月10—11日，浙江省舞蹈家协会第七次会员代表大会在杭召开。中国舞蹈家协会副主席、分党组书记罗斌，省委宣传部副部长唐中祥，省文联党组书记、副主席、书记处常务书记田宇原分别讲话。省文联领导柳国平、高克明、张均林等出席。崔巍当选主席，刘福洋、朱丽仙、朱萍、张星、张德华、沙日娜、殷放、潘岚当选副主席，潘岚兼任秘书长。

会议期间，"为人民而舞、为时代而舞——浙江省舞蹈家协会第七次会员代表大会舞蹈精品展演晚会"在杭州剧院上演。舞蹈家们用自己的艺术成果展示了舞蹈界昂扬的斗志和奋发的激情。

【省影协第七次会员代表大会】

9月14—15日，浙江省电影家协会第七次会员代表大会在杭州召开。省委宣传部副部长唐中祥，省文联党组书记、副主席、书记处常务书记田宇原分别讲话。省委宣传部副巡视员、干部处处长吴熔和省文联领导柳国平、高克明、张均林等出席。高克明当选主席，刘志江、苏舟、吴慧君、张强、钱大钧、徐天福、黄杭娟、谢谦、熊颖俐、薛淑杰当选副主席，熊颖俐兼任秘书长。

【省剧协第八次会员代表大会】

9月15—16日，浙江省戏剧家协会第八次会员代表大会在杭州召开。中国剧协分党组书记、驻会副主席季国平，省委宣传部常务副部长胡坚，省文联党组书记、副主席、书记处常务书记田宇原分别讲话。省委宣传部副巡视员、干部处处长吴熔，省文化厅副厅长杨越光和省文联领导柳国平、高克明、张均林、马锋辉等出席。黄先钢当选主席，王水维、吴凤花、陈美兰、郑朝阳、林为林、周正平、茅威涛、赵志刚、翁国生、谢丽泓当选副主席，谢丽泓兼任秘书长。

【省书协第七次会员代表大会】

9月16—17日，浙江省书法家协会第七次会员代表大会在杭州召开。省委常委、宣传部部长葛慧君，中国书协分党组成员、副秘书长张陆一，省文联党组书记、副主席、书记处常务书记田宇原分别讲话。省委宣传部副巡视员、干部处处长吴熔和省文联领导柳国平、高克明、张均林、马锋辉等出席。鲍贤伦当选主席，赵雁君、白砥、汪永江、戴家妙、沈伟、沈岩松、王波、沈浩、吴舫、斯舜威当选副主席，赵雁君兼任秘书长。

【省视协第六次会员代表大会】

9月17—18日，浙江省电视艺术家协会第六次会员代表大会在杭州召开。中国文联副主席、中国视协主席赵化勇出席，中国视协分党组书记、驻会副主席、秘书长张显，省委常委、宣传部部长葛慧君，省文联党组书记、副主席、书记处常务书记田宇原分别讲话。省委宣传部副部长唐中祥、副巡视员吴熔和省文联领导柳国平、高克明、张均林、马锋辉等出席。吕建楚当选主席，王俊、王国富、汤丽娟、杨速辉、余新平、张松才、项仲平、赵依芳、倪政伟、殷安建当选副主席，汤丽娟兼任秘书长。

【省美协第八次会员代表大会】

9月20—21日，浙江省美术家协会第八次会员代表大会在杭州召开。省委常委、宣传部部长葛慧君，中国美协分党组副书记、秘书长徐里和省文联党组书记、副主席、书记处常务书记田宇原分别讲话。省委宣传部副部长唐中祥，副巡视员、干部处处长吴熔和省文联领导许江、柳国平、高克明、张均林、马锋辉等出席。许江当选主席，马锋辉、王赞、池沙鸿、孙永、杨奇瑞、应金飞、宋建明、骆献跃、高世名、尉晓榕、蔡瑞蓉（按姓氏笔画为序）当选副主席，骆献跃兼任秘书长。

【省摄协第七次会员代表大会】

9月23—24日，浙江省摄影家第七次会员代表大会在杭州开幕，中国摄协副主席王悦到会宣读中国摄影家协会贺词，省委宣传部常务副部长胡坚和省文联党组书记、副主席、书记处常务书记田宇原分别讲话，省文联领导柳国平、张均林、马锋辉等出席。吴宗其当选主席，王小川、王芯克、庄育平、孙敏、胡晓阳、戚颢、矫健、傅拥

军、裘志伟当选副主席，毛小芳任副秘书长（主持工作）。

重要会议与活动

【浙江文艺界2015新春联欢会】

2月9日，浙江文艺界2015新春联欢会在之江饭店千人会堂举行。省委常委、宣传部部长葛慧君和省文联主席许江分别致辞，省文联党组书记、副主席、书记处常务书记田宇原主持。省政府副秘书长李云林，省人大常委、教科文卫委主任委员蒋泰维，省政协常委、文卫体委主任杨建新，省委宣传部常务副部长胡坚等领导，与来自全省各地、各艺术门类的400多名文艺家和文艺工作者喜迎新春。

【七届五次全委会与七届九次主席团会议】

2月9日，省文联七届五次全委会在杭州之江饭店举行。省委宣传部常务副部长胡坚出席会议并讲话，省文联主席许江主持会议，省文联党组书记、副主席、书记处常务书记田宇原代表主席团做年度工作报告。同日上午，省文联七届九次主席团会议召开，会议同意接纳省邮政文联、省金融文联为团体会员单位，省文联团体会员增至38个。

【文化援疆】

省文联与浙江省援疆指挥部商定从2015年开始共同组织开展文化援疆系列活动。5月26日至6月7日，省美术家协会组织省水彩画家协会秘书长徐明慧和8位农民画家，赴阿克苏开展策展布展、绘画辅导和采风交流活动，"同心共绘'中国梦'——浙阿农民画交流展"巡展，针对阿克苏地区农民画历史活动图像资料和优秀作品进行采集，初步梳理并整理出阿克苏农民画的发展脉络。6月8日至26日，阿克苏地区油画骨干培训班在全山石艺术中心举办，8位学员参加培训。7月2日至

7日，6名阿克苏地区书法家来浙培训，与浙江省的130名省书协书法创作骨干一起学习交流。10月27日至11月2日，省文联副主席、书记处书记马锋辉率浙江省文联艺术采风团一行15人，前往阿克苏地区和兵团一师进行文化援疆交流活动。11月阿克苏摄影采风团来浙江采风交流。

【"美丽浙江·百水赋"——浙江书坛名家百家百卷作品展】

新年伊始，由省委宣传部、省文联主办，省书协承办的"美丽浙江·百水赋"——浙江书坛名家百家百卷作品展在浙江美术馆隆重开幕。展览"百水赋"文字由省委宣传部、省作协组织辞赋作家专题创作，省书协邀请105位省书协历届顾问、理事和知名老书画家书写，一人一赋，一人一卷，不同书体、不同风格书写秀水华章、治水盛事。省委常委、宣传部部长葛慧君，副省长黄旭明等领导先后观展。

【"百年追梦"浙江美术创作精品工程】

4月8日，"百年追梦"浙江美术创作精品工程动员会在浙江美术馆召开，工程组委会主任、省委常委、宣传部部长葛慧君出席并做动员讲话。组委会副主任、省委宣传部副部长唐中祥，组委会副主任、省文联党组书记、副主席、书记处常务书记田宇原，艺委会主任、组委会副主任、中国美协副主席、省文联主席许江，省财政厅副厅长金慧群，省文联领导高克明、马锋辉等出席会议。

5月12日，召开艺委会第二次审稿会议，许江介绍浙江美术创作精品工程进展情况，组委会、艺委会成员及史学家逐一审看艺术家提交的草图，并从艺术性及历史性角度提出修改意见和建议。

【第五届中国书法兰亭奖】

4月21日，第五届中国书法兰亭奖颁奖仪式在兰亭王右军祠举行。本届兰亭奖共评出61名获奖者，其中佳作奖30人、理论奖19人、艺术奖10人、终身成就奖2人。绍兴兰亭书法博物馆还展出第五届中国书法兰亭奖终身成就奖、艺术奖、理论奖、佳作奖以及评委的作品及成果。

其间，举行兰亭论坛——"王羲之的真相"。论坛邀请王玉池、杉村邦彦（日本）、王连起、祁小春、萩信雄（日本）等国内外王学专家，以实证性的研究方式，从不同视角、不同领域围绕王羲之的生平与书法等有关话题展开学术性的演讲与探讨。

【浙江首届纪实摄影大展】

4月9日，浙江首届纪实摄影大展，评出典藏作品五组、新人作品三组、入选作品七组。评委会由雍和、吴宗其、严志刚、孙京涛、陈庆港组成。8月19日在桐乡徐肖冰候波纪念馆开幕，大展作品集同时出版。

【浙江省视觉艺术"新峰计划"】

6月9日，2014年度浙江省视觉艺术青年人才培养"新峰计划"创作成果展在浙江美术馆开幕。11月19日，2015年度浙江省视觉艺术青年人才培养"新峰计划"创作成果展在浙江美术馆开幕。分别展出30位入选者的系列作品。12月，浙江省新峰计划青年艺术家作品展首次巡展在浦江县展出。

【全国杂技精品展演】

4月17日，由省文联主办，省杂协承办，中国杂技团、上海杂技团、天津杂技团、武汉杂技团、福建杂技团、浙江曲艺杂技总团、杭州杂技总团协办的"全国杂技精品展演"在杭州剧院举行。此次展演定位高端，立足"精"字，各参展院团编排创新，从过去的"重技轻艺"向"技艺并重"发展，重视"意境"的挖掘与创造。活动为全国杂技艺术搭建出一个崭新的交流平台。

【中国文联信息工作调研座谈会】

4月27日,中国文联信息工作调研组在浙江绍兴举办全国部分省市文联信息工作调研座谈会。中国文联书记处书记、信息工作领导小组组长郭运德出席并讲话,省文联党组书记、副主席、书记处常务书记田宇原致辞,省文联办公室主任吕伟刚介绍浙江省文联的信息化工作情况。

【全省文联系统组联工作会议】

4月22—24日,省文联在天台县召开2015年全省文联农村文化礼堂服务经验培训暨组联工作现场会,总结交流各地开展"送文艺进农村文化礼堂"等志愿服务活动经验,研究进一步推进文艺志愿服务常态化、制度化、规范化的相关举措,部署安排2015年全省文联系统组联工作,传达中国文联组联工作会议、全国文艺志愿服务工作会议精神。座谈讨论省文联章程、各省级文艺家协会章程的修改意见。

【"到人民中去"中国美协文艺志愿服务】

5月22日,中国美协、浙江省文联、浙江省美协、浦江县政府联合在浦江县新光村文化礼堂举行"到人民中去——文艺志愿者走进浦江'五水共治'写生创作志愿服务活动"。活动包含座谈会、写生作品展、书画志愿服务等。中国文联美术大型活动部副主任杜松儒参加了活动。6月23—30日,"到人民中去"中国美术家协会文艺志愿服务团赴浙江天台、乐清采风写生。

【浙江省第六届青年美术作品展览】

7月2日,由省文联、省青联、省美协联合主办的"浙江省第六届青年美术作品展览"在浙江美术馆开幕。此次画展共收到中国画、油画、版画、雕塑、水彩画、粉画、漆画、综合材料绘画等作品878件。评选出入选作品253件,优秀作品49件。

【人民的力量——纪念抗战胜利70周年浙江书法展】

7月17日,由省文联、省书协主办,省书协各团体会员单位承办的"人民的力量——纪念抗战胜利70周年浙江书法展"在浙江美术馆开幕。

【"五水共治"美术作品展】

7月17日,由省治水办、省委宣传部、省文联、浙江日报报业集团联合主办,省美术家协会、浙江在线新闻网站联合承办的"美丽浙江·画述乡情"——2015浙江省"五水共治"美术作品展在浙江赛丽美术馆拉开序幕。本次展览展出全省"五水共治"美术采风邀请作品、获奖作品、入选作品共236件。

【"血肉长城——浙江省纪念中国人民抗日战争胜利七十周年美术作品展"】

7月31日,由省文化厅、省文联主办,省美协、浙江美术馆承办的"血肉长城——浙江省纪念中国人民抗日战争胜利七十周年美术作品展"在浙江美术馆正式开幕。

【"横漂"调研】

7月31日,浙江省文联党组书记、副主席、书记处常务书记田宇原带队调研组到横店调研"横漂"现状,召开了由相关影视公司代表、横店演员公会代表和"横漂"演员代表参加的座谈会。调研形成的报告上报省委宣传部、中国文联和中宣部,获得领导高度关注。9月6日上午,省委常委、宣传部部长葛慧君召集"横漂"工作专题会。9月23日,中宣部景俊海副部长和中国文联副主席、书记处书记左中一一行赴东阳横店调研"横漂"工作,田宇原陪同。

【中国青年文艺评论"西湖论坛"】

8月1日,由中国文艺评论家协会、浙江省文联主办，浙江省文艺评论家协会承办的"西湖论坛"在杭州成立，首届论坛开幕。"西湖论坛"是在中国文艺评论家协会倡议下，经中国文联党组批准，由中国文艺评论家协会、浙江省文联共同创办的常设性机构，致力于打造一个具有全国影响力的青年戏剧评论家组织，搭建青年戏剧评论家的话语平台，探索文艺评论新模式，为培养青年文艺评论家拓展新空间。首届论坛主题为"我们的戏剧——中国戏曲如何走向未来"，对中央戏曲工作会议做出最及时的回应，在社会引起强烈反响。中央电视台戏曲频道、《中国艺术报》《文化报》、浙江卫视、《浙江日报》《上海采风》《新民晚报》、杭州一套、杭州二套、《钱江晚报》等媒体跟进报道。中宣部《每日要情》采编了此次活动的信息。

【万年浦江全国中国画山水作品展】

9月26日，由中国美协、浙江省文联主办，浙江省美协、浦江县人民政府承办的万年浦江全国中国画山水作品展在浦江县开幕。

【TOP20·2015中国当代摄影新锐展】

9月29日，由中国摄协和浙江省文联联合主办，中国摄影报社和浙江省摄协承办，浙江摄影出版社协办的"TOP20·2015中国当代摄影新锐展"在浙江美术馆开幕，展览作品集同期首发。本届当代摄影新锐展在征稿期内共收到全国各地包括港澳台地区摄影师在内的688人投送的828组有效参评作品，其中电子作品759组，纸质作品69组。新锐摄影师仇敏业、冯立、邢磊、刘思麟、闫宝申、杜子、李冰、李君、李勇、李浩、吴丹丹、陈吉楠、宗宁、秦颖、顾畅、郭国柱、唐咸英、谢桂香、靳杭、蔡东东入选。

以"当代艺术语境下的当代摄影"为主题的中国摄影研讨会在开幕式当天举行。主办方还举办了针对入选摄影师的专家见面会等活动。

【中国文艺评论基地】

9月23—24日，首批"中国文艺评论基地"在北京授牌，浙江省文联和北京大学、清华大学、浙江大学等单位被授予首批22个"中国文艺评论基地"。浙江省评协秘书长沈勇被聘担任浙江省文联"中国文艺评论基地"负责人。

【"抱华追梦——何水法花鸟画展"】

9月25日，由中国文联、浙江省文联等多家单位联合主办的"抱华追梦——何水法花鸟画展"在中国国家博物馆隆重开幕。

【学习贯彻《中共中央关于繁荣发展社会主义文艺的意见》】

11月20日，省文联召开全省文联系统学习《中共中央关于繁荣发展社会主义文艺的意见》专题研讨班，邀请省委宣传部副部长唐中祥做专题辅导，分组交流学习体会和贯彻落实思路。

【第十二届中国民间文艺"山花奖"】

12月1—3日，第十二届中国民间文艺"山花奖"颁奖活动在海宁举办。共颁出民间艺术表演奖、民间工艺美术作品奖、民俗影像作品奖、民间文学作品奖、民间文艺学术著作奖五大类共计六十四个奖项。

【浙江展览馆修缮改造】

浙江省文联持续推进浙江省文化会堂（展览馆）修缮改造工程，争取省财政资金补助5100万元，加快土建工程进度。同时，积极做好重新开馆准备，开展当代会展业调研、员工培训、中层干部设岗竞聘、公开招聘工作人员等前期工作。

创作与评奖

浙江省文联始终坚持以推动创作繁荣作为工

作的重点，不断提高创作的组织化程度，积极带动全省文艺创作的繁荣。2015年1月制定出台了《省文联关于开展"深入生活、扎根人民"主题活动实施意见》，各省级文艺家协会纷纷组织不同形式的采风创作活动，推动全省文艺家投身火热的现实生活，创作出无愧于时代和人民的优秀作品。在中国文联贯彻《中共中央关于繁荣发展社会主义文艺的的意见》专题研讨班上，省文联党组书记、副主席、书记处常务书记田宇原做发言，重点交流组织创作、人才培养和网络建设情况。

一年来，浙江在各类艺术展赛中，捷报频频。第25届全国摄影艺术展，浙江以3金3银11铜、2幅（组）评委推荐奖、59幅（组）作品入选的优异成绩，继续领跑全国摄影第一方阵。因得力的组织工作，浙江摄协荣获组织工作奖。第十一届国际新闻摄影比赛中，浙江三位摄影师荣获奖项（《浙江日报》记者邵全海洋《光膀赤脚穿"火海"》，浙江大学张笑宇《惊世一顶》，《衢州日报》廖峥艳《细菌战的最后证人》分别获奖）。第27届中国戏剧梅花奖评选中，浙江绍剧团施洁净、浙江婺剧团杨霞云成功竞梅。第九届中国杂技金菊奖第六次全国魔术比赛上，浙江女魔术师、杭州杂技总团团长、国家一级演员李洁，成功摘取中国魔术最高奖——第九届中国杂技金菊奖第六次全国魔术比赛金奖，这是浙江省第一位获得该殊荣的女魔术师。第十二届中国民间文艺"山花奖"评奖中，浙江共获得包括民间艺术表演奖、民间工艺美术作品奖在内的6个奖项。"第三届华东六省一市暨全国部分省市微视频（微电影）作品大赛"中，浙江参赛作品荣获一等奖1件、二等奖3件、三等奖3件。

【首届"陆俨少奖"】

浙江画院主办的首届"陆俨少奖"中国画评奖活动，共收到来自全国28个省份的数百件作品，初评235件入围。终评产生金奖2件，银奖3件，铜奖7件，优秀奖20件，以及170件入选作品。5月7日，首届"陆俨少奖"中国画展在浙江赛丽美术馆隆重开幕，同时举办颁奖典礼。

【第二届浙江音乐奖】

第二届浙江音乐奖终评、颁奖于12月完成，卢闻强、杨和平、张玉芳、郭克俭4位音乐家和浙江交响乐团、杭州爱乐乐团、浙江歌舞剧院民乐团3个集体获得第二届浙江音乐奖。马骥、叶彩华、沈铁侯、沈凤泉、陈雪帆、韩春牧、靳卯君7位老一代音乐家获得"浙江音乐奖——荣誉奖"。

【首届浙江曲艺奖颁奖】

浙江首届曲艺奖于12月14日在杭州胜利剧院颁出。温州鼓词名家阮世池获终身成就奖，陈忠达、潘家富获表演奖，潘婷婷、施金裕获新人奖，杭州小锣书《到底谁买单》、杭州评话《斗牛》获节目奖。

【浙江省电影"凤凰奖"】

第七届浙江省电影"凤凰奖"评选8月完成。本届评选共收到参评作品32部，评出《失孤》《微爱之渐入佳境》等8部影片共10个类别的奖项。

【浙江电视"牡丹奖"】

2月4日晚，举办"影响2014"——为浙江影视喝彩晚会暨第二十四届浙江电视"牡丹奖"颁奖典礼，浙江电视台影视娱乐频道、新蓝网·浙江网络广播电视台现场直播。晚会全面盘点浙江影视2014年所取得的成果，为"牡丹奖"获奖者颁奖。

第二十五届"牡丹奖"电视剧的评奖工作于4月启动，各电视制作机构踊跃参评，共收到17家影视制作机构参评剧目38部，5月定评会议，最终确定了13部获奖作品的名单和排序。

文艺惠民与服务基层

浙江省文联以农村文化礼堂为主阵地,"采、创、种、送"相结合,加强机制建设,深化文艺家志愿服务工作,让文艺惠民工作走在全国同行的前列。4月23日,在天台县召开全省文联农村文化礼堂服务经验培训暨组联工作现场会。8月26日至27日,在杭州举办"首期全省文艺志愿服务专题培训班"。7月开始,在浙江文艺网增设"文艺志愿者之星"专栏,微信公众号"浙江文艺"同步推送宣传。从2015年开始,采取统保方式为文艺家志愿者服务总团所有成员办理了人身意外伤害保险,保障文艺家文艺志愿者服务过程中的人身安全。全年,省文联共组织开展了大型综合性文艺志愿服务活动8次,参与的文艺志愿者233人,在第二个"中国文艺志愿者服务日"前后,全省系统集中开展辅导培训、展览展示、慰问演出、采风创作等46项文艺志愿服务活动,参与的文艺志愿者达2400余人,惠及基层群众10多万人。全省共有38名表现突出的文艺志愿者受到中国文联通报表扬,浙江省文联被中国文联评为优秀组织单位。

各省级文艺家协会及省文联直属单位也按省文联的要求组织开展了各具特色的文艺惠民活动,服务基层、服务群众。省书协的"浙江书法村"志愿服务项目,引起了中国文联高度关注,中国文联文艺志愿服务中心专程来浙调研,并将该项目编入《文艺志愿服务案例》。省摄协的"摄影进万家 温暖全家福"、省曲协的"曲艺闹新春""曲艺进农村文化礼堂巡演"、省杂协的"魔术进校园"、浙江画院的"2015新春雅集"等为民乐民惠民服务深受基层群众的欢迎。

对外文化交流

【"浙江省水彩画家作品展"在西班牙马德里举办】

5月24日至31日,浙江省美术代表团在西班牙马德里举办浙江省水彩画家作品展。展览共展出了10位浙江优秀水彩画家的作品,展期20天。在西班牙马德里MONTSEQUL画廊,代表团与西班牙著名水彩画家进行了学术交流和水彩画创作笔会,并就两地美术家互访达成了初步意向。

【浙江省电影代表团访问捷克、波兰和荷兰】

6月22日至7月1日,浙江省电影家协会、浙江电影院线、浙江影视制作公司等单位组成的浙江电影代表团,对捷克、波兰和荷兰三国进行了为期10天的电影文化交流与欧洲电影市场开拓。在捷克布拉格,代表团与捷克双子星有限公司签署了3D科幻电影《大堡礁》的合拍协议,这是浙江省电影家协会自开展与欧洲交流以来促成的第一部合拍电影。该片还将纳入中捷文化交流大框架内,献礼两国建交65周年。在波兰科沙林,代表团参加了当地举办的青年电影节。

【浙江省电视代表团赴俄罗斯、捷克、匈牙利进行电视节目推广洽谈】

7月20日至29日,应俄罗斯圣彼得堡市亚太国家合作中心、捷克广播电视联盟、匈牙利新闻3D电视台邀请,浙江省电视代表团赴俄罗斯、捷克、匈牙利,分别与圣彼得堡市亚太国家合作中心就电视节目的购置与推广进行洽谈,与捷克广播电视联盟就合拍电视纪录片进行协商,与匈牙利新闻3D电视台进行联合制片洽谈。考察了广播电视节目和网络节目的融合,官方电视台和非官方电视台的融合和独立网络视频频道的组建。

【澳门"诗画浙江"旅游图片展】

10月12—14日,为配合省政府参与第四届世界旅游经济论坛暨2015浙澳旅游、经贸与文化交流活动,由省摄影家协会承办的"诗画浙江"旅游图片展在澳门威尼斯人酒店举行。

机关建设

【"三严三实"专题教育活动】

根据省委统一部署,浙江省文联于5月开始组织处级以上领导干部开展"三严三实"专题教育活动。6月2日,召开动员部署大会,省文联党组书记、副主席、书记处常务书记田宇原上专题党课。8月,召开2015年专题读书会,研讨"严以律己,严守党的政治纪律和政治规矩",并结合中央党的群团工作会议精神,梳理文联、协会工作思路。11月,召开"三严三实"专题学习研讨会,省文联领导田宇原、柳国平、高克明、马锋辉就深入贯彻学习习近平总书记系列重要讲话精神和《中国共产党廉洁自律准则》《中国共产党纪律处分条例》等做专题发言。

教育活动中,党组中心组先后组织了两次集中学习讨论,省文联机关、协会和直属单位党支部也相继开展了集体学习讨论活动。

【机关党委、纪委换届】

5月18日,浙江省文联机关召开第四次党员大会,选出新一届机关党委班子:柳国平为书记,严向明为专职副书记,吕伟刚、汤丽娟、林应辉、郑晓林、翁仁康为委员;新一届机关纪委班子:严向明为书记,何秀勇、严向明、汤学君、吴晨、陈笑为委员。

【机关工会换届】

6月3日,省文联第五次机关工会召开会员大会,会议选举赵雁君为主席,翁仁康、孙永为副主席,陈瑾、高勤英为委员,朱林儿为经审委主任,高勤英为女职委主任。

直属文艺家协会和直属单位

【第十届中国摄影金像奖】

1月8日,第十届中国摄影金像奖暨首届"李元杯"中国风光摄影大赛、第五届阿拉宁波摄影节颁奖典礼在宁波举行。

【省第十五届摄影艺术展、2014浙江当代摄影新锐展巡展】

1月18日至2月4日,浙江省第十五届摄影艺术展、2014浙江当代摄影新锐展巡展在杭州图书馆展出。

【微电影专业委员会】

1月27日,省电影家协会微电影专业委员会在杭州成立,同时选举并产生专委会第一届工作委员会及其工作机构。

【省曲协、省杂协"文化走亲"】

1月14日,省曲协、省杂协赴乐清市柳市镇长虹村开展"文化走亲"活动,为当地群众开展曲艺讲座和绍兴莲花落、温州鼓词示范表演。

【《青山绿水"中国梦"全国农民画展和浙江省民间工艺精品展作品集》】

省民协出版《青山绿水"中国梦"全国农民画展和浙江省民间工艺精品展作品集》。

【高校评论社】

1月上旬,省评协联系杭州师范大学,落实帮扶结对培养青年戏曲评论人才,组建成立杭师大文学院"惠风戏曲青年评论社"。

【美术采风写生】

3月23日至4月1日,省美协组织"到人民中去"浙江美术家走进"田园松阳"采风活动。4月10—18日,采风团20人分赴泰顺县筱村镇徐岙底、库村、雅阳镇塔头底村、司前镇圆州村、竹里乡等地开展写生创作,通过写生创作宣传传统古村落保护,弘扬历史文化。

【曲艺进文化礼堂巡演】

3月6日,"百善孝为先"绍兴莲花落专场在慈溪大会堂上演。开启了由省委宣传部、省文明办、省文联主办的送曲艺进文化礼堂20场巡演大幕。

【故事创作年会】

3月10—13日,省民协与省曲协在富阳联合举办2015浙江省故事创作年会。此次故事会共征集270余篇作品,组织专家对初选后62篇优秀作品再加工、进行现场点评和修改。4月13—15日在临安举办浙江省第四届故事会,15日晚举行"弘扬好家风,培育好民风"——浙江省文艺志愿服务活动暨浙江省第四届故事会颁奖演出。

【省级评协秘书长工作会议】

3月15—18日,由省评协承办的"全国省级文艺评论家协会秘书长工作会议"在浙江丽水成功举办。中国文联党组成员、副主席、书记处书记夏潮,中国文联理论研究室主任、中国评协副主席兼秘书长、中国文联文艺评论中心主任庞井君,中国文联办公厅副主任、中国评协副秘书长邓光辉,中国文联理论研究室副主任朱丽华,中国文联文艺评论中心副主任、中国评协副秘书长周由强等参加会议。

【省书协全省分片系列活动】

浙江书协于4月18日在舟山启动全省各地分片主题采风、主题创作、"浙江书法村"及文化礼堂重点骨干培训、工作调研座谈会、迎国展省展重点作者作品加工会系列活动。此项活动为期一个半月。

【摄影工作坊】

4月17—20日,省摄协举办浙江视觉艺术新峰计划王宁德工作坊。2013、2014新峰计划部分入选摄影师参加培训,省内高校青年教师、摄影创作骨干多人自费参与旁听。中摄协秘书长高琴到工作坊现场召开青年人才调研会。

【小梅花荟萃】

省剧协4月18—19日在桐乡大剧院举办第十九届中国少儿戏曲小梅花荟萃浙江赛区选拔赛。7月,在山东济南举办的中国第十九届少儿戏曲小梅花荟萃比赛中,代表浙江参赛的8名选手全部荣获"金花奖"。

【"小友友杯"青少年大提琴(业余)公开赛】

4月18—19日,省音协在宁波文化中心举办"小友友杯"青少年大提琴(业余)公开赛及颁奖音乐会。

【兰亭书会文献展】

4月20日,省书协举办的"兰亭书会文献展"及"守望故乡——绍兴中青年书法十人展"在绍兴博物馆开幕。

【"绿水青山"浙江省水彩画家作品展】

5月5日,省美协在浙江世贸国际艺术展览中心举办"绿水青山"浙江省水彩画家作品展览,共展出50位画家140件作品。

【"浙江摄影史"】

5月16日,省摄协在开化举办"浙江摄影史"项目工程研讨会。根据与会代表的充分讨论,省摄协将组织"浙江摄影史"项目班子,撰写"浙江摄影史"项目的总计划架构和分年度工作计划实施方案。

【浙江青年歌唱家大赛】

5月23—25日,省音协在温州举办第十届金钟奖选拔赛暨第四届浙江青年歌唱家大赛。

【纪念中日文化交流大师东皋心越逝世320周年系列活动】

5月29—30日，省文联、省音协和拱墅区人民政府共同举办了纪念中日文化交流大师东皋心越逝世320周年系列活动。29日晚，在浙江音乐厅举行"2015杭州·中国古琴音乐会"。

【"小荷风采"和"荷花少年"】

5月9日，省舞协组织第八届"小荷风采"和"荷花少年"展演复选，共选拔出16支"小荷风采"队伍和9支"荷花少年"队伍报送中国舞协。最终，浙江共有6支"小荷风采"和5支"荷花少年"节目入围第八届"小荷风采"全国少儿舞蹈展演和第三届"荷花少年"校园舞蹈展演。

【省第十四届水彩、粉画展】

6月12日，浙江省第十四届水彩、粉画展在丽水美术馆开幕。共展出298幅作品，其中学术奖作品20幅，优秀奖作品30幅。

【省第七届"陆维钊奖"】

6月26—28日，"潇洒桐庐杯"浙江省第七届"陆维钊奖"中青年书法篆刻展评审在桐庐举行。收到参展作品2183件，评出书法30件、篆刻6件获奖作品，从书法前5名作者中，根据历届全国性、全省性展览成绩与本次作品成绩综合评出"陆维钊奖"1名。

【中青年摄影人才研修班】

6月26—29日，省摄协组织举办2015年全省中青年摄影人才研修班。近120名学员参加了此次培训。

【"家在千岛湖——吴宗其摄影作品展"】

6月17日，"家在千岛湖——吴宗其摄影作品展"在浙江美术馆开幕。展览为期12天，其间，吴宗其对公众举办"用情感去按快门"摄影讲座并和观众进行面对面的交流。

【省第二十四届国际标准舞锦标赛】

6月6日，浙江省第二十四届国际标准舞锦标赛在温州成功落下帷幕。来自全省的47支队伍、1000多名选手参加了这次比赛。

【全国第二届曲艺研究论坛】

6月24—26日，中国曲协和浙江省文联主办的"全国第二届曲艺研究论坛"在萧山区举行。中国曲协分党组书记、副主席董跃鹏，省文联党组书记、副主席、书记处常务书记田宇原，书记处书记张均林等出席相关活动。

【中国剧协第八次代表大会】

7月13—16日，中国剧协第八次代表大会在京召开，浙江省共17名艺术家成为其代表，15位代表出席会议。茅威涛当选新一届中国剧协副主席，黄先钢、周正平等7位艺术家当选新一届中国剧协理事。

【第二届浙江工艺美术双年展】

7月10日，第二届浙江工艺美术双年展暨第五届浙江省民间文艺映山红奖（工艺美术类）评奖活动在杭州市工艺美术博物馆启幕。

【第三届浙江省青年文艺评论人才研修班】

7月16—20日，省评协在宁波举办第三届浙江省青年文艺评论人才研修班。

【"国之忠魂·抗日战争殉国将领名录"】

省书协组织邀请浙江省101位老、中、青篆刻家集体为108位将领创作"国之忠魂·抗日战争殉国将领名录"。8月28日，篆刻展在杭州孤山的西泠印社印学博物馆开幕。《国之忠魂·抗日战争殉国将领名录印谱》随展发行。

【2015浙江戏剧创作年会】

8月19—21日,省剧协2015浙江戏剧创作年会在杭州召开。共80余人参加会议,收到剧本45部,列入年会讨论的28部,三项数据均创历史新高。

【首届全国(宁波)综合材料绘画双年展】

9月20日,2015·首届全国(宁波)综合材料绘画双年展完成复评,入选作品167件,其中优秀作品28件。展览于10月20日在宁波美术馆开幕。

【江南丝竹】

9月19—21日,"第三届海内外江南丝竹邀请赛"暨"中国杭州江南丝竹音乐节"在杭举行。

【民间灯彩大赛】

9月22—25日,"'中国梦'·梁祝情"浙江省民间灯彩大赛活动在宁波梁祝文化园举行。来自全省各地的150多件作品参展参赛。

【第五届曲艺杂技魔术节】

由省文化厅、省曲协、省杂协主办的浙江省第五届曲艺杂技魔术节颁奖典礼9月16日晚在浙话艺术剧院举行。

【"走进丽水"采风作品展】

9月26日,浙江画院"走进丽水"采风作品展在丽水市美术馆开幕,400余幅作品呈现了丽水的茂林叠嶂和"五水共治"带来的新景象。

【浙江画院美术家长兴煤山革命老区采风创作】

10月9日,"红色走廊,丹青尽染——浙江画院美术家长兴煤山革命老区采风创作活动"在江南红村拉开序幕。

【全国美术名家"丝路行"】

10月9日,新丝路·新起点——全国美术名家"丝路行"主题创作活动在义乌启动。

【全国书法名家邀请展暨美术馆发展论坛】

10月16日,"美丽浙江水之韵——全国书法名家邀请展暨美术馆发展论坛"在杭州举行。

【第二届"美丽浙江"微电影大赛】

第二届"美丽浙江"微电影大赛评出一等奖2部、二等奖5部、三等奖11部以及单项奖7名。500余部参赛作品在新蓝网、浙江网络广播电视台、浙江手机台三大平台同步展映和展播。

【第五届浙江省民间文艺映山红奖】

10月22—25日,第五届浙江省民间文艺映山红奖·民间文学作品奖、映山红奖·学术著作奖评奖会在杭州召开。共收到民间文学、学术著作37部,评出民间文学、学术著作的5个映山红奖和6个入围奖。

【第六届中国民间艺人节】

10月23—29日,第六届中国民间艺人节在杭州举办。其间,进行了山花奖(民间工艺类)的评奖,省民协承办了中国民间艺术高峰论坛。

【杭州记事——池沙鸿新作展】

11月15日,"杭州记事——池沙鸿新作展"在杭州恒庐美术馆开展,《杭州记事——池沙鸿作品集》同步首发。

【"青春作伴好还乡"张伟民作品展】

11月15日,"青春作伴好还乡"张伟民作品展,在信雅达·三清上艺术中心拉开序幕。

【湖山掩映——浙江画院专职画师作品展】

11月20日,"湖山掩映——浙江画院专职画师作品展"在湖南省画院美术馆开幕。本次展览共展出23位浙江画院专职画师的百余幅作品,涵盖山水、花鸟、人物及工笔、写意等多种题材和艺术表现形式，是浙江画院颇具代表性的创作成果。

【电视专业人员培训班】

省视协于12月16—18日在杭州举办市、县级广播电视台对农节目编导、摄像、主持专业人员培训班。

【第九届"浙江戏剧论坛"】

第九届"浙江戏剧论坛"在杭州召开。近60人出席了论坛，20人做主旨发言，以"戏剧传承与发展"为主题，以国务院办公厅印发的《关于支持戏曲传承发展若干政策的通知》为切入点，为进一步促进浙江省戏剧艺术的繁荣发展提出对策和建议。

【青铜古兵器文化研究专业委员会】

12月9日，省民协在杭州江南漆器博物馆成立青铜古兵器文化研究专业委员会。

【第三届波兰—中国·浙江电影周剧本研讨会】

12月17—18日，第三届波兰—中国·浙江电影周剧本研讨会重点讨论中波合作剧本《米查琳与朗朗》。

【浙江画院山水作品采风展】

12月26日，由浙江画院、浙江省美术家协会、金华市文联联合主办，金华书画院、浙江省陆俨少艺术研究会等单位承办的"浙江画院山水作品采风展"在金华美术馆开幕。共展出浙江画院山水画工作室研究员们的百余幅作品。

安徽省文联

综述

2015年,安徽省文联深入学习贯彻习近平总书记在文艺工作座谈会上的重要讲话和《中共中央关于繁荣发展社会主义文艺的意见》《中共中央关于加强和改进党的群团工作的意见》精神,紧紧围绕推进文化强省建设这个核心任务,按照"出精品、获大奖、推人才、强服务"的总体思路,团结引导广大文艺工作者,服务大局、服务人民,深入生活、开拓创新,全省文艺事业呈现新变化,文联工作取得新进展,为建设文化强省、建设美好安徽做出了积极贡献。

会议与活动

【省文联开展春节走访慰问活动】

2月4日,省文联党组书记、书记处第一书记陈田带领省内七位知名书法家,在书记处书记、主席吴雪,副巡视员江枫及机关有关处室负责同志陪同下,赴太和县旧县镇大张村和毛集实验区焦岗湖镇王郢子村走访慰问贫困户,义务为当地农民写春联,并送去中堂年画、挂历和慰问金,表达对文艺工作者的新年问候。

陈田书记一行还实地考察了太和县书画艺术馆和焦岗湖影视城,尤其对焦岗湖影视城的规划建设,提出了很多切合实际的意见和建议。

【首家省级玉石博物馆落户徽园】

2月8日,安徽玉石博物馆揭牌暨开馆仪式在合肥徽园隆重举行。省委宣传部常务副部长郎涛,省文联党组书记、书记处第一书记陈田,省文物局副局长汪顶胜,省美协主席张松,省书协主席李士杰,著名画家王涛等有关方面领导和专家100多人出席了揭牌暨开馆仪式。

安徽玉石博物馆是由省文联主管、省文物局批准设立,由徽园原淮北馆改建的新型藏馆。布展分玉石篇、奇石篇两个篇章,展馆面积600多平方米,馆内各种玉石玉器藏品万件以上,珍稀精品6000余件。重点珍藏了安徽四大名玉:大别山玉、黄山玉、九华山玉、天柱山玉,其中以大别山玉为主。

该馆将以服务大众为核心,免费对社会开放。以弘扬徽玉文化为宗旨,以收藏保护、宣传、研究徽玉为方向,提供老百姓与徽玉石接触的平台,架起行业与政府间的桥梁,促进安徽本地玉种文化产业的欣欣向荣和蓬勃发展。

【季宇新作《淮军四十年》作品研讨会在肥召开】

4月11日上午,季宇长篇纪实文学《淮军四十年》作品研讨会在合肥隆重召开。研讨会由人民文学出版社和安徽省文联主办,省作协、省评论家协会、清明杂志社承办，中国文联副主席李前光，人民文学出版社社长管士光，省文联党组书记、书记处第一书记陈田，省文联主席、书记处书记吴雪，省文联书记处书记林勇，省委宣传部有关处室负责同志以及省内外文学界、出版界的作家、评论家、专家学者等50余人参会。与会专家学者对此书的历史价值和文学价值给予了高度评价。

【徽园生活艺术节】

5月1—31日，由省文联、省文化艺术基金会联合主办，省设计艺术家协会、省民间文艺家协会、省摄影家协会、省美术家协会、省书法家协会、安徽文学艺术院、省城市雕塑院联合承办的2015徽园生活艺术节在合肥徽园举办。

艺术节分为手工艺品系列展销、创意体验展、相亲公益活动、书画名家现场创作、少年儿童广场绘画五大板块，以及生活美学系列讲座。

本次艺术节的主题是"艺术让生活更美好"，意在拉近艺术与普通市民和生活的距离，充分发挥省文联的艺术资源优势，努力使艺术"接地气"，从而更好地服务于人民。

【中国作家"深入生活、扎根人民"采风创作暨鲁迅文学奖大讲堂石台行活动】

5月15—16日，省作协、安徽文学艺术院，邀请部分全国知名作家、名刊主编和安徽作家一起开展中国作家"深入生活、扎根人民"采风创作暨鲁迅文学奖大讲堂石台行活动，深入石台县大演乡白石岭、严家村，到群众生活前沿开展采风活动。特邀著名作家、鲁迅文学奖获得者鲁敏与著名评论家、鲁迅文学奖评委王春林为全省部分重点作家做了两场讲座。活动期间还召开了全国十大知名期刊主编与安徽文学艺术院签约作家对接会，主编们就各家刊物特点、当前文学发展态势等话题与签约作家进行面对面交流。通过这些活动，作家们深受教益，安徽本土优秀作家也得到了更好的推介。

【"我们的沃土我们的梦"吕士民风俗画作品展在京开幕】

为深入学习贯彻习近平总书记在文艺工作座谈会上的讲话精神，安徽省文联在中国文联展览馆举办"我们的沃土我们的梦"吕士民风俗画作品展。中国文联党组书记、副主席赵实等观看了画展，并对展览给予高度评价。

【第二届鲁彦周文学奖颁奖】

5月30日，由安徽省作家协会、安徽文学艺术院、安徽省电影电视艺术家协会、清明杂志社、鲁彦周研究会联合主办的第二届鲁彦周文学奖颁奖典礼在合肥稻香楼宾馆隆重举行。共评选出长篇小说2部：《战事》（作者弋舟）、《红月亮》（作者胡学文），中篇小说4部：《余露和她的父亲》（作者小岸）、《母亲的花样年华》（作者娜彧）、《将军》（作者李亚）、《吹不响的哨子》（作者陈斌先）和电影编剧奖《药都往事》（作者杨小凡）、戏剧编剧奖《徽州往事》（作者谢樵）、电视剧编剧奖《美丽背后》（作者禹扬）。此次获奖作品题材广泛，艺术手法多样，充分彰显了年轻作家的创作实力。

【省文联到宣城市调研"中国书法城"申创工作】

7月9日，安徽省文联主席、书记处书记吴雪，省书法家协会主席李士杰一行到宣城，就宣城市申创"中国书法城"工作进行调研。调研组先后前往宣城市申创"中国书法城"办公场所、宣城市书法展览馆、锦城南路"书法牌匾一条街"、府山社会主义核心价值观书法广场、宣城市实验小学等地进行实地查看，到金色阳光大厦随机抽查市直单位书法组织建设情况，并听取了"中国书法城"申创工作开展情况的汇报。

【安徽诗歌奖颁奖仪式】

7月18日,由安徽省诗歌学会、安徽省文一投资控股集团主办,安徽省朗诵艺术学会、安徽徽鹊文化传播公司协办的第一届"安徽诗歌奖"颁奖典礼举行。中国作家协会副主席、书记处书记吉狄马加,省文联主席、书记处书记吴雪等领导及获奖诗人、安徽文艺界人士近百人出席了颁奖仪式。严阵获得第一届安徽诗歌奖终身成就奖,薛庆国获得杰出翻译家奖,荣光启获得优秀评论家奖,卢炜获得海外华文优秀诗人奖,李成恩、罗亮、徐春芳获得最佳诗人奖,夏午、陈巨飞获得新锐诗人奖,星芽、应文浩、侯存丰、朱克献、张文斌、贞子、查耿、纪开芹、喻文、刘应姣获得入围奖。

【安徽作家重走红军抗日先遣队北上之路】

为纪念抗日战争胜利70周年,7月16—23日安徽省作家协会组织作家20余人,开展"重走红军抗日先遣队北上之路"活动。作家们深入皖南山区,从黄山区谭家桥红军北上抗日先遣队纪念馆出发,经休宁、黟县、绩溪、歙县、祁门、东至、泾县等地,行程达2627公里。沿途采取徒步走访,与当地党史专家、抗战老兵座谈等形式,挖掘英雄事迹,积累创作素材。

【全国首个农民工主题摄影展在北京开幕】

8月7日,由安徽省文联、安徽省农民工工作领导小组办公室、中国中铁四局集团有限公司等单位联合主办,安徽省摄影家协会、中铁四局党委宣传部承办的全国首个农民工主题摄影展——"中国中铁四局杯""农民工·我的兄弟姐妹全国摄影大赛"获奖作品展在北京·中国徽文化艺术展示中心隆重开幕。中国摄影家协会主席、分党组书记王瑶,中国摄影家协会秘书长高琴,国务院农民工工作领导小组办公室协调处处长牟达泉,中宣部思想政治工作研究会原副秘书长王明业,国务院国资委宣传局副局长韩天、毛一翔,安徽省文联主席、书记处书记吴雪,中国中铁四局董事长、党委书记张河川,中国摄影家协会副主席张桐胜、罗更前、李树峰,中国摄影家协会组联部主任包旭东,中国文联摄影艺术中心主任刘宇,中国新闻摄影学会副会长于文国,北京摄影家协会主席叶用才,中国铁路摄影协会副会长、秘书长原瑞伦,《中国摄影》杂志主编陈仲元,《大众摄影》主编徐艳娟,中国摄影信息中心主任吴砚华,《中国摄影报》副总编辑柴选,著名摄影家成卫东,安徽省人社厅农民工处处长刘瑞奇,国务院国资委、中国摄影家协会、中国中铁股份有限公司、安徽省摄影家协会等有关负责人,首都文化界、新闻界、摄影界专家学者和农民工代表约200人出席展览开幕式。

"农民工·我的兄弟姐妹全国摄影大赛"是面向全国范围的大型摄影活动。该赛事以反映农民工生存状态和精神面貌为主旨,歌颂了以农民工为代表的劳动大众的伟大品格,弘扬劳动精神,以劳动托起"中国梦"。该赛事自2011年举办以来,已成功举办两届。本次在京展出的作品来自两届摄影大赛的获奖作品,共计210余幅(组)。

【省文联领导看望慰问抗战老战士】

8月25日上午,省文联主席、书记处书记吴雪在离退休工作处有关人员陪同下,代表省文联党组、书记处分别登门看望慰问了省文联离休抗战老战士张崇岫、钱锋、乔浮沉、王祚提、谢竟成,送上慰问金,转达文联党组和广大干部职工对老同志们的问候和敬仰之情。

【《陶天月书画作品集》首发式暨理论研讨会】

8月26日下午,由省文联主办,省书法家协会、省美术家协会、安徽文艺理论研究室、省直书画家协会、省文艺评论家协会共同协办的《陶天月书画作品集》首发式暨理论研讨会在合肥举行。省级老领导沈善文、刘生,著名书画家陶天月,省文联党组书记、书记处第一书记陈田，省文联主席、书记处书记吴雪，省书协主席李士杰，省美协主席张松，省文艺评论家协会主席钱念孙等，与来自全省美术界、书法界、文艺评论界、收藏界等文化领域的专家学者近200人出席。

《陶天月书画作品集》收录了陶天月版画、国画、写生、书法等代表作品及名家评论。该书的出版，不仅对解读陶天月艺术作品，总结、评价陶天月艺术成就至关重要，而且对研究安徽当代美术史有积极意义。

【"'中国梦'·黄山魂"全国山水画（中国画）作品展】

9月20日上午，由中国美术家协会与安徽省文联共同主办、安徽省美术家协会承办、安徽省长隆文化投资咨询有限公司协办的"'中国梦'·黄山魂"全国山水画（中国画）作品展览在合肥徽园开幕。

中国美协分党组副书记、秘书长徐里，中国美协原副主席尼玛泽仁，安徽省政协副主席童怀伟，安徽省文联党组书记、书记处第一书记陈田，安徽省文联主席、书记处书记吴雪，安徽省文联副巡视员江枫，著名画家满维起、李呈修、郑百重、郭公达、章飚、王涛，安徽省美协主席团成员林存安等，以及来自全国各地的获奖画家、省内各市美协负责人、美术爱好者约500人出席开幕式。

【2015安徽文艺界千名文艺家再出发下基层活动启动仪式暨2014"我们的沃土我们的梦"采风创作活动成果展览暨表彰大会】

10月16日上午，2015安徽文艺界千名文艺家再出发下基层活动启动仪式在合肥徽园举行。同时，举办2014"我们的沃土我们的梦"采风创作活动成果展览暨表彰大会。

省文联党组书记、书记处第一书记陈田，党组成员、书记处书记林勇，副巡视员江枫出席仪式并为获奖作者颁奖，省文联主席吴雪主持仪式。各市文联主要负责同志，各文艺家协会在肥主席团成员，获奖作者代表，省文联全体在职人员，以及部分老文艺家代表等100多人出席了仪式。

陈田书记发表了讲话，林勇书记宣读了《关于表彰2014"我们的沃土我们的梦"采风创作活动成果的决定》，省美协主席张松代表文艺家宣读了《2015"我们的沃土我们的梦"安徽千名文艺家再出发下基层活动倡议书》，安徽宿州市文联主席沈凌代表获奖单位作了发言。

自5月起，省文联启动2014"我们的沃土我们的梦"采风创作活动成果征集评选活动，经严格分组评选，345件作品分获各奖项，宿州市文联和省作协等单位分获最佳组织奖等奖项。

【艺术为人民——吕士民风俗画作品展】

12月18日上午，安徽省文联在合肥徽园举办"艺术为人民——吕士民风俗画作品展"开幕式。省文联党组书记、书记处第一书记陈田出席开幕式并宣布画展开幕，省文联主席、书记处书记吴雪，省美协主席张松，著名画家吕士民分别在开幕式上致辞，省文联原副巡视员江枫、著名画家王涛及省美协、省设计协部分主席团成员，省暨合肥市有关新闻媒体记者及社会各界人士约150人参加了开幕式。

【皖江文化博物馆在徽园开馆】

12月19日上午，皖江文化博物馆在合肥徽园开馆。安徽省委常委、宣传部部长曹征海，省委宣传部副部长汪家驷，省委宣传部副部长、省新闻出版广电局局长车敦安，省文联党组书记、书记处第一书记陈田，书记处书记林勇以及社会各界人士约200人参加了揭牌仪式。

设立皖江文化博物馆旨在打造皖江流域文化，注重挖掘和整理珍贵历史文物，重点展示玉器、石器、铜器、陶瓷以及古代精美的生活用品，涉及文学、戏曲、书画等领域。该馆设有四大展厅，包括史前玉石展厅、铜器展厅、古陶瓷展厅和明清瓷展厅，以实物形态微缩展示皖江文化的风貌。此外，该馆还建有超大型、多功能的活动展厅，用于不定期举办各种主题性演讲、展览等活动。

该馆的建成和开馆，对于挖掘整理皖江流域珍贵文物和文化遗产具有重要意义，并为研究皖江文化提供了翔实的文物素材。

【召开"三严三实"专题民主生活会】

12月25日上午，省文联召开了"三严三实"专题民主生活会。省委宣传部副部长汪家驷到会指导并做重要讲话，省委宣传部文艺处处长何世华，省委宣传部机关党委专职副书记金运明，省纪委驻省委宣传部纪检组副调研员周润生等列席会议。省文联党组书记、书记处第一书记陈田主持会议，党组成员、书记处书记吴雪、林勇参加会议。

对外文化交流

【俄文版《重瞳·中国安徽作家作品集》在俄罗斯出版发行】

5月24日，俄文版《重瞳·中国安徽作家作品集》由俄罗斯圣彼得堡加罗出版社出版发行，并在圣彼得堡国际图书展上隆重推介。

【省文联领导会见日本中国文化交流协会代表团】

11月4日下午，省文联主席、书记处书记吴雪在合肥徽园会见了以杭迫柏树为团长的日本中国文化交流协会代表团一行。

【举办"魅力安徽"摄影图片展】

在瑞士日内瓦联合国欧洲总部举办"魅力安徽"摄影图片展。同联合国机构摄影团体进行艺术交流，并赴瑞士、奥地利、斯洛伐克、匈牙利等国家进行摄影采风创作。

创作与研究

【季宇新作《淮军四十年》出版】

季宇创作的长篇纪实文学《淮军四十年——一个人和一支军队的神话》由人民文学出版社出版。

据悉，《淮军四十年》是迄今为止第一部全面表现淮军的文学作品。全书50余万字，史料新颖，视野开阔，内涵丰厚，文笔生动，具有强烈的现实观照和历史深度。本书系中国作协扶持项目，从2009年立项，作者花费五年时间潜心创作。淮军创建于安徽，合肥是淮军的摇篮。本书的出版对宣传安徽和合肥亦有积极意义。

【季宇新作《勇敢者的精神》出版】

季宇散文随笔集《勇敢者的精神》由安徽人民出版社出版。本书收录了季宇先生数十年来创作的散文、随笔和杂文百余篇，共分为四辑：第一辑为记事记人；第二辑为文史方面的随笔、札记等；第三辑为与文学有关的文字；第四辑主要是杂文、时评等。

获奖情况

【"全国第十一届书法篆刻展"成绩显著】

"全国第十一届书法篆刻展"安徽省书法成绩显著，其中投稿作品达3804件，全国排名第3位，入展32人，全国排名第8位，入展人数占全国入展人数的4.7%；获奖1人，排名第12位，为安徽省近五届国展中入展获奖比例最高的一次，综合排名全国第6位。

【"第五届中国书法兰亭奖"1人获奖，12人入展】

在"第五届中国书法兰亭奖"评选中，李明

获二等奖，晁亚洲等12人入展。

【"第十二届中国民间文艺山花奖"安徽摘下两朵"山花"】

在"第十二届中国民间文艺山花奖"评选中，程礼辉的砚雕作品《徽州无梦》、钱胜东的砚雕作品《兰亭雅集》获"第十二届中国民间文艺山花奖·民间工艺美术作品奖"；董存云的民间文学作品《神奇的结石》入围"第十二届中国民间文艺山花奖·民间文学作品奖"；祝秀丽的作品《村落故事讲述活动研究》入围"第十二届中国民间文艺山花奖·民间文艺学术著作奖"。

【"第二十五届全国摄影艺术展"安徽成绩优良】

在"第二十五届全国摄影艺术展"中，安徽28件作品获奖，全国排名第4位，为历届最好名次。

【丁寺中获"第四届全国中青年德艺双馨文艺工作者"荣誉称号】

在由中共中央宣传部、人力资源和社会保障部、中国文学艺术界联合会共同主办的第四届全国中青年德艺双馨文艺工作者表彰大会上，安徽省文联安徽文学艺术院专业画家丁寺中获"第四届全国中青年德艺双馨文艺工作者"荣誉称号。

【韩再芬再获梅花奖】

5月20日，第27届"中国戏剧奖·梅花表演奖"在广州颁奖，安徽省文联副主席韩再芬再获梅花奖，被誉为"二度梅"。

机关建设

【扎实开展"三严三实"专题教育】

制定《关于在省文联处级以上领导干部中开展"三严三实"专题教育的实施方案》，明确教育主题、工作目标、遵循原则和主要措施；召开"三严三实"专题教育党课报告会，传达贯彻中央和省委有关文件、会议精神，部署省文联专题教育活动；多次开展专题集中研讨；开展警示教育；制定《省文联贯彻落实三个专项行动方案的实施方案》，围绕"担当使命""扎根人民""创新求精""健康批评""崇德尚艺"五个主题，加强文艺界行风建设。

直属单位

【安徽文学艺术院】

完成"我们的沃土我们的梦"——千名文艺家下基层活动采风作品创作。截至6月，共完成长篇小说《淮水谣》《南门欢》，中篇小说《一壶酒》《木瓜》，散文《抱经荷锄走沃土》等多部文学作品及美术作品《徽州系列苍月》《泥秋纪事》和多幅书法作品的创作。

4月中旬，在合肥市举办了首期网络作家培训班，有近40名网络作家参加培训，收效良好。

从10月开始，分别组织签约作家赴皖南及滁州采风创作，组织水彩画家赴休宁乡村采风创作，并刊发了创作作品。

11月下旬，召开了第四届签约作家创作推进会，总结了一年多来的创作情况，提出了下一步的创作要求，并梳理了创作成果，为编辑《安徽文学》第四届签约作家专号作前期准备工作。

完善了文学馆的相关软硬件设施，并在文学馆举办了图书惠民销售、文学沙龙、端午诗会等文学活动。

【安徽文艺理论研究室】

编辑出版《安徽文艺界》《文艺百家》。《安徽文艺界》由64开黑白印刷小开本改扩为80页彩印大开本，增设了文艺名家推介、市县文联风采和文艺评论等栏目。

编印《第三届中青年文艺评论家高级研修班学员论文选集》。

组织文艺理论家和文艺家撰写纪念习近平文艺座谈会讲话发表一周年和学习贯彻《中共中央关于繁荣社会主义文艺的意见》理论文章和心得体会。

召开文艺评论家协会主席团会议，拟订工作计划，审批21名会员申请，增补史培刚为协会常务副主席。

主办"张守福《并不遥远的记忆》出版研讨会"和"刘相如散文作品研讨会"。协办"陶天月从艺60周年理论研讨会"和"徐子芳《六远集》作品研讨会"等。

12月10—12日，组织10名文艺评论家，奔赴泾县，开展下基层采风活动。活动开展了"文学创作与欣赏""中国画艺术欣赏""书法艺术的学习与欣赏"的讲座和"省文艺评论家与基层文艺家结对交流会"，为基层文艺人才的成长添砖加瓦。

组织推荐24人加入中国文艺评论家协会。

各文艺家协会

【作家协会】

1月5日，组织作家深入淮河流域采风，采写完成蚌埠报告文学集。

1月18日，召开作协主席团扩大会议，16市作协主席、秘书长参加，学习讨论中国作协会议文件精神，讨论曹征海部长决策参考；推进落实"深入生活，扎根人民"主题实践活动；商讨开办安徽作协网、推动安徽作协会员作品上网工程；建立16市交流互动机制。

1月20日，举办2015年安徽新生代作家小说改稿会。

2月2日，召开网络作协成立筹备会议。

3月11日，召开作协专业创作委员会第一次工作会议，各创作委员会提交年度工作设想并形成纪要。

3月13日，召开安徽网络作协成立大会。

4月5日，与省朗诵学会、《合肥晚报》联合举办清明诗会。

5月15日，举办"深入生活、扎根人民"采风创作暨鲁迅文学奖大讲堂活动，省内重点作家60多人参加。

5月20日，酝酿建立"安徽省文学原创工程"评审委员会30人专家库。

5月28日，召开中国作协专题调研座谈会。

6月20日，与省朗诵学会联合举办"又闻艾叶香"端午诗会。

6月23日，网络作协启动第一期网络作家培训营。

7月6—9日，完成"中长篇小说精品工程"扶持项目初评与终评，向党组做出书面汇报，同时于网上公示。

10月10—12日，召开作协工作会议，开展皖东采风活动。

10月26—28日，召开地方文学期刊主编联席会议暨第二届安徽文学大讲堂，同时举办文学主编培训班，邀请胡平做题为"茅奖与长篇"的讲座。

12月8日，召开作协主席团会议，通报作协日常工作、会员申报及相关进展，商讨、确定各专业委员会筹备负责人。

12月11日，召开作协主席团会议，推举第六次文代会代表。

12月20日，召开作协主席团会议，传达中国作协"深入生活，扎根人民"主题实践活动工作会议精神。

参加由四川省作协发起的"四省网络论坛"，参加网络训练营活动。

【戏剧家协会】

4月，与安徽省艺术研究院、黄山市文化委联合举办全省戏剧创作读书班，邀请省内外专家李立山、罗怀臻、寒河沿、王长安、李春荣等现场授课，学员达300余人。

4月，与黄梅戏艺术发展基金会合作，主持编撰戏曲进校园辅助教材《黄梅戏》，该书由北京时代华文书局出版。为安徽省此类教材首创。

5月，举办第17届安徽省少儿戏曲"小梅花"大赛暨中国少儿戏曲"小梅花"大赛安徽赛区的选拔比赛，最终选拔出8名优秀选手推荐参加全国少儿戏曲"小梅花"大赛，其中7人获得金奖。省剧协获得"优秀组织奖"。

5月底，举办"第七届安徽省小戏小品大赛"。评选出剧目、编剧、导演、作曲及表演各类奖项70余个。

6月，组织部分戏剧家赴英、德进行戏剧文化交流，观摩了音乐剧《歌剧魅影》和话剧《在我们的河流上》。

7月，组织上海和安徽专家赴黄山、歙县实地考察，帮助黄山市完成黄梅戏音乐剧《张曙》的创作选题立项工作。

9月，大型庐剧《东门破》于纪念抗战胜利70周年之际在合肥大剧院和安徽大剧院连续公演。

9月，结对帮扶基层院团枞阳县黄梅戏剧团，推出大型现代戏《地之梦》参加第七届中国黄梅戏艺术节演出，并获得成功。

10月，推荐6个剧目作为中国剧协举办的小戏小品展演候选剧目，最终省黄梅剧院的《六尺巷》和宿州市泗州戏剧团的《文明乡村》（放弃）入选。《六尺巷》作为优秀参演剧目参加了颁奖晚会演出。

10月，戏剧作品《金剪刀》（作者黄廷洪）、《彩虹梦》（作者文硖）在省文联采风评比表彰中双双获奖，省剧协获"最佳组织奖"。

10月，发展了20位会员，并向中国剧协推荐10位会员。

11月，组织开展"第二届安徽戏剧表演奖"评选，评出表演成就奖1名，表演主角奖4名，表演配角奖1名。

11月，编辑出版《安徽优秀剧作选 2005—2014》。

12月，与安徽省艺研院联合推出跨界融合清唱剧《汉宫秋》。

【书法家协会】

5月26日，安徽省书法家协会书法培训中心在徽园书法馆正式挂牌成立。

7月25日，召开安徽省书法家协会学术委员会年度工作会议。省文联主席、党组成员、书记处书记吴雪参加会议，省书协副主席、学术委员会主任桂雍主持会议。会议对2014年主要工作进行了总结，对2015年学术委员会工作进行了部署。

9月，在徽园书法馆举办"文一地产杯"安徽省第十二届少儿书法展现场电视决赛。大赛共计收稿2300件，经初评入展作品500件，从入展作品中评选出100名选手参加现场电视决赛。100名选手经过现场命题书写，评委现场评分，现场点评、现场示范、现场公布比赛结果，最终评选出一、二、三等奖。

10月，主办安徽省"红星杯"书法大奖赛。大赛共收到投稿作品1800多幅，经过初评、终评两轮评选，共评出入展作品302件，其中一等奖3名，二等奖6名，三等奖16名，入展277名。

在中国书法家协会举办的全国第二届手卷书法作品展中，安徽代表团3人获奖，6人入展。

在"翰墨薪传——全国中小学师生书法比赛"中，教师组获奖3人；小学生组获奖4人；中学生组获奖3人；获优秀组织奖1名。

【摄影家协会】

1月31日，召开安徽摄影界2015迎新春工作座谈会。省摄协主席陈志勇代表省摄协主席团向全省摄影人致以节日的问候和美好的祝愿，并为2014年下半年新加入省摄协的会员代表颁发了会员证；副主席刘小兵宣布"2014安徽摄影界十件大事"；副主席刘少宁介绍"省摄协2015年工作要点"；副主席许国宣读了省摄协表彰决定，对在2014年度为安徽摄影事业做出突出贡献的单位和摄影家们进行了表彰。会议现场还展示了《大美安徽》延时摄影片、上海国际摄影艺术展·安徽摄影家获奖及入选作品、安徽卫视"大美安徽"主题系列摄影公益广告片、2014"安徽摄影家网"摄影月赛年度总评选获奖作品等摄影精品佳作，并为获奖的摄影家们颁发了证书、奖品。

2月9日，省文联主席、书记处书记吴雪带领省摄协、六安市摄协部分摄影家一行来到六安市裕安区苏埠镇南楼村、独山镇，看望慰问老党员、先进工作者和困难群众，为他们送上节日的问候和新春的祝福。

举办"美丽中国·安徽之旅"《中国摄影报》2015安徽摄影拉力赛。

11月28日至12月8日，由中国艺术研究院主办，《中国摄影家》杂志社、安徽省摄影家协会承办的大型公益展览"中国梦"摄影艺术展巡展在合肥久留米美术馆举行。

与《中国摄影》《大众摄影》《中国摄影报》杂志合作，在全省举办了13场摄影讲座、影友联谊会等活动。

在第25届全国摄影艺术展览中，安徽省23位作者的28幅（组）作品入展，其中银奖3幅、铜奖4幅、优秀奖（含评委推荐奖）21幅，国展入展数量排名全国第4位。

【民间文艺家协会】

举办徽园五一生活艺术节民间手工艺品展。

5月22日至24日，举办安徽省首期优秀民间艺术家研修班。邀请中国美术学院、中国艺术研究院的专家授课，来自全省各地的优秀民间艺术家近70人参加了研修班学习。

组织近百名民间艺术家参加上海、长春、福州、广州、武汉、杭州等地的中国民间艺术博览会及工艺美术精品展活动。

组织民间艺术家赴阜阳市、临泉县、界首市、颍上县等省级文化产业基地、省"非遗"传习基地、民间艺人家中观摩学习。

开通"安徽民间文艺"微信公众号，推出11期"安徽民间艺术大师系列"，宣传了12位民间艺术家。

【舞蹈家协会】

4月8—9日，举办"回顾与展望——2015安徽省少儿舞蹈创作研习班"。

5月31日，举办第八届安徽省少儿舞蹈汇演。来自全省各地的31个作品、700多位小演员入围决赛演出。舞蹈《我的篮球》《我是红领巾》《小小传承人》等6个作品获得表演一等奖，《田野上的蓓蕾》《玩灯人的娃娃们》《我们长大了》等10个作品获得表演二等奖，《鼓韵童趣》《秀花旦》《童真》等15个作品获得表演三等奖。本次汇演还评出优秀创作奖、优秀作曲奖及创作奖、作曲奖若干。

7月，选送6个少儿舞蹈作品参加由中国文联、中国舞协主办的"第八届'小荷风采'全国少儿舞蹈展演"，其中蚌埠市新城实验学校《小小传承人》、蚌埠市第一实验学校《玩灯人的娃娃们》、安徽师范大学附属幼儿园《我的篮球》、合肥市庐阳区文化馆少儿艺术团《我是红领巾》荣获表演金奖——"小荷之星奖"；黄山市文峰学校《翔》、淮南市谢家集区文化馆米豆舞蹈中心《三毛的梦》荣获表演银奖——"小荷新秀奖"，省舞协获得优秀组织奖。

7月，选送休宁县文化局、县教育局舞蹈《种状元》参加由中国文联、中国舞协主办的"第三届'荷花·少年'全国（中学）校园舞蹈展演"，作品获得表演银奖——"小荷尖尖奖"。

11月20—22日，赴怀远县河溜镇莲花村、蚌埠龙子湖区文化馆、涡阳义门镇采风。特邀花鼓灯、钱杆子舞、棒鼓舞传人授艺展示。

举办2015中国舞蹈家协会教学成果展演（安徽地区）。

全省共有165个节目参加展演，最终评出优秀表演奖35个、最佳才艺奖52个、最具潜力奖78个。

【曲艺家协会】

3月9日，由省曲协推荐、孙铭泽演出的传统快板书《杨志卖刀》获第十届马街书会"一等奖"。

4月20—21日，考察淮北市濉溪县"大鼓演唱团"。

5月27日，由省曲协报送的《圆梦》获得"南开杯"全国相声新作品大赛"优秀作品奖"。

6月16日，"安徽曲艺"微信公众平台上线启用。

7月30日，在中国曲协等主办的第七届中部六省曲艺大赛中，由省曲协选送的淮河琴书《轧狗风波》、对口快板《扶不扶》分获一等奖，快板书《我是中国人》、安徽大鼓《韩英牢中见娘》分获二等奖。

9月16日至17日，省曲协和濉溪县人民政府主办第二届安徽省"鼓书"曲艺大赛。大赛共评选出一等奖8名、二等奖12名、三等奖15名。

10月19日至21日，承办第二届安徽曲艺作品创作研讨会。相声《抢占先机》在会议期间报送并入选"第五届国际幽默艺术周长江流域优秀曲艺节目展演"。琴书《金巴掌》和快板书《扶不扶》分别入选国家级社科类学术期刊《曲艺》杂志2015年第11期和第12期。

4月，对蒙城县"安徽曲艺之乡"创建工作进行实地考察和科学评估。走访查看文化广场、街边公园、商业广场、农家乐、县文化馆等曲艺活动场所，观摩汇报演出，召开座谈会并听取创建曲艺之乡工作情况汇报。

【杂技家协会】

举办"安徽省第三届魔术比赛"，经预赛视频筛选，入围选手于9月13日在合肥进行现场决赛。

组织撰写《全国百家杂技院团发展传略》。

6月和9月，举办了两期现场魔术培训，分别邀请台湾著名魔术师胡凯伦、罗宾为安徽广大魔术爱好者授课。

【电影电视艺术家协会】

在福利院、敬老院和建筑工地义务放映电影5场次，观众达400多人。

与《传奇·传记文学选刊》合作，出版《电影文学剧本增刊》。

与相关单位合作，分别于8月、10月，组织儿童动画电影、艺术电影观摩，并作现场研讨。

文艺期刊

【《清明》杂志社】

11月12—17日，举办"2015《清明》主编峰会"。峰会由清明杂志社主办，《小说月报》《中篇小说选刊》《新华文摘》《钟山》《山花》《芙蓉》《莽原》《散文选刊》等著名文学期刊主编参加。会议分别在合肥市肥西县和宣城市绩溪县两地召开，开展了与两地作家交流、走访乡村古镇等活动。会议期间主编们就当下文学期刊的动态，面临的形势及其应对，以及如何提高刊物质量，为读者提供优秀精神产品等问题进行了研讨。

【《安徽文学》杂志社】

坚持"服务于基层，打造文学皖军，扶持文学原创"的办刊方向，在栏目特色、刊物质量和发行上努力挖潜，创办新生代专号、建立改稿会制度、开展一对一培训，发现文学新人，推出优秀作品，向省内外推荐了一大批安徽作家和作品。多篇稿件被《小说选刊》《长江文艺好小说》《读者文摘》选登。

5月以来，杂志社所有编辑分期分批走入基层，在滁州、全椒、凤阳、明光、太湖、宣城等地参与当地文联和作协组织的文学大讲堂活动。

【《艺术界》杂志社】

1月1日，《艺术界》正式创建线上展览平台，与国内外不同艺术门类的策展人合作，定期推出线上展览。同时，以讲座、论坛、研讨会等形式，向公众介绍一批具有创新力的艺术专业人才。

全年共参与新加坡艺术博览会、巴塞尔香港艺术展、艺术北京、上海影像艺术展、西岸设计和艺术博览会、英国 Frieze、法国 FIAC、ASIANOW 等11个国内外重要艺博会，成为其中4个艺博会的深度媒体合作伙伴。

作为北京 OCAT 研究中心媒体战略合作伙伴，在国内外多家美术机构和艺术博览会上，成功举办了6场学术讲座和4场线上线下展览。

分别在上海、广州等地，举办了4场新刊发刊会和2场周年庆典。

【《传奇·传记文学选刊》杂志社】

继续加大精品栏目的调整力度，将选稿重点调整到以关注现实，映照丰富多彩生活为主题的作品上。加大原创稿件的发稿率，增设两个以刊发原创作品为主的栏目。

先后与北京昊跃得图书发行有限公司、北京华教快捷有限责任公司合作，一定程度上扩大了期刊零售市场的占有率。

3月起，在全国范围内举办了"铭记历史，缅怀先烈，珍惜和平——纪念抗战胜利70周年"系列主题征文活动。

进一步完善现有的传奇手机版、传奇博客、传奇微博等新型平台的建设。

4—12月，先后组织4位儿童文学作家深入安徽省4家国家级自然保护区采风，目前，一位儿童文学作家已完成《寻找野外扬子鳄》的创作。

5月，牵头组织省文联五家文学期刊参加了在山西太原举办的"第二十五届全国图书交易"博览会。

【《诗歌月刊》杂志社】

编辑出版12期《诗歌月刊》，发表600多位诗人诗作3000多首，评论随笔270多篇。部分作品被《诗选刊》《诗探索》《中国诗歌排行榜》《中国年度诗歌选》等20多家权威报刊杂志、选本选集选载，选载率居全国同类期刊之首。

1月，编辑出版《安徽诗人诗歌作品特大号》，刊发100多位皖籍诗人作品1000余首（篇）。

1月至7月，先后五次组织安徽诗人80余人次，深入肥东、肥西、泾县等地采风，创作诗歌300余首。

10月，举办"中外名家名流名城行"活动，邀请著名诗人舒婷、梅丹理（美国）、著名学者叶廷芳等20余人，赴马鞍山、当涂、和县等地采风，创作诗歌60余首，部分作品在《诗刊》《人民文学》等重要刊物发表，《诗歌月刊》出版采风诗人作品专辑。

12月，与中国作家协会诗歌创作委员会、北京大学诗歌研究院、中国诗歌学会等100家报刊、学术研究机构，在北京联合发起"纪念中国新诗诞生100周年系列活动"。

福建省文联

综述

2015年，福建省文联在福建省委、省政府和省委宣传部的正确领导下，注重发挥文联组织的主导作用，团结全省广大文艺家和文艺工作者，认真学习贯彻习近平总书记重要讲话和中央《关于繁荣发展社会主义文艺的意见》精神，全面贯彻落实党的十八大和十八届三中、四中、五中全会精神，坚持以人民为中心的工作导向，大力弘扬和践行社会主义核心价值观，大力宣传福建和唱响福建精神，大力加强"闽派"文艺创作和传播，大力践行"深入生活、扎根人民"活动，大力抓好文艺界行风建设，在推进福建文艺事业创新发展中取得了新成绩。

会议和活动

【福建省文联艺委会2015年第一次会议】

3月4日下午，省文联艺委会在省文联召开2015年第一次会议，省文联党组书记张作兴主持会议，党组成员、书记处书记、副主席林瑞发、陈毅达、王来文与50多位委员齐聚一堂，回首过去、展望未来。

会上，张作兴书记传达了省委书记尤权1月23日在省属文化院团调研座谈会上的讲话及省委常委、宣传部部长李书磊在全省宣传部部长会议上的讲话精神，并对2014年艺委会工作进行了回顾，就艺委会近期的工作重点作了部署。省文联书记处书记、副主席陈毅达通报了艺委会2014年度工作情况。对艺委会今后的工作，莅会委员畅所欲言，纷纷出谋献策，并对各省级文艺家协会上报的"海峡艺术名家"拍摄人选进行投票，根据投票结果，陈章武、许怀中、杨少衡、蒋夷牧、吴乃光、曾贤谋、张宇、王耀华、吴少雄、林那北等70位作家、艺术家列入本次《海峡艺术名家》拍摄计划。本次会议还增补省文联理论研究所所长郭志杰为艺委会副秘书长。

【福建省文联七届二次全委会】

3月18日，省文联七届二次全委会在福州召开。福建省政府副省长李红，省政协副主席、省文联主席张帆，省委宣传部常务副部长林辉，省委办公厅副主任许守尧，省政府副秘书长李强，省文联党组书记、书记处书记张作兴和省文联第七届主席团全体成员以及各文艺家协会、各设区市文联、行业系统文联等100多位委员出席会议，省文联主席张帆主持会议。

会上，省政府副秘书长李强宣读了《福建省人民政府关于表彰奖励2014年度优秀文艺创作成果的决定》，对2014年在国家级重要奖项中获奖单位和个人进行表彰奖励。省领导李红、张帆等为福清市合唱培训基地等19个第四批特色文艺示范基地授牌。省委宣传部常务副部长林辉在会上讲话，就做好新时期文艺和文联工作提出了具体要求。省文联党组书记张作兴宣读省文联七届二次主席团会议决议并向全委会做工作报告。会议审议接纳福建省文艺评论家协会和福建农林大学文联为省文联新团体会员单位，并增补福建省文联七届全委会委员。

会前，召开了省文联主席团成员与省文联顾问座谈会，省委原副书记何少川等出席。

【"深入生活　扎根人民"主题实践活动部署会】

4月27日上午，福建文艺志愿者艺术团召开"深入生活　扎根人民"主题实践活动部署会。省文联党组书记张作兴出席会议并讲话，省文联副主席、文艺志愿者艺术团副团长兼秘书长唐晓燕主持会议。

会议首先举行了聘书颁发仪式。张作兴书记为与会的艺术团团长范碧云，副团长林鸿坚、罗训涌、张宇、翁振新、唐晓燕、陈健康颁发聘书，受聘为副团长的还有杨少衡、章绍同、陈奋武、齐建华、柯云翰、石振华等。

省文联副主席、文艺志愿者艺术团团长范碧云为受聘的秘书长、副秘书长颁发聘书。省文联副主席、艺术团团长范碧云介绍了艺术团的筹备情况和2015年活动规划。与会的副团长、代表畅所欲言，从各个方面谈了各自的看法，提出建议。

【福建省文联系统二十二期干部读书班】

11月9日至12日，省文联举办全省文联系统第二十二期干部读书班。福建省文联主席团成员、顾问，省文联各处室、各文艺家协会、各事业单位负责人及来自全省各市、县（区）文联、各行业系统文联负责人等一百多人参加读书班学习。

《中国艺术报》社长向云驹受邀在读书班上做了题为"关于学习讲话和《意见》的若干问题之我见"的专题讲座，省文联党组书记张作兴在读书班上做专题辅导报告。其间，与会人员进行了分组学习讨论，并赴国家级历史文化名镇永泰县嵩口镇开展传统古村落文化保护与传承发展现场教学活动。

【中国著名作家福建"海上丝绸之路"主题创作活动】

3月27日至31日，由福建省文联、人民文学杂志社联合主办，福建省文学院承办的中国著名作家福建"海上丝绸之路"主题创作活动在福州和泉州举行。

采风团由著名作家、中国散文学会会长王巨才担任团长，成员包括四川作协主席阿来，《民族文学》原主编叶梅，人民文学杂志社主编施战军，河北作协主席、鲁迅文学奖得主关仁山，天津作协副主席肖克凡，湖北作协副主席、鲁迅文学奖得主陈应松，人民文学杂志社副主编邱华栋，鲁迅文学奖获得者张楚、潘向黎，以及福建作协主席杨少衡等。采风团一行考察了福州闽王祠、林纾故居、琉球馆、福船文化博物馆、八闽书院、马尾造船厂、冰心文学馆、显应宫，以及泉州开元寺、海上交通博物馆、马可波罗出航处、聚宝街等多处历史人文景观，福建"海丝"文化所具有的包容性与开放性令多位作家印象深刻。

【"到人民中去"——文艺志愿服务走进平潭】

5月21日，由中国文联、中共福建省委宣传部、中国文艺志愿者协会、福建省文联、平潭综合实验区党工委主办，中国文联文艺志愿服务中心、福建文艺志愿者艺术团、平潭综合实验区党工委党群工作部承办的"到人民中去"文艺志愿服务活动在平潭举行。活动组织百余位文艺家走进平潭综合试验区和平潭自由贸易试验区，紧紧围绕"深入生活、扎根人民"主题，开展慰问演出和现场辅导、讲座培训等综合志愿服务活动，以实际行动迎接"5·23"中国文艺志愿者日的到来。

中国文联党组成员、书记处书记陈建文，福建省委宣传部副巡视员王启敏，福建省文联党组书记张作兴，省文联党组成员、书记处书记、副主席林瑞发、陈毅达、王来文，省文联副主席、文艺志愿者艺术团团长范碧云，省文联副主席、艺术团副团长罗训涌，省文联顾问、艺术团副团长章绍同、陈奋武，福建省委宣传部文艺处处长邱守杰等领导参加了活动。

【"岁月留金"——汤志义大漆艺术展】

4月22日，由中国美术家协会、福建省文联、福建师范大学共同主办的"岁月留金"——汤志义大漆艺术展，在中国美术馆隆重开展。画展展出了福建省青年画家汤志义近十年来对漆画、漆器以及大漆材料的实验性探索作品60余件，其中包括第十二届全国美展获奖作品《凤归来》、中国美术馆收藏画作《香远·红莲》等精品力作，吸引了大批艺术爱好者前来观看。中宣部常务副部长黄坤明，中央美术学院院长、中国美协副主席范迪安，福建省文联党组书记张作兴，中国美协党组副书记、秘书长徐里，福建省文联党组成员、书记处书记、副主席王来文等领导专程观看展览。

【福建文艺志愿者迎"七一"走进东山学习、弘扬谷文昌精神】

6月30日，由福建省文联、漳州市文联、中共东山县委、东山县人民政府主办，福建文艺志愿者艺术团及漳州分团、中共东山县委宣传部、东山县文联、东山县文广体局承办的"人民的丰碑"——学习谷文昌精神福建文艺志愿者"七一"走进东山系列活动在东山县人民会堂、东山县谷文昌纪念馆等地举办。

福建省文联党组成员、书记处书记、副主席陈毅达，福建省文联副主席、福建省文艺志愿者艺术团团长范碧云，福建省文联顾问、省书法家协会主席陈奋武，福建省文联副主席、省书法家协会副主席、秘书长柯云瀚，福建省文联副主席、省音乐家协会副主席、秘书长唐晓燕，漳州市委宣传部副部长、漳州市文联党组书记、主席汪莉莉，中共东山县委书记黄水木，漳州市文联副主席黄良弼等与省文艺志愿者艺术团成员、省文联党员干部80多人参加活动。活动期间，省文联党员干部和文艺志愿者来到东山县谷文昌纪念馆，学习谷文昌精神，举办专题教育党课后，进一步践行"三严三实"教育。

【第三届福建舞蹈"百合花奖"专业舞蹈大赛暨中国舞蹈"荷花奖"福建选拔赛】

5月23日晚，由福建省文联、福建省文化厅主办，福建省舞蹈家协会承办的第三届福建舞蹈"百合花奖"专业舞蹈大赛暨中国舞蹈"荷花奖"福建选拔赛落下帷幕。中国舞蹈家协会分党组成员、副秘书长李甲芹、夏小虎，福建省委省直机关工委常务副书记朱清，福建省政协教科文卫体委员会常务副主任王敏，省文化厅党组书记、厅长陈秋平，省文联党组书记张作兴，省委教育工委副书记刘剑津，省文化厅副巡视员齐建华，省文联党组成员、书记处书记、副主席林瑞发等领导出席颁奖活动。

福建舞蹈"百合花奖"是福建省权威专业舞蹈品牌赛事活动，经评委现场认真评审，《厝里艺人》《凤朝日月》荣获群舞组创作金奖；《厝里艺人》《喜娘》获群舞组表演金奖；单项组创作金奖空缺，独舞《盘山道》荣获单项组表演金奖；《海花》《走月亮》等作品分别荣获群舞组和单项组创作及表演银奖、铜奖；《重识》《刺桐花开》《腾飞》等作品分别荣获各组别入围奖。《闽海歌》等6个作品分别荣获最佳灯光奖、最佳音乐创作奖、最佳服装设计奖。福建师范大学音乐学院舞蹈系等7个单位荣获"优秀组织奖"，福建省歌舞剧院等10个单位荣获"组织奖"。

【"八一"进军营暨纪念抗日战争胜利70周年文艺演出】

8月1日，福建省文联组织文艺志愿者来到解放军驻闽某部，开展文艺演出和双拥共建工作。本次活动由福建省文艺志愿者艺术团和实验闽剧院承办。福建省文联党组书记、副主席张作兴，福建省人大常委、教科文卫工委主任宋闽旺，福建省政协提案委副主任林鸿坚，福建省文联党组成员、书记处书记、副主席林瑞发，福建省文联副主席、省文艺志愿者艺术团团长范碧云，福建省文联顾问章绍同、陈奋武，福建省文联副主席、省音协副主席唐晓燕和省文联有关处室领导干部与部队官兵共同观看演出。

【福建省首个高校文联——福建农林大学文联成立】

5月15日下午，福建农林大学文学艺术界联合会成立大会暨首届会员代表大会在农林大学召开，福建省首家高校文联正式成立。省文联党组书记张作兴，省文联书记处书记、副主席王来文，省文联顾问、省书法家协会主席陈奋武，省委教育工委思政处处长叶杨，校党委书记叶辉玲，校长兰思仁，校党委副书记庄祥生出席会议。

会议审议通过了《福建农林大学文学艺术界联合会章程》；听取并通过了校文联首届主席团、秘书长建议名单；王来文宣读了《省文联关于同意吸收福建农林大学文学艺术界联合会为福建省文联团体会员的函》，张作兴致贺词。省文联有关部门领导，学校各下属党委书记，校工会、校团委、校学生会、校艺术团等代表，校文联团体会员代表和个人会员代表共200多人参会。

福建农林大学文联为省文联全省第九家行业系统团体会员单位，实行会员制，会员由学校各文艺类社团及艺术类团体师生组成。截至目前，已有29个具有一定规模的文艺社团（协会）入会，个人会员已有近百人入会，同时还在不断吸收中。

【"海丝艺传"2015福建（中国）工艺美术大师精品展】

7月29日至8月5日，由福建省文联、福建省民间文艺家协会、福建省工艺美术研究院主办的"海丝艺传"2015福建（中国）工艺美术大师精品展在福州成功举办，省政协副主席、省文联主席张帆宣布展览开幕，省文联党组书记张作兴莅会祝贺。

展览围绕"海丝艺传"主题，首次集中展示了38位大师80件精品，包括寿山石雕、漆艺、木雕、根雕、软木画、银雕、刻纸等艺术门类。活动还邀请了福建师大美术学院院长李豫闽和台湾艺术家刘北山分别做"转型期工艺美术大师文化自觉""寿山石工艺——发展方向"讲座，召开了闽派工艺创新与发展座谈会。据不完全统计，展览期间有包括美国纽约州文化考察团在内的近万名观众前往观看。本次展览艺术性和学术性强，为宣传"一带一路"战略和建设福建"海上丝绸之路核心区"营造了良好的舆论氛围。

【隆重组织纪念抗日战争胜利70周年活动】

8月至9月，福建省文联精心组织了一系列纪念中国人民抗日战争暨反法西斯战争胜利70周年系列活动，以文艺特有的形式唱响胜利与和平的主旋律，弘扬伟大的抗战精神。一是在福建大剧院成功举办纪念中国人民抗日战争暨世界反法西斯战争胜利70周年音乐会，邀请了福建省历届"金钟花奖"获奖选手现场献唱抗战主题歌曲，省政府副省长李红及2000多位观众观看了演出。二是在福建省画院举办纪念抗战胜利70周年福建省美术作品展，展出中国画、油画、版画、雕塑、艺术设计、漫画等近60件作品，着力呈现了抗日战争进程中重大历史事件、著名战役和英雄人物。三是在福州、莆田、石狮等地举办了纪念中国人民抗日战争暨世界反法西斯战争胜利70周年——全省书法展等，面向全省征集和展出抗日书法作品500多件。四是组织福建省文艺志愿者"八一"进军营暨纪念抗日战争胜利70周年文艺演出、纪念抗日战争胜利70周年拥军书画笔会等活动。五是在《福建文艺界》等省文联所属网站、期刊上发表了抗战主题文章，冰心文学馆馆刊《爱心》还专门开辟"冰心与抗战"专栏刊载抗战文章。

【2015闽派文艺理论家批评家高峰论坛暨"闽派诗歌"研讨会】

10月9日，由福建省文联、中国作协创研部、文艺报社、《文学评论》编辑部、北京大学中国诗歌研究院联合主办，福建省文学院、福建省作协承办的2015闽派文艺理论家批评家高峰论坛暨"闽派诗歌"研讨会在北京现代文学馆举行。郭运德、陈建文、李敬泽、阎晶明、仲呈祥、张帆、陆建德、张作兴、舒婷、庞井君、胡殷红、梁鸿鹰及白烨、孟繁华、孙郁、程光炜、张颐武、张清华、西川、欧阳江河等有关方面领导和专家、学者、诗人、作家出席论坛，共论"全媒体时代的文艺与批评"，并就"闽籍学者文丛"和"闽派诗歌"两个专题展开研讨。谢冕、张炯、孙绍振、陈骏涛、程正民、刘登翰、何镇邦、曾镇南、张胜友、王炳根、陈晓明、王光明、朱大可、谢有顺等闽派文艺理论家、批评家参加研讨。2015闽派文艺理论家批评家高峰论坛暨"闽派诗歌"研讨会的成功举办，对于闽派文艺理论文艺批评事业的发展、打造"闽派批评"的独有品牌、形成闽派的独特魅力起到了极大的推动作用。

【纪念习近平总书记文艺工作座谈会上重要讲话发表一周年专场惠民演出】

10月10日晚，由福建省文联、福州市委宣传部、福州市文联主办的福建文艺志愿者艺术团惠民专场演出在福州市温泉公园举办。时值习近平总书记在文艺工作座谈会上的重要讲话发表一周年之际，又逢第一届全国青年运动会在省会福州举办，福建省文艺志愿者与各民间合唱团体和各界群众欢聚榕城，共同讴歌美好的时代、迎接"青运"的到来。省文联党组书记张作兴，省文联党组成员、书记处书记、副主席王来文，省文联副主席、福建文艺志愿者艺术团团长范碧云，福州市人大副主任鄢萍等与上千群众共同观看演出。

【成立中国寿山石文化发展研究中心】

10月27日上午，由中国民间文艺家协会、福建省文学艺术界联合会、福建省民间文艺家协会、海峡寿山石文化研究院主办，福州市寿山石行业协会、福建省海峡民间艺术馆、中国寿山石交易中心、福州石道文化传媒有限公司承办，福建师范大学美术学院为学术指导的中国寿山石文化发展研究中心成立仪式暨"青艺石韵"——福建青年雕刻精英艺术展开幕。福建省文联党组成员、书记处书记、副主席王来文主持开幕仪式。

中国民间文艺家协会分党组书记、驻会副主席、秘书长罗杨，福建省文联党组书记、书记处书记、副主席张作兴，福建省委宣传部副巡视员王启敏，中国民间文化研究所所长、中国民协文艺之乡管理办公室主任王锦强，中国民协顾问、福建省民间文艺家协会主席林德冠，福建省文联顾问、福建省书法家协会主席陈奋武，福建省委宣传部文艺处副处长魏红等领导嘉宾出席活动开幕式。参加活动的还有福建师范大学美术学院及寿山石相关机构、协会的负责人，福建省部分国家级工艺大师、省级工艺大师以及参加"青艺石韵"——福建青年雕刻精英艺术展的青年艺术家等。

【中国（福建·泰宁）古村落文化遗产保护高峰论坛】

7月21日至24日，由中国民间文艺家协会、福建省文学艺术界联合会、三明市人民政府主办，中国民间文艺研究所、福建省民间文艺家协会、福建省文物考古博物馆学会、三明市文联、泰宁县人民政府承办，三明市民间文艺家协会、泰宁县文联协办的中国（福建·泰宁）古村落文化遗产保护高峰论坛在三明泰宁举行。

论坛以"新城镇化建设中的乡土记忆"为主题，得到了专家和领导的关心与大力支持。中共福建省委常委、宣传部部长李书磊，中国文联党组成员、书记处书记陈建文出席开幕式并讲话，省文联党组书记张作兴主持活动开幕式，中国民间文艺家协会分党组书记、驻会副主席罗杨，中共三明市委副书记、三明市市长杜源生，中国民间文艺家协会副主席刘华，中国民间文艺家协会分党组成员、副秘书长周燕屏等领导以及来自中国艺术研究院、中央美术学院、清华大学、同济大学、东北大学、台湾华梵大学和省内知名高校、科研机构的专家学者、古村落文化研究者200多人齐聚一堂，共商保护古村落文化遗产大计，收到全国专家学者论文30篇，为古村落发展献计献策。本届论坛是保护古村落文化遗产的一次重要峰会，对今后福建省古村落保护和优秀传统文化传承有着重大的影响。

【中国石雕艺术中青年传承人高级研修班暨中国石雕艺术中青年传承人创作精品展】

12月24日至30日，由中国民间文艺家协会、中国文联人事部、中国文学艺术基金会、福建省文联、福建师范大学主办，省民间文艺家协会、福建师范大学美术学院承办，福建师范大学两岸文化发展研究中心协办的"2015年中国石雕艺术中青年传承人高级研修班"暨"融古开新——中国石雕艺术中青年传承人创作精品展"在福建师范大学美术学院举行。来自全国各地125名优秀中青年传承人参加了为期6天的理论与实践学习。精品展展出了100多位学员的石雕、玉雕、印石雕、琥珀雕等多个门类作品，较为全面地展现出我国当代石雕产业与技艺发展现状，吸引了众多大学生和艺术爱好者前来参观。

中国民协分党组书记、驻会副主席、秘书长罗杨，中国文联人事部培训处处长薛长绪，中国民协顾问、省民协主席林德冠，中国民协副主席、山东工艺美术学院院长潘鲁生，福建师范大学副校长李敏，美术学院院长李豫闽，中国民间文艺研究所所长王锦强，省民协秘书长陈晓萍等参加活动，中国民协周燕屏副秘书长主持开幕仪式。

创作与研究

【创作情况】

认真开展"中国梦"、社会主义核心价值观主题活动，部署开展了爱国主义、"我们的'中国梦'"——文化进万家等宣传动员和文艺创作，组织开展了电视剧、戏剧、文学、美术、曲艺等各艺术门类选题规划工作，创新开展了"中华文化进校园""'中国梦'——第六届福建原创少儿舞蹈大赛"等活动，将文学、戏剧、音乐、曲艺、舞蹈、魔术（杂技）等积极向上、抒怀美好的艺术向高等院校、中小学校园、基层组织延伸普及。

认真推进"闽派文艺"重点工程，在北京现代文学馆成功举办了2015闽派文艺理论家批评家高峰论坛，共论"全媒体时代的文艺与批评"，打造打响"闽派批评"独有品牌；开展形式多样的"闽派诗歌"活动，举办了"青春诗会""闽派诗歌进校园""闽派诗歌·纪念乡愁"等活动，结集出版了"闽派诗文丛书"一卷5部；组织开展的闽派戏剧、闽派翻译、闽派书法、闽派美术等系列活动缤纷多彩、反响热烈，中国（福建·泰宁）古村落文化遗产保护高峰论坛圆满召开、全国关注，"闽山闽水物华新"——福建美术作品晋京展工程立意鲜明、启动顺利，有力打响了"闽派"文艺品牌。

【获奖情况】

文学创作：林那北《前面是五凤派出所》获得《作家》"金短篇"小说奖，林忠成诗歌获"诗意柳街·寄放乡愁"2015全国诗歌大赛一等奖，钟红英《无处不在的神灵》摘取首届全国"山哈杯"畲族文学创作大赛唯一金奖。**戏剧创作**：选荐的戏曲演员王君安成功摘得戏剧表演艺术领域最高奖——"梅花奖"，福建省实现该奖"七连冠"骄人成绩；闽剧《王茂生进酒》成功入选第十四届中国戏剧节申报作品。**音乐创作**：参加中国音乐"小金钟奖"——首届全国电子键盘展演比赛，获得2金、1银、2铜、3优秀佳绩，总成绩名列全国前茅；选荐的2名（组）选手参赛，荣获第六届全国高校声乐比赛学生组流行唱法银奖和美声唱法银奖。**美术创作**：在第五届全国青年美术作品展中，取得7人获奖、12人入选佳绩。**书法创作**：福建省23名作者入展全国第十一届书法篆刻展览，艾青、林景辉、许全业、叶韶霖、何巧忠、郑登南（刻字类唯一）6人获奖，创福建省书法创作历史上最好成绩；8人入展全国第二届手卷展，1人获优秀奖；18人入围第二届"大爱妈祖"全国书法篆刻展，1人获优秀奖；福建省书法跻身全国先进行列。**舞蹈创作**：原创群舞《呛呛滚来好年冬》获"一带一路"文化行暨中国——东盟青少年舞蹈展演金奖；群舞《绽放》获"荷花少年"全国（中学）校园舞蹈展演金奖；5个原创作品在第八届"小荷花风采"全国少儿舞蹈展演中获得3金、2银佳绩；群舞《海花》、独舞《盘山道》荣获第十届中国舞蹈"荷花奖"民族民间舞展演"十佳作品奖"。**曲艺创作**：南词《山乡恋歌》荣获第三届"南山杯"全国曲艺新人新作展演三等奖；两篇论文获"第四届中国曲艺高峰论坛"优秀曲艺理论（评论）文章。**摄影创作**：第58届世界新闻摄影比赛，福建省蔡圣相、储永志双双荣获一等奖，实现福建省该赛事"零"的突破，为祖国、全省争了光；第十一届国际新闻摄影赛，福建省王火炎获得非战争灾难重大新闻类铜奖，梁艺桄获自然与环境类优秀奖；第25届全国摄影艺术展，福建省选手获得2银、2铜、25优秀的成绩。**电视艺术创作**：在第七届中国新农村电视艺术节中获得2个一等奖、1个二等奖佳绩；在第八届中国旅游电视周电视节目推选中，2部作品获得"好作品"奖；在第三届全国市县电视台优秀电视节目推选中，各有3件作品获综艺类栏目、电视类栏目和专题艺术类栏目一等奖、二等奖；第三届亚洲微电影评选中，3部作品获二等奖，1部获三等奖；陈俊杰获得第九届"全国德艺双馨电视艺术工作者"称号。**民间文艺创作**：皮影节目《鹬蚌相争》获第十二届中国民间文艺"山花奖·民间绝技绝艺"金奖；《仿宋木雕观音》《瑟瑟和鸣》等5个作品获得两年一届的中国民间文艺最高奖项"第十二届中国民间文艺山花奖"；《红砖大厝》《夏茂游鱼》入围第十二届中国民间文艺"山花奖·民众影像作品奖"，实现福建省该奖"零"的突破；在"中国梦"全国农民画展中，福建省作品获1个金奖、2个银奖、1个铜奖；陈礼忠获得第四届"全国中青年德艺双馨文艺工作者"称号。**杂技创作**：选送的节目《逐梦》获得2015珠海国际马戏节银奖。此外，各协会组织选送的一批优秀作品参评其他全国评奖赛事，也取得不俗成绩。宁德市文联打造的"闽东诗群"持续受到诗坛瞩目。

对外及对港澳台地区文化交流

【海峡两岸中青年散文家交流会暨散文创作高研班】

4月20日至26日，福建省文联、中国作家协会在福州共同举办了"海峡两岸中青年散文家交流会暨散文创作高研班"，共有来自闽台的50位学员参加本次活动。福建省委常委、宣传部部长李书磊，中国作协书记处书记阎晶明，福建省文联主席张帆、党组书记张作兴出席开班仪式并致辞。学习期间，著名作家贾平凹，著名文艺理论家、评论家、福建省文联主席南帆，著名文学评论家谢有顺，朱子文化研究专家、福建省委宣传部原副部长马照南，《十月》杂志副主编宁肯，中国作协创研部主任何向阳，《文艺报》总编辑梁鸿鹰，《幼狮文艺》主编吴钧尧（台湾），著名作家亮轩（台湾）等先后为研修班学员授课。

【第十届"海峡诗会"】

7月15日上午,由中国作家协会港澳台办公室、福建省文联、三明市人民政府主办,福建省作家协会、台港文学选刊杂志社、福建省文学艺术对外交流中心、三明市文联、建宁县人民政府承办的第十届"海峡诗会",在三明建宁县举行。中共福建省委常委、宣传部部长李书磊,中国作家协会党组成员、书记处书记阎晶明出席开幕式并发表热情洋溢的讲话,福建省文联党组书记张作兴主持开幕式。

第十届"海峡诗会"以"美丽乡村觅诗行"为主题,邀请了台湾诗人郑愁予、简政珍、陈义芝、萧萧、辛牧、向阳、陈育虹、方群、龚华、陈谦,香港诗人秀实、郑单衣、巴桐,诗人姚风等莅会,大陆著名诗人舒婷、叶延滨,诗歌评论家谢冕、孙绍振等四十多人参加诗歌研讨、朗诵会和采风创作等系列活动。活动充分贯彻落实习近平总书记在文艺工作座谈会上的重要讲话精神,"深入生活、扎根人民",首次落地县城举办,既为山区人民播撒文化的种子,也让文艺家体验乡村生活"接地气",有力促进了海峡两岸文艺家的交流交融。

【首届海峡两岸大学生舞蹈大赛】

7月12日至14日,由福建省文联、福建省教育厅、厦门海沧台商投资区管委会主办,福建省舞蹈家协会、厦门市文联、台湾舞蹈家协会承办,厦门海沧区文体广电出版旅游局、厦门海沧区文化馆执行承办的"海峡彩虹·青春筑梦——首届海峡两岸大学生舞蹈大赛"在厦门成功举办。

本次活动是福建省首次专门为海峡两岸大学生搭建的舞蹈艺术交流学习的平台,活动以"海峡彩虹·青春筑梦"为主题,内容包括首届海峡两岸大学生舞蹈大赛、"海丝寻梦"两岸四地舞蹈展演、"海丝寻梦"海峡两岸四地青少年舞蹈创作采风,海峡两岸舞蹈名家大讲坛等系列活动。

活动吸引了台湾、香港、澳门、上海、福建、吉林、陕西、湖南、河北等海峡两岸四地28所高校、73个舞蹈节目、600多名舞者参与。特别是来自台湾舞蹈家协会、澳门舞蹈家协会、香港舞蹈联会、台湾艺术大学、台湾体育运动大学、澳门东南学校的100多名专家、舞者参加,活动参与面广、影响力大,在海峡两岸引起广泛关注。

【"海丝寻梦"——2015两岸四地优秀舞蹈展演】

7月13日晚,"海丝寻梦"——2015两岸四地优秀舞蹈展演在厦门海沧区成功举办。福建省政协、省文联、省教育厅、厦门海沧台商投资区管委会等有关单位领导以及两岸四地近1000名观众观看演出。

展演活动在积极向上、震撼人心的群舞《筑梦》中拉开序幕。参加展演活动的有来自大陆、香港、澳门、台湾两岸四地的15个高校、舞蹈团,带来了近20个精彩纷呈的优秀舞蹈节目,两岸四地青少年以独特、优美的舞蹈肢体语言,放飞梦想,舞出了当代青少年朝气蓬勃的别样青春。

【"海上丝路·大美福建"东欧巡回摄影展】

10月12日至21日,由福建省文联和福建省摄影家协会主办,匈牙利国家摄影协会、捷克共和国捷华协会、波兰亚当研究所(文化机构)承办,欧洲国际文化艺术交流基金会和福建同乡会协办的"海上丝路·大美福建"东欧巡回摄影展在匈牙利首都布达佩斯、捷克首都布拉格捷克共和国议会大厦、波兰首都华沙市新达商城巡回举办。

摄影展精选了56位福建本土摄影家的80幅优秀作品,作品集中展示福建灿烂的历史文化遗迹、优美的自然风光风情、丰富的民间民俗活动、辉煌的伟大建设成就,充分展示中华优秀文化的魅力,为福建与匈牙利、捷克和波兰的文化交流架起友谊的桥梁,进一步增进福建与东欧国家人民之间的感情。

【2015海峡两岸曲艺欢乐汇】

11月20日至25日,由中国文联、中国曲协、福建省文联共同主办,福建省曲艺家协会、晋江市委市政府联合承办的"第五届海峡两岸曲艺欢乐汇"在福建晋江市举办。为期6天的活动涵盖了5台专场展演、1场研讨会和1次曲艺采风等。其中的专场展演包括:福建省首届"丹桂奖"曲艺(电视)大赛业余组、专业组决赛专场,"曲韵雅集"台港澳地区及东南亚曲艺专场,"姜昆'说'相声"专场,以及"牡丹绽放"中国曲协送欢笑专场演出暨福建省首届"丹桂奖"电视曲艺大赛颁奖仪式等。活动首次突破大陆和台湾曲艺人这一活动圈子,新增了老挝、印度尼西亚、新加坡、马来西亚、菲律宾以及中国香港、澳门等地的曲艺人,节目内容更加丰富,活动规模突破以往。

中国文联副主席杨承志,中国曲协主席、中国文艺志愿者协会主席、著名相声表演艺术家姜昆,中国曲协分党组成员、副秘书长曲华江、黄群,福建省文化厅副厅长陈吉,福建省文联党组成员、书记处书记、副主席林瑞发,福建省文联顾问、省书协主席陈奋武,四川省文联党组副书记、副主席李兵等出席相关活动。中国曲协副主席、莲花落表演艺术家翁仁康,著名相声表演艺术家常贵田,著名喜剧表演艺术家郭达与刘全和、刘全利兄弟,台湾评书表演艺术家叶怡均以及来自东南亚国家、我国台港澳地区和内地的曲艺表演艺术家、优秀曲艺新秀,各省文联、曲协观摩嘉宾,与福建省曲艺界人士、各界嘉宾等400余人相聚同欢,共同见证多场高规格、高含金量的曲艺文化交流活动。

【第七届海峡两岸电视主持新人大赛和首届海峡两岸电视主持人高峰论坛】

11月23日至28日,由中国电视艺术家协会和福建省文联主办,福建省电视艺术家协会和泉州广播电视台承办的"第七届海峡两岸电视主持新人大赛"和"首届海峡两岸电视主持人高峰论坛"在泉州举行,共吸引了来自大陆和台湾的21个省市地区100多位选手参加,邀请了央视新闻主播李修平、海霞等担任决赛评委。经过复赛和决赛的激烈角逐,来自台湾代表队的蔡耀徵、上海代表队的郭宏泽和湖北代表队的王青获得本届主持新人大赛一等奖。比赛过程植入了"两岸"和"海丝"元素,让青年选手在比赛中感受两岸同根同源的文化认同,通过面对面的深化交流,成为两岸播音主持专业院校师生联络感情、提升技艺的重要平台。中国文联副主席、中国电视艺术家协会主席赵化勇,福建省文联党组成员、书记处书记、副主席林瑞发,福建省新闻出版广电局副局长胡永新等领导为选手颁奖。

11月26日举办的首届海峡两岸电视主持人高峰论坛以"媒体融合背景下两岸主持人面临的机遇和挑战"为主题,来自两岸播音主持界的专家学者、相关省份视协秘书长和福建省视协主持人专委会的委员、播音主持专业院校的师生共150多人参加论坛。凤凰卫视中文台副台长、著名主持人程鹤麟,中国传媒大学教授游洁,台湾东森电视台著名主持人李大华,央视综艺节目著名主持人董艺,浙江卫视首席主播席文,福建省广播影视集团东南卫视首席主播叶青林,福建省广播影视集团新闻中心主播郑甦,福建省广播影视集团体育频道主播翁进等专家和名嘴,结合各自领域的工作经验,对新媒体时代主持人面临的机遇和挑战进行了多角度的深入解读。

大赛期间,福建省电视艺术家协会主持人专业委员会同时宣告成立。主持人专委会将通过调查研究、业务交流、理论研讨、人才培训等工作,对全省主持人进行业务指导,为提高主持人的业务水平,推出优秀电视、新媒体主持人发挥积极作用。

【其他对台文艺交流活动】

举办了首届海峡两岸青少年街舞大赛、海峡

两岸女性诗歌作品研讨会暨诗歌朗诵音乐会、海峡两岸民间艺术传承与发展论坛、闽台大学生魔术大赛等文艺活动，成立了中国电影家协会海峡两岸电影交流工作委员会、海峡两岸书法交流基地等，入岛举办了第二届华人音乐创作（台北）笔会，加大了两岸艺术家采风创作、研讨座谈等，促进了更多文艺上岛入台、深入交融。此外，开展了闽南元宵节文化调研成果交流会、"'中国梦'·乡土情"闽南口传文学调研活动等，增进两岸交往交流。

【对外及港澳文艺交流活动】

围绕"海上丝绸之路"主题，筹划实施了"海丝情·'中国梦'"——中国海上丝绸之路美术工程、海峡两岸"追寻'中国梦'"歌曲创作征集、"海丝寻梦"两岸四地优秀舞蹈展演等一批"两岸一家亲、共圆'中国梦'"等文艺交流活动；赴印度尼西亚参加了第九届中国—东盟青少年舞蹈交流展演活动；出版了《海丝之路的民间记忆——福建侨乡故事歌谣选》书籍，扩大了中华文化、闽派文艺的对外传播和影响。

自身建设

【机关建设】

扎实开展"三严三实"专题教育活动，加强事业单位党组织和党员干部队伍建设，严格执行"八项规定"，建立健全制度规定，大力倡导"担当使命、扎根人民、创新求精、健康批评、崇德尚艺"的良好风气，加强工青妇和老干部工作，荣获省级精神文明单位称号。省文联工会获评省直机关"先进职工之家"称号。

建设"阳光文联"，坚持集体决策，按程序办事，重大办会事项及时公开公示。从建章立制入手，修订完善了人、财、物管理制度，建立完善自查、自清、自警、自律为重点的监督制度，规范干部选用和年轻干部选拔办法，从严规范各类文艺赛事评奖评比，做到用制度管人管事，战斗力、组织力、凝聚力日益提升。

严格办会，依法治会。全面落实党风廉政建设责任制、个人重大事项报告制，完善构建了惩防一体、有效监督的党风廉政和反腐败工作机制，严格落实办公用房清理整改和公务车辆改革清理，领导班子的廉洁自律意识进一步增强，省文联守纪律、重规矩的氛围进一步形成。

【服务文艺家、服务基层、服务群众】

认真开展文艺"请进来、走出去"工程，邀请了全国、两岸知名艺术家贾平凹、徐沛东、余华、苏童、谢有顺、张千一、张云峰、郑愁予等来闽采风创作、授课传艺、交流研讨，带动提升福建省文学艺术水平和受众影响；晋京举办了"文心点石"——陈礼忠寿山石雕艺术展、"岁月留金"——汤志义大漆艺术展、"凝碧积翠"——郑百重中国画展、"平行·交汇"——《艺品》美术邀请展活动，以及漳州市文联在中国美术馆成功举办了漳州市百名书画名家晋京展、三明市文联"三明诗群"晋京研讨会等文艺活动，均取得了巨大成功，引起各方关注。

认真举办各艺术门类评奖赛事活动，举办了福建省首届"丹桂奖"曲艺（电视）大赛、福建省首届中小学生戏曲展演、第二届福建省儿童文学奖、第二届福建书坛新人新作展、第三届"海洋杯"中国（霞浦）国际摄影大赛、第三届音乐"金钟花"奖、第三届福建舞蹈"百合花奖"专业舞蹈大赛、第七届福建省青年美术作品展、第十二届福建省"水仙花戏剧奖"决赛、福建省第29届优秀文学作品奖等，有力提升了福建文艺创作水平和知名度，培养选拔了一批优秀文艺作品和人才。

扶持基层文联和文艺工作发展，完成授予第五批21个"一县一品"特色文艺示范基地，全省授牌基地共计80个，基本实现全省县市文艺示范基地"全覆盖"；面向广大基层群众精心举办了福建省第二届音乐人才歌曲创作高级研修班、福建省新农村少儿舞蹈美育工程、魔术文化服务校园行等"助学、助力"传帮带活动，点燃薪火，影响极大；推动申创漳浦"中国书法之乡"、东山县"中国曲艺之乡"称号，促进创建泰宁文创基地等各文艺门类创作及培训交流基地，组织艺术家下基层指导培训、联办活动，加强对基层文联的协调、指导和扶持。

坚持以人民为中心的工作导向，参与组织了"文化三下乡""文化进万家下基层""公共文化服务校园行"等"结对子·种文化"活动，在全省范围营造了浓厚的文艺气氛；八闽书院举办了14期"名家大讲堂""作者寻找读者""诗歌寻找朗诵者"公益文学活动，受众上万人，为作家与文学爱好者搭建了重要交流平台；冰心文学馆、海峡民间艺术馆常年免费对外开放，接待群众数十万人，"走进冰心爱的世界"专题展览进校园影响广泛，"朱子文化展览"丰富多彩，极大满足了广大群众精神文化需求。

着力推进文艺志愿服务工作，成立了福建文艺志愿者艺术团、各艺术门类志愿分队以及福建省文艺志愿者艺术团大榕树分团，指导各市、县成立文艺志愿者艺术分团和分队，全省文艺志愿队伍近万人，全年开展文艺志愿服务百余场。特别是，在福清举办的"追寻'中国梦'"——送欢乐到基层文艺慰问演出，在平潭举办的"到人民中去"——文艺志愿服务活动，在东山举办的"人民的丰碑"——文艺志愿者学习谷文昌文艺志愿活动，与福州市文联合办的纪念习近平总书记文艺工作座谈会重要讲话发表一周年专场惠民演出，厦门市文联组织的文艺家走进福建自贸试验区厦门片区文艺志愿服务等系列文艺志愿服务活动，规格高、内容实，贴近百姓、贴近生活，在全省凝聚了同心同德的正能量，唱响了向上向善的主旋律。

【"三严三实"专题教育】

2015年5月起，根据省委统一部署，福建省文联党组扎实开展"三严三实"专题教育。活动以领导带头上党课为开端，张作兴、林瑞发、陈毅达、王来文4名党组成员在先学学深的基础上，讲授了"三严三实"专题党课，让全体党员干部进一步深化了解、统一认识、凝聚动力。活动以服务群众为落脚点，开展了在职党员社区群众工作，与福州市兴园社区等5个结对共建社区共同商定党员报到、服务群众等具体事宜，签订了共建服务协议，93名在职党员全部到社区报到，为群众服务375人次，认领微心愿100个。活动以廉政建设为保障，开展"守纪律、讲规矩"警示教育活动，邀请省纪委预防腐败室副主任林辉为中心组做题为"以法治思维和法治方式监督与制约权力"讲座并组织研讨，组织副处以上干部前往省反腐倡廉警示教育基地，组织党员干部、党务干部到东山开展学习谷文昌精神，前往宁德寿宁开展"学习《摆脱贫困》、践行为民宗旨"主题教育活动。活动以开展专题民主生活会为抓手，党组书记张作兴代表党组班子做对照检查，党组班子成员逐一做了深刻的对照检查，取得了良好成效。省纪委信访处副主任刘宝秀、省委组织部干部一处副处长林恒军、省纪委驻省委宣传部纪检组副组长徐纲要、省委宣传部干部处副调研员游麟波、省直机关工委党校副调研员陈平到会指导省文联"三严三实"民主生活会。

直属单位

【文艺理论研究室】

3月，召开省文联艺委会第一次全体会议。4月，启动2015年省文联文艺创作题材库，落实"海峡艺术名家"的人选评定、文艺资助项目追踪等。8月，合办2015年第九届福建文艺高级讲习班。此外，继续与《东南快报》合办《文周刊》，创建福建省文联微信平台以及网上人才数据信息库，开展"海峡文缘采风调研系列活动"，编辑出版文艺理论研究论著，合办"艺术人生"栏目，组织创作者对省内重点作家进行专访与介绍。

【文学艺术对外交流中心】

10月,积极办理出访及境外办展的各项审批程序,确保"海上丝路·大美福建"东欧三国(匈牙利、捷克、波兰)巡回摄影展顺利成行。此外,配合办好第二届华人音乐创作笔会、2015"中华情·'中国梦'"中秋展演活动、第十届"海峡诗会"等活动的相关手续,接待了新加坡、美国、捷克等多国友人入闽文艺访问,加强了同台湾、香港、澳门一批文化名人的沟通联络。

【省文学院】

3月,和《人民文学》杂志社联合举办中国著名作家福建"海上丝绸之路"主题采风创作活动。4月,举办"海峡两岸中青年散文家交流会暨散文创作高研班"。10月,在北京承办闽派文艺理论家批评家高峰论坛暨"闽派诗歌"研讨会,近百位文艺专家学者相聚一堂,影响巨大。11月,和陕西省作协、陕西文学院联合举办闽陕作家"海丝行"主题采风创作活动。此外,利用周末和节假日开展"八闽书院名家大讲坛""作者寻找读者""诗歌寻找朗诵者"等公益文学活动40余场。

【福建省画院】

2月,举办"艺道同行"——福建省画院画家赴黔采风写生作品展。8月,到福建省军区某海防旅开展纪念抗日战争胜利70周年拥军书画笔会。11月,举办"闽山闽水物华新——福建美术作品晋京展"启动仪式,组织两岸画家画福建采风团在全省多地进行写生创作活动。12月,联办"闽山闽水物华新——青年画家画福建暨青年国画精锐提名展"和"闽山闽水物华新——两岸画家画福建"展览活动。

【冰心文学馆】

4月,开展"走进冰心爱的世界"为主题的系列活动和"给世界爱和美"——冰心诗文诵读比赛。5月,举办"冰心在我心中"演讲友谊比赛。10月,举办纪念冰心诞辰115周年纪念活动。11月,联办"朱子文化展览"。此外,认真做好场馆开放、宣传、讲解工作,全年免费接待观众5万余人次。编辑出版《2014年全国文学博物馆论坛文选》《冰心诗文选》。开展冰心文物和闽台文学名家作品、手稿征集活动。

【《福建文学》杂志社】

1月,在宁德举办闽东诗群研讨会。6月,举办漳浦诗歌节,启动"福建省大学生散文创作大赛"。7月,举办"福建高校大学生文学创作研习班",开展"闽北小说研讨会"。8月,举办第九届福建文艺高级讲习班暨闽北文学研讨会。10月,举办纪念习总书记文艺工作重要讲话一周年座谈会暨改稿会。12月,举办"福建高校大学生散文大赛"颁奖会。此外,出版正刊12期、增刊2期,多篇文章被转载。

【《台港文学选刊》杂志社】

正常出刊12期,推出"身体当前""百工传奇"等特别策划12个,"迷情小说""涉性小说"等小说专题13个,杂志被评为"2015中国最美期刊"。7月,协办"2015海峡诗会——美丽乡村觅诗行"活动。9月,协办"永定土楼·青春诗会"诗歌朗诵会。此外,编辑出版《跨越与回响——海西诗会集录》和《行履和见证——台港文学选刊创办30周年回眸》。

【《故事林》杂志社】

按时保质完成期刊编辑、出版及发行任务,成功将下半月刊改版为青春校园版。3月,出版《香浓的桂花酒——海峡两岸故事集3》,通过厦门市委统战部赠送给台湾中小学校。6月,参与福建省首届"书香八闽"百姓喜爱的报刊评选活动。12月,举办《故事林》第十届"海峡两岸故事"全国新故事大奖赛评奖活动。此外，编制完成"福建省口头文学遗产数据库工程资料总目"，配合编辑《海丝之路的民间记忆——福建侨乡故事歌谣选》。

【第三产业服务中心】

对福建省文联书画艺术发展有限公司进行合理监督，按照国有企业脱钩的规定，促进书画公司股权转让的相关工作。参与"大榕树艺术创意园区"创建工作。12月，成立"福建省文艺志愿者艺术团大榕树分团"，深入全省各地开展"美丽乡村"文艺志愿演出。此外，还组织到部队进行慰问演出，配合开展海内外诗歌大赛、书画采风创作、举办"海峡艺术名家"研讨会等活动。

各文艺家协会

【作家协会】

5月，举办第28届优秀文学作品奖暨第十届陈明玉文学奖颁奖仪式和座谈活动。6月，联办第七届（2014—2015年度）"逢时杯"海内外文学征文颁奖活动。7月，联办第十届海峡诗会，邀请了海峡两岸40多位诗人学者参加系列活动。8月，联办"客家首府，大美汀州"全省作家文学采风活动。9月，与中国作家协会《诗刊》社联办第31届"永定土楼·青春诗会"。10月，在北京联办"闽派诗歌"研讨会。11月，联办"闽派诗会"走进三明诗歌朗诵会。11月，联办"经典福建·创意闽南"闽派诗会走进漳州系列活动。

【戏剧家协会】

1月，联办第十二届福建省"水仙花"戏剧传统唱腔（名家名段）决赛。3月，组织召开福建濒危剧种丛书改稿会。5月，联办第二期福建省知名演员读书班，全省中青年骨干逾百人参加学习。5月，辅导推荐演员参加第27届中国戏剧"梅花奖"评选，成功"摘梅"，实现福建省"七连胜"的佳绩。9月，联办2015年海峡两岸舞台美术研讨会暨福建省第三届舞台美术展览会。10月，举办"福建省首届中小学生戏曲展演"终评阶段现场竞演。此外，创建福建省剧协官方微信平台"八闽戏剧"，继续编辑会刊《剧谈》。

【美术家协会】

3月，联办"魅力冠豸·客家连城"——2014全国中国画大赛。5月，联办"美丽乡愁·廊桥神韵"福建省画家宁德写生活动暨走进基层美术志愿服务活动。6月，联办"美丽福建·人文漳浦"著名画家走进漳浦写生作品展。8月，联办纪念中国人民抗日战争暨世界反法西斯战争胜利70周年——福建省美术作品展。9月，联办"第七届福建省青年美术作品展"。10月，举办重温习近平总书记在文艺工作座谈会上重要讲话发表一周年——福建省美术书法摄影获奖作品成果展，联办"闽山闽水物华新·武夷山流韵"海峡两岸名家创作展。11月，联办第四届"海峡杯"全国书画作品展，举办"闽山闽水物华新"——福建美术作品晋京展启动仪式。12月，举办"福建省第19届东海浪（新人新作）美术作品展""纪念林则徐诞辰230周年海峡两岸书画名家作品邀请展"。完成《福建美术年鉴合集》编辑工作。

【音乐家协会】

2月，启动福建省第三届"金钟花奖"声乐比赛。3月，举办海峡两岸"追寻'中国梦'"歌曲创作征集评选活动。4月，入岛举办第二届华人音乐创作（台北）笔会。5月，举办"中国梦·生态美"——福建山水抒怀音乐征集活动。7月，举办福建省第六届电子键盘乐器大赛。8月，参加中国音乐"小金钟"奖——"吟飞杯"首届全国电子键盘展演比赛，获得2金、1银、2铜、3优秀的佳绩；举办福建省第三届小提琴比赛。9月，承办福建省纪念中国人民抗日战争暨世界反法西斯战争胜利70周年音乐会。10月，联办福建省第二届音乐人才歌曲创作高级研修班。此外，组织福建文艺志愿者艺术团音乐分团音乐家开展文艺惠民演出等活动，做好《福建音乐界》刊物编辑等工作。

【电影家协会】

5月，编印"海峡扬帆"——海峡两岸电影交流活动巡礼画册。6月，组织召开海峡两岸电影交流工作委员会成立大会，举办第五届闽南语电影文化研讨会，与中国电影家协会、中国文联电影艺术中心联合组织电影艺术家福建自贸区福州片区创作采风活动。10月，联办福建省首届电影演员培训班。12月，举办两岸电影人纪念抗战胜利70周年抗战电影展映暨研讨活动。

【摄影家协会】

2月，参加第58届世界新闻摄影大赛，会员蔡圣相、储永志双双荣获一等奖，实现了福建省摄影界在该赛事中奖牌"零"的突破。3月，参加第十一届国际新闻摄影赛，会员王火炎、梁艺桄分别获得非战争灾难重大新闻类铜奖、自然与环境类优秀奖。5月，联办"海洋杯"中国·霞浦国际摄影大赛颁奖仪式，大赛历时8个月，吸引9个国家和国内各地区的摄影人士参与。8月，参加第25届全国摄影艺术展，获2银2铜25优的成绩。10月，赴匈牙利、捷克、波兰举办"海上丝路·大美福建"摄影巡回展。此外，全年组织20多团次800多人次摄影骨干和影友参加省内外重大摄影赛事和各种民俗风情节庆活动。

【曲艺家协会】

1月，协助漳州东山县成功通过"中国曲艺之乡"考评验收。3月至11月，启动福建省首届"丹桂奖"曲艺（电视）大赛，全省共计100多件作品、640多名曲艺爱好者登台竞技。4月，选送的两篇论文获得第四届中国曲艺高峰（柯桥）论坛优秀曲艺理论（评论）文章。5月，推选《山乡恋歌》获第三届"南山杯"全国曲艺新人新作展演三等奖。6月，策划筹备"福建濒危曲种"系列专题，完成第一辑共8集专题；编辑出版2014卷《海峡曲艺》。11月，成功举办国台办重点项目——"第五届海峡两岸曲艺欢乐汇"。

【舞蹈家协会】

1月，举办"舞动'中国梦'"第六届福建省原创少儿舞蹈大赛暨小荷风采全国少儿舞蹈展演福建选拔赛。5月，联办第三届福建舞蹈"百合花奖"专业舞蹈大赛暨中国舞蹈"荷花奖"福建选拔赛。7月，联办"海峡彩虹·青春筑梦——首届海峡两岸大学生舞蹈大赛"，海峡两岸28所高校、73个舞蹈节目、600多名舞者参与；选送群舞《绽放》获第三届"荷花少年"全国（中学）校园舞蹈展演金奖；选送5个原创少儿舞蹈作品荣获第八届"小荷风采"全国少儿舞蹈展演并获3金、2银的好成绩；选送的少儿舞蹈节目《呛呛滚来好年冬》荣获"一带一路"文化行暨第九届中国—东盟青少年舞蹈交流展演金奖。8月，选送群舞《海花》和独舞《盘山道》获第十届中国舞蹈"荷花奖"民族民间舞评奖活动"十佳作品"奖。12月，举办"同筑梦想·心舞飞扬——首届海峡两岸青少年街舞大赛"。此外，举办"结对子、种文化——福建省新农村少儿舞蹈美育工程志愿者师资培训班"、福建省舞蹈创作高级研修班。

【民间文艺家协会】

3月，组织"全国村落文化专家闽北行"活动。4月，选送《鹬蚌相争》获"全国皮影展演暨第十二届中国民间文艺山花奖·民间绝技绝艺"金奖。5月，开展"'中国梦'·海丝情"民间文艺采风创作活动，整理出版《福建海上丝绸之路民间记忆》。6月，联办2015福建省乡土造型艺术青年人才高级研修班。7月，承办"中国（福建）古村落文化遗产保护高峰论坛"，联办"海丝艺传"2015福建（中国）工艺美术大师精品展。8月，选送《水仙花女神》在"第十二届中国民间文艺山花奖·民间工艺美术作品奖"评奖中获精品奖。8月，参加"中国梦"全国农民画展获1金、2银、1铜的好成绩。10月，举办中国寿山石文化发展研究中心成立仪式暨"青艺石韵"——福建青年雕刻精英艺术展。12月，推荐5件作品荣获第十二届中国民间文艺山花奖。此外，收集整理三套集成县卷本等口头文学资料，上报250册县卷本资料，编撰的《中国口头文学遗产数据库·福建卷》成为全国示范本。

【书法家协会】

1月，联办"福羊迎春贺新年"暨省书法家送春联进社区活动。3月，启动第四届"海丝杯"全国书法大赛。5月，联办海峡两岸书法创作交流基地启动暨第一届两岸书法名家作品联展；参加全国第十一届书法篆刻作品展览，福建省获奖人数（6人）与优秀率（26.1%）均居全国第一，创福建省书法创作历史最好成绩。6月，联办第二届"大爱妈祖文化"全国书法篆刻展。10月，联办纪念弘一法师诞辰135周年——福建省女书法家作品邀请展，举办第七届福建省刻字艺术展。11月，举办第十一届全国书法篆刻作品展获奖作者暨福建省参展作者石狮精品展。

【电视艺术家协会】

8月至9月，举办第七届海峡两岸电视主持新人大赛福建赛区的选拔工作。11月，成功联办"第七届海峡两岸电视主持新人大赛"和"首届海峡两岸电视主持人高峰论坛"，大赛吸引来自大陆和台湾的21个省市地区100多位选手参加，成立了福建省电视艺术家协会主持人专业委员会。此外，推荐福建省优秀电视作品参加第三届亚洲微电影评选、第七届中国新农村电视艺术节、人文中国第四季——"城市纪实"全国电视纪录片专题片评选、第八届中国旅游电视周、第三届全国市县电视台优秀电视节目评奖等，共有16部作品获奖。

【杂技家协会】

3月，配合开展"文化、科技、卫生"三下乡活动，组织杂技家参与慰问演出。5月，联办"中华血·两岸情"海峡两岸母亲节感恩专场义演晚会。6月，联办第七届海峡论坛2015两岸残障人士交流嘉年华之"两岸自闭症才艺秀"公益晚会。8月，联络台湾戏曲学院18名青少年杂技专业学员来省杂技团进行为期一个月的学习。10月至12月，举办第二届闽台高校大学生魔术交流大会。11月，参加广东珠海国际马戏节大赛，节目《逐梦》荣获银奖。此外，举办了多场大学生魔术师魔幻之夜的演出晚会。

基层文联

【厦门市文联】

厦门市文联深入学习习近平总书记在文艺工作座谈会上的重要讲话精神，充分发挥党联系文艺家的桥梁和纽带作用，推动全市文艺工作和文联工作健康发展。

多方统筹，加强对文艺和文联的组织建设。第一时间组织学习、贯彻习总书记重要讲话以及中央、省市关于文艺工作的部署，先后选派6批次20名文艺家、文艺骨干参加各种层次和类型的专题培训。制定出台《厦门市文联文学艺术委员会议事规则》《重大文艺活动支持办法》等9项工作制度。指导推动海峡书画艺术产业协会的成立及运作。推进完成"厦门文艺家之家"改造修缮。

服务中心，助推"美丽厦门"建设。举办"鼓浪情怀"系列主题文艺活动，实现文艺为鼓浪屿申遗和整治提升工作服务；举办"中国—新西兰城市摄影交流展"及"影像述说两岸情——海峡摄影交流展"，赴台参加海峡两岸大学生创意文化节等文艺交流活动。主办"2015厦门海峡书画艺术产业博览会"，成功打造东南沿海首个高规格的书画产业展。"中华情·'中国梦'"中秋展演、海峡两岸文学笔会、"百福贺岁·两岸同春"两岸书法家送春联等品牌活动不断提升、扩大效应。策划、举办纪念抗日战争胜利70周年音乐、诗词系列活动，举办国标舞巡回赛厦门站暨首届两岸标准舞拉丁舞公开赛、首届厦门国际青年微电影节等大型文艺活动20多场。

文艺惠民，践行"深入生活、扎根人民"主题要求。举办纪念毛泽东同志《在延安文艺座谈会上的讲话》发表73周年暨第五届厦门文学艺术奖颁奖大会。组织文艺家赴江西、四川、宁德、龙岩以及集美、海沧等整治试点项目进行采风创作。组织文艺志愿者赴福建自贸区试验区厦门片区、台资企业友达光电，为一线工作者送去精彩的文艺演出。文艺志愿者走进自贸区的活动被中国文联收入《文艺志愿服务案例汇编》，曾若虹等五人获中国文联的通报表扬。

突出重点，加强文艺精品创作传播。开展"中国梦""美丽厦门"主题文艺实践活动，举办"海峡情·'中国梦'"歌曲征集评选、"美丽厦门"征文活动评选等活动，组织百名画家共绘"美丽厦门"创作佳作。建立完善扶持作品制度、展示制度，青年作家扶持计划"珍珠湾文丛"第一辑及《厦门优秀文学作品选》正式出版。扶持文艺人才建设，叶韶霖等多位会员获全国第十一届书法篆刻作品展"优秀奖"、"山花奖"、第五届全国青年美术作品展览优秀作品奖（最高奖），改编自作家须一瓜小说《太阳黑子》的电影《烈日灼心》在全国热播。

【上杭县文联】

上杭县文联以"五服务"（即"服务大局、服务行业、服务农村、服务校园、服务作者"）为主线，积极开展各类文艺活动，取得显著成效。

服务大局。紧紧围绕县委、县政府打造"诗意院田 梦里老家"品牌要求，开展了美术写生、"诗意院田"摄影创作等采风创作活动。编印《院田古民居楹联集锦》。配合举办中国文联、中国美协"中国精神·'中国梦'"走进上杭古田美丽乡村行采风写生活动暨中国美协古田写生基地授牌仪式。

服务行业。联合主办了"弘扬好家风 传递正能量"家训书法作品展，编辑出版作品集。举办了"记住乡愁——杭川古韵"摄影比赛、"秀美杭川·宜居杭城"摄影赛等6次摄影大赛。在县"两会"召开期间，举办了"醉美杭川"为主题的图看上杭十二五摄影艺术作品展。

服务农村。热情讴歌描绘乡村的自然和人文景观，先后与5个乡镇联办"大美中都"文学笔会、庐丰畲族乡首届"三月三"民俗文化旅游节、龙岩市书画家"文化下乡通贤行"采风笔会、"清新水源、和谐珊瑚"文学笔会、龙岩市书画家"走进蓝溪金三湾"采风笔会等文艺活动。

服务校园。联办"北兰亭"向著名苏区上杭（古田）捐赠书法教材仪式暨书法讲座。举办"走进华嵒故里"书画文艺采风创作活动暨华家小学创建"书画校园"启动仪式，通过讲座、笔会、文艺演出等活动丰富师生的校园文化生活。

服务作者。举行华嵒书画院与台湾艺术研究院结对签约仪式，为海峡两岸书画交流搭建新平台。定期组织系列讲座活动，提升文艺作者的学术涵养。完善全县老文艺家档案资料，定期走访慰问老文艺家。向上推荐文艺作品参展、参赛、演出，激发全县文艺工作者热情，推动一批文艺作品创作出版。

江西省文联

综述

2015年，江西省文联深入学习贯彻习近平总书记系列重要讲话精神，坚持以人民为中心的工作导向，大力弘扬社会主义核心价值观，团结带领广大文艺工作者，服务大局、服务人民，为繁荣发展江西文艺事业做出了新的贡献。一是文艺活动丰富多彩。举办了"纪念习近平总书记文艺工作座谈会重要讲话一周年"汇报演出、"羊"春三月——2015江西谷雨诗会等60余项文艺活动。二是艺术创作成果丰硕。"八一起艺"工程项目之长篇电视剧《破阵》央视八套首播，收视率名列前茅；八十米国画长卷《万里长征新画卷》受到省委、省政府领导同志和社会各界的一致好评。各艺术门类佳作涌现，在国内外评奖中摘金夺银。三是文学工作全面加强。开展了文学创作重点选题和定点深入生活专项活动，赴北京举办江西新散文作家群研讨会，举办了"80后"青年作家改稿会等。争取到中国作协130万元资金用于扶持10部长篇小说创作。《光明日报》《文艺报》等全国重要媒体多次整版或在重要版面宣传推介江西文学创作群体。四是文艺人才影响大幅提升。杜欢、杨俊膺第27届中国戏剧"梅花奖"，熊纬、毛国典荣获第四届"全国中青年德艺双馨文艺工作者"称号，毛国典当选中国书协第七届副主席。五是文艺志愿服务广受好评。深入开展"到人民中去——沿着母亲河行走"采风、创作、展演、志愿服务系列活动，受到群众的热烈欢迎。文艺志愿服务规范化、制度化建设进一步加强。六是自身建设不断增强。扎实开展"三严三实"专题教育，制定《关于加强财务管理的若干规定》《领导干部经济责任审计暂行规定》并认真实施，提升了机关建设水平。大力创新工作方式，《创作评谭》《星火》全新改版，举办了首届"星火优秀小说奖"评选，"互联网+文艺"工作全面推动。2015年，江西省文联荣获省直机关文明单位、省直机关党的工作优秀单位和全省综合治理工作先进单位。

会议与活动

【中国作协主席铁凝来赣走访调研】

12月11日，中国作协"纪念中国共产党成立95周年、红军长征胜利80周年"系列文学主题活动在于都中央红军长征出发地纪念园启动。中国作协主席铁凝出席活动并向参加重走长征路的作家代表授旗。活动启动仪式后，铁凝于12月12—16日先后到瑞金、南昌、婺源、鄱阳、景德镇等地进行了走访调研。江西省委书记强卫，省长鹿心社，省委常委、宣传部部长姚亚平等领导会见了铁凝一行，并就江西省文学持续繁荣发展的具体措施进行了探讨交流。在江西调研期间，铁凝一行先后五次与基层作协负责人、作家、文学爱好者进行座谈，广泛听取大家的意见和建议。调研期间，铁凝一行还登门拜访了老作家杨佩瑾、胡辛。中国作协办公厅主任胡殿红、中国作协创作联络部主任彭学明、江西省文联党组书记汪天行和主席叶青随行调研。

【"万山红遍"——省文学艺术界春节大联欢】

2月8日晚，由江西省文联主办的"万山红遍"——2015江西省文学艺术界春节大联欢在江西艺术中心举行。晚会以微信平台发布文联主要大事、喜事为主线，篇章式地展示了过去一年来江西各艺术门类的最高成就。整场晚会会集了江西各个艺术门类的优秀人才，洋溢着浓郁的赣鄱风情。

【纪念习总书记文艺工作座谈会上讲话一周年汇报演出】

10月14日晚，"江西省文联纪念习总书记文艺工作座谈会上讲话一周年汇报演出"在省文联多功能厅举行。江西省委常委、宣传部部长姚亚平观看了节目彩排；江西省委常委、纪委书记周泽民，省委常委、副省长朱虹，省人大常委会副主任谢亦森，省政协副主席汤建人等观看了演出。"八一起艺"重大文艺创作工程《锦绣赣鄱》《秀美江西》《千里赣鄱锦绣图》等大型书画摄影长卷也在演出现场亮相。晚会上，省领导还为荣获"全国中青年德艺双馨文艺工作者"称号的文艺家、中国戏剧梅花奖获得者、中国文联"到人民中去"优秀文艺志愿者颁奖。

【被授予首批"中国文艺评论基地"】

9月23日，首批"中国文艺评论基地"授牌仪式在中国文艺家之家举行，江西省文联成为22家基地中的一员。近年来，江西省文艺评论家协会努力与全国文艺评论工作对接，致力于阵地建设、人才队伍培养和机构建设，调整、充实了省评协机构，加强了文艺评论刊物阵地建设，启动了文艺评论评奖，举办了首届文艺评论骨干人才高级研修班。在中国文艺评论家协会和中国文联文艺评论中心的支持、指导下，还主办、承办了一系列全国性文艺评论研讨会。2015年4月，中国文艺评论家协会面向全国，正式启动"中国文艺评论基地"申报工作。经过严格的资格初审、复审和实地考察等程序，经中国文联研究、批准，北京大学、清华大学、江西省文联等22家单位成为首批"中国文艺评论基地"。

【"拟古出新"——汪天行山水画新作展】

6月24日至7月5日，由江西省文联主办，江西美术院、省美协、省书协等单位承办的"拟古出新——汪天行山水画新作展"在省文联艺术展览中心展出，江西省政协主席黄跃金宣布开幕。展览期间，江西省领导姚亚平、周萌、蔡晓明、龚建华、谢亦森、胡幼桃、朱虹、汤建人，老同志孙刚等先后观看了展览。此次展览的主题为"回归传统、拟古出新"，展出的作品为汪天行一年多来潜心传统学习、大胆探索创新的书画精品。

【"到人民中去——沿着母亲河行走"系列活动】

江西省文联认真贯彻落实中宣部等五部门《关于在文艺界广泛开展"深入生活、扎根人民"主题实践活动意见》，组织文艺工作者走进生活，走近人民群众，开展了"到人民中去——沿着母亲河行走"采风、创作、展演、志愿服务系列活动，自觉为人民抒情，为人民讴歌。江西省文艺志愿服务团先后赴南昌华南城、省图书馆等地开展"送欢乐 下基层"惠民、乐民活动10多场次，参与艺术家300多人次，受惠群众3万余人次，文艺志愿服务机制建设不断加强，"书法无私传道，赣鄱有口皆碑"书法公益行项目入选全国优秀文艺志愿服务项目典型案例。

【"羊"春三月谷雨诗会】

4月10日,由江西省文联、省作协等主办的"羊"春三月——2015年江西谷雨诗歌朗诵会在省文联举行。朗诵会以"春、赣、情"为线索,以歌咏亲情、爱情、故乡情、赤子情、家国情为主题,配乐朗诵经典名篇和本土佳作,还综合了书、画等艺术形式。各界喜爱诗歌、关注诗歌的群众通过微信、微博、邮件投稿、观看网络现场直播等方式,参与了诗会的举行。

【纪念抗战胜利暨反法西斯战争胜利70周年楹联、诗词、绘画征集】

6月,江西省文联联合有关单位以"铭记历史、缅怀先烈、珍爱和平、开创未来"为主题,共同举办了"江西省纪念中国人民抗日战争暨世界反法西斯战争胜利70周年"楹联、诗词、书画征集展示活动。活动得到了广大文艺爱好者的积极响应和广泛参与,共收到征集作品千余件。经过认真审核,评出入选作品357件,《江西日报》、中国江西网、江西网络广播电视台等媒体陆续刊发部分作品。此外,江西省文联还与江西省政府文史研究馆共同举办了"纪念中国人民抗日战争暨世界反法西斯战争胜利70周年"楹联、诗词、书画创作交流活动。

【江西省曲艺家协会第五次代表大会】

6月19日,江西省曲协召开第五次会员代表大会,来自全省各地的60余名曲艺界代表与会,江西省委宣传部副部长龙和南在大会开幕式上讲话,中国曲协分党组书记、驻会副主席董耀鹏致贺词,江西省文联党组书记汪天行在大会闭幕式上讲话。大会总结了江西省曲协第四次代表大会以来的工作,部署了今后五年的任务,修改完善了协会章程,选举产生了新一届领导机构,柳青当选江西省曲协主席,万新明、华巍、余际松、李嫒嫒、郑意祯、黄瑶当选副主席,聘请孙建昌为名誉主席,金涛、熊光平为名誉副主席。

创作与研究

【江西长篇小说重点扶持工程签约仪式】

10月11日,由中国作家出版集团、作家出版社、江西省作协合作推动的江西长篇小说重点扶持工程签约仪式在江西省文联举行。仪式召开前日,江西省委书记强卫等领导会见了来赣签约的中国作协副主席何建民一行,并就中国作协对江西文学的关注和支持表示感谢,就如何推动江西文学的进一步繁荣交换了意见。仪式上,何建明讲话,江西省文联党组书记汪天行致辞,中国作家出版集团综合办主任黄国辉、江西省作协驻会副主席曾清生在合作协议上签字,曾清生汇报了江西长篇小说重点扶持工程工作安排。仪式由江西省文联主席叶青主持。江西长篇小说重点扶持工程从2015年开始,由江西省作协组织江西作家创作10部长篇小说,中国作家出版集团(作家出版社)出资130万元进行出版和推介。

【景德镇题材文艺创作研讨会】

5月20日,中国文联理论研究室、中国文艺评论家协会、江西省文联在景德镇共同举办"讲好中国故事:景德镇题材文艺创作研讨会"。中国文联理论研究室主任庞井君、江西省文联主席叶青等领导与会。研讨会上,来自省内外的著名学者、文艺评论家李砚祖、张德祥、高小立、李朝全等,就近年来景德镇题材文艺作品创作的得失,当代地域文化题材文艺作品创作的现状以及如何面向世界讲好中国故事等话题进行了研讨,对如何进一步推进景德镇题材文艺创作繁荣发表了意见建议。

【江西新散文作家群研讨会】

6月9日,由中国作协创研部、人民文学出版社、江西省作协联合举办的"江西新散文作家群研讨会"在北京举行。中国作协副主席李敬泽致辞，人民文学出版社社长管士光、江西省文联主席叶青出席会议并讲话。与会专家对王晓莉、李晓君、范晓波、江子、陈蔚文、傅菲、夏磊、安然、朱强9位江西散文家分别给予点评。会后，全国文坛密集关注江西新散文创作现象。6月10日，《文艺报》头版刊登通讯文章《时代语境下的斑斓与丰饶——江西新散文作家群研讨会在京举行》。7月1日，《中国艺术报》刊发文艺评论文章《呼唤作为流派的江西散文》。7月27日，《光明日报》刊登文艺评论文章《时间的距离更长——我看江西新散文现象兼评〈江右新散文丛书〉》。7月29日，《文艺报》又开辟两个整版，以"崛起的江西新散文创作群"为题，刊发10余位国内文坛著名编辑和评论家文章，集中推介江西新散文创作。

【"江西风景独好"——赣鄱山水入画来采风写生】

为浓墨重彩描绘江西的大好河山，讲好江西故事、唱响江西声音，江西省文联、江西美术院从全省抽调了30位画家，分成5个小组，于12月组织"江西风景独好"——赣鄱山水入画来采风写生活动。活动历时1个月，江西省文联领导亲自带队，画家们深入赣州大余梅关、宁都翠微峰、上饶灵山、铜钹山等近年发现、开发且有待宣传推介和尚未开发但有价值、有潜力、有前景的山水风光进行采风写生。此次活动是江西美术界"深入生活、扎根人民"的一次生动实践。汪天行、游新民、刘杨、詹艺等画家参与创作。

机关建设

【"三严三实"专题教育】

按照中央和省委部署，聚焦对党忠诚、干净做事、敢于担当，江西省文联在党员干部中深入开展"三严三实"专题教育，深化了机关作风建设。文联领导带头讲好党课，带头查摆问题，带头整改落实，领导班子和领导干部年度民主生活会坚持批评和自我批评。开展了3个专题的学习讨论，每次学习都集中时间，明确主题，安排重点发言，展开热烈讨论，最后领导点评总结。抓好正、反两方面教育，学习先进典型的感人事迹和精神境界，见贤思齐；组织观看《反腐警示录》，赴监狱开展警示教育，使党员干部受触动、受启迪。联系思想、工作、作风实际，广泛征求意见，自查自纠敢于揭短亮丑，查摆了领导班子自身存在的6个方面11项主要问题。坚持立说立改、立规执纪，制定印发了《领导干部经济责任审计暂行规定》等7项制度，主要问题整改完成。

【法治文联建设】

围绕建设法治群团目标，深入推进依法治会工作。成立江西省文联法治建设领导小组，建立健全工作机制，增强了文联机关运用法治思维和法治方式研究解决问题的意识。结合文艺界人民团体的特点，认真执行群团组织管理的有关法规和制度，按章程办事，依法依规履行职能。聘请法律顾问，制定工作规程，对重大决策决定进行法律咨询论证，排解法律纠纷，防范法律风险。加强法治宣传教育，组织了两次法律知识培训。配合省委省政府有关部门，做好了江西省《关于加强社会主义协商民主建设的意见的实施意见》《关于加强和改进我省党的群团工作的若干意见》有关章节内容的拟稿和意见反馈工作。深入推进依法保护文艺家权益工作。

【"互联网+文艺"工作】

江西省文联出台具体措施，全面推进"互联网+文艺"工作。一是筹备成立省文联文艺资源中心，收集、整理江西文艺资源，推进文艺资源数字化进程。二是搭建"江西文艺"移动互联宣传平台，将"江西文艺"打造为江西文艺资讯权威发布平台。三是打造全省文联系统"互联网+文艺"矩阵，推动设区市文联、县（市、区）文联和协会，以及行业文联网站、微信公众号建设，努力形成全省文联系统文艺资讯互联互通集群。四是推进报刊"上线"，省文联所属"三刊一报"《星火》《创作评谭》《心声》《摇篮》年内实现"上线"。五是依托江西文艺网站、微信平台，团结凝聚优秀文艺评论人才，推出健康、活泼、便捷的网上评论。

各文艺家协会

【作家协会】

3月12日，与中国作协创研部、赣州市委宣传部、小说评论杂志社在北京联合主办了李伯勇长篇小说《抵达昨日之河》研讨会。中国作协党组成员、书记处书记阎晶明致辞，江西省文联主席叶青等出席会议并讲话，雷达、吴秉杰、张陵、梁鸿鹰等专家与会，《小说评论》发表了部分研讨成果。

4月10日，在江西省文联举办了"羊"春三月——2015年江西谷雨诗歌朗诵会。

4月18—19日，由江西省文联、省作协、吉安市文联、江西广播电视台综合新闻频率联合主办的"到人民中去"——2015年江西（吉安）谷雨诗会在中国历史文化名村钓源村举行。200余位诗人、作家代表参加活动。诗会分为诗歌朗诵会、名家讲座、2014江西年度诗人奖颁奖、"我们的传统"诗歌论坛及诗歌采风五项活动。林莉荣获2014江西年度诗人奖。朗诵会前后，与会代表在欧阳修族裔聚居地钓源古村、杨万里故里泌塘古村进行了诗歌采风。

4月25日，与江西广播电视台绿色98.5频率、湾里区委宣传部、江西林恩茶业有限公司在南昌梅岭联合主办了第三届林恩谷雨茶诗会，100余名诗人、文艺家参加诗会。

6月9日，与中国作协创研部、人民文学出版社等单位在北京联合主办江西新散文作家群研讨会，集中研讨王晓莉、范晓波等江西9位新散文作家的创作。《文艺报》两个整版发表了研讨会的评论成果。

7月24日，与赣州市作协在会昌县举办了金朵儿童话作品研讨会。江西省文联主席叶青等领导，以及40余位儿童文学作家、文艺理论家、文学工作者与会，对金朵儿《小贝卡奇遇记》《虹朵朵的梦》系列作品进行了研讨。

10月11日，中国作家出版集团、作家出版社、江西省作协在江西省文联举行江西长篇小说重点扶持工程签约仪式。

11月12—15日，与中国电建文学协会联合在南昌举办第二期中国电建文学培训班，江西省作协设计课程并组织优秀作家进行授课。

经申报，中国作协评审，江西的卜利民（卜谷）、欧阳娟、杨帆、江华明入选中国作协2015年作家定点深入生活名单，叶绍荣、林莉、吴书剑（未苍）、徐彩霞（承九）的作品入选中国作家协会2015年度重点作品扶持项目名单。

参照学习中国作协的做法，实施了2015年重点选题扶持和定点深入生活专项活动。王芸的长篇小说《对花》、李伯勇的长篇小说《无边的早晨》等十二个作品选题入选重点作品选题扶持项目，郑云云、陈杰敏等十位作者入选定点深入生活名单。

完成省文艺创作与繁荣工程文学部分的组织工作，《江西山水入梦来》正式出版；《锐力·文学江西》项目已征集王明明、范剑鸣、秋水竹林（刘义）、五里路（叶小青）、樊专砚五人的作品集；《江西文学精品丛书》第三辑交出版社出版，傅太平、丁伯刚、樊健军、杨帆的中篇小说集、江华明的中短篇小说合集、三子的诗集等入选；《走向田野》第二辑由长江文艺出版社出版，包括李晓君、铱人等作家的六部散文集；《江右新散文文丛》由人民文学出版社出版，包括王晓莉、范晓波等作家的七部散文集。

【戏剧家协会】

3月27日，组织召开江西省剧协八届二次常务理事会和八届三次主席团会议。会议总结了协会2014年的工作，商议了2015年的工作；审议了省剧协新申请入会会员资格材料和中国剧协新申请入会会员推荐名单；各设区市剧协进行了工作交流。

5月20日，由中国文联和中国剧协主办的"第27届中国戏剧梅花奖颁奖"晚会在广州大剧院举行，江西省歌剧演员杜欢、采茶戏演员杨俊荣获"梅花奖"，他们是江西首批获"梅花奖"的男演员，这也是江西歌剧首次获得"梅花奖"。

7月13—16日，中国戏剧家协会第八次全国代表大会在北京召开，江西省文联副主席、省剧协主席龙红领队江西代表团参会。龙红、陈俐和杜欢当选中国戏剧家协会第八届理事会理事。

7月25日，中国剧协、山东省剧协等在济南市联合主办了第十九届"中国少儿戏曲小梅花荟萃"大赛，由江西省剧协选送的小选手余欣悦荣获"中国少儿戏曲小梅花"金花称号。

10月25日至11月11日，由中国文联、中国剧协和苏州市政府主办的第十四届中国戏剧节在苏州市举行，江西省剧协推荐的原创现代京剧《生死愿》入选展演，剧目获"入选优秀剧目奖"。

10月12—26日，由全国政协京昆室、中国剧协等主办的第四届中国少数民族戏剧会演在北京举行，江西省剧协推荐的畲族风情山歌剧《畲山情歌》参加会演，并荣获"优秀剧目奖"和各单项奖共13项。

10月29日至11月6日，由中国文联、中国剧协和张家港市人民政府主办的第六届全国小戏小品展演在张家港市举行。江西省剧协推荐的两个国家级"非遗"剧种赣南采茶戏《砸锅卖铁》和赣剧《南柯梦寻》剧目入选展演，并获评"入选优秀剧目"称号。

11月16—18日，联合江西锦骧文化艺术传媒有限公司主办了全国首届"互联网+中华戏剧传承发展研讨会"，京福、沪昆高铁沿线12个省市戏剧界的负责人、专家和学者以及江西各地剧协会员100余人与会，"中华戏剧网"同期开通运行。

【电影家电视艺术家协会】

4月13日，召开了江西省影视家协会第五届主席团第四次全体会议。会后报江西省文联党组和省委宣传部批准同意，调整了主席团组成人员，免去余冰冰省影视家协会副主席职务，增补张龙为省影视家协会副主席。

9月10—12日，组织节目参加第七届全国新农村电视艺术节，两件作品获二等奖，一件作品获三等奖。获奖单位参加了在新疆生产建设兵团举办的新农村电视艺术节系列活动。

9月28—30日，第八届中国旅游电视周"印象明月山"采风暨优秀旅游电视节目颁奖典礼在宜春市文化艺术中心举行。此次活动由中国视协和江西广播电视台主办，江西省影视家协会、江西广播电视台红色经典频道、明月山风景区管委会共同承办。

10月17日，第九届"全国德艺双馨电视艺术工作者"表彰大会在浙江海宁举行，经协会推荐，江西广播电视台影视娱乐频道总监王澍荣获"全国德艺双馨电视艺术工作者"称号。

10月29日，江西省文联"八一起艺"工程之长篇电视剧《破阵》在中央电视台梅地亚新闻中心举行首播发布会。《破阵》11月4日登陆央视八套黄金档，受到电视观众热捧，11月11日冲到全国收视冠军。据央视统计，该剧位列2015年央视八套黄金档收视排名第三。这是近年来江西故事、江西制作长篇电视剧在央视八套黄金档首播并获得较高收视率的作品。

11月23—28日，组织江西代表队参加在泉州市举行的海峡两岸电视主持新人赛。

组织作品参加第三届亚洲微电影节，共有6部作品获奖，其中获二等奖3部，三等奖3部。联合主办第七届华东电视主持新人赛和第三届华东微电影大赛。1人获得第七届华东电视主持新人赛银奖，4人获得优秀选手奖。第三届华东微电影大赛江西获奖作品19部，其中一等奖2部、二等奖6部、三等奖11部，协会荣获活动组织奖。

【音乐家协会】

1月23日，由协会组织实施的"八一起艺"工程成果之《万山红遍》江西优秀原创歌曲专辑在北京人民音乐出版社举行专辑发布会。江西省文联党组书记汪天行，中国音协分党组成员、副秘书长王建国，人民音乐出版社电子音像中心副主任黄志鹏及著名词曲作家宋小明、李昕等出席发布会。

6月24日，与江西省群艺馆在南昌联合举办了江西省基层文化骨干群众音乐创作培训活动，此次培训为期10天，全省各设区市音协、省直各文艺院团、高校及企业等单位100余名中青年文化骨干参加培训。

9月14—16日，举办了"田野寻梦——歌声里的江西"优秀原创歌曲创作活动，组织潘庆蓓、朱墨、李广育、熊飞、钟昕、邹水玲等青年词、曲作家深入鄱阳县进行采风创作。

12月9—13日，组织江西词曲作家熊纬、秦庚云、陈特明等赴安徽凤阳小岗村、巢湖、合肥新区进行田野调研和采风。采风团一行还联合安徽省知名音乐家共同召开"新时代农村题材歌曲创作"研讨会。

组织《江西近现代音乐史纲》的研究和撰写，历时四年，初稿于2015年完成。

《心声歌刊》开辟两个专栏：一个是为纪念抗日战争胜利70周年开辟的"经典回眸"专栏，讲述和品读抗战时期的音乐故事和经典作品；另一个是向经典致敬所设立的"赣水荡起的歌"专栏，从创作和审美的角度概括性介绍江西省具有影响力和广泛传唱性的声乐作品。

【舞蹈家协会】

4月30日，由江西省文联、江西网络广播电视台主办，江西省舞协、省音协、省文艺志愿者协会承办的"献给劳动者的歌"庆祝五一国际劳动节大型环境行为艺术"快闪"活动在南昌恒茂梦时代广场举行。本次活动以崭新的环境艺术表演形式，弘扬社会主义核心价值观，歌颂劳动者的良好精神风貌，近300位舞蹈爱好者参加表演。十分钟的演出，吸引了千余位商场顾客驻足观看。

7月4日，在江西师范大学音乐厅召开了江西省高校舞蹈教育学会成立大会暨第一次会员代表大会，来自全省32所高校的65名舞蹈教育工作者与会。大会总结了过去江西高校舞蹈取得的成绩，部署了今后一个时期的目标任务，选举产生了第一届领导机构。会议期间还举办了首届"舞研汇"系列之"高校舞蹈研讨会"和"探索教、编、演、研一体化教学模式展示"两项学术活动。

7月7日，"青春'中国梦'"——琼、鲁、赣、宁、晋五省（区）青年舞蹈精英展演在海南省歌舞剧院举行，由江西省舞协推荐，李跃、金鑫表演的双人舞 Dualnatur 获得展演金奖，欧阳琪表演的独舞《往日时光》获得银奖，周楚颜表演的独舞《鸿雁》获得铜奖。

7月24—29日，中国文联、中国舞协在北京舞蹈学院主办了第八届"小荷风采"全国少儿舞蹈展演，由江西省舞协指导推荐的《陪伴》《箱子里的梦》《好娃爱蛙》3个作品荣获本届展演最高奖——"小荷之星"，另外4个作品《采茶乐》《算盘哒哒·想？》《梦·圆圆》《跳动的 note》荣获银奖——"小荷新秀"，陈小琼、宗华、廖佩蕊、廖祖峰、郑娜、曹磊、杜燕青荣获"最佳编导"荣誉称号。

8月15日，在南昌市红谷滩会展中心举办了"德行天下·炫舞少年"2015中国·江西首届TDG青少年街舞大赛。比赛面向省内各中小学、高校、各企事业单位、各培训机构，吸引全省各地36支代表队近千名选手参赛。

9月1日，"红云舞蹈团"一行60人来到德安县万家岭大捷纪念园，进行了一场旨在弘扬伟大抗战精神的"快闪"行为艺术演出，省内外媒体对活动进行了报道。

12月3日,联合省高校舞蹈教育学会、华东交通大学艺术学院策划举办了全省高校舞蹈(独、双、三人舞)比赛,共有18所高校的80部作品和200多名高校师生参赛。

11月21日,"炫舞辉煌——2015·全国优秀群众舞蹈展演"在武汉落下帷幕,由江西省舞协推荐的红云舞蹈团,凭借原创作品《浴血》出色发挥,摘得展演最高奖——"特等奖",原创作品《幸福心声》获得展演"金奖",两件作品同时获得"创作奖",红云舞蹈团获得优秀组织奖。

2015年,开办了8期中国舞蹈考级师资培训班,共有276名省内舞蹈教师参加培训。

【美术家协会】

2015年,围绕"深入生活、扎根人民""出作品、出人才",组织开展了一系列采风、写生、创作、展览、交流、研讨活动。

展览活动主要有:"世纪新风度"——21世纪中国画名家学术邀请展、第十二届全国美展江西入选作品汇报展、中国(南昌)·首届"漆言八语"五省漆画提名展、"泛·纪元"第二届(2015)江西当代艺术年展、"艺道如梦"——谢牛艺术回顾展、首届"视觉转换——当代绘画·多元表现"当代艺术邀请展、"持续之道——国际可持续设计作品(巡回)展暨设计创新论坛"、"致敬八大——保利半山花鸟画作品展"、2015"井冈之星"设计艺术创意大赛、2015江西省美协数字艺术设计双年展、2015年江西省藏书票作品展、"有涯之生"——封治国油画展、甘育田版画作品展、"回望"——孙勇艺术作品展、江西省第七届职业美术教学成果大赛、"南山松茂"——陈松茂作品展、云水谣——李杏水彩写生作品展、"豫章岁月"——老文艺学校师生美术作品展、江西师大美术学院国画系教师作品展、"秀美江西"江西省少年儿童民俗体验美术作品展、红土地上的拓荒牛——吴祖郊国画展、2015年江西省水彩粉画作品展、宋铁鳌钢笔画展、段靰书画作品回顾展、江西省第五届工业设计双年展暨"南工杯"水文化创意设计大赛、第十六届江西省版画作品展、"水墨缘"——法国画家索菲·特德斯基作品展等。

采风创作活动主要有:百位画家画江西之"大美梅岭·山水画园"——百名画家走进湾里采风写生活动等。

研讨交流活动主要有:第十二届全国美展江西入选作品创作研讨会、"漆言八语"五省漆画提名展创作研讨会、"南山松茂"——陈松茂作品展创作研讨会、李杏水彩写生作品展创作研讨会、2015年江西省版画创作研讨会等。

出版画展及作品集有:《世纪新风度——21世纪中国画学术提名展作品集》《江西美术》四期、《大美梅岭·山水画园美术作品集》《2015水彩画、粉画展作品集》等。

【书法家协会】

3月21—22日,由中国书协、江西省书协联合主办的中国书法公益大讲堂(江西)在江西饭店正式启动。丛文俊、陈海良、毛国典、黄四德、张鉴瑞、韩顺任、陈胜华等授课,来自全省各地、各行业书法创作骨干300余人听课。

5月12—16日,在省文联艺术展览中心举办省第二届新人新作展,展览收到参展作品千余件,评出一等奖8名,二等奖16名,三等奖32名,优秀奖56名,入展作者440名。

5月20—26日,在江西科技师范大学举办首届国学高研班,聘请丛文俊、任平等省内外10余位专家为青年书法创作骨干授课,讲授内容涵盖音乐、美术、文学、历史、古代汉语等诸多门类。30余位中国书协会员参加学习。

10月,江西省书法公益大讲堂先后走进赣州市、大余县、丰城市等10余个市县,开展公益讲堂50余场次,有20多位书法志愿者参与授课,听众5000余人。

11月12日，由江西省文联主办，省书协、修水县委宣传部承办的首届江西省"黄庭坚奖"书法大展在江西省修水县开幕。此次展览共收到全省书法家及书法爱好者投稿1200余件，评出获奖提名70名和入展86名。经过现场面试考核，最终评出特等奖1名，一等奖4名，二等奖8名，三等奖16名，优秀奖30名，入展作品97件。

11月23—26日，由江西省文联、省书协主办的江西省第九届临帖书法展在省文联艺术展览中心展出，展览共收到来自全省各地作品2200余件，评出一等奖12名，二等奖36名，三等奖90名，优秀奖200名，入展作品1200余件。

12月23—25日，由江西省文联主办，省书协承办的省第五届老年书法展在省文联艺术展览中心展出，展览收到600余位老年书法家及书法爱好者的投稿，经评审，评出入展作品350件。

书法培训工作取得新进展，江西书法培训中心在读学员400余名，教学点遍布南昌、赣州、贵溪等市县区，共有11个教学班。在参加中国书协主办的展览中，培训中心17名师生入展获奖，其中第十一届国展13名师生入展。

【摄影家协会】

2月1—15日，在江西省文联艺术展览中心，举办了江西省第23届摄影艺术展览获奖作品展，展出金银铜及优秀奖作品200幅。

3月20日，组织"'中国梦'·高速美"江西省第六届赣粤高速杯摄影艺术展评选，评出四大类金奖4个，银奖9个，铜奖18个，优秀奖85个，入选作品84个。展览自2014年4月征稿至12月31日截稿，共收到全省各地投稿作品近2000幅。5月18日，摄影展览在江西省文联艺术展览中心举行。

4月26日，在九江市庐山区召开五届四次常务理事会暨全省基层摄影工作经验交流会，江西省文联副主席鄢平原以及160余名摄影工作者与会。

4月26日晚，在九江市庐山区举行2014江西摄影颁奖盛典，表彰了2014年度全省"十佳"摄影人物和"十佳"摄影组织工作者。

5月28日，组织江西省首届风光摄影作品展评选，评出入展作品200幅，其中金奖2幅，银奖6幅，铜奖12幅，优秀奖30幅。此次影展自2014年10月启动到2015年4月30日截稿，共收到投稿2000余幅。6月10—20日，首届江西省风光摄影作品展览在省文联艺术展览中心展出。

6月24日，在三清山管委会举行"世界之美"首届三清山国际摄影大赛评选会，评出金奖作品1幅，银奖作品3幅，铜奖作品6幅，优秀作品20幅，入展作品100幅。活动自2014年3月征稿至2015年3月截稿，共收到全国各地投稿1万余幅。

6月，《千里赣鄱锦绣图》摄影长卷全图上传至微信朋友圈成为焦点，被网友称为"史上最壮观最霸气的一幅照片！"据不完全统计，先后有《人民日报》《江西日报》《江南都市报》等200多家媒体微信公众账号转发，点击量超过10万的有20多个，相关资讯达4031条。根据部分微信提供的后台数据测算，总点击量达数千万，创造了摄影界的一个奇迹。

7月21日，组织江西省首届女子摄影艺术展评选，评出入展作品150幅，其中一等奖2幅，二等奖6幅，三等奖10幅，优秀奖30幅。展览自1月30日至6月30日，共收到纸质投稿2000余幅。8月10日，在江西省文联艺术展览中心举行了江西省首届女子摄影艺术展览开幕式暨颁奖仪式。

11月22日，在上饶市举行"纯美三清山"全国摄影大展终评会，评出特级收藏作品1幅，一级收藏作品2幅，二级收藏作品3幅，三级收藏作品100幅。活动自2014年11月2日启动到2015年11月2日截稿，共征集全国各地投稿2万余幅。

12月8日，举办江西省第八届青年摄影艺术展览，展览征集到近千幅摄影作品。经过评选，评出入选作品150幅，其中一等奖2幅，二等奖6幅，三等奖10幅，优秀奖30幅。

成功举办了"中国福山——安福羊狮慕景区"全国摄影大赛、2015荷兰郁金香大型花卉节摄影大赛、第十四届江西省高校摄影艺术作品展、"铭记历史—幸福上高"全省摄影大赛、"彝人如山"——走进大凉山宜春摄协9人作品展、"艺彩纷呈"澳门摄影学会会员作品江西展,启动了"悠然弋阳自在龟峰"全国摄影大赛、2015"诗画西海"全国旅游摄影大赛、2015"秋醉冬韵庐山美"全国摄影大赛、"天强杯——'赣风鄱韵'全省摄影季赛"、"金像杯"2015年度摄影月赛、"仙女湖之韵"全国摄影比赛暨江西湖南PK赛、"宜春国税杯"全省摄影大赛,与照相机杂志及其他10个省市摄协共同主办了2015"卡西欧杯""魅力中国"全国摄影大赛,配合省委统战部举办了"同心共建·生态广昌"全省摄影大赛。

组织赴万年县陈营镇马塘村、乐平市乐港镇塔瑞村、彭泽县兆吉沟革命老区、吉安市吉州区等地开展了8次"到人民中去"摄影公益服务活动,受到群众热烈欢迎。

组织开展创作采风、讲座、联谊会等活动13次,编辑出版了《江西摄影》杂志2期。

【民间文艺家协会】

4月27日,在新余市傅抱石纪念馆举办"逐梦人生·江西工艺美术大师张小红、孙立新、陈文武三人作品巡展(新余站)"。展览开幕式由新余市副市长史可主持,新余市委常委、宣传部部长郭力根出席并讲话。

8月20日,"中国七仙女传说之乡"授牌仪式在新余市举行,中国民协副主席刘华宣读了授予江西省新余市"中国七仙女传说之乡"的决定并向新余市委副书记、市长董晓健授牌。江西省文联副主席张越,新余市委常委、宣传部部长郭力根,新余市委常委、副市长、仙女湖区区委书记李新华等参加了授牌仪式。

9月20—25日,与中国民协联合开展了"江西赣东北古村镇考察及民间文化研讨活动"。中国民协分党组书记、驻会副主席、秘书长罗杨,江西省文联党组书记汪天行,中国民协副主席刘华,中国民协分党组成员、副秘书长周燕屏及有关领导和专家参加了活动。

10月28—29日,在万安县举办了"中国精神·'中国梦'"全国农民画展。活动由中国文联、中国民协、中国文学艺术基金会、江西省文联主办,江西省民协、吉安市委宣传部、万安县政府承办。中国民协分党组书记、驻会副主席罗杨,中国民协副主席刘华,省委宣传部巡视员欧阳苏勤,省文联主席叶青,吉安市委常委、宣传部部长李庐琦以及省直相关部门的领导、获奖作者代表和吉安市、万安县有关领导500余人出席了开幕仪式。开幕式上,中国民协授予了万安田北农民画苑"中国农民画精品展示馆"称号。

大力实施"走出去"战略,积极组织会员参与国内外各种民间文艺的交流与竞争,在中国文联、中国民协主办的"山花奖"评奖中获得佳绩。《中国民间故事全书·江西抚州县卷本》荣获"山花奖·民间文学奖",《南丰傩舞》荣获"山花奖·民间艺术表演奖"。此外,在中国文联、中国民协主办的其他赛事中获金奖4个、银奖2个、铜奖3个,江西省民协获优秀组织奖2个。雕刻艺术家陈文武荣获中国民协第六届"中国十佳民间艺人"称号。

抓好江西省文艺创作与繁荣工程项目"民俗江西"和"魅力古村落"系列丛书创作,陆续出版了《婺源虹关》《江西庙会》等。反映赣南客家人独特的文化心理、民情风俗的《中国最美古村落·栗园围》,再次列入中国民协"中国最美古村落"项目,并由中国文史出版社出版。

【曲艺家协会】

3月2—3日,由中国曲协主办,河南省文联、河南省曲协、宝丰县政府承办的第十届河南马街书会全国曲艺邀请赛在宝丰县举行,江西省曲协策划创作的鄱阳大鼓《一场特殊的生命救援》荣获节目一等奖。

5月,召开江西省曲协四届七次理事扩大会

议，对省曲协换届工作进行了部署。

6月19日，召开江西省曲协第五次代表大会。会议总结了省四次曲代会以来的工作，部署了今后5年的任务，修改了协会章程，选举产生了新一届领导机构。

7月3—5日，中国曲协与天津市文化广播影视局、天津市武清区政府共同主办了首届"武清·李润杰杯"全国快板书大赛，由江西省曲协选送的快板书《酒迷》荣获节目二等奖。

7月28—30日，第七届中部六省曲艺大赛在郑州市举行，由江西省曲协推荐选送的鄱阳大鼓《孝的音频》荣获节目一等奖，赣州古文《村官出嫁》荣获节目二等奖。

11月1—3日，选送鄱阳大鼓《孝的音频》，参加由中国文联、中国曲协、张家港市委、市政府等单位主办的第五届国际幽默艺术周——长江流域曲艺节目展演。

11月19—20日，组织萍乡春锣《听我们唱支和字歌》、相声《百吹图》参加第二届"和平杯"全国曲艺票友邀请赛荣获优秀节目奖，协会荣获优秀组织奖。

【文艺评论家协会】

4月，组织实施了中国评协交办的大型调研任务，完成并提交了200份调查问卷。

5月20日上午，由中国文联主办，中国文联理论研究室、中国文联文艺评论中心、江西省文联承办，景德镇市文联协办的全国文联系统理论研究暨文艺评论业务培训班在景德镇市开班，协会负责人参加培训并做好有关会务工作。

5月20日下午，中国文联理论研究室、中国文艺评论家协会、江西省文联在景德镇市共同举办"讲好中国故事：景德镇题材文艺创作研讨会"，协会做好了会议的筹备工作。

8月20—26日，由江西省委宣传部、省文联联合主办，省文联文艺处、省文艺评论家协会联合承办的江西省首届文艺评论骨干高级研修班在武宁县举行。江西省委宣传部副部长黎隆武，省文联主席叶青等领导出席开班仪式，来自全省各地从事文艺研究和文艺评论的骨干参加研修，梁鸿鹰、傅谨等专家授课。

9月23日，中国文联首批"中国文艺评论基地"授牌仪式在中国文艺家之家举行，江西省文联成为22家基地中的一员。基地负责人、江西省文联主席叶青赴北京参加基地授牌仪式。

积极推进各设区市评协机构建设。5月，吉安市文艺评论家协会成立；12月，新余市文艺评论家协会成立。

启动文艺创作与繁荣工程项目"江西知名文艺家研究文丛"的编辑出版工作。

【企业文联】

1月8—10日，由江西省文联、省国资委主办，省企业文联承办的"省企业文联微电影创作人才培训班"在省文联文艺之家举行，来自省内各企业的近60名学员参加培训。

4月29日，由江西省文联、省国资委、省总工会主办，省企业文联、省文艺志愿者协会等承办的"文化进企业　欢乐送职工"——省文联文艺志愿者服务团下企业慰问活动在南昌华南城举行，1200余名劳动者观看演出。

6月16日，江西省企业文联三届七次理事会暨2015年工作会议在江西公路开发总公司召开，省企业文联理事80余人出席会议。

9月1日，组织部分主席团成员赴省赣能公司进行了"三严三实"专题学习活动。

9月10日，在方大特钢文化中心协办了方大集团纪念抗日战争胜利70周年"颂祖国·感党恩"红歌比赛暨颁奖晚会。

12月1—9日，在省文联艺术展览中心举行了"我的'中国梦'——劳动绽放美"全省企业职工书法、美术作品展。活动得到团体会员单位及省内各企业的积极参与，共收到了书法、美术作品近300幅，评出若干奖项。

完成了微电影系列《我和我的班组》"首届江西省企业职工微电影创作大赛",评出24部微电影作品,陆续在江西八套、移动电视频道进行展播。

【文艺志愿者协会】

3月,在江西省文联的组织推荐下,鄱阳县获批成为中国文联文艺支教项目服务点。在两期9个月的支教活动中,文艺志愿者为学生开设音乐、舞蹈、书法、美术等艺术类课程,共授课8000多课时,受惠学生4000多名。

为迎接"5·23文艺志愿者服务日",举办了系列活动,主要有"文化进企业 欢乐送职工"——省文联文艺志愿者服务团下企业(华南城)慰问活动、"笔墨丹青慰学子——江西省文联文艺志愿服务团走进江西财经大学"、"献给劳动者的歌"庆祝五一国际劳动节大型环境艺术"快闪"活动、"书香赣鄱"全民阅读活动暨江西省第五届"读好书"活动、江西省文艺志愿服务小分队赴赣州市龙南县采风创作巡展系列活动、"文化进监"爱心捐赠帮教等。

12月12日,在寻乌县承接"情系寻乌"中国文联文艺志愿服务团"送欢乐 下基层"大型慰问演出,中国文联副主席杨承志、中国文联文艺志愿服务中心主任廖恳、江西省委宣传部副部长黎隆武、江西省文联副主席鄢平原参加活动。

12月21日,承办在景德镇市举办的中国文艺志愿者注册管理平台工作培训班暨文艺志愿服务项目工作研讨班。会后,中国文联文艺志愿服务中心有关负责人赴文艺支教点鄱阳县考察。

江西省书协"书法无私传道,赣鄱有口皆碑"书法公益行项目,被中国文联文艺志愿服务中心评为全国示范性文艺志愿服务项目,入选2015中国优秀文艺志愿服务项目案例。同时,该项目被中国文联推选参加中央文明办评选的全国最佳志愿服务项目。

江西省13名文艺志愿者受到中国文联文艺志愿服务中心、中国文艺志愿者协会的"5·23"主题活动优秀文艺志愿者通报表彰。

山东省文联

综述

2015年,在省委、省政府的坚强领导下,在中国文联和省委宣传部的具体领导和支持下,山东省文联认真贯彻党的十八大精神和习近平总书记文艺工作座谈会重要讲话精神,深入贯彻山东省委、省政府关于繁荣发展文艺事业、加快经济文化强省建设的战略部署,团结拼搏,开拓创新,圆满完成各项工作任务。

会议与活动

【山东省纪念中国人民抗日战争暨世界反法西斯战争胜利70周年美术书法摄影展】

8月15日,在省委宣传部的具体领导和支持下,省文联隆重举办"山东省纪念中国人民抗日战争暨世界反法西斯战争胜利70周年美术书法摄影展"。这是省委确定的庆祝抗战胜利70周年系列重要活动之一。展览共展出以山东人民在抗日战争中涌现出的英模事迹和重大历史事件为题材创作的美术、书法、摄影作品300余件,用艺术形式展现齐鲁儿女英勇斗争、保家卫国的革命英雄主义和伟大爱国主义精神,题材重大,内容丰富,艺术冲击力和震撼力强,赢得良好的社会反响。

【第二届山东省群众交响合唱音乐会】

9月1日,在省会大剧院会同有关部门举办"和平颂·'中国梦'——第二届山东省群众交响合唱音乐会",11支合唱队伍、600多名文艺工作者运用交响伴奏合唱的艺术形式,演唱反映抗战精神、热爱和平、赞美家乡、建设伟大祖国的红色经典歌曲,山东卫视进行播出,受到观众的广泛好评。

【第八届山东国际大众艺术节】

2015年8月9日至9月29日,省文联会同济南、威海、东营、德州、莱芜、菏泽等市文联和艺术家协会成功举办了第八届山东国际大众艺术节。本届艺术节以"和平颂·'中国梦'"为主题,组织广大文艺工作者开展40项、100余场次形式多样、丰富多彩的艺术活动,参与演出的艺术家、文艺工作者和文艺爱好者、国外艺术家及作品近万人(件),吸引到场群众23万人次,网上点击量突破百万人次,为纪念中国人民抗日战争暨世界反法西斯战争胜利70周年营造了浓厚的思想氛围,为推动山东省文化事业和文化产业繁荣发展做出了应有的贡献。省委姜异康书记在年终省委工作总结报告中,充分肯定第八届山东国际大众艺术节的成功举办。

创作与研究

【创作情况】

2015年,省文联及各市和大企业文联、各艺术家协会把艺术精品创作生产作为重要任务来抓,以举办展览、演出、比赛等艺术活动作为载体和手段,组织和带动全省艺术家及文艺工作者开展艺术作品创作生产。据全省文联系统初步统计,各艺术门类共创作推出了115380件(项)新作品。其中,省舞协组织创作编演的大型歌舞诗剧《谁不说俺家乡好》产生较大社会反响。这些精品力作的涌现推动了山东省文艺事业的繁荣发展。

【获奖情况】

2015年,山东省文联系统共荣获161项(件)全国性各类艺术大奖。在中国音协主办的第八届海峡两岸(台湾)合唱节中,山东代表团荣获金奖。组织创作的歌曲《中国印》入围2015年中宣部主办的"中国梦"作品征集活动。在由中国剧协主办的第十九届"中国少儿戏曲小梅花荟萃"比赛中,山东3名选手荣获少儿小梅花"金花十佳",7名荣获小梅花"金花奖",6部戏剧作品荣获第六届中国戏剧奖·小戏小品奖、优秀剧目奖。在第八届"小荷风采"全国少儿舞蹈展演中,山东代表队获得1金、4银的好成绩。在第三届"荷花少年·全国校园舞蹈展演"中,获荷花少年一等奖1个、星光少年二等奖3个。在中国曲协主办的"马街书会"全国曲艺邀请赛中,相声《代言人》、单弦《十二生肖没有猫》分别获得一等奖、二等奖。在"第三届全国(天津)相声新作品大赛"、第三届"南山杯"全国曲艺新人新作展演和第二届全国快板书大赛等活动中,山东共有6项作品获奖。电影《海鸥老人》荣获2015世界民族电影节最佳影片贡献奖、北京国际电影节民族电影展最佳摄影奖等。电视剧《知青》《温州一家人》等获得第二十七届中国电视金鹰奖等奖项。《曲山艺海》获优秀电视纪录片奖,《忠厚传家远·诗书继世长》获电视公益广告片奖。在中国美协主办的第三届全国中国画油画作品展中,22件作品获得中国画优秀奖,3幅作品获得油画优秀奖。在中国美协主办的"铁的新四军·红色记忆——经典美术书法作品展"中,10名画家获得优秀奖。在"第五届中国书法兰亭奖"中,1名作者获理论奖,1名作者获佳作奖一等奖。在"全国第二届手卷书法作品展"中,1名作者获优秀奖。在"全国第十一届书法篆刻作品展览"中,4名作者获优秀奖。在"第二十五届全国摄影艺术展"中,获得1金、1银、4铜的历史性的好成就,另有15幅作品获优秀作品奖。在中国民协举办的第十二届"山花奖"评奖中,3件作品分获民间工艺美术作品奖、民间艺术表演奖、民间文学作品奖等。

【第八届山东省泰山文艺奖】

山东省"泰山文艺奖"是中共山东省委、山东省人民政府批准设立的全省文艺界的综合性文艺奖。第八届泰山文艺奖的评选工作,经过认真严肃、规范严谨、客观公正的评选,最终评选出大型音乐史诗《甲午祭》等6部作品为荣誉奖,紫砂《齐鲁十二圣贤紫砂刻绘套壶》等13部作品为一等奖,行草《海岳名言节录》等33部作品为二等奖,纪实摄影《随工儿童》组照等61部作品为三等奖,话剧《把日子提前过》等36部作品获单项奖,共计149部作品获奖。

文艺志愿服务、文化惠民

2015年,在五一劳动节、"5·23"延安文艺座谈会讲话纪念日暨中国文艺志愿者服务日、七一建党节、八一建军节、国庆节、元旦、春节等重要节点,省文联及各级文联、各艺术家协会组织60余场次、近千名文艺志愿者参与的文化进农村、进企业、进社区、进军营的送文化下乡、送欢乐下基层活动。春节前,组织书法家赴济南市中区四里村街道办事处举办"到人民中去·山东文联书法志愿服务"活动,为社区居民书写春联,广泛开展送万"福"到万家活动。在"5·23"前后举办"'中国梦'·舞之美"山东文艺志愿者青年舞蹈团走进青岛黄海学院体育馆专场演出。开展"传统曲艺进校园——走进肥城白云山小学"活动。在济南铁路文化宫举行"向人民汇报——山东曲艺家为铁路工人汇报展演晚会"。下半年,按照"深入生活、扎根人民"主题实践活动的要求,组成10余支文艺志愿服务小分队,深入20余个市地社区、农村、厂矿、军营和企事业单位,陆续开展"文艺志愿服务行·艺术名家走进历城冶河村慰问活动""山东梆子戏曲名家走进菏泽慰问演出""山东曲艺名家走进东营、青岛铁路局慰问演出""民间艺术家赴日照进校园活动""书画家走进莒县、新泰活动""艺术家走进潍坊慰问教师专场演出""微电影走进济南社区巡展",摄影家"走百村、入千户、送万照"摄影惠民活动,书法家走进书法特色学校举办王羲之书法大讲堂,艺术家赴省文联"第一书记"帮扶村德州宁津县长官镇田庄村开展"文化下乡慰问演出"等30余项系列活动,受到了广大基层人民群众的普遍欢迎。12月27日下午,山东省文联系统文艺志愿服务工作推进暨培训大会在济南军区第五招待所隆重召开,逐步推动文艺志愿服务制度化、规范化、常态化发展。

机关建设

深入扎实地开展"三严三实"专题教育,切实解决不严不实的问题,不断提高党员干部的政治思想素质。党组成员带头讲了5次党课,引导党员干部把"三严三实"作为修身做人、用权律己的基本遵循和行为准则,增强了广大党员干部遵守党的政治纪律、政治规矩和廉政纪律的自觉性和坚定性,提高了干事创业的积极性和创造性;认真贯彻中央和省委关于加强党的群团工作的意见,着力加强艺术研究宣传载体建设。经国家新闻出版署批复同意,将《音乐大观》更名为《山东艺术》,使该刊的办刊宗旨更适合文联工作和文艺工作需要;经省编制办公室批准,将"山东省文艺创作研究室"更名为"山东省文艺创作研究院",并增设了编制,提升了地位;扎实推进"山东文化艺术之家"大楼建设,克服重重困难,解决诸多问题,大楼装修工作进展顺利,已基本完成主要内装任务。

各文艺家协会

【戏剧家协会】

2月5日,省剧协与省政协组织艺术家赴齐河茌平举办"庆羊年 唱新春 共圆'中国梦'——省政协委员艺术团、山东省戏剧家协会送文化下乡演出"。

4月初,举办"第十九届中国少儿戏曲小梅花"山东选拔赛;4月底,在莱西举办"第二届京剧票友大赛",60多名票友参加了决赛,评选出一等奖6名、二等奖10名。

6月,推荐临沂市柳琴戏传承保护中心的刘莉莉演出柳琴戏,先后荣获"第五届中国戏剧奖·梅花表演奖""第27届中国戏剧梅花奖"。

7月26日,省政协、省剧协赴济南空军部队举办"庆八一慰问演出"。

7月底,由省剧协、济南纬十路小学在济南承办的"第十九届中国少儿戏曲小梅花荟萃"中,由省剧协推荐的10名参赛选手中,王昊琛、陈启、徐颢真3位选手荣获第十九届中国少儿戏曲小梅花"金花十佳",其余7位全部荣获第十九届中国少儿戏曲小梅花"金花奖"。

8月,在第八届泰山文艺奖评选中,戏剧类评出编剧作品奖2个、导演作品奖2个、音乐作品奖2个、表演作品奖6个。

8月,举办山东省第四届朗诵大赛;8月29日,由省政协主办、省剧协承办的"'铭记历史 展望未来'山东省政协委员艺术家纪念中国人民抗日战争暨世界反法西斯战争胜利70周年文艺演出",在沂南马牧池常山庄沂蒙红嫂纪念馆广场举行。

9月2日,在第八届山东国际大众艺术节上,由省剧协承办的新编现代京剧《雏凤骊歌》在山东剧院演出;9月18日,山东省吕剧票友大赛在广饶举办,参赛选手100余人,最终评出了"吕剧十佳票友";9月19日,在吕剧票友大赛期间,组织评委到广饶大王镇,开展惠民演出;9月底,在第八届山东国际大众艺术节期间,在菏泽举办"山东梆子演唱会",深受老百姓的喜爱。

11月10日,山东省社会组织联合会、省戏剧家协会组织艺术家赴东阿县刘集镇南双庙村举办"同心惠民·送戏下乡"义演活动;11月中旬,由省剧协推荐的五音戏《英雄铁山》、山东梆子《招魂儿》、吕剧《廉政灶》等6部戏荣获第六届中国戏剧奖·小戏小品奖优秀剧目奖;11月底,省剧协推荐的吕剧《回家》作为优秀入选剧目,在苏州参加第十届中国戏剧节演出。

【美术家协会】

1月11日,省美协、山东艺术学院共同组织画家到阳信县举行希望工程爱心捐助活动;1月17日,由省美协、中共淄博市委宣传部等单位主办的"冰雪无声 岁月有情——范杰中国画作品展"在山东云龙美术馆隆重开幕;1月23日至25日,由省文联党组书记于钦彦带队,省内知名画家朱全增等二十余人组成的文艺志愿服务团,来到莒县、新泰两地开展文艺采风和慰问活动。

2月2日,由山东省文联、省美协等单位举办的"梦萦齐鲁·2015迎新春全国中国画名家邀请展"在青岛即墨隆重开幕。

3月26日,山东省美协2015年工作会议在东营召开;3月27日至4月3日,山东省美协组织开展了"深入生活,扎根人民——美术家走进黔东南采风写生"活动。

4月26日,由中国美术家协会、省美协等单位举办的"2015泰山之尊·全国山水画、油画作品展"在泰安市美术馆开幕,展出302件作品。

5月7日,由省美协、日照市文联主办的"沂蒙画派2015学术研讨会"在莒县召开。

6月24日,山东省中国画学会成立筹备工作会议在济南召开;6月30日,由中国美术家协会、山东省文联、东营市人民政府主办,省美协等单位承办的"翰墨齐鲁·全国中国画作品展"在东营黄河国际会展中心隆重开幕,参展作品247件,较为全面地展示了当前我国中国画创作的整体风貌。

8月15日,由中共山东省委宣传部、省文化厅、省文联主办,省美协等单位承办的"山东省纪念中国人民抗日战争暨世界反法西斯战争胜利70周年美术书法摄影展"在山东美术馆隆重开幕,展出美术作品200件。

9月8日,"山东美术名家作品邀请展暨山东省美协山水画艺委会成立仪式"在枣庄千山美术馆举行;9月16日,由山东国际大众艺术节组委会、山东省文联主办,山东省美协、山东省美协花鸟画艺委会、东营市文联、垦利县人民政府承办的"第八届山东国际大众艺术节——翰墨齐鲁·2015山东花鸟画学术作品大展"在东营垦利开幕;9月23日,"第十九届山东美术新人新作展"在莒州文街隆重开幕。

10月25日,"第十届山东·仁川——中韩国际美术交流展"在济南紫藤美术馆开幕,展出中国山东知名美术家作品20幅,韩国仁川优秀作品24幅。

12月17日,山东省美协组织山东省知名美术家走进日照天阁山风情园开展文艺惠民活动,现场创作书画作品30余幅;12月18日至23日,"2015·中日文化交流绘画展"在日本欧美术馆成功举办,共展出中日40名画家的80幅作品,集工笔画、水墨画和日本画于一堂;12月26日,山东省美协主席团会议在济南东方大厦召开。

【书法家协会】

1月6日,由中国书协发起、山东省书协主办的"我们的'中国梦'——万名书法家送万'福'

进万家"公益活动在济南市四里村街道办事处启动。山东省17市书协100余名书法作者在当地乡村社区同步举行，书赠书法及"福"字作品1000余幅；1月21日，"万福送万家、共享中国年"——中央电视台2015羊年春节公益活动在曲阜举行。

3月14—15日，由中国书协、山东省书协联合主办的中国书法公益流动大讲堂在济南举行；3月28日，山东省书协王羲之书法院成立暨国展创作交流会在济南举行。

4月22日，由省书协主办的"文心雕龙奖"山东省书法作品展在日照莒县文街举行；4月27日，由省书协主办的"颜真卿奖"书法作品展在临沂费县开幕。

5月23日，山东省文联、组联部、省书协在济南市四里村街道办事处隆重举行"到人民中去"山东省文联书法志愿服务活动。

6月2日，由韩国民族艺术协会、山东省书协主办，王羲之书法院、韩国芦源书法协会承办的2015中韩名家书画作品邀请展在韩国首尔开幕；6月9日，由浙江省书协、山东省书协联合主办的"南北峰汇·山东优秀青年书法作品浙江展研讨会暨开幕式"在杭州图书馆举行。

7月9日，由省军区、省文联共同主办的"迎'八一'双拥文化进军营"活动在济南举行；7月14日，山东省书协2015年"兰亭奖、国展、全国书学讨论会"总结表彰会在济南举行。

8月9日，由山东省文联主办、省书协承办的"民族记忆·山东抗战歌词书法作品大展"暨第八届山东国际大众艺术节开幕式在济南市美术馆开幕；8月15日，由中共山东省委宣传部、省文化厅、省文联主办，省美协、省书协、省摄协、省美术馆承办的"山东省纪念中国人民抗日战争暨世界反法西斯战争胜利70周年美术书法摄影展"在山东省美术馆举行；8月17日，由中国教育学会、教育书画协会和中国书协联合举办，山东省书协具体承办的"翰墨薪传·全国中小学书法教师培训项目"首期培训班（华东地区）在山东济南举行；

8月20日，由山东国际大众艺术节组委会、省文联主办，省书协承办的"琅琊刻石奖"山东书法篆刻作品展在青岛西海岸新区隐珠文化艺术中心举行；8月26日，由山东国际大众艺术节组委会主办，省文联组联部、省美协、省书协等承办的"第八届山东国际大众艺术节——文艺志愿服务行·艺术名家走进历城冶河慰问活动"在历城区港沟街道冶河村举行；8月28日，由中共山东省委宣传部、省文明办、省教育厅、省财政厅、省体育局、省文联联合举办的"全省首届乡村学校少年宫（书法）成果展示"复试在济南举行。

9月2日，第十三届中国临沂书圣文化节在临沂书圣阁开幕。"万福杯"全国书法大奖赛颁奖仪式暨展览开幕式同期举行；9月17日，由山东国际大众艺术节组委会、山东省文联主办，省文联组联部、省书协承办的"弘道养正·中华民族优秀传统文化书法展"在山东省文化馆举行；9月25日，由山东国际大众艺术节组委会、山东省文联主办，省书协、省文化馆承办的"大道抒怀"娄以忠书法作品展在山东省文化馆举行；9月28日，由中国书协、中共山东省委宣传部、山东大学、山东国际大众艺术节组委会、省文联主办，省书协、山东博物馆联合承办的"维岳崧高——纪念蒋维崧先生诞辰一百周年"系列活动在山东博物馆举行。

10月20日，由山东省精神文明办、省互联网办、省文联主办，省美协、省书协、中铁十局、中国山东网承办的中国中铁十局杯"美德山东"山东省网络书画展在山东博物馆开幕。

12月9日，中国书法家协会第七次全国代表大会在北京闭幕。山东省书协主席顾亚龙当选副主席，于钦彦、孟鸿声、贺中祥、郑训佐、赵长刚、蒯宪（以姓氏笔画为序）当选理事；12月18日，山东省文联组织部分书画名家走进济南市历城区全福社区，隆重开展"建设书香社区"书画名家文艺志愿服务活动；12月28日，山东省文艺志愿服务"万名书法家送万'福'进万家"——山东省书协第五届"百县千村"书法下乡活动暨一得阁墨液新生产线投产启动仪式在济南历城区相公庄举行；12月30日，由中国文联、中国书协主办，山东省书协、中国文联书法艺术中心承办的"2016中国文联、中国书协万名书法家送万'福'进万家下基层公益活动"在山东淄博黑铁山抗日根据地旧址举行。

【杂技艺术家协会】

1. 1月18日，由省杂技艺术家协会推荐的东阿县杂技团杂技节目《高椅》参加央视七套全国农民工春晚演出。

2. 2月8日，由省杂技艺术家协会、青州市委宣传部主办的第二届青州市农民春晚在青州魏仕大酒店举行。

3. 4—11月，省杂技艺术家协会主办、东阿县杂技团承办了"百场杂技惠民下乡演出"。

4. 5—7月，按照中国杂协《关于编辑出版〈中国杂技艺术院团发展纪略〉有关工作的通知》有关要求，省杂技艺术家协会组织山东省杂技团、济南市杂技团、德州市杂技团、聊城市杂技团、济宁市杂技团共5家院团开展相关资料的整理编写工作。

5. 6月，协助完成省委宣传部"挖掘和阐发齐鲁优秀传统文化问题调研"课题中的关于"齐鲁优秀传统文化保护、传承、挖掘利用"的调研任务，并提交了调研书面材料。

6. 8月3—5日，圆满完成山东省第八届"泰山文艺奖"的杂技类评选工作，评出荣誉奖2个，一等奖1个，二等奖2个，三等奖2个，编导作品奖1个。

7. 8月16日，主办的"纪念抗日战争胜利70周年——第九届山东杂技魔术大赛颁奖典礼"在济南铁路文化宫隆重举行，并与济南市杂技团携手推出大型杂技剧《粉墨—记忆》专场演出。

8. 11月中旬，积极配合山东文艺史馆的筹建工作，完成省文联安排的杂技艺术家资料搜集整理工作。

【摄影家协会】

1. 1月5日，组织20余名摄影家到省文联第一书记帮扶的齐河县焦庙镇郭窑村、潘赵村以及平阴县的冷饭村，为百姓拍摄了全村的大合影、全家福，赠送60幅装裱好的摄影作品；1月11日，推荐的山东省东营市摄影家协会主席黄利平的作品《黄河滩区》获"第十届中国摄影金像奖·摄影创作奖"。

2. 2月14日，山东省第十一届摄影艺术作品展落幕，共征集作品20000多幅，选出获奖作品246幅。

3. 5月8日，与安丘市部山镇党委政府联合举办"金鸿杯"秀美部山摄影大赛。

4. 7月14日，与山东省卫生和计划生育宣传教育中心联合举办山东省首届"卫生计生行业风采"摄影大赛。

5. 8月6日，山东省第八届泰山文艺奖评选工作圆满结束，共评出一等奖作品1幅，二等奖作品3幅，三等奖作品8幅；8月15日，由中共山东省委宣传部、省文化厅、省文学艺术界联合会主办，省摄影家协会、山东美术馆承办的"山东省纪念中国人民抗日战争暨世界反法西斯战争胜利70周年摄影展"在山东美术馆隆重开幕，共展出108幅表现抗战老英雄的摄影作品；8月28日，北京函授学院山东函授站第26期函授班第二次摄影培训班在枣庄山亭举行。

6. 9月10日，与山东画报社有限公司、中共枣庄市山亭区委宣传部联合举办首届山东省"魅力山亭·石头部落"摄影作品大奖赛。

7. 10月10日，与胶东在线网、昆嵛山国家森林公园联合举办"蝴蝶泉杯"中国昆嵛山"仙山圣境·健康昆嵛"摄影大赛；10月16日，北京摄影函授学院山东函授站第26期函授班第三次摄影培训活动在日照举行。

8. 11月15日，与山东省美术馆联合举办关于"我们的文化家园——镜头里的山东美术馆"摄影大赛。

【曲艺家协会】

1. 3月，在"马街书会"全国曲艺邀请赛上，省曲协选送的相声《代言人》（徐明哲、张淙瀚）、单弦《十二生肖没有猫》（马静）分别获得一等奖、二等奖。

2. 5月，在"南开杯"第三届全国相声新作品大赛中，省曲协推荐的赵学声创作的相声《嫂子颂》获得最佳作品奖；5月25日至30日，省曲协在济南铁路文化宫多功能厅承办了"2015中国文联文艺培训志愿服务项目——山东曲艺培训班"，来自全省各地96名曲艺工作者和曲艺爱好者参加了培训；5月26日，省曲协组织曲艺志愿小分队走进肥城市白云山小学开展"传统曲艺进校园"活动；5月27日晚，组织广大曲艺名家走进济南铁路文化宫，为济南铁路局职工、家属和社区居民奉献了一场"到人民中去"精品曲艺汇报展演晚会。

3. 6月，在第三届"南山杯"全国曲艺新人新作展演中，大新、程刚表演的相声《天下泉城》、施旭刚表演的山东快书《送鲅鱼》分别获得一等奖、三等奖。

4. 8月7日，山东省"泰山文艺奖"曲艺类评奖工作顺利完成。小品《光荣花》荣获一等奖，山东琴书《给爹治病》及相声《曲艺好声音》获得二等奖，群口山东快书《龙女相亲》对口快板《两条狗》获得三等奖，贾振鑫创作的山东快书《一张存折》获得编剧创作作品奖；8月22日晚，省曲协联合济南铁路局工会在铁路文化宫大剧院主办了以"凤凰涅槃，浴火重生"——纪念抗日战争胜利70周年为主题的曲艺晚会；8月29日晚，山东省曲协组织曲艺名家"送欢笑，到基层"走进景阳冈酒业，为广大职工奉献了一场精彩的曲艺专场演出。

5. 9月15日晚，"文艺志愿服务行——山东曲艺名家送欢笑到基层专场文艺晚会"在东营市群众广场隆重举行；9月16日，"我的故事·我的梦"山东省第二届小品新作大赛决赛在东营垦利举办；9月，在第二届"武清李润杰杯"全国快板书大赛中，由于欣彤、王心天表演的快板书《狐狸报警》荣获职业组三等奖，王家强、莫新林表演的《农村新事》、翟峰表演的《李二哥坐月子》分获非职业组一等奖、三等奖；刘宗琦在第八届"西岗杯"全国相声新人新作推选活动中获得表演奖；9月22日至25日，省曲协组织部分省内曲艺名家和济南铁路局文化宫职工艺术团的曲艺演员，赶赴青岛、淄博、曲阜等地慰问一线职工，为铁路干部职工送上节日祝福。

6. 10月3日至8日，由山东省曲协、青岛市文联、青岛市曲艺家协会承办的"中国文联文艺志愿服务培训项目——全国优秀中青年曲艺人才创演班"在青岛世博园举办。

7. 10月4日至6日，组织参加全国优秀中青年曲艺人才创演班的艺术家和学员们在青岛世博园景区举办"送欢笑，下基层"活动；10月22日至23日，山东曲协推选贾振鑫同志参加了第四届中国曲艺高峰论坛。

8. 11月14日下午，山东快书高派传承人阴军艺履三十五周年系列活动之《阴军山东快书》光盘首发式在济南举行；11月16日至20日，在第二届"和平杯"全国曲艺票友大赛中，青年演员腾飞、韩蕾、秦历、亓瑞获得了优秀表演奖，山东省曲艺家协会荣获优秀组织奖；11月24日，孙立生、慈建国、贾振鑫代表山东省参加了海峡两岸曲艺事业发展论坛；11月30日，由大新、贺金表演的作品《缘分》在"法宝杯"华东六省一市法治故事讲演大赛中获得银奖。

【电影家协会】

1. 1月30日，省电影家协会召开第五届主席团第四次扩大会议。

2. 4月，由省影协推荐的山东电影制片厂创作的《止杀令》荣获休斯敦国际电影节最佳外语片奖；临沂的《海鸥老人》荣获2015世界民族电影节最佳影片贡献奖、北京国际电影节民族电影展最佳摄影奖、上海国际电影节中国新片展映传媒大奖；推荐的威海昊东文化传媒有限公司刘军伍创作的珞巴族纪录片《雅鲁藏布江边的通灵者》在北京参加中国民族电影展一周，被中国民族博物馆永久收藏。

3. 7月20日至11月20日，省电影家协会、济南市委宣传部共同启动了"2015济南市优秀微电影展暨优秀微电影进社区"活动，在济南市100个社区，为广大市民放映100场微电影；7月，由省文明办、省文联、大众报业集团联合举办的"文明乡村·美丽家园"山东省微纪录片评选展映活动圆满完成。

4. 8月初，圆满完成第八届山东省泰山文艺奖的评选。最终评出微电影一等奖1部，二等奖3部，三等奖6部；电影广播专题节目一等奖2部，二等奖3部；8月10—16日，由省文联、省电影家协会等单位联合举办的"纪念中国人民抗日战争暨世界反法西斯战争胜利70周年电影展映周"活动在济南鲁大影城举行；8月21日，"文明乡村·美丽家园"微纪录片评选展映活动举行了颁奖典礼。

5. 9月11日，第八届山东青年微电影大赛暨"美丽西城"微电影展颁奖典礼活动举行。此次电影展共有87部作品获得37个奖项；9月，由省影协推荐的山东南山影视文化有限公司拍摄的《大唐女巡按》获得第23届金鸡百花电影节最佳戏曲片奖。

6. 10月，由省影协推荐的威海袁学强、刘军伍、刘华峰创作的电影剧本《美丽小渔村》和青年编剧邓周周创作的电影剧本《花市》，分别获得2015年度夏衍电影文学奖二等奖和"潜力电影剧本"奖；10月，由省影协推荐的山东影视传媒集团出品的《西游记之大圣归来》荣获2015四川电视节金熊猫动画片大奖、最佳国产影院动画片，第52届台湾金马奖最佳动画长片提名，第二届丝绸之路国际电影节"金丝路"传媒荣誉2015年度动画片、国际传播突出贡献奖，第30届中国电影金鸡奖最佳美术片。

7. 10月，青年编剧冯元良的剧本《心迷宫》拍摄完成上映。该剧本曾荣获第五十一届台湾电影金马奖伯爵年度优秀奖最佳剧本奖、多伦多电影节最佳剧本奖、第八届First电影节最佳艺术贡献奖。

8. 11月2—6日，"影视剧创作生产与评论培训班"在济南举办；11月9日，由山东影协推荐、青年导演吴峰执导的微电影《让爱领航》获得第三届亚洲微电影艺术节金海棠优秀作品奖，此外该作品还获得第三届中国网络视频大会优秀作品奖、第三届华东六省一市微视频作品大赛微电影类一等奖；11月，由省影协推荐的《大金鹿》等18部作品获得全国首届"情系'三农'"微电影大赛特别奖和优秀奖。

【音乐家协会】

1. 5月1—3日，省音协在济南举办"美得理杯"山东省电子键盘大赛暨中国音乐"小金钟"奖选拔赛。

2. 9月1日，省音协在省会大剧院举办"和平颂·'中国梦'——纪念抗战胜利70周年大型群众交响合唱音乐会"；9月6日，省音协在历山剧院举办了"爱之倾诉·吉他大提琴音乐会"；9月14—19日，省音协在德州举办了第十届山东省"齐鲁风情"青年歌手暨新作品演唱大赛，共有来自全省17市及各大高校的近千名选手参加，是第八届山东国际大众艺术节重点项目之一；9—10月，省音协带领山东部分音乐界艺术家去德州、章丘、肥城、泰安等地下基层慰问演出。

3. 10月，由中国音协主办的第八届海峡两岸合唱节在台湾举行。由省音协秘书长吴可畏组织排练、指挥的山东代表团荣获金奖。

4. 12月13日，省音协流行音乐学会蝴蝶效应乐团高校巡演第一场在潍坊工程职业学院演出。预计巡演100余场次；12月14日，与山东师范大学音乐学院合作，由张桂林主席任艺术总监，吴可畏秘书长任音乐创作的歌剧《流亡曲》在山东大厦举行首演发布会，并于12月15—16日在省会大剧院进行演出。

【民间文艺家协会】

1. 3月2日，在河南鹤壁市举办的"中国社火艺术节暨山花奖·民俗礼仪表演"中，山东济南的社火代表队凭借精彩的演出，广获好评，荣获山花奖金奖；3月，省民协在志愿者服务日组织民间艺术家走进日照河山中学举办"民间文艺进校园活动"。

2. 4月1日，在河南开封举办的"全国皮影展演暨山花奖·民间绝技绝艺"比赛中，山东泰安的范正安老师凭借优异的题材、精湛的表演、娴熟的技法从众多作品中脱颖而出，勇夺山花奖，荣获中国民协山花奖民间艺术表演奖；4月，省民协在潍坊举办山东省民俗文化博览会，全面展现齐鲁民族民俗文化的独特魅力。

3. 5月，由省民协推荐的山东烟台黄胜老师创作的《大雁的眼泪》，荣获中国民协山花奖民间文学作品奖。

4. 6月，在淄博齐文化艺术节期间，省民协举办的山东省民间手工艺大师精品展在淄博开幕，省内一流民间工艺大师齐聚亮相，技艺精湛，作品种类丰富，深受人们喜爱。

5. 8月7日，在长春举办的"第十二届中国民间文艺山花奖·民间工艺美术作品奖"中，李亚宁、孙健荣获"中国（长春）民间艺术博览会精品奖"，李志勇老师荣获"中国（长春）民间艺术博览会优秀奖"。

6. 9月，省民协在山东烟台举办了"2015中国（烟台）民间工艺品博览会"。

7. 10月，省民协选派艺人参加杭州艺人节"第六届中国民间艺人节暨第十一届中国民间文艺山花奖（民间工艺类）评奖活动"，其中多位老师被中国民间文艺家协会评为"最受欢迎的民间艺术家"。

8. 12月，由省民协推荐的作品《美丽大中国——中华民族生存状态全影响记录（服饰篇）·裕固族》荣获"第十二届民间文艺山花奖·民俗影像作品奖"入围奖；推荐的青岛理工大学张成福的专著《中国神华母题索引》，荣获民间文艺学术著作奖；12月，在省民协举办的民间文艺进校园活动中，日照志愿者服务团队与日照外语学校师生们互动交流，培养学生们的兴趣，增长学生的知识。

9. 2015年，对山东各地申报的"烟台渔灯之乡""淄博蹴鞠之乡""潍坊寿光大棚之乡"等开展深入考察，为山东的国家级文化之乡的建立做出了积极的贡献。

【舞蹈家协会】

1. 3月21日，在山东省文联会议室召开山东舞协2015年各市舞协主席工作会议。

2. 4月13—15日，山东省第十届"小飞天"奖儿童舞蹈大赛研讨会在济南召开。

3. 5月30日，由中共山东省委宣传部、省文联、省舞协主办，青岛市黄岛区文联、青岛黄海学院、青岛市黄岛区舞蹈家协会联合承办的"'中国梦·舞之美'山东舞蹈志愿者慰问演出舞蹈晚会走进青岛黄海学院；5月，"商河县第三届广场舞展演"在商河县广场举办，省舞蹈家协会选派了专家评委参加了此次活动的评审工作；5—6月，山东省第十届青少年舞蹈比赛在山东剧院举办，共有来自全省各市的近8000名演员参赛，最后评选出一、二、三等奖，"优秀表演奖"和"金牌指导教师奖"。

4. 6月10日，由省舞协、山东师范大学音乐学院主办的"我们的舞蹈梦——新人新作暨山师音乐学院舞蹈学硕士毕业作品晚会"在山东剧院成功落下帷幕。

5. 7月4日、5日，由省舞协主办的"掠过尘路的清风"郭爽作品舞蹈晚会在山东剧院上演；7月6日，由海南、山东、江西、宁夏、山西五省舞蹈家协会主办的2015"青春'中国梦'——五省（区）舞蹈精英展演"在海南省海口举行。

6. 8月3日至7日，第八届山东省泰山文艺奖评奖在济南举行。舞蹈类评奖评出一等奖1名，二等奖2名，三等奖2名，单项奖3名。

7. 9月13日，在山东剧院举行了山东省第十届青少年舞蹈比赛优秀演员展演，评出"优秀演员奖"2人，"入围奖"12人。

8. 9月16日，由山东省委宣传部、省文联、山东广播电视台、省舞协主办的"'中国梦'——舞动乡村"山东省首届农民广场舞大赛举办了总决赛暨颁奖典礼；9月28日、29日，大型歌舞诗剧《谁不说俺家乡好》完成制作，并在第八届山东国际大众艺术节闭幕式暨泰山文艺奖颁奖典礼上进行了首场演出。

9. 11月14日，为了贯彻习近平总书记在文艺座谈会上的讲话精神，省舞协《谁不说俺家乡好》剧组文艺志愿者走进泰安慰问演出。

10. 12月2日，以韩国庆尚北道艺总联合会会长李柄国为团长的韩国代表团一行21人抵济，进行文化艺术交流活动，并于12月3日在山东剧院举办了"绚丽艺缘·2015中韩艺术交流歌舞晚会"；12月21日，"深入生活 扎根人民"2016新年文艺晚会大型歌舞诗《谁不说俺家乡好》展演在山东剧院成功举办。

【电视艺术家协会】

1. 2月28日，第四届山东省"十佳"德艺双馨电视艺术工作者评选在济南举办。推荐的1人荣获全国第九届"德艺双馨电视艺术工作者"称号。

2. 3月23—28日，由山东省新闻出版广电局、省视协主办，菏泽广播电视台承办的第二十七届山东省电视艺术"牡丹奖"评奖在菏泽举办。

3. 4月19日，第二十七届"牡丹奖"颁奖典礼在菏泽举办，并聘请评委专家对电视剧及电视文艺作品进行讲评。

4. 7月30日，由中国视协主办，山东视协、夏津电视台承办的第七届中国新农村电视艺术节优秀作品推选会议在夏津举行；7月，省视协组织带领山东广播电视台两个摄制组下基层参与拍摄由中国视协、贵州省文联主办，贵州视协、安顺广播电视台承办的"全国卫视看贵州"活动。

5. 8月8日，由华东六省一市电视艺术家协会主办、德州广播电视台承办的第八届山东国际大众艺术节的活动之一的"第九届华东六省一市及全国部分省市电视主持新人赛"在德州举行；8月10日，由华东六省一市电视艺术家协会主办的"第三届华东六省一市暨全国部分省市微视频（微电影）作品大赛"在博兴举办；8月21—23日，由省视协联合全省17市广播电视台主办、泰安广播电视台承办的第七届山东省小主持人"金话筒"电视大赛在泰安举行。

6. 10月12—15日，由省视协主办、利津电视台承办的第八届山东省县（市、区）级电视艺术评奖活动在东营利津县举办；10月17日，"第三届华东六省一市暨全国部分省市微视频（微电影）作品大赛颁奖活动"在滨州博兴举办。

7. 11月18—21日，由中国电视艺术家协会微电影委员会指导，省视协、青岛广电影视有限责任公司承办的青岛微电影大赛活动在青岛举办。

基层文联

2015年，济南文联举办"济南合唱艺术节"，青岛文联组织"五月的风"大型文学艺术系列活动，淄博文联举办"2015慈善·希望工程爱心圆梦工程行动"青年书画作品展，枣庄文联组织"名家书画进校园巡回展"，东营文联举办"翰墨齐鲁·全国中国画作品展"，烟台文联举办"胶东红色文化建设美术书法篆刻展"，潍坊文联承办"中国（潍坊）民间艺术博览会"，济宁文联承办"当代儒家书画作品展"，泰安文联举办"中国泰安第四届国际舞蹈公开赛"，威海文联举办"纪念甲午战争120周年书画展"，日照文联举办"沂蒙颂·沂蒙画派晋京作品展",莱芜文联承办"鲁中烽火、中流砥柱"鲁中地区书画展,德州文联举办"首届德州合唱艺术节歌咏比赛",临沂文联举办"城市形象摄影大赛暨展览颁奖",聊城文联举办"纪念中国人民抗日战争暨世界反法西斯战争胜利70周年系列书画展",滨州文联参与组织"中国海瓷艺术展",菏泽文联举办"第三届中国菏泽艺术节",济南铁路局文联开展"讲好济铁故事"歌词征集活动,胜利油田文联组织"聚焦一线摄影书法美术展览",齐鲁石化文联组织迎新春文艺晚会,莱钢文联组织"第二届金凤凰奖'最美莱钢人'微电影大赛"等。

河南省文联

综述

2015年，省文联围绕中心、服务大局，大力开展系列主题文艺活动；强化服务、文艺为民，扎实推进文艺志愿服务和文化惠民活动；把握导向、构筑平台，力推文艺精品和人才；精心筹备、严密组织，顺利完成省级各文艺家协会换届；拓展职能、加强建设，不断增强文联组织凝聚力、影响力、感召力，各项工作取得显著成效。

重要会议与活动

【马基光艺术回顾展】

1月6日上午，由省文化厅、省文联、河南大学主办，省美术馆、省美术家协会、河南大学艺术学院承办的"百年基光——马基光艺术回顾展"在省美术馆隆重开幕，展出马基光先生各个时期美术作品100余幅。马基光生于1915年，在新中国成立以来的河南美术发展史上，是一位十分重要的拓荒者和奠基人。

【第二届河南音乐金钟奖合唱比赛】

1月8日至9日，由省文联、省教育厅、省音乐家协会主办的第二届河南音乐金钟奖全省合唱比赛在河南理工大学举行，共有12队参赛，评选出金奖5个、银奖7个、指挥奖4个、钢琴伴奏奖5个、组织奖11个。

【第六届黄河戏剧奖】

由省文联、许昌市委、许昌市政府共同主办，省戏剧家协会、许昌市文化新闻出版局共同承办的"许昌杯"第六届黄河戏剧奖大赛于1月20—31日在许昌举办。

本届大赛共有省内外40台剧目报名参赛，豫剧《我的娘我的根》《海的女儿》2台剧目荣获特别奖，话剧《老汤》、豫剧《都市阳光》等10台剧目荣获金奖，豫剧《白莲花》、曲剧《天下父母》等8台剧目荣获银奖，另评出优秀组织奖5个、主创人员及演员单项奖若干名。

【慰问演出走进兰考】

1月27日至28日，由中国文联、河南省委宣传部、中国音协主办，中国文联国内联络部、河南省文联、省音协承办的"我们的'中国梦'文化进万家——送欢乐·下基层"慰问演出活动走进河南兰考。

中国文联党组书记、副主席赵实，党组成员、副主席左中一，党组成员、书记处书记郭运德，河南省委常委、宣传部部长赵素萍，以及韩新安、刘尚军、吴长忠、杨杰、李培隽等有关方面负责人参加了活动。活动期间，艺术家们先后来到兰考县焦裕禄纪念园、社会主义新农村建设的代表城关乡盆窑村，向父老乡亲们献上了两台包含戏剧、音乐、曲艺、舞蹈、杂技等丰富艺术形式的精彩文艺演出。其间，领导和艺术家们还参观了焦裕禄纪念馆，看望了兰考县裕禄小学的文艺志愿者。

【百花回报沃土】

2月1日至6日，由省委宣传部、省文联、省新闻出版广电局联合主办，河南电视台、省文联所属11家文艺家协会承办的"百花回报沃土——2015年河南省艺术家'深入生活，扎根人民'文化进万家主题实践活动"在全省展开。文艺家们走进焦裕禄精神发源地兰考县，在焦裕禄纪念馆祭拜、瞻仰，到焦桐园追思、感悟，到兰考县行政服务中心实地感受新时期人民公仆为民服务的精神并举行演出慰问群众和工作人员，到东坝头张庄村与村民联欢，到裕禄小学为孩子们讲授、普及艺术知识，到南阳邓州南水北调移民新村慰问。

春节期间，河南电视台融合此次活动素材制作了系列节目并播出，使更大范围的群众享受到了文艺名家带来的精彩节目和新春问候。

【河南省文联慰问对口帮扶村】

2月10日，省文联秘书长赵洪带领省文联干部职工一行，到对口帮扶村商丘市宁陵县孙迁村慰问，为村民送去了新春祝福和价值13500元的慰问品，向村里的留守儿童赠送了崭新的书包和笔等学习用品，与村党支部和党员代表座谈，了解该村发展情况，商讨加强村务管理、促进该村经济发展的方法。

5月13日，省文联副巡视员刘鲁豫、秘书长赵洪、联络处处长董焕琳带领摄影家和文联工作人员来到孟州市河阳办事处西葛村，为乡亲们送去书法作品、摄影作品，为村里的特困户和留守儿童送去了大米、食油、方便面、零食等慰问品，为乡亲们拍摄全家福照，受到热烈欢迎。

【2015年全省文联工作会议】

2月12日，2015年全省文联工作会议在郑州召开。会议深入学习了党的十八大，十八届三中、四中全会精神和习近平总书记系列重要讲话精神，传达了中国文联九届七次全委会和全省宣传部部长会议精神，回顾总结了2014年工作，研究部署了2015年工作。省委宣传部副巡视员郭克迪到会讲话。省文联党组书记吴长忠主持会议。省文联主席杨杰做了题为"深入学习贯彻习近平总书记重要讲话精神　努力推动河南文艺工作和文联工作再上新台阶"的工作报告。

省文联副主席苗树群、张剑锋、邵丽，副巡视员刘鲁豫等出席会议。各省辖市文联、各行业企业文联、各直管县文联和省文联机关各处室、各协会、直属各单位负责人参加了会议。

【第十届马街书会全国曲艺邀请赛】

3月1—3日，由中国曲协、河南省文联、平顶山市委、市政府主办，省曲协、宝丰县委、县政府承办的"第十届河南宝丰马街书会全国曲艺邀请赛"在平顶山宝丰举行。中国曲协分党组书记、副主席、秘书长董耀鹏，中国曲协副主席郭刚，中国曲协分党组成员、副秘书长曲华江，省文联主席杨杰，副主席张剑锋以及平顶山、宝丰当地领导出席展演活动。经过两天的比赛，来自全国17个省市的20个曲种、27个节目分获一、二等奖。其中，河南演员李冬梅夺得2015年马街书会"书状元"。

【第七届中国（鹤壁）民俗文化节】

3月2日至6日，由中国文联、中国民协、河南省文联主办，省民协、鹤壁市文联承办的第七届中国（鹤壁）民俗文化节在鹤壁举行。河南省副省长张广智，中国文联党组成员、书记处书记陈建文，中国民协分党组书记、驻会副主席罗杨，中国民协分党组成员、副秘书长周燕屏，河南省文联党组书记吴长忠，副主席张剑锋、程健君等以及鹤壁市领导出席了3月2日晚上的开幕式。

3月3日上午，第十二届中国民间文艺"山花奖"·社火大赛评奖活动在浚县文化广场举行。罗杨向鹤壁市授"中国社火文化之乡"牌匾，鹤壁市市长范修芳接牌。来自广西、贵州、内蒙古、江西等省、自治区的13支社火代表队角逐国家级"山花奖"。河南浚县舞狮获大赛金奖，驻马店市遂平县大铜器获银奖。

3月3日下午，"第六届中国春节文化高层论坛·社火文化论坛"在鹤壁举行。来自全国的十多位民间文化专家对鹤壁，尤其是以浚县正月古庙会为载体所承载的社火文化的历史、传承、样式、内涵等，从多学科角度论述，为中原民俗文化传承发展提供了理论支撑。

民俗文化节期间还举行了中原六省花馍展览、鹤壁美食节、非物质文化遗产展示展演、河南省民间唢呐大赛等一系列民间文化活动。

【曹新林油画展】

3月21日，由中国美术馆、中国美术家协会、中国油画学会、中国现代史学会、河南省委宣传部、省文联主办，省美术家协会、省美术馆、省书画院、河南美术出版社等承办的"情凝厚土——曹新林油画展"在河南省美术馆开幕。

省文联党组书记吴长忠，中央美术学院教授、中国壁画学会会长戴士和，省美协副主席、省书画院院长谢冰毅出席开幕式并先后致辞。开幕式由省文联副主席、省美协副主席兼秘书长刘杰主持。

本次展览的169幅油画作品，创作年代从20世纪80年代至今，是曹新林先生用画笔探索艺术、探索生活、探索社会，对人生做出的深刻思考。曹新林先生曾担任河南省书画院院长、河南省美协副主席、河南油画学会会长，现为河南省美协顾问、中国油画学会理事、中国国家画院研究员、河南省优秀专家，享受国务院"政府特殊津贴"。

【2015年中国（开封）清明文化节】

4月2日上午，由中国文联、河南省政府主办，中国民间文艺家协会、河南省委宣传部、省文明办、省文联、省民间文艺家协会、开封市政府承办的2015年中国（开封）清明文化节开幕式在开封清明上河园举行。中国文联党组成员、书记处书记陈建文，中国民协分党组书记、驻会副主席罗扬，河南省副省长王铁领导出席开幕式。

活动期间共举行了清明民俗文化、民间纪念、旅游演艺、开封特色艺术展等4个大类45项文化活动。

【全国魏碑书法大赛暨魏碑书法论坛】

4月16日上午，第33届中国洛阳牡丹文化节期间，正值张海书法艺术馆建馆10周年之际，由省文联、洛阳市政府主办的"魏碑圣地·全国魏碑书法大赛暨魏碑书法论坛"开幕式，书法杂志社主办的"谁是高手——百名书法家争霸赛"颁奖仪式，在洛阳偃师张海书法艺术馆同时举行。全国政协科教文体委副主任胡振民，全国政协常委、中国书协主席张海，中国书协副主席吴善璋、张改琴，中国书协副秘书长潘文海，河南省政协副主席钱国玉，河南省委宣传部常务副部长王耀，河南省文联主席杨杰，河南省文联副主席张剑锋，洛阳市委常委、宣传部部长杨炳旭，上海书画出版社社长王立翔，书法杂志社主编胡传海等出席。杨杰代表主办单位致辞。

"魏碑圣地·全国魏碑书法大赛"分为书法作品和论文两类，自2014年12月征稿以来，共收到近2000件作品。经过评审，评出书法入展作品105幅，获奖作品50幅，其中一等奖作品5幅，二等奖作品15幅，三等奖作品30幅；入选论文21篇，一等奖论文空缺，二等奖论文3篇，三等奖论文4篇。

"谁是高手——百名书法家争霸赛"评选出一等奖2名，二等奖4名，三等奖6名。

书法入展作品在张海书法艺术馆展览。

【"文明生活·教你一招"培训班】

由省委宣传部、省文联共同主办,省杂技家协会承办的"文明生活·教你一招"培训班于4月16日至24日在郑州举办。全省134名基层文艺骨干参加培训,熟练掌握了非物质文化遗产霸王鞭、陈氏太极与舞蹈有机融合的太极舞、简单易学又不失韵味的戏曲功夫操等一系列技法。

【"深入生活、扎根人民"动员会】

4月24日,70余名河南省直文艺创作精英齐聚省文联,参加省直文艺创作人员"深入生活、扎根人民"主题实践活动动员会。该活动由省委宣传部主办,旨在认真贯彻落实习近平总书记在文艺工作座谈会上的重要讲话精神,使广大文艺工作者能够真正同群众打成一片,锤炼作风意志,创作文艺精品。省委宣传部常务副部长王耀、副巡视员胡昌国,省文化厅副厅长李霞,省新闻出版广电局副局长王仁海,省文联副主席张剑锋出席动员会。

省文联44人参加此次实践活动。省委宣传部对参加定点深入生活创作人员申报的创作项目将给予经费资助。

【杨杰到鹿邑调研】

4月27—28日,省文联主席杨杰到鹿邑县调研,了解鹿邑文艺发展情况、老子文化开发情况和公共文化设施建设情况。其间,杨杰出席鹿邑、永城、固始三地联合主办的"'中国梦'·翰墨情"鹿邑、永城、固始书画精品联展,参加了鹿邑县文艺工作座谈会并寄语鹿邑文艺工作者"强化责任担当、坚持人民立场、打造精品力作、做到德艺双馨"。

【文艺志愿服务】

5月17、18日,在第二个中国文艺志愿者服务日期间,省文联、省文艺志愿者协会组织开展"到人民中去"沿黄九省(区)文艺志愿者走进三门峡采风服务活动,活动包括慰问文艺支教志愿者、书画交流笔会、文艺采风活动、沿黄九省文艺志愿服务座谈交流会、"到人民中去"中国文艺志愿者专题摄影作品展、"拥抱母亲河·唱响'中国梦'"主题文艺慰问演出等活动。

8月2日至7日,由中国文艺志愿者协会、中国文联文艺志愿服务中心、河南省文联、省文艺志愿者协会共同主办的"同在艺术天空下"——文艺志愿者暑期关爱留守儿童文艺支教活动在河南省商丘市梁园区刘口乡刘灿村举行。刘灿村作为全国两个面向留守儿童的暑期文艺支教试点之一,共有来自省内外的8位文艺志愿者对村里的100名留守儿童进行为期一周的文艺辅导、培训。

9月11日,省杂技家协会魔术艺术委员会、宝丰县委宣传部、河南高校魔术联盟举办的"魔术进校园·走进华北水利水电大学"活动正式开始。活动由魔术专场演出和专场讲座两部分组成,受到该校学生的热烈欢迎。

【第七届黄河戏剧奖·小戏小品奖大赛】

5月27日,由省文联、省戏剧家协会主办,河南电视台新农村频道《明星有戏》栏目承办的"第七届黄河戏剧奖·小戏小品奖大赛"在郑州举行。全省28部作品参赛,涵盖豫剧、曲剧、越调、蒲剧、大平调、话剧等,10部作品入围决赛。最终河南省越调艺术传承保护中心演出的戏剧小品《慈母心》、洛阳市曲剧院演出的戏剧小品《母亲的胸怀》、新乡市演艺有限责任公司演出的戏剧小品《投票》获得剧目金奖,河南豫剧院二团演出的戏剧小品《赖孩、好孩》、河南省越调艺术保护传承中心演出的戏剧小品《饭局》、信阳市艺术中心演出的话剧小品《月亮树下》获得剧目银奖,三门峡市戏曲研究中心演出的戏剧小品《情暖寒冬》、濮阳县文化馆演出的戏剧小品《一篮红杏》、安阳市崔派艺术研究院演出的戏剧小品《婧婧办案》、河南豫剧院二团演出的戏剧小品《算命》获得剧目铜奖。

【第三届河南舞蹈"洛神奖"评奖】

6月12—15日,由省文化厅、省文联、省教育厅联合主办,省舞蹈家协会、洛阳市文广新局承办的河南省第七届专业舞蹈大赛暨第三届河南舞蹈"洛神奖"评奖在洛阳歌剧院举行。170部作品报名参赛,经过初评82个作品进入复决赛。最终共评出院团组一等奖10个、二等奖11个,高校组一等奖14个、二等奖15个,同时评出优秀组织奖11个。

【"庆八一·墨舞军威"书画慰问】

为庆祝八一建军节,纪念中国人民抗战胜利70周年,8月1日上午,由武警河南省总队、省委省直工委、省文联共同主办的"庆八一·墨舞军威"书画慰问活动在武警河南省总队艺术中心举办。来自省书法家协会、美术家协会和省直书法美术家协会的二十多位书画家现场挥毫泼墨,为武警官兵现场创作了百余幅书画精品。

【第六届河南省专业声乐、器乐大赛】

8月22日至27日,由省文化厅、省文联主办,省音协、省文化艺术研究院、河南理工大学承办的第六届河南省专业声乐、器乐大赛在河南理工大学举办。各地及各单位共选拔、推荐选手438名,经过资格认证,确认360名选手参加复赛,经过比赛,共评出一等奖51名、二等奖76名、三等奖90名、优秀组织奖15名。

【纪念抗战胜利70周年系列活动】

8月,为纪念中国人民抗日战争暨世界反法西斯战争胜利70周年,省文联、省作协、省诗歌学会举办楹联诗词征集活动,收到抗战题材的新诗、古体诗词、楹联稿1018篇(副)。评出特别奖10名,一等奖3名,二等奖10名,三等奖15名,优秀作品奖30名,同时还评出组织奖6名。《河南作家》以两期特辑形式展示本次评选的获奖作品,作家网也开辟专栏展出优秀作品。活动于9月举行了朗诵会。

9月2日,由省文联主办、省书法家协会承办的"铭记历史 永铸和平——纪念中国人民抗日战争暨世界反法西斯战争胜利70周年中原书法名家作品展"在省文联五楼展厅举行开幕式。展览以"铭记历史、缅怀先烈、珍爱和平、开创未来"为主题,荟萃了83位著名书法家的精品力作。

9月2日上午,由省文化厅、省文联指导,省美术家协会、省美术馆主办的"纪念中国人民抗日战争暨世界反法西斯战争胜利70周年"河南省专题美术作品展,在河南省美术馆开幕。展览收到各类投稿近400件,评出入选作品72件。

【豫剧院团工作交流会】

9月14日至15日,由省文化厅、省文联、中华豫剧文化促进会主办,河南豫剧院、省戏剧家协会、省文化艺术研究院共同承办的"豫剧院团工作交流会"在郑州举行。来自新疆、甘肃、陕西、河南、河北、山东、山西、湖北、四川、安徽、江苏等地134名豫剧院团长和文化主管单位的领导、艺术家等齐聚中原,共商豫剧发展大计。

【河南三人被评为"全国中青年德艺双馨文艺工作者"】

9月15日,第四届全国中青年德艺双馨文艺工作者表彰大会在北京人民大会堂举行。中宣部、人力资源和社会保障部、中国文联共同授予54名艺术家"全国中青年德艺双馨文艺工作者"荣誉称号。河南省戏剧家协会一级编剧陈涌泉、河南省杂技集团有限公司二级演员付继恩、安阳市书法家协会副主席刘颜涛获此殊荣。

【首届河南坠子大会】

10月12日至15日,由中国曲艺家协会、河南省文联、平顶山市委、市政府主办,中国曲协河南坠子艺术委员会、河南省曲艺家协会、平顶山市委宣传部、市文联承办的首届河南坠子大会在平顶山举行。

坠子大会分为三项主要活动：一是举办河南坠子展演。全国入选展演节目25个，经过两场展演，共评出一等奖10个，二等奖15个。二是举办河南坠子传承与发展研讨会。三是举办平顶山中国曲艺城命名二十周年暨中国曲艺牡丹奖艺术团小分队送欢笑惠民演出。

【河南美术摄影作品创作成果展】

10月15日至22日，由省文联主办，省美协、省摄协承办的"金色秋天——纪念习近平总书记在文艺工作座谈会上的讲话发表一周年河南美术摄影作品创作成果展"在河南省文联举行，共展出50幅美术作品、60幅摄影作品。

【河南艺术家走进甘肃定西】

10月26日至31日，河南省书画艺术家杨杰、张剑锋、刘杰、赵洪、李强、申慧生、李明等一行十余人在定西美术馆举行了"紫气东来·丹青传情——河南省文联、河南省文艺志愿者协会走进甘肃定西捐赠书法、美术、摄影作品联展"，向定西捐赠了河南92位艺术家的92幅作品。其间，河南省文联还和定西市商定，在定西市和通渭县、漳县、渭源县建立文艺帮扶创作基地，通过讲座、培训等形式定期开展文艺志愿帮扶活动，对当地文艺工作者、文艺爱好者进行结对帮扶。甘肃省和定西市相关领导，艺术家王登渤、王杰、成柏恒、王美萍、李斌、苗树群等出席了有关活动。

【河南省文联12个文艺家协会完成换届】

11月26日至12月17日，河南省文联所属的作家协会、戏剧家协会、音乐家协会、美术家协会、书法家协会、摄影家协会、曲艺家协会、电影电视家协会、舞蹈家协会、杂技家协会、民间文艺家协会、文艺评论家协会12个文艺家协会分三批陆续在郑州召开代表大会，完成换届。

其间，中国作协副主席、书记处书记吉狄马加，河南省委常委、宣传部部长赵素萍等领导出席大会。

各文艺家协会代表大会审议通过了各协会的工作报告，修改通过了新的章程，选举产生了新一届领导机构。省作家协会第六届主席团13人，主席邵丽，副主席马素芳（鱼禾）、王剑冰、冯杰、刘先琴、孙郁（墨白）、李巧艳（乔叶）、杨晓敏、何弘、张鲜明、南飞雁、韩达、廖华歌。省戏剧家协会第七届主席团13人，主席李树建，副主席王惠、王红丽、申小梅、李利宏、李金枝、杨帅学、肖秀莲、汪荃珍、陈涌泉、范静、金不换、贾文龙。省音乐家协会第六届主席团9人，主席周虹，副主席王国良、巩伟、李仲党、李新现、吴涛、陈静、黄慧慧、雷红薇。省美术家协会第六届主席团13人，主席刘杰，副主席丁昆、化建国、李明、李学峰、李健强、连俊洲、张毅敏、封曙光、袁汝波、桂行创、谢冰毅、魏小杰。省书法家协会第六届主席团15人，主席杨杰，副主席王鸣、王荣生、云平、米闹、许雄志、李强、吴行、张建才、张剑锋、张高山、周斌、赵振乾、谢安钧、谢国启。省摄影家协会第六届主席团8人，主席刘鲁豫，副主席杨峰、武强、罗勇、郑伟杰、赵洪、高均海、高辉。省曲艺家协会第六届主席团8人，主席范军，副主席王国军、李广宇、陈玉林、陈冠义、袁满、崔银龙、鲁银海。省电影电视家协会第六届主席团9人，主席王少春，副主席王健、李暄、张少辉、张惠民、金萍、庞晓戈、宗树洁、蒋愈红。省舞蹈家协会第六届主席团9人，主席孔夏，副主席付青、刘柳、李永明、宋晓东、张勇、周玲娣、赵兰、靳珂。省杂技家协会第六届主席团9人，主席闫敬彩，副主席付卫华、付继恩、刘超峰、关旭豪、李锦利、杨晓军、张国胜、张金贵。省民间文艺家协会第六届主席团11人，主席程建军，副主席王保才、刘小江、刘平、汪振军、钟海涛、耿相新、高水旺、彭恒礼、程崇正、谢元涛。省文艺评论家协会第二届主席团9人，主席王守国，副主席孙先科、李红艳、李放、李静宜、杨扬、何弘、席卫权、樊洛平。

河南省作家协会代表大会期间,还宣布了省委省政府《关于表彰奖励李佩甫同志的决定》,授予第九届茅盾文学奖得主李佩甫"河南省文学创作杰出贡献奖",赵素萍代表省委省政府向李佩甫颁发奖金50万元。

【第九届河南省戏曲红梅奖大赛】

12月23日晚,由省文联、省戏剧家协会、驻马店市委宣传部、市文广新局主办,河南电视台新农村频道《明星有戏》栏目、驻马店市演艺中心承办的"天中杯"第九届河南省戏曲"红梅奖"大赛颁奖晚会在驻马店市会展中心举行。

演唱组李莹莹等21人荣获金奖,贺雯等30人荣获银奖,王展等24人荣获铜奖,谢晓琪荣获特别奖;器乐组孙阳等5人荣获金奖,苏天亮等18人荣获银奖,于冬冬等3人荣获铜奖。驻马店市演艺中心乐队荣获乐队伴奏奖,驻马店市演艺中心和漯河市豫剧团荣获组织工作奖。

创作与研究

文学创作方面,出版新书200余部。乔叶的散文集《深夜醒来》《走神》、小说集《指甲花开》《旦角》《打火机》《拥抱至死》、小说《塔拉,塔拉》《卡格博峰上的雪》《煲汤》《玛丽嘉年华》《煮饺子千万不能破》,王剑冰的散文集《驿路梅花》、评论集《对语》,王安琪的长篇非虚构作品《驼人传奇》、随笔《消失的村庄》等作品,冯杰的诗集《在西瓜里跳舞》、散文集《马厩的午夜·异者说》《说食画》、文画集《野狐禅》、散文《北中原民间环保手记》,蓝蓝的童话评论集《童话里的世界》、诗集《一切的理由》、童诗集《诗人与小树》,赵大河的长篇小说《我的野兽我的国》、长篇散文《以河流命名的童年》、短篇小说《帷幕后的笑声》《弑君者》《浮生一日》、中篇小说《马戏团》,赵瑜的中篇小说《老张吧,那人就那样》《实习期》、短篇小说《谈书法》、诗歌《新疆三章》先后出版和发表。萍子的《中原颂——萍子朗诵诗集》出版,开河南诗人出版个人朗诵诗集先例。陈宏伟的中篇小说《斜塔》、短篇小说《解毒》《长路》,程韬光的长篇历史传记《碧霄一鹤——刘禹锡传》,丁晨的中篇小说《情人》、短篇小说《婚宴》,宫林的中篇小说《旱》,容三惠的中篇小说《村姑》、短篇小说《简办的婚礼》《山花》《苦心误》、散文《母爱》,孙青瑜的笔记小说《小镇人物续写三题》《陈州笔记续写三题》《小镇人物续写两题》、短篇小说《坎儿井》《头羊案始末》《活期存款》《群众演员》《悬浮》《主角与配角》《龙战于野》《续命》、随笔《灯下随笔五题》《闲话枣山》《闲话草鞋》《闲话手艺人》、学术随笔《闲话童心说》、散文《姑嫂一样可以亲》,张运涛的短篇小说《你愿意和我一起飞吗》《真相》《老盘的晚年鉴定》《汉奸罗田一郎》《鉴定》《真有意思》、散文《向城市》《作家的书房》、中篇小说《无花果》《梁柱》,张中民的短篇小说《奔跑的蚂蚁》出版、发表。

戏剧创作方面,程韬光担任话剧《莲花》《男人帮》总策划,在国家大剧院、上海剧院等处公演。

戏剧研究方面,12月25日,由省委宣传部、省文化厅主办,省剧协等承办的"河南省艺术名家推介工程——越调名家申小梅表演艺术研讨会"在郑州举行。省剧协组织多名专家观看《陈蕃》,并在驻马店举行了研讨会。省剧协配合省委宣传部文艺处对《关于支持戏曲传承发展的若干政策》进行解读,组织戏曲专家和表演艺术家撰写了一批相关文章,并在《河南日报》发表。

影视创作方面,墨白完成了30集电视剧《河南人》的创作。赵大河的电影剧本《四妹子》由西影集团于6月10日投拍开机。程韬光创作唐诗系列微电影剧本《天地一沙鸥》《江上落残梅》《茅屋被秋风所破歌》《黄金甲》《登高》《骚人遥驻木兰舟》《日月照耀金银台》《故园心》八部,由中央新影集团拍摄播出;根据其小说《诗圣杜甫》

改编，由其担任总编剧的大型电视剧《大唐诗圣》已全部完成，将在央视播出。4月1日，由省文联、省影视家协会、焦作市委宣传部、沁阳市委、市政府联合摄制的红色主旋律电影故事片《勋章》在郑州开拍，影片重点讲述了"狼牙山五壮士"两位幸存者之一、沁阳人宋学义返乡后主动淡化功臣光环，以"为民、务实、清廉"的自觉行动，逐步赢得群众的信任与支持，带领群众转变观念、摆脱贫困、实现梦想的故事。4月7日，由省文联、省影视家协会、驻马店市委宣传部、驻马店市文广新局、驻马店市影视文化有限公司联合拍摄的当代廉政戏曲电影故事片《家有贤妻》在驻马店开拍并于12月18日在驻马店首映。

民间文艺研究方面，《河南民间工艺十家珍品鉴赏》由大象出版社出版，《禹迹揽胜》完成编辑将由大象出版社出版，《中国嫘祖文化之乡·河南西平》《中国象棋文化之乡·河南荥阳》《中国庄子文化之乡·河南民权》《中国黄河文化之乡·河南武陟》四卷由中国文联出版社出版发行。

文艺评论方面，何弘出版了学术专著《网络化背景下的文学艺术》；与张江等人的对话《文艺是民族精神的引擎》在《人民日报》发表，引起广泛反响，发表理论评论文章《网络文学的模式转变和精神担当》《中华美学精神的当代建构》《现代化进程中的众生命相——评〈生命册〉兼议当代长篇小说创作》及多篇评论文章、随笔等，在多个院校进行了相关学术讲座。担任评委参加了第九届茅盾文学奖评奖，并为河南省获奖作家李佩甫及其获奖作品《生命册》撰写了多篇评价文章在《光明日报》等发表。

获奖情况

文学：李佩甫长篇小说《生命册》获第九届茅盾文学奖，实现了河南本土作家在茅盾文学奖上"零"的突破。邵丽的《第四十圈》获《小说月报》第十六届百花奖中篇小说奖。乔叶的《鲈鱼的理由》获得山东作协"时代文学奖"。鱼禾的长散文作品《驾驶的隐喻》荣获第十一届"十月文学奖"散文奖。赵大河的短篇小说《浮生一日》获中国作家出版集团纪念世界反法西斯战争胜利70周年二等奖。王安琪的《鸡蛋的声音》获得"蔡文姬文学奖"。

戏剧：郑州市豫剧演员张艳萍荣获第27届中国戏剧梅花奖。

音乐：河南省教师合唱团荣获第八届海峡两岸合唱节合唱比赛金奖。

书法：李刚田、周俊杰的作品荣获第五届中国书法兰亭奖艺术奖，河南省另有14人在本届兰亭奖佳作奖中入展。

摄影：李英杰作品《太极》、高辉作品《无形》、范霖作品《红外幻境》荣获第十届中国摄影金像奖艺术摄影类奖。

影视：河南省话剧艺术中心国家一级演员王健获"第九届全国德艺双馨电视艺术工作者"殊荣。在中视协、福建省文联主办的"第七届海峡两岸电视主持新人大赛"中，河南选手获得三等奖1名，新人奖4名，优秀教师奖1名，省影视协获优秀组织奖。

杂协：在中国文联、中国杂技家协会、广东省文联主办的第九届中国杂技金菊奖第六次全国魔术比赛中，赵孟月参赛的魔术节目《花海传奇》荣获表演奖，省杂技家协会荣获优秀组织工作奖。

民间文艺：浚县狮舞、洛阳王丽敏雀金绣荣获第十二届中国民间文艺山花奖。

对外文化交流

【俄罗斯著名油画家作品展】

4月10日，由河南省美术家协会、俄罗斯美术家协会、俄罗斯国立苏里科夫美术学院、俄罗斯国际"油画"慈善文化基金会共同主办，郑州轻工业学院易斯顿美术学院承办的俄罗斯著名油画家作品展开幕。本次油画作品展汇集了百余幅名家名作，邀请了俄罗斯美协第一副主席保罗乌斯科伊、俄罗斯艺术科学院院士索科乌宁·乌拉吉米尔在内的数位俄罗斯著名油画家，他们的作品深沉、大气、厚重而富于浓厚人文主义精神，代表了当今俄罗斯油画的最高水平。

【海内外华人书画名家作品邀请展】

4月20日，乙未年黄帝故里拜祖大典"海内外华人书画名家作品邀请展"在河南美术馆展厅开幕。

此次展览是拜祖大典的一项重要活动内容，由河南省委宣传部、省文联、郑州市政协、市委宣传部主办，河南省美术家协会、省书法家协会、郑州市文联、荆浩艺术研究院承办。中国国民党荣誉主席连战先生、荣誉副主席蒋孝严先生也为这次书画展题词。活动共展出128幅书画作品，作者既有国内知名书画家，也有海外华人、华侨书画家。

【郑州国际马戏邀请赛】

10月1日至7日，由省文联、省杂技家协会、郑州电视台主办，河南盛润集团、西安环球马戏城、开封市俊峰文化交流传播有限公司承办的2015中国·郑州国际马戏邀请赛在河南省体育馆举行。赛事邀请了来自朝鲜、俄罗斯、哈萨克斯坦、乌克兰、肯尼亚等多个国家的杂技马戏团体，设开幕式暨决赛、颁奖晚会、精品节目展演共7场演出，在十一国庆黄金周，使河南本土观众不出远门便能欣赏到世界马戏杂技节目。经过大赛评委会认真筛选，评出节目金奖三名、银奖三名、优秀奖三名。

【2015郑州俄罗斯电影周】

由中国电影家协会、俄罗斯电影家协会、河南省文联、郑州市委宣传部主办，省影视家协会、郑州市文联承办的"2015郑州俄罗斯电影周"活动于11月2日在郑州完美呈现。

此次活动把7场电影的观影券全部免费发送给郑州市民，让市民在家门口欣赏俄罗斯电影。开幕式影片《白色苔原》在第二十四届金鸡百花电影节·国际影展上获得"最受观众喜爱的外国女演员"奖。

各文艺家协会

【王绶青文学生涯60年研讨会】

5月30日，由省作协、省文学院、《莽原》杂志社、省诗歌学会联合主办的王绶青文学生涯60年研讨会在省文学院召开，来自省内外的知名专家、学者及诗人对王绶青的创作成就给予高度评价。

王绶青是河南老一代诗歌代表人物之一，是河南省诗歌界的一面旗帜。他所倡导的"以生命写诗，诗才有生命"感染了一代又一代诗歌创作者。王绶青笔名辛梓，卫辉人，20世纪60年代毕业于内蒙古大学中文系，1955年开始发表诗作。他曾任省作协副主席、《莽原》杂志社主编等职。其作品以诗为主兼及散文、小说、文学评论，同时攻研书法，不少作品被介绍到国外并获多种奖项。

【"河南故事"有奖征集】

7月10日，由省委宣传部、省文明河南建设领导小组办公室主办，省文联故事家杂志社承办的"河南故事"有奖征集活动启动，并在全国范围内展开。截至年底，相关图书《点一盏温暖的灯》已出版发行，为进一步扩大效果，部分作品在各地市党报党刊以及网络、广播上刊播。

【奔流作家改稿班】

12月10日，由省作家协会、时代报告杂志社、河南省报告文学学会、奔流文学网共同在郏县县委党校举办"2015年奔流作家改稿班"。此次改稿班邀请了著名作家李炳银、乔叶、王剑冰、马新朝等授课、改稿。学员们都取得很大收获。

【涌泉相报专场晚会】

省戏剧家协会副主席、秘书长、一级编剧陈涌泉"涌泉相报——剧作家陈涌泉专场晚会"于3月15日晚在河南卫视《梨园春》播出。晚会佳作荟萃、明星云集、构思精巧、厚重大气，被现场观众誉为"有文化品位，有思想价值，有审美高度，有情感震撼"。

著名表演艺术家尚长荣、何赛飞、李树建、邵峰、白燕升、范军、汪荃珍、杨帅学等倾情献艺，表演了陈涌泉的代表作《程婴救孤》《风雨故园》《阿Q与孔乙己》《婚姻大事》《丹水情深》《王屋山的女人》《天职》等作品。

【省剧协设唐河为帮扶基地】

6月9日晚，省戏剧家协会副主席、秘书长陈涌泉将河南省戏剧家协会帮扶基地的匾牌授予唐河县戏剧家协会。唐河县是戏曲之乡，拥有豫剧、曲剧、越调、汉剧、宛梆、卷戏6大剧种，有广泛的群众基础。目前全县共有大型民营剧团40多个，小型演出团体500余个，近年来多次在国家、省、市级汇演和大赛中荣获大奖。鉴于唐河县戏曲艺术的良好发展态势，省戏剧家协会特将唐河定为"帮扶基地"，将对其进行人才培训、送戏下乡、创作帮扶等多方面扶持。

【李树建当选中国剧协副主席】

7月14日至16日，中国戏剧家协会第八次全国代表大会在北京召开。河南省剧协主席李树建当选中国戏剧家协会副主席。

【油画中原走进汝州】

4月28日，由省文联、汝州市委、汝州市政府联合主办，省美协、汝州市委宣传部、汝州市文联承办的"油画中原——河南省百名油画家走进汝州"艺术采风活动启动仪式在汝州市举行。

【美术活动】

5月20日下午，应河南省残疾人福利基金会邀请，省美协组织马国强、刘杰、封曙光、杨健生、连俊洲、毛娜一行6人赴河南省残联，对参加"河南省残疾人书画高级研修班"培训的18名残疾人绘画人才进行辅导培训。

8月7日，在省文联举行的"玲珑·凉夏——首届中原人物画名家精品扇面联展"，展出马国强、丁中一等16位知名人物画家近百幅精品扇面作品。

10月22日、12月21日，"高雅艺术进高校——中国美术精品巡回展"分别在河南大学、郑州大学展出。此次活动展出了古代书画珍品、近现代书画名家名品、当代书画艺术精品等数十幅华夏美术馆馆藏艺术珍品，以及名家名作版画精品。

【"河南省书法之乡"命名】

4月24日，汝州市"河南省书法之乡"命名授牌仪式举行。

12月25日，范县"河南省书法之乡"命名授牌仪式举行。

【河南省第二十四届群众书法作品展】

6月26日至28日，由省书法家协会主办的河南省第二十四届群众书法作品展在郑州图书馆举行，免费向观众展出1500余件作品。展出期间，经省书协组织专家评选，约三分之一的作品获优秀奖。

【宋华平当选中国书协副主席】

12月9日，中国书法家协会第七次全国代表大会在京闭幕。河南省文联副主席、省书协主席宋华平当选中国书协副主席。

【省摄协"送文化下基层"】

1月9日，省摄协来到鄢陵县开展"送文化下基层"志愿服务活动，慰问了老红军、劳动模范，向鄢陵县群众赠送了装裱精美的摄影作品，为道德模范家庭拍摄了"全家福"照片，还到柏梁镇、马栏镇、马坊乡、彭店乡等乡镇的爱老敬老模范、好媳妇代表、长寿老人等家庭慰问，并拍摄了全家福照片。

5月26日，省摄协志愿者深入长垣县常村镇同悦社区，开展"到人民中去——送文化下基层"活动，为社区老人拍摄照片60余幅，赠送摄影作品60余幅。

【2014年度"河南省风光摄影十杰"摄影展】

5月9日至10日，"老界岭杯"2014年度"河南省风光摄影十杰"摄影展在河南省文联展厅举行。本届评选出曹有信、韩修平、靳义学、母传德、孙建辉、王冀民、熊晔亮、杨建堂、赵亚洲、朱营生10位摄影家荣膺"十杰"称号。

【第十九届河南省摄影艺术展】

11月6日至8日，由省摄协主办的第十九届河南省摄影艺术展览在省文联举行。

河南省摄影艺术展览是河南摄影界规格最高、影响最大、最受关注的大型综合性摄影展览，每两年举办一届，至今已经成功举办了18届。本届展览分设社会生活、自然风光、艺术创意三个类别，共收到全省1900多位作者的12000余幅作品，共评出获奖作品150幅。

【"深入生活·扎根人民·讲好故事"活动】

6月30日，由省曲协、驻马店市文联、上蔡县委、县政府共同主办的"深入生活·扎根人民·讲好故事"活动在驻马店市举行决赛。

活动经各省辖市曲协组织推荐、层层选拔，共有故事、小品、快板书等60多个作品参赛，最终有19个进入决赛。经评选，共评出一等奖9个，二等奖10个。

【第七届中部六省曲艺大赛】

7月28日至30日，中国曲协、省曲协、郑州市委宣传部、郑州市文联在郑州市联合举办第七届中部六省曲艺大赛。来自河南、安徽、山西、江西、湖南、湖北的23个节目参加了大赛。大赛共进行两场比赛，参赛的节目均为六省曲协推荐的代表本地区的精品力作。既有相声、小品、快板、大同数来宝等说口曲种，也有河南坠子、豫东琴书、长子鼓书、沁州三弦书、安徽大鼓、淮河琴书、潘阳大鼓、赣州古文、天门说唱、苗傩鼓词、湖北大鼓、茶灯说唱等各具地方特色的鼓曲唱曲曲种，令大赛异彩纷呈。经大赛评委会评选，共评出节目一等奖12个，节目二等奖11个。其中，河南代表队演唱的河南坠子《乔派往事》《父子卖驴》、群口快板《战车夜话》获一等奖，小品《你是我的唯一》、豫东琴书《安全着陆》获二等奖。

7月30日上午举行的"中部地区文化建设视域中的曲艺创新研讨会"云集了国内一流曲艺理论家，大家论剑郑州，畅谈曲艺发展，共商中部地区曲艺事业发展大计。

【沈丘被授予"中国曲艺之乡"】

7月31日晚，"中国曲艺之乡"授牌仪式暨中国曲艺牡丹奖艺术团送欢笑惠民演出在沈丘县举行。中国曲协分党组成员、副秘书长黄群向沈丘县授牌。省文联副主席张剑锋，省曲协副主席、秘书长鲁银海参加授牌仪式。

据悉，全国现有"中国曲艺之乡"48个，沈丘县是河南省获此殊荣的两个县之一。

【舞蹈展演比赛】

五一期间，第九届舞动中原国标舞全国公开赛在郑州举行，全国209个代表队的12000名选手会聚郑州。7月18、19日，舞动中原少儿舞蹈展演在郑州举行，全省200多个节目、近3000名优秀选手参加。11月14、15日，河南省首届中老年舞蹈展演活动及颁奖仪式在河南电视台8号演播厅举行，共评出15个一等奖、15个二等奖、18个优秀奖、18个优秀组织单位和48个优秀组织者。

【付继恩当选中国杂协副主席】

11月3日至5日,中国杂技家协会第七次全国代表大会在京召开。河南省杂技家协会副主席付继恩当选中国杂技家协会副主席。

【首届中原贡品、河南老字号文化展览会】

6月12日至14日,在开封市龙亭区珠玑巷举办的庆祝文化遗产日"首届中原贡品、河南老字号文化展览会",汇聚了33家工艺美术类、42家食品类中原贡品、河南老字号参展,同时邀请22家民间工艺美术精品参展,为中原贡品、河南老字号的传承发展构建了展示展销的平台和窗口。

【第八届民间工艺美术博览会】

9月25日至10月7日,由省民协主办的"河南省第八届民间工艺美术博览会暨2015中秋民俗文化系列活动"于10月7日上午在"第二届河南省民间文艺金鼎奖"颁奖典礼激昂的乐曲声中圆满落下帷幕。

本次活动以弘扬中秋民俗文化,展示民间精湛艺术,讴歌时代精神风貌,推进文明河南建设为主题,举办了河南民间工艺绝活绝技邀请展、河南老字号、中原贡品邀请展、第二届"河南省民间文艺金鼎奖·民间工艺美术作品奖"获奖艺术家作品暨新作精品展、第二届"河南省民间文艺金鼎奖·民间表演奖"获奖艺术团队展演、韩氏女红·开封东京宋绣艺术展、首届中秋民俗文化书画艺术展、第二届"河南省民间文艺金鼎奖"颁奖仪式等系列活动。

【民间文化之乡建设】

经过省民协组织专家先期考察论证,中国民协专家组实地考察,河南省鹤壁市被命名为"中国社火文化之乡"并建立"中国社火文化研究中心",周口市淮阳县被命名为"中国泥彩塑(泥泥狗)之乡"并建立"中国泥彩塑文化研究基地"。河南全省中国民间文化之乡已达46个,位居全国首位。

【孙方友《陈州笔记》研讨会】

3月28日,已故著名作家孙方友《陈州笔记》研讨会在省文学院举行,何向阳、周大新、刘庆邦、崔艾真等国内知名作家、文艺评论家及吴长忠、南丁、田中禾、何弘、李静宜、杨晓敏、墨白等河南省作家和文艺报刊界人士出席。与会者认为,孙方友继承中国古典文学的精髓,以淮阳为写作源头和精神家园开创出的新笔记小说,营造出了一个特立独行的文学世界,具有不可替代的文学价值和精神意义。

【2015年河南省文学创作与文艺评论研修班】

11月18日至22日,由省作协、省文学院、省文艺评论家协会举办的2015年河南省文学创作与文艺评论研修班在郑州举行。研修班特邀知名作家、评论家李佩甫、李建军、孙先科、何弘、张云鹏等为学员授课。学员有省文学院专业作家、签约作家,省内高校学者,各地作协推荐的部分青年作家、网络作家,以及来自全省各地活跃的青年评论家百余人。

湖北省文联

综述

2015年，湖北省文联认真学习贯彻习近平总书记在文艺工作座谈会上的重要讲话精神，坚持以人民为中心的工作导向，紧紧围绕落实"四个全面"战略部署，把深入生活、扎根人民作为工作导向，抓作品、抓人才、抓评论、抓工程，努力适应新常态、实现新作为、推动新发展、开启新风貌。成功举办了中国潜江剧本创作研讨暨推介交易会、"中国端午节俗与屈原文化学术研讨会"、"习近平用典"全国名家书法特别展，完成了随州世界华人炎帝故里寻根节、潜江龙虾节、孝感孝文化旅游节、"中国摄影家聚焦潜江"大型摄影活动等省部合作项目。首届全国微电影大赛、"我的'中国梦'"摄影大展、"荆楚画派品读展暨荆楚画派名家画册首发式"、第四届湖北美术节暨第二届湖北国际当代艺术节、首届湖北记忆摄影展暨作品集首发式等活动亮点纷呈，成绩斐然。首届湖北电影周被评为2015年全省十佳文化项目。举办歌曲创作与演唱培训班等各艺术门类培训班15个，培训文艺人才1000多名。湖北省成为中国文联研修院培训基地，第8期全国地县级文联负责人"创新发展与品牌建设"专题研修班在武汉举办。组织湖北省文艺家参加全国性文艺展演评奖活动，一大批优秀文艺作品和人才获全国大奖。

会议与活动

【翰墨飘香"中国梦"——"荆风楚韵·湖北省书法院首届院展"】

1月9日，由中国文联、中国文学艺术基金会、中国书协和湖北省文联主办，湖北省书协、湖北省书法院、书法报社承办的"我们的'中国梦'——全国优秀艺术作品展'荆风楚韵'·湖北省书法院首届院展"在中国文联艺术家之家展览馆开幕。十一届全国政协副主席、主席孙家正，全国政协常委、中国文学艺术基金会理事长胡振民，中国文联党组成员、副主席、书记处书记左中一以及中国书协分党组书记、副主席兼秘书长陈洪武，中国书协副主席胡抗美，省文联党组书记、常务副主席刘永泽和书法界潘文海、刘洪彪、李胜洪、曾翔、徐本一等出席开幕式。

【春之声·家乡情——杜鸣心作品音乐会】

1月25日，由湖北省委宣传部、中国音乐家协会、中央音乐学院、湖北省文联主办，武汉音乐学院、湖北省演艺集团、潜江市委市政府协办，湖北省音协、湖北省歌剧舞剧院承办的"春之声·家乡情——杜鸣心作品音乐会"在武汉琴台音乐厅举行。省委常委、宣传部部长尹汉宁，中国文联党组成员、书记处书记郭运德，中国文联副主席、中国音协常务副主席、著名作曲家徐沛东，中国音协分党组书记韩新安，省委副秘书长姚中凯，省委宣传部副部长王茂亮，省委宣传部秘书长别业超等与千名观众共同观看演出。

【中国文联、中国摄协"'中国梦'——送欢乐下基层"活动走进湖北大悟】

1月29日至1月31日，中国摄影家协会"'中国梦'——送欢乐下基层"活动走进革命老区湖北大悟。中国摄影家协会副主席罗更前，党组成员、副秘书长顾立群，组联部郭子瑞；河南省摄影家协会主席、第九届中国摄影金像奖获得者于德水，湖北省摄协副主席史建文等摄影家参与活动。

【"我的'中国梦'"摄影大展】

2月7日，由湖北省摄协主办的"我的'中国梦'"摄影大展开幕式在武汉洪山广场举行。省文联党组书记、常务副主席刘永泽，党组成员、纪检组长聂为斌，原武汉大学党委书记李健以及省摄协主席团部分成员出席开幕式并为获奖作者颁奖。

【百花迎春·2015湖北文学艺术界新春大联欢】

2月8日，由湖北省文联主办，湖北省音协、湖北省剧协、湖北省曲协、湖北省舞协、湖北省杂协、湖北省文联组联部承办，今古传奇传媒集团、中国石油宝石花艺术团协办的"百花迎春2015湖北文学艺术界新春大联欢"在洪山宾馆举办。省"四大家"领导、省文联党组和主席团成员、全省文艺界知名文艺家、省级各文艺家协会主席团成员、市州文艺工作者代表和长期以来支持关心湖北省文艺工作的嘉宾和朋友们欢聚一堂，一起携手在追梦、筑梦、圆梦的道路上放声高歌。

【"红色土地 金色梦想"——2015年第五届中国农民春节联欢会】

2月11日，由湖北省委宣传部、湖北省新闻出版广电局、湖北省文联、湖北省广电台共同主办，湖北垄上频道、湖北省电视协承办，联合江西台、贵州台、陕西台、河北台共同打造的"红色土地·金色梦想"——第五届中国农民春节联欢会在红安县文化中心影剧院举行。

【湖北省文联九届四次全委（扩大）会议召开，湖北省文艺志愿者协会成立】

3月19日，湖北省文联第九届委员会第四次（扩大）会议在武昌洪山礼堂举行。会议分为两个部分：首先成立了湖北省文艺志愿者协会、湖北省文艺志愿服务中心、湖北省文艺志愿者协会艺术团和51个湖北省文艺志愿者协会服务团，并为上述机构授旗授牌；其次表彰了第三届（2013—2014年度）湖北省"一县一品"文化品牌"优秀品牌奖""品牌奖"。中国文艺志愿者协会副主席、中国杂协副主席刘全利出席会议、授旗、授牌、颁奖并致辞，省委副秘书长姚中凯，省委宣传部秘书长别业超，以及省文化厅、省财政厅、省民间组织管理局有关领导出席会议、授旗、授牌并颁奖。省文联主席熊召政主持了随后召开的省文联九届四次全委会并讲话。省文联党组书记、常务副主席刘永泽在会上作了题为"深入学习贯彻习近平总书记重要讲话精神 努力开创湖北文艺事业新风貌"的工作报告。会议审议通过了《关于增补、替换湖北省文联第九届委员会部分委员的决定》《关于通过〈湖北省文联九届四次全委会工作报告〉和〈湖北省文联2015年工作要点〉的决议》。

【中国文联湖北省文联文艺支教服务点建立】

3月24日，湖北省文联在恩施州来凤县举行了中国文联、湖北省文联文艺支教志愿者培训班暨派遣仪式。该县成为湖北省首个中国文联文艺支教志愿服务项目点。首批6名文艺志愿者将在来凤县三胡中学、大河中学、百福司小学3所学校，开展为期4个月的支教服务活动。

【"湖北画家画湖北"——文艺志愿服务团走进阳新】

4月8日至10日，湖北省国画院组织数十位画家开展"湖北画家画湖北"活动，该活动自2013年启动以来，已先后在10多个市县开展活动，用画家手中的笔墨展示湖北省好山、好水、好人文，形成了一大文化品牌。

【"到人民中去——文艺家走进大别山革命老区英山"文艺志愿服务活动】

5月22日至23日，由中国文联、湖北省文联、黄冈市文联、武汉大学艺术学系组织的"到人民中去——文艺家走进大别山革命老区英山"为主题的慰问演出、艺术讲座、艺术示范教学、文艺辅导培训等文艺志愿服务活动在英山举行。中国文艺志愿者协会副主席、中国书协副主席赵长青，英山县委副书记、英山县县长田洪光分别致辞。

【第二届"红色老区 灵秀大悟"全国摄影大展作品展】

5月23日，由《中国摄影报》、湖北省摄影家协会、孝感市摄影家协会、"红色老区 灵秀大悟"全国摄影大展组委会共同主办的第二届"红色老区 灵秀大悟"全国摄影大展作品展暨颁奖仪式在武汉隆重举行。湖北日报传媒集团副总编、湖北省新闻摄影学会会长胡汉昌，湖北省摄影家协会名誉主席樊德寿，主席杨发维，大悟县人大常委会主任王瑛，县委常委、宣传部部长蔡定雨等出席颁奖仪式，并为三十多位作品获奖者颁奖。

【"习近平用典"全国名家书法特别展】

6月，由中国书协、湖北省委宣传部指导，湖北省文联、湖北省中华文化促进会、湖北省书协、书法报社联合主办的"习近平用典"全国名家书法特别展在武汉东湖长天楼书法报艺展中心开幕。全国人大常委会环境与资源保护委员会副主任委员、省委原书记罗清泉，省人大常委会原副主任韩忠学，省政协原副主席杨斌庆及省人大教科文卫委员会副主任委员姚中凯，省新闻出版广电局局长张良成，省中华文化促进会副主席黄亚力，长江出版传媒集团有限公司副总经理那拓祺等领导及各界人士400余人出席开幕式。6月12日，中国文联党组成员、副主席、书记处书记李前光观看了展览。

【"不逾矩不——韩天衡学艺70年作品展"】

7月3日，由中国书协、西泠印社、上海市文联、湖北省文联等联合主办的"不逾矩不——韩天衡学艺70年作品展"（武汉巡展）在湖北美术馆举行，省委宣传部副部长王中桥，上海市文联党组书记、专职副主席宋妍，省文联党组书记、常务副主席刘永泽，武汉市委常委、市纪委书记车延高，以及相关部门的领导和上海市、天津市、湖北省、河南省、辽宁省5省市的书法家协会的书法家与湖北书法爱好者800余人参加了开幕式。

【荆楚画派品读展暨荆楚画派名家作品集首发式】

7月19日，由湖北省文联、湖北省国画院主办的"荆楚画派品读展暨荆楚画派名家画册首发式"在省国画院展览馆隆重举行。省人大副主任周洪宇，原省人大副主任任世茂，原省政协副主席杨斌庆，省文联党组书记、常务副主席刘永泽，省文联党组成员、副主席罗丹青等领导和艺术家近百人出席开幕式。展览同时举行了荆楚画派作品研讨会，展览共持续10天。

【2015年"夏之风·东湖戏曲惠民展演周"】

8月17日晚，由湖北省中华文化促进会、湖北省文联、武汉市东湖生态旅游风景区管委会等单位联合主办的"夏之风·东湖戏剧惠民展演周"在武汉东湖长天楼开幕。共青团湖北省委、湖北电力工会代表，东湖风景区社区居民及有关方面的领导共300余人观看了演出。本次展演周为期10天，共10个专场演出，涵盖了群众喜闻乐见的10余个剧种。

【"翰墨薪传·全国中小学书法教师培训项目"华中、华南地区培训班】

8月20日，由教育部、中国文联、中国书协、中国教育学会主办的"翰墨薪传·全国中小学书法教师培训项目"华中、华南地区6省培训班，在武汉东湖碧波宾馆举行开班仪式。中国书协副主席言恭达，湖北省文联党组书记、常务副主席刘永泽，中国教育学会常务副主任郭振有，省文联党组成员、副主席罗丹青，省书协主席徐本一，省教育厅教师管理处处长童静菊，省书协副主席葛昌永、张天弓，中国教育学会副主任张凤民以及来自6省的187名中小学书法教师参加了开班仪式。

【2015中国（武汉）期刊交易博览会】

9月18日至20日，由国家新闻出版广电总局、湖北省人民政府、中国邮政集团公司、武汉市人民政府支持主办，中国期刊协会、湖北省新闻出版广电局等承办的2015中国（武汉）期刊交易博览会在武汉国际会展中心举行。本届刊博会以"新常态、新融合、新发展"为主题，吸引近45万人次观摩；有45个国家和地区及国内31个省、区、市组团参展；展出期刊3.3万多种，包括海内外期刊、图书、音像制品、数据库及衍生产品等；展会现场销售和订货码洋达4.1亿元；共签订、达成交易意向和协议180多项。

【影像"中国梦"摄影巡展】

9月19日，由中国艺术研究院、湖北省文联主办，中国摄影家杂志社、湖北省摄协、武汉市群艺馆、汉口江滩管理办公室承办的影像"中国梦"摄影艺术展武汉巡展在汉口江滩三峡石广场开幕。中国文联副主席李前光出席开幕式。省文联巡视员朱莎莉、中国摄影家协会副主席李树峰分别致辞，开幕式吸引了众多摄影爱好者和社会各界人士参与。

【纪念抗战胜利70周年中国·襄阳米芾书风全国书法作品展】

9月25日，由中国书协、湖北省文联、襄阳市政府主办，襄阳市委宣传部、襄阳市文联、书法出版社等单位共同承办的"纪念抗日战争胜利70周年中国·襄阳米芾书风全国书法作品邀请展"在襄阳米公祠隆重开幕。开幕式由襄阳市政府副市长张小帆主持，省文联党组成员、纪检组组长聂为斌，襄阳市委常委、宣传部部长郭忠分别在开幕式上讲话。中国书法家协会副主席胡抗美，中国书协分党组成员、副秘书长曹建明，中国书法出版社常务副社长连江州，中国书协副主席、中国石油书协主席于恩东，省书协驻会副主席葛昌永，省书协副主席、荆州市书协主席吴中华，襄阳市书法家代表、学校师生代表以及市民代表500余人出席了开幕式。

【第四届湖北美术节暨第二届湖北国际当代艺术节】

9月29日，由湖北省委宣传部、湖北省文联、湖北省文化厅联合主办，湖北省美协承办的第四届湖北美术节暨第二届湖北国际当代艺术节在湖北美术学院开幕。来自不同国家地区的著名艺术家、评论家、艺术群体、社会各界文化人士及省市领导受邀参加了开幕式，其中包括德国著名策展人 Giuliano Matricardi（朱利亚诺）和德国 Malkasten（马尔卡斯滕）美协主席 Robert Hartmann（罗伯特·哈特曼）。省委常委、宣传部部长梁伟年，省政府副省长郭生练，省文联党组书记、常务副主席刘永泽，湖北美术学院院长、省美术家协会副主席徐勇民等出席了开幕式。

【第26届湖北省摄影艺术展】

9月30日，由湖北省摄协主办的第26届湖北省摄影艺术展在省图书馆举行了开幕仪式暨颁奖典礼。省文联巡视员朱莎莉，原武大党委书记、省摄协顾问李健，省摄协名誉主席樊德寿，省摄协副主席邢光辉、贾连成、田飞、史建文、赵红、杜华举、任毅华、傅正明等出席开幕式并为获奖作者和优秀团体颁奖。

【国风归来——周韶华艺术作品展】

10月25日，由湖北省人民政府、中华文化促进会联合主办，湖北省文联、书画频道承办的"国风归来——周韶华艺术作品展"在北京书画频道美术馆盛大亮相。展览展出周韶华近几年创作的作品60余件，其中大部分作品是周韶华2015年创作的新作。王文章、冯远、何家英、杜大恺、宋雨桂、卢禹舜、李荣海、张晓凌、张江舟、曾来德以及本次展览策展人、评论家谢海等来自全国各地的专家、学者以及周韶华的亲友团、学生和媒体界的朋友出席了开幕式。

【第8期全国地县级文联负责人"创新发展与品牌建设"专题研修班】

11月3日，由中国文联主办、中国文联文艺研修院承办、湖北省文联协办的第8期全国地县级文联负责人"创新发展与品牌建设"专题研修班在武汉开班，来自全国各地的65名地县级文联负责人参加本期研修班。中国文联文艺研修院常务副院长傅亦轩，省文联党组书记、副主席刘永泽，武汉市文联党组书记吕兵，省文联秘书长彭华出席开班式。中国文联文艺研修院副院长冀彦伟主持开班式。此次研修班于11月9日结束。

【首届全国剧本创作交易会】

11月9日至10日，由中国文联和湖北省委宣传部作为指导单位，湖北省文化厅、湖北省文联、湖北省演艺集团和潜江市人民政府共同主办，中国视协编剧专业委员会、中国影协文学创作委员会、中国剧协剧本杂志社、北京保利剧院管理有限公司、湖北省剧协、湖北省影协、湖北省视协、戏剧之家杂志社、潜江市委宣传部、潜江市文化体育旅游新闻出版局、潜江市文联承办的全国剧本创作交易会在潜江举行。中国文联党组成员、书记处书记、副主席夏潮，省委常委、宣传部部长梁伟年，中国电视艺术家协会副巡视员冯怀中，中国文联电影艺术中心主任胡子光，中国戏剧家协会剧本杂志主编、著名戏剧理论家黎继德，中央电视台原副总编辑张华山，省委宣传部副部长邓务贵，省文联党组书记、副主席刘永泽，省演艺集团党委书记、董事长肖伟池，省文化厅副厅长严荣利，省文联巡视员朱莎莉，潜江市委书记张桂华，潜江市委副书记、潜江市市长黄剑雄，潜江市委副书记龚定荣，潜江市委常委、宣传部部长陈洪思出席开幕式。本次剧本创作交易会，自8月底以来共征集到全国各地的投稿剧本286部，最终评选出12部优秀奖剧本、20部提名奖剧本，59部剧本现场签约并将搬上舞台和荧屏。著名剧作家、评论家，知名文化企业、影视制作单位负责人及获奖作者等共320人参加交易会。

【土家乡村音乐剧《黄四姐》成功上演】

11月24日晚，由湖北省文联，恩施州委、州政府，建始县委、县政府，省民族歌舞团，省演艺集团联合打造，由省民族歌舞团演出的恩施土家乡村音乐剧《黄四姐》于恩施州城试演，获得好评如潮。12月3日晚该剧在湖北剧院成功上演。12月20日在首都北京民族剧院面向全国观众首次公演。

文艺创作与研究

【中国端午节俗与屈原文化学术研讨会举行】

7月1日至3日，由中国民间文艺家协会、湖北省文联、黄石市委宣传部、湖北省博物馆、湖北省屈原研究会、湖北省群艺馆主办，湖北省民间文艺家协会、黄石市文新广局、黄石市文联、黄石市群艺馆（黄石市非遗保护中心）、黄石市民间文艺家协会等承办的"中国端午节俗与屈原文化学术研讨会"在黄石举行。来自北京、上海、河北、湖南、浙江等全国各地的专家、学者165人莅临黄石，就端午节俗、屈原文化进行了广泛而深入的研讨。

【第十三届湖北曲艺"百花书会"评奖】

9月13日，第十三届湖北曲艺"百花书会"评奖活动暨评奖颁奖晚会在天门市举行。湖北省文联党组成员、纪检组组长聂为斌，党组成员、副主席易熙君，省文联副主席、省曲协主席陆鸣，天门市市委书记柯俊，市人大常委会主任刘杰等领导和嘉宾出席颁奖晚会。中国文联副主席、中国曲协名誉主席、著名评书表演艺术家刘兰芳，中国曲协副主席、浙江省曲协主席、绍兴莲花落表演艺术家翁仁康和中国曲协分党组成员、副秘书长黄群专程来到晚会现场并为获奖单位颁奖。

【纪念杨守敬逝世100周年书法学术研讨会】

10月17日，由中国书法家协会作为学术支持单位，湖北省委宣传部、湖北省文化厅、湖北省文联主办，湖北省书法家协会、湖北省博物馆、书法报社、宜都市政府承办的"博文约礼：杨守敬书法学术研讨会"在武汉长天楼举行。全国人大环资委副主任、省委原书记罗清泉，省委原书记蒋祝平，省人大原副主任罗辉，省政协原副主席李宗柏，中国文联书法艺术中心主任刘恒，省文联主席熊召政，省文联党组成员、副主席罗丹青，省书协三、四届顾问王峻峰、孙方，省书协荣誉主席金伯兴，省书协主席徐本一，广州美术学院教授祁小春，南京艺术学院教授金丹，暨南大学教授陈志平，中国书法杂志社编辑部主任朱中原，省书协、省书画研究会主席团全体成员及入选作者共240余人出席开幕式。省博物馆在东湖长天楼展厅举行了杨守敬书法文献展，共展出该馆珍藏的30幅珍贵的杨守敬书法作品和手稿。

【陈方既与当代书学思想学术研讨会】

10月18日，由中国书法家协会、湖北省委宣传部、湖北省文联主办，湖北省书法家协会、湖北大学承办的"陈方既与当代书学思想学术研讨会"在湖北大学艺术学院举行。中国文联书法艺术中心主任刘恒，省文联党组书记、常务副主席刘永泽，省文联党组成员、副主席罗丹青，湖北大学校长熊健民，省书协主席徐本一，中国书法杂志社编辑部主任朱中原，省书协主席团成员、入选作者和湖北大学艺术学院师生160余人出席开幕式。

【舞谱杯·第四届湖北金凤奖】

10月30日，由湖北省文联、湖北省舞蹈家协会、黄石市委宣传部、黄石市文新广局、黄石市文联共同主办，湖北舞蹈"金凤奖"组委会、黄石市歌舞剧院、黄石市舞蹈家协会、黄石市群艺馆共同承办的舞谱杯·第四届湖北舞蹈"金凤奖"（职业舞蹈）评奖闭幕式暨颁奖晚会在黄石市磁湖剧院拉开序幕。黄石市文联、市歌舞剧院选送的群舞《奋起》获表演奖一等奖，独舞《如同泡沫》获优秀奖，黄石市文联、市歌舞剧院获组织奖。本次大赛共颁出特别奖1个、一等奖5个、二等奖6个、三等奖8个、优秀奖34个、组织奖3个。

【第五届湖北少儿文艺金蕾奖（展览艺术类）】

11月14日，第五届湖北少儿文艺金蕾奖（展览艺术类）获奖作品展暨颁奖仪式在湖北省图书馆举行。在495件参评作品中评选出少儿文艺展览艺术类一等奖21个、二等奖35个、三等奖44个；少儿文艺展览艺术类组织工作奖15个；少儿文艺展览艺术类辅导奖18个。

【第十一届湖北戏剧牡丹花奖颁奖暨惠民演出】

11月27日，由湖北省文联和湖北省剧协主办的第十一届湖北戏剧牡丹花奖颁奖暨惠民演出在汉川福星集团礼堂成功举行。原全国政协提案委员会副主任、原省政协主席王生铁、省文联巡视员朱莎莉、省文联党组成员、副主席罗丹青等领导、福星集团控股有限公司董事长谭功炎、省剧协主席团、戏剧专家与千余名基层群众共同观看了演出。

采风与文化交流

【湖北书画家九人作品国际交流展】

1月1日至6日，湖北书画家聂为斌、梁必文、李建华、丁竹君、贺德昌、胡志勇、李斌、冷秋如、李海峰一行参加了由澳大利亚大洋洲文联、中华文化研究会和湖北省文联举办的"中国湖北书画家九人作品国际交流展"。展览期间，书画家们深入牧场、集市、艺术馆进行采风写生、观摩学习。澳大利亚《星岛日报》、澳洲《新快报》及相关网媒给予了宣传报道。

【"我家就在长江边"中部四省书法作品展】

1月6日，由中华文化促进会、中共湖北省委宣传部、湖南省文学艺术界联合会、江西省文学艺术界联合会、安徽省文学艺术界联合会、湖北省文学艺术界联合会主办，湖北省中华文化促进会、湖南省书法家协会、江西省书法家协会、安徽省书法家协会、湖北省书法家协会承办的"我家就在长江边"——中部四省书法作品联展，联袂亮相于湖北省图书馆。全国人大环境与资源保护委员会副主任罗清泉，中华文化促进会顾问何超明、田进，常务副主席王石，驻会副主席于广华、金坚范等，湖北省委副秘书长姚中凯、省文联主席熊召政以及省直有关单位领导和来自全国各地的书法家、评论家、书法爱好者近800余人出席了开幕式。展览共展出书法作品166件，内容多以歌颂长江和自撰诗文、对联和古诗文为主，囊括了楷、草、隶、行、篆五体。

【荆楚风·丝路情——湖北文艺家赴"一带一路"沿线开展创作采风活动】

10月21日至27日，在湖北省文联党组书记、常务副主席刘永泽的带领下，湖北省20多名文艺家赴"一带一路"沿线开展了创作采风活动。湖北省书画家与青海书画家开展了书画笔会。文艺理论家围绕"丝绸之路文化产业带"进行了学术交流。湖北省市州文联负责人分别与西宁市文联、张掖市文联、额济纳旗文联就加强基层文联建设进行座谈交流。书画家、摄影家们沿途进行了创作写生。电视艺术家们拍摄了一部反映丝绸之路文化之旅的电视风光片。

【海峡两岸书法家在汉举行书法交流活动】

11月7日，由中国书法家协会主办、湖北省书协承办的海峡两岸书法家书法协会交流活动在武汉举行。来自祖国宝岛台湾的书法家李熙华、张自强、王松林、曹静琍、陈泽贤等一行19人来汉参加了书法交流，省书协主席徐本一，省书协副主席王军、刘水露、李国光、吴中华、张秀、张炳绍、舟恒划、童德昭等参加了文化交流。

机关建设

【开展"三严三实"专题教育活动】

全年先后6次召开党组会议专题学习关于"三严三实"的重要讲话精神和一系列文件精神，三次组织中心组学习研讨习近平总书记关于党员领导干部践行"三严三实"的新思想新观点新要求，深入学习党章和《中国共产党廉洁自律准则》《中国共产党纪律处分条例》等规章制度。5月，成立3个调研组赴宜昌市远安县、襄阳市南漳县、恩施州建始县等地，围绕"三严三实"专题教育、"一县一品"文化品牌创建以及基层文联建设等情况展开调研。党组书记、常务副主席刘永泽同志分四个专题——"担当文艺繁荣的使命 践行'三严三实'""把'严以修身'要求贯穿文联工作始终""严以用权 不逾规矩""联系反面典型深入开展研讨"进行了专题党课讲授。邀请省委党校任大立教授和省直机关工委党校汪连天校长讲授党课。干部职工撰写心得体会60余篇，20余万字。6月，与省委党校联合举办了文艺管理人才高级研修班；7月，在党员干部中分两批举办"践行'三严三实'促进文艺发展"专题教育培训班；8月，党组中心组以"严以律己"为主题开展了专题研学；11月，组织"三严三实"专题交流，处级以上干部结合自身工作实际和专题交流的内容认真开展自查，撰写了自查材料装订成册。"三严三实"教育开展以来，共举办各类讲座6次，举办培训班15个，培训文艺人才1000多名。

【积极落实"两个责任"，推进文联机关党风廉政建设】

落实了2014年党风廉政建设主体责任考核表彰，各部室、协会、单位负责人与党组领导签定了2015年党风廉政建设主体责任项目书。认真开展了政治纪律和政治规矩集中教育活动、第16个党风廉政宣教月活动和党纪法规测试。组织国画院、书法院、书法报工作人员等创作的20幅作品全部参展省直机关廉政书画展，在省直机关位居前列。开展了"四项"专项整治。加强了人事任免、政府采购、文艺评奖、项目评审等重大事项的过程监督。10月省委宣传部派驻纪检组成立，省文联党组纪检组撤销后，迎接了派驻纪检组的调研，并迅速完成各相关工作对接，确保文联纪检工作开展。

【严格执行机构编制审批程序和编制管理制度】

与省委组织部、省委宣传部一起完成了文联副主席提任巡视员、正处级干部提任副巡视员的相关工作。完成了2名副调研员试用期满转正测评、转正任职，2名处级干部提任工作及考核材料、个人档案审核工作。完成了2015年度省文联招考、遴选公务员。完成了4名同志调入、上编、公务员登记手续，办理了6名同志的退休手续。完成了后备干部专题调研任务，推荐4名市厅级后备干部及2名中长期发展对象。

【认真落实"精准扶贫"对口帮扶工作】

根据省委省政府文件精神，按照省扶贫办统一部署，省文联上半年对口帮扶咸宁市崇阳县油市村，9月扶贫工作点转为大悟县宣化店镇陈河村。编撰出版了咸宁市崇阳县油市村文化旅游宣传手册，在宣化店镇广场举办了"深入生活，扎根人民"主题实践活动文艺惠民演出。在"扶贫日"活动中组织党员干部捐款1.1万元捐助油市村贫困户。全年共计帮扶贫困村5个，贫困户53户，资助贫困学生3名，赴帮扶村考察33人次，直接投入资金30.7万元。

市州与产（行）业文联

【市州与产（行）业文联工作亮点纷呈】

一年来，省文联致力于"全省文联一盘棋"，以打造品牌为导向，加强了对市州、产（行）业文联和文艺社团的服务指导。武汉市文联编辑出版《中国·武汉》大型画册、《武汉印象·2015》丛书，开展了"武汉系列"文艺创作活动，文学期刊《芳草》获评"全国中文核心期刊"。襄阳市文联举办了"纪念抗日战争胜利70周年中国·襄阳米芾书风全国书法作品邀请展"。宜昌市文联民间艺术工作摘得中国民间文艺山花奖"四连冠"。荆州市文联承办了第三届中国国际友谊艺术展暨荆州近现代美术名家作品展。十堰市文联加强与北京市文联的文艺交流。孝感市文联编辑出版《中国孝文化之乡》等系列书籍。黄冈市文联承办了"和而不同——东北亚书画汇北京、黄冈实体展"等多个国际、省际书画交流展。黄石市文联恢复独立建制并积极组织"中国梦"主题文艺实践活动。鄂州市文联成功举办第二届中华湖北京剧票友节。咸宁市文联举办了"香城义工·红色情怀"百名文艺志愿者进社区文艺演出。荆门市文联抓文艺创作队伍建设成效卓著。随州市文联扎实开展文学艺术"六进"活动。恩施州文联配合举办了中国（恩施）国际演出交易会。潜江市文联举办"中国知名作家写潜江"文学采风活动。天门市文联举办了首届江汉笔会。仙桃市文联承办了中国文联、中国影协"送文艺下基层"活动。神龙架文联承办了首都百名文艺家赴"南水北调水源地"慰问演出、采风、创作笔会活动。

产（行）业文联和文艺社团工作有声有色、卓有成效。湖北省产（行）业文联表演艺术（创作、表演）培训班成功举办。江汉油田文联举办了"纪念江汉油田发现五十周年"大型文艺晚会。蒲纺文联举办各类企业文化比赛。省公安文联加强了创作室、工作室以及创作基地建设。中建三局文联成立后为企业发展宣传正能量。省水利文协完成了理事会和领导班子的选举换届。省地矿文联积极支持该局职工王国良创作了25万字的地质题材长篇小说《大峪口》。省诗词学会"'聂绀弩杯'中华学子传统诗词邀请赛"列入未来五年的全国诗词工作规划，罗辉当选中华诗词学会副会长。中流印社正式成为湖北省一级学术团体。省楹联学会召开了第六次会员代表大会。省报告文学学会创作了全景式长篇报告文学《长江壮歌》。

直属企事业单位

【今古传奇报刊集团】

今古传奇传媒集团有限公司2015年坚定不移地推进体制改革和机制创新，提出"固本强身，重塑传奇"的发展理念，做好纸媒，想尽办法保利润。转变经营方向，以刊物为平台，侧重周边开发。创办《传奇岁月》，成立双平台小组，发展老年经济、着力打造老年圈。利用刊物品牌，响应省委宣传部"加强传统文化建设"的精神，创办《中华文学》，"培养文学大众性，大众的文学心"。紧密"编广发"一体化，2015年名列国家新闻出版广电总局"第二批"转型示范单位名单，成为本次新增的29家期刊单位之一。白金工作室成立，传奇中文网、幻想异界App、蜜爱、传奇听书App及微信一体化平台相继上线。数字新媒体与影视公司合体，打造网络视频做大做强。独立经营机制，运行正常，充分发挥了全体职工的积极性。

【湖北画报社】

围绕时代主旋律以及省委省政府中心工作，完成《"两会"特刊》的编辑出版，以及五一劳动节"荆楚大地处处闪现奉献者的身影""回望东方之星 祭奠长江之殇"等富有时代特色、具有正面导向的特别策划、专题报道。紧跟省旅游局"湖北味道"年度策划，相继推出了寻找最浓湖北味道系列食尚专题，包括《鱼米之乡 鱼味深长》《山货篇之深山臻品》以及《养生篇之冬令进补》。针对首届长江国际旅游博览会暨第八届华中旅游博览会推出了特刊，推出了《旅游局长带你游湖北》主题策划，配合完成了《大学之城 魅力洪山——洪山人文生态揽胜之旅》折页，《灵秀湖北旅游手册》再版，《第八届华中旅游博览会暨首届长江旅游博览会媒体报道专辑》画册，《山地花园，紫薇盛景——紫薇苑》画册以及《灵秀湖北旅游画册（德法版）》编辑工作。

【书法报社】

3月，在武汉举办书法报发展论坛、墨韵芳菲·全国优秀女书法家作品展；在黄冈举办湖北实力中年书法家六人作品学术展。4月，在重庆举办第七届全国硬笔书法骨干教师高级研修班。5月，在绍兴举办第二届全国教师现场书画创评暨教学论坛。6月，在武汉举办"习近平用典·全国名家书法特别展"；在武汉举办制高点——全国书法国展获奖书法作品邀请展。7月，在武汉举办"跨世纪·2013—2014中国书法十大双年度人物作品展"。8月，在武汉举办"与天地参·张天弓书法艺术学术展"和"气象与风度·湖北实力中年书法家吴中华作品展"。9月，在第三届全国期刊博览会（武汉）期间承办艺术报刊馆，举办力量与情怀·湖北传媒人书画作品大赛等活动，获组委会颁发的最佳组织奖。10月，在武汉举办2015"互联网+"全媒体创新人才研修班。12月，在武汉举办"风物长宜放眼量——夏奇星书毛泽东诗词作品展"和"书法报·书画教育"创刊10周年全国师生书画作品展。

【戏剧之家杂志社】

完成理论版全新改版升级，成功举办"华师科技园杯"优秀学术论文评选。聘请中国戏剧梅花奖得主楚剧名家詹春尧、汉剧名家王荔，组织"戏曲现学现唱"活动，成功打造2015中国（武汉）刊博会新亮点。

【文学艺术院】

完成了《湖北省重点文艺创作签约扶持项目精品概览》第二辑组稿和2015年度省委宣传部文艺创作扶持资金项目各文艺门类的汇总、申报。完成62个扶持项目的资金合同书签订，扶持资金已拨付到位。完成了湖北省文联未来三年音乐、影视类重点选题创作计划的汇总、申报工作。起草《湖北省文联文艺培训管理办法》，制定了《培训班班主任职责》，进一步规范了省文联文艺培训工作；跟进14个培训班，组织各文艺门类辅导小分队2个，培训人数达800人，实现了全年培训任务。协助中国文联文艺研修院做好第八期全国地县级文联负责人"创新发展与品牌建设"专题研修班的前期调研及开班期间的具体工作。完成了湖北省文联中青年文艺人才库数据库项目立项。收集2014年度湖北省文联中青年优秀文艺人才库入库人员创作成果动态资料。其中突出的为黄春萍以楚凤纹样以楚绣制作而成的《楚凤系列》在2015年4月参加中国首届潍坊工艺博览会，获"金奖"。

【湖北省国画院】

先后举办了"心源墨象——叶利平、田华、程春利、李剑、黄少牧作品展"等12个展览。开办第三届湖北中国画高级研修班。邀请著名画家周韶华、著名美术史论学者陈传席、著名美术史论家刘曦林等开展讲座活动。圆满完成"湖北画家画湖北"系列活动，共组织画家60余人，行程2000多公里，深入20多个景点区域，创作了高质量中国画作品百余幅。全国性专题大展共有30多幅作品入选，4幅作品获优秀奖，占省内参展作品总数80%以上。

各文艺家协会

【戏剧家协会】

1月，组织戏剧专家前往恩施开展为期5天的南剧演艺人才培训教学活动。2月，组织新春"送欢乐，下基层"系列活动。5月，在恩施设立"恩施州地方戏传承展演基地"，湖北省京剧院优秀演员万晓慧和武汉汉剧院优秀演员王荔摘得第27届中国戏剧梅花奖"一度梅"。7月，荣获"第19届中国少儿戏曲小梅花荟萃"优秀组织奖。第四届中国少数民族戏剧会演最佳组织单位。本年度共发展和审批本省会员50人，推荐并发展中国剧协会员3人。

【音乐家协会】

1月，承办"春之声·家乡情——杜鸣心作品音乐会"。3月至9月，主办第六届"湖北音乐金编钟奖"评奖活动。4月，召开2014"湖北音乐年度人物"表彰会。5月，在宜昌举办为期7天的"立竿见影"2015湖北省歌曲创作与演唱培训班。9月，在随州举行第六届"湖北音乐金编钟奖"颁奖盛典暨惠民演出。11月，龚爽摘得第十届中国音乐金钟奖民族组"金奖"桂冠。10件作品获湖北省第九届精神文建设"五个一工程"奖，13件作品获第九届屈原文艺奖。

【美术家协会】

4月，组织省内知名画家积极创作作品参加中国美协纪念抗战胜利暨世界反法西斯战争胜利70周年美术作品展览，四位画家作品入展中国美术馆；举办湖北省工笔画学会成立一周年小幅作品展、借古开今——聂干因戏画艺术展。5月与12月，举办彭太武中国画作品展。9月，承办第四届湖北美术节暨第二届湖北国际当代艺术节，组织省内10多位著名画家到荆州军区举办"和平万岁 重彩长城"国防教育月湖北美协艺术家下军营慰问活动。12月，在邵声朗教授逝世一周年之际举办"邵声朗师生作品展"。

【曲艺家协会】

3月至9月，开展了第十三届湖北曲艺"百花书会"评奖活动。4月，在对口扶贫工作中组织选拔优秀曲艺节目参加大悟县第十届玄坛农民文化艺术节。7月，举办了2015湖北曲艺表演高级培训班。7—8月，分别在江汉、东西湖区等地举办了湖北曲艺进社区活动。8月，组织编排、选拔优秀曲艺作品赴郑州参加中国中部六省曲艺大赛，其中湖北大鼓《大爱传奇》与天门说唱《特殊礼物》获一等奖，襄河道坠子《草莽秀才》、小品《乡音乡情》和相声《说南道北》获二等奖；主办了周锦堂收徒仪式。11月，湖北大鼓《信义兄弟》、湖北小曲《千古知音》在天津举办的第二届全国曲艺票友大赛中获优秀奖，省曲协获组织奖。12月，由我会出品、省文联文学艺术院扶持的重点文艺项目《说唱大武汉》录制完成并正式发行。

【摄影家协会】

1月，省摄协副主席宋刚明喜获第十届中国摄影金像奖理论评论类奖项；举办首届湖北记忆摄影展暨《作品集》首发仪式。2月，举办"我的中国梦"摄影大展。4月，举办"发现麻城之美"全国摄影大展暨采风活动。5月，举办第二届"红色老区 灵秀大悟"全国摄影大展作品展暨颁奖仪式。6月，举办"中国摄影家聚焦潜江"大型摄影活动、《战争与和平：一个中国摄影师眼中的俄罗斯胜利节》摄影展和"2015·纪实摄影创作提高"研修班，召开八届五次理事会。8月，举办首届"养生山水 长寿钟祥"全国摄影大展。9月，举办影像"中国梦"摄影艺术展、第26届湖北省摄影艺术展。11月，组织10余位知名摄影家赴黄石市开展"为井下一线工人拍张照"文艺志愿服务活动；启动第三届"千年银杏 诗画安陆"全国摄影大展启动仪式暨采风创作活动。

【舞蹈家协会】

3月，召开2015年湖北省舞协工作会，总结了2014年工作成果，介绍了2015年的工作计划，并与各市、州、产业协会探讨交流工作经验，研究和谋划全省未来舞蹈工作的发展方向。4月，成功举办湖北省舞蹈家协会恩施州惠民帮扶行舞蹈创作集训班。10月，成功举办第四届舞谱杯·湖北舞蹈"金凤奖"（职业舞蹈）评奖活动。积极组织作品报送中国舞协第八届"小荷风采"全国少儿展演及第十届"荷花奖"民族民间舞评奖，共有4件作品入围决赛。

【民间文艺家协会】

3月，推动通城"中国瑶文化之乡"的文化品牌打造工作。4月，潜江市皮影艺术团的表演节目《四面楚歌》喜获"全国皮影展演暨第十二届中国民间文艺山花奖·民间绝技绝艺"展演金奖。5月，举办恩施州传统村落立档调查业务培训班。6月，在黄石承办了中国端午节俗与屈原文化学术研讨会。9月，举办纪念抗日战争胜利70周年湖北抗战灯谜大型有奖展猜活动。10月，举办"幕阜山区域文化高级研讨班"。《荆楚民间文化大系》第四辑、第五辑编辑工作继续推进，第六辑已申报书号。分别授予了鄂州市、南漳县、洪湖市、夷陵分乡镇、夷陵龙泉镇"中国三国文化之乡""中国古山寨文化之乡""湖北省凤舟文化之乡""湖北省薅草锣鼓之乡""湖北省高跷艺术之乡"称号。

【书法家协会】

2月，开展"我们的'中国梦'——书法家送文化进万家"公益活动。4月，召开了2015年工作会议，通过了组建湖北省书法事业联盟的决定，与中央数字电视书画频道、湖北华中文化产权交易所、湖北日报楚天艺术集团等单位签署战略合作协议。会上组建了湖北省书法家志愿团。省书协主席徐本一获得第五届中国书法兰亭奖·艺术奖，副主席张天弓获得理论奖三等奖，书法家葛蒲南、刘卫东、吴永斌、肖启富入选佳作奖。6月，举办"习近平用典"全国名家书法特别展。8月，评选出湖北省100名优秀书法人才。10月，举办首期书法骨干国学培训班，承办杨守敬书法学术研讨会、陈方既与当代书学思想学术研讨会。

【电影家协会】

3月，举办湖北电影剧本策划会。4月，举办电影《高山流水》剧本研讨暨新闻发布会。5月，电影《奇袭胡家台》正式开机。6月，举办首届湖北电影周。7月，电影《路口》在恩施开机。8月，参与举办2015湖北影视剧、网络剧、微电影创意培训班。11月，参与举办第二届中韩影视论坛暨韩国电影展。

【文艺理论家协会】

5月，在黄石举办第四届湖北省中青年文艺评论家高级研修班。3月至6月，完成第九届"湖北文艺评论奖"论文评选。全年编辑出版6期《文艺新观察》杂志，并将2014年10月在恩施州召开的"学习习近平总书记在文艺座谈会上讲话精神暨社会主义核心价值观与文艺创新"研讨会中各与会专家代表的文章结集出刊，发行了《社会主义核心价值观与文艺创新》单行本杂志。

【杂技家协会】

6月，在武汉举办杂技理论人才培训班和"湖北·东湖魔术论坛"。武汉杂技团大型剧目《英雄天地间》成功申报国家艺术基金2015年度传播交流推广资助项目；大型剧目《梦幻九歌》申报国家艺术基金2015年度舞台艺术创作资助项目。11月，组织中国杂协第七次全国代表大会湖北代表团赴北京参加中国杂协第七次会员代表大会。本次大会上，夏菊花继续被聘为中国杂协名誉主席，梅月洲当选中国杂技家协会副主席。12月，举办湖北高校魔术年度交流大会暨冠军杯比赛、湖北杂技金菊奖2015全省绝技绝活大赛。

【电视家协会】

1月至2月，圆满完成了"红色土地·金色梦想"——第五届中国农民春节联欢会。2月至4月，圆满完成《春满楚天》全省地方春节文艺节目展评、第二十届湖北省广播电视文艺奖评选，举办了电视文艺高峰论坛及湖北省电视艺术家协会四届理事会第四次会议。5月，湖北省来凤制作的形象宣传片《有凤来兮》参加中国旅游电视周、新农村电视艺术节评选，荣获一等奖。4—8月，由省视协创立的省青少年艺术教育志愿者联盟为社会大众及学生儿童打造了《用声音致敬经典》有声读物；省视协推荐的孙汀娟荣获了"第九届全国德艺双馨艺术工作者"荣誉称号。11月，承办了第19届中国行业电视节目展评评奖颁奖活动；完成了第四届中国襄阳大学生微电影展；在第七届海峡两岸主持人新秀大赛中选送的王青与台湾蔡耀徵、上海郭宏泽并列获第一名。

湖南省文联

综述

2015年，是中国人民抗日战争暨世界反法西斯战争胜利70周年，是全面深化改革的关键之年，是全面完成"十二五"规划的收官之年，也是文艺工作和文联工作抢抓新机遇、实现新跨越的关键一年。一年来，在湖南省委、省政府的坚强领导和湖南省委宣传部的有力指导下，湖南省文联及各团体会员在习近平总书记系列重要讲话精神的指引下，深入学习贯彻落实党的十八大和十八届三中、四中、五中全会精神及《中共中央关于繁荣发展社会主义文艺的意见》，高扬社会主义核心价值观旗帜，坚持以人民为中心的工作导向，紧紧围绕创作无愧于时代的优秀作品这一中心任务，拓展文联职能，强化行业管理，加强行风建设，提高自身能力，团结引导广大文艺工作者深入社会实践，狠抓精品创作，为服务大局、服务人民、繁荣社会主义文艺事业做出了新的贡献。

会议与活动

【习近平总书记重要讲话精神学习活动】湖南省文联始终把学习宣传贯彻习近平总书记重要讲话精神作为首要政治任务，通过组织召开党组扩大会、中心组专题学习会、文艺界学习座谈会、专题研讨班等方式，引导全省广大文艺工作者深刻领会习近平总书记重要讲话的核心要义和精神内涵，用讲话精神凝聚思想共识，指导文艺实践。特别是2015年10月，习近平总书记文艺工作座谈会上的重要讲话（以下简称《讲话》）全文发表、《中共中央关于繁荣发展社会主义文艺的意见》（以下简称《意见》）下发后，湖南省文联迅速组织全省文艺工作者原原本本地对照原文进行深入学习，配合省内主流媒体做好《讲话》和《意见》精神的宣传报道，组织文艺评论工作者撰写发表学习理论文章，在文联所属媒体开设学习宣传专栏，全面引导广大文艺工作者真学、真信、真懂、真用。全省各级文联把学习《讲话》和《意见》精神与推动文艺工作创新发展、破解文联自身突出问题相结合，坚持问题导向，创新学习形式，扎实深入调研，积极主动作为，在组织谋划各类文艺实践中检验了学习效果，赢得了各级党委对文艺工作的重视与支持，创造了有利于文艺繁荣发展的良好环境。省文联还积极配合省委宣传部组织召开全省繁荣发展社会主义文艺推进会，为省委出台《中共湖南省委关于繁荣发展社会主义文艺的实施意见》献计献策。组织了党的十八届四中、五中全会精神宣讲，中办关于意识形态领域通报的学习，对意识形态领域存在的突出问题进行了分析，对如何立足主阵地、传播正能量、打好意识形态领域没有硝烟的战争进行了研究和部署。通过学习，广大文艺工作者进一步明确了当代文艺繁荣发展的指导思想、方针原则和目标任务，进一步强化了精品意识和责任担当，进一步坚定了做好文艺工作和文联工作的信心和力量。

【"中国梦"主题创作活动】

"中国梦"主题创作活动是近年来全国文联系统繁荣创作、打造精品的一项重要工程。湖南省文联以"中国梦"主题创作活动为工作重点，精心策划，周密实施，推出了一批优秀作品。2015年年初，和省委宣传部等单位联合发文，对各市州文联、各协会"中国梦"主题创作进行了动员征集。共收集主题创作作品131件，经专家评审，共评选出优秀作品59件，予以奖励并上报中国文联。围绕"中国梦"的主题，举办了全省广播剧征集评选活动，共征集大型广播剧19部、小型广播剧22部，并重点推出了《铁槟榔》《萧山令》两个剧本，其中，"抗战"题材剧《铁槟榔》已制作播出。主办了"共筑中国梦"歌词创作笔会、中国梦戏剧创作活动、主题书法作品展、"中国精神、'中国梦'——描绘最美乡村美术写生"创作活动、三湘四水"中国梦"——湖南省剪纸、农民画艺术创作征集活动、"中国梦"主题摄影展、梦想的力量——"中国梦"文艺创作系列研讨会，编辑完成了《我们的中国梦》故事集，以艺术的方式生动展示了三湘儿女追梦、筑梦、圆梦的鲜活实践，集中呈现了向上向善的价值追求。

【纪念抗战胜利70周年系列活动】

2015年是中国人民抗日战争暨世界反法西斯战争胜利70周年。为铭记历史、缅怀英烈、弘扬伟大的爱国主义和抗战精神，湖南省文联精心组织了纪念抗战胜利70周年系列活动。与潇湘电影集团联合拍摄了抗日题材电影《受降前夕》，该片被列入广电总局纪念抗战胜利70周年重点影片，已于2015年10月首映。与湖南省音协联合主办了"气壮山河"歌曲创作活动，推出了《气壮山河》《卢沟桥·七里桥》《和平颂》等一批优秀歌曲新作，其中，《和平颂》被澳门国际合唱节选为主题曲之一。主办了"雅韵三湘湖南省纪念抗日战争胜利70周年大型原创作品交响音乐会""难以忘却——纪念抗战胜利70周年书法、美术、摄影作品展"等纪念活动。组织全省50余位美术家创作湖南本土抗战题材美术作品16幅，陈列在湖南抗战纪念馆。通过系列活动，集中展现了中华儿女强烈的爱国主义情怀和民族气节，表现了歌唱祖国、追寻"中国梦"的时代主题，成为湖南抗战纪念活动的一大亮点。

【"气壮山河——纪念中国人民抗日战争暨世界反法西斯战争胜利70周年文艺演出"】

为纪念中国人民抗日战争暨世界反法西斯战争胜利70周年，共同凝聚"铭记历史，缅怀先烈，珍爱和平，开创未来"的价值认同，8月25日晚，由湖南省文联、湖南省文化厅联合主办，湖南省戏剧家协会、音乐家协会、舞蹈家协会承办的"气壮山河——纪念中国人民抗日战争暨世界反法西斯战争胜利70周年文艺演出"在湖南大剧院隆重举行。湖南省委常委、宣传部长许又声，副省长李友志，省政协副主席欧阳斌，省文联主席谭仲池，省文联党组书记、副主席江学恭，省文化厅厅长李晖，省直宣传文化系统及群团组织领导，省军区、驻湘部队、武警官兵以及文艺界代表、省会群众共1000余人观看演出。

晚会通过歌曲、舞蹈、器乐演奏、戏曲联唱、朗诵等形式，带领观众共同追忆那段令人难忘的峥嵘岁月，缅怀为民族独立和自由解放而英勇献身的革命英烈，抒发湖湘儿女对祖国母亲的无限深情，对和平发展的美好愿景。

整台晚会秉承节俭办活动的原则，演职人员全部由省内文艺家担纲。整台晚会不仅使大家重温了抗战题材的优秀作品，展现了强烈的爱国主义情怀和民族气节，还通过新创作的文艺作品斗志昂扬地表现了新时代中国人民歌唱祖国、追寻"中国梦"的时代主题。

【湖南省文联文艺支教活动】

4月1日，由中国文联和湖南省文联联合开展的湖南省泸溪县乡镇中小学艺术课程支教项目正式启动。湖南省文联党组副书记、副主席、秘书长夏义生，泸溪县委常委、宣传部部长向鸿雁出席并讲话。启动仪式上，夏义生在讲话中强调了文艺志愿服务的深远意义并对支教的文艺志愿者提出了要求：要满腔热情、满怀爱心，扎扎实实履行职责，做好支教志愿工作；要关心每一个孩子，做他们的贴心人；在传授知识、培养兴趣的同时，要精心组织开展丰富多彩的活动。

支教活动为期3个月，10位来自黑龙江、贵州和湖南的音乐、美术专业文艺人才奔赴泸溪县4所乡镇中小学文艺支教志愿者岗位，开展文艺支教工作，共计2325课时，其中音乐1723课时，美术602课时，受益学生近2800人。志愿者们克服种种困难，把艺术支教活动开展得有声有色，得到了当地师生的一致好评。

湖南省文联曾于2014年成功在古丈县开展了文艺支教项目服务活动，2015年又选在对口扶贫帮扶点泸溪县开展文艺支教，是希望能让更多的湘西贫困山区的孩子享受到文艺支教带来的实惠，从而实现从"送文化"到"种文化"的目的。

【湖南省文艺界学习"时代楷模"段江华先进事迹座谈会】

10月20日，湖南省文艺界学习"时代楷模"段江华先进事迹座谈会召开。湖南省文联主席谭仲池，省文联党组副书记、副主席、秘书长夏义生，省文联党组成员、副主席、省画院院长刘云，省文化厅副厅长、省书法家协会主席鄢福初，湖南师范大学副校长欧阳峣，省文联副主席、省美协主席、湖南师范大学美术学院院长朱训德出席。省委宣传部相关处室，省文联各协会、机关各处室，省美协主席团成员及各市州美协负责人参加了座谈会。

座谈会上，大家一致认为，在段江华的身上，体现了艺术家深入生活、扎根人民的崇高情怀，潜心艺术、勇攀高峰的艺术追求，热心公益、奉献社会的高尚情操，他不愧为培育和践行社会主义核心价值观的模范。大家表示，将深刻领会习近平总书记在文艺工作座谈会上的重要讲话精神，学习"最美画家"段江华的先进事迹，争做德艺双馨的文艺工作者，不负重托，始终做到与祖国血脉相连、与人民心手相牵、与时代同步前进，用手中的笔和镜头，用歌喉和舞姿，用优秀的艺德艺品，谱写湖湘文艺更加灿烂的篇章。

谭仲池主席在座谈会上做了重要讲话，高度评价了段江华的先进事迹和时代价值。

段江华同志是中国油画学会理事，湖南省美术家协会副主席，省美协油画艺术委员会主任，湖南师范大学美术学院美术系副主任。从事美术教育25年来，他把德艺双馨作为人生追求，勇攀艺术高峰，乐于奉献社会，多次捐画义卖，捐赠灾区、资助学生。3月4日，他不顾个人安危，将一名不慎落水的女童救上岸，引起社会热烈反响。正值习近平总书记在文艺工作座谈会发表重要讲话一周年之际，中宣部于10月15日在中央电视台公开发布段江华的先进事迹，并授予其"时代楷模"荣誉称号，号召全社会向他学习。

【"武陵追梦"湖南省文艺家采风创作活动】

为深入贯彻学习习近平总书记在文艺工作座谈会上的重要讲话精神，积极响应省委关于大力实施精准扶贫决策的号召，展示武陵山片区干部群众脱贫致富追梦圆梦的奋斗历程，湖南省文联组织了"武陵追梦"湖南省文艺家采风创作活动。

11月9日，活动出发仪式在长沙召开。湖南省文联主席谭仲池、省委宣传部巡视员魏委出席并为采风团授旗，省文联党组副书记、副主席、秘书长夏义生主持会议。省文联党组成员、副主席刘云、唐成红，省文联副主席、省文化厅原巡视员周祥辉及60余名省文艺家共同参加会议。

12月19日"武陵追梦"湖南省文艺家采风创作活动汇报座谈会在作家、编译家周立波的故乡益阳清溪村召开。湖南省文联主席谭仲池,省文联党组副书记、副主席、秘书长夏义生,省文联党组成员、副主席刘云、唐成红等领导出席,60余名参与采风的文艺家代表参加。

11月9日至13日,湖南省文联组织四个文艺采风团共120名文艺家,分赴湘西花垣十八洞村等地、泸溪县蒲市镇等地、怀化溆浦洪江等地、邵阳武冈城步等地采风创作,演绎武陵山片区千百万人民脱贫致富奔小康的生动故事,叙写当地政府和扶贫工作队引领脱贫奋勇前行的赞歌,受到了当地干部群众的热烈欢迎。采风创作活动展现了湖南文艺家在习总书记在文艺工作座谈会上讲话精神指引下,坚持以人民为中心的创作导向,为人民放歌、为人民抒情的情怀。同时,通过采风,各文艺家在现场找灵感,在一线找素材,在日常生活中找艺术的源头;遴选艺术家自己深入生活,扎根人民地联系村、联系户,为创作精品力作积聚能量。采风活动的优秀作品分别在《中国艺术报》《文艺报》《湖南日报》《创作与评论》等报刊进行了刊载。湖南省委常委、省委宣传部部长张文雄对采风创作活动高度评价,认为省联"武陵追梦"文艺采风创作活动是贴地皮、接地气,是扎根人民、扎根生活的一次生动实践。

文艺调研及文艺交流

【中国文联副主席夏潮到湖南调研】

5月11日至14日,中国文联党组成员、副主席、书记处书记夏潮率中国文联调研组来湘,围绕进一步做好新形势下文联作协工作的意见开展调研。中国文联理论研究室副主任徐粤春、中国文联理论研究室宣传处副处长于雪峰、夏潮同志联络员魏宁参加调研。

5月11日下午,在长沙召开了中国文联调研组赴湖南省文联调研座谈会。省文联党组书记、副主席江学恭,党组副书记、副主席、秘书长夏义生,湖南省部分文艺家协会和市州文联主要负责同志共19人参加座谈会。会议由夏义生主持。

座谈会上夏潮同志做了重要讲话,讲话中他高度肯定了湖南省文联富有成效的工作并就文联的体制问题,文联组织的性质、定位等问题做了重点阐述,他鼓励文艺工作者要满怀对文联工作的深厚情感,对文艺繁荣前景的坚定信心,积极面对困难,正确看待问题,有方法、有步骤地把文联的组织建设和各项工作推上新台阶。

在湘期间,夏潮一行还奔赴怀化、湘西、岳阳等地,对文联工作进行实地调研,并与基层文艺工作者进行了交流。

【湖南省人民政府副省长李友志到湖南省美术馆项目工地调研】

11月26日下午,湖南省人民政府副省长李友志来到省美术馆及艺术家之家项目工地,实地察看工程建设进展情况并召开座谈会。省文联主席谭仲池,省政府副秘书长、省政府办公厅党组成员陈小春,省文联党组副书记、副主席、秘书长夏义生陪同调研。省委宣传部、省发改委、省财政厅、省住建厅、省电力公司等相关部门负责人陪同调研并参加调度会。

当天下午,李友志一行来到省美术馆项目施工现场实地调研,仔细察看了施工进度、施工环境及施工安保措施。在省美术馆项目调度会上,省发改委等9个省级部门分别发言,汇报了各条工作线上的工作情况及存在的困难,并就省美术馆装修标准达成一致意见。

调度会上,李友志副省长做了重要讲话,他首先肯定了省文联、省相关部门及市、区、街道所做的大量工作,并勉励大家继续带着感情与责任支持省美术馆项目,以确保功能完善为前提,以厉行节约为原则,建好省美术馆。同时,李友志强调项目要严把工程质量关,要注重安全第一,各单位协同合作,为保质保量完成省美术馆项目提供坚强保障,向全省人民交上一份满意的答卷。

【湖南省文联开展文化强省建设大调研】

按照湖南省委主要领导指示,由湖南省委宣传部牵头,湖南省文联等部门参与,于2015年年初进行了以"贯彻习总书记在文艺工作座谈会上的讲话,繁荣文艺创作,推进文化强省建设"为主题的调研活动。按照统一部署,在谭仲池主席带领下,湖南省文联党组成员牵头5个小组共22人,历时半个月调研了14个市州、19个县区、39个乡镇(村),召开28个座谈会。广泛听取了市州党政领导、基层文联工作者、文艺团体、老文艺家、民营文化产业领军人物以及农民作家的意见建议共计300多条。完成了《关于我省文艺工作和文艺发展现状调查报告》《当前湖南文艺人才及其培养情况调研》《湖南文艺评论现状调研》,为湖南省委全面掌握全省文艺工作现状,破解文艺工作发展瓶颈,研究繁荣文艺创作,推动文化强省建设的对策措施提供了重要参考。4月8日,湖南省委书记徐守盛同志亲自主持召开了文艺工作座谈会暨调研成果汇报会,并发表了重要讲话,高度评价了这次调研所取得的成果,同时要求做好调研成果的运用,真正把学习贯彻习总书记在文艺工作座谈会上的重要讲话精神落细落实。中国文联《文艺动态》刊文,对调研给予高度肯定。

【"美丽中国·美丽孟加拉"采风创作、交流活动】

7月29日至8月2日,"美丽中国·美丽孟加拉"——中孟青年美术家国际交流展在湖南省画院美术馆举办。此次展览共有百余件优秀作品参展,涵盖国画、油画、版画、雕塑、水彩、综合材料等多种形式,呈现出中国与孟家拉两国青年美术家们迥异的艺术风格,凸显了两国不同地域的艺术特征,给观众带来了一场精彩纷呈的艺术盛宴。此次画展的开幕拉开了中、孟两国青年美术家国际交流、展览、采风系列活动的序幕。作为加强中孟两国艺术界的交流、增进两国人民相互了解而设立的中孟间文化交流项目,该系列活动已于2012—2013年实现了双方的首次互访并取得了良好的社会效应,赢得中孟社会各界的广泛好评。

此前,全国首趟中孟文化专列也于7月23日起以崭新的面貌登上了长沙地铁2号线。

文化专列展示了36件精选作品,分别来自28位中国青年画家和8位孟加拉国青年画家,作品集中呈现了中国与孟加拉国两国青年美术家们各自的艺术风格和不同地域的艺术面貌。29日上午,中孟两国艺术家们还一起搭乘此趟中孟文化专列,就两国不同的文化风采和艺术魅力进行互动交流,感受地铁文化与异国风情的美妙碰撞。

这也是首次在国内通过地铁专列的形式为国际美术交流活动进行宣传。

2015年恰逢中孟建交40周年暨中孟友好年,该系列活动已被我国驻孟加拉大使馆列为2014—2015年重大文化活动。

7月30日至8月9日,孟方艺术家代表和湖南青年画家代表还赴长沙、常德、湘西自治州等地开展了采风、艺术座谈会等活动。11月,湖南省青年美术家代表又赴孟加拉进行采风、交流、展览等活动,同时参加了在孟加拉举办的中、孟两国青年美术家国际交流展。

省文联党组副书记、副主席、秘书长夏义生介绍说,中国和孟加拉国是好邻居、好伙伴、好兄弟,历史上两国人民创造了灿烂的民族文化,为人类文明贡献了自己的价值。如今,中孟两国在习近平总书记的"一带一路"的宏伟蓝图中友好合作,正在努力实现各自国家的富强、民族的振兴、文化的繁荣。此次两国青年美术家的交流合作,必将促进各自民族美术事业的兴盛。

【第二届中国(长沙)雕塑文化艺术节】

为将长沙这座历史文化名城打造为"国际雕塑之都",9月10日至10月10日,第二届中国(长沙)

雕塑文化艺术节在长沙举行。来自19个国家和地区的24位国际雕塑艺术大师在洋湖湿地雕塑创作园共同开展为期30天的雕塑艺术创作。

本届雕塑文化艺术节以"城市精神·城市文化·城市创造"为活动主题。雕塑节期间，国际雕塑大师还走进了湖南大学、湖南师大等高校开展雕塑艺术巡讲活动，与大学生们畅谈雕塑艺术话题。以雕塑艺术和雕塑文化为纽带，大师们感受到了长沙人民的智慧、热情与友好。同时，雕塑模特甄选活动也吸引了大批市民参与，世界雕塑大师亲自为市民雕刻头像，组委会还组织了劳模、抗战老兵的专场雕塑。

10月9日举行了大美洋湖·2015中国（长沙）雕塑文化艺术节颁奖典礼，来自中国、匈牙利、阿根廷、南非的5位雕塑家的作品获评"最受市民喜爱的雕塑作品"。

本届雕塑节还举行了主题活动全球雕塑原创作品征集大赛，共收到参赛作品500多件，应征者来自中国、印度、韩国、哥斯达黎加等国家，最终遴选出6件优秀作品，来自北京宋庄画家村的职业艺术家王钢的作品《大时代》被评为最佳作品奖，并受邀成为下届雕塑节特邀雕塑家。

文艺惠民及扶贫开发

【文艺惠民】

湖南省文联组织发动广大文艺工作者，广泛开展经常性的"到人民中去"的文艺志愿服务行动，不定期组织开展慰问演出、小型展览、采风创作、专业培训等文艺惠民活动。积极参加全省"三下乡"活动，组织书法家、楹联家为群众写春联送祝福。继续与中国文联联合开展艺术课程支教项目。选派10名专业文艺人才前往泸溪县开展支教活动，教授学生2800多人，授课2325学时。组织文艺家赴南海舰队采风慰问，加深军民鱼水之情。举办"欢乐潇湘"群众美术、书法、摄影优秀作品展览。活动共吸引了8.7万人、8.8万件作品参赛，最终评选出获奖作品299件，展出的674件优秀作品全部出自群众之手。注重发挥协会特点开展特色文艺惠民活动。省剧协主办了昆剧名家艺术讲座。省影协组织会员到嘉禾县、桂阳县开展创作接地气、有特色的影视作品主题座谈研讨活动。省美协组织美术家开展"到人民中去——慰问百岁老红军及红军家属"活动。省曲协组织进军营演出2场，进校园演出9场。省书协举办"书道湖湘"公益大讲堂，组织书法名家授课9次，听课人数约4000人次。省民协持续开展民间文艺进校园活动。省摄协组织了以"摄影点亮中国梦"为主题的惠民系列活动，捐赠了摄影书籍和器材，举办了摄影培训班。省视协组织会员深入邵阳市绥宁县开展"深入基层、扎根人民"主题实践活动，向村民赠送电视机、小型放音机等。省画院美术馆全年承展近30个，免费接待观众近2万人次。继续发挥好文艺惠民服务基地的阵地作用，2015年又新创建7个文艺惠民服务基地，并进行了扶持。全年，各文艺惠民服务基地在发挥文艺传播平台作用、丰富基层群众精神文化生活方面发挥了重要作用，受到当地群众的热烈欢迎。

【扶贫开发】

扶贫开发是党和政府的一项重要工作。按照省委统一部署，省文联对口帮扶泸溪县都歧村。结合扶贫村都歧村实际，湖南省文联第一时间派驻扶贫工作队，制定精准扶贫工作规划和"一进二访"活动方案。副厅级以上干部深入扶贫村进村入户、访贫问需。副处级以上干部分批次前往扶贫村开展帮扶工作。领导班子成员、机关处室、省各文艺家协会等积极与贫困户"结穷亲"，共计结对帮扶39户。对12名贫困学生进行了一对一帮扶，每年每人捐助1200元。组织机关干部职工为困难户捐棉被50套，衣服625件，书籍2000册。投入10万元修建通组机耕路，投入20万元修建村文化广场。11月9日至13日，组织120名文艺家，分4个团队深入武陵山片区自治州、怀化市、邵阳市

3个市州11个县市，开展了"武陵追梦"主题采风创作活动，演绎武陵山片区千百万人民脱贫致富奔小康的生动故事，探索文艺扶贫帮困新模式，受到当地干部群众的热烈欢迎。采风创作成果在主流媒体同时推出。《中国艺术报》12月7日头版头条刊发活动综述。省委常委、宣传部部长张文雄同志专门做出批示，对活动予以肯定。

机关建设

【思想作风建设】

严格按照方案安排步骤，认真扎实地开展"三严三实"专题教育。坚持集中学习和自学相结合，将习近平总书记系列重要讲话、党的创新理论和路线方针政策、省委省政府重大决策部署作为重点学习内容安排到学习教育中。共组织开展党组中心组专题研讨3次，党组成员专题党课5次，党支部书记党课9次，党支部（党总支）学习研讨23次，组织贯彻落实党的十八届五中全会精神宣传报告1次。全面落实了党风廉政建设两个责任。全年，党组专题研究部署9次，下发相关文件12个。一把手带头落实"第一责任人"责任，班子成员履行一岗双责。认真贯彻落实中央八项规定和省委九项规定要求，严格执行文艺评奖办节、新闻报道、财务管理、公务接待、会议管理、出国出境等一系列规定，确保作风建设不懈怠。

【组织队伍建设】

妥善推进协会换届。按计划完成了省音协、省视协的换届工作，省企（事）业文联换届也已提上议事日程。修订完善了省文联协会管理办法，规范了进出机制和奖惩机制，不断扩大有效覆盖和有效引领。继续做好文艺人才扶持"三百工程"的项目扶持和培训工作，投入100万元对申报的创作、展览、演出、出版等44个项目进行了扶持。省文艺创作扶助基金会全年投入85.5万元，重点扶助了24个创作项目。继续组织全省文联系统中青年干部培训班和第二届全省戏剧、电影、电视剧编剧研修班，有效提高了各类文艺人才的综合素质。

【基础设施建设】

湖南省美术馆工程是文联工作的重中之重。湖南省文联一直把省美术馆建设放在工作的重要位置来抓，在保证安全和质量的前提下，力求加快省美术馆及其附楼湖南文艺家之家的建设进度。经过大量艰苦细致的工作，省美术馆及附楼（文艺家之家）项目建安工程招标于9月28日结束，最后评定湖南省第六工程有限公司为中标单位。10月20日，施工单位进场施工，项目进入全面施工阶段，进展顺利。11月26日，李友志副省长亲临省美术馆项目实地调研并召开现场项目调度会，解决项目建设遇到的具体问题，推进项目建设。全年完成投资3760万元，占年度任务目标的75.2%。严格按照相关规定，对办公楼进行了维修改造，有效改善了文联机关和协会的办公条件。按照建设文化艺术一条街的思路，对文联所属门面进行了统一规划、统一招标。经过竞标，所有门面都已被文化艺术经营者租赁，文化艺术一条街已初具规模，门面的经济效益和社会效益得以合理放大。

创作与获奖

【戏剧】

花鼓戏《我叫马翠花》获第十四届中国戏剧节优秀入选剧目。湖南省戏剧家协会组织创作的纪念中国人民抗日战争暨世界反法西斯战争胜利70周年广播剧《铁槟榔》，在湖南人民广播电台新闻综合频道播出。

【电影】

电影《穿越硝烟的歌声》获第十一届中美电影节反法西斯战争胜利70周年优秀主题电影"金天使"奖。

【音乐】

在澳门举办的2015国际合唱联盟世界合唱博览会合唱大奖赛中,湖南省"九歌男声合唱团"荣获大奖赛A赛区成人男声合唱组金奖。

【美术】

省美协副主席段江华被中宣部授予"时代楷模"荣誉称号,并获评湖南省道德模范;邹建平的国画《游击队之歌》,文牧江的版画《文夕大火》,卢雨、邓党雄、邹培刚的版画《陕西初阳》入选纪念反法西斯战争胜利70周年全国美术作品展。

【舞蹈】

省文联副主席、省舞协主席杨霞获评全国中青年德艺双馨文艺工作者;在第三届荷花少年·全国(中学)校园舞蹈展演中,《南岳山歌风情》《吉祥鸟》《拓》三个舞蹈获金奖,《太极柔》《阿妹织春》两个舞蹈获银奖;在第八届小荷风采·全国少儿舞蹈展演中,《粒粒盘中餐》《吃粉》《一把小雨伞》《拍拍手》四个舞蹈获金奖,《打泥巴》《爷爷的银色世界》《旋转的童年》三个舞蹈获银奖。

【民间文艺】

浏阳市强盛龙狮艺术团表演的《烟花龙舞》获第十二届中国民间文艺山花奖,曾拥军的中篇故事《置换手术》入围第十二届中国民间文艺山花奖·民间文学作品奖;在"纪念抗战胜利70周年2015全国剪纸名家精品展"中,宁亚肖的《英雄的机场》获铜奖,陈艳光的《狼牙山五壮士》、陈钢的《中流砥柱》、钟艺的《战争的见证》、吴祥荣的《多耶》获优秀奖;曹肖婷的剪纸《少生优生幸福一生》获第十五届中国人口文化奖民间艺术品类优秀奖;徐向荣获第六届中国民间艺人节"最受欢迎的民间艺术家"称号。

【摄影】

湖南省摄影家协会主席谢子龙获"全国劳动模范"荣誉称号;在第25届全国摄影艺术展中,彭志敏的《曲韵遗风》组照获商业类银奖,罗晓羽的《吾家有女初长成》组照获记录类铜奖;在美国《国家地理》摄影大赛(中国区)中,郭立亮作品获三等奖。

【书法】

全国第十一届书法篆刻作品展,入展49件,其中文佐、陈寰两人篆刻获奖;全国第三届手卷书法展,入展17件,两项书法赛事入展人数均排全国第三。

【杂技】

由湖南省杂技剧院有限责任公司创作编排的原创大型杂技剧《梦之旅》在湖南大剧院进行首次公演,并在第五届湖南艺术节中荣获"田汉特别奖"。

直属单位

【文艺理论研究室】

《创作与评论》刊物影响进一步扩大。全年正常出刊24期,正式出版文字近500万字,被《新华文摘》《中国人民大学复印资料》《小说选刊》《小说月报》等权威刊物转载转摘作品53篇次,转载量在全国的同类刊物中排在前列。省委宣传部《阅评简报》载文《〈创作与评论〉坚持"三求"效果佳》对刊物进行了专门表扬。在第二届长沙(中部)印刷包装博览会上,杂志获评"印制最美的图书类"作品三等奖。

联合主办了"中国新锐批评家高端论坛"、长篇小说《失魂记》研讨会、"新形势下杂技艺术的创新与发展"研讨会等创作与理论研讨活动,积极建设湖南良好文艺生态；召开了《创作与评论》2014年度奖颁奖活动，遴选了一批优秀作品，表彰了一批优秀作者。

【湖南省画院】

与浙江画院开展了双向采风创作展览活动，加强了两地美术界的联系和交流，展览作品受到浙江艺术爱好者的追捧；先后参与了长沙、怀化、郴州、湘西等地的"送文化下乡"活动和写生采风活动；刘云、石纲、魏怀亮、田绍登、袁绍明等先后举办了个展或联展，产生了良好的社会影响；承展近30个，免费接待观众近2万人次；创建了"湖南省画院网站""湖南省画院微信平台"等信息平台，影响不断扩大。

各文艺家协会

【湖南省戏剧家协会】

开展了全省戏剧剧种生存状况和戏剧老艺人生活情况的调研活动；开展了以"中国人民抗日战争暨世界反法西斯战争胜利70周年"为主题的全省戏剧、广播剧优秀剧本评选活动，评选出优秀剧本奖5个，剧本奖7个；组团参加了在北京召开的中国剧协第八次全国代表大会，王阳娟、李鸿飚、汪辉、张富光、罗维5人当选第八届中国剧协理事；主办了昆剧名家艺术讲座。

【湖南省电影家协会】

参加了《穿越硝烟的歌声》《青春激荡的岁月》《受降前夕》《延安岁月》等10多部电影的拍摄制作，参与了重点影片《天国地图》的剧本创作讨论，与葡萄牙电影资料馆、中国电影资料馆联合主办了"首届葡萄牙中国电影展"，组织了会员到嘉禾县、桂阳县开展创作接地气、有特色的影视作品主题座谈研讨活动。

【湖南省音乐家协会】

启动了"潇湘好歌传天下"歌曲创作品牌活动。在长沙召开了湖南省音乐家协会第八次代表大会，选举产生了省音协第八届领导机构，邓东源当选主席，付辽源、朱咏北、李敬民、肖鸣、吴春福、金沙、岳瑾、周跃峰、赵小平、喻秋兰10人当选副主席，周小峰、袁双洋、唐孟冲当选主席团委员，金沙兼任秘书长，廖洪立任副秘书长。

【湖南省美术家协会】

组织了"纪念反法西斯战争胜利70周年全国美术作品展"作品推选活动，承办了湖南抗日战争纪念馆美术创作专题研讨会，开展了"到人民中去——慰问百岁老红军及红军家属"活动，完成了"欢乐潇湘"群众美术、书法、摄影活动美术方面的工作，举行了《白一新作·追溯本源》首发式暨作品观摩展、"湖南省第七届水彩画展"等展览活动。

【湖南省曲艺家协会】

主办了首届长沙市大学生曲艺大赛，以驻长高校曲艺社团为主，吸引了全省热爱曲艺的大学生积极参与；开办了湖南省曲艺培训班、大学生曲艺提高班，组织进军营演出2场、进校园演出9场，推动了全省曲艺精品创作，提升了全省群文曲艺工作者的整体素质，促进了全省曲艺事业的发展。

【湖南省舞蹈家协会】

举办了"第八届小荷风采·全国少儿舞蹈展演湖南省选拔赛""首届湖南省青少年舞蹈大赛"等赛事，进一步扩大湖南省青少年及少儿舞蹈"金荷奖"品牌的影响。针对2015年全国性舞蹈大赛，广泛征集、严格审核、及时申报，推送作品在第八届"小荷风采·全国少儿舞蹈展演"、第三届"荷花少年·全国（中学）校园舞蹈展演"、第十届中国舞蹈"荷花奖"民间民族舞评选中取得佳绩。

【湖南省民间文艺家协会】

持续开展民间文艺进校园活动。主办"三湘四水中国梦"——湖南省剪纸、农民画艺术创作征集活动。共评出入围优秀作品33件，其中剪纸22件，农民画11件。编辑《湖南省剪纸、农民画优秀作品集》，呈现剪纸、农民画艺术的传统特色和时代精神。组织湘绣、木雕、珐琅板彩画、面塑等门类的民间文艺家组团参加2015第十七届湖南文化艺术收藏工艺品展。通过边展边做边销的方式，向全社会展示了丰富多彩的民间手工艺。

【湖南省摄影家协会】

成立艺术摄影委员会、新闻纪实摄影委员会和技能鉴定所，积极举办高级摄影师国家职业资格鉴定考试及培训。构建了包括网站、微信、微博在内的自媒体宣传平台，协会微信公众号关注粉丝达3万多人。主办《边城》凤凰全球摄影擂台赛、"光影·文明·责任"全国摄影大赛、"'中国梦'·百姓梦"首届全国摄影大展、"美在潇湘"全省两型摄影大展等赛事。组织开展以"摄影点亮'中国梦'"为主题的惠民系列活动，举办摄影培训班，捐赠摄影书籍和器材。

【湖南省书法家协会】

举办"书道湖湘"公益大讲堂，先后邀请言恭达、陈海良、张旭光、姜寿田、曾翔、胡抗美、刘洪彪、王岳川、刘文华9位书法名家来湘授课，听课人数约4000人次。参与承办"湖南省第五届艺术节美术书法摄影精品展"，第一次设立了"齐白石艺术奖"。通过严格评审，共评出入展作品160件，齐白石奖作品8件，优秀奖作品12件。

【湖南省杂技家协会】

与省文联文艺理论研究室联合主办了"新形势下杂技艺术的创新与发展"研讨会。积极参加海外文化艺术交流活动，赴意大利、葡萄牙演出15场，观众达6万多人次。将省杂协与省杂技艺术剧院的排演场，打造成惠民演艺亲子儿童剧场，与长沙妈妈网合作，针对少年儿童推出了"系列儿童杂技——勇敢人的游戏"主题活动，进一步拓展演艺惠民工程。

【湖南省电视艺术家协会】

在长沙召开了湖南省电视艺术家协会第五次代表大会，吕焕斌当选新一届理事会主席，朱皓峰、李浩、汪涵、张华立、黄晖、盛伯骥、彭祝斌、曾雄、熊兴保、黎日坚10人当选副主席，盛伯骥兼任秘书长，李萍担任副秘书长。组织了第九届全国"德艺双馨电视艺术工作者"湖南候选人评选活动。组织会员深入邵阳市绥宁县开展"深入基层、扎根人民"主题实践活动，向村民赠送电视机、小型放音机等生活用品和物资。

【湖南省设计艺术家协会】

主办了第二届湖湘景观设计艺术大赛暨原创作品巡展，集中展示了近百幅作品，包括近年来具有国际知名度的省内外各大专业设计机构设计师的设计作品和第二届湖湘景观设计艺术大赛获奖的优秀作品；主办了第十五届湖南室内设计大赛，大赛分为高校组和专业组两大类，并分别按手绘类、文教医疗类、家具空间类、商业空间类、办公场所类、酒店会所类等类颁发奖项。

【湖南省文艺评论家协会】

成立了音乐创作研究会和视觉艺术评论委员会，新发展会员35人。注重加强文艺评论工作者的道德养成，通过学习教育，倡导文艺评论工作者加强自律，抵制低俗，保持底线和良知，提升公信力，弘扬正能量，营造良好的文艺批评氛围，形成健康的批评风气。举办了报告文学《人民利益高于一切——刘少奇在湖南调查的四十四天》

研讨会、长篇小说《活着之上》研讨会、"我欲因之梦寥廓"——"中国梦"背景下湖南文艺创作研讨会等引导艺术创作健康发展的研讨会，促进创作与评论比翼双飞。在湖南师范大学和湖南理工学院，建立了文艺评论基地，重点加强文艺理论评论课题研究。《湘江文艺评论》内刊试刊出版，《新世纪湖南文艺评论选（2001—2015）》的编辑工作启动。

【企事业文联】

组织编纂了《文脉·千年湖湘书院图记》大型人文图书，图文互见，史料翔实。湖南省人民政府副省长李友志在序言中指出：该书为谱写"中国梦"的湖南篇章贡献出了一份智慧和力量，其意义值得肯定。成立企事业文联特邀艺术顾问委员会，为省企事业文联高水平地开展工作保驾护航。

广东省文联

综述

2015年,广东省文联在省委、省政府的正确领导下,按照中国文联和省委宣传部的工作部署,深入贯彻落实党的十八届三中、四中、五中全会精神和学习贯彻习近平总书记在文艺工作座谈会上的讲话精神,正确把握文艺工作导向。一年来,组织开展了中国人民抗日战争暨世界反法西斯战争胜利70周年系列活动,加大文艺人才培养力度,创新服务基层工作机制,认真开展"深入生活、扎根人民""到人民中去"主题实践活动,举办"百家千场艺术讲座下基层"活动,大力实施文艺名家发展战略,大力加强信息网络建设,发挥网络文艺生力军作用,承担重大课题研究、把握文艺评论的正确导向,加强文联自身建设和权益保障工作,做好对新文艺工作者和新文艺群体的团结和服务,加强对外及港澳台工作交流与宣传推介、扩大广东文化影响力。

重要会议与活动

【广东省副省长陈云贤到省文联调研】

3月11日,副省长陈云贤率省政府办公厅、文化厅、教育厅、财政厅等部门有关负责同志到省文联机关和省美协、省书协、省民协、省摄协、广东文艺职业学院调研,主持召开座谈会并现场办公。云贤副省长指出,近年来,全省文联系统和广大文艺工作者认真学习贯彻习近平总书记系列重要讲话精神,尤其是习近平总书记在文艺座谈会上的重要讲话精神,明确了努力方向,创作了一批优秀作品;组织文艺家深入农村、社区、学校、厂矿企业等开展采风活动,丰富了创作源泉,增强了创作活力和作品感染力;积极组织开展文艺惠民活动,取得了明显成效,值得充分肯定。省文联党组书记、专职副主席程扬做了工作汇报。

【广东省文联第七届三次全委会暨2015年全省文联工作会议】

3月26日,省文联第七届三次全委会暨2015年全省文联工作会议在广州召开。省文联七届委员会委员及港澳文艺界代表、直属单位领导班子成员和领导、嘉宾等共150余人参加会议。省委宣传部副部长、省文明办主任顾作义出席会议并讲话,他首先代表省委宣传部,对省文联2014年所取得的工作成绩给予充分肯定。省文联主席许钦松主持会议并传达中国文联九届七次全委会精神,程扬向大会做工作报告并做会议小结。

【中国文联党组副书记李屹一行到广东调研】

4月14日至17日,中国文联党组副书记、副主席李屹,国内联络部主任刘尚军,人事部副主任闫少非，办公厅书记处办公室副处级秘书苑金江等一行来到广东，就当前文艺界行风建设，加强文艺行业服务、管理、自律等方面开展考察调研。4月14日，李屹一行在省文联党组书记程扬等的陪同下先后参观了广东书法院、广东文艺职业学院，并在广东文艺职业学院举行座谈。4月15日上午，李屹一行来到广东文学艺术中心，与省文联有关领导、广东部分省级文艺家协会负责人、广州市文联领导、广东省新文艺群体艺术家代表进行专题调研座谈，在会上，省文联党组书记程扬首先向李屹一行简要介绍了广东省文联基本情况，汇报了省文联新文艺群体艺术家协会的筹备建立情况。广州市文联主席乔平汇报了广州市文联的有关情况、广州文艺界存在的一些问题和意见建议。来自不同艺术领域的新文艺群体代表分别发言，就各个领域新文艺群体的现状、发展情况、存在问题等方面发表意见或建议。从4月15日下午到17日，李屹一行在省文联党组成员、专职副主席李仙花等人陪同下，前往东莞、深圳两地开展调研，先后考察了东莞市寮步镇影视城、中国沉香博物馆、寮步镇牙香街、寮步镇香市书画院、深圳市观澜版画基地、深圳市大芬油画村等地，并分别在东莞市文联、深圳市文联召开了座谈会。

【广东省文联与南方报业传媒集团签署战略合作框架协议】

5月7日，省委宣传部副部长、南方报业传媒集团党委书记莫高义与省文联党组书记程扬在广州共同签署《南方报业传媒集团与广东省文联战略合作框架协议》。双方将围绕繁荣广东文艺、传播正能量、挖掘文艺资源、传承传统文化、推动文化产业发展等方面展开紧密合作，通过"一带一路"和广东"自由贸易区"建设，整合各自优势资源提升广东文化内涵、扩大广东文艺影响力。双方合作内容将涉及文化艺术的传播与报道、文化项目合作交流以及新媒体信息平台构建等方面，重点合作品牌包括广东文化英才的扶持、"海上丝路艺术周"、"自由贸易区"文化等活动。

【扬时代之光——杨之光艺术研究展】

10月15日，"扬时代之光——杨之光艺术研究展"在广州美术学院美术馆及岭南画派纪念馆开幕。杨之光是现代中国人物画新风貌形成过程中的重要艺术家，是构建现代人物画教学体系的奠基人之一。展览分两部分。第一部分为"回到激情岁月"，以219件作品、近千张文献及手稿、13个经典案例为线索，展示了杨之光先生各时期重要创作及相关草图；第二部分为"重返教学现场"，以89件作品及大量相关文献呈现其教学示范手稿以及教学理念的形成轨迹。

【纪念萧殷诞辰100周年学术座谈会在广州举行】

12月8日，由省文联、省作协、羊城晚报社主办，省文艺批评家协会承办的萧殷诞辰100周年纪念研讨会在广州举行，共同探讨萧殷对于当前广东文艺评论和创作的重要价值和意义。

【纪念中国人民抗日战争胜利70周年系列活动】

8月14日，省文联、省委党史研究室和广州地区老游击战士联谊会共同举办的"岁月回眸——中国人民抗日战争暨世界反法西斯战争胜利70周年"抗战老战士影像展和诗歌、散文、楹联书法展在广东省文联艺术馆开幕，这是广东省文艺界和党史界纪念抗战主题系列文艺活动之一。展览展出了抗战老战士影像及在粤书法名家以省文联向全国征集纪念抗战胜利70周年歌曲、诗歌、散文、楹联等5000多件作品中评出的优秀歌曲70首，优秀诗歌、散文70篇，优秀楹联70幅为主要内容创作的140余幅书法、篆刻作品。随后，在惠州、中山、深圳等地巡回展出。省文联将这些作品汇集收录在《岁月回眸——纪念中国人民抗日战争暨世界反法西斯战争胜利70周年诗歌散文楹联精品书法》中。省文联与省音协主办了"纪念中国人民抗日战争暨世界反法西斯战争胜利70周年"原创歌曲征集活动。省剧协举办了纪念抗日战争胜利70周年粤剧专场演出。省影协举办了世界反法西斯主义战争胜利70周年电影展映。

【"我心中的文艺"主题征文活动】

省文联在全省开展了"我心中的文艺"主题征文活动，共收到征文700多篇，评出了一等奖10名、二等奖20名、三等奖34名，连同特邀作品11篇，收录《我心中的文艺》文集，成为广东文艺界一年来学习贯彻习总书记在文艺工作座谈会上的重要讲话精神的经验总结。文集送至参加中国文联全委会议代表及各省市区文联。

【海上丝绸之路系列活动】

1月至6月，省杂协在广东沿海地区开展海上丝绸之路杂技剧的创作、采风工作。10月，启动首届广东海上丝绸之路摄影大展，之后，省摄协组织摄影家到南海、汕尾、阳江、湛江等地开展丝绸之路沿线的摄影采风创作活动。12月10日，由省委宣传部、省文联和省美协主办的"魅力海洋——广东美术家海上丝绸之路创作展"在广州美术学院美术馆开幕，展出了省美协组织艺术家们深入生活创作的富有浓郁广东风情、彰显海上丝绸之路文化特色的国画、油画、版画、水彩作品共约70件。12月22日，由省文联主办的第五届广东文化产业论坛"海上丝绸之路·文化产业创新发展前瞻"在广东金融学院学术报告厅举行，论坛围绕"一带一路"战略为文化产业创新发展带来的机遇与挑战，就"艺术与产业深度融合如何传承与创新中华美学精神"以及"文化产业如何应对'互联网+金融+文艺'的新格局把握发展契机"的问题展开讨论。

【广东星海音乐节】

3月27日，广东星海音乐节正式启动。音乐节以传承冼星海爱国主义精神为主旨，由音乐高峰论坛、高端音乐会、专业音乐比赛、创意音乐会演、大型综艺晚会等系列活动组成，其中，美声唱法比赛、民族唱法比赛、流行唱法比赛、合唱比赛和作品比赛与中国音乐"金钟奖"比赛项目隔年对接，每届获奖单位和获奖选手，将代表广东省选送参加"金钟奖"等全国比赛。

【第十二届广州大学生电影节】

9月26日至12月26日，第十二届广州大学生电影节在广州举行。本届电影节继续以"激情电影梦，绽放我青春"为主题，举办了原创微电影大赛、原创微剧本大赛、电影配音大赛、影评大赛、微影评大赛、摄影大赛、"我的银幕至爱——最受大学生欢迎的华语电影评选"、电影剧组明星见面会、电影专家名人专题学术讲座等活动。

【2015中国粤港澳微电影"金种子奖"大赛】

11月24日，2015中国粤港澳微电影"金种子奖"大赛颁奖典礼在深圳举行。此次大赛是国内首个立足粤港澳、放眼国际的微电影盛典，旨在推动粤港澳微电影事业发展、加强微电影工作者交流、促进广东省微电影艺术水平的提高。活动由中国视协和省文联指导，省视协和中国扶贫公益微电影协会等单位联合主办，于2014年12月27日在深圳启动。比赛共收到1700多部参赛微电影作品，最后评选出12部优秀影片、4部优秀公益影片、9部最佳单项奖、1部最佳影片和1部最佳文化推进奖。

【广东十大茶乡评选活动】

5月22日，由南方日报社、省文联、华南农业大学、省民协联合主办的"寻找广东十大茶乡"系列评选结果在江门开平市大揭晓。活动于2014年8月27日启动，经21个地级市初评，结合网络投票、现场投票、组委会实地考察、专家评委盲评结果，最终评定：韶关市曲江区罗坑镇、韶关市仁化县红山镇、河源市和平县青州镇、梅州市大埔县、梅州市梅江区西阳镇、惠州市博罗县柏塘镇、江门市开平市大沙镇、阳江市阳西县东水山茶乡、清远市英德市、潮州市凤凰镇为"广东十大茶乡";猴采红牌原生态高山红茶(红茶)、枞中枞牌凤凰蜜兰香单丛茶(乌龙茶)、东水山茶(红茶)、金螺春绿茶(绿茶)、凯达牌香妃翠玉(乌龙茶)、莞香茶(特种茶)、象窝牌云大红茶(红茶)、童氏石坪顶茶(绿茶)、"华煌"牌红茶(红茶)、宝溪口高山有机茶(绿茶)为"广东十大名茶";授予天露仙源为"最具岭南韵味养生名茶",积庆里英红九号为"最具品牌价值典范名茶"。

【第二届广东文艺终身成就奖揭晓】

12月7日,第二届广东文艺终身成就奖表彰座谈会在广州举行,丁荫楠(电影)、方展荣(戏剧)、刘斯奋(文学)、陈笑风(戏剧)、陈群(舞蹈)、陈金章(美术)、陈永正(书法)、岑桑(文学)、林榆(戏剧)、郑南(音乐)、姚锡娟(戏剧)、郭绍纲(美术)、黄少梅(曲艺)、黄庆云(文学)、章以武(文学)15位文艺家获第二届广东文艺终身成就奖殊荣,中共广东省委书记胡春华、广东省省长朱小丹会见了获奖文艺家。

【文艺人才培养】

1月,由省文联和省剧协主办的"戏剧名家与青年新秀结对传艺签约仪式"在广东文艺职业学院举行,李仙花、倪惠英、丁凡等10多位戏剧名家与10余位青年新秀结对传艺,并通过"戏剧进校园"等活动,推动了广东戏剧事业的薪火相传。省剧协举办了多期广东民营剧团演艺人才培训班。

3月,中国书协与省文联等单位联合主办的"中国书法公益流动大讲堂(广东站)"先后在东莞和深圳举办,来自省港澳等省(区)的书法创作骨干400余人参加了培训。

开展第九届广东省新世纪之星评选工作,经12个省级文艺家协会广泛推选、省文联评选委员会严格评审,云卓佳(电视)、付彩霞、朱起明(书法)、刘云天(音乐)、刘定富(文艺评论)、李锐(书法)、李伟年(电影)、李思音(音乐)、邹罡(舞蹈)、宋光智(美术)、张东(美术)、张权(杂技)、张天宇(电视)、陈志平(文艺评论)、林清云(摄影)、林婷婷(曲艺)、赵丽(杂技)、费琪芳(音乐)、高健(舞蹈)、黄丽华(戏剧)、黄丽萍(曲艺)、曹永富(摄影)、梁浩杰(民间文艺)、彭双龙(书法)、彭嘉志(民间文艺)、曾小敏(戏剧)、潘旭(音乐)、潘千芹(曲艺)28位艺术家获得了第九届广东省"新世纪之星"称号。

文化惠民活动、文艺志愿服务与扶贫开发

元旦、春节期间,省书协组织万名书法家书写万"福"送万家。12月25日,省文联进校园举办第九届广东省"新世纪之星"艺术展演活动。省剧协组织了"到人民中去——省文联戏剧名家走进大学校园"活动,省影协组织了"广东电影艺术进校园",省舞协组织了"舞者展风采——省文联百名舞者送欢乐下基层"、新农村少儿舞蹈教室美育工程会演惠民演出,省摄协组织了"摄影大篷车下基层"等活动。2015年,全省文联系统举办文艺志愿服务活动达2万多场,惠及百姓数千万人次。由省委宣传部、省文联主办的"百家千场艺术讲座下基层"活动自4月24日正式启动以来,共有130名文艺名家志愿参与,在广东各地举办各类专题文艺讲座近800多场,受惠群众达数百万人次。

【广东省文艺志愿者协会】

省文艺志愿者协会组建的文艺志愿服务团(队)共105个,在全省创建的"广东省文联文艺志愿服务者创作基地"共23个。一年来,省文艺志愿者协会共开展了26场"到人民中去——广东省文联文艺志愿服务"活动,受益群众近50万人次,参与活动的文艺家1000多人。新丰县下黄村、塘村村是广东省扶贫办落实给省文联

的第一批、第二批双到扶贫点，省文艺志愿者协会组织省文联机关干部与下黄村和塘村村135位贫困儿童结为帮扶对象，作为他们的"爱心父母"捐钱捐物、跟踪孩子学习情况，组织广东文艺职业学院的青年教师和大学生利用暑假开展文艺支教工作，给孩子们培训书法、美术、舞蹈、唱歌、电脑等。省文艺志愿者协会以各文艺家协会、各艺术门类的自身优势来探索体现志愿服务到基层的品牌活动，整合资源组织各门类文艺名家"送欢乐下基层"，进军营、进学校、进基层、进农村、进企业开展慰问演出活动。此外，充分利用网络的特点，探索文艺志愿服务网络化的新方式，通过网络来加强文艺志愿服务队伍的发展与管理。

理论研究

【理论课题研究】

承担了中国文联"修改完善文联章程"课题研究工作，通过召开全面覆盖市县文联和省市县三级文艺家协会的调研座谈会，发放调研问卷等方式，对"章程"提出建设性的修改意见。承担了省委宣传部"关于开展加强工人、农民等普通劳动群体宣传"课题任务，依靠部分省级文艺家协会和市县文联广泛了解全省工人、农民等普通劳动群体业余文艺创作展示的有关情况。

【舞蹈理论研究】

省舞协共出版4期舞蹈理论刊物《舞蹈研究》。

民间文化保护与发展

【"梦里的古村"——广东省古村落摄影大展】

2月，由省文联、省住建厅主办的"'梦里的古村'——广东省古村落摄影大展"首次将摄影作品送进广东省"两会"会场展厅展出。此次展览展出的206幅作品分《古村落风貌》和《古村落风情》两部分，以204个广东省古村落为拍摄点，面向全省摄影人士征稿，从近万幅作品中精选而来。

【广东省第四届花灯文化节】

3月3日至5日（农历正月十三至十五），在东莞市洪梅镇举办"广东省第四届花灯文化节"。活动期间，共接待游客约15万人次。

【首届广东省泥人节】

6月13日至28日，结合全国第十个文化遗产日纪念活动，举办了"首届广东省泥人节"。此次展览汇集了广州灰塑、吴川泥塑、大吴泥塑、石湾公仔、漫塑等14个地市的80多位艺术家的150余件作品。

【第二届广东省民间文化技艺大师评选】

10月至11月，开展了第二届广东省民间文化技艺大师评选工作，评选出麦秆画制作大师方志伟、陶塑大师王增丰、潮州刺绣大师孙庆先、广绣大师许炽光、乞巧供案和飘色制作大师许冠其、剪纸大师陈永才、陶塑大师陈茂辉、陶塑大师杨锐华、手拉壶制作大师吴瑞深、潮州木雕大师金子松、端砚雕刻大师梁佩阳、陶塑大师黄松坚、潮州木雕大师辜柳希、彩扎大师黎伟以及牙雕大师潘楚钜15名德艺双馨的民间文化技艺大师。

【民间文艺书籍】

省民协整理出版了《广东省十大民间工艺丛书》《广东省古村落·松塘村》以及《广东省民间故事集》（县卷版）新兴卷、梅州梅县卷(2)、惠州龙门卷、五华卷。

自身建设

【广东省文联第三期艺术讲座】

1月20日，省文联举办了第三期艺术讲座，由中国杂协副主席、省杂协主席宁根福主讲。宁根福从杂技艺术的创新与发展的角度来讲述《天鹅湖》的成功给中国杂技界带来的影响、中国杂技和世界马戏艺术价值观的对比，和对第三届粤港澳台四地魔术节的建议。省文联机关、广东书法院、文艺研究所的干部职工，岭南美术出版社和文艺学院的中层干部，广州市文联及基层文联的部分代表近200人参加了讲座。

【广东省文联文艺舆情信息员培训会议】

5月13日，广东省文联文艺舆情信息员培训会议在广州召开，会议传达了中国文联文艺舆情信息工作会议精神，对2014年全省文联文艺舆情信息工作进行了总结。会上表彰了2014年度舆情信息工作优秀信息员和好信息。省文联副秘书长、办公室主任李明就如何撰写好信息进行了专题培训。省文联各团体会员、机关各部室、各直属单位负责舆情信息的同志及舆情信息员共50多人出席了会议。

【省文联召开"三严三实"专题学习会】

7月9日，省文联组织全体机关工作人员召开学习贯彻落实"三严三实"专题教育会，邀请了广东省委党校教授宋儒亮讲授《法治中国建设的回顾、进展和前瞻》专题。宋儒亮就法治中国建设发表观点，从法治建设的回顾、法治中国的重点与进展、法治中国的远景前瞻三大部分，从法理、哲学等视角阐释法治中国改革的特质及其逻辑关系，提出改革与法治的联姻，为保证新常态建设稳步推进、国家长治久安起到了重要作用。

【第四期艺术讲座暨开展机关干部"三严三实"学习教育活动】

8月6日，省文联举办了第四期艺术讲座，由北京摄影函授学院广东校区副校长黎明做《摄影艺术浅谈》专题讲座，讲解了纪实摄影与艺术摄影的区别、摄影的时代性与地域性、新时代摄影的现状、摄影元素的运用等摄影艺术知识。随后，程扬结合今年上半年文联开展"三严三实"教育以来的情况，对下半年继续深入开展好"三严三实"教育活动提出了要求。省文联机关、省文艺研究所全体干部职工，岭南美术出版社和广东文艺职业学院、广东书法院中层以上干部100多人参加了讲座。

对外及对港澳台文化交流

【"粤台镜界"广东·台湾摄影名家精品展】

11月，在台湾桃园和广州分别举办"粤台镜界"广东·台湾摄影名家精品展，共149幅作品参展，其中台湾摄影作品84幅，广东摄影作品65幅。

【广东省文艺代表团出访南太三国并进行艺术展演及文化交流】

12月10日至19日，省文联应邀组织广东省文艺代表团随同广东省政协主席王荣率领的省友好代表团，赴库克、瓦努阿图、新西兰3国进行艺术展演及文化交流。文艺代表团表演了琵琶、锯琴、岭南民间舞蹈、群舞、杂技、武术和魔术等节目，受到观众的热烈欢迎。

直属单位

【广东文艺职业学院】

完成2015招生录取工作，共录取1893人。本省招收1793人，面向甘肃、山西、云南等8个省（区）招收100人。学院有12个专业、23个专业方向。5月，在"2015年中国漆器艺术精品展"中，美术系程智老师的作品"仿唐银棱鋬漆金银平脱秘色瓷碗"获"百花·漆花杯"中国漆器艺术精品奖银奖。9月，学院教师田卫东获2015年"南粤优秀教师"称号。10月，在第五届"中国营造"暨2015全国环境艺术设计双年展以及2015年度（第十二期）中国之星设计奖中，环境艺术设计专业获最佳指导教师奖4人，学生作品获1项银奖、2项铜奖、5项优秀奖；装潢艺术设计专业获优秀指导教师奖2人，学生作品获1项银奖、3项优秀奖、24项入围奖。12月，中央音乐学院远程音乐教育学院广东文艺职业学院学习中心获国家教育部全国高校现代远程教育协作组、《中国远程教育》杂志社联合颁发的"2014—2015年度全国高校现代远程教育优秀校外学习中心"称号。

【岭南美术出版社有限责任公司】

全年销售总码洋8314万元，图书发稿总量354种，总印数20528284册。2月，举办"岭南风华——广东美术名家作品邀请展"。9月，与广东省教育研究院共同主办"小学《硬笔书法练习指导》教材使用培训会议"；选送的《广州制作：欧美藏19世纪中国通纸画》一书获第二十四届"金牛杯"优秀美术图书评奖会铜奖。11月，协办"中国首届插图艺术展"，展出了来自全国的300余幅插图作品，是插图第一次作为独立性的艺术门类跻身于大型展览中。

【广东省文艺研究所】

3月，汇编《2014广东文艺观察》，从文艺批评的角度，对2014年度全省文艺界做了一次整体的观察、思考、梳理和总结，涉及文学、美术、书法、摄影、音乐、舞蹈、戏剧、电影、电视等多个文艺门类。9月，举办"粤海丰碑——近代以来广东人民近现代抗敌御侮斗争纪念作品展"。10月，举办"广东汉乐理论研讨会"，同时编印了《广东汉乐理论研究论文集》。还出版了"中国梦"题材音乐作品专辑《梦就是方向》CD专辑、《白门柳》研究丛书，以及论文集《学思闻道》。

【广东书法院】

5月，广东书法院梅州高研班开课。7月，广东书法院第三届书法高研班创作专题课开课。9月，广东书法院第四届书法高研班开课。

【广东省文联艺术馆】

共举办展览40次，经济收入达120万元，较2014年增长9%。

各文艺家协会

【戏剧家协会】

5月，举办第六届广东省少儿戏曲小梅花荟萃活动。6月至7月，举办广东省第八届中青年戏剧演艺大赛，本届大赛在历届戏剧演艺大赛中，参赛人数最多，参赛演员也更为年轻化，其中"90后"选手约占参赛选手总数的1/3。8月，会同广东粤剧促进会等单位于广州中山纪念堂、佛山顺德文化中心、澳门文化中心举办了3场"难忘的岁月——纪念中国人民抗日战争暨世界反法西斯战争胜利70周年"粤剧晚会。8月，在第十九届中国少儿戏曲小梅花荟萃活动中，获优秀组织奖，报送的《垃圾风波》《太平盛世香云纱》等7部精品获第十九届中国少儿戏曲小梅花荟萃"参演剧目奖"，推荐的王宁、顾心仪、徐一涵、许俊聪、乔晨浠、张皓泉、杨思琦、黎佩珺和李翠丽9名选手获"金花"称号。10月，广东话剧《康有为与梁启超》获第十四届中国戏剧节"优秀入选剧目"。

【电影家协会】

5月起，省影协在协会官方网站和微信平台专门开设了"南方电影视点"栏目，以"促进中国电影发展，表达南方电影之声"为宗旨，就当前中国电影现状、电影市场营销、广东电影发展、微电影的兴起等热点问题，刊发电影理论家、电影实践者、影评人及普通电影观众的评论文章，一年内，共刊发文章30余篇。9月，在广州大学组织成立了"青年影视创作基地"，基地培养的大学生团队创作的《阴雨转晴》获第24届中国金鸡百花电影节微电影大赛最佳剪辑奖。11月，组织成立"青年国际电影交流中心"，以扶持、培养青年电影人，加强国内外青年电影人的交流。

【电视艺术家协会】

6月，召开电影《茗》剧本研讨会。6月起，邀请中国电视艺术家协会媒体融合推进委员会副会长徐泽勇等多位专家分别在潮州、东莞、佛山、梅州、肇庆、清远、河源等地市举办了"新媒体融合"讲座。6月至12月，与广东龙凤呈祥影视文化有限公司联合制作电视剧《家庭秘密》。9月，广东省报送的潮州广播电视台的《湘子桥》等12部电视作品在第八届中国旅游电视周优秀旅游电视节目评奖中获奖。

【音乐家协会】

3月，组织"2014年度广东省优秀音乐家"评选，评选出突出贡献奖2名：赵建华、郑南，优秀音乐家170人。2月，在广州主办"唱响'中国梦'·魅力崇高群众合唱艺术交流展演"。3月，主办"广东省第二届弦乐大赛暨广东省第十五届少儿小提琴演奏比赛"。6月，主办"'中国梦'·荷乡情"潮商杯原创歌曲作品征集大赛。7月，举办"唱响南海合唱大赛暨狮山镇首届产业工人合唱大赛"活及"观音山杯——首届海峡两岸少儿口哨音乐友谊赛"。8月，推荐的大型原创声乐套曲《热血东江》（主创：刘长安、杜鸣、房千等）获"广东省文艺精品创作生产专项扶持资金。9月，在广州举办"挥手扬歌星海情——粤合粤唱中秋夜"音乐会。10月，在深圳主办"广东省青少年键盘乐器大赛活动"。11月，在广州承办"最美是你——姚晓强音乐作品研讨会"；举办"东莞，我在歌里听到你"原创歌曲征集和"2015年广东客家新民歌歌曲评选等活动"。12月，在珠海举办"第九届广东珠三角咸水歌（鱼歌）歌会与'唱响粤桂黔'合唱精品展演"；在广州召开"2015繁荣广东音乐创作座谈会"并组织广东省音乐家采风团赴珠海市外伶仃岛举办了"筑梦'一带一路'——广东省音乐家采风暨海洋歌曲创作研讨会"；推荐的歌曲《你真的好亲》（向远作词 杨晓作曲）和《幸福舞起来》（朱明作词 黎法明作曲）获"广东省文艺精品创作生产专项扶持资金。

【舞蹈家协会】

5月，在广州举办"广东省第三届少儿舞蹈大赛暨第八届'小荷风采'全国少儿舞蹈展演广东省选拔赛"，推荐了其中20个作品参加全国展演并全部获奖，省舞协获"优秀组织单位"；在佛山举办"第二届广东省青少年舞蹈大赛暨第三届'荷花·少年'全国（中学）校园舞蹈展演广东省选拔赛"，推选了其中6部获奖作品参加全国展演，其中4部作品获"荷花少年"称号，省舞协获"优秀组织单位"。6月至9月，在广州、佛山、肇庆等地举办"2015温氏牛奶第五届HIP HOP达人街舞挑战赛"，超过300支团队参加了比赛。11月，在佛山举办"2015广东省首届职工创意舞蹈大赛"和在江门举办"第二届广东省中老年舞蹈大赛"。5月10日，江门市被中国舞蹈家协会授予"中国舞蹈之城"称号。

【美术家协会】

5月16日，"大道之道——赖少其诞辰百年作品展"在广东美术馆开幕，共展出500多件赖少其不同时期的艺术作品，其中不少精品首次公开亮相。7月15日，"第七届广东省版画作品展"在深圳市中国版画博物馆开幕。8月3日，由省文联、省美协、潮州市委宣传部及潮州市文联共同主办的"海丝文化重镇潮人精神家园——潮州市美术作品赴穗调展"在广东省文联艺术馆开幕。9月5日，"广东省第四届漆画作品展"广东省文联艺术馆开幕。11月，广东画家谢明凯的作品《红军修建的民居》在"时代足迹——2015·中国百家金陵画展（油画）"获金奖。12月19日，"广东省第七届水彩、粉画展"在深圳大芬美术馆开幕。

【书法家协会】

1月16日，在肇庆学院召开了广东省中小学书法课程骨干教师培训工作研讨会。8月，刘洪镇、刘广文、王道国的作品在"全国第十一届书法篆刻作品展览"中获优秀作品奖。9月25日，在广州举办"纪念莫仲予先生诞辰100周年学术座谈会"，会场上专门展出了莫仲予先生的遗作30多幅。10月17日，选派12名书法家赴韶关南雄市第二届姓氏文化旅游节现场，义务为老百姓挥写家风家训及励志名言，书法家们共为村民创作家训书法作品近百幅。11月、12月，先后安排书法名家近30人次，到清远、东莞、三水等地进行采风和义务创作。12月，在东莞举办广东省第五届"南雅奖"书法篆刻展作品展评审，评委从2700件投稿作品中评出李嘉朋、陈泽雄、钟碧彩、崔青云、符世明5位作者的作品获金奖，以及银奖10件，铜奖20件，入展作品177件，入展作品提名69件。编印会刊《岭南书坛》共6期。

【摄影家协会】

2月7日，在江门举办"'我看见'——第二届全球华人摄影大奖"颁奖典礼，此次活动得到港澳台、东南亚、美加、澳新等地区华人摄影组织、摄影师和摄影爱好者的参与，投稿量达15000多幅，评选出：年度致敬人物奖——何藩、年度摄影文化贡献奖——李媚、年度肖像类华人摄影师——张海儿、年度报道类华人摄影师——郭现中、年度观念类华人摄影师——黎朗、年度商业类华人摄影师——胡国庆、年度最具潜力华人摄影师——何成；陈建强的《卖鱼的妇人》获肖像摄影作品大奖，何永安的《天网》获纪实摄影作品大奖，许亚的《贞节牌坊系列》获观念摄影作品大奖，唐小平的《7天连锁酒店形象广告》获商业摄影作品大奖，以及4个类别的优秀奖各20名，网络人气奖10名。颁奖仪式结束后，举办了以"生活的宽度，影像的深度——摄影家眼中的华人"为主题的研讨会。3月25日，举办2014"伯奇杯"中国创意摄影展颁奖暨2015"伯奇杯"中国创意摄影展启动仪式。6月，启动"大朗杯"广东省第26届摄影展览、"美丽广东"系列——"城市变奏曲广东省城市风光"摄影大展。8月，在第25届全国摄影艺术展览中，广东省共有50件作品获奖，其中，沈玲的《英魂归来》获纪录类金奖，省摄协获"组织工作奖"。11月4日至6日，在东莞市大朗镇举办以"互联网时代当代摄影的边界与可能"和"广东本土摄影专题研究"为主题的广东省第八届摄影理论研讨会。北京摄影函授学院广东校区第26期摄影函授班招生374人，特别开设了省级会员提升班、女摄影大师班，已形成基础班、中级班、提升班、大师班各个层次都具备的教学模式。

【曲艺家协会】

1月30日，在广州举办《广东曲艺新作与评论》首发式暨深化曲艺战略合作座谈会，为欧阳国兆、梁启康、蔡永权、陈锦荣、郭木娣、刘顺莲、包昌萍、卢启均、谢运洪、伦妙姬、冯仲儒11位支持广东曲艺事业发展的热心人士颁发"力扶曲艺 再造繁荣——特殊贡献奖"。3月30日，在广州举办"桃李芬芳满梨园——谭佩仪九十寿辰师生名曲欣赏会"。4月28日，主办的"全球微粤曲大赛"第一季决赛在广州落幕，来自广东和日本、尼日利亚、广西的共14位选手进入决赛，广西选手黄新辉获金奖，广东选手杜亚依、黄锦玲获银奖，广东选手邓子峰、林桃菲、陈碧云和胡冠雄获铜奖。7月，在佛山举办"'马派雄风 戏曲纵横'——马师曾戏曲艺术回顾"系列活动，活动包括马师曾戏曲艺术回顾暨容桂曲艺发展图片展、马师曾戏曲艺术回顾暨容桂曲艺发展座谈会以及马师曾戏曲艺术回顾欣赏晚会。11月13日，在佛山举办"广东省第二届黄俊英艺术之星大赛"颁奖典礼及汇报演出，赛事于5月10日启动，共有123个参赛节目、293名选手，经过9场比赛，来自佛山市南海区和顺小学的参赛节目《阿茂阿寿》等获少儿组一等奖。11月15日、28日，第九届广东省青少年曲艺"明日之星"选拔赛综合曲种专场、粤语曲种专场相继在深圳、佛山落幕，综合曲种的杜金山、刘神、张子焜、孙嘉琳、柏金烁，粤语曲种的黄梓洋、黄霜瑜、汤炜婷、何枥、李紫韵、许佳怡、李晓琪、程嘉敏和器乐类的陈建侠、伏楚菡共15名小选手荣获"明日之星"称号。12月25日，杨子春从艺60周年座谈会在广东文学艺术中心举行。12月，在中山举办2015年广东曲艺器乐伴奏大赛。

省曲协获"2015年度中国曲艺家协会曲艺杂志社通联工作先进单位"。在第三届"南山杯"全国曲艺新人新作展演中，推荐作品相声《谁信呢》、粤曲琵琶弹唱《悲歌广陵散》获一等奖，快板《醒狮》、情景快板《局长回家》获二等奖，相声《代驾奇遇记》获三等奖；第十届河南宝丰马街书会全国曲艺邀请赛中，省曲协推荐作品、群口快板《节日早知道》获一等奖，相声《现代病》获二等奖；第三届"岳池杯"中国曲艺之乡曲艺大赛中，省曲协推荐作品广东南音说唱《泡桐树下忆书记》（东莞道滘）荣获金奖，粤曲弹唱《海缘》（顺德容桂）、粤曲《灯笼沙之恋》（珠海斗门）荣获银奖，粤曲莲花板《葵乡特产美名扬》（江门新会）、粤曲《国事榕下说烟桥》（佛山南海）、粤曲《花海漂游结良缘》（东莞麻涌）荣获铜奖；首届河南坠子大会中，省曲协推荐的选手莫红梅荣获二等奖；第二届"和平杯"全国曲艺票友邀请赛中，张靖、张倩（南音弹唱《最美的新娘》）、黄锦玲（粤曲《柴房自叹》）荣获一等奖，该三人获评全国曲艺十大名票，省曲协获"组织奖"。

【杂技家协会】

4月16日至20日，与广西、云南、贵州、四川四省杂技家协会在广西桂林联合举办2015南方五省区魔术新秀展演暨研修班。5月1日至3日，与中国杂协魔术艺术委员会、深圳华侨城欢乐谷旅游公司在深圳市欢乐谷联合举办"第九届中国杂技金菊奖第六次全国魔术比赛"，本次比赛增设了"中国古典魔术传承奖""中国魔术新人奖"。在"'传统与现代'——百秒微视频网络魔术创意大赛"中，来自全国各地的17组选手参加了比赛，深圳欢乐谷魔术师祖丽艾合买组合、李军岭分获银奖、荣誉金奖。中国杂技家协会还特别授予深圳华侨城股份有限公司"中国魔术文化发展杰出贡献奖"。6月26日，在广州举办"宁根福从艺60周年艺术创新座谈会"。8月3日至7日，在惠州与桂、滇、黔、川四省（区）杂技家协会联合承办第二届南方五省（区）青年魔术交流大会暨广东高校魔术夏令营。

【民间文艺家协会】

4月，认定命名江门市鹤山市古劳镇上升村为"凉茶始祖王老吉故里"；陆丰市皮影戏传承保护中心节目《鸡斗》获"全国皮影展演"金奖。9月，省民协选送的段丽红剪纸作品《听奶奶讲抗日的故事》获"纪念中国人民抗日战争暨世界反法西斯战争胜利70周年——2015全国剪纸名家精品展"优秀奖。11月5日至9日，2015中国（广东）民间工艺博览会暨第八届广东省民间工艺精品展在广州中洲中心举行，此次精品展首次引入韩国、土耳其、越南、缅甸等"海上丝绸之路"的沿岸国家工艺家及企业参展，并新设"创客区"，联手广州美术学院、华南师范大学、广州大学、广东财经大学、广东文艺职业学院、广东轻工职业技术学院等高校，集中展示我省几所高校艺术学院的作品，向观众展现了当代青年对传统艺术的理解以及创新，搭建起艺术学院学生作品与市场对接的桥梁与纽带，同时也为传统工艺注入了新活力。11月9日，举办"新型城镇化中岭南文化的保护与传承"学术研讨会。12月，在第十二届中国民间文艺山花奖评选中，广东省共有6个项目获奖，分别是：何世良的砖雕《六国大封相》、王汉池的农民画《客家山歌农民画组画》、朱斌辉的刺绣《五伦图》、陈学农的石雕《秋硕图》获"山花奖"民间工艺美术作品奖，湛江廉江市舞鹰雄艺术团的

《鹰雄相斗竞风流》、东莞市清溪镇文化广播电视服务中心的《南国麒麟舞吉祥》获"山花奖"民间艺术表演奖。

【文艺评论家协会】

2月,举办第14期"广东艺术家沙龙",主题为"南派电影集结号:产业整合与平台共建"。8月,举办了第15期"广东艺术家沙龙",主题为"中国人民抗日战争暨世界反法西斯战争胜利70周年"艺术作品展的沙龙访谈。9月,暨南大学"中国文艺评论基地"获中国文联、中国文艺评论家协会批准成为全国22家首批国家级文艺评论基地之一。10月,举办第16期"广东艺术家沙龙",主题为"时代美术之光"。11月,举办第17期"广东艺术家沙龙",主题为"广东民间工艺新时代"。12月22日,承办第五届广东文化产业论坛"海上丝绸之路·文化产业创新发展前瞻"。

广西壮族自治区文联

综述

2015年广西文联有团体会员42个,其中自治区级文艺家协会14个,地级市文联14个,产(行)业文联14个;有个体会员15159人。广西文联内设机构6个,自治区级文艺家协会办事机构12个。各级文联认真学习贯彻党的三中、四中全会精神,深入学习贯彻习近平总书记在文艺座谈会上的讲话,坚持以人民为中心的导向,持续开展文艺志愿服务活动和深入实施"千村万户文艺惠民工程"。举办全区文联系统文艺家读书班和纪念广西文联成立65周年座谈会。开展各类文艺采风创作、会员培训、文艺展览展示活动。年内,自治区文联主办刊物《广西文学》《南方文坛》《美术界》在国内外公开发行。

会议与活动

【2015年全国文联文艺舆情信息工作会议】

3月26—27日,由中国文联主办,中国文联理论研究室、广西壮族自治区文联承办的全国文联文艺舆情信息工作会议在南宁召开。中国文联党组成员、副主席夏潮,广西壮族自治区党委宣传部副部长卢仲云,广西文联党组书记、主席韦守德,中国文联所属各文艺家协会、各省区市文联分管舆情信息工作的领导、舆情信息工作部门负责人、舆情信息员,中国文联机关各部门、各直属单位代表,文艺舆情信息直报点和中国文艺舆情信息研究基地的负责人共120人参加了会议。

大会对2014年度文艺舆情信息先进集体、先进个人和好信息进行了表彰,授予中国曲艺家协会等8个单位为"中国文联2014年度舆情信息工作先进集体",授予杨萍等8名同志为"中国文联2014年度舆情信息工作先进个人",评选《广东省文联出台措施为文艺自由职业者服务》等10篇舆情信息为"中国文联2014年度舆情信息工作好信息"。会上进行了经验交流和分组讨论,中宣部舆情局舆情分析处副调研员朱正楷和新华网舆情监测分析中心内容总监兼分析部主任王通文分别对与会代表进行了专题培训。

【黄道伟到广西文联调研】

4月23日上午,自治区党委常委、宣传部部长黄道伟一行到广西文联调研。黄道伟走访了广西文联各文艺家协会,听取了广西文联党组书记、主席韦守德对文联和各协会近期有关工作情况的汇报。黄道伟希望广西文联坚持"二为"方向、"双百"方针和"三贴近"原则,引导各领域文艺家创作出更多精品力作。

【洪波同志任广西文联党组书记、主席】

4月28日,广西文联召开全体干部职工大会。自治区党委组织部常务副部长宋晓天、自治区党委宣传部副部长刘咏梅、广西文联主席韦守德、广西文联新任党组书记洪波,及广西文联全体干部职工参加大会。宋晓天宣读了自治区党委关于洪波同志的任职通知。自治区党委决定,洪波同志任自治区文学艺术界联合会党组书记;同意提名为自治区文学艺术界联合会主席。洪波表示,衷心感谢自治区党委的信任和重托,坚决执行自治区党委的决定。今后在自治区党委、自治区政府的领导下,在大家的支持下,一定勤奋工作,廉洁自律,和同志们一道共同努力,做好文联工作。6月29日,广西文联第九届五次全委会在南宁召开。会议宣读自治区党委关于同意提名选举洪波同志为广西文联主席的文件。经全体委员投票选举,洪波当选为广西文联主席。

【广西文艺家读书班】

5月7日至9日,由广西文联主办的2015年全区文联系统文艺家读书班在南宁举行。全区各市、县(市、区)、产(行)业文联负责人,各全区性文艺家协会负责人,以及广西文联机关的干部职工等160多人参加了读书班。

广西文联系统文艺家读书班自2007年首次开班,每年一次,至今已举办9期。本期读书班是在全国人民深入学习党的十八届三中全会、四中全会精神,学习习近平总书记系列讲话,特别是习近平总书记在全国文艺工作座谈会上的重要讲话精神形势下举办,具有十分突出的意义。广西文联党组书记洪波在总结讲话中,对广西各级文联的工作提出了建议和想法,要求文联系统要进一步增强机遇意识和责任意识;突出抓住出作品、出人才这个中心环节;始终牢记文艺创作要以人民为中心,坚持文艺惠民;进一步提高广西文艺界的凝聚力。

【纪念广西文联成立65周年座谈会】

6月23日,由广西文联主办的纪念广西文联成立65周年座谈会在南宁召开。广西壮族自治区文学艺术界联合会是新中国诞生后广西最早成立的人民团体之一。1950年6月25日,广西省文艺界首届代表会议在南宁召开,宣告广西文联(筹)正式成立。广西文联由刚成立时的4个协会不足200名会员,发展到现在的艺术门类齐全的13个协会约1.5万名会员,文艺人才队伍形成了老中青三代结合、薪火相传的人才梯队。广西涌现出一批有全国影响的文艺家和作品,培育和打造出了富有民族与地域特色的文化品牌"文学桂军""漓江画派""八桂书风"等。座谈会由广西文联党组书记洪波主持。自治区宣传文化单位、各人民团体领导,广西各文艺家协会、文艺报刊负责人,自治区、南宁市文艺家代表等60多人参加了座谈会。

【全国美术名家走进合浦】

7月4日至6日,由广西文联主办的"'一带一路'耀南珠——全国美术名家走进海上丝路始发港合浦采风"活动在合浦县举行。活动共邀请了中国美术家协会理事、北京美术双年展办公室主任杨家永,国家一级美术师、原广州画院院长张绍城,中国美术家协会理事、北京画院副院长、中国油画学会秘书长雷波,著名画家范勃、秦文清、秦秀杰等46位全国及广西美术名家参加。

全国美术名家走进合浦采风活动是对"一带一路"国家发展战略的积极响应和具体落实,也是全国海上丝路始发港首次举办的全国性大型艺术采风创作活动。

【"中国文联文艺培训志愿服务项目——摄影培训班"】

9月12日,由中国文联、中国文艺志愿者协会主办,中国文联文艺志愿服务中心、中国摄影家协会、广西文联、广西摄影家协会、广西文艺志愿者协会承办，广西艺术学院影视与传媒学院、广西民族摄影学会协办的"中国文联文艺培训志愿服务项目——摄影培训班"在美丽的广西区首府南宁开班。本次培训班持续到11月，分阶段在南宁、柳州开讲。来自全区各地的摄影家和摄影爱好者900多人参加了为期两天的首次培训活动。摄影届专家邓维、刘英毅通过大量丰富的摄影作品案例，为学员讲解了多层次摄影的知识和技巧等内容，并与结对子学员进行了深入的交流辅导。讲座受到了学员的热烈欢迎和好评。

【广西艺术作品展览】

9月26日，由广西壮族自治区人民政府主办，自治区党委宣传部、自治区工业和信息化委、自治区文化厅、自治区文联、自治区二轻工业联社承办，广西旅游发展集团、广西美术家协会、广西书法家协会、广西工艺美术协会、广西美术馆协办的"2015广西壮族自治区艺术作品展览"在广西美术馆展出。从2013年开始举办、每年一届的"广西艺术作品展览"，已成为广西美术、书法创作培养新人、推出精品力作、展示广西美术书法创作成果和学术水平的展示平台。

【广西文联纪念习总书记文艺工作重要讲话一周年座谈会】

为纪念习近平总书记在文艺座谈会上的讲话发表一周年，广西文联就如何繁荣广西的文艺事业于10月19日召开座谈会。广西文联党组领导和广西文联各部门、各协会负责人出席了会议。

广西文联党组书记、主席洪波书记会上要求，各协会、各部门要结合10月14日新华社授权全文播发习总书记文艺座谈会的讲话的契机，组织开展重点学习、专题学习活动，把对总书记在文艺座谈会上讲话的学习作为文联机关和广大文艺工作者重要的任务来抓，真抓落实认真领会讲话精神，并以讲话精神开展文艺活动。

品牌活动

【"歌海元宵"广西文艺界元宵晚会】

2月6日，由广西文联与广西电视台联合主办的"醉美广西——2015歌海元宵广西文艺界大型联欢会"在广西电视台1000平方米演播大厅录制。晚会以"醉美广西"为主题，围绕中国梦、和谐东盟、民族团结、美丽广西与生态乡村四大品牌来体现和反映广西文艺界的创作成果，一批具有广西特色的文艺精品登台亮相。晚会于2015年元宵节在广西卫视播出。

【"广西校园戏剧节"】

6月29日，由广西文联主办，广西戏剧家协会、广西艺术学院承办的"青春校园理想人生"第六届"广西校园戏剧节·大学生戏剧奖"颁奖典礼在广西艺术学院演艺中心举行。来自全区10余所高校师生代表、校园戏剧爱好者600多人参加了典礼。

本届校园艺术节共收到参赛作品38部，《你好疯子》《现代美人鱼》等9部作品获得演出剧目奖，《能触碰的阳光》等11部获原创剧本奖，《〈秋声赋〉女性形象分析》等3篇作品获优秀戏剧评论奖。另有广西艺术学院、广西大学等15人获优秀表演奖，广西艺术学院韩笑、广西大学肖帆获优秀导演奖。广西大学、广西师范大学、河池学院等8个单位获优秀组织奖。

【"美丽南方·广西"文艺创作】

8月3日，"美丽南方·广西"系列歌曲创作培训班在南宁举行开班仪式，"美丽南方·广西"系列歌曲采风创作活动正式启动。自治区党委常委、宣传部部长黄道伟，自治区党委宣传部副部长刘咏梅，广西文联党组书记、主席洪波，广西文联党组成员、副主席韦苏文，广西文联副主席、自治区党委宣传部文艺处处长黄云龙，广西音协主席黄朝瑞等领导，和本次培训班邀请的四位主讲老师——全国著名词曲作家蒋开儒、肖白、田真、王原平，以及来自全区各地的60名广西优秀音乐词曲家出席开班仪式。

本次活动由广西文联主办，广西音协、广西电视台综艺频道承办，旨在大力宣传广西，为广西的美丽风光、风土人情、人文历史以及改革开放取得的辉煌成就纵情讴歌，让"美丽南方·广西"的情愫更加深入人心。

创作与研究

【2014·广西美术书法摄影年度人物】

由广西日报传媒集团广西画报社和广西美术家协会、广西书法家协会、广西摄影家协会联合主办的2014"广西美术、书法、摄影年度人物"评选于2月1日在南宁揭晓，梁业健、潘丽萍、潘文志、王苗、蓝建强、欧伟文6人当选。

此项年度人物评选，通过以人物为线索和载体，梳理全区美术、书法、摄影艺术发展的脉络与走向，表彰为全区美术、书法、摄影艺术事业做出积极贡献的个人。此项年度人物评选活动，从2015年起，每年将评选一次，以激励广大艺术家创作精品力作，促进全区美术、书法、摄影事业繁荣发展。

【2015广西文艺期刊发展研讨会】

为了加强全区各文艺期刊的合作与交流，探讨文艺期刊未来的发展和方向，4月14日至17日，广西文艺期刊发展研讨会暨广西文艺期刊联谊会第三次理事会在崇左市隆重召开。广西文联副主席、广西文艺期刊联谊会会长石才夫，《广西文学》主编、广西文艺期刊联谊会副会长覃瑞强，广西作家协会原常务副主席罗传洲，崇左市文联主席覃坚敏，《美术界》副主编孟远烘，《广西文学》散文编辑室主任韦露等出席了会议，来自全区文联系统的60多位期刊主要负责人参加了本次会议。会议由覃瑞强主持。

会上，对荣获首届广西优秀文艺期刊（内部）的《河池文学》《北流文艺》等5家市级刊物，《南丹文学》《紫藤》等20家县级刊物进行了表彰。

【广西诗歌双年展作品研讨暨诗歌创作高级培训班在京举办】

4月24日，广西诗歌双年展作品研讨暨诗歌创作高级培训班在北京中国现代文学馆举办，给诗坛带来一阵南方温润的清风。此次活动由中国作家协会诗歌委员会、广西文学杂志社、广西理论家协会联合主办。中国作协书记处书记、副主席吉狄马加；中国作协创研部主任、著名评论家何向阳；著名诗人商震、霍俊明、林莽，《小说选刊》副主编王干；广西文联党组成员、副主席石才夫及刘频、盘妙彬、刘春、非亚等15位广西诗人代表参加了研讨会。

广西诗歌双年展一直得到中国作家协会诗歌委员会的支持与关注，中国作家协会诗歌委员会、广西文学杂志社、广西理论家协会联合主办的本次研讨会，不仅总结了本次诗歌专号的成果，还对当前全国和广西诗歌现状与发展进行深入的研讨。会上，8位专家学者还分别对本次诗展作者的作品进行点评。

【"第二届中国民族美术论坛"在南宁举行】

7月24日，由中国美术家协会民族美术艺委会主办的"第二届民族美术论坛"在南宁举行。自治区党委宣传部副部长刘咏梅，广西文联党组书记、主席洪波，中国美协民族美术艺委会主任、中央民族大学副校长殷会利等领导，和来自全国的30多位专家、代表，以及广西美术界代表150多人出席论坛，研究在新的历史时期，在当代文化背景下中国民族美术创作发展的现状和面临的问题。论坛由中国美协理论委员会副主任、《美术》杂志主编尚辉主持，自治区党委宣传部副部长刘咏梅致辞。著名学者、专家詹嘉、余亚万、牛乐、杨晓辉、孟远烘、付爱民等在论坛上针对相关研究课题做了演讲。

【"广西后三剑客"作品研讨会】

10月9日,中国作家协会创研部、《文艺报》《南方文坛》、广西作家协会联合在北京召开"广西后三剑客作品研讨会"。中国作协副主席李敬泽,书记处书记阎晶明,广西区党委宣传部副部长卢仲云,广西文联党组书记、主席洪波,党组成员、副主席石才夫,党组书记副巡视员冯艺,广西作协主席东西,《南方文坛》主编张燕玲等领导、专家以及媒体共60余人出席了研讨会,研讨会由《文艺报》总编梁鸿鹰主持。

研讨会上,与会专家对"广西后三剑客"小说创作进行了深入的剖析和解读。评论家普遍认为,"广西后三剑客"都有犀利尖锐的特点,都有锋芒和独到的小说技艺。既有"诡异"的共性,又个性分明。

【"第五届全国青年美术作品展"广西画家获佳绩】

由中国文学艺术界联合会、中华全国青年联合会、中国美术家协会共同主办的"第五届全国青年美术作品展览"12月1日在上海开幕。本次展览广西有6件油画、1件国画作品入选,其中韩克伟的《围城》、潘新权的《蓝色自行车》、吴志军的《渡》三件油画作品获优秀作品奖。

全国青年美术作品展览是国家级权威性、综合性大展,每四年举办一次。旨在反映当下青年美术特性,倡导艺术创新多样化,反映青年美术家创作现状和学术水平。

对外及对港澳台地区文化交流

【"广西书架"工程】

4月23日,广西文联、广西桂学研究会暨"广西书架工程"向泰国碧武里皇家大学捐赠中文图书签约仪式在南宁举行。泰国碧武里皇家大学是"广西书架"项目在东盟国家开展的第三站。此前,"广西书架"项目已经在新加坡国家图书馆、新加坡国立大学图书馆,分别举行了图书捐赠仪式。

"广西书架"中文图书捐赠项目由广西文联、广西桂学研究会共同发起并资助,旨在积极开展民间国际文化交流活动,扩大友好往来,推动中华文化走向世界。"广西书架"项目为期5年,计划向参与合作的东盟国家的图书馆赠送价值人民币40万元的图书。

根据协议,捐赠的书籍主要为文学艺术、佛教、学术及中国文化普及类。这些书籍在签约仪式后将陆续在泰国碧武里皇家大学图书馆供公众借阅。

机关建设

【"三严三实"专题教育党课】

5月27日,广西文联党组书记、主席洪波以"践行'三严三实',做好文联工作"为主题,为广西文联的全体干部职工上"三严三实"专题教育党课。广西文联党组成员、副主席韦苏文主持课程。

洪波从四个方面阐述了践行"三严三实",做好文联工作:一是深刻认识"三严三实"的丰富内涵和重大意义;二是自治区文联工作"不严不实"主要表现;三是努力争做"三严三实"的践行者;四是抓好"三严三实"专题教育活动要"四结合"。会上,洪波书记还传达了全区宣传部长会议精神,通报和研究近期广西文联的工作情况。

【财务知识专题培训班】

为践行"三严三实",增强全体干部职工的财务知识,强化经济责任意识,改进文联财务管理工作,广西文联于9月23—24日举办财务知识专题培训班。

本次培训采用了理论解析、案例研讨、实务作业等讲授形式,内容紧贴实际工作,取得了良好的培训效果。通过这次培训,提高了全体干部职工对财经法规新变化、新要求的认识,加强了财务部门与各部门的沟通理解,解决了部分项目支出过程中遇到的疑惑,为规范各部门财务行为提供了有力保障。

【2015年度党风廉政建设】

12月16日,广西文联召开2015年度机关党风廉政建设专题工作会议。广西文联党组书记、主席洪波,党组成员、副主席韦苏文、石才夫,广西文联全体在职党员、离退休党员代表及党外干部职工代表参加了会议。会议由洪波书记主持。

洪波书记对新颁发的《中国共产党廉洁自律准则》和《中国共产党纪律处分条例》相关精神进行了传达讲解。要求各党组成员和各部门负责人要对照廉政建设要求认真履职,各党员干部要严格遵守《党章》《准则》和《条例》的相关规定。希望各党员干部在遵守相关规定的前提下,努力开拓进取,进一步推动广西文艺事业的繁荣与发展。

各文艺家协会

【作家协会】

3月9日,广西作家赴三江开展"深入生活,体味乡村"主题活动拉开序幕。当天上午,在广西文联大院举行出发仪式,时任广西文联党组书记、主席韦守德,广西文联党组成员、副主席石才夫,广西文联副主席、广西作家协会主席、著名作家东西等领导以及参加该项活动的部分作家出席活动仪式。此行的目的在于触摸土地,体验乡村生活,了解侗族的民族文化,吸取文学的养分,激发创作热情。此次活动是响应中宣部要求文艺家"深入生活、扎根人民"的号召,也是广西作家自身的迫切要求。参与活动的作家由广西作协"1+2"人才工程学员及部分导师构成,石才夫、东西等一同参加体验活动。7月15日,由鲁迅文学院主办,广西作家协会承办的鲁迅文学院西南六省(区市)第四届青年作家培训班在南宁开班。中国作协党组成员、书记处书记、副主席、鲁迅文学院院长吉狄马加,自治区党委宣传部副部长刘咏梅,广西文联党组书记、主席洪波,鲁迅文学院副院长邱华栋,广西文联党组成员、副主席石才夫,广西文联副巡视员、文学院院长冯艺及来自西南六省(区市)作家协会的领导、鲁迅文学院的部分教师出席开班典礼。6月13日,中国作家协会《民族文学》巴马创作基地授牌仪式暨多民族作家巴马行采风活动在广西巴马举行。此次活动由《民族文学》杂志社和广西文联、广西作协以及巴马有关方面联合主办。除韬奋基金会理事长、著名作家、出版家聂震宁外,作家出版社社长葛笑政、《民族文学》杂志社主编石一宁等参加了活动。当天举行了"巴马创作基地"授牌仪式。当巴马有关领导接过石一宁递与的牌匾,这也意味着今后将有来自全国更多的优秀作家来这里进行采风创作。据悉,除了授牌,活动期间,少数民族文学文艺创作采风和交流讲座等活动也将同期举行。12月24日,广西作家协会举办的广西网络文学创作座谈会。广西文联党组成员、副主席石才夫,自治区党委宣传部文艺处处长、广西文联副主席黄云龙,广西文联副主席、广西作家协会主席东西等领导出席座谈会。20多位平日里活跃在网络上的著名写手,与传统文学作家共聚一堂,共同探讨有关网络文学与传统文学话题。在交流当中,东西、严风华、覃瑞强、朱山坡、丘晓兰、陈大明等作家表示,网络文学与传统文学之间并无鸿沟;大家认为文学只有一种,只是传播渠道与平台不同,希望网络作家与传统作家可以相互借鉴与促进。

【音乐家协会】

6月1日下午,民族音乐剧《山歌好比春江水》新闻发布会在南宁剧场召开。由自治区党委宣传部文艺精品项目批准立项,自治区文联、自治区文化厅组织指导,广西音协、广西演艺集团歌舞剧院创作演出的民族音乐剧《山歌好比春江水》,于6月6日在南宁剧场隆重首演,该剧通过《山歌好比春江水》这首耳熟能详的歌曲，演绎了一段表现当代壮乡生活、以展现刘三姐大爱精神为主线的动人故事，深刻讲述了关于爱与成长的生命历程，极具人文气息和大众情怀。6月6日晚，广西原创民族音乐剧《山歌好比春江水》在南宁剧场震撼首演。动人心魄的音乐、扣人心弦的故事、精彩绝伦的舞美效果，共同营造了山美、水美、人美、歌美的壮乡风情，本次演出通过"全息投影技术"的运用，将美丽南方的山水意境完美呈现在舞台上，使观众仿佛置身于真实的山水实境之中，为全剧平添动人魅力。该剧从6月6日至10日首轮连续演出5场，为广西首府观众带来经典而时尚的视听盛宴。

【美术家协会】

1月28日，在文化部、中国文联、中国美术家协会主办的"庆祝中华人民共和国成立六十五周年——第十二届全国美术作品展览"上，广西美术创作取得了优异的成绩，共有79件作品入选，其中1件作品获银奖，入选数量是广西历届参评入选全国展览最多的一届。为此，第十二届全国美术作品展览组织委员会特此对广西美术家协会在第十二届全国美术作品展览中的优秀组织工作进行表彰，给谢麟、庞凌宇颁发"组织工作先进个人"的荣誉证书，这也是全国美术作品展览举办11届以来首次颁发组织工作先进个人奖。5月18日，国家民族画院揭牌仪式在民族文化宫举行。国家民族画院是由民族画院更名成立的。民族画院成立于1959年，60多年来，以履行国家文化战略为己任，着力培养民族认同感，增强民族凝聚力。弘扬、发展、传承少数民族文化，立足中国，放眼世界。是集创作、研究、收藏、陈列、教学、展览、交流少数民族绘画艺术于一体的中国少数民族文化艺术家活动中心。2014年2月，经国家民委及相关部门批准，民族画院更名为国家民族画院，隶属于国家民委，是国家级的三个正式画院之一。国家民族画院由全国政协原副主席阿不来提阿不都热西提任名誉院长，全国政协常委、中央民族大学副校长王林旭担任院长，广西壮族自治区美协主席谢麟等担任副院长，30余名省市美协主席担任院委。目前，国家民族画院下设国画院、油画院、书法篆刻院、版画院、雕塑院、当代艺术创作研究院、艺术设计院、美术理论研究院、公共艺术院、青年画院、唐卡艺术研究院11个专业院，院内外知名画家300余人。7月24日，由中国美术家协会民族美术艺委会、广西壮族自治区文学艺术界联合会主办，广西美术家协会承办的"美丽南方·美丽广西'深入生活·扎根人民'——当代名家走进边疆壮乡美术作品邀请展"在广西博物馆开幕。广西人大常委会副主任荣仕星，自治区党委宣传部副部长刘咏梅，广西文联党组书记、主席洪波，中央民族大学副校长、中国美协民族美术艺委会主任殷会利，广西文联党组副书记、副主席赵如锋，以及30多位来自全国的专家学者、广西美术界的代表出席了开幕式。"美丽南方·美丽广西'深入生活·扎根人民'——当代名家走进边疆壮乡美术作品邀请展"共展出来自全国和广西美术名家创作的反映广西题材的美术作品120幅，这些作品从不同角度表现了广西秀美的自然风光和多彩的民族风情。10月24日，由中共合浦县委员会、合浦县人民政府、广西美术家协会主办的"美丽南方·广西'一带一路'耀南珠——全国美术名家走进海上丝路始发港合浦采风作品展览"在广西博物馆开幕，广西文联党组书记、主席洪波，北海市委常委、合浦县委书记麦承标，自治区党委宣传部文艺处处长黄云龙，广西美协名誉主席刘绍昆，广西美协主席谢麟出席开幕式。此次"美丽南方·广西'一带一路'耀南珠——全国美术名家走进海上丝路始发港合浦采风作品展览"展出的国画、油画、水彩画等作品156幅。12月1日，由中国文学艺术界联合会、中华全国青年联合会、中国美术家协会共同主办的"第五届全国青年美术作品展览"在上海开幕，本届展览广西有6件油画、1件国画作品入选，其中韩克伟的《围城》、潘新权的《蓝色自行车》、吴志军的《渡》三件油画作品获优秀作品奖。全国青年美术作品展览是国家级权威性、综合性大展，每四年举办一次。旨在反映当下青年美术特性，倡导艺术创新多样化，反映青年美术家创作现状和学术水平。

【曲艺家协会】

12月3—5日，由广西文联、广西曲艺家协会、广西文艺志愿者协会主办的纪念习总书记文艺座谈会重要讲话一周年"送欢乐·下基层曲艺专场慰问演出"，分别在桂林市荔浦县马岭镇小青山屯、钦州市钦南区康熙岭镇横山村及玉林市玉州区仁东镇鹏垌村举行。

【民间文艺家协会】

3月21日，农历二月初二，中国民协专家组到南宁市邕宁区中和乡孙头坡，参加当地举办的一年一度的抢花炮节，与当地群众感受这古老的民俗风俗抢花炮的全过程。时任广西文联党组书记、主席韦守德，中国民协副主席、中国文史馆馆员、东南大学教授陶思炎，中国民协副主席、广西文联副主席韦苏文，中国民协分党组成员、副秘书长周燕屏，南宁市文联党组书记、主席陈晓红，北京大学中文系教授陈泳超，中国社科院民族文学研究所研究员施爱东，北京师范大学教授、博导万建中，中国民协维权部主任刘晓路等领导专家参加了此次考察。民族民间文艺创作等取得新成果。同日，邕宁区中和乡孙头坡成为中国民协"我们的节日·壮族抢花炮节民俗传承基地"。8月19日，由中国民协、广西民协主办，南宁市民协、孟连村委承办的2015那莲赛巧节及"美丽广西·生态乡村"山歌惠民歌会在南宁邕宁区那莲举行。11月，广西民协志愿者在三江县、金秀县、象州县进行"深入生活、扎根人民"民俗文化采风活动，感受了侗族百家宴，瑶族盘王节等民族民俗活动，同时也带去了精彩的民间绝技《变脸》《口吐烈火》《咬碗》《美丽广西山歌》等节目，分别进行了三场惠民演出，惠及民众8000多人。11月广西民协组织民间工艺师队伍5人前往广州参加中国·广州第三届民间工艺品博览会，获金奖一项。12月，在中国文联、中国民协主办的第十二届中国民间文艺山花奖颁奖上，广西民协组织推荐的作品共有3个优秀项目荣获山花奖。分别是：《壮族板鞋龙》获民间艺术表演奖，《金锣舞》获民间艺术表演奖，《孙头坡抢花炮》获民俗影像作品奖。

【书法家协会】

2月7日，60位广西书法家在南宁市金湖广场齐齐挥毫，为市民免费书写赠送春联。"文化惠民——书写赠送春联活动"由自治区党委宣传部、自治区文明办、自治区文联、广西中华文化促进会主办。从2006年开始，到今年已经开展了10届。活动结束后，部分书法家还组织文艺志愿服务小分队深入农村，为基层群众书写赠送春联。5月16—26日，由中国书法家协会主办的全国第十一届书法篆刻作品展在北京举行，著名书法家刘德宏被聘为评审委员会委员，成为广西唯一担任第十一届全国书法展的评委。刘德宏以独特的书法符号闻名书法界，多次在全国性的书法展览中入展、获奖，是全国"60后"代表书法家，第八、九届全国文代会代表，曾被评为2012中国书画年度十大人物之一。现为中国书法家协会理事、刻字专业委员会秘书长、广西书法家协会主席团常务副主席。5月26日，全国第十一届书法篆刻作品展览评审工作在北京结束。本届国展共收到各类作品42572件，全国34个省、市、自治区的作者投稿参加了此届国展。经评委会严格评审，共有703件作品入展（其中书法作品623件，篆刻作品60件，刻字作品20件）。广西入展作品13件，与山西省并列排名第18位。

【杂技家协会】

5月20—23日，由广西文联主办，广西、云南、贵州、四川、广东五省（区）杂技家协会、桂林市文化新闻出版广电局、桂林市文艺演出有限责任公司等单位承办，IMS国际魔术师协会中国分会全程支持，2015年南方五省（区）青年魔术新秀展演系列活动之魔术创新发展讲座在桂林市举办。来自广西、广东、四川、云南、贵州五省（区）的参赛选手和北京、山西、新疆、甘肃、河南等省市杂技家协会的负责人汇聚一堂，在两天的讲座中，认真聆听魔术老师们的精彩授课，进行了技艺切磋和交流，其间主办方还在漓江剧院举办了"追寻中国梦，精彩南国风——南方五省（区）青年魔术新秀展演参赛选手暨魔术大师盛装演出"。7月16日，广东、广西两省区文联在博白县召开博白杂技现象及创新发展研讨会。广西文联党组成员、副主席韦苏文，广东省文联纪检监察室主任黄伟忠，广东文联理论部主任梁少锋、广西理协常务副主席兼秘书长唐春烨，广西文联文研室主任范浩鸣，广东杂协秘书长陈益刚，广西杂协副主席刘华、欧红、简宁、刘俊、苏伟、吴耀华及秘书长谭纯武，广州军区战士杂技团等相关杂技理论方面领导专家近30人，与博白县委、县政府、县文联、县杂技团相关负责人汇聚一堂，通过开展对博白杂技现象的研究，为博白县杂技发展献言献策。并以此为支点，探讨两省区杂技界合作发展的新途径。9月29日—10月3日，在河北省石家庄市举办的"第十五届中国吴桥国际杂技艺术节"决赛中，由广西杂技团有限责任公司创作编排的杂技《瑶心鼓舞——蹬鼓》，荣获银狮奖。这是广西杂技近年来在该项赛事所取得的最好成绩，同时也让广西杂技在中国杂技"金菊"奖魔术赛场和"中国吴桥国际杂技艺术节"这两个最具影响的国家级及国际性赛事上均获奖项，打出了"广西杂技"的亮丽名片。

【文艺理论家协会】

11月17—18日，广西文联及广西文艺理论家协会在南宁举办广西文艺理论家协会成立20周年纪念暨广西文艺理论评论培训班。参加活动的有老中青三代文艺理论评论家代表，12个艺术门类的文艺家代表，自治区文联四个编辑部的代表，来自基层的各地市理协负责人和文艺理论评论骨干，以及高校里年轻的后备军。2015年是广西文艺理论家协会成立20周年。广西文艺理论家协会是全国文联系统内率先成立的文艺理论家协会之一，20年来，广西理协走过了辉煌而难忘的历程。11月21日，由广西民族大学、广西作家协会、广西理论家协会联合主办的相思湖作家群暨广西多民族文学研讨会在广西民族大学举行。研讨会上，中国社会科学院研究员、博士生导师刘亚虎，南开大学教授、博士生导师耿传明，广西文艺理论家协会副主席、广西师范大学教授、博士生导师黄伟林，广西作协副主席、广西民族大学艺术学院党委书记黄佩华，分别围绕《壮族文学史最闪耀光辉的一条贯穿线》《关于相思湖代表作家东西的长篇小说创作》《广西当代三个作家群体创作中的广西元素》《广西多民族文学现状》等主题，进行了主旨发言。

【文艺志愿者协会】

5月16日，空政文工团著名青年歌唱家、广西文艺志愿者协会副主席严当当专程来到南宁市坛板坡，为当地的业余文艺骨干、山歌队员和音乐爱好者举办文艺辅导活动。这次严当当到南宁良庆区那马镇坛板坡开展声乐辅导活动，由广西文联、广西文艺志愿者协会、南宁市文联联合举办。在一天的帮扶辅导活动中，严当当在村头大榕树下与当地的音乐老师、业余文艺骨干、山歌队员等50多人展开了热烈的交流探讨，亲自示范传授声乐技巧，教唱"中国梦"主题歌曲，学唱了当地的嘹罗山歌，并为当地群众演唱了自己的新歌。在5·23"中国文艺志愿者服务日"到来之前，受广西文艺志愿者协会邀请，严当当专程从北京回到家乡广西开展声乐辅导活动，活动受到了当地群众的热烈欢迎。5月20—21日，广西文联、广西文艺志愿者协会组织知名作家艺术家们50多人，在广西文联党组副书记、副主席赵如锋的带领下，到都安县开展慰问演出、艺术辅导、展览展示、结对帮扶座谈交流等一系列纪念5·23"中国文艺志愿者服务日"文艺志愿服务活动。11月12日，由广西文联、广西文艺志愿者协会、广西书法家协会、广西书画研究院主办，崇左市文联、南宁市书法家协会、崇左市文艺志愿者协会、崇左市书法家协会承办，天等县文联、天等县教育局、天等县书法家协会协办的广西文联文艺支教志愿服务项目——天等县中小学教师书法培训班在天等县党校举行开班仪式，来自天等县的中小学教师和书法爱好者50余人参加。培训班针对当前乡村学校艺术课程专业师资匮乏的状况，尤其是书法教师短缺，招募一批文艺志愿者，对乡村中小学艺术教师，集中进行专题书法培训和开展体验式交流学习活动，培训班动员自治区及市级书法家协会会员对培训学员和所在学校进行长期帮扶；逐步建立远程教育帮扶网络，长期关注和支持乡村书法教师和教育发展的长效机制。12月2—3日，在第30个"12·5"国际志愿者日到来之际，广西文联、广西文艺志愿者协会组织文艺志愿者深入大新县五山乡、昌明乡开展文艺培训、慰问演出等系列文艺志愿服务活动。

【广西桂学研究会】

3月8—14日，由广西桂学研究会会长、广西壮族自治区党委原副书记潘琦同志为团长，广西桂学研究会副会长、广西社会科学院院长吕余生，广西桂学研究会副会长、广西教育学院党委书记容本镇为副团长的广西桂学研究会西江文化考察团一行20余人，先后到容县、桂平、藤县、梧州等县市进行西江文化调研考察。此次活动旨在进一步了解西江文化形成的历史背景、发展过程、人文地理和文化遗存，在理论上构建西江文化理论体系，在实践中传承发展西江文化。通过此次考察调研，广西桂学研究会进一步摸清了西江流域文化遗址、遗存的现状，明确了西江文化研究存在的问题，提高了对西江文化重要性和作用的认识，厘清了西江文化研究的方向，增强了研究好西江文化的信心。12月18日，广西桂学研究会在南宁市龙门水都桂学楼举行广西桂学研究会成立五周年座谈会。参加座谈会的有自治区党委常委、统战部部长李康，自治区人大常委会副主任荣仕星，自治区政协副主席高枫，自治区高级人民法院院长罗殿龙，自治区人大常委会原副主任蒋济雄，自治区政协原副主席苏道俨，自治区人民检察院原党组书记、检察长张少康，以及广西文联、区直机关工委、广西人民出版社、各区直高校等相关单位的领导，桂学正、副会长，正、副秘书长，理事，特聘研究员，桂学联络处（基地）负责人，特邀代表，会员代表，企业家代表，桂学研究生代表等近百人。座谈会结束后，与会人员参观了桂学成立五周年成果展，观看了桂学成立五周年专题片；举行了《广西历代文献集成》发行仪式并向广西图书馆、广西大学、方志办等相关单位和高校赠书；随后举行了桂学园揭幕仪式、书画作品展暨书画名家创作笔会等活动。

海南省文联

综述

2015年，海南省文联学习贯彻习近平总书记文艺座谈会等系列重要讲话精神，引导文艺家和广大文艺工作者坚持党的文艺方针政策，践行"爱国、为民、崇德、尚艺"为内容的文艺界核心价值观。围绕中心服务大局、发挥优势、整合资源、坚持文艺为人民、为社会主义服务方向，组织举办丰富多彩的文艺展演研讨活动，精心开展"送欢乐下基层"为主要内容的文艺志愿服务活动；坚持"请进来、走出去"，开展对外交流活动；坚持出作品出人才的中心任务，组织开展采风交流活动，围绕"中国梦"的主题，深入生活、扎根人民，挖掘海南特色题材，创作文艺精品，"六个一"精品工程成果突出。

重要会议与活动

【省文联五届六次全委会在海口召开】

12月22日上午，省文联五届六次全委会议在海口召开。会议回顾总结2015年的工作，研究部署2016年的工作。省委宣传部副部长朱寒松出席会议并讲话，省文联作协党组书记、文联主席张萍作工作报告，省文联专职副主席扈大荣主持会议。省文联第五届委员会委员、各县（市、区）文联主要负责同志、产业（行业）文联负责同志、省文联各部门（单位）主要负责同志参加会议。

省文联副主席、省作协主席邢孔建宣读增补和更替五届全委会委员人选的建议说明和人事任免决定。

省文联专职副主席扈大荣主持会议。省委组织部干部二处处长官业军宣读省委决定，并做关于省文联兼职副主席候选人建议人选的说明与简况。

会议按照章程，选举陈素珍为省文联兼职副主席，增补、更替了尹婕好、许振程、符传杰、麻双鸣、王伟、王威、杨奋7名委员。

下午，省文联名誉主席韩少功做了关于繁荣发展社会主义文艺的专题报告。

【省属文艺家协会换届会议圆满完成】

年内，戏剧、音乐、美术、舞蹈、书法、摄影、影视、曲艺、民间文艺等9个省级文艺家协会换届工作会议圆满完成。总体上，呈现出三个特点：一是领导重视、组织有力。省委宣传部对协会换届工作高度重视，多次听取工作情况汇报，提出要求并部署相关工作，给予及时有力的指导。省文联全员参与换届各项组织工作，提供了坚强的组织保障。二是程序规范、组织严谨。发扬民主，在制定工作方案、酝酿考察人选、组织换届选举大会等每一个重点环节，都进行了广泛而深入的摸底调研，充分征求各方意见，结合各协会主席团的实际情况和发展需要，反复酝酿、认真推敲，稳妥推进，确保推荐人选、名额分配符合实际公正公平。三是选优配强，风清气正。党组反复听取各方面意见，坚持原则，发扬民主，好中选优，优中配强，切实把政治上坚定、党性原则强、专业水平高、领导能力突出、具有奉献精神和担当精神、作风上过硬、廉洁自律、群众口碑好的同志选进新一届协会领导机构。严格换届纪律，确保换届风清气正、平稳顺利。

【首届海南省"南海文艺奖"揭晓】

2月4日，首届海南省"南海文艺奖"评选结果揭晓。评奖工作坚持思想性、艺术性、观赏性相统一，公开、公平、公正，质量第一、宁缺毋滥的原则。自2014年9月启动以来，在全省文化艺术界产生了极大反响。经过4个多月的征集作品和三轮评比，共有12大艺术门类的72件文艺作品获奖。首届南海文艺奖共分为文学、音乐、舞蹈、戏剧、美术、影视剧、广播电视、摄影、书法、民间文艺、文艺评论和曲艺12个艺术门类，经过初评、复评两轮专家评选和评审委员会的终审，每个艺术门类评选出6件获奖作品，除了舞蹈、民间文艺和书法三个艺术门类不设名次外，其余9个艺术门类共评选出一等奖8名、二等奖19名、三等奖27名，其中美术类一等奖空缺。著名画家谢耀庭、琼剧表演艺术家梁家梁获终身成就奖。

"南海文艺奖"经省委、省政府批准设立，是海南省文学艺术界综合性文艺评奖的最高奖。每两年评选一次，宗旨是通过表彰优秀文学艺术作品，推动文艺繁荣发展。

【深入基层开展文艺志愿服务慰问演出】

省文联坚持深入基层开展志愿服务活动。1月20日，文艺志愿者深入屯昌县乌坡镇村仔村，为群众表演歌舞、相声、小品、魔术等精彩节目，为村民书写春联、画头像、拍摄全家福和剪窗花。当晚，还为群众免费放映电影。26日至28日，文艺志愿服务活动还在昌江、五指山、保亭等市县举行。1月24日，48名摄影志愿服务小分队心系"威马逊"台风受灾区，深入文昌市罗豆农场中心小学开展摄影惠民服务活动，并捐助书包、文具、书籍、现金。5月22日，省文联与中国文联、中国文艺志愿者协会在临高革命老区举办"到人民中去——文艺志愿者走进革命老区文艺晚会"。中国文联文艺志愿者王凯、吴正丹、魏葆华等艺术家和海南青年艺术家赵媛、谭娟、熊玉娇、陈晶晶、陈程及海口艺术团表演歌舞、快板、二重唱、杂技、组合演唱等精彩的文艺节目。从5月24日开始，曲艺工作者深入海南大学、海南师范大学、海南政法职业学院、海口经济学院、海南华侨中学开展"传统曲艺进校园"曲艺专场巡演。年内，省文联组织100多位书法家深入市县、学校、军营开展义务写春联、书法笔会讲座。在临高县东英镇美霞村举办"'海上生明月　美夏共团圆'文艺志愿服务演出"活动，近2万名渔民欣赏到了艺术家们的精彩演出。在红色娘子军故乡琼海，音乐小分队与琼海市文化系统干部、音乐工作者和琼海市万泉河之声合唱团举办多场音乐会。省文联选派有艺术专长的年轻志愿者深入琼中中小学开展支教活动，举办黎苗花儿朵朵开——琼中"民歌民舞民服"三进校园活动演出，汇报民族文化艺术教育进校园新成果。省剧协积极参与送戏下乡演出活动，积极推动校园戏曲兴趣小组建设，在学校结对子，开展一对一辅导种文化。其他协会也积极开展艺术形式多样的文艺志愿服务活动。据不完全统计，2015年各文艺志愿服务活动受众30余万人次，好评如潮，反响热烈。

【对外艺术交流展示海南文化魅力】

一系列对外交流活动，精彩纷呈、形式多样，传播海南独特文化，扩大了影响。2月15日至3月4日，作为年度中央对台文化交流项目，海韵合唱团赴台湾举办新春合唱音乐会。9月，"故乡情——海南·马来西亚书画作品交流展"在吉隆坡市开展，74幅书画作品，从花鸟、人物、山水、民俗等方面展示大美海南。10月29日至11月5日,省文联文艺家在澳大利亚悉尼、墨尔本和新西兰奥克兰进行了为期7天的歌舞交流演出、旅游文化图片展、书法艺术交流、广场互动表演等活动,获得海南乡亲高度赞赏。省剧协与泰国中央中文电视台和戏剧社团建立交流合作关系,推动琼剧出访香港、新加坡等地,成为在海外琼籍同胞凝聚乡谊的纽带。省民协组织民间艺术精品参加了第十一届深圳文博会,黎锦创意围巾得到了联合国相关组织人士的赞赏和喜爱;协助省贝壳行业协会在上海举办砗磲艺术精品展。省摄协邀请台湾摄影艺术学会13名摄影家来琼为期7天的摄影文化交流,进一步深化琼、台摄影界交流与合作,应台湾摄影艺术学会邀请组织摄影家赴台进行为期12天的交流活动,并在台南市举办了"南海风情"摄影展。黎族民歌手梁伟琪随国家旅游局组织的"美丽中国·海上丝绸之路旅游推介会",把黎族民歌唱到了泰国、马来西亚、印度尼西亚。黎族原生态歌手黄婷丹、黄宝培和黎族竹木器乐大师黄照安受邀代表海南赴奥地利演唱黎族歌曲、演奏黎族乐器。琼台画院9位书画家应邀携10幅荷花作品出席了澳门国际荷花双年展。省民协率黎族民歌翩哈组合3人,赴苏州参加了冯梦龙山歌会,与全国各少数民族地区的山歌队伍竞赛山歌。12月5日,联合主办"'诗意中国'2015两岸音乐诗会暨桂冠诗人颁奖典礼"。郑愁予、北岛、张默、翟永明、欧阳江河获得2015两岸诗会"桂冠诗人"。当晚的颁奖礼分为望乡路、家园魂、人间情、祖国恋四个篇章。两岸诗人创作的诗歌在朗读者的优美声音及舞蹈艺术家优雅的舞蹈表演下,倾诉出海峡两岸血浓于水的同胞亲情。

【第四届中国南方(海口)国际合唱艺术周在海口开幕】

12月5日晚,第四届中国南方(海口)国际合唱艺术周在海口人大会堂开幕。

活动内容包括比赛展演,专家讲座点评,合唱进校园、进社区及开幕式音乐会,闭幕式颁奖音乐会等。比赛设置中老年组、成人组、少儿组三个组别,分为混声合唱、男声合唱、女声合唱、童声合唱、声乐组合等类别。本届合唱比赛除分组设置金、银、铜等奖项外,还特设椰城奖、新作品奖、伴奏奖、指挥奖等奖项。

3天里,辽宁、安徽、福建、广东、贵州、浙江、甘肃、山东、重庆、海南等省市以及台湾的37个合唱团同台献艺,参演人数近2000人。

开幕当晚,由舞剧《红色娘子军》作曲之一、著名作曲家王燕樵以儋州民歌、黎族民歌、疍家渔歌等音乐为素材创作改编的海南民歌合唱组曲《椰岛神韵》部分曲目首次和观众见面。

12月7日,来自台湾、贵州的歌手及合唱团演员们还走进海南师范大学展演。

中国南方国际合唱艺术周经过前三届的精心打造,已初步形成海口市群众性文化艺术活动品牌。本届合唱艺术周由中国合唱协会、海南省文联和海口市政府共同举办,海南省合唱协会和海口市文体局共同承办。

【文艺晚会音乐舞蹈诗《征程》纪念海南解放65周年】

4月29日晚,省文联承办的纪念海南解放65周年主题文艺晚会音乐舞蹈诗《征程》在省歌舞剧院演出。诗歌诵、精彩歌舞与大屏幕上的经典历史影像交相辉映,深切缅怀为解放和建设海南付出生命的先辈和英雄,深情讴歌海南解放65年以来取得的巨大成就,展现了琼岛儿女不断寻梦、追梦、圆梦、再追梦的壮丽征程。

省委书记、省人大常委会主任罗保铭,省委副书记、省长刘赐贵,省政协主席于迅,省委副书记李军,省委常委许俊、马勇霞、李秀领、孙新阳、刘新、张琦,以及现职、在职省级领导,省级离退休老同志,军警部队有关负责人等到场观看了演出。

晚上8时,一声嘹亮的军号响起,帘幕徐徐拉开,将观众带回那段如火如歌的记忆。整台节目包括序《崇高的敬意》《宝岛第一春》《南海大潮歌》《海南追梦行》以及尾声《幸福海南》5个篇章，以时间为脉络，再现解放海南、垦边、建省办经济特区、十万人才下海南、三沙设市等一系列海南在革命战争中以及和平年代建设发展中的大事件。

演出情景交融、虚实结合、精彩纷呈。《征程》还融入了许多"感动海南"元素，将李向群、鹦哥岭青年团队、甘远志、牛开成、符传道等先进典型的感人事迹搬上舞台。

音乐舞蹈诗《征程》由省委、省政府主办，省委办公厅、省政府办公厅、省委宣传部、省直机关工委、省文体厅、省教育局、省民政厅、省歌舞团创排。

【编辑出版《光辉岁月·海南文学艺术大事记（1950—2013）》】

经历了三年的时间，4月23日，图书《光辉岁月·海南文学艺术大事记（1950—2013）》编辑完成。为了确保史料翔实、全面，编创团队走访咨询文艺家或其家属，文艺单位，参考了大量工具书、回忆录、史志年鉴、新闻报道等资料，对收集到的100多万字文字资料和1000张图片整理、核实、筛选，前后经历了16次反复修改。全书31万余字、700多张图片，全面发掘提炼、系统梳理海南岛解放、有行政建制以来63年的文艺史，以大事记的形式，把一个个文艺精品、艺术形象、文艺事件汇集起来，展示了几代文艺工作者共同铸就的海南文化魅力。省委常委、宣传部长许俊做了题为《践行者的足迹》的序言，称其"是可以成为研究、传授与弘扬海南魅力文化的重要参考资料，是一部值得细读、学习、借鉴、查阅，有益于促进海南文艺事业深入发展的好书"。

5月19日，在庆祝海南解放65周年期间，省文联在海口举行赠书仪式。为了向艺术家表达敬意。主编张萍带着图书上广州登门拜访著名舞蹈艺术家陈翘、刘选亮夫妇，在海口拜访了蔡自强、温泉、邢德云、谢耀庭、王小文等老艺术家。看到书里的文字记载和历史图片，艺术家们非常高兴、非常激动，深情讲述了当年深入生活创作的感人故事，说出肺腑之言。

5月23日，在海口举行研讨会，中国文联原副主席、中国文艺评论家协会主席仲呈祥认为，海南文联编写这本书，讲清楚本地区文学艺术发展的历史传统、文化积淀、基本省情，是认真学习践行习近平总书记关于文艺工作的重要指示一次成功的实践。对海南现时，对全国文联工作也是一种范式。这是一部具有文献性，具有学术性，具有工具书价值的图书。

【电影《新青春之歌》海口正式杀青首映】

3月28日，参考《光明日报》报告文学《选择一种有远见的生活方式》，以海南鹦哥岭先进群体为原型历时近三年的电影《新青春之歌》在海口市火山口地质公园正式杀青。剧组接下来将进入后期制作阶段。《新青春之歌》是一部讲述发生在鹦哥岭自然保护区里的青春爱情故事，同时也是一部青春励志的史诗巨片。影片是根据海南鹦哥岭27名大学生"坚守理想，奉献青春"的真实事迹创作而成的青春励志影片，讲述了发生在海南鹦哥岭自然保护区的青春和爱情、青春和梦想的故事。

该影片通过一位爱好舞蹈艺术的女主人公——冬青去鹦哥岭找男友王钊，当她来到鹦哥岭后，被那美丽、迷人的风光所吸引，王钊和大学生们坚守、保护森林的精神深深地感动了她，并编导出大型音乐舞剧《新青春之歌》。这是一部充满正能量的作品，在整个拍摄过程中，摄制组人员吃了不少苦，不仅要在冬日泡在一米多深的水里，还常常遭到蚂蟥的"攻击"。此外，为了使电影更贴近生活，创作团队在剧本构思时对人物关系、情节安排等方面做了大量的工作，同时在拍摄的过程中不断打磨、不断精细化。

电影于2015年1月29日正式开机，摄制组曾在海南多地取景，并通宵达旦地在原始密林中拍摄。为了让影片更加真实，摄制组还邀请鹦哥岭青年团队部分队员加入了拍摄队伍。王星军担任导演，他希望通过影片，向更多的人展示海南的历史文化，展示海南的人文魅力。

该片由共青团中央宣传部、中国人民对外友好协会、国家林业局宣传办公室、海南省林业局、省文联、三亚市委宣传部、三亚星军影视文化传媒有限公司、海口星军影视文化传媒有限公司等单位联合摄制、三亚市广播电视台协助拍摄。

该片于8月、12月分别在海口、北京举行首映式，反响热烈。

【《冯白驹和他的战友们》研讨会】

4月19日上午，由省文联、中国传记文学学会共同主办的《冯白驹和他的战友们》作品出版研讨会，在北京人民大会堂海南厅举行。

该书由中共党史出版社出版。海南省委书记、省人大常委会主任罗保铭为该书作序。中国传记文学学会副会长、海南省政协常委李福顺，北京恩祥蓬瀛阁文化艺术有限公司董事长楚军红合作撰写，历经4年，四次易稿。记述了1927年至1950年间，琼崖人民武装革命队伍在远离党中央、远离主力部队、外援极少的海南岛上，凭着坚定的革命理想信念，坚持正确的斗争方针策略，紧紧依靠人民群众，创造了"23年红旗不倒"光辉历史的感人事迹，披露了大量鲜为人知的历史事实。

原中国文联副主席、书记处书记，中央重大题材领导小组副组长，文艺评论家李准，国务院参事室参事、原中国文联副主席、文艺评论家仲呈祥，原国家行政学院副院长，原海南省委宣传部部长周文彰等50余人出席研讨会。

4月23日，作品研讨会及赠书仪式在海口举行。国务院参事室参事、中国文联原副主席仲呈祥，省政协副主席王应际出席，省文联作协党组书记、省文联主席张萍、中国传记文学学会主席万伯翱，海南党史专家邢诒孔、何如伟，毛泽东外孙女孔东梅，冯白驹女儿冯尔超等参加。

文艺家协会

【戏剧家协会】

3月30日，在海口承办中国戏剧家协会七届四次理事会暨工作会议。中国文联党组副书记、副主席李屹在会上肯定了中国剧协七次剧代会以来的工作成绩，对剧协工作提出要求。与会代表听取工作报告，围绕学习习近平总书记在文艺工作座谈会上的重要讲话、七届四次理事会工作报告、一年来的工作经验等三个议题进行了讨论；10月14日，启动"中国少儿戏曲小梅花荟萃"海南选拔活动专家调研组暨京昆组选拔活动，与琼海琼剧研究会、海口寰岛实验小学、海口景山学校等单位结对子，推动校园戏曲兴趣小组建设。组织专家对海南少儿戏曲情况开展调研暨京昆组和地方戏曲唱段的选拔工作，对优秀戏曲苗子进行培训，并汇报演出，为一年一度的中国少儿戏曲小梅花荟萃全国比赛推荐优秀人才；年内，参与和开展文艺志愿服务，《海瑞》《王国兴》两剧深入市县及农垦垦区巡演，受众10多万人次；完成大型历史琼剧《马援伏波》剧本创作，大型近代琼剧《南海记》、大型现代琼剧《下海南》完成故事大纲，完成了大型现代琼剧《冯白驹》《李硕勋》、大型历史琼剧《张岳崧》、大型民族音乐剧《冼夫人》、大型音乐剧《南海情》等重大题材的选题规划；推选代表陈军、高山人、陈素珍出席中国戏剧家协会第八次全国代表大会；推荐会员参加中国剧协研修班培训班；整理理论研讨成果，对两届闽南语戏剧交流研讨会的理论成果汇编成册出版。

【音乐家协会】

1月12日，与中国民族器乐学会联合主办周望、周展、周本立海口筝乐演奏会；3—5月，举办第十届中国音乐"金钟奖"海南选拔赛暨第八届省音乐金椰奖大赛，评出第八届金椰奖二胡、扬琴、小提琴、美声唱法、民族唱法等专业组别等次奖选手；8月3日，组织选手赴江苏常州参加中国音乐家协会主办的"小金钟"奖2015"吟飞杯"首届电子键盘展演比赛;10月11日,召开第六次全省会员代表大会总结五年工作,通过章程修改草案,选举王艳梅为协会主席,于宏、冯磊、刘丽梅、张巨斌、张黎、张德美、陈新、黄远舫8人当选副主席,推举曹时娟为名誉主席,聘请马剑平、李丽、刘析羽、杨俊鹏、范志强、段亚坤、殷力甫、符美霞、智军为顾问。聘任赵媛为秘书长,杨健、陈程为副秘书长;6月,选派选手参加中国(伯牙 Boya)国际钢琴艺术节是由中国国际钢琴艺术节"伯牙奖";9月13日,在海南大学艺术学院音乐厅承办第五届中国民族音乐大赛;10月19日,承办海南省第五届中国民族音乐大赛颁奖音乐会,为获奖的选手颁奖,参赛选手以弦乐、弹拨乐、吹管乐、打击乐、钢琴、小提琴等30多种乐器演奏演唱。年内,与海大艺术学院、琼台师范联合主办万媛媛、吴春丹、林晓明、符茵、张亚丽音乐会;举办中国音乐家协会考级委员会海南考区的音乐考级活动。邀请著名词作家王持久、陈道斌,作曲家朱嘉禾加盟联合我省创作力量创排,完成民族歌剧《红色娘子军》剧本、音乐创作及合成录制工作。

【书法家协会】

1月15日,召开五届四次理事扩大会议,总结回顾2014年工作,提出2015年工作计划,增补五届理事会理事;1月15日,在临高承办中央电视台2015羊年春节"万福至万家"走进海南活动;1月19日,启动"迎新春送春联文艺志愿服务"活动,100余位书法家组成三个分队,分赴东、中、西线14个市县,义务为群众书写春联;3月5日,承办海南省十大青少年书法新秀、海南省十大中青年书法家作品展暨颁奖仪式,展出优秀作品120件,并对获奖作品进行颁奖;3月15日,承办吴东民扇面书画小品展,展出精品60余幅;3月29,在海口承办中国书法公益流行大讲堂活动,邀请中国书协副主席言恭达、吴东民,中国书协培训中心主任刘文华做了"书法与文化"、创作作品点评"等专题讲座;省书协主席团成员、各市县书协负责人、书法创作骨干等260余人参加了大讲堂活动;8月29日,协办"纪念抗战胜利70周年——海南省书画主题作品展";11月20日,在省博物馆举办"翰墨文澜,情系临高"临高书法作品展,共展出110幅作品。

【摄影家协会】

1月6日,与三亚国际热带兰花博览会共同举办第八届中国(三亚)国际热带兰花全国摄影大赛;1月17日,组织海南省文艺志愿者(摄影家)到文昌市罗豆农场中心小学(台风受灾区)"送欢乐下基层"摄影惠民服务活动;3月1日与昌江黎族自治县委宣传部联合举办"昌化江畔木棉红"第三届全国摄影大赛;4月26日,与湖南、湖北、广东、广西、云南省摄影家协会联合发起"'中国梦'·百姓梦"首届全国摄影大展;5月20日,邀请了台湾摄影艺术学会13名摄影家来琼交流;5月31日,与定安县人民政府联合主办"最美定安"全国摄影作品征集评选活动;7月22日,与亚龙湾热带天堂森林公园联合主办第四届"热带天堂杯""美丽梧桐花"全国摄影大赛全国摄影大赛;8月21日,与海南国际文化交流中心、海口市摄影家协会联合举办"绿色崛起、和谐发展"中外名家摄影作品展;8月27日,摄影代表团7人赴台湾进行交流活动,在台南市举办"南海风情"摄影展;10月19日,与中摄协联合主办首届"醉美槟榔谷"全国摄影大展;11月10日,与万宁市政府联合主办"多彩多情万宁"全国旅游摄影大赛;年内,与省文联、省图片社联手打造的"最美海南"摄影图片展形成的新品牌,分别在韩国、日本、澳大利亚、新西兰、比利时5个国家展出,并在比利时欧盟总部举行"最美海南"摄影展,受到所在国的热烈欢迎。2015年博鳌亚洲论坛年会、东盟海南友城文化展、海南欢乐节开幕式主会场等皆可看到"最美海南"的身影。

【民间文艺家协会】

5月,协助省文体厅组织我省黎锦、椰雕、木雕、香雕、贝艺等民间艺术精品参加了第十一届深圳文博会；5月13日，协助贝壳行业协会组织砗磲工艺品参加第十届中国（莆田）海峡工艺品博览会；7月，承办"追寻中国梦"第四届海南省根雕艺术作品展，展出根雕艺术精品200余件，评选出金奖作品12件，特等奖作品3件，银奖作品20件，铜奖作品60件，优秀奖作品100件；9月20日，举办首届海南民间工美大师作品展，展出艺术精品100余件，涵盖黎锦、苗（发）绣、椰雕、黎陶、剪纸、木雕、香雕、黎族竹木乐器等门类，评出金奖作品2件，银奖作品3件，铜奖作品4件，最佳创意奖作品3件，最佳工艺奖作品2件，优秀奖作品5件；10月1日，与海南鼎臻文化投资有限公司联合主办首届海南民间工艺作品创意设计大赛，评选出一批具有创意性质和时尚设计的工艺作品；10月18日，举办盛唐溢彩——周筑平先生收藏唐（前后）瓷器专题展；7月，协助省贝壳行业协会在上海举办砗磲艺术精品展，300多件砗磲艺术精品首次集中亮相沪上；9月底，组织砗磲艺术精品参加了中国民协在江苏徐州举办的全国民间工艺品博览会；9月，组织黎族民歌翩哈组合3人，赴苏州参加了江苏冯梦龙山歌会，与来自全国各少数民族地区的十多支山歌队伍竞赛山歌；9—10月，黎族民间艺人、国家级非物质文化遗产竹木器传承人黄照安和黎族歌手黄婷丹受邀赴奥地利维也纳、韩国进行黎族器乐和黎族民歌表演。

【影视家协会】

4月20日，承办"黎苗花儿朵朵开"——2015年琼中黎族苗族自治县三月三主题晚会暨"民歌民舞民服"三进校园活动汇报演出；10月27日，召开第五次全省会员代表大会。选举尹婕妤为主席，王忠云、江涌、张品成、陈忆多、林青、侯静、陈积流7人当选副主席，聘任林青兼任协会秘书长；11月10日，启动DV看海南系列之"DV看临高"民间影像大赛仪式，协会重新改版升级了"DV看海南"官方网站，拍摄制作了"DV看临高"宣传片；继续推进琼中"民歌民舞民服"三进校园第二阶段大型文艺支教活动。组织策划"DV看海南"系列之"DV看琼海"和"DV看万宁"民间影像大赛，以及组织策划海南民族民间故事影视精品集项目；继续推进海南人的幸福生活系列数字电影项目。继续组织《奔格内》和《我们的海》两部剧本的打磨工作，协助中国国家话剧院国话影视文化传媒（北京）有限公司，继续推进海南三农题材影片《爱在北纬18度》拍摄工作；组织承办第七届海峡两岸电视主持新人大赛海南赛区的选拔工作，选出3名优秀青年电视主持人，代表海南参加大赛；积极组织推选作品参加中国电视艺术家协会组织承办的各类视频大赛评选活动；协助史诗性3D奇幻大片《轩辕剑传奇》影片在海口举办首映礼，并组织省内一批影视评论专家撰写影评，在海南特区报专版报道。

【舞蹈家协会】

4月21日，协会主席彭煜翔应邀担任黎族苗族传统节日"三月三"主题文艺晚会山海黎乡·纯美昌江·激情"三月三"晚会总编导；4月29日晚，彭煜翔担任纪念海南解放65周年主题文艺晚会——音乐舞蹈诗《征程》总编导；7月，与山东、江西、宁夏、山西舞协联合举办2015"青春中国梦——琼鲁赣宁晋五省（区）青年舞蹈精英展演"，共有16个单双叁舞蹈节目近30名年轻舞者汇聚海南表演，评委会根据选手们的表现评选出金、银、铜表演奖等奖项。展演活动结束后，组织舞蹈艺术工作者赴保亭黎族苗族自治县开展惠民演出，开展考察学习海南非物质文化遗产以及海南民族民间舞蹈等采风活动；7月4—5日，在省歌舞剧院主办《放飞梦想·舞向未来》第十六届椰娃艺术节；副主席颜业岸创作的舞蹈《甲午海魂》参加博鳌亚洲论坛2015年年会之共建21世纪海上丝绸之路分论坛演出；理事梁智参加省文联主办的"琼中三进校园"支教活动，义务在琼中支教8个月，教授孩子黎族舞蹈，将黎族舞蹈普及到校，为琼中中小学选拔培养舞蹈队伍；10月29日—11月5日，在"海南文化澳新行"活动开闭幕式上，主席彭煜翔担任总编导，他率领演出团队圆满完成演出任务，其中歌曲《海南心·悉尼情》《海南恋歌》《万泉河水》舞蹈《明月·故乡》《箫声悠悠》《力神》勾起了琼籍海外侨胞的浓浓乡情；11月29日，主席彭煜翔担任编剧、总编导，省舞协副主席邢奎担任主演之一的原创民族舞剧《东坡海南》创排完成。年内，省舞协多次参加省文联组织的"送欢乐下基层"等文艺志愿慰问演出服务活动。

【美术家协会】

2月1日，主办陈光池、黄信驹大型书画作品展，共展出油画58幅、书法48幅；4月28日，召开"海南省历史文化重大题材美术创作工程"第二次创作草图观摩会和创作草图座谈会，对创作草图审核，并提出具体的创作建议，帮助画家进一步提升创作高度；5月9日，联合主办李锛水墨画展，展出李锛70余件2008年后创作的《锁九龙》《京剧集锦》等作品；6月15日，举行重大题材美术创作工程草图评选会，从41位老中青画家创作的61件草图中评选出31件作品；6月25日，举行重大题材美术创作工程签约仪式，曾祥熙、吴地林、陈茂叶、阮江华、周建宏、符祥康、乔德龙、刘培军等承担创作任务的20余名画家，与创作工程办公室签订了委托创作责任书，约定由工程办公室向签约画家提供标准为每件作品3万元的创作经费；6月25日，与琼台师范高等专科学校主办优秀毕业作品展，展出中国画、油画、水彩画、纸版画、装饰画、手工、平面设计、环境艺术设计、旅游工艺品设计和动漫设计10大种类作品；7月5日，承办"2015年海南省艺术设计优秀作品颁奖典礼暨获奖优秀作品展"；9月2日，与海南大学联合主办《记忆／未来》纪念抗战胜利70周年雕塑作品展；9月16日，与河南省美协、河南省美术馆在河南省美术馆承办"中国梦·山海情——谢耀庭油画、中国画作品展"，共展出作品95幅，其中油画作品53幅，均以海南风光为主，国画作品42幅，主要展现太行山的壮美景色；9月19日，承办"故乡情——2015海南省·马来西亚书画作品交流展"在马来西亚吉隆坡市开展。展出海南文化交流代表团一行13人创作的74幅书画作品；10月11日举办的"铭记历史，赞美祖国"民革书画展；10月25日，召开第六次全省会员代表大会审议并通过了五届理事会工作报告和章程，选举陈茂叶为主席，阮江华、周建宏、符祥康、曾周、王锐、卢向玲、陈学博、林明俊为副主席。11月21日，在济南市新闻美术馆主办"写意海之南——阮江华山水画巡展"，共展出80多幅精美山水画作；12月2日，联合主办热土海南"美丽乡村·风情小镇"全国景观雕塑邀请展暨陈学博雕塑展；12月17日协办"南岛情韵——阮江华山水画作品展"及研讨会。

【曲艺家协会】

"5·23"期间，与省文联主办、海南福星相声社承办的文艺志愿服务"传统曲艺进校园"曲艺专场巡演活动，在海口经济学院、海南华侨中学、海南政法职业学院、海南大学、海南师范大学5家学校进行巡回慰问演出，一连6天，巡演场次5场，受益观众约3000人；8月，完成了三十回长篇评书《琼崖女子特务连》16万字的剧本创作工作，并通过了省委宣传部、省委党史研究室、省文联、省作协、省曲协的联合审阅；12月，著名评书表演艺术家刘兰芳应邀来海南开始评书《琼崖女子特务连》的录制工作。年内，召开第三届会员代表大会，选举王晓文为主席，华斌、孙源斌、李修林、武洲、战中伟、贾明慧、曾强永、樊萍为副主席。

【文艺评论家协会】

12月2日，协办吾言吾意——"黄+蓝"艺术沙龙首届作品展。年内，先后在北京、海南承办《冯白驹和他的战友们》长篇历史小说《远古大帝》作品研讨会；举办了《光辉岁月·海南文学艺术大事记（1950—2013）》专题研讨会并在海南特区报组织专版评论；协调组织各文艺家协会、海南各高校人文社科和艺术领域以及省内各大宣传媒体热心从事文艺评论的专家教授和资深评论人员，主动配合省委宣传部、省文联及各文艺家协会活动，举办各类专题研讨会，助推海南文艺成果；配合省政协举办《海南历史文化名人丛书》研讨推介会，协助海南大学人文传媒学院举办"抗日战争暨反法西斯题材电视剧"学术研讨会；举办海南本土和旅琼画家系列个展及研讨。

文学艺术作品出版入选入展获奖

【文学】

省文联名誉主席韩少功的思想随笔《平等是否还重要》、省文联副主席孔见的思想随笔《文化意义上的中国人》入选中国思想随笔排行榜，由百花洲文艺出版社结集出版；韩少功的长篇随笔《革命后记》获《江苏文学》首届紫金·江苏文学期刊优秀作品奖，长篇小说《日夜书》获中国出版协会2015年第五届中华优秀出版物奖。孔见散文随笔集《我们的不幸谁来承担》获南海文艺奖，小说集《河豚》出版发行，广受业界好评。韩少功的长篇小说《日夜书》、省文联主席张萍主编的传记文学《海南文学艺术大事记》获省委宣传部"中国梦"主题文艺创作优秀作品奖。

【戏剧】

5月，符传杰获得中国戏剧梅花奖，成为戏剧事业发展史上继陈素珍之后的第二朵"梅花"；8月，李玉冰获第十九届中国少儿戏曲小梅花荟萃大赛金花称号，黄庆萍获特别荣誉园丁奖，省剧协获组织奖；9月，在第四届全国中青年德艺双馨文艺工作者表彰大会上，符传杰获得"全国中青年德艺双馨文艺工作者"称号。年内，推荐报送现代琼剧《王国兴》入围第十四届中国戏剧节；会员参与创作的舞剧《秋菊传奇》，琼剧《海瑞》《浴血英魂》《汉武之恋》《恩义千秋》，说唱《周末时光》获省"中国梦"主题文艺创作优秀作品，获第二届"海南省文华奖·文华大奖"，《青梅与王子》《西湖公主》《诗帕情》《定安娘》，木偶戏《孝义谱》获"文华优秀剧目奖"；说唱《周末时光》获第二届海南省群星奖；省剧协参与创作的音乐剧《南海情》获2014全国公安系统文艺会演金奖，入围中国电视艺术家协会主办的"2015六城市春节联欢晚会"入选第六届全国小戏小品总决赛；剧协成员参与创作的话剧《冒充爱情》获第十四届"金刺猬"大学生戏剧节优秀剧目奖；《琼闽粤台及东南亚地区闽南语系剧种交流研讨会论文集》获南方出版社出版。出版《琼剧经典剧目唱段精选》；大型历史琼剧《马援伏波》完成剧本创作；琼剧《恩义千秋》《钟崖州》《冼夫人》《琼林才女》，话剧《鹦哥岭》获南海文艺奖，琼剧表演艺术家梁家梁获终身成就奖。

【舞蹈】

在"青春'中国梦'——琼鲁赣宁晋五省（区）青年舞蹈精英展演"中，独舞《黑暗舞者》《小草》分获金银奖。椰娃艺术团表演原创舞蹈《水果家族歌》获第八届"小荷风采"全国少儿舞蹈大赛"小荷之家""小荷之星""最佳编导""小荷园丁"四项奖，获"五彩梦——全国青少儿舞蹈才艺大赛""特别奖"和"优秀创作奖"。颜业岸创作的舞蹈《西沙怒涛》获省第二届艺术节"群星奖"舞蹈比赛第一名；《甲午海魂》获省第八届中小学生艺术展演活动舞蹈比赛一等奖第一名，并代表海南参加全国第五届中小学生艺术展演比赛；撰写的《普通中学男子舞蹈人才培养课程教学实践》荣获国家级教学成果二等奖。年内，舞蹈《海燕之歌》获"星光耀香港"2015全国校园综艺大赛表演金奖，舞蹈《我们俩》获全国"百花迎春杯"中国青少年艺术人才青年组金奖；健身舞《木履哒哒》获全省第二届艺术节（群星奖）健身舞比赛二等奖，舞蹈《班门奥》获全省第二届艺术节群星奖，舞蹈《校园集体舞》《槟榔树下的木屐娃》获全省小学生舞蹈比赛一等奖，舞蹈《织呀织，织出我的小筒裙》获二等奖。李金桃编导的《望穿天涯》，蒙麓光、王丹妮、张伶俐、沈俊、杜红、周琳琳编导的舞剧《天堂鸟》，伍敏编导的群舞《月亮湾的女儿》，陈璐、梁文蕙编导的群舞《骑楼里的女人》，黄秀霞、杨美芳、蓝元金、黄海滨编导的群舞《插秧女》，林翔、马晓磊编导的群舞《山兰酒》获南海文艺奖。冯琪、位泳宽在第九届泰国世界"金象奖"舞蹈艺术大赛中获"优秀指导教师奖"。颜业岸被评为"中国好教育——2015中国舞蹈教育（中小学）年度人物"。

【书法】

冯伟作品入选中国书法家协会主办的第二届"大爱妈祖"全国书法篆刻作品展览、全国第十一届书法篆刻作品展览，入选中国文联、中国书法家协会联合主办的"向人民汇报·文质兼美优秀基层书法家创作成果汇报展"，入选由中国国家图书馆、中国书法家协会联合主办的"宋元善拓暨全国临摹展"；王应际作品参展"'红色经典'——全国书展"并获金奖，作品参展"第二届全国陶瓷书法作品展"；吴应佑作品入选并获全国十五届庐山杯书画大赛并获银奖，入选第八届中国重阳书画展获得优秀奖；冯宗辉作品入选首届"敦煌神韵"杯全国书画展，入选第七届观音山杯全国书法艺术展；陈其吉作品入选"飞天神韵"全国书法名家作品邀请展；黄彦谭作品获全国第四届大学生艺术展演活动艺术作品乙级三等奖；林明龙作品入选中国书法名城（之乡）名家书法作品展；冯伟、冯宗辉、黄铸、黄明海、周始照、吴青山、方有坤、陈明汉、李林瑞、林斯兴、符国虎、王晓冰作品获第二届海南省艺术节群星奖（优秀奖）；黄嵘明获海南第九届书法篆刻作品展刻字作品获优秀作品奖；陈才坤作品入选全国第二届手卷书法作品展；王晓冰作品入选"丝路文化·最美酒泉"全国书法名家作品邀请展等；陈洪、林尤葵、苏文殷、杨文修、陈鸿诚获首届海南省南海文艺奖；蒋冰获首届海南省十大中青年书法家称号；陈洪、江寿男、冯伟书法作品获省委宣传部"中国梦"主题文艺创作优秀作品奖；陈洪作品参加"尽扇尽美——中国当代书法名家12人团扇作品展"。

【音乐】

5月，在第十届中国音乐金钟奖海南选拔赛暨第八届海南省音乐金椰奖大赛中，王一苇获器乐组二胡银奖，刘世维、张娟获铜奖，吴二霞、隋宛臻、胡起波获优秀奖。赵师加获扬琴银奖，古爽获优秀奖，刘湘获小提琴银奖，裴雅诗获铜奖。李文杰获声乐组美声唱法金奖，廖裕文、王龙获银奖，肖秀波、成竹、冯书盈获铜奖，陈永杰、邹玲、秦伟垚、黄惠琳、叶静、芦雪红获优秀奖。熊莹获民族唱法金奖，柳婧、丁金源获银奖，段佳、张小鹏、符南获铜奖，叶佳红、吴柳静、胡爱春、江渺、向兵、邓雅方获优秀奖。6月，选派6名选手参加中国（伯牙Boya）国际钢琴艺术节获得全国总决赛特等奖1个和一等奖5个；王晓静获"小金钟"奖 2015"吟飞杯"首届电子键盘展演银奖，何琳获优秀奖，协会获优秀组织奖，指导老师何红获优秀教师奖；晓耕、胡晶莹、刘晔编创的《捡螺歌》，于宏作曲的《弦乐四重奏D小调叙事曲》，彭子柱作词、王志敏作曲的《唐朝的月亮》，王应际作词、刘青作曲的《满天星光》，曹量作曲的《土戏——吊胡与打击乐》，刘建全作词、黄远舫作曲的《想在海口安家》获南海文艺奖；第七届新加坡国际华人钢琴大赛，海南选手获得本届大赛唯一的一个特别金奖、7个金奖、2个银奖，张俊熙荣获"特别金奖"、王冰洁荣获"高等艺术院校专业组钢琴独奏金奖"、伏冉荣获"高等普通院校组钢琴独奏金奖"、黄呈祯荣获"小学低年级组金奖"、姜芊奕荣获"小学中年级组金奖"等奖项，指导教师张黎教授荣获"优秀指导奖"；第八届上海国际青少年钢琴大赛,张黎教授学生获得1个特等奖、5个一等奖,荣获大赛组委会为获得特等奖指导老师所设置的"最佳指导奖";歌曲《五和中国》(词:马宪泉;曲:王艳梅)获省委宣传部"中国梦"主题文艺创作优秀作品奖。第七届海南省音乐金椰奖推选的声乐选手廖裕文、符南、熊莹入围第十届中国音乐金钟奖复赛。

【民间文艺】

3月,在博鳌亚洲论坛期间,王秀蓉开发设计的东方植物染黎锦创意围巾作为国礼,由彭丽媛赠送给四国元首夫人,中央电视台记者对王秀蓉专访。5月,在第十一届深圳文博会上,吴名驹椰雕作品《三月三的赞歌》《喜得佳偶》获"中国工艺美术文化创意奖"金奖;9月,黎族民歌翩哈组合3人,赴苏州参加冯梦龙山歌会,演唱《黎家欢庆三月三》获铜奖;年内,吴孔德木雕《仁爱睿智》获第六届国际民间手工艺品展金奖,《起舞弄清影》获第九届中国工艺美术大师作品暨西湖国际艺术博览会金奖,《陆羽名品》获第三届中国工艺美术木雕展金奖;蒋艺鸿苗(发)绣《清明上河图》《海黎图》《海南民族风情图》等五幅作品被省博物馆收藏,《八仙过海图》《全唐佛像图》获省首届民族手工艺品一等获。邢日清获全国新农村文艺汇演金奖和海南方言歌曲大奖赛二等奖。黄黎祥木雕作品被中央二套、中央四套"远方的家""探索发现""走遍中国"《国家地理》等栏目、杂志专题采访播报刊出并在国家、省级展览中多次荣获奖。吴名驹、吴孔德、刘小将、黄黎祥、蒋艺鸿、黄丽琼雕塑作品获首届南海文艺奖。吴名驹获得联合国教科文组织颁发的"杰出手工艺徽章认证"、第三届中国非物质文化遗产博览会优秀创意衍生品、优秀传承人奖。黄丽琼获全国"最受欢迎民间艺人""中国优秀织锦工艺传承人"和"省级非物质文化遗产传承人"称号。12件砗磲工艺品获中国工艺美术百花奖得奖项,《凤凰涅槃》《财源广进》《西方三圣》《明王》《心中有佛》《飞天舞乐》获金奖,《连年有余双耳麒麟盖瓶》等3件作品获银奖,《荷花》等2件作品获铜奖。

【影视】

DV作品《港湾》和《酸粉坚持的力量》分别荣获第七届中国新农村电视艺术节"优秀对农作品"二、三等奖;《秘境吊罗山》和《回到梦开始的地方》《时间的技艺》分别荣获第八届中国旅游电视周二、三等奖;作品《飞扬飞扬》和《鱼排上的守望者》分别荣获"人文中国第四季·城市纪实"全国电视纪录片展播活动二、三等奖;作品《真是不想出名》获第三届亚洲微电影艺术节三等奖;青春爱情励志影片《住在海边的猫头鹰》,入选"第七届欧洲万像国际华语电影节"万像最佳原创电影竞赛单元;电视剧《捍卫者》《断喉弩》《最后的讲座》《双生花》,电影《指尖太阳》《孩子的声音》,电视纪录片《海南梦》《万泉河》,广播剧《青春鹦哥岭》,文献纪录片《日出琼崖》获南海文艺奖。省影视协因推选工作表现突出分别荣获第八届中国旅游电视周和第四届"人文中国——城市纪实纪录片展播活动优秀组织奖"。

【美术】

周杰版画《鸟语花香》入选全国第二十一届版画作品展。王家儒水彩画《家园》入选"中国深圳国际水彩画双年展——国际小幅水彩画交流展"并获银奖。陈茂叶版画《阳日》入选年度展并被收藏,中国画《绿椰》等10幅花鸟画入选纪念崔子范诞辰100周年全国名家15人联展。阮江华作品《雨林春韵》入选"写意中国"首届中国画水墨大展。罗继贞作品《新雨如酥》由联合国禁核试条约组织收藏。刘培军作品《生命的故事》、马琼颜作品《大个子、小个子》入选2015"水墨彭城全国写意中国画作品展"。刘培军作品《黄南州赛马会一角》入选2015全国中国画展,《黎家三月》入选"古蜀文脉 墨韵天府全国中国画作品展"。《青春守护·魂铸鹦哥》《血色青春——共和国记忆》《南海·祖宗海》《乡村系列之一》《丰收的回音》《岁月》获南海文艺奖，谢耀庭获终身成就奖。22幅作品入选第二届海南省艺术节全省优秀美术作品展并获奖。

【摄影】

陈黄阶的《菜市场》获25届全国摄影艺术展览艺术类"优秀作品"奖，蒋聚荣的《鹿城处处美景多》获特等奖。韩保献的《行船赏瀑别有味》获2015罗平全国摄影大展三级收藏奖。在《中国摄影报》"聚焦海口"全国摄影大展中，陈黄阶《喜获荔枝丰收》获一等奖，黄一笑的《双创进行时》获三等奖，许欢的《丰收的喜悦》《新埠岛新貌》获优秀奖。在"醉美槟榔谷"全国摄影大展中，许欢《槟榔大餐》《槟榔谷欢歌》《雨林谷苗韵》，韩宝献的《纺织姑娘》《快乐槟榔谷》《仙境》，严国文的《怒放的火焰》《我们都是一家人》《细心讲解》获优秀奖。邱瑞天的《雾绕红棉花更艳》，王军的《琼村纪事》（纪实类），吴坤哲的《迎亲》（组照），魏有存的《海岛瑜伽》（组照），许欢的《胶林晨曲》，黄启清的《守护》（纪实类）获南海文艺奖。全国摄影大展中，我省摄影作品获一级收藏2幅、获二级收藏15幅、获三级收藏26幅。

【文艺评论】

南海文艺奖中，徐仲佳的《"临屏写作"的魅力与陷阱——评蒋子丹新作〈囚界无边〉》获一等奖，廖述务的《公共正义的诗意构想——以韩少功新世纪创作为中心》，马良的《开放的城市 开放的美术——写在"大美海口"美展之前》获二等奖，符实的《非物质文化遗产视野下的琼剧保护和发展》、王晓平的《兹兰树蕙、润物无声——读江南丝竹：乐种文化与乐种形态的综合研究》，陈涣的《打断骨头连着筋——琼剧融入闽南戏剧文化圈的构想》获三等奖。

【曲艺】

武州相声《好人马亚古拜》，战胜、唐世江音乐说唱《南海颂歌》，胡雅琴、杨光小品《一个妻子两个丈夫》，邢松鹤、张晓燕群口快板《天涯卫士赞》，于培华魔术《美女消失》，罗大明诗朗诵《中国最高爱情方式》获南海文艺奖。

基层文联

【五指山市文联】

一、文艺志愿服务。春节期间，组织书法家45人次深入毛道乡、畅好乡、毛阳镇、番阳镇、南圣镇什伦苗村、水满乡水满上村、新村、番响村、南圣镇牙南村等乡镇、村庄为2000多户村民义务书写春联。2月初至3月底，组织舞协、音协、书协、候鸟艺术协会文艺志愿者200多人深入南圣镇、通什镇、毛道乡、畅好乡、毛阳镇、番阳镇、水满乡开展"中国梦·五指山美""送欢乐·下基层"文艺志愿巡演7场次。"三月三"期间，联合举办了五指山市元宵文艺晚会。

二、文艺创作。编辑出版《五指山文学丛书（一）》共7册，包括长篇小说《梦生缘》、散文集《如梦五指山》，诗歌集《走过五指山》《五月的村庄》《海山风苑》《空山新雨》《到对岸去》，集中反映了五指山文学创作成绩。美术作品《远方的歌》（林超）、《踏祥云暮归》（黄泽雷）、《早春·田》（吴松）入选"塞北雪、南国风"中俄三地美术交流展。许永青创作《民族团结梦》等十三首诗词曲获《诗歌世界杯》一等奖，入选《红旗飘飘·诗歌世界杯获奖作品集》。挖掘五指山音乐素材的新作不断推出，杨桂兰的《五指山上唱情歌》、王照灵的《三月圣火》《黎家风情别有趣》《三月三之恋》、郑黄容的《阿强的故事》、苏儒成的《黎家盛情迎客来》《黎乡新貌》《梦里黎乡槟榔河》等深受好评。贺清梅、邱永德等在《椰城》《三亚文艺》《海南农垦报》《海南群众文化》《特区农垦企业》报刊杂志上发表《桃花迎春》《夏夜漫步》《情碎七仙岭》等诗歌散文。

三、文艺交流。举办"我为社会主义核心价值观代言"诗歌朗诵比赛，唱响社会主义核心价值观。举办五指山"美丽毛道，幸福家园"摄影美术邀请赛。举办迎新春"三月三"黎族苗族风情摄影展。配合五指山市双拥办为驻地部队举办书法展。组织各文艺家协会负责人、秘书长、创作骨干到保亭、乐东、海口、陵水等地写生采风，举办并参加各种展览、讲座和创作交流座谈会。组织摄协会员参加非物质文化遗产日宣传活动、科技活动月拍摄活动。

重庆市文联

综述

2015年，重庆市文联高举中国特色社会主义伟大旗帜，全面贯彻落实文艺工作座谈会和全市文化工作座谈会精神，坚持以人民为中心的工作导向，紧扣中国梦时代主题，以"出作品、出人才"为工作主线，通过举办品牌活动、打造重点文艺作品、推出新人佳作、加强自身建设等形式，各艺术门类呈现出百花齐放、春色满园的良好局面，为重庆文艺发展繁荣做出了积极贡献。

一年来，为贯彻落实习近平总书记在文艺工作座谈会上的重要讲话精神，积极响应中国文联开展"到人民中去——中国文艺志愿者深入基层服务采风活动"的号召，重庆市文联充分发挥文艺志愿者协会的作用，扎实开展"深入生活、扎根人民""送欢乐下基层""到人民中去""结对子、种文化"等一系列文艺志愿服务活动，我市文艺志愿服务工作呈现出常态化、制度化、科学化的可喜局面。重庆市文联牢牢把握"出人才、出作品"这一根本任务，遵循文艺创作规律，切实增强组织化程度，精心策划，多管齐下，加大"中国精神中国梦"主题文艺创作工程的实施力度。在重庆市文联的带领下，各市级文艺家协会围绕重庆历史文化资源，以"中国梦"主题文艺创作为核心，开展了一系列有声势、有影响的文艺品牌活动，为打造文艺精品、选拔优秀人才搭建平台。重庆市文联以改革创新为动力，积极筹建成立重庆市文艺志愿者协会，指导成立重庆市雕塑家学会、人民银行重庆营业部文联，沙坪坝区首个镇街文联——覃家岗街道文联，以及重庆市区县首家非公经济基层文联——隆鑫控股有限公司文联，指导和帮助重庆播音主持协会、重庆版画院等新文艺组织开展筹备工作。新文艺组织的成立，标志着重庆市文联组织机构建设取得突破性进展，也是重庆市文联积极延伸工作手臂，扩大覆盖面、拓宽引导力的有益尝试。在此基础上，重庆市文联切实加强自身建设，以学习型、创新型、服务型、廉洁型组织建设为目标，努力搭建桥梁，为艺术家营造温馨和谐家园。截至年底，重庆市共有市级文艺家协会会员14667人，国家级会员2009人，基层文联会员41231人。

重要会议与活动

【中国文联文艺志愿服务工作会议暨中国文艺志愿者协会一届三次理事会议】

2015年3月30日，2015年中国文联文艺志愿服务工作会议暨中国文艺志愿者协会一届三次理事会议在重庆市雾都宾馆举行。中国文联党组成员、副主席、书记处书记李前光，重庆市委副书记张国清，中国文艺志愿者协会主席、中国曲艺家协会主席姜昆，以及中国文艺志愿者协会理事、文艺家代表，全国各文艺家协会、省级和副省级文联文艺志愿服务分管领导、文艺志愿服务工作相关负责人参加了本次会议。

在中国文联文艺志愿服务工作会议上，李前光充分肯定了全国各地文联2014年开展的形式多样的文艺志愿活动。张国清表示，重庆将扎实做好文艺志愿服务工作，不断提升重庆文联工作和文艺工作的水平。大会通报了中国文联文艺志愿服务中心2014年工作情况和2015年工作设想，并依照章程增补中国文艺志愿者协会理事及副秘书长等人选。

会议期间，与会代表走访了重庆市文艺家活动中心、江北区大石坝街道文艺服务中心、石油社区文化广场，观摩了系列文艺志愿服务活动。有重庆市文联主办的"江山之助"重庆书法名家邀请展、"身边好干部、群众贴心人"摄影展，以及文联大讲坛"史国良中国人物山水画漫谈"等活动；也有各市级文艺家协会的文艺辅导、文艺培训、文艺交流，如重庆市舞蹈家协会开展的中国古典舞经典剧目培训，重庆市戏剧家协会举办的新作《重庆家书》剧本诵读会，重庆市民间文艺家协会现场教授传统手工制作，重庆市书法家协会组织的老年大学进行笔会交流，重庆市摄影家协会举办的摄影作品维权研讨会和高琴对话重庆青年摄影家活动，重庆市电视艺术家协会开展的少儿播音主持启蒙培训，以及重庆市电影家协会举行的"香江'拾'光共赢未来"2015香港国际影视展分享会等活动。与会代表还走访了重庆市版权中心、重庆市摄影家协会和重庆杜瓦诺摄影艺术空间，就建立健全文联组织依法治理、依法维权的工作机制等问题开展了专题调研。

【全国文联组联工作会议暨外事工作座谈会】

2015年4月1日，2015年全国文联组联工作会议暨外事工作座谈会在重庆举行。中国文联党组成员、书记处书记、副主席左中一，重庆市副市长谭家玲，以及来自全国各地的文联负责人代表参加了会议。

此次会议由中国文联主办，旨在认真学习贯彻党的十八大和十八届三中、四中全会精神和习近平总书记在文艺工作座谈会上的重要讲话精神，扎实做好2015年文联组联工作。

会上，谭家玲介绍了重庆经济社会和文艺事业发展情况，希望重庆市文艺组织和文艺工作者努力创作出更多优秀文艺作品，不断开创重庆文艺事业的新局面。左中一表示，2015年是各级文联贯彻"四个全面"战略布局，推动文艺事业发展繁荣的重要一年。各级文联要紧紧围绕加强行业建设和行风建设，引导文艺工作者深入生活、扎根人民，狠抓创作，推出精品。

【中国文联领导李前光书记在重庆市调研维权工作】

2015年3月30日，中国文联党组成员、副主席、书记处书记、中国摄影著作权协会主席李前光，中国文联权益保障部副主任暴淑艳，在重庆市文联党组书记、副主席王超，重庆市文联党组成员、副主席龙川的陪同下来到重庆文艺家活动中心，专题调研摄影维权工作。重庆市摄影家协会主席团成员和部分有过维权经历的摄影家代表参加调研活动。

参加讨论的摄影家结合自己的维权经历，谈到了摄影人在维权过程中的困难。李前光认为，文艺维权是各个艺术门类共同面对的社会问题，具体到摄影维权，今后机构维权将是未来发展的方向。希望推动建立完善的维权体系，多方面配合，提升国内摄影爱好者的维权意识。

2015年4月1日下午，李前光和中国摄影家协会秘书长高琴参观了重庆杜瓦诺摄影艺术空间，对摄影作品市场化进行了调研。一行人参观了杜瓦诺摄影艺术空间会员影展、摄影工场、摄影沙龙、摄影讲堂及办公区域，随后与重庆摄影家协会主席团成员、摄影家代表、学员代表、摄影爱好者围坐在一起，进行了亲切交谈。

【中国文联领导左中一书记调研重庆市新文艺组织和青年文艺工作者状况】

2015年4月1日下午，在重庆参加2015年全国文联组联工作会议暨外事工作座谈会的中国文联党组成员、书记处书记、副主席左中一，中国文联国内联络部主任刘尚军一行，对重庆市新文艺组织和青年文艺工作者状况进行了专题调研。重庆市文联党组书记、副主席王超，党组成员、副主席龙川陪同调研。

调研组一行先后走访了重庆市文艺家活动中心、重庆嘉华建设开发有限公司文联和重庆创意设计家协会，并在重庆嘉华建设开发有限公司文联召开了座谈会。重庆嘉华建设开发有限公司文联、重庆市创意设计家协会、重庆书画社等新文艺组织代表分别发言，建议出台相关政策，加强体制外文艺组织和文艺工作者的政策扶持；在举办各种学习、研讨、采风、展演、赛事及对外交流等活动时，让他们和体制内文艺组织享有平等的参与机会，为他们提供平等的展示平台；打破传统体制，将体制外文艺组织采取挂靠等方式纳入市文联管理范围，探索有效的服务、指导方式。左中一对体制外文艺工作者对艺术的执着追求和他们在各自领域为文艺事业做出的贡献表示钦佩和感谢。他表示，对大家提出的问题和建议，中国文联将在调研报告中予以体现，力争将他们的呼声带回去，更好地为体制外文艺组织服务。

【重庆市文联三届六次全委会】

重庆市文联三届六次全委会于2015年2月6日在重庆市文联艺术剧场召开。会议传达了中国文联九届七次全委会精神，总结了2014年工作，部署2015年工作。重庆市文联三届委员会全体委员，荣誉主席，荣誉委员以及处级干部出席了会议。会议由重庆市文联党组成员、副主席陈若愚主持。党组成员、副主席龙川传达了中国文联九届七次全委会精神。党组书记、副主席王超代表三届主席团做工作报告。党组成员、副主席杨矿向大会通报了重庆市文联第三届委员会人事变动情况。

【重庆市中青年文艺骨干和巴渝新秀文艺作品（项目）创作资助签约仪式】

2015年9月23日，重庆市中青年文艺骨干和巴渝新秀文艺作品（项目）创作资助签约仪式暨座谈会在重庆市文联艺术沙龙举行。中共重庆市委宣传部干部处处长罗静宣读了《中共重庆市委宣传部、重庆市文学艺术界联合会关于公布获得重庆市中青年文艺骨干和巴渝新秀文艺作品（项目）创作资助名单的决定》，丁政义、李建、曾维惠、李运来、刘欢5位学员代表获资助学员在座谈会上发言。重庆市文联与曾维惠、强雯等30位受资助学员签订协议书。

【全市基层文联工作会议】

2015年11月25日至27日，2015年全市基层文联工作会议在南川区召开。来自各区县文联、行业（企业）文联、直属社团负责人以及重庆市文联机关各处室、各市级文艺家协会负责人参加会议。

会上，中共重庆市委宣传部副部长张洪斌发表讲话，对中共中央和中共重庆市委近年来的文艺方针政策进行解读。重庆市文联党组书记、副主席王超总结了2015年重庆市文联工作，对各基层文联的工作逐一点评，并部署明年目标任务。重庆市民政局党组成员、民间组织管理局刘韵秋局长做了题为《加强文艺组织管理，促进行业自律建设》的专题讲座。会议通报了第四届全国中青年德艺双馨文艺工作者重庆获奖艺术家代表和"到人民中去"文艺志愿服务主题活动中表现突出的重庆市文艺志愿者名单。涪陵区、九龙坡区、南川区、城口县、彭水县等区县文联及市公安文联在会上作了交流发言。大会还进行了分组讨论，广泛征求新形势下如何改进文联建设、加快创新发展的意见。

会后，重庆市文联、南川区委宣传部、南川区文联等相关部门联合组织了"送欢乐，下基层"走进南川三汇演出，并为金佛山天马路文艺创作基地授牌、赠送书画作品。

【2015年度文艺创作工作会议】

2015年12月30日，重庆市文联召开2015年度文艺创作工作会议，总结近年来文艺创作成绩，研究未来一年及今后一段时间的文艺创作，推动全市文艺创作工作再上新台阶。各市级文艺家协会负责人，部分基层文联、行业文联负责人，部分艺术创作机构、艺术家代表及重庆市文联机关各处室负责人近70人参加会议。会议通报了第六届重庆市文艺奖获奖名单及2015年度重庆市文联重点扶持作品名单，通报了全市文联系统文艺创作情况，并对2016年文艺创作工作进行安排部署。

【开展修改完善文联章程专题调研活动】

按照中国文联关于开展修改完善文联章程课题研究的总体部署，从2015年3月开始，重庆市文联开展了修改完善重庆市文联章程的专项课题调研。现行的《重庆市文学艺术界联合会章程》是2011年在重庆市文联第三次代表大会上审议通过的。4年来，《章程》对指导和规范重庆市文联的工作、繁荣发展重庆文艺事业起到了积极的作用。党的十八大以来，随着我国改革开放和现代化建设事业的向前推进以及全市经济社会的持续快速发展，文联工作的形势和任务发生了深刻的变化。为了更好地发挥重庆市文联作为党和政府联系文艺界的桥梁和纽带作用，适时对现行《章程》进行必要的修改和补充，对于促进文联工作与时俱进，推动文艺事业创新发展，具有十分重大的意义。

为确保本课题研究成果的权威性、广泛性和可操作性，重庆市文联成立了专门的调研课题组，在为期近3个月的调查研究中，采取问卷调查、座谈讨论、实地走访、资料收集与理论研究相结合的方式开展调研。课题组分别组织召开各市级文艺家协会和主城九区文联调研座谈会，就《章程》的修改问题广泛听取意见。此外，课题组还实地走访调研了部分区县文联，了解基层文联工作的新情况和新面貌，为进一步科学界定文联组织的基本职能提供有益参考。在此基础上，围绕文联组织性质宗旨、指导思想、职能定位、会员管理、主要任务、行业建设、组织构架、活动方式、经费保障等问题，起草并向中国文联报送了《关于修改完善重庆市文联章程的课题调研报告》和《重庆市文学艺术界联合会章程》。

【重庆市文联多项举措团结新文艺组织和体制外青年文艺工作者】

近年来，重庆市文联开放思维，采取系列举措，把新文艺组织和体制外青年文艺工作者纳入服务联络范围，使新文艺组织不断壮大，体制外文艺人才不断涌现。

一是拓展思维方式，延伸工作手臂。重庆市文联研究确定将团结联络新文艺组织和体制外青年文艺工作者作为重点工作任务之一，积极与重庆市民政局等相关部门衔接，就"把新文艺组织和体制外青年文艺工作者纳入工作范围，探索有效的服务指导方式，推动重庆文艺事业繁荣发展"达成共识。

二是建立组织机构，扩大服务网络。早在2012年，重庆市文联就成立了协会联合党委，下设18个党支部，将硬笔书法家学会、女子书画学会等新文艺组织团结起来，切实加强对文艺界自由职业者的服务引导。2014年，又将工作重心下移，指导成立了重庆市志愿者协会和重庆市创意设计家协会，指导和帮助重庆嘉华建设开发有限公司成立了文联，此举开创了重庆非公有制民营企业成立文联的先河。同时要求各市级文艺家协会在会员的吸纳上，要向新文艺组织和体制外的青年文艺工作者倾斜。目前,随着各种新文艺组织和体制外文艺工作者的不断增加,重庆市文联的服务网络正在不断扩张。

三是出台激励政策,发展壮大队伍。重庆市文联切实加强对新文艺组织和体制外青年文艺工作者的帮助与扶持,在政策上着力向他们倾斜。研究出台了《文艺创作基地管理办法》《文艺创作配套奖励办法》《重点文艺作品扶持办法》《重点文艺人才培养管理办法》,将获得国家级文艺奖项的新文艺组织和体制外文艺工作者,同等纳入表彰奖励范围。对体制外文艺工作者的作品展演、学习培训、交流观摩等给予支持,并每年筹集100万元建立重点作品扶持基金,鼓励体制内外文艺工作者创业发展。

四是提供出彩机会,搭建发展平台。在搭建艺术展示平台方面,重庆市文联在全国书法兰亭展、重庆摄影艺术展全国巡展、重庆青年戏剧演出季、重庆大学生戏剧节、重庆电影剧本征集评选等活动中,将新文艺组织和体制外青年文艺工作者纳入视线,为他们提供更多的展示机会。同时举办重庆市民间艺术精品展、重庆创意设计作品展,专题为新文艺组织和体制外青年文艺工作者出彩亮相搭建平台。在每年的"我们的中国梦"为主题的"送欢乐下基层"、纪念毛泽东《在延安文艺座谈会上的讲话》等活动中,组织体制外会员深入各区县开展慰问演出。2015年,重庆市文联还与重庆市创意设计家协会合作,打造文化创业实验基地和文化旅游产品研发设计中心。在搭建教育培训平台方面,在重庆市文联连续4年举办的中青年文艺骨干暨巴渝新秀研修班、连续3年举办的文联大讲坛中,每期都有体制内外青年文艺工作者参加。在搭建创作采风平台方面,重庆市文联将建立的艺术基地向新文艺组织和体制外青年文艺工作者开放,为他们创作采风提供场地。在搭建政治参与平台方面,重庆市文联在文代会、全委会、团拜会等各种活动中,邀请他们参加,为他们提供更多的参政议政机会。

【创建文艺创作基地】

自2008年重庆市文联文艺创作基地创建工作启动以来,重庆市文联为实现全市区县(自治县)全覆盖,全面完成全市文艺创作基地规划,及时展开基地创建宣传、报件受理、登记确认、实地考察、上报审批等相关工作。

全市基层文联积极参与重庆市文联文艺创作基地创建,各创建主体单位更是主动咨询创建政策,快速启动创建计划,落实创建任务,细化各项指标,完善文艺创作基地的硬软件条件。全市已有16个区县文联上报了23个文艺创作基地。其中,巫山县杨柳坪艺术村、荣昌县路孔古镇、城口县亢谷景区、忠县金色杨柳坪景区、大足区吉希农业综合园林景区、酉阳县石泉苗寨、南川区大观镇、北碚区偏岩古镇、潼南区太安罐坝示范园、永川区松溉古镇、石柱县冷水乡八龙村等16个文艺创作基地顺利通过审批,申报成功。2015年,重庆市文联已为其中8个基地授牌。

【重庆区县首家非公经济基层文联成立】

2015年10月29日,重庆区县首家非公经济基层文联——隆鑫控股有限公司文联在九龙坡区成立。重庆市文联党组成员、副主席杨矿,中共九龙坡区委宣传部副部长、九龙坡区文联主席胡宗伦等相关领导出席成立大会,并为隆鑫文联授牌。隆鑫控股有限公司党委书记、诗人何房子当选为首届隆鑫文联主席。隆鑫通用动力股份有限公司创立于1983年,现已发展成为产业领域主要包括工业、金融、房地产的投资控股集团,连续13年荣膺中国企业500强,为重庆市乃至整个中西部经济的崛起做出积极贡献。作为九龙坡区大型民营企业,隆鑫控股有限公司十分重视企业文化建设,积极开展丰富多彩的文体活动。隆鑫文联的成立,将为员工提供文化活动平台,推动企业文化建设。

【第四届重庆市中青年文艺骨干暨巴渝新秀研修班】

2015年11月17日,由中共重庆市委宣传部与重庆市文联联合主办的第四届重庆市中青年文艺骨干暨巴渝新秀研修班在重庆师范大学博雅楼开班。本次研修班共有来自重庆各区县51名中青年文艺骨干暨巴渝新秀参加。学习期间,学员们聆听了全市乃至全国的知名文艺家、专家和学科带头人授课,内容涉及美术、书法、舞蹈、音乐、戏曲等,并赴基层采风创作,共撰写学习心得34篇,创作各类文艺作品460件,提交调研报告、创作规划135篇(件)。

【首届重庆市曲艺创作高级研修班】

2015年10月24日至25日,由重庆市文联、重庆市曲艺家协会共同主办的首届重庆市曲艺创作高级研修班在重庆市群众艺术馆举办,来自市级文艺院团及各区县的20多名中青年曲艺创作骨干参加培训。在为期2天的培训中,中国曲艺家协会分党组书记、驻会副主席兼秘书长董耀鹏做了题为《曲艺创作表演漫谈》的讲座,分别从"趣、情、技、理、劲、细、众、知、德"9个方面,就曲艺创作、表演、欣赏及曲艺从业者的修养等内容进行了细致生动的分析。北京曲艺家协会副主席、著名曲艺作家、相声表演艺术家李立山,以相声的创作方法为例,阐述了曲艺创作"寓教于乐"的宗旨,并对本次研修班收集的11篇曲艺作品进行逐一点评。重庆市舞台艺术创作专家委员会副主任、著名曲艺戏剧作家阳晓讲解了曲艺的概念、分类,介绍了四川清音、四川扬琴、四川评书等14个本土曲种的各自特点。几位专家的讲座内容丰富,事例翔实,对学员进行了全方位辅导。

展演活动和创作成果

【重庆市文联文艺志愿服务活动的蓬勃开展】

2015年,重庆市文联扎实开展"深入生活、扎根人民""送欢乐下基层""到人民中去""结对子、种文化"等一系列文艺志愿服务活动,重庆市文联文艺志愿服务工作呈现出常态化、制度化、科学化的可喜局面。

一是积极争取到中国文联来渝开展文艺志愿服务活动,圆满承办了2015年中国文联文艺志愿服务工作会议暨中国文艺志愿者协会一届三次理事会议、2015年全国文联组联工作会议暨外事工作座谈会。会议期间,举办了1场大型中国文艺志愿服务团慰问演出活动、2次专题调研活动,精心策划和实施了54次小型文艺志愿服务活动。中国文联文艺志愿服务团所到之处,深受广大群众欢迎。

二是元旦春节期间,组织全市知名艺术家和文艺工作者组成文艺志愿服务团开展"送欢乐下基层"慰问演出活动。服务团先后深入石柱县、城口县、巫山县、武隆区、九龙坡区、重钢集团等地举办送欢乐活动56场,参与文艺志愿者1500余人次,直接服务群众近4万人。

三是在全市范围广泛开展"到人民中去"文艺志愿服务主题活动,采取慰问演出、采风创作、文艺支教、辅导培训、展览展示、文艺讲座、创建基地、结对帮扶、座谈研讨、调查研究等形式,策划和实施了近200项丰富多彩的文艺志愿服务活动,全市参与活动的文艺志愿者上万人次,直接免费受益群众近40万人次。同时,在第二个中国文艺志愿者服务日前后,重庆市文联承办了"到人民中去"2015中国文联、中国舞蹈家协会文艺志愿服务团走进酉阳慰问演出活动。

四是举办文联大讲坛,先后邀请杨庆育、冯建新、刘光宇、陶智、刘庆渝等多名知名艺术家、专家为基层群众和广大艺术爱好者授课,让高雅的文艺讲座走近普通百姓。2015年,文联大讲坛共举办15场。

五是在全市范围内开展"结对子、种文化"活动。一年来,共有115名文艺工作者及艺术家参与结对帮扶,帮扶基层文艺工作者达136人。重庆市文联文艺志愿服务活动的蓬勃开展,既让文艺走进千家万户，又让艺术家们获取了丰富的创作素材。

中国文联对重庆市文联文艺志愿服务活动给予了充分肯定，在全国范围内对重庆市文联开展文艺志愿服务活动的做法和重庆市21位文艺志愿者进行了通报表扬。

【"奉献人民·放歌巴渝"系列活动】

2015年，中共重庆市委宣传部和重庆市文联联合举办了"奉献人民·放歌巴渝"系列活动。2015年10月，中国摄影家协会、中共重庆市委宣传部、重庆市文联联合举办了"奉献人民·放歌巴渝"全国摄影名家看重庆——重庆五大功能区域蹲点创作活动。由10位全国著名摄影家和重庆摄影家共同组成的10个创作小组，在为期1周的时间里，分赴10个拍摄点进行蹲点创作。从中评选出的优秀作品和面向全市广大摄影家、摄影爱好者征集到的反映重庆五大功能区域建设新成就新面貌新风尚的相关图片共155幅，在中国文联中国文艺家之家成功展出，得到了中国文联的高度重视和充分肯定，引起了社会各界的强烈反响。2015年11月18日至12月6日，"奉献人民·放歌巴渝"主题实践活动成果展在重庆市文联开展。中共重庆市委常委、宣传部部长燕平宣布活动开幕，重庆市文联党组书记、副主席王超致辞。活动期间，举办了"奉献人民·放歌巴渝"美术、书法、摄影、民间文艺作品展，各市级文艺家协会主题活动展，重庆市优秀本土电影海报展等6场展览，举办了重庆市文艺家"奉献人民·放歌巴渝"主题实践活动优秀节目展演，并召开了重庆市文艺界"奉献人民·放歌巴渝"主题实践活动交流研讨会。与此同时，重庆市电影家协会的优秀本土电影展映，重庆市电视艺术家协会的优秀电视纪录片展播以及各区县文联的"奉献人民·放歌巴渝"主题实践活动也同步开展。2015年以来，重庆市文联组织近200名文艺志愿者深入涪陵、巫山、南川等地开展"奉献人民·放歌巴渝"活动，现场为群众创作剪纸、美术、书法等作品800余件，直接受益群众近3000人。

【重庆文艺界新春联谊会】

2015年3月3日，2015重庆文艺界新春联谊会在重庆市文联艺术剧场举行，重庆市各艺术界代表近400人欢聚一堂，畅叙友情，同贺佳节，共话发展。中共重庆市委宣传部副部长张洪斌出席联谊会并讲话，对重庆文艺取得的优秀成绩给予肯定。重庆市文联党组书记、副主席王超在致辞中向全市广大文艺工作者提出寄语，希望大家以高度的文化自觉和文化自信，进一步增强推动重庆文艺大发展大繁荣的责任感和使命感，推出更多有筋骨、有道德、有温度的作品，争做"德艺双馨"的表率。此次联谊会汇聚了重庆文艺界最优秀艺术家的演出。重庆市舞蹈家协会的青年演员们以一出喜庆欢腾的舞蹈《巴山风》拉开了演出序幕，青年演奏家赵兰又以笛子独奏《牧民新歌》将观众带入安静祥和的氛围，刘靓靓清唱一曲四川清音《布谷鸟儿咕咕叫》获得了全场观众的热烈掌声。

各文艺家协会

【第五届重庆大学生戏剧演出季】

2015年11月17日，由中共重庆市委宣传部、重庆市教委、重庆市文化委员会、重庆市文联联合主办，重庆市戏剧家协会、重庆市学校艺术教育协会承办的第五届重庆大学生戏剧演出季在四川外国语大学礼堂正式开幕，演出话剧《厄尔尼诺报告》。该活动历时45天，重庆市19个高校共演出大小剧目33场，30000余名师生和社会观众观看了演出。2015年11月25日，该活动在重庆师范大学校友会堂举行闭幕式，演出音乐剧《错轨》。经专家评审，音乐剧《错轨》等9个剧目被推选为优秀创作剧目，话剧《厄尔尼诺报告》等8个剧目被推选为优秀演出大中型剧目，小品《纠察》等6个剧目被推选为优秀演出小戏小品；话剧《热忱》

的导演王希、赵虎被评为优秀导演，话剧《厄尔尼尔诺报告》导演杨阳等25位教师被推选为优秀指导教师，话剧《厄尔尼尔诺报告》演员黄正中等28位同学被推选为优秀演员；重庆大学等10个单位被推选为优秀组织单位。2015年12月2日，音乐剧《错轨》学术研讨会在重庆市文联会议室召开，标志着第五届重庆大学生戏剧演出季完美谢幕。

【第二届重庆市声乐大赛】

2015年11月23日至28日，由重庆市文化委员会、重庆市文联联合主办，重庆市音乐家协会、重庆市艺术创作中心承办，重庆演艺集团协办的第二届重庆市声乐比赛复赛、决赛在国泰艺术中心音乐厅圆满结束，颁奖仪式暨文艺表演于2015年11月29日在重庆市群星剧院举行。本届重庆市声乐大赛共收到35家单位报送的各类参赛节目162个。其中民族组53个，美声组51个，流行组49个，合唱组9个。最终，重庆市歌剧院赵丹妮获得美声组一等奖，重庆师范大学音乐学院李芳获民族组一等奖，重庆师范大学音乐学院李曼获流行组一等奖，重庆市歌剧院合唱团获合唱组一等奖。

【第四届全国中小学书法教学高峰论坛暨教师书法作品展系列活动】

2015年3月30日至31日，由中国书法家协会教育工委、重庆市文联、重庆市书法家协会、重庆市教科院联合举办的"龙乡墨韵"第四届全国中小学书法教学高峰论坛暨教师书法作品展系列活动，在铜梁区巴川小学举行。在高峰论坛开幕式为获奖作者、先进单位颁发了奖牌及证书，并为铜梁区巴川书院揭牌。北京师范大学教授虞晓勇教授、重庆市教科院副所长康世刚分别就《中国书法品评与实践》《学习方式转变与卓越课堂建设》为题举办讲座。来宾们观看了第四届全国中小学教师书法作品展及铜梁区中小学师生百米书法长卷及现场书法方队表演，观摩了书法学科"卓越课堂"课例展示。

【第二届全国青少年书法大赛】

2015年5月16日至17日，由中国书法家协会教育工作委员会、重庆市文联、重庆市书法家协会、重庆市教科院联合举办的"帅乡·汉丰湖杯"第二届全国青少年书法大赛系列活动在刘伯承元帅的母校——开县汉丰第一中心小学举行。开幕式为开县"帅乡书院"揭牌，并举行了现场命题书法决赛并现场颁奖。选手们通过各种书体形式，诠释了传统经典，展示了当下全国青少年书法的最新成果。活动期间，还举行了重庆市书法名家进校园活动，为学校赠送了精美的书法作品。来自九龙坡区的书法教师汪继平展示了一堂质量上乘的书法课，获得好评。

【第六届"重影杯"重庆市电影剧本征集评选活动】

2015年12月15日，由重庆市文化委员会、重庆市文联主办，重庆电影集团有限公司、重庆市电影家协会承办的第六届"重影杯"重庆市电影剧本征集评选活动揭晓，电影剧本《303室老牌特工》获一等奖，《致命情敌》等2部作品获二等奖，《破晓》等3部作品获三等奖，《麻辣创客》等5部作品获提名奖。本届电影剧本征集活动共收到来自全国各地剧本169部，其中重庆本土参评剧本37部，作品题材多样，类型各异，涉及城市、农村、历史、抗战、都市、科幻、校园、儿童、励志、音乐、喜剧、悬疑、探案等不同的主题，以现实题材居多。为进一步扩大活动效果，本届活动优秀剧本被汇编成《电影故事推介》，供国内外影视企业挑选采购。

【石柱文化周】

以"五彩石柱·风情土家"为主题的"石柱文化周"活动于2015年6月14日在重庆市文艺家活动中心艺术广场启幕。此次活动由重庆市文联，中共石柱县委、石柱县政府联合主办，中共石柱县委宣传部、重庆市文艺家活动中心、石柱县旅游局、石柱县文化委员会、石柱县文联联合承办。活动主要内容为"四展""两会",即书画摄影展览、文艺节目展演、石柱电影展播、旅游特产展介及主题书画笔会、文艺研讨会共6项活动,旨在集中展示石柱土家人文风情,提升石柱对外形象,助推石柱文化旅游发展。此次"石柱文化周"活动是重庆市第一个区县集中以艺术的形式在文艺界展示区县形象,助推区县经济社会发展的活动。文化周开幕当天,共展出49幅以"龙河记忆"为主题的美术作品,46幅以"历届文人咏石柱"为主题的书法作品及3个板块60幅以"五彩石柱、风情土家"为主题的摄影作品,吸引了众多爱好者前来参观交流。同期举行的石柱旅游、特产展介及文艺节目展演成为此次文化周的一大亮点。

【首届重庆市大学生播音主持电视大赛】

2015年6月29日,由重庆市电视艺术家协会主办,重庆电视台都市频道、重庆市学校艺术教育协会播音主持与表演艺术专业委员会、重庆市电视艺术家协会高校专委会、重庆大学美视电影学院、西南大学新闻媒体学院承办,重庆工商大学传媒艺术学院、重庆师范大学传媒学院、四川外国语大学新闻传播学院、重庆邮电大学传媒艺术学院协办的首届重庆市大学生播音主持电视大赛,在重庆市群星剧场举行总决赛。此次大赛自2015年6月启动以来,近200名播音主持专业的学生踊跃参赛。经评委们认真评选,王宇翔、曾浩舟、吴昊3人获得金奖。

【第四届海峡两岸电视艺术节暨海峡两岸电视论坛】

2015年12月18日至20日,第四届海峡两岸电视艺术节在荣昌区举办。本届活动由中国电视艺术家协会、台湾中华广播电视节目制作商业同业公会、重庆广播电视集团(总台)主办,重庆市电视艺术家协会、中共荣昌区委宣传部、荣昌区委统战部、国台办九洲文化传播中心、中华节目内容制作产业发展协会承办。本届活动以"传承中华民族文化,促进两岸电视产业发展"为主旨,旨在增进台湾同胞对大陆的了解和对中华文化、民族的认同感,推动海峡两岸电视文化交流繁荣发展。来自海峡两岸的50多名专家学者和主创人员参与了活动。活动期间,海峡两岸学者观摩交流点评了《春梅》《虎妈猫爸》《鉴识英雄》《真爱遇到他》《填四川》5部电视剧和《海誓鲸盟》《台湾光复》《大后方》3部纪录片。

【纪念刘雪庵诞辰110周年音乐会】

2015年12月29日,由中共重庆市委宣传部、重庆市文联主办,重庆市音乐家协会承办的纪念刘雪庵诞辰110周年音乐会在重庆市群星剧院举行。刘雪庵一生创作了大量脍炙人口的作品,部分经典至今传唱海内外。重庆作为刘雪庵的故乡,首次将其作品以专场音乐会的形式搬上舞台,受到国内外音乐界的广泛关注。音乐会以刘雪庵的代表作《长城谣》为题,在节目的选择上以声乐为主,形式多样,格调高雅。其中包括童声合唱《长城谣》《踏雪寻梅》,女高音独唱《红豆词》、混声合唱《松花江上》等广为传唱的佳作。

【中国美术馆经典藏品西部巡展】

2015年6月19日,由中共重庆市委宣传部、重庆市文化委员会、重庆市文联主办,重庆美术馆、重庆市美术家协会承办的"中国美术馆典藏活化系列20世纪中国美术之旅:走向西部"中国美术馆经典藏品西部巡展在重庆美术馆开展。这是重庆美术馆开馆以来首次引进的最大规模、最高规格、最高水平的国家级美术作品展,也是中国美术馆有史以来藏品出馆最多的一次。重庆市文联主席罗中立的成名代表作油画《父亲》原画也在时隔35年后首次"回家省亲"。作为国家艺术基金资助项目,中国美术馆充分利用馆藏西部主题资源,计划用1年时间,完成在西部3个省区市重要城市巡展。首展来渝，122件极具震撼力的艺术作品在重庆停留了40天，展览至2015年7月28日结束。本次展览集中梳理了中国美术馆馆藏历史名作和近年来西部主题作品。展览展出中国美术馆馆藏西部主题作品98件，跨越国画、油画、版画、雕塑等艺术门类，并从发现西部、高原阳光、寻源拓展3个章节来展开西部美术叙事。参展作品可谓件件都是脍炙人口的经典佳作，包含张大千的《松荫观瀑》、钱松岩的《红岩》、傅抱石的《黄河清》、吴冠中的《巴山春雪》等，油画作品有吕斯百的《兰州握桥》、吴作人的《藏女负水》、罗中立的《父亲》等，版画作品有牛文的《草地新征》、黄永玉的《阿诗玛》、李焕民的《初踏黄金路》等，雕塑作品有叶毓山的《杜甫》以及郭其祥的《女牧工》等。作为改革开放后异军突起的四川美院青年创作群体的重要人物罗中立、高小华、何多苓代表作品也在这次展览中展出，《父亲》《春风已经苏醒》曾经感动过无数国人，开启了中国美术新篇章。

【第四届重庆青年美术双年展开展】

2015年12月29日，由中共重庆市委宣传部、重庆市文化委员会、重庆市文联、中共沙坪坝区委、沙坪坝区政府联合主办，重庆市美术家协会、重庆罗中立美术馆承办的第四届重庆青年美术双年展在四川美术学院虎溪校区的罗中立美术馆开展。本届双年展以"青春姿态：我闯·我创"为主题，分为主题展、平行展和创意展3个部分。来自中国、韩国、法国、日本等不同国家和地区的57位青年艺术家的200多件作品参加了展览，作品类别囊括布面油画、布面丙烯、绢本水墨、有声动画、多媒体影像、视觉与空间设计种类等。

【第八届重庆市书法篆刻作品展】

2015年7月22日，由重庆市文联、中共铜梁区委宣传部、重庆市书法家协会主办，铜梁区文联、重庆市书法家协会创作评审委员会承办，铜梁区书法家协会协办的第八届重庆市书法篆刻作品展开幕式在铜梁区金龙体育馆举行。该展征稿工作从2014年12月启动以来，共收到994件应征作品，投稿量为历届之最，最终评出获奖作品19件，参展作品183件。该展首次在区县举办展出，因提倡书写反映铜梁人文历史的诗词，展出的230件（含评委、监委作品和特邀作品）书法作品营造出的浓厚文化氛围，受到铜梁区群众及广大书法爱好者的好评。

【第二届渝西片区民间文艺作品展暨渝西民间文化艺术博览会】

2015年9月30日，德威堡红酒·第二届渝西片区民间文艺作品展暨渝西民间文化艺术博览会在永川区体育馆拉开序幕。该活动由重庆市民间文艺家协会、永川区文化委员会、永川区文联主办，永川区民间文艺家协会承办，大足区、铜梁区、璧山区、荣昌区、潼南区等区民间文艺家协会、茶竹永川网、永川公交移动电视广告、重庆市尚奇旅游文化传媒公司协办。该活动旨在拓展特色文化活动的领域和形式，传承和弘扬传统民间艺术，分开幕式和展会两项。开幕式包括民间音乐比赛、少儿文艺表演、优秀民间艺术品评选等活动，展会分民间文艺作品展示区和民间文艺作品售卖区。著名牡丹画家翁长龙现场挥毫泼墨，其作品以数丈鸿篇巨制大画幅风格见长，为会场增色不少。

【《再见，延安》摄影展】

由中国摄影家协会、重庆市文联主办，重庆市文艺家活动中心、重庆市摄影家协会承办的《再见，延安》摄影展于2015年9月30日在重庆市文联美术馆开展。展览共展出英国学者林迈可拍摄和收藏的76幅珍贵历史图片。林迈可是一位亲历中国抗日战争全过程的英国学者，抗战期间被燕京大学校长司徒雷登聘请到燕京大学当经济学导师，其英国学者的特殊身份，使他更客观、更理性地观察和认识中国的抗日战争。林迈可拍摄和收藏的照片重新展示那段血与火的历史，有助于观众了解更为真实的中国抗战历史，警示世人珍惜和维护来之不易的和平。

【"禅风古韵"高济民中国写意人物画展】

"禅风古韵"高济民中国写意人物画展于2015年5月9日在重庆市文联美术馆开幕。该展由重庆市文联、重庆市美术家协会主办，重庆市文艺家活动中心、重庆市文联美术馆承办，重庆现代禅画院和势焰文化协办。高济民是重庆市美术家协会荣誉理事、重庆中国诗书画研究会名誉会长、重庆出版社美术高级编审，现为重庆现代禅画院院长。他师从中国画大师黄胄、刘继卣、刘旦宅等。年虽古稀而笔耕不辍，磨砺出旷达的艺术风骨。作品《指路明灯》曾入选全国和全军美展，《鱼乐图》《听雨图》参加在日本举行的当代中国巨匠绘画展，《论禅图》参加中国画名家手卷作品展，中国画长卷《禅者》获得中国文艺金爵大奖。该展展出的60余幅中国写意人物画，是他近半个世纪的艺术创作结晶。

【第二届全国青年摄影大展重庆巡展】

2015年7月23日，第二届全国青年摄影大展重庆巡展在重庆市文联美术馆开展。此次公益性巡展由中国摄影家协会主办，重庆市摄影家协会、沙坪坝区摄影家协会等单位承办。该展共分13个类别专题，共展出145位国内青年摄影人的获奖作品145幅，包括摄影作品、手机摄影作品和多媒体作品，均为全国青年摄影家近年来创作的精品力作。手机摄影作品的加入让大展有了形式上的突破，也顺应了当今的潮流。开展当天，中国新闻摄影学会专家委员会主任委员、著名摄影家贺延光在重庆市文联艺术剧场为摄影爱好者举办了题为《摄影与社会》的讲座。

【2015重庆国际艺术邀请展】

由国际中国美术家协会、重庆市美术家协会主办的《梦&境》2015重庆国际艺术邀请展于2015年8月2日在北部新区海王星二楼尚潮美术馆开展。该展旨在促进东西方多元文化互相学习、借鉴、融合。该展展出了中外数十幅艺术精品，既有官其格、汉斯·拉迪斯劳斯2位美国艺术家创作的《绿色的梦》《拥挤的姿态》《咖啡厅窗口》，也有江碧波、张勇华、庄寿朋3位中国艺术家创作的《天女》《指引》《水里·梦里》《梦中的迷藏》《仿造的梦》。值得一提的是，展览还展出了已故国际艺术大师、国际中国美术家协会名誉主席赵无极的版画作品。赵无极擅长将西方现代绘画形式和油画的色彩技巧，与中国传统文化意蕴相结合，被称为"西方现代抒情抽象派的代表"。该展既是一个多元文化、多种形式的综合性画展，也是一个交流展，主要展现了东西方多元文化和现代艺术的形式美。

【重庆（20世纪）70年代书法家37人作品展】

2015年12月16日，由重庆市文联、重庆市书法家协会主办，重庆市书法家协会创作评审委员会、重庆市书法家协会青年创作部承办的"书道可亲"重庆（20世纪）70年代书法家37人作品展在重庆美术馆隆重举行。该展共展出37位作者精心创作的138件作品，作品真草隶篆四体皆有，扇面对联等形式多样，基本上反映了重庆（20世纪）70年代书法家整体创作风貌。

【2015年度电影创作座谈会】

2015年1月27日，重庆市电影家协会2015年度电影创作座谈会在重庆市文联艺术沙龙召开。重庆市80多位电影艺术家齐聚一堂，就重庆电影现状与发展等展开热烈讨论。重庆市电影家协会主席余纪在展望2015年创作前景时强调，重庆市电影家协会要在继续抓好电影剧本征集活动的基础上，加大对优秀剧本的推介与研讨，合理优化人才结构，加大与相关部门的合作协作，争取让富有时代感的重庆电影呈现在全国乃至国际的银幕上。

【公益电影《山间传来牛铃声》举办首映式】

为诠释新时期留守儿童的"中国梦",重庆昌和世纪影业有限公司在重庆市文联、中共石柱县委、石柱县政府和重庆同缘音画文化传播有限公司的支持和帮助下,历经2年拍摄了公益电影《山间传来牛铃声》。2015年3月15日,该片在重庆市解放碑UME国际影城举办首映式。该片讲述了一对留守儿童兄妹实现梦想的故事,是一部重庆本土原创电影,全程在石柱县进行拍摄,并由当地的两位留守儿童本色演出。在影片前期筹备阶段,主创人员走访了重庆十几个区县,上百所小学,经过大量的实地采访和收集资料,才将这个故事创作得生动感人。该片已入围2015年美国圣地亚哥国际儿童电影节,入选2015年中国国际儿童电影节。

获奖情况

2015年,重庆文艺得到了长足发展,一批含金量较高的全国性文艺大奖先后花落重庆,一批知名艺术家先后脱颖而出。张礼慧、陈涛荣获"第四届全国中青年德艺双馨文艺工作者"称号,徐蓓荣获第八届中国德艺双馨电视艺术工作者。吴熙以《灰阑记》荣获第27届中国戏剧梅花奖表演奖,程联群以《金锁记》荣获上海第25届"白玉兰戏剧表演艺术奖主角奖"。青年书法家马小杰创作的篆书作品《大西南赋》,获得全国第十一届书法篆刻展优秀奖,该奖是重庆直辖以来,重庆书法界取得的最好成绩,也是本届国展中西南地区唯一作者获奖。中学生张一三在第三十一届中日青少年书法竞赛中获得日本内阁总理大臣赏(第二名),宁雪峰荣获高野山真言宗馆长赏,谢瑞欣、陈泊含、陈美灵、吴瑞琦、汤满路、梁京京、向梓萌、陈柯潼、吴姝玥荣获高野山书道协会赏。黄袁媛《琴瑟之好组合》组图荣获"中国精神·中国梦"全国农民画展金奖。冯建新荣获重庆首个中国摄影"金像奖",周济的摄影作品《城市空间》、潘光侠的《李花树下》、刘新生的《放飞美丽的梦想》获得第二十五届全国摄影艺术展览纪录类优秀奖,刘琳的摄影作品《窗》荣获艺术类优秀奖,窦绍林的《尘界》获纪录类评委推荐作品。舞蹈《盘铃声声绕山岗》获第十届中国舞蹈荷花奖民族民间舞展演"十佳作品"荣誉称号,南岸区珊瑚实验小学表演的舞蹈《我有一个梦想》、重庆市歌舞团艺术学校少儿艺术团表演的《小白翎》、重庆市少年宫"小萝卜头"艺术团表演的《YES OR NO》3件作品获第八届"小荷风采"全国少儿舞蹈展演金奖。电影《将离草》获2015年第三届温哥华华语电影节"红枫叶奖"最佳摄影奖、最佳美术奖,熊明国的电影剧本《我的师傅马善祥》荣获国家新闻出版广电总局2015年夏衍电影文学奖,微电影《寻梦》获得第三届华东地区暨全国部分省市微视频(微电影)视频作品大赛一等奖。电影《天降》亮相第三十九届蒙特利尔国际电影节展映单元,入围第二十四届圣路易斯国际电影节"观众选择奖"最佳影片。重庆市电视艺术家协会推荐的《山巅之上》等系列纪录片获第七届新农村电视艺术节最佳作品奖。

四川省文联

综述

2015年,四川省文联及各团体会员认真学习贯彻党的十八届四中、五中全会和习近平总书记系列重要讲话,《中共中央关于繁荣发展社会主义文艺的意见》,省委六次、七次全会精神,在省委、省政府、中国文联的坚强领导下,在省委宣传部的精心指导下,紧紧围绕协调推进"四个全面",实施"三大发展战略",实现"两个跨越"的工作思路和奋斗目标,紧扣"出作品、出人才、惠民生"的工作主题,在推进四川文艺事业的繁荣发展中做了大量卓有成效的工作。

会议与活动

【四川省文联六届七次全委会暨省文联系统先进集体和先进个人表彰大会】

1月9日上午,四川省文联六届七次全委会暨四川省文联系统先进集体、先进个人表彰大会在成都金牛宾馆召开。省文联全体委员、受表彰的彭州市文联等65个先进集体代表和任立峰等45名先进个人,省文联各团体会员单位、机关各处室及直属事业机构负责人等247人参加会议。省委宣传部副部长赵明仁,省文联党组书记、常务副主席蒋东生,党组副书记、副主席李兵,省人力资源和社会保障厅公务员局党组成员、副局长杨进等领导出席会议。蒋东生在会议上传达了省委领导批示,并做了题为《深入学习贯彻习近平总书记在文艺工作座谈会上的重要讲话精神 努力推进四川文艺事业繁荣发展》的工作报告。赵明仁在大会发表了题为《脚踩坚实大地 勇攀文艺高峰》的讲话。杨进宣读了《四川省人力资源和社会保障厅、四川省文联关于表彰四川省文联系统先进集体、先进个人的决定》。随后,对获奖集体和个人进行了颁奖,兴文县、青神县文联代表作了交流发言。

【中国文联赵实书记来川调研】

4月7日,中国文联党组书记、副主席赵实同志率中国文联调研组一行来四川省文联进行调研。四川省文联党组书记、常务副主席蒋东生,省文联党组副书记、副主席李兵,前党组副书记邓涛及省文联所属文艺家协会有关负责同志,部分文艺家代表出席了调研会。调研会结束后,赵实书记率中国文联调研组赴乐山市五通桥区、沙湾区等地就文艺创作、基层文艺阵地建设和文艺惠民工作等进行实地考察。此前,赵实书记一行还视察了四川美术馆新馆的建设情况,并与省委书记王东明就有关文艺工作交换了意见。

【"大山大水·大美四川美术创作工程优秀作品展"暨四川美术馆落成仪式】

5月23日,在延安文艺座谈会上讲话发表73周年之际,"大山大水·大美四川美术创作工程优秀作品展"开展暨四川美术馆落成仪式在四川美术馆新馆隆重举行。落成仪式上,中共四川省委副书记、宣传部长尹力代表四川省委、省政府作重要讲话,四川省人民政府副省长黄彦蓉主持。中国文联发来贺信。中国文联副主席、中国美协主席刘大为,中国美协分党组书记、常务副主席吴长江,中国美术馆副馆长谢小凡,四川省文联党组书记、常务副主席蒋东生,四川省文联党组副书记、副主席李兵,四川省文联前党组副书记邓涛,以及省文联老领导、省级有关部门领导、全国部分著名艺术家、美术馆馆长、画院院长等嘉宾,省级各文艺家协会负责同志,省文联机关各处室、各直属单位和省美术馆负责人,省内各地市州文联领导,省内著名艺术家代表等参加了此次仪式。当天同时开展的还有"大美四川——全国美术作品邀请展""四川美术馆馆藏作品展"和"俄罗斯油画精品展"。展览从5月23日持续至6月13日。

该项工程自2014年9月组织实施,收到近1000幅美术作品,初评委四次评选,评出作品130件送中国美协终评。4月24日,中国美协组织了全国10名专家对130幅作品进行了无记名投票终评,评出作品100件,其中国画51件,油画21件,版画20件,水粉水彩4件,雕塑4件。

【中国文联曲艺培训班在四川开课】

6月1—6日,2015中国文联文艺培训志愿服务项目——曲艺培训班在四川德阳市中江县、遂宁市和广安市岳池县开课。相声和快板表演艺术家李立山,曲艺牡丹奖得主、北京曲艺团国家一级演员杨非,曲艺理论家、评论家常祥霖等以授课、讲座、现场辅导和举办小型演出等形式对基层曲艺工作者和爱好者进行培训。

【中国文联调研组来四川省文联调研】

6月4日,在省文联机关四楼会议室,由中国文联国内联络部主任刘尚军带队的中国文联调研组围绕"团结联络新文艺组织和青年文艺工作者"开展调研。四川省文联党组书记、常务副主席蒋东生,党组副书记、副主席李兵,前党组副书记邓涛出席了调研会。省文联相关处室、省音协、省曲协,成都市、绵阳市文联的负责人,省民间社团组织、民办非企业单位和青年文艺工作者代表共计40人参加了调研会。

【第十届中国音乐"金钟奖"声乐四川选拔赛暨"小金钟"钢琴四川选拔赛】

6月7日,第十届中国音乐"金钟奖"声乐四川选拔赛暨"小金钟"钢琴四川选拔赛颁奖典礼在四川师范大学音乐学院举行。来自全省超过2000名的声乐及钢琴选手参加了本次选拔赛,大赛除成都赛场外,还分设南充、内江、乐山三个分赛场,分赛场各组前2名选手直接进入成都赛场的复赛。经过评审委员会认真评审,最终评选出第十届中国音乐"金钟奖四川赛区"美声组金奖2名、银奖5名、铜奖11名;民族组金奖3名、银奖6名、铜奖11名;第三届中国音乐"小金钟"长江钢琴比赛四川赛区钢琴教师组金奖1名、银奖1名、铜奖1名;钢琴学生组金奖2名、银奖2名、铜奖8名。

【2015年全省文艺创作工作会】

6月12日,四川省文联2015年全省文艺创作工作会在成都召开。省文联党组书记、常务副主席蒋东生,党组副书记、副主席李兵,前党组副书记邓涛,以及省文联主席团成员,全省各市州文联领导及市州书法家协会、音乐家协会、摄影家协会、民间文艺家协会负责同志,各省级文艺家协会驻会负责同志,省文联机关及所属事业单位,部分影视机构及四川诗歌学会代表共180余人参会。大会总结了"大山大水·大美四川美术创作工程"经验,部署实施"五大文艺创作工程",即诗咏四川——书法创作工程、图说四川——摄影创作工程、唱响四川——百姓喜爱的歌曲音乐创作工程、人文四川——民间文艺创作工程、塑造四川新形象——微电影（微视频）创作工程。

【2015四川藏戏创新与发展系列活动】

7月20—25日，由四川省文化厅、四川省文联、阿坝州政府指导的首届四川艺术节·2015四川藏戏创新与发展系列活动在阿坝举办。四川、甘肃、西藏等省市艺术研究所、高等院校、剧团的知名藏戏专家、戏剧理论家、民俗学研究者以及阿坝州相关藏剧团创编人员共50多人参与，活动分藏戏创新与发展研讨、藏戏展演、藏区采风三个板块。

【四川省和成都军区纪念抗战胜利70周年美术作品展】

8月25日至9月10日，四川省、成都军区"纪念中国人民抗日战争暨世界反法西斯战争胜利70周年美术作品展"在四川美术馆开展。四川省文联党组书记、常务副主席蒋东生，党组副书记、副主席李兵，省委宣传部文艺处处长牟佳，成都军区政治部宣传部副部长雷鸣，中国美术家协会顾问、四川省美术家协会名誉主席李焕民，四川省美术家协会主席阿鸽等出席开幕式。此次展览共收到社会各界艺术家作品400余幅（件），评选出邵智、宋志江、徐贤文（成都军区）共同创作的油画《兄弟》、陈乃建的国画《峥嵘岁月》等280件作品展出。

【四川省第三届少儿曲艺大赛暨颁奖典礼】

8月26日，四川省第三届少儿曲艺大赛展演暨颁奖典礼在成都市川艺实验剧场举行。省文联党组书记、常务副主席蒋东生，中国曲协分党组成员、副秘书长黄群，省文联党组副书记、副主席李兵，省委宣传部文艺处副处长王军，中国曲协山东快书艺术委员会主任高洪胜，中国曲艺家协会顾问、省文联副主席、省曲协名誉主席、著名四川清音表演艺术家程永玲等出席颁奖典礼并为

获奖节目颁奖。本届大赛，36个节目入围决赛，涵盖扬琴、清音、竹琴、金钱板、谐剧、荷叶、莲厢、盘子等十多个曲种，包括一些濒危的、非物质文化遗产曲种。

【"看四川"民间文艺创作工程展】

9月23日至10月8日，"看四川——民间文艺创作工程优秀暨入围作品展"在省美术馆成功举办。这次活动于5月启动，近千位民间文艺工作者参与创作，共收到1012件作品。经三次评审，评出15个大类79个小类优秀作品共100件，入围作品50件，展示了四川省民间文艺创作力量和民间工艺水平，获社会广泛好评。

【"看四川"摄影创作工程优秀作品展】

9月23日，"看四川——摄影创作工程"优秀作品展在美术馆开幕。此次展览共收到962名摄影家4363幅原创作品，经三次评审，评出优秀作品160件（其中手机摄影作品50件）。展览分为秀美山川、风土人情、绿色生态、百姓生活、新村建设、发展变化等七个板块，内容积极健康，形式丰富多样，是四川省摄影水平的一次集中展示。

【岳池杯·第三届中国曲艺之乡曲艺展演】

9月30日，以"曲乡盛会·欢乐农家"为主题的第三届岳池杯·中国曲艺之乡系列活动在西部首个"中国曲艺之乡"岳池举行。参赛节目34个，分别来自全国31个曲艺之乡，涵盖了四川竹琴、四川清音、四川荷叶、粤曲、绍兴莲花落、二人转、乐亭大鼓、凤阳花鼓说唱等几十个曲艺种类，节目贴近生活，多有创新，是近两年来全国的中国曲艺之乡成果的集中展示。展演期间还举办了中国曲艺之乡：岳池论坛、颁奖展演等活动。

【"海螺沟杯"第二届圣洁甘孜国际摄影大展】

10月24日，为时一年的"海螺沟杯"第二届圣洁甘孜国际摄影大展在成都正式启动。四川省

文联党组副书记、副主席李兵，甘孜州人民政府副州长舒文，省摄协常务副主席、秘书长贾跃红，《中国摄影报》总编助理万戈，甘孜州政协副主席、州摄影家协会主席郭昌平，甘孜州文联副主席兼秘书长李琴英、海螺沟景区管理局副局长王光志等出席了新闻发布会。北京、上海、广东和四川等地摄影家到会，省内新闻、广电各媒体参会。

【2015成渝美术双百名家双城展】

10月27日至11月2日，"从解放碑到宽巷子"2015成渝美术双百名家双城展在四川美术新馆举办，展出来自成都、重庆两地百名知名艺术家的上百件艺术品。展览共分三个展厅，按照成都与重庆对等、对照的形式分布成国画、油画、版画三个板块。其间，还举行了研讨会。

【戏歌剧《追梦人》】

11月27日，结合了传统戏曲元素，省剧协与四川音乐学院打造出了一台以歌剧为载体、以川剧为主的戏歌剧《追梦人》在四川省歌舞大剧院上演。该剧以两位川剧艺术人才的学习、生活经历为主线，展示当代川剧人对事业、对传统文化的追求与梦想，讲述川剧人的戏剧人生。

【"东方茉莉"青少年才艺大赛】

12月6日，由四川省文联、四川省关心下一代工作委员会主办的首届"东方茉莉"青少年才艺大赛落下帷幕。大赛11月中旬开始，分设三个专业组别：声乐组、舞蹈组、器乐组，200多名选手报名参赛，经过初赛、复赛，49名选手进入总决赛，经专业评委评选出了三组小选手，分获一、二、三等奖及优秀奖。

【第三届川剧丑角戏传承展演】

12月7—10日，为传承川剧丑角表演艺术，第三届"川剧丑角戏传承展演"活动在成都上演。川剧丑角早在数百年前川剧诞生之初就在川剧中有着举足轻重的地位，它以其独特的魅力为川剧赢得了众多观众。此次展演共举办4场演出。

【第八届四川省巴蜀文艺奖颁奖大会暨省文联六届八次全委会】

12月21日，第八届四川省巴蜀文艺奖颁奖大会暨省文联六届八次全委会在成都新华宾馆隆重召开。中共四川省委副书记、宣传部部长尹力，省政府副秘书长王七章，省委宣传部副部长赵明仁，省委宣传部秘书长陈彦夫，省文联党组书记、常务副主席蒋东生，党组副书记、副主席李兵，党组副书记刘建刚，省文联主席团成员，省文联六届全委会委员，市州文联、行业文联和省级各文艺家协会主要负责人，以及本届巴蜀文艺奖获奖代表等近300人参加了大会。尹力在会上作重要讲话。蒋东生作了题为《树立新理念 适应新要求 开创新局面》的工作报告。大会向10名终身成就奖，114个文艺类作品（作者），35个特殊荣誉奖的作品（作者），31个获得提名的作品（作者）颁发了奖杯和证书。本次全委会还审议通过了免去、增补省文联六届全委会委员的名单。

【文艺志愿惠民活动】

1—12月，省文联持续深入打造了"戏剧进校园""民间有大美""温暖全家福""曲艺大联欢""电影进社区""文艺大讲堂""影视大讲堂""书法大讲堂""绘画大讲堂""送欢乐下基层""结对子、种文艺""深入生活、扎根人民"等一系列惠民品牌，由省文联党组主要领导带领走进老少边地区、地震灾区，走进部队、走进社区，到了马尔康、金川、理县、通江、南江、恩阳、芦山、汉源、峨边、夹江、洪雅等28个县市区，共组织了137场文艺惠民活动，参与艺术家人数超过1200人次，给当地人民群众捐赠书法作品1300多幅，美术作品850多幅，观看文艺演出的群众达到26万余人。

理论评论、创作、获奖

【"四川摄影百年"综合项目（川西南）调研工作】

1月17日,"四川摄影百年"综合项目（川西南）调研工作在米易展开。"四川摄影百年"项目负责人通报了自2014年6月项目启动以来省摄协和项目组的工作进展情况，讲解了具体文史资料、影像资料的收集、整理，强调了撰写摄影史等的意义。使与会代表们对本地区摄影的回顾和梳理有了相对清晰的认识，并对项目组提出了许多建设性意见。该项目于2014年6月启动，其中的重要内容是组织撰写《四川摄影史》。

【巴中通江县犁辕坝村调查成果获全国"优秀传统村落档案"】

2月，巴中通江县犁辕坝村调查成果被中国传统村落保护与发展研究中心评为"优秀传统村落档案"。2014年6月中国传统村落立档调查正式启动。当年10月省民协赴巴中犁辕坝村考察，确定其作为试点。调查工作受到巴中市文联、民协的高度重视，其调查档案内容翔实、体例完善。

【《纪录四川100双手》国家广电总局评为2014年度优秀国产纪录片】

2月25日，《纪录四川100双手》被国家广电总局评为2014年度优秀国产纪录片，向全国各卫视频道、各级电视台推荐播出。《纪录四川100双手》第一季30集作品于2014年底全部制作完成，并在四川卫视、四川文化旅游频道、四川新闻资讯频道及全省各参与市州台播出。

【《雪梅，雪梅》等在"马街书会"上获奖】

3月2日至3日，第十届河南宝丰马街书会全国曲艺邀请赛在河南宝丰县举行。四川省曲协选送的四川扬琴《雪梅，雪梅》、四川竹琴《竹情》获一等奖，四川扬琴《踏伞》获得二等奖。

【电影剧本《律颂》研讨会】

3月26日，电影剧本《律颂》研讨会在成都举行。四川省文联党组副书记、副主席李兵，峨影集团副总裁、四川影协常务副主席兼秘书长王春良以及创作人员、学院专家、院线经理和投资方等参与了研讨。会上，专家学者各抒己见，提出了很多有价值的观点、意见，丰富了作品内涵，提升了作品艺术价值。

【《张飞之死》在全国皮影展演中获奖】

4月2日，在开封举办的"全国皮影展演暨第十二届中国民间文艺山花奖·民间绝技绝艺"活动上，川北皮影（系国家级非物质文化遗产项目）以《张飞之死》参赛，获大赛金奖。川北皮影精美漂亮，融川北风情民俗之意趣。唱腔多借用川剧声腔，同时杂以川北民歌小调，伴奏乐器有鼓、锣、钹、胡琴、唢呐等，极具民间文化色彩。

【舞台剧《法定乾坤》剧本研讨会】

4月21日，省文联、省文化厅、省文化馆等在龙泉驿举办以"反腐倡廉"为主题的大型舞台剧《法定乾坤》剧本研讨。《法定乾坤》主创者陈家甫先生就本剧的创作背景、风格定位、艺术特点、表演形式等方面向在座的各位领导和专家学者做了介绍，专家提出修改意见，有关部门表示欲将此剧作为重点扶持项目予以打造。

【《箩圈变化》在第九届中国杂技金菊奖第六次全国魔术比赛上获奖】

5月1—3日，由中国文联、中国杂技家协会、广东省文联主办的第九届中国杂技金菊奖第六次全国魔术比赛在深圳举行。省杂协选送的古彩戏法《箩圈变化》获"中国古典魔术传承奖"，协会获"优秀组织奖"。

【《羌族服饰文化图志》新书发布座谈会】

6月20日,《羌族服饰文化图志》发布座谈会在茂县举行,前省委宣传部副部长、省文明办主任朱丹枫,四川省文联前党组副书记邓涛,阿坝州委常委、宣传部部长张万平,四川省民间文艺家协会副主席兼秘书长孟燕,该书主要文字作者耿静,省羌文化研究专家,以及来自茂县、汶川、北川、理县、松潘、丹巴等地的民族民间文化工作者参加会议。邓涛主持会议。《羌族服饰文化图志》一书,是"5·12"汶川大地震后为抢救羌族文化而紧急立项,列入"中国民间文化遗产抢救保护工程",从资料收集到编撰付印,历时6年零3个月。

【《耙耳朵》等在"南山杯"全国曲艺新人新作展演中获奖】

6月5—6日,在深圳举办的"第三届'南山杯'全国曲艺新人新作展演"上,四川选送的金钱板《耙耳朵》获一等奖、扬琴《邻里之间》获二等奖、相声《歌曲漫谈》获三等奖。

【优秀青年编剧苏晓苑作品研讨会】

6月24日,省视协在成都举办"优秀青年编剧苏晓苑作品研讨会"。与会专家讨论了根据米瑞蓉小说改编,苏晓苑编剧的都市情感剧《婚姻时差》在北京卫视、广东卫视热播,引发各界热议的现象,并认为20多年来从记者、编辑、主持人到编剧,苏晓苑扎根成都本土,贴近生活,坚持创作,她的成长为本土影视人才的发展探索了一条新路。

【四川省第四届书法理论研讨会】

7月12日,四川省第四届书法理论研讨会在成都召开。50余名参会代表围绕《四川省第四届书法理论研讨会论文集》进行了讨论,内容涉及研究队伍、论文质量、书法本体、书法史、书法批评、书法教育等领域。论文入选作者就书法研究成果作了交流发言。

【孙玉芬等在华东主持新人大赛中获奖】

8月,第十届华东六省一市暨全国部分省市电视主持新人大赛在山东德州举办,来自江苏、上海、山东、四川、重庆、黑龙江、香港特区等15个省市的75名优秀选手参赛。经过复赛、决赛,四川选手孙玉芬、王雅枫分别获得银奖和铜奖。

【《情深谊长》等在第十届中国舞蹈"荷花奖"民族民间舞评奖中获奖】

8月4日至7日,由中国文联、中国舞协主办的第十届中国舞蹈"荷花奖"民族民间舞评奖在四川省凉山彝族自治州举行。通过三场角逐,四川选送的《情深谊长》和《你是一首歌》获优秀作品奖,省舞协获优秀组织奖。

【四川省文艺评论骨干第一期培训班】

10月14—15日,四川省文艺评论骨干第一期培训班在绵阳开课。培训班由四川省文艺评论家协会、四川省中国现当代文学研究会、四川省文化发展研究中心、中共绵阳市委宣传部、绵阳市文联等单位共同主办。省文联党组副书记、副主席李兵在开班仪式上作动员报告,绵阳市文联党组书记马培松致辞,来自我省各行业的100余名文艺评论工作者参加了培训课。中国文联原副主席、中国文艺评论家协会主席仲呈祥,《光明日报》文艺部主任彭程,四川省文艺评论家协会主席李明泉等专家学者为学员授课。

【"说唱四川·歌颂中国"曲艺创作工程——首届四川曲艺新人新作研讨会】

11月28—29日,由中国曲协、四川省文联主办,四川省曲协、曲艺杂志社承办的"说唱四川·歌颂中国"曲艺创作工程——首届四川曲艺新人新作研讨会在成都市举行。创作工程共收到投稿近百篇,通过初评筛选出22篇作品进入此次研讨会的复评环节。中国曲协副主席崔凯,中国曲协理论委员会主任常祥霖，中国曲协顾问、四川省文联副主席、四川省曲协名誉主席程永玲，四川省曲协副主席、曲艺作家包德宾，四川省曲协顾问、谐剧表演艺术家张廷玉，四川省曲协顾问、剧作家金乃凡等组成专家评审团对22件作品的立意、情节设立等进行了认真讨论，指出不足，提出了修改意见。

【《金沙江水排》获第十二届山花奖】

12月2日，在中国民协主导的全国专家评委的严格评选下，经省民协、省视协推选，由峨影集团拍摄的民俗影像片《金沙江水排》纪录片荣获第十二届中国民间文艺山花奖（民俗影像类）。

【栏目剧、微电影研修班】

12月14—18日，省视协在成都举办2015年栏目剧、微电影研修班，特邀钱滨、马及人、庄锐、周游、苏晓苑、罗逊等业内专家到场授课。省市各级广播电视台、各影视制作机构栏目组、微电影相关负责人及创作人员，各大艺术类高校相关专业教师，省视协"影视小屋"指导教师60余人参加了研修班的学习。此次研修班，为全省各地的栏目剧、微电影制作人员提供了交流平台。

对外及对港澳台地区文化交流

【剪纸艺术家黄英赴美国文化交流并参加联合国"中文日"活动】

4月7—21日，四川"非遗"项目"涪城剪纸"传承人黄英参加了由中国民协组织的赴美文化艺术访问团。黄英女士携带的60多件剪纸作品随团先后在美国的哥伦比亚大学等8所学校和纽黑文等地校园、社区、艺术中心和博物馆与当地师生、华侨学生和社会艺术家进行交流，并现场创作剪纸作品。4月20日，黄英还随团出席了在纽约联合国总部举行的第六届联合国中文语言日活动。黄英的剪纸艺术在一定程度上代表了中国当代剪纸水平，其作品在活动中得到充分展示。

【四川谐剧表演家叮当参加中华曲艺海外交流】

5月22—25日，四川谐剧第三代掌门人叮当参加了中国曲艺家协会组织的中华曲艺海外行赴爱尔兰、伦敦演出。叮当的节目设计精巧、独特新颖，表现力强，使异国观众感受到了谐剧的欢乐，得到了艺术家的一致好评。

【"罗宾中国巡回讲座"在蓉举办】

9月9日，"罗宾中国巡回讲座"成都站在省文联4楼会议室举办。拥有20多年丰富表演经验的台湾魔术家罗宾与四川各地的魔术爱好者分享了自己多年来从事魔术的心得和表演经验，道具、口技、腹语、台词等精巧设计让四川的魔术爱好者受益匪浅。

【杨屹荣获第六届欢乐谷杯国际魔术大赛金奖】

9月24—29日，第六届欢乐谷国际魔术节在深圳举办，来自英国、俄罗斯、拉脱维亚、乌克兰、乌兹别克、泰国以及香港、北京等国家地区的60余位著名魔术师参赛。四川著名魔术师杨屹表演的原创作品《中国风》荣获本届冠军。

【《我把我寄给你》等在第三届亚洲微电影艺术节中获奖】

10月，第三届亚洲微电影艺术节"金海棠"奖评选在黑龙江省齐齐哈尔市举办，来自国内外的2000多部作品参赛。巴中市通江县沙溪中学"影视小屋"作品《我把我寄给你》获得一等奖和两个单项奖——优秀公益奖和优秀新作奖。该片取材巴中革命老区，聚焦乡村留守儿童和农民返乡创业。此外，甘孜州职业技术学校"影视小屋"作品《大渡河畔的格桑花》获二等奖和一个单项奖。

【科威特政府文化代表团到四川美术馆新馆参观考察】

11月26日下午，科威特文化艺术文学国家委员会助理秘书长率代表团一行5人到四川美术馆参观交流。省美协副主席、四川美术馆副馆长张国忠向代表团介绍了四川美术馆新馆的概况，陪同参观了正在展出的《首届四川艺术节文化建设成就展暨文华奖美术作品展》和《四川美术馆馆藏作品展》，介绍了参展作品的内容特点、时代内涵与艺术价值。双方还就现当代美术的发展现状、如何促进两地文化艺术交流等话题展开了深入交流。

机关建设

【组织学习省委重要会议精神】

2月3日，四川省文联组织机关全体干部、职工和协会、直属事业单位负责人等学习全省组织部长会议、全省宣传部部长暨文化工作会议、省纪委十届四次全会等会议精神和省委书记王东明的重要讲话。会上进行了集中学习、讨论，每个人都做了5—8分钟发言。党组要求参会人员结合文联实际，把会议精神贯彻到各项工作中，推动各项任务落地见效。

【省文联党组领导看望慰问老干部老艺术家】

2月，省文联党组书记蒋东生、副书记邓涛分别看望慰问了部分离退休老干部及老艺术家，带去党组的关怀和新春祝福。老干部和老艺术家们感谢党组的关心和爱护，对本届党组在工作中所取得的成绩给予了高度评价，并对四川文艺事业的发展建言献策。

【赴锦江监狱开展党风廉政和反腐败警示教育活动】

3月25日，省文联组织干部职工来到四川锦江监狱开展2015年党风廉政和反腐败警示教育，四川省文联党组副书记、副主席李兵，前党组副书记邓涛及60余名干部职工参加了活动。大家观看了反腐倡廉警示教育片、典型案例警示区，听取了服刑人员现身说法，参观了监区的教学楼、实训基地、监舍等区域，详细了解服刑人员的改造和生活情况，受到了深刻的教育，强化了反腐倡廉意识。

【"讲政治、守纪律、守规矩"学习反思会】

4月16日，四川省文联以"讲政治、守纪律、守规矩"为主题，召开专题会议，组织正、反两方面典型学习反思讨论。省文联党组书记、常务副主席蒋东生，党组副书记、副主席李兵，前党组副书记邓涛，前副巡视员、秘书长钱江平，机关副处以上干部，各文艺家协会和直属事业单位负责人等参加会议。会上，大家深入学习习近平总书记系列重要讲话精神，学习了焦裕禄、兰辉、菊美多吉、毕世祥等同志的先进事迹，并对全省重大腐败案件和本地本单位近年来发生的具体案件进行了检视反思。党组要求认真学习省委关于领导班子思想政治建设的文件及相关内容，结合工作、结合自身"讲政治、守纪律、守规矩"，自觉做到知敬畏、明规矩、守底线。

【组织部署"三严三实"专题教育】

5月25日，省文联组织"三严三实"专题教育活动。省级各文艺家协会、省文联机关各处室、各直属事业单位党员干部职工共100余人参加了党课专题学习。省文联党组书记、常务副主席蒋东生为党员干部作了题为《认真践行"三严三实"推动文艺事业繁荣发展》的专题党课。

【组织学习贯彻省委群团工作会议和省领导干部大会精神】

9月21日，省文联召开全体干部职工大会，学习贯彻省委群团工作会议和省领导干部大会精神。省文联党组书记、常务副主席蒋东生，省文联党组副书记、副主席李兵出席会议，文联100余名干部职工参加了学习。省委召开党的群团工作会议，在四川省是第一次，省委书记王东明做了重要讲话。四川省领导干部大会通报了南充拉票贿选案查处情况，传达学习了中央精神，省委书记王东明同志做了重要讲话。蒋东生书记分别就贯彻两个会议精神做了重要讲话。李兵副书记主持会议。

【"三严三实"教育第三专题学习研讨会】

10月15日，省文联召开"三严三实"教育第三专题学习研讨会，以"严以用权，实实在在谋事创业，做到敢于担当、奋发有为"为主题，围绕省文联近期工作实际进行剖析反思。省文联党组书记、常务副主席蒋东生主持会议并讲话。会议集中学习研讨了如何用权为民，深刻汲取南充拉票贿选案教训；如何坚持民主集中制；如何坚持从实际出发谋划事业、推进工作等问题。与会同志联系近期工作要求和自身实际情况，从不同角度交流了个人学习心得和体会。

【赴巴中开展革命传统和党风廉政建设教育活动】

11月，为推进"三严三实"专题教育，省文联组织干部职工赴巴中参观了巴山游击队纪念馆、红四方面军总指挥部旧址纪念馆、川陕革命根据地红军烈士陵园、川陕苏区将帅碑林等红色遗迹，以及巴中市法纪教育基地。活动中，干部职工接受了革命传统教育和党风廉政建设教育，增强了爱国主义意识和党风廉政意识。

【省文联系统领导干部学习培训会】

11月6—10日，省文联举办省文联系统领导干部学习培训会，传达学习《中共中央关于繁荣发展社会主义文艺的意见》和党的十八届五中全会精神，提升文联系统领导干部政治理论水平、业务素质和工作能力，交流部署我省文艺工作。省文联党组书记、常务副主席蒋东生做了重要讲话。省文联党组副书记、副主席李兵就如何学习贯彻《中共中央关于繁荣发展社会主义文艺的意见》进行了专题辅导。培训期间，与会代表前往德阳、雅安文联参观践学，相互交流各市州文联工作情况和发展状况。

【学习贯彻省委十届七次全会精神】

11月19日，省文联在机关四楼会议室召开学习贯彻省委十届七次全会精神大会。省文联机关处室、各协会、各直属事业单位全体干部参加了大会。省文联党组书记蒋东生主持大会并传达了省委全会精神，并就学习态度、抓好工作、扩大视野等方面提出了具体要求。

各文艺家协会及直属单位

【戏剧家协会】

3—12月，陆续在中学和大专院校组织50场"戏剧进校园活动"，观众达70253人次。6月，组织参加第二届"中国黄河流域戏剧红梅奖大赛"。7月，组织参加中国少儿戏剧"小梅花奖"，2名小演员获得大赛金奖，协会获组织奖。在马尔康组织举办首届四川艺术节·2015藏戏创新与发展研讨会。10月，组织参加长江流域民族民间艺术节。10—11月，组织参加第十四届中国戏剧节，川剧《尘埃落定》、京剧《落梅吟》入选，其中川剧《尘埃落定》获得优秀参演剧目证书。11月，主办首届四川师范大学川剧周。12月，举办四场"川剧丑角戏传承展演"活动。开展戏剧精品创作，与四川音乐学院开展合作戏歌剧《追梦人》。

【电影家协会】

2月，在通江县召开法制廉政题材《通江三李》电影剧本创作研讨会。3月，在四川省文联会议室召开"纪念中国电影110周年诞辰暨法制题材电影《律颂》故事梗概专题研讨会"。10月，赴雅安市石棉县举办"追光'中国梦'·逐影雅安情"大型电影惠民暨纪念红军长征胜利80周年、纪念中国电影诞生110周年系列活动，举办"纪念中国电影诞生110周年暨电影创作与市场研讨会"。11月，参加"首届'圣洁甘孜'微电影大赛"评审。另外，创作电影《北纬30度之恋》和微电影《提线木偶》，基层惠民电影放映200多场。

【音乐家协会】

1月，在泸州市三岩脑举办"踏歌四川，拥军惠民"——走进驻泸英雄工兵团大型音乐会。2月，在成都召开四川省音协音乐理论、评论工作研讨会，举办2015省市音乐界新春茶话会。4月，在泸州举办"群众歌咏合唱指挥培训班"。5月，在成都等地举办第十届中国音乐"金钟奖"手风琴比赛、2015年中国音乐"小金钟"奖——吟飞杯首届全国电子键盘展演比赛四川赛区选拔赛，在省文联会议室召开"唱响四川——百姓喜爱的歌曲"创作动员会，在宜宾举办音乐创作培训班，为泸州市乐道古镇授牌"川南民歌第一村"。6月，举办第十届中国音乐"金钟奖"声乐比赛（四川赛区）选拔赛，举办中国音乐"小金钟"奖——长江钢琴第三届全国钢琴比赛四川赛区（高校组）选拔赛，举办"赵季平先生音乐大讲堂"和"晁浩建教授声乐大讲堂"。10月22日，"'中国梦·井研情"文艺惠民演出走进井研。12月，在资阳举办基层音乐工作者培训班，举办首届"东方茉莉"青少年才艺大赛、四川省第三届原创作品沙龙音乐会和四川省第八届手风琴艺术节暨四川省手风琴比赛。2015年，还陆续创建了石棉创作表演基地、泸州纳西民歌研发基地和北川创作表演基地。

【美术家协会】

5月，在四川美术馆新馆举办"大山大水·大美四川美术创作工程优秀作品展"开展暨四川美术馆落成仪式。8月，举办"四川省、成都军区纪念中国人民抗日战争暨世界反法西斯战争胜利70周年美术作品展""抗日烽火——纪念中国人民抗日战争胜利七十周年 神州版画博物馆抗战版画专题展"、"千年木偶 指掌记忆"闽南文化走透透——闽南"非遗"明珠布袋木偶艺术展。10月，举办"从解放碑到宽巷子——成渝美术双百名家双城展"。11月，举办"首届四川艺术节文化建设成就展暨文华奖美术作品展"。12月，举办"古蜀文脉·墨韵天府——全国中国画作品展"。2015年，陆续为80岁以上的老艺术家邵仲节、邱笑秋、朱常棣等举办了个人艺术展，邀请吴永强、李焕民等美术名家举办"四川艺术讲坛"，编撰出版《中国近现代版画——神州版画博物馆藏品集1、2》《烽火岁月》《大美四川全国美术邀请展文献集》，创建创作基地2个，制定了《四川美术馆出入藏品库管理规定》《四川美术馆藏品管理条例》《四川美术馆收藏捐赠工作条例》《四川美术馆典藏部岗位职责》等相关制度全面规范典藏管理工作，编辑发行《四川美术》12期，办好四川美术官网和四川美术馆官方微信。

【曲艺家协会】

1月，省曲协志愿小分队赴南充慰问演出。2月，授予泸县"四川省曲艺之乡"称号。3月，四川扬琴《雪梅，雪梅》、四川竹琴《竹情》在第十届马街书会上夺金，举办"我们的价值观——曲艺走基层全国百场巡演"走进巴中。4月，在巴中举办"巴山说唱"专题采风创作，在岳池举办曲艺人才培训班。6月，赴石棉开展惠民活动。7月，赴邛崃开展文艺惠民。8月，举办第七届全国少儿曲艺大赛选拔赛暨第三届四川省少儿曲艺大赛。11月，举办"向人民汇报"——四川曲艺文艺惠民巡演走进合江县。 11月，举办"说唱四川歌颂中国"曲艺创作工程——首届四川曲艺新人新作研讨会。12月，泸县获"中国曲艺之乡"称号。

【舞蹈家协会】

4月，省舞协获中央精神文明建设指导委员会全国未成年人思想道德建设工作"先进单位"称号。8月，在凉山与中国舞蹈家协会联合主办了中国舞蹈"荷花奖"民族民间舞发展研讨会，参加第十届中国舞蹈"荷花奖"民族民间舞评奖比赛，获2个"荷花奖"、2个"荷花奖"提名、2个"荷花奖"十佳奖，省舞协获"荷花奖"年度优秀组织奖，参加第八届全国少儿"小荷风采"舞蹈评奖赛事，夺得了4金、6银的佳绩。2015年，组织开展年度社会艺术水平舞蹈考级，组织"金秋乐""星光灿烂""国际标准舞"等社会舞蹈活动，完成10场惠民演出，举办了2期舞蹈创作、表演专题讲座。

【民间文艺家协会】

1月，到攀枝花盐边县举办文艺志愿服务活动。4月，到巴中通江县举办文艺惠民活动。5月，在四川大学锦城学院举行省民协民间文艺创新研究基地授牌仪式暨民间文艺家志愿服务大课堂。9月，在四川美术新馆举办"看四川——民间文艺创作工程优秀暨入围作品展"。6月，在茂县举办《羌族服饰文化图志》新书发布座谈会。10月，在成都举办"第三届四川省民间艺术大师评定工作"。11月，在金川县举行"神山文化（达委达乌）之乡"授牌仪式。12月，组织参加第十二届中国民间文艺山花奖，《金沙江水排》荣获第十二届民间文艺山花奖·民俗影像作品奖。2015年，基本完成巴中、泸州、江油、雅安、甘孜等地的十个村落的传统村落立档调查。

【摄影家协会】

1月，在川南傈僳族乡建立手机摄影乡村辅导站，在川西南民族乡村开展"深入生活，扎根人民"主题实践活动，在米易县举办"手机摄影培训班"和"四川摄影百年"综合项目（川西南）调研会。3月，在成都举办摄影函授专修班，在雅安名山区、巴中南江县开展志愿服务活动。4月，在美姑手机摄影乡村辅导站举办春季学习辅导课，在雅安地震灾区组织采风创作活动，在四川传媒学院摄影系挂牌"四川省摄影家协会实训基地"。5月，走进汶川萝卜寨开展志愿服务活动。7月，在邛崃市水口镇成立手机摄影乡村辅导站，组织小金县、阿坝县、威远县、剑阁县摄影采风创作活动，在成都举办2015四川省新人新作展览。8月，组织"魅力西昌"摄影采风活动。9月，在四川美术新馆举办"看四川——摄影创作工程摄影展览"，在汉王乡开展"手机摄影走进安全社区"创作辅导活动。10月，在邛崃水口镇举行手机摄影活动，在四川科技馆主办首届"风情布拖"摄影展，启动"海螺沟杯"第二届圣洁甘孜国际摄影大展。11月，在四川传媒学院举办影像"中国梦"摄影艺术展成都巡展。

【书法家协会】

1月，在简阳贾家镇主办"我们的'中国梦'——中国书法家送万福进万家"公益活动。2月，在绵阳江油参加"2015年迎新春科技、卫生、文化赶场"大型惠民活动。3月，在成都高新区组织四川省"中国书法"公益大讲堂——高新区公务员书法学习班。4月，在成都与中国书协联合举办中国书法公益流动大讲堂（四川）。5月，组织参加在成都举办2015中国巴蜀国际艺术博览会——当代四川书法精品展，举办"永逸杯"四川省首届行草书大展。7月，与省美协在四川美术新馆联合承办四川省廉政文化书画作品展，在汶川举办"翰墨薪传"书法大讲堂暨阿坝州中小学骨干书法教师培训班，在成都召开四川省第四届书法理论研讨会。8月，向在成都地区生活、曾经参加过抗日战争的老八路、老战士赠送书法名家精品，在成都举办了四川省书法家协会第十八期临帖（行草）培训班，在成都举办"翰墨薪传·全国中小学书法教师培训项目"首期培训班（西南地区）。

9月，在岳池县举办四川省首届川东北片区篆刻艺术作品展和四川省书法家协会篆刻艺术创作培训基地（川东北片区）命名授牌仪式。12月，在成都举办第六届四川省少年儿童书法篆刻作品展暨第一届四川省青少年书法教育教学研讨会，举办了四川省首届刻字艺术展。2015年，为精准扶贫募捐书法作品90多件，启动"诗书创作工程"，编撰出版《二十世纪四川书法名家研究丛书·蒲殿俊卷》《当代四川中青年书法名家系列丛书》。

【杂技家协会】

1月，在攀枝花盐边县红格镇和仁和区迤沙拉村举办"到人民中去——文艺惠民走基层"活动。2月，赴蒲江78525部队开展"军民鱼水情"2015迎新春送欢乐拥军文艺慰问演出。5月，刘静的《箩圈变化》在第九届中国杂技金菊奖第六次全国魔术比赛上获"中国古典魔术传承奖"，组织参与在桂林举办的"追寻'中国梦'，精彩南国风——南方五省（区）青年魔术新秀展演参赛选手暨魔术大师盛装演出"。7月，在马边县举办"深入生活·扎根人民"杂技惠民演出。9月，杨屹的原创作品《中国风》荣获深圳欢乐谷第十六届国际魔术节暨第六届欢乐谷杯国际魔术大赛冠军，在成都举办台湾魔术师"罗宾中国巡回（成都站）讲座"，在阿坝州茂县八一中学和汶川绵虒中学举行四川省杂技家协会魔术教学培训基地授牌仪式。11月，刘静获2015年第九届上海国际魔术比赛舞台新人赛银奖。

【电视艺术家协会】

4月，在成都举办《用互联网思维做电视》专题讲座。5月，组织赴山东省烟台广播电视台学习考察。6月，在成都举办优秀青年编剧苏晓苑作品研讨会，在乐山举办民生新闻节目研讨及培训。7月，组织第九届四川省"十佳电视艺术工作者"赴凉山彝族自治州开展"重走长征路"活动。9月，在德阳市中江县集凤镇石垭子村开展走基层活动。10月，《我把我寄给你》荣获第三届亚洲微电影艺术节最高奖——"金海棠"奖一等奖和两个单项奖，《大渡河畔的格桑花》获得"金海棠"奖二等奖和一个单项奖。《纪录四川100双手》被中国视协电视纪录片学术委员会评为第21届中国电视纪录片系列片十优作品。11月，在安仁举办"春华·秋实——第九届四川省十佳电视艺术工作者暨2015四川电视节首届电视主持新秀大赛颁奖典礼"，在成都举办四川电视节首届电视主持新秀大赛和"好声音经典诵读"活动。2015年，在攀枝花等地共举办15期"影视大讲堂"，在凉山彝族自治州新增2所"影视小屋"，做好省视协官方网站、新浪微博、微信公众平台和手机报的建设。

【评论家协会】

10月，在绵阳举办"四川省文艺评论骨干第一期培训班"。11月，在绵阳召开"学习贯彻习近平总书记《在文艺工作座谈会上讲话》精神和中共中央《关于繁荣发展社会主义文艺的意见》理论研讨会"。2015年，围绕习近平总书记《在文艺工作座谈会上的讲话》精神和中共中央《关于繁荣发展社会主义文艺的意见》组织系列文章。组织撰写小说《天乳》、电影《旋风九日》系列评论。编选出版了《温度与深度——四川省第十三届全国"五个一"工程奖获奖作品选及评论集》《四川美术史》（上）。创办了《四川文艺评论通讯》、川军评论团微信群。

【沫若艺术院】

创建四川艺术网、四川省艺术产业协会、影视川军基地和西部剧本网。出版《四川美术史》（上册）、《中国精品石刻艺术研究》等著作。推出了以"现代田园牧歌"为主题的系列艺术活动："现代田园牧歌大讲堂"、出版《画家笔下的中国古镇》、启动艺术农庄的打造和筹建工作、建立了现代乡村美学研究基地、推出川藏艺术联盟主题系列活动。在遂宁、宜宾等地举办"四面风"书画联展。

贵州省文联

综述

2015年全年共开展文联工作和文艺工作200多项。目前，省文联拥有团体会员单位32个，县级文联88个，近50个乡镇成立了文联组织。下设13个文艺家协会，三家杂志社有限责任公司，"四院一室一中心"和机关行政处（室）共计28个部门，在编人员134名，省管核心专家1名，省管专家3名，全国"四个一批"人才1名，贵州省"四个一批"人才11名。全国文艺家协会会员1567人，贵州省文艺家协会会员12465人。

重要会议与活动

【电视连续剧《二十四道拐》掀起收视高潮】

2015年为纪念中国人民抗日战争暨世界反法西斯战争胜利70周年，大型电视连续剧《二十四道拐》在央视隆重上映并获得高收视率。该剧展示了贵州地域与民族特色，为世界人民了解贵州提供了直观的视觉画面，同时通过跌宕起伏的抗战故事，宣传贵州精神，传递爱国主义精神与世界反法西斯精神——中国人民始终与世界爱好和平的人们站在一起。随后该剧在各卫视频道陆续播出，得到了广大观众的喜爱。省委书记陈敏尔，省委常委、省委宣传部部长张广智做出重要批示，给予充分肯定。各界观众纷纷给予高度评价，成为贵州影视产业的一个亮点。该电视剧的热播带火了"二十四道拐"所在地晴隆县的旅游经济发展。据统计，2015年国庆7天长假，因剧慕名前来晴隆旅游的各地游客突破10万人次，经济收入接近百万元。2015年11月在美国洛杉矶举办的第十一届中美电影节上该剧获得了"优秀中国电视剧金天使奖"；12月23日该剧获得第三十届中国电视剧"飞天奖"优秀电视剧提名荣誉。

【组织文艺工作者"送欢乐 下基层"进行慰问演出】

2015年年初，省委宣传部、省文联共同组织了14场"与祖国同行·与人民同心"2015年贵州文艺工作者"送欢乐 下基层"慰问演出活动，辗转省内6个市州、贵安新区，行程近2000公里，深入基层、服务群众，把党和政府的关怀、温暖送到基层，把丰富的精神食粮奉献给人民群众，活跃人民群众的精神文化生活，营造文明、健康、和谐、稳定的节日氛围，为兴起社会主义文化建设新高潮，推动社会主义文化大发展大繁荣做出积极贡献。观众达数万人。

组织"纪念中国人民抗日战争暨世界反法西斯战争胜利70周年中国文联文艺志愿服务团走进独山"等35场"送欢乐 下基层"慰问演出活动，近千名省内外知名艺术家和省青年演员为基层的老百姓奉献了一场场精彩绝伦的演出。

继续做好"心系建设者"慰问演出、"摄影大篷车下基层"暨双月赛评选系列活动、"祖国好·家乡美——墨香校园·中华美德颂"书法、绘画大赛主题系列活动、"贵州民族银饰艺术传承人高级研修班"和基层文学讲座等文艺品牌服务活动。

【"全国卫视看贵州"大型主题采访活动】

2015年7月结合贵州省第十届旅发大会，举办了"全国卫视看贵州"大型主题采访活动，央视多个频道及全国各省级卫视共36家电视媒体在为期一周的时间内对贵州各地又好又快发展进行了宣传报道，据统计，各媒体的播出率为91.17%，新闻、专题、访谈时长共计约500分钟，刷新了历史纪录，该项目荣获贵州省机关目标绩效管理创新奖。

文艺创作

音乐话剧《我是杨刚》成功在黔南州举行首演，1000多名干部群众观看演出，反响良好。电影《不朽的时光》已制作完成，即将上映。电视剧《茶道》《绣娘》已经完成剧本创作。首次以群体形式推出"黔山七峰"贵州作家群，从全国的视野，通过文学创作与评论的互动，彰显了贵州文学在中国文坛上的强盛生命力，并以此引领和激活贵州文坛再创辉煌。电影剧本《菩萨蛮》获中国潜江（曹禺故里）优秀剧本征集评选优秀奖。精心创作生产的雕塑作品《十面"霾"伏（求变篇）》在生态文明贵阳国际论坛成功展出。

摄影作品《苗族英雄史诗亚鲁王——寻找祖灵之路》荣膺第10届中国摄影金像奖；《苗娃迎冬奥》《五虎进社》分获中国剪纸艺术节金奖、中国社火艺术节金奖；2名选手获第19届"中国少儿戏曲小梅花"金奖；20部作品入选第21届全国版画作品展，其中2件获提名奖，3件获优秀奖；30件作品入选"庆祝新中国成立60周年·多彩贵州全国中国画作品展"，9件获优秀奖；4件作品入选第5届全国青年美展，3件获优秀奖；1部作品获第25届全国摄影艺术展金奖，5部作品获优秀奖；布依族歌舞剧《刺藜花红》入选第4届中国少数民族戏剧会演；组织推荐的2名选手在西北五省、市（区）第3届西北音乐节分获一等奖、二等奖；组织申报中国作协重点作品扶持、少数民族重点作品扶持、深入生活等项目，2部长篇小说《守卫者长诗》《离磬》获重点作品扶持项目篇目；散文《让歌声飞越千年》《节令物语》、小说《凤凰池》、理论评论《变化：在本土道理与外地风水之间》获少数民族重点作品扶持，《贵州省遵义市"老三线"基地》获定点深入生活专项活动扶持；1人获中国作协"21世纪文学之星"青年作家扶持项目；9件作品入展全国第2届手卷书法、第11届书法篆刻展，1件作品获优秀奖；组织推荐的对口相声《黔菜飘香》、竹琴《红军医生龙思泉》在第二届"和平杯"全国曲艺票友邀请赛中获得优秀奖；组织创作41件作品参加了"反法西斯战争胜利70周年全国美展""继往开来——2015中国版画家邀请展"和"铁的新四军·红色记忆经典美术作品展"，其中6件作品入围，1件获奖；选拔、推荐《我从岜沙来》《射背牌》入围第10届中国舞蹈荷花奖民族民间舞评奖，分获提名奖和十佳作品荣誉称号；在"人文中国"第四季电视评选、"亚洲微电影"评选活动中33件电视作品获奖。

【第六届贵州文艺奖评选工作】

根据《中共贵州省委办公厅关于印发〈贵州省文艺奖评定奖励办法〉的通知》和《中共贵州省委宣传部、贵州省人力资源和社会保障厅〈关于开展第六届贵州省文艺奖申报评选工作的通知〉》要求，省文联精心组织了本届政府文艺奖的评奖工作，15个艺术门类共计收到785件参评作品。各初评级严格按照《评审制度》和各文艺门类的《评审细则》，经过对作品审读、讨论、复议、实名推荐，报终评委员会，评出获奖作品92件。其中一等奖作品15件，二等奖作品31件，三等奖作品46件。

【第二届贵州少数民族文学"金贵奖"评选】

本届评奖历时4个月于11月18日揭晓，末未（苗族）的诗集《归去来》、龙险峰（苗族）的诗集《春天正兜售爱情》、肖勤（仡佬族）的中篇小说《陪着你长大》、张国华（回族）的长篇小说《二十四道拐》、袁仁琮（侗族）的长篇小说《破荒》、戴时昌（彝族）的报告文学《让石头开花的追梦人》、魏荣钊（土家族）的散文集《遇见——我的黔边行》7部作品获奖。王杰（布依族）、刘燕成（苗族）、罗松（布依族）、周春荣（穿青人）4位作者获得本届"金贵奖·新人奖"。贵州少数民族文学"金贵奖"由贵州省作协、贵州省民委共同主办，中国烟草总公司贵州省公司、贵州中烟工业有限责任公司承办，自2012年起每三年评选一届。设立该奖项旨在大力发现和培养贵州优秀的少数民族作家，推出基于民族文化特色的文学作品，提升贵州少数民族文学在全国的影响力，进一步打造和丰富贵州民族文学品牌，践行省委、省政府建设"文化强省"的战略思想。本届评奖吸引了全省各地的少数民族作者参加，共收到参评作品91部（篇），符合参评条件的作品85部（篇），作品体裁包括小说、诗歌、散文、报告文学（纪实文学）、儿童文学、剧本等多种形式，充分反映了近年来我省少数民族文学创作蓬勃发展的势头。

【"黔风看今朝""菊梅月坛"】

2015年8月，由省委宣传部主办、省文联承办的"菊梅月坛"举行。本次主题为"黔风看今朝"——艺术展现贵州耕读文明。省委常委、宣传部部长张广智，省文联主席顾久，省委宣传部副部长姚远，省文联党组书记杨梦龙，省文化厅副厅长、省文物局局长王红光及省内知名的20余位学者、专家、艺术家出席了活动，大家围绕艺术展现贵州耕读文明展开讨论、交流。

【贵州首届国画、书法、摄影"青年十佳"选拔赛】

为深入学习贯彻习近平总书记在全国文艺工作座谈会上的讲话精神，培育和发现艺术青年才俊，结合《中共中央关于繁荣发展社会主义文艺的意见》中"加大国内文化艺术领军人才和青年拔尖人才培养支持力度"的要求，省文联策划组织各艺术门类"青年十佳"选拔赛，主要面向贵州45周岁以下的青年艺术家。经各市州基层文联初选，按照国画、书法、摄影3个艺术门类，最终推选出30余位选手赴旧州参赛。本次比赛省文联创新工作方式，以国画、书法、摄影作为"青年十佳"选拔赛的第一批艺术门类，主要考虑了举办的成本、可操控性、参与性以及社会影响力等诸多因素投石问路。同时，面对当下艺术家普遍存在的"浮躁"现象，此次选拔赛强调书画摄影艺术家的人文修养和基本功，书法比赛提倡以自创诗为书写内容，并须有一幅正楷作品，而国画创作题款提倡自创诗句的形式进行表现。活动期间还邀请省内专家为青年艺术家作技术和艺术讲座，深受青年艺术家的称赞。

【全国名家牵手贵州基层美术家活动】

配合中国文联、中国美协在贵州举办"送欢乐下基层·贵州行"全国名家牵手贵州基层美术家活动。活动于10月29日至11月7日举行，内容包括中国美术名家到贵州安顺、黔东南民族地区采风写生；与当地基层美术作者同吃同行、写生示范，举办座谈会、面对面指导、辅导，送欢乐给基层画家和美术爱好者；到镇定高荡布依寨民族小学课外美术辅导、示范、捐赠美术图书、美术用具、慰问支教美术教师等。践行习总书记文艺工作座谈会讲话精神，践行"爱国、为民、崇德、尚艺"的中国文艺核心价值观，架起美术家连接基层的桥梁，带动基层美术上台阶。

【"中国书法家进万家行动计划"系列展览活动】

结合我省书法界的实际情况,策划并组织举办"中国书法家进万家行动计划"系列展览活动:2015贵州省中小学生"祖国好·家乡美"主题系列活动——"墨香校园·中华美德颂"书法、绘画大赛圆满完成;"温泉之城·长寿石阡"杯贵州省第八届行草书大赛,"严寅亮杯"全国书法展;"书香致远,墨香怡情"现场书写活动;第二届"同龢杯"书法展;图云关红十字杯贵州省青少年书画大赛;贵州省第六届"茫父杯"书法双年展活动;"中天·未来方舟杯"颂祖国、爱家乡,共筑中国梦全国美术、书法作品网络大赛。先后组织书法家深入到盘县、石阡县、遵义、桐梓、安顺、高校等举办培训讲座,进行创作辅导。总培训人数1200余人,群众学习书法的热情得到较大提升。

【"黔灵毓秀·青春艺术——第四届贵州省高等学校美术专业毕业生优秀作品展"系列活动】

该活动由省教育厅、省人社厅、贵州日报报业集团、省文联、贵阳市云岩区政府等主办,省美协等具体承办。包括四项子活动:一是5月28日与贵州日报《藏天下》杂志、省拍卖公司等联合省成立"贵州高校美术联盟";二是6月3日,在贵阳美术馆举行开幕及颁奖仪式;三是6月7日与贵州日报、贵州画院、省拍卖公司等在美术馆5楼联合主持"名家牵手·爱心圆梦"为主题的"贵州高校美术联盟爱心拍卖会",省美协主席团捐赠作品义卖筹款,用于扶助高校美术贫困生;四是7月上旬出版展览画集。这项活动促进了全省高校美术教育,促动了全社会关注高校优秀毕业生的就业问题,为贵州美术事业挖掘和储备了后续人才,活动本身也成为贵州美术活动品牌。

【贵州省2015"最美乡村"舞蹈新作品展演、"黔岭歌飞"贵州省首届少数民族歌曲作品征集大赛】

两项活动均在安顺市平坝区美丽的小河湾村举行,在"舞蹈新作品展演"中,10个优秀舞蹈作品竞相登台,将宏大的艺术盛宴呈现,现场数千观众共同见证了代表贵州舞蹈界近年来作品创作的累累硕果,精彩的舞蹈展演也拉开了平坝区"乡村旅游节"的序幕;省音协和省民委举办的"黔岭歌飞"贵州省首届少数民族歌曲作品征集大赛,组织全省50余名音乐家举办专题研讨会,征集了大批优秀的本土音乐作品,并将颁奖仪式放在小河湾村举办。

两项活动顺应了对文联工作创新形式,组织广大文艺家深入生活、深入基层、为人民抒写、抒情、抒怀的具体要求,把全省性的文艺赛事放到基层去举办,把优秀的文艺作品献给广大群众,促进地方文化建设,为文艺家提供了学习和展示的平台。

【贵州第十二届杜鹃书荟曲艺大赛系列活动】

本届大赛由省文联、省文化厅、黔南州委州政府共同主办,共收到全省9个市州、驻黔部队、省直、公安、高校等单位报送来的新创曲艺作品70余件,13个节目参加决赛。此次各地的参赛作者、作曲、导演和演员200余人,曲种有相声、快板、评书、曲艺小品、脱口秀、贵州灯词、贵州琴书、花灯说唱、侗族琵琶弹唱、彝族月琴弹唱、八音坐唱等,可谓曲种纷呈、人才济济。各参赛单位均推出了一批质量较高的曲艺作品,选手们在比赛中赛出了风格、赛出了水平,扩大了我省曲艺的社会影响力,为进一步促进我省曲艺事业繁荣和发展做出了积极的贡献。

【文艺支教】

2015年,在广大文艺工作者的积极参与和社会各界的关心支持下,文艺支教进一步扩大规模范围。动员省内外知名书画艺术家捐赠400余幅书画作品，通过宏立城基金会，筹集善款200余万元，用于帮扶文艺支教活动。共招募了277名文艺志愿者，分别在全省9个市州29个区县、52个乡镇、70所中小学开展文艺支教服务。据统计，志愿者共上课约5000课时，受益学生10万余人次。文艺志愿服务拉近了文艺家和人民群众的距离和感情，激发了文艺家为人民服务的热情和责任，弘扬了良好的社会风尚，得到了基层群众的普遍赞誉。

【文艺交流】

成功举办第14届全国文学院院长联席会议、第26届中日友好自作诗书交流展、贵州省第5届魔术交流系列活动。参加"生态与人文——中国贵州·加拿大本拿比美术作品联展及艺术交流活动"、赴俄罗斯举办"梦·贵州——贵州风光、风情专题摄影展""两岸文学对话""滇黔桂山歌大赛"、第8届"中国·西南六省区市摄影作品联展"、第8届中国旅游电视周优秀旅游电视节目推选暨研讨活动、"亚洲微电影"交流及研讨活动、北京舞蹈学院校外课堂贵州行舞蹈教学讲座、"追寻中国梦、精彩南国风"南方五省（区）青年魔术新秀展演系列活动暨魔术创新发展讲座等。组织艺术家在江西、安徽、重庆、哈尔滨、深圳、海南等地开展文学、书画交流。进一步拓展了交流领域，提高了合作质量，提升了文化软实力。

云南省文联

综述

2015年，云南省文艺事业和文联工作在省委、省政府高度重视下，在省委宣传部的关心指导下，承前启后、继往开来、持续发展。全省文联系统认真贯彻习近平总书记《在文艺工作座谈会上的讲话》《中共中央关于繁荣发展社会主义文艺的意见》《中共中央关于加强和改进党的群团工作的意见》和《中共云南省委加强文艺工作的实施意见》，省委召开了全省推进文艺繁荣发展座谈会。一年来，全省文艺界不断掀起学习贯彻习近平总书记在文艺工作座谈会上重要讲话精神热潮，文艺春风吹拂云岭大地，云南文艺呈现不断向好向上的新变化、新气象，取得新成绩，推出了一系列优秀文艺作品，产生了积极的社会影响，主旋律更加响亮，正能量更加强劲。一年来，省文联及各团体会员认真贯彻落实省委各项重大决策部署和省文联七届四次全委会工作安排，坚持以人民为中心的工作导向，大力弘扬社会主义核心价值观，着力推动"中国梦"主题创作，着力开展"深入生活、扎根人民"主题实践和文艺志愿服务，着力提升文艺工作者职业道德素质，团结引导全省广大文艺工作者，围绕中心、服务大局、服务人民，为繁荣发展我省社会主义文艺事业，打造德艺双馨实力强大的文艺滇军、建设民族文化强省和面向南亚东南亚辐射中心做出了新的贡献。

重要会议与活动

【走基层　访民情——云南省文联文艺志愿服务团赴禄劝县翠华镇"送欢乐·下基层"】

1月19日至21日，省文联党组成员、专职副主席林政军带队，省文联部分处级以上干部和文艺家，前往禄劝县翠华镇新农村挂钩联系点开展党的群众路线实践教育活动。省文联以"我的中国梦"为主题，组织云南文艺志愿服务团开展"送欢乐·下基层"慰问演出。夏嘉伟、高洪章、土土等云南知名文艺家组成的30余人文艺小分队为翠华当地群众献上了一场异彩纷呈的文艺演出。画家张志平、孙建东、杨鹏现场合作美术作品《云岭翠华》赠送翠华镇，寓意翠华辞旧迎新，春暖大地。省摄影家协会的摄影家们前期走村入户，为当地群众拍摄的幸福全家照，也在现场发放到"最美家庭"手中。省书法家协会的5位书法家在短短的半天时间内，为当地群众免费书写春联200余副，向各族群众提前送上新年祝福。

【省文联文艺家志愿者服务团"送欢乐·下基层"走进晋宁】

2月1日，由云南省文学艺术界联合会、中共晋宁县委、晋宁县人民政府主办的"云南省文联文艺志愿服务团2015年赴晋宁'深入生活、扎根人民'暨'送欢乐·下基层'中国梦·我们的梦——文化惠民演出"在晋城古滇文化公园隆重举行。省文联主席郑明，省文联党组成员、专职副主席黄映玲、张维明、林政军，省文联巡视员麻卫军，晋宁县委书记张之亮，县人大主任李飞鸿，县政协主席普鸿昌，县委副书记、常务副县长刘中正，昆明市文联副主席李永坤等领导与晋宁群众3000多人一起观看演出。由40余位著名文艺家组成的云南省文联文艺家志愿者服务团献上了经典节目。李丹瑜、王润梅、高淑琴、李怀秀、李怀福、何纡、达坡玛吉、张三、王熙权、唐明全、杨双国、杨旭辉、叶城铭、李江恒、李继明、单星宇、孙正平等知名文艺家参加志愿者服务。

【省文联认真组织传达学习研讨习近平总书记考察云南工作重要讲话精神】

2月11日上午，云南省文联召开全体干部职工大会，传达学习习近平总书记考察云南工作结束时的讲话精神。下午，组织党组中心组理论学习，结合文艺和文联工作的实际，进一步深入学习研讨习近平总书记考察云南工作时的讲话和在文艺工作座谈会上的讲话。省文联党组成员、副主席黄映玲、张维明、林政军，省文联巡视员麻卫军、副巡视员张建林，省文联机关各部室、各省级文艺家协会副处级以上干部参加学习研讨。

【我省首届妇女美术作品展在昆开幕】

3月8日，由省文联、省妇联、省美术家协会联合举办的"逐梦——首届云南省妇女美术作品展"在昆明市博物馆开幕。省委常委、省委宣传部部长赵金出席开幕式。省政协副主席杨嘉武，省妇联主席和红梅，省文联副主席黄映玲，省直机关工委副书记鲁维星，省妇联副主席陈洁，省美协副主席杨鹏，我省著名女画家李秀等出席开幕式并为获奖者颁奖。作品展在全省范围内共征集到1533件美术、刺绣、剪纸作品，最终评出250件入选作品，其中37件获优秀作品奖，5件获优秀组织奖。

【"到人民中去"中国文联文艺志愿服务走进云南】

5月16日至22日，由中国文联、中国文艺志愿者协会主办，中国文联文艺志愿服务中心、云南省文联承办的"到人民中去"中国文联文艺志愿服务走进云南。中国文联文艺志愿服务分队由党组成员、书记处书记郭运德带领，霍勇、茸芭莘娜、鲁雅娟、何春梅、马奔、刘殿卿、曲蕾、石占明、郭芳芳、郭建设、孔庆学等艺术家组成，云南省文艺志愿小分队由省文联党组成员、副主席林政军带领，先后赴云南保山善洲林场、施甸、怒江六库、贡山、独龙江等地开展文艺志愿服务活动。在7天时间内，志愿分队行程上千公里，沿途3000余各族群众受益。

【李源潮观看"艺术云南——云南民族民间文化展示展演展览"】

6月12日上午，第3届中国—南亚博览会开幕式结束后，中国国家副主席李源潮，中共云南省委书记、省人大常委会主任李纪恒等领导在滇池国际会展中心观看了"2015·中国南亚东南亚艺术周"活动项目"艺术云南——云南民族民间文化展示展演展览"。云南省文联党组书记、常务副主席黄玲，艺术周领导小组组长、省文联党组成员、副主席黄映玲陪同参观。

【袁晓岑百年诞辰艺术展在中国美术馆开展】

6月26日，由中国美术馆、中共云南省委宣传部、云南省文化厅、云南省文学艺术界联合会、云南艺术学院主办的"万物为师——袁晓岑百年诞辰艺术展"在中国美术馆开展。中国美术馆馆长、中国美术家协会副主席吴为山，云南省文联党组成员、副主席黄映玲，云南省文化厅副巡视员魏斯庆，中共云南省委宣传部文艺处处长缪开和，云南艺术学院美术学院书记曹德钧等领导，著名艺术家、专家学者薛永年、曹春生、郭怡琮、吕品昌、曹晖，袁晓岑家属代表张乐妮、高翔等出席了开幕式，国内外观众200余人参加开幕式。开幕式由中国美术馆副馆长安远远主持。吴为山、黄映玲、缪开和、高翔在开幕式上致辞。展览选取50多件雕塑和20多件国画以及数十件未刊手稿进行展示。部分作品展览后捐赠给中国美术馆收藏。

【中意雕塑学术交流会在昆举办】

7月9日，由云南世博文化产业集团、滇池艺术家联合会、意大利雷焦卡拉布里亚国立美术学院雕塑学术交流会在昆明世博花园酒店举办。省文联党组书记、常务副主席黄玲到会并致辞。

【黄玲书记赴玉溪市文联调研并出席第四届中国聂耳音乐（合唱）周开幕式】

7月17日，省文联党组书记、常务副主席黄玲赴玉溪市文联调研并出席第四届中国聂耳音乐（合唱）周开幕式。黄玲一行走访看望了玉溪市文联的干部职工，听取玉溪市文联主席普辉及班子对玉溪市文联工作的汇报并对玉溪市文联提出了深化对习近平总书记在文艺工作座谈会上重要讲话的学习领会和贯彻；用好用足玉溪市委、市政府给予文艺发展繁荣的政策；认真疏理全市文艺资源，特别是能走在全国、全省前列的优势文艺项目，创立本土文艺品牌；抓好文艺人才的培养；以文艺活动、文艺刊物为载体，不断团结、培养、发现、推出人才等方面提出要求。

【黄玲、张维明一行到大理州文联调研】

8月5日，省文联党组书记、常务副主席黄玲，党组成员、副主席张维明一行在赴大理出席由省文联与中共大理州委、州人民政府共同主办的第六届大理国际影会期间，专程到大理州文联调研。大理州文联党组书记、主席杨子东，党组成员、副主席吴家良，秘书长李智红陪同调研。黄玲对大理州文联取得的成绩表示肯定，并对下一步工作提出五点要求。

【第六届大理国际影会开幕打造摄影界的南博会，"一带一路"人文交流平台】

8月6日，由云南省文联、中共大理州委、州政府主办，州委宣传部、秘境印堂传媒机构承办的第六届大理国际影会在大理古城开幕。中国文联副主席丹增，中国摄影家协会副主席、人民日报社摄影部主任李舸，中国艺术摄影学会主席杨元惺，中国摄影家协会顾问、中国艺术摄影学会执行主席朱宪明，省文联党组书记、常务副主席黄玲，省文化厅厅长蔡春生，省国际博览事务局常务副局长施明辉，昆明机场集团党组书记、省摄影家协会副主席邓喜平，大理州委书记梁志敏，省文联党组成员、副主席张维明，国际著名摄影艺术家代表、本届影会展览总顾问布列松，以及国内外摄影家、策展人和新闻媒体记者500余人出席开幕式。本届国际影会全面升级以"生活在别处——梦想与现实"为主题，以"国际、艺术、典藏、创意、交流"为定位，通过全新的"3加1"模式（摄影节、博览会、器材展加DIPE圆桌会），力求将大理影会打造成亚洲摄影会展中心。在成功举办五届的基础上，今年全面升级为"摄影界的南博会，'一带一路'人文交流的大平台"。

【"中国梦"·云南情"石林杯"首届云南民族歌曲演唱大赛圆满落幕】

由云南省文学艺术界联合会、云南省音乐家协会、中共石林彝族自治县委、县人民政府共同主办的"中国梦"·云南情"石林杯"首届云南民族歌曲演唱大赛，于2015年8月8日在石林落下帷幕。来自全省各州市、高校、文艺院团等单位选送的250个节目，500余人次进行了比赛。比赛分独唱组和组合组进行，经过三天的半决赛和决赛，最终评选出独唱组金奖8名，银奖16名，铜奖24名，组合组金奖2名，银奖4名，铜奖6名；同时评选出组合作品奖金奖2名，银奖4名，铜奖6名。

【纪念中国人民抗日战争暨世界反法西斯战争胜利70周年美术书法作品展开展】

9月1日，由云南省文联主办，云南艾维投资集团有限公司承办的"铭记历史、缅怀先烈、珍爱和平、开创未来——纪念中国人民抗日战争暨世界反法西斯战争胜利70周年美术书法作品展"，在云隐·西山国际艺术交流中心展出。省文联党组成员、副主席张维明，艾维投资集团有限公司董事长吴存良，书法家劳伟，油画家陈群杰出席发布会。省文联办公室主任李琦主持发布会。

【云南省"中国梦"主题曲艺作品征文比赛暨"2015年云南省曲艺作品展演"颁奖晚会在昆举行】

9月6日，由云南省文学艺术联合会主办，云南省曲艺家协会承办的云南省"中国梦"主题曲艺作品征文比赛暨2015年云南省曲艺作品展演颁奖晚会在云南省歌舞剧院举行。省文联党组书记、常务副主席黄玲，省文联党组成员、专职副主席黄映玲、林政军，省委宣传部文艺处处长缪开和，省文联兼职副主席夏嘉伟，省文联秘书长张碧伟，省曲协主席钱勇等出席颁奖晚会。部队官兵等200多名观众观看了演出。本次征文活动共收到来自全省各州市曲协、社团选送的各类曲艺作品共120余件，29件作品获奖。

【纪念中国人民抗日战争暨世界反法西斯战争胜利70周年合唱展演圆满结束】

9月19日，由云南省文化厅、云南省文学艺术界联合会、云南财经大学联合主办，云南省音乐家协会、云南省合唱协会共同承办的隆重纪念中国人民抗日战争暨世界反法西斯战争胜利70周年合唱展演音乐会，在云南财经大学体育馆圆满落幕。本次合唱展演音乐会共分五个板块，来自各行各业的在昆47个合唱团以及西双版纳州景洪市孔雀湖社区合唱团共48个合唱团3000余人参加了本次纪念展演活动。云南省文学艺术界联合会党组成员、专职副主席张维明以及云南省文化厅、云南财经大学等相关部门的领导出席了音乐会。

【云南文艺志愿服务团暨云南戏剧"山茶花奖"艺术团走进军营慰问演出】

9月22日，在驻滇某部队"铁血劲旅"圆满完成纪念中国人民抗日战争暨世界反法西斯战争胜利70周年阅兵，以及部队老兵退伍新兵入伍的交接之际，由云南省文联主办、云南省戏剧家协会承办的云南文艺志愿服务团暨云南戏剧"山茶花奖"艺术团，专程来到"铁血劲旅"的两个驻地，分别于下午和晚上为部队官兵奉献了两场精彩的文艺演出。省文联党组书记、常务副主席黄玲，省文联党组成员、副主席黄映玲，"铁血劲旅"政委王波、副政委梅才华、政治部主任吴士庆等领导出席活动并观看演出。黄玲、王波分别在晚上的专场演出前致辞，黄映玲在下午的专场演出前致辞。演出现场，黄玲代表省文联向"铁血劲旅"赠送了我省著名书法家、省书协秘书长朱兴贤的书法作品。

【云南文艺志愿服务团暨云南戏剧"山茶花奖"艺术团走进省未管所慰问演出】

9月23日，在国庆及传统中秋佳节来临之际，由云南省文联主办、云南省戏剧家协会承办的"云南文艺志愿服务团暨云南戏剧'山茶花奖'艺术团慰问演出"在云南省未成年犯管理所隆重举行。云南省文联党组成员、专职副主席黄映玲，云南省监狱管理局党委委员、副局长兰波分别在演出开始前致辞并观看演出，省未管所领导班子和广大警察职工、驻监武警官兵，省未管所未成年服刑人员等观看了演出。

【云南文艺志愿服务团暨云南戏剧"山茶花奖"艺术团赴武警云南总队慰问演出】

9月26日，云南文艺志愿服务团暨云南戏剧

'山茶花奖'艺术团来到武警云南总队某训练营地展开慰问演出,为广大武警官兵送上丰盛的艺术大餐。云南省文联党组书记、常务副主席黄玲,武警云南总队政委张桂柏少将,省文联党组成员、副主席黄映玲,云南省文联副主席、云南艺术学院院长、省戏剧家协会主席吴卫民,武警云南总队副政委孙国大校、政治部主任王维新大校等领导出席活动并观看演出。武警云南总队官兵以及3000多名第一天踏入军营的新兵观看了演出。

【中国文联 中国舞协2015"送欢乐·下基层"志愿服务演出走进麒麟区红土墙村】

9月22日下午,中国文联、中国舞协文艺志愿服务团走进云南曲靖慰问演出在麒麟区茨营镇红土墙彝族村举行。中国舞协分党组副书记、副秘书长李甲芹,分党组成员、副秘书长夏小虎,云南省文联党组成员、副主席林政军,云南省舞协副主席郭丽娟、秘书长温恺、副秘书长陶鹏珍,曲靖市文联、麒麟区委宣传部、文化局、文联等领导和当地彝、苗、布衣、汉族群众上万人观看了演出。此次演出中国舞协组织了优秀的中青年艺术家为红土墙的父老乡亲带来了一场视听盛宴。

【黄玲书记到黄贡山县独龙江乡开展"挂包帮、转走访"】

10月28日至11月1日,省文联党组书记、常务副主席黄玲同志赴省文联挂钩扶贫单位怒江州贡山县独龙江乡开展"挂包帮、转走访",先后走访了献九当、孔当、龙元3个贫困村,慰问了36户贫困户,回访了2户贫困户,拜访了高德荣老县长。并与贡山县农委的同志座谈,在独龙江乡和党委政府的领导座谈。省文联机关党委专职副书记、纪委书记龚正嘉,人事部长李海萍,舞蹈家协会秘书长温恺参加相关工作。

【"百首歌曲唱云南"颁奖晚会在昆举行】

11月25日,由中共云南省委宣传部、云南省文联主办,云南省音乐家协会承办的"百首歌曲唱云南"演唱大赛颁奖晚会在云南电视台演播室落下帷幕。省委常委、宣传部部长赵金,省委宣传部常务副部长、省文产办主任张红苹,省文化厅党组书记、厅长蔡春生,省新闻出版广电局党组书记、局长梁宗华,省文联党组书记、常务副主席黄玲出席颁奖晚会,并为获奖选手颁奖。

【"我心中的杨善洲"美术书法摄影作品展在昆开幕】

12月1日,为更好地弘扬杨善洲全心全意为人民服务的崇高精神,在杨善洲逝世五周年之际,由云南省文联、云南省杨善洲精神研究会主办,云南省美术家协会、云南省书法家协会、云南省摄影家协会承办的"我心中的杨善洲"美术书法摄影作品展在昆开幕。省人大常委会副主任、省总工会主席、省杨善洲精神研究会常务副会长张百如,省人大常委会原副主任、省政府原副省长、省杨善洲精神研究会会长黄炳生,省委宣传部原副部长、省杨善洲精神研究会副会长兼秘书长吴贵荣,省政协教科文卫委员会原主任、省杨善洲精神研究会副会长卢云伍,省文联巡视员麻卫军等出席开幕式。黄玲主持开幕式。

【黄玲一行赴云南师范大学调研文艺人才培养】

12月2日,省文联党组书记、常务副主席黄玲率部分省级文艺家协会负责人到云南师范大学,专题调研文艺后备人才培养及文学艺术教育,强调文艺家协会要加大与院校合作与共建,共同推动云南文艺人才培养,打造云南文艺滇军,促进云南文艺事业的可持续繁荣发展。黄玲书记一行听取云南师范大学党委书记叶燎原、校长蒋永文对学校情况的介绍,听取了云南师范大学副校长李松林、云南师范大学艺术学院院长戴杰、云南师范大学文学院长胡彦、传媒学院副书记牛凌燕对有关学校开展艺术、文学、影视传媒教育的情况介绍,观摩了云南师范大学艺术学院的音乐、舞蹈、美术、艺术设计、艺术教育系的教学现场。

【全国藏族地区文联系统干部研修班在昆开班】

12月14日,由中国文联主办、中国文联研修院承办、云南省文联协办的"全国藏族地区文联系统干部研修班"在昆开班。中国文联党组副书记、副主席、中国文联文艺研修院院长李屹,云南省委宣传部副部长鲁永明,云南省文联党组书记、常务副主席黄玲,云南省文联党组成员、副主席张维明等出席开班仪式。来自全国五省藏区的79名学员及云南省文联各协会、各部室的主要领导参加开班仪式。开班仪式由中国文联文艺研修院副院长冀彦伟主持。李屹、鲁永明在开班仪式上讲话。

【黄玲为全国藏族地区文联系统干部研修班学员讲课】

12月14日,云南省文联党组书记、常务副主席黄玲为全国藏族地区文联系统干部研修班学员作了题为《新时期民族地区文化工作的创新发展》的专题讲座。中国文联文艺研修院国内研修处处长段延延主持讲座。来自全国五省藏区的79名学员及云南省文联各协会、各部室的领导同志参加听课。

【袁晓岑诞辰百年艺术展在昆举办】

12月25日,在著名雕塑家、国画家袁晓岑先生诞辰100周年之际,由中共云南省委宣传部、云南省文化厅、云南省文学艺术界联合会、云南艺术学院、昆明滇池国家旅游度假区管委会主办的"万物为师——袁晓岑诞辰百年艺术展"在昆明袁晓岑艺术园开幕。省文联党组书记、常务副主席黄玲,云南艺术学院院长吴卫民,云南省城投集团总裁孙炯,省文化厅副厅长杨德聪,省文联党组成员、副主席林政军,省委宣传部文艺处处长缪开和,昆明滇池国家旅游度假区管委会主任罗建宾,省美协主席罗江等出席开幕式。袁晓岑先生的亲属、学生代表以及北京、云南两地画家、美术评论专家学者、云南艺术学院的师生代表50余人参加开幕式。省文联党组成员、副主席黄映玲主持开幕式。

【大型无场次话剧《大国忠魂》首演】

12月25日,由中共云南省委宣传部、云南省文化厅、云南省文学艺术界联合会、云南省话剧院出品的纪念护国运动话剧《大国忠魂》在云南艺术学院实验剧场首演。省政协副主席罗黎辉,省人大原常务副主任晏友琼,省委宣传部常务副部长张红苹,省文联党组书记、常务副主席黄玲,省文联副主席、云南艺术学院院长、省戏剧家协会主席吴卫民,省文联党组成员、副主席黄映玲,省妇联副主席马迎春,农工民主党云南省委会专职副主委何云葵等出席首演并观看演出。解放军总政治部话剧团原团长,中国戏剧家协会副主席孟冰等特邀专家也观看了演出。

创作与获奖

【省文联召开电视剧《待到山花烂漫时》创作研讨会】

1月22日,由云南省文学艺术界联合会主办,云南省文艺评论家协会承办,云南省电影家协会、云南省电视艺术家协会、云南鸿兴影视有限公司协办的"学习习近平文艺座谈会讲话精神 弘扬正能量——电视剧《待到山花烂漫时》创作研讨会"在昆明召开。省文联党组成员、专职副主席、云南省文艺评论家协会主席张维明,中央电视台微电影频道联盟副理事长李道莹,中共云南省委宣传部文艺创作中心主任许秋芳,云南广播电视台副总编辑李晓风,云南省台办宣传处处长尹久全,云南省文联秘书长张碧伟等领导、专家和观众代表等共80余人参加研讨会。会议由云南省文艺评论家协会驻会副主席、云南省文联文艺理论研究室主任蔡雯主持。

【范稳长篇小说《吾血吾土》研讨会在京举行】

1月20日，由中国作协重点作品扶持办公室、中国作协小说委员会、云南省作家协会、北京十月文艺出版社联合主办的著名作家范稳长篇小说《吾血吾土》研讨会在京举行。中国作协副主席、党组成员、书记处书记李敬泽，中国文联副主席、中国作协名誉副主席丹增，北京十月文艺出版社总编辑韩敬群，云南省文联主席郑明，云南省作协主席黄尧等出席会议并讲话。会议由中国作协创研部副主任彭学明主持。丹增、贺绍俊、白烨、陈晓明、岳雯等先后发言。

【我省京剧演员朱福荣获第27届中国戏剧梅花奖】

5月20日，第27届中国戏剧梅花奖颁奖晚会在广州举行，我省著名京剧演员朱福荣获本届梅花奖。第27届中国戏剧梅花奖以"中国梦·梅花梦"为主题，全国共有101人报名参加评选。经过省文联、省剧协组织评委会认真评选，推荐了2人参加"一度梅"评选，2人参加"二度梅"评选。5月11日晚，由朱福主演的京剧《周仁献嫂》代表云南在广州黄花岗剧院参加第27届中国戏剧梅花奖现场竞演，获得圆满成功。著名京剧表演艺术家叶少兰、云南省文化厅副厅长黄玲、云南省文联副主席黄映玲、云南省政府参事花泽飞等领导到现场观看演出并向中国剧协及第27届中国戏剧梅花奖评审组介绍了云南戏剧事业、云南省京剧院和朱福的基本情况。

【宗庸卓玛、雷平阳分别荣获第四届"兴滇人才奖"和"兴滇人才奖"提名奖】

云南省第四届"兴滇人才奖"评选经过推荐报名、资格审查、行业评审、评委会初评、公众投票、评委会复评、省人才工作领导小组审核、省委审定等环节，评选出10名第四届"兴滇人才奖"获奖人选和20名提名奖人选。云南省音乐家协会驻会副主席、一级演员宗庸卓玛获第四届"兴滇人才奖"。云南省作家协会文学院副院长、一级作家雷平阳获第四届"兴滇人才奖"提名奖。

对外文化交流

【2015中国·南亚东南亚艺术周开幕】

6月11日，由中共云南省委宣传部和云南省文学艺术界联合会主办的"2015中国·南亚东南亚艺术周"在昆明隆重开幕。中共云南省委常委、宣传部部长赵金，中国文联副主席、中国作协名誉副主席、国际笔会中国笔会中心会长丹增，中国作协副主席、书记处书记、鲁迅文学院院长吉狄马加，云南省文联党组书记、常务副主席黄玲出席开幕式。印度、柬埔寨、老挝、缅甸、尼泊尔、泰国、越南、孟加拉国8国的作家、舞蹈家代表，中国作家、民间文艺家、舞蹈家、电影艺术家代表200余人参加会议。赵金、吉狄马加、丹增、黄玲等分别在开幕式上致辞。云南省文联党组成员、副主席黄映玲主持会议。

【"中国·南亚东南亚作家昆明论坛"在昆举行】

6月11日下午，"中国·南亚东南亚作家昆明论坛"在昆明海埂会堂举行。来自孟加拉国、柬埔寨、印度、老挝、缅甸、尼泊尔、泰国、越南的35位作家及中国的66位作家参加论坛。云南省文联党组书记、常务副主席黄玲，云南省文联党组成员、副主席黄映玲出席论坛。云南省作协主席黄尧主持论坛。来自孟加拉国、柬埔寨、印度、老挝、缅甸、尼泊尔、泰国、越南等国及中国国内和云南省内13位著名作家围绕南亚、东南亚文学的异同，中国文学及云南文学对南亚、东南亚文学的影响，如何搭建中国、南亚、东南亚文学交流的桥梁等议题进行了主题发言。

【华文文学作家代表团参观考察云南文苑项目】

8月31日,来自世界20多个国家及台港地区的30多位华文作家在参加抗日战争胜利70周年纪念活动后,来到云南文苑项目现场参观考察,省文联党组成员、副主席张维明,云南文苑征集办主任杨泠泠等在项目现场陪同考察。张维明副主席介绍了云南文苑项目基本情况及目前的进展情况。

机关建设

【黄玲就任云南省文联党组书记】

6月5日,省文联召开全体干部职工大会,省委组织部常务副部长郭海华,省文联党组书记、常务副主席黄玲,省委组织部干部三处处长杨德培,省委宣传部干部处处长龚学艺,省文化厅人事处处长罗波出席会议,省文联党组成员、副主席张维明、林政军,巡视员麻卫军,省文联全体干部职工参加会议。会议由省文联党组成员、副主席黄映玲主持。郭海华宣读了中共云南省委关于黄玲同志任云南省文学艺术界联合会党组书记、常务副主席(按章程办理)的决定。黄玲在表态发言中表示,今后将切实履行好工作职责,用"四个第一"来要求自己,即把信仰作为第一准则,坚守党的政治纪律,对党忠诚;把工作作为第一职责,履职尽责真抓实干,敢于担当;把清廉作为第一操守,廉洁自律永葆本色,做人干净;把学习作为第一追求,勤学善思提高素质,学以敬业。

【云南省文联召开"三严三实"和"忠诚干净担当"专题教育活动动员大会】

1月23日,云南省文联召开"三严三实"和"忠诚干净担当"专题教育活动动员大会。省文联党组成员、副主席黄映玲、张维明,省文联巡视员麻卫军、副巡视员张建林,省委第七巡回督导组成员,省委组织部党员教育中心副主任傅影琦、省纪委信访室副处级纪检监察员黄红光、省直机关团工委副书记聂易明等领导出席了会议。会议由省文联党组成员、副主席林政军主持。省文联全体干部职工参加了会议。省文联党组成员、副主席黄映玲作动员讲话。

【省文联开展"严以修身,加强党性修养,坚定理想信念,把牢思想和行动的总开关"专题研讨会】

7月31日,根据中央和省委的统一部署,省文联召开处级以上领导干部研讨会,以"严以修身,加强党性修养,坚定理想信念,把牢思想和行动的总开关"为主题展开讨论。省文联党组书记、常务副主席黄玲以及处以上干部近40人参加。省文联党组成员、副主席张维明主持研讨会。省文联党组成员、副主席林政军做主题发言,机关党委专职副书记、纪委书记龚正嘉,文艺理论研究室主任蔡雯,办公室主任李琦做了交流发言。张维明副主席最后做总结发言。

【云南省文联开展"严以律己"专题第二次研讨】

9月25日,云南省文联开展"严以律己"专题第二次研讨,主题是:严以律己,严守党的政治纪律和政治规矩,自觉做政治上的明白人。省文联党组书记、常务副主席黄玲,党组成员、副主席林政军,省文联人事部部长李海萍,组联部部长魏中国,省美协秘书长杨鹏发言。会议由省文联党组成员、副主席黄映玲主持,党组成员、副主席张维明以及处以上干部近50人参加研讨。

【云南省文联举办"红土地之歌"演讲比赛】

为讲好"云南故事",唱响践行社会主义核心价值观、实现"中国梦"的时代主旋律,凝聚全省文艺工作者团结奋斗、富民强滇的强大动力。9月1日,云南省文联举办"红土地之歌"演讲比赛。省文联党组书记、常务副主席黄玲,党组成员、副主席黄映玲、张维明，省文联巡视员麻卫军出席演讲比赛。黄玲做动员讲话。

【云南省文联召开"严以用权"专题第一次研讨会】

10月26日，云南省文联召开"严以用权"专题第一次研讨会，主题是：严以用权，真抓实干，实实在在谋事创业做人。省文联党组成员、副主席黄映玲和张维明，省电影家协会秘书长陇栩，《边疆文学》总编辑潘灵，省舞蹈家协会秘书长温恺发言，处以上干部近50人参加研讨。研讨会由省文联党组书记、常务副主席黄玲同志主持。

【"挂包帮""转走访"贡山县工作汇报会召开】

12月5日，省政协主席罗正富在贡山县召开省级挂联单位联系会议工作汇报会。省人大常委会副主任王树芬，省政协副秘书长、办公厅党组书记刘建华；省挂联贡山县的牵头单位省文联党组书记、常务副主席黄玲，挂联单位云南中医学院党委副书记肖文祥，国电云南电力有限公司、太平洋证券股份有限公司相关领导；怒江州人大、政府、政协领导；贡山县委、县政府、县政协领导、贡山县有关部门领导、县"挂包帮"联席会议办公室负责人、丙中洛乡及建档立卡的贫困乡镇党委书记、乡（镇）长及分管干部参加了工作汇报会。会后，在罗正富主席带领下，省、州与会人员赴丙中洛乡开展入户调查，慰问贫困户。

【云南省文联召开"严以用权"专题第二次研讨会】

11月18日，云南省文联召开"严以用权"专题第二次研讨会，研讨的主题是：为民用权、秉公用权、规范用权，树立忠诚干净担当新形象。省文联党组书记、常务副主席黄玲，省文联党组成员、副主席林正军，省文联老干办主任杨赤萍，省曲艺家协会主席钱勇，省书法家协会秘书长朱兴贤，省民间文艺家协会主席杨海涛，省民间文艺家协会秘书长柏桦，省作协副秘书长胡性能8名同志发言，党组成员副主席张维明等处以上干部近50人参加。研讨会由省文联党组书记、常务副主席黄玲同志主持。

【张维明出席文山州文联第七次代表大会】

12月29日，省文联党组成员、副主席张维明出席文山州文联第七次代表大会并讲话。文山州委、州人大、州政府、州政协四班子领导，225名会议代表，各人民团体，各部门相关领导共250人出席大会，周祖平当选为文山州第七届文联主席，张邦兴、李贵扬当选为副主席。

各文艺家协会

【民间文艺家协会】

省民协组织民间文艺家"送欢乐·下基层"志愿服务走进双龙乡。1月30日，为贯彻落实习近平总书记在文艺工作座谈会上的重要讲话精神，根据省委宣传部、省文联《关于在文艺界文艺要广泛开展"深入生活、扎根人民"主题实践活动的意见》的通知精神，由云南省民间文艺家协会主办，盘龙区文联、盘龙区文明办、盘龙区文产办、双龙街道办事处、盘龙区民协、合虚民族民间文化传习馆承办的"我们的中国梦"——云南省民间文艺家"送欢乐·下基层"志愿服务走进双龙乡村。省文联党组成员、专职副主席黄映玲，省民协主席杨海涛，省民协副主席王仲德，省民协秘书长柏桦等出席活动。民间文艺家免费为当地百姓写春联、剪窗花、做面塑、做草编、画糖画等。

【美术书法研究院】

云南印社首届篆刻艺术作品展开幕。2月1日，由云南省文联、云南省美术书法研究院主办，云南印社、昆明市博物馆、三明鑫疆集团承办的云南印社首届篆刻艺术作品展在昆明市博物馆开幕。云南省人大常委会原常务副主任、云南省美术书法研究院名誉院长晏友琼，云南省美术书法研究院院长段增庆，省政协文史委副主任、省文联原主席郑明，林政军，王宏，潘红，张永康，刘洪洋，罗江，苏太昆和云南书法篆刻界的各位同人以及在昆新闻媒体，社会各界人士共计200余人出席开幕式。开幕式由云南印社副社长兼秘书长杨恩泉主持。林政军代表省文联讲话，刘洪洋、苏太昆和杨兴江分别致辞，晏友琼宣布展览开幕。

【书法家协会】

"翰墨薪传·全国中小学书法教师培训"云南省培训项目在昆开班。7月25日，"翰墨薪传·全国中小学书法教师培训暨2015年中国文联文艺培训志愿服务书法培训项目"在云大滇池学院开班授课。中国书法家协会分党组成员、副秘书长曹建明，中国书法家协会教育委员会委员、南京师范大学教授、博导王继安，中国书法家协会楷书委员会委员、培训中心教授、专家工作室导师李松、林政军、张昌山、李云峰、朱兴贤、胡若一、马杰等出席，以及来自全省十六个州（市）120多个县（区）的130余名中小学校、社会培训机构的老师和书法爱好者参加开班仪式。

【摄影家协会】

2015第六届大理国际影会圆满闭幕，云南省摄影家协会荣获"2015金翅鸟大奖组织奖"。8月10日晚，由中共大理州委、大理白族自治州人民政府、云南省文学艺术界联合会主办，中共大理州委宣传部、秘境印堂传媒机构承办，云南省摄影家协会支持的"2015第六届大理国际影会"闭幕式暨颁奖晚会在银海山水间·宰相府举行。云南省摄影家协会荣获"2015金翅鸟大奖组织奖"。

第八届中国西南六省区市摄影联展在云南罗平举办。2月28日至3月5日，由云南省文联和云南、四川、重庆、西藏、贵州、广西西南六省区市摄影家协会主办，云南省摄影家协会承办的第八届中国西南六省区市摄影联展，在罗平与2015中国·云南·罗平国际摄影节同期举办。中国摄影家协会副主席邓维，中国摄影报总编辑曾星明，省政协文史委副主任、原省文联主席郑明，云南省文联党组成员、专职副主席张维明，四川省摄影家协会常务副主席、秘书长贾跃红，西藏摄影家协会副主席兼秘书长阿旺洛桑，广西文联副主席、广西摄影家协会主席施兴良，重庆市摄协副主席兼秘书长田捷民，贵州省摄影家协会主席韩贵群，云南省摄影家协会副主席徐晋燕、石明、李昆，云南省摄影家协会秘书长李春华，以及来自西南六省区市摄影家协会的代表，曲靖市、罗平县的相关领导与万余名国内外摄影家和当地群众光临开幕式。

影像传播正能量，谱写中国梦云南篇章——省文联、省摄影家协会三个大型摄影展览亮相大理国际影会。8月6日，由云南省文联主办，云南省摄影家协会、云南省文艺评论家协会承办的纪念中国人民抗日战争胜利70周年——美国国家档案馆收藏中缅印抗日远征军图片展，第八届中国·西南六省区市摄影联展，云南乡街、乡戏、乡作坊摄影作品展三个大型摄影展览亮相大理古城最为繁华的复兴路。省文联党组书记、常务副主席黄玲，省文联党组成员、副主席张维明到展区检查布展情况，并与作者和观众见面交流。三个展览受到与会摄影家、摄影爱好者和广大观众的高度评价，每日观众人数近万人次。

省摄协赴贡山开展"送欢乐·下基层"为百姓拍"全家福"活动。11月23日至28日，云南省摄影家协会组织我省著名摄影家张维明、陆江涛、李春华、李昆、马克斌、高永顺、李钟明、吴山荣、朱希平、陈明贵等和贡山县摄影家一行近20人到贡山县独龙江举行"云南省文联、云南省摄影家协会赴贡山'送欢乐·下基层'为百姓拍'全家福'"活动。摄影家分成4个摄影小分队，分别到献九当、龙元、迪政当、巴坡、马库等村委会，为独龙江乡的乡亲们拍摄"全家福"，并将现场拍照、现场打印、现场装好框的400余张"全家福"照片装上精美的相框送到乡亲们手中,受到当地干部群众的一致好评。

【作家协会】

省作协"精品工程"系列图书首发式在昆明举行。10月14日,由云南省作家协会编辑、云南人民出版社出版发行的"精品工程"系列图书首发式在昆明举行。省文联党组书记、常务副主席黄玲出席会议。省作协主席黄尧,丛书主创编辑人员、"精品工程"系列图书部分入选作家以及我省文艺评论专家、学者近50人出席首发式。会议由省作协副秘书长胡性能主持。黄玲在首发式上讲话。

【美术家协会】

2015云南省少年儿童优秀美术作品展开幕。11月22日,由云南省文联主办,云南省美术家协会承办的"2015云南省少年儿童优秀美术作品展"在昆明市博物馆开幕。省文联党组成员、副主席黄映玲,省美协副主席杨鹏、赵力中,云南艺术学院教授、艺术评论家汤海涛,著名画家孟薛光、刘怡涛等出席开幕式,云南师范大学附属小学等学校师生代表近千人参加开幕式并观看展览。200多件优秀儿童美术作品集中精彩亮相。最后评选出一等奖4名、二等奖10名、三等奖16名、优秀奖26名。

云南省美术家协会第七次会员代表大会在昆召开。11月28日,云南省美术家协会第七次会员代表大会在昆隆重开幕。中共云南省委宣传部常务副部长张红苹,云南文联党组书记、常务副主席黄玲,云南省文联党组成员、副主席黄映玲、林政军,省美术家协会换届领导小组成员郝平、罗江、李海萍、杨鹏、张志平、孙建东、郭游、何永坤、李小明、贺昆、曾晓峰、赵力中、郭巍等出席开幕式。来自全省16个州市和省直文化机构、高校等135名会员代表参加会议。开幕式由省文联党组书记、常务副主席黄玲主持。大会选举产生了云南省美协第七届理事和主席团,罗江当选省美术家协会第七届主席,包朝阳、汤海涛、张鸣、杨鹏、陈流、陈劲松、贺昆、唐志冈、郭游、郭巍当选为副主席。同时聘任郝平为云南省美术家协会第七届名誉主席,聘任张志平、孙建东、赵力中、李小明、彭晓、何永坤、曾晓峰为名誉副主席。

2015云南现代重彩画展在昆举办。12月10日,由云南省文联主办、云南省美协承办的"2015云南现代重彩画展"在昆明市博物馆开幕。省文联党组成员、副主席黄映玲,省美协主席、云南画院院长罗江,省美协副主席张鸣、包朝阳、杨鹏、汤海涛、唐志冈,昆明市博物馆馆长田建等出席开幕式。174件具有浓郁云南民族风情和独特画风的美术作品展出。

西藏自治区文联

综述

2015年是完成"十二五"规划、谋划"十三五"的关键之年，是中央召开第六次西藏工作座谈会、西藏自治区成立50周年的大喜之年。一年来，在自治区党委的坚强领导下，在区党委宣传部和中国文联、中国作协的有力指导下，西藏文联深入学习习近平总书记在文艺工作座谈会上的重要讲话和《中共中央关于繁荣发展社会主义文艺的意见》，贯彻落实"治国必治边、治边先稳藏"的战略思想和"依法治藏、富民兴藏、长期建藏、凝聚人心、夯实基础"的重要原则，紧紧围绕"推动社会主义文化大发展大繁荣"这个主题，紧扣"文艺为人民"和"出作品、出人才"的工作主线，团结带领全区广大文艺工作者积极投身于文化建设，为繁荣西藏文艺事业，推动我区文化发展做出了积极努力，取得了可喜成绩。

会议与活动

【西藏文联五届二次全委会在拉萨召开】

4月15日至16日，西藏文联五届二次全委会在拉萨召开。西藏自治区党委宣传部分管领导，西藏文联党组、主席团成员，五次文代会委员，各地（市）文联、自治区各文艺家协会负责人80余人出席会议。会议传达学习了中国文联九届七次全委会、中国作协八届五次全委会和西藏自治区宣传部长会议精神；回顾总结了西藏自治区五次文代会以来我区文艺界在区党委坚强领导、中国文联和区党委宣传部直接领导下所取得的成绩；审查通过了自治区文联五届二次工作报告，研究部署了2015年工作计划。西藏党委宣传部张晓峰副部长到会并讲话。全委会结束后，文联党组、主席团专门召开了全区文联工作座谈会。

【"纪念中央对口援藏20周年大型组歌《极地放歌中国梦》作品研讨会"在拉萨举行】

6月27日，由西藏自治区党委宣传部、西藏自治区文联主办的"纪念中央对口援藏20周年大型组歌《极地放歌中国梦》作品研讨会"在拉萨举行。国内著名诗人、评论家叶延滨、耿占春、罗振亚，著名音乐制作人吴立群（捞仔），著名作曲家胡晓流及西藏著名音乐家美朗多吉、边洛等近40人参加了研讨会。研讨会上，专家学者、音乐家等对《极地放歌中国梦》所呈现出来的艺术特色各抒己见。

【第三届中国新诗百年论坛走进拉萨】

6月27日，由中国作家协会诗歌委员会、江苏作家协会主办，西藏作家协会、扬子江诗刊承办的第三届中国新诗百年论坛在拉萨隆重召开。来自国内当下诗坛著名诗人、诗歌评论家和西藏本土著名的诗人、作家、评论家等30余人出席论坛。论坛围绕着中国新诗与空间关系这一主题，对中国当前的诗歌创作、诗歌评论等问题进行了热烈的探讨尤其是西藏本土用母语创作的诗人向区外的广大诗人、专家深入、细致地介绍了西藏当前诗歌创作的现状，为下一步将西藏当代诗人作品推向全国打下了基础。

【中国美术家协会捐资50万元在聂拉木县建希望小学】

7月16日，由中国美术家协会和西藏党委宣传部主办，西藏文联、西藏美术家协会和自治区文化厅承办的"西藏高原行——全国著名美术家写生创作活动"爱心捐款仪式在拉萨举行。中国美术家协会向遭受"4·25"尼泊尔地震波及的西藏日喀则聂拉木地震灾区捐赠50万元人民币，用于援建一所希望小学。捐赠仪式上全国著名美术家刘炳江、孙志军教授代表中国美协和全国美术家向聂拉木县捐赠50万元支票，日喀则市聂拉木县副县长扎西代表聂拉木县委、县政府接受捐赠。全国美术家中国艺术研究院副院长谭平教授、中央民族大学副校长殷会利教授向聂拉木县捐赠《纪念西藏和平解放60周年》和《灵感高原》画册。

【学习贯彻党的群团工作会议精神】

7月17日，西藏文联组织召开全体干部职工大会，学习贯彻中央党的群团工作会议精神。会议要求，文联全体干部职工和文艺工作者要努力发挥好文联作为人民团体的政治优势和组织优势，把做好新形势下党的群众工作作为核心任务，充分体现出人民团体工作在党和国家工作大局中的重要地位与作用；要深化对群团工作重要性的认识，珍惜当前文联工作和文艺事业所处的大好时机；要深化对群团工作的"三性"认识，努力挖掘讴歌时代的素材；要深化对贴近群众的认识，引导广大文艺家树立为人民创作的导向；要按照《中共中央关于加强和改进党的群团工作的意见》要求，细化分析任务、部署贯彻措施、落实工作责任，以"三严三实"要求来抓好会议精神的贯彻落实。

【学习贯彻中央政治局7月30日会议上关于进一步推进西藏经济社会发展和长治久安工作的会议精神】

8月6日，西藏文联召开党组、主席团（扩大）会议，传达学习7月30日中共中央政治局会议上关于进一步推进西藏经济发展和长治久安工作的会议精神。会议要求，各部室、各协会一定要把本次会议精神同文联的工作实际结合起来，要坚持党的治藏方略，把维护祖国统一、加强民族团结作为工作的着眼点和着力点，坚定不移促进各民族交往交流交融；要把握长期建藏的内涵，把实现好、维护好、发展好最广大人民的根本利益作为一切工作的出发点和落脚点。

【纪念西藏自治区成立50周年暨"中国故事：21世纪边地文学的价值与方位"研讨会举行】

8月6日，纪念西藏自治区成立50周年暨"中国故事：21世纪边地文学的价值与方位"研讨会在拉萨举行，西藏自治区文联主席、西藏作协主席扎西达娃，湖北省作协副主席、《芳草》杂志主编刘醒龙，西藏文联党组成员、副主席郭守平，以及西藏和内地的其他作家和文学评论家参加会议。研讨会上，《小说选刊》副主编王干、《人民日报》文艺理论室主任刘琼、《文学报》理论评论版原主任朱小如、《当代作家评论》副主编韩春燕、《芳草》文学期刊副主编李鲁平、西藏大学文学院评论家普布昌居、西藏自治区社科院评论家蓝国华，西藏作家旦巴亚尔杰、敖超、尼玛潘多、罗布次仁、文心、白拉、琼吉等就边地文学的定义、西藏文学对内地文学的影响以及西藏文学的生存境遇畅所欲言。

【第二届藏族音乐研讨会举行】

8月15日，由拉萨市人民政府、西藏自治区文联主办的第二届藏族音乐研讨会在拉萨举行。中国音乐家协会副主席、国家一级作曲家张千一，音乐创作制作人捞仔，著名藏族歌手、音乐人亚东，民族歌唱家容中尔甲，国家一级作曲家、二级演奏家泽多等60余位国内知名音乐人齐聚拉萨，共同交流和探讨促进藏族传统音乐传承发展的宝贵经验。

【中国民协在西藏开展"送欢乐·下基层"活动】

8月22日至28日，中国民协赴藏调研小组先后在林芝地区错高镇和日喀则地区吉隆镇帮兴村看望慰问老一代藏族民间文艺工作者和藏族民间文化传承人；赠送民间文化遗产抢救工程书籍；到错高镇错高村和吉隆镇帮兴村考察指导中国传统村落立档调查工作；慰问地震灾区的民间文化工作者；慰问中国传统村落村民，并进行慰问演出。

【传达学习中央第六次西藏工作座谈会精神】

8月28日，西藏文联召开全体党员大会，传达学习中央第六次西藏工作座谈会精神。会议认为，这次西藏工作座谈会是在我国全面建成小康社会进入决定性阶段、全面深入改革进入攻坚期、西藏自治区即将迎来50周年大庆的背景下召开的一次十分重要的会议，对于落实"四个全面"战略布局、加快全面建成小康社会步伐、实现"两个一百年"奋斗目标和中华民族伟大复兴的"中国梦"，意义十分重大。习近平总书记的重要讲话精神科学分析了西藏工作面临的形势，深刻阐述了一系列重大理论和实践问题，具有很强的政治性、全局性、战略性，是当前和今后一个时期做好西藏工作的纲领性文件。会议要求，要把贯彻落实中央第六次西藏工作座谈会精神作为当前和今后一段时期工作的重中之重，迅速在西藏文艺界掀起学习贯彻中央第六次西藏工作座谈会精神，特别是习近平总书记重要讲话精神的热潮，使总书记重要讲话精神深入人心、家喻户晓。

【学习俞正声主席重要讲话精神】

9月11日，西藏文联召开党组、主席团扩大会议，传达学习俞正声主席在西藏自治区成立50周年庆祝大会上和在听取自治区党委政府工作汇报会时的重要讲话精神。会议认为，中共中央政治局常委、全国政协主席、中央代表团团长俞正声在西藏自治区成立50周年庆祝大会上和在听取自治区党委政府工作汇报时发表的重要讲话，充分体现了以习近平同志为总书记的党中央对西藏工作的高度重视和对西藏各族人民的深情厚谊。讲话站在党和国家工作全局的高度，充分肯定了自治区成立50年来特别是党的十八大以来西藏工作取得的辉煌成就，高度概括了党在西藏工作的宝贵经验，科学指明了新时期西藏工作的方向路径，具有鲜明时代性、政治方向性、战略指导性、切实针对性。

【全国少数民族地区文艺骨干研修工程西藏调研座谈会在拉萨召开】

9月16日，全国少数民族文艺骨干研修工程调研座谈会在西藏文联召开。中国文联文艺研修院副院长冀彦伟、中国文联文艺研修院教学科研处处长陈光宇、中国文联文艺研修院教学科研处职员刘洁皓以及西藏文联和相关协会领导、培训部门负责人和文艺研修院校友参加了座谈会。座谈会后，中国文联文艺研修院一行人员还前往拉萨市文联、民族艺术研究所和山南地区文联开展系列调研活动。

【第六届"珠穆朗玛文学艺术基金奖"圆满完成终评】

9月17日，第六届"珠穆朗玛文学艺术基金奖"终评工作圆满完成。参与第六届"珠穆朗玛文学艺术基金奖"评奖委员会的各艺术门类专家本着公开、公平、公正的原则，采取无记名投票方式对第六届"珠穆朗玛文学艺术基金奖"入围的34件作品进行了投票。最终评选出优秀奖作品14件（《小矮人寻宝记》《紫青稞》《风雪布达拉》《人间圣地 天上西藏》《大美西藏》《迦里迦尊者》《情系西藏》《西藏人文》《警务站的故事》《我们都是亲兄弟》《达布森森》《老百姓的贴心人》《诺桑王子》《西藏秘密（译制）》）；特别奖作品3件（《极地放歌中国梦》《文成公主》《韩书力水墨艺术成就奖》）。

【"2015·首届西藏喜马拉雅摄影文化节"开幕】

9月28日，作为中国西藏旅游文化国际博览会的一个项目，由中国文联、西藏自治区人民政府主办的"2015·首届西藏喜马拉雅摄影文化节"在西藏会展中心广场开幕。中国摄影家协会分党组成员彭文玲代表中国摄影家协会致辞，西藏自治区党委宣传部副部长欧阳方兴致开幕词，西藏文联党组书记沈开运介绍摄影文化节筹备情况。摄影文化节展示的800余幅摄影作品，向观众呈现了一个充满生机活力、传统与现代交相辉映的社会主义新西藏，呈现了与社会快速发展并行不悖的生态文明的大美画卷。摄影文化节主题鲜明，体现了学术性与群众性、国际性与本土性相结合的鲜明特色，具有很强的导向性，充分展示了中国摄影创作的前沿成果。

【庆祝自治区成立50周年《雪域情——西藏油画作品展》在拉萨举办】

10月5—10日，由西藏自治区党委宣传部、西藏自治区文化厅、西藏文联主办的《雪域情——西藏油画作品展》在西藏自治区群众艺术馆展出。展出的72幅形式多样内容丰富的油画作品，以生动的艺术形式展现西藏社会经济的发展与变化。在参展作品中有西藏知名的中、老画家的优秀油画作品，也有自由职业画家、各地市偏远地区、中小学青年教师、业余爱好者和学生、残疾人画家作品，年龄最小的油画作者年仅9岁。展览开幕式当天还举办了专题学术研讨会。

【习近平总书记在文艺工作座谈会上的重要讲话学习交流会召开】

10月16日，西藏文联举行习近平总书记在文艺工作座谈会上重要讲话学习交流会，围绕总书记讲话内容，结合西藏文艺实际再次开展交流学习。与会文艺家再次学习了讲话全文，并结合一年以来西藏文艺界学习贯彻习近平总书记在文艺工作座谈会讲话精神的情况，结合自己艺术实践和工作实践，从不同角度、不同侧面畅谈了对讲话丰富内涵、精神要义和重大指导意义的理解，提出了许多进一步贯彻落实好讲话精神的意见和建议。

【"国家一流艺术家西藏题材创作工程"首期成果展在北京连续展出】

从10月18日开始，由中国美术家协会、西藏文联、人民政协出版社、李可染艺术基金会主办的"蓝天净土·高原画派"西藏题材创作工程首期成果展在北京李可染艺术基金会美术馆、北京世纪坛等地隆重举行。"蓝天净土·高原画派"国家一流艺术家西藏题材创作工程首期成果系列展，共展出20位知名艺术家作品380多幅，作品以高原题材为创作对象，包括水墨、油画、布面重彩等多种形式，中国文联副主席左中一等5位部级领导出席开幕式参观了展览，中央电视台等50多家媒体对展览作了广泛报道，《人民中国》等对外刊物用10个页码对展览作了专题报道。

【西藏自治区党委常委多托带领督导调研组检查西藏文联机关党建工作】

11月3日，西藏自治区党委常委、区直机关工委书记多托带领区直机关工委相关部门对西藏文联的党建工作进行了检查督导、座谈调研。会上，西藏文联党组书记、副主席沈开运从基层党组织建设情况、工作开展情况、存在的主要问题和下步工作打算等方面汇报了西藏文联机关党建工作。多托对区文联党建工作的做法给予了充分肯定，对进一步推动西藏文联党建工作，多托同志强调要充分发挥联系、组织、教育、领导的作用，把党的政策贯彻落实到文联工作的各方面、全过程，不断促进党的政治建设、组织建设、作风建设和纪律建设，努力促进党建工作的新发展。

【理论中心组传达学习党的十八届五中全会精神】

11月12日，西藏文联召开理论中心组学习会议，传达学习党的十八届五中全会精神。会议传达学习了习近平总书记在党的十八届五中全会上的重要讲话和受中央政治局委托作的工作报告，传达学习了《中国共产党第十八届中央委员会第五次全体会议公报》《中共中央关于制定国民经济和社会发展第十三个五年规划的建议》，对西藏文联学习宣传贯彻党的十八届五中全会精神进行了安排部署。会议要求，西藏文联各部室、各协会要坚持把学习贯彻十八届五中全会精神特别是习近平总书记的重要报告、重要说明、重要讲话和《建议》精神，与贯彻落实中央第六次西藏工作座谈会精神结合起来，与贯彻落实总书记系列重要讲话精神特别是"治国必治边、治边先稳藏"的重要战略思想和"加强民族团结、建设美丽西藏"的题词精神结合起来，与贯彻落实党的治藏方略结合起来，与贯彻落实"依法治藏、富民兴藏、长期建藏、凝聚人心、夯实基础"的重要原则结合起来，在新的历史起点上为推进西藏经济社会发展和长治久安贡献文艺界的一份力量。

【西藏题材创作工程首期成果展——唐天源画展在京开幕】

11月16日，由中国美协、西藏自治区文学艺术联合会主办，人民政协报社联合主办，李可染艺术基金会、中国人民大学文艺复兴研究院、贵州日报报业集团《藏天下》杂志、上海虹桥画院协办的"蓝天净土·高原画派"国家一流艺术家西藏题材创作工程首期成果展——唐天源画展在北京中华世纪坛拉开序幕。中国人民大学艺术学院执行院长丁方出席开幕式。画展展示了唐天源绘画作品108幅，其中高原山水作品数量过半，为画展重头戏。汇集了从20世纪80年代一直到现在的最新力作，历年代表作均有涵盖。

【中国摄影家协会在拉萨市当雄县中学举行"摄影曙光学校"授牌捐赠仪式】

11月19日，受中国摄影家协会的委托，西藏摄影家协会副主席阿旺洛桑、车刚及西藏摄影家协会部分会员来到拉萨市当雄县中学，为该校创建"摄影曙光学校"举行授牌仪式，并为该校捐赠了由中国摄协提供的数码相机、摄影书刊和西藏摄影家协会会员作品。学校师生代表200余人出席了授牌捐赠仪式。

获奖情况

【电影《雪域丹青》获伊朗电影节"特殊银幕奖"】

4月25日至5月2日，第33届曙光旬国际电影节在伊朗首都德黑兰举行，由西藏作家杨年华策划、编剧，多布杰主演的电影《雪域丹青》获"特殊银幕奖"。

【小品《醉氧》入围第三届"南山杯"全国曲艺新人新作展演】

6月5日至7日，由中国曲协、广东省曲协、深圳市南山区文联、深圳市曲协主办，南山区曲协承办的第三届"南山杯"全国曲艺新人新作展演在深圳市南山区成功举办。由西藏文联戏曲家协会组织推荐的小品《醉氧》入围。

【舞蹈《鼓舞雪莲》入围第八届"小荷风采"全国少儿舞蹈展演】

7月24日至29日，由中国文联、中国舞协共同主办的第八届"小荷风采"全国少儿舞蹈展演在北京舞蹈学院举行。西藏文联舞蹈家协会组织推荐的舞蹈《鼓舞雪莲》入围第八届"小荷风采"全国少儿舞蹈展演。

【后藏情歌对唱《我们俩就如黄鸭一对》、藏北情歌对唱《我俩一起去放羊》获中国藏族"米琼杯"情歌拉伊大赛一二三等奖】

8月3日，2015中国藏族"米琼杯"情歌拉伊大赛暨首届嘎嘉洛文化旅游节在青海省玉树州治多县开幕，西藏选送的日喀则地区次旦卓嘎和扎西旺拉的后藏情歌对唱《我们俩就如黄鸭一对》获一等奖，那曲地区多布和次央拉吉的藏北情歌对唱《我俩一起去放羊》获二等奖和三等奖。

【长篇小说《昨天的部落》《飘落的石带子》《天珠石之泪》获全国第三届"岗尖杯"藏族文学奖】

9月27日至30日，全国第二届"岗尖梅朵杯"藏族大学生新创诗歌朗诵大赛暨第四届"岗尖梅朵文学奖"颁奖典礼，在青海省海西州德令哈隆重举行。西藏作家创作的长篇小说《昨天的部落》《飘落的石带子》《天珠石之泪》获全国第三届"岗尖杯"藏族文学奖。

【电影《八万里》获米兰国际体育电影电视节提名奖】

11月1日，第33届米兰国际体育电影电视节在米兰落幕。由藏族青年导演柯克担任导演的藏族首部体育题材电影《八万里》获米兰国际体育电影电视节提名奖。

【民间舞蹈《欢快锅庄》获第十二届中国民间文艺"山花奖"民间艺术表演类奖】

12月2日，由中国文联、中国民协和浙江省文联共同主办的第十二届中国民间文艺"山花奖"颁奖活动晚上在浙江省海宁市举行。由西藏文联民间文艺家协会组织推荐的、来自那曲地区群众文艺馆的民间舞蹈《欢快锅庄》获"山花奖"民间艺术表演类奖。

理论研究

文艺理论评论工作有了新的推进，发挥了推动文艺创作繁荣、推动优秀作品广泛传播的积极作用。文联党组同志围绕自治区开展的"三严三实"专题教育活动，先后为干部职工讲专题党课3场次，开展专题学习研讨3次；党组主要领导多次围绕中央第六次西藏工作座谈会、习近平总书记系列重要讲话精神、俞正声主席在西藏自治区成立50周年庆祝大会上和在听取自治区党委政府工作汇报会时的重要讲话精神及区党委工作会议等内容作学习辅导。党组主席团撰写《西藏文艺50年的回顾与展望》等文章，在《中国艺术报》《西藏日报》上发表，9月20日，美术家协会在人民日报发表《从神本走向人本——西藏当代美术足迹》，舞蹈家协会在中国艺术报上发表《藏族原生态歌舞如何适应当今人们审美需求》。完成区党委宣传部调研课题《破解五大制约　促进文艺事业繁荣发展》。

创作情况

【文学创作】

短篇小说《陷车》入选中国作家协会选编的2015中国年度短篇小说；2位作家的创作选题入选中国作协2015年重点作品扶持项目，2位作家的民族语文小说作品被确定为2015年度少数民族文学重点扶持项目，长篇小说《祭语风中》入选"中国文艺原创精品出版工程"项目。

承办《文成公主》系列丛书和西藏外宣七本丛书的创作任务。

【美术创作】

完成"百幅唐卡工程"第二期"大美西藏"为选题的第一批54幅创作任务。

【书法创作】

1月10日，启动"我们的中国梦——万名书法家送万'福'进万家"公益活动，创作300多幅大红"福"字和藏文书法"扎西德勒"及春联。

2月7日，西藏书法家协会赴自治区儿童福利院开展了春节、藏历新年慰问活动，18名书法家现场创作适合儿童的藏汉文书法作品。

【摄影创作】

协会副主席阿旺洛桑、车刚、刘斌，理事格桑加措、邹吉玉，会员扎西次仁，协会工作人员普布次仁、丹增曲培等人前往林芝、昌都、那曲等地进行摄影采风创作。

【音乐创作】

9月，由中国音乐出版社和音乐家协会联合编辑出版的西藏优秀经典创作歌曲集《雪域欢歌》（150首）在西藏自治区成立50周年期间向全国出版发行。

【舞蹈创作】

完成电视歌舞艺术片《美梦成真》第三稿。

【戏剧创作】

协会主席强巴云丹前往北京参加四十集电视连续剧《西藏苍穹》的修改工作。

【曲艺创作】

6月，配合拉萨市曲艺队和日喀则市、山南地区从事曲艺表演的演员，创作曲艺节目，丰富基层群众文艺生活。

【民间文艺创作】

由大旦增负责的《中国故事集成·西藏卷》、德庆卓嘎（已故）负责的《中国歌谣集成·西藏卷》、才旦多吉负责的《中国谚语集成·西藏卷》藏文卷全部完成。

【影视创作】

完成电影故事片《帝师八思巴》项目策划，参与拍摄大型纪录片《天河》《西藏》，完成电影《卓玛美朵》拍摄任务，配合中央电视台新闻频道拍摄《西藏故事：艺术家韩书力用一生传承西藏文化》节目。

文化交流

【"蓝天净土·高原画派展"在法国成功开幕】

当地时间3月3日，应巴黎中国文化中心邀请，由西藏自治区文联与巴黎中国文化中心联合举办的"蓝天净土·高原画派展"在巴黎文化中心成功拉开序幕。巴黎中国文化中心主任殷福、中国大使馆政务参赞金旭东、巴黎吉美亚洲艺术博物馆新任馆长易凯、法国艺术家协会主席德拉勒芙、巴黎国际艺术节副主席查尔斯·达涅、旅法中国艺术家王衍成、法国画家克劳德·伊维尔等200多名嘉宾出席了当晚的开幕仪式。展览共展出西藏画家巴玛扎西、计美赤列等8位老中青画家的65幅表现西藏文化、展现独特审美、海外接受度较高的作品。开幕式后，中法观众在欣赏画作同时与西藏画家进行了交流与探讨，充分认可和赞赏这是一次高水平、有特色的艺术展，并从中看到了西藏的发展进步和对西藏文化的保护传承。巴黎国际艺术节副主席查尔斯·达涅表示,这是他第一次欣赏西藏画家的画展,他非常希望能够邀请西藏的艺术家们参加今年的巴黎国际艺术节。展览从3月4日持续到12日。《人民日报》、人民网、中国国际广播电台、中国西藏网、搜狐网、《欧洲时报》、《新欧洲》等40多家海内外媒体对展览给予了关注和报道。

【西藏、山东作家座谈交流会召开】

9月15日,西藏、山东作家座谈交流会在拉萨召开。会上,与会作家汇报了各自创作情况和创作进度以及存在困难,山东作协领导表示今后会争取在最大的范围内提供更多帮助,希望西藏作家继续保持旺盛的创作态势,圆满完成各项任务指标,创作更多的精品佳作。山东作协从2010年与西藏作协确立了友好合作关系,开展了一系列富有成效的文学活动,加强了鲁、藏两地文学界的沟通交流,促进了两省区繁荣发展。

【西南六省作协联席会议在拉萨召开】

10月19日,西南六省作协联席会议在西藏文联召开。西藏文联主席、西藏作协主席扎西达娃向与会作家介绍了西藏近几年各项社会事业取得的巨大成果,介绍了西藏作协近几年发展状况、文学创作成果、作家队伍建设等情况。西藏自治区党委宣传部文艺处处长黄建国详细介绍了西藏自治区出台的各项文艺扶持政策。会上,其他各省作家代表也踊跃发言,分别介绍了各省作协近年来的主要工作和取得的创作成果。

【西藏广州两地文联工作交流座谈会在西藏文联召开】

10月27日,西藏广州两地文联工作交流座谈会在西藏文联召开,座谈会上,广东省文联副主席、广州市文联党组成员、专职副主席倪惠英介绍了广州市基层文联建设情况,西藏文联秘书长、政工人事处处长李雪艳介绍了西藏文联各协会开展各项活动的基本情况。两地文联各艺术家就微电影的发展、地区合作举办摄影展、把西藏音乐作品带进广州、青少年音乐考级培训等方面进行深入交流。

机关建设

【机关党建工作进一步加强】

制定《理论中心组2015年度学习安排意见》。共组织党组、主席团学习会7次,理论中心组学习讨论会7次,党员干部学习会8次,各支部学习会20多次,选派党员干部、党务干部参加区党校理论学习培训10人次以上。党员干部撰写心得体会、理论文章50余篇。制定《西藏文联加强"六有"基层服务型党组织建设实施方案》,机关党委具体安排部署各支部与所在辖区——加措居委会联系,52名在职党员前往社区报到,开展丰富多彩的服务社区群众活动。各支部成立党员志愿服务队,与5户社区居民结队认亲。党员志愿者自筹资金11200元,购买书包等学习用品,于"六一"儿童节送到社区孩子手中;发挥党员书法家优势,在社区小学生中开展了藏文书法比赛。培养1名入党积极分子,吸收1名中共预备党员转正。2名共产党员被评选为区直机关优秀共产党员,1个支部被评选为区直机关先进党支部,对3名党员干部进行提醒谈话教育,制定2015年党风廉政建设责任书,组织党员到区党校、市委党校廉政警示教育基地参观学习。

【注重加强文联各级领导班子的思想政治建设】

各文艺家协会新增会员近百名,选派5名我区文艺人才到中国文联和中宣部培训,2名参加鲁迅文学院高级研讨班,5名到山东青年作家培训班交流学习,22名参加全国藏族地区文联系统干部研修班,1名专业人才参加特培,17名干部参加自治区组织的各类培训班,24名作家参加中国作协鲁迅文学院少数民族文学创作培训班，4名中青年作家参加第四届鲁迅文学院西南六省区市文学创作培训班；推荐1人作为享受国务院政府津贴人员，2人作为全区"五个一批"人才。

各文艺家协会

【作家协会】

5月13日至15日，由西藏文联副主席、西藏曲艺家协会主席平措扎西创作的长篇报告文学《藏地追梦人》同名电视艺术片剧本研讨会在成都召开。

选派会员罗布次仁、多布杰参加中国作协组织的全国56个少数民族作家的"红色之旅"；选送第二十六届、第二十八届鲁迅文学院高级研讨班学员普布昌居和尼玛潘多；选送第十六期、第二十期、第二十一期少数民族文学创作培训班学员15名；选送4名中青年作家参加第四届鲁迅文学院西南六省区市文学创作培训班。

周韶西、索穷加入中国作家协会。

【美术家协会】

2月1日，韩书力绘画作品展在珠海金地门道"本道"艺术文化交流中心开幕，共展出其经版水墨新作33幅。

5月，与北京画院共同在北京画院美术馆举办"雪域神采"计美赤列、次仁旺加、平措多布杰三人展。

6月10日，由西藏自治区文联、西藏自治区美协、西藏自治区书画院主办的孜东哇·平措多布杰个人唐卡展在拉萨八廓街萨巴嘎藏画艺术展厅展出，展览精选了画师10年间创作的28幅唐卡作品。

7月，组织会员优秀作品在北京寺上美术馆举办第二届"见即愿满"勉唐画派唐卡展。

9月，协助中国美协组织14幅唐卡作品参加"感知中国——中国西部文化澳新行"澳大利亚悉尼多彩西部——绘画唐卡展。同月，与黑龙江省美术家协会、齐齐哈尔大学联合主办庆祝西藏自治区成立50周年暨从西藏高原到嫩江平原美术作品展。

韩书力水墨作品《丁酉加冕图》被法国巴黎国立吉美亚洲艺术博物馆收藏。

由西藏美术协会主席韩书力带队的中国唐卡艺术节组委会昌都评审团一行9人，在昌都市开展唐卡作品评审交流活动。

举办雪域情——首届西藏油画作品展暨西藏油画创作的发展与展望学术研讨会。

配合中央电视台新闻频道拍摄西藏故事——艺术家韩书力用一生传承西藏文化节目。

【书法家协会】

1月11日在布达拉宫广场举行送"福"字、送"扎西德勒"活动。

1月13日，西藏书协副主席拉巴次仁、副秘书长江村等3名同志顶风冒雪把"福"字送到青藏铁路守护中队官兵手上。

2月6—13日，配合西藏自治区党委宣传部、西藏文联举办首届"藏汉双语春联进万家"活动，先后走进7县1区、11个社区，受惠群众达3000余人。

2月7日，赴西藏自治区儿童福利院开展了春节、藏历新年慰问活动，西藏书法家协会部分书法家个人出资，为福利院赠送了价值14000元的节日慰问品和美术兴趣班教材、教学工具。

5月6日至6月8日，在那曲、阿里、林芝地区3个地区18个县，开展"深入生活 扎根人民"无偿书法知识培训授课及赠送作品等活动。

5月27日，格芒·江白个人藏文书法展在拉萨八廓街极具藏族古建筑特色的夏扎大院内举行。

8月20日，配合西藏自治区文化厅举办"翰墨颂西藏——庆祝西藏自治区成立50周年当代书法名家作品邀请展"。

9月28日，"吞米恰俊书法展"在西藏博物馆开幕。

12月27日，桑达多吉个人藏文书法展在拉萨群众艺术馆展出。

【摄影家协会】

2月7日，赴自治区儿童福利院开展了春节、藏历新年慰问活动，为福利院赠送摄影作品、拍摄合家欢照。

3月21日，组成摄影志愿队，自带彩色打印机、快速拍摄冲印设备等，利用节假日再次来到普玛江塘完小与学校摄影兴趣小组开展交流活动。

4月，"观念维新——扎堆个人摄影展"在根敦群培艺术画廊举办。

5月3日，"光影随踪"公益活动在拉萨市当雄县纳木错中心小学开展，在纳木错中心小学建成了西藏第二个基层小学摄影兴趣小组。西藏文联和北京西城区摄影家协会副主席、著名摄影家姚思成先生个人共捐赠价值50000多元的12部相机、文具等。中国美术馆、当代中国出版社、当代永佳文化传媒等机构为学校捐赠一批图书、画册等。著名画家苗冬青先生挥毫泼墨创作三幅美术作品赠送给学校表达爱心。

7月，"大美无形——感知灵魂"摄影作品联展在拉萨举行。

8月，组织普玛江塘小学、纳木措小学12名师生坐火车前往北京进行为期一周的摄影学习。

江苏省淮安市摄影家协会通过西藏摄影家协会向吉隆灾区捐款2000元。

扎西次仁、姜松、梁英三人加入中国摄影家协会。

协会主席团和会员共同捐款2万余元，资助西藏盲童学校学生走进大学校门。

【音乐家协会】

4月1日，首届"克莱德曼杯——幸福拉萨"少儿才艺大赛正式启动。

6月27日，《极地放歌中国梦——纪念中央对口援藏20周年大型组歌》研讨会在拉萨召开。同月，与西藏电视台在北京共同举办大型选秀综艺节目"扎西秀"。

8月15—16日，在拉萨举办"藏族传统音乐的传承与发展"——第二届藏族音乐研讨会。

8月，与西藏电视台在北京共同举办"雪域经典歌曲颁奖晚会"。

11月17日，推荐的西藏自治区歌舞团选手扎西巴姆首次进入中国音乐"金钟奖"复赛。

启动中国音乐家协会西藏音协音乐考级点成人声乐考级。

发展6名中国音乐家协会会员。

【舞蹈家协会】

2月，应中国舞协邀请，协会主席丹增贡布到东北师范大学排练节目，随后陪同东北师范大学艺术团和北京部分知名人士赴台湾交流演出。同月，协助远大艺术团举办民俗歌舞晚会。

3月，发展1名中国舞蹈家协会会员。

5月，协助西藏自治区歌舞团举办以抗震救灾为题材的歌舞表演《祈祷》。

6月，推荐西藏自治区歌舞团编导贡嘎次仁参加"2015年全国中青年舞蹈人才创编与教学高级研修班"。

7月，举办首届全区舞蹈理论研讨会和年内工作通报会。

10月，推荐拉萨市歌舞团嘎珍参加中国文联首届全国少数民族地区文艺骨干（舞蹈艺术）研修班。

【戏剧家协会】

3月，推荐17名同志加入中国戏剧家协会。同月，推荐西藏自治区话剧团创研室主任尼玛顿珠参加中国文联第七期中青年文艺人才（编导）高级研修班。

6月，推荐强巴云丹和扎西顿珠2人为中国剧协第八次全国代表大会建议人选和理事候选人建议人选。

协调涵盖豫剧、曲剧、越调三大剧种的河南省艺术名家赴藏慰问演出。

【曲艺家协会】

协会主席平措扎西藏赴日喀则在当地的文艺创作培训班讲授曲艺创作知识。完成《中国曲艺牡丹奖得主小传》和西藏地区曲艺发展史、曲种编写任务。

著名表演艺术家土登从艺70周年电视艺术片《藏地追梦人》前期工作就绪。

推荐西藏曲艺方面比较优秀的曲艺工作者加入中国曲艺家协会。

【民间文艺家协会】

1—3月，开展西藏民间文艺家协会会员重新登记造册和会员档案建立工作。

推荐日喀则市和那曲地区民间文艺家参加2015中国藏族"米琼杯"情歌拉伊大赛暨首届嘎嘉洛文化旅游节并获奖。

陪同中国民间文艺家协会在西藏开展"送欢乐·下基层"走进西藏慰问演出活动；陪同广东省民间文艺家协会民间工艺博览会组委会工作人员赴藏考察。

【影视家协会】

7月22日，召开西藏影视家协会2014年度工作会议及2015年理事会，增补协会理事3名和通过新增会员7名。

电影《八万里》入围"第十一届北京国际电影周"；电影《雪域丹青》入围"加拿大多伦多国际电影节"、第十届"北京放映"新片展映活动、"第六届欧洲万像国际电影节""丝绸之路国际华语电影节"展映活动。启动首届西藏微视频大赛。正式推出电视节目《扎西秀》。电视纪录片《象雄》开机。电影《太阳和月亮》剧本通过审查。

陕西省文联

综述

陕西省文联紧紧围绕"三个陕西"建设目标，认真学习贯彻习近平总书记在文艺工作座谈会上讲话精神、中央党的群团工作会议精神和《中共中央关于繁荣发展社会主义文艺的意见》，服务大局，开拓创新，奋发有为，圆满完成了各项目标任务，有很多创新性的工作亮点，举办了多项有影响力、有品牌效应的文艺活动，在发展繁荣陕西省文艺事业上取得良好成绩。

会议与活动

【"送欢乐·下基层"系列文艺志愿服务活动】

1月20日，"我们的中国梦"——陕西省文联"送欢乐·下基层"文艺志愿服务活动在中铁二十局西安大机段工程施工现场圆满举行。在省文联党组书记、常务副主席吴丰宽的带领下，由雷珍民、冯健雪、刘远、胡明军、樊昌哲、魏良、李杰民等陕西省优秀艺术家组成的文艺志愿服务团来到位于西安市北三环的西安大机段工程施工现场。举办了一场精彩的慰问演出，向中铁二十局的20名先进工作者和4名金牌工人赠送了书画作品，向他们默默无闻、无私奉献的精神致敬。2月6日，陕西省文联"送欢乐·下基层"义写春联活动在西安铁一院社区举行。省文联副秘书长、省书协常务副主席张山，省文联组联部主任、省书协理事王行舟，省书协副主席兼秘书长史星文，省书协副主席石瑞芳等一行10余名书法家来到西影路派出所辖区的铁一院社区走访慰问，为社区群众和派出所民警创作赠送春联近800副。2月9日，由省文联主办，省曲协、省书协承办的"践行社会主义核心价值观——陕西快板讲陕西故事"送欢乐下基层文艺志愿服务活动在西安举行。20余名曲艺表演艺术家和书法家组成的文艺志愿服务团，在省文联组联部主任王行舟的带领下来到西北核技术研究所，为人民子弟兵奉献了一场精彩的慰问演出，现场创作春联100余副，为10多名贡献卓越的将军创作并赠送了精美的书法作品，表达了对他们的崇高敬意。系列活动通过多样的文艺形式，把党和政府的关怀送到社区、军营、乡镇，把欢乐祥和的新春祝福送到了千家万户，营造了人人践行核心价值观的浓厚氛围，丰富了人民群众的文化生活，获得了广大官兵和基层群众的一致赞誉。

【五届六次全委会】

3月20日，陕西省文联五届六次全委会在陕西省军区招待所召开。会议听取并审议了省文联党组书记、常务副主席吴丰宽代表文联主席团作的题为《把握创作导向　促进文艺繁荣　努力推动陕西文艺开创新风貌》的工作报告，学习了中国文联九届七次全委会精神和全省宣传部长暨精神文明建设工作会议精神。省文联主席赵季平主持会议并宣读了增补省文联五届委员会委员的决定。省文联主席团成员及来自全省各地的文联委员参加了会议。吴丰宽全面总结了2014年文联工作取得的成绩，针对当前形势和面临的问题，提出了2015年文联工作的总体思路，强调要重点抓好以下工作：一是把深入学习贯彻落实习近平总书记系列重要讲话精神，特别是在文艺工作座谈会上的讲话精神作为思想理论建设的重中之重，注重联系工作实际，准确把握讲话的重要观点和精神实质，自觉把思想和行动统一到讲话精神中来，切实做到学而信、筑牢精神支柱，学而用、指导文艺实践，学而行、做到身体力行；二是广泛深入开展"深入生活、扎根人民"主题实践活动，把"深入生活、扎根人民"主题实践活动与学习贯彻习总书记在文艺工作座谈会上的重要讲话结合起来，与文艺志愿服务和文艺惠民活动结合起来；三是大力加强文艺行风和队伍建设，努力推出德艺双馨的文艺名家和优秀人才；四是抓好文艺评论和各类赛事活动，扎实推进文艺创作、调研和信息交流工作；五是策划实施好"大秦岭·中国脊梁"文艺作品创作展示活动。为扎实做好今年的工作，他对文联工作提出了四点要求：坚持以人民为中心的创作导向；弘扬社会主义核心价值观；大力打造精品力作；始终坚持德艺双馨。会议要求，省文联及各团体会员要紧密团结在以习近平同志为总书记的党中央周围，紧紧围绕省委省政府工作大局，以高度的政治责任感、良好的精神状态和扎实的工作作风，同心同德、顽强拼搏、奋发有为、争创一流，为提升陕西文化软实力、推动"三个陕西"建设做出新的更大贡献。

【社会组织工作会议】

3月27日，陕西省文联召开了2015年社会团体工作会议。会议认真总结了文联所属社团2014年的工作，安排部署了2015年工作重点，传达了文联五届六次全委会精神，通报了2013年度社团年检工作情况，安排了2014年度检查工作，对2014年度工作成绩突出的陕西省黄土画派艺术研究会、陕西省农民诗歌学会、陕西省望贤书学会、陕西省合唱协会4家社团进行了表彰，省美协名誉主席、省黄土画派艺术研究会会长刘文西等4名先进社团负责人作了经验交流。原省文联党组成员、驻会副主席兼秘书长黄道峻出席会议并讲话。会议由组联部主任王行舟主持，文联所属49家社会团体负责人参加了会议。根据《陕西省民政厅全省性社会团体2014年度检查公告》的要求，以各协会开展业务活动的情况为重点，对省文联所属49家社会组织递交的《社会组织2013年度工作报告书》进行了认真审核，及时发现和解决问题，敦促各社会组织落实专人，按时参加年度检查。

【"到人民中去"陕西省文联文艺志愿服务活动】

为深入学习贯彻习近平总书记在文艺工作座谈会上的重要讲话精神，落实中宣部、中国文联等在文艺界广泛开展"深入生活、扎根人民"主题实践活动的部署，中共陕西省委宣传部、陕西省文联于5月23—27日共同主办了"到人民中去"陕西省文联文艺志愿服务活动。23日上午，活动启动仪式在省文联办公楼前举行。原中共陕西省委常委、省委宣传部部长景俊海出席启动仪式，为志愿服务团授旗并讲话。省委宣传部副部长陈彦，原省文联党组成员、驻会副主席兼秘书长黄道峻，省文联副主席禹剑峰、雷珍民、冯健雪、刘远等领导参加启动仪式。冯健雪、西安美院教授杨季分别代表志愿服务团艺术家发言。启动仪式由省文联党组书记、常务副主席吴丰宽主持。启动仪式结束后，由雷珍民、冯健雪、刘远、李成海、王蒙、石瑞芳、胡明军、乔玉川、万鼎、杨光利等陕西省著名书法家、画家、表演艺术家以及新闻记者60余人组成的文艺志愿服务团，带着满腔热情奔赴了活动地点,深入汉阴、紫阳、岚皋等县区的移民新村、生态农业园区、企业、社区等基层单位进行采风慰问。5天时间里,举办了3场大型慰问演出、1场小分队演出,艺术家全情投入,用优美动听的歌声、幽默风趣的相声、生动感人的小品、轻松活泼的快板、热烈欢畅的舞蹈,为当地人民群众奉献了高品质的演出,带来了美好的精神享受;开展了3场向先进模范人物创作赠送书画活动,共向当地40名道德模范、先进人物,以及5户移民搬迁安置区的家庭赠送了书画作品;省书法家协会常务副主席王蒙以《书法艺术在生活中的角色》为题,向汉阴县的百余名书法爱好者做了精彩讲演。在此期间,陕西省文联"大秦岭·中国脊梁"文艺创作采风活动也同步开展。艺术家先后走访了汉阴三沈纪念馆、中昌科技有限公司、紫阳北五省会馆、盘龙现代农业园、红椿镇移民搬迁安置点等单位,触摸历史人文气息,感知现代科技发展,了解人民实际生活。通过深入生活采风学习,挖掘秦岭文化内涵,记录人民历史创造,为"大秦岭·中国脊梁"文艺创作工程积累素材。

【陕西文艺名家走进梁家河活动】

9月15—17日,中共陕西省委宣传部、陕西省文联共同组织了"到人民中去"陕西文艺名家走进梁家河文艺志愿服务活动。本次活动阵容强大,名家云集,内容丰富,精彩纷呈。在省文联党组书记、常务副主席吴丰宽的带领下,刘文西、贠恩凤、雷珍民、赵振川、冯健雪、刘远、王金岭、乔玉川、郭线庐、吴克敬、李成海等30多位陕西省知名文艺家来到延川县梁家河村及路遥故居,开展采风学习、慰问演出、书画创作赠送活动。在梁家河村,艺术家们参观了当年北京知青居住的窑洞、知青淤地坝、陕西第一口沼气池以及村史馆,深入村民家中进行走访交流。通过采访学习,艺术家重温艰苦岁月的生活历程,学习开拓创新的奋斗精神,感悟心心相印的群众情怀,欣喜地看到梁家河村近年来发展变化的新面貌,感受到了村民追求幸福生活的新风尚。在路遥故居质朴的小院里,简陋的窑洞前,艺术家们无比怀念这位为文学献身的挚友同道,为他立足黄土地、长期扎根农村基层的创作精神所叹服,大家纷纷留言,向这位文学骁将表达怀念和敬意。16日下午,梁家河广场上人头攒动,热闹非凡。众多表演艺术家纷纷登台,献上拿手好戏或各自经典唱段。"三秦楷模"荣誉称号获得者、著名歌唱家贠恩凤演唱《翻身道情》《山丹丹开花红艳艳》,熟悉的旋律,精湛的演绎,令全场观众陶醉其中。慰问演出过程中,书画家们向20名延川县的先进人物、劳动模范赠送了精美的书画作品。通过大力开展文艺志愿服务活动,艺术家们坚持以人民为中心的创作导向,深入生活,扎根人民,把优秀的文艺作品送到群众身边,从群众生活中获取灵感,丰富创作。为表扬先进,鼓励更多文艺家、文艺工作者投身志愿服务行列,中国文联对表现突出的文艺志愿者进行了表彰,由陕西省文联推荐的刘文西、雷珍民、冯健雪、刘远、乔玉川、李成海、任小蕾、石瑞芳、周春晓、于海涛10名艺术家获得了中国文联的通报表扬,为广大艺术家树立了榜样。

【市、县(区)行业文联负责人培训班】

9月14日至18日,2015年度陕西省市县(区)行业文联负责人培训班在延安举行。这是在习总书记文艺工作座谈会和中央《关于繁荣发展文艺工作的意见》下发后,陕西省基层文联负责人的一次大学习、大培训、大交流。来自全省各个地、市、县、区以及行业文联的101名学员参加了本次培训。开班仪式上,省文联党组成员、专职副主席禹剑峰做了动员讲话,延安市委常委、宣传部长冯振东代表延安市委、市政府向本次培训班在延安召开表示了衷心的祝贺。培训班上,省文联党组书记吴丰宽就当前文艺工作进行了专题辅导。辅导授课阐明了现在国家层面对于文艺文化工作的重视,我们的事业是大有可为的,并要求要把握好文艺工作为人民,群团工作为群众的鲜明特点,防止群团工作贵族化、娱乐化、行政化、机关化,更加明确当前文艺工作所应努力的方向。同时通过专家教授讲授的《中国共产党是抗战的中流砥柱》《从延安文艺座谈会议到全国文艺工作座谈会》等专题讲座,使学员们认识到文艺工作一直以来都是为人民服务的宗旨。培训班期间,各基层文联负责人充分交流发言,把一年来全省各地文联工作的好方法、好经验、好心得加以交流,充分汲取各地文艺工作所长,为以后的工作开阔了眼界、开拓了思路。同时通过梁家河知青旧址、延安革命纪念馆、杨家岭、枣园现场教学,让学员从中体会到"一切从人民中来,一切为了人民"的政治觉悟、文艺觉悟。此次培训班充分体现了面向大众、面向基层。通过学习培训,广大基层文联负责人对文艺工作者"无愧于时代、无愧于人民、无愧于自己"的工作理念有了更加深刻的认识,把满足人民精神文化需求作为文艺工作的出发点和落脚点,把人民作为文艺审美的鉴赏家和评判家。继续为弘扬民族文化、营造当地浓厚的艺术氛围、活跃广大群众的文化生活做出新的贡献。

【"新起点·新亮点"摄影大展】

9月21日至24日,"新起点·新亮点"摄影大展在省委西院展出,活动共征集稿件2500多幅,展览精选出290余幅(组)照片,并将其中的150余幅(组)照片制作成108块展板,省委常委、宣传部部长梁桂及省委机关干部前去积极观看,并对展览提出宝贵意见。9月25日起,在咸阳国际机场T3航站楼国际厅展出。12月11日至14日,由省文联、省政府新闻办、省摄协共同主办的"新起点·新亮点"摄影展在亮宝楼集中展出,对参展的获奖作者和先进组织单位进行了表彰,其中一等奖3人、二等奖10人、三等奖19人,获得优秀组织奖共有8家单位。

【首届陕西民间工艺品博览会】

为弘扬陕西优秀民间文化艺术,挖掘民间文艺遗产和资源,陕西省民协组织专家、学者近半年紧张调研、考察、策划、实施。9月28日至10月7日国庆之际在西安南门城墙成功举办了富有文化创新意义的"首届陕西民间工艺品博览会"。本届博览会由陕西省文联主办,省民协承办,为期8天。博览会位于西安城墙南门城墙上,现场共设置了42个精品展位,汇集了陕西省民间工艺美术家近十年创作的百余种、2000余件民间艺术精品。据不完全统计,8天时间内参观展会的游客达15万人次,销售总额突破40万元大关。

【陕西相声神州行】

3月6日至7日,青曲社以及陕西著名曲艺演员在上海、北京连续举行两场专场演出。4月12日,青曲社在杭州剧院举办杭州专场演出。4月26日,珍友社走进天津连演2场。5月22日至25日,珍友社在杭州连演2场,南京上演1场。8月,天禧苑在兰州、乌鲁木齐等地进行了4场演出。9月1日至7日,召开了陕、苏、深三地曲艺交流活动,先后进行了参观学习、交流座谈和汇报演出4场活动。12月6日至8日,在山西运城专场演出2场。秦声秦韵丝路行全年共6场,分别是西安3场,宝鸡、铜川、延安各1场。全年共举办了20余场专场演出,现场观众累计12000人。

【践行社会主义核心价值观——陕西快板讲陕西故事】

2月9日,"践行社会主义核心价值观——陕西快板讲陕西故事"曲艺首场展演活动,在西北核技术研究所举行。3月25日,"陕西快板讲陕西故事"文艺志愿服务走进宝鸡眉县。4月13日,由省文联主办、省曲协承办的"践行社会主义核心价值观——陕西快板讲陕西故事"省文联文艺志愿服务活动走进西安交通大学城市学院。11月24日、

30日分别开展"陕西快板讲陕西故事"展演活动走进高速服务区西汉、西长分公司。12月23日"陕西快板讲陕西故事"走进周至县广济镇南陈村。12月31日，由省文联、省文明办主办，省曲协承办的"践行社会主义核心价值观——陕西快板讲陕西故事"优秀作品展演活动在省戏曲研究院剧场举行。全年快板专场观众累计达1500余人。举办了3次"践行社会主义核心价值观——陕西快板讲陕西故事作品研讨会"。举办了两次征集作品改稿会，全年共收到创作作品近百部。

创作与研究

【获奖情况】

陕西省戏曲研究院青年演员卫小莉、西安秦腔剧院青年演员张涛荣获第二十七届中国戏剧梅花奖（第五届中国戏剧奖·梅花表演奖）；张梦晗、李明萱荣获第十九届中国少儿戏曲小梅花奖。在第29届田汉戏剧奖评比中，甄亮、高字民分获理论文章一、二等奖，蒋演、马辉分获剧本一、二等奖。

社火《祥天福地大社火》荣获中国民间文艺"山花奖"社火大赛金奖，华县皮影《卖杂货》荣获"全国皮影展演暨山花奖·民间绝技绝艺"金奖。

舞蹈《梦儿甜甜鼓儿圆圆》获中国舞协少儿舞蹈展演赛金奖，《我和驴儿嘚吧嘚》获中国舞协少儿舞蹈展演赛银奖。

电视剧《大秦帝国之纵横》《舰在亚丁湾》获得第三十届电视剧"飞天奖"优秀电视剧奖。

【理论评论】

第四届陕西文艺评论奖

11月18日，由陕西省文联主办、陕西省评协承办的第四届陕西文艺评论奖在西安揭晓，评选出一等奖2名、二等奖9名、三等奖24名。同时，开通陕西省评协官网"长安评论"。此次评奖采取了著作组、论文组分组评审，集中复议、终评的方式，按初评、复评和终评三个阶段进行，在129件参评作品中评出获奖作品35件。

实施"大秦岭·中国脊梁"文艺创作工程

1月29日，陕西省文联召开了"大秦岭·中国脊梁"歌曲创作座谈会。省文联党组书记、常务副主席吴丰宽作动员讲话，陕西省著名词曲创作者60余人参加了会议。

2月4日，陕西省文联召开了"大秦岭·中国脊梁"交响组曲创作座谈会。会议由省文联主席赵季平主持，省文联党组书记、常务副主席吴丰宽做动员讲话，省文联党组成员、专职副主席禹剑锋，省音乐家协会党组书记、主席尚飞林以及我省音乐家10余人参加了会议。会议确定赵季平担任音乐总监，负责"大秦岭·中国脊梁"交响组曲创作整体工作，成立由赵季平担任组长，尚飞林、崔炳元担任副组长的七人创作团队，省文联、省音协要组织采风、研讨、论证等相关事宜，在2016年陕西新年音乐会上演出。12月28日，作品《交响音画·大秦岭》亮相2016年陕西新年音乐会，反响热烈。

各文艺家协会

【戏剧家协会】

4月27日至29日，陕西省戏剧家协会策划、组织、实施"2015陕西戏剧创作研修班"。特邀王小康、胡安忍等部分戏剧专家，及省内各高校师生作者、专业（业余）作者70余人赴咸阳市礼泉县袁家村，展开为期3天的"学研产"（讲座、研讨、体验生活）相结合的活动，得到了各方面的广泛好评，反响热烈。

5月17日至20日，陕西省第七届戏曲红梅竞演活动在西安市铁路工人文化宫举行，共进行了7场决赛。全省有30多个院团的500余名专业选手及100余名业余选手报名参赛，参赛剧目涵盖了全省主要剧种和行当，经过近30场初选，共有94名专业选手及22名业余选手进入决赛。本次竞演共评出专业组演唱类一等奖16人、二等奖23人、三等奖19人；专业组演奏类一等奖6人、二等奖7人、三等奖8人；非专业组一等奖1人、二等奖2人、三等奖3人。

6月1日至3日，组织召开了"2015戏剧艺术期刊论坛暨期刊工作交流座谈会"以及"第29届田汉戏剧奖"报送参评文章工作，来自全国各地戏剧艺术期刊《中国戏剧》《上海戏剧》《剧作家》《戏剧文学》等负责人约30人参加，进行了关于戏剧期刊论坛发言以及探讨戏剧期刊面临的新形势和新问题（创建期刊联盟）为期2天的座谈和交流。

9月12日，由陕西省戏剧家协会、西北大学主办，西北大学工会、西北大学新闻传播学院、《当代戏剧》杂志社承办的"第三届陕西地方戏曲传播研讨会"在西安举办，本届研讨会起到了推动陕西戏剧事业发展的积极作用。

10月20日，由陕西省委宣传部、陕西省文联、陕西省教育厅、共青团陕西省委、陕西省戏剧家协会共同主办，陕西省戏剧家协会承办的陕西省第五届校园戏剧节在西安体育学院隆重开幕。本届校园戏剧节的主题是"激扬青春·圆梦中华"，共收到全省近30所高校报来的40余个剧目。报送剧目内容以校园生活题材为主，表演形式有话剧、戏曲、音乐剧、歌剧、舞剧等。为保障陕西省第五届校园戏剧节的顺利进行，在《当代戏剧》上刊登征稿启事，共收到省内外大小剧本70余个，登记、初审，给专家分发参加研修班的剧本。

【音乐家协会】

3月18日至19日，组织省内有影响力的词曲作家约30人走进美丽的富平采风，主要是通过本次采风活动，深入了解崭新富平、富裕富平、美丽富平、和谐富平，回顾富庶太平的历史故事，弘扬百折不挠的富平精神，感受当代富平的巨大变化和取得的改革成果。通过音乐语言艺术地再现和记录当地的民风、民俗、民歌，使这种珍贵的音乐文化得以发展与传承。此次采风活动所创作的歌曲作品，统一录音制作，并在《音乐天地》杂志上设专栏刊登。

5月6日，"龙声华韵"——赵季平作品专场音乐会在北京音乐厅举行。音乐会由中国国家交响乐团演出，指挥家李心草执棒，音乐会特邀琵琶演奏家吴蛮，歌唱家廖昌永、张宁佳加盟，音乐家们以精湛的技艺为观众奉献了一台高水平的音乐盛宴。本场音乐会是中国国家交响乐团2014—2015演出季组成部分。音乐会由《丝路音乐瞬间》——音乐会小品四首拉开序幕，琵琶演奏家吴蛮演奏的《第二琵琶协奏曲》是一曲探寻中华音乐发展共同根源之歌。大家耳熟能详的经典曲目《〈大宅门〉写意》用朴实的音乐旋律、绘画的泼墨手法表现了一个家族的变迁与民族的兴衰发展。女高音歌唱家、西安音乐学院教授张宁佳生动演绎了《唐多令·惜别》《静夜思》《关雎》。男中音歌唱家廖昌永演唱的《将进酒》，把李白那种"人生得意须尽欢，莫使金樽空对月"的豪情展现得淋漓尽致，再次将音乐会推向高潮。最后音乐会在《第一交响乐·第三乐章》激昂的旋律中落下帷幕。

5月22日，"黄河谣唱响中国梦"陕北民歌艺术团新星演唱会在西安南门外——陕北民歌大舞台开演。陕北民歌"歌王"王向荣带领20位民歌"新人"为西安观众带来了一场原汁原味、酣畅淋漓的陕北民歌盛宴。陕北民歌艺术团新星演唱会是为了"纪念毛泽东延安文艺座谈5·23讲话发表73周年"而举办的陕北民歌系列演唱会。演唱会有六个部分，其中岁月篇有王向荣演唱的《黄河船夫曲》，反映黄土文化的厚重悠远；爱情篇多为新人歌手演唱，刘红燕、张利军对唱的《想亲亲》委婉多情；还有反映抗战时代陕北生活的红色篇；陕北人民在劳动过程中创作的《揽工调》《放羊调》组成劳动篇；以讲故事的方式唱民歌的故事篇和歌颂美好友谊的友情篇。

7月30日，"国风浩荡"——赵季平民族音乐作品音乐会在国家大剧院音乐厅上演，音乐会由中央民族乐团演奏，指挥家叶聪执棒。音乐会曲目包括民族管弦乐《澳门印象》《大宅门写意——卢沟晓月》《国风》，大提琴协奏曲《庄周梦》，由韩雷演奏的管子协奏曲《丝绸之路幻想组曲》和由歌唱家张宁佳女声独唱，柴亮（小提琴）、赵家珍（古琴）演奏的《幽兰操》等。整场音乐会历时120分钟，全场爆满，反响十分热烈。《国风浩荡》这组从传统古乐中汲取灵感、迸发思考的民族管弦乐曲是赵季平"身入""心入""情入"生活得来的。此次"国风浩荡"——赵季平作品专场音乐会的成功演出让观众再次领略了他娴熟运用中国音乐"母语"的创作风采。

8月9日，首届秦岭国际吉他艺术节在宁陕县皇冠镇开幕。本次活动为期5天，由陕西音乐家协会吉他专业委员会主办，西安巴洛克音乐学校承办。以展现秦岭旅游风光，推广普及吉他音乐为宗旨，是一次吉他音乐与大自然完美契合的盛会。活动吸引了全国各地160余名选手参赛，比赛分中古典吉他公开组、古典吉他青年组、古典吉他少年组、古典吉他少儿组、民谣吉他组、指弹吉他组、电声吉他组、古典吉他重奏组。活动期间，除了常规的吉他比赛外，还将举办（香港）关振明博士吉他讲座及大师班，吴子彪、吴子莲、胡莉莉重奏音乐会，"美丽达之夜"黑山吉他二重奏，吉他名家方翊谈音乐，西班牙佛拉门戈吉他演奏家阿尔贝多音乐会，魏忠吉他交响乐团讲座，中音乐学院陈谊教授吉他音乐讲座等丰富多彩的艺术专场交流活动，推动音乐艺术走向生活、走向大众。

8月14日，2015·中国佛坪第六届秦岭大熊猫旅游节暨音乐节在佛坪举行了启动仪式。两年一届的"熊猫音乐奖"今年已经是第二届了，本届中国西北音乐节"熊猫音乐奖"佛坪民歌邀请赛，除了甘肃、宁夏、青海、新疆、陕西的西北五省区的民歌选手，还邀请了四川、贵州、河南三个省区的优秀民歌手。八个省区的民歌选手齐聚佛坪，同台竞技，各具特色，精彩不断。本届民歌邀请赛为广大观众提供了非常难得的听觉盛宴和美好的艺术享受，同时也推动了八省区音乐文化的发展，增强了区域民族音乐的交流，促进了西部地区民族音乐的繁荣。

【美术家协会】

1月21日，"我们的中国梦——全国优秀艺术作品展 长安精神·陕西省油画、水彩、水粉画作品展览"在中国文艺家之家展览馆隆重开幕。此次展览由中国文学艺术界联合会、中国文学艺术基金会、陕西省文学艺术界联合会共同主办，陕西省美术家协会、陕西美术馆承办，中国美术家协会提供学术支持，这是继2011年"长安精神·陕西当代中国画名家作品展"和2014年"长安精神·陕西当代中青年国画作品展"之后的又一个长安精神系列展。中国文联、中国美协和陕西省文联领导出席了开幕式。此次展览以绘画的形式描绘和展示了陕西人民对"中国梦"的向往、追求和为了实现"中国梦"而努力奋斗的热情。展览精选了陕西省近百位老、中、青油画、粉画、水彩画家的近百幅作品，其中当代油画作品70幅，水粉、彩画作品30幅，是陕西油画、水彩、粉画首次在北京集中展示的规模较大的作品展。

3月26日，陕西省文联主办、陕西省美协承办的第二届"陕西美术奖"评选工作顺利进行，评奖结果揭晓。此次评奖工作从"第十二届全国美术作品展览"入选作品和"陕西省庆祝新中国成立65周年美术作品展览"的入选作品中，共评选出第二届陕西美术奖（创作奖）奖项数量共计371件。其中，一、二、三等奖数量合计59件（一等奖10件，二等奖20件，三等奖29件）；优秀奖数量合计293件；评委奖14件；组织奖5件。

4月20日，陕西美术家协会大秦岭艺术创作中心揭牌仪式暨"大秦岭·中国脊梁"陕西国画作品展写生活动启动仪式，在宁陕上坝河森林公园隆重举行。陕西省文联和安康市、宁陕县有关领导以及来自全省各地的艺术家等100多人参加了揭牌仪式。

4月28日至30日，陕西省美术家协会组织40余位画家，由省美协主席王西京和省美协党组书记吕峻涛带队赴陕北延川县的乾坤湾、文安驿古镇园区以及梁家河民俗艺术区进行了为期两天的文化下乡活动及文安驿和梁家河民俗艺术馆开业揭牌仪式。其间举行了3场笔会，艺术家们与革命老区干部群众现场交流，画家们不顾辛劳，挥豪泼墨，为干部群众赠送书画作品，现场气氛热烈。

5月31日，第二届"中国·西安国际少儿美术节"及系列活动在西安大明宫遗址公园举办。活动由中国美术家协会少儿美术艺术委员会、陕西省委宣传部、陕西省教育厅、陕西省文化厅、陕西省文学艺术界联合会、陕西省妇女联合会、西安市委宣传部联合主办，陕西省美术家协会、陕西美术馆承办。开幕当天在唐大明宫遗址公园丹凤门广场举办少儿美术展演和"大画家·小画家手拉手共绘美丽西安·我的梦"现场创作等系列活动。随后举办全国中国美术馆少儿美术藏品展，与电视媒体协作创办"名师收高徒——中国小画家"专题节目等系列公益项目。尤其是开幕式现场的少儿特色艺术体验区，会聚了来自各地的少儿艺术作品的精华代表，其中扎染、刺绣、剪纸、泥塑、版画等项目格外引人注目，体现了当代少儿热爱祖国、热爱生活、审美意识和艺术创造力。"放飞心灵·成就未来"这个主题，坚持体现社会公益性和地域跨越性，突出学术权威性和美育普及性，成为中国少儿美术教育的一个重要品牌。

7月26日，由陕西省美术家协会、陕西省书画院主办，大西安之子国画院承办的"永远的民族精神——纪念抗日战争胜利70周年国画作品展"在长安画派美术馆隆重开幕。省市领导以及陕北红军创始人刘志丹的亲属、部分开国将军的亲属、抗战老兵代表和各个行业的近千名人士参加了开幕式。陕西省部分著名学者，美术界、书法界的著名书画家也亲临观摩。这次画展参展作品150余幅，出自55名中青年画家之手。作品主题突出，形式多样。题材主要反映与抗战有关的内容，有许多讴歌和刻画当年抗日将士们南北辗转、奋勇杀敌的场景，让人们透过作品领略了中国共产党领导中国人民进行艰苦卓绝、波澜壮阔的全民族抗战历史和用鲜血生命谱写的正义战胜邪恶、光明战胜黑暗的英雄史诗，进一步激发了人们的爱国热情。

10月15日，陕西省美协第二届美术写生作品展，经过半年多的紧张筹备，在主展馆半坡区西安国际美术城隆重开幕。此次展览由陕西省文化厅、陕西省文联、陕西省美术家协会主办，旨在落实习近平总书记在文艺工作座谈会上的重要讲话精神，鼓励艺术家走进生活，贴近群众，进一步弘扬长安画派"一手伸向传统，一手伸向生活"的艺术精神。让更多艺术家投身到写生创作中，不断推出优秀作品和优秀人才，繁荣和发展陕西美术创作。为了使写生展多出精品，省美协做了大量的组织工作，年内共组织4次100余人的写生活动，分别赴宁陕、旬邑、铜川、紫阳等地累计写生30天，为这次写生展打下了良好的基础。这次展出，入展量大，种类齐全。共收作品900多幅，入选展出654幅。其中国画390幅，油画216幅，水彩粉画39幅，版画6幅，素描3幅。分别在半坡艺术区、陕西美术馆、西安国际美术城三个场馆同时展出，展出五天，期间全省美协会员近千人参观了展出，受到广泛好评。

【曲艺家协会】

6月9日，陕西省曲协与中国曲协曲艺杂志社在北京召开了"陕西曲艺作品创作提升行动"新闻发布会，8月9日至10日，邀请张志宽、师胜杰、郭达、孙晨等知名曲艺家组成的讲师团在西安进行了6场曲艺创作及表演等方面的培训讲座。此活动共征集到作品140多部，11月16日在京举行评奖活动，11月28日颁奖，结集出版优秀作品并在《曲艺》杂志选登。

7月18日，陕西省曲协举行了"竹韵斋"陕西少儿培训基地挂牌仪式。为提升水平，加强交流互动，8月中下旬，组织了陕西优秀的少儿曲艺小演员在天津、北京、太原、淄博、临汾等地进行巡演，小演员们开阔了眼界，提高了水平，也向全国少儿曲艺的优秀团队学到了许多宝贵的经验，建立了良性的互动机制。11月7日，还组织了西安竹韵斋少儿曲艺专场展演活动。著名快板书表演艺术家李少杰先生两次来陕专题为陕西曲艺小演员们授课传艺。

10月14日至20日，由中国文联文艺志愿者协会、中国文联曲艺艺术中心主办，陕西省曲协承办的中国文联曲艺培训班在陕西安塞、横山两地举行。邀请李立山、彭俐、王连成等曲艺名家来陕授课，来自全省的200余名曲艺演员参加了培训。通过这次培训，进一步提升了陕西曲艺演员在创作、表演上的水平。

10月26日至11月8日，由陕西省人民政府防范和处理邪教问题办公室主办，陕西省曲艺家协会承办的"陕西省优秀反邪教文艺节目巡演"活动，历时近半个月，在全省10地市城乡以快板、相声、小品等曲艺形式进行巡演，将文艺创作成果搬上舞台，服务人民。在陕西省优秀反邪教文艺作品征集评选活动中，陕西省曲协报送的4个作品快板《可怜父母心》、相声《说法论》、小品《真的？假的！》、相声《她也不知道》获一等奖，陕北说书《生动的一课》获二等奖，省曲协荣获组织奖。

12月28日，安塞县被命名为陕西第一个"中国曲艺之乡"，这是陕西省第一个被命名的"中国曲艺之乡"。

【摄影家协会】

1月25日，在人民剧院举办了陕西摄影界新春年会暨2014年优秀会员及先进集体表彰大会。会上邀请著名摄影理论家陈小波开展《讲好中国故事》摄影专题讲座。

4月20日至8月20日，举办"生态宜君·避暑名城"摄影大展征稿活动。

6月1日至10月30日，举办陕西"工行牡丹杯"摄影艺术大展征稿活动。

6月18日至22日，邀请美籍华人、世界著名风光摄影家李元先生来陕讲座，此次讲座分别在靖边、铜川、西安三地开展。

7月，发布了陕西省第17届摄影艺术展征稿启事，10月10日截稿，本届设纪实类、艺术类、商业类三大类，共收到参赛作品12000余幅（组），经组委会评审选出获奖及入围作品298幅（组）。这些获奖作品于11月22日在亮宝楼展出，展期5天。

【舞蹈家协会】

1月9日至13日，陕西省舞协协助南郑县舞协在南郑龙岗学校举行舞蹈编导培训班，为南郑县培训了46名中小学教师，取得了较好的效果。

6月13日至20日和8月17日至21日，陕西省舞协分别在黄陵县和石泉县成功举办了第16、17期"新农村少儿舞蹈美育工程"舞蹈师资培训班，共培训教师86名，取得了较好的成绩，达到了预期效果。

7月24日至29日，陕西省舞协组织选送的《梦儿甜甜鼓儿圆圆》和《我和驴儿嘚吧嘚》两个舞蹈节目参加了2015中国舞协"小荷风采"全国少儿舞蹈展演，通过初赛、复赛最终进入决赛，在全国35个省、市自治区、港澳台175个节目中脱颖而出，两个节目分别获得"小荷之星"金奖和银奖。《我和驴儿嘚吧嘚》在央视舞蹈节目播出；陕西省第四届舞蹈荷花奖获奖舞蹈节目南郑县选送的《眉如远山》春节期间在央视播出。

10月26日至30日，陕西省舞协在兴平市主办了陕西省第二届"百姓健康舞"（中老年广场舞）师资培训班文艺惠民活动，来自兴平市城乡各社区的近80名社区广场舞师资骨干参加了为期一周的广场舞免费师资培训班。

【民间艺术家协会】

2月10日至11日，陕西省民协会同省书协组织艺术家赴洛南县开展以"弘扬传统、情系民间——

送欢乐、下基层"为主题的文化惠民送春联活动。中国艺术家一行深入位于洛南县西北部的麻坪镇，为过往的群众书写春联千余副，内容涉及了核心价值观的所有内容，融入了百姓生活的方方面面，把欢乐、祥和的新春祝福送到千家万户。

5月4日至10日，由中国民协牵头，陕西省民协承办，中国民协副主席乔晓光，分党组成员、副秘书长张志学和《中国民间剪纸集成》项目组一行11人，在陕北佳县、绥德、靖边、安塞、洛川、黄陵六个县，就民间剪纸传承与发展现状进行了为期六天的考察调研，为全面开展中国剪纸相关文化与学术等专项研究，加强对非物质文化遗产的抢救保护，推动民间剪纸集成项目的实施提供依据。此次调研是中国剪纸研究中心成立后的首次调研，是陕北剪纸在中国民间剪纸艺术中重要地位的体现。

7月11日至17日，陕西省民协通过中国民协组织了国内20余名知名专家、学者和民俗文化研究者前往榆林、神木、佳县、米脂、绥德、永寿六市县，实地考察调研了当地窑洞民居现状，与各级保护单位及民众就窑洞的保护和开发利用进行了走访和交流。并于7月18日在西安组织召开了"中国窑洞文化遗产田野考察研讨会"。来自全国和省内的50余名文化研究专家围绕窑洞文化遗产资源保护与发展为主题进行了深入交流探讨。《中国艺术报》《人民日报》《陕西日报》、陕西电视台、《华商报》、陕西传媒网都进行了专题报道，使陕西窑洞这一特有的地域文化进入大众视野，得到社会广泛关注与热评。

11月10日至14日，由中国民协和陕西省文联主办，陕西省民协、中共宁强县委、宁强县人民政府等单位承办的"2015中国·宁强羌文化挖掘保护发展高峰论坛"在宁强成功举办。中国民协分党组成员、副秘书长周燕屏，省民协党组书记、常务副主席吴丰宽，省文联党组成员、专职副主席李仲谋，中国民协副主席、省民协主席王勇超、中国社科院研究员孙宏开，中国艺术研究院研究员巫允明，西藏民族大学教授周毓华等中省市领导及专家200余人出席了开幕式。来自中省的专家和四川、重庆、甘肃羌区的学者们围绕羌文化挖掘保护和传承开展交流研讨。围绕"2015中国·宁强羌文化挖掘保护发展高峰论坛"的举办，当地还组织了系列羌历年庆祝活动。今年，经陕西省民协推荐，中国民协组织专家来宁强就羌族傩文化的历史和现状进行了实地考察，并就挖掘和保护工作提了很好的意见和建议。最终以这次论坛为契机，宁强被中国民协命名为"中国羌族傩文化之乡"。

甘肃省文联

综述

2015年,甘肃省文联深入学习贯彻党的十八大,十八届三中、四中、五中全会和习近平总书记系列重要讲话,特别是文艺工作座谈会讲话和中央群团工作会议讲话精神,认真贯彻《中共甘肃省委关于进一步加强和改进文联工作的意见》和甘肃省五次文代会精神,紧抓"一带一路"建设机遇,主动作为、勇于作为、善于作为,努力推进华夏文明传承创新区和文化大省建设,不断推动甘肃文艺事业的繁荣和发展。全年工作重点突出,特色鲜明,呈现出一些新特点:一是重视学习观念的逐步养成,理论学风更加端正;二是党委主体责任进一步落实,纪律意识普遍增强;三是机关管理机制逐步健全,服务大局的凝聚力更趋坚强;四是策划水平逐步提高,办文办会办事水平改进、效果明显;五是宣传力度逐步加大,文联形象逐步提升;六是文艺扶贫特色逐步彰显,扶贫方式更加精准。

重要会议与活动

【甘肃省文联五届二次全委会召开】

3月12日上午,甘肃省文联在兰州召开省文联五届二次全委会。中共甘肃省委宣传部副部长、省文联主席邵明,省文联党组书记、副主席周丽宁,省文联党组成员、副主席张永基、翟万益、王登渤等领导及省文联主席团成员、名誉委员、委员共70多人出席会议。邵明同志主持会议,周丽宁同志作了题为《以习近平总书记在文艺工作座谈会上的重要讲话精神为指导,奋力开创全省文联工作的新局面》的报告。

会议增补了甘肃省文联第五届全委会委员,张掖市文联党组书记、主席何江增选为省文联委员。表彰了2014年度全省基层文联特色工作先进集体,颁发了第五届甘肃黄河文学奖,听取了全省基层文联先进集体和个人的交流发言。

3月12日下午,全省基层文联工作会在兰州召开。省文联党组成员、副主席张永基出席会议。各市州、甘肃矿区、产(行)业文联负责人参加会议。

【首届中国(陇南文县)白马人民俗文化旅游节举办】

3月5日至6日(农历正月十五至十六),"第一届中国(陇南文县)白马人民俗文化旅游节"在陇南文县举办。节会由陇南市委、市政府主办,文化部非遗司、中国民协、中共甘肃省委宣传部、甘肃省文化厅、甘肃省旅游局、甘肃省文联协办,中共文县县委、文县人民政府、甘肃省民协承办。中国民协党组成员、副秘书长吕军,省政协副主席黄选平,甘肃省人大常委会原副主任、甘肃省慈善协会会长杜颖，原甘肃省人大副主任朱志良，陇南市人大主任杨全社，陇南市委副书记、市长陈青等同来自全国各地的民俗和历史文化专家学者共300余人参加了本次活动。

本届节会以"白马情·中国梦"为主题，包括开幕式、民俗文化考察体验、第二届中国白马人民俗文化研讨会、电子商务发展研讨暨文化旅游项目推介会等活动内容。

【第四届甘肃省摄影奔马奖暨"中国梦·我的梦"甘肃省第十九届摄影艺术展开幕式在兰举行】

3月27日，有着甘肃摄影金像奖之称的第四届甘肃省摄影奔马奖暨"中国梦·我的梦"甘肃省第十九届摄影艺术展开幕及颁奖仪式在甘肃省画院举行。甘肃省文联党组书记、副主席周丽宁，甘肃省文联党组成员、副主席张永基及省摄协有关同志出席并为获奖者颁奖，省内外500余名摄影界人士参加了开幕式并观看展览。

本届摄影艺术展共收到参赛作品近5000幅（组），经评选，梁国安、张春年、王继成、赵成军等8人获第四届摄影奔马奖创作奖，肖世强、许吉年等5人获第四届摄影奔马奖提名奖，曾红兵获德艺双馨会员奖，张承云、赵广智、黄云等18人获第十九届摄影艺术展等级奖，兰州市摄影家协会、天水市摄影家协会、张掖市摄影家协会获组织奖。

【中国书法公益大讲堂在兰州开讲】

4月9—10日，由中国书法家协会、甘肃省文联共同主办的中国书法公益大讲堂（甘肃—青海）在兰州开讲。甘、青两省的创作骨干400余人听课。此次大讲堂甘肃—青海站由中国书协副主席言恭达和中国书协培训中心教授李松主讲，他针对当前书法创作中存在的普遍问题，结合两省书法创作现状，作了专题讲座。李松教授对中国书协的创作评审流程做了认真的介绍，在互动环节，就墓志鉴赏、创作投稿、学书的路径选择等问题进行了认真解答。中国书协副主席言恭达做了《当代中国书法文化的哲学思辨与艺术创作》的讲座。中共甘肃省委宣传部副部长、省文联主席邵明，中国书法家协会副主席、甘肃省书协名誉主席张改琴，甘肃省文联党组成员、副主席张永基，甘肃省书法家协会驻会副主席、秘书长林涛参与讲座，邵明和林涛分别主持了讲座。讲座结束后，甘肃省文联党组书记、副主席周丽宁看望了言恭达副主席。

【凯诺瓦·哈尔伯特中国巡回讲座兰州站开讲】

4月12日，由甘肃省杂技家协会主办、甘肃省魔术联盟承办的魔术巡回讲座兰州站在兰州市南滨河路森地国际大厦举办。这次活动旨在提高魔术爱好者的水平，接触国外优秀魔术师和最新的魔术动态，为魔术爱好者搭建自我提升和发展的平台。

凯诺瓦·哈尔伯特魔术师来自美国，对硬币魔术有很高的造诣，在国际顶级魔术大赛中多次获得殊荣，在世界上享有盛誉。

【《文艺人才》丛书首发式举行】

4月17日，由甘肃省文联、甘肃省文学院和甘肃省八骏文艺人才研究会创办，敦煌文艺出版社出版的甘肃国家级华夏文明传承创新人才领军媒体《文艺人才》丛书第一卷正式出版发行并在兰州举行首发式。

立足甘肃、面向全国的《文艺人才》，为国内唯一文艺人才专业读本，以"发现人才、推介人才和研究人才"为宗旨，坚持地方性和全国性、专业性和普及性、文艺性和社会性相统一的编辑思路，关注文学艺术界各类人才、文艺人才背后的各界伯乐和资助文艺事业的实业界功德贤士，全力打造甘肃国家级华夏文明传承创新区人才领军媒体，为文艺人才队伍建设和文艺事业的大发展大繁荣提供舆论和阵地支持。

【甘肃省文联召开戴氏兄弟发明新型中提琴研讨会】

4月29日，甘肃省文联在甘肃大剧院召开戴氏兄弟发明新型中提琴研讨会。中共甘肃省委常委、省委宣传部部长连辑，新型中提琴发明者戴忠基、戴忠础等出席研讨会。本次研讨会由甘肃省文联主办，甘肃省音协承办，得到省委宣传部大力支持。

国际著名提琴制作人、音乐人保罗·瑞哈特（Paul LeRoy Hart）专程从美国赶赴兰州参加研讨会。沈阳音乐学院中提琴教授韩继光等专家围绕戴氏兄弟中提琴的特点、影响、前景、意义及体现出来的创新精神等方面进行发言。

【甘肃省文联文艺志愿服务团成立暨"到人民中去"系列活动启动仪式在临洮县举行】

6月16日，甘肃省文联文艺志愿服务团成立暨"到人民中去"系列活动启动仪式在临洮县举行。中国文联文艺志愿服务中心副主任、中国文艺志愿者协会副秘书长邵志军和中共临洮县委副书记、县长许树德分别致辞。中共甘肃省委宣传部副部长、省文联主席邵明宣读《关于成立甘肃省文联文艺志愿服务团的决定》。邵志军代表中国文联文艺志愿服务中心、中国文艺志愿者协会为甘肃省文联文艺志愿服务团授旗。甘肃省文联党组书记、副主席周丽宁代表甘肃省文联讲话。甘肃省文联党组成员、副主席王登渤代表甘肃省文联文艺志愿服务团接旗。甘肃省文联党组成员、副主席张永基主持启动仪式。定西市委常委、宣传部部长王美萍等领导参加。邵明、邵志军、周丽宁等为甘肃省文联文艺志愿服务团13个分团授旗。

【"美丽新丝路　翰墨定西行"全国中国画油画作品展在定西举行】

6月26日，由中国美术家协会、中共甘肃省委宣传部主办，甘肃省美术家协会和定西市委、市政府承办的"美丽新丝路　翰墨定西行"全国中国画油画作品展在定西市开幕，260件中国画和油画优秀作品在定西美术馆盛装亮相。

此次展览展出的作品从全国近5000件作品中遴选而出，题材广泛，内容丰富，形式多样，有着深刻的生活体验，充满浓厚的生活气息，艺术手法充满创新精神，既有传统笔墨道路上的孜孜求索，也有当代绘画语言的革新探究，反映了当代中国画、油画发展的多元面貌，表达了人民勤劳、经济繁荣、文明传承、共同缔造新丝路的美好景象。

【全省文联系统学习中央群团工作会议精神座谈会召开】

7月21日，甘肃省文联在兰州市召开全省文联系统学习中央群团工作精神座谈会，对全省文联系统学习贯彻、宣传落实中央群团会议精神特别是习近平总书记在会上的重要讲话精神做出全面部署。中共甘肃省委宣传部副部长、省文联主席邵明出席会议并讲话，省文联党组书记、副主席周丽宁主持会议，省文联党组成员、副主席张永基、翟万益、王登渤出席会议。参加座谈会的还有各市州文联、甘肃矿区文联、产（企）业文联，部分县区文联，省文联各省级文艺家协会、事业单位及机关处室负责同志。

中央群团工作会议召开后，甘肃省文联党组按照省委要求，迅速行动起来，制定了《甘肃省文联学习贯彻中央群团工作会议精神的方案》，对全省文联系统的学习进行统一部署。7月9日，中央电视台对甘肃省文联的学习活动进行采访并在《新闻联播》进行播放。7月10日，甘肃省文联又召开了党组中心组专题学习会议，副处级以上干部参加学习。全省文联系统学习中央群团工作会议精神座谈会是全省文艺界学习活动的进一步深化。

【中国作协"丝路文学之旅"采访团走进甘肃】

8月6日至10日，由中国作家协会党组成员、书记处书记白庚胜带队，著名作家宗仁发、陈应松、刘建东、马金莲、铁流、王妹英、马萧萧、郑彦英、冯秋子等为队员的中国作协"丝路文学之旅"采访团走进甘肃，深入兰州、武威、张掖、嘉峪关、敦煌等地，采访了酒钢等著名企业，了解了甘肃人文历史和发展成就。中国作协书记处书记白庚胜认为，在"一带一路"倡议背景下，中国作协组织作家在甘肃采风，表达了中国文学对丝路文化的精神承担，他希望更多的作家能将目光聚焦于丝路文化之中，让这条古道重新焕发亚欧陆桥、东西纽带的勃勃生机。

【中国曲艺家协会采风创作乡村行活动在甘肃省举行】

8月8日至13日，中国曲艺家协会甘肃"联村联户，为民富民"精准扶贫采风创作乡村行活动在我省举行。这次活动以习近平总书记系列重要讲话为指导，紧紧围绕"一带一路"国家发展战略布局，牢牢把握以人民为中心的创作导向和"深入生活、扎根人民"的文艺方针，反映甘肃"联村联户，为民富民"精准扶贫工作成果，努力繁荣曲艺创作、丰富人民群众文化生活，创作反映甘肃省扶贫工作胜利成果的优秀曲艺作品。采风创作团由中国曲协副主席郭刚带队，中国曲协分党组成员、副秘书长曲华江，中国曲协副主席马小平，武警政治部文工团艺术指导张保和等来自北京、上海、天津、广东、内蒙古、河南、江苏、四川等地及甘肃省的近30位曲艺名家赴张掖、瓜州、玉门进行创作采风。

【中国视协、甘肃省视协联合创建影视小屋】

9月13日，由中国文学艺术基金会资助，中国电视艺术家协会、甘肃省电视艺术家协会共同举办的"影视小屋"授牌仪式在甘肃省甘南州合作藏族中学举行。中国文联副主席、中视协主席赵化勇，中视协分党组书记、驻会副主席兼秘书长张显，甘肃省文联党组成员、副主席王登渤等有关领导和负责人出席了授牌仪式。赵化勇主席和王登渤副主席分别讲话。央视综艺频道主持人周宇主持了本次活动。央视少儿频道节目主持人金豆哥哥为同学们上了一堂生动的艺术课，鼓励同学们要在努力学习的基础上勇敢地追求自己的艺术梦想，受到师生们的热烈欢迎。

"影视小屋"是中国视协面向全国打造的一项品牌活动，已成为传播影视知识的特殊渠道、文化惠民活动的有效载体、爱国主义教育特殊基地，是增进民族感情、加强民族团结的重要阵地。先后在四川、吉林、黑龙江等省区的少数民族地区、革命老区和偏远山区实施。

9月13日在甘南州合作藏族中学举行的授牌仪式，标志着"影视小屋"活动在甘肃省正式启动。

【第二届"朝圣敦煌"全国美术作品展在敦煌举办】

9月20日至10月30日，第二届"朝圣敦煌"全国美术作品展在敦煌市展出，中共甘肃省委常委、宣传部部长连辑出席开幕式并参观展览。

第二届"朝圣敦煌"全国美术作品展由中国美术家协会、中共甘肃省委宣传部、甘肃省文联主办，敦煌市人民政府、甘肃省美术家协会、未来四方集团承办。展览自2015年1月征集作品以来，受到了全国美术界人士的广泛关注，美术家们热情参与、精心创作，半年来共收到来自全国各地的投稿作品近8000件，作品涵盖国画、油画、水彩粉画、版画等画种。经评委会初评、复评严格甄选，共选出参展作品275件，其中优秀作品98件，入选作品共177件。

【甘肃省文联12个省级文艺家协会圆满换届】

经过半年紧张有序的工作，甘肃省文联所属的甘肃省作家协会、甘肃省戏剧家协会、甘肃省电影家协会、甘肃省音乐家协会、甘肃省美术家协会、甘肃省曲艺家协会、甘肃省舞蹈家协会、甘肃省民间文艺家协会、甘肃省摄影家协会、甘肃省书法家协会、甘肃省杂技家协会、甘肃省电视艺术家协会12个省级文艺家协会于2015年9月29日、11月15日、12月30日分三批召开了会员代表大会，听取和审议了上一届协会理事会工作报告，修改了协会《章程》，选出了新一届理事会和主席团，12个省级文艺家协会会员代表大会圆满落幕。

这次协会会员代表大会以党的十八大和习近平总书记在文艺工作座谈会上的讲话精神为指导，全面贯彻《中共中央关于繁荣发展社会主义文艺事业的意见》和《中共中央关于加强和改进党的群团工作的意见》精神，继续推进省五次文代会和《中共甘肃省委关于进一步加强和改进文联工作的意见》精神的落实，遵循艺术发展规律，创新文艺管理机制，依据各协会章程，优化协会组织结构，选举产生了一批德艺双馨、勇于担当、与时俱进、创精创优的文艺人才组成协会理事会和主席团，为建设文化大省和华夏文明传承创新区汇聚了力量，提供了保证。

甘肃省文联所属12个文艺家协会新一届主席团产生（协会兼职副主席按姓氏笔画排序）

甘肃省作家协会第六届主席团

主　席：马步升

副主席：魏珂（驻会）、罗玉琴（驻会，女）、马青山、牛庆国、叶　洲、任　真、刘夏萍（女，满族）、陈开红、陈玉福、赵淑敏（女）、铁穆尔（裕固族）、高　凯

甘肃省戏剧家协会第五届主席团

主　席：朱　衡

副主席：刘秋菊（驻会，女）、马少敏（女，回族）、马　勇、王建平、边　肖、杨　波、张小琴（女）、周　桦（女）、赵忠东、雷通霞（女）

甘肃省电影家协会第五届主席团

主　席：石斌

副主席：丁如玮、李　悦、李　巍、柴彦章

甘肃省音乐家协会第五届主席团

主　席：毕忠义（驻会）

副主席：左　霞（驻会，女）、刘晓丽（驻会，女）、于　玮、王维祥、丛铁军、杨亦兵、张雁林、陈　虎、彭德明、赛　音（蒙古族）

甘肃省美术家协会第五届主席团

主　席：李宝堂

副主席：樊　威（驻会）、张大刚（驻会，回族）、马　刚、王万成、王晓银、巫卫东、李　伟、张玉泉、张学智、段新明、桑吉才让（藏族）、潘义奎

甘肃省曲艺家协会第四届主席团

主　席：王登渤

副主席：李天成（驻会）、李金江、李金辉、周　琪

甘肃省舞蹈家协会第五届主席团

主　席：郎永春（藏族）

副主席：苟西岩（驻会，女）、邓小娟（女）、左　丽（女）、安　宁、李　琦（女）、罗泽燕（女）、金　亮（女）、金淑梅（女）

甘肃省民间文艺家协会第五届主席团

主　席：王贵生

副主席：路学军（驻会）、马玉芝（女）、马兆熙（东乡族）、白晓霞（女，藏族）、兰却加（藏族）、刘文江、杨玉龙、余粮才、邸广平（回族）、柯璀玲（女，裕固族）

甘肃省摄影家协会第五届主席团

主　席：吴　健

副主席：杜　芳（驻会，女）、马　健（回族）、王继成、牛恒立、毛树林、吕亚龙、后　俊（藏族）、关春明（蒙古族）、陈　冈、范宏伟、赵晋龙、梁荷生

甘肃省书法家协会第四届主席团

主　席：林　涛（驻会）

副主席：王青彦（藏族）、刘满才、安文丽（女）、杨清汀、何胜江、张　机、张慧中、陈永革、陈扶军、尚　墨、贾得梅（女）、翟相永

甘肃省杂技家协会第四届主席团
主 席：李林安
副主席：周凡力（驻会，女）、闫建荣、
　　　　许　蕊（女）、张学义
甘肃省电视艺术家协会第四届主席团
主 席：康 坚
副主席：张卫星（驻会）、王小枢、王 韧、刘省平、李东珅（回族）、李 燕（女）、秦 川、黄怀璞

创作与研究

【第五届甘肃黄河文学奖评选揭晓】

3月12日，由甘肃省文联、甘肃省作家协会共同主办的第五届甘肃黄河文学奖评选揭晓。本届参评作品均为2011年1月1日至2013年12月31日在中国大陆地区经国家批准的报纸、刊物、出版社首次公开发表或出版的各类文学作品。评奖的体裁、门类包括：小说、诗歌（含散文诗）、散文、报告文学（含纪实文学、传记文学）、儿童文学、科普文学、理论批评等。

本届黄河文学奖共征集到各类体裁的文学作品401部（篇），373部（篇）符合参评条件。其中长篇小说41部，中短篇小说45部（篇），诗歌116部（篇），散文106部（篇），综合类作品65部（篇）。经过专家组认真公平评选，王家达、牛庆国、任向春、叶舟等36人被授予荣誉奖，汪泉、弋舟等18人获长篇小说奖，王庆才、史生荣等19人获中、短篇小说奖，阳飏、离离等32人获诗歌奖，人邻、赵殷等33人获散文奖，张晓琴等20人获综合类奖。其中，洪玮、王晓燕、张佳羽等7人分获各组青年奖。

【甘肃省美术家协会版画创作基地在白银市挂牌】

1月20日上午，甘肃省美术家协会版画艺术委员会年会在白银市举行，甘肃省美术家协会版画创作基地同时在白银挂牌成立。来自省内外的版画艺术专家及省内其他市州代表共50余人参观了版画展览。

甘肃省文联党组成员、副主席翟万益，中共白银市委常委、宣传部部长高鹰颁发省美术家协会版画创作基地和省美术家协会版画艺术委员会标牌。白银市副市长陈其银致欢迎词。

【甘肃省道情皮影节目喜获全国皮影展演金奖】

4月1—3日，中国民协、河南省文联、开封市人民政府等单位在开封市清明上河园联合主办了"全国皮影展演暨第十二届中国民间文艺山花奖·民间绝技绝艺"评奖活动，由甘肃省民协组织推荐的环县道情皮影节目《盗仙草》喜获展演活动金奖。

【甘肃省戏剧界再添两朵"梅花"】

5月20日晚，第27届中国戏剧梅花奖在广州大剧院举行了颁奖盛典，甘肃省戏剧家协会推荐的省话剧院演员朱衡荣获二度梅、省陇剧院演员窦凤霞获一度梅。

朱衡在话剧《天下第一桥》中的精湛演技，成功塑造了"彭英甲"形象，成为继京剧名家陈霖仓之后甘肃省第2位"二度梅"得主。

青年演员窦凤霞在绍兴片区比赛中，凭借陇剧开山之作《枫洛池》喜捧梅花奖。

窦凤霞和第十四届梅花奖得主窦凤琴是亲姐妹。她们是甘肃第一对成功摘取中国戏剧最高奖项"梅花奖"的"姐妹花"，在国内的艺术舞台也不多见。

【《秦腔大辞典》兰州首发】

5月15日，由甘肃省文联、上海辞书出版社主办，甘肃省文艺评论家协会、甘肃省作家协会、甘肃省戏剧家协会、景泰大罗湾铜矿、白银鑫昊公司联合承办《秦腔大辞典》首发式在甘肃兰州

宁卧庄宾馆举行。

《秦腔大辞典》系"十二五"国家重点图书出版规划项目，获得上海文化发展基金会出版资助，由甘肃省戏剧家协会名誉主席王正强编著，上海辞书出版社出版。这部大型专科工具书融理论性、知识性、民俗性、趣味性于一体，凝聚了编著者多年来对于秦腔剧种的理论思考、资料积累和满腔热忱，全面反映了秦腔这一剧种自创生以来所取得的成就。共收录总类、剧目、表演、音乐、舞美、人物、团体、剧场、文献九大部类的词条5200多条，并有附录，附300多幅黑白插图以及若干彩色插页，全书共约140万字。

【甘肃省文联系统文艺期刊审读评奖揭晓】

6月27日，由甘肃省文联主办，甘肃省文艺理论研究室、甘肃省文联组联处承办的甘肃省文联系统文艺期刊审读结果揭晓。自2015年4月起征稿，截至5月31日，全省共有62家2013—2014年两年的文艺期刊参加审读，审读从办刊主旨、内容质量、装帧设计、编校质量、年度期数和内部准印证六个方面进行严格评审，最终有32家文艺期刊获奖。具体结果如下：

一等奖：

《金　城》（兰州市文联）
《达赛尔》（甘南州文联、藏文）
《陇东书画》（庆阳市西峰区文联）

二等奖：

《北方作家》（酒泉市文联）
《天水文学》（天水市文联）
《西凉文学》（武威市文联）
《格桑花》（甘南州文联）
《开拓文学》（陇南市文联）

三等奖：

《北　斗》（庆阳市文联）
《白银文学》（白银市文联）
《黄土地》（定西市文联）
《西　风》（金昌市文联）
《驼　铃》（铁路文联）
《河　州》（临夏州文联）
《山　溪》（康县文联）
《骊　轩》（永昌县文联）

优秀奖：

《嘉峪关》（嘉峪关文联）
《警察文艺》（公安文联）
《董志塬》（庆阳市西峰区文联）
《子午文学》（正宁县文联）
《仇　池》（西和县文联）
《乌鞘岭》（天祝县文联）
《梦　阳》（庆城县文联）
《汭　水》（华亭县文联）
《党河源》（肃北县文联）
《洮　河》（临洮县文联）
《九　龙》（宁县文联）
《暖　泉》（平凉市崆峒区文联）
《潜夫山》（镇原县文联）
《祁　山》（礼县文联）
《环　江》（环县文联）
《南　梁》（华池县文联）

【第七届乞巧女儿节保护传承论坛在京举办】

8月18日，以"中国乞巧·对话世界"为主题的"第七届乞巧女儿节保护传承论坛"在北京成功举办。此次论坛由中国文联指导，中国民协、中共甘肃省委宣传部、甘肃省文化厅、甘肃省旅游局、甘肃省外事办、甘肃省文联、甘肃省妇联、甘肃省民协，陇南市委、市政府主办，西和县县委、县政府，礼县县委、县政府，中嘉鑫胜（北京）文化传媒有限公司共同承办。

中共甘肃省委常委、宣传部部长连辑主持论坛开幕式，全国政协原副主席、中科院院士王志珍，中国文联党组成员、书记处书记陈建文，中国民协党组成员、副秘书长吕军，联合国教科文组织、妇女署、儿童基金会官员及17个国家和地区的驻华使节，甘肃省相关单位领导，陇南市委、市政府有关领导和国内知名民俗专家共130人参加了活动。王志珍、陈建文、陇南市市长陈青、巴基斯坦国家妇女委员会主席卡瓦尔·蒙塔兹、印度尼西亚驻华大使苏更·拉哈尔佐分别致辞。甘肃省文联党组书记、副主席周丽宁，甘肃省文联秘书长郑怀博，甘肃省民协主席马自祥、甘肃省民协专职副主席杜芳代表省文联和省民协出席论坛。

论坛形成了《驻华使节眼中的中国乞巧非物质文化遗产·大使宣言》《中国乞巧文化与世界非物质文化遗产·北京宣言》《中国乞巧文化与妇女发展·北京宣言》三个重要的纲领性宣言。

【2015·中国少数民族当代文学论坛在甘肃召开】

8月20日，由中国作家协会和中共甘肃省委宣传部主办的第三届中国少数民族当代文学论坛——"丝路文学语境下的多民族文学审美——2015·中国少数民族当代文学论坛"，在千古丝路的重要驿站甘肃兰州举行。中国文联副主席、中国作协少数民族委员会主任丹增，中国作协党组成员、书记处书记白庚胜，中共甘肃省委常委、宣传部部长连辑，甘肃省文联党组书记、副主席周丽宁出席会议。

本届论坛旨在加强少数民族文学理论批评建设，发现和挖掘少数民族在古丝绸之路上的文学实践和成就，探讨和拓展少数民族文学对新时期"一带一路"建设的现实作用和历史担当，深化少数民族文学对丝路文学书写的参与、加大少数民族文学对中华民族复兴及人类进步事业的贡献。为期两天的会议中，来自12个民族和50余位作家、评论家、学者，从丝路文学遗产、现实与愿景，丝路文学的精神重建、文化空间、民族审美，丝路文学与中国文学，多民族文学在丝路文学中的作用、地位以及创新、发展等角度展开深入探讨。

【第二届甘肃诗歌八骏作品研讨会暨中国著名诗人河西走廊精准扶贫文化采风活动举行】

9月26日，由中共甘肃省委宣传部、中国作家协会创研部、《文艺报》《文学报》、甘肃省文联主办，甘肃省文学院、甘肃省八骏文艺人才研究会承办的第二届甘肃诗歌八骏作品研讨会暨中国著名诗人河西走廊精准扶贫文化采风出发仪式在兰州举行。中国作协党组成员、书记处书记、副主席吉狄马加和中共甘肃省委常委、宣传部部长连辑出席会议并讲话。

本着"既是平台又是擂台"的竞争原则，经过公开、公平、公正选拔，今年3月21日世界诗歌日之际，古马、离离、李继宗、郭晓琦、于贵锋、扎西才让、包苞、李满强8位诗人从18名候选人中奔腾而出，组成了第二届甘肃诗歌八骏方阵，接力领跑文学陇军。

研讨会上，与会的诗人、诗评家回顾总结了首届甘肃诗歌八骏的创作成果，深入研讨了第二届甘肃诗歌八骏诗人的艺术风格。

【甘肃省首个青少年美育基地正式挂牌成立】

为切实推动精准扶贫工作，进一步彰显文艺扶贫特色，10月25日，省文联联合甘肃健行者徒步运动推广中心、兰州光达数码影像等公益组织、爱心企业在临洮县八里铺镇沿川小学举行了健行者图书室捐赠仪式暨"视觉中国·带你看上海"摄影展，同时举行了"甘肃省文联文艺志愿者服务基地暨临洮县青少年美育基地"授牌仪式。

近年来，甘肃省文联积极响应、认真落实中央和省委关于精准扶贫的一系列决策部署，立足自身特点，发挥文艺优势，积极动员和团结社会力量，开创了精准扶贫和文艺事业互惠共荣的可喜局面，得到了社会各界的肯定和好评。

甘肃省首个青少年美育基地——"甘肃省文联文艺志愿者服务基地暨临洮县青少年美育基地"设在临洮县实验小学。省文联将以基地为平台，结合文艺志愿者"五进"活动，通过开展讲座、培训、展演、考级等"艺术进校园"系列活动，切实提高基层特别是农村中小学师生的审美情趣、艺术素养和艺术教育水平。以文启智，以智扶贫，这是省文联为服务农村公共文化体系建设，缩短城乡少年儿童素质教育差距，丰富青少年艺术活动的又一体现。

【第四届甘肃戏剧红梅奖大赛举办】

8月6—18日，第四届甘肃戏剧红梅奖大赛在会宁县和兰州市举行。本届大赛由中共甘肃省委宣传部、甘肃省文联、甘肃省文化厅、白银市人民政府主办，由甘肃省戏剧家协会、白银市文化广播新闻影视出版局、会宁县人民政府承办。本届大赛以"丝路梅香·圣地华章"为主题，囊括了秦腔、陇剧、话剧、京剧、歌剧、眉户等近20个剧种，参赛院团29个，参演演员达1100人，参评演员及大戏主创人员400余人。

经大赛决赛评委会评审，一批艺术精湛的戏剧人才和贴近时代脉搏、展现陇原风采的优秀作品脱颖而出。大赛期间，组委会在会宁县召开全省戏曲传承发展座谈会。

第四届甘肃戏剧红梅奖大赛获奖名单

一、优秀组织奖（18个）

天水市文联、定西市文联、甘肃省陇剧院、甘肃省京剧院、甘肃省省歌剧院、兰州戏曲剧院、兰州儿童艺术剧团、甘肃梅馨文化传媒有限公司、天水市西秦腔研究院、天水市歌舞艺术研究中心、定西市百花演艺有限公司、庆阳市黄土缘演艺有限责任公司、会宁县文化体育和广播影视局、正宁县红河演艺有限公司、庆城县金凤凰演艺有限公司、会宁县嘉韵秦腔文化传播有限公司、静宁县成纪艺术剧院有限公司、酒泉振兴剧团

二、剧目奖

（一）红梅剧目大奖（4个）

1.《女大学生村官》正宁红河演艺有限公司

2.《清风亭》兰州戏曲剧院

3.《一画开天》天水市歌舞艺术研究中心

4.《郭虾蟆》会宁县嘉韵秦腔文化传播有限责任公司

（二）红梅剧目一等奖（3个）

1.《新大登殿》甘肃梅馨文化传媒有限公司

2.《快乐的汉斯》兰州儿童艺术剧团

3.《王维舟在庆阳》庆城县金凤凰演艺有限公司

（三）红梅剧目二等奖（2个）

1.《汉关飞将》静宁县成纪艺术剧院有限公司

2.《金麒麟》酒泉振兴剧团

三、红梅编剧大奖（2个）

1. 杨建国《女大学生村官》

2. 马 勇《新大登殿》

四、个人表演奖

（一）红梅表演大奖（16人）

董亚萍、宋少峰、尚小丽、田 芳、谭 强、赵 丹、张保利、常小军、姜甲利、晁花兰、常小红、张 丽、李 娟（定西）、王建军、舒朵朵、马 燕

（二）红梅表演一等奖（32人）

戚贵荣、邱建芳、姜亚东、何向红、王 兰、刘亚娟、胡艳霞、张芳英、海 龙、邵炳德、陈爱军、胡瑞霞、车虹娇、权燕婷、陶 沛、现绍华、李 歌、呼延国沛、刘 盟、王 新、邹玲霞、何应虎、赵 娟、蒲虎勤、种 妙、蔡玉凤、胡建龙、韩 婷、路 莉、于 博、罗 妞、谢杨一伟

【第三届"中国·西北音乐节——绚丽甘肃音乐会"在兰州市举行】

12月12—18日，第三届"中国·西北音乐节——绚丽甘肃音乐会"在兰州市举行。中国音乐家协会主席叶小纲，中国音乐家协会分党组书记、驻会副主席、秘书长韩新安，中共甘肃省委宣传部常务副部长张建昌，甘肃省文联党

组书记、副主席周丽宁，甘肃省文联党组成员、副主席苏孝林，宁夏回族自治区文联党组成员、副主席樊虹，宁夏回族自治区文化厅党组成员、演艺集团总经理、宁夏音协主席范晋国，青海省文联党组成员、副主席张民，青海省文联副巡视员马玉宝，新疆维吾尔自治区文联党组成员、秘书长马旭国，以及各西北优秀音乐艺术团体、西北五省（区）宣传文化和文联系统的有关领导，甘肃省省直有关部门和兰州市的有关领导等出席开幕式。节会期间，西北五省区共有7台音乐会呈现给广大观众，这些节目形式多样、内容丰富、民族风格浓郁，代表了西北音乐发展的最高水平。

【翟万益当选中国书法家协会副主席】

12月7—9日，中国书法家协会第七次全国代表大会在北京隆重开幕，来自全国各省、自治区、直辖市、解放军、中直系统以及港澳台地区的400余名书法工作者代表参加会议。会议期间，听取、审议中国书法家协会第七次全国代表大会工作报告；分析当前我国书法事业面临的新形势，规划部署今后五年的工作任务；审议、通过修改后的《中国书法家协会章程》，并选举出了新一届中国书法家协会领导机构。

会议选举产生了新一届书协主席以及14名书协副主席。甘肃省著名书法家翟万益当选书协副主席，林涛、尚墨、安文丽、陈扶军当选理事。

【首届中国丝绸之路民间剪纸艺术精品展在兰州举办】

12月24—26日，由中国民间文艺家协会、中共甘肃省委宣传部、甘肃省文联主办，甘肃省民间文艺家协会承办的"首届中国丝绸之路民间剪纸艺术精品展"在兰州市美术馆举办。12月24日上午举行了展览开幕式，中共甘肃省委宣传部常务副部长张建昌，省文联主席邵明，省文联党组书记、副主席周丽宁，省文联党组成员、副主席王登渤，省文联副巡视员、人事处处长李积麒，以及来自甘肃、安徽、天津等省民协的负责人和艺术家参加开幕式并观看了展览。开幕式由王登渤副主席主持，周丽宁书记做了重要讲话。

"首届中国丝绸之路民间剪纸艺术精品展"是甘肃民间文艺精品项目"丝绸之路剪纸艺术传承与创新工程"的重要内容。经过精心组织和认真筹备，从全国300余位剪纸艺术家的来稿中，精心挑选157幅（组）优秀剪纸作品在兰州市美术馆集中展出。入选作品内容丰富、题材广泛，涵盖丝绸之路悠久的历史文化和故事传说、丝绸之路沿线独特的民俗风情及"一带一路"建设的重要成果，展现了一幅跨越千年的丝绸之路文化长卷。展览期间，甘肃省民协还专程邀请了数位在全国有重要影响力的知名剪纸艺术家及甘肃的优秀剪纸艺术家，现场制作并赠送剪纸作品，指导前来参观的孩子们进行剪纸创作。展览结束后，甘肃省民协挑选70余幅优秀作品在甘肃大剧院继续展出，让更多的兰州观众领略和感受民间剪纸的艺术魅力。

【甘肃省第三届"联村联户、为民富民"美术书法摄影剪纸作品展在兰州举行】

12月28日上午，由中共甘肃省委宣传部、中共甘肃省委双联办、甘肃省文联主办的甘肃省第三届"联村联户、为民富民"美术书法摄影剪纸作品展在兰州美术馆隆重开幕。甘肃省文联主席邵明宣布甘肃省第三届"联村联户、为民富民"美术书法摄影剪纸作品展开幕。中国书协副主席、甘肃省文联党组成员、副主席翟万益致辞，省委农工办副主任闫敬明宣布美术、书法、摄影、剪纸获奖作者名单。开幕式由甘肃省文联党组成员、副主席王登渤主持。

此次展览在前两届成功举办的基础上，新增剪纸作品，以更宏大的视野展现"双联"场景、"双联"成果。经过专家严格评审，235幅作品美术、书法、摄影、剪纸作品从千余幅投稿作品中脱颖而出，以不同的艺术形式，全面展示了甘肃省"双联"行动和精准扶贫工作的骄人成绩。

【甘肃省文联文艺扶贫结硕果】

"双联"行动和精准扶贫精准脱贫工作开展以来，甘肃省文联积极贯彻省委指示精神，立足自身特点，充分发挥桥梁纽带作用，凝聚爱心、动员力量，以高度的责任、开阔的视野、满腔的热情、切实的行动，探索出一条彰显文艺力量、促进精准扶贫精准脱贫的新途径。

1. 以文化人，改变落后观念

一是发动文艺家向扶贫村捐赠书画作品。组织著名书法家为临洮县八里铺镇高庙村、武都区琵琶镇张坝村农户义务撰写"中堂"作品1100余幅，实现了"家家有中堂"的目标，制作楹联810副，送至定西、陇南、金昌等农户家中，为农户拍摄全家福320幅，并冲印装裱后送到农户家中。

2. 精神扶贫，丰富乡村文化生活

积极争取中国文联和国家级文艺家协会的帮扶，中国文联将武都区命名为"中国高山戏文化之乡"，举办高山戏及民间小戏全国性学术研讨展演活动，开展"新农村少儿舞蹈美育工程""深入基层、扎根人民"的文艺活动，建立文艺家与农民的联系机制。甘肃省文联文艺志愿服务团组织了文艺志愿"进农村、进社区、进车间、进学校、进军营"为内容的文化"五进"活动。在临洮县和武都区设立书画创作基地、开办文学创作研讨班。组织文艺专家深入临洮县实验一校，开展了文艺进校园志愿活动，在会宁举办第四届甘肃戏剧红梅奖大赛，开展了百部影片进农村活动。

3. 以人民为题，促进创作

紧紧围绕全省"双联"行动和精准扶贫精准脱贫工作大局，邀请全国知名文艺家并号召全省广大文艺工作者以"双联"和精准扶贫精准脱贫为题材，创作了陇剧《洮水谣》、电影《此木生芳》，出版了《心灵的乡村》《春天，我们出发》等以"双联"为载体的乡土文学读本。连续三年成功举办了甘肃省"双联"行动和精准扶贫脱贫艺术作品展。

4. 讲述甘肃故事，文艺宣传面向全国

邀请中国作协党组成员、副主席何建明，鲁迅文学院副院长邱华栋，作家李迪等6位知名作家与省内4名有实力的中青年作家一道奔赴河西进行采风创作，对甘肃扶贫工作进行深度采写，在《人民文学》2015年第10—12期刊发，同时出版《国家温暖》报告文学集。邀请中国曲协副主席郭刚、马小平，国家一级演员杨子春、张保和等到酒泉玉门、瓜州等地开展了甘肃双联行动和精准扶贫精准脱贫乡村行采风创作活动，与中国曲协合作，创作一台双联精准扶贫精准脱贫主题曲艺晚会。组织"西风烈·绚丽甘肃"采风活动，邀请姚明、肖白等10名全国著名音乐家赴基层双联点进行采风创作，向全国征集歌曲，在《歌曲》《词刊》《中国音乐专刊》等国家核心音乐类刊物刊登。与新华社《摄影世界》杂志社联合策划，组织摄影艺术家分赴全省各地农村听民意、访民情，筛选了近300张摄影作品并配以文字说明结集出版《小康梦想——甘肃"精准扶贫"纪事》，在全国出版发行。

各文艺家协会

【作家协会】

围绕"一带一路"，立足文化推广：丝绸之路文学精品工程系列之一历史文化名城报告文学卷第一批兰州卷、敦煌卷创作完成；配合中作协"丝绸之路文学采风团"在甘肃的采风活动。"双联"富民，文学兴陇：第一部全面系统表现双联活动的长篇报告文学《春天，我们出发》创作完成；举办第二届"微文学"创作大赛活动、第二届"大中小学'中国梦'作文大赛"。召开甘肃省作家协会第六次会员代表大会。

【戏剧家协会】

举办了第四届甘肃戏剧红梅奖大赛；推荐的省话剧院演员朱衡获第27届中国戏剧梅花奖二度

梅、省陇剧院窦凤霞获一度梅；推荐全省5名优秀青年演员参加第二届中国黄河流域戏曲红梅大赛，取得了2金3银的好成绩；刊印《甘肃剧协2015年度盘点》；组织专家对会宁县大型历史秦腔剧《郭虾蟆》进行研讨；召开甘肃省剧协第五次会员代表大会。

【电影家协会】

举办第三届甘肃电影锦鸡奖，召开甘肃省电影家协会第五次会员代表大会。

【音乐家协会】

组织成立甘肃省文联飞天合唱团，举办戴氏兄弟中提琴发明新闻发布会及研讨会、甘肃省第二届手风琴比赛暨第十届中国音乐金钟奖手风琴比赛选拔赛、第十届中国音乐金钟奖声乐比赛甘肃选拔赛，成立甘肃音乐家协会合唱联盟、手风琴学会，举办"泉声杯"甘肃省首届古筝大奖赛，组织2015"西风烈·绚丽甘肃"原创歌曲征集评选演唱活动，承办第三届"中国·西北音乐节——绚丽甘肃音乐会"，启动精准扶贫歌曲创作，组织2015年甘肃考区音乐考级，发展省级会员50名，中国音协会员9名。召开甘肃省音乐家协会第五次会员代表大会。

【美术家协会】

积极打造"敦煌画派"：举办了第二届"朝圣敦煌"全国美术作品展，"丝绸之路 绚丽甘肃"第九届中国西部大地情中国画、油画作品展，"美丽新丝路 翰墨定西行——全国中国画油画作品展"，"敦煌画派"理论研讨会，开展了《敦煌影像、思路虹霓》精品创作工程；提高对小画种的重视程度：举办了"纪念中国人民抗战暨世界反法西斯胜利70周年——甘肃省第二届连环画、插图作品展"和"丝路情怀 绚丽甘肃水彩水粉画展"；积极开展写生采风和文艺志愿活动；加强对外交流：主办了第十五届上海南京路雕塑展，举办了"追寻中国梦、西部阳光——甘肃、宁夏、青海少数民族美术作品巡展"。召开甘肃省美术家协会第五次会员代表大会。

【曲艺家协会】

实施"甘肃非遗曲艺项目精品打造工程"；参与编撰《中国曲艺牡丹奖得主小传》；承办中国曲艺家协会甘肃"联村联户，为民富民"精准扶贫采风创作乡村行活动；完成《中国曲艺大辞典》甘肃部分编撰工作；召开甘肃省曲艺家协会第四次会员代表大会。

【舞蹈家协会】

在陇南文县举办"下基层 送讲座"活动，赴甘南舟曲创作采风；在碌曲举办第四届中国藏族锅庄舞大赛；继续推进新农村少儿舞蹈美育工程并在陇南实施第二季启动仪式；召开甘肃省舞蹈家协会第五次会员代表大会。

【民间文艺家协会】

举办首届甘肃省民间剪纸艺术培训班，承办首届中国丝绸之路剪纸艺术精品展、第一届中国（陇南文县）白马人民俗文化旅游节、第三届甘肃省"双联"书法美术摄影剪纸作品展，主办第七届乞巧女儿节瓮中保护传承论坛、庆贺柯杨先生从事民间文艺研究工作60年座谈会，建立民间艺术传承人个人档案，召开甘肃省民间文艺家协会第五次会员代表大会。

【摄影家协会】

举办第十九届甘肃省摄影艺术展暨第四届奔马奖评选、甘肃省百名摄影家聚焦精准扶贫活动，设立"红色两当"摄影创作基地，举办第四期摄影创作提高班，承办第三届甘肃省"双联"书法美术摄影剪纸作品展，召开甘肃省摄影家协会第五次会员代表大会。

【书法家协会】

举办甘肃省百名"70后""80后"书法家网络交流展暨首届甘肃省优秀青年书法家学术提名展,第十二期书法创作提高班,"吉祥甘南"公益书法讲座,甘肃女子书法大讲堂,我们的中国梦——万民书法家送万"福"进万家公益活动,承办"翰墨薪传·全国中小学书法教师培训项目",中国书法公益大讲堂,成立甘肃省文联书法沙龙,出版《甘肃书法》4期,召开甘肃省书法家协会第四次会员代表大会。

【杂技家协会】

举办了世界十大有影响力的硬币魔术师之一的美国魔术师凯诺瓦·哈尔伯特巡回讲座兰州站、台湾著名魔术师罗宾、香港著名魔术师毛镇凯魔术讲座、2015年甘肃省魔术新秀校园选拔赛、以"青少年牵手魔术"为主题的文艺志愿服务活动,召开甘肃省杂技家协会第四次会员代表大会。

【电视艺术家协会】

实施创建"影视小屋"工程,参与组织第四届中国嘉峪关国际短片节,参与拍摄大型纪录片《永恒中国、魅力甘肃》前期工作,召开甘肃省电视艺术家协会第四次会员代表大会。

直属单位

【文艺理论研究室(甘肃省文艺评论家协会)】

与省民间文艺家协会联合推出了《甘肃文艺》甘肃省国家级非物质文化遗产项目代表性传承人名录特刊,举办"首届甘肃文艺评论奖"颁奖活动、《秦腔大辞典》首发式,与组联处联合举办了全省文艺期刊的审读研讨活动,完成《甘肃省文学艺术界联合会第五次代表大会文件汇编》和《2014甘肃省文学艺术界联合会大事记》编纂出版,举办了第二届甘肃文艺论坛,推出《甘肃文艺》甘肃省新锐文艺评论家专辑。

【文学院】

创办《文艺人才》丛刊,编纂双联行动精神读本《心灵的乡村》,承办2015中国少数民族文学论坛,主办第二届甘肃诗歌八骏作品研讨会、中国著名诗人精准扶贫河西走廊文化采风活动,推出甘肃戏剧八骏。

【《飞天》编辑部】

完成全年编辑出版任务,编发女作家小说、甘肃乡土小说、甘肃诗人诗歌大展等专号,在礼县、定西、文县、康县等地举办笔会、创作座谈会。

青海省文联

综述

2015年，青海省文艺事业呈现出新变化、新气象，青海省文学艺术界联合会（以下简称省联）工作取得了新进展、新成效。在省委、省政府的正确领导下，在中国文联的有力指导和省委宣传部的精心指导下，深入贯彻党的十八届三中、四中、五中全会和省委十二届历次全委会议精神和省文联七届四次全委会议工作安排，自觉把文联工作放在全省工作大局中思考谋划，坚持以习近平总书记系列重要讲话精神为引领，坚持以人民为中心的工作导向，大力弘扬社会主义核心价值观，突出文艺界行风建设这条主线，团结引导广大文艺工作者，深入生活、扎根人民，服务大局、潜心创作，坚持创新发展，全面落实中央、省委关于宣传思想文化工作的各项部署，团结凝聚全省广大文艺工作者，紧紧围绕实现中国梦的宏伟目标和建设文化名省的重大使命，奋发有为，攻坚克难，认真履行十六字职能，创造条件打基础，锐意进取抓提高，齐心协力促繁荣，一岗双责强党建，文艺创作成果更加丰硕，文艺惠民服务更加有效，文艺品牌打造更加成熟，文联自身建设更加扎实，各项工作进一步打开新局面，在谱写青海文艺事业篇章的具体实践中取得了新业绩。

会议与活动

【省文联召开七届四次全委会议】
4月16日，省文联七届四次全委会议在西宁召开。省委宣传部部务会成员刘贵有，省文联党组书记、主席班果，省文联党组成员、副主席张民、马有义、李晓燕等出席会议。出席会议委员55名，在宁荣誉委员16名列席会议。会议由张民同志主持，传达中国文联九届七次全委会议精神，刘贵有同志作重要讲话，班果同志做题为《坚持以习总书记重要讲话为统领　奋力推动青海文艺事业迈上新台阶》的工作报告。

【省文联隆重召开成立60周年纪念座谈会】
为纪念省文联成立60周年，反映和展示60年来省文联的发展历程，经过精心筹备，于10月30日召开了省文联成立60周年纪念座谈会，全省老中青文艺家及文艺工作者代表近百人参加会议。座谈会是在党的十八届五中全会胜利召开、全省文艺界深入学习贯彻习近平总书记文艺工作座谈会重要讲话精神的新形势下召开的重要会议，省委常委、宣传部部长张西明同志莅临会议接见从事青海文艺事业60年以上的55位老文艺家并颁发了纪念证书与奖杯，作了重要讲话。老、中、青三位文艺家作了真挚感人的交流发言，引起广泛共鸣和热烈反响。其间，还组织省内老中青文艺家参观省"十二五"重点文化设施工程——青海美术馆的建设现场，进一步激励和鼓舞了全省广大文艺工作者繁荣发展我省文艺事业的热情。

【"送欢乐·下基层——班玛行"系列文艺志愿服务活动】

省文联以开展文艺志愿服务活动为抓手，组织文艺家深入果洛藏族自治州班玛县，扎实开展"送欢乐·下基层——班玛行春、夏季文艺志愿服务系列活动"。其间，以"赞党恩、颂党情、弘扬时代精神"为主题，举办慰问演出活动3场；组织两批作家以班玛县社会综合治理成果——"班玛经验"为蓝本，采写报告文学、散文作品，总结宣传班玛县民族团结进步建设的经验；组织我省优秀美术、书法、摄影、舞蹈艺术家对当地文艺工作者开展专业辅导培训，并向当地干部群众赠送美术、书法、摄影作品1100幅。整个活动在当地党员干部群众中获得高度赞誉，也是文联工作围绕全省大局、服务基层的又一次成功实践。

【中国文联文艺志愿服务团走进青海文艺服务活动】

联合中国文联文艺志愿服务团开展了"送欢乐·下基层"文艺服务活动。6月下旬，中国文联党组副书记、副主席李屹带领30名国内著名艺术家，走进青海开展"送欢乐、下基层"文艺服务系列活动。其间，分别在西宁市、黄南藏族自治州、互助土族自治县举行3场大型惠民演出，近万人观看。活动期间，艺术家们还在互助土族自治县麻莲滩小学开展了"留守儿童之家"慰问活动，在黄南藏族自治州热贡艺术馆举办了书画交流笔会，为当地群众创作书画作品40余幅，并现场开展书画、摄影专业知识辅导培训。由于工作出色，我省21名文艺志愿者受到中国文联文艺志愿服务中心、中国文艺志愿者协会的通报表彰。

【青海省美术家协会成立55周年美术作品展】

成功举办"青海省美术家协会成立55周年美术作品展"。展览以"弘扬中国精神、唱响大美青海"为主题，集中展示了青海省当代老中青美术家创作的油画、版画、雕塑、水彩水粉画等150多件作品，充满了鲜活的时代气息和浓郁的高原艺术特色，是新形势下我省美术事业繁荣发展的生动体现，近千人次观看了展览。举办全省首届"民族团结进步杯"美术书法作品大赛。紧紧围绕"一带一路"建设和"四个全面"战略布局，举办"西部阳光——甘肃青海宁夏三省美术作品联展"。

【第五届青海湖国际诗歌节诗歌朗诵会】

为办好这项国际性的文学盛会，省文联认真做好联络、服务、组织、保障、宣传报道等重点筹备工作，确保朗诵会圆满成功。国外、省外40多位诗人和青海省10多位著名诗人参加朗诵会。活动结束后，出版了《边缘的反光——国际诗人帐篷圆桌会议图文册》，是总结两届青海湖国际诗人帐篷圆桌会议的重要收获。另外，为进一步营造青海湖国际诗歌节浓厚的诗歌氛围，编辑出版了《青海湖》"第五届青海湖国际诗歌节专号"和《诗江南》"青海诗人专号"，共收入180位诗人的200多件作品，扩大了青海湖国际诗歌节在国际上的影响力。

【"百幅老人、残疾人最美肖像进百家"活动】

联合省残联、黄南藏族自治州和西宁博奥集团，积极开展"最美残疾人肖像——手牵手扶残助残活动"和"百幅老人肖像进百家摄影公益活动"。其间，组织40余名优秀摄影家，深入黄南藏族自治州同仁县隆务镇、保安镇、西宁市大通县新城村和湟中县拦隆口镇红林村等地，为当地500多位老人、残疾人免费拍摄并精心制作后赠送肖像、全家福，还组织摄影家为他们集体庆祝生日，送去了温暖与祝福，以实际行动表达了文艺家对社会的关爱。

【西宁一中第十三届青少年戏剧大舞台实践活动】

为提升青少年综合素质，积极引导青少年培育和践行社会主义核心价值观，青海省文联、省剧协联合西宁一中，连续13年开展戏剧大舞台综合实践活动。本届活动期间，戏剧艺术家与该校师生开展一对一戏剧专业辅导，共同演出京剧、豫剧、秦腔节目14个。同时，辅导该校师生广泛开展校园小品大赛、美术书法作品展、大舞台图片展和春蕾剧社等活动，受到师生欢迎和好评。另外，为进一步夯实和扩大戏剧大舞台综合实践成果，在黄南藏族自治州同仁县逸夫学校开展了藏戏进校园舞台实践活动，抽调专业藏戏编剧、导演、演员为该校辅导排练大型传统藏戏《卓娃桑姆》并成功演出。

【"种文化到基层"舞蹈辅导活动】

为提高我省基层群众的文化素养，组织舞蹈家赴果洛藏族自治州班玛县，开展为期40余天的专业辅导，培训各类专业、业余舞蹈人员300人次。其中，指导编排的大型舞蹈作品《我的故乡果洛班玛》荣获全国锅庄舞大赛一等奖。选派我省部分舞蹈艺术家赴安徽省合肥市举办藏族民间锅庄舞教学培训活动，通过一对一的精心培训，使安徽学员深入了解和掌握了我省藏族舞蹈的独特魅力，得到了安徽舞蹈界的一致好评。

【主题文艺活动】

广泛开展主题文艺活动，唱响时代主旋律。一是积极服务"三区"建设，发挥文艺"轻骑兵"作用，举办"民族团结进步杯美术、书法、摄影作品展""青海重大文明历史题材美术作品展"等，共创作美术、书法、摄影作品600余件，营造了全省民族团结和谐共荣的良好氛围。二是深入打造青海文艺品牌，发挥品牌的综合效能，先后举办了"大美青海2015中国·西宁国际标准舞、拉丁舞国际公开赛暨青海省第七届国际标准舞锦标赛"、《高原之声》合唱音乐会、"米琼杯"第四届全国藏族情歌大赛、第十七届青海省摄影艺术展、首届"少儿DV大赛"和第六届"青海文学周"等活动，受到社会各界的好评。在韩国举办的"青海文化周"活动中，通过举办"发现中国之青海花儿艺术赏析"专题讲座，推介青海花儿艺术的风采，有力宣传了大美青海和青海特色艺术的魅力。三是以"中国梦"为主题，联合有关部门举办了"中国梦·平安福——青海省安全生产月书法大赛"、"河湟灵韵——中国画作品交流展"、"柳湾·彩陶杯——全省书法展"、"岗尖梅朵杯"藏族大学生新创诗歌朗诵大赛、"中国梦青海故事"有奖征文等活动。

【主题文艺创作活动】

深入开展"中国精神·中国梦"主题文艺创作活动，讲好中国故事，集中创作和展示了一批"中国梦"主题优秀文艺作品，多形式、多维度展现了我省各族群众的生动实践，唱响了时代主旋律。一年来，省文联紧扣时代脉搏、突出时代主题，把繁荣文艺创作作为工作重心，着力引导重大主题创作实践活动，创作完成了报告文学集《浩瀚追梦》、电影剧本《瀚海情》《尕布龙》、电视连续剧剧本《十世班禅进藏》《青海湖》出版发行"纪念中国人民抗日战争暨世界反法西斯战争胜利70周年专号"，分别在《青海日报》《西海都市报》等媒体刊发文章，宣传报道。组织文艺家精心创作《"时代楷模"廉福章》连环画20集，在《西海都市报》连载，社会反响热烈，被中宣部《宣传工作》予以反映和肯定。始终坚持正确的文艺导向，坚持讲好中国故事，编辑出版《青海湖》文学版12期、《青海湖·人文自然版》6期、《俪人》杂志12期。积极组织省内优秀作品参加全国展演、展示、比赛活动，《高原之声》合唱音乐会在兰州参加第三届中国西北音乐节获多个奖项；在第二届黄河流域戏曲红梅竞演活动中，我省节目喜获两个金奖、三个银奖;微电影《丹噶尔奇缘》获第三届亚洲微电影节"优秀作品""优秀摄影"奖。

【文艺惠民活动】

面向基层、服务群众,广泛开展文艺惠民活动。先后举办了"中国移动杯2015手机彩信国际摄影大赛"、大通老爷山"十大花儿王"歌手大赛、"佳能摄影大篷车走社会"、"纪念抗战胜利、助力强军实践"文化进军营、"大美青海 魅力海东——青海文联美术进万家创作采风暨文艺惠民活动"、"我的中国梦"——万名书法家"送万福进万家"等活动,受到了基层群众的普遍欢迎。历时近一年时间,组织舞蹈家帮助玉树藏族自治州治多县牧民演出队编排了大型民俗历史歌舞剧《嘎嘉洛婚庆大典》,在青海电视台成功演出。省文艺志愿者协会全年组织文艺家赴玉树、果洛、海西、海东等州市举办各类文艺专业辅导培训讲座20余场,受众达600多人次。我会还联合有关部门举办"博爱夏都·人道青海"大型公益书画义卖爱心捐赠活动,义卖资金13.19万元,现场通过省红十字会捐赠信息发布平台进行了公示。向湟中县群加乡下圈村捐赠民族演出服装48套。给果洛藏族自治州班玛县江日堂乡格萨尔剧团捐赠了服装、乐器。同时,组织文艺工作者走进社区、军营和乡村,广泛开展"寒冬走基层、文艺送春风""为中国梦放歌、进基层送欢乐"以及"道德模范颂曲艺送欢乐下基层"等活动,把文艺工作和文艺队伍汲取营养、锤炼品格与服务基层群众有机结合起来,取得了丰硕成果。

文艺创作与研究

2015年,省文联及各文艺家协会积极引导文艺工作者创作生产出更好更多的文艺作品,丰富了广大人民群众的文化生活。

文艺创作出版成绩喜人。创作完成反映青海各族人民团结奋进、共建美好家园为主题的纪实性大型文学作品集《青海,我的家园》一书,共116篇文章48万字,该书已由青海人民出版社出版发行。编辑出版《玉昆仑》《青海青》文学丛书(第五辑)和《野牦牛》藏语文学翻译丛书(第四辑)三套文学丛书,另外,还组织开展了第二届"野牦牛"藏语文学奖评选活动,大力推介优秀青年作家,促进了藏语文学的翻译和创作。

民族民间文化及格萨尔研究成果丰富。省民协完成我省列入"中国传统村落"名录的30个村落立档调查工作,收集图片、文字、视频等各类资料15000余件,其中有24个村落的PPT等相关材料已报国家住建部。认真开展国家级项目《中国唐卡文化档案·年都乎卷》的唐卡艺人采访、唐卡颜料、唐卡制作工艺流程及年都乎寺壁画拍摄纪录工作,共完成相关文字资料5万字,拍摄图片1200余幅,视频160分钟,为后期编辑出版奠定了基础。省文学创作研究室李玉英同志申报的《河湟汉藏影戏民俗文化学研究》批准立项国家级课题。

青海省《格萨尔》研究所、青海电视台联合录制《格萨尔遗迹遗物》电视专题片共5集,在青海电视台藏语节目频道播出;巷欠才让主持申报的国家社科基金项目《史诗格萨尔视觉文化的数字化保护与研究》(2015年)获准立项,《史诗格萨尔体育文化研究》(2014年)已结项。省《格萨尔》研究所整理的五部藏文版《格萨尔》说唱本:《征服果扎魔王》(上下)、《一代双雄》、《喜马拉登宝藏宗》、《达姆赛宗》、《年保玉则霹雳宗》出版,并荣获省第十一届哲学社会科学评奖二等奖。

文化交流

6月3日,省音协主席马玉宝应邀参加在韩国举行的"青海文化周"活动,并在韩国首尔淑明女子大学举办了一场"发现中国之青海花儿艺术赏析"讲座,受到当地大学生的极大欢迎。7月14日,省文化新闻出版厅委托中韩文化交流项目书法部分：崔致远诗创作活动，由省书协组织书法家王庆元、王永洲、王振宇、黑鬼、杨京耀、李炳筑、谢全胜、李万西、任学军、雷义林、习建林完成11幅作品，经拍照制作成电子版，参加相关展览。9月20日，省文联文学创作研究室龙仁青作为全省"四个一批"优秀人才代表，赴台湾参加历时7天的文化交流活动。

直属单位

【《格萨尔》史诗研究所】

省《格萨尔》领导小组常务副组长、省文联党组书记、主席班果和省《格萨尔》研究所所长黄智等参加了"三色班玛2015古村藏寨及《格萨尔》文化旅游节"启动仪式。省《格萨尔》研究所所长黄智、副研究员索加本、巷欠才让等人参加在成都举办的第七届格萨尔国际学术研讨会，并宣读论文。索加本因主持申报了国家社科基金项目《中国藏区〈格萨尔〉民间信仰的田野考察》《宗教型〈格萨尔〉版本的普查与研究》（2015年），被省委宣传部授予2015年增补的全省宣传思想文化系统"四个一批"优秀人才（理论人才）。娘吾才让主持申报的国家社科基金项目《玉树地区〈格萨尔〉文化普查与研究》获2015年度优秀科研成果奖，论文《嘉查殉职遗址地考》获评2015年度青海民族大学科研成果奖。

【文学创作研究室（简称文研室）】

1月，文研室推荐卓玛、毕艳君、郭守先首批入选中国文艺评论家协会会员。省委宣传部隆重召开"四个一批"优秀人才表彰大会，文研室龙仁青受到表彰。3月和8月，先后两次由文研室龙仁青带队赴果洛藏族自治州作家采访团到玛沁、达日、甘德、班玛等县开展采风采访活动。4月，文研室贾一心参加全国文艺评论骨干专题研讨班学习。9月，贾一心同志被增补为中国文艺评论家协会理事，并被中国文艺评论家协会聘为民族民间艺术委员会委员。2015年，《文坛瞭望》全新改版，设置"经典传释""论文析笔""昆仑艺评""民艺覃思"等栏目，出版后赢得好评。

【大湖出版文化传媒有限责任公司】

编辑出版《青海湖》杂志12期。组织专业作家10余人次深入果洛藏族自治州班玛、玛沁等艰苦地区寻找和采访格萨尔艺人，挖掘整理格萨尔艺人事迹，为《青海湖》"史诗肖像"栏目撰稿。开通了《青海湖》微信平台，利用新媒体宣传、推介本省优秀作家及作品，获得省内外作家读者的广泛关注。《青海湖》出版"纪念中国人民抗日战争暨世界反法西斯战争胜利70周年"、"第五届青海湖国际诗歌节""中青年作家读书班"专刊。《青海湖》杂志刊发的赵瑜小说《谈书法》被《小说月报》选载，《干亚群散文五章》被《散文选刊》选载。

2015年大湖公司审核出版《青海湖·人文自然版》6期、《俪人》杂志12期、《青海湖·人文胶州版》6期。经大湖公司的多方努力和协调，《西海文摘报》复刊出版。

各文艺家协会

【作家协会】

2015年出版发行《少数民族文学创作培训班作品集》（2013青海卷）、报告文学集《瀚海追梦》、"纪念中国人民抗日战争暨世界反法西斯战争胜利70周年专刊"、《边缘的反光——国际诗人帐篷圆桌会议图文册》、格桑多杰诗集《云韵荷池》、"青海青""玉昆仑"文学丛书第五辑、"野牦牛"翻译文学丛书第四辑、"第五届青海湖国际诗歌节专刊"、大型纪实文学《青海，我的家园》，"新时期中国少数民族文学作品选集"《土族卷》《撒拉族卷》，作为中国作协少数民族文学工程系列丛书由作家出版社出版发行。

省作协组织申报的8部作品获选中国作家协会2015年度少数民族文学重点作品扶持项目。省作协推荐的耿占坤、葛建中、李万华3名作家获中国作家协会2015年定点深入生活项目扶持。省作协推荐我省作家张发录的长篇小说《一尊来自大阪的金佛像》获得中国作协2015年重点扶持作品项目。省作协推荐的久美多杰藏译汉选题梅朵吉诗集《雪珥》获得中国作协2015年度"民译汉"翻译出版专项扶持。

组织第七届青海青年文学奖评选,短篇小说集《无脚鸟》、长篇小说《吐谷浑王国》、诗集《贵德诗语》《散文诗十五章》、诗集《迟开的花》、散文集《以心灵的方式记录》获奖。组织第二届野牦牛藏语文学奖评选,长篇小说《哲隆沟》、藏译汉作品《哇热散文集》、诗集《月亮之梦》、诗集《月儿河》、长篇小说《残月》获奖。组织期刊联盟第五届优秀期刊、优秀文学编辑评委会,评选出获奖文学期刊和编辑,《瀚海潮》《彩虹》获优秀期刊奖,孔占伟、李永新、聂文虎获优秀文学编辑奖。

成功举办第六届青海文学周,文学周期间,青海作协组织了第七届青海青年文学奖颁奖仪式,《玉昆仑》《青海青》文学丛书第五辑首发式,第五届青海文学期刊(副刊)联盟优秀期刊、优秀文学编辑颁奖仪式暨主编论坛,第二届"野牦牛"文学奖颁奖仪式、《野牦牛》文学翻译丛书第四辑首发式,青海多民族文学创作论坛暨青海民族文学翻译协会年会,"青海青"文学之夜,文学对话:"文学与青年"等丰富多彩的文学活动。

12月1日起,系统总结"青海省文学创作发展规划项目",对项目概况、成果、效益等撰文在青海作家网、青海作协微信公众号陆续刊载,整理、编辑《青海省文学创作发展规划项目成果集》。

【音乐家协会】

主办"小雪莲"杯首届少儿演唱大赛,首届"大通农商银行杯"老爷山(青海)"十大花儿王"歌手大赛,"青海省第十一届青少年儿童声器乐大赛暨青海省第二届小学生群舞大赛,全国"恺撒堡"钢琴大赛(青海赛区)选拔赛,第七届施坦威全国青少年钢琴西北赛区(青海赛区)选拔赛,中国音乐学院古筝演奏大师王中山教授古筝独奏音乐会,海东市社区、农村《合唱与指挥》骨干培训班。

组队参加第十届中国音乐金钟奖声乐(美声)比赛、中国音乐"小金钟"奖——2015"吟飞杯"首届全国电子键盘展演比赛、第二届"熊猫音乐奖"(佛坪)民歌邀请赛,选派青海省爱乐合唱团的"高原之声合唱音乐会"参加兰州中国第三届西北音乐节。省音协与省民宗委共同组织我省词曲作家创作、出版发行《和谐欢歌》《青海高原是我家》《青海千万种的爱》等歌曲。协助完成第二个"中国文艺志愿者服务日"和省文艺志愿者协会成立一周年纪念演出活动,省委宣传部"送欢乐 下基层"走进循化县尕楞乡文化惠民演出活动。

6月16日至18日,参加中国音乐家协会第八次全国代表大会,马玉宝、更嘎才旦当选为第八届中国音乐家协会理事。完成2015中央音乐学院(青海省西宁市和格尔木市考区)校外音乐考级工作,有21年历程的音乐考级,已成为推动我省音乐教育事业发展的重要工作。

【戏剧家协会】

组织艺术家赴果洛藏族自治州班玛县开展创作采风、慰问演出、辅导培训、帮扶民间民族藏戏艺术团、进校园种藏戏等活动。3月,推荐省剧协副主席仁青加携作品《松赞干布》参加中国剧协第七届中青年编剧研修班。6月,组织我省青年演员参加在西安举办的第二届黄河流域戏曲红梅竞演活动。推荐我省《未婚妈妈》《七个月零四天》《田青春》《尕布龙》四个戏曲剧目,申报参加中国少数民族戏剧节。7月,与北京市剧协中青年戏剧工作者共同举办"北京—青海戏剧艺术交流座谈会"。9月，陪同中国文联文艺研修院院长傅亦轩赴黄南州举办少数民族文艺人才和藏戏艺术人才培训工作调研，召开座谈会。9月，举办庆祝中华人民共和国成立66周年"西宁一中第十三届戏剧大舞台综合实践活动"。6月，参与2015中国文联文艺志愿服务团走进青海"送欢乐、下基层"文艺服务活动。9月，主办互助土族自治县"迎中秋　庆国庆"秦腔艺术周。

【舞蹈家协会】

3月，省舞协组织我省艺术家赴安徽省合肥市举办藏族民间锅庄舞教学培训班。6月至8月间，舞协组织人员深入玉树州治多县，为该县牧民演出队编排大型民俗历史歌舞剧——《嘎嘉洛婚庆大典》。8月，组织人员参与导演果洛州班玛县60周年县庆——"三色班玛"2015古村藏寨暨格萨尔文化旅游节开幕式演出。参加"西宁市2015年全民健身日系列活动——全民健身锅庄舞大赛"，承担评委工作。6月，组团参加中国舞蹈家协会举办的"荷花奖"民族民间舞、"小荷风采"、"荷花少年"评奖活动。6、7月，承办西宁市部分地区、格尔木市青少年宫少儿拉丁舞、摩登舞社会艺术考级和2015年"中国舞"学生考级工作，我省西宁市、海东市、大通县、海西州、海北州759名考生参加了1至9级舞蹈考级。8月，主办"2015青海省第九届国际标准舞锦标赛暨全国国际舞公开赛""中国梦·春天颂　巡关送爱海疆边疆文化服务万里行走进青海——'大美青海'2015中国·西宁标准舞、拉丁舞国标公开赛暨青海省第七届国际标准舞锦标赛"。推荐我省舞蹈编导参加2015全国中青年舞蹈人才创编高级研修班、全国中青年文艺家第七期高级编导研修班、首届全国少数民族地区文艺骨干（舞台艺术）研修班。11月，参加中国舞协第十次全国代表大会，增太、杜燕、多杰措当选为第十届中国舞蹈家协会理事。

【书法家协会】

7月下旬至8月初，"书法名家进校园"活动在海东市平安、互助、乐都、民和等县（区）四所小学相继开展。6月，省书协主办的"中国梦·平安福"青海省安全生产月活动全省书法展在西宁开幕。7月7日，首届"柳湾·彩陶杯"全省书法展览在乐都区开幕。8月，由省书协主办的"丝路心迹——刘灿明写经书法展"在西宁举办。11月，省书协文艺惠民活动——"走进海东市乐都区辛家庄""走进省文联扶贫点海东市乐都区仓家峡村"在当地举办。6月，参与2015中国文联文艺志愿服务团走进青海"送欢乐、下基层"文艺服务活动。在宁举办"翰墨薪传"全省中小学书法师资培训项目之一的西宁市书法教师培训班，西宁市四区三县48名教师参加培训。12月，参加中国书协第七次全国代表大会，王庆元、石力当选中国书协第七届理事。

【美术家协会】

2015年"归去来兮——走出青海的美术家作品品鉴沙龙""成林视觉3——朱成林油画作品迎春展暨研讨会""美术大讲堂——青海省美术家协会理事纪平中国画基础知识讲座"在西宁文化艺术中心分期举行，"高原·高原——中国西部美术展"开幕式暨画家与媒体见面会，主办"河湟灵韵——青海省美术家协会、西宁市文学艺术界联合会、海东市文学艺术界联合会庆祝新中国成立66周年中国画作品交流展""纪念抗战胜利　助力强军实践"文化进军营活动。联合中国美协主办"西部阳光——甘肃·青海·宁夏美术作品联展"。

组织作品积极参加全国、省市各级美展，"第六届北京国际双年展""第二届朝圣敦煌全国美展""泰山之尊——全国中国画　油画作品展""第九届西部大地情中国画　油画作品展""2015全国写意中国画作品展""时代足迹——2015中国百家金陵油画作品展""第五届全国青年美术作品展"、

"庆祝青海省美术家协会成立55周年全省美术作品展"等重要美术作品展览，硕果累累。3月，推荐少数民族画家万国英、白凤英赴京参加"第四届全国少数民族青年美术家创作高级研修班"。6月，推荐骨干会员刘建鹿参加中国文联第八期全国中青年文艺人才高级研修班。6月，参与2015中国文联文艺志愿服务团走进青海"送欢乐 下基层"文艺服务和省文联"送欢乐 下基层班玛行"等文艺惠民活动。

【摄影家协会】

年初，省摄协组织摄影家10人"送欢乐下基层"深入果洛班玛为牧民群众拍摄全家福，现场打印照片并赠送，为深入生活、扎根人民主题志愿活动拉开序幕。2015年，协会赴玉树、果洛、海西等各州县免费举办摄影讲座32次，500余人听讲，受到好评与欢迎。5月，在青藏兵站部对机关、部队、社会及院校的126名摄影师举行职业等级资格鉴定考试，119人取得了高级摄影师、中级摄影师合格证书，合格率达99%。6月，省摄协主席蔡征赴北京参加中国摄影著作权协会第二届二次会员代表大会，会议聘任蔡征为青海代表处主任，卜建平、董力好为副主任。11月1日至4日，省摄协主席蔡征赴安徽黟县参加2015中国黟县摄影大展，蔡征个展在此次活动中展出。活动期间，英国皇家摄影协会聘请蔡征为中国区域副主席、董力好为中国区域理事。

2015年，省摄协、省肢残协会、黄南州残联等单位联合举办"最美残疾人肖像——手牵手 扶残助残活动"。7月4日，由《大众摄影》杂志社和省摄协联合主办"中国好风光——天境祁连"影友联谊。8月20日至28日，联合玉树州摄协举办"相约澜沧江源·格吉杂多行·民族团结——大美玉树摄影展及摄影大赛"活动。9月8日，主办"陈宜强先生摄影作品集首发座谈会"。8月1日至10月底，与中共天峻县委、天峻县人民政府联合举办首届"援青杯"印象天峻摄影大赛。6月至10月底，与省安全生产监督管理局联合主办2015年安全生产摄影大赛及展览活动。3月至12月，举办"中国移动杯"第十七届青海省摄影艺术展（大赛），同时，省文联、中国移动通信集团青海有限公司、省摄协联合举办2015手机彩信国际摄影大赛。11月8日，省摄协、佳能公司联合举办"佳能摄影大篷车"走社会活动。7月至11月，为编制全省文化旅游摄影基地群建设规划，省摄协组织摄影、文化、旅游、农牧、森林、野生动物保护、交通、航空等方面专家学者赴海西、玉树、果洛、海东、海南、海北等地，在现有胜景成果的基础上进一步扩大全省范围内各旅游景点的盘点、整合、梳理。

【民间文艺家协会（曲协）】

2月5日，由省文明办、省文联主办，省曲协、省文志协、湟中县文联、湟中县文化馆承办"深入生活、扎根人民"送欢乐下基层·曲艺演出活动在湟中县土门关乡土门关村举办。4月至10月，不间断开展协会重点工作《中国传统村落立档调查》，完成近40个传统村落的搜集调查、文字图片编辑任务，其中有24个村落的PPT等相关申报材料已上交国家住建部审批。5月至12月，完成《中国唐卡文化档案·年都乎卷》的唐卡艺人采访、唐卡制作工艺流程拍摄、年都乎寺壁画初步拍摄工程介入工作、唐卡颜料拍摄工作。共完成文字5万字，拍摄图片1200幅，视频160分钟，积累了大量翔实的第一手原始资料，为接下来的编辑工作提供坚实的基础。7月14日至16日，为进一步挖掘和弘扬青海湖文化，打造青海湖北岸的文化旅游品牌，提升海北旅游的知名度，加快促进全州文化旅游业的发展，由中国民间文艺家协会、海北州人民政府主办，省民协、海北州旅游局承办的中国·海北首届青海湖文化论坛在海北藏族自治州西海镇举行。8月3日至5日，由中国民间文艺家协会、省文联共同主办，省民协、治多县人民政府承办的"米琼杯"第四届全国藏族情歌大赛在玉树藏族自治州治多县举办，来自五省区的36名歌手参加激烈角逐，有18名歌手分获一、二、三等奖，8名歌手获优秀歌手奖，7个组织单位获优秀组织奖。11月，省曲协推荐我省河湟传统曲艺节目青海平弦《秋景》参加"第二届'和平杯'全国曲艺票友邀请赛"决赛，终获优秀奖，青海曲协获优秀组织奖。

【电影电视家协会】

4月至9月，省影视协组织专家、学者评审报送团体会员创作的五部作品参加全国"人文中国四季——城市纪实"纪录片展评、展播活动。海北州电视台的《代号"221"——原子城往事》和《幸福家园，美丽元树》分获全国二等奖和三等奖。6月16日，主办青海省首届少儿DV大赛，大赛征集参赛DV作品37件，共评出二等奖二名，三等奖三名，优秀奖五名，优秀组织奖二个。9月19日，参加第八届中国旅游电视周作品颁奖仪式，省影视协团体会员单位西宁市广播电视台、海北州电视台旅游专题片：《静房，生活在别处》《我的娘娘山游记》《梦幻海北、心灵家园》分获优秀作品奖和好作品奖，西宁电视台王晓奇荣获本届优秀旅游节目主持人奖。由省影视家协会组织创作的长篇民族题材电影剧本《瀚海情》和儿童题材电影剧本《智战通天河》已被青海省委宣传部列为《青海省2015—2017年全省重点文艺作品》项目。9月，省影视协会与北京华语大业文化传媒有限公司联合摄制的悬疑惊悚故事片《诡打墙》在全国各院线上映。8月，在青海文化旅游节展演主体活动中，公益电影《无手老师》等影片给观众展影9场，来自国内外及西宁社区近5万人观影，观众享受着光与影的盛宴，留下了专属青海的光影记忆。10月，由省广电局主办，省影视家协会承办的首届"全省影视编剧创作培训班"在循化县举办，来自全省各市、州35名学员参加培训。11月，由省影视协副主席、著名导演万玛才旦创作拍摄的母语题材电影《塔落》斩获第52届台湾电影金马奖"最佳改编剧本奖"。由于省影视协在中视协"人文中国第四季——城市纪实"专题纪录片推荐活动及第八届中国旅游电视周节目推选活动中，组织工作严密，成绩突出，先后荣获中国电视艺术家协会2015年度"组织奖和优秀贡献奖"。12月，由省影视协常务副主席张海涛及陈俊杰、励伟创作的重点民族题材电影剧本《瀚海情》在省广电局"2014年度影视剧本征集"评选活动中荣获"入围奖"，并获奖励。

【文艺志愿者协会】

1月3日至9日，协助省文联摄影小分队赶赴果洛藏族自治州班玛县采风创作、送种文化，拉开了2015年省文联文艺志愿服务团走进班玛"送欢乐、下基层"活动的序幕。6月23日至27日，协助完成中国文联文艺志愿服务团30多位艺术家和文艺工作者在黄南州、西宁等地深入开展"送欢乐、下基层"慰问演出、采风创作活动。6月30日至7月3日，协助完成省文联德吉艺术团赴班玛县进行慰问演出及美术家、书法家采风创作活动。美术家、书法家共创作百余幅作品赠送当地牧民群众。7月，推荐雷海、韩毅等21名青海省在"到人民中去"文艺志愿服务主题活动中表现突出的文艺志愿者报中国文联，被中国文联文艺志愿服务中心、中国文艺志愿者协会通报表扬。11月20日，省委宣传部文艺处、省音协、省文志协、循化撒拉族自治县尕楞乡政府联合在尕楞乡举行省委宣传部"送文化 下基层"惠民文艺演出及义诊活动。12月19日至24日，推荐省文志协秘书长何文青、省文志协会员部主任高霏尔参加中国文艺志愿者注册管理平台工作培训班暨文艺志愿服务项目工作研讨班。年内，协调完成开展"种文化到基层"活动，为基层农村牧区专业和群众艺术团进行舞蹈辅导，应果洛藏族自治州班玛县县委、县政府邀请，省文志协副主席、省舞协主席增太同志赴班玛县担任"三色班玛"2015古村藏寨暨格萨尔文化旅游节总导演。

机关建设

2015年，省文联结合"三严三实"专题教育、"三基"建设和机关"效能"建设，不断巩固夯实党的群众路线教育和巡视整改成果，进一步加强领导班子、干部队伍、党风廉政和精神文明建设，坚持依法依章治会，党政建设有机构、有人员、有计划、有措施、有总结，成效明显。

着力提高自身建设水平，促进文联工作创新发展。全年组织中心组学习32次，专题讨论发言4次，交流发言3次。在处以上党员干部中，深入开展"三严三实"专题教育，组织专题党课、开展学习研讨、查摆突出问题，召开专题民主生活会和组织生活会，切实抓好"三基"建设，深入开展"提升素质、落实制度、高效服务"实践活动，通过举办公文写作、文艺大讲堂等实践性锻炼培训，提升了干部职工综合素质能力。认真落实机关效能建设《九项制度》，不定期组织开展纪律、作风、工作大检查。围绕文艺事业和文联工作面临的形势任务，组织人员深入基层开展调研，形成了省文联贯彻中央、省委加强和改进党的群团工作意见和加强改进文联意识形态工作等方面的调研报告，进一步增强了工作的预见性和主动性。

完善长效发展机制，加强人才队伍建设。举办1期党支部书记、党务干部培训班，举办7期各文艺家协会主席团、文艺骨干专题教育培训班，选送9人次计96天参加中国文联文艺研修院培训学习，选送18人次计362天参加省委党校各班次的学习培训，所属参公管理人员均完成了规定学时的网上学习任务，综合素质能力进一步提高。修订完善了《省文联干部管理补充规定》《加强干部作风若干规定》《请假考勤规定》等制度。进一步规范各文艺家协会省外会员发展工作，按规定清理了挂靠省文联和各文艺家协会的协会、学会和社团。

加强党风廉政建设，筑牢思想道德防线。制定下发了《省文联2015年党风廉政建设和反腐败工作主要任务分工意见》《省文联党组关于落实党风廉政建设主体责任的实施办法》《省文联党政"一把手""五个不直接分管"制度》等。逐级签订了2015年党风廉政建设、精神文明建设目标《责任书》。坚持把巡视整改工作作为压倒性的政治任务，针对省委巡视组反馈的4个方面8个突出问题，逐项进行整改落实。通过两个多月的集中整改，全面兑现了事事有回音、件件有着落的庄严承诺，得到了省委巡视工作领导小组的充分肯定。还以巡视整改为契机，举一反三，进一步完善了财务管理、公务接待、公车管理、办公用房、固定资产管理等制度，进一步建立健全了纪检机构，配备了专职纪检工作人员，有效推动党风廉政建设水平全面提升。

扎实抓好青海美术馆工程建设。省文联党组高度重视，精心选调得力人员配合省代建办做好美术馆建设的跟踪督导工作，攻坚克难，积极协调解决工程进度中的困难和问题，严把质量关口。青海美术馆主体工程完成后，及时按照现代化美术馆运行标准，认真抓好美术馆人才队伍和业务建设，配备了相关人员，以"不留遗憾、不留败笔、不留骂名"的原则，严格按照技术标准，精心做好馆内设备设施采购和内部规划设计等工作，为今年美术馆顺利开馆运行奠定了扎实基础。

宁夏回族自治区文联

综述

2015年，在宁夏区党委、政府的亲切关怀和正确领导下，宁夏文联全面贯彻落实党的十八大和十八届三中、四中、五中全会精神，认真学习贯彻落实习近平总书记系列重要讲话精神特别是在文艺工作座谈会上的重要讲话精神，团结带领广大文艺工作者，聚焦"中国梦"、弘扬主旋律，大力传播社会主义核心价值观，扎实开展了一系列富有影响、富有成效的重大主题活动，积极组织开展"三严三实"专题教育活动，深入推进"深入生活、扎根人民"主题实践活动和"到人民中去"文艺志愿服务活动，为繁荣发展宁夏文艺事业，建设开放富裕和谐美丽宁夏做出了积极贡献。

重要会议与活动

【宁夏文联组织书法美术摄影作品全区巡展】

为认真学习贯彻落实党的十八届四中全会和习近平总书记在文艺工作座谈会上的讲话精神，扎实开展"深入生活、扎根人民"主题实践活动。由宁夏区党委宣传部和宁夏文联主办，宁夏书协、美协、摄协承办的"深入生活扎根人民——建设开放、富裕、和谐、美丽宁夏"书法、美术、摄影作品巡展于1月11日至春节前已先后在银川市贺兰县、吴忠市盐池县成功展出。艺术家以"四个宁夏"为主题，深入基层，深入工厂车间、乡镇企业加工一线采风创作，用实际行动践行文艺创作扎根人民、扎根生活的根本要求，充分展示宁夏经济社会发展取得的巨大成就，感受寻梦、追梦、圆梦的良好精神愿望，进一步激励回汉各族人民为实现建设开放、富裕、和谐、美丽宁夏做贡献。

【宁夏书协开展"慈善孝老""送万福"系列公益活动】

1月16日至17日，为认真贯彻习近平总书记在文艺工作座谈会上的重要讲话精神，动员广大书法艺术工作者深入生活、扎根人民，坚持以人民为中心，体现书法家的社会责任感。宁夏书法家协会近日开展了系列慈善惠民活动。

宁夏文联主席、宁夏书协主席郑歌平带领部分书法家先后来到银川长城中路街道社区活动室和宁夏南部山区企业家协会，开展"慈善孝老"慈善笔会和"书法家送万'福'进万家活动"。在社区，书法家将笔会所得10万现金全部捐给社区，专项用于社区老年慈善工作。在南部山区农村，书法家们通过合作单位将祝福送到老百姓的手中。

【鱼水交融长存情深厚意 军民携手共建塞上江南】

1月25日，由宁夏文联、宁夏音协主办的"我的中国梦"——送欢乐下基层文艺志愿慰问演出在中国人民解放军68252部队拉开序幕。此次活动的开展，旨在用实际行动落实习近平总书记重要讲话精神，让艺术家深入基层、扎根人民、体验生活，为基层观众呈现文艺精品，推动艺术家创作出更多更好的文艺作品。演出前，艺术家参观了68252部队团博馆，并进行了座谈交流，进一步了解了军营生活。

演出结束后，部队赠送了一面题为"鱼水交融长存情深厚意 军民携手共建塞上江南"的锦旗，希望艺术家能常下部队指导献艺。活动让艺术家真切体会到了文艺在基层的重要性，并深刻认识到自己所肩负的责任和使命。

【宁夏文联七届六次全委会在银川召开】

宁夏文联七届六次全委会于1月30日在银川召开。会议总结2014年工作，部署2015年工作。宁夏区党委宣传部副部长马宇桢出席会议并讲话，宁夏文联党组书记、主席郑歌平做了题为"深入学习贯彻习近平总书记重要讲话精神，为建设开放富裕和谐美丽宁夏做出新贡献"的工作报告。宁夏文联党组成员、副主席刘伟主持会议。刘伟通报了宁夏文联第七届主席团关于更替和增补宁夏文联第七届委员会委员的决定、关于调整宁夏文联第七届主席团成员的决定。会议增选苏保伟同志为宁夏文联副主席。哈若蕙、胡建国同志不再担任宁夏文联副主席、主席团成员职务，全委会委员共90余人参加会议。

【宁夏文联领导走访慰问老党员和老干部】

为了让广大离退休老党员、老干部度过一个欢乐祥和的新春佳节，春节前夕，宁夏文联党组书记、主席郑歌平等领导带领工作人员先后到离退休老党员、老干部家里，给他们送去慰问金以及新春的祝福。每到一个老党员、老干部家里，文联领导都详细询问他们的身体和生活状况，并嘱咐他们及其家人要保重身体，并认真听取他们的意见、建议，真诚祝愿他们新春快乐、健康长寿，希望他们在晚年能够享受安逸幸福的生活。

【宁夏文联举办2015新春诗会】

2月9日，宁夏文联举办《从春天出发》宁夏文艺界新春诗会，让"诗"成为众人追捧的明星，让"春"成为各种艺术表现的主题，让所有与会者都获得一次诗的洗礼、春的陶冶。写诗的、诵诗的、唱诗的，在这里共同演奏出诗的和鸣；迎春的、报春的、贺春的，在这里吟诵出春的颂歌。

宁夏区党委宣传部副部长马宇桢、宁夏文联党组书记、主席郑歌平与全区文艺界代表一起观看了精彩的节目。《从春天出发》新春诗会，以很强的艺术感染力又一次唤起人们对诗的情感和对诗的热爱，特别是宁夏本土诗人创作的吟咏家乡、赞美宁夏的新诗和宁夏草根诗人抒发情怀的佳作，更让人感到亲切，也更易引起共鸣。

【宁夏文联工会举办"三八"妇女节登山健身活动】

3月8日，为了庆祝"三八"国际劳动妇女节，宁夏文联工会举办了职工登山健身活动。活动得到全体职工的普遍欢迎，在和煦阳光的照耀下，一路上大家欢声笑语，热情高涨。以勇攀高峰的精神向贺兰山高处攀登。活动中，文联职工们相互交流工作心得，分享生活的快乐，更感受着贺兰山的美丽与巍峨，谈论着锻炼身体的益处。这次活动的开展，既增强了职工身体素质，同时也缓解了工作和生活的压力。

【"宁博杯"宁夏首届妇女书法篆刻展开幕】

3月18日，庆祝宁夏书协成立35周年系列活动——"宁博杯"宁夏首届妇女书法篆刻展在宁夏博物馆开幕。宁夏区党委常委、政府常务副主席张超超，宁夏区政府副秘书长崔晓华，银川市政协原主席洪梅香，宁夏文联党组书记、主席、宁夏书协主席郑歌平，宁夏区党委宣传部副部长周庆华，中国书协副主席、宁夏书协名誉主席吴善璋等领导及来自全区妇女书法家及书法爱好者出席了展览开幕式。

本次展览是宁夏首次举办的全区妇女书法篆刻展览，展出的书法作品风格多样，代表了当前宁夏妇女书法家的最高创作水平，集中展现了宁夏妇女书法发展的最新动态。

【深入生活扎根人民　建设"四个宁夏"书法美术摄影作品巡展在石嘴山市开幕】

为认真学习贯彻落实党的十八届四中全会和习近平总书记在文艺工作座谈会上的讲话精神，扎实开展"深入生活扎根人民"主题实践活动。4月10日，由宁夏区党委宣传部和宁夏文联主办的"深入生活扎根人民——建设开放、富裕、和谐、美丽宁夏"书法、美术、摄影作品巡展在石嘴山市书画院开幕。宁夏文联党组书记、主席郑歌平，宁夏文联副主席、美协主席宋鸣，石嘴山市委书记彭友东，市政协主席陆军，市委常委、副市长刘大军，市委常委、宣传部部长薛文斌等参加开幕式。

此次展览汇集了宁夏优秀艺术家的中国画、书法、摄影作品共150余件参展。宁夏文联已于2015年元旦至春节期间先后在贺兰县、盐池县成功展出，受到当地群众的高度关注。

【《宁夏诗歌选》《宁夏诗歌史》出版发行】

4月中旬，由宁夏文学艺术院院长杨梓主编的《宁夏诗歌选》和《宁夏诗歌史》由黄河出版传媒集团阳光出版社出版。

《宁夏诗歌选》上卷古体诗词，选取唐代至今的塞上及宁夏诗人的诗作；下卷现代诗选取宁夏诗人的诗作。千余首代表性诗作在此荟萃，全面展示了塞上及宁夏诗歌的艺术成就；万行诗句排成千年诗选，整体蕴含了思想性、艺术性、可读性、史料性和典藏性。

《宁夏诗歌史》从古代写起，重点是评介唐代以后的塞上及宁夏诗人，并论述他们的诗作，分为古代、近代、现代、新世纪四章。从古风到近体，从新诗到现代诗，系统梳理了宁夏诗歌的发展脉络；从古代到近代，从现代到新世纪，诗歌史从无到有，集中融会了思想的自由、个性的独特、艺术的创造和境界的高远。

【宁夏文联组织艺术名家文艺志愿服务到固原】

为进一步全面深入扎实开展"深入生活扎根人民"主题实践活动，有计划地组织宁夏艺术家开展义工志愿服务，走进学校、走进军营、走进社区，深入基层群众当中，与当地群众代表和书画爱好者切磋交流、培训等活动，推动六盘山老区文艺事业的发展，4月21日，由宁夏文联、宁夏义工联合会共同发起举行的"艺术名家六盘行义工志愿服务活动"在固原地区开展。本次活动积极倡导宁夏文艺界各方人士参加义工志愿活动，为率先在六盘山地区探索建立文学艺术界义工志愿服务队奠定了基础，文艺惠民服务的作用树立了积极的示范作用，以此带动宁夏南部山区文化艺术领域的繁荣与发展。

【张贤亮同名小说改编的40集电视剧《灵与肉》开机】

4月26日，由宁夏区党委宣传部策划发起，宁夏电影集团承制，著名影视策划人杨真鉴担任艺术总监及编剧指导、楼健执导，于小伟、丛珊、尤勇、洪宇宙、林鹏、黄小蕾联袂出演，改编自著名作家张贤亮同名小说的40集电视剧《灵与肉》在银川市镇北堡影视城正式开机。宁夏区党委常委、宣传部部长蔡国英出席，相关部门领导和群众200多人参加了开幕式。小说《灵与肉》是张贤亮先生的代表作，1981年出版以来，深受读者喜爱。1982年，被著名导演谢晋执导改编成电影《牧马人》，这部交织着历史巨变和灵魂与肉体纠葛的电影，成为一代人的精神旗帜，是中国电影的经典之作。

【张春荣获"先进工作者"荣誉称号】

4月27日，宁夏劳动模范和先进工作者表彰大会在银川隆重召开，大会表彰奖励了2010年以来为宁夏经济社会发展做出突出贡献的227名先进模范人物。宁夏摄影家协会副主席张春荣获"先进工作者"荣誉称号。

多年来，张春荣同志坚持面向基层，服务群众的理念，扎根人民、扎根生活进行摄影艺术创作。作品多次在国内及海外发表、展出和获奖。1998年参与编辑宁夏成立30周年画册；2008年担任《锦绣宁夏》宁夏50周年画册特邀编辑。曾荣立银川市文艺创作一等功和三等功；2006年被上海国际摄影艺术展组委会授予优秀组织奖；2007年被评为全区文联系统先进工作者；2009年获自治区机关工委"道德模范"称号。

【宁夏文联荣获宁夏宣传文化系统首届运动会体育道德风尚奖】

4月28日，宁夏宣传文化系统首届运动会开幕，宁夏文联荣获体育道德风尚奖。比赛中，队员们精神饱满、不畏强手、勇于拼搏、赛出了成绩、赛出了风格。马武君获得男子50米蛙泳第二名，刘伟、李海荣获男子双打羽毛球第三名。啦啦队也不甘示弱，给运动员助威加油、做好后勤服务。队员们用顽强毅力和辛勤汗水为文联争得了荣誉，充分展示了文联机关干部职工齐心协力、健康向上、奋勇争先的精神风貌。

【宁夏作品入展全国第十一届书法篆刻作品展览】

5月16日至25日，全国第十一届书法篆刻作品展览在北京圆满结束。宁夏书法家陈国鸿、刘银安、潘志骞、杨华四人榜上有名，入展全国第十一届书法篆刻作品展览。"全国书法篆刻作品展览"（简称国展）作为我国书法界四年一度最高规格的综合性展览，被誉为书法界的"奥林匹克"，是全国书法家和书法爱好者的学术交流圣殿，迄今已成功举办了十届。书坛"国展"的每一次举办都会在中国书法界引起极大的轰动，不断引发书坛创作热潮，持续推动中国书法事业的繁荣发展。本届国展共收到作品42572件，经评委会严格评审，共有703件作品入展。

【刘京摘取宁夏京剧第一朵"梅花"】

5月20日，第27届中国戏剧梅花奖颁奖典礼在广州大剧院举行。宁夏演艺集团京剧院国家二级演员刘京凭借大型京剧历史剧《庄妃》的精彩演出，荣膺第27届中国戏剧梅花奖，成为宁夏京剧的第一朵"梅花"。

刘京现任宁夏演艺集团京剧院院长、宁夏戏剧家协会副主席、宁夏青年联合会委员。2009年10月，曾随温家宝总理赴朝鲜参加中朝友好建交60周年庆典活动。她曾在《杨门女将》《宝莲灯》《玉堂春》《卖水》《金玉奴》《海上生明月》《萧关道》等剧目中担任主要角色，是宁夏观众十分喜爱的一位京剧演员。

【宁夏文艺界代表畅谈"宁夏新十景"评选】

5月22日，"宁夏新十景"征集评选活动文艺界座谈会召开，文艺界代表齐聚一堂，就"宁夏新十景"评选活动文艺创作进行探讨交流。宁夏区党委宣传部副部长马宇桢出席座谈会并讲话。宁夏文联党组书记、主席郑歌平主持座谈会。张嵩、宋琰、王月礼等宁夏文艺界代表，围绕"宁夏新十景"的审美标准、历史底蕴、文化内涵、评选思路、文艺创作等畅所欲言。大家认为，"宁夏新十景"征集评选活动重在深入挖掘宁夏景观文化内涵，打造宁夏文化品牌，引导游客全面深入地了解宁夏之美，感受宁夏之美，对提升宁夏文化"软实力"，提高宁夏对外竞争力和影响力意义非凡。

【宁夏文联举办纪念5·23讲话发表73周年暨"到人民中去"文艺志愿服务慰问演出】

5月23日是第二个中国文艺志愿者服务日，为隆重纪念毛泽东同志在延安文艺座谈会上的讲话发表73周年，贯彻落实习近平总书记在文艺工作座谈会上的重要讲话精神，深入开展"深入生活、扎根人民"主题实践活动，宁夏文联精心组织的纪念5·23讲话发表73周年暨"到人民中去"文艺志愿服务慰问演出在银川光明广场精彩上演。

【中国作协专题调研组来宁夏调研】

5月26日至28日，中国作协党组成员、副主席、书记处书记陈崎嵘一行到宁夏开展调研。宁夏区政府副主席姚爱兴会见了调研组，对陈崎嵘副主席一行到来表示热烈欢迎，并向调研组介绍了近年来宁夏文学取得的成绩，对中国作协长期以来给予宁夏文学的关心重视和大力支持表示感谢。陈崎嵘简要介绍来宁夏调研的主要内容，希望了解宁夏推动文学精品创作的经验、举措和宁夏作家目前的创作情况，分析文学界面临的新情况新问题以及文学工作面临的挑战、遇到的困难、采取的对策，如何加强基层作协组织建设，并希望对中国作协的工作提出意见和建议。姚爱兴和陈崎嵘就宁夏少数民族文学如何融入中阿博览会文化合作项目和"一带一路"文化建设进行了交流。

【宁夏文联动员部署"三严三实"专题教育】

5月29日，宁夏文联召开"三严三实"专题教育动员会。宁夏文联党组书记、主席郑歌平以专题党课的形式进行了动员部署，宁夏文联领导班子成员和处级以上领导干部共28人参加了会议。郑歌平指出文联部分领导干部工作作风中存在的一些问题和不足，并要求每名领导干部都要深入查找自身存在的"不严不实"问题，认真进行整改，特别是厅级领导干部要以上率下、示范带动，认真研读习近平总书记的系列讲话精神和十八大以来中央和自治区党委的重大部署，盯住"不严不实"的问题和具体表现，一条一条梳理，一项一项分析，弄清问题性质，找到症结所在，从具体事情抓起、改起，以解决问题的成果来检验专题教育的成效。

【中国文联副主席夏潮宁夏调研】

6月3日至5日，中国文联党组成员、副主席、书记处书记夏潮同志率调研组一行，围绕起草《进一步做好新形势下文联作协工作的意见》有关问题来宁调研。宁夏区党委常委、宣传部部长蔡国英在银川会见了夏潮同志一行。蔡国英对夏潮一行就加强基层文联和作协工作来宁调研表示欢迎，并介绍了宁夏经济社会发展，特别是文化事业和文化产业发展情况。蔡国英代表宁夏区党委对中国文联长期以来，在宁夏文艺人才培养、文艺作品创作、大型文化活动举办等各方面给予的大力支持表示感谢，希望中国文联一如既往关注宁夏，也希望对宁夏文化工作给予更多指导。夏潮表示，宁夏区党委一向高度重视文化事业发展，并取得可喜成绩。夏潮表示，将与宁夏文联加强联系沟通，共同推动宁夏文化事业繁荣发展。

夏潮副主席一行还召开了座谈会。重点了解当前文联组织在职能定位、组织架构、行业管理和活动方式方面存在的突出问题；当前基层文联在组织建设和工作开展方面存在的瓶颈制约和难点问题；如何发挥好文联组织在团结引领文艺工作者，加强行业服务、行业管理和行业自律方面的作用；对于各级党委政府更好地支持和保障文联开展工作方面有何建议等。认真听取基层文联的意见和建议。

【"2015年全区舞蹈创作暨少儿舞蹈创作高级研习班"成功举办】

6月7日至11日，为进一步推动宁夏回族舞蹈的创新发展，提高宁夏少儿舞蹈创作水平，宁夏舞蹈家协会主办的"全区舞蹈创作暨少儿舞蹈创作高级研习班"在中卫市举办，来自26个单位，110多名中青年舞蹈编导业务骨干参加学习。此次研习班特邀请当代五位舞蹈专家学者对近年来全国舞蹈创作及少儿舞蹈创作的整体态势，多方位地为学员进行讲解与分析，拓宽创作思路，激发创作灵感。培养宁夏年轻编导创作更多群众喜欢、有思想内涵、有时代气息、有创新精神的舞蹈作品，推进宁夏舞蹈艺术的繁荣发展。

【宁夏文联举办"学习大讲堂"专题讲座"一带一路"和"四个宁夏"建设】

6月12日，宁夏文联邀请宁夏大学资源环境学院硕士研究生导师、原宁夏发改委副巡视员、宁夏经济学会副会长汪建敏研究员专题讲座国家"一带一路"战略和"四个宁夏"建设。这是文联机关党委认真落实区直机关工委"干部大培训"部署的举措。汪建敏研究员详细讲解了党的十八大以来中央提出的"一带一路"战略的历史背景、总体布局和重大意义，以及宁夏发展内陆开放性经济的重要布局。他认真分析了宁夏发展内陆开放型经济区优势、发展路径和宁夏在国家"一带一路"建设中的地位以及发展策略，使文艺工作者和文联干部开阔了视野，对宁夏的经济发展有了深入的认识和新的思考。

【庆祝宁夏书法家协会成立35周年——宁夏书法家协会会员作品展开幕】

在全国文艺工作者深入学习习近平总书记在文艺工作座谈会上重要讲话热潮中，由宁夏书协主办的"庆祝宁夏书法家协会成立35周年——宁夏书法家协会会员作品展"于6月26日在银川开幕。宁夏区政协原主席任启兴，宁夏区人大原副主任黄超雄，宁夏区政府副主席姚爱兴，宁夏区政协原副主席陈守信，宁夏文联党组书记、主席、宁夏书协主席郑歌平等出席，来自全区各地的书协会员、书法爱好者参加了开幕式。

宁夏书法家协会于1980年成立，至今已有35年的历史。35年来，宁夏书法家协会在历届主席团、理事会及广大会员的团结和共同努力下，始终坚持文艺事业是党和人民重要事业的根本原则，坚持"二为"方向、"双百"方针和"三贴近"原则，认真履行职能，积极发挥作用，不断发展壮大。

【宁夏文联召开庆祝建党94周年大会】

7月1日，宁夏文联召开庆祝中国共产党建党94周年大会，隆重表彰了一批优秀共产党员和优秀党务工作者。王月礼、杨春等7名同志被评为优秀共产党员，闫宏伟等3名同志被评为优秀党务工作者。全体党员面对党旗庄严宣誓，重温入党誓词。2015年以来，宁夏文联机关各党支部以"创先争优"、创建基层服务型党组织为抓手，立足服务中心工作、服务广大文艺工作者、服务基层群众，大力开展群众性文艺活动和基层党支部"评星定级"活动，涌现出了一批优秀党员和优秀党务工作者。通过对优秀共产党员和优秀党务工作者的表彰奖励，激励广大党员践行"三严三实"、开拓进取、干事创业的热情，进一步增强基层党支部的凝聚力和战斗力，为繁荣发展宁夏文艺事业做出更大贡献。

【柳萍当选中国戏剧家协会副主席】

7月14日，中国戏剧家协会第八次全国代表大会在北京召开。7月16日选出了新一届中国戏剧家协会主席团成员，濮存昕当选主席，柳萍等14人当选为副主席。

柳萍为中国戏剧家协会会员、国家一级演员，现任中国戏剧家协会副主席、宁夏文联副主席、宁夏文化厅副厅长、宁夏戏剧家协会主席。柳萍是2002年第十九届中国戏剧"梅花奖"得主；2005年，她在"中国秦腔四大名旦争霸赛"中成功折桂，成为除陕西之外其他省区唯一获得"中国秦腔四大名旦"桂冠的演员；2011年，荣获全国"第三届中青年德艺双馨文艺工作者"；2012年，荣获文化部"文华表演奖"；2013年，获得第26届中国戏剧梅花奖"二度梅"。

【第八届"小荷风采"全国少儿舞蹈展演宁夏选手载誉归来】

7月24日至29日，由中国文联、中国舞蹈家协会主办的第八届"小荷风采"全国少儿舞蹈展演在北京舞蹈学院新剧场举办，由宁夏舞协选送的舞蹈《回乡娃娃甜甜的梦》荣获"小荷之星"荣誉称号，银川市蒂伊少儿艺术培训中心荣获"小荷之家"荣誉称号；吴建军、李颖娜、盛喜江获"最佳编导"荣誉称号；李颖娜、倪双获"小荷园丁"荣誉称号。

【"到人民中去"文艺志愿服务主题活动中表现突出的文艺志愿者受到通报表扬】

为贯彻落实习近平总书记在文艺工作座谈会上的重要讲话精神，按照中宣部、中国文联等在文艺界广泛开展"深入生活、扎根人民"主题实践活动部署和中央文明委推进志愿服务制度化的要求，中国文联、中国文艺志愿者协会于第二个中国文艺志愿者服务日前后，倡导在全国范围广泛开展了"到人民中去"文艺志愿服务主题活动。宁夏文联积极响应，组织广大文艺志愿者，深入生活、扎根人民，广泛开展了内容丰富形式多样的主题活动。7月30日，中国文联文艺志愿服务中心、中国文艺志愿者协会决定对在"到人民中去"文艺志愿服务主题活动中表现突出的文艺志愿者进行通报表扬。宁夏文联推荐的张伟、马惟军、吴建新、刘京等10名同志受到通报表扬。

【宁夏文联举办机关公文写作知识讲座】

为了提高机关干部职工的公文写作能力，把握公文写作的技巧和要领，8月14日，宁夏文联利用学习大讲堂平台，邀请宁夏区党委办公厅法规处处长马文才以如何做好机关公文处理工作专题讲座。通过学习，广大干部职工进一步认识到要努力提高自己公文写作能力和综合素质，不断提高适应机关工作的新要求。

【宁夏文联举办纪念抗战胜利70周年学习讲座】

8月21日，为了纪念中国人民抗日战争暨世界反法西斯战争胜利70周年，宁夏文联邀请宁夏党校李喆教授做客《学习大讲堂》。李喆教授以"抗日战争的中流砥柱——中国共产党在抗日战争中的地位和作用"为题，为文艺家和文联机关干部上了一堂生动的党史教育课。李喆教授结合自身对抗战史的研究成果，用丰富的史实、翔实的数据、精辟的语言，回顾了中国人民艰苦卓绝的抗战历程，全面分析了国共两党在民族危亡的关头组成统一战线共同抗敌所发挥的历史作用以及正面战场和敌后战场的地位，深刻阐述了中国共产党在抗日战争中的中流砥柱的地位。

【宁夏文联召开七届七次全委会】

宁夏文联七届七次全委会于8月28日在银川召开。宁夏文联党组成员、副主席刘伟主持会议。会议通报了宁夏文联第七届主席团会议关于更替和增补樊虹、王正儒、杨凤军等9位同志为宁夏文联第七届委员会委员的决定，补选樊虹为宁夏文联副主席。会议还邀请了宁夏社科联主席杨占武博士为大家做了题为"谈谈回族文化"的专题讲座。

【宁夏举办纪念抗战胜利70周年书法作品展】

9月1日，为了纪念中国人民抗日战争暨世界反法西斯战争胜利70周年，深入贯彻落实习近平总书记在文艺工作座谈会上的讲话精神，激励回汉各族人民积极投身建设"四个宁夏"的热情，由宁夏区党委宣传部、宁夏日报报业集团、宁夏广播电视台和宁夏文联主办，宁夏书法家协会、宁夏报业传媒集团公司承办的以"铭记历史、缅怀先烈、珍爱和平、开创未来"为主题的纪念抗战胜利70周年宁夏书法作品展览在银川开幕。宁夏区政府副主席姚爱兴，宁夏区政协副主席刘小河，宁夏区政府副秘书长崔晓华，宁夏区党委宣传部副部长马宇桢等参加了开幕式，展览由宁夏文联党组书记、主席，宁夏书协主席郑歌平主持。此次展览共展出书法作品155件，书法家和书法爱好者以抗战历史题材为主要内容，站在当代人的审美视角和人文立场，诠释和弘扬了以爱国主义为核心的伟大民族精神，提升了对抗战历史主题的表现深度，体现出书法家和书法爱好者强烈的责任感和使命感。

【宁夏文联召开"三严三实"第二专题学习研讨会】

9月2日，宁夏文联召开"三严三实"专题教育第二专题学习研讨会。研讨会以严以律己，严守党的政治纪律和政治规矩，自觉做政治上的"明白人"为主题，文联处级以上干部结合工作实际交流学习体会。会议由宁夏文联党组书记、主席郑歌平主持。宁夏区党委宣传部副部长马宇桢到会指导，宁夏文联党组成员、副主席刘伟作了主旨发言。宁夏区党委宣传部副部长马宇桢对研讨会进行了现场点评，并结合自己的学习体会提出"防、慎、省、学、悟"的五字要求，希望各位领导干部要时刻提醒自己、慎独慎微、认真学习、勤于自省，不断感悟人生的真善美。

【李小雄获第四届"全国中青年德艺双馨文艺工作者"荣誉称号】

9月15日，第四届全国中青年德艺双馨文艺工作者表彰大会在北京人民大会堂隆重举行。全国54名文艺战线的优秀代表受到了中共中央宣传部、人力资源社会保障部和中国文联的联合表彰，荣获"全国中青年德艺双馨文艺工作者"荣誉称号。宁夏文联推荐的宁夏演艺集团秦腔剧院李小雄在全国文艺战线众多被推荐者中脱颖而出获此殊荣，并参加了在北京人民大会堂的表彰大会。李小雄是国家一级演员、中国戏剧家协会会员、第十九届中国戏剧梅花奖获得者。

【中国文联文艺院调研少数民族文艺人才培训工作】

9月22日，中国文联文艺研修院常务副院长傅亦轩一行，专程赴宁夏调研少数民族地区文艺发展现状及文艺人才培训工作，为举办下届少数民族文艺骨干研修工程和进一步深入开展研修工作拓宽思路，提供参考。傅亦轩一行先后来到宁夏职业艺术学院和宁夏话剧团调研，了解宁夏少数民族艺术人才培养，特别是回族艺术人才培训方面的基本情况和成功经验。

【宁夏文联召开"三严三实"第三专题学习研讨会】

10月23日，宁夏文联召开"三严三实"专题教育第三专题学习研讨会。研讨会以严以用权，真抓实干，实实在在谋事创业做人，树立忠诚、干净、担当的新形象为主题，结合工作实际交流学习体会。文联处级以上干部参加了本次学习研讨会，会议由宁夏文联党组副书记杨宏峰主持，宁夏文联党组成员、副主席苏保伟同志做了主旨发言。其他领导干部结合各自工作和思想实际，交流了自己的学习体会。

【宁夏文联开展主题党日活动】

为了深入学习贯彻习近平总书记在文艺工作座谈会上的讲话精神，提高文联机关党员干部和文艺工作者的党性修养，增强文艺工作者的历史责任意识。11月3日，宁夏文联党组书记郑歌平带领宁夏文联机关全体党员干部和部分文艺工作者到宁夏党校，开展了一次丰富而又生动的主题党日活动。

宁夏党校党史党建教研部王琼老师给文联全体党员干部和文艺工作者上了一堂《品读党史——坚定"忠诚、干净、担当"的政治信念》的主题党课。王琼老师的这堂课是全国党校系统的精品课。通过大量的历史事实，生动而又翔实地讲述了毛泽东、周恩来、邓小平等老一辈无产阶级革命家坦然面对生死、对党绝对忠诚坚定的政治信念，廉洁自律、干净为官、清白做人的崇高品德，在历史关键时刻不计个人荣辱、坚持真理、勇于担当的人格魅力。

【宁夏文化特色档案资源建设工作座谈会在银川召开】

11月6日，由宁夏档案馆、宁夏文联组织的"宁夏文化特色档案资源建设工作座谈会"在宁夏档案馆召开。会议由宁夏档案馆副馆长张玉琴主持，宁夏文联副主席、宁夏美协主席宋鸣做了发言，宁夏文艺界知名人士和宁夏文联所属各协会负责人二十多人参加了会议，与会同志针对宁夏文艺成果的保护和文艺档案的建立进行研究与探讨并相继发言。本次会议确定由宁夏文联与宁夏档案馆合作，推荐第一批具有重要贡献的知名宁夏文艺家人选，建立宁夏文艺名人档案成果信息库，本着为历史负责、为文化建设负责的态度为宁夏文化建设做出积极的成果。

【深入生活扎根人民"宁夏新十景"采风写生创作书画作品展在银川举行】

为了认真学习贯彻落实党的十八届五中全会及习近平总书记在文艺工作座谈会上的讲话精神。11月9日，由宁夏区党委宣传部、宁夏文联主办的"宁夏新十景"采风写生创作书画作品展在银川美术馆隆重开幕。宁夏区党委常委、宣传部部长蔡国英，宁夏区党委宣传部副部长马宇桢，宁夏文联党组书记、主席郑歌平，宁夏文联副主席、美协主席宋鸣等领导出席开幕式。本次展览由宁夏46位知名书画家180件书画作品参展，展出作品有速写、水彩、油画、国画、书法等多种形式，内容丰富，将采风写生的感受，精心创作。大家用美好的心情与笔墨描绘赞美"宁夏新十景"，为广大观众展示了一个美丽、富饶的新宁夏。

【冯远一行评审中华文明历史题材美术创作工程】

12月2日至3日，中国文联副主席、中国美协副主席冯远，"中华文明历史题材美术创作工程"负责人办公室主任、中国美协原秘书长刘键等一行对宁夏入选中华文明历史题材美术创作工程的两件作品《西夏文明》和《中国神话》的创作进展情况进行审稿。专家们对于宁夏作者认真负责的态度表示赞赏，对两件作品的构图、布局、细节刻画等环节都做了深刻的点评，提出了很多关键性的修改意见。目前这两件重要作品都在创作之中。宁夏区党委常委、宣传部部长蔡国英在银川会见了冯远等一行，并对中国文联给予宁夏文化事业的关心支持表示感谢。

【《长河浩荡——纪念抗战胜利70周年楹联诗词作品选》出版】

12月中旬，以"铭记历史、缅怀先烈、珍爱和平、开创未来"为主题，宁夏文联选编的《长河浩荡——纪念抗战胜利70周年楹联诗词作品选》由宁夏人民出版社出版发行。

2015年是中国人民抗日战争暨世界反法西斯战争胜利70周年，为纪念这一具有历史意义的重大事件，大力弘扬伟大的抗战精神，进一步激发爱国热情，提振全民族精气神，更好地凝聚改革力量，增强发展信心，全国各地开展了一系列纪念活动。宁夏文联根据宁夏区党委、政府要求，面向全国征稿，共收到全国各地楹联1800多副，诗词3200多首。组织专家对来稿按照征稿要求和楹联诗词自身的特点，认真进行了评选，最后选出340多位作者的190多副楹联和480多首诗词作品。

【西北交响乐盛会在兰州奏响】

12月12日至18日，第三届西北音乐节在甘肃兰州盛大举行。音乐节是由陕西、甘肃、宁夏、青海、新疆五省区党委宣传部、文联和音乐家协会共同发起,每两年举办一次。旨在加强与兄弟省区音乐艺术的学习交流,提升西北五省音乐创作和表演水平。宁夏交响乐团在此次音乐节比赛中,分别荣获了多项创作奖和表演奖,宁夏音乐家协会荣获最佳组织奖。

【宁夏文联党组召开"三严三实"专题民主生活会】

12月29日,宁夏文联党组召开专题民主生活会,紧扣"严以修身、严以用权、严以律己,谋事要实、创业要实、做人要实"主题,深入查摆问题,认真开展批评和自我批评,进一步明确整改的方向和措施。宁夏文联党组书记、主席郑歌平主持会议。文联党组班子把这次专题民主生活会作为"三严三实"专题教育和作风建设成效的直接检验,会前深入学习相关文件、讲话精神和党内规章,向各市县(区)文联、各文艺家协会主席团、离退休老文艺家和文联全体干部充分征求意见,深入开展谈话谈心活动,反复修改对照检查材料,为开好专题民主生活会打下了坚实基础。

【宁夏第九届摄影艺术展成功举办】

12月30日,由宁夏文联、宁夏摄影家协会主办的宁夏第九届摄影艺术展览在宁夏文化馆举行开幕式。宁夏摄影艺术展览作为宁夏摄坛的常青树,给宁夏摄影人提供了展露才华、比拼技艺的大舞台。

"宁夏第九届摄影艺术展览"共收到4700余幅(组)来稿,经过评委的认真评选,本届展览共有141名作者的203幅(组)作品入选,其中在设立的纪录、艺术、风光三个门类作品中,评出一等奖9个、二等奖18个、三等奖26个。这些凝结着全区摄影工作者智慧与汗水的优秀作品,是关注宁夏、关注人生与自我的艺术实践缩影,是对过去7年全区摄影人"深入生活、扎根人民"创作成果的集中展现。

各文艺家协会

【作家协会】

宁夏作协组织作家深入生活、扎根人民

2015年,宁夏作协多次组织作家百余人次深入固原、生态移民区红寺堡、隆德县等基层进行采风创作。采风活动还邀请了国内知名报告文学作家余义林、青年女诗人怡霖以及固原市女作家参加活动。

宁夏作协选送20名基层少数民族作家参加鲁迅文学院培训班学习

2015年,宁夏作协选送20名基层少数民族作家参加鲁迅文学院少数民族文学创作培训班学习。从全国少数民族文学发展工程实施以来,宁夏作协先后选送90名基层少数民族作家到鲁迅文学院,进行了为期一个月的培训学习,使我区少数民族文学创作队伍迅速壮大,水平逐步提高。

【戏剧家协会】

宁夏剧协名誉主席王志洪荣获"终身艺术成就奖"

5月22日,宁夏区党委宣传部、文化厅、文联联合召开宁夏话剧"大篷车"戏剧之路30周年暨王志洪从艺50周年座谈会。为表彰宁夏剧协名誉主席王志洪的艺术成就,弘扬"大篷车"精神,决定授予王志洪同志"终身艺术成就奖"。

50年来,他创作并导演的多部剧目和电视剧,先后荣获中宣部"五个一工程"奖、文化部"文华奖"、中国文联"优秀剧目奖"、中国话剧"金狮奖"等国家级艺术奖项。多次受到中宣部、文化部、人事部等国家部委的嘉奖。在2007年纪念中国话剧百年期间,被文化部、人事部授予"国家有突出贡献话剧艺术家"荣誉称号,并受到原中共中央总书记胡锦涛的亲切接见。

第二届中国黄河流域戏剧红梅奖大赛在西安举办

为加强区域间戏剧家协会工作交流和戏剧队伍建设,促进戏剧事业繁荣发展。"第二届中国黄河流域戏剧红梅奖大赛"于6月1日至4日在西安举办。来自黄河流域10个省、市、自治区的52位选手参赛。宁夏戏剧获一金、三银、一铜的好成绩。此次活动是经黄河流域省、市、自治区戏剧家协会共同发起成立的区域性戏剧赛事活动,旨在推出人才,推动黄河流域戏剧事业的发展,为促进区域交流合作提供良好平台。

【音乐家协会】

第三届中国西北音乐节民歌邀请赛隆重举行

8月中旬,由陕西、甘肃、宁夏、青海、新疆五省区党委宣传部、文联联合主办的第三届中国西北音乐节"熊猫音乐奖"民歌邀请赛在陕西省佛坪县举行。来自西北五省区及河南、四川、贵州推选的近40位民歌手展开激烈角逐。"熊猫音乐奖"(佛坪)民歌邀请赛以弘扬民族文化、传承民歌核心价值为宗旨,探寻民歌发生、发展、创新的历程,让观众领略民歌音乐的艺术魅力,感受经典与现代共存、历史和今天同脉的厚重感,感念民歌不灭的精神律动。宁夏选手王展翔、孙静雅获比赛二等奖。

施坦威钢琴比赛西北赛区宁夏选手再创佳绩

9月20日,第七届施坦威全国青少年钢琴比赛西北赛区颁奖典礼在西安音乐学院音乐厅隆重举行。来自西北五省的200余名决赛选手在西安音乐学院展开激烈角逐。宁夏选手张梦茹荣获业余青年组一等奖;何梦鸽、范芮铭荣获业余A组、C组二等奖;马赟希、李婧涛、马佩特、李远吉、樊周岩分获业余少儿组、业余A组、业余青年组三等奖。

【舞蹈家协会】

宁夏青年舞者获"青春中国梦"青年舞蹈精英展演金银奖

为推动海南、山东、江西、宁夏、山西五省(区)舞蹈事业的发展,加强青年舞蹈人才的交流与学习,由山东省舞协、江西省舞协、宁夏舞协、山西省舞协、海南省舞协联合主办的2015"青春中国梦"——琼、鲁、赣、宁、晋五省(区)青年舞蹈精英展演在海南精彩亮相。本次活动有近30名年轻舞者汇聚海南展现风采。由宁夏舞协选拔、推荐,银川市艺术剧院刘峰获"精英奖"金奖,宁夏大学音乐学院张馨雅获"精英奖"银奖,获奖演员在保亭黎族苗族自治县进行了惠民演出。

【美术家协会】

甘青宁少数民族美术作品联展在银川开幕

7月8日,"追寻中国梦·西部阳光——甘肃、青海、宁夏少数民族美术作品联展"在银川开幕。本次展览得到三省(区)广大美术工作者积极响应,以"中国梦"为主题创作了一大批体现中华文化精神、弘扬中国精神、反映人们审美追求,思想性、艺术性、观赏性相统一的优秀作品。本次展览共评选出240多件参展作品,分别在兰州、银川、西宁展出。这些作品艺术表现形式和风格丰富多样,充满浓郁的时代气息和西部特色,反映西部风情和社会发展进步,用美术的形式宣传党的民族政策,宣传少数民族地区群众追寻中国梦的良好精神风貌,是研究西北地区美术创作和发展,尤其是少数民族美术创作和民族风情、民族文化的珍贵资料。

【摄影家协会】

宁夏摄协积极开展摄影培训讲座

为认真贯彻落实习近平总书记在文艺工作座谈会上的讲话精神,积极组织引导摄影家深入生活、扎根人民,坚持以人民为中心的创作导向,进一步提高宁夏摄影队伍的整体创作水平,宁夏摄影家协会先后在银川市石油城、固原市、彭阳县等地组织开展了系列讲座和培训活动,以作品观摩、创作技艺指导、专题讲座等形式进行摄影辅导,培训基层摄影会员及爱好者达800多人次,为培养和壮大基层摄影人才创造了良好条件。

宁夏摄协组织新十景采风创作活动

5月11日至16日，宁夏新十景摄影采风团一行27人在宁夏摄影家协会组织下，奔赴固原一带围绕突出宁夏地域特色的新景观进行了摄影创作。此次采风创作是历来创作中时间和路程相对最长的一次活动，为取得丰硕的创作成果，摄影家以开展"深入生活、扎根人民"主题实践活动为契机，立足宁夏地域文化，激励摄影家们深入挖掘深情掬取宁夏自然之美、生活之美、人文之美的新景新作，通过摄影家独特的视角充分展现宁夏的钟灵毓秀、魅力神奇。在此次创作之余和固原市区、彭阳县的影友们还开展了作品指导及点评交流活动。

【书法家协会】

宁夏妇女书法家协会成立

3月18日，宁夏妇女书法家协会成立大会在宁夏博物馆召开。宁夏文联党组书记、主席、中国书协理事、宁夏书协主席郑歌平等领导出席了大会。大会审议通过了《宁夏妇女书法家协会章程》《宁夏妇女书法家协会会费管理办法》《宁夏妇女书法家协会财务制度》，选举产生了宁夏妇女书法家协会第一届理事会和主席团，乔华当选主席。

宁夏第一所"书法教育示范学校"挂牌

为弘扬中华优秀传统文化，更好地贯彻落实国家教育部、国家语委有关书法教育的文件精神，普及书法知识，推进宁夏书法教育事业发展，5月29日，宁夏书协为银川市灵武市第五小学授牌"自治区书法教育示范学校"。

积极开展"书法教育示范学校"的命名授牌工作，是宁夏书协推进我区书法事业发展的重要举措。旨在确立人们培养书法艺术人才要从孩子抓起的观念，同时树立学校书法教育的典型，从而推动我区书法教育更好更快地普及和发展的良好局面。

宁夏书协举办"全区书法巡回培训活动"

6月上旬至7月下旬，由宁夏书协、宁夏青年书协主办的全区书法培训班先后在中卫市、红寺堡区、中宁县分别举行。本次活动是全区书法巡回培训，书法家通过投影、点评、临摹示范等手段与基层学员展开充分交流，并对参加活动的书协会员进行临摹培训。宁夏书协开展会员培训工作已坚持多年，为宁夏书法事业的可持续发展提供了有力保障。

【民间文艺家协会】

宁夏雕塑、剪纸作品获奖

在第十五届中国人口文化奖评选活动中，由宁夏民协选送的王永红的雕塑组《幸福家庭、幸福生活之赶集；计划生育好；坐唱》和郑飞雁的剪纸长卷《小康村里的事》分获第十五届中国人口文化奖民间艺术品和宣传品类二等奖和三等奖；宁夏民协获第十五届中国人口文化奖民间艺术品和宣传品类组织工作奖。

【曲艺杂技家协会】

卢文建登上央视《出彩中国人》舞台

4月26日晚，央视一套播出的《出彩中国人》节目中，来自宁夏的魔术师卢文建凭借精彩的表演获得在场导师的肯定，成为初赛阶段的入选者，这也是首位登上《出彩中国人》舞台的宁夏人。卢文建大学毕业后借鉴和学习古今中外魔术方面的创作经验，并经常到全国各地观摩学习，使自己的魔术技艺得到不断提高。特别是他在《出彩中国人》表演的"读心术"，得到了业内人士的高度认可。

【电影电视家协会】

郑丽华获第九届"全国德艺双馨电视艺术工作者"称号

10月17日，由中国电视艺术家协会主办的第九届全国德艺双馨电视艺术工作者表彰活动在浙江省海宁市举办。

中国文联、中国视协领导、浙江省文联等有

关领导和各地媒体代表共200余人出席活动。中国文联党组成员、副主席、书记处书记夏潮出席并讲话。会议向电视艺术界发出了德艺双馨的倡议。大会对宁夏电视台公共频道总监郑丽华等45名"全国德艺双馨电视艺术工作者"进行了表彰。

宁夏选手在第七届海峡两岸电视主持新人大赛中获佳绩

11月23日至28日，由中国电视艺术家协会、福建省文联、福建电视艺术家协会主办的第七届海峡两岸电视主持新人大赛在泉州举行决赛。来自全国20多个省（市、区）选手秉承"相互交流，合作提高"的原则，经过团队展示、创意主持、搭档主持、精彩大亮相、主播首登场、创意出镜秀和面见大考官等环节角逐，宁夏参赛选手廖饶获本次大赛二等奖。

【《朔方》编辑部】

《朔方》编辑部党支部组织开展送图书下乡活动

9月8日，《朔方》编辑部党支部到固原市西吉县新营乡中学、新营乡黑城河清真寺以及新营大窑滩村小学开展送图书下乡活动。西吉县新营乡大窑滩村是宁夏文联的对口扶贫点。此次送书活动，共赠送图书4000册，价值6万余元，图书内容主要以文学、医疗保健、人文历史为主。开展送图书下乡活动是文联开展服务型党支部建设的一项重要内容。这批图书进一步丰富了对口扶贫点学校的藏书内容，为拓宽学生的知识结构，做出了积极贡献。

【文学艺术院】

《路展童话选》《张贤亮诗词选》等出版

11月上旬，由宁夏文联主席郑歌平作序的《路展童话选》《吴淮生诗文选》《张贤亮诗词选》出版发行。

路展，原名路福增，现年87岁，河北唐山人。历任《人民文学》诗歌组组长，《宁夏文艺》编辑，《朔方》主编，宁夏作家协会副主席等。其童话作品两次荣获全国儿童文学奖，个人荣获全国文学期刊编辑荣誉奖。编审，中国作家协会会员。1993年开始享受国务院特殊津贴。《路展童话选》选编了路展的童话、故事等，是其各时期的代表性作品。

吴淮生，安徽泾县人，现年86岁。历任《朔方》副主编，宁夏文联文艺理论研究室主任，《塞上文坛》主编，宁夏作家协会副主席等。著有现代诗集、古体诗词集、散文集等十二部。一级作家，中国作家协会会员，宁夏高级专家联合会员，宁夏有突出贡献专家。《吴淮生诗文选》选编了吴淮生的现代诗和古体诗词典，散文和文学评论，汇集了他从事创作70年的优秀作品。

张贤亮，祖籍江苏盱眙，2014年9月27日在银川逝世。历任宁夏文联主席，宁夏作家协会主席，中国作家协会第四届至第七届主席团委员，全国政协第六届至第十届委员，宁夏华夏西部影视城董事长。20世纪50年代初开始创作，三次荣获全国优秀小说奖。宁夏有特殊贡献的知识分子，享受国务院特殊津贴。他晚年创作了大量的古体诗词，只是没有出版过一本诗集。《张贤亮诗词选》选编了他的《大风歌》和古体诗词，附录了悼念诗词、挽联及对他诗词的评论文章。

新疆维吾尔自治区文联

综述

2015年，是自治区成立60周年的一年，也是自治区文艺事业呈现新气象、文联工作取得新成效的一年。这一年里，习近平总书记在文艺工作座谈会上的重要讲话公开发表，中共中央《关于繁荣发展社会主义文艺的意见》和《关于加强和改进党的群团工作的意见》正式发布，自治区党委召开了党的群团工作会议，并做出了一系列重大工作部署，明确了自治区文艺工作和文联工作的目标任务，为推进我区文艺繁荣发展、文联工作创新实践，提供了重要遵循和重大机遇，赋予各族广大文艺工作者和文联组织以新的使命和责任。自治区文联及各团体会员认真学习贯彻习近平总书记重要讲话精神，深入落实中央和自治区党委各项重大决策部署，坚持以现代文化为引领，坚持以人民为中心的工作导向，努力推进"去极端化"工作，围绕新疆社会稳定和长治久安总目标，齐心协力推动文联事业不断进步，为繁荣发展新疆各民族文学艺术事业做出了新的贡献。

重要会议和活动

【自治区文联七届五次全委会】

2月5日至6日，自治区文联第七届全委会第五次会议在乌鲁木齐市召开。自治区文联领导、文联七届委员会委员参加会议，自治区文联各文艺家协会、各杂志社及机关各处室负责人列席会议。

这次会议的主要任务是：全面贯彻党的十八大，十八届三中、四中全会精神，第二次中央新疆工作座谈会精神和自治区党委"一个引领""三管齐下"部署精神，紧紧围绕社会稳定和长治久安总目标，深入学习贯彻自治区党委重大决策，传达学习全国和自治区宣传部长会议、中国文联九届七次全委会精神，总结2014年工作，部署2015年工作，团结引领广大文艺工作者，为创作更多无愧于伟大民族、无愧于伟大时代的优秀作品，繁荣发展社会主义文艺事业，实现中华民族伟大复兴的"中国梦"，维护新疆社会稳定和长治久安做出新贡献。

自治区党委常委、宣传部部长李学军出席会议并做了讲话；自治区党委宣传部副部长、文联党组书记黄永军主持会议并传达了全国和自治区宣传部长会议精神及中国文联九届七次全委会精神；自治区文联党组副书记、主席阿扎提·苏里坦做了工作报告；黄永军介绍了自治区文艺志愿服务团筹备情况并宣读了自治区党委宣传部《关于成立新疆维吾尔自治区文艺志愿服务团》的批复。全委会通过了阿扎提·苏里坦代表文联所做的工作报告；通过了《关于加强和改进全区基层文联工作的指导意见》；通过了《新疆维吾尔自治区文艺志愿服务团章程》）；通过了全委会委员增补、替补等事宜。

【派出第二批"访惠聚"驻村工作组】

2月28日，按照自治区的统一要求部署，自治区文联派出以党组成员、秘书长马旭国为组长的15名干部"访惠聚"工作组进驻麦盖提县巴扎结米乡恰木古鲁克村和阔什艾肯村，进行为期一年的走访、调研和维稳任务。这15名同志是：马旭国，马明，西阿力·伊明，巴赫提亚·巴吾东，希尔艾力·库尔班，迪力木拉提·泰来提，伊利亚尔·阿巴索夫，阿巴斯·莫尼亚孜，叶尔江，刘杰，刘新春，周云梅，买买提艾沙，阿比提江·艾合买提，边世立。一年来，他们注重访贫问苦，调查研究，扑下身子，贴近群众，为当地做了大量实实在在的工作。如与乡医院合作，开办女性健康知识讲座；针对村庄及居民庭院脏、乱、差的现状，联合村"两委"班子，开展村容村貌治理工作；针对恰木古鲁克村主干道晴天尘土飞扬、雨天泥泞不堪的现状，积极协调相关单位，克服种种困难，经过数月努力，圆满建成全长一公里、总投资45万元的"聚心路"。驻村期间，自治区文联领导及各文艺家协会、各杂志社多次前往看望慰问，帮助解决两个村子的一些实际困难。

【自治区人民政府副主席田文到自治区文联调研】

3月6日上午，自治区人民政府副主席田文在自治区文联领导黄永军、阿扎提·苏里坦的陪同下，到新疆作家协会、《塔里木》杂志社、《西部》杂志社、文艺理论研究室等部门看望了文艺工作者，了解各种情况。在调研座谈会上，黄永军介绍了文联近年来开展的一系列重大活动情况，以及在"以现代文化为引领"下所发生的巨大变化，并坦陈了文联工作目前遇到的一些困难，汇报了2015年的工作打算；阿扎提·苏里坦补充介绍了新疆作家协会近年来的发展情况以及中国作家协会所给予的无私帮助。田文对新疆文联领导班子团结务实、敢于担当、齐心协力、守土有责，解决了许多历史遗留问题，提高了文艺家的积极性，给予了充分肯定。她指出，2015年，文联要在自治区党委"一个引领""三管齐下"（自治区党委经济工作会议、稳定工作会议、"访惠聚"活动总结表彰动员会议）精神指导下，新年要有新气象，新年要有新变化，新年要有新开端。

【"天山的祝福——新疆诗歌全国行"诗歌朗诵活动】

为庆祝新疆维吾尔自治区成立60周年，让全国人民更好地了解新疆、认识新疆，分享自治区成立60年来取得的巨大成就，特别是中央新疆工作座谈会召开以来新疆的新变化、新气象，自治区文联、新疆作家协会在中国作家协会的全力支持下，举办了"天山的祝福——新疆诗歌全国行"诗歌朗诵活动，以展示大美新疆、魅力边疆、民族心声及文化成果。5月8日，"天山的祝福——新疆诗歌全国行"启动仪式在北京中国音乐学院举行，随后又在中央民族大学举行了一场。自治区文联党组副书记、主席、新疆作协主席阿扎提·苏里坦在启动仪式上说，通过这一活动，我们不仅要与全国人民一起分享新疆维吾尔自治区成立60年来取得的巨大成就，分享新疆多民族诗歌创作的丰硕成果，还要为全国人民带去来自新疆的理性、坚定、包容、团结的声音。5月13日，"天山的祝福——新疆诗歌全国行"诗歌朗诵活动第二站在上海师范大学徐汇校区举行，阿扎提·苏里坦主席，上海作协党组书记、副主席汪澜出席并分别讲话，上海作协副主席赵丽宏、副书记马文运，以及新疆、上海文艺界著名人士参加了本次活动。10月24日，"新疆诗歌全国行"的第三站在湖南长沙中南大学举行。阿扎提·苏里坦、湖南省作协主席唐浩明等出席。此次"新疆诗歌全国行"活动，共朗诵革命烈士黎·穆塔里甫、已去世的党和国家领导人艾则孜·赛福鼎，以及新疆各民族著名诗人的24篇优秀诗作。《人民日报》中央人民广播电台、《文艺报》《文汇报》人民网、中国作家网、凤凰网、《新疆日报》等媒体均报道了此项活动。

【阿扎提·苏里坦在南疆调研】

4月18日至25日，自治区文联党组副书记、主席阿扎提·苏里坦在喀什地区的叶城县、莎车县、岳普湖县，和田地区的和田市，就"以现代文化为引领，传承民族优秀传统文化"为主题进行调研。在7天的调研期间，阿扎提·苏里坦先后与各县（市）委、政府机关干部，基层乡镇党委书记、乡镇长，中小学校长、骨干教师，村两委干部，以及宗教界人士进行了7场座谈，认真聆听基层意见及建议，详细了解目前南疆民族传统文化传承工作的开展情况，并作了6场"传承民族传统文化在去宗教极端化中的突出作用"的专题报告。

【举办"我为和田做贡献，我为民族树形象"宣讲演出活动】

4月中旬、6月上旬，由自治区文联党组副书记、主席阿扎提·苏里坦带队，两次组织自治区著名学者、知名文艺工作者，前往和田市举办"我为和田做贡献，我为民族树形象"宣讲演出活动。宣讲团先后赴和田市8个乡镇，为5万余名群众开展了9场宣讲演出。在4天时间里，文艺家们发挥自身的行业优势，用最朴实的语言、最接地气的演出，诠释了中央和自治区的各项惠民政策，以及非法宗教活动和宗教极端思想的危害，在广大群众中引起了强烈反响，使当地各族群众对宗教极端思想本质的认识有了更加清醒的认识，各民族团结和谐的氛围更加浓厚，更加坚定了各族群众建设大美新疆、向往美好生活的信心和决心。

【"送欢乐 下基层"文化惠民活动】

6月12日，由自治区文联、中国人民解放军69026部队主办，新疆杂技家协会、新疆戏剧家协会、69026部队58分队、69046部队承办的"送欢乐进军营，同心携手共强军"文艺演出活动在69026部队举行。各族文艺家为解放军战士献上了戏剧、音乐、曲艺、杂技等丰富多彩的精彩节目。10月17日至19日，由自治区党委宣传部、自治区文联、新疆电视台主办的以"建设美丽新疆，共圆祖国梦想"为主题的"送欢乐 下基层"文化惠民慰问演出活动分别在麦盖提县、喀什市举办。17日、18日上午，活动分别在麦盖提县刀郎文化广场和麦盖提县恰木古鲁克村举行；18日晚上，活动在喀什市科技文化广场举行。此次活动由自治区党委宣传部副部长、自治区文联党组书记黄永军带队，数十名自治区知名文艺家参加。

【"去极端化"宣讲暨惠民演出团赴喀什地区宣讲演出】

6月30日至7月5日，自治区文联组织各族书法家、摄影家、诗人、歌唱家、舞蹈家、杂技家，组成由自治区文联主席阿扎提·苏里坦为团长的自治区文联"去极端化"宣讲暨惠民演出团，前往喀什地区进行宣讲和演出。先后在麦盖提县的9个乡镇，伽师县一个乡镇及喀什市，开展了11场宣讲演出活动，受教育群众达5万余人次。随后，又在阿克苏地区沙雅县的11个乡举办了"去极端化"宣讲演出活动。

【居素甫·玛玛依演唱艺术生涯座谈会举行】

11月4日，为纪念柯尔克孜族著名"玛纳斯奇"居素甫·玛玛依逝世一周年，由自治区文联主办、新疆民间文艺家协会承办的"《玛纳斯》演创大师居素甫·玛玛依演唱艺术生涯座谈会"在乌鲁木齐市举行，自治区人大副主任约尔古丽·加帕尔、原副主任阿山别克·图尔地，自治区文联的领导黄永军、阿扎提·苏里坦、叶尔克西、马雄福，以及来自天山南北的数十名专家学者出席座谈会。座谈会由自治区阿扎提·苏里坦主持，约尔古丽·加帕尔、黄永军分别讲话，4位柯尔克孜族的"玛纳斯奇"现场演唱了史诗《玛纳斯》片段，各民族专家学者对《玛纳斯》和居素甫·玛玛依的天才演唱艺术、数十年传唱《玛纳斯》的往事等进行了研讨和追忆。

【纪念习近平总书记关于文艺工作重要讲话发表一周年座谈会】

10月14日，自治区文联、新疆作家协会在乌鲁木齐市召开"纪念习近平总书记关于文艺工作重要讲话发表一周年座谈会"，各民族知名作家、翻译家、评论家26人参加了座谈会。座谈会由自治区文联主席、新疆作家协会主席阿扎提·苏里坦主持，阿拉提·阿斯木、叶尔克西、董立勃、铁来克等10位作家先后发言，回顾了习近平总书记关于文艺工作重要讲话以来新疆文艺界的工作情况及发生的变化。阿扎提·苏里坦做了总结发言，他对新疆作家协会履行职能使命方面给予高度肯定，同时就习近平总书记讲话精神向新疆文艺工作者提出了新的要求。

【全国书法名家作品邀请展在乌鲁木齐市开幕】

为迎接新疆维吾尔自治区成立60周年，由自治区文联主办、新疆书法家协会承办的"大美新疆，和谐新疆——庆祝新疆维吾尔自治区成立60周年全国书法名家作品邀请展"于6月20日在乌鲁木齐市美术馆开幕，自治区党委宣传部副部长、自治区文联党组书记黄永军出席开幕式并致辞。这次邀请展共展出包括沈鹏、张海、周慧珺、周志高等在内的32个省份及兵团全国知名书法名家的148件作品，这些作品从不同侧面赞美、歌颂新疆60年来的光辉历程，展示了中央新疆工作座谈会以来新疆的新发展、新变化、新风貌，弘扬了新疆精神，让新疆书法爱好者大开眼界。

【新疆文艺界集会声讨土耳其反华势力】

7月17日，新疆文学艺术界在乌鲁木齐集会，愤怒声讨、严厉谴责土耳其反华势力攻击、污蔑我国的民族宗教政策。集会由自治区文联党组副书记、自治区文联主席阿扎提·苏里坦主持，自治区文联党组成员、副主席阿拉提·阿斯木等10多位各族文艺工作者满怀文艺工作者的责任感，响亮发声，通过各自的亲身感受和经历，讲述了真实的新疆，讲述了新疆民族、宗教、文化等领域的祥和安定现状，对土耳其反华势力恶意造谣、诋毁我国的民族宗教政策的卑劣行径，表达了强烈的愤慨和严厉的谴责。自治区文联党组书记、副主席黄永军做了总结讲话。

【中国文联培训新疆地区文联系统干部】

8月3日，由中国文联主办，中国文联文艺研修院承办，自治区文联、兵团文联协办的新疆地区文联系统干部培训班在乌鲁木齐隆重开班，自治区文联、兵团文联系统的122名干部参加了此次培训。中国文联、新疆文联、兵团文联领导李屹、李学军、郭永辉、边发吉等出席开班仪式。

【自治区文艺志愿服务团成立】

2月，自治区党委宣传部批复同意成立自治区文艺志愿服务团，同时成立了27个文艺志愿服务队，自治区党委常委、宣传部部长李学军向自治区文艺志愿服务团授旗，自治区文联向各地州市文联、各文艺服务队授旗。在近一年的时间内，各级文联和文艺志愿服务团共开展各项主题活动40多场次。

【2015年丝绸之路国际美术摄影展在乌鲁木齐举行】

7月23日至26日，由乌鲁木齐市人民政府、自治区文联共同主办的"2015年丝绸之路国际美术摄影展"在新疆国际会展中心举行。展览分丝绸之路国际摄影作品展、丝绸之路国际美术作品展、"畅想丝绸之路"少儿绘画作品展、乌鲁木齐城市建设面貌图片展四个板块，以不同风格、多种表现手法，集中展示了丝绸之路沿线城市的风光、人文景观，集中体现和平、交流、理解、包容、合作、共赢的丝绸之路经济带战略内涵。本次展览是第三届丝绸之路经济带城市合作发展论坛交流活动的重要内容。

【第四届阿肯阿依特斯大会在乌鲁木齐举行】

8月11日，由自治区人民政府主办，自治区文联、新疆民间文艺家协会承办的自治区第四届阿肯阿依特斯大会在乌鲁木齐开幕，自治区副主席、大会组委会主任田文主持开幕式，中共中央政治局委员、自治区党委书记张春贤出席大会并致辞。来自伊犁、塔城、阿勒泰、乌鲁木齐、哈密、奎屯、昌吉、博州及兵团9支代表队的44名优秀阿肯，将通过阿依特斯这一极富民族特色的艺术形式，讴歌自治区成立60周年来的辉煌成就。自首届阿肯阿依特斯大会起，这项民间文艺活动就被自治区列入了自治区品牌文化项目，每五年举办一届，此前已成功举办三届。

【组织实施"少数民族文学原创和民汉互译作品工程"】

一年来，继续认真组织实施"少数民族文学原创和民汉互译作品工程"，通过各级推荐和申报，以及严格评审，向自治区党委宣传部选送少数民族文学原创作品129部，完成民汉互译作品36部。

【首届中国维吾尔族民间达斯坦国际研讨会在北京召开】

10月19日至20日，由新疆文联、中国社会科学院民族文学研究所主办，新疆民间文艺家协会承办的"首届中国维吾尔族民间达斯坦国际研讨会"在首都新疆驻京办事处召开。开幕式由新疆文联党组成员、副主席叶尔克西·库尔班拜克主持，中国社会科学院民族文学研究所党委书记朝克、《中国艺术报》社长向云驹作了致辞，新疆民协主席马雄福介绍了新疆民协作为新疆维吾尔族、哈萨克族、蒙古族、柯尔克孜族达斯坦的保护责任单位，近年来开展的工作和取得的成绩，以及保护和传承维吾尔民间达斯坦方面的实际措施和对策等。来自德国、吉尔吉斯斯坦等国的8所大学，国内高校和社科机构的26位学者作为正式代表参加了此次研讨会并宣读了论文。

【第四届新疆回族"花儿"邀请赛在哈密市举办】

12月2日至3日，由自治区文联主办，新疆民间文艺家协会、哈密市委承办的第四届新疆回族"花儿"邀请赛在哈密拉开序幕。来自乌鲁木齐、伊犁、石河子、昌吉、巴州、博州、吐鲁番、哈密等九地州的30多名不同民族选手，演唱了风格多样的"花儿"。伊犁地区的选手张占宝夺得本届邀请赛特等奖。本次大赛还邀请了甘肃、青海、宁夏三省区著名"花儿"歌手到会表演，以促进新疆回族"花儿"与其他省区的"花儿"相互交流提高。

【俄罗斯联邦卡尔梅克共和国作家来疆交流】

10月21日，来自俄罗斯联邦卡尔梅克共和国作家协会的三位作家，与新疆部分蒙古族作家、学者在文联大厦举行座谈，进行文化交流。座谈会上，自治区文联副主席、《启明星》杂志社社长、总编巴音巴图简要介绍了《启明星》杂志及新疆蒙古族文学的发展状况；自治区政协原主席巴岱就新疆蒙古族历史、文学及史诗《江格尔》的搜集整理、出版发行和研究情况做了介绍；自治区有关单位的领导就新疆蒙古族语言文字、出版翻译情况做了介绍。卡尔梅克作家协会主席艾尔登尼介绍了该国文学发展状况。最后，巴音巴图与艾尔登尼就加强两地文学交流达成共识，相互介绍并发表优秀作品。

【文艺援疆的上海作家协会来疆采风】

9月6日至15日，由上海市作家协会党组副书记、秘书长马文运为团长，上海市著名中青年作家和协会干部14人组成的上海作协文化交流考察工作访问团,在新疆围绕"结对子"工作展开各种文学活动。上海方面已经连续4年为新疆培训各族青年作家55名,并在上海分别举办了高规格的多名作家作品研讨会,还编辑了《上海文学》新疆文学专号,出版了学员作品集《爱在身边》《巴音阿门的春天》。采风团到各地看望了参加过培训班的学员。整个采风活动,由自治区文联党组成员、副主席阿拉提·阿斯木,自治区文联副主席、新疆作协副主席董立勃全程陪同。

【开展"千人培训"活动】

2015年,自治区文联继续实施千人大培训活动,各文艺家协会积极响应,使这项活动开展得扎扎实实,取得了丰硕成果。作家协会从5月至11月,在乌鲁木齐市和水西沟镇作家创作中心举办了"于田作家培训班""新疆儿童文学现实题材长篇小说研讨班""新疆维语网络文学研讨班""和田作家培训班""吐鲁番作家培训班""乌恰县作家培训班""策勒县作家培训班"7期文学培训班,共130名作家参加培训。民间文艺家协会自5月至11月,分别了举办维吾尔族达斯坦艺人培训班、哈萨克达斯坦演唱艺人培训班、英雄史诗《江格尔》《格斯尔》演唱艺人培训班、柯尔克孜达斯坦艺人培训班、《玛纳斯》研究人员培训班,参加培训学习的艺人近300人。美术家协会组织著名画家到军营、大企业、各地州市,为美术工作者举办高级研修班,为美术爱好者讲授如何欣赏美术作品,还深入麦盖提县农村,为农民画画家开展美术基础知识大讲堂活动,共培训数百人。摄影家协会分别在奎屯、乌鲁木齐开办了摄影大讲堂。音乐家协会全年分别在哈密、克拉玛依、乌鲁木齐、沙湾、库尔勒等地,举办钢琴、双排键电子琴、二胡、合唱、声乐等专业门类的8期培训班,来自全疆的1500余位音乐爱好者和基层文化带头人参加了培训。书法家协会在鄯善县举办吐鲁番书法培训班,在策勒县举办了策勒县书法培训班,培训了120余人。舞蹈家协会在克拉玛依市举办了为期3天的"文艺骨干民族舞蹈培训班",100余人参加培训。戏剧家协会在乌苏市文化馆举行了"戏剧进乌苏"培训活动。杂技家协会在乌鲁木齐市举办了6期魔术杂技培训班,在喀什地区杂技团、英吉沙县达瓦孜培训中心,特邀新疆杂技团专家在不同时间段进行杂技魔术授课。

机关建设

【召开2014年度总结表彰大会】

1月9日,自治区文联召开2014年度总结表彰大会,总结2014年的各项工作,表彰在2014年工作中表现突出的先进集体和个人,对2015年的工作进行安排部署。总结表彰大会由自治区文联党组书记黄永军主持,自治区文联党组成员、副主席张君超通报了自治区文联党组2014年度民主生活会的情况,自治区文联党组成员叶尔克西、马旭国、胡中平出席大会。伊利亚尔·阿巴索夫等35人被评为年度"优秀工作人员",刘新超等4人被评为年度"优秀共产党员",驻村工作二组马明等3人被评为"优秀党务工作者",第一、三、六、八党支部被评为年度"五好支部"。

【成立老干部工作协调小组】

4月26日,自治区文联老干部工作协调小组成立。协调小组由文联各部门负责人组成。协调小组的主要职责是协助老干处做好本部门离退休老干部的工作,真正做到政治上多关心,生活上多关怀,工作上多请教,每逢节日多慰问,每有困难多帮助,齐抓共管,使自治区文联老干部工作再上新台阶。自治区文联主席阿扎提·苏里坦主持协调小组首次工作会议,他要求协调小组成员要切实负起责任,多关心、多尊重、多照顾本部门离退休人员,让他们充分感受到老有所医、老有所养、老有所学、老有所乐,真正感受到党的关心和关怀。

【举办"三严三实"专题教育党课】

5月20日,自治区文联举办"三严三实"(既严以修身、严以用权、严以律己,又谋事要实、创业要实、做人要实)专题教育党课。党组书记黄永军为文联机关和直属单位党员干部做了如何认识理解并践行"三严三实"的专题报告。黄永军阐释了"三严三实"教育的重大意义和丰富内涵,剖析了"不严不实"的具体表现和严重危害,对文联进一步开展此项活动提出了新的要求。

【开展民族团结教育月活动】

2015年5月,是第33个民族团结教育月,自治区文联机关党委、老干处、团总支牵头,在党员干部中,在文联家属院,在团员青年、离退休老干部中,广泛开展了走动、互动十大活动:"面对面畅谈交心"、"互学语言文字文化"、"交朋友结对子"、"联谊交流共建"、"青年融情实践互动"、"互学歌曲舞蹈"、"互访互助互拜"、"访惠聚结亲戚"、"民族团结一家亲"网上互动,"民族团结进步创建"。文联团总支还将五四青年节与民族团结教育月活动相结合,开展了"青年融情长程徒步"活动。5月下旬,机关党委、老干处组织全体离退休干部职工开展了"去极端化"宣传教育活动和"我是中国公民"宣誓活动;同时,组织干部职工和离退休干部,围绕"我应该听谁的、信谁的、跟谁走?""姐妹们,想想孩子的未来,我们该怎么办?""维吾尔,我们将要走向何方?""青年人,我们在跟谁走,走向何方?""宗教极端势力要绑架我们穆斯林,我们党员干部、知识分子该如何教育引导群众?"等主题开展了大讨论活动,进一步澄清了认识,自觉抵制宗教极端思想的渗透。

【组织干部职工参观自治区反腐倡廉教育展】

7月21日,自治区文联纪检监察部门组织全体干部职工,前往自治区党校参观反腐倡廉教育展。阿扎提·阿拉提、张君超、胡中平等文联领导领头参观展览。一届届党中央总书记的讲话,一张张触目惊心的照片和一段段文字说明,让大家深受教育。

直属单位

【文艺理论研究室】

1月至6月,开展中国文联委托项目《边疆多民族聚居区文联组织社会作用调查》的调研,于1月、2月、5月对南北疆进行了3次调研,分别在9个县市召开了文艺工作者座谈会,7月按时完成调研报告,上报中国文联理研室,并通过中国文联理研室专家的审核,颁发了结项证书。报送的《关于加强意识形态领域情况分析研判工作的报告》被自治区党委宣传部评为2014年度"好信息"奖。完成了《天山文艺论丛》(第3辑)的各项编印出版工作。何英主编的"五朵雪莲花丛书"女作家作品选(五卷本)由新疆美术摄影出版社出版。研究人员参加了多次各地的培训、会议、学术交流。

【《新疆艺术》(汉文)】

8月11日至17日,"一带一路:新视野下的文艺交流——2015《新疆艺术》(汉文)笔会"在伊宁市召开。《新疆艺术》杂志社举办的此次笔会,是该杂志复刊以来的首届笔会。

【《新疆艺术》(维吾尔文)】

7月,在阿克苏地区东三县召开作者座谈会,宣传了党的文艺政策,征订杂志。10月,与麦盖提县文体局举办歌词培训班。11月,与伊犁州文联联合召开作者座谈会。11月20日,创作了以著名民间艺术家尼沙罕艺术生涯为主题的电影剧本,在乌鲁木齐市举行放映仪式。

【《西部》(汉文)】

1月20日,"西部之家·纳兰河谷文学创作基地"在阜康市兵团222团挂牌。6月,为庆祝自治区成立60周年,杂志社联手《天涯》《湖南文学》等文学期刊的编辑、作家20余人,举办了一同走入新疆,感受新疆60年来经济、社会、文化发展给人民生活带来的巨大变化的环准噶尔盆地"大美新疆文学采风活动"。8月28日,由作家出版社主办,塔城市委宣传部、市文联承办的哈萨克族作家朱马拜·比拉勒作品研讨会在塔城市召开。来自北京、新疆以及伊犁州、塔城地区的30多位评论家、作家,围绕朱马拜·比拉勒的长篇小说《光棍》和中短篇小说集《黑驼》,进行了深度研讨。9月,经过一年多艰苦细致的选编,作为向自治区成立60年献礼的"《西部》60年精品选"出版。"精品选"从1956年10月的创刊号到2015年《西部》已出版的700多期中精选出270万字的精品,分中篇小说卷、短篇小说卷、诗歌卷、散文卷、文学评论卷、报告文学卷六本。10月,受《湖南文学》杂志社邀请,杂志社部分编辑赴湖南参加"秀美湘西文学之旅"采风活动。

【《塔里木》(维吾尔文)】

5月,2015年度工作会议暨作者座谈会在乌鲁木齐市召开,来自南北疆的100多名作家参加会议。5月,"唱响时代主旋律——《塔里木》诗歌朗诵会"在乌鲁木齐举行。100多名诗人、作家参加朗诵会。9月,与喀什市文联联合,在喀什市和麦盖提县分别召开喀什作者座谈会、麦盖提县作者座谈会,喀什市150多名基层文学爱好者、麦盖提县80余名基层文学爱好者参加座谈会。10月,在和田市、于田县分别举办了诗歌朗诵会,和田市、于田县200多名诗人、作家参加。

【《曙光》(哈萨克文)】

3月15日,与阿勒泰地委宣传部、新疆人民广播电台哈编部联合,在阿勒泰市举办以"热爱伟大祖国,建设美好家园"为主题的吟诗比赛。6月27日,举办作家巴特尔汗·胡斯别根的系列丛书首发仪式。8月1日至3日,举办2015年度"新疆哈萨克族中青年作家组稿培训班",共有45名来自新疆各地州的哈萨克族中青年作家参加。10月24日,与新疆作协和伊犁州文联联合举办了作家居马德力·马曼系列丛书首发仪式。10月26日,在特克斯县举办了与基层作者和读者见面座谈会,听取了他们对《曙光》杂志意见和建议。10月25日至27日,在巩留县举办"新疆哈萨克文学评论"工作会议。11月18日,与相关单位联合举办了哈萨克青年作家艾多斯·阿曼泰的长篇小说《艾多斯·舒力凡》首发式。

【《启明星》(托忒蒙文)】

3月13日,召开"贾木查教授《托忒文字研究》《论文集》《红柳》新闻发布会暨学术研讨会",30余人参加。8月8日、10日,在昭苏县举办新疆蒙古族中青年作家培训班和蒙古族青年作家巴·加斯那作品研讨会。内蒙古文联主席巴特尔、新疆文联副主席阿拉提·阿斯木等40余名代表参加。

【《新疆柯尔克孜文学》(柯尔克孜文)】

6月20日,在新疆人民广播电台举办了"柯尔克孜族民间著名民间文学家哈兰·阿山阿洪作品研讨会",自治区人大原副主任阿山别克·图尔地等出席会议,学者们宣读了自己的论文,柯尔克孜族的歌手演唱了哈兰·阿山阿洪的诗歌。9月11日,举行"《柯尔克孜文学》出版200期座谈会"。10月9日至10日,在克州文化中心,举办2015年度笔会暨第四届《天罡星》文学奖、第二届"伊什根"儿童文学奖颁奖仪式。11月19日,在乌鲁木齐市举办"纪念夏尔西别克·司的克诞辰90周年座谈会"。

【《民族文汇》(汉文)】

7月8日至10日,前往和静县进行"和静县民族文化专号"的组稿工作，并与当地的民间艺术家、作家、摄影家就如何加大民族文化的宣传力度，提高民族文化的传播效应进行了座谈。8月22日至24日，在麦盖提县召开喀什地区译作者座谈会，来自喀什12个县的近40名译作者参加了座谈会。

【《新疆文艺界》（汉文）】

2015年，《新疆文艺界》增强了文艺动态信息量，增加了图片的使用，增加了名家书画作品的选登。今年第3期，两个彩页选登了27幅全国书画名家邀请展的书法作品，一个彩页集中刊登了新疆作家的书法作品，封底又集中刊发了文联驻村工作组的整版工作、生活图片；第2期封三，集中刊登了澳门政府举办的新疆画家阿童牧的新疆山水国画作品。

今年是自治区成立60周年，《新疆文艺界》及时将《自治区文学艺术界累累硕果喜迎自治区成立60周年》稿件推荐到《中国艺术报》，在该报头版头题全文刊登，同时，在《新疆文艺界》第3期全文刊登。

主要获奖情况

董立勃获得《当代》荣誉作家奖。

刘亮程获第十六届百花文学奖散文奖。

沈苇获华语文学传媒大奖、2015花地文学榜年度诗歌金奖、首届李白诗歌提名奖、第十一届《十月》文学奖、《作品》杂志年度长诗奖、"第一朗读者"诗歌贡献奖。

第三届"新歌唱新疆"作品征集金奖《丝绸之路》（刘亮程、尼加提·尼瓦尔）；银奖《随心到新疆》（宋青松、虎卫东），《巴哈力》（李蔓），《新疆之恋》（陈道斌、沈丹）；铜奖《沙漠的丰收》（沈苇、阿不来提），《我在新疆等你》（化方、何沐阳），《我的乡村生活》（王树声、叶林华），《青春塔里木》（虞文琴、连向先），《新疆是我家》（吴善翎、陈涤非）。另有10首获优秀奖。

由阿瓦提县民间歌舞团表演的维吾尔族歌舞《阿图什》，在"大美民间·天籁流韵——2015年江苏冯梦龙山歌会"活动中获银奖。

林贵福创作的剪纸作品《历史不会忘记》，在"纪念中国人民抗日战争暨世界反法西斯战争胜利70周年——2015年全国剪纸名家精品展"中获优秀奖。

由新疆民协选送的农民画作品《买酸奶》，在由中国民协举办的"中国精神中国梦"全国农民画作品展中获银奖；《爱国》《库车大囊》《农民乐》《歌颂》《喝水不忘挖井人》《人人学法》《驼铃声声》《修马蹄》《沙漠之歌》9幅农民画作品获优秀奖。

由新疆民协申报的民俗电视片《摇床仪式》获中国文联、中国民协颁发的第十二届"中国民间文艺会山花奖·民俗影像作品奖"。

王献忠创作的漫画作品《读后感》获"第九届全国税收宣传漫画大赛"三等奖；漫画作品《遛狗图》获"第九届国际环保漫画插画大赛"优秀奖。

果海尔古丽获西北五省区音乐节第二届民歌邀请赛金奖；丽娜·夏侃获银奖。

少儿舞蹈作品《馕香万里》《天山花朵》《阿米娜的果园奇遇》获第八届"小荷风采"全国少儿舞蹈展演三项金奖。

张映姝的《玫瑰花开》获新疆第二届微电影动漫大赛一等奖。

各文艺家协会

【作家协会】

2月10日至15日，作协常务副主席董立勃带领作家深入生活小分队一行10人，前往巴州若羌县、罗布泊镇、楼兰故址等地进行文学采风活动。3月25日至26日，作协副主席阿拉提·阿斯木带领作家深入生活小分队一行7人前往吐鲁番、托克逊等地进行文学采风活动。4月9日至11日，召开2015年度少数民族签约作家工作会议，共签约青年作家41名，其中维吾尔族21名，哈萨克族10名，其他少数民族10名。5月至7月，组织自治区第五届"天山文艺奖"文学类作品的征集和初评工作，选出12部文学作品报送区党委宣传部进行复评。5月，选送17位维吾尔族青年作家前往上海作协写作营参加为期1个月的文学创作培训。4月、6月、9月，分3批共选送40名新疆少数民族作家参加鲁迅文学院为期1个月的文学创作培训。5月6日至15日在中国音乐学院、中央民族大学、华东师范大学、上海师范大学，10月24日在长沙中南大学，共举办了5场《天山的祝福——新疆诗歌全国行》大型诗歌朗诵活动，现场参加人数超过1500人。5月9日，在中央民族大学举办维吾尔族女作家哈丽达·斯拉音作品研讨会。6月22日至29日，组织10位作家赴南疆库车县、阿克苏市、麦盖提县、阿瓦提县、阿拉尔市、库尔勒市、和硕县等地深入生活和开展调研活动，同时慰问自治区文联"访惠聚"驻村工作组，并在麦盖提县建立新疆作家深入生活创作基地。7月，向中国作家协会少数民族文学重点作品扶持项目推荐了17名作家，其中9名少数民族作家的作品列入了重点扶持项目。7月25日至31日，作协和新疆宜兹高信息科技公司在作协水西沟创作中心联合举办第二届维吾尔语"宜兹高网络文学颁奖会"。吾买尔·买买提明的作品《爱与恨》、古丽尼莎·依明的作品《父亲的麦田与哥哥的玉》、加萨来提·塔什的翻译作品《帕斯捷尔纳克诗选》等7篇作品获首届"新疆网络文学奖"。8月10日至16日，组织安排中国作协全国知名作家"丝路文学之旅"采风团一行14人，前往哈密、吐鲁番、巴州、阿克苏、喀什等地进行文学采风活动。9月6日至15日，接待以上海作协党组副书记、秘书长马文运为团长的上海作家代表团新疆工作访问考察团一行14人。10月24日，与《曙光》杂志、伊犁州文联联合举办哈萨克族作家居玛德里·马曼《希望在召唤》系列丛书首发式。10月14日，召开纪念习近平总书记关于文艺工作重要讲话发表一周年座谈会，各民族作家评论家共26人参加。11月20日，在乌鲁木齐举办《阿拜箴言录》哈萨克语、维吾尔语、汉语3种语言的诵读本首发仪式，各族作家、评论家、文学翻译家、出版家、媒体等500余人参加活动。11月28日，召开维吾尔族作家马合木提·穆罕默德作品研讨会。

【民间文艺家协会】

8月11日，由自治区文联、新疆民间文艺家协会承办的第四届阿肯阿依特斯大会开幕，张春贤、努尔兰·阿布都买金、艾斯海提·克里木拜、田文等自治区党政领导出席了大会开幕式。8月24日至28日，与中国民协、和静县联合，在和静县巴音布鲁克乡举办"我们的节日——蒙古族祖鲁节"系列民俗活动，新疆民协主席马雄福、中国民协副秘书长周燕屏等21位专家、学者参加了本次活动。11月4日，在乌鲁木齐昆仑宾馆召开《玛纳斯》演唱大师居素甫·玛玛依演唱生涯座谈会。10月20日至21日，在北京举办首届维吾尔达斯坦国际研讨会。

【美术家协会】

2月6日，在德汇集团文化俱乐部组织了《漫画迎新春》座谈会，新疆漫画界、新闻界的漫画编辑、漫画专栏策划人、漫画家共50余人参加了座谈会。5月23日至27日，和新疆新闻工作者协会主办的第二届"新疆新闻漫画作品展"在乌鲁木齐市文化馆揭幕，35位作者的190幅（组）漫画作品展出，其中35幅（组）作品获奖。6月19日，美协主席邓维东前往巩留县参加巩留县写生创作基地挂牌仪式。7月4日，接待了香港水彩画研究会会长沈平先生一行，在巴州美术馆举办"香江·天山情——香港水彩作品展"，并组织香港的水彩画家举行水彩讲座，与巴州美术工作者进行文化交流。8月，组织了6位国画家到独山子大峡谷、独库公路和那拉提等地写生。8月30日，与克拉玛依市白碱滩区委联合主办的"克拉玛依之歌"石油工业版画作品展在克拉玛依市美术馆揭幕，共展出版画作品86件。9月8日至16日，由新疆文联、兵团文联、天津文联主办，各文联美协、书协承办的"丝路风韵——新疆天津书画作品展"，在乌鲁木齐亚欧艺术馆举办，共展出作品227幅，其中天津作品102幅，新疆作品72幅（含兵团53幅）。10月31日至11月7日，"丝路风韵——新疆天津书画作品展"在天津美术馆展出。9月12日，与乌鲁木齐市水磨沟区政府联合举办的"印痕——2015新疆雕塑展"在乌鲁木齐市七坊街新疆当代美术馆揭幕，共展出全疆30多位各民族艺术家的41件作品。9月15日，由新疆文联和山东美术馆主办，新疆美协协办的"新疆油画走进山东展"在山东美术馆开幕，共展出71位画家创作的104幅作品，并出版了《新疆油画走进山东》大型精装画册。该展览结束后，于10月15日在乌鲁木齐锦江国际大酒店举办了汇报展。9月，组织12位国画家赴喀什写生。11月中旬，在石河子军垦博物馆举办了"丝路风情"小幅版画作品展。12月12日，"新疆当代水彩写生展"在新疆军垦美术馆举行，74幅作品入选。

【摄影家协会】

3月4日，新疆摄协文艺志愿服务队20人，由摄协主席李学亮带队，走进中国人民解放军69026部队军营，开展"我们的中国梦，文化进万家"文艺志愿服务活动。3月5日，摄协文艺志愿服务队10人，由李学亮带队，走进新疆退役军官培训基地，开展"到人民中去"文艺志愿服务活动。5月1日，组织全疆170名摄影爱好者到克拉玛依市乌尔禾地区进行实地采风创作。5月23日，在乌鲁木齐人民公园开展文艺志愿服务活动，为市民普及摄影、相机维护知识，举办摄影展览等。8月18日，摄协文艺志愿服务队到兰州军区乌鲁木齐总医院野外集训基地慰问官兵，为官兵留下了野战训练宝贵的影像资料和个人资料。10月23日，组织30名文艺志愿者到兵团第二师33团进行采风创作活动。10月19日，组织摄影家参加了由自治区文联组织的纪念习近平在文艺工作座谈会上的讲话发表一周年"送欢乐，下基层"走进麦盖提文化惠民活动。

【音乐家协会】

4月至6月，分三批组织著名音乐家赴兵团第六师103团、达坂城区五十七中学、查布察尔县慰问演出。6月12日，在乌鲁木齐市沙依巴克区红庙子片区举办"到人民中去——慰问维稳一线公安干警、社区干部钢琴独奏音乐会"。6月19日至20日，在克拉玛依白碱滩区第五中学、第十中学、社区，举行了三场"端午琴声送温暖，文化惠民一家亲"双排键电子琴音乐会。8月，组织全国"小金钟"奖钢琴新疆赛区选拔赛，第六届亚洲青少年钢琴比赛新疆选拔赛，乌鲁木齐杯第四届声乐器乐大赛。8月14日至15日，组织参加在陕西佛坪举办的西北五省区第二届熊猫艺术节西北民歌邀请赛，新疆代表队的果海尔古丽获得一等奖，丽娜·夏侃获得二等奖，新疆音协获得组织奖。12月12日至18日，由音协主席努斯勒提、副主席佟吉生带队，参加在兰州举行的第三届西北五省区音乐节，新疆木卡姆艺术团演出的大型情景诗画《丝路乐魂》获金奖。

【书法家协会】

5月28日，组织书法家到乌鲁木齐市89中学开展书法进校园活动，现场书法家进行书法讲座，汉、维、蒙、哈等民族书法家展示各民族书法艺术，受到该校师生的欢迎。6月6日，在乌鲁木齐锦江大酒店主办了"龙清廉、闵荫南、邹光霖三老书画艺术展"，展出书画作品120幅。6月7日，在乌鲁木齐市美术馆主办了"吴春雪书画艺术展"，展出作品110幅。6月20日，庆祝自治区成立60周年"大美新疆、和谐新疆——全国书法名家作品邀请展"在乌鲁木齐市美术馆开幕,共有全国著名书法家作品148件。8月11日至12日,在自治区党校举办"新疆第二届哈萨克书法展",展出作品60余幅。8月20日,在伊宁市举办新疆第三十届维吾尔文书法研讨会,150名少数民族书法家参加。9月8日,由新疆文联、天津文联、新疆兵团文联主办的"丝路风韵——津疆情"书画联展在乌鲁木齐亚欧艺术馆开幕,展出两地书画作品227幅。10月10日,"新疆第十六届临书临印大展"在乌鲁木齐宏美术馆开幕,此次展览入展作品134件,优秀作品16件。

【舞蹈家协会】

7月4日,联合新疆杂协、剧协,前往新疆农业大学附中进行"大手牵小手,欢乐在校园"慰问演出活动。7月13日至18日,举办了第八届"小雪莲"全疆少儿舞蹈大赛及第七届"雪莲风采"全疆群众舞蹈大赛。7月24日至29日,参加第八届"小荷风采"全国少儿舞蹈展演,新疆舞协选送的《馕香万里》《阿米娜的果园奇遇》《天山花朵》获"小荷之星"奖,新疆舞协获优秀组织奖。8月7日,在西昌市举办的第十届中国舞蹈"荷花奖"民族民间舞评奖中,麦盖提县刀郎艺术团的《熬鹰刀郎》、新疆艺术学院的《绽放》获"十佳作品奖",新疆舞协获优秀组织奖。

【电影家协会】

5月23日、27日,两次在新疆艺术学院举办"电影进校园"培训活动,此次培训通过放映电影《大河》,特邀编剧与大学生面对面交流,让大学生对如何创作和赏析新疆本土电影有了进一步的认识。8月15日至20日,在麦盖提县举办了为期5天的送欢乐下基层"百花放映·情系麦盖提"的活动。此次活动选择了维吾尔语版的最新影片《真爱》和《钱在路上跑》放映,围绕文联驻村所在的巴扎结米乡十个村镇,每晚放映两个村,十场观众约达上千人。10月,首届"库看杯"维吾尔语原创微电影大赛活动,征集到参赛作品25部,评选出一、二、三等奖作品6部。8月15日至25日,策划拍摄了反映自治区文联"访惠聚"工作组生活的纪录片《村里的日子》。通过影像声画,直观逼真地呈现了文联驻村工作组同志的工作情景。

【戏剧家协会】

2月15日,剧协文艺志愿服务队走进乌鲁木齐市"SOS儿童村",开展慰问演出活动。7月4日,"送欢乐,进校园"活动在新疆农业大学附中进行。9月15日至10月31日,与乌鲁木市文联戏剧曲艺家协会、新疆人民广播电台、乌鲁木齐市老龄委联合举办"大漠杯"首届戏曲文化节——2015群众戏迷票友大赛。

【杂技家协会】

6月30日至7月5日,在麦盖提县巴扎结米乡等9个乡及伽师县、喀什市,进行"去极端化"及"送欢乐下基层"慰问演出。7月6日赴新疆农业大学进行"大手牵小手,欢乐在校园"活动。11月7日,举办了全疆魔术比赛交流会,同时为儿童村筹集社会爱心人士资金3000多元。

新疆生产建设兵团文联

综述

2015年兵团文艺界把学习贯彻习近平总书记在文艺工作座谈会上的重要讲话精神和《中央关于繁荣发展社会主义文艺的意见》作为首要政治任务，认真学习领会习总书记关于繁荣发展文艺的新思想、新理念、新要求，围绕中心、服务大局，抓创作促繁荣，抓培训带队伍，抓活动创品牌，弘扬主旋律，传播正能量，准确把握自治区和兵团党委对兵团文联工作的要求，提高思想认识，强化文化担当，深化落实措施，努力推进兵团文艺事业繁荣发展。积极开展文化惠民活动，大力培养文艺人才，积极组织创作文艺精品力作，精心组织完成了文艺创作和大型文艺活动各项任务，为推动兵团文艺事业的大发展快发展，再创兵团文艺事业新辉煌做出了积极贡献。

重要会议与活动

【兵团文联召开四届九次全委会】

2月7日，兵团文联四届九次全委会在乌鲁木齐徕远宾馆召开。兵团党委宣传部副部长、文联党组书记麻霞做了题为"深入学习贯彻习近平总书记重要讲话精神，推动兵团文艺在建设先进文化示范区中发挥作用"的工作报告：一是围绕兵团成立60周年主题，深入开展"我们的中国梦·兵团篇章"主题文艺创作和文艺活动；二是建立健全工作机制，加强文艺队伍建设；三是切实加强自身建设，进一步提高文联工作水平。

在安排部署2015年工作时麻霞强调：要深入学习贯彻落实党的十八届三中、四中全会精神，第二次中央新疆工作座谈会精神，习近平总书记在文艺工作座谈会上的重要讲话精神，贯彻落实全国宣传部长会议和中国文联九届七次全委会议精神，落实兵团党委六届十四次全委（扩大）会议提出的各项任务，坚持以人民为中心的工作导向，大力培育和践行社会主义核心价值观，突出文艺界行风建设这条主线，紧紧围绕"中国精神·中国梦·兵团篇章"主题创作实践，大力实施文艺精品工程，着力开展"深入生活、扎根人民"和"到人民中去"文艺采风和志愿服务活动，着力提升文艺工作者职业道德素质，着力加强行业服务、行业管理、行业自律，创新文联职能、提高自身能力，实施"基层文艺骨干队伍建设"工程。团结引导广大文艺工作者，创作更多反映兵团生活、具有兵团风格特点的优秀作品，为传播中华文化、履行建设凝聚各族群众大熔炉和先进文化示范区使命做出新的贡献。

兵团文联党组副书记、主席李光武主持会议并传达中国文联九届七次全委会精神。会议增替补了兵团文联四届委员，选举苗宏同志为兵团文联副主席，兵团文联党组副书记、主席李光武做会议总结。

【中国文联举办新疆地区文联系统干部培训班】

2015年8月3日至7日，新疆地区文联系统干部培训班在乌鲁木齐市举办，来自自治区文联、兵团文联系统的122名干部参加了此次培训。此次培训由中国文联主办，中国文联文艺研修院承办，新疆维吾尔自治区文联、新疆生产建设兵团文联协办。中国文联党组副书记、副主席、中国文联文艺研修院院长李屹，新疆维吾尔自治区党委常委、宣传部部长李学军，新疆生产建设兵团党委常委、宣传部部长郭永辉，中国文联副主席、中国杂技家协会主席、河北省政协副主席边发吉出席开班仪式。梁竞阁、黄永军、阿扎提·苏里坦、麻霞、李光武、秦富平、张君超、秦安江、苗宏、冀彦伟等自治区、兵团、中国文联文艺研修院相关负责同志参加了开班式。中国文联文艺研修院常务副院长傅亦轩主持开班式。

【兵团出台《新疆生产建设兵团关于实施文艺精品工程的意见》】

2015年8月14日兵团出台《新疆生产建设兵团关于实施文艺精品工程的意见》。该意见以党的十八大、十八届三中、四中全会和习近平总书记在文艺工作座谈会上的重要讲话精神，以及第二次中央新疆工作座谈会精神为指导，以建设兵团先进文化示范区为目标，坚持以人民为中心的工作导向，坚持"二为"方向、"双百"方针和"三贴近"原则，弘扬主旋律，提倡多样化，以高度的文化自觉和文化自信，深入发掘兵团文化丰厚底蕴，热情讴歌当代兵团人的生动实践，着力打造兵团深受群众欢迎、在新疆乃至全国产生重要影响的文艺精品。

【兵团文联送欢乐下基层】

2015年1月22日兵团"送欢乐下基层·兵地一家亲"文艺志愿服务队"送欢乐下基层"文化惠民活动在兵团第一师阿拉尔市文化馆举行。兵团文联与兵团党委宣传部共同组织100多名文艺家和文艺工作者，组成5个小分队，赴14个师的60多个团场和地方乡镇、大专院校慰问演出80多场，书写赠送春联3000多副，直接受益群众5万余人。

【郭永辉同志到兵团文联调研】

2015年3月10日，兵团党委常委、宣传部部长郭永辉到兵团文联调研，并与文联工作人员和部分文艺家进行了座谈。听取了兵团文联党组书记麻霞，党组副书记、主席李光武就兵团文艺工作和文联工作情况的汇报，郭永辉对兵团文艺工作和文联工作给予了充分肯定。

【兵团书法家协会第六次会员代表大会召开】

2015年5月6日，新疆兵团书法家协会第六次会员代表大会在乌鲁木齐徕远宾馆隆重召开。兵团文联主席李光武、副主席苗宏出席大会并讲话，对当选的新一届兵团书协理事会和主席团提出希望和要求。来自各师（市）文化、教育、卫生、农牧团场、企业等各条战线和基层各行业的兵团书协会员代表42人出席了会议。会议选举产生了新一届理事会和主席团。孙峰当选主席；王怡平、孙朝军、运其瑞、李仁彬、熊建军、张高鹏当选副主席；孙朝军兼任秘书长。孙峰代表兵团书协第五届理事会做了题为《认真履行职能、促进和谐繁荣、为兵团书法事业全面发展而努力奋斗》的工作报告。

【兵团文联召开"三严三实"专题教育党课】

2015年6月19日为贯彻兵团党委的要求，落实兵团开展"三严三实"专题教育实施方案，围绕扎实落实"三严三实"要求，忠实履行兵团文艺发展使命的主题，兵团文联结合本系统工作实际，组织召开了"三严三实"专题教育党课。文联党组书记麻霞、副书记兼主席李光武、副主席秦安江及文联机关和直属单位《绿洲》杂志社、创作组党员干部参加了党课学习。

【郭永辉常委出席兵团文联召开的各文艺家协会负责人座谈会】

2015年6月16日，兵团文联召开各文艺家协会负责人座谈会，兵团党委常委、宣传部部长郭永辉出席座谈会并讲话。兵团党委、兵团副秘书长梁竞阁主持座谈会；兵团党委宣传部常务副部长曾建勇，兵团党委宣传部副部长、文联党组书记麻霞，文联党组副书记、主席李光武，副主席秦安江及13个文艺家协会的负责人参加了座谈。

【兵团文联党支部、工会赴103团开展组织活动】

2015年5月底，兵团文联党组副书记、主席李光武，文联副主席秦安江、苗宏，六师文联主席李仁彬，兵团文联党支部、工会及离退休老同志等一行14人赴六师五家渠市、103团开展组织活动。一行人参观了六师五家渠市将军纪念馆、103团知青陈列馆。兵团文联党支部、工会向103团赠送了摄影作品和文艺书籍；李光武、苗宏、李仁彬、曹斌才、张高鹏等为103团职工群众现场书赠了书法作品50多幅。

【共谱民族团结·共创美好家园】

2015年5月29日晚9点，兵团文联驻53团8连"访惠聚"工作组和8连党支部共同举办的"兵团文联驻53团8连'访惠聚'工作组主办文艺晚会"在53团团部机关大楼广场开展演出活动。

【兵团音协合唱指挥爱好者学会成立】

2015年4月17日，兵团音协在兵团文化中心召开"兵团合唱指挥爱好者学会"成立大会，并选举产生第一届领导机构：宋延勋教授为会长，宋广斌为常务副会长；孙明、李跃梅、王强、徐健、徐国萍、陈光、仲海英、张钦、李文娟、张甘梅、宋曾权、齐晨、魏红霞、孙凤玲、王静、李丽、张帆、吴英华、彭贵玉为副会长；齐晨为秘书长；邝栋、龙刚为副秘书长。

【兵团文联组织召开杂技《生命之旅》《在那遥远的地方》作品研讨会】

2015年4月21日，兵团文联组织召开《生命之旅——男子倒立技巧》、杂技剧《在那遥远的地方》作品研讨会，兵团党委宣传部副部长、文联党组书记麻霞，兵团党委宣传部文化处、兵团文联创研部、兵团杂技团、兵团杂技家协会、音乐家协会负责人，自治区杂技家协会、自治区杂技团、新疆军区文工团、新疆艺术学院、新文音乐工作室的专家及部分编创人员、演员就两部杂技作品的创作进行了研讨。兵团杂技团创作的大型情景杂技剧《在那遥远的地方》，荣获兵团精神文明建设"五个一工程"奖和第一届"绿洲文艺奖"作品奖。

【《暖情》参加第三届"南山杯"全国曲艺新人新作展演】

2015年6月4日，第三届"南山杯"全国曲艺新人新作展演在深圳市举办。由兵团曲艺家协会主席张爱国创作并导演，兵团曲艺家协会副主席兼秘书长杨迪中、兵团曲艺家协会副主席冯爱国表演的小品《暖情》获得中国曲艺家协会颁发的第三届"南山杯"全国曲艺新人新作展演二等奖。

【兵团召开作家协会工作座谈会，郭永辉常委出席会议并讲话】

2015年6月24日，兵团召开作家协会工作座谈会，兵团党委常委、宣传部部长郭永辉出席会议并讲话。兵团党委宣传部常务副部长曾建勇、兵团党委宣传部副部长兼兵团文联党组书记麻霞、文联党组副书记兼主席李光武、副主席秦安江和苗宏，兵团作协主席丰收及作家代表参加了座谈。

【郭永辉会见电视连续剧《大牧歌》剧组】

2015年7月6日，兵团党委常委、宣传部部长郭永辉会见电视连续剧《大牧歌》剧组一行。兵团党委宣传部副部长兼文联党组书记麻霞、兵团文联主席李光武、七师副政委景建英、著名作家韩天航、北京东方全景文化传媒有限公司总经理张勇、副总经理张金锋，《大牧歌》执行制片人张萍等参加了会见。

【兵团音协吴军、孙明出席中国音协第八次全国代表大会】

2015年6月14—19日，兵团音乐家协会主席吴军，副主席、秘书长孙明代表兵团音协出席了中国音协第八次全国会员代表大会，吴军当选中国音协第八届理事。兵团文联党组成员、副主席苗宏作为领队应邀出席了音代会。

【兵团音协举办石钢教授钢琴作品研讨会】

2015年7月2日，兵团音乐家协会在和平文艺沙龙举办"石钢教授从艺55周年暨从教50周年"钢琴作品研讨会。兵团音协主席吴军、副主席孙明、副秘书长王云峰、周广仁艺术培训中心新疆分校校长易新龙等专家参加了研讨。

【《兵团赞歌——新疆生产建设兵团成立六十周年歌曲集》】

2015年4月由兵团文联、兵团音乐家协会编撰的《兵团赞歌——新疆生产建设兵团成立六十周年歌曲集》出版。歌曲集以兵团音乐艺术事业60年的发展历程为主线，收录了自部队时期以来的《南泥湾》《大生产》等共178首作品，其中不少作品传遍大疆南北及全中国，对宣传兵团起到不可估量的作用。

【兵团文联出席中国文联"和平与正义之声——歌谣与抗战"研讨会】

2015年9月14日，为纪念抗战胜利70周年，由中国文联理论研究室和中国民间文艺家协会共同主办，《民间文化论坛》编辑部承办的"和平与正义之声——歌谣与抗战"研讨会在中国文联召开。中国文联理论研究室主任庞井君、副主任徐粤春、政策研究处处长杨晓雪、中国民协分党组书记罗扬、中国民协《民间文艺论坛》编辑部主编安德明、副主编冯莉及来自全国各地有关专家学者40余人参加了研讨。兵团民协主席薛洁、兵团文联《兵团文艺》执行主编王翠屏参加了研讨会。

【兵团舞蹈作品荣获全国少儿舞蹈大赛金奖】

2015年7月28日，全国第八届"小荷风采"少儿舞蹈大赛在北京举办。全国31个省（区、市）和港澳台地区、新疆生产建设兵团以及中国人民解放军等单位参加了比赛。兵团舞蹈家协会、兵团党委宣传部选送的参赛作品《阿米娜的果园奇遇》荣获"小荷之星"金奖；兵团舞蹈家协会、兵团群艺馆荣获"小荷之家"荣誉称号；兵团舞蹈家协会、兵团党委宣传部荣获优秀组织奖；张国庆、巩静洁荣获"最佳编导奖"。

【中国曲艺家协会"深入生活、扎根人民"曲艺采风创作丝路行走进兵团十三师】

2015年8月13—16日，在中国文联和兵团党委的关心支持下，兵团文联领导麻霞、李光武、苗宏陪同中国曲艺家协会赴兵团采风慰问团一行32人赴兵团十三师开展"深入生活、扎根人民"曲艺采风创作丝路行活动。艺术家们先后参观了火箭农场城镇规划馆、党员培训中心、创博影视城、红星一场场史陈列馆，在红星一场举办专场演出，兵团及地方、石油、铁路系统的12000多名干部群众观看了演出。晚会由著名曲艺家牛群和中央电视台主持人周宇主持。兵团十三师政委黄志刚向中国曲艺家协会赠送了题有"深入生活笑满天山，扎根人民情暖兵团"的锦旗。中国曲艺家协会副主席马小平，分党组成员、副秘书长黄群向十三师赠送了曲艺采风创作团全体成员的签名旗。艺术家与十三师军垦老战士互动，听老军垦讲述兵团的故事和抗战时期的经历。8月16日下午，兵团党委常委、宣传部部长郭永辉及兵团党委、兵团副秘书长梁竞阁在乌鲁木齐亲切看望了慰问团一行，代表兵团党委、兵团对中国文联、中国曲艺家协会赴兵团慰问演出表示热烈欢迎和感谢，并向艺术家介绍了兵团的历史沿革和经济社会发展情况。

【长篇电视剧《大牧歌》开拍】

2015年8月20日，由新疆生产建设兵团第七师、新疆生产建设兵团文联、北京东方全景文化传媒有限公司联合摄制的40集电视连续剧《大牧歌》在七师巴音沟草原实景地举行开机仪式。兵团文联主席李光武，七师党委常委、副政委景建英，兵团著名作家、编剧韩天航，著名导演李舒，北京东方全景文化传媒有限公司总经理张勇、副总经理张金锋、《大牧歌》执行制片人张萍，主演林江国、成泰燊、邢珊等演职人员100多人参加了开机仪式。

【兵团举办纪念中国人民抗日战争暨世界反法西斯战争胜利70周年书法作品展】

2015年8月25日，为纪念中国人民抗日战争暨世界反法西斯战争胜利70周年，由兵团党委宣传部、兵团文联主办，兵团诗词楹联家协会、兵团书法家协会承办的"兵团纪念中国人民抗日战争暨世界反法西斯战争胜利70周年书法作品展览"，在兵团机关举办。兵团党委常委、宣传部部长郭永辉出席开展仪式并讲话。此次所展出的作品是从兵团征集的400多首诗词楹联作品和抗战期间中外诗人、抗日将领创作的诗词作品中精选出来的，由兵团书法家书写创作。此次展览后，继续在六师五家渠市、兵团建工集团和七师126团巡回展出。

【2015兵团专业器乐比赛活动圆满结束】

2015年8月27日，兵团音乐家协会在乌鲁木齐举办"2015兵团专业器乐比赛"。这次活动是全兵团首次专业器乐比赛，近50人报名参加了比赛。比赛分民族器乐组、管弦乐组和键盘组。此次器乐比赛活动，旨在发现人才、培养人才，激发广大器乐演奏人员的音乐热情，进一步推动兵团器乐演奏事业的发展。

【《中国民间文学三套集成·新疆兵团卷》举行首发式】

2015年10月26日，国家民间文化遗产抢救工程《中国民间文学三套集成·新疆兵团卷》首发式在乌鲁木齐举行。中国民协副主席、自治区文联副主席、民协主席马雄福，兵团文联党组副书记、主席李光武，石河子大学党委副书记夏文斌，兵团出版社总编杨建平，兵团民协主席薛洁等相关部门领导，兵团文艺界代表、兵团民间文学讲录者、采录者代表和接受赠书的团场、大学图书馆、兵团军垦博物馆等单位代表30多人出席了首发式。

【"纪念抗战70周年"中国城市合唱节兵团老军垦合唱团获得混声组一等奖】

2015年11月8日晚，由中国合唱协会主办、中山市文广新局承办的"纪念中国人民反法西斯抗日战争暨世界反法西斯战争胜利70周年"2015中国城市合唱节开幕，新疆生产建设兵团老军垦合唱团参加演出并获得混声组一等奖。

【2015年中国文联文艺培训志愿服务项目——第一批兵团文艺骨干"巡回大培训"公益活动启动】

2015年10月20日，中国文联文艺培训志愿服务项目——第一批兵团文艺骨干"巡回大培训"公益活动启动。来自北京、新疆的19名摄影、书法、美术授课老师兵分五路，持续近一个月在新疆大地上行程5000多公里，深入南北疆兵团21个培训点，先后有1728名来自兵团机关、11个师

（市）、石河子大学、塔里木大学和部分团场的摄影书画爱好者、青年文艺教师的学员参训。兵团组织这样的巡回文艺培训尚属首次，为提升兵团整体文艺骨干队伍水平，发现和培育文艺新人奠定了良好基础。

【第六届兵团青年文学创作会议举办】

2015年11月10日，由兵团文联、兵团作协主办，一师阿拉尔市文联协办的第六届兵团青年文学创作会议在阿拉尔市举办。一师阿拉尔市党委常委、副师长张跃勇，兵团作协主席丰收，兵团文联副主席秦安江，《中国作家》杂志副主编高伟，新疆作协原常务副主席赵光鸣出席了开班仪式。秦安江同志主持开班仪式，来自兵团各师市的青年作家、南疆片的文学爱好者及阿克苏、喀什地区的中青年作家共60余人参加了学习。此次创作会议为期5天，中国作协《诗刊》社常务副主编、著名诗人商震，《中国作家》杂志副主编、著名评论家高伟，《中国作家》杂志文学部主任、著名作家俞胜，兵团作协主席、著名作家丰收，新疆作协原常务副主席、著名作家赵光鸣，《西部》杂志总编、著名诗人沈苇应邀为青年作家授课。

【兵团书协代表团出席中国书法家协会第七次全国代表大会】

2015年12月6—9日，中国书法家协会第七次全国代表大会在北京隆重召开，来自全国各地的393位书法工作者代表参加大会。大会选举产生了新一届195名理事和新一届主席团。兵团书法家协会主席孙峰，副主席兼秘书长孙朝军，副主席李仁彬、张高鹏代表兵团书协出席了此次大会；孙峰、孙朝军高票当选中国书协第七届理事会理事。兵团文联党组成员、副主席苗宏作为领队应邀出席了第七届全国书代会。在兵团代表赴京参会前，兵团党委常委、宣传部部长郭永辉亲切接见了参加中国书法家协会第七次全国代表大会代表，兵团党委兵团副秘书长梁竞阁，兵团党委宣传部常务副部长曾建勇，兵团党委宣传部副部长、兵团文联党组书记麻霞，兵团文联党组副书记、主席李光武，兵团文联党组成员、副主席苗宏参加了接见。

【蒋玫舞蹈作品汇报演出在新疆艺术剧院举行　中国舞协、兵团文联举办蒋玫舞蹈作品研讨会】

2015年12月19日晚上9点整，蒋玫舞蹈作品专场汇报演出在乌鲁木齐新疆艺术剧院剧场举行。兵团党委常委、宣传部部长郭永辉，兵团党委副秘书长梁竞阁，兵团党委宣传部常务副部长曾建勇，兵团党委宣传部副部长、兵团文联党组书记麻霞，兵团文联党组副书记、主席李光武，党委宣传部副部长许先锋、李健、杨武军，兵团文联党组成员、副主席秦安江、苗宏等相关部门领导及北京专家组成员（中国舞蹈家协会副主席、新疆舞蹈家协会主席迪丽娜尔·阿不都拉，中国艺术研究院舞蹈研究所所长欧建平，中国艺术研究院舞蹈研究所副所长江东，中国舞蹈家协会分党组成员、副秘书长夏小虎，中国歌舞剧院首席摄影师刘海栋）等观看了演出。12月20日，中国舞协、兵团文联在乌鲁木齐举办了"蒋玫舞蹈作品创作座谈会"。欧建平所长、江东副所长、夏小虎副秘书长、新疆艺术研究所李季莲所长等专家参加了座谈。

【第七届新农村电视艺术节颁奖典礼在戈壁母亲故乡126团举行】

近日，由中国电视艺术家协会、中国农业电影电视中心主办，中视协农视委、央视CCTV-7《乡村大世界》栏目、七师126团承办，七师党委宣传部、七师文联协办的第七届新农村电视艺术节暨第九届小康电视节目工程颁奖典礼在新疆生产建设兵团第七师126团隆重举办。中国文联党组成员、副主席、书记处书记夏潮，中国文联副主席、中国视协主席赵化勇，兵团党委常委、副政委徐伟华，兵团文联主席李光武，七师党委副书记、师长王光强，中国视协分党组书记、驻会副主席兼秘书长张显，中国视协副秘书长范宗钗，兵团文联副主席苗宏，七师领导景建英、吴新平、史贯中，师两办、宣传部、文联及126团领导先后出席本次活动。同时，获得各个奖项的获奖代表、各省市影视家协会秘书长、媒体代表等数百名嘉宾参加活动。中央电视台及来自23个省、市的50多家电视台参加本届电视艺术节评选活动，共征集符合条件的对农电视作品275件。

兵团各文艺家协会工作

一年来，兵团文艺家创作了一大批兵团题材的文艺作品，许多作品在全国刊物发表，入选全国展览、展演并获奖。

【兵团音乐家协会】

2015年1月15日兵团音乐家协会"钢琴专业委员会"在新疆教育学院音乐厅举办《2015迎新春音乐会》。2月5日，正阳记忆（北京）国际文化交流有限公司、新疆兵团和平影视文化发展有限责任公司联合制作出版《放歌兵团》，收录了兵团不同时期的优秀作品19首。4月17日，兵团音乐家协会合唱指挥爱好者学会成立。5月9日，兵团音协在兵团第二师国风古筝艺术中心召开"兵团音乐家协会古筝学会"第二次会员代表大会，选举产生了学会第二届领导机构。2015年6月14日至19日，兵团音乐家协会主席吴军，副主席、秘书长孙明代表兵团音协出席了中国音协第八次全国会员代表大会；吴军再次当选中国音协第八届理事。兵团文联党组成员、副主席苗宏作为领队应邀出席了音代会。6月22日，音协主席吴军应国家艺术基金邀请，担任2015年度评审专家。8月27日，"2015兵团专业器乐比赛"活动在和平都会举办。

【兵团电影电视艺术家协会】

2015年5月，兵团电影电视艺术家协会积极落实中国电视艺术家协会组织开展"第七届新农村电视艺术节"作品征集活动。兵团电影电视艺术家协会共报送9件作品，其中4件作品获奖。2015年6月，兵团视协报送4件作品参与中国电视艺术家协会组织的"第八届中国旅游电视周"评选活动，其中2件作品获奖。2015年10月，兵团广播电视台党委委员、副台长王安润同志当选第九届全国"德艺双馨"电视艺术工作者。

【兵团杂技家协会】

以兵团现实题材新编的杂技剧《在那遥远的地方》，于2014年荣获兵团第七届精神文明"五个一工程奖"及兵团首届绿洲文艺奖——作品奖。2015年5月，又赴泰国进行了文化交流。该剧于9月底由兵团派遣赴巴基斯坦，参加中国驻巴基斯坦大使馆国庆招待会的演出，巴基斯坦总统参加了当晚的招待会并观看了演出，演出结束后，亲切接见演员并合影留念。2015年9月兵团杂技节目《生命之旅——男子倒立技巧》应俄罗斯文化部和莫斯科IDOL组委会的邀请赴莫斯科参加艺术节赛事和展演，获得银奖第一名。10月，应"意大利拉蒂那国际杂技艺术节"组委会邀请，杂技节目《天鹅湖——男子造型》和《向太阳——绳技》两个节目参加了该赛事的系列活动，包揽了本届比赛的全部金奖。兵团杂技家协会坚持文艺为基层服务，自年初以来，分别赴一师、二师、四师、五师、六师、九师、十师、十三师、十四师等团场为兵团团场职工慰问演出，从北到南，最北到达185团桑德克哨所慰问马军武夫妇，最南到和田的皮山农场慰问少数民族职工。共计慰问演出75场，观众万余人次。中国杂技家协会第七次全国代表大会于11月3日、4日在北京召开，兵团杂技家协会主席冯晓玲、副主席辛薇应邀参加会议并当选新一届理事。2015

年4月21日，兵团文联组织召开杂技节目《生命之旅——男子倒立技巧》、杂技剧《在那遥远的地方》作品研讨会，兵团党委宣传部副部长、文联党组书记麻霞主持会议。

【兵团摄影家协会】

2015年进一步加强基层单位人才培训力度，主席团成员每人制作一个摄影课件，到基层单位和院校授课，培养摄影人才，全年共有7人次下基层和专门到各师、团、大学举办摄影讲座和摄影培训班，共培训摄影骨干530多人，共为12个师的1300多名学员授课。先后与七师126团、137团、十一师等单位共同举办了《红色热土，秘境凉都》《行进中的兵团》《建设者风采》等主题摄影赛和"兵团摄影的探索与实践"论坛并出版了摄影论文集。与中国艺术研究院、中国摄影艺术研究所、《中国摄影家》杂志社共同在乌鲁木齐举办了《印象中国梦》大型艺术摄影巡展，同时在石河子大学举办了摄影讲座和摄影作品擂台赛公益活动。

【兵团作家协会】

2015年11月召开第六届兵团青年文学创作会议。邀请《诗刊》《中国作家》《西部》，新疆作协作家、理论家为兵团青年作家50余人授课。选送2名青年作家参加中国作协鲁迅文学院学习；选送3名作家参加湖南作协长篇小说研讨班；选送7名作家参加湖南作协文学院学习。

【兵团曲艺家协会】

小品《母与子》获得2015年新疆维吾尔自治区电视小品大赛一等奖，该小品编导为张爱国，演员为刘小娜、田甜、瓦热斯；参赛小品《暖情》获2015年新疆维吾尔自治区电视小品大赛三等奖，编导为张爱国，演员为杨迪中、冯爱国、冯爱国、刘小娜获优秀演员奖。6月3日至10日，小品《暖情》获得第三届"南山杯"全国新人新作展演二等奖。小品《母与子》参加2015年自治区道德模范颁奖晚会演出，受到自治区领导和各族观众的广泛好评；小品《暖情》多次参加"送文化下基层"慰问演出活动，受到基层团场职工群众的喜爱和好评。按照兵团文联的要求，创作了反映尤良英先进英模事迹的小品《1万元到期了》和反映兵团60年来发展变化的音乐快板《字说兵团》，其中音乐快板《字说兵团》参加2016年兵团电视春晚的节目录制，受到兵团领导的肯定与表扬。张爱国主席和杨迪中秘书长在第一师阿拉尔市开办了小品创作表演培训班，为第一师阿拉尔市培养了一批文艺骨干力量。张爱国主席还在兵团文化中心、奎屯、石河子市进行文艺创作授课，并与自治区剧协联合在呼图壁县进行文艺创作培训，受到当地群众的欢迎。深入兵团第一师阿拉尔市采风，并对自治区和兵团先进模范人物尤良英进行了专程采访，根据实地采风，创作了大型话剧《尤良英》脚本。

【兵团舞蹈家协会】

2015年7月，兵团舞蹈家协会选送的作品《阿米娜的果园奇遇》获得全国第八届小荷风采少儿舞蹈比赛"小荷之星""最佳编导""小荷园丁""最佳组织奖""小荷之家"五个大奖，1月10—12日，舞协副秘书长王娟和会员赵岚赴二师参加基层文艺骨干培训，参加培训学员共40余人。11月3日至5日，舞协副秘书长王娟和会员韩晓龙赴十师参加舞蹈编导班培训，来自十师学校、幼儿园、社区、机关的30多名文艺爱好者参加了此次培训。兵团舞蹈家协会主席蒋玫于2015年成功举办个人舞蹈作品汇报演出，并于2015年12月20日在乌鲁木齐召开蒋玫舞蹈作品研讨会。兵团少儿艺术团参加了兵团电视台2015年兵团春节联欢晚会的录制工作。4月底，兵团少儿艺术团承担了向兵团电视台成立30周年献礼节目的排练，专门创作了少儿舞蹈《劳动最光荣》。兵团少儿艺术团的作品《兵团小苹果》参加了中央电视台中学生频道在新疆的大型晚会节目录制。

【兵团美术家协会】

2105年组织兵团美协作者参加全国纪念抗日战争胜利70周年全国美展，选送七件作品，其中，李军的版画、王晓明的油画入选。尤山的连环画入选纪念抗日战争胜利70周年第三届架上连环画全国美展并收入画册。上海人民美术出版社创作大型连环画《爱在上海诺亚方舟》参加纪念反法西斯战争胜利70周年美术作品展。美协副主席杨永旺的中国画《昆仑山·抗日运输线》入选中央民革纪念中国人民抗日战争暨世界反法西斯战争胜利70周年画展全国巡展。兵团美协会员刘玉社在天津举办小幅国画作品展。李保存在北京和山东举办水彩国画作品展。2015年兵团美协组织会员43人参加由两地三方文联、美协主办的"丝路情韵"天津、新疆、兵团书画作品联展。展览分别在乌鲁木齐亚欧艺术馆和天津美术馆展出并出版大型画册。9月2日在六师土敦子农场成立兵团美协写生基地，为会员采风写生做好服务工作。

【兵团书法家协会】

2015年5月6日兵团书协召开第六次会员代表大会，大会选举产生第六届理事会和主席团。主席：孙峰；副主席：王怡平、孙朝军、运其瑞、李仁彬、熊建军、张高鹏；秘书长：孙朝军。8月，配合兵团文联承办"纪念世界反法西斯暨抗日战争胜利70周年"书法展，并分别在兵团机关、六师、七师、建工集团进行了巡展。兵团文联秦安江副主席带队赴七师举办"纪念世界反法西斯暨抗战胜利70周年书法展"巡展期间，兵团书协副主席孙朝军、张高鹏对第七师书法爱好者进行书法培训。9月，兵团书协参加"兵团文博会"兵团文联展区书法篆刻作品展；参加由两地三方文联、书协、美协主办的"丝路情韵"天津、新疆、兵团书画作品联展。10月，配合兵团文联完成中国文联文艺培训志愿服务项目——第一批兵团文艺骨干"巡回大培训"活动。中国文联艺术交流部副主任郑培亮，中国书法院陈海良博士，北京恭王府管理中心杜浩博士，兵团书协副主席孙朝军、张高鹏，兵团书协理事李长忠分别在乌鲁木齐、五家渠、石河子、伊宁、哈密几个城市为基层作者授课。9月，兵团书协副主席孙朝军参加由国家艺术基金资助的艺术家培训项目。12月，兵团文联副主席苗宏带队，兵团书协主席孙峰、副主席孙朝军、李仁彬、张高鹏参加中国书协第七次全国代表大会。孙峰、孙朝军当选中国书法家协会第七届理事。

【兵团诗词楹联家协会】

2015年6月7日，协会召开主席办公（扩大）会议，选举增补新疆教育学院人文学院院长孙厚民同志为协会顾问，增补新疆楹联家协会执行主席赵英同志为副主席；增补新疆教育学院人文学院院长助理、副教授邱旷同志为协会副秘书长；将协会副秘书长谭会东同志调整为协会常务副秘书长。5月，协会副主席梁文源参加了中华诗词学会第四次会员代表大会，并当选常务理事。8月，协会配合兵团文联开展了参加自治区党委宣传部举办的"把楹联写在党旗上、诗词飞扬党旗飘"诗词征文和兵团党委宣传部"纪念中国人民抗日战争暨世界反法西斯战争胜利70周年"诗词征文活动。

【兵团戏剧家协会】

2015年以申建为团长，徐爱华、王瑛为代表的兵团剧协代表团参加了中国戏剧家协会第八次全国代表大会。豫剧团的《清风亭》《打金枝》《抬花轿》《程咬金照镜子》，小品《相亲》《雕塑下的约会》，大型现代豫剧《大漠胡杨》，兵团秦剧团副团长王瑛创作的贴近生活的现代戏《姚氏父子》和《尤良英》，较好地满足了职工群众的文化需求。石河子文体局的话剧《兵团记忆》获第五届曹禺剧本奖，舞剧《戈壁青春》在兵团成立60周年展演中得到了中央领导的好评。参加自治区首届戏曲表演大赛，荣获表演二等奖1个、三等奖4个、优秀表演奖1个、伴奏奖二等奖2个。

文联机关建设

【2015年工作回顾】

2015年是我国文艺发展史上具有深远影响和里程碑意义的一年，也是兵团文艺事业呈现新变化、取得新成效的一年。一年来，兵团各级文联和文艺家协会，深入学习贯彻习近平总书记系列重要讲话精神，认真落实中央、自治区和兵团党委的重大决策部署，坚持以人民为中心的工作导向，推进文艺精品和基层文艺骨干培养两大工程，突出作风转变，推动文艺繁荣发展，为履行先进文化示范区职能努力做贡献。

深入学习贯彻习近平总书记在文艺工作座谈会上的重要讲话精神，提高认识，指导实践。

2015年，各级文联和文艺家协会把学习贯彻习总书记重要讲话精神、《中央关于繁荣发展社会主义文艺的意见》和《中央关于加强改进群团工作的意见》作为首要政治任务，紧密联系文艺工作和文联工作实际，认真组织学习宣传和贯彻落实。习总书记在文艺工作座谈会上的讲话全文发表和《中央关于繁荣发展社会主义文艺的意见》印发后，兵团文联党组多次组织中心组专题学习讨论、召开各协会负责人和文艺工作者学习座谈会、举办文联系统干部培训班、印发深入学习贯彻中央意见的通知，以多种形式深化思想认识，准确把握繁荣发展文艺的新思想新理念新要求，注重把习总书记重要讲话精神与指导谋划兵团文艺和文联工作紧密结合。兵团党委高度重视文艺工作和文联工作，召开群团工作会议，对文联工作做出新部署，提出增强政治性先进性群众性和在行风建设中发挥主要作用的新要求。各级文联按照"三严三实"要求，着力增强政治意识、大局意识和责任意识，牢牢把握创作这个中心任务，抓好作品这个立身之本，加强对文艺工作者的思想引领、价值引领、道德引领，创作、展示、上演了一批优秀作品。

【围绕中心服务大局，落实文艺精品工程任务】

2015年，各级文联和文艺家协会紧紧围绕兵团履行"三大职能"战略目标，聚焦"一带一路"、"中国梦·兵团篇章""纪念抗战胜利70周年""自治区成立60周年"等主题，文艺工作方向和创作导向更加鲜明。兵团出台了《关于实施文艺精品工程的意见》《文艺精品工程项目扶持资助办法》，健全完善扶持兵团题材文艺精品创作的机制。组织开展"深入生活、扎根人民"主题实践活动，在基层创建了兵团文联首批"文艺采风创作基地""艺术培训课堂"和"基层文艺活动示范点"，创新工作模式，提升采风创作、培养人才、开展活动的组织化程度，为文艺创作提供资源、政策、财力和环境服务。

【加强文艺队伍建设，提升文艺工作水平】

落实兵团"六大文化工程"建设任务，重点在"基层文艺骨干队伍培养工程"中发挥文联系统的作用。以国家、对口援疆省市文艺培训机构和"兵团英才"培养选拔工程为依托，培养文艺领军人才；以"巡回大培训"为主要方式，培训基层文艺骨干，推进培训的制度化、常态化。为落实兵团党委加强南疆师团建设的决策部署，兵团文联重点为南疆各师和少数民族聚居团场、连队、社区举办各类培训班。兵团作协举办第六届青年文学创作会，培养中青年创作人才。各级文联广泛吸纳文艺骨干和体制外文艺人才加入文艺家协会，有4人成为国家级会员，36人成为兵团级会员。

【精心组织文艺活动，大力传播优秀文化】

精心组织开展"我们的中国梦·文艺进万家"、"送欢乐下基层"、"兵地一家亲"、"到人民中去"、文艺志愿服务、"把楹联写在党旗上"、抗日战争胜利70周年诗词楹联征集、诗歌朗诵大赛、民乐比赛、书法美术摄影作品展等活动。2015年，中国文联及文艺家协会3次组织文艺志愿服务团队到兵团基层慰问演出、采风创作，70多位艺术家为各族职工群众送上高品质的文艺演出。同时，艺术家们实地采风创作，把带有当地特色的文艺作品送到职工群众家门口。各级文联和文艺家协会常年坚持文艺志愿服务进团场、进连队、进社区、进企业、进学校、进乡村、进军营，开展慰问演出、辅导培训、采风创作、"结对子、种文化"等形式多样、内容丰富的活动，让各族职工群众共享文艺创作成果，体验文艺活动带来的精神享受，取得了良好的社会效益。兵师文联首次参加"兵团绿洲产业博览会"，组织文艺产品展览推介，是一次"文化＋市场"的实践活动。

【加强文化品牌建设，扩大兵团文化影响力】

《绿洲》、《绿风》、《兵团文艺》、兵团文艺网发挥阵地作用，不断提升办刊、办网水平。各级文联开展的"送欢乐下基层"、文学和书画笔会、文艺志愿服务，成为深受文艺工作者和基层职工群众欢迎、辐射周边地方单位和各族群众的文化品牌活动，扩大了兵团文化的影响。各级文联和文艺家协会，突出本地和行业特点，打造"沙海老兵节""戈壁母亲""红星文艺""团歌传唱""快乐一线"等文化品牌，在基层群众中产生了一定的影响力。

【创新思路方法，适应文艺发展新要求】

各级文联主动适应新职能新任务新要求，创新思路和方法，推进各项工作。兵团文联改进培训模式，大幅提升培训效率，扩大培训覆盖面。兵团部分文艺家协会与相对应的中国文艺家协会、国内知名文艺院校、援疆省市文艺家协会建立了学习培训、采风创作、结对帮扶机制，得到很多指导和支持。各师文联拓展文化援疆思路，与援疆省市文联结对，制定互访互动、交流学习培训规划，建立长效机制；联手地方单位共同组织座谈交流、演出、展览、文艺赛事，展示兵团文化特色，借鉴地方文化优势；与所在地区文联合作，共同开办文学网站，探索兵地文化交流新方式；参加自治区承办的国际博览会，推进文化产品走入市场，获得较好经济效益；首创文联建在社区，延伸工作手臂；创建文化名人工作室，发挥文艺领军人才示范带动作用；实施优秀人才、优秀作品"双优计划"，重点扶持基层文艺骨干的创作；将"艺术培训课堂"的资源和场所对社会开放，进行兵团文化和爱国主义教育。各级文联参加"访惠聚"工作的同志，自觉协助驻点单位开展文艺惠民、文艺育民、文艺乐民活动；以当地职工群众生活为题材，倾情创作了一批群众认可的作品。

【深入开展"三严三实"专题教育，着力转变作风】

各级文联深入开展"三严三实"和"四强"专题教育，组织专题党课、开展学习研讨、广泛征求意见、查摆突出问题、落实整改措施，把"三严三实"作为严以修身、严以用权、严以律己、干事创业的行为准则，严守政治纪律和政治规矩，履行党风廉政建设的主体责任和领导干部"一岗双责"要求，严格执行中央、自治区和兵团党委的纪律规定，落实转变作风的各项制度，党的建设和各项工作水平得到提升。

基层文联工作

【兵团第四师（可克达拉市）文联】

2015年，四师（市）文联坚持以党的文艺方针政策和习近平总书记在文艺工作座谈会上的讲话精神为指导，及时组织召开了文联工作会议，对部分协会组织机构调整做了充分的前期准备工作。修订完善了四师（市）文联系统绩效考评指标和目标责任制，首次纳入全师综合考核指标中，实施"文艺惠民"工程,坚持以人民为中心的工作导向,落实"到人民中去"的工作要求。

【兵团第八师(石河子市)文联】

2015年,八师(市)文联在上级党委的领导和兵团文联的指导下,坚持"爱国为民崇德尚艺"的文艺界核心价值观,深入贯彻落实第二次中央新疆工作座谈会、中央党的群团工作会议、习近平总书记在文艺工作座谈会上的讲话精神和《中共中央关于繁荣发展社会主义文艺的意见》的目标任务,大力实施兵团文艺精品,推进"深入生活、扎根人民"主题文艺实践活动,以开展"三严三实"和"四强"专题教育活动为契机,加强队伍建设、推进文联自身发展。2015年继续为八师石河子市文联系统"培训与创作年"。团结广大文艺工作者积极进取,有所作为有所奉献、多出作品多做服务,释放正能量,把师市党委"振兴石河子文艺事业"的要求落实到文艺文联各项工作之中。

中国石油文联

综述

2015年，在中国石油、中国文联的正确领导下，在兄弟单位的支持帮助下，石油文联认真学习贯彻落实习近平总书记在全国文艺座谈会上的讲话和《中共中央关于繁荣发展社会主义文艺意见》精神，坚持"围绕中心、服务大局、面向基层"的工作方针，各项工作取得了新发展、新成果，圆满完成了2015年的各项工作任务，并在精品创作、慰问基层、形象展示、网络建设等方面都取得了较为突出的成绩。

重要会议及活动

【组织召开主席团扩大会议暨秘书长工作会议】

石油文联2015年主席团扩大会议暨秘书长工作会议于4月26日在广州石油培训中心召开。部分主席团委员、主席团席位制单位代表、各专业协会和团体会员单位文联秘书长共计70余名同志出席了会议。

会议由李懂章和我分别主持。石油文联秘书处做2014年工作总结和2015年重点工作安排报告。李懂章执行副主席宣读了中国石油天然气集团公司关于石油文联主席人选的推荐文件及中国文联关于石油文联主席候选人的批复，会上采取举手表决的办法，选举通过了集团公司副总经理、党组成员喻宝才同志担任中国石油文联主席。广州石油培训中心党委书记张守梅为大会致辞，大港油田公司党委书记、石油文联副主席、石油美术家协会主席李文强宣读了关于表彰"送欢乐下基层"文化惠民活动先进集体和先进个人的决定，并为获奖代表颁发了奖牌证书。10个专业协会的秘书长总结了各协会一年来的主要工作，安排了2015年重点工作，7家单位做了"送欢乐下基层"工作情况经验交流汇报，李懂章代表思想政治工作部以及曲广学总经理做了会议总结讲话，李懂章的讲话成为2015年石油文联工作的重要指导，受到会议代表的高度评价。

【举办群众工作（石油文联）培训班】

根据集团公司2015人教88号文件精神，由石油文联主办的群众工作培训班于4月27日至29日在石油广州培训中心举办。在三天的培训中，石油文联结合新形势下文联工作特点、工作职能、工作任务、工作性质等进行教学。培训班采取理论辅导和工作实践相结合、个人学习和集体讨论相结合、学习文联知识和解决本单位工作实际相结合的办法，在严格纪律的基础上，营造了活泼的学习交流气氛，比如通过"每课一歌活动"，每次上课前都向学员推荐一首石油精品歌曲，让大家欣赏和学习，使学员们能够以饱满的精神和愉快的心情投入培训、汲取信息、充分沟通，为文联工作的开展打下良好基础。

【筹备成立中央企业文学专业委员会】

国资委于去年下发了"关于成立中央企业精神文明建设'五个一工程'评审委员会及文学、音乐、影视戏剧专业委员会的通知",并决定将其中的文学专业委员会挂靠于中国石油集团公司,其职能是在今后组织指导开展中央企业文学活动,负责中央企业精神文明建设"五个一工程"作品初评工作。石油文联按照思想政治部的统一部署,做了四项工作:一是做了筹备工作,起草了工作报告和工作规则,制定了工作制度。二是起草了开展"国企好故事"的通知和实施方案。三是做了组织联络工作,建立工作平台。四是抓了重点作品的创作出版工作。

【参加全国德艺双馨文艺工作者评选及表彰大会】

根据中央宣传部、人力资源社会保障部、中国文联"关于评选表彰第四届全国中青年德艺双馨文艺工作者的通知"(人社部函〔2015〕90号)精神,石油文联经过单位推荐及专家评选,按照公平、公正、公开的原则,在集团公司范围内公示后,韩刚、李婧、周姗3名同志作为候选人报中国文联参加评选。经评选,韩刚同志进入前60名。9月15日,由中共中央宣传部、人力资源和社会保障部、中国文学艺术界联合会共同主办的第四届全国中青年德艺双馨文艺工作者表彰大会在人民大会堂隆重举行,石油文联文艺工作者4人参加了这次大会。

【积极开展中俄文化交流】

在俄气公司第六届"火炬杯"国际艺术节上,石油文联首次参加比赛就获得了组委会特别奖2项、一等奖2项、二等奖3项、三等奖2项的好成绩。本届俄气艺术节评委会由国家文艺院士和俄罗斯著名艺术家组成,采取现场打分的办法评定。在盛大的闭幕晚会上,中国石油文联代表团的舞蹈《国色天香》精彩演出,征服了全场2000多名观众,全场观众起立为中石油鼓掌喝彩。

【举办第六届中国石油职工艺术节文学大赛】

第六届中国石油职工艺术节文学大赛的通知(文联〔2015〕4号),文学大赛的参选工作由石油作家协会负责,作为第六届石油职工艺术节的收官之作,比赛按照有关要求,本着开门办大赛的方针,聘请了石油作家和著名作家做评委,从征集到的报告文学、小说、诗歌、散文作品共计373篇(首)中,经过公平、公开、公正的评选,产生了一等奖20个、二等奖40个、三等奖60个、优秀奖60个。大庆油田、长庆油田、新疆油田、辽河油田、塔里木油田、吉林油田、大港油田、青海油田、华北油田、冀东油田、吉林石化、兰州石化、独山子石化、大港石化、华北石化共15家单位获组织奖。

【承办"时代领跑者"美术书法摄影展】

2015年10月15日,由中国文联、中华全国总工会、中国关心下一代工作委员会主办,中国文学艺术基金会、中国五老公益工程组委会、中华全国总工会技术部承办,中国石油文联协办的"时代领跑者"美术书法摄影展暨全国巡展启动仪式,在中国军事博物馆博兴大厦一层隆重举行。第十届全国人大常委会副委员长、中国关心下一代工作委员会主任顾秀莲,中国石油天然气集团公司党组成员、副总经理喻宝才等领导出席开幕式,李敬、王启民、傅剑锋获公益慈善大使奖,喻宝才代表主办单位为劳模公益慈善大使代表颁奖。

本次展览的主题为"为英雄画像、为时代记忆、为人民放歌",展览规模宏大、规格高,社会影响大,主办单位社会知名度高,凝聚力强。200余件美术、书法、摄影作品生动再现了劳模无私奉献的崇高精神。在联系协办这次社会影响巨大的展览活动过程中,我负责组织和策划,制订了创作方案和工作思路，并陪同有关领导审查修改作品。"石油十杰艺术家"傅剑锋领衔创作了反映铁人王进喜的巨型主题油画，以傅剑锋为首组成的创作团队，承担60位时代领跑者的肖像油画创作任务，特别是反映王进喜同志的巨幅油画，作为这次展览的主题，陈列在这次展览的主题展区，为进一步弘扬大庆精神、铁人精神，重塑中国石油社会形象做出积极贡献。

中央电视台、人民网、凤凰视频、中国文艺网、新民网、《山西晚报》《石油报》、爱奇艺等主流媒体对这次展览进行了广泛深入的报道，在社会上引起了极大关注和强烈反响。

【举办大港油田女工布贴画作品展】

2015年8月18日，由中国文联、中国文学艺术基金会、中国石油文联联合举办，中国石油美术家协会、中国石油大港石化公司联合承办的"石油女工布贴画作品展"在中国文艺家之家开幕，百余幅构图精巧、画风朴实，充满了石油情怀的布贴画作品精彩亮相。

中国文联党组成员、副主席、书记处书记夏潮出席开幕式并给予高度评价，他认为"石油女工布贴画是一个创新的民间艺术形式"。石油文联执行副主席李懂章、大港石化公司党委书记赵益红，以及中国文联、大港油田、大港石化、老干部局的有关领导和近400名石油文艺爱好者出席开幕式。这次展览所展出的作品，均出自大港石化女工之手，不仅题材丰富，而且贴近生活、很有情趣，呈现出独特的艺术效果，受到观众的好评。中央电视台书画频道在《新闻联播》中做了重要报道，引起了美术界的关注。

【"送欢乐下基层"赴西部油田开展慰问】

根据石油文联年初重点工作安排和李懂章执行副主席、曲广学常务副主席对《石油文联2015年"送欢乐下基层"安排方案意见》有关批示精神，5月24日至6月1日，本着最节俭、最低调、最精彩、最简便的工作原则，由赴俄气公司文化交流团队中遴选精干人员组成石油艺术家小分队，从俄罗斯直飞乌鲁木齐，深入西部油田一线，进行了6场精彩的慰问活动。11月30日至12月3日，我又带领石油艺术家小分队，深入陕西石油企业慰问演出。演出人员由宝石花和长庆职工艺术团骨干演员组成，为陕西销售公司、宝鸡石油机械厂、宝鸡石油钢管厂送去了6场精彩纷呈的文艺表演。去年，石油文联文艺家小分队在西部油田开展了连续紧张的慰问工作，共演出16场，现场观众总数达到了万人之多，通过电视直播、转播等形式惠及油田企业职工及家属人数总计将近10万人。慰问演出活动丰富了油田文化生活，增强了职工干劲，鼓舞了士气，在西部油田获得了热烈反响，为集团公司企业文化发展做出了贡献。

评选、获得重要奖项

【评选表彰"送欢乐下基层"先进个人和单位】

2014年年初，为进一步贯彻落实石油文联第五次代表大会精神，采取有力措施推进"送欢乐下基层"文化惠民活动的广泛深入开展，石油文联决定进行"送欢乐下基层"工作的总结评选表彰，并下发了评选通知和评选办法。

文件下发后，得到了各专业协会和会员单位的积极支持和踊跃申报，经过基层单位的推荐和初评，石油文联秘书处组织各专业协会秘书长和有关专家召开评审会，根据评选办法开展了评比，通过专家终评，遴选出"送欢乐下基层"文化惠民活动先进集体25个，"送欢乐下基层"文化惠民活动先进个人48名。通过评选表彰活动，深入总结了近5年来"送欢乐下基层"获得的经验，推进了这一工作深入持续的开展，收到了好的效果。

【获得世界邮展大镀金奖】

2015年8月18日，由中国文联、中国文学艺术基金会、中国石油文联联合举办的"大港石化女工布贴画作品展"在中国文艺家之家开幕,百余幅构图精巧、画风朴实,充满了石油情怀的布贴画作品精彩亮相,中央电视台做了重点报道。石油集邮协会的集邮作品《裙装——人类文明发展的见证》参加世界邮展并获大镀金奖。

【获中国音协两项大奖】

石油作曲家韩刚在2014年获得中宣部"五个一工程"奖后,2015年创作的歌曲《打工照》《去那遥远的地方》分获中国音协两项大奖。

【3名同志参选全国德艺双馨艺术家】

2015年石油文联在中宣部、社会保障人事部、中国文联举办的第三届全国德艺双馨艺术家评选活动中,有3名同志当选为全国代表,并出席了在人大会堂召开的表彰大会,其中石油作曲家韩刚同志进入前60名,石油文联是全国产(行)业文联中代表人数最多的单位。

【3名同志获志愿者协会表彰】

在中国文联中国文艺志愿者协会举办的优秀文艺志愿者评选活动中,石油文联有3名同志受到表彰。

【其他奖励和社会影响】

石油书法家、全国德艺双馨艺术家于恩东在中央电视台公益书法讲座,连续播出一个多月,书法界好评如潮。石油戏剧家谷泽辉参加中央电视台戏曲频道《一鸣惊人》栏目比赛,获得第一名。石油戏剧家协会的相声剧《都是朋友惹的祸》在"中华颂"第六届全国小戏小品曲艺展演中获得铜奖、优秀编导奖及优秀表演奖。长庆油田职工艺术团创作的节目《赶新潮》参加电视台节目录制,石油作家和军校创作并编剧的首部石油基层电影《柳二哥》正式开拍。

基层建设

【开展石油文联主页建设和艺术人才库建设】

根据中国文联"关于进一步加强信息化建设工作的意见"文件要求,为促进文联网络与信息化建设,充分发挥石油艺术工作在石油企业文化建设中的作用,更好地为中国石油综合性国际能源公司建设提供更好的文化支撑,石油文联认真开展了石油文联主页以及"石油文联人才信息库"的设计、搭建、上线、运维等工作,现已完成了在集团公司主页的挂接和国家级艺术人才信息的入库,基本实现了网页和人才库的信息化功能以及在系统内的推广应用。一年来,石油文联主页提供了许多文艺信息和大量的图片,对及时交流信息、联络工作发挥了重要作用。

【各协会和基层文联工作有序开展】

石油文联各专业协会、基层文联工作按照石油文联的统一部署,有序地开展工作,取得了可喜的成果。其中,石油作协依托《地火》《长庆文学》《热土》等刊物,以及石油作家网、石油作家QQ群等新平台,扶助新人成长,从中发现人才。积极向第九届茅盾文学奖推荐作品参赛。石油作家创作的《磁性喉音》《岁月贴》《雪居》《铁血雄魂》等分获首届全球丰子恺散文奖、首届河北省孙犁文学奖、辽宁省纪实文学奖等奖项。石油作家和军校创作并担任编剧的电影《柳二哥》于去年10月20日在长庆油田榆林气田正式开机拍摄。石油书协承办了"我们的中国梦——石油书法家送千福进万家——走进冀东油田""我们的中国梦——万名书法家送万福进万家""走进大漠荒园中国文联产(行)业书法家慰问服务"等公益活动,参加了"中国梦、劳动美——全国行业书法展览",为庆祝中国共产党成立93周年,邀请全国162位著名书法家举办了"念党恩、中国梦——全国书法名家邀请展",并举办了"九九重阳——中国石油老年书法展",入展作品150件,优秀作品50件。

石油舞协组织大庆石化、宝石花艺术团、长庆艺术团舞蹈艺术骨干参加了中国舞协高级舞蹈研修班。舞蹈《莽原—1959》获黑龙江省第十四届群星奖舞蹈比赛银奖，乌鲁木齐石化参加全国总工会举办的全国健排舞大赛，获得小团体项目第一名。石油音协参加了由中国音协主办的"我的中国梦——全国打工歌曲"征歌比赛，石油作曲家韩刚创作的歌曲《打工照》在2000多首歌曲中获得银奖第一名。在"新歌唱新疆"全国征歌比赛中，韩刚《去那遥远的地方》获优秀奖。石油音协创作、报送了《一起来》等5首作品参加国资委主办的"央企志愿者之歌"征集活动，《生在大庆》等3首石油歌曲参加《国企好声音》征歌比赛，五首作品参加"金钟奖"评选。同时还在大庆片区开展了"博音雅乐"音乐沙龙试点，通过传帮带促进了油田音乐爱好者的交流互动。石油曲协举办了"第四届长庆油田员工文化艺术大赛曲艺、小品比赛"，共计33个节目参赛，获奖作品19个，其中15个为原创作品。长庆艺术团创作表演的《赶新潮》参加了庆阳市电视台《幸福庆阳》春节联欢晚会演出录制，歌舞快板《为山西点赞》参加了陕西省迎春晚会。在甘肃省"中国梦、劳动美"全省工会微电影评选展播活动中，微电影《白豹那座山》获一等奖，《等你100天》获三等奖。石油美协、石油摄协共同组织了"中国管道万里行系列活动"，沿途进行写生、摄影创作，创作出优秀美术作品上百幅，优秀摄影作品上千幅。在庆祝反法西斯战争胜利70周年之际，吉林油田公司美协举办了主题展览，展出作品300余幅，辽宁销售美协在鞍山博物馆展览100余幅，并在10个地区巡展。大港油田美协组织参加了讴歌中国石油赞美大港油田书法美术摄影展，入展作品200余幅。石油戏剧协会积极参加全国比赛的同时，还推进基层戏剧活动，华北油田剧协举办了"戏曲消夏周"活动，把12场演出送到社区，独山子石化剧协开展慰问20余场，行程1300多公里，12000多名观众观看了演出。石油集邮协会组织参加了中华全国集邮联合会巡展，6部16框作品参加了纪念中国人民抗日战争暨世界反法西斯战争胜利70周年活动。在马来西亚吉隆坡举办的世界邮展上石油集邮作品《裙装——人类文明发展的见证》参加展览并获大镀金奖。集邮协会还积极参加全国首届现代集邮展，征集作品5部，其中胜利油田王锋的一部5框作品入围展出，获大镀金奖。电视协会组织协调基层新闻中心、电视台，展开石油电视新闻宣传，完成《中国石油报道》《石油新闻快讯》的制作、运行，并完成了近100部微电影展播和《最美一线石油人》栏目的播出。

【加强了组织建设，完成交办的各项任务】

石油文联秘书处积极发挥"协调、联络、服务、指导"的工作职能，采取有力措施，推进石油文联组织建设。去年由于人员变动，我们增补了长庆油田党委书记冯尚存为石油文联副主席、石油曲艺家协会主席，增补管道局党委书记孙全军为石油文联副主席、石油音乐家协会主席，及时健全了石油曲艺家协会和石油音乐家协会的领导班子，确保工作的正常开展。积极做好对上联络对下服务，及时解决基层文联的工作需求和困难。保质保量完成中国文联、中国文联志愿者协会、中国书法家协会、中国音乐家协会、中国舞蹈家协会等国家协会交办的换届选举等各项任务。积极开展和行业文联的联系交流工作，应邀参加有关活动，增强理解和支持，加强与兄弟单位的团结协作，努力为石油企业文化发展和繁荣、为重塑中国石油良好形象做出了文化支持。

中国铁路文联

中国铁路文联紧紧围绕习近平总书记在文艺工作座谈会重要讲话精神，认真履行联络、协调、服务职能，以强队伍和出精品为主线，团结凝聚全路文艺工作者和广大文艺爱好者，紧紧围绕铁路的中心工作开展活动，努力服务铁路发展大局，服务铁路职工群众。

铁路文联联合人民铁道报社，在西安局文联的紧密配合下，举办了"巴山魂·铁路人——全国铁路书法美术精品展"。共征集书画作品500多幅，展出130多幅，书法、美术各评选出最佳作品3幅、优秀作品10幅。展出期间，还组织近30名获奖作者到巴山站区进行现场采风创作，赠送书画作品慰问一线职工。

为旅客送"福"字送春联。2015年以来，中国铁路书协在北京南站、北京西站向旅客赠送春联和大福字上千副；在古城西安，参加共青团中央、中华全国总工会、国家发改委等单位主办的"中国青年志愿者服务春运""暖冬行动"启动仪式，铁路春运"送万福"活动成为一大亮点。春运期间，铁路书协为基层职工送了10万多副春联和大福字。同时，按照中国文联、文化部、中央文明办、中华全国总工会统一部署，组织十多位铁路书法家进行送万家、下基层、送"福"字、写春联活动，深入广州铁路集团怀化南站、机务公寓等基层站区，为过往旅客和职工书写1200多张福字和大红春联。

大力繁荣摄影创作

举办"中国梦·天路情·劳动美——青藏铁路纪实摄影展"。入选的200幅摄影作品，是从全路征集到的2000余幅摄影作品中遴选出来的，作品主要反映了青藏铁路开通运营9年来，为青、藏两省区的经济发展和高原各族人民出行的便捷所发挥了巨大作用，同时出版了青藏铁路纪实摄影展作品集。由中国摄影家协会推荐，西藏摄影家协会邀请，青藏铁路纪实摄影展作品在庆祝西藏自治区成立50年，西藏自治区人民政府主办的"2015年首届西藏喜马拉雅摄影文化节"上展出，并获特别荣誉奖。与此同时，在济南局进行了巡回展和铁路摄影家送照片到铁路沿线，为高铁工人开展现场摄影活动。

中国铁路文联和铁路摄影家协会、铁路书法家协会、铁路美术家协会在北京军事博物馆举办了"中国高铁走向辉煌——2015全国铁路摄影美术书法展"。编辑并出版了《中国高铁走向辉煌——2015全国铁路摄影美术书法展作品集》。在全路29个参赛单位报送的2000多幅作品中评选出200幅作品入选并展出，现场和网上展厅参观浏览达10万余人次，《中国摄影报》、中国摄影网、《中国文艺报》、《人民铁道报》、中国铁路官网等媒体对此进行了报道。

铁路作家走近铁路优秀人物，挖掘和展示他

们的内心世界，推出了精品力作。如以全国道德模范、优秀售票员孙奇同志的先进事迹为素材，铁路作家刘惠强、郝文杰、黄丽荣创作出报告文艺集《窗口的春天》，张风奇、李木马、田永元、李金桃创作出长篇叙事诗《微笑的马莲花》，由中国铁道出版社正式出版发行，受到读者和铁路干部职工的好评。中国铁路总公司党组书记、总经理盛光祖在序言中写道："作品取材于孙奇同志生活、工作的点点滴滴，细腻的笔触和饱满的情感，刻画了一个真实鲜活、有血有肉的孙奇。我相信，通过这部作品，会有更多的人走进孙奇的精神世界，被她的高贵品格所感染；会有更多的人体味到铁路人的酸甜苦辣，被他们的默默奉献所打动。"王勇平在波兰工作期间创作的散文集《行走在欧亚大陆桥上》于2015年出版发行后在世界铁路合作组织受到好评，特别是让世界人民对中国"一带一路"、欧亚大陆桥所做的贡献有了更全面的了解。

广铁集团公司在第八届中国（深圳）国际文化产业博览交易会期间，精心组织了三大类百余种展品，成为"文博会"的一个亮点，取得了良好的社会效益。西安局文联组织创作的小品《那年那月那一天》和《美丽的心灵》在中国第十届艺术节暨文化部"群星奖"比赛中进入决赛；郑州铁路局开展群众性的"中国梦·铁路梦·我的梦"等主题征文活动，全路文艺爱好者踊跃参加，收稿上千，佳作颇多；济南铁路局摄影家协会进行了为期一年的"济铁百位老战士"拍摄活动，举办"铭记历史，开创未来"济铁抗战老战士图片展，展出优秀作品百余幅。青藏铁路公司文联实施"美丽中国·大美青海·魅力天路"微电影创作项目，历时数月创作完成了微电影《遥远的唐古拉》《五彩哈达》。

中国煤矿文联

综述

2015年，中国煤矿文联深入学习贯彻党的十八大和十八届三中、四中全会和习近平总书记在文艺工作座谈会上的重要讲话精神，在中国文联的指导和关怀下，按照《全国煤矿文化艺术发展指导意见》的总体要求和全国煤炭行业文化建设经验交流会作出的各项工作部署，立足矿区，服务矿工，团结凝聚广大煤矿文化艺术工作者，积极开展了一系列职工群众喜闻乐见的文化艺术活动，振奋了煤炭企业士气，活跃了矿区文化生活，煤矿文化事业呈现出了队伍壮大、创作繁荣、团结和谐、充满活力的良好局面。

会议与活动

【学习贯彻习近平总书记在文艺工作座谈会上的重要讲话和《中共中央关于繁荣发展社会主义文艺的意见》精神】

煤矿文联将学习宣传贯彻习近平总书记在文艺工作座谈会上的重要讲话（以下简称《讲话》）精神作为重要政治任务，组织全体干部和所属各专业协会负责同志反复学习、深刻领会《讲话》关于文艺工作的新思想、新观点、新论断，切实把思想和行动统一到《讲话》精神上来，并向广大煤矿文化艺术工作者发出号召，要坚持立足矿区、服务矿工的根本方向，把社会主义核心价值观生动活泼、活灵活现地体现在煤矿文化艺术工作中。

在《中共中央关于繁荣发展社会主义文艺的意见》（以下简称《意见》）全文发表后，10月30日，煤矿文联在北京召开了学习贯彻《意见》专题座谈会。中国煤矿文化宣传基金会名誉理事长王广德，中国煤矿文化宣传基金会理事长、中国煤矿文联副主席庞崇娅，中国煤矿文联副主席兼秘书长张强，中国煤矿文化宣传基金会副理事长刘俊，中国煤矿文联副秘书长、《阳光》杂志社社长兼主编盛军和煤矿文联所属各专业协会负责同志等20余人参加。张强主持会议。

庞崇娅在会上介绍了参加中国文联学习贯彻《意见》专题研讨班的相关情况，并结合煤矿文化艺术工作实际提出了四点要求：一是坚持用习近平总书记重要讲话精神为引领，夯实煤矿文联工作基础。二是树立正确价值观，弘扬传统文化，坚持以文化人，实现以文聚力。三是积极探索煤矿文联工作新格局、新思路，让煤矿文化艺术活动更接地气。四是继续开展"送文化进矿区"文艺志愿服务活动。

与会者结合各自工作谈了学习体会，从不同角度、不同侧面对当前煤矿文化艺术事业的焦点、难点和前沿问题发表了真知灼见。大家表示，中央出台《意见》，将文化艺术工作提升到了一个新的高度，广大文化艺术工作者深受鼓舞，倍感振奋，一定要将思想和行动统一到《意见》精神上来，积极推动煤矿文化艺术工作更上一层楼。

【冀中能源杯·第三届寻找感动中国的矿工活动】

4月10日，"冀中能源杯·第三届寻找感动中国的矿工"活动启动仪式在京举行。中国煤炭工业协会会长、党委书记王显政，国家安全监管总局党组成员、副局长、国家煤矿安全监察局局长黄玉治，中华全国总工会副主席、书记处书记李世明，中国煤炭工业协会副会长兼秘书长梁嘉琨，中宣部新闻局、国务院国资委行业协会联系办公室、中国文联国内联络部、中央电视台等领导同志出席了启动仪式，全国各大煤炭企业的代表及北京主要新闻媒体记者等600余人参加了启动仪式。

启动仪式由中国煤炭工业协会副会长彭建勋主持。王显政、黄玉治、李世明、梁嘉琨等领导触亮发光球，正式启动"冀中能源杯·第三届寻找感动中国的矿工"活动。

梁嘉琨就寻找感动中国的矿工活动的意义进行了阐述，他说，此项活动自2007年以来已成功举办两届，推选出谢延信、党素珍、吴如、杨杰等一大批新时代的道德标杆，他们高尚的心灵、感人的事迹不仅是600万煤矿工人的骄傲，而且已成为全社会的宝贵精神财富。"冀中能源杯·第三届寻找感动中国的矿工"活动就是要延续这种感动，进一步发挥榜样的示范引领作用，积极培育和践行社会主义核心价值观，弘扬真善美、唱响主旋律，在煤炭行业乃至全国掀起一个学习宣传感动中国矿工的热潮，让"奉献、宽容、团结、创新"的煤矿精神在华夏大地发扬光大，蔚然成风。

李世明在致辞中希望各级煤矿企业工会积极参与，全力配合，确保活动健康推进，取得成效。黄玉治在致辞中重点强调安全工作是煤炭企业永恒的主题，是煤矿工人的头等大事。最近国家安全监管总局党组提出了煤矿安全生产"零死亡"的理念，各级煤矿都要把煤矿"零死亡"作为崇高的理念，矿长要把保护矿工生命安全作为最神圣的职责，矿工要做生命的主人，把追求"零死亡"作为最强烈的意识。此项活动承办单位代表、冀中能源集团党委副书记、工会主席刘万义做了表态发言。

活动由国家煤矿安全监察局、中国煤炭工业协会、中国煤矿文联、中国能源化学工会全国委员会、中国煤矿文化宣传基金会联合举办，中国煤炭报社、国家煤炭工业网、中国能源化学工会网、中国煤矿文化网、《阳光》杂志社协办，冀中能源集团有限责任公司、冀中能源邯郸矿业集团公司承办，中煤财产保险公司为活动捐赠总保险金额为1.5亿元的人身意外伤害保险。活动从2015年4月开始至2016年4月结束，通过基层单位推荐和新闻媒体宣传两个阶段，将全国各大煤炭企业真正感动中国的优秀矿工代表评选出来，同时利用新闻媒体向全社会广为传播。2016年4月，将在北京举行隆重的颁奖大会，对80名入选矿工和感动中国的十大杰出矿工、十大杰出人物进行表彰。

活动启动后，得到了全国各省煤矿工会、各企事业单位的积极响应，并结合工作实际作了安排部署，开展了主题鲜明、形式多样的"寻找感动"系列活动，在煤炭行业掀起了弘扬正气、学赶先进的热潮。截至11月，活动组委会共收到86家煤炭企事业单位报送的推荐材料共计358份。

寻找感动中国的矿工活动是煤炭行业精神文明建设的重要载体，自2006年创办以来已成功举办两届，在弘扬社会主义先进文化，宣传煤炭工业先进人物，内鼓干劲、外树形象等方面发挥了积极的舆论宣传作用，在煤炭行业及全社会有着广泛而深远的影响。

【全国安全生产优秀文艺作品创作征集活动】

2月5日，由国家安全监管总局、中华全国总工会联合主办,中国煤矿文联等12家产(行)业文联承办的全国安全生产优秀文艺作品创作征集活动(以下简称活动)正式启动,活动旨在贯彻落实习近平总书记等中央领导关于安全生产系列重要讲话精神,进一步推动新《安全生产法》的宣传和贯彻实施。通过安全文艺作品的创作征集,弘扬主旋律,传播正能量,提升全民安全素养,推动安全生产形势根本好转。

3月20日,国家安全监管总局、中华全国总工会联合召集中国煤矿文联、石油、石化、铁路、电力、金融、公安等12家产(行)业文联有关负责同志在北京召开了全国安全生产优秀文艺作品创作征集活动协调会。国家安全监管总局党组成员、副局长徐绍川,中华全国总工会副主席、书记处书记李世明,国务院参事室特约研究员、国家安全监管总局新闻发言人黄毅出席会议并讲话。中国煤炭工业协会副会长兼秘书长梁嘉琨主持会议。

会议强调,这次活动是贯彻落实习近平总书记关于安全生产重要论述和文艺座谈会重要讲话精神的重要举措,是弘扬安全生产红线观点、安全发展科学观念、依法治安法治精神、预防为主安全知识、推动安全生产形势持续稳定好转的重要举措,是提升全民安全素质、拒绝不安全行为的重要举措。要广泛动员,让更多的文艺工作者了解活动的意义、基调、要求,自觉地参与到活动中来;要组织骨干力量、搞好顶层设计、研拟重点选题,集中大家智慧推出精品力作,力争创作出能够广泛流传的好歌曲、好诗词、好报告文学,切实提高活动影响力;要组织文艺工作者深入生活,到基层去,到企业去,亲身体验安全生产实践,客观反映安全生产实际;要扩大活动影响,强化媒体传播,通过网评、网展、网映等形式让广大民众参与到活动中来,让优秀作品在全社会广为传播。

会议要求,各级安全监管部门及各级工会组织要积极参与到此次活动中来,用文化引领安全,用规则守护安全,用亲情呼唤安全,用细节决定安全,用创新提升安全,推动全民安全素质提高。

会议听取了12家产(行)业的情况汇报,并对征集活动做出了具体安排。根据活动安排和国家安全监管总局的要求,煤矿文联采取多种方式,与各省安监局、工会及各产(行)业文联保持密切联系,及时了解安全文艺作品征集和来稿情况,答复和解决具体问题。为保证活动顺利开展,煤矿文联加强督促检查,并深入重点单位进行调研,加强分类指导。

除做好活动的组织协调工作外,煤矿文联重点抓了煤炭行业的安全文艺作品的征集工作。

在4月10日召开的中国煤矿文联第四届理事会第五次会议上,煤矿文联对全国安全生产优秀文艺作品创作征集活动工作进行了重点部署。为充分发挥专业创作团队和文艺创作骨干的创作积极性,确保安全文艺作品的质量,多出精品。煤矿文联于6月8日印发了《关于报送全国安全生产优秀文艺作品创作征集活动重点作品创作计划的通知》,对重点作品的推荐和报送提出了具体要求。煤矿文联还组织各门类艺术专家分批赴山东能源淄矿集团、淮北矿业集团、同煤集团、开滦集团等单位举办安全文学作品讲座,观摩安全文艺节目的排演。特别值得一提的是,开滦集团专门召集开滦文联、开滦艺术团、《矿工老哥》编辑部及各文学艺术协会召开动员会,要求各单位重点抓好安全生产优秀文艺作品创作,责任到人,分工明确,确保了创作任务的按时完成。

活动得到各有关单位的积极响应和大力支持,截至11月底,共收到文学、歌曲、舞蹈、曲艺、小品、摄影等各类稿件1657篇(件),无论是参与创作的人数,还是征集作品的件数,都创下了历次全国安全生产文艺征集活动之最。所报送作品全方位、深层次、多角度地展示了全国安全生产所取得的优异成绩,反映了全国安监系统干部职工良好的精神风貌。

【"送文化进矿区"文艺志愿服务活动】

为落实习近平总书记在文艺工作座谈会上关于"文艺为人民服务"的重要指示精神，体现煤矿文化工作"扎根矿区、服务矿工"的宗旨，煤矿文联先后多次组织了志愿者服务队伍，分期分批深入山西、内蒙古、山东等基层煤炭生产一线，为职工群众、劳动模范、生产骨干、退休职工进行慰问演出、文艺培训、创作辅导、赠送书画作品等志愿服务活动，得到广大基层职工的热烈欢迎。

1月20日，煤矿文联组织煤矿书法家盛军、马铭、陈彦丰、李元、张秀岭等一行赴山东能源新矿集团良庄矿业，不仅为矿工和家属赠送了一副副吉祥如意的春联，还给基层书法爱好者带去精彩的书法讲座。

5月23日，为纪念毛泽东《在延安文艺座谈会上的讲话》发表73周年，煤矿文联组织曲艺、舞蹈、音乐、美术、书法等艺术家赴山西阳泉煤业集团进行文艺志愿服务活动。表演艺术家为煤矿工人表演了单口相声、雷琴独奏等节目，书画艺术家头顶炎炎烈日为职工现场挥毫泼墨，共赠出近百幅书画作品。艺术家还在阳煤集团矿区美术创作基地和二矿文工团进行了美术、书法创作交流辅导和舞蹈、音乐、曲艺讲座。

11月上旬，煤矿书法家协会志愿者赴山西省煤矿工会，为全省煤矿企业的文化干部进行了书法辅导讲座，并进行了现场书法创作交流。

【"百矿千名"基层文化管理干部和文艺骨干培训工程】

2015年年初，煤矿文联启动了"百矿千名"基层文化管理干部和文艺骨干培训工程，这项工程是指用几年的时间，重点面向全国煤炭企事业单位，有计划地培养千名以上基层文化管理干部和文艺骨干。通过集中培训、现场观摩教学、主题报告、座谈研讨等多种教学方式，深入学习文化领域前沿知识，拓宽煤矿文化艺术工作者的思维深度和视野广度，提升谋划文化建设、开展文化活动的实际能力，使之成为本单位文化建设的骨干力量，为煤矿文化事业持续繁荣提供强有力的发展后劲。

6月上旬和10月中旬，煤矿文联在煤矿工人北戴河培训中心举办了两期"百矿千名"基层文化管理干部和文艺骨干培训工程高级研修班。每期培训时间为一周，培训课程包括文化干部的素质与艺术修养、安全文化研究、信息网络化背景下的煤矿文化建设、新时期大型文化艺术活动的策划与品牌效应、艺术作品赏析等。担纲授课的有中国文联国内联络部主任刘尚军，副主任谢力，北京大学人文学部委员、北京大学艺术系学术委员会主任、中国文艺评论家协会主席仲呈祥，中国舞蹈家协会副主席、分党组书记、大型晚会策划人和撰稿人冯双白，首都师范大学环境艺术系主任、国家一级美术师彭华竞，中国传媒大学思想政治理论教研室主任、中国传媒大学MBA教学指导委员会委员、硕士生导师张傅，中国文艺志愿者协会副主席、著名摄影家解海龙，中国煤矿文联原主席、著名诗人、书法家、文化学者梁东，欧洲科学院院士、中国煤矿美协油画艺委会副主任殷阳，中国书法家协会发展工作委员会委员、中国煤矿书协副主席盛军等。

两期高级研修班有来自全国40余家煤炭企事业单位工会、文联等负责文化工作的170多名学员参加，通过老师的精彩授课和紧张充实的集中学习、交流，学员们从更高的层面领会了党的文艺方针、习总书记在文艺工作座谈会上的重要讲话和《中共中央关于繁荣社会主义文艺的意见》精神，对煤矿文化艺术工作的意义也有了更加深刻的认识，从而增强了繁荣煤矿文化艺术事业的信心和决心。

【中国煤矿文联第四届理事会第五次会议】

4月上旬，煤矿文联召开了第四届理事会第

五次会议,中国煤炭工业协会副会长兼秘书长、中国煤矿文联主席梁嘉琨,中国煤矿文化宣传基金会理事长、中国煤矿文联副主席庞崇娅,中国煤矿文联副主席兼秘书长张强,中国煤矿文化宣传基金会副理事长刘俊和煤矿文联主席团成员、理事成员以及会员单位代表共210余人参加了会议。

梁嘉琨主持会议,庞崇娅在会上作了工作报告,开滦集团、同煤集团、兖矿集团、山东能源新汶矿业集团等基层单位的代表在会上作了经验介绍。

会上,对2013—2014年度全国煤矿文化艺术工作先进单位和先进个人及乌金艺术奖得主进行了表彰。

【"中国煤科杯·第二届煤炭在京职工书画摄影展"】

9月22日,由煤矿文联、煤矿文化宣传基金会主办,中国煤炭科工集团有限公司承办的"中国煤科杯·第二届煤炭在京职工书法、美术、摄影作品展览"在国家安全监管总局老干部活动中心开幕。此项活动旨在丰富煤炭在京职工文化生活,展示煤炭在京职工的艺术成果,是继2014年5月首届煤炭在京职工书画摄影展之后的又一次煤炭在京职工文化艺术作品的展示。此项活动于2015年7月启动,共征集到煤炭在京干部职工参展书法作品90余幅、美术作品80余幅、摄影作品近400幅(组)。最终评出书法优秀作品8幅、入展作品30幅;美术优秀作品8幅、入展作品29幅;摄影优秀作品20幅、入展作品66幅。煤矿文联还将此次参展精品结集成《煤情墨韵》一书出版,发放各在京煤炭企事业单位,深受广大书画和摄影爱好者的欢迎。

【纪念中国人民抗战胜利暨世界反法西斯胜利70周年活动】

为纪念中国人民抗战胜利暨世界反法西斯战争胜利70周年,铭记历史,缅怀先烈,进一步增强煤矿职工的时代责任感与使命感,煤矿文联及基层矿区开展了一系列纪念活动。煤炭集邮协会积极组织参加了中华全国集邮学术论文征集活动,并于8月在徐州、枣庄、淮北等矿区举办了中国人民抗战胜利暨世界反法西斯战争胜利70周年集邮展览。西山煤电集团于9月3日至18日举办了纪念中国人民抗日战争暨世界反法西斯战争胜利70周年职工合唱电视展播活动;同煤集团以纪念抗日战争胜利70周年为主题,举办第三届老年文化艺术节;陕煤化集团基层各单位以图片展、放映抗战影片、座谈会等多种形式纪念抗战胜利70周年。所有这些活动都进一步激发了广大煤矿职工立足岗位、拼搏奉献的爱国、爱企热情,增强在市场寒冬中战胜困难的信心和勇气。

【煤炭文化建设"十三五"规划研究】

按照国家能源局和中国煤炭工业协会的安排,在总结"十二五"煤矿文化艺术发展规划实施情况的基础上,煤矿文联从上半年开始就已经着手煤炭文化建设"十三五"规划研究的前期准备工作,通过深入基层调研、聘请专家把脉等形式,在煤炭文化战略定位、基层文化活动形式、文化人才培养、文化信息建设、文化产业发展等方面进行课题调研,并在基层矿区开展了为煤矿文化"十三五"发展规划建言献策的理论文章征集活动,征集活动将为完善煤矿文化"十三五"发展规划编制工作发挥重要作用。

【《中国煤矿文化艺术志》编纂工作】

《中国煤矿文化艺术志》是煤炭行业唯一的一部全面追溯从古至今煤炭企业(矿区)文化艺术事业发展的现状和历史的重要志书。2014年年初,煤矿文联启动了《中国煤矿文化艺术志》编纂工作,先后多次召开编写大纲讨论会,邀请有关专家对《中国煤矿文化艺术志》编写大纲进行评审论证,并举办了煤矿文化志书编写培训班,邀请有关史志专家为来自全国煤炭企业的60余位文化志书编写人员授课，针对性地解决学员们在编写过程中遇到的实际问题。为使编纂工作更加准确、精细，煤矿文联还下发了《〈中国煤矿文化艺术志〉编写大纲说明》，对基层文化志书资料的收集和撰写予以具体的指导和规范。2014年，《中国煤炭工业志》编委会听取了煤矿文联当年以来《中国煤矿文化艺术志》筹备及编纂情况的汇报，并通报了2015年的主要工作和相关事项。目前，各基层单位的志书资料报送工作基本完毕，已经进入梳理、归类、编写阶段。

【《阳光》杂志、中国煤矿文化网工作会议】

9月17日，2015年度《阳光》杂志、中国煤矿文化网工作会议在山东泰安召开。来自全国煤炭行业的工会、文联领导和《阳光》杂志特约编务、煤矿文化网先进单位和先进个人代表共80余人参加了会议。会议对《阳光》和煤矿文化网当年的工作进行了回顾总结，对2016年的工作进行了安排部署，重点对2016年《阳光》杂志改版的思路及栏目设置进行了说明。会议对《阳光》杂志编务工作先进单位和优秀个人，煤矿文化网络宣传先进单位和最佳通讯员、优秀通讯员进行了表彰，山东能源新矿集团、开滦集团、同煤集团、山东能源肥矿集团等基层单位代表介绍了经验。

【中国煤矿文联成立20周年座谈会】

12月18日，纪念中国煤矿文联成立20周年座谈会在北京西郊宾馆召开。中国文联党组成员、副主席、书记处书记左中一，国家安全监管总局党组成员、副局长李兆前，中华全国总工会副主席李世明，国家安全监管总局总工程师王树鹤，国家煤监局副局长宋元明，中国煤炭工业协会会长、党委书记王显政，中国煤炭工业协会副会长梁嘉琨，中国文联副主席、中国曲艺家协会名誉主席刘兰芳，原煤炭工业部副部长张宝明，原中国煤炭工业协会第一副会长濮洪九，原中国煤炭工业协会副会长赵岸青，中国煤炭工业协会副会长彭建勋、姜智敏、纪委书记吕英，国家能源局煤炭司副司长严天科，中国能源化学工会副主席郭振友，中国文联国内联络部副主任谢力，中国作协创联部副主任冯秋子，中央电视台科教频道主任张广义，中国煤矿文联历任主席梁东、许传播等和全国12家产（行）业文联（文协）、国家安全监管总局、国家煤监局、中国煤炭工业协会各部门主要负责人，全国各煤炭企事业单位分管文化工作的负责人和文艺工作者代表共260余人参加座谈会。

座谈会由中国煤矿文化宣传基金会理事长、中国煤矿文联副主席庞崇娅主持。

左中一、李兆前、刘兰芳、郭振友及产（行）业代表、中国建设文协主席王大恒在座谈会上致辞，向中国煤矿文联成立20周年表示祝贺，向煤矿文化艺术工作者表达敬意。

座谈会上，煤矿文联历任主席梁东、许传播、梁嘉琨畅谈了任职期间的深切感受，身在海南的原煤矿文联主席李士翘发来了贺信，煤矿文联副主席兼秘书长张强汇报了煤矿文联20年来的主要工作和取得的丰硕成果，煤矿文联志愿者协会主席宋德全介绍煤矿文艺志愿者送文化下基层、进矿区的有关情况。基层企业代表——山东能源集团工会主席宿洪涛、开滦集团工会副主席王和贤、同煤集团文体中心主任李君、兖矿集团文体中心副主任靳虹、中煤平朔公司文联主席庞顺泉介绍了本单位各具特色的文艺活动。

座谈会对为繁荣煤矿文化艺术事业作出突出贡献的文化艺术工作者和煤矿文化艺术"乌金大奖"获得者进行了表彰。中国煤矿文化宣传基金会副理事长刘俊宣读表彰决定并主持颁奖仪式。"乌金大奖"获得者、著名歌唱家邓玉华代表获奖者发表获奖感言，并现场演唱了歌曲《情深谊长》。

最后，中国煤炭工业协会会长王显政做重要讲话。他在讲话中对煤矿文联成立20年来取得的成绩给予高度评价。他希望煤矿文联一如既往，认真履行团结引导、联络协调、服务管理、自律维权的职能，不断提高科学化工作水平和服务能力，真正把煤矿文联建成煤矿文艺工作者的温馨和谐之家。希望广大煤矿文艺工作者以习近平总书记在文艺工作座谈会上的讲话和《中共中央关于繁荣发展社会主义文艺的意见》精神为引领，始终坚持先进文化的前进方向，高扬"中国梦"的主旋律，努力创作出反映煤炭工业火热现实生活和当代煤矿工人精神风貌的优秀文艺作品。

企业文联

【冀中能源集团文联】

1月16日，冀中能源井矿集团召开2015年度宣传思想文化工作会，深入学习贯彻冀中能源和集团公司"两会"精神，安排部署今年宣传思想文化工作。会上对2014年度宣传思想文化工作进行了全面总结，就2015年工作进行了部署。会上还对2014年度宣传思想文化工作先进集体和先进个人进行了表彰，并以书面材料形式对开展"渡危求进 稳健发展"主题教育活动、新闻宣传竞赛、培育和践行社会主义核心价值观以及2015年思想政治工作课题研究等方面工作进行了专题部署。

3月，冀中能源张矿集团开展"大爱冀中·道德颂"微影视作品征集大赛，大赛主题为"汇聚职工真善美，传递道德正能量"。通过利用微电影、道德模范专题纪录片以及公益广告等形式来展示广大干部职工明德、崇善、乐观、向上的精神风貌，展现传统文化魅力和"大爱冀中"主题实践活动成果。征集活动从4月1日开始到9月30日结束，历时6个月。

5月29日，冀中能源井矿集团公司举办2015年度新闻宣传干部培训班。来自井矿集团公司所属各单位的50名基层通讯员参加了培训。培训班本着"节俭办班、重在培训"的原则，全部由党委政工部各主管人员进行授课。培训内容针对企业发展面临的新形势对新闻宣传工作提出的新要求，重点围绕通讯的分类及常见类型写作方法、新闻摄影技巧及新闻策划与写作等方面进行了讲解，既包含宣传理论知识，又有实战经验和具体案例讲解，具有很强的指导性和实用性。

7月，冀中能源峰峰集团文工团举办《工会永远跟党走》诗歌朗诵会，庆祝中国共产党成立94周年。全体演职员工心情激昂，热血沸腾，带着歌颂党、唱党恩的一片深情，把心中对党的崇敬献给伟大祖国豪情胸怀，充分表达了永远跟党走的坚定信念和坚强决心。

7月，冀中能源井矿集团开展"抗战题材电影周"活动，隆重纪念抗日战争胜利70周年，7月22日至28日，每晚在厂矿社区为职工群众放映两部抗战题材电影。

8月，冀中能源井矿集团举办2015年职工美术书法摄影展览，展览由冀中能源井矿集团工会主办，包括美术、书法、摄影、剪纸、十字绣、根雕6个门类，共展出180余幅作品，充分展示了井矿集团丰厚的文化底蕴和广大干部职工、社区居民的艺术才华。

8月6日下午，冀中能源井矿集团举办2015年职工歌手比赛。比赛共有9个单位18名选手报名参赛，演唱内容以爱党、爱国、抗战题材为主，近200名观众现场观看比赛。

8月21日，冀中能源峰峰集团举办"挺进风·矿山情"广场舞、健身操第一场比赛，本场比赛共18个节目，由来自15个基层单位的400余名职工参加，近3000名职工观看。

【山东能源集团文联】

1月1日，山东能源肥矿集团举办2015年元旦职工摄影展。摄影展以"幸福、平安、好运"为主题，共收到摄影爱好者作品100余幅，经筛选展出80余幅。摄影爱好者以身边美好家园、工作场景为题，以自己独特审美视角，突出反映了和谐矿区建设所取得成绩和职工家属对美好生活的向往。

2月13日晚,山东能源枣矿集团隆重举行"畅想春天"2015年春节文艺晚会。枣矿集团公司领导及驻地单位职工家属欢聚一堂,共同观看精彩演出。整场晚会节目精彩纷呈,融合了舞蹈、歌曲、朗诵、小品等多种艺术形式,抒发了枣矿人昂扬向上的豪迈情怀和祝福枣矿美好未来的心声。

2月21日至27日,山东能源肥矿集团举办"庆新春"书法美术摄影展。摄影展为期一周,共展出书法美术摄影佳作160余幅。展出作品均由矿区书法美术摄影爱好者创作,作品题材广泛,风格迥异,具有较强的思想性、艺术性和创新性,不少作者亦书亦画,多才多艺,以自己独特审美视角,突出反映了和谐矿区建设取得成绩和职工、家属对美好生活的向往。

2月26日,山东能源肥矿集团举办"新春肥矿"2015年春节文艺晚会,肥矿集团公司领导与1600余名员工及家属一同观看了演出。晚会由集团公司所属各单位员工自己创作表演的相声小品、情景歌舞、歌曲联唱、曲艺小品、魔术、器乐合奏等16个精彩节目组成,给观众们奉献了一场精彩的节日文化大餐。

5月,山东能源龙口矿业集团举办网络评论员培训班,学习新媒体基本知识,掌握网络评论员实战技能,为开通集团公司民生通道做好思想、技术准备,适应新形势需要。培训班以"新媒体环境下的舆情管理"和"新媒体运用与舆情应对"等为题,结合具体案例和企业实际,教授了舆情发展规律及处置方法、网络评论员如何实战等内容。

5月,山东能源龙矿集团"弘扬先模精神,逆境艰苦创业"先模事迹报告团到龙矿集团公司各单位进行先模事迹宣讲,先模事迹报告会7名宣讲人用他们朴实无华的语言和感人至深的真情讲述了他们在各自岗位上努力工作、辛勤劳动、爱岗敬业、勇于开创的故事,激发了广大干部员工干事创业的激情和艰苦奋斗的豪情壮志,受到了广大干部员工一致好评,在矿区掀起了尊重劳模、爱护先模、争当先模的热潮。

6月18—19日,山东能源肥矿集团公司举办"安全在我心中"主题演讲比赛,肥矿集团所属13个单位推荐的28名选手参加比赛。比赛分复赛和决赛两个阶段。进入决赛的选手围绕安全理念,结合安全案例,叙述安全故事,诠释安全与生命、安全与责任、安全与家庭、安全与幸福、安全与效益的关系,以感人肺腑的语言,从不同角度、不同侧面诠释了安全生产的重要性。最终评出一等奖2名,二等奖3名,三等奖4名,优秀奖19名。

6月,山东能源临矿集团举办网站、电视骨干通讯员培训班,来自集团公司13家权属单位的51名通讯员参加培训。培训内容重点围绕网站新闻写作与电视新闻制作展开,旨在加强集团公司通讯员队伍建设,提高各单位新闻宣传水平。

7月7日,山东能源临矿集团举办首届文化干部、文艺骨干培训班。培训班为期7天,来自基层单位的36名优秀文化干部参加培训。培训班全部聘请临矿集团公司内部专家授课,授课老师紧紧围绕书法、摄影、诗歌与朗诵、舞蹈、声乐、相声与小品、合唱与指挥等多个门类,采取理论讲解和现场实践练习相结合的方式,生动、活泼、深入浅出地讲解了文艺基础知识以及如何围绕中心工作开展基层文艺创作等。

7月30日,山东能源集团"王楼杯"首届微电影大赛评审会在临矿集团王楼煤矿举办。本次评选的33部作品分别来自山东能源集团各权属单位。微电影包含了安全生产、爱岗敬业、应对市场危机等多个主题内容。从不同角度展现了安全理念的不可动摇、标杆人物的感人至深、应对危机的奋勇拼搏等可贵精神,充满正了能量,对职工具有很好的教育意义。

9月7日,山东能源龙矿集团公司工会组织召开了工会工作会议暨感动龙矿矿工表彰会,对6名感动龙矿矿工进行了大张旗鼓的命名表彰。工会自6月以来,结合"冀中能源杯·第三届寻找感动中国的矿工"评选活动,组织开展了"第一届寻找感动龙矿矿工"活动,在群众参选、广泛推荐的基础上,推选了13名"第一届寻找感动龙矿矿工"候选人,通过《龙矿集团报》刊发了"请您评选第一届感动龙矿矿工"专版,将13名感动龙矿矿工候选人名单、典型事迹和选票在报纸上进行了刊登,并组织了22个基层单位近2000名员工进行了无记名投票。

9月11日,山东能源集团公司举办首届职工文艺展演汇报演出,中国煤矿文化宣传基金会理事长、中国煤矿文联副主席庞崇娅,山东省总工会副巡视员侯国华应邀参加,能源集团党委委员、董事、工会主席宿洪涛,集团公司总经理、党委副书记刘孝孔,党委常委、纪委书记提文科,副总经理石富山和集团各权属单位工会主席到场观看。此次文艺展演设小品、相声、戏曲、歌曲、曲艺5类节目,能源集团7家权属单位的49部作品参加比赛。参赛代表队在展演中以高昂的激情婉转动情的歌声、创新的作品等,展现了山东能源人锐意进取、积极向上、渡危解困的精神风貌,表达了应对危机战胜困难的决心和信心。

9月29日,山东能源新矿集团举行庆国庆暨第三届道德模范颁奖典礼。颁奖典礼上,新矿集团有关领导为获奖道德模范颁奖,同时穿插播放了新矿集团第三届道德模范事迹短片和颁奖词。评选出的道德模范敬业奉献、助人为乐、诚实守信、见义勇为、孝老爱亲,他们真实的事迹和纯朴而崇高的品质深深地感染着新矿集团的每一位职工。

【陕西煤业化工集团文联】

2月,陕西煤业化工集团公司召开2015年新闻宣传工作座谈会,总结2014年工作,研究部署今年工作,动员集团各级组织、各级新闻宣传部门和广大新闻宣传工作者创新思路、努力开创新闻宣传工作的新局面,为集团公司改革发展营造良好的舆论氛围。会上对2014年度新闻宣传工作先进集体、先进个人、优秀通讯员和优秀网站进行了表彰。

8月17日至21日,陕煤化集团举办2015年度新闻宣传工作培训班,旨在贯彻落实党的十八届四中全会精神,加强新闻宣传队伍建设,开创新闻宣传工作新局面。培训班邀请新华社陕西分社、中国煤炭报社、西北大学等单位的资深记者、教授,就新媒体背景下如何做好舆情应对工作、新闻写作与文学创新、如何向媒体投稿、把握新媒体传播规律做好企业新闻报道创新、摄影基础等方面进行了授课。

8月,陕煤化集团各单位以图片展、放映抗战影片、座谈会等多种形式纪念抗战胜利70周年,培育广大干部职工的爱国精神和爱企情怀,增强在市场寒冬中战胜困难的信心和勇气。黄陵矿业公司于8月25日举办纪念抗战胜利70周年职工文艺晚会暨最美员工颁奖典礼。澄合矿业公司从7月份以来,通过寻访老一辈革命战士,以他们的亲身经历讲述抗战故事等活动,将老革命的英雄事迹以文字和视频的形式在澄合电视台、矿工报、澄合网等三大媒体进行播出刊载,让广大干部职工在重访红色遗迹与回顾峥嵘岁月中接受抗战精神的熏陶。蒲白矿业公司以组织观看"中国人民抗日战争暨世界反法西斯战争胜利70周年纪念活动"系列电视直播节目和相关报道,召开座谈会,组织各类职工群众喜闻乐见的纪念活动,弘扬抗战精神,突出社会主义核心价值体系和爱国主义教育。韩城矿业公司于8月中旬至9月上旬开展抗战题材影片公益展映活动",拟在矿区展映20部展现中国共产党及其领导的人民军队浴血抗战的英雄壮举和建立卓越功勋的抗战题材影片,让矿区职工群众更好地了解中国共产党为战胜法西斯所做的伟大功绩,向在抗日战争中英勇战斗、为国捐躯的烈士表示深切的怀念和敬意。

9月,陕煤化集团彬长矿业公司组织开展"祝福祖国"国庆系列文艺活动。23日,文家坡矿举办"爱我彬长、歌颂祖国"歌咏比赛,9支队伍参赛。23日,胡家河矿组织团员青年集中观看了爱国主义电影《百团大战》。24日，电力分公司举办首届乒乓球象棋比赛。27日，孟村矿举办"爱我彬长、共筑梦想"职工文艺晚会。

【大同煤矿集团文联】

4月20日，同煤集团文体发展中心启动广场舞培训班，培训从4月20日到6月15日，为期50天。其中，在集团公司本部会议中心培训4期，下基层培训2期，参加培训的二级单位共计90个，培训舞蹈骨干共320名。

4月22日，同煤集团举办文化干部"向读书致意"读书交流活动，来自基层的30多位文办主任参加座谈。20名读书爱好者进行讲演，交流读书体会。其间举办图书展、组织座谈和专题讲座、观摩二级单位读书节并向基层赠书、表彰读书先进等。

5月19日，同煤集团举行2015年"中国梦·同煤情"职工文艺会演。中央机厂、轩煤公司、总医院、精煤公司等七家单位的百余名文艺爱好者表演了歌舞、小品、声乐和器乐演奏等节目。此次文艺会演分10场进行，共有52个基层单位参加，近千名员工报名演出，涉及声乐、器乐、曲艺、戏曲、舞蹈、合唱六个类别，参演节目共162个。

5月底，同煤集团漳泽电力公司举行"文化活动走基层，劳模岗位做贡献"慰问演出暨电力系统第二届职工文化艺术节开幕式。

7月3日，同煤集团老年大学召开成立十周年庆祝大会并举行庆祝建校十周年文艺演出。老年大学学员表演的舞蹈、葫芦丝演奏和女声独唱等文艺节目，展现出同煤集团退休老职工良好的精神风貌。

7月22日，同煤集团公司文体发展中心组织召开2015年"同煤集团文化信息通讯员工作座谈会"，近40名基层文化信息通讯员、部分单位文办主任参加了座谈。会议强调，文化信息宣传工作是文化工作的重要组成部分，通讯员要不断提升自身素质，增强新闻敏感度，提高稿件质量，积极利用新媒体平台进行正能量舆论引导。

8月，同煤集团开展系列文艺活动纪念中国人民抗日战争胜利70周年。25日，文体发展中心和电视台联合录制了一场纪念抗战胜利70周年电视演唱会，并在同煤电视台文化频道播出。9月1日，同煤集团地煤公司、雁崖煤业公司、文体发展中心等单位约400名员工在国家级抗战纪念设施、遗址——大同煤矿万人坑遗址纪念馆举行纪念中国人民抗日战争暨世界反法西斯战争胜利70周年活动。8月下旬至9月中旬，《同煤文艺》《同煤日报》联合举办了"铭记历史，珍爱和平"征文、楹联、诗词征集活动，优秀作品在报刊上发表。8月底前完成的《日本侵占大同煤矿史料集》分上、中、下三册，100多万字。

9月11日，同煤集团举办员工书画展。书画展正逢中国人民抗日战争暨世界反法西斯战争胜利70周年，活动以"铭记历史、缅怀先烈、珍爱和平、开创未来"为主题，各单位员工通过书画艺术的形式来抒发煤矿人纪念抗日战争胜利70周年和热爱祖国的炽热情怀。展览共征集作品302幅，精选79幅作品入展，作品展示了同煤员工在书法美术方面的艺术造诣，体现出了同煤人"尊重历史、热爱和平"的社会正能量。

9月16日，同煤集团举行老照片暨基层文化艺术作品展，展区分为3个不同院落，1号院以"同煤记忆"为主题展出了集团公司几十年发展变更中所留下的老照片300余幅，2、3号院分别以各自独立的形式布置展品1000多件，展示了来自同煤集团的27家基层单位原创者的艺术作品。

9月23日，同煤集团举办"踏歌起舞"广场舞表演赛。表演赛共有同煤集团22家基层单位参加，参与人数1200余人，近千名职工家属在现场观看比赛。

10月14日，同煤集团召开学习贯彻《关于繁荣发展社会主义文艺的意见》座谈会，同煤集团公司作家协会、音乐舞蹈协会、书画家协会、摄影家协会以及集邮协会、文化理论研究会的近40

名代表参加座谈。座谈会上各文艺协会代表进行了发言，大家表示，同煤文化艺术发展到今天，成就有目共睹，要守好这片阵地还要盘活好这片阵地，要坚持以煤矿和矿工为中心的创作导向，把服务员工群众作为基点和归宿，创作出当代反映同煤文化精神和气派的精品力作。

11月6日，同煤集团举办"牢记使命，谱写华章"庆祝第十六个中国记者节诗歌朗诵会。诗歌朗诵会上，对同煤集团2015年度优秀新闻工作者进行表彰。同煤集团公司党委宣传部、同煤日报社、同煤电视台、同煤网站的新闻宣传工作者自编自演了精彩的朗诵节目《祖国颂》《唱响中国梦》《放飞中国梦》《建设新同煤，打造新生活》《我们都是新闻人》《我们自豪，我们是记者》《新媒体，新作为》等。

【开滦集团文联】

2月10日，开滦集团举行直属机关文艺期刊《开滦红》首发仪式。开滦直属机关文化艺术协会于2013年12月13日成立，并设立文学、书画、摄影3个专业分会。《开滦红》融合了开滦直属机关文化艺术协会作品集和文艺期刊，是开滦员工原创艺术作品的展示平台。

3月1日至4月30日，开滦集团开展"开滦好诗词"征集活动。征集诗词主题突出，描写开滦转型发展中发生的丰富鲜活、多姿多彩的动人故事，形象准确地表达和体现"中国梦"内涵，彰显开滦企业精神和员工精神风貌。活动共收到诗词110多首，经评选，《父亲的煤炭》《通过井的方式》《母亲的闹钟》获一等奖、二等奖诗词7首、三等奖诗词15首，并在《矿工老歌》杂志发表。

3月20日，开滦集团召开纪念抗日战争胜利70周年书画创作座谈会。会议强调，要把纪念抗日战争胜利70周年书画创作过程作为革命传统教育的过程，认真宣传，广泛发动，全面征集，组织广大书画爱好者，结合开滦的光荣传统，用书画讴歌开滦工人在抗战中的英雄事迹，展示不屈不挠、英勇战斗的开滦工人形象，反映开滦工人五矿大罢工和节振国等抗战英雄身上体现的开滦工人特别能战斗精神。

6月11日，开滦集团举办《黑色长河》主题延伸展"冀东抗日烽火——纪念中国人民抗日战争暨世界反法西斯战争胜利70周年临展"。展览以照片、实物、文字图片相结合的方式向人们展示70多年前在冀东平原上烽火硝烟的保家卫国战。展出抗战老照片95张，文物224件，全景式地记录了600万冀东儿女同仇敌忾，在中国共产党的领导下与日本侵略者浴血奋战，书写出中华民族反抗外敌侵略的动人史诗。

6月30日，开滦集团公司举办"圆梦开滦"主题诗歌朗诵比赛。来自19个基层单位的35组选手参加比赛。来自生产一线的工人用激情澎湃、铿锵有力的朗诵，回顾了中国共产党波澜壮阔的革命历程，用诗歌回忆中国共产党带领开滦工人阶级反抗压迫、建设美好家园的历史。

8月17日，开滦集团举办纪念抗战胜利70周年美术、书法展览。展览作品征集从4月份开始，共征集到300幅作品，经筛选，展出245幅。

9月7日，开滦集团公司党委召开纪念中国人民抗日战争暨世界反法西斯战争胜利70周年座谈会，缅怀革命先烈，弘扬抗战精神，为开滦集团公司扭亏增盈和转型发展汇聚精神力量。座谈会上，开滦抗战老战士等回顾了开滦人抗击日寇、抵抗侵略的光辉事迹。集团公司有关单位、部门负责人和青年员工代表近200人参加座谈会。座谈结束后，与会人员一同观看了纪念抗战胜利70周年文艺演出。

10月23日，开滦集团举办2015年职工大众健身舞展演，开滦集团公司共160余名选手参加。通过大众健身舞展演，充分展示员工健康生活、快乐工作的良好精神风貌，唐山矿业公司代表队获得一等奖。

10月，开滦集团举办首届"我们的生活充满阳光"手机摄影比赛。比赛作品以弘扬社会主义核心价值观，传播正能量，集中展示开滦转型发展和员工日常生活日新月异的变化和身边的典型人和事，反映当代开滦人现实生活的美好影像。摄影作品征集从8月开始，共收到作品约1000件，其中70件作品入选，最后评出一等奖2个，二等奖6个，获奖作品在开滦集团公司网站、报刊等相关媒体进行了展示宣传。

11月9日，开滦集团举行"弘扬社区文化、共建和谐家园"文化进社区大型文艺会演，共有9支文体队伍参加，表演了歌曲、舞蹈、说唱快板、太极拳、女声小合唱、柔力球、腰鼓等13个节目。文化进社区活动是开滦集团2015年实事工程之一，今年以来，开滦集团成立了群众性文艺表演团体119个，共有4240名文化志愿者和文艺爱好者参加。

中国电力文协

综述

2015年，电力文协在中国文联和中电联的坚强领导下，深入学习贯彻习近平总书记重要讲话精神和中央关于做好文艺工作、群团工作的重大部署，坚持以联络、协调、服务为职能，扎实开展了一系列富有影响、富有成效的主题活动，团结引领广大文艺工作者，聚焦"中国梦"时代主题，传播社会主义核心价值观，为繁荣电力文艺事业做出应有贡献。

重要会议及活动

【加强自身建设 促进规范化管理】

起草《电力文协财务与资产管理办法》《电力文协公文管理办法》；制定《二级协会费用报销管理细则及工作流程》；成功将电力集邮协会有关活动经费纳入电力文协账户统一管理；增补陈宏义同志为中国电力作家协会副主席。

【发挥桥梁作用 服务电力文艺家】

推荐何润生加入电力书法家协会，推荐罗朝云加入电力作家协会，为两专业协会注入了新的血液；推荐中国电力作家协会会员冷冰进入中国作家协会鲁迅文学院第二十六届中青年作家高级研讨班学习；推荐电力作家安力达、黄声新和曾孟群的作品参评第九届茅盾文学奖；推荐的电力作家徐祖永、吉建芳、傅玉丽、刘克升、姜鸿琦为中国作家协会会员候选人，8月5日，中国作家协会发文通知，徐祖永、吉建芳、姜鸿琦正式加入中国作家协会。

【评选中青年德艺双馨文艺工作者】

4月，电力文学艺术协会推荐吴力、陈富强两名同志参加中央宣传部、人力资源社会保障部、中国文联开展的"第四届全国中青年德艺双馨文艺工作者"评选。

【召开电力文协主席团会议】

4月29日，电力文协2015年第一次主席团会议在京召开。中电联专职顾问、电力文协主席谢振华，副主席沈维春，中电联专职顾问王永干等出席会议。会议由谢振华主持。

会议总结了电力文协2014年的各项工作，提出2015年工作设想。与会的副主席对2014年的各项工作表示满意，并结合自己分管的工作提出了建议。

【召开摄影协会一届五次理事（扩大）会暨创作研讨会】

参加电力摄影家协会一届五次理事（扩大）会暨创作研讨会，会上电力文协副主席沈维春做重要讲话和总结发言，白俊文秘书长肯定了电力摄协各方面取得的成绩，提出有关工作要求及希望。

【筹备电力美术家协会换届】

召开专题办公会，讨论电力美术家协会挂靠单位及换届筹备事宜。美协筹备组赴中国文联和电力书法家协会、电力摄影家协会做工作调研，完成关于电力美协换届工作准备情况的汇报，确保美协换届筹备充分。

【征集全国安全生产优秀文艺作品】

参加"关于开展全国安全生产优秀文艺作品创作征集活动"协调会，拟订、印发"关于开展全国安全生产优秀文艺作品创作征集活动"的通知文件，组织征集电力职工全国安全生产优秀文艺作品创作。

【深入开展送文化下基层活动】

2015年，根据中宣部、文化部、中国文联等五部委下发的《关于在文艺界广泛开展"深入生活、扎根人民"主题实践活动的意见》精神，电力文协组织召开专题办公会，成立了关于开展"深入社会、扎根人民"主题实践活动领导小组。制定了《电力文协关于开展"深入社会、扎根人民"主题实践活动的方案》，建立鼓励作家、书法家、摄影家"深入生活、扎根人民"的机制等多项具体措施，团结、动员、组织广大电力文艺家开展采风采访、书画展览、摄影、公益活动及培训等文艺志愿服务活动。电力文协荣获优秀组织单位并获得中国文联及有关部门的通报表扬。

年初开展"送万福进万家"——为企业服务书法公益活动。分别在北京、天津、河北、甘肃、安徽、江苏、山东、广东、云南等地区电力企业举行公益活动近40场次。近400名电力书法家积极参与了活动，为基层电力员工写福字、送春联达一万多副，实现了文化为企业、文化惠员工。

积极参与中国书协关于《书法公益流动大讲堂》巡讲活动，大讲堂由中国书协副主席言恭达先生主讲，讲座学术性强，主旨明确，创作指导切实，客观梳理与反思了当下中国书坛的多种文化现象。为提高电力书法理论水平，开拓电力行业书法学术研究视野起到促进作用。

积极参加中国文联产（行）业书法家慰问服务活动。由中国文联国内联络部和中国石油文联主办的"走进大漠荒原——中国文联产（行）业书法家慰问服务活动"于6月6日在甘肃和青海石油系统举行。电力书协选派副秘书长乐长江同志代表电力书协参加了此次活动。为期6天的慰问服务活动中，行业书法家一行不辞辛劳在戈壁荒漠中跋涉数百公里进入到荒漠中的油田工地进行慰问，乐长江同志克服长途辛劳和高原缺氧带来的痛苦，在"风吹石头跑、氧气吸不饱"的石油工地，以天当房地当桌为石油工人现场挥毫泼墨，书写了大量书法作品，不仅得到石油职工的称赞，也受到主办方领导的好评。

组织电力行业50余名摄影家到浙江三门火电、核电基地，举行"中国梦·劳动美"电力摄协文艺志愿者公益拍摄活动，电力摄影家用相机记录下了工程建设的宏大场面，展示了电力建设者的傲人风采。

电力文协团结凝聚广大文艺志愿者，5月23日前后开展的"到人民中去"文艺志愿主要活动被刊载到中国文联文艺志愿服务简报上。

【5位文艺志愿者受到表彰】

7月30日，电力文协推荐"到人民中去"文艺志愿者服务主题活动中表现突出的5位文艺志愿者：作家蒲素平、书法家乐长江、摄影家赵万波、潘正光、姚炜，受到中国文联文艺志愿服务中心、中国文艺志愿者协会表彰（文联志〔2015〕1号）。

【协办创新·创业时代之歌活动】

协办由中国文联文艺资源中心、中国文学艺

术基金会、中国企业文化促进会共同举办的"创新·创业·时代之歌"企业书法美术摄影创作展示活动；参加活动协调会、通气会，面向有关协会和企业传达了有关精神，布置征集作品，与各单位交流书法、美术、摄影参展作品创作活动进展及组织发动情况。另外，电力摄协作为摄影作品的征集、展览承办方参与此次活动。

【组织"铭记历史 珍爱和平"书法展】

11月20日，"铭记历史 珍爱和平"纪念中国人民抗日战争暨世界反法西斯战争胜利70周年全国电力书法展览在河南确山竹沟革命纪念馆隆重开幕。此次参展的160余幅作品将捐赠给确山竹沟革命纪念馆和杨靖宇将军纪念馆作为馆藏并永久陈列。此次活动是电力书协首次在行业外联合有关单位，共同举办电力书展活动，活动得到确山县人民政府的重视和大力支持，在行业内外取得重大反响。

【组织纪念中国人民抗日战争暨世界反法西斯战争胜利70周年集邮展】

11月，电力文学艺术协会电力集邮分会组织集邮爱好者参加各地纪念中国人民抗日战争暨世界反法西斯战争胜利70周年全国集邮巡回展览。

【参加第十九届多伦多国际摄影节】

组织240多幅精品作品参加第十九届多伦多国际摄影节，获各类奖项40多个，包括大展金银铜奖。

【参加"新国企·中国梦"影像大赛，获多个奖项】

在全国第二届"新国企·中国梦"影像大赛中，摄影家协会组织80余名摄影人投稿了462幅作品，获得了比赛金奖、三等奖各一名，优秀奖多名。

【出版文学期刊《脊梁》6期】

开通《脊梁》微信公众号，建立中国电力作家微信群。编辑、出版中国电力作家协会文学期刊《脊梁》6期，在全国电力系统和我国文学艺术界产生了较大影响。电力作家蒲素平参与"中国电力作家走进'一带一路'"活动，到福建厦门、泉州、平潭等地采风，并撰写了文化散文《福建漫行》。电力作家李治山和夏江，在各自工作所在地积极实践，创作关于"一带一路"主题的文学作品。

中国水利文协

综述

2015年，是中国文艺发展史上具有深远影响和里程碑意义的一年。习近平总书记在文艺工作座谈会上的重要讲话全文公开发表，《中共中央关于繁荣发展社会主义文艺的意见》正式发布，赋予广大文艺工作者和文联组织以新的重大使命和责任。中国水利文协在水利部党组的正确领导下，在中国文联的热心指导下，结合水利行业实际，深入水利生活，团结引导水利系统广大职工，开展群众性文化活动，做出了积极的努力。

重要工作和活动

【召开2015年度工作会议】

3月25日，中国水利政研会、中国水利文协、中国水利体协以合属办公的形式，在水利部机关召开了各社团常务理事会议，张印忠同志代表三个协会总结了2014年工作，部署了2015年的任务。明确了水利文协要以认真贯彻习近平总书记在文艺座谈会讲话精神为宗旨，以"深入生活、扎根人民"为目标，落实各项水利文化工作任务。

【文学分会组织水利作家深入丹江口水利枢纽开展"深扎"主题实践活动】

丹江口水利枢纽是南水北调的源头工程，在我国经济社会发展大局中作用重大。2015年1月，水利文学分会利用召开年会的时机，实时组织一批水利作家到源头工程考察和采访，感受这项国家重点工程建设过程中的感人故事和工程建成后发挥的巨大效益。将作者创作的作品及时发表，产生了良好的宣传效果。

【水利文协文学分会（水利作家协会）召开工作会议并组织作家到黄河万家寨水利枢纽采风】

10月，水利文协文学分会（水利作家协会）在呼和浩特召开工作会议，学习贯彻习近平总书记在文艺座谈会上的讲话，总结工作经验，安排部署今后一个时期的文学创作任务和办好《大江文艺》的意见。会后，组织水利作家和文学编辑到黄河万家寨水利枢纽采风。感受黄河在晋蒙河段水利开发与建设所取得的巨大成就和给当地经济社会发展带来的繁荣。

【以"实现中国梦·歌颂水利情"为主题，开展群众性的摄影活动】

1月，水利文协与水利部离退休干部局共同主办的"中国梦·夕阳情"全国水利系统离退休干部摄影比赛获奖作品展在部机关展出,受到好评。蔡其华副部长到展会指导。为扩大宣传,《中国摄影家》杂志刊登了部分获奖作品。

水利文协与水利部水文局共同主办的"凝聚水文情·实现中国梦"全国水文主题摄影比赛,吸引了广大水文摄影爱好者的参加,共收到1000多幅来稿。并经专家进行了评选,评出了获奖作品,活动效果良好。

8月,中国艺术研究院、水利部精神文明办主办,《中国摄影家》杂志、西安市水务局、中国水利摄协和陕西省摄协承办,在古城西安举办了"影像中国梦"摄影艺术展暨汉城湖摄影文化周活动。活动展示了纪念抗日战争胜利70周年、大美渭河、长江之风、夕阳情·中国梦、影像中国等主题摄影图片。活动中,还聘请著名摄影家解海龙等5位老师为参会的水利摄影爱好者授课,受到水利职工的热烈欢迎。

水利摄影人服务中央国家机关第四届职工运动会。根据中央国家机关工会联合会的要求和水利部机关工会的安排,水利文协组织了有10人参加的摄影小组,参加拍摄了水利部体育代表队的各场次活动。拍摄的作品受到组委会的好评和部机关的肯定。优秀作品还在颐和园展出。水利摄协获得"优秀组织奖"。

引汉济渭工程是目前在建的、缓解陕西省水资源严重短缺的重大水利项目。水利摄协和陕西分会组织一批水利摄影家深入秦岭深处,下隧洞,访农家,爬山越岭进工地,拍摄了大量反映工程面貌的图片。为2016年出版《秦岭深处——2015引汉济渭》摄影集和"引汉济渭摄影展"打下了丰厚基础。

在开展各项水利摄影活动的基础上,水利摄协积极发展新会员。2015年,吸收新会员240名,中国摄影著作权协会吸收水利新会员28名。

【举办主题书法活动,展示水利人丰富的精神世界】

5月,水利文协与水利部离退休干部局共同举办了以"铭记历史,缅怀先烈,珍爱和平,展望未来"为主题的书法比赛活动,激发了水利系统老同志的爱国热情和创作欲望。他们纷纷拿起毛笔参加创作,共收到作品600余幅。9月,在部机关展出了获奖作品。陈雷部长和蔡其华副部长到展指导。

9月,陕西引汉济渭工程建设有限公司与中国水利书协共同举办了"引汉济渭杯"全国书法大奖赛活动。共收到作品500多幅。经专家评审,有17人分获一、二、三等奖,50人获优秀奖,并编辑出版了《获奖作品集》。

中国石化文联

综述

2015年，中国石化文联在集团公司党组领导下，与6个专业协会一起，深入学习贯彻《中共中央关于加强和改进党的群团工作的意见》和习近平总书记在文艺工作座谈会上的重要讲话精神，以开展"三严三实"专题教育为契机，围绕上级部署和集团公司保增长、谋发展、强基础、抓党建工作主线，聚焦职工群众精神文化需求，凝聚广大文艺工作者和爱好者的智慧力量，繁荣创作，打造精品，内聚人心，外树形象，为集团公司持续健康发展发挥了积极作用。

品牌活动

成功举办中国石化2015年新春团拜会。通过"自编、自导、自演、自乐"形式，营造凝心聚力、昂扬向上、喜庆热烈节日氛围，集团公司领导、离退休老同志和职工代表观看文艺演出。

组织开展第二届"朝阳"文学艺术奖书法、美术类作品评选工作。为使评奖机制更加符合新常态下集团公司党组对文艺工作的要求，更加遵循文艺创作规律，鼓励作者不断推陈出新，在首届评选基础上，与书法家协会、美术家协会一起研究修订评选办法，界定评选范围、修改评定标准，开展群众性评选推荐工作，提高参与率，扩大覆盖面。经个人申报、单位推荐、资格审查、专家评委综合评审，仪征化纤李福兵等14人获得第二届"朝阳"文学艺术奖美术奖，镇海炼化孙珊萌等6人获得美术类提名奖；胜利油田郭振坤等14人获得第二届"朝阳"文学艺术奖书法奖，扬子石化金有艺等6人获得书法类提名奖。

组织第八届职工文艺录像调演活动，总结展示职工文艺活动成果。经广泛发动，共征集35个单位报送的228部文艺作品，涌现了许多有内涵、接地气的优秀作品，发掘了一批有潜力、富活力的文艺创作人才，展示了职工文艺创作的丰硕成果，检阅了基层职工文化建设的良好风貌。通过评审，《中原颂——中原油田发现40周年史诗歌舞晚会》等11台晚会获晚会类一等奖；《和谐音符》等14个节目获舞蹈类一等奖；《芦花》等8个节目获声乐类一等奖；《佳节庆典》1个节目获器乐类一等奖；《好儿好女好江山》等9个节目获歌舞类一等奖；小品《我最棒》等13个节目获综合类一等奖；胜利油田等23个单位获优秀组织奖。

在总部机关展示职工书法美术摄影作品。与书法家协会、美术家协会共同组织职工书法、美术爱好者，围绕"石化人的中国梦"主题积极创作，在总部机关部分楼层公共区域展出作品100余件，宣传企业文化，展示职工文艺创作成果。

开展"送文化·下基层"文艺志愿服务活动。组织70多名文艺志愿者，深入川气东送重点工程——普光基地，开展慰问演出、文艺辅导、文明讲堂、百姓健康舞推广普及等文艺志愿服务活动20余场，惠及职工、家属3000余人。中原油田刘红霞、仪征化纤魏晓彬2位同志被中国文联文艺志愿者协会通报表扬。

组织"为美好生活加油——中国石化之歌"创作征集暨推广传唱活动。共征集歌词629首、歌曲450首，评选出优秀歌曲10首、入围歌词72首、入围歌曲50首，中国音协官方网站、《词刊》《歌曲》和《中国石化报》、中国石化新闻网广泛传播获奖作品。

获奖情况

胜利油田周洪成同志当选为第四届全国中青年德艺双馨文艺工作者。镇海炼化胡延松同志获第25届全国摄影艺术展览优秀作品奖。荆门石化吴慧玲、孔玉梅同志入选湖北省文联中青年优秀文艺人才库。中原油田刘红霞、仪征化纤魏晓彬2位同志被中国文联文艺志愿者协会通报表扬。

组织建设

根据工作需要，向集团公司党组建议，由集团公司下发《关于调整中国石油化工集团公司文学艺术界联合会常务委员会成员的通知》（中国石化人[2015]428号），对文联常务委员会成员进行调整，为今后更好开展工作奠定基础。按照《中国石化文联专业协会管理办法》，指导作家协会、摄影家协会完成换届任务，音乐舞蹈家协会完成增补任务。

专业协会

作家协会召开第三次委员大会，选举产生新一届委员会，张梅河同志当选为主席，周洪成同志当选为常务副主席兼秘书长，楚振鲁、宋绍兴、周蓬桦、蔡廷永、施长春5名同志当选为副主席。举办"中国梦·劳动美·石化情"第三届中国石化诗歌大赛，征集诗歌作品522件，生动展示广大职工立足本职、扎实工作的精神风貌。组织优秀作家赴洛阳石化开展设备大修采访活动，深度挖掘大检修中涌现的典型做法和先进人物事迹。

音乐舞蹈家协会召开四届二次常务理事会议暨2015年工作会议，总结工作经验，研究部署了2016年工作重点，发展了2个团体会员、85名会员，表彰了在中央企业"五个一工程"歌曲评选和中国文联庆祝新中国成立65周年舞蹈比赛中获奖的优秀作品，对先进集体和个人颁发了嘉奖令。举办舞蹈编导创作培训班、歌曲创作培训班，培训基层文艺骨干180余名，从理论知识、编创技巧、作品分析等不同层面给予指导。积极组织优秀少儿作品参加"小荷风采"全国少儿舞蹈展演。报送舞蹈《我们也有家》《扶不扶》分别获得"小荷之星""小荷之秀""小荷之家"奖、"最佳编导奖""优秀编导奖"。

美术家协会以重点工程、先进人物为着力点，积极引导、广泛发动各单位美协举办职工美展50余次，展出作品3500余幅。

书法家协会组织骨干作者到江苏油田开展文化惠民活动，指导基层书法爱好者提高创作技法，普及书法文化，为油田基层单位创作作品300余幅，现场为职工群众书写作品150余幅。

摄影家协会召开第四次代表大会，选举产生了新一届领导机构，王运才同志当选为主席，林洁同志当选为常务副主席，郝岳才、徐晓桐、章铮、石菁4名同志当选为副主席，石菁同志兼任秘书长。选派高水平会员，赶赴广西LNG项目基地拍摄重点工程竣工投产场景，为基层摄影爱好者讲授摄影技巧，提升水平。

基层文联

胜利油田全年开展23场"聚焦一线——油地书画家走进基层送文化活动"，组织骨干画家深入基层，向先进人物、集体和离退休老党员、复员军人赠送书画作品8000余幅。中原油田开展"为中原加油"文化走基层系列活动，提供17类110个文化志愿服务项目让职工群众自由选择，举办各类讲座、培训、展览、放映、演出等活动335场次，受益群众逾万人次。江汉油田、茂名石化、镇海炼化等单位抓住厂庆节点，组织策划主题晚会、书画摄影展览，出版报告文学集，讴歌老一代石油石化职工的创业精神，激励干部职工凝心聚力，共谋改革发展。上海石化组织"纪念抗战胜利70周年网络知识竞赛"，开展"我们丢掉了什么、我们缺少了什么"大讨论，引导职工弘扬传承"三老四严""四个一样"优良传统。南化公司编排"历史的旋律"抗战歌曲合唱音乐会，纪念反法西斯战争胜利70周年，引导职工以歌声缅怀历史，珍惜和平。仪征化纤开展"第三点建设"，基层成立102个职工兴趣小组，通过考核机制推动基层自主开展活动。荆门石化开展书法进社区活动，义务为社区职工家属写春联608副，为职工元宵猜谜活动写谜语630条。洛阳石化开展"边远岗位行"采访活动，组织文学、摄影爱好者到边远岗位采访拍摄职工60多人，编发8期专访50余张纪实照片。长岭炼化举办"石化梦·我的梦"职工摄影展览活动，共征集106名职工精心创作的932幅摄影作品。海南炼化举办"海南炼化首届好声音暨达人秀比赛"，为职工提供展示自我平台。北京石油组织职工文艺小分队，在元旦春节期间连续开展10场慰问演出，惠及加油站、油库等一线基层职工2000多人次。天津石油举办第八届"书香石化"员工读书节，征集读书笔记100余篇。四建公司刻录50余套百姓健康舞教学光碟发放基层单位学习推广，组建20余支舞蹈队常年开展活动。宁波工程投入资金修缮基层职工阅览室、舞蹈教室等文化场馆，让职工活动有场地、生活有乐趣。

全国公安文联

综述

2015年，全国公安文联在公安部党委、部政治部坚强领导下，在中国文联有力指导下，以党的十八大，十八届三中、四中、五中全会精神为统领，认真学习贯彻习近平总书记系列重要讲话、特别是文艺工作座谈会重要讲话和《中共中央关于繁荣发展社会主义文艺的意见》精神，团结动员广大会员和警内外文化工作者，凝聚共识、统一步伐，以"三实三严"的思想作风，坚持围绕中心、服务大局，面向基层、服务民警，扎实推进公安文化重点项目建设，全力助推公安文化大发展大繁荣，为文化强警战略的实施做出了新的贡献。

会议与活动

全国公安文联从公安文化建设实际和实施文化强警战略时代要求出发，团结引导公安文化工作者不断增强政治自觉、思想自觉、行动自觉、文化自觉，全力推进公安文化理论研究、公安文化人才培养、公安文化精品创作、公安文化惠警工程、公安院校文化建设五个公安文化重点项目建设任务的深入落实，促进公安文化繁荣发展，服务平安中国和法治中国建设，取得显著成效。

【全力推进理论研究项目，开启公安文化理论探索新境界】

全国公安文联深刻领会习近平总书记文艺工作座谈会重要讲话提出的一系列新思想、新论断、新部署、新要求，紧密联系当前公安文化发展迫切需要解决的重大理论和现实问题，主要领导带队深入公安一线调研，组织警内外文化专家学者进行理论研讨，全面研究总结长期以来在党的领导下，公安文化发展奋斗历程和成功实践，系统研究、集中概括公安文化理论创新的重要成果，着眼回答公安文化建设的根本性、前瞻性、战略性问题，主持编撰了《公安文化与文化强警》一书。这部公安文化理论专著，紧紧围绕文化强警这一重大命题，从"追本溯源、与时俱进、时代使命、走向繁荣"四个维度，探讨公安文化的基本含义与理性认知，梳理公安文化传承创新与实践得失，阐述文化强警的基本要义与实现途径，解读公安文化的发展战略与实施重点，以精辟的见解和全新的表述，深刻地揭示了"公安文化是人民警察的职业基因，人民警察的职业基因是文化强警的内在动因"这一现实而又深远的重大主题，为实施文化强警战略提供了强大的价值引导力、文化凝聚力和精神推动力。

2015年，全国公安文联与重庆市公安局联合举办了首届中国公安诗歌研讨会。会议收到学者和公安诗人的理论研讨文章20多篇，以弘扬中国精神、传播中国价值、凝聚中国力量、唱响"人民公安为人民"主旋律为主题，对公安诗歌的定义、发展方向及创作方法进行了深入的学术交流。同时，编撰并出版了《第二届全国公安文化理论研究征文获奖作品集》，召开了侦探小说创作座谈会，与中国社会科学出版社合作编撰出版"琴剑丛书"第一辑（理论专集），与作家出版社共同举办了公安作家吕铮纪实文学作品《猎狐行动》研讨会，与鲁迅文学院联合举办了公安评论家王晓琳的新书《警察美学的生命话语》研讨会，与公安部消防局联合举办了著名公安摄影家吴学华"中国消防影像"作品研讨会，多方位地拓展公安文化理论、公安艺术家、公安文学艺术作品研究的广度与深度。全国公安文联摄影家协会举办了全国公安摄影创作研讨会，集中研究如何用摄影手段记录公安历程、宣传公安工作、表现队伍形象、推进公安工作。公安边防文联召开了公安边防部队维和文学作品研讨会，对近年来公安边防部队创作的8部维和文学作品进行了集中、深入的研讨，开启了我国文艺理论对维和文学作品成系列地进行专门研究的先河。

【大力推进人才培养工程，努力优化公安文化队伍】

全国公安文联深入实施公安文化人才工程，引导广大公安文化工作者坚定正确的理想信念，树立崇高的艺术追求，潜心致力于创作实践、提升作品艺术水平，形成为人民和公安民警抒写、抒情、抒怀的高度自觉，切实担起为公安队伍塑魂强警的文化使命。与部宣传局、中国人民公安大学联合举办了首届公安文化理论高级研修班。公安部机关及地方公安机关选送的31名学员在70天的时间里，聚精会神地学习了习近平总书记文艺工作座谈会重要讲话，认真听取了国内文化界、理论界专家学者的22次集中授课，开展了多次座谈研讨，深入各地公安基层单位进行了专题调研，

撰写了6篇调查报告、31篇学术论文，进一步增强了文化自觉和文化自信，提升了公安文化理论研究队伍的综合素质和整体水平。全国公安文联文学、美术、音乐舞蹈、曲艺、影视等专业委员会和铁路公安文联分别举办创作培训班，通过系统的专业培训，提升了公安文艺创作水平。

全国公安文联为表彰公安部"猎狐2014"专项行动办公室对组织创作优秀纪实性公安文学作品《猎狐行动》做出的突出贡献，授予该办公室"剑胆琴心"文艺奖；为表彰李中抒、阎国安同志对公安文化理论研究做出的突出贡献，分别授予"剑胆琴心"文艺奖，产生了积极的激励作用和鲜明的导向作用。

【倾力推进精品创作项目，同心繁荣公安文化一流作品】

全国公安文联坚持以人民为中心的创作导向，积极引导警内外文艺工作者走进公安一线、贴近人民群众，切实把公安民警作为表现主体，发好公安声音、讲好民警故事，传递英雄精神，创作出更多有筋骨、有道德、有温度的公安艺术精品，全力助推公安文艺创作实现由"一流故事"到"一流表达"的升华、从高原向高峰的跨越。在全国公安文联主导下，沈阳琴剑影视文化传媒公司拍摄的电视剧《走进看守所》，使鲜为人知的监管民警走上荧屏，在北京电视台《英雄剧场》栏目首播后，被观众誉为充满正能量、非常接地气，生动感人的优秀作品。公安部党委委员、政治部主任夏崇源，公安部党委委员、副部长孟庆丰同志亲切接见电视剧《走进看守所》主创人员，充分肯定了《走进看守所》是优秀的公安题材影视作品，填补了公安监管系统影视宣传的空白，扩展了公安文艺的创作领域。2016年春节前，该剧又在辽宁电视台黄金频道正式上星播出，进一步扩大了社会影响。全国公安文联着眼弘扬社会主义核心价值观，立足敬仰缅怀公安英烈，弘扬传承忠诚警魂，邀请著名报告文学作家蒋巍进行一

年多的采访创作，以全国公安英烈、英模事迹为主线，生动表现近年来公安战线所取得的突出成就和可歌可泣的英雄事迹的鸿篇巨著——《国之盾——鲜为人知的中国警察故事》出版，凝聚起了为共和国之盾树碑、为人民公安立传的强大正能量。

深入火热公安警营，贴近基层实战一线，讴歌时代英雄，公安文学艺术采风活动呈现新的亮点。落实公安部政治部要求，全国公安文联组成了文学创作组，对陕西省西安市公安局新城分局韩森寨派出所民警汪勇的先进事迹进行了集中采访活动，创作出近13万字的小说、散文、诗歌和报告文学作品。公安边防文联联合《人民文学》《诗刊》等国内主流文学期刊，举办了"中国名刊名编名家走边防"活动，先后走进新疆红其拉甫模范边防检查站等7个先进公安边防基层单位采风，在《人民日报》《诗刊》《解放军文艺》等三十余家报刊发表散文、诗歌、报告文学作品400余篇。

一批优秀公安文艺家创作的具有剑胆琴心独特艺术魅力的公安文艺精品，获得文艺界和社会的高度赞誉。公安摄影家冯凯文、支江、白玉祥荣获中华艺术摄影金马奖。长篇小说《人民警察》作者、公安作家程琳被《当代》杂志社评为"全国最看好的作家"之一。公安作家张遂涛的小说集《陌生人来到马巷》，入选"二十一世纪文学之星"丛书。公安诗人邓诗鸿的作品在中国诗歌学会主办的世界华文诗歌大奖赛中荣获一等奖。

紧紧围绕"中国梦"这一时代主题，创新各类文艺活动载体和形式，唱响人民公安为人民主旋律，传递正能量。全国公安文联组织开展了"纪念抗战胜利70周年"公安诗歌大赛和公安集邮展，满怀激情地缅怀抗战英烈，歌颂了抗击侵略者的伟大斗争。在"中华号角——2015上海之春国际音乐节管乐艺术节暨中国第九届非职业优秀（交响、行进）管乐团展演"中，全国公安文联中国警察管乐学会选派的北京、重庆、江苏省南京、南京森林警察学院、浙江省警察学院、浙江省湖州6支警官乐团，参加了多项展演活动，获得4金2银的好成绩。

深入开展对台民间文化交流，进一步加强两岸艺术合作。在由中国音乐家协会、福建省福州市人民政府和海峡两岸文化基金会共同举办的"为了艺术为了爱"——第八届海峡两岸合唱节暨历届金奖优秀团队巡演中，全国公安文联选派的该合唱节三届金奖得主首都警官合唱团荣获金奖优秀团队巡演奖，充分展示大陆警察文化的独特魅力，积极营造了海峡两岸同根同源同族一家亲的良好氛围。

【持续实施文化惠警工程，努力实现深入基层、扎根群众】

全国公安文联认真贯彻落实中宣部、中国文联等五部委关于开展"深入基层、扎根人民"主题实践活动的要求，进行专门研究部署，制定周密工作方案，扎实有效加以推进。2016年春节期间，全国公安文联、北京市公安文联、北京市通州区文联联合举办了以"警民携手迎新春、共筑通州平安梦"为主题的送文化进警营活动，公安书画家和社会书画家一起挥毫泼墨，为基层公安民警创作了书画作品，赠送了优秀图书；其间，按照中国文联的要求，为民警和群众写"福"字800多幅，受到了广大民警和群众的欢迎和喜爱。

据不完全统计，全国公安文联共组织了警内外书画家和书画爱好者120多人参加了送文化进警营活动，为基层公安民警创作并赠送书画作品1500多幅。全国各省、区、市公安文联和基层公安文联，普遍组织开展了送文化进警营活动。铁路公安文联以"追梦——全国铁路公安系统书画精品巡展"、"放歌中国梦"声乐大赛、"中国诗歌万里行走进铁路警营"、"2015春运·风采杯"新闻纪实摄影大赛等活动为载体，开展了一系列送文化进警营活动，丰富了基层民警国检察官文联,在首都师范大学书法文化研究院举办书法文化讲习班;邀请北京电影学院和中国摄影家协会的摄影专家,在机关举办摄影培训班,吸引了广大干部职工积极参加。本次书法摄影艺术培训班成果汇报展,将进一步激发高检院机关干部职工投身检察文化的热情,促进过硬检察队伍建设,提升规范司法水平,为实现"两个一百年"奋斗目标,实现中华民族伟大复兴"中国梦"而努力奋斗。

中国检察官文联主席张耕参加展览活动。高检院副检察长张常韧、中央纪委驻高检院纪检组组长莫文秀,副检察长李如林,政治部主任王少峰,检委会专职委员张德利、陈连福参观了展览。

【召开中国检察官文联直属专业协会工作座谈会】

4月21日,中国检察官文联直属专业协会工作座谈会在京召开。中国检察官文联文学、书画、摄影、音乐舞蹈、影视五个直属专业协会负责同志参加了座谈会,汇报了2014年工作情况和2015年工作计划。中国检察官文联主席张耕出席座谈会并讲话。

张耕主席在讲话中充分肯定了各直属专业协会成立以来的工作。他要求,各直属专业协会要牢牢把握工作的正确方向,紧紧围绕检察中心工作、服务党和国家工作大局,突出检察官主体地位,立足检察、打造精品力作,充分发挥检察文艺志愿者服务优势,更好地服务检察基层;要认真落实中国检察官文联2015年工作要点,切实抓好今年的各项重点工作,把直属专业协会打造成为加强检察文化艺术建设的重要阵地、凝聚检察系统文化艺术人才的有力纽带、培养和提升检察文化艺术素质的大讲堂、创作检察文化艺术精品的智慧库;要进一步加强协会自身建设和工作的宣传力度,高度重视全媒体时代检察文化艺术传播工作,扩大检察文化艺术工作的社会影响,为检察事业的发展凝聚正能量。

【召开新时期检察影视创作暨电影《十二公民》研讨会】

6月12日,中国检察官文联在京召开新时期检察影视创作暨电影《十二公民》研讨会。中国社会科学院文学研究所、中国人民大学等单位的专家学者,中国文联、国家新闻出版广电总局、高检院机关、中央电视台和北京市检察院、辽宁省检察院等单位代表近30人参加了研讨会。

与会人员以该片为切入点,围绕新时期检察影视创作如何更好地贯彻落实习近平总书记系列重要讲话精神展开了热烈研讨。大家认为,《十二公民》是一部现实主义检察题材的主旋律作品,体现了党中央"四个全面"战略布局的要求和中央司法体制改革精神;宣传了"疑罪从无"这一重要的司法理念;彰显了我国司法的人民性;引导公民在法律框架内处理问题,不被社会舆论绑架;向社会展示了当代检察官依法履行法律监督职责、维护社会公平正义的良好形象。

中国检察官文联主席张耕出席研讨会并讲话,就加强新时期检察影视创作提出明确要求,强调要始终坚持正确的创作方向,向社会传递正能量;要弘扬社会主义法治精神和法治理念,助推依法治国基本方略的全面实施;要植根于检察工作实践,体现检察特色,讲好检察故事,塑造检察形象,弘扬检察精神,推进检察工作;要善于学习和借鉴,凝聚各方力量,努力打造精品力作;要加强中国检察官文联检察影视机构和检察影视创作队伍建设,不断提高影视创作能力和水平。

【中国检察官文联一届四次全委会】

6月30日,中国检察官文联一届四次全委会在上海召开,与会代表专题学习了习近平总书记在文艺工作座谈会上的重要讲话精神。会议审议通过了《中国检察官文联一届三次全委会以来工作情况的报告》等相关决议,增补了部分委员、常委,为中国检察官文联老检察官文艺协会成立授牌，为电影《十二公民》及其剧本作者、辽宁省检察院沈阳铁路运输分院副检察长李玉娇同志分别颁发了最佳影片奖和最佳编剧奖，中国检察官文联5个直属专业协会和16个省级检察官文联分别作了经验介绍。

张耕主席就如何学习贯彻习近平总书记在文艺工作座谈会上的重要讲话精神提出要求。他强调，要按照讲话要求，统一思想，提高认识，不断深化对检察官文联工作重要性的认识，增强做好检察官文联工作的自觉和自信；要始终坚持检察官文联工作的正确方向，做好各项工作，为加强检察队伍建设、推动检察事业繁荣发展凝聚正能量；要认真落实以人民为中心的创作导向，突出检察官主体地位，为检察抒写，为检察放歌，为检察鼓劲；要坚持以创作为中心，不断推出蕴含检察价值追求，富有检察工作特色，思想精深、艺术精湛、制作精良，为广大检察干警和人民群众喜闻乐见的精品力作；要坚持重心下移、面向基层，使广大检察人员，特别是边远地区检察人员共享检察文化建设的成果；要坚持不懈地抓好检察文化艺术人才队伍建设，努力造就一支忠诚、干净、担当、德艺双馨的检察文化艺术队伍。在谈到以《讲话》精神为指引、进一步做好检察官文联工作时，张耕强调，要抓好方向，使检察官文联工作始终沿着正确的方向向前推进；要抓好创作，努力在理论研究和文艺创作等方面推出精品力作；要抓好品牌，不断提升检察官文联的影响力；要抓好载体，不断增强检察文化艺术的传播力；要抓好队伍，努力提高检察文化艺术人才素质；要抓好自身建设，不断夯实检察官文联的工作基础。

【传达学习中央党的群团工作会议精神】

7月8日，中国检察官文联秘书处召开学习贯彻中央党的群团工作会议精神专题会。会议传达了中央党的群团工作会议精神，与会同志结合学习进行了深入讨论，交流了学习体会。中国检察官文联主席张耕出席会议并讲话。

张耕就学习贯彻中央党的群团工作会议精神提出明确要求。他强调，各级检察官文联要以高度的政治责任感和历史使命感，把学习、领会、贯彻、落实好中央党的群团工作会议精神摆在重要位置，作为当前和今后一个时期的重大政治任务切实抓紧抓好。要按照高检院党组的部署和中国文联的要求，在各级检察院党组的坚强领导下，认真学习、深刻把握、全面落实习近平总书记在中央党的群团工作会议上的重要讲话精神，紧密联系检察官文联工作实际，统一思想，坚定信心，以更加有效的措施，努力开创检察官文联工作新局面。一要进一步深化对检察官文联工作的基本定位、方向目标、重大原则、工作重点的认识，努力增强做好检察官文联工作的思想自觉和行动自觉。二要始终坚持正确的工作方向，自觉接受高检院党组对检察官文联工作的领导，切实增强检察官文联工作的政治性、先进性、群众性，把服务党和国家工作大局、服务检察机关中心工作、服务检察基层和广大人民群众有机统一起来，坚定不移走中国特色社会主义群团发展道路，为加强检察队伍建设、推动检察事业繁荣发展凝聚正能量。三要坚持以创作为中心，认真落实检察文化理论研究、检察文化艺术创作、检察文化艺术活动"三位一体"的工作布局，努力开创检察官文联工作新局面。四要坚持不懈地抓好检察文化艺术人才队伍建设，努力提高检察文化艺术队伍素质。五要转变作风，真抓实干，按照"三严三实"的要求，切实加强检察官文联自身建设，努力提高自身工作能力和水平。

杨明同志主持了专题学习会。中国检察官文联秘书处、中国检察文艺网全体人员参加了学习会。

【中国检察官文联文学协会一届二次理事会】

7月29日，全国检察文学武河湿地笔会暨中国检察官文联文学协会一届二次理事会议在山东省临沂市召开。中国检察官文联主席张耕出席会议并讲话。

张耕强调，文学协会要坚持深入、持久地学习、领会和贯彻落实习近平总书记在文艺工作座谈会上的重要讲话。要以讲话为指引，始终坚持文学工作的正确方向，做到不断增强服务意识，用文学艺术的形式服务于党和国家的工作大局，服务于检察机关的中心工作，服务于检察队伍建设，服务于检察基层和人民群众。要坚持以检察官为中心的创作导向，用文学艺术的形式，把检察官的形象更加生动地展现在社会面前。要坚持文学创作扎根于检察工作实践，贴近检察工作、检察生活和检察基层。要坚持以创作为根本，不断打造检察文学的精品力作，为检察官文联开展的各种文化艺术活动提供素材。在工作部署上要把创作摆在最重要的位置，创作中要坚持思想性、艺术性、社会性紧密结合，坚持"双百"方针，为进行文学创作的检察官和作家们创造一个民主、自由、宽松的氛围，让他们的艺术灵感充分发挥。文学协会还要坚持抓好文学人才队伍建设，努力造就一支忠诚、担当、干净、德艺双馨的文学艺术人才队伍。

本次会议由中国检察官文联文学协会主办，方圆杂志社、武河湿地管委会承办。

【中国检察官文联影视协会一届二次理事会】

9月12日至13日，由中国检察官文学艺术联合会影视协会主办的检察影视创作专题研讨活动暨影视协会第二次理事工作会议在陕西省榆林市召开。中国检察官文联主席张耕出席会议并讲话。

张耕就如何推进检察影视作品创作提出了五点要求。一要抓认识。继续解决自觉和自信问题，既要认识到影视工作的重要性，又要相信检察官文联影视协会有能力组织创作出好的作品。二要抓导向。检察影视作品在政治观点、法治理念和价值观方面，一定要传递正能量。同时，要突出检察特色，坚持以检察官为中心的创作导向，弘扬检察精神，讲好检察故事，树立检察形象，凝聚检察力量。三要抓精品。检察影视作品要做到政治性、法律性和艺术性相统一，作品能够得到主管部门的充分肯定，社会各界的广泛认同，广大群众的普遍欢迎。四要抓队伍。首先要着力抓好创作人才队伍，同时要抓好作品的宣传队伍和效益的营销队伍。五要抓自身。抓好影视协会自身建设和检察系统影视组织的协调指导工作。

清华大学法学院副院长张建伟、海南大学法学院副教授王琳、中央电视台社会与法频道总监助理盛振华等专家应邀出席研讨活动并发言。影视协会理事以上人员等与会代表们围绕检察题材影视创作等主题展开深入讨论。会议听取了影视协会2014年以来工作情况报告，并就下一步工作进行了研究部署。

【举行全国检察机关首届"检魂杯"乒乓球大赛】

7月至9月，中国检察官文联会同高检院政治部联合举办了全国检察机关首届"检魂杯"乒乓球大赛，从筹备到预赛、决赛历时三个月，全国检察系统共有33支代表队、195名运动员、97名裁判员和66名教练员参赛，决出了团体、男单女单八强，辽宁、广东摘得团体冠亚军，评选出了优秀组织奖、体育道德风尚奖和特别贡献奖。大赛的成功举办，增强了广大检察人员的体魄，激发了广大检察人员顽强拼搏、奋勇争先、团结协作的团队精神，为凝聚检察力量、激励士气、陶冶情操，提升检察队伍正规化、专业化、职业化水平提供了精神力量。

【举办中国检察官文联《检魂》会刊首期通讯员培训班】

7月31日至8月1日，由中国检察官文联和山东省检察官文联主办，《检魂》会刊编辑部承办的首期通讯员培训班于在山东省济南市举办，来自全国19个省、直辖市、自治区以及新疆建设兵团的76名通讯员参加了培训。中国检察官文联主席张耕出席开班仪式并讲话。

【第五届"迎新春、送文化"春联征集活动】

9月起开展了第五届"迎新春、送文化"春联征集活动,广大检察人员和社会各界楹联爱好者踊跃参与、认真创作,共征集春联作品3440副,其中社会各界237副,检察系统3203副,检察系统占征集春联作品总数的93.1%,经中国楹联学会专家认真评审,共评定获奖作品497副,其中一等奖9副(检察官作品8副)、二等奖18副(检察官作品16副)、三等奖30副(检察官作品27副)、优秀奖140副(检察官作品122副)、提名作品300副(全部为检察官创作)。

【开展"阳光成长·与法同行"系列公益活动】

9月26日,为切实维护未成年人的合法权益,加强对青少年的法治宣传教育,引导青少年树立和践行社会主义核心价值观,支持和帮助青少年成长成才,由中国检察官文联、人民政协报社、共青团中央网络影视中心指导,人民政协网、中国青年网、中国检察文艺网共同开展了"阳光成长·与法同行"系列公益活动。9月,中国检察官文联与中国散文学会联合开展了"阳光成长·与法同行"散文作品征集活动,围绕"阳光成长·与法同行"——我的成长故事主题,面向全体检察人员、全国青少年、海内外散文家及散文爱好者征集能够体现法治精神和反映现实生活的成长故事,弘扬法治精神,传递正能量。11月,"阳光成长·与法同行"系列公益活动首站走进上海进才中学北校区,为学校捐赠了"阳光成长·与法同行"法治成长书屋。12月,"阳光成长·与法同行"系列公益活动走进西藏军区八一红军小学暨"阳光成长"全国青少年法治漫画作品征集展播活动在拉萨启动。

【召开纪念习近平总书记文艺工作座谈会重要讲话发表一周年座谈会】

10月16日,在习近平总书记主持召开中央文艺工作座谈会一周年之际,习近平总书记在文艺工作座谈会上的重要讲话公开发表,中国检察官文联、北京市检察官文联共同在北京市平谷区检察院召开座谈会,深入思考谋划检察官文联工作,积极推动检察文艺繁荣发展。会议认真学习了习近平总书记在文艺工作座谈会上的重要讲话,来自全国各地的10余位检察文艺人才畅谈了学习体会。并举行了创作笔会。中国检察官文联主席张耕出席座谈会并讲话。

张耕指出,在深入贯彻落实党中央"四个全面"战略布局的背景下召开此次座谈会意义重大,是我们进一步学习贯彻习近平总书记文艺工作座谈会重要讲话精神的具体举措。习近平总书记的重要讲话,站在历史的高度阐述文艺工作的一系列重大问题,具有很强的时代性、针对性和指导性,是马克思主义文艺观中国化的最新成果,为社会主义文艺的繁荣发展指明了方向,注入了原动力。一年来,在习近平总书记重要讲话精神指引下,检察文艺工作不断发展,广大检察人员投身中华民族伟大复兴中国梦的积极性和热情不断高涨,检察文化艺术工作取得了新的成果。

张耕强调,各级检察官文联要进一步深入学习贯彻落实习近平总书记文艺工作座谈会重要讲话精神,始终坚持"二为"方向,努力为社会主义服务,为人民服务,为检察机关的中心工作服务,为检察基层和人民群众服务。要始终坚持以人民为中心的创作导向,突出检察官的主体地位,始终坚持以创作为根本,大力弘扬社会主义核心价值观,努力建设一支德艺双馨的检察官文艺队伍,自觉接受同级检察院党组的领导,不断开创检察官文联工作新局面。

【举办第十六届全国检察文学笔会】

10月28日至29日,由检察日报社、中国检察官文联文学协会主办,河南省南阳市检察院、中共方城县委承办的第十六届全国检察文学笔会暨"检察院的故事"创作研讨会在方城闭幕。笔会以学习贯彻习近平总书记在文艺座谈会上的重要讲话精神为主题，与会专家就检察题材散文创作问题和来自全国各地检察机关的30余名文学爱好者进行了交流和探讨。

【举办宪法日·写宪法——检察人员"12·4"主题书法展】

12月4日，由中国检察官文联书画协会主办、正义网书画频道承办的"宪法日·写宪法——检察人员'12·4'主题书法展"在北京国艺美术馆开幕。本次展览以书写宪法内容为主题，采取定向征集的方式，以宪法条文为主要书写内容，共征集到49名检察官书法爱好者和特邀书法家作品94幅。在展出的作品中，16幅特邀作品出自最高人民检察院老领导、各省级检察院检察长、最高人民检察院机关工作人员、中国书协特邀书法家之手；其余78幅作品，由来自高检院及陕西、江苏、北京等17个省区市的33名检察官书法爱好者创作。作者中，既有省级检察院的领导同志，也有基层检察院的普通干警；既有在职检察人员，也有检察系统退休老干部。

研讨与研究

【第四届中国检察官文化论坛】

6月29日，由中国检察官文联、国家检察官学院、高检院检察理论研究所和上海市检察官文联联合举办的"第五届中国检察官文化论坛"在上海举行。中国检察官文联主席张耕出席会议，上海市人民检察院党组书记、检察长陈旭出席论坛开幕式并致辞，最高人民检察院政治部副主任胡尹庐、中国文联产业（企业）文联工作委员会副主任兼秘书长周雪静出席论坛开幕式并致辞。

中国检察官文联主席张耕主持论坛开幕式并在结束时讲话。他强调，开展检察文化理论研究是事关检察官文联工作全局的一项基础性、长期性工作。各级检察官文联要以党的十八大、十八届三中、四中全会和习近平总书记系列重要讲话精神为指引，紧紧围绕检察机关的中心工作，突出热点问题，以课题研究为抓手，以举办检察官文化论坛为载体，把检察文化理论研究工作不断引向深入。一要进一步深化对检察文化理论研究重要性的认识。二要始终把握好检察文化理论研究的正确方向。坚持"二为"方向和"双百"方针，坚持服务大局、围绕中心，立足检察实践、突出研究重点，突出检察人员主体地位。三要认真办好一年一度的检察官文化论坛。紧贴检察工作发展实践，选准选好每届论坛主题，努力扩大撰写论文的参与面，不断提高论文的质量，逐步把检察官文化论坛打造成一个立足检察文化、面向法治文化，具有高度开放性和社会影响力的检察和法治文化理论研究平台。四要继续抓好《中国检察文化理论研究文库》建设。加强对文库工作的领导，加强对课题研究的专业指导，加强对课题研究的协调推进工作。五要要凝聚、组织好检察文化理论研究人才队伍，建设好检察文化理论研究人才资源库，为深化检察文化理论研究提供人才支持。

这次论坛以"惩治、预防职务犯罪，公正、文明、规范执法"为主题，从文化层面总结检察机关在惩治、预防职务犯罪中，坚持公正、文明、规范执法的实践经验。论坛上，35篇获奖论文作者和12个组织工作先进单位受到表彰，14位获奖论文作者在论坛上进行了交流发言。清华大学法学院副院长、博士生导师张建伟教授作了题为《失范——司法如何公正、文明、规范》的专题讲座。论坛取得的理论成果《惩治、预防职务犯罪，公正、文明、规范执法》一书已由中国检察出版社出版。中国检察官文联第一届委员会委员，各省、自治区、直辖市检察官文联、新疆生产建设兵团检察官文联负责人，部分获奖论文作者代表等130余人参加会议。

【《中国检察文化理论研究文库》课题审核工作座谈会】

2015年4月、6月、9月，为有效推进《中国检察文化理论研究文库》编纂工作，中国检察官文联在北京先后召开课题审核工作座谈会，组织各课题组与专家面对面讨论撰写大纲，认真听取修改意见和建议。中国检察官文联主席张耕同志出席了上述活动，并亲自审阅撰写大纲，提出修改意见。为加强对课题研究工作的领导，中国检察官文联成立了由中国检察官文联主席张耕同志任主任，最高人民检察院党组成员、政治部主任、中国检察官文联副主席王少峰同志为副主任，中国检察官文联副主席、专家学者为成员的编委会，负责整个文库论著的编撰组织工作。编委会下成立了由中国检察官文联主要领导、各课题负责人、专家学者组成的课题编委会和由各个课题主要负责人、专家学者、撰稿人组成的具体课题编委会，负责各课题的撰写工作。同时建立由检察系统的理论研究人才和清华大学、中国法学杂志社的专家、教授组成的专家指导组，负责对课题研究工作的指导。中国检察官文联秘书处还成立了课题协调推进组，负责课题的组织协调工作。在课题研究过程中，各级检察机关高度重视。各省检察院和省检察官文联的主要领导亲自部署、积极参与，给予了热情关心和大力支持。各省级检察官文联的领导同志都担任了课题组负责人，参与研究、推进课题研究工作。各课题组成员和主要撰稿人，克服工学矛盾，兢兢业业，加班加点，较好完成了课题研究任务。

【各级检察官文联积极开展检察文化理论研究】

地方各级检察官文联坚持把检察文化理论研究放在检察官文联工作的基础性位置抓紧抓实。如分别承担《中国检察文化理论研究文库》各分课题的海南省、辽宁省、甘肃省、河北省、吉林省、江苏省、湖南省、四川省、陕西省、贵州省、湖北省、内蒙古自治区呼和浩特市检察官文联，结合课题研究，先后组织开展了论文征集评选活动，面向全省检察干警征集论文，以推动课题研究工作。江苏、内蒙古、吉林、辽宁等省区检察院的检察长分别就检察文化理论研究和推进检察官文联工作在中央级媒体报刊上发表文章。

获奖情况

【电影《十二公民》获奖】

由中国检察官文联、辽宁省检察官文联、北京市检察官文联共同拍摄的电影《十二公民》，继在第九届罗马国际电影节上获得最高奖项"马可·奥雷利奥"奖后，该片于2015年5月在全国各大院线成功播出。2015年5月，该片在第22届北京大学生电影节上获得评委会大奖。2015年6月，该片在第18届上海国际电影节上获得电影频道传媒大奖最佳影片、最佳导演、最佳编剧、最佳男主角、最佳男配角五大奖项。2015年9月，该片在第24届中国金鸡百花电影节暨第30届中国电影金鸡奖上获得中国电影金鸡最佳改编剧本奖。

【微电影《迷途》喜获全国性大奖】

由江西省南昌市青山湖区检察院选送的微电影《迷途》获得由司法部、国家互联网信息办公室、全国普法办公室主办的第11届全国法治漫画动画微电影大赛微电影类一等奖。

【《无法证明》获奖】

广西壮族自治区检察官文联致力于检察文化精品创作工程的打造和推广，由中国检察官文联文学学会副会长、广西壮族自治区检察官文联副主席朱晓华创作并由自治区检察院与高检院影视中心联合拍摄的检察题材电影《无法证明》，以其思想性、艺术性、观赏性兼备的品质，入围2016

年度美国洛杉矶"第13届世界民族电影节"主竞赛单元。

检察文化艺术创作

【召开"中国梦——我的检察官故事"文学作品定评会】

2月12日,由中国检察官文联、中国散文学会主办,中国检察文艺网、中国检察官文联《检魂》会刊承办的"中国梦——我的检察官故事"文学作品定评会在北京举行。中国检察官文联主席张耕、中国散文学会名誉会长周明、中国散文学会常务副会长红孩、中国检察官官文联秘书长杨明等评委出席了定评会。此次活动共征集到作品2000余篇,经认真评审,共评定获奖作品163篇,其中一等奖12篇、二等奖21篇、三等奖30篇、优秀奖100篇;优秀组织奖10个。

【举行检察题材优秀影视剧本征集活动】

8月至11月,最高人民检察院影视中心、中国检察官文联影视协会联合向社会征集检察题材优秀影视剧本。共征集剧本88部,其中长篇电视连续剧剧本2部,电影故事片剧本42部,微电影剧本42部,栏目剧剧本2部。

【启动首届"印象检察"摄影展】

9月17日,由中国摄影家协会、中国检察官文联摄影协会、光明网联合举办的2015首届"印象检察"摄影展在光明日报社启动。该活动旨在以弘扬和践行检察职业道德为主题,宣传检察机关强化法律监督、强化自身监督、强化队伍建设的做法和成效,展现检察机关在推进依法治国进程中的良好形象。

【电视剧《悬崖边》通过国家新闻出版广电总局备案】

12月,由中国检察官文联立项,中检文影视文化传播(北京)有限责任公司、德丰天润国际影视传媒(北京)有限公司、北京海剑理灵文化传播有限责任公司共同承制,改编自江苏省镇江市检察官文联主席董新建创作的、入围第九届茅盾文学奖的长篇小说的30集检察题材电视剧《悬崖边》通过国家新闻出版广电总局2015年12月全国拍摄制作电视剧立项备案。2015年12月18日,中国检察官文联组织电视剧《悬崖边》主创人员在北京召开了项目研讨会。

【开展检察歌曲原创作品征集活动】

9月,中国检察官文联音乐戏剧舞蹈协会面向全国检察人员和社会各界词曲爱好者开展了以"立足检察实际,弘扬检察精神"为主题的检察歌曲原创作品征集活动,已征集各级检察官文联推荐的178首原创作品,并完成了参赛作品的初评工作。

机关建设和调研工作

【张耕调研上海检察文化工作】

3月30日,中国检察官文联主席张耕调研上海市检察文化工作,先后参观了"上海检察官艺术长廊"书画摄影展、陈列馆、检务公开馆和廉政文化教育教育基地,并赴上海黄浦区检察院调研。

【张耕调研河北省保定市竞秀区检察文化建设工作】

8月18日,中国检察官文联主席张耕一行4人,在河北省检察院检察长童建明的陪同下,到保定市竞秀区检察院调研检察文化建设工作。

张耕对该院检察文化建设工作给予高度评价,认为该院文化氛围浓厚、内容丰富、文化载体多元,调动了广大干警积极性、主动性。把检察文化建设与检察工作特别是中心工作紧密融合,有效推动了各项检察工作快速发展。他勉励竞秀区院继续深化检察文化建设工作，发挥文化育检的特有作用，取得更大成绩。张耕还对该院课题研究工作给予肯定，要求要进一步加强领导，在人员、时间、经费等方面给予充分保障，确保按期完成课题研究任务。

【出台《关于组织专家、艺术家赴藏区、新疆检察机关开展采风创作活动的意见》】

11月，为贯彻落实曹建明检察长在全国检察机关学习贯彻中央第六次西藏工作座谈会精神会议和全国检察机关援疆工作推进会上就中国检察官文联工作要在援藏、援疆检察文化建设中发挥独特作用的重要批示精神，中国检察官文联出台了《关于组织专家、艺术家赴藏区、新疆检察机关开展采风创作活动的意见》。

基层检察官文联

【浙江省检察官文联举行检察官诗歌朗诵交流会】

1月22日下午，浙江检察官朗诵团在古运河畔举行了第一次诗歌朗诵交流会。20多位检察官朗诵了中外诗歌。"杭州之声"广播电台为此开辟了专门栏目，播放检察官读诗录音。

【安徽省检察官文联摄制反腐题材电影《丫山清风》】

4月10日，由检察官作家、合肥市高新区检察院副检察长姚传华编剧，安徽省检察官文联、安徽广电传媒集团等单位联合摄制，反映安徽省检察机关查处"小官大贪"故事的反腐题材电影《丫山清风》在南陵县丫山风景区开机。10月17日，反腐题材电影《丫山清风》首映式在合肥举行，中国检察官文学艺术联合会主席张耕，安徽省委常委、省纪委书记王宾宜，安徽省检察院检察长薛江武及部分机关单位代表出席了首映式。

【湖南省检察官文联开展"送文化下基层"活动】

5月15日，湖南省检察官文联"送文化下基层"活动走进永顺县，为基层检察干警送去了一顿丰盛的精神大餐。湖南省检察院专职委员、省女检察官协会会长苏勤惠莅临演出现场，并做了热情洋溢的讲话，湖南省检察官文联主席陈海波、湖南省检察官文联副主席曹志刚等领导观看了演出。湘西州检察院党组书记、检察长肖建雄发表致辞。

在永顺县检察院六楼会议室，石书红、肖万义、陈美云等数名书法界名家挥毫泼墨，饱含热情地创作。"检察文化下基层"文艺演出在《土家酒歌迎嘉宾》土家阿妹动人的歌声里、欢快的舞蹈里、甘甜的土家美酒里拉开了序幕。特别是永顺县荣众留守儿童学校的小朋友的土家打溜子《喜鹊闹梅》获得了观众的热烈掌声，这所留守儿童学校是永顺县检察院多年来自发扶贫帮助的学校，检察官叔叔阿姨们经常到这所学校开展帮扶活动，为他们送图书、送书包、送文具，为他们讲授法律知识，与他们一起做游戏，给小朋友带去了关爱和温暖。来自娄底、衡阳、张家界等基层检察院的干警带来的乐器合奏《喜洋洋》、独舞《忠魂》、桑植民歌联唱等节目更是精彩纷呈。

【黑龙江省检察官文联组织观看座谈大型史诗话剧《索菲亚教堂的钟声》】

5月15日下午，黑龙江省检察官文联会同省检察院机关党委共同组织哈尔滨检察机关干警共500余人观看了话剧《索菲亚教堂的钟声》，并进行了座谈。

话剧《索菲亚教堂的钟声》讲述了索菲亚教堂旁一座木头房子里发生的故事。房子的女主人历经十月革命、九一八事变、全面抗战、苏联红军进入中国东北地区、"文革"时期和改革开放，一群人在这里上演了一幕幕为民族、为祖国、为信仰、为爱情信守承诺、忠贞不渝的感人故事，引起了广大干警的强烈反响和共鸣。

5月18日上午，省检察院组织召开了座谈会，来自省院、哈尔滨市院、农垦分院、林区分院、哈尔滨铁路运输分院的干警在座谈会上踊跃发言，抒发观看话剧的感想，并结合检察工作畅谈观看话剧受到的启迪。大家对这部话剧给予高度评价，认为这是一次具有强大视觉冲击和涤荡心灵效果的文化大餐，同时也充分认识到了这次活动的重要意义。

【第二届沪苏浙皖检察官书画摄影展在江苏举行】

10月21日，由上海、江苏、浙江、安徽四省市检察官文联共同举办的"法治梦·检察情"第二届沪苏浙皖检察官书法绘画摄影艺术作品展在江苏省检察官学院举行。中国检察官文联主席张耕，江苏省检察官文联主席、省检察院检察长徐安，江苏省检察院原检察长周振华等出席开幕式。

张耕在致辞中说，在习近平总书记在全国文艺工作座谈会上发表重要讲话一周年之际，检察官文联举办检察官艺术作品展，这既是对讲话发表一周年最好的纪念，又是认真学习讲话精神的成果汇报，也是贯彻落实中央关于繁荣发展社会主义文艺的意见的有力举措，具有重要的现实意义。展览的成功举办，有利于弘扬法治精神、检察精神，有利于进一步加强交流协作，凝聚检察力量，提升培养检察文化人才和队伍，促进检察文化建设繁荣发展。检察机关要以此次展览为契机，认真学习贯彻习近平总书记讲话精神，贯彻中央繁荣发展社会主义文艺的意见，增强文化艺术的软实力，发挥检察文化的引领作用，为推动检察事业发展、建设社会主义法治国家和文化强国做出更大的贡献。

展览共展出了四地检察官创作的300多幅艺术作品。

【内蒙古检察官文联举办首届"金秋话检察"文学创作笔会】

11月13日，由内蒙古自治区检察官文联文学理论研究会主办的首届"金秋话检察"文学创作笔会闭幕。内蒙古自治区检察官文联文学理论研究会于2015年9月至10月组织开展了以"金秋话检察"为主题的诗歌散文征集活动，共征集作品近200篇，评出诗歌、散文作品一、二、三等奖共20篇。

【山东省检察官文联举办"严实同行映检徽"优秀书画摄影作品展】

12月1日，由山东省检察院政治部、山东省检察官文联共同举办了"严实同行映检徽"——全省检察机关优秀书画摄影作品展。共征集书画、摄影作品350余幅，分别筛选出110幅书画作品和106幅摄影作品参展。

检察文化艺术交流

【土耳其司法学院代表团来中国访问】

5月26日，中国检察官文联主席张耕在京会见了以土耳其司法学院副院长瑞菲特·英那驰为团长的司法学院代表团。

张耕首先代表中国检察官文联对瑞菲特·英那驰一行来访表示热烈欢迎。他深情回忆了2012年9月率领中国检察文化代表团访问土耳其司法学院时受到热情接待的情景：访问期间，代表团同土方进行了深入交谈和检察文化交流，参观了在校学生的文化艺术作品展览，这些给代表团留下了深刻印象和美好记忆。张耕表示，以文化艺术形式提升检察官素质意义深远，希望不断加强两国检察机关的文化交流，为中国检察官文联提供宝贵经验，进一步增强两国司法界的友谊。张耕向客人简要介绍了中国检察官文联的基本情况，赠送了检察官创作的山水画《溪山清韵》，寓意中土两国司法界的友谊像高山流水一般源远流长。

瑞菲特·英那驰一行在张耕的陪同下参观了中国检察官文联成立以来开展检察文化理论研究、检察文化艺术创作、检察文化活动取得的成果和检察官创作的书画摄影作品。客人不时在这些作品前驻足，称赞中国检察官的艺术才华。当他们看到新疆检察官用维语书写的书法作品时，争相在作品前合影留念。

瑞菲特·英那驰非常感谢张耕的热情会见和赠送的珍贵礼品，他多次表示对中华文化艺术的兴趣十分浓厚，对这次接待非常满意，终生难忘，他愿意为加强中土两国的检察文化交流与合作，促进两国司法界的友谊和法治建设做出更多的贡献。为表达谢意，他还现场清唱了一支动听的土耳其民间歌曲。

高检院国际合作局局长郭兴旺、中国检察官文联秘书长杨明等参加会见。

【举办"墨韵书香——中国检察官书画摄影艺术走进2015汉语桥—美国高中生夏令营"作品展】

7月17日，在国家汉办、外交部等部门的支持下，为促进中美青少年间文化交流，中国检察官文联联合北京法政实业集团有限公司在京举办了"墨韵书香——中国检察官书画摄影艺术走进2015汉语桥—美国高中生夏令营"作品展，共展出60幅中国检察官创作的书法、美术、摄影作品，同时邀请检察机关8名中国检察官现场挥毫泼墨，与760余名来自全美各地的高中生进行交流，为他们题词作画，受到热烈欢迎。中国检察官文联主席张耕出席活动并致辞。

【中国侨联法顾委海外委员来中国检察官文联访问】

9月，中国侨联法顾委海外委员20余人来中国检察官文联访问，参观了中国检察官书画摄影作品，与部分国内委员座谈，了解我国检察文化建设情况，增进了友谊。

中国人民银行文联

综述

2015年，人民银行文联在行党委的正确领导下，在中国文联的精心指导下，坚持文艺工作为社会主义服务、为人民群众服务的方向和百花齐放、百家争鸣的方针，弘扬主旋律，提倡多样化，团结引导人民银行广大职工积极开展文艺创作和群众性文化活动，为推动央行文化建设取得新进展、社会主义文艺事业实现新繁荣做出了积极贡献。

人民银行文联始终坚持联系实际、突出重点，深刻把握党的十八大，十八届三中、四中、五中全会的基本精神和任务要求，认真领会习近平总书记在文艺工作座谈会上的重要讲话精神，努力将中央政策规定和决策部署传到基层、落到实处，引导人民银行文联干部和广大文艺爱好者充分认识到中国特色社会主义文化发展道路的根本要求，增强责任感和使命感，为推动央行文化建设、助推"中国梦"贡献力量。

组织建设情况

【召开人民银行文联二届一次理事会会议】

6月2日，人民银行文联召开换届暨二届一次理事会会议，人民银行党委委员、副行长郭庆平出席会议并讲话。人民银行文联主席张汉平同志做工作报告，与会理事审议并通过了人民银行文联第二届理事会组成人员名单及人民银行书法、美术、摄影、作家、音乐舞蹈、收藏协会组成人员名单。

【组织成立人民银行文艺志愿者协会】

6月，人民银行文联组织成立人民银行文艺志愿者协会，组织和指导人民银行文艺志愿服务活动，推进基层文化建设，满足职工精神需求。协会成立以来，广泛吸收各级各类文艺人才参加志愿服务，建立起覆盖全系统，涵盖各专业艺术、各年龄层次的文艺志愿服务队伍，形成扎根生活、扎根基层，服务职工、奉献央行的良好风尚。

【加强对各专业协会的工作指导】

指导人民银行书法、美术、摄影协会召开理事会会议，对前期工作情况进行总结，对下一步工作开展进行部署。为交流各协会工作开展情况，人民银行文联印发了书法、美术协会工作开展情况报告，制作并发放了人民银行文联暨专业协会会员证。

会议、活动及主要工作

【组织开展"红五月"职工文化系列活动】

在人民银行系统组织开展了"红五月"职

工文化系列活动，各级文联紧扣"爱国""书香""公益""能量""健康""和谐""青春"七大主题，组织文艺骨干深入基层一线广大职工，开展了丰富多彩、形式多样的职工文化活动。各级单位共开展职工艺术交流420余次、联谊580余次、会演90余次，创作和展出3700余幅书画摄影作品，有效丰富了职工文化生活，振奋了职工工作热情。

【积极选树宣传"央行艺术家"】

从人民银行文联理事和书法、美术、摄影等专业协会理事会员中，遴选一批本系统文艺名家，通过举办专题展览、出版作品宣传册、推荐作品收藏于人民银行各基层单位、推荐参加中国文联活动等形式，加强宣传推介，扩大知名度和影响力，让更多职工乃至社会公众知晓和熟悉。截至2015年年末，已为16名"央行艺术家"编发作品宣传册。

【开展"送文化下基层"活动】

人民银行书法、美术、摄影协会先后在沈阳、铁岭、拉萨、昌都、日喀则、南昌、九江、广州、潮州等地举办书法、美术笔会，摄影讲座等，深入基层开展送文化活动。书法协会主席王敏、摄影协会主席周波同志受到中国文联文艺志愿者服务中心、中国文艺志愿者协会通报表扬。10月，结合"送温暖慰问"工作，组织文艺骨干创作书法美术作品40余幅，捐赠到艰苦偏远地区县支行，受到基层职工的热烈欢迎。

【举办"纪念中国人民抗日战争暨世界反法西斯战争胜利70周年职工书法、美术、摄影作品展"】

共展出以"铭记历史，勿忘国耻，缅怀先烈，珍惜和平"为主题的书法作品45幅，美术作品19幅，摄影作品76幅，引起了广大职工的广泛关注和好评。编印《工会工作通讯——纪念中国人民抗日战争暨世界反法西斯战争胜利70周年职工书法、美术、摄影作品专刊》，并在《金融时报》和《中国金融家》期刊上专题刊载活动信息和展出部分作品。

【启用人民银行文联LOGO（形象标识）】

经专家评审及人民银行美术协会审定，评选出一等奖8件、二等奖20件、三等奖30件、优秀奖67件，并对获一、二、三等奖的作者及单位予以通报表彰。经文联理事投票，征求各专业协会意见，从一等奖作品中选定阳江市中支阮湛洋同志作品为人民银行文联LOGO，并印发文联标识启用通知。

【书法协会召开二届一次理事会会议】

7月28日，人民银行文联书法协会二届一次理事会会议在黑龙江省大庆市召开，人民银行文联书法协会主席、副主席、秘书长、理事等参加会议。会议选举产生了新一届的书协理事，讨论通过了《人民银行文联书法协会五年工作规划纲要（2015—2020年）》。

【美术协会召开二届一次理事会会议】

11月11日，人民银行文联美术协会二届一次理事会会议在广东潮州召开，人民银行美术协会主席、副主席、秘书长、理事等参加会议。会议讨论了人民银行文联美术协会章程、第二届理事会工作规划及2016年工作计划。

【摄影协会召开二届一次理事会会议】

11月2日，召开摄影协会二届一次理事会会议。摄影协会主席周波做了《人民银行摄影协会二届理事会工作报告》，报告简要回顾了协会2014年以来的工作，明确了协会今后一段时期的工作思路和主要任务。会议期间，协会副主席徐波就摄影知识、拍摄技巧、画面构图等进行了专题讲座。

各分会组织建设情况

【人民银行文联广州分行分会召开一届二次理事会会议】

4月29日,人民银行文联广州分行分会召开一届二次理事会会议,会议总结了2014年文联工作,安排了2015年度文联活动,审议通过了部分协会主席、副主席增替补人员名单。人民银行文联广州分行分会成立以来,地市金融文联建设不断取得进展。2015年,珠海、佛山、汕头、潮州、汕尾、阳江、江门、中山、河源、惠州、云浮、东莞等地市金融文联先后成立。

【人民银行文联西安分行分会召开二届一次理事会会议】

5月21日,人民银行文联西安分行分会在延安召开第二届一次理事会会议,陕西辖区各理事会成员、部分专业理事和各单位的文艺爱好者160多人分别参加了会议和相关活动。会议就文联理事调整变动事项等做了说明并通过了文联分会工作报告。

【人民银行文联重庆分会召开一届三次理事会会议】

9月29日,人民银行文联重庆分会正式成为重庆市文联团体会员单位。11月18日,人民银行文联重庆分会一届三次理事会会议召开。会议对《习近平总书记在文艺座谈会上的讲话》及《中共中央关于繁荣发展社会主义文艺的意见》进行了学习;对分会过去一年的工作进行了总结回顾,并提出2016年主要工作任务。

【人民银行文联浙江分会召开一届三次理事会会议】

5月29日,人民银行文联浙江分会一届三次理事会会议在温州召开,浙江分会常务理事、理事以及各专业协会会长、理事共60余人参加会议。浙江分会调整了新一届理事会成员及美术协会、文学创作协会、收藏协会会长,增补了摄影协会、美术协会及收藏协会理事,各专业协会和各市二级分会汇报交流了2014年工作情况及2015年工作计划。

【人民银行文联福建分会召开二届一次理事会会议】

9月8—10日,人民银行文联福建分会组织召开二届一次理事会会议。会议审议通过了中国人民银行文学艺术联合会福建分会章程,选举产生了新一届文联福建分会主席和新的组织架构。同时成立了福建省人民银行系统文艺志愿者队伍,并发出《践行文艺志愿服务,推动基层央行文化发展》倡议书。

【人民银行文联吉林分会召开一届二次理事会会议】

11月2日,人民银行文联吉林分会一届二次理事会会议在长春召开,对文联成立一年来各分会工作开展情况进行了总结回顾。会议审议通过了书法美术、音乐舞蹈、摄影和文学创作4个协会的工作报告,对2016年文联工作进行了部署规划。大会修订了会员章程,通过了工作规章制度4项,规范了文联工作流程。

【人民银行文联安徽分会召开一届二次理事会会议】

10月22—23日,人民银行文联安徽分会召开一届二次理事会会议。会议传达了人民银行文联二届一次理事会会议精神,总结回顾了安徽分会成立以来的工作;审议通过了一届二次理事会拟增补(替补)的常务理事、行政理事及各协会增补理事名单;组织文联安徽分会下设的书法美术、摄影、收藏、作家及音乐舞蹈协会召开座谈会;成立文艺志愿者协会。

【中国人民银行海口中心支行摄影协会成立】

11月17日,海口中心支行工会及人民银行文联海南分会成立中国人民银行海口中心支行摄影协会,制定了《中国人民银行海口中心支行摄影协会章程》。按照"人民银行各级摄影协会要走专业化、规范化道路"等精神,吸纳辖区摄影爱好者报名加入摄影协会。截至年底,共吸收50名会员。

【人民银行文联贵州分会召开文学书法美术摄影收藏协会联席会议】

3月5日,人民银行文联贵州分会组织召开文学、书法、美术、摄影、收藏五个协会联席工作会议,对各协会年度工作进行安排部署。人民银行文联贵州分会会长、副会长、秘书长及各协会会长参加了会议。

【人民银行文联青海分会召开一届三次理事会会议】

12月4日,人民银行文联青海分会召开一届三次理事会会议。会议学习了习近平在文艺座谈会上的讲话,传达了中国文联《关于深入学习贯彻习近平〈在文艺座谈会上的讲话〉和〈中共中央关于繁荣发展社会主义文艺的意见〉的通知》以及人民银行文联会议精神。参会人员就2015年和今后人民银行青海分会工作进行了座谈,并提出了意见和建议。

【人民银行文联郑州培训学院分会召开一届三次理事会】

11月12日,人民银行文联郑州培训学院分会召开第一届理事会第三次会议。会议传达了习近平《在文艺座谈会上的讲话》精神,学习贯彻了人民银行文联会议精神。各协会详细汇报了2015年活动计划落实情况,同时,与会人员就2016年会员发展、协会开展活动、各协会之间的交流合作等进行了深入讨论。

各分会会议、活动及主要工作

【人民银行文联上海总部分会举办中国书法绘画现场展示和创作活动】

5月14日至15日,中亚、黑海及巴尔干地区央行行长会议组织第33届行长会议在上海总部召开,人民银行文联上海总部分会在会议休憩期间,举办了中华书法绘画现场展示和创作活动。4位来自辖区的艺术家泼墨写意,丹青抒情,多幅作品被嘉宾收藏。周小川行长、易纲副行长陪同参会嘉宾参加了展示活动。

【人民银行文联天津分行分会举办举办"纪念抗日战争胜利70周年暨迎国庆"书画摄影展】

10月10日至30日,人民银行文联天津分行分会与天津营业管理部联合举办"纪念抗日战争胜利70周年暨迎国庆"书画摄影展。天津营业管理部书法、美术、摄影兴趣小组认真准备,积极报送稿件,共收到各类作品130余件。

【人民银行文联南京分行分会开展送文艺下基层活动】

5月23日,人民银行文联南京分行分会与南通市金融系统文联在南通市通州区共同开展"中国梦·金融情"送文艺下基层文艺志愿者服务活动,为群众送去文艺表演和金融知识。南通市及通州区各有关金融机构负责同志及社会群众近500人参加了活动。南京分行分会文联精心策划,活动充分体现出文艺"惠民、为民、乐民"的意义。

【人民银行文联武汉分行分会举办"喜迎国庆 职工书法绘画摄影展"】

9月28日至30日,人民银行文联武汉分行分会举办了"喜迎国庆 职工书法绘画摄影展"。活动的举办在职工中营造了浓厚的文化氛围,有力地加强了辖内基层央行文化建设,促进了分会文学艺术水平不断提升。

【人民银行文联成都分行分会开展送文化下乡镇惠民活动】

2月5日，人民银行文联成都分行分会在富顺县赵化镇开展了"喜迎新春 送福万家"送文化下乡惠民活动。成都分行和富顺县书协为乡镇居民赠送春联500余副，"金马扬蹄抒远志，银羊欢跃迎丰年"等一副副春联为乡民带去了新春祝福。

【人民银行文联西安分行分会组织红五月职工艺术节活动】

5月21日，人民银行文联西安分行分会在延安举办了红五月职工艺术节活动，来自陕西辖区的各理事会成员、部分专业理事和各单位的文艺爱好者160多人分别参加了活动。组织开展了职工书画摄影收藏展览、鲁迅文艺奖获得者吴克敬同志专题讲座、红五月职工文艺会演等活动。

【人民银行文联浙江分会组织开展"勿忘国耻 缅怀先烈"文学创作采风活动】

5月13日，人民银行文联浙江分会文学创作协会在余杭开展了以"勿忘国耻 缅怀先烈"为主题的"红五月"文学创作采风活动。在悼念乔司"千人坑"的死难同胞后，参观了大屠杀纪念馆，回顾了抗战历史并撰文追思。活动结束之后，协会编发了《人行文联浙江分会"红五月"文学创作专辑》，收录部分文学创作成果。

【人民银行文联吉林分会举办"音乐快闪"活动】

11月2日，人民银行文联吉林分会音乐舞蹈协会组织长春中心支行合唱团在长春中心支行职工食堂举办了一场别开声面的"音乐快闪"活动——"好一朵茉莉花"闪唱。此次"快闪"活动有效发挥了文艺引领风尚、服务群众、推动发展的独特作用。

【人民银行文联安徽分会举办职工收藏展】

10月24日，为展示安徽省人民银行系统职工文化活动成果，分享收藏的乐趣，人民银行文联安徽分会在池州举办了安徽省人民银行系统职工收藏展。展览共征集到钱币、奇石、图书、票证等藏品600余件，每一件藏品都是一个时代、一个地区的文化载体和历史见证，极具文化价值、艺术价值、历史价值。

【人民银行文联河南分会举办纪念抗日战争胜利70周年暨庆祝新中国成立66周年书法美术摄影文学作品展】

9月30日，河南省人民银行系统纪念抗日战争胜利70周年暨庆祝新中国成立66周年书法美术摄影文学作品展隆重开幕。河南省人民银行系统书法协会、美术协会、摄影协会、文学创作协主要负责人及机关职工近百人参加。此次活动征集到书法作品73幅，美术作品10多幅，摄影作品298幅，文学作品49篇。经过专家组认真评选，展出优秀作品70余幅（篇）。

【人民银行文联海南分会组织开展职工第一届硬笔书法比赛】

为继承和弘扬传统国粹文化艺术，丰富辖区员工业余文化生活，提高职工文化素质和汉字写作水平，营造浓郁的央行文化氛围，人民银行海口中心支行工会、人民银行文联海南分会举办了辖区职工第一届硬笔书法比赛，共征集参赛作品339份，其中机关310份，离退休干部职工及各支行29份。

【人民银行文联云南分会送文化下基层到一线】

4月22日至6月19日，昆明中支送文化下基层小分队先后深入楚雄中支及辖区的南华、牟定县支行，沿边的版纳中支及辖区勐海、勐腊支行，普洱中支及辖区宁洱支行，临沧中支及所辖耿马、沧源瓦族自治县支行共4个边境地区的州市中心支行机关和沿边的7个县支行开展送文化下基层活动，为基层送出书法绘画作品5600余幅，举办培训辅导班24场次。

【人民银行文联甘肃分会举办廉政书法美术展】

5月，人民银行文联甘肃分会与兰州中心支行纪委以培养崇廉尚洁的价值取向，弘扬清正廉洁、公平正义时代精神为主题，在全省人民银行系统组织开展了廉政书法美术展。通过展览活动体现了传统书画艺术与廉政文化建设的契合与创新，使干部职工领会到为官之责、为民之道。

【人民银行文联宁夏分会举办"塞上央行职工摄影展"】

5月19日，"红五月——塞上央行职工摄影巡回展"在银川开幕。本次活动共收集摄影作品495幅，展出274幅。展出分"塞上新貌、回乡风情、人与自然、多彩央行人、情系央行、韵之味"六个部分，主要记录和讴歌了宁夏在大发展大跨越及央行金融知识宣传惠及民生等方面的骄人成就。本次摄影巡回展是宁夏分会成立3年来举办的最大的一次文化活动。

【人民银行文联青海分会举办"我心向党"文艺演出】

为纪念中国共产党成立94周年、中国人民抗日战争暨世界反法西斯战争胜利70周年，6月30日，人民银行文联青海分会组织开展了"我心向党"文艺演出活动，西宁中支行领导以及全体干部职工一同观看了演出。文艺表演采用配乐诗朗诵、舞蹈、男女声二重唱、女声独唱、舞蹈等多种形式，抒发了感恩党热爱党忠于党祝福党的赤子情怀。

【人民银行文联印钞造币总公司分会举办"辉煌十年 难忘瞬间"——印制职工2005—2015年百幅优秀纪实摄影作品展览】

11月，印钞造币总公司举办"辉煌十年 难忘瞬间"——印制职工2005—2015年百幅优秀纪实摄影作品征集、展览活动。作品充分展示了现代企业制度改革十年来，行业生产任务、技术进步、设备更新、厂容厂貌发生的可喜变化，反映各单位开展劳动竞赛创造经济效益、协调劳动关系促进行业健康发展、开展职工文化建设丰富职工精神生活等方面取得的成绩。

2015年中国文学艺术界联合会大事记

1月

1月22日，中国文学艺术基金会第四届理事会第八次会议在北京召开。

1月22日至24日，中国文联九届七次主席团会和全委会在京召开。孙家正主持会议，黄坤明出席会议并讲话，赵实在会上做了题为《深入学习贯彻习近平总书记重要讲话精神　努力推动当代文艺开创新风貌》的工作报告。会议增选陈建文、陈洪武、罗斌、韩新安为中国文联第九届主席团委员，通过了接纳中国文艺评论家协会为中国文联团体会员的决议。

1月24日，由中国文联主办的"百花迎春——中国文学艺术界2015春节大联欢"在北京人民大会堂举行。卢展工、王家瑞、孙家正等党和国家领导人及有关部委领导，中国文联荣誉委员、主席团成员、全委会委员及全国各艺术门类文艺家和文艺工作者代表欢聚一堂，共庆新春。

1月27日至28日，中国文联文艺志愿服务团赴河南兰考开展"我们的中国梦　文化进万家——送欢乐下基层"慰问演出。赵实、左中一、郭运德参加活动。

2月

2月5日至12日，夏潮应邀率代表团访问克罗地亚、白俄罗斯，出席在克罗地亚举办的"欢乐春节"杂技戏曲专场演出暨春节招待会。

3月

3月26日，全国文联文艺舆情信息工作会议在南宁召开。夏潮出席会议。

3月至12月，中国文联先后组织300余名文艺志愿者组成中国文联文艺志愿服务团分赴河北狼牙山、青海西宁和黄南藏族自治州、重庆、安徽岳西、中国武警猎鹰突击队、湖北宜昌、贵州独山、山东临沂莒南、费县等地开展10场"送欢乐下基层"活动，直接服务基层群众近20万人。

4月

4月1日至2日，2015全国文联组联工作会议暨外事工作座谈会在重庆举行。左中一出席会议。

4月2日，中国文联召开2014年中国文联出版报刊业改革发展工作总结表彰暨2015年度重点工作部署会。李屹、李前光出席会议。

4月2日，夏潮在中国文艺家之家会见了到访的白俄罗斯文化联盟副主席伊戈尔·巴巴克一行。

4月7日至29日，中国文联第七期全国中青年文艺人才高级研修班在北京举办。

4月底开始，根据中央统一部署，中国文联在处级以上领导干部中开展"三严三实"专题教育活动。

5月

5月1日至3日，第九届中国杂技金菊奖第六次全国魔术比赛在广东省深圳市举办。

5月20日至22日，全国文联系统理论研究暨文艺评论业务培训班在江西省景德镇市举行。

5月23日，在第二个中国文艺志愿者服务日，中国文联组织200余名文艺家组成9个"到人民中去"服务采风小分队，分赴黑龙江牡丹江、云南怒江、猎鹰突击队、海南临高、福建平潭、河南三门峡、玉渊潭公园、湖北英山大别山、京津冀抗战圣地等开展慰问演出、文艺辅导、创作采风等活动。

5月28日，孙家正在北京会见了日本日中文化交流协会副会长、电影艺术家栗原小卷。郭运德参加会见。

6月

6月15日至18日，中国音乐家协会第八次全国代表大会在京召开。会议选举产生了中国音协新一届领导机构，叶小钢当选为主席。

6月26日，中国文联与文化部联合在北京人民大会堂举办"纪念徐悲鸿诞辰120周年座谈会"。刘延东发来贺信。赵实出席会议。

6月29日，赵实会见毛里求斯艺术和文化部部长桑塔拉姆·巴布一行，郭运德参加会见。

6月29日至7月8日，中国文联在捷克皮尔森和比利时布鲁塞尔举办"今日中国"艺术周。

7月

7月14日至16日，中国戏剧家协会第八次全国代表大会在京召开。会议选举产生了中国剧协新一届领导机构，濮存昕当选为主席。

7月20日至28日，李屹应邀率代表团访问毛里求斯、南非，出席了由中国文联和毛里求斯中国文化中心共同举办的"女性视角下的今日中国"摄影展活动。

7月21日至23日，首期全国文联组联干部培训班在浙江省宁波市举办。左中一出席开班仪式。

7月30日，中国文联与文化部、中国美协联合主办的"纪念华君武诞辰100周年座谈会"在京举行。左中一出席会议。

8月

8月4日至7日，第十届中国舞蹈"荷花奖"民族民间舞评奖活动在四川省凉山彝族自治州举行。

8月至10月，中国文联与各文艺家协会举办"历史的回声"抗战歌曲音乐会，"保卫黄河"舞蹈专场晚会，"向和平致敬"曲艺展演，"铸魂鉴史 珍爱和平"美术作品展览，"历史不容忘却"摄影展，"和平与正义之声——歌谣与抗战"研讨会，纪念抗战胜利70周年"2015全国剪纸名家精品展"，出版《伟大史诗 铁血长歌——中国人民抗日战争暨世界反法西斯战争传记作品评鉴》，抗战主题电影展映等系列主题展演展览展映活动。

9月

9月8日，中国文联在京召开中国人民抗日战争暨世界反法西斯战争胜利70周年"抗战中的中国文艺"座谈会。

9月10日，赵实在中国文艺家之家会见了以王英伟为团长的香港艺术发展局访问团一行28人，郭运德参加会见。

9月14日，中国文联理论研究室与中国民协在京举办"和平与正义之声——歌谣与抗战"研讨会。

9月15日，第四届全国中青年德艺双馨文艺工作者表彰大会在京召开。孙家正出席会议，黄坤明出席会议并讲话，景俊海、刘利民、田进，中国文联党组、主席团成员出席会议。信长星在会上宣读《关于表彰第四届全国中青年德艺双馨文艺工作者的决定》，授予丁寺钟等54名中青年文艺工作者"全国中青年德艺双馨文艺工作者"荣誉称号。

9月16日至19日,第24届中国金鸡百花电影节暨第30届中国电影金鸡奖颁奖典礼在吉林省吉林市举办。

9月18日至20日,中国文联所属出版报刊单位组团赴2015中国(武汉)期刊交易博览会进行展示和交易。李前光率队。

9月22日,中国文联、光明日报社在京召开文艺行业建设与社会治理研讨会。

9月24日至10月15日,由中国文联、北京市人民政府和中国美术家协会联合举办的第六届北京国际美术双年展在中国美术馆举行。

9月30日至10月6日,李屹应邀率访问团赴台湾出席"第八届海峡两岸合唱节"。

10月

10月15日,赵实在文艺家之家会见来访的白俄罗斯文化联盟主席弗拉基米尔一行,郭运德参加会见。

10月15日,"时代领跑者"美术书法摄影展全国巡展启动仪式在京举行。

10月18日至24日,中国文联组织20余名老艺术家赴湖北恩施开展艺术采风。孙家正参加活动。

10月18日至27日,2015中国文联赴日舞台艺术编导营销人员研修班成功举办,来自全国文联系统20家单位的23名学员在日本进行了为期10天的学习。

10月18日至11月8日,中国文联等单位组织开展"2015中国文艺志愿者公益演出季"活动,先后举办了7场公益演出活动。

10月31日至11月3日,由中国文联、澳门基金会共同主办的"第七届海峡两岸暨港澳地区艺术论坛"在澳门举办。左中一等出席活动。

10月31日至11月6日,由中国文联、中国剧协主办的第六届"中国戏剧奖·小戏小品奖"评奖展演活动在江苏省张家港市举办。

10月,中国文联与部分文艺家协会举办了6场以"向人民汇报"为主题的"深入生活、扎根人民"文艺创作成果展演。

10月至2016年3月,中华文明历史题材美术创作工程组织专家组赴南京等11市,深入艺术家工作室指导正稿创作。

10月底至12月底,根据中央统一部署,中央第二巡视组于对中国文联开展专项巡视。

11月

11月1日至2日,由中国文联、澳门基金会主办的第七届海峡两岸暨港澳地区艺术论坛在澳门举行。

11月3日至4日,中国杂技家协会第七次全国代表大会在京召开。会议选举产生了中国杂协新一届领导机构,边发吉当选为主席。

11月17日至19日,中国舞蹈家协会第十次全国代表大会在京召开。会议选举产生了中国舞协新一届领导机构,冯双白当选为主席。

11月23日至12月2日,郭运德应邀率代表团访问毛里求斯、法属留尼汪和印度,并出席在印度孟买举行的"梦想·记忆——中国当代民生之变迁"摄影展。

11月25日，第十届中国音乐金钟奖颁奖仪式在广州举行。

12月

12月1日，中国文联印发《中国文联全国性文艺评奖管理办法（修订稿）》和《中国文联全国性文艺评奖评委库建立实施规范》。

12月2日，第12届中国民间文艺山花奖颁奖活动在浙江省海宁市举行。

12月7日至9日，中国书法家协会第七次全国代表大会在京召开。会议选举产生了中国书协新一届领导机构，苏士澍当选为主席。

12月9日至13日，"问渠——中国文联第八期全国中青年文艺人才高级研修班学员暨林州艺术家红旗渠精神作品展"在中国文艺家之家举办。

中国文联 2016 年工作回顾　　　　　　　　　　　　　　北京市文学艺术界联合会

01	02
03	04
	05
	06

01. 2015年5月23日，卢沟桥启动仪式领导与艺术家们合影。
02. 2015年8月7日，北京绢人艺术成就展在国家大剧院开幕式。
03. 2015年7月29日，第六届北京中青年德艺双馨文艺工作者评选成果展示活动在北京市文联礼堂举行，获奖艺术家上台领奖。
04. 2015年12月15日，工作人员向北京市委宣传部常务副部长王海平介绍网上副本超市相关内容。
05. 2015年5月17日，首都艺术家赴南水北调水源区慰问演出活动全体人员合影。
06. 2015年4月8日，第十五届京味文化之旅新闻发布会。

中国文联 2016 年工作回顾

天津市文学艺术界联合会

01	03
02	04
	05
06	07

01. 2015年1月13日，天津市民协剪纸艺术专业委员会在天津市红桥区溪波里社区举办惠民活动。
02. 2015年，天津市摄协组织百名摄影家深入该市各区县百岁老人家中为老人拍照，并举办天津市百岁老人主题摄影展。
03. 2015年9月28日，"梨园花开为人民"戏曲名家惠民专场演出在中国大戏院精彩上演。
04. 2015年12月8日，"中国精神——第四届中国油画展"在天津美术馆隆重开幕。
05. 2015年9月24日至10月11日，首届"鲜于璜碑"全国书法名家学术提名展在天津美术馆举行。
06. 2015年5月，天津市文联参与主办了"纪念中国人民抗日战争胜利70周年'到人民中去'京津冀百名艺术家志愿者赴抗战圣地服务采风'大地行'系列活动"。天津采风服务团在狼牙山合影。
07. 2015年5月26日至29日，"南开杯"第三届全国（天津）相声新作品大赛于在天津市举行。

中国文联 2016 年工作回顾

河北省文学艺术界联合会

01	02
03	04
05	

01. 赵实向北京市文联、天津市文联、河北省文联颁发京津冀文联文艺志愿团牌匾。
02. 田向利到省文联调研。
03. 京津冀百名艺术家志愿者赴南宫服务采风。
04. 解晓勇、柴志华、祁海峰率团参加"到人民中去"京津冀百名艺术家志愿者赴河北抗战圣地服务采风启动仪式。
05. 河北团在狼牙山采风合影。

中国文联2016年工作回顾

山西省文学艺术界联合会

01	02
03	04
05	
06	

01. 7月14日，山西省委常委、宣传部长胡苏平等一行参观山西省美术书法作品提名邀请展。
02. 2月2日，山西省文联、山西省书协开展"我们的中国梦"百名书法家送万福送欢乐文化惠民活动。
03. 12月4日，山西省文联八届四次全委会在太原举行。
04. 9月23日，山西省文联参加省直工委举办的省直机关"菜单式"体育比赛活动——健身舞比赛中获金奖。
05. 1月24日，山西省摄影家协会走进阳曲开展"中国梦"主题摄影采风创作活动。
06. 11月22日，山西省舞蹈家协会举办"深入生活，扎根人民"民族民间舞名家讲座培训班。

中国文联 2016 年工作回顾

内蒙古自治区文学艺术界联合会

01	06
02	07
03	
04	08
05	09

01. 12月28日，内蒙古自治区文学艺术界联合会第八次代表大会召开。
02. 11月24日，内蒙古文联"中国文艺评论基地"揭牌。
03. 9月24日，电影《诺日吉玛》研讨及与媒体见面会。
04. 10月20日，纪念习近平总书记在文艺工作座谈会上重要讲话发表一周年，"深入生活、扎根人民"主题实践活动暨到人民中去——内蒙古自治区文艺志愿服务活动纪实展。
05. 8月31日，"勿忘国耻·圆梦中华——内蒙古自治区纪念中国人民抗日战争暨世界反法西斯战争胜利70周年摄影、美术、书法展"。
06. 1月16日，内蒙古首期蒙古文书法篆刻培训班在伊金霍洛旗举办。
07. 5月31日，内蒙古美术馆项目建设开工仪式。
08. 7月3日，第十一届内蒙古自治区文学创作"索龙嘎"奖颁奖仪式。
09. 3月17日至20日，"相约内蒙古——法国·中国内蒙古文化周"系列活动。

中国文联2016年工作回顾

辽宁省文学艺术界联合会

01. 12月7日，举办中国文艺评论基地挂牌暨辽宁省文联特聘评论家签约仪式。
02. 1月至2月，举办"望年·送春联"暨我们的"中国梦"——千名书家送万"福"进万家公益活动。
03. 9月1日，组织创作并由田连元先生播讲的长篇评书《铁马冰河丹心谱》正式开播。
04. 5月23日前后，开展"到人民中去"辽宁文艺志愿者深入基层服务活动。
05. 6月3日，举办"舞动梦想"中国舞协百姓健康舞（辽宁版）全省推广成果展。
06. 9月，组织文化代表团赴加拿大、美国进行文化艺术交流并举办展览。
07. 5月28日，召开传统魔术继承与发展研讨会。

中国文联 2016 年工作回顾

吉林省文学艺术界联合会

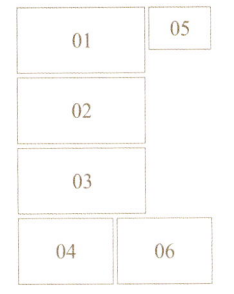

01	05
02	
03	
04	06

01. 10月15日，省文联召开全省文艺界学习贯彻习近平总书记在文艺座谈会上的讲话暨中共中央《关于繁荣发展社会主义文艺的意见》精神座谈会。
02. 8月31日，省文联、省民间文艺家协会在吉林省图书馆召开"生命的读本"——《抗战老兵口述史》抢救工程收官暨抗战胜利70周年纪念活动。
03. 5月，省文联、白山市文联文艺志愿服务团重走抗联路"送欢乐、下基层"走进三岔子林业局合影。
04. 9月，省文联文艺志愿服务团"送欢乐、下基层"走进敦化市新兴林场慰问演出，著名二人转表演艺术家韩子平、董玮演出现场。
05. 2015年元旦、春节期间，省摄影家协会志愿者在全省贫困乡村积极开展"文化惠农"为农民朋友拍摄全家福活动。
06. 1月27日，"文化惠农直通车"活动走进柳河县柳河镇采胜村，来自省书法家协会的书法家们现场挥毫，为村民们送去春联和福字。

中国文联 2016 年工作回顾　　　　　　　　　　　　　　　　　　　黑龙江省文学艺术界联合会

01. 黑龙江省省长陆昊出席"大美龙江"摄影展。
02. 展厅掠影（黑龙江省女书法家作品展）。
03. 书法家们深入林区为百姓送去新年祝福。
04. 傅道彬主席向日本北海道文化团体协议会赠送黑龙江版画。
05. 黑龙江美术馆展出陕西木版年画。
06. 龙歌交响乐音乐会。
07. 黑龙江戏剧第十五届小梅花奖评选。

中国文联 2016 年工作回顾　　　　　　　　　　　上海市文学艺术界联合会

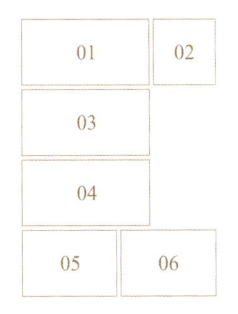

01	02
03	
04	
05	06

01. "海上谈艺录"系列签售会
02. 纪念中国人民抗日战争暨世界人民反法西斯战争胜利70周年——2015全国剪纸名家精品展。
03. 纪念中国人民抗日战争暨世界人民反法西斯战争胜利70周年——2015全国剪纸名家精品展。
04. 第32届上海之春国际音乐节。
05. 2015海派书法进京展。
06. 第25届上海白玉兰戏剧表演艺术奖颁奖典礼。

中国文联 2016 年工作回顾

江苏省文学艺术界联合会

01	
02	
03	
04	05
06	07

01. 4月23日-24日，江苏省文学艺术界联合会第九次代表大会在南京隆重举行。
02. 2015年省文联和中国美协进行新一轮的签约工作。
03. "吴韵汉风·江苏经典"专辑首发暨江苏名歌名曲展演发布会在省文联举行。
04. 第十届中国音乐"金钟奖"民乐比赛暨2015中国江苏二胡之乡民族音乐节在南京开幕。
05. 6月15日，江苏省文联2015"苏风艺韵"轮展轮演启动仪式在省文联艺术剧场举行。
06. 11月4日，话剧《中山码头》应邀参加第14届中国戏剧节展演。
07. 省曲协文艺志愿服务和文艺惠民活动"送欢笑·走进怀柔"，右为著名相声演员李金斗。

中国文联 2016年工作回顾

浙江省文学艺术界联合会

01. 浙江省文学艺术界第八次代表大会现场。
02. 全国杂技精品交流展演。
03. 建设"浙江书法村"。
04. 第二届浙江音乐奖颁奖盛典。
05. 文艺志愿服务。
06. 浙江省舞协第七次代表大会成果展演。
07. 文化援疆。
08. "百年追梦"浙江美术创作精品工程动员。
09. 中国当代摄影新锐展。

中国文联 2016 年工作回顾

安徽省文学艺术界联合会

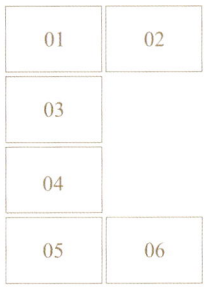

01	02
03	
04	
05	06

01. 安徽省文联领导赴在太和县慰问老党员贫困户。
02. 安徽省文联组织书法家赴安徽省合肥市庐阳区开展"三下乡"集中服务活动。
03. 安徽省舞协组织舞蹈家赴涡阳县义门镇指导当地学生学习非遗舞蹈"棒鼓舞"。
04. 安徽省曲艺家协会组织曲艺家赴蒙城县开展"千名文艺家下基层"采风活动。
05. 安徽省剧协组织戏剧家赴徽剧之乡——绩溪县伏岭镇开展志愿服务活动。
06. 吕士民风俗画作品在中国文艺家之家展出。

中国文联 2016 年工作回顾

福建省文学艺术界联合会

01. 第二届华人音乐创作（台北）笔会演出现场。
02. 3月18日，福建省文联七届二次全委会在福州召开。福建省政府副省长李红，省政协副主席、省文联主席张帆等领导与100余位委员出席会议。
03. 7月15日至17日，2015"第十届海峡诗会——美丽乡村觅诗行"诗歌创作座谈会在三明市建宁县举行。
04. 8月4日上午，由福建省文联、福建省美协主办的"纪念中国人民抗日战争暨世界反法西斯战争胜利70周年——福建省美术作品展"在福建省画院举行开幕式。
05. 10月12日—21日，由福建省文联主办的"海上丝路·大美福建"东欧巡回摄影展在匈牙利首都布达佩斯、波兰首都华沙、捷克首都布拉格举行。
06. 5月21日，由中国文联、中共福建省委宣传部、中国文艺志愿者协会、福建省文联等主办的"到人民中去"文艺志愿服务活动在平潭举行。
07. 9月18日，第七届海峡两岸电视主持新人大赛福建赛区总决赛在福建省人民艺术剧院举行。
08. 11月20日—25日，由中国文联、中国曲协、福建省文联主办的第五届海峡两岸曲艺欢乐汇活动在晋江举办。

中国文联 2016 年工作回顾　　　　　　　　　　　　　　　　　　　　　江西省文学艺术界联合会

01. 12月13日，中国作协主席铁凝到江西省文联走访调研，参观艺文苑。
02. 10月29日，"八一起艺"文艺创作工程之长篇电视剧《破阵》在中央电视台梅地亚新闻中心举行首播发布会，江西省文联党组书记汪天行出席并讲话。
03. 12月，组织30位知名画家赴全省各地开展"江西风景独好——赣鄱山水入画来"采风写生活动。
04. 10月11日，由中国作家出版集团、作家出版社、江西省作家协会合作推动的江西长篇小说重点扶持工程签约仪式在江西省文联举行。
05. 8月20—25日，在武宁县举办江西省首届文艺评论骨干高级研修班。
06. 4月29日，组织文艺志愿服务团走进南昌华南城，慰问普通劳动者。
07. 1月23日，"八一起艺"文艺创作工程成果之《万山红遍》江西优秀原创歌曲专辑发布会在北京举行。
08. 10月14日，举办江西省文联纪念习总书记文艺工作座谈会上讲话一周年汇报演出。

中国文联 2016 年工作回顾　　　　　　　　　　　　　　　　　　　　山东省文学艺术界联合会

01	02
03	04
05	
06	07

01. 山东省文联系统文艺志愿服务工作推进暨培训大会在济南军区第五招待所隆重召开。
02. 在第八届山东省"泰山文艺奖"颁奖典礼暨山东国际大众艺术节闭幕式上，山东省人民政府副省长季缃绮、山东省政协副主席栗甲为获奖者颁奖。
03. 第19届山东美术新人新作展。
04. "山东省纪念中国人民抗日战争暨世界反法西斯战争胜利70周年美术书法摄影展"开幕式。
05. 和平颂·中国梦——纪念抗战胜利70周年群众交响合唱音乐会。
06. 文艺志愿服务行——山东梆子戏曲名家走进菏泽慰问演出。
07. 第八届山东省"泰山文艺奖"颁奖典礼暨山东国际大众艺术节闭幕式，大型歌舞诗《谁不说俺家乡好》演出现场。

中国文联2016年工作回顾

河南省文学艺术界联合会

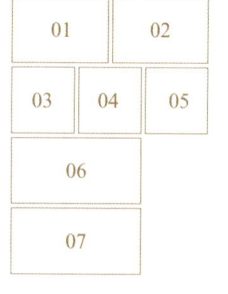

01	02
03	04	05
06
07

01. 9月2日，省政府副省长张广智，省政协副主席靳克文，省委副秘书长、省直工委书记李恩东等领导参观由省文联主办、省书法家协会承办的"铭记历史，永铸和平——纪念中国人民抗日战争暨世界反法西斯战争胜利70周年中原书法名家作品展"。

02. 10月26日至31日，河南省书画艺术家走进甘肃定西举办展览，并向定西捐赠了河南92位艺术家的92幅作品。

03. 4月27至28日，省文联主席杨杰到鹿邑县调研，了解鹿邑文艺发展、老子文化开发和公共文化设施建设情况。

04. 省委常委、宣传部长赵素萍，省文联主席杨杰等参加为群众书写送春联活动。

05. 省委省政府授予第九届茅盾文学奖得主李佩甫"河南省文学创作杰出贡献奖"，省委常委、宣传部长赵素萍代表省委省政府向李佩甫颁发奖金50万元。

06. 12月，河南省各文艺家协会完成换届，省委常委、宣传部长赵素萍与协会新一届主席团合影。

07. 2月1日至6日，由省委宣传部、省文联等联合主办，河南电视台、省文联所属11家文艺家协会承办的"百花回报沃土——2015年河南省艺术家'深入生活，扎根人民'文化进万家主题实践活动"在全省展开。

中国文联 2016 年工作回顾

湖北省文学艺术界联合会

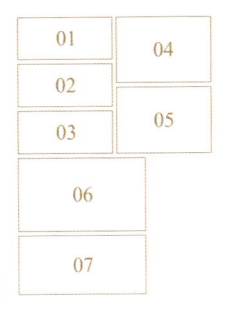

01. 11月9日至11月10日，全国剧本创作交易会在潜江举行。
02. 9月29日，由省委宣传部、省文联、省文化厅联合主办，省美协承办的第四届湖北美术节暨第二届湖北国际当代艺术节在湖北美术学院开幕。
03. 1月25日，"春之声家乡情——杜鸣心作品音乐会"在武汉琴台音乐厅举行。
04. 1月6日，"我家就在长江边——中部四省（湖南、江西、安徽、湖北）书法作品联展"联袂亮相于湖北省图书馆。
05. 6月，在武汉举办习近平用典·全国名家书法特别展，10月和12月，在武汉经济技术开发区、苏州再次巡展。
06. 3月19日，湖北省文联第九届委员会第四次（扩大）会议在武昌洪山礼堂举行，会上成立了湖北省文艺志愿者协会、湖北省文艺志愿服务中心、湖北省文艺志愿者协会艺术团和51个湖北省文艺志愿者协会服务团。
07. 8月17日，在武汉东湖长天楼举办"夏之风·东湖戏剧惠民展演周"开幕式。

中国文联2016年工作回顾

湖南省文学艺术界联合会

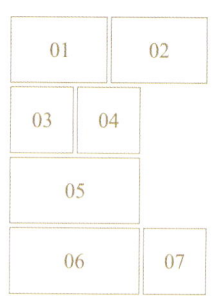

01. 11月26日，湖南省人民政府副省长李友志来到湖南省美术馆及艺术家之家项目工地，实地察看工程建设进展情况。
02. 5月11日,中国文联调研组赴湖南省文联调研座谈会召开。
03. 11月9日，"武陵追梦"湖南省文艺家采风创作活动出发仪式在长沙召开。
04. 8月25日晚，"气壮山河——纪念中国人民抗日战争暨世界反法西斯战争胜利70周年文艺演出"在湖南大剧院隆重举行。
05. 7月29日至8月2日，"美丽中国·美丽孟加拉——中孟青年美术家国际交流展"在湖南省画院美术馆举办，拉开了中、孟两国青年美术家国际交流、展览、采风系列活动的序幕。
06. "气壮山河——纪念中国人民抗日战争暨世界反法西斯战争胜利70周年文艺演出"剧照。

中国文联 2016 年工作回顾

广东省文学艺术界联合会

01	
02	
03	04
05	06

01. 第二届广东文艺终身成就奖获奖艺术家与有关领导合影。
02. 8月14日,"纪念中国人民抗日战争暨世界反法西斯战争胜利70周年抗战老战士影像展和诗歌、散文、楹联书法展"开幕式。前排右七:广州地区老游击战士联谊会会长、省政协原主席吴南生。
03. 5月7日,签署《南方报业传媒集团与广东省文联战略合作框架协议》。右四:广东省委宣传部副部长、南方报业传媒集团党委书记莫高义,右五:广东省文联党组书记程扬。
04. 2月,广东文艺代表团赴库克、瓦努阿图、新西兰三国访问演出。
05. 5月,"寻找广东十大茶乡"系列活动评选结果新闻发布会。
06. 广东省书法家在广州市天河区龙洞文化体育广场举行2015年新春送"福"到万家活动。

中国文联2016年工作回顾

广西壮族自治区文学艺术界联合会

01. 9月12日,"中国文联文艺培训志愿服务项目——摄影培训班"在广西南宁开班。
02. 5月27日,广西文联开展"三严三实"专题教育党课。
03. 5月7—9日,全区文联系统2015年文艺家读书班在邕举行。
04. 5月20—21日,中国文艺志愿者服务日——广西文联"到人民中去"文艺志愿服务活动在都安县开展。
05. 6月29日,第六届"广西校园戏剧节大学生戏剧奖"颁奖典礼在邕举办。
06. 10月3日,广西杂技《瑶心鼓舞——踏鼓》荣获第十五届中国吴桥国际杂技艺术节"银狮奖"。
07. 5月16日,空政文工团著名青年歌唱家严当当专程来到南宁市坛板坡开展文艺辅导活动。

中国文联2016年工作回顾

海南省文学艺术界联合会

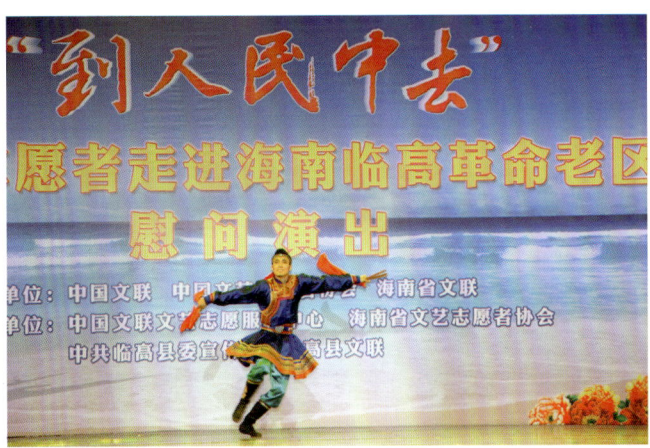

01	02
03	04
05	
06	07

01. 3月,第二届琼闽粤台及东南亚地区闽南语系剧种交流研讨会在海口举行。
02. 12月22日海南省文联五届六次全委会议在海口召开。
03. 4月23日,纪念海南解放65周年暨《冯白驹和他的战友们》研讨会及赠书仪式在海口举行。
04. 6月25日,海南省历史文化重大题材美术创作工程画家签约仪式在海口举行。
05. 12月底,著名评书家刘兰芳应省文联邀请,来海南录制长篇评书《琼崖女子特务连》。
06. 12月26日,中国少儿戏曲"小梅花"走进红色娘子军故乡琼海市塔洋镇慰问演出。
07. 7月7日,"青春中国梦"琼、鲁、赣、宁、晋五省区青年舞蹈精英展演在海口举行。图为舞蹈边疆《草原军情》表演剧照。

中国文联2016年工作回顾

重庆市文学艺术界联合会

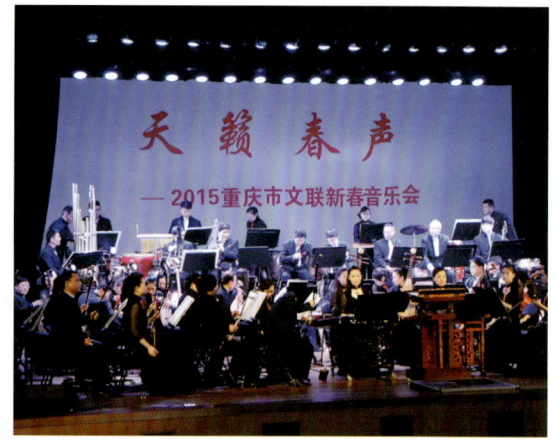

01	06
02	07
03	
04	
05	

01. 2015年12月22日，反映重庆五大功能区域建设新成就新面貌新风尚的图片在中国文联中国文艺之家展出。
02. 2015年2月6日，重庆市文联党组书记、副主席王超在重庆市文联三届六次全委上做工作报告。
03. 2015年7月22日，第八届重庆市书法篆刻作品展开幕式在铜梁区举行。
04. 2015年元旦春节期间，重庆知名艺术家和文艺工作者组成文艺志愿服务团开展"送欢乐下基层"慰问演出活动。
05. 2015年4月27日，重庆市文艺志愿者原创作品音乐举办。
06. 2015年3月3日，"2015重庆文艺界新春音乐会"在重庆市文联艺术剧场举行。
07. 2015年10月20日，中国摄影家协会、中共重庆市委宣传部、重庆市文联联合启动"奉献人民·放歌巴渝"全国摄影名家看重庆——重庆五大功能区域蹲点创作活动。

中国文联2016年工作回顾

四川省文学艺术界联合会

01. 中共中央政治局委员、中央书记处书记、中宣部部长刘奇葆、四川省委书记王东明到四川美术馆调研并观看大山大水大美四川美术创作工程。
02. 全国人大常委会副委员长、农工党中央主席陈竺及四川省委副书记、宣传部部长尹力等领导观看"看四川——民间文艺创作工程优秀作品展"。
03. 省杂协文艺惠民走进马边。
04. 第十八期临帖培训。
05. 四川省文联六届七次全委会暨四川省文联系统先进集体、先进个人表彰大会。
06. 第八届四川省巴蜀文艺奖颁奖大会暨省文联六届八次委员会。
07. 省音协文化惠民走进华蓥慰问演出。
08. 电影《北纬30度之爱》拍摄现场。

中国文联 2016 年工作回顾　　　　　　　　　　　贵州省文学艺术界联合会

01	06
02	07
03	
04	
05	

01. 《二十四道拐》海报。
02. 组织文艺工作者"送欢乐·下基层"慰问演出。
03. "全国卫视看贵州"大型主题采访活动。
04. 省文联文艺支教，关爱留守儿童。
05. "中国书法家进万家行动计划""墨香校园·中华美德颂"书法、绘画大赛。
06. 贵州省2015"最美乡村"舞蹈新作品展演。
07. 第二届贵州少数民族文学"金贵奖"获奖作者。

中国文联 2016 年工作回顾　　　　　　　　　　　　　　云南省文学艺术界联合会

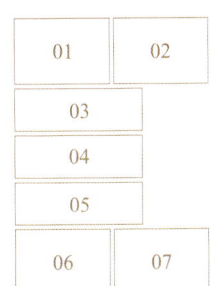

01	02
03	
04	
05	
06	07

01. 2015年7月3日，省委常委、省委宣传部部长赵金同志视察云南文苑建设。
02. 9月30日，省文联党组书记黄玲深入到独龙江乡"挂包帮"，与"全国优秀共产党员"高德荣亲切交谈。
03. 9月26日，云南省文联文艺志愿服务团走进云南武警总队新兵训练团。
04. 11月27日，省文联、省摄影家协会文艺志愿者走进独龙江乡为群众拍摄全家福。
05. 2015年7月17日，第四届中国聂耳音乐合唱周开幕。
06. 11月25日，"百首歌曲唱云南"颁奖晚会举行。
07. 7月17日，第四届聂耳音乐周开幕，文艺工作者表演《卖报歌》。

中国文联 2016 年工作回顾

西藏自治区文学艺术界联合会

01. 6月27日,"纪念中央对口援藏20周年大型组歌《极地放歌中国梦》作品研讨会"在拉萨举行。
02. 10月18日,"蓝天净土·高原画派"西藏题材创作工程首期成果展在北京等地隆重举行。
03. 10月27日,西藏、广东两地文联工作交流座谈会在西藏文联召开。
04. 10月19日,西南六省作协联席会议在西藏文联召开。
05. 1月10日,启动"我们的中国梦——万名书法家送万'福'进万家"公益活动。
06. 9月28日,"2015·首届西藏喜马拉雅摄影文化节"在西藏会展中心广场开幕。
07. 12月2日,民间舞蹈《欢快锅庄》获山花奖民间艺术表演类奖。

中国文联 2016 年工作回顾　　　　　　　　　陕西省文学艺术界联合会

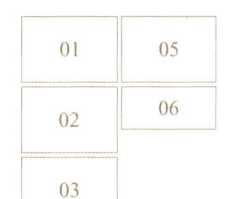

01. "新起点新亮点"省委展览。
02. 陕西省第四届书法篆刻临作展览。
03. 中国窑洞文化遗产田野考察专家与当地群众合影。
04. 人民艺术家贠恩凤演唱陕北通情。
05. 雷珍民、李成海、王蒙等向劳模赠送作品。
06. 戏剧进校园惠民演出。
07. 首届陕西民间工艺品博览会开幕式。

中国文联 2016 年工作回顾

甘肃省文学艺术界联合会

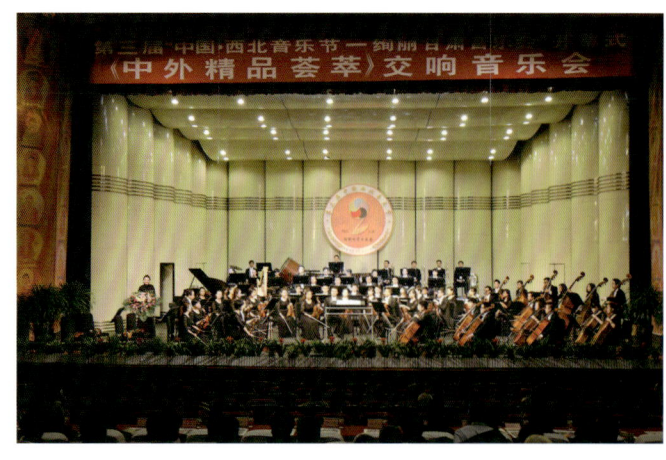

01. 甘肃省文联省级文艺家协会换届主会场。
02. 第三届"中国·西北音乐节——绚丽甘肃音乐会"在兰州举行。
03. 甘肃省文联省级文艺家协会换届主会场。
04. 甘肃省文联文艺志愿服务团成立暨"到人民中去"系列活动启动仪式在临洮县举行。
05. 甘肃省作家协会第六次会员代表大会会场。
06. 第四届甘肃戏剧红梅奖大赛在白银市会宁县举行。
07. 《秦腔大辞典》首发式在兰州举行。
08. 首届中国丝绸之路民间剪纸艺术精品展在兰州举办。

中国文联2016年工作回顾

青海省文学艺术界联合会

01. 2015年10月30日，省文联隆重召开成立60周年纪念座谈会，省委常委、宣传部长张西明同志莅临会议接见在青从事文艺事业60年以上的老文艺家并颁发纪念证书和奖杯。
02. 青海省美术家协会成立55周年美术作品展在西宁开展，省文联党组成员、副主席张民致辞。
03. 首届"柳湾彩陶杯"全省书法展在青海省乐都区开展前，评审专家评选作品。
04. "三色班玛"青海省舞协德吉艺术团在果洛州班玛县灯塔乡冒雨慰问演出。
05. 2015年，第六届青海文学周举行，共举办图书发行、文学奖颁奖、期刊主编论坛、文学之夜等多项活动。
06. 青海省文艺志愿者协会成立一周年"我们的中国梦——中国文艺志愿者服务日文艺志愿演出"在宁举行。
07. 百幅老人、残疾人最美肖像进百家活动期间，给村民赠送打印装裱好的合影照。
08. 省音协选派青海省爱乐合唱团"高原之声合唱音乐会"参加甘肃兰州举办的中国第三届西北音乐节。

中国文联 2016 年工作回顾　　　　　　宁夏回族自治区文学艺术界联合会

| 01 | 02 |
| 03 | 04 |
| 05 |
| 06 |
| 07 |

01. 2015年5月，宁夏摄协组织摄影家在隆德红崖老巷子进行采风创作。
02. 6月6日至7日，宁夏书协组织的书法培训班在中卫市文化馆举行，文艺志愿者对会员进行临摹培训。
03. 纪念《讲话》发表73周年暨"到人民中去"文艺志愿服务慰问演出，图为现场观众。
04. 《朔方》党支部组织志愿者到西吉县新营乡中学、新营乡黑城河清真寺以及新营大窑滩村小学开展送图书下乡活动。
05. 纪念《讲话》发表73周年暨"到人民中去"文艺志愿服务相声表演。
06. 纪念《讲话》发表73周年暨"到人民中去"文艺志愿服务京剧表演。
07. 2015年春节前夕，宁夏文化科技卫生"三下乡"活动现场，书法家送万福进万家活动。

中国文联2016年工作回顾

新疆维吾尔自治区文学艺术界联合会

01	02
03	04
05	
06	

01. 自治区副主席田文来文联调研。
02. "访惠聚"驻村工作组组长马旭国关心维吾尔族老人生活。
03. 全国书法名家作品邀请展开幕式。
04. 张春贤等自治区领导会见参加第四届阿肯阿依特斯大会与会代表。
05. 新疆文艺界纪念习近平关于文艺工作重要讲话发表一周年座谈会。
06. "我为民族树形象、我为和田做贡献"宣讲演出活动现场。

中国文联2016年工作回顾　　　　新疆生产建设兵团文学艺术界联合会

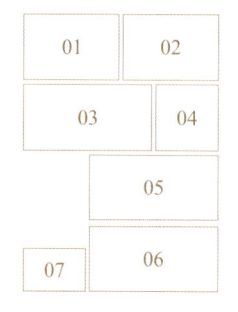

01. 兵团文联四届九次全委会在乌鲁木齐召开。
02. 2015年5月23日，兵团文联领导带领文艺家到十三师开展文艺志愿服务活动。
03. 2015年5月22日，兵团文联领导及文艺志愿者在六师五家渠市103团赠送摄影作品。
04. 2015年10月，兵团组织文艺巡回大培训。
05. 2015年8月，兵团文联与新疆文联在中国文联的关心支持下，在乌鲁木齐举办文联干部培训班。
06. 2015年11月，兵团摄影培训班在七师奎屯市举办。
07. 兵团举办第六届青年文学创作会。

中国文联 2016 年工作回顾

中国石油文联

01	02
03	04
05	
06	
07	08

01. "时代领跑者"展览圆满成功。
02. "时代领跑者"展览圆满成功。
03. 石油文联"送欢乐下基层"慰问团赴宝鸡钢管厂演出。
04. 石油文联"送欢乐下基层"慰问团赴玉门油田演出。
05. 举办中国石油女工布贴画作品展。
06. 中央企业文学专委会成立暨研讨会成功召开。
07. 中国石油艺术家深入宝鸡销售公司库站一线慰问演出。
08. 参加中国石油与俄天然气公司第九次文化艺术交流活动。

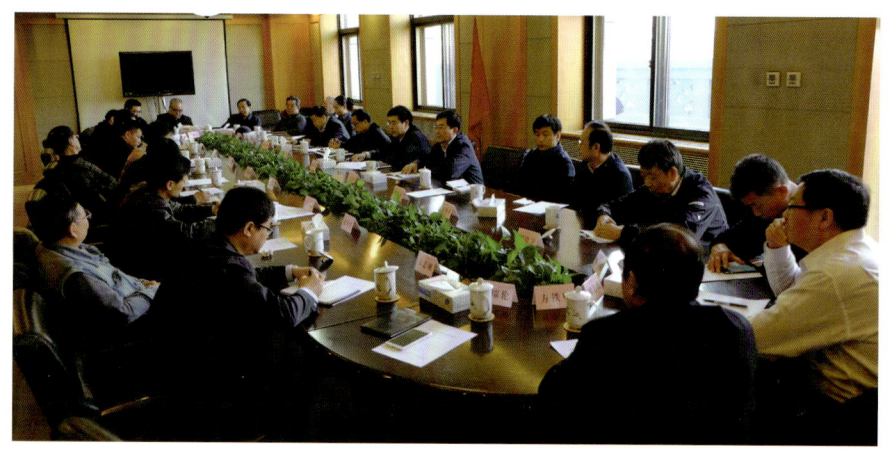

中国文联 2016 年工作回顾

中国铁路文联

01. 2016年3月2日,中国铁路文联召开理事会,选举王志国同志为文联主席。
02. 上海局文联组织书画家深入徐州铁路地区为一线职工送书画作品。
03. 2015年4月,铁路摄影家协会送照片到铁路沿线活动在济南铁路进行。
04. 2016年4月13日"向人民汇报"摄影展在中央党校展出,原瑞伦的《飞驰的和谐号高铁》作品被中央党校永久收藏。
05. 2015年12月26日,由铁路摄影家协会支持的首趟摄影专列从北京站开往满洲里拍摄呼伦贝尔冰雪节。
06. 呼和浩特铁路局举办放歌呼铁演唱会。
07. 中国铁路书法家协会开展了铁路春运送万福大型公益活动,图为上海虹桥开往北京南的G118次列车上,列车工作人员向旅客赠送福袋,送上祝福。

中国文联 2016 年工作回顾

中国煤矿文联

01. 12月18日，纪念中国煤矿文联成立20周年座谈会在北京西郊宾馆召开。
02. 6月2日，"百矿千名"基层文化管理干部和文艺骨干培训工程首届高级研修班在煤矿工人北戴河疗养院培训中心开班。
03. 9月17日，2015年度《阳光》杂志、中国煤矿文化网工作会议在山东泰安召开。
04. 9月7日，开滦集团公司党委召开纪念中国人民抗日战争暨世界反法西斯战争胜利70周年座谈会并进行文艺演出。
05. 3月20日，由国家安全监管总局和中华全国总工会联合主办的全国安全生产优秀文艺作品创作征集活动协调会在北京召开。
06. 5月23日，中国煤矿文联文艺志愿者服务队赴山西阳泉煤业集团开展文艺志愿服务活动。
07. 5月6日，"中国梦·劳动美——全国行业书法展览"在合肥中国书法大厦展览中心开幕。

中国文联 2016 年工作回顾　　　　　　　　　　　　　　　　　　　　　　　　　　　　中国电力文协

01. 参加中摄协举办的摄影讲座。
02. 颁发优秀摄影组织奖牌。
03. 优秀摄影组织合影。
04. 参观李元摄影纪念馆。
05. 会场全景。
06. 第十届中国摄影艺术节开幕式。

中国文联 2016 年工作回顾

中国水利文协

01. 8月，水利部有关部门领导参观"影像中国梦"摄影展。
02. 9月，水利部长陈雷（右一）、副部长蔡其华（右二）参观老干部主题书法展。
03. 5月，水利作家赵学儒深入生活写作《顺水》改稿会在顺义水务局举办。
04. 2015年10月，水利文协文学分会召开工作会议。
05. 5月，在"引汉济渭"拍摄活动中，摄影师到穿秦隧洞中拍摄。
06. 10月，水利作家在黄河万家寨水利枢纽采风。
07. 5月，水利摄影家在"引汉济渭"专题拍摄活动中考察汉江河道。

中国文联 2016 年工作回顾

中国石化文联

01	02
03	04
05	
06	
07	08

01. 开展第二届"朝阳"文学艺术奖书法类评奖活动。
02. 文艺小分队深入基层开展文艺志愿服务活动。
03. 作家协会召开第三次委员大会。
04. 摄影家协会召开第四次代表大会。
05. 开展第二届"朝阳"文学艺术奖美术类评奖活动。
06. 成功举办集团公司2015年新春团拜会。
07. 到普光气田开展"送欢乐、下基层"活动。
08. 基层单位广泛开展广场文化活动。

中国文联 2016 年工作回顾

全国公安文联

01. 5月6日，全国公安文化理论高级研修班在京隆重开班。
02. 8月14日，全国公安文联签约作家代表座谈会在辽宁省沈阳市召开。
03. 11月5日，长篇报告文学《国之盾》首发式在北京举行。
04. 11月9日至10日，武和平出席诗歌诗词创作基地授牌仪式。
05. 5月28日，报告文学《铁骨柔情协奏曲——无锡公安全景纪实》新书首发式在无锡举行。
06. 6月9日，全国公安文联创作室首批签约作家评审会议在北京举行。
07. 11月26日至27日，由全国公安文联、中国公安英烈基金会共同主办的"送文化下基层"活动在广东省江门市举行。
08. 5月1至3日，"中华杯"中国第九届非职业管乐团队展演。

中国文联 2016 年工作回顾

中国检察官文联

01	02
03	04
05	06

| 07 | 08 |
| 09 | 10 |

01. 10月16日，中国检察官文联召开纪念习近平总书记文艺工作座谈会重要讲话发表一周年座谈会。
02. 6月30日，中国检察官文联一届四次全委会在上海召开。
03. 4月23日，《中国检察文化理论研究文库》课题大纲审核专家座谈会在北京举行。
04. 7月8日，中国检察官文联召开学习贯彻中央党的群团工作会议精神专题会。
05. 1月26至27日，中国检察官文联第四届"迎新春，送文化"活动在海南举行，图为张耕主席慰问检察英模家属。
06. 7月至9月，中国检察官文联会同高检院政治部联合举办了全国检察机关首届"检魂杯"乒乓球大赛。
07. 2月12日，由中国检察官文联、中国散文学会主办的"中国梦——我的检察官故事"文学作品定评会在北京举行。
08. 6月12日，中国检察官文联在京召开新时期检察影视创作暨电影《十二公民》研讨会。
09. 12月4日，由中国检察官文联书画协会主办的"宪法日·写宪法——检察人员'12·4'主题书法展"在北京举行。
10. 5月26日，中国检察官文联主席张耕在京会见了以土耳其司法学院副院长瑞菲特·英那驰为团长的司法学院代表团。

中国人民银行文联

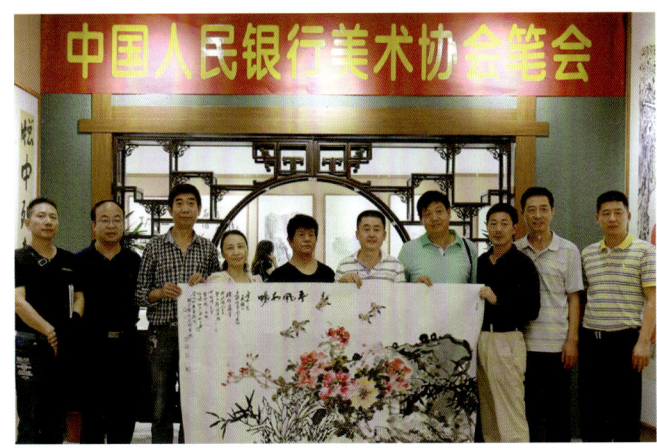

中国文联 2016 年工作回顾

01	02
03	04
05	
06	

01. 6月，人民银行文学艺术联合会召开二届一次理事会会议。
02. 人民银行文联美术协会召开二届一次理事会会议并举办笔会。
03. 人民银行党委委员、副行长郭庆平到新疆开展送温暖慰问工作，向县支行发放了人民银行文联赠送的书法作品。
04. 人民银行文艺志愿者协会的志愿者"送文化下基层"。
05. 人民银行文联举办庆祝中国人民抗日战争暨世界反法西斯战争胜利70周年职工书法美术摄影作品展。
06. 人民银行文联作家协会召开二届一次理事会会议。

中国文联 2016 年工作回顾　　　　　　　　　　　　　　　　　　　　　　　　中国金融文联

01. 11月，金融文联举办纪念习近平文艺座谈会讲话发表一周年书画笔会。
02. 金融戏剧家协会开展文化下基层活动。
03. 金融作协举办文学创作研讨会。
04. 7月，举办金融美术创作骨干培训班。
05. 金融音协到敬老院进行公益演出。
06. 金融书协美协第三届书画展在北京民族文化宫举行。
07. 金融系统省级文联及文艺协会相继成立。
08. 5月，金融文联在辽宁金融系统开展"金融职工文化月"送文化下基层活动。